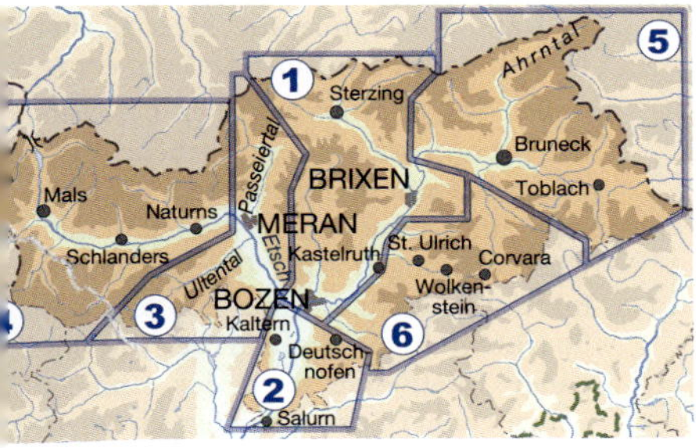

1
2
3
5
6
Sterzing
Ahrntal
Bruneck
BRIXEN
Toblach
Mals
Naturns
Passeiertal
MERAN
Schlanders
Etsch
Kastelruth
St. Ulrich
Corvara
Ultental
Wolken-
stein
BOZEN
Kaltern
Deutsch-
nofen
Salurn

Unterwegs mit

Florian und Sibylle Fritz

Beide Jahrgang 1967, von Beruf Sozialpädagoge und Erzieherin, er ist freiberuflicher Autor und Fotograf und sie Co-Autorin und leidenschaftliche Food-Hunterin.

Nähere Infos unter flofritz.de

Unsere erste Reise nach Südtirol? Bei Florian mit sechs Jahren die Rosengarten-Umwanderung (großteils auf den Schultern seines Vaters), unzählige Übernachtungen unter Lärchen im alten VW-Camper, Bergtouren, das Fertigmenü auf dem Campinggaskocher aufgewärmt (würde er heute nicht mehr essen!), Begegnungen mit kleinen Murmeltieren und großen Kühen. Bei Sibylle mit 12 Jahren eine Ferienfreizeit in Natz; die Wanderung nach Kloster Neustift ist ihr in bleibender Erinnerung.

Seit wir Südtirol beruflich bereisen, hat sich manches verschoben: Vier-Gänge-Menüs in renovierten Weinhöfen und innovativen Restaurants, Übernachtungen im Lärchenzimmer inklusive Wellness mit Sprudelbad, Spachteln unter Sternen bei der Eppaner Tafel. Aber auch das einfache Leben gelingt noch: Schlafen im Dachzelt, eine Gerstsuppe auf dem Bergbauernhof. Der „Ötzi" ist dazugekommen, der Tourismus viel mehr geworden. Südtirol ist aber auch bunter geworden. Italiener und Deutschsprachige der jüngeren Generation heiraten jetzt öfter mal. Architektur, Kunst, Musik, Handwerk und Tourismus – alles ist geprägt von dynamischer Innovation bei gleichzeitiger Tradition. Für uns ist Südtirol eine gelebte Vision für ein offenes Europa der Regionen, das Abgrenzung nicht braucht und durch Vielfalt besticht.

Was haben Sie entdeckt?

Haben Sie ein besonderes Restaurant, ein neues Museum oder ein nettes Hotel entdeckt? Wenn Sie Ergänzungen, Verbesserungen oder Tipps zum Buch haben, lassen Sie es uns bitte wissen!

Schreiben Sie an: Florian Fritz, Stichwort „Südtirol"
c/o Michael Müller Verlag GmbH | Gerberei 19 | D – 91054 Erlangen
florian.fritz@michael-mueller-verlag.de

Südtirol

Florian und Sibylle Fritz

9. komplett überarbeitete und aktualisierte Auflage 2024

Inhalt

Orientiert in Südtirol ■ 10

Unterwegs in Südtirol ■ 20

🚶/🚴 = mit Wander-/Radtouren

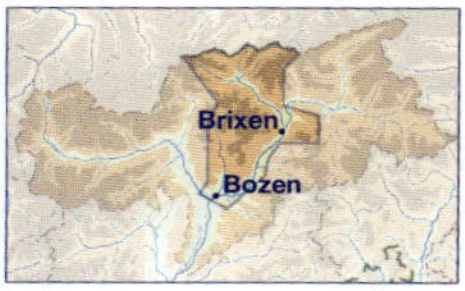

Vom Brenner bis Bozen ■ 22

Schroffe Flanken, Wiesen, Apfelbäume und Wein – vom Hochgebirge hinunter in den milden Kessel von Bozen. Unterwegs besucht man Sterzing und Brixen.

Überetsch und Unterland ■ 130

Lieblich ist es geworden. Rund um den Kalterer See dominiert der Weinbau. Südlich von Bozen endlose Apfelplantagen. Dazwischen reiche bäuerliche Ortschaften.

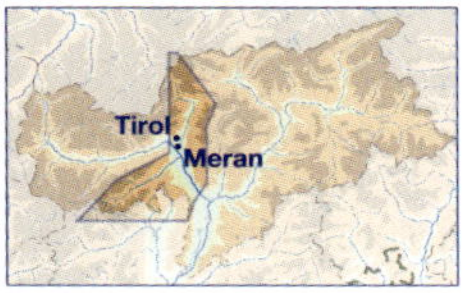

Meran und Umgebung ■ 186

Ein legendärer Kurort, in dem schon Sissi badete, flanierte und dinierte. Im Norden viel Tiroler Geschichte im Schloss Tirol und dem Passeiertal, im Ultental ländliche Idylle.

Der Vinschgau ■ 278

Dank Bewässerung regiert Üppigkeit im seit Menschengedenken besiedelten oberen Tal der Etsch. Uralte Kirchen erzählen noch heute Bildergeschichten in Farbe.

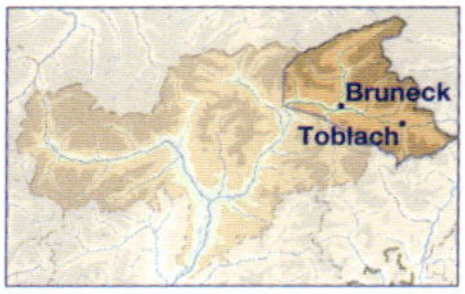

Pustertal und nördliche Dolomiten ▪ 378

Zwischen den Zentralalpen im Norden und den Dolomiten im Süden: dunkler Stein und heller Kalk, Bergbau- und Kunstgeschichte.

Wanderparadies Ahrntal

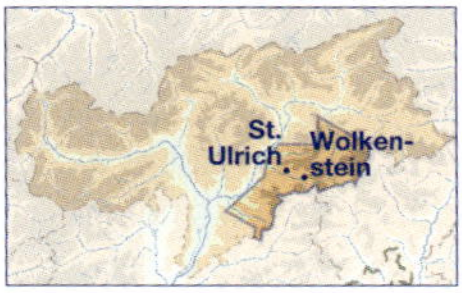
St.
Ulrich
Wolken-
stein

Wandern in Südtirol

Im Folgenden finden Sie die Touren mit Extra-Wanderkärtchen. Daneben gibt es in diesem Buch aber noch viel mehr Tourenvorschläge. GPS-kartierte Touren sind mit dem Symbol GPS gekennzeichnet. Download der GPS-Tracks inkl. Waypoints unter http://mmv.me/53132.

Herbstwandern auf dem 1000-Stufen-Weg

Verzeichnisse ▪ 646

Preise Übernachten
(DZ inkl. Frühstück in der Hauptsaison)

€	bis 80 Euro
€€	bis 140 Euro
€€€	bis 200 Euro
€€€€	ab 201 Euro

Preise Essen
(ein Hauptgericht)

€	bis 30 Euro
€€	bis 50 Euro
€€€	bis 80 Euro
€€€€	ab 81 Euro

nachhaltig, ökologisch, regional

MeinTipp Die besondere Empfehlung unseres Autors

Was haben Sie entdeckt?

Haben Sie ein besonderes Restaurant, ein neues Museum oder ein nettes Hotel entdeckt? Wenn Sie Ergänzungen, Verbesserungen oder Tipps zum Buch haben, lassen Sie es uns bitte wissen!

Schreiben Sie an: Florian Fritz, Stichwort „Südtirol"
c/o Michael Müller Verlag GmbH Gerberei 19, D – 91054 Erlangen
florian.fritz@michael-mueller-verlag.de

Sommerliches Pferdeglück auf der Seiser Alm

Orientiert

in Südtirol

Die Region im Profil

Südtirol ist …

Mittagspause vom Ski-Vergnügen: ein dampfend heißes Latschen-Risotto in der Oberholzhütte am Latemar. Ein in der Märzsonne leuchtender Apérol Spritz am Waltherplatz in Bozen. Das letzte Abendrot auf den Geislerspitzen nach einer sommerlichen Bergtour auf die Schlüterhütte. Einsamkeit und Stille im herbstlich goldenen Lärchenwald an der Stevia, während am Himmel der Adler seine Kreise zieht …
Das ist Südtirol, eine buntes, duftendes Geschenkpaket im Kreislauf der Jahreszeiten!

… gelebte Vielsprachigkeit

In Bozen leben 80 % Italiener, im Grödnertal über 90 % Ladiner, im Passeiertal hauptsächlich Deutschtiroler mit ihrem eigenen Psairer Dialekt. Die unterschiedliche Herkunft verheißt für die Besucher viel Gutes – kulinarisch und kulturell. So gibt es in Bozen hervorragende Eisdielen wie das **Avalon,** im Grödnertal das **Museum Gherdëina** (Eintritt 8 €, erm. 6 €) mit überraschenden Einblicken in ladinische Tracht und Brauchtum, und im Passeiertal im **Andreas-Hofer-Museum** (Eintritt 10 €, erm. 9 €) eine eigene Ausstellung zur lokalen Sprachausprägung mit dem Titel „Mièr Psairer".

… einfach köstlich

Das **Törggelen** dürfte den meisten ein Begriff sein und beinhaltet ein kulinarisches Gesamtkonzept: Der junge Rotwein wird im Spätherbst verkostet, dazu isst man Gerstsuppe, Schlutzkrapfen, Sauerkraut, deftige Wurst und Fleisch, und das oftmals in jahrhundertealten Berghöfen wie im **Fronthof bei Völseraicha.** **→ S. 528**

Lieben lernt man auch den **Keschtnriggl,** in dem die Kastanien geröstet werden, indem man den geflochtenen Behälter über dem Feuer bewegt. Gleich zu probieren sind die „Keschtn" in **Lana** und den umliegenden Orten Ende Oktober bei den beliebten **Kastanientagen.** **→ S. 251 und 267**

Super-Restaurants: In Südtirol kocht man rustikal und regional, gleichzeitig regnet es Michelin-Sterne in Fülle. Doch auch ohne isst man himmlisch, zum Beispiel in der **Sichelburg** in Pfalzen (S. 392) und dem **Miil** in Tscherms (S. 254).

… glühend schön

Jeder Südtirolreisende hat die Bilder schon gesehen, auf denen senkrechte

Felswände im Anbruch der Dämmerung in unwirklichen Rottönen leuchten: Das Alpenglühen, die Enrosadüra, wie es die Ladiner nennen, ist ein magischer Anblick und wird durch die Phosphoreszenz des Dolomitgesteins so besonders schön.

Die besten Spots: Von St. Zyprian aus mit Blick auf den Rosengarten (S. 549). Oder vom Schlern, aber da muss man schon oben sein (Tipp: man kann im Schlernhaus übernachten, S. 538).

Weniger bekannt, aber genauso glühend präsentieren sich die Geislerspitzen im Villnösstal (S. 490), der Schlern von Völs aus gesehen (S. 526) oder die Wände des Heiligkreuzkofels im Gadertal (S. 476). Und das Beste und für Südtirol nicht ganz selbstverständlich: Beim Alpenglühen ist der Eintritt frei!

... bunt und sternenklar

Im Mai und Juni sind die Bergwiesen über und über mit kunterbunten, duftenden Blumenteppichen bedeckt, besonders eindrucksvoll anzusehen auf den Rit- und den Armentarawiesen in Wengen unterhalb des Heiligkreuzkofels (S. 478), schön aber auch, trotz zu viel Düngung, auf der Seiser Alm (S. 535).

Bei 300 Sonnentagen im Jahr hat Südtirol viele klare Nächte zu bieten, und die zu verschlafen, wäre schade. Schon wenn man auf der Seiser Alm (S. 535) vor die Hoteltür tritt, erahnt man am Firmament die Milchstraße, und von den zahllosen Hütten aus eröffnet der nächtliche Sternenhimmel beglückende Anblicke, z. B. auf der Zufallhütte im Martelltal (S. 325).

... auch im Winter erstklassig

In Südtirol sind auch bei wenig Schnee die Pisten top präpariert. An Dolomiti Superski (S. 633) kommt nicht vorbei, wer es gigantisch mag: Langkofel, Sella – das Panorama rechtfertigt die hohen Preise!

Ganz gemütlich mit der Familie Ski fahren lässt sich im hintersten Gsieser Tal mit nur einem Lift (S. 430), da kann man auch langlaufen und zur Kradorfer Alm (S. 431) winterwandern und zünftig einkehren.

Europäische Spitze

Erlebnis Kultur

Südtiroler sind: Europäer mit tirolerischen, ladinischen oder italienischen Wurzeln. Und sie sind traditionsbewusst. Die Tracht ihres Heimattals gehört zum Leben wie der Dialekt. Ihre Vielfalt spiegelt sich im Alltag wie in der Kunstgeschichte, in der Hochkultur wie in der Populärkultur.

Schloss Tirol hoch über Meran: Die Burg der Grafen von Tirol ist nicht nur ein beeindruckendes romanischer Festungskunst, sondern auch ein hervorragend ausgestattetes Landesmuseum, sozusagen das Herzstück Südtiroler Kultur- und Landesgeschichte. → S. 216

„Helden"-Gedenken

Ötzimuseum in Bozen: Eigentlich heißt es Archäologiemuseum, doch dreht sich in dem modernen und spannend gestalteten Haus alles um den Eismann vom Hauslabjoch, um sein Leben, seine Kleidung und sein Werkzeug. Er selbst wirkt in seiner keimfreien Trockenkühlkammer faszinierend fremd und dabei irgendwie verloren. → S. 108

Andreas-Hofer-Museum in St. Leonhard: Der Freiheitsheld mit dem tragischen Ende steht in seinem Geburtshaus im Mittelpunkt. Seine Person, seine historische Rolle und die spätere Instrumentalisierung werden ausführlich und interaktiv präsentiert. Nebenbei erfährt man viel über den Passeirer Dialekt. → S. 233

Freskenkunst

St. Prokulus in Naturns: Ein „schaukelnder" Mönch aus dem 7.Jh. hat dieses idyllisch gelegene Kirchlein berühmt gemacht. Ergänzt wird es von einem feinen Museum. → S. 290

UNESCO-Welterbe Müstair: Das Kloster ist eine Gründung Karls des Großen und allein wegen der Fresken in der Kirche ein absolutes Muss für Historiker und Kunstfreunde. Es liegt am westlichen Rand des Vinschgaus gleich hinter der Schweizer Grenze in Graubünden. → S. 376

Krypta von Marienberg bei Burgeis: Unterhalb der Klosterkirche strahlen die erst vor kurzer Zeit freigelegten und frühromanischen Fresken. Auf einem der höchstgelegenen Weinberge Südtirols wird Wein angebaut, den es im Klosterladen zu kaufen gibt. → S. 364

Messners Mountain-Museen

Reinhold Messner hat mit seinen sechs Museen unzweifelhaft Großes für Südtirol geschaffen. Alle sind besuchenswert, hier die wichtigsten:

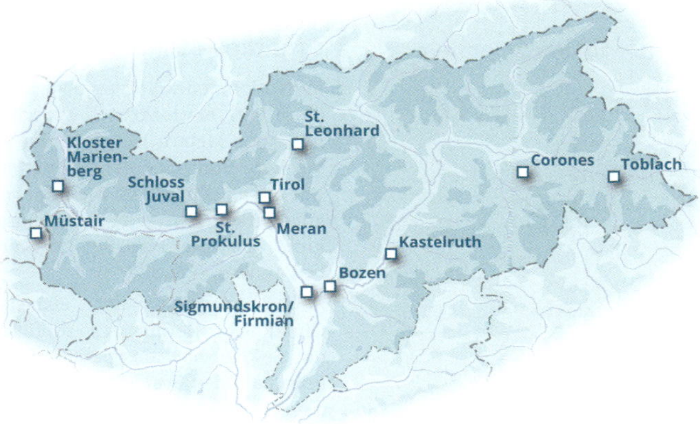

Schloss Juval am Eingang zum Schnalstal: Messners erstes und persönlichstes Museum, das zugleich sein Sommer-Wohnsitz ist. → S. 293

Sigmundskron/Firmian: Das größte Museum, in den Mauern einer gewaltigen Burg oberhalb Bozens. Einen halben Tag sollte man für die Bergkulturen der Welt einplanen. → S. 133

Corones: Das neueste Museum, von der Stararchitektin Zaha Hadid entworfen und spektakulär auf den Kronplatz platziert. Von hier hat man einen Blick auf die Geislerspitzen, wo Messner als Bub das Klettern lernte. → S. 404

Musik liegt in der Bergluft

Gustav Mahler: Drei Sommer verbrachte der Komponist in Toblach, arbeitete an diversen Symphonien. Jeden Juli wird das in den Gustav-Mahler-Musikwochen zelebriert. → S. 437

Kastelruther Spatzen: Die Pioniere des Volksmusikschlagers begeistern seit über 40 Jahren ihr Publikum. Das nächste „Spatzenfest" ist so sicher wie das Alpenglühen im Rosengarten. → S. 534

Herbert Pixner: Volksmusik aus dem Passeiertal mit Rock-, Pop- und Jazzanleihen haben dem sympathischen Musiker und seinem „Projekt" Kultstatus beschert. → S. 642

Ganes: Die Frauengruppe mit ihrem einfühlsamen ladinischen Softpop ist mittlerweile im ganzen Alpenraum berühmt. → S. 642

Moderne Architektur

Matteo Thun: Geboren 1952 in Bozen, gilt der internationale Stararchitekt als Pionier der zeitgenössischen (Südtiroler) Architektur. Das als Klimahaus zertifizierte Vigilius Mountain Resort (S. 248) stammt ebenso von seinem Zeichenbrett wie das Hotel Therme Meran (S. 207) und der kühne Aussichtssteg in den Gärten von Schloss Trauttmansdorff (S. 194).

Salewa Headquarters und Cube bei Bozen: Ein riesiger graugrüner Bergkristall funkelt direkt neben der Autobahn. Heerscharen haben die futuristische Architektur des Outdoor-Ausstatters samt der würfelförmigen Kletterhalle schon im Vorbeifahren bewundert. Integrieren Sie einen Besuch des Firmengebäudes in Ihren Urlaubsplan, es gibt sogar einen Salewa-Store. → S. 96 und 98

Vom Ortler zu den Dolomiten

Erlebnis Natur

Zackige Berggrate, an denen das Abendrot die Sinne verzaubert, Nase an Nase mit frechen Murmeltieren im Gras liegen, die heißen Wanderfüße in den eiskalten Bergbach strecken, kunterbunte Frühlingswiesen schnuppern und sich von goldgelben Lärchenwäldern blenden lassen – Südtirols Natur ist ein Fest für die Sinne!

Schon klar, dass man bei so einer Bergsee-Schönheit wie dem **Pragser Wildsee** auf diesem Bild nicht der einzige Besucher ist. Unser Tipp lautet: Kommen Sie früh am Morgen, während die Massen noch unter der Dusche stehen oder – ganz besonders romantisch – kurz vor Sonnenuntergang. → S. 442

Grandiose Schutzgebiete

Im Nationalpark Stilfserjoch: Der grandiose Park erstreckt sich zwischen 700 und 3900 Metern Höhe um den höchsten Berg Südtirols, den „König" **Ortler**. Mit etwas Glück lässt sich der wiederangesiedelte Bartgeier vom „Bartgeierkino" am Hotel zum See im Martelltal bewundern. → S. 326

Im Angesicht der eisbedeckten Gipfel des Ortlermassivs empfiehlt sich der **Goldseeweg** als spektakuläre Tour unterhalb des Stilfserjochs. Es gibt auf dem Goldsteig Zeitfenster für Biker und Zeitfenster für Bergsteiger – irgendwie typisch für eine Region, der es immer wieder gelingt, verschiedene Aktivitäten und Interessen miteinander in Einklang zu bringen. → S. 344

In den Naturparks: Von den acht Naturparks Südtirols einen hervorzuheben, fällt nicht leicht. Unser Favorit ist vielleicht **Fanes-Sennes-Prags** mit dem idyllischen, leicht zu umrundenden Pragser Wildsee (siehe Bild in der linken Spalte) unter dem mächtigen Seekofel. Ein sportlicheres Vergnügen ist die Wanderung oder MTB-Tour von Pederü auf die großartige Hochfläche der Fanesalm mit Einkehr in der Fanes- oder Lavarellahütte. Dabei bewegt man sich durch den Karst, vorbei an plätschernden Bergbächen, Lärchen und steilen Felswänden – wer weiter mag, kann (nach einer Übernachtung) Gipfel erklimmen oder mit dem Rad Pässe überwinden. → S. 485

Bergsteigerdorf mit Zertifikat

Lungiarü im Gadertal: Vielleicht ist das ein Tourismus-Modell mit Perspektive. Eine Ansammlung uralter Höfe, umgeben von dichten Wäldern und felsigen Gipfeln. Keine Lifte, aber ein Spaziergang im idyllischen **Mühlental** von einer liebevoll restaurierten Mühle zur anderen, immer entlang an einem plätschernden Bergbach. Anschließend

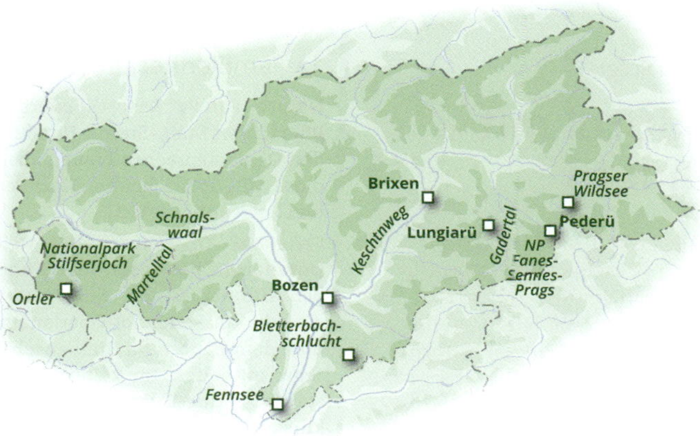

gönnt man sich herzhafte Schlutzer, Tirtlen oder Knödel im ladinischen Hof Lüch da Vanc. All das macht ein zertifiziertes Bergsteigerdorf aus: Nachhaltigkeit, Naturnähe, lebendige Geschichte und Alltagskultur. → S. 482

Zu Fuß in der Erdgeschichte

Bletterbachschlucht: das einzigartige Naturwunder am Fuße des Weißhorns. Ein familiengeeigneter GEO-Trail führt durchs 8 km lange und bis zu 400 m tiefe UNESCO-Weltnaturerbe, farbige Gesteinsschichten türmen sich übereinander, und mit viel Glück stößt man sogar auf ein Fossil in der Felswand. Auch von oben, bei der einfachen Tour vom Jochgrimm rund um das Weißhorn, ist die Bletterbachschlucht ein Erlebnis. Der Eintritt (9 €, Kinder bis 11 J. frei) beinhaltet die Ausstellungen im Besucherzentrum Aldein sowie im GEOMuseum Radein. → S. 179 und 555

Outdoor für alle

Man muss in Südtirol nicht zur allzeit präsenten, modisch hochgetunten Outdoor-Fraktion gehören, um Natur zu erleben – es geht auch ein wenig dezenter und unambitionierter.

Schnalswaal: Hier lässt es sich buchstäblich gut gehen: schattiger Wald, plätscherndes Wasser, fehlende Steigungen und zahlreiche Einkehrmöglichkeiten am Wegesrand. Eine besonders empfehlenswerte ist der verwinkelte Schlosswirt Juval mit hervorragender Südtiroler Küche und einer legendären Schneamilch zum Dessert. → S. 294

Keschtnweg zwischen Brixen und Bozen: Ähnlich empfehlenswert ist diese Wanderung in 4 Etappen, 60 km, garniert mit zahlreichen Törggelen-Optionen nah am Weg. Besonders erfreulich im Herbst, wenn die Kastanien („Keschtn") von den bunten Bäumen fallen und über dem Feuer geröstet werden. Die Etappen sind natürlich auch einzeln (und auch dann nochmals aufgeteilt) zu machen. Es sind keine reinen Spaziergänge, die Auf- und Abstiege sind zum Teil erheblich, aber insgesamt nicht schwierig. → S. 70

Fennsee: Ein unentdecktes Juwel ist das Gewässer oben am Fennberg, mit dem Auto zu erreichen und für gemütliche, kürzere Spaziergänge perfekt geeignet. Nur über einen schmalen Steg kommt man ins Wasser. Wer hineinspringt und im kühlen Nass eine vermutlich einsame Runde dreht, hat das große Los gezogen! → S. 165

Eis und Spiele

Südtirol mit Kindern

Ein riesiges Eis am Marktplatz schlecken, im Bachwasser pritscheln, sich vor den Schlernhexen gruseln, mit Hühnern um die Wette laufen, Ziegen füttern, auf der Alm frische Milch trinken, ohne Eltern einen Skikurs machen (mit gaaaanz viel Pommes zum Mittagessen) ... Südtirol ist ein Land für Kinder.

▪ **Halbe Portion?** In vielen Lokalen gibt es Gerichte in kindgerechter Menge zu reduziertem Preis. Verkehrsmittel (inkl. Seilbahnen) und Museen sind für Kinder unter 6 Jahren frei.

1a-Familienherbergen

Nature Family Resort Feuerstein im Pflerschtal: Ein 5-Sterne-Hotel für Kinder! Dementsprechend teuer, aber grandios. Mit Spielscheune, Holzwerkstatt und Betreuung. → S. 32

Ferienhof Oberlanzin und Reiterhof Unterlanzin bei Kastelruth: Kühe, Kälber, Hühner, Enten, Schweine – alle sind da. Im Ferienhof Oberlanzin kann man dem Bauern im Stall zusehen und sogar mithelfen. Im Reiterhof ums Eck stehen Pferde-Gucken oder ein Reitkurs auf dem Programm. → S. 534

Camping Moosbauer in Moritzing: Großer Platz bei Bozen mit Schwimmbad und Spielplatz sowie Aktivitäten, z. B. Basteln, Backen, Sport. Und man lernt auch was über Bienen, Äpfel und die Schlernhexen. → S. 100

Erlebnisparks und -Almen

Erlebnisberg Watles im Vinschgau: Man muss bloß die Gondel an der Bergstation verlassen und steht schon im Paradies mit Spielesee (samt Floß, Wasserfall und Diamantenwaschen) und Spielplatz. Danach brettert man auf dreirädrigen Mountaincarts die 4 km lange Forststraße hinunter. → S. 366

Rossy Park bei Sterzing: Streichelgehege und Lamatrekking. → S. 36

Wanderung zur Geisleralm im Villnösstal: Gratis-Erlebnisspielplatz mit Streicheltieren und eine riesige Wiese zum Toben. Dazu viele Knödelsorten und leckerer Kaiserschmarrn. → S. 497

Taseralm bei Schenna: Mit Abenteuerspielplatz, Bergzoo und Hochseilgarten, übernachten kann auch. → S. 226

Bewegung ist Programm

Wasserwanderung durch die Gilfenklamm: Familientaugliche Tour samt Wasserfall. Vom sicheren Steg aus kann man runterschauen (hin und zurück knapp 2 Std., 175 Höhenmeter). → S. 40

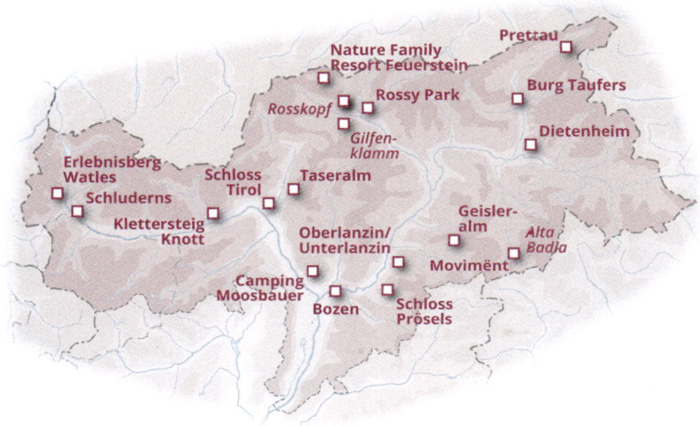

„Movimënt" auf der Alta-Badia-Hochfläche: Einmaliger Fitnesspark für Groß und Klein mit mehreren Stationen. Spielparcours und Kletterwände für Kids. Herum kommt man mit MTBs und E-Bikes, die man sich an einer Station ausleiht und an einer anderen zurückgeben kann. Unterwegs zahlreiche Einkehrmöglichkeiten. → S. 469

Klettersteig Knott bei Naturns: Abwechslungsreich und abenteuerlich gestalteter Übungs- und Familienklettersteig mit vier Routen in verschiedenen Schwierigkeitsgraden für Anfänger und Wagemutigere. → S. 296

Wintersport mit Kindern

Skigebiet Alta Badia: Viele leichte Pisten, Kinderskischulen, Fun Park, Laufband-Kinderlift und Kinderpark. → S. 465

Rosskopf bei Sterzing: Die längste Rodelbahn Südtirols, 8 km Rutschvergnügen! → S. 37

Rittersleut'

Richtige Ritterburgen: Die gewaltige Anlage von Schloss Tirol oberhalb von Meran (S. 216), Schloss Prösels bei Völs (extra Kinderführungen; S. 526) oder Burg Taufers (S. 409).

Ritterspiele bei Schluderns: Ein gigantisches 3-tägiges Ereignis im August mit Heerlager und tausenden Rittersleuten, Streichelzoo, Eselreiten, Karussells und Kinderturnieren. → S. 351

Orte für Naseweise

Ötzi im Archäologiemuseum in Bozen: Viel Wissenswertes, klasse präsentiert. Sa 15 Uhr, So 11 Uhr Familienführung ohne Voranmeldung. → S. 106

Volkskundemuseum in Dietenheim: Alte Bauernhöfe zum Erkunden, Hühner, Ziegen, Schafe und anderes Getier inbegriffen. Außerdem Spielstationen, Schafschur, Brotbacken und, und, und. Unter 16 Jahren Eintritt frei. → S. 395

„Bildung on location": Wer den Kindern mehr über König Laurin und den Rosengarten und die zahlreichen Sagengestalten nahebringen will, verknüpft am besten eine Rosengartenwanderung (z. B. von der Kölner Hütte) mit Vorlesen aus den Dolomitensagen (gibt's auch als kindgerechtes Buch). → S. 546

Bergwerksmuseum Prettau: Mit Helm und Regenjacke fährt man auf einer Grubenbahn 1 km ins Berginnere und spaziert dort durch den Schaustollen. Kühl und feucht ist es da, ein bisschen unheimlich – aber spannend! → S. 420

Herbstliche Plätzwiese, der Grat zum Dürrenstein im Hintergrund

Unterwegs

In Südtirol

Vom Brenner bis Bozen

Immer bergab! Durch alle Klima- und Vegetationszonen geht es vom Brennerpass durch ein zunächst schmales, später breiter werdendes Tal nach Süden. Schroffe Flanken werden von weiten Wiesen abgelöst, man passiert Sterzing und Brixen, auf Apfelbäume folgen Weinreben, bis man im milden Kessel von Bozen die rasante Abfahrt beendet.

Offizielle Infos zur Region:

- gossensass.org
- sterzing.com
- ratschings.info
- eisacktal.com
- brixen.org
- klausen.it
- bolzano-bozen.it

Seit Johann Wolfgang von Goethe 1786 über den Brenner nach Bozen reiste, sind ihm viele Millionen Nordlichter gefolgt. Die Stationen **Sterzing, Brixen, Klausen, Bozen** im heute dicht besiedelten, wirtschaftlich bedeutenden **Eisacktal** sind weit mehr als nur Zwischenstationen: wundervolle Altstädte, reiche Klöster, Kirchen und Museen und links wie rechts warten zahlreiche Wander- und Skisportgebiete auf aktive Besucher: Zentralalpenkamm, Plose, Sarntaler Alpen, der Ritten usw. – vom herbstlichen **Törggelen** mit gerösteten Kastanien und dem neuen Wein in der Bauernstube mal ganz abgesehen!

Was anschauen?

Sterzing: Die nördlichste der Südtiroler Perlen. Die breite Hauptstraße flankieren prächtige spätgotische Häuser, eingefasst wird der alte Kern von zwei Stadttoren. → **S. 32**

Brixen: Ein verwinkeltes Zentrum mit gepflasterten Gassen, hohen Wänden, Erkern, schmalen Durchgängen, das sich auf einen großzügigen Domplatz hin öffnet. → **S. 53**

Ötzi im Südtiroler Archäologiemuseum in Bozen: In einer speziellen Kammer liegt trockengekühlt der weltberühmte Eismann. Beim Besuch erfährt man viel darüber, wie die Menschen vor gut 5300 Jahren gelebt haben. → **S. 106**

Schloss Runkelstein: Eine echte Burg im Norden von Bozen – überraschenderweise nicht von Adel – mit einzigartigem Freskenzyklus. Für Familien und Kunstsinnige ein Muss. → **S. 110**

Maiern mit dem Landesbergbaumuseum Ridnaun-Schneeberg: Vom 200 m langen Schaustollen bis zur (Unter-) Tagestour mit Grubenbahn reicht das Angebot im hintersten Ridnauntal. Das

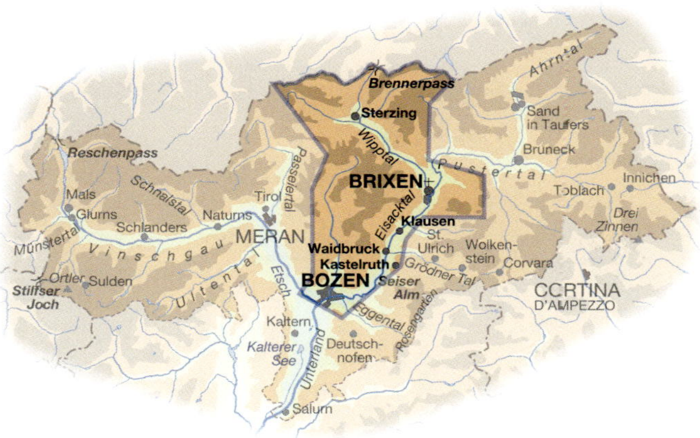

Museum widmet sich der mittelalterlichen Silber-, Blei- und Zinkgewinnung. Für Kinder ist es ein Erlebnis, mit Helm und Stirnlampe in den finsteren Stollen zu ziehen! → S. 41

Was unternehmen?

Mit der Seilbahn auf den Rosskopf bei Sterzing oder auf die Plose bei Brixen: Panoramareiche Wanderparadiese mit perfekten Einkehrmöglichkeiten in urigen Hütten. → S. 35 und 71

Gilfenklamm bei Sterzing: Eine Tour durch die schattige Klamm mit dem schäumenden Wasser ist perfekt, um einen heißen Sommertag mit Kind und guter Laune zu bestehen. → S. 40

Von Bozens Zentrum mit der Gondel auf den Ritten nach Oberbozen: Nur wenige Minuten sind es von der Stadt hinauf in die luftige Sommerfrische. Spazierengehen, mit der alten Rittenbahn fahren, einkehren. Erst in der Nacht geht's zurück, dann schwebt man förmlich ins Bozner Lichtermeer hinein. → S. 118

Wo törggelen und essen?

Buschenschanken rund um Brixen: Zahlreiche Höfe locken im Herbst zum Törggelen: Gattererhof, Strasserhof und Hubenbauerhof sind nur einige Beispiele. Uriges Ambiente verbindet sich mit üppiger Törggelen-Küche und sonniger Weinseligkeit. Reservieren ist Pflicht! → S. 69

Schaurhof bei Gossensass: Direkt an der Radstrecke liegt dieser Hof mit holzgetäfelter Stube und deftiger Kost (keine Sorge, er ist auch über die Bundesstraße erreichbar). → S. 31

Alter Schlachthof in Brixen: Diese Lokalität in stylisch renoviertem Industrie-Ambiente im Herzen der Stadt besticht durch seine Burger-Auswahl, das üppige Frühstück und das originelle Dekor. → S. 64

Und was sonst?

Crossover-Volksmusik mit Herbert Pixner: Ein Freiluftkonzert mit Instrumenten-Tausendsassa Herbert Pixner & Co. oben auf dem Jaufenpass, dem Kronplatz oder Schloss Tirol ist für alle, die einmal dabei waren, eines der unvergesslichsten Südtirol-Erlebnisse. → S. 44

Pur Südtirol: Die kleine Öko-Ladenkette verbindet hochwertige Lebensmittel aus der Region mit ausgewählter Handwerkskunst. Außerdem gibt es kleine, aber feine Speisen. Sehr hip, immer voll und typisch südtirolerisch-innovativ. Filialen in Bozen und Brixen. → S. 62 und 95

ÖSTERREICH
Mutterbergalm
Windacher Daunkogel 3348
Sölden
Wilder Freiger 3418
Feuerstein 3268
Pflerscher Tribulaun 3096
Sandjöchl 2165
Inner-pflersch
Zuckerhütl 3907
Gaislacher Kogel 3058
Zwieselstein
Hohes Eis 3392
Pflerschtal
Gattern
Botzer 3251
Krapfen-karspitz 2707
Telfer Weißen 2588
Gossensass
Maiern
Ridnauntal
Rosskopf 2189
Ridnaun
Timmelsjoch 2474
Bergbauwelt Ridnaun-Schneeberg
Hochgurgl
Heiligkreuz
Wolfsthurn
Sterzing
Schönau
Rinnerspitz 2822
Mareit
Telfes
Hohe Ferse 2669
Gilfen-klamm
Reifenegg
Reifenstein
Gampleskogel 3399
Flading
Bichl
Hohe Kreuzspitze 2743
Hohe Mut 2659
Passeiertal
Ratschingstal
SS 44
Großer Ramolkogel 3549
Naturpark Texelgruppe
Mittertal
Jaufenpass 2094
Moos in Passeier
SS 44b
St. Leonhard in Passeier
Penser Joch
Röthenspitz 2441
Passer
Ötsch 2590
Hochwart 2746
Weißhorn 2705
Pfelders
St. Martin in Passeier
Karlesspitze 3462
Kolbenspitze 2868
Weißenbach
Pens
Hochwilde 3480
Naturpark Texelgruppe
Kamspitze 2412
Passeiertal
Prenn
Moosbichl 2541
Hirzer 2781
Talfer
Penser Tal
Roteck 3337
Saltaus
Radlspitz 2422
Durnholzer Tal
Videgg
SS 44
Mutspitze 2294
Verdins
Morgenrast 2351
Kuens
Riffian
Ifinger 2581
Dorf Tirol
Schenna
Algund
Meran
Meran 2000
Villanderer Berg 2509
Reschenpass
Naturns
Plaus
Marling
Ottenbachtal
Astfeld
Aschbach
Tscherms
Hafling
Tschögglberg
Sarnthein
Reinegg
Bad Schörgau
Sarntal
Lana
Naturnser Hochwart 2608
Burgstall
Talferschlucht
Bundschen
Vöran
SS 38
Völlan
Mölten
Flaas
SS 238
Gargazon
St. Pankraz
Naraun
Schlaneid
Peilstein 2542
Tisens
Pemmern
Vilpian
Afing
Prissian
Wangen
Große Laugenspitze 2434
St. Walburg
Gfrill
SS 508
Klobenstein
Nals
Jenesien
Grissian
Terlan
Oberbozen
Gampenjoch 1518
Maultasch
Ried
Andrian
Greifenstein
Hochwart 2627
Unsere Liebe Frau im Walde
Runkelstein
Unterinn
Maretsch
Perdonig
Bozen
St. Magdalena
St. Felix
A 22
Gantkofel 1886
Missian
Bauern-kohlern
Proveis
St. Pauls
Herren-kohlern
Girlan
Haselburg
Castelfondo
Cles
Eppan
Trento

Brennerpass
1375
A 22
Hohe
Wand
3289
Pfitscher Joch
2251
Großer
Möseler
3479
Schwarzenstein
3369
Wolfendorn
2774
Brennerbad
St. Jakob
Hochferner
3470
Hochfeiler
3510
St. Johann
Kematen
Pfitschtal
Weißenbach
Neves-
Stausee
Luttach
Grabspitz
3095
LS 508
Wilde
Kreuzspitze
3132
Lappach
Speikboden
2517
Sand
in Taufers
Dun
Mühlen
Pfunders
Hochgrub-
bachspitze
2809
Mühlwald
Alm Fane
Pfunderer Tal
Utten-
heim
Maria Trens
Gitsch
2510
Windeck
2418
Mauls
Gitschberg-
Jochtal
Weitental
Gais
Vals
Valser Tal
Wipptal
Eisack
Sachsen-
klemme
Terenten
St.
Sigmund
St.
Georgen
Mittewald
Meransen
Vintl
Kiens
Bruneck
Mühlbach
Rienz
Pustertal
Lienz
Franzensfeste
Rodeneck
A 22
St.
Lorenzen
Schabs
Burgstall
2194
Jakobspitz
2742
Karspitze
2517
Spiluck
Natz
Lüsner Tal
Kloster
Neustift
Schalders
Vahrn
Raier Moos
Lüsen
Kronplatz
2273
Neustift
Brixen
Plankenhorn
2543
Hundskopf
2354
Zwischen-
wasser
Lorenzispitze
2481
Tils
Stufels
St.
Leonhard
Plose
2504
Maurerberg
2332
Pinzagen
Milland
Großer
Gabler
2575
St. Andrä
SS 12
Stilums
Untermoi
Gampberg
2147
Klerant
St. Martin
in Thurn
Tschiffnon
Palmschoß
Feldthurns
Albeins
Würzjoch
2006
Latzfons
Velthurns
Peitlerkofel
2875
Verdings
Teis
Säben
Aferer Geisler
Campill
Klausen
Gufidaun
Villnöss
Villnösser Tal
Heiligkreuz-
kofel
2907
Villanders
Eisack-
tal
Lajen
Tschöfas
Sass Rigais
3025
Abtei
Tanürz
Seceda
2519
St. Peter
Geislerspitzen
Puez
2568
Trostburg
Tagusens
Grödner Tal
Naturpark
Puez-Geisler
Stern
Tisens
St. Ulrich
St.
Kassian
St.
Oswald
Kastelruth
SS 242
Wolkenstein
Puflatsch
2174
St. Christina
Piz La Ila
2078
Telfen
Corvara
Seis
Compatsch
Seiser
Alm
Langkofel
3181
Schlem
2563
Plattkofel
2958
Piz Boe
3152
Völs
Sellajoch
2244
Naturpark
Schlern-Rosengarten
Tierser
Alpl
Arabba
Cortina
d'Ampezzo
Tiers
St.
Zyprian
Tierser Tal
3,5 km
Vom Brenner bis Bozen

Das Wipptal

Der erste Eindruck von Italien? Ein paar Überreste des ehemaligen Zollbereiches, zahlreiche in die Jahre gekommene Kneipen und das überdimensionierte Outlet Center Brenner. Dafür, dass Generationen von Touristen am Brenner und in den Orten südlich davon ihren ersten Eindruck von Italien gewannen, ist diese Region heute recht unbekannt. Ein Glücksfall für Entdecker!

Schuld an diesem Schattendasein ist vor allem die Autobahn, die den obersten Teil des Wipptals zwischen Brenner und Sterzing im Eiltempo durchquert, Gossensass rechts liegen lässt, Sterzing zwar mit einer Abfahrt beehrt, aber wie alle ihrer Art dazu verführt, gleich weiter zu rasen, bis man „unten" ist, wo auch immer das ist – in den Dolomiten oder an der Adria, am Kalterer See oder in Florenz. Das war anders, als die Eisenbahn noch die Menschen herankarrte: Damals war Brennerbad etwas südlich des Passes ein angesagter Kurort mit eigener Schnellzugstation und Gossensass eine schicke Sommerfrische, und in Sterzing machten die Gastwirte ein Riesengeschäft mit den Durchreisenden – aber das ist lange her.

Wipptal heißt das Tal nördlich und südlich des Brennerpasses, das von Innsbruck im österreichischen Nordtirol bis nach Franzensfeste im italienischen Südtirol reicht. Dass ein Tal seinen Namen über einen Pass hinweg behält, kommt in Tirol noch zweimal vor (der Südtiroler Vinschgau reicht über den Reschenpass bis nach Nauders in Nordtirol, und das Pustertal erstreckt sich von seiner Mündung in das Eisacktal bei Brixen über die Wasserscheide bei Toblach bis nach Lienz im österreichischen Osttirol). Warum das so ist, wird klar, wenn man weiß, dass der Brennerpass in den Ostalpen die wichtigste, weil niedrigste Verbindung über den Alpenhauptkamm darstellt – schlappe 1375 m Meereshöhe –, sogar der sanfte Reschenpass liegt höher (1508 m)! Spätestens seit der Römerzeit war der Brenner der wichtigste Pass zwischen dem heutigen Oberitalien und Süddeutschland, da wundert es nicht, dass die Verbindungsfunktion über den Pass hinweg den Landschaftsnamen bestimmte und nicht der Name des Flusses, wie das sonst so üblich ist. Innerhalb Südtirols ist es der Eisack, der das Tal vom Brenner bis Brixen durchfließt, wo die Rienz einmündet, das Tal seinen Namen wechselt und nun nach dem Fluss Eisacktal heißt.

Tourismusverband Eisacktal, eisacktal.com. Für Detailinfos zu den einzelnen Orten wendet man sich an die bei den jeweiligen Orten genannten Büros.

Der Brennerpass

Der Brennerpass ist erst seit 1918, offiziell sogar erst seit dem Friedensvertrag zwischen Österreich und Italien Staatsgrenze. Bis zum Schengen-Abkommen war er zumindest auf italienischer Seite ausgesprochen gut mit Zöllnern, Carabinieri und anderen Offizialen besetzt. Das ist Geschichte, auf der Straße wurde der Übergang praktisch komplett abgebaut, der große Bahnhof Brenner (auf italienischer Seite) hat nicht einmal mehr einen Fahrkartenschalter, weder für die ÖBB noch für Trenitalia. Auch die Zahl der Händler, die hier gute Geschäfte mit kauflustigen Nordlichtern machten, die ihren ersten Chianti und ihren letzten Ledergürtel ausgerechnet hier erwerben wollten, ist zurückgegangen. Aber nicht ganz: Leder, Leder, Leder in jeder Form gibt es noch immer in dicht gedrängten Geschäften und Ständen und italienischer Wein wird immer noch zu gehobenen Preisen angeboten. Traurige Zeiten für Banken und Geldwechsler, die wenigsten Urlauber müssen noch Geld wechseln, wenn sie über den Brenner nach Italien einreisen.

Als der **Kurort Brennerbad** im späten 19. Jh. gegründet wurde, errichtete man für ihn extra eine Schnellzugstation, so populär war er. Das Jahr 1914 ließ die Touristen wegbleiben, das Jahr 1918 machte aus dem Kurort einen Grenzort, und das war's dann. Die italienischen Soldaten und Alpini, die dann die Grenzregion bevölkerten, brachten auch keinen Ersatz für den Tourismus. Heute hat die alte Kuranstalt in neuem Kleid wieder aufgemacht und bald wieder zugemacht (das Mineralwasser wird weiterhin abgefüllt), die zahlreichen für die Öffentlichkeit freigegebenen Militärstraßen hinauf zum Alpenhauptkamm bilden ein Dorado für Mountainbiker. Ein Beispiel ist die **Große Grenzkammrunde** (→ S. 28), die wunderbare Ausblicke auf den Alpenhauptkamm und nach Süden beschert. Im Sommer präsentiert sich eine reiche Blumenpracht auf weitläufigen, sanft geschwungenen Bergwiesen um die zahlreichen verfallenen Forts und Bunker, die in den Jahren 1938 bis 1942 als Teil von Mussolinis Alpenwall errichtet wurden. Heutzutage bröckeln sie langsam vor sich hin, bieten Kühen willkommene Zuflucht bei schlechtem Wetter und wirken in ihrer trutzigen Betonarchitektur teils bedrohlich, teils absurd inmitten der absolut friedlichen, farbenfrohen Berglandschaft.

Verbindungen **Bahn:** Am Bahnhof Brennero/Brenner halten immer noch alle Züge, aber nur noch zum Lokwechsel, nicht mehr zur Personenkontrolle. Keine Schalter, an den Automaten erhält man nur Südtiroler und Nordtiro-

Grenzkammstraße: Traumroute mit dem Mountainbike

Vom Brenner bis Bozen → Karte S. 24/25

ler Fahrkarten, nach überregionalen Tickets sucht man vergebens! Direkte Regionalbahnen nach Kufstein und Meran.

Auto: Der Autobahnübergang Brenner, an dem man oft recht lange warten musste, kann heute schlicht durchfahren werden.

Einkaufen **Markt** am Brenner am 5. und 20. jeden Monats (außer wenn So). Eine große Auswahl an Mode-, Sport- und Schuhgeschäften bietet das **Outlet Center Brenner,** Mo–So 10–19 Uhr, outletcenterbrenner.com, im EG der Parkgarage Schnelllader für E-Autos. Die Raststätte **Lanz** unterhält eine von drei Filialen im Plessi-Museum (die erste liegt bei Brixen in Richtung Pustertal, eine dritte an der Europabrücke). Hier kann man sich den ersten (oder letzten) Cappuccino in Italien gönnen oder sich mit Südtiroler Feinkost und Wein eindecken. lanz-suedtirol.it.

Museum **Plessi-Museum,** vom Architekten Carlo Costa entworfenes Museumsgebäude aus Glas und Beton, an dem man meistens nur vorbeifährt – ein Stopp lohnt aber durchaus (tgl. bis 20 Uhr geöffnet): Im Inneren finden sich Werke des Künstlers Fabrizio Plessi und wechselnde Ausstellungen.

Wintersport/Hütte **Rodelbahn Zirog-Brennerbad,** 6 km, ab Enzianhütte, 1894 m, (Gehzeit 2–3 Std.) auch im Winter geöffnet, kein Rodelverleih, ✆ 0472/631224.

Große Grenzkammrunde

Die Tour dauert etwa 4 Std., Start ist am Bahnhof in Gossensass. Anfangs geht es taleinwärts Richtung Pflerschtal unter einer Unterführung durch und nach ca. 1 km rechts Richtung Giggelberg. Dieser Straße stets bergauf folgen. Nach ca. 4 km links auf den Schotterweg abzweigen und weiter links bergauf bis zum Sandjoch. Weiter geht es vom Sandjoch Richtung Norden über die Grenzkammstraße, am Kreuzjoch und Steinjoch vorbei, bis zum Sattelberg. Dann erfolgt eine Abfahrt über den Schotterweg bis zur Steinalm und von dort sehr steil hinab zum Brennerpass (Einkehrmöglichkeit). Für die Rückfahrt empfiehlt sich der Brenner-Radweg. Die Tour lässt sich auch andersherum durchführen, allerdings ist dann der erste Teil der Auffahrt bis zur Steinalm sehr steil.

Gossensass und das Pflerschtal

Das bei Gossensass in das Wipptal mündende Pflerschtal sollte man unbedingt besuchen, und wäre es nur für den Blick auf den *Tribulaun,* den man von Innerpflersch aus hat. Bei einer wilden Berggestalt wie dieser müssen andere Gipfel regelrecht neidisch werden. Wer den Tribulaun aus höherer Position betrachten will, hat's ebenfalls leicht: Ein bequemer Lift führt auf die **Ladurnser Alm** mit ihrem Sommer- und Wintersportrevier.

Sehenswertes in Gossensass

Die Stadt hat eine ähnliche Geschichte wie Sterzing, die Lage am Fuß des Brennerpasses und die nahen Erzvorkommen haben sie im Wesentlichen bestimmt. Im Pflerschtal wurde schon in vorgeschichtlicher Zeit Bergbau betrieben, der Silberabbau hatte dann im Spätmittelalter seinen Höhepunkt, bevor der Silberpreis durch die Importe aus der Neuen Welt nach etwa 1520 schlagartig in den Keller fiel und der Abbau unwirtschaftlich wurde. Rein äußerlich ist von dieser Glanzzeit im Straßenort Gossensass wenig zu sehen, man muss genau hinschauen. Etwa in der **Barbarakapelle** auf dem Friedhof, einer Knappenkapelle, also einer Stiftung von Bergleuten aus dem Jahr 1510). Sie beherbergt einen prächtigen spätgotischen Flügelaltar, der auf der Predella Malereien trägt, die Knappenarbeit zeigen (links Steinbruch, rechts Stollen, ein Knappe schiebt eine Lore mit gebrochenem Gestein, ein anderer zerkleinert es). Noch 1751 konnte sich Gossensass den berühmten Matthäus Günther leisten, um die **Pfarrkirche** auszumalen, seine illusionistischen Fresken stehen am Anfang des Rokoko. Neuen Auftrieb erhielt der zur Bedeutungslosigkeit herabgesunkene Ort, der wenigstens immer als Einkehr bei Brennerüberschreitungen genutzt wurde, in der Gründerzeit. Zusammen mit Brennerbad entstand in Gossensass eine der ersten alpinen Sommerfrischen der österreichisch-ungarischen Monarchie, einer seiner langjährigen Gäste war Henrik Ibsen. Der Beginn einer Entwicklung, die durch den Kriegsausbruch von 1914 rasch wieder beendet wurde.

Ausflüge ins Pflerschtal

Zunächst scheinen die Talschlussgletscher, vor allem der *Feuersteingletscher*, das bestimmende Landschaftselement dieses bis zum Alpenhauptkamm reichenden Tals. Doch wenn man sich weiter ins Tal hineinbegibt, wird ein Berg an der Nordseite immer gewaltiger und eindrucksvoller, der Tribulaun, genauer der **Pflerscher Tribulaun** (3096 m). Seine gewaltige Südwand ist fast 800 m hoch, sie wirkt wie eine senkrechte Mauer. Auf der Nordseite, aus dem österreichischen Gschnitztal, wirkt der Berg nicht ganz so gewaltig, ist aber genauso wenig von Durchschnittbergsteigern zu bewältigen. Direkt unter dem Tribulaun liegt **Innerpflersch,** der letzte Ort im Tal mit Kirche und Gasthof, weiter drinnen im Talschluss gibt es nur noch Almen und Hütten. Der Talschluss gipfelt in einem Gletscherplateau, dem *Feuersteinferner*, umrahmt von mehreren Dreitausendern, darunter dem Westlichen (3250 m) und Östlichen (3267 m) Feuerstein. Einzige Hütte in dieser Einsamkeit ist die *Magdeburger Hütte* (Rifugio Cremona, 2423 m), ein Stützpunkt für Kletterer und Eisgeher, aber auch beliebtes Wanderziel für einen

In Gossensass

Bergtag – von der Ochsenhütte im Talschluss, die man mit dem Auto erreichen kann, sind es nur zwei Stunden zu Fuß hinauf.

An der schattigen Südseite des Pflerschtals hat sich viel Wald erhalten, der ab etwa 1800 m in ausgedehnte Almweiden übergeht. Die **Ladurner Alm** in der Mitte des Tals wird durch einen Lift erschlossen, der im Sommer ein schönes Wandergebiet erschließt, in dem man z. B. eine Rundwanderung hinüber zur Bergstation des Rosskopfs oberhalb von Sterzing machen kann. Eine Mountaincart-Strecke (ein Mountaincart ist eine Art tiefer gelegter Dreiradler, mit dem man Feld- und Waldwege hinunterbrausen kann) führt von der Berg- zur Talstation (6,5 km). Im Winter ist die Ladurnser Almlandschaft ein reizvolles Skigebiet mit immerhin drei Liften, das zum Skiverbund Südtiroler Wipptal gehört.

Bergbahn **Ladurns-Sessellift,** Mitte Juni bis Mitte Sept. tgl. 9–17 Uhr, Berg 13 €, Kinder 9 €, Berg/Tal 18/12 €. ✆ 0472/770559, ladurns.it.

Mountaincarts Strecke ab Ladurner Alm bis zum Parkplatz. Öffnungszeiten wie der Sessellift, geeignet ab 10 Jahren, ansonsten in Begleitung der Eltern, Verleih an der Talstation, eine Fahrt 13 €.

Wintersport → Sterzing. **Sportservice** Erwin Stricker an der Talstation Ladurns, ✆ 0472/770560, sportservice.bz; **Skischule Ladurns,** ✆ 0472/632673, skischule-ladurns.com.

Skibus Sterzing – Ladurns, Weihnachten bis Mitte April; an der Talstation Skiverleih.

Übernachten/Essen Edelweißhütte, am winzigen Ladurner See, rustikale Küche, einfache Zimmer, Angeln im See. Pflersch, ✆ 0472/671705, edelweisshuette.it. **€**

Ladurnerhütte, 1730 m, seit bald 50 Jahren versorgt der Familienbetrieb seine Gäste, es wurde umgebaut, renoviert und erweitert, ✆ 0472/770012, ladurnerhuette.com. **€€**

Am Schalter des Ladurns-Sessellifts gibt es einen kostenlosen Übersichtsplan: „Ladurns Wandervorschläge".

Wanderung zur Tribulaunhütte am Sandersee: Die fantastischsten Blicke auf den Pflerscher Tribulaun hat man von der 700 m tiefer gelegenen Tribulaunhütte am dunklen Sandersee. Man beginnt die Wanderung am Parkplatz in Hinterstein auf 1350 m und wird auf dem gut markierten und beschilderten Weg 8 ohne Gabelungen zur Hütte hinaufgelenkt (eine Weg-Einmündung von rechts im oberen Teil wird nicht beachtet). Der steile Südhang ist nicht ohne Schweißvergießen zu gehen, an einigen Stellen ist er etwas ausgesetzt.

Tour-Info: Vom Parkplatz zur Hütte 900 Höhenmeter, ↑ 3:30 Std., ↓ 2:30 Std., Gesamtgehzeit 6 Std. Tribulaunhütte (Rifugio Tribulaun), CAI Sterzing, 2369 m, 19 Betten und 18 Lager, Juli bis Sept. geöffnet, ✆ 349/0548132, tribulaunhuette.com.

Tour 1: Mit dem Rad durch das Pflerschtal[GPS]

Tour-Info: Radtour entlang dem Schattenhang des Pflerschtals, meist durch Wald und hoch über der Talsohle, einfach zu fahren bis auf ein kurzes Stück auf einem holprigen Steig. Dauer 2–2:30 Std.; Länge der beschriebenen Strecke 16,6 km, dazu Hinweg auf Talstraße 9,7 km; Höhenunterschied: ↑ 450 m, ↓ 600 m; Karten: Tabacco (1:25.000) Blatt 38; Kompass (1:50.000) Blatt 44.

Von der Kirche in St. Anton in Innerpflersch **A** nimmt man die talauswärts führende Straße hinunter zum Pflerschbach, passiert eine erste Brücke **B** und fährt mit der Straße über eine zweite Brücke **C.** Jenseits davon zweigt eine schmale asphaltierte Straße ab und führt den Hang hinauf. Auf mehreren Serpentinen schraubt sie sich durch Wald, nach einer Rechtskurve endet

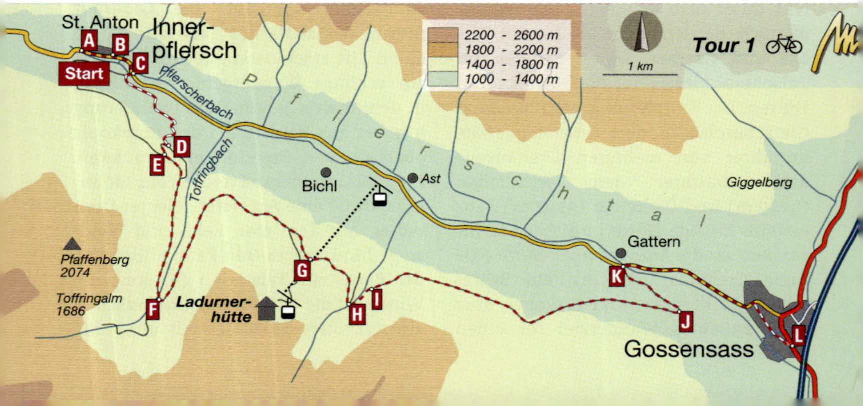

der Asphalt **D,** und es geht auf einer Forststraße weiter. Diese mündet kurz darauf in eine querende, fast eben verlaufende Forststraße **E,** der man nach links folgt. Mit einigen Steigungen führt diese Straße ins Tal des Toffringbachs, der nach dem Staubecken gequert wird **F,** hier kann man rechts einen hübschen Abstecher zur Toffringalm machen oder gar hinauf zur bewirtschafteten Edelweißhütte laufen (hin/zurück 3 Std., nur Wanderweg!).

Nach der Bachquerung führt die Straße eben weiter durch Wald, dann wird die Liftstation **G** des neuen zweiten Lifts zur Ladurnser Alm und der Lift selbst passiert. Im nächsten Tälchen endet die Forststraße plötzlich **H,** hier nicht links hinunter, sondern ein meist trockenes Bachbett querend auf dem Wanderweg, der mit „Gossensass" deutlich beschildert ist. Vorsicht bei der Weiterfahrt, holpriges Gelände mit vielen Wurzeln (evtl. absteigen und schieben)! Der Fußweg endet am Beginn einer Forststraße **I,** der wir ab sofort folgen. Nach Hangpassage und Querung eines Tälchens folgt eine hübsche Abfahrt, eine einzige Kurve **J** ändert die Fahrtrichtung, dann ist man auch schon an einer Schranke und an der Hauptstraße durch das Pflerschtal **K** angelangt, rechts weiter auf dieser Straße und nach Gossensass, wo die Brennerstraße erreicht wird **L.**

Praktische Infos

Information **Tourismusbüro Gossensass,** Mo–Fr 9–12.30/14–17 Uhr, I-39040 Gossensass/Colle Isarco, Ibsenplatz 2, ✆ 0472/632372, gossensass.org.

Verbindungen **Auto:** Gossensass ist der erste größere Ort, den man auf der Brennerstaatsstraße in Südtirol erreicht. Keine Autobahnabfahrt!

Bus: gute Verbindungen mit Brenner und Sterzing, etwa stündlich (Bus 313) ins Pflerschtal.

Einkaufen **Kräutergärten Wipptal,** angebaut werden Heil- und Würzkräuter in Bioqualität, verarbeitet werden sie zu Tee, Gewürzmischungen, Likör, Sirup und Kosmetik. Zwei Höfe vermarkten sich unter dem Label: der Steirerhof in Wiesen und der Botenhof in Pflersch, jeder mit einem Hofladen, erhältlich auch in der Alten Apotheke in Sterzing, im Kräuterladele, Neustadt 1, biowipptal.it.

Sport **Radfahren/Mountainbiken:** reichlich alte Militärstraßen in der Umgebung, von den Italienern angelegt, um die 1918/19 neu entstandene Grenze gegen Österreich zu schützen. Einige Straßen verlaufen in großer Höhe und in Grenznähe (→ Große Grenzkammrunde, S. 28).

Hervorragend ausgebaut ist der **Radweg Brenner – Gossensass – Sterzing,** der die alte Bahntrasse benutzt. Vorbei an verfallenen Wärterhäuschen geht es durchgehend asphaltiert stets bergab mit Blick auf die Stelzen der Autobahn durch mehrere beleuchtete Tunnels hindurch. Die Route führt in weitem Bogen sanft hinein ins Pflerschtal bis Ausserpflersch. Über Gossensass und hindurch unter einem gewaltigen Autobahnviadukt geht es auf einem happigen Gegenanstieg bis zum malerischen **Schaurhof** (hier Einkehr empfohlen). Gestärkt rollt man dann hinab nach Sterzing (20 km, Fahrzeit gut eine Stunde). Auch für Familien geeignet.

Wintersport: → Sterzing; Natureislaufbahn Ibsenplatz, auch Eisstockschießen.

Übernachten/Essen in Gossensass
***** Gudrun,** Hotel in Bauformen, wie sie vor 1914 für alpine Hotels verwendet wurden, mit rustikalen Holzbalkonen. Beachten Sie das schöne zeittypische Treppengeländer aus Gusseisen im Inneren des Hauses! Das Hotel ist schön auf einer Wiese am Waldrand gelegen und wurde renoviert und erweitert. Moderner Saunabereich mit Whirlpool und kleines Hallenbad. Kinderspielzimmer. Alte Postgasse 8, ✆ 0472/632318, hotel-gudrun.com. **€€–€€€**

***** Erna,** Hotel im Tiroler Stil mit umlaufenden Holzbalkonen in recht ruhiger Lage am unteren Ortsrand, Saunabereich mit Whirlpool, Liegewiese, Tennisplatz, Zimmer ordentlich. Pflerscher Str. 2, ✆ 0472/632307, hotel-erna.it. **€€–€€€**

MeinTipp ***** Schaurhof,** malerisch am Radweg Brenner-Sterzing gelegener historischer Gastbetrieb mit schönen alten Stuben, traditionelle Südtiroler Kost, aber auch italienische Gerichte. Einfache Zimmer und moderne im neuen Anbau, auch Fewos. Außenpool, Saunahaus und riesiges Spielzimmer für Kinder. Restaurant Di Ruhetag. Ried 20, ✆ 0472/765366, schaurhof.it. **€€–€€€**

Übernachten/Essen im Pflerschtal

****** Panorama,*** vom Hotel oberhalb der Kirche von St. Anton hat man wahrlich einen schönen Ausblick. Das Hotel wurde renoviert, die Zimmer sind modern und gemütlich. Auch der Wellnessbereich mit Sauna und Dampfbad wurde komplett erneuert. Das Frühstücksbuffet und die Küche können sich sehen lassen. Pflersch 176, ✆ 0472/770010, hotel-panorama.it. **€€–€€€**

***** Bergkristall,** modernes, attraktiv gestaltetes Hotel neben der Talstation Ladurns, die große Pizzeria (Holzofenpizza) im Erdgeschoss mit Terrasse ist an Sonn- und Feiertagen in der Saison gerammelt voll. Zimmer mit Balkon, zweckmäßiges und gut verarbeitetes Mobiliar. Sauna und Dampfbad, Fitnessraum, Liegewiese. Pflersch, ✆ 0472/694972, bergkristall.it. **€€–€€€**

mein Tipp ******* Feuerstein,** der Hit für Kinder: ein ganzer Schuppen zum Spielen! Heuboden, Rutschen (hinein ins Heu!), Billard, Tischtennis, Tischfußball, Streicheltiere, Badeteich, Spielräume ... und die Eltern können in Ruhe was anderes machen. Dazu Betreuung, Ausflüge und spezielle Veranstaltungen für Kinder und Teenager. Das moderne Haus im Grünen hat gemütliche Zimmer und luxuriöse Familiensuiten in verschiedenen Größen, außerdem Chalets direkt am Badeteich. Dazu 3000 m² Family-Spa und mehrere Pools – da bleiben keine Wünsche offen, Kinderermäßigungen. Seit Mai 2022 gibt es als weitere Attraktion einen Reiterhof mit Reitangeboten bereits für Dreijährige. Pflersch 185, ✆ 0472/770126, feuerstein.info. **€€€€**

**** Knappenhof,** Pension in einem Haus im Grünen mit viel Holz in Speisesaal, Bar und Zimmern; gutes Frühstücksbuffet, Sauna, Whirlpool und Liegewiese. Pflersch 86, ✆ 0472/770594, knappenhof.com. **€€**

Sterzing

Sterzing ist die nördlichste Perle einer Kette aus hübschen und hervorragend erhaltenen mittelalterlichen Städtchen in Südtirol und setzt einen Maßstab, an dem sich beispielsweise Brixen und Bruneck messen lassen müssen.

Die alte Straße vom Brenner nach Süden quert die Stadt vom oberen Altstadt- bis zum unteren Neustadtende. Spätmittelalterliche Häuser reihen sich eins ans andere, im Neustadtteil mit schattigen Laubengängen. Die Renaissance macht sich noch hier und dort bemerkbar, aber keine großen barocken oder gar gründerzeitlichen Veränderungen bestimmen das Bild. „Fuggerstadt" – das trifft auf Augsburg zu und in kleinerem Maßstab auf Sterzing, die Handelsfamilie hat es im Spätmittelalter und der frühen Neuzeit beherrscht und nachhaltig geprägt. Die Augsburger Fugger waren der wahrscheinlich wichtigste Handelspartner der Republik Venedig nördlich der Alpen und gaben deutschen Kaisern Kredite, damit die ihre Kriege führen konnten, hatten also Einfluss auf Reichspolitik und Welthandel. In Sterzing verwalteten sie einen Teil ihres bedeutenden Bergwerkimperiums und zwar die Silbergruben des Ridnauntals, den Bergwerksbezirk Schneeberg auf bis zu 2500 m Meereshöhe. Die reichen Silbervorkommen des Schneeberggebiets machten nicht nur die Fugger reich, auch auf die Knappen und vor allem auf die Verwaltung in Sterzing entfiel ein Teil des Silbersegens. So war auch der Bau einer kompletten Neustadt finanzierbar, als Sterzings Altstadt 1443 abbrannte. Zur Ausstattung von Bürgerhäusern, Burgen und Kirchen wurden keine Kosten und Mühen gescheut, so hat der spätgotische „Sterzinger Altar" des Hans Multscher von 1459 eine Menge Geld gekostet. Erst als die spa-

Am Rathausplatz in Sterzing

Vom Brenner bis Bozen → Karte S. 24/25

nisch-habsburgischen Galeonen nach 1500 und vor allem verstärkt nach 1530 tonnenweise billiges Silber aus der Neuen Welt nach Europa brachten, verloren das Schneeberger Silber an Bedeutung und die Fugger an Macht.

Sehenswertes in Sterzing

Durch den Stadtbrand von 1443 und seine städtebaulichen Folgen teilt sich Sterzing in die nördliche Altstadt und die südliche Neustadt. Wer vom Parkplatz am Busbahnhof kommt, erreicht zuerst den Südteil der Neustadt.

Die Neustadt

Ein Teil der sofort nach dem Stadtbrand begonnenen Neubauten wurden, wie damals in den Handelsstädten Tirols allgemein üblich, mit Arkaden versehen, den sogenannten *Lauben*, wie sie sich auch in Bozen, Brixen, Neumarkt und Meran erhalten haben (in kleinerem Maßstab auch in anderen Städten). Die Lauben ziehen sich durch den mittleren Teil der Ostseite der Neustadt (vom Untertorplatz aus gesehen rechts) bis zum Rathaus. Nach der Rathausgasse wurden sie der platzartigen Verbreiterung der Neustadt geopfert und der Statue des hl. Johannes Nepomuk (der angrenzende hübsche Brunnen wurde erst neu errichtet). Die Häuser der Neustadt, die sich praktisch an einer Durchgangsstraße entlangzieht, zeugen vom Wohlstand der Stadt zur damaligen Zeit: breite Fassaden, mehrere Stockwerke, breite Einfahrten in Innen- und Lichthöfe für die hoch beladenen Karren mit Waren, eine hohe Nobeletage für die Besitzerfamilie (erster Stock), Fresken und schöne Auslieger, die das Gewerbe des Besitzers verkünden. Dem *Haus zur Lilie* gab der ab 1450 bezeugte Gasthof zur Goldenen Lilie den Namen, das Hotel Lilie, das sich heute darin befindet, ist also ein direkter Nachfolger. Das *Sternbachhaus* ist eines der größten der Neustadt, 1450 war hier das Stadt- und Landgericht ansässig, heute ist in den Obergeschossen eine Schule untergebracht, Läden und Bistro im Erdgeschoss.

Der spätgotische, reich verzierte Erker des **Rathauses** überblickt die gesamte Neustadt. Das Haus wurde 1468 vom Rat der Stadt gekauft und kräftig umgebaut, der Erker entstand zuletzt und wurde 1524 fertig. Genau richtig für das Jahr 1525, als die aufständischen Bauern überall in Süddeutschland und Böhmen/Mähren den Ratsherren einen gehörigen Schrecken einjagten – da konnte man den Erker gleich als Ausguck verwenden, während der Notstandsrat tagte und die Sterzinger Bauern unter *Michael Gaismair* vorrückten.

Im Inneren des schönen spätgotischen Hauses überrascht der großzügige Lichthof mit umlaufender Galerie. Im ersten Stock sind einige museale Objekte ausgestellt, u. a. ein schöner Schrank mit farbigen Holzeinlagen aus dem Barock. Eine alte Holztür führt in den historischen *Ratssaal* mit alter Täfelung und umlaufenden Wandbänken,

Speck-Verkauf in Sterzing

einem eindrucksvollen Kachelofen und schlichter gotischer Holzdecke. Bemerkenswert das Lüsterweibchen, das 1525 in Augsburg wohl nach einer Vorlage Albrecht Dürers entstand.

Im *Innenhof* sind zwei interessante Objekte ausgestellt: ein römischer Meilenstein der Brennerstraße, 1979 beim Umbau eines Sterzinger Hauses gefunden (aus dem Jahr 201), und der Abguss eines Mithrassteins aus derselben Zeit, der in einer Felsenhöhle bei Mauls gefunden wurde, wo er über dem Altar des dortigen Heiligtums stand (Mithras war ein besonders vom Militär verehrter vorderasiatischer Gott, der meistens im Kampf mit einem Stier abgebildet wird).

■ **Rathaus** Mo–Do 8–12.30, Mi auch 14–17.30 Uhr; **Innenhof** (Mithrasstein/römischer Meilenstein) Mo–Fr 8–18 Uhr; Eintritt frei.

Neben dem Rathaus steht die **Statue des hl. Johannes Nepomuk** (1739). Der Heilige, der von der Moldaubrücke in den Fluss geworfen wurde, wehrt Wassergefahren ab. Unbedingt nötig an einem Ort, der immer wieder mit Überschwemmungen durch den etwas oberhalb mündenden Vallerbach und den Eisack zu rechnen hatte.

Die Altstadt

Der *Zwölferturm* trennt Neustadt und Altstadt: Er ist 46 m hoch, von 1468 bis 1472 erbaut und das Wahrzeichen Sterzings. Der steinerne Treppengiebel stammt von 1867, nachdem der frühere Spitzhelm abgebrannt war. Auf dem Stadtplatz gleich dahinter dominiert der *Gasthof Schwarzer Adler* mit seinen zwei Frontgiebeln (offensichtlich aus zwei alten Häusern zusammengefasst), am linken Eck steht ein hölzernes *Bildstöckl* (leider ohne die Statue), das zur Erinnerung an einen Blitzschlag im Jahr 1636 aufgestellt wurde, der dank göttlicher Fügung ohne Brand ablief. Dem Zwölferturm gegenüber liegt ebenfalls am Stadtplatz die **Heilig-Geist-Spitalkirche** (rechts davon die

Touristeninformation), ein nach außen ganz schlichter Bau der Gotik (ab 1399). Drinnen entpuppt sie sich als ein zweijochiger Raum mit Spitzbögen, der fast komplett spätgotisch ausgemalt ist (das nördliche Seitenschiff ist ohne Dekor). Die Fresken des *Hans von Bruneck* aus dem Jahr 1402 sind etwas verblasst, aber gut zu erkennen. Die Heilsgeschichte – wie damals üblich – ist in großformatigen Szenen dargestellt. Besonders eindrucksvoll sind der Zug der Hl. Drei Könige mit der Anbetung des Kindes über der nordwestlichen Arkade und das Jüngste Gericht an der Westwand, der früheren Eingangswand: Die Darstellung von Reihen sich öffnender Gräber, aus denen die Toten beim Jüngsten Gericht auferstehen, kann schon Schauer auslösen.

▪ **Heilig-Geist-Spitalkirche** Mo–Sa 8.30–18 Uhr.

Das postmoderne *Athesiahaus* (zweistöckige Buch- und Papierhandlung) mit seinem zentralen Stahl-Glas-Erker fügt sich trotz oder wegen des großen Kontrasts zu den Nachbarhäusern gut in die Fassadenflucht der Altstadt ein. Typisch postmodern heißt hier: Das für Sterzings Architektur charakteristische Element des Mittelerkers wird verfremdet zitiert. Das *Haus in der Färbe*, ganz am oberen Ende der Altstadt, wurde früher Oberspital genannt und war im 14. Jh. ein Armenspital, dann Bürgerhaus, später Färberei, heute wird es als Pension genutzt.

Stadtpfarrkirche und Deutschordenshaus: Etwas außerhalb des Orts liegt die *Pfarrkirche Unsere Liebe Frau im Moos*, ein im Inneren prächtiger spätgotischer Bau (1417–1524). An der Nordwand der Kirche befindet sich der *Postumia-Victorina-Stein*, ein römischer Grabstein, der unter Kaiser Maximilian 1497 aufgefunden wurde. Der kaiserliche Auftrag, den Fund schriftlich zu dokumentieren, ist die älteste archäologische Dokumentation im deutschen Sprachraum.

Die beiden Museen *Stadtmuseum* und *Multschermuseum* sind im ersten Stock der Kommende des Deutschen Ordens nahe der Pfarrkirche untergebracht. Der Ritterorden hatte im Sterzinger Raum großen Besitz, in diesem Haus war die Verwaltung ansässig, was in einigen Räumen noch gut zu sehen ist. Das Multschermuseum verwahrt die wichtigsten Teile des „Sterzinger Altars" des Ulmer Meisters *Hans Multscher* (1459), der Altar gehört zu den wichtigsten Werken des ausgehenden Mittelalters im deutschen Sprachraum.

▪ **Stadtpfarrkirche** tgl. 9–19 Uhr. **Stadtmuseum/Multschermuseum,** Deutschhausstr. 11, ✆ 0472/766464. April bis Okt. Di–Sa 10–13/14–17 Uhr, Eintritt 2,50 €, Kinder 1,20 €, sterzing.eu.

Ausflüge von Sterzing

Auf den Rosskopf: Direkt von Sterzing, das auf fast 1000 m liegt, führt die Rosskopfseilbahn 800 m höher bis unter den Rosskopf mit seiner fantastischen Aussicht, einem dichten Netz von meist leichten Wanderwegen und winterlichen Pisten samt zugehörigen Skiliften. Die 300 Höhenmeter von der Bergstation zum Rosskopfgipfel sollten für jeden einigermaßen rüstigen Besucher zu schaffen sein. Die kleine Mühe wird mit Blicken auf den Tribulaun im Norden (Stubaier Alpen), die Zillertaler Alpen, die Sarntaler Alpen und die Geislerspitzen in den Dolomiten im Südosten belohnt (wenn das Wetter mitspielt).

Der fast achtstündige **Dolomieu-Höhenweg** vom Rosskopf bis zur Ochsenhütte im Talschluss des Pflerschtales (auch 6-Almen-Weg genannt) kann durch Bergbahnen beliebig verkürzt und durch Einkehr in den Almen (Ochsenalm) zu einer veritablen Genusstour werden. Wieso Dolomieu-Weg? Der Geologe, nach dem die Dolomiten benannt sind, fand das ebenfalls nach ihm benannte Mineral Dolomit nicht dort, sondern hier in der Nähe am Pflerscher Tribulaun.

Wer nur im Bereich der Bergstation spazieren will, bekommt an Wochenenden ein buntes Programm präsentiert, das von Bierverkostungen über Volksmusik bis zum Country- und Westernfest reicht. Für Kinder gibt es im *Rossy-Park* einen Streichelzoo mit Esel, Ziegen und Lamas, ebenso einen Wasserspielplatz. Der Wassererlebnisweg vom Rosskopf nach Sterzing erklärt die Trinkwassergewinnung am Berg. Es gibt dazu eine Panoramaplattform und und eine Sommerrodelbahn am Panoramalift.

Bergbahn **Seilbahn Sterzing – Rosskopf,** Mai bis Okt. tgl. 8.30–17 Uhr, Berg 19 €, Kinder 13 €, Berg/Tal 24 €, Kinder 17 €; Mitte Juni bis Anf. Okt. fährt auch der Panoramasessellift. Kombiticket beider Bahnen und Rodelbahn 34 €, Kinder 24 €, es gibt auch Familientickets. Im Sommer immer mittwochs Sonnenaufgangsfahrten ab 4.15 Uhr, Brennerstr. 12, rosskopf.com.

→ **Wintersport** S. 37

Hütten Bewirtschaftete Hütten an und in der Nähe der Bergstation („Roßstodl"): **Sterzinger Haus,** Alpenverein Südtirol, 1930 m, Übernachtungsmöglichkeit, ✆ 335/299054, sterzingerhaus.com. **Ochsenalm,** 1907 m, gemütliche Alm, toller Ausblick, sehr gute Almgerichte. **Sternhütte,** 1946 m, uriges Restaurant, nebenan luxuriöse und zugleich heimelige Unterkunft im **Mountain Chalet Stern** für 2–8 Personen **€€€€,** ✆ 347/2454930, stern.one, im Abstieg nach Sterzing liegt die **Enzianhütte,** 1600 m.

Burg (Schloss) Reifenstein: Die eindrucksvolle Burg liegt am Südrand des *Sterzinger Mooses.* Die „typische Ritterburg" bewacht mit der gegenüberliegenden *Burg Sprechenstein* den Eingang zum unteren Wipptal. Reifensteins Bergfried stammt noch aus romanischer Zeit, die späteren mittelalterlichen Erweiterungen standen schon, als 1470 der Deutsche Orden die Burg übernahm. Die Besichtigung zeigt u. a. die große Rauchkuchl, eine rußgeschwärzte Küche, in der für Herrschaft und Dienstboten über offenem Feuer gekocht wurde. Der Grüne Saal im zweiten Stock wurde 1497 komplett illusionistisch ausgemalt. Eindrucksvoll der Marterpfahl im Vorraum des Verlieses, das im Bergfried untergebracht war. Im untersten Geschoss des Bergfrieds schliefen die Wachen auf Stroh, die engen hölzernen Verschläge, in denen wahrscheinlich je drei Mann Platz finden mussten, sind erhalten.

Am Nordrand der Kuppe von Reifenstein steht *St. Zeno,* eine mittelalterliche Kapelle mit barocker Ausstattung.

Anfahrt Straße von der SS 12 (Sterzing – Brixen) mit Hinweisschild „Elzenbaum Burg Reifenstein", Parkplatz unter dem Burgberg (ca. 0,5 km zu Fuß bis zur Burg).

Öffnungszeiten/Eintritt Besichtigung, Mitte Juni bis Anf. Nov. tägl. außer Sa 10.30–12.30, 14–16 Uhr (im Aug. bis 17 Uhr). Eintritt 8 €, Kinder 4 €. ✆ 339/2643752.

Basis-Infos

→ Karte S. 39

Information **Tourismusverein Sterzing-Ratschings,** Mo–Sa 8.30–12.30/13.30–18 Uhr, I-39049 Sterzing/Vipiteno, Stadtplatz 3, ✆ 0472/765325, sterzing.com.

Verbindungen **Bahn:** Sterzing liegt an der Brennerbahn, es halten nur Regionalzüge, Verbindungen zum Brenner und nach Brixen/Bozen/Meran etwa alle 2 Std.

Bus: gute Verbindungen nach Gossensass und Brenner, Ridnauntal, Jaufenpass (im Sommer), Pfitschtal und nach Franzensfeste sowie Brixen.

Ärztliche Versorgung **Krankenhaus:** St. Margarethenstr. 24, ✆ 0472/774111.

Gästekarte Die kostenlose **activCARD** gibt es in den meisten Übernachtungsbetrieben. Sie ermöglicht die unentgeltliche Benutzung der öffentlichen Verkehrsmittel, drei kostenlose Berg- und Talfahrten, freien Eintritt in die Gilfenklamm und in verschiedene Museen. Außerdem winken Rabatte in weiteren Betrieben. Infos unter sterzing-ratschings.com.

Einkaufen **Hofer Market,** ausgesuchte Weine, Spirituosen und Delikatessen aus allen

Regionen Italiens, perfekt für den Einkauf auf der Rückreise! Brennerstr. 21, hofermarket.it.

Milchhof Sterzing, Milchprodukte wie Joghurt, Butter und Käse gibt es in einem kleinen Laden auf dem Gelände des Unternehmens an der Jaufenpassstraße und einem weiteren Geschäft in der Sterzinger Neustadt. milchhofsterzing.it.

Eurospar, großer Supermarkt, der auch sonntags geöffnet hat. Schnellladestation für Autos. Brennerstr. 34.

Feste & Veranstaltungen **Sterzinger Joghurttage,** mehrere Tage im Juli, die Molkerei Sterzing ist auf Joghurt und Bio-Milchprodukte spezialisiert, was lag näher, als diese Kompetenz als „Joghurttage" zu vermarkten? Besichtigungen (Molkerei), Almwanderungen, Verkostungen, ein „Joghurtweg" in Sterzing, Joghurtmenüs in vielen Restaurants und Gasthäusern des Gebiets. Infos auf joghurttage.com.

Speziell für Kinder

Im Winter **Fichti's Kinderland** bei der Talstation der Bergbahnen Ladurns (→ Pflerschtal), ganztägige Betreuung von Kindern ab 3 Jahren inkl. 2 Stunden Skikurs und Mittagessen mit Getränk, Infos bei der Skischule Ladurns. Skikurs, Essen und Spaß auch im **Kinder Yogurt Land** am Rosskopf, Infos bei der Skischule Sterzing Rosskopf. Ebenfalls im Winter **Ermäßigungen in den Hotels** (bis 8 Jahre freie Unterkunft im Zimmer der Eltern), Gratisskipass (Vater und/oder Mutter muss dabei sein), Leihausrüstung gratis (wenn Papa und/oder Mama die ihre ausborgen).

Biker Days, 3 Tage im Juli – rette sich, wer kein Motorrad hat. Das ohnehin schon von Bikern belagerte Sterzinger Umland (Brenner, Jaufen, Timmelsjoch, Penser Joch sind *musts* für Biker) wird dann zu 100 % im Zeichen des Motorrads stehen.

Am 2. So im September **Knödelfest** in der Fußgängerzone. 70 verschiedene Knödelgerichte zum Verkosten und eine der längsten Tischreihen der Welt, derzeit 400 m. Mit Volksmusik, Tanz, Trachten und Stimmung bei jedem Wetter. knoedelfest-sterzing.com.

Sterzing hat ein modernes **Stadttheater,** in dem neben Theateraufführungen auch Vorträge, Filmvorführungen und anderes stattfinden. Stadtbühne Sterzing, Goetheplatz 1, ✆ 344/0311239 (nur Whatsapp), stadtbuehne-sterzing.com.

Märkte Wochenmarkt: Di ab 8.30 Uhr **Sterzlmarkt** auf dem Stadtplatz, nur Mitte April bis Mitte Okt.

Sterzinger Weihnachtsmarkt (Ende Nov. bis Anfang Jan.) auf dem Stadtplatz.

Sport **Kanu & Rafting:** Der Eisack unterhalb von Sterzing ist ein beliebtes und gut besuchtes Kanurevier. Infos und Buchungen bei Tiger, Sportzentrum Stilfs, Freienfeld, Tour ab 42 € (2:30 Std., leicht), ✆ 335/1370560, raftingsterzing.it.

Hallenbad, Freibad und Sauna: Modernes und sehr stylisches Bad „Balneum", mit Baby- und Kleinkindbecken, Whirlpool, Liegewiese und 4 Saunen, Mo–Fr 12–21, Sa/So/Fei/Schulferien 10–21 Uhr, Tageskarte Erw. 7,50–29,50 €, Karl-Riedmann-Platz 5, ✆ 0472/760107, balneum.bz.it.

Hochseilgarten: Im Nordpark Sterzing. April–Juni/Sept./Okt. Mi–So 10–18 Uhr, Juli/Aug. tgl. 10–19 Uhr. Erw. 22 €, Kinder und Jugendl. 10–18 €, skytrek.it.

Radsport: Alles ums Rad und Verleih bei **M2bike,** Lahnstr. 5, ✆ 0472/766801, m2-bike.com. Im Winter Skiverleih.

Wintersport: Drei Skigebiete, Rosskopf oberhalb von Sterzing, Ratschings-Jaufen und Ladurns im Pflerschtal (→ Gossensass), bilden die Skiregion „Südtiroler Wipptal". *Skigebiet Rosskopf:* Umlaufbahn ab Sterzing, Telemixbahn, 1 Sessellift, 20 km Piste, leichte bis mittlere Schwierigkeitsgrade. *Skigebiet Ladurns:* 2 Sessellifte, 1 Schlepplift, 15 km Piste, alle Schwierigkeitsgrade. *Skigebiet Ratschings-Jaufen:* 1 Kabinenbahn, 6 Sessellifte, 1 Schlepplift, 25 km Piste sowie FunPark.

Schneeschuhtouren und Winterwandern auf dem Rosskopf und bei Ladurns.

Rodelbahn: Die 10 km lange Rodelbahn auf dem Rosskopf ist ein populäres, familiengeeignetes Vergnügen: Nachtrodeln: Fr 19–24 Uhr geöffnet (und beleuchtet), die Gondel und die Hütten haben dann bis 22 Uhr auf.

Skibus: Sterzing – Ladurns (Weihnachten bis Mitte April).

Skischule: Skikurse bietet die Skischule Sterzing Rosskopf, Brennerstr. 41, skischool-sportrent.com.

Vom Brenner bis Bozen → Karte S. 24/25

Übernachten

→ Karte S. 39

Sterzing ist mit Quartieren aller Kategorien gut versorgt und hat eigentlich immer Saison. Wiesen, das eigentlich zum Pfitschtal gehört, ist, was die Quartiere betrifft, aufgrund der geografischen Nähe als ein Teil Sterzings zu betrachten und wird deshalb hier aufgeführt.

****** Lilie 10**, hübsch aufgefrischtes Traditionshotel im historischen Bau, jeder Komfort in Zimmern und Suiten, Hallenbad mit Saunalandschaft. Neustadt 49, ✆ 0472/760063, hotellilie.it. **€€€**

*****S Lamm 7**, gutbürgerliche spätgotische Zentralerkerfront zur Fußgängerzone, moderne Zimmer im Nebenhaus, schick renovierte im Haupthaus. Alte Stube, Sauna und Dampfbad, Whirlpool. Neustadt 16, ✆ 0472/765127, hotellamm.it. **€€–€€€**

****** Zum Engel 15**, gegenüber der Pfarrkirche liegt dieser gutbürgerliche Einkehrgasthof. Nach hinten sehr ruhig, Zimmer mit hellem Holz, durchschnittlich groß und möbliert (nicht alle mit Balkon), Wellnessbereich mit Hallenbad, Sauna und Dampfbad, Whirlpool, Kneippbad und Heusitzbad. Zimmer und Apt. Deutschhausstr. 20, ✆ 0472/765132, zumengel.it. **€€–€€€**

***** Steindl's 1**, der markante Neubau am Beginn der Fußgängerzone setzt konsequent auf Nachhaltigkeit. Viel Holz außen wie innen, nahezu klimaneutrales Wohnen, regionale und saisonale Produkte beim reichhaltigen Frühstück. Dazu schick designte Zimmer und Studios, Dachterrasse mit Blick ins Grüne, Sauna und E-Bike-Verleih. Freundlicher Service. Parkweg 2, ✆ 0472/765358, hotelsteindl.it. **€€€**

**** Frick 14**, kleine Pension am Ortsrand, Familienbetrieb, alle Zimmer mit Balkon, gute Ausstattung (am hübschesten die Zimmer im Dachgeschoss), schöner Aufenthaltsraum, große Liegewiese, die nahe Autobahn stört kaum. Deutschhausstr. 22, ✆ 0472/764496, pensionfrick.com. **€€**

****** Wiesnerhof 11**, das erste Haus in Wiesen aus Richtung Sterzing ist auch das erste Haus am Platz, das verrät schon das Äußere des „Wellness- und Wanderhotels" mit dem ausgebauten Hallenbadtrakt samt Wellnessanlage und den vorgelagerten Tennisplätzen. Fahrrad- und E-Bike-Verleih. Angenehme Zimmer und große Suiten, teils im modern-schicken Alpin-Stil. Wiesen 98, ✆ 0472/765222, wiesnerhof.it. **€€€–€€€€**

Camping Sadobre 13, einfacher Autohof an der Lkw-Zollstation nahe der Autobahn, Parkplatz und Stellmöglichkeit für Wohnmobile, Sanitäranlagen, Parkautomat. 17 €/Nacht.

Essen & Trinken/Nachtleben

→ Karte S. 39

Kleine Flamme 9, Lokal im Innenhof mit Tischen am Brunnen und im Erdgeschossgewölbe, Durchgang von den Lauben (beim Eingang mit Renaissancearabesken bemalt!). Sehr feine italienische Küche mit oft ungewöhnlichen Zusammenstellungen mit Asia-Touch. Eines der Spitzenlokale Südtirols (3 Gault-Millau-Hauben). ✆ 0472/766065. So abends und Mo/Di geschlossen. Neustadt 31, kleineflamme.com. **€€–€€€**

Lilie 10, 2 Stockwerke: Restaurant im hohen, eleganten Saal, Bistro, Café und Delikatessenladen. Klassische Tiroler und internationale Küche: Tagesgerichte wie Knödeltris ab ca. 12 €, im Restaurant im 1. Stock. Neustadt 49. **€€**

arbor 4, kleines, aber feines Restaurant des Sterzingerhofs, altehrwürdige Tirolerstube und moderner Speisesaal. Mediterran-italienische Küche, Jahreszeitenprodukte, 1 Gault-Millau-Haube. Mi/Do geschlossen. Geizkoflerstr. 15, ✆ 0472/764241, arbor.bz.it. **€€–€€€**

Lamm 7, Restaurant mit z. T. gedeckter Gartenterrasse auf der Rückseite des Stadthotels, Pasta von Spaghetti-Gerichten bis zu Knödeln. Hauptgericht ab ca. 15 €. Neustadt 16.

Pretzhof 12, hochgelobter Gasthof, in dem Köchin Ulli Mair Regionalküche vom Feinsten auftischt, Fleisch aus eigener Metzgerei, Käse aus der Käserei, Gemüse und Kräuter aus dem Garten, eigener Hofladen. Hauptgericht ab 15 €. ✆ 0472/764455, Mo und Di Ruhetag, tulfer.pretzhof.com. Richtung Jaufenpass, im Dorf Gasteig, steht ein neuer, moderner Ableger, der als Bistro und Shop konzipiert und u. a. Weine und Fleisch sowie einige hochwertige Gerichte anbietet, So und Mo Ruhetag.

Wiesen, Tulfer 259, ✆ 0472/764455, gasteig.pretzhof.com. **€€–€€€**

Vinzenz – zum feinen Wein 3, schicke Weinbar mit zeitlos-modernem Ambiente und großer Auswahl, zudem leckere Gerichte mit regionalem und italienischem Bezug. Di und Mi Ruhetag. Neustadt 4, ✆ 0472/760342, vinzenz.wine. **€€€**

Nepomuk 6, Restaurant, Pizzeria und geschmackvolle Wohnungen/Suiten im historischen Gebäude, das unter Berücksichtigung der alten Bausubstanz modern renoviert wurde. Nette Sitzgelegenheiten draußen abseits vom Zentrumstrubel, auch schön für einen Cappuccino oder Aperitivo, Ralsergasse 1, ✆ 333/9292103, nepomuk.it. **€–€€** (Essen), **€€€** (Übernachten)

Caffè Rossi 8, nicht nur Natursäfte und Illy-Espresso im glasgedeckten Innenhof des ehemaligen Gasthofs zum Goldenen Adler. Wunderschöne spätgotische Spitzbögen, mittelalterlicher Treppenaufgang zu den Arkaden des 1. Stocks – stilvoller kann man in Sterzing kaum sitzen. Neustadt 27.

Café Turm 5, das naturtrübe „Tiroler Bier" der Innsbrucker Brauerei Harald Baumgartner ist natürlich ein Anreiz, die kleine Bar am Zwölferturm zu besuchen. Dass man bleibt, macht aber die sehr persönliche Atmosphäre. Neustadt 2.

Café Prenn 2, gutbürgerliche Café-Konditorei mit klassischem Angebot an eigenen Kuchen und Torten (und super Kastanienherzen!) vom Feinsten. Altstadt 17a.

Das Ridnauntal

Das nur 16 km lange Ridnauntal mit seinen Nebentälern ist prall gefüllt mit Sehenswürdigkeiten und landschaftlichen Highlights. Gletscher und Dreitausender im Westen bis hinauf zum Zuckerhütl, dem mit 3507 m höchsten Gipfel der Stubaier Alpen (deren größter Teil in Österreich liegt). Die *Gilfenklamm* ist ein leicht zu erreichendes Naturwunder, das abzweigende *Ratschingstal* ein idyllisches Bergtal mit Bauernhöfen und Almen, ein wahres Wanderparadies. Im *Schloss Wolfsthurn* ist nicht nur ein prachtvoller spätbarocker Schlossbau zu bewundern, sondern auch eine außergewöhnliche Sammlung zum Jagd- und Fischereiwesen. Vom früher bedeutenden Bergbau bekommt man eine Ahnung, wenn man die ausgedehnten Anlagen des *Südtiroler Bergbaumuseums Ridnaun-Schneeberg* besucht, die sich bis in fast 2500 m Meereshöhe hinauf ziehen.

Die einsam liegende *Kirche St. Magdalena*, Knappenkapelle genannt (geöffnet Mai–Okt. Mo 16–17 Uhr, Juli/Aug. Fr 10.30–11.30 Uhr), ist ein spätgotisches Juwel von 1482 und wurde von den Bergleuten am Schneeberg bezahlt, Beleg des wirtschaftlichen Höhepunkts der Bergwerksregion. Innen zwei bedeutende spätgotische Flügelaltäre von den Sterzinger Meistern *Mattheis Stöbele* und *Hans Harder*. Wenig später ging's bergab, als um 1500 die Fugger den Bergbau übernahmen. Zum einen investierten die Fugger eine Menge und steigerten die Ausbeute enorm, brachten sie dadurch aber auch bald zum Versiegen. Und zum anderen brachten die amerikanischen Silberschätze im 16. Jh. den Silberpreis auf einen nie geahnten Tiefstand. Die Bergwerke wurden unwirtschaftlich. 1925 bis in die 50er-Jahre des 20. Jh. betrieben italienische Gesellschaften den Bergbau, was davon und von den früheren Bergbauphasen, besonders des Spätmittelalters, übrig ist, kann besichtigt werden.

Sehenswertes/Ausflüge

Zur Gilfenklamm und der Ruine Reifenegg: Bei *Stange* im Ridnauntal mündet der Ratschingsbach in den Ridnaunbach – ganz unspektakulär. Aber wenige 100 m oberhalb muss er sich durch eisenharten Marmor durchfressen und dabei entstand im Laufe der Zeit die schmale, spektakuläre Gilfenklamm. Einige Abschnitte sind sehr dunkel, die Felsen schließen sich über der Klamm fast zusammen. Höhepunkt ist ein 15 m hoher Wasserfall. Schon 1896 baute man einen Steg, der seither auch weniger Bergerfahrenen und Familien die Möglichkeit gibt, dieses Naturwunder zu bestaunen. Die Klamm überwindet einen Höhenunterschied von 175 m, man ist also 30 Min. bis 1 Std. zur höchsten Stelle unterwegs. Nachdem im schneereichen Winter 2013/14 mussten die Stege teilweise erneuert und ausgebaut werden. Schönster Rückweg: Weg 11 b ab Jaufensteg bis Weggabelung Burgt, dann links (weiter auf 11 b) etwas steiler, vorbei an der Burgruine Reifenegg, hinunter nach Stange bzw. zu den Parkplätzen unterhalb des Eingangs zur Klamm.

Die **Ruine Reifenegg** besteht heute fast nur noch aus dem gewaltigen *Bergfried*, der aber ist sicher der massivste Südtirols. Ihre frühere bedeutende Funktion ist heute nicht mehr zu erahnen: Sie schützte den Zugang zum Jaufenpass. Der damalige Saumweg verlief unmittelbar unter der Burg (die heutige Straße hat einen gänzlich anderen Verlauf).

▪ **Gilfenklamm:** Mai bis Anfang Nov. tägl. 9–17, Juli/Aug. bis 18 Uhr, Eintritt 7 €, Kinder 5 €.

Schloss Wolfsthurn mit Südtiroler Landesmuseum für Jagd und Fischerei (in Mareit): Viele Burgen und Schlösser sind in Südtirol heute noch von den Familien bewohnt, die sie errichten ließen, das Barockschloss Wolfsthurn gehört dazu. 1727 ließ Baron Franz Andrä von Sternbach in Mareit im einsamen Ridnauntal einen kleinen Vorgängerbau niederreißen und ein Prachtschloss im neuesten Stil errichten: barocke Schaufassade nach außen ins Tal, großer Innenhof, der den Repräsentationstrakt vom Herrentrakt (oder Kavalierstrakt) trennt, in dem die Sternbachs heute noch wohnen (nicht zu besichtigen). Bei der Ausmalung, dem Stuck und den Tapeten, bei den Bildern, Teppichen, Möbeln und Kaminen wurde nicht gegeizt, die Hauskirche ist eine der sehenswertesten Barockkirchen des Landes (Arbeiten u. a. vom berühmten *Matthäus Günther* aus Augsburg). Im ersten Stock des Repräsentationstraktes ist seit 1996 das *Südtiroler Landesmuseum für Jagd und Fischerei* untergebracht, das jede Menge Objekte und Infos zu dieser für Südtirol so wichtigen Wirtschaftssparte bringt. Das Museum ist ein Volkskunde-, kein Naturkundemuseum, der Akzent liegt auf den Bräuchen, den Traditionen, die mit Jagd und Fischerei verbunden sind.

▪ 15. April bis 15. Nov. Di–Sa 10–17, So/Fei 13–17 Uhr; Eintritt 7 €, erm. 5 €. ✆ 0472/758121, wolfsthurn.it.

Bergbauwelt Ridnaun-Schneeberg (in Maiern): Im obersten Talabschnitt liegt Maiern mit den eindrucksvollen Bauten und Stollen eines aufgelassenen Bergbaus im Bereich Ridnaun. Zusammen mit dem auf der Seite des Passeiertals in großer Höhe liegenden Schneeberg (→ Passeiertal, S. 236) bildet es den Museumsbereich Ridnaun-Schneeberg des auf mehrere Orte und Berggebiete verteilten Landesbergbaumuseums. In Maiern war im 19. und 20. Jh. die Erzaufbereitungsauflage für die zahlreichen Stollen, die von hier aus und von noch höher – bis 2480 m! – in den Berg getrieben wurden. Gebrochen wurde silberreiches Gestein, nach der Blütezeit im Spätmittelalter (1486 wird als Höhepunkt gesehen) wurden die begleitenden Metalle Blei und Zink von Bedeutung.

Neben dem Museum knapp über dem Parkplatz besichtigt man in einem

Barocke Schlosspracht: Wolfsthurn am Eingang des Ridnauntals

Vom Brenner bis Bozen → Karte S. 24/25

kleinen Rundgang („Schneeberg Kompakt" 1:30 Std.) den ca. 200 m langen Schaustollen und erfährt alles über Gesteine, die Arbeit im Stollen, den Erztransport und das Knappenleben. Wer mehr Zeit und Interesse hat, kann längere Touren buchen: Bei „Schneeberg Abenteuer Schicht" (7 Std.) fährt man zuerst mit dem Bus ins *Lazzacher Tal* und zum auf 2100 m gelegenen Poschhausstollen, durch den man 3 km weit mit der Grubeneisenbahn fährt. Das Ziel von „Schneeberg Bergbau Welt" (10 Std.) ist die **Knappensiedlung St. Martin** (im Passeier, also auf der anderen Seite des Bergkamms) mit der heutigen *Schneeberghütte* auf 2355 m, die früher das Herrenhaus der Siedlung war. Hier kann man sich stärken, aber auch nächtigen. Von dort aus wird der *Carlsstollen* besichtigt, im Jahr 1660 aufgeschlagen, und auf den zahlreichen Abraumhalden kann nach Mineralien gesucht werden. Im Gebiet werden immer mehr Zeugnisse des früheren Bergbaus instandgesetzt, so wurden auf dem Lehrpfad, der durch das Lazzacher Tal führt, die alten Trassen der Erzförderwege saniert, meist ehemals Pferdebahnen. Für Kinder gibt es auch eine spezielle Tour, „Schneeberg Junior", die 2:30–3 Std. dauert und „abenteuerlich über und unter Tage" führt.

Die wilde Gilfenklamm bei Sterzing

Bergbauwelt Ridnaun Schneeberg, in Ridnaun-Maiern, geöffnet April bis Anfang Nov. tgl. außer Mo (an Feiertag und im Aug. auch Mo), 9.30–16.30 Uhr, bis auf „Schneeberg Kompakt" Anmeldung nötig! Nur Museumsgelände 5 €; *Ridnaun Kompakt:* 4 Führungen pro Tag, 1:30 Std, Erw. 10 €, Kinder 4 €; *Abenteuer Schicht:* ab Mitte Mai, 7 Std., nur ab 8 Pers., Erw. 25 €, Kinder 16 €; *Erlebnis Bergbau:* Juli bis Okt., 10 Std., ab 8 Pers., Erw. 36 €, Kinder 15 €; *Bergbau Junior:* Mi, Fr, So 13.30 Uhr, 2:30 Std., Erw. 10 €, Kinder 8 €. Ridnaun, Maiern 48, ✆ 0472/656364, bergbaumuseum.it.

Martalm und Staudenbergalm: Von Maiern aus kann man zu Fuß oder mit dem MTB entlang des Staudenbergbachs ein wildes Hochtal erkunden. Nach 70 Min. gelangt man an die familienfreundliche Martalm (samt Enten, Hasen und preisgekrönter Graukäseproduktion), nach 2:20 Std. zur urigen Staudenbergalm, deren nicht minder uriger Wirt Karl samt Hirtenhunden, Hühnern und Schweinen sowie originellem Handyhotspot einem gerne Geschichten aus den Bergen erzählt, währenddessen an den Steilhängen des Talabschlusses Kühe, Schafe und Ziegen weiden. Dem geduldigen Wanderer können auch Murmeltiere und ein paar Gämsen über den Weg laufen.

Staudenbergalm, Juni bis Ende Sept., hausgemachter Speck und andere deftige Speisen.

Im Ratschingstal: Das nur von wenigen Bauernhöfen bewirtschaftete Ratschingstal, das so spektakulär mit der Gilfenklamm ins Ridnauntal mündet, endet im 1480 m hoch gelegenen Weiler **Flading.** Ein paar schmucke Höfe, eine Kapelle von 1745 mit alten und neueren Votivbildern, die von Wallfahrten hierher zeugen. Wer das Auto in **Bichl,** dem Hauptport des Ratschingstals lässt, erreicht Flading in einer gemütlichen, für alle Altersklassen geeigneten Wanderung auf dem alten Talweg, der meist parallel zur Talstraße verläuft – etwas höher am Sonnenhang, Markierung 13 a –, in 1:30–2 Std. (hin/zurück 3–3:30 Std.).

Höher liegt die **Fladingalm** und darüber Hochalmgebiet, das auf mehreren Wanderwegen erschlossen wird. Besonders reizvoll der Weg zur bewirtschafteten **Klammalm** auf 1925 m mit dem 40 Min. höher zwischen Bergriesen gelegenen *Butsee* (weiter zur Hohen Kreuzspitze, 2743 m, für Geübte leicht; Flading – Klammalm 1 Std., Klammalm – Butsee – Hohe Kreuzspitze 3 Std., Rückweg bis Flading 3 Std., insgesamt 7 Std. Gehzeit). Auf halbem Weg durch das Tal gibt es im Ort *Ratschings* eine kürzlich erneuerte, topmoderne Seilbahn, die fast hinauf zum *Jaufenpass* führt. An der Bergstation liegt der schön angelegte Wanderweg der **Bergerlebniswelt Ratschings,** mit tollen Attraktionen für Kinder wie Streichelzoo, Wasserspielen, Aussichtsturm und Klettergerüst. Es gibt Infotafeln über die örtliche Fauna und Flora, als kulinarisches Highlight lockt die **Rinneralm** mit leckeren Gerichten (hervorragend die Nudel- und Knödelgerichte) und Kuchen. Die reine Gehzeit des Parcours beträgt ca. 45 Min.

▪ **Bergbahn:** Seilbahn Ratschings – Jaufen, Anf. Juni bis Anfang Okt. tgl. 8.30–17 Uhr, Erw. einfach 16,50 €, Berg/Tal 21 €, Kind 12,50/15,50 €; ✆ 0472/659153, ratschings-jaufen.it.

Ins Jaufental und über den Jaufenpass: Bevor die Fahrt auf der kurvenreichen Straße richtig beginnt, geht es beim Ort Gasteig nach links ins abgelegene Jaufental, in dem die Weiler Mittertal und Obertal liegen. Die ruhige Gegend mit mehreren Almhütten ist ideal für entspannte Spaziergänge und im Winter zum Schneewandern.

Die Passstrecke von Sterzing über den 2094 m hohen Jaufenpass ins Passeiertal und nach Meran ist zwar erst 1912 trassiert worden, aber sie geht auf

Mit Hund, Charme und Handy: der Wirt der Staudenbergalm

ehrwürdige, ältere Vorgänger zurück. Der bereits in vorgeschichtlicher Zeit begangene Übergang hatte seine größte Bedeutung in der Zeit, als Schloss Tirol und Meran das politische Zentrum Tirols waren und der Hauptverkehrsstrom nach Norden über den Jaufen nach Sterzing und den Brenner nach Innsbruck führte. Nach dieser mittelalterlichen Phase (ca. 1150–1420) verlor der Pass stark an Bedeutung, zumal die Route durch das Eisacktal, der sogenannte Kunterweg, in eben dieser Zeit entstand, und von Bozen nicht mehr der zeitraubende Umweg über den Ritten gemacht werden musste. Dennoch blieb der Pass ein bedeutender Übergang und das Hospiz (ein indirekter Nachfolger ist das *Sterzinger Jaufenhaus*) samt *Kirchlein Mariä Heimsuchung* ein von vielen Menschen besuchter Ort. Heute ist der Jaufenpass eine beliebte Tourismusroute und Einfallstor von Norden in das Burggrafenamt, nach Meran und den Vinschgau, Ziel vor allem auch in jeder Sommersaison von Zehntausenden Motorradfahrern.

Herbert Pixners „Flecknersee Open Air“: Der Anfang einer großen Leidenschaft

Am idyllisch gelegenen Flecknersee fand viele Jahre bei geeignetem Wetter Ende Juli, Anfang August ein Freiluftkonzert des Passeirer Tausendsassas Herbert Pixner mit seinem Herbert Pixner Projekt statt. In der Besetzung Akkordeon, Gitarren, Harfe und Bass spielte die Band vor bis zu 1500 begeisterten Zuschauern, die sich an den umliegenden Hängen mit Picknickkorb und Wärmedecke gemütlich einrichteten. Im Lichte der Dämmerung mit zunehmend röter werdendem Himmel vor der zackigen Silhouette der Jaufenspitze wurde ein Programm geboten aus klassischer und moderner Volksmusik, verfeinert mit Elementen aus Jazz und Blues – das ultimative Event für Bergromantiker! Es gab Getränke, Brotzeit, Dixi-Klos, und am Ende nahmen alle schon leicht fröstelnd (denn selbst im Sommer sinkt die Temperatur hier nachts unter 10 Grad) brav ihren Müll wieder mit. Für die Autoren war dieses Konzert der Beginn einer großen Leidenschaft, und seither waren sie auf vielen Konzerten in wechselnder Besetzung, denn Herbert spielte auch mit den Berliner Symphonikern und dem Tonkünstlerorchester aus Niederösterreich, er gastierte im Münchner Gasteig und auf dem Kronplatz. Jedes Konzert war einzigartig, aber so schön wie am Flecknersee war es nirgends. Es bleibt zu hoffen, dass die Band irgendwann dorthin zurückkehrt, zu ihren Wurzeln gewissermaßen, denn die Familie Pixner (Heidi spielt die Harfe) ist unterhalb vom Jaufenpass zu Hause.

- Infos unter herbert-pixner.com.

Herbert Pixner am Flecknersee

Jaufenspitze, Flecknersee und Flecknerhütte: Direkt vom Jaufenhaus (1993 m) oder vom Pass führt ein gut markierter Steig auf die Jaufenspitze (2481 m), die als mächtige Pyramide die Passgegend überragt. Bei knapp 400 Höhenmetern ist man hin und zurück bis zum Gipfel ca. 2:30 Std. unterwegs. Der Steig ist an einigen Stellen, meist schrägen Platten, etwas ausgesetzt, aber technisch leicht und gut gesichert (Drahtseile), dennoch ist er nur für trittsichere und schwindelfreie Bergwanderer geeignet. Vom Gipfel hat man einen überwältigenden Blick, umfasst er doch Zentralalpen und Sarntaler Alpen!

An der Römerkehre, südseitig nur wenig unterhalb der Passhöhe gelegen, startet die vielbegangene Wanderung zur rustikalen Flecknerhütte (30 Min.), die sommers wie winters (Winterwanderweg) eine beliebte Einkehr ist. Auf halbem Weg befindet sich der idyllische, kleine Flecknersee inmitten von Almflächen und Alpenrosen.

Über das Penser Joch: Verglichen mit dem Jaufenpass war und ist das Penser Joch eher wenig befahren, es hat nie dessen Bedeutung gehabt, blieb immer eine eher lokale Verbindung. Wegen der im Vergleich zum kilometermäßig weiteren Eisacktal (und der Autobahn) wesentlich längeren Anreise nach Bozen wird sich daran wohl auch nichts ändern. Das heißt aber: Wer Zeit hat, nimmt das Penser Joch, an landschaftlicher Schönheit steht es nämlich dem Jaufenpass in nichts nach. Für **Motorrad- und Rennradfahrer** gehört die Fahrt von Sterzing übers Penser Joch ins Sarntal fast schon zum guten Ton. Aufstieg durch Wald, schöner Blick auf *Burg Reifenstein*, dann nach erstem Bergblick *Egg* mit seinen zwei Gasthöfen in Panoramaposition. Eine lang gezogene Kurve führt durch Almgebiet zum wenig auffälligen Joch mit dem meist von Besuchern umlagerten Haus.

Schneebiken am Penser Joch ...

**** Schönblick,** da macht ein Name mal wirklich Programm: Vom „Schönblick“ in Egg überblickt man das ganze obere Wipptal samt Sterzing und den Alpenhauptkamm. Tagsüber nach vorne raus etwas lärmig (Motorräder!), ab der Dämmerung heilige Ruhe. Rustikales Ambiente, schlichte Zimmer, zu essen gibt's Deftiges. Freienfeld, Egg 11, ✆ 0472/771990, schoenblick-egg.it. **€–€€**

Auf dem Penser Joch liegt der Berggasthof **Alpenrosenhof** (Penserjochhaus), geöffnet von Mai bis Okt., mit Übernachtungsmöglichkeit in einfachen 2- und Mehrbettzimmern. **€**

Tour 2: Wanderung von Maiern zur Grohmannhütte[GPS]

Tour-Info: Viel begangene, relativ einfache Wanderung, die fast bis in die Gletscherzone reicht. Dauer: 4:30 Std.; Höhenunterschied: 850 m. Karte: Tabacco (1:25.000) Blatt 38; Kompass (1:50.000) Blatt 44.

Man startet die Wanderung am Straßenende in Maiern mit Parkplatz **A** und quert die Brücke über den Ridnaunbach, um rechts einen Fußweg einzuschlagen (üppige Beschilderung, u. a. Hinweis auf Grohmannhütte). Er führt zunächst steil, dann immer flacher relativ holprig durch dichten Bergwald, Blicke ins Bachtal hat man keine, aber man hört den Bach. Bei einer Brücke **B** kommt eine geschotterte Straße von rechts, man quert die Straße (die zur Aglsbodenalm führt) und geht jenseits auf dem Fußweg weiter und quert die Straße **C** nochmals, bevor man den flachen Almboden **D** erreicht. Man bleibt am linken Rand des flachen Beckens (eines ehemaligen Seebeckens) und wird schon in Sichtweite der Aglsbodenalm nach rechts **E** zu der Aglsbodenalm **F** hingeführt.

Nach der Hütte rechts und auf Steg über den Bach (Wasserfall links) und auf Steig hinauf zum querenden markierten Weg, dem wir nach links folgen. In steilen Serpentinen bergauf, dann nach links am Steilhang über dem Wasserfall, bis wir eine flache Wegstrecke erreichen **G.** Nach dieser folgt noch einmal ein steiles Stück, dann steht man auf einem Sattel mit herrlichem Ausblick, und rechts liegt einen Steinwurf entfernt etwas oberhalb die Grohmannhütte **H.** Noch höher liegt die Teplitzer Hütte (wer hinauf will, muss noch einmal hin/zurück 1:30 Std. aufwenden, der Aufwand lohnt sich, denn man ist den Gletschern noch näher; allerdings etwas anstrengender als der Anstieg zur Grohmannhütte).

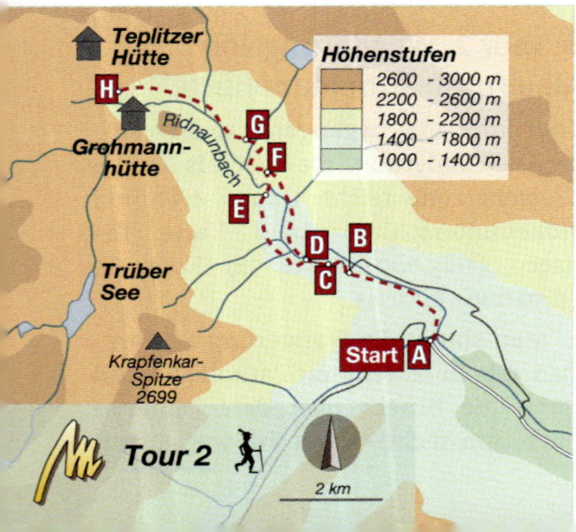

Zurück geht man bis zur Stelle über der Aglsbodenalm auf dem gleichen Weg, dann aber bleibt man auf dem markierten Weg auf der gegenüber vom Hinweg liegenden Seite des Almbodens. Am Ende des kleinen Staudamms wird wieder der Hinweg erreicht.

Hütten Aglsbodenalm, 1717 m, nur im Sommer bewirtschaftet.

Grohmannhütte (Rif. Vedretta Piana), die kleine, 1887 erbaute Hütte auf 2254 m ist genau das, was man sich immer wieder erhofft und selten findet: urgemütlich. 8 bezogene Betten, und im Mini-Aufenthaltsraum ein gemauerter Kamin und eine Speisekarte, die jedem Gasthof Ehre machen würde. Geöffnet Mitte Juni bis Ende Sept. ✆ 335/8047545, grohmannhuette.com. **€€**

Teplitzer Hütte, 2586 m, CAI Sterzing, 30 Betten und 50 Lager. Geöffnet Ende Juni bis Sept., ✆ 0043/699/10321999, teplitzerhuette.com. **€€**

> Die Grohmannhütte liegt an einer Variante des **Tiroler Höhenwegs,** der das Gebirge rund um den Brenner in einer Tour von ca. 13 Tagen erschließt. Infos im Internet auf 13h.de.

Tour 3: Im Ridnauntal – mit dem Rad von Sterzing nach Maiern[GPS]

Tour-Info: Bis auf ein kurzes Stück, das auf einem schmalen Steig zurückgelegt werden muss, eine einfache Tour, die Mountainbikern das Ridnauntal auf dem Sonnenhang in ganzer Länge erschließt. Zurück geht es dann ganz flott auf der normalen Straße, aber der Sterzinger Industriezone folgt dann (links) für schlappe 2,5 km ein Radweg. Dauer: 2:30–3 Std.; Länge: beschriebene Strecke 17,9 km, Rückweg 16,9 km, insgesamt 34,8 km; Höhenunterschied: 725 m. Karten: Tabacco (1:25.000) Blatt 38; Kompass (1:50.000) Blatt 44. Einkehren: Hotel Schneeberg in Wiesen; Knappenstube im Bergwerksmuseum Ridnaun-Maiern.

Von der Touristeninformation in Sterzing **A** quert man den Platz und

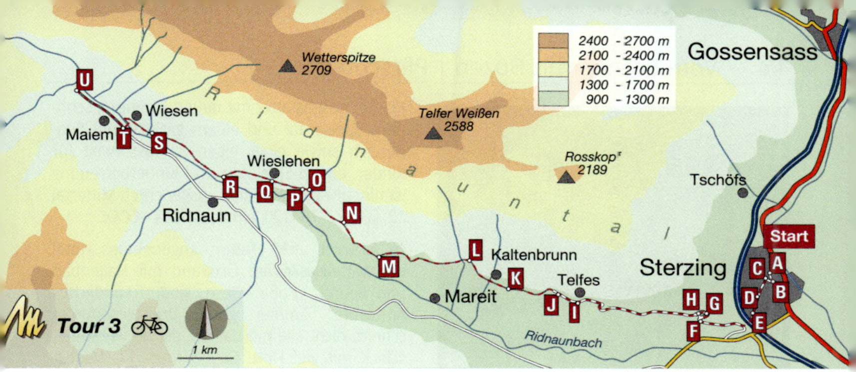

fährt durchs Tor in die Neustadt zum Untertorplatz **B** (bis hierher größte Vorsicht, Fußgängerzone, Radfahrer werden gerade eben geduldet!). Dort sofort nach rechts und bei der nächsten Straßeneinmündung **C** nach links. Bei einer Gabelung **D** rechts auf Straße „In die Vill" und bei der nächsten Gabelung **E** links auf die St.-Margarethen-Straße. Eine Brücke führt über die Autobahn, dann führt das Sträßchen nach rechts als für den motorisierten Verkehr gesperrter „Besinnungsweg" weiter.

Nach einer längeren Steigung erreicht man das Dorf Thuins, quert am Ortsanfang eine Asphaltstraße und hält sich rechts in Richtung Kirche **F,** an der vorbei man einen größeren Platz **G** erreicht. Hier scharf links auf Fahrweg (Schild „Telfes") und am oberen Ortsrand entlang zurück zur Asphaltstraße **H,** auf der man rechts und bergauf weiterfährt. Es handelt sich um die Straße nach Telfes, das man in Obertelfes **I** mit seiner weithin sichtbaren Kirche erreicht. Die Straße setzt sich fort nach Untertelfes mit einer Kirche **J,** die ebenfalls einen schönen barocken Zwiebelturmhelm besitzt. Fährt man weiter, trennen sich bald die Straßen, wir halten uns bei der nächsten Gabelung **K** links und leicht abwärts (Schild „Mareit"). Die Abzweigung nach rechts **L** zum Hochbichlhof lässt man unbeachtet. Das schmale, aber gute Sträßchen mündet bald in eine etwas breitere, ebenfalls asphaltierte Straße **M,** der man rechts und aufwärts folgt. Ein Schild **N** weist auf den hier abzweigenden Weg zur Rotwand hin, kurz darauf sind wir am Ende der Asphaltstraße **O** und am Wieslehenhof angelangt. Geradeaus auf Karrenweg weiter, dann bei einem Kruzifix **P** nach links auf einen schmalen und nur für Mountainbiker mit gutem Körpergefühl befahrbaren Fußweg (Schild „18 Ridnaun"). Er quert drei scharf eingeschnittene Gräben und erreicht auf der anderen Seite eine Schotterstraße bei einem Bauernhof **Q.** Wir folgen ihr nach links. Kurz darauf ist sie asphaltiert und führt ins Tal hinunter, wo wir uns unmittelbar vor einer Brücke **R** rechts halten. Nach der Hofgruppe Braunhofer, die gequert wird, ist der Weg nur noch geschottert. An einem Bach führt uns ein Holzsteg **S** (oder Furt) nach links. Der folgende Weg erreicht den Weiler Wiesen, wo man auf einem Sträßchen im Linksbogen zur Brücke und hinüber auf die andere Talseite geführt wird, wo das Hotel Schneeberg **T** steht. Nun noch ein kurzes Stück talaufwärts auf der Talstraße und Maiern mit seiner ehemaligen Erzaufbereitungsanlage (ein Riesenkomplex mit etwa 36 Einzelobjekten!), dem Straßenende und dem großen Buswendeplatz **U** ist erreicht. Der Rückweg erfolgt auf der Talstraße.

Praktische Infos

Information Tourismusbüro Ratschings, Mo–Fr 8–12/13.30–17.30, Juli/Aug. auch Sa 9–12 Uhr. I-39040 Ratschings/Racines, Gasteig, Jaufenstr. 1, ✆ 0472/760608, ratschings.info.

Bergwerkmuseum im hintersten Ridnauntal

Verbindungen Bus von/nach Sterzing und von/nach Maiern etwa stündlich (Bus 319/312).

Einkaufen Teppichweberei Zössmayr, Telfes, Ratschings, Telferweg 14, führt Fleckerlteppiche, Schafwollteppiche und andere Webwaren. ✆ 338/7677191, webkunst.it.

Sport Ridnauner Bergführer, Führungen, Tourenarrangement, Ausrüstungsverleih, Kontakt M. Parigger, Ridnaun, Gesennen 4, ✆ 349/6220125, bergfuehrer-ridnaun.com.

Sepps Ski-, Snowboard- und Radverleih, Ridnaun, Obere Gasse 19, ✆ 0472/656374.

Skigebiet Ratschings-Jaufen, ✆ 0472/659153, ratschings-jaufen.it; Details → Sterzing/Wintersport.

Reiten ermöglicht der Haflingerreitstall im Hotel Taljörgele, Ridnaun, Obere Gasse 14, ✆ 0472/656225, taljoergele.it.

Übernachten/Essen in Ratschings ****** Almina,** das Hotel präsentiert sich als Familien- und Wellnesshotel der gehobenen Klasse. Ausgestattet mit neuen Zimmern, schönem Speisesaal und einem großzügigen Spa-Bereich sowie einer eigenen Wasserwelt für Kinder, einem Spielplatz und Kinderbetreuung ist hier alles auf Familien ausgerichtet. Mittertal 12, ✆ 0472/764120, almina.it. **€€€–€€€€**

In Mareit * Haller,** angenehmes Hotel der Mittelklasse am Ortsrand mit Hallenbad und Sauna. Große Wiese, kinderfreundliches Ambiente, Zimmer guter Dreisternedurchschnitt, nicht alle mit Balkon, die neuen Suiten schick mit viel Holz. St. Johannes 17, Mareit, ✆ 0472/758249, haller.it. **€€€**

Schlossschenke im Schloss Wolfsthurn, hübsch in gewölbten Räumen untergebracht, Tiroler Küche und Merenden, geöffnet wie das Museum.

In Ridnaun ** Schneeberg,** „Family Resort und Spa" im obersten Ridnauntal mit 40-jähriger Tradition und einer neuen Eingangshalle, die zeigen soll, wie weit man's gebracht hat. Komplex aus 3 Häusern in ausgedehnter Garten-Pool-Hallenbad- Landschaft samt Wellness-Bereich vor der Kulisse der Stubaier Alpen. Zahlreiche Beautyprogramme, auch Moor- und Heubad. Gemütliche Zimmer, große Familienzimmer. Aller Komfort der Kategorie. Auch Apt. in verschiedenen Größen und Ausstattungen. Maiern 22, ✆ 0472/656232, schneeberg.it. **€€€€**

In der **Pizzeria des Hotels Schneeberg** in Maiern isst man relativ preiswert, die Kegelbahn nebenan wartet schon mit einer Kegelrunde zum Abtrainieren überflüssiger Kalorien.

Knappenstube, im Schaubergwerksgelände, sehr gute Aussicht auf den Bergwerksbereich, bei Knödeln, Spaghetti, Schnitzel und/oder hausgemachtem Apfelstrudel und einem Bier. Die Preise sind für den Standort moderat. Mo Ruhetag, Di, Mi, So nur mittags warme Küche. Maiern 48, ✆ 366/6258363, knappenstube.com.

Das Pfitschtal

Das Pfitschtal, das sich vom Alpenhauptkamm östlich des Pfitscher Jochs (2248 m) zum Eisack unterhalb Sterzing hinunterzieht, besteht eigentlich aus zwei Tälern: Der Ausgang des unteren Teils verschmilzt mit dem Becken von Sterzing, hier wurde aus dem Ort **Wiesen** (→ „Sterzing/Übernachten") de facto ein Vorort von Sterzing. Hier steht nahe der Straße die 8-eckige *Heiliggrabkapelle*, ein 1682 geweihter, auffälliger Bau. Nur sanft steigt das Tal von dort an. Breite Terrassen auf der Südseite und weiter oben auch auf der

Nordseite versorgten zumindest in früheren, kargeren Zeiten drei Dutzend Bauernfamilien. Dann ein scharfer Knick, die Straße macht einen großen Schlenker, um eine plötzliche steile Talstufe zu überwinden, und – voilà! – ein See, der **Rieder Stausee,** und ein neues, diesmal komplett flaches Tal.

Die nächsten 10 km steigt der Talboden praktisch nicht an, Heuwiesen nutzen die Fläche, die von Heuhütten förmlich gesprenkelt ist. Die Dörfer liegen höher an den sonnigen Südhängen, jedes mit seiner Kirche mit spitzem Kirchturm wie jener der Kirche von **St. Jakob** in Innerpfitsch, die 1577 zum ersten Mal urkundlich erwähnt wurde. Am 1. März 1817 wurde sie durch eine schwere Lawine fast vollständig zerstört, nur der Turm blieb unversehrt. Zwar baute sie die lokale Bevölkerung rasch wieder auf, aber der Standort erschien dann doch zu gefährlich, so dass von 1821 bis 1824 die neue Jakobuskirche weiter westlich im Ort erbaut wurde. Die alte Kirche wurde in der Folge zu einer Wallfahrtskirche und beeindruckt mit einer reichhaltig ornamentierten, verwitterten Holztüre. Das bei Innerpfitsch ungewöhnlich flache Talstück ist nichts anderes als ein verlandeter Stausee, welcher wohl vor etwa 6000–7000 Jahren durch einen Bergrutsch geschaffen wurde, der an der Stelle der heutigen Talstufe abging. Zwischen St. Jakob und Stein wird die Straße sehr schmal. Vom obersten Talbereich in **Stein** (ab hier 12 km bis zum Joch und einige Parkplätze am E-Werk unterhalb der Höfe) steigt das Tal noch einmal steil zum Alpenhauptkamm und den Zillertaler Alpen an, eine nicht asphaltierte, für den Autoverkehr ab der vierten Kehre (dort Parkmöglichkeit) gesperrte Straße führt zum **Pfitscher Joch** (2248 m) mit seinem Pfitscherjochhaus an der österreichischen Grenze. Im Sommer fährt ein Shuttlebus zum Joch. Wahlweise kann man mit dem Rad ab Stein oder ab der vierten Kehre die wunderschöne Straße mit atemberaubenden Ausblicken auf den 3510 m hohen Gipfel des *Hochfeiler* im Alpenhauptkamm und den spektakulären Talgrund emporfahren. Da sie als Passstraße eigentlich für den motorisierten Verkehr angelegt wurde, sind die Steigungen gleichmäßig und gut zu bewältigen.

Shuttlebus Ende Juni bis Mitte Sept. ab Angerhöfe über Stein zum Pfitscher Joch dreimal tgl. hin und zweimal zurück, Erw. 5 €, Kinder 2,50 €. Nur mit Anmeldung, ✆ 340/1456313 oder 334/3356077.

Übernachten/Essen ***** Kranebitt,** das an der Panoramastraße gelegene Hotel in Grube bei Kematen bietet eine herrliche Aussicht aufs flache Hochtal. Großzügige, helle Zimmer, kleiner Wellnessbereich mit Hallenbad, Sauna und Dampfbad. Ideal für Alpenüberquerer und MTB-Transalpler. Grube 83, ✆ 0472/646019, kranebitt.com. **€€–€€€**

**** Pfitscherhof,** die lokale Klientel des Gasthofs trägt ganz wesentlich zu seiner Gemütlichkeit bei, da schmeckt die Speckplatte mit einem Viertel Roten gleich besonders authentisch. Schöne Zimmer, Liegewiese, Spielplatz. Platz 124, ✆ 0472/630115, pfitscherhof.it. **€€**

Bacherhof, Reiturlaub auf dem ruhig am Sonnenhang gelegenen Bauernhof im unteren Pfitschtal, freundliche Zimmer, hofeigene Produkte, Ausritte und Reitkurse. Afens 279, ✆ 0472/646057, bacherhof.net. **€€–€€€**

Leitenhof, modern und hell gestalteter Agriturismo-Betrieb unter selber Leitung wie der Bacherhof und nur wenige Meter von diesem entfernt, gemütliche Panoramazimmer und Familiensuiten. Großer Aufenthaltsraum, ganz neu ist ein kleiner Spa-Bereich. Afens 279a, ✆ 0472/646057, leitenhof.it. **€€–€€€**

Pfitscherjoch-Haus, das 1888 auf 2276 m Höhe erbaute Schutzhaus hat eine interessante Geschichte hinter sich, so war es zeitweise Zoll- und Grenzstation. 1966 kam es aufgrund der Unruhen in Südtirol zu einem Sprengstoffanschlag, bei dem ein Beamter getötet und ein Großteil der Hütte zerstört wurde. Seit 1973 wird sie wieder bewirtschaftet, 2012 wurde das Haus grundlegend umgebaut und erweitert und präsentiert sich seither mit modernem Speisesaal und Sauna. Von Juni bis Mitte Okt. geöffnet. ✆ 0472/630119, pfitscherjochhaus.com.

Pretzhof → S. 38

Von Sterzing nach Brixen

Von Sterzing geht es zunächst gemächlich und im breiten flachen Becken talabwärts. *Schloss Reifenstein* (→ S. 36) bewacht diesen Talabschnitt auf der Südseite, Schloss Sprechenstein im Norden – beide sieht man von Autobahn, Straße und Bahn aus. An der Nordseite des Beckens liegt **Freienfeld** mit der Wallfahrtskirche Maria Trens, dann Mauls, eine alte Raststation an der Brennerstraße. Die Berge im Norden gehören zu den Pfunderer Bergen, bis hoch hinauf sind sie waldlos, die steilen Flanken sind mit Gras überzogen. Nach dem Becken von Sterzing verengt sich das Wipptal und wird zwischen Mauls und Franzensfeste so eng, dass die drei Hauptverkehrwege Bahn, Staatsstraße und Autobahn gerade eben nebeneinander Platz haben und das nicht überall. Das Tal ist in diesem Abschnitt dunkel und verkehrsfeindlich, es gibt immer wieder Muren und Überschwemmungen der Seitenbäche, die mit großem Gefälle von den bis zu 1700 m hohen Talflanken herunterstürzen. Wo sich das Engtal wieder öffnet liegt Franzensfeste, errichtet nach den Napoleonischen Kriegen, als man sichergehen wollte, dass nie wieder ein Feind durch das Wipptal zum Brenner vordringen würde (die Rechnung ist nicht aufgegangen).

Der oberste Teil des Eisack-Radwegs durchzieht das gesamte Tal. Zwischen Mittewald und Franzensfeste muss man 2 km auf der Staatsstraße fahren. Hier gibt es keinen Radweg, was vermutlich mit der Großbaustelle des BBT (Unterquerung des Eisackbettes) zusammenhängt und deshalb noch für einige Jahre so bleiben wird. Zwischen Franzensfeste und Vahrn ist die Trasse nicht asphaltiert.

Maria Trens und seine Wallfahrtskirche

Der Freienfelder Ortsteil Maria Trens liegt auf einem Schwemmkegel, die Wallfahrtskirche ganz oben. Wie so oft ist die Entstehung der Wallfahrt mit einer wunderbaren Auffindung des Gnadenbildes verbunden, hier fand ein Bauer im Geröll einer Mure eine völlig intakte Statue der Gottesmutter mit Kind. Die Wallfahrt stammt noch aus dem 13. Jh. und hat nie an Bedeutung verloren, viele Votivtafeln als Dank für wunderbare Errettung aus allen möglichen Gefahren sind an der Nordwand aufgehängt. Das Gnadenbild selbst, eine gotische Marienstatue von etwa 1470 (also nicht das Original), ist reich mit Krone und besticktem Kleid geschmückt, sie verschwindet regelrecht unter allem Dekor. Auch Kunstfreunde besuchen Maria Trens: Die hochgotische Kirche wurde in der Spätgotik durch einen schönen Chor erweitert und 1753/54 barock umgestaltet. Aus dieser Zeit stammen die Fresken des *Adam Mölk* und die Altäre, die Gnadenkapelle (links) entstand bereits 1726/27.

Übernachten/Essen ***** Post,** der behäbige Gasthof nahe der Wallfahrtskirche lebt von seiner Lage und der hervorragenden Leistung der Küche. Nicht umsonst ist er Mitglied der Marke „Südtiroler Gasthaus", die für Gastfreundschaft, Tradition und regionale, authentische Küche steht, gute vegetarische Gerichte (Sa Ruhetag). Freundliche, gut ausgestattete Zimmer, meist Balkon. Barathstr. 5, Freienfeld, ✆ 0472/647124, post-trens.it. **€€–€€€**

****** Stafler,** das „Romantik Hotel" liegt als ehemalige Poststation zwar direkt an der Brennerstaatsstraße, aber das alte Gebäude („Haus Einhorn") ist heute nur noch ein kleiner Teil der Anlage und die Zimmer sind schön ruhig (meist) mit Blick auf die Grünanlagen. Die „Romantik" wird von der Umgebung hergestellt und von der Einrichtung: Qualitäts-Stilmöbel, altes bäuerliches Mobiliar, diskrete Beleuchtung von der Kerze zum Kronleuchter. Sportmöglichkeiten, Hallenbad, Saunalandschaft, E-Bike-Verleih und Tesla-Ladestation. Mauls 10, ✆ 0472/771136, stafler.com. **€€€€**

Restaurant Stafler mit Gourmetstube Einhorn, so erfolgreich war der Stafler mit seinem Romantik-Restaurant, dass er einen Teil abgetrennt und als „Gourmetstube Einhorn" zum Feinschmeckertempel deklariert hat. Dafür gab der Gault-Millau 3 Hauben für die Gasthofstube und 4 Hauben für das Einhorn und 2 Sterne im Guide Michelin! Die Küche des Hauses unter Chefkoch Peter Girtler jongliert hier wie dort mit regionalen, italienischen und Nouvelle-Cuisine-Akzenten. Alles ist schnörkellos und äußerst delikat, z. B. weißes Zwiebelrisotto und Carpaccio vom Waygu-Rind, abgerundet wird das Ganze von Schokoladenvariationen. Chef-Menü (4–6 Gänge) 155–181 €, Di und Mi Ruhetag. ✆ 0472/771136. **€€€€**

Mauls und Umgebung

Aus ehemals zwei Dorfkernen wurde ein einziges Dorf: An der Straße liegt der große Gasthof, die ehemalige Poststation mit den Stallungen und Dienstbotenquartieren, an der Spitze des Schwemmkegels des Maulser Bachs steht die Dorfkirche. Und das ist alles?

Monumental: Franzensfeste

Von wegen: Im *Maulser Tal* und im davon abgehenden *Sengestal* stehen alte Bauernhöfe, heute jeder mit eigener Zufahrtsstraße, in *Ritzail* auf 1548 m befindet sich sogar noch ein Weiler mit einer Kapelle des hl. Antonius. Darüber Almen, Kaser, Bergweiden und eine Schutzhütte (Simile-Mahd-Alm, 2012 m) am *Pfunderer Höhenweg,* der dieses ansonsten einsame Bergland quert.

Zwischen Mauls und Franzensfeste stehen zahlreiche Containerbauten an der Straße, in denen die Arbeiter des **Brenner-Basistunnel-Projektes (BBT)** wohnen und leben. Die größte sichtbare Baustelle und auch eine besondere technische Herausforderung ist die Eisackunterquerung bei Mittewald. Falls Sie sich schon mal gefragt haben, wo denn der ganze Abraum landet, der im Tunnel anfällt: Schauen Sie mal auf der Höhe der Autobahnmeisterei Plon auf der Brennerautobahn nach Osten aus dem Autofenster. Dort sehen Sie das enge *Padastertal,* bedeckt von hellen Schotterflächen. Das Tal wird mit dem Abraum verfüllt und aus seiner früheren V-Form wird am Ende ein U geworden sein.

Franzensfeste

Um das Wipptal und das Pustertal gegen von Süden durch das Eisacktal eindringende Feinde verteidigen zu können, ließen die österreichischen Behörden zwischen 1833 und 1838 eine gewaltige Festung errichten. Hier und etwas oberhalb an der **Sachsenklemme** waren die Franzosen (und die mit ihnen verbündeten Sachsen) 1809 durch Tiroler Schützen kurz aufgehalten, aber nicht an ihrem Vormarsch nach Norden gehindert worden, die nach Kaiser Franz I. benannte Festung sollte so etwas für alle Zeit verhindern. Die Anlage besteht aus einer breiten Talsperre und einem höher gelegenen Werk am Westhang. Heute noch ist der Festungsbereich eindrucksvoll, man tangiert ihn auf Autobahn und Staatsstra-

Vom Brenner bis Bozen → Karte S. 24/25

ße, die Pustertalbahn fährt mitten durch. Für die Manifesta (eine alle zwei Jahre stattfindende europäische Biennale moderner Kunst), die 2008 in Südtirol und im Trentino stattfand, wurde die Festung einer Restaurierung unterzogen und als Ausstellungsort genutzt. In der Folge wurde eine eindrucksvolle Ausstellung zur wechselhaften Geschichte des monumentalen Bauwerks konzipiert. Sie führt durch nahezu alle Gebäude der verschachtelten Anlage. Man betritt in den Fels gehauene Stollen und kann am Ende einen 80 m tiefen Schacht auf steilen Treppen hinabsteigen, um abschließend durch einen Tunnel dem gleißenden Licht entgegenzugehen ... Das ist abenteuerlich, ein bisschen gruselig und in jedem Falle Spannung pur für die ganze Familie! Am Ausgang des Tunnels findet sich ein Obelisk: ein sog. geodätischer Punkt, einer von nur sieben im Gebiet der einstigen K.-u.-k.-Monarchie. Er diente als Fixpunkt zur exakten Höhenmessung und befindet sich auf genau 736,4520 m. In einem Trakt am Rande der Festung befindet sich eine Ausstellung zum Brennerbasistunnel (Infopoint BBT), die anschaulich über die Hintergründe und die schier unglaubliche Dimension dieses Bauprojektes informiert (bbtinfo.eu).

Festung Die Festung Franzensfeste und der Infopoint des BBT sind von März bis Mitte Nov. zu besichtigen, Mai bis Okt. 10–18 Uhr, Nov. bis April 10–16 Uhr, Mo geschl. Eintritt 9 €, erm. 7 €. Tgl. von Mai bis Okt. um 11 und 15 Uhr 2 Führungen zu Geschichte und Architektur, ✆ 0472/057218, franzensfeste.info.

Übernachten/Essen ***** Sachsenklemme,** das massive Natursteinbauwerk mit dem zentralen Turm wirkt wie eine Burg, ist aber ein Bau der österreichischen Zeit, als man so was für die Bahnreisenden errichtete. Heute sind's die Auto- und Motorradfahrer auf der Brennerstraße, die den Hotelgasthof und den großen Rastplatz bevölkern. Schöne und – bei diesem Bau etwas unerwartet – helle Zimmer mit oft ungewöhnlichem Schnitt. In einem eindrucksvollen, mit viel Glas und Holz gestalteten Neubau unmittelbar daneben befindet sich die gleichnamige Restaurant-Pizzeria. Dort lässt man sich das süffige, in der angeschlossenen Kleinbrauerei gebraute naturtrübe Biobier Andreas-Hofer-Bräu schmecken, am besten mit einem deftigen Speckknödel dazu. Sachsenklemme, Sackweg 1, Franzensfeste, ✆ 0472/837837, Hotel ✆ 329/1591570, sachsenklemme.it. **€€**

Das Eisacktal

In Brixen mündet die Rienz in den Eisack, und von da an darf sich das Tal auch Eisacktal nennen. Nach dem engen Wipptal wirkt das Becken von Brixen weiter, als es ist. Erste Blicke auf die Dolomiten, im Norden auf die Pfunderer Berge. Dann wird es wieder enger, ab Klausen noch enger. Man ahnt nur, dass sich auf der Sonnenseite große und kleine Dörfer aneinanderreihen.

In **Brixen** spürt man zum ersten Mal einen Hauch von Süden, auf den Hängen wird Wein angebaut. Die Bischofsstadt schmückt sich mit alten Bürgerhäusern, Kirchen und den typischen Tiroler Ansitzen, mit alten Gasthöfen wie dem „Elephanten" und im Hintergrund dem **Skiberg Plose.** Von hier sieht man schon auf die ersten Dolomitengipfel, die wilden Spitzen der Geislergruppe. In **Klausen,** den Eisack abwärts, liegt auf einem Felsen die Klosterburg Säben, Vorgänger von Brixen als Bischofssitz. Der Weinbau hat die Südhänge voll im Griff, bis zur Talsohle herunter ziehen sich die Weinberge von

Brixen und das Gitschberg-Jochtal

Feldthurns, Villanders, Barbian, großen Dörfern auf Aussichtsterrassen am Abhang der weich geformten Sarntaler Alpen. Gotische Kirchen mit überspitzen Turmhelmen, das prachtvolle Schloss Velthurns, im Herbst Törggelen in der getäfelten Bauernstube.

Freizeitsport pur: hervorragend markierte Wanderwege, Pfade für Bergsteiger, Gleitschirmfliegen (wozu sonst gibt es Seilbahnen wie jene auf die Plose?), Mountainbikerouten v. a. in den Sarntalern zum Süchtigwerden. Man kann aber auch schlicht über die Villanderer Alm spazieren oder ganz genießerisch im Liegestuhl in der Sonne braten und die Welt an sich vorbeiziehen lassen. Nicht zu vergessen der Wintersport, Dolomiti Superski lässt grüßen!

Information Einen Überblick über die einzelnen Eisacktaler Tourismusvereine erhält man über die Südtirol Information, ✆ 0471/999999, eisacktal.com.

Brixen

In der Altstadt gibt es um den Bischofsdom, den man schon von Bahn und Autobahn aus erkennt, gut erhaltene Bürgerhäuser mit Läden, Restaurants und empfehlenswerten Hotels. Die Plose über der Stadt mit ihren Wander- und Skirouten sowie die Weinberge rundum bieten eine würdige Kulisse.

Wer vom Brenner kommt, erreicht bei Brixen das milde Klima des Südens mit trockenen, heißen Sommern, mit Weinbau, mit Edelkastanienwäldern und großen Apfelplantagen. Die Arkadengänge, die „Lauben", die in der Altstadt die Straßen flankieren, wurden aber nicht zum Schutz vor der Sonne, sondern gegen den Regen errichtet. Komfortabel kann man unter ihnen shoppen, auf der Kaffeehausterrasse auf den wiederkehrenden Sonnenschein warten, bummeln, plaudern, den Kinderwagen schieben und was halt sonst außerhalb des Hauses in einer Stadt getan wird.

Stadtgeschichte

Brixen ist noch ein wenig älter, als seine ältesten Häuser vermuten lassen, die aus dem Mittelalter stammen. Im Stadtteil Stufels jenseits des Eisackflusses hat man eine hallstattzeitliche Siedlung (1000–500 v. Chr.) entdeckt, die später ein kleiner römischer Siedlungsstandort war. Pressena hieß die Siedlung damals, die nach der Völkerwanderung einsickernden Germanen machten daraus mit der Zeit Brixen. Dann entschieden sich die Bischöfe von Säben über dem heutigen Klausen (→ S. 81), ihren unbequemen Standort zu verlassen und ins gemütlichere Becken von Brixen zu verlegen. Das war 990 – sie blieben übrigens fast 1000 Jahre lang bis 1964, als sie nach Bozen übersiedelten, was damals ein großer Schlag für Brixen war! Das neben Trient bedeutendste Bistum an der Südgrenze des deutschen Sprachraums firmiert seitdem unter dem Namen Diözese Bozen-Brixen bzw. Diocesi di Bolzano-Bressanone.

Die Stadt Brixen, umgeben von Mauern und Gräben – die Straßenbezeichnungen Großer und Kleiner Graben erinnern heute noch daran –, entstand bis 1039, Brixen ist damit die erste Deutschtiroler Stadt, älter als Innsbruck, Schwaz oder Hall. Stadt und Bistum haben ein gemeinsames Wappentier, das man immer wieder sieht, das Osterlamm. Die Grafen von Tirol verstanden es, das Bistum, mit dessen Territorien sich die eigenen eng verbanden und zum Teil überschnitten, allmählich immer enger an Tirol zu binden. Als im 14. Jh. die neue Straße (nicht viel mehr als ein Karrenweg) durch das Eisacktal eröffnet wurde, profitierte Brixen sehr davon, da nun Kaiser, Fürsten und Händler hier abzusteigen begannen. Aus dieser Zeit stammt das weithin bekannte „Haus zum Elephanten" (heute noch ein ehrwürdiges Hotel, das sich viel historischen Charme bewahrt hat): Im Tross eines Habsburger Erzherzogs kam 1591 tatsächlich ein Elefant mit Namen Soliman durch die Stadt. 1803 endete die Territorialgewalt der Brixner Bischöfe, Brixen kam an Tirol und damit an Österreich.

Die Brennerbahnlinie, an die Brixen 1867 angeschlossen wurde, sorgte für Auftrieb, das Ende des Ersten Weltkriegs und der Anschluss an Italien für das Gegenteil. Auch die Abwanderung des Bischofs nach Bozen 1964 wurde als Rückschlag empfunden. Andererseits brachte der Tourismus bescheidenen Aufschwung und 1998 wurde die Stadt mit der Fakultät für Bildungswissenschaften der Universität Bozen zur (Teil-)Universitätsstadt erhoben. Man prosperiert, wenn auch in bescheidenem Maß. 22.000 Menschen leben heute in Brixen und Umgebung, für das schöne Talbecken sind das vollauf genug.

Sehenswertes

Dom und Domplatz: Es empfiehlt sich, den Stadtspaziergang vom zentralen Domplatz aus zu starten. Dieser hat für die relativ kleine Stadt überraschend große Ausmaße, die Bischöfe verwendeten ihn für ihre Prozessionen und Feierlichkeiten. Die **Domfassade** mit ihren seitlichen Türmen und dem in der Mitte vorspringenden Portal dominiert diesen Platz.

Bezeugt ist bereits ein Dom aus ottonischer Zeit; der romanische Dom, der nach dem großen Stadtbrand von 1174 entstand und 1237 geweiht wurde, ist nur in den unteren Stockwerken der beiden Türme und an ein paar weiteren Stellen erhalten. Dann wurde der Zeitmode entsprechend ein gotischer Hochchor samt angrenzenden Kapellen errichtet, der Bauherr war der damalige Bischof *Nikolaus von Kues*, von dem wir in Bruneck noch hören werden. Die damals entstandene **Oswaldkapelle** zwischen den beiden Türmen hat ihren Namen vom Stifter, dem Dichter und Minnesänger *Oswald von Wolkenstein,* dessen Gedenkstein sich heute auf dem Alten Friedhof nebenan befindet.

Heute hat der Dom überwiegend barocke Formen, denn nach 1610 wurde er grundlegend modernisiert, also barockisiert, vor allem zwischen 1745 und 1758. Das ist am deutlichsten im Dominneren zu sehen: Weißer Carraramarmor, gelber Brentonico aus dem Trentino, braunroter Pfunderer Marmor (eigentlich ein Schiefer) und rotbrauner Rocchetta aus dem Trentino. Exotischer Marmor aus Sizilien, Griechenland und Nordafrika wurden zur Wandverkleidung und für die Altäre verwendet. An Gold wurde nicht gespart: Man sehe sich die Kanzel an! Der spätbarocke Maler *Paul Troger* aus Welsberg im Pustertal schuf die prachtvollen **Deckengemälde,** mehrere barocke Altäre entstanden. Das große Deckengemälde Trogers zeigt die „Anbetung des Lamm Gottes". Einige der zahlreichen **Grabplatten** von im Dom begrabenen Bischöfen und Domherren wurden schon damals in die Arkaden des benachbarten Friedhofs und des Kreuzganges verbannt, andere beließ man im Dom. Bemerkenswert die in der Vorhalle aufgestellte Grabplatte des Bischofs Christoph von Schrofenstein von 1521, die äußerst naturalistisch einen ausgezehrten Mann in prunkvoller Bischofskleidung darstellt (Christophorus de Schrobenstain steht über der Bischofsmütze geschrieben).

Südlich des Doms liegt der nach dem Brand von 1174 romanisch begonnene und gotisch mit Kreuzrippengewölben vollendete **Kreuzgang,** man betritt ihn von einem aus der Domvorhalle rechts abgehenden Durchgang. Der Kreuzgang verbindet den Bischofspalast und verschiedene Nebengebäude mit dem Dom, hatte also zentrale Funktion. Im späten 14. und 15. Jh. ließ man seine Gewölbe durch lokale Künstler ausmalen, es waren bedeutende darunter wie *Hans von Bruneck*. Diese leider durch die Grabsteine aus dem Dom oft empfindlich beeinträchtigten Fresken sind ein großartiges Beispiel für die Malerei des Mittelalters und wert, sehr genau und in aller Ruhe betrachtet zu werden. (Vier Gewölbe wurden nie ausgemalt, hier durften Händler den Domherren ihre Ware anbieten, Fresken gönnte man ihnen nicht.) Um die Zuordnung

Frühlingsblüte am Domplatz von Brixen

Vom Brenner bis Bozen → Karte S. 24/25

der einzelnen Szenen zu bestimmten Künstlern gab es und gibt es Gelehrtenstreit, dem Besucher wird es genügen, festzustellen, dass mehrere Künstler mit deutlich unterschiedlicher Technik und Gewandtheit an diesem mittelalterlichen Bilderbogen gearbeitet haben.

In der (meist geschlossenen) Johanneskapelle (bzw. **Taufkapelle**), die man durch eine der Arkaden betritt, haben sich ältere, nämlich romanische Fresken erhalten. Besonders interessant unter den Heiligen und Personen aus dem Alten Testament, die in einer Prozession in Richtung Altarraum (und Darstellungen von göttlicher Weisheit und Kirche) schreiten, die Königin von Saba, die, äußerst ungewöhnlich für die damalige Zeit, als Schwarze dargestellt ist.

■ **Dom und Kreuzgang** April bis Okt. und Weihnachtszeit tgl. 6–18 Uhr, Nov. und 7. Jan. bis März tgl. 6–12 und 15–18 Uhr, So vormittags geschlossen.

Alter Friedhof und Michaelskirche: Auf der anderen Seite des Doms liegt ein vom Domplatz wie von der Albuingasse aus zugänglicher Freiraum, der sog. Alte Friedhof. Heute wird hier niemand mehr begraben, aber viele Jahrhunderte war er der einzige Friedhof der Stadt. An den Arkaden auf seinen Seiten sind Grabsteine aufgestellt, auch einige aus dem Dom und vor allem der **Gedenkstein des Oswald von Wolkenstein,** der einen bärtigen, wuschelhaarigen Mann in Rüstung mit Sporen, Schwert und Standarte zeigt (vom Eingang Domplatz aus gleich links). Der Alte Friedhof grenzt auf der Nordseite an die Michaelskirche oder Pfarrkirche, deren 72 m hoher, achteckiger Turm (Bauzeit von 1300 bis 1591) wegen seiner weißen Farbe als **Weißer Turm** bekannt und Wahrzeichen von Brixen geworden ist. Die Kirche ist sehr alt, wurde aber 1757/58 völlig barockisiert.

■ **Alter Friedhof** tagsüber ständig geöffnet; **Michaelskirche** ca. 8–19 Uhr; **Weißer Turm** jeden Sa 11 Uhr Glockenspiel, davor um 10.30 Uhr Führung, in der HS auch Do 21 Uhr (8 €), Anmeldung unter ✆ 0472/830505.

Priesterseminar: Jenseits der Albuingasse, die den Dombezirk nach hin Osten begrenzt, liegt etwas zurückgesetzt das Priesterseminar. Es wurde 1607 während der Gegenreformation gegründet, seine Bauten sind aber jünger, sie wurden 1764 bis 1771 in eher zurückhaltenden spätbarocken Formen errichtet. Dabei wurde auch die **Kirche zum Hl. Kreuz** angebaut, die heute mit ihrem riesigen überwölbten Portalbereich die Fassade dominiert. Die Fresken im Inneren der Kirche sind von *Franz Anton Zeiller*.

Wer als Student kommt – das Priesterseminar ist Sitz der Philosophisch-Theologischen Hochschule und der Fakultät für Bildungswissenschaften der Freien Universität Bozen – dringt in die Universitätsbibliothek vor. Ihr ältester Teil ist die barocke **Bibliothek** mit Deckengemälden des *Franz Anton Zeiller*, eine über zwei Stockwerke reichende Halle, von großen blauen Säulen getragen, mit einem weiß-gold schimmernden Gewölbe – ein echtes Barockjuwel.

■ **Priesterseminar** Während des Semesters evtl. begrenzt zugänglich. An der Pforte nachfragen (tgl. außer sonntags ab 7.30 Uhr geöffnet), priesterseminar.it.

Große und Kleine Lauben: Brixens Lauben sind zwei Straßen, die im rechten Winkel aufeinander stoßen und die bereits bei der ersten Stadtplanung im 11. Jh. so angelegt wurden. Bürgerhäuser und Adelspalais rücken im ersten und zweiten Stock nahe aneinander, aber auf Fußgängerniveau lassen sie geräumige Arkadengänge frei, die die Straßenbreite fast verdreifachen. Man durchquert das **Michaelstor** (Freskenreste) beim **Weißen Turm** (s. o.) und gelangt auf den Pfarrplatz. Da das **Pfaundlerhaus** noch außerhalb der Großen Lauben errichtet wurde und auf einer Straßenerweiterung gegenüber der Michaelskirche steht, kann man seine üppige, doppelt geschwungene und durch Erker gegliederte Fassade in aller Ruhe bewundern. Das Gebäude stammt aus dem Jahr 1581 und verbindet gotische und Renaissanceelemente, besonders hübsch sind die schmiedeeisernen Gitter vor den Fenstern. Zwischen Großen und Kleinen Lauben bewacht aus etwa 3,5 m Höhe der **Wilde Mann** das geschäftige Kommen und Gehen. Er hat drei Köpfe, damit er wirklich alles überblicken kann.

Besonders in den Kleinen Lauben haben sich einige schöne Häuser erhalten, dazu gehört das Gebäude des Restaurants Fink. In der von den Kleinen Lauben zum Domplatz führenden **Domgasse** sei das alte Gebäude des „Finsterwirts" erwähnt, in dem sich ebenfalls ein angesehenes Restaurant mit langer Tradition befindet. Am Ende der Kleinen Lauben steht auf einem kleinen Platz die **Erhardskirche,** ein um 1800 klassizistisch veränderter älterer Bau über (wie Grabungen bewiesen) vorrömischen Vorgängern, der heute als evangelische Gemeindekirche dient.

Pharmaziemuseum: In der Adlerbrückengasse 4 befindet sich in einem historischen Bürgerhaus die Apotheke Peer, die seit 1604 existiert und seit 1783 in Familienbesitz ist. Das Museum zeigt, wie sich das Apothekerwesen in Mitteleuropa in den letzten 400 Jahren entwickelt hat. Die Ausstellung im 2. Stock in holzgetäfelten Räumen beinhaltet eine einmalige Sammlung von Behältern aus drei Jahrhunderten, außerdem einen Schrank mit Drogen, technischen Geräten und Kuriositäten, z. B. vergoldete Pillen und ein getrocknetes Krokodil, das früher in der Apotheke an der Decke hing. Große Pharmaziebibliothek mit kleiner öffentlicher Handbibliothek. Ein Highlight ist die komplett digitalisierte Version eines Herbariums von 1683, eines der ältesten überhaupt.

■ Di und Mi (Juli/Aug. Mo–Fr) 14–18, Sa 11–16 Uhr, in der Adventszeit auch So 11–16 Uhr; Eintritt 5 €, erm. 4 €; ✆ 0472/209112, pharmaziemuseum.it.

Großer und Kleiner Graben: Der Stadtgraben, das sieht man an den alten Fassaden der angrenzenden Gebäude, ist schon lange zugeschüttet. Heute kann man auf ganzer Breite über den Großen Graben flanieren und diese Fassaden (oder die Auslagen) bewundern. Das **Säbenertor** mit seinem hohen Turm unterbricht die gerade Reihe der Fassaden, es ist eines der ursprünglich drei Tore der Stadt (des Weiteren Michaelstor am Pfarrplatz und Kreuz- oder Sonnentor bei der Erhardskirche). Rechts daneben steht der alte **Ansitz Lachmüller,** der einer Familie gehörte, die über Jahrhunderte den Bischöfen als Ärzte, Rechtsanwälte und Verwaltungsbeamte zu Diensten war (heute im Besitz der Stadt und üblicherweise bis auf den Innenhof nicht zu besichtigen). Der Kleine Graben wird leider ziemlich stark befahren, sodass man froh ist, bei Regensburger Allee Nr. 7 einen Durchgang zu finden, der in den hübschen, nach alten Mustern gestalteten **Hofgarten** führt.

Ein Abstecher vom Großen Graben beim Säbenertor über die Stadelgasse muss sein. Wo sie endet, stößt man auf die Weißlahngasse und das gegenüberliegende **Hotel Elephant.**

Hofburg und Diözesanmuseum: Quert man den Hofgarten, hat man zur Linken das **Neugebäude** (so genannt, weil die Hofburg schon alt war, als es um 1620 errichtet wurde), in dessen Kutschentrakt der Kutscherhof mit Speis und Trank lockt. Zur Rechten liegt die Hofburg, der Sitz der Brixner Bischöfe bis zu ihrem Umzug nach Bozen (de facto 1973). Diese „Burg" ist in Wirklichkeit ein Renaissanceschloss, 1260 als Burg gegründet, 1595 im Renaissancestil umgebaut und 1710 (im Wesentlichen innen) barockisiert. Reste des Grabens, der sich einmal um die ganze Burg spannte, werden durch

Vom Brenner bis Bozen → Karte S. 24/25

eine Brücke überwunden. Besonders eindrucksvoll ist der **Innenhof,** dessen Fassadengestaltung durch die schwarzen Statuen vor dem gelben Anstrich bestimmt wird.

In der Hofburg ist das **Diözesanmuseum** untergebracht. Im Erdgeschoss links befindet sich die riesige Krippensammlung, die allein schon den Besuch wert ist, Krippen aus allen Materialien und von Sizilien bis Tirol sind zu sehen. Im ersten Stock ist die Kunst des Mittelalters untergebracht, zahlreiche romanische und gotische Holzstatuen, vor allem der Gottesmutter mit und ohne Kind, Heilige, spätgotische Flügelaltäre, Tafelmalerei. Einige Arbeiten von *Hans Klocker,* der zwischen 1475 und 1500 in Brixen arbeitete, und dessen Werkstatt die Kunst bestimmte. In einem eigenen Raum ist der Domschatz zu sehen, Gold und Silber und Bergkristall, wohin das Auge reicht. Zu bewundern gibt es noch die Sammlung Unterberger mit bedeutenden Werken österreichischer (meist Tiroler) Maler des 19. und 20. Jh. *(Albin Egger-Lienz, Franz von Defregger).* Auf dem Rundgang passiert man die barocke **Hofburgkirche,** die man aber leider nicht betreten, sondern nur von oben einsehen darf. Frühneuzeitliche Kunst und die schöne Hofratsstube beschließen den Rundgang. Im zweiten Stock ist sakrale Kunst vom Barock bis zum 20. Jh. untergebracht, unter den barocken Gemälden sollte man jene von *Paul Troger,* der die Deckengemälde im Dom geschaffen hat, nicht übersehen. Im **Kaisertrakt,** wo der Kaiser, wenn er Brixen besuchte, untergebracht war, hat sich die Ausstattung zum Teil erhalten, imposant der kaiserliche Empfangssaal von 1710.

Diözesanmuseum Mitte Okt. bis Mai tgl. 10–17 Uhr, Juni bis Sept. 10–18.30 Uhr. Eintritt 10 €, Schüler 5 €, Führungen (mit Dombezirk) Di und Do 14 Uhr. ✆ 0472/830505, hofburg.it.

In den Ortsteil Stufels: Vom oberen Ende der Albuingasse zweigt nach rechts die Adlerbrückengasse ab, in der sich u. a. das Pharmaziemuseum befindet (s. o.). Heute ist die **Adlerbrücke** eine

Dom in Brixen während des Water Light Festivals

reine Fußgängerbrücke, aber früher hatte sie den ganzen Verkehr über den Eisackfluss zu bewältigen. Dass dabei alles reibungslos ablief, darum kümmerte sich der klassische Brückenheilige Nepomuk, dessen barocke Statue heute etwas abseits steht. Ihr gegenüber, noch auf Altstadtboden, steht eines der ältesten Hotels der Stadt, ehemals „Hotel Goldener Adler", nach dem spektakulären Umbau heute das „Adler Historic Guesthouse", dessen moderne Fassade mit Erkerelementen eine eigenwillige Stadthaus-Interpretation darstellt. Direkt daneben der Alte Schlachthof, an dessen Rückseite bis zur Turmgasse das neue, preisgekrönte „Hotel Badhaus" der Architekten BergmeisterWolf in Form von zwei postmodernen Türmen emporragt (zum Zeitpunkt der Recherche im Herbst 2023 noch nicht fertiggestellt). Der Name ist ein Hinweis auf das historische Badhaus, das hier einst stand. Jenseits der Brücke liegt Stufels, der älteste Siedlungsboden von Brixen, ein aus wenigen engen Gassen bestehender Stadtteil. Gleich am Anfang liegt das historische „Art Hotel Lasserhaus" aus dem 16. Jh., ebenfalls renoviert und mit künstlerisch gestalteten Zimmern ausgestattet, jedes von einem anderen Künstler (lasserhaus.it). Durchquert man Stufels über die Untere Schutzengelgasse, erreicht man die Brücke über die Rienz – Brixen wurde sicher auch aus verkehrstechnischen Gründen an der Einmündung der Rienz in den Eisack gegründet. Hübsch sind die sich bis zur eigentlichen Mündung erstreckenden **Rappanlagen,** ein städtischer Park mit schönen Blicken auf Altstadt und Plose.

Auf den Pinatzbühel: Start an der Adlerbrücke. Durch das historische Stufels geht es rechts aufwärts, dann auf asphaltierter Straße der Markierung 10 folgen bis zur Elvaser Straße. Hier rechts abbiegen, vorbei am Gebäudeblock „Living Stufels" und weiter in die Seeburger Straße. An einer Kehre unterhalb von Schloss Seeburg führt ein steiler Pfad in den Wald. An seinem Ende trifft er in einer Kurve auf eine Teerstraße. Weiter geht es oberhalb des Guggerhofs auf Weg 10 durch terrassierte Weinhänge mit sorgfältig aufgeschichteten Trockenmauern. Bevor der Weg nach 1 Std. vor Elvas endet, passiert man einen schönen Schalenstein, ein zweiter steht links am Rand eines Weinhanges (beschildert). Danach folgt ein Holzturm mit schönem Blick in den Brixener Talkessel. Auf einer informativen Karte sind Dutzende prähistorische Fundstätten eingezeichnet. Diese Gegend war schon in frühester Zeit relativ dicht besiedelt.

Vom Turm, der etwas unterhalb des bewaldeten Pinatzbühels liegt, wandert man über Elvas nach Kranebitt und zurück zum Ausgangspunkt, etwa 45 Min. Gehzeit. Insgesamt ca. 8 km, 200 Höhenmeter.

Vom Brenner bis Bozen → Karte S. 24/25

Basis-Infos

→ Karte S. 60/61

Information Tourismusverein Brixen und Umgebung, die Touristeninformation hat sich in einem modernen Bau am Westende der Altstadt eingerichtet, Mo–Fr 9–13, 14–17.30, Sa 9–13 Uhr. Brixen/Bressanone, Regensburger Allee 9, ✆ 0472/275252, brixen.org.

Verbindungen Pkw: Brennerautobahn/Abfahrt Brixen; das Stadtzentrum ist für Autos gesperrt; gebührenpflichtiger Parkplatz nördlich der Altstadt an der Brennerstraße. Parkhaus in der Dantestraße am westlichen Altstadtrand, gegenüber Einmündung Romstraße (durchgehend geöffnet). Gebührenfreie Parkplätze ohne zeitliche Begrenzung gibt es nur vor dem Krankenhaus (zwischen Vinzenz-Pacher-Str. und Alter Straße) und auf dem Parkplatz Brixen Süd südlich des Bahnhofs in der Vittorio-Veneto-Straße. Der Bahnhofsparkplatz ist tagsüber normalerweise voll.

Bahn: In Brixen halten alle Züge zwischen Brenner und Bozen. **Bus:** Brixen ist Knoten für Busse nach Bozen, nach Bruneck/Innichen so

Übernachten

1 Adler Historic Guesthouse
3 Alter Schlachthof
5 Kassianeum (Jugendherberge)
6 Kranebitt
15 Millanderhof
16 My Arbor
19 Biobauerhof Platzbon
20 Haller
25 Pupp
27 Cityhotel Tallero
29 Krone
30 Elephant

Essen & Trinken

2 Decantei
3 Alter Schlachthof
9 Pizzeria Valentina
12 Finsterwirt
17 Kutscherhof
18 Schatzerhütte
20 AO
21 Fink
22 Brix01
23 Grissino
30 Apostelstube

Cafés, Imbisse, Bars

1 Adler Tagesbar
7 Domcafé
8 Café-Konditorei Heiss
10 Bar Rossini
11 Art Café
24 Vinus – Peter's Weinbistro
28 Pupp Café

Nachtleben

4 Absolut Lounge
13 3fiori Bar Jazzkeller

Sonstiges

14 Theater Dekadenz
26 Vertikale (Kletterzentrum)
31 Forum Brixen

wie in die Täler und Bergdörfer der Umgebung. Busbahnhof an der Dantestraße. Brixen besitzt auch ein innerstädtisches Busnetz mit drei Stadtbuslinien, Auskunft bei den Fahrern, an den Haupthaltestellen sind Netzfahrpläne angeschlagen. **Taxi:** Standplätze Bahnhofsplatz und Kleiner Graben. Taxizentrale ✆ 0472/835666.

Ärztliche Versorgung **Krankenhaus Brixen,** Dantestr. 53, ✆ 0472/812111.

BrixenCard Gratis-Card der Gastgeber mit vielen Inklusivleistungen wie einer kostenlosen Berg- und Talfahrt mit der Plose-Seilbahn, freier Eintritt in Museen und Benutzung der öffentl. Verkehrsmittel.

Summer Card Gold Diese kostenpflichtige Karte, die nur im Mai des jeweiligen Jahres erhältlich und etwa von Ende Mai bis Mitte Okt. gültig ist, beinhaltet Eintritte in Schwimmbäder und Sehenswürdigkeiten und tägliche Fahrten mit Seilbahnen (die Liste teilnehmender Betriebe findet sich auf der Webseite). Sie kostet 180 €, als **Silver Card** mit reduzierten Angeboten 60 €. Die **Almencard,** die ab Mai erhältlich ist, umfasst ein Sommer-Abo für die Umlaufbahnen Gitschberg und Jochtal und kostet 80 €. Alle Cards sind auch als Familienversion erhältlich. Infos unter summercard.org.

Einkaufen Boutiquen, Kleidung, Schuhe etc. in den Großen Lauben.

Kunsthandwerk/Antiquarisches: Kompatscher am Seminarplatz und Galerie Hofburg (Krippenfachgeschäft), Hofgasse 5, kompatscher.eu.

Lebensmittel/Feinkost: Großer Supermarkt am Kleinen Graben neben Hotel Goldenes Kreuz. **Käseladen** „Casa del formaggio", Große Lauben 14, auch Nudeln, Pilze, Olivenöl etc. **Brot und Feingebäck** aus der Backstube Profanter (z. B. Altenmarktgasse), Gewürzbrot, sehr gute „Breatl" (Bauernbrot, „Vinschgerl"), im Herbst köstliches Apfel-Walnuss-Brot. **Pur Südtirol,** der neueste Ableger des erfolgreichen Öko-Lebensmittelhändlers, Wein und Feinkost, bio und regional, eine Unverpackt-Abteilung gibt es und ein Bistro mit kalten und warmen Speisen, Kreuzgasse 11b, pursuedtirol.com. **Wianui,** der Upcycling Concept Store, verkauft interessante Produkte aus recycelten Materialien, „wie neu" eben, Stadelgasse 7a, wianui.eu.

Naturkost: Euvita Naturprodukte, Adlerbrückengasse 7a.

S'Ladele: Hofladen direkt an der Brennerstraße; Obst und Gemüse aus eigenem Anbau der Familie Jöchler vom Tschiedererhof, außerdem Säfte, Marmeladen, Sirup, Wein und anderes mehr von regionalen Produzenten. Brennerstr. 74, ✆ 324/8479252, tschiedererhof.it.

Bücher/CDs/DVDs: Athesia, Große Lauben im Torbau an der Weißenturmgasse.

Sportkleidung und -ausrüstung: Sportler, Große Lauben 3, führt eine kaum zu überbietende Auswahl.

Großer **Monatsmarkt** am Ende der Trattengasse (auf dem Großparkplatz), v. a. Kleidung, Schuhe, Haushaltswaren.

Bauernmarkt am Hartmannsplatz und Großen Graben, ganzjährig am Sa 9–14 Uhr.

Flohmarkt „Ggumperermarkt", Albuingasse, die Termine sind beim Tourismusverein zu erfahren.

Kultur & Veranstaltungen **Forum Brixen 31,** Romstraße 9, moderne Mehrzweckhalle. Programm unter ✆ 0472/257588, forumbrixen.com.

Dekadenz 14, engagiertes Kleinkunsttheater. Obere Schutzengelgasse 3, ✆ 0472/836393 (Di–Fr 17–19 Uhr), dekadenz.it.

Südtiroler Brot- und Strudelmarkt, ein Wochenende Ende Sept./Anf. Okt., nicht nur große Auswahl an Brot und Kuchen/Torten/Strudeln/Krapfen, sondern auch Infos über alte Getreidearten, Backvorführungen u. a.

> **Water Light Festival,** fast den ganzen Mai leuchtet Brixen im Zeichen des Wassers. Spektakuläre Lichtinstallationen von über 30 Künstlern sind über die ganze Altstadt verteilt, in der Vergangenheit waren auch die Franzensfeste und das Kloster Neustift Teil dieses magischen Festivals, das zu den eindrucksvollsten Veranstaltungen in Südtirol gehört. Beleuchtung in der Regel von 21 bis 24 Uhr, zum Teil auch tagsüber (in Innenräumen). Einige Veranstaltungen sind kostenpflichtig. Nähere Infos unter brixen.org/waterlight/de.

Theatralische Erlebnisführungen, Stadtführungen der etwas anderen Art: Auf anderthalbstündigen Touren erzählen Schauspieler in historischen Gewändern Geschichten und Anekdoten rund um Brixen, so u. a. „Zwischen Bischofsstab und Elefantenrüssel", „Hexer, Henker und Halunken", „Auf sagenhafter Schatzsuche am Woody Walk", Familienwanderung auf der Plose, Erw. 12 €, Kinder 5 €. Infos zu Terminen und Anmeldung: ✆ 0472/275252, brixen.org.

Vorweihnachtliche Lichtspektakel, in den vergangenen Jahren gab es verschiedene, sehr erfolgreiche Licht- und Musikspektakel im Innenhof der Hofburg, z. B. über die Ankunft des Elefanten Soliman in Brixen. Hoffentlich wird diese Eventreihe in den nächsten Jahren fortgeführt. Ende Nov. bis Anf. Jan.

Weihnachtsmarkt, in der Adventszeit rund um den Dom, dazu Veranstaltungen wie Konzerte, Lesungen in Gastbetrieben, Spezialführungen, Krippenausstellung im Diözesanmuseum – besonders bei Italienern sehr beliebt. An einem Wochenende Anf. Dez. findet der Adventsmarkt in den historischen Gassen von Stufels statt, mit Musik, Kunsthandwerk und regionalen Produkten.

Sport

→ Karte S. 60/61

Paragliding Beliebter Startplatz auf der Plose, Infos bei Para Tandemteam Südtirol, paratandemteam.com.

Radfahren **Leihräder** am Bahnhof durch Südtirol Rad, suedtirol-rad.com. **Bikeschule** Brixbike bietet Touren und Techniktraining, Stadelgasse 4, brixbike.it.

Von Brixen aus führen drei gut ausgebaute **Radwege** durch das Pustertal nach Innichen (→ S. 450), durch das Wipptal nach Sterzing und zum Brenner (→ S. 32 und 26) sowie die Etsch entlang nach Bozen, Salurn (→ S. 167) und weiter nach Trient. 2018 wurde der **Brixen Bikepark** mit 4 unterschiedlich schwierigen Lines eingeweiht (→ Auf die Plose).

Mitte Sept. findet das **Mountainbike Testival** statt, führende Hersteller stellen aus, Biker können auf geführten Touren das Material testen. Außerdem gibt es Angebote und Aktionen speziell für Kinder.

Wandern/Bergsteigen/Klettern **Kletterhalle Vertikale** **26** mit 1500 m² Kletterfläche und weltcuptauglicher Boulderanlage, Brennerstraße neben Acquarena, vertikale.it. **Geführte Wanderungen** veranstaltet der Tourismusverein im Sommer, genaue Termine anfragen.

Schwimmen/Baden **Naturbadeteich** in Lüsen, Kneippanlage in Vahrn. Seit 2017 ist Baden im Vahrner See wegen der Bergung von Kriegsrelikten verboten.

Erlebnisbad Acquarena, Altenmarktgasse 28 b, unweit vom Stadtzentrum gelegene Wasseroper auf 5000 m², der architektonisch spannende Mix aus geraden und kurvigen Linien macht außen und innen ein unruhiges, aber interessantes Bild! Mit schickem Hallenbad samt Wasserrutsche, Sauna, Wellnessbereich, verschiedenen Bädern, Fitnessstudio mit allen Schikanen und Freibad mit Strömungskanal. Restaurant Grissino → „Essen & Trinken". Hallenbad tgl. 9–22 Uhr, Freibad 9–20 Uhr, Sauna 13–22 Uhr, Sa, So Feiertage 10–22 Uhr. Eintritt: Hallenbad und Freigelände 3 Std. ab 12/6 €, Tag ab 14/7 €, Eintritt inkl. Sauna (3 Std.) ab 27 €, Tageskarte ab 32,50 €. ✆ 0472/268433, acquarena.com.

Wintersport **Skifahren/Snowboarden:** Das Skigebiet Plose ist Teil der Region Eisacktal, das fünf umliegende Wintersportgebiete umfasst, und gehört zum Verbund *Dolomiti Superski* (→ S. 633); der Skipass Gitschberg Jochtal – Brixen ist natürlich günstiger als der Kombiskipass; zum Skifahren auf der Plose → S. 72.

Skilanglauf: Loipen um Würzjoch und Palmschoss, 22 km ab Parkplatz Schnatzgraben; Loipe im Aferer Tal, 12 km, ab Vikolerhof; Rundloipe Kreuztal (5 km) ab Gasthof Geisler; 2 Loipen in Lüsen. Die Rundloipe Petschied in Hinterlüsen (4 km) ist 1 x pro Woche abends beleuchtet.

Eisstadion am Fischzuchtweg/Sportzone Süd.

Schneeschuhtouren und Winterwandern: Ideale Bedingungen und lohnende Ausblicke auf den weiten, relativ flachen Hängen der Lüsner Alm und der Plose.

Übernachten

→ Karte S. 60/61

Brixen besitzt eine Reihe guter, preislich gehobener zentrumsnaher Hotels, allen voran das ehrwürdige Hotel Elephant. Günstiger sind (auch in der Hochsaison im Aug. und Weihnachten bis Febr.) die Quartiere in den Dörfern um Brixen.

In und nahe der Altstadt ****** Adler Historic Guesthouse** **1**, historisches Stadthotel an der Adlerbrücke. Das Hotel gehört zur Gruppe der „Vinum Hotels Südtirol", die sich durch besonderes Wein-Know-how und Weinerlebnisangebote auszeichnen. Es wurde 2022/23 komplett neu gestaltet: mit einer modernen Fassade, die die alten Erkerformen neu interpretiert, mit geschmackvollen Zimmern und Suiten, mit dem hippen Café-Apéro an der Brückengasse, mit Sauna, Fitnessraum und einem kleinen Turm im Innenhof. Adlerbrückengasse 9, ✆ 0472/200621, adlerbrixen.com. **€€€€**

******S Elephant 30,** die Traditionsherberge gibt es bereits seit dem 15. Jh. Der namengebende Elefant kam 1551 hier vorbei auf dem Weg zum Kaiser in Wien. Die heutige Hoteliersfamilie ist zwar erst seit 1773 im Haus, aber das ist ja auch schon eine ganze Weile. Jeder Komfort, prachtvoller Kachelofen in einer der drei alten Stuben. Beheizter Pool im großen Garten, Sauna. Weißlahnstr. 4, ✆ 0472/832750, hotelelephant.com. **€€€€**

****** Pupp 25,** das ultramoderne Hotel gegenüber der gleichnamigen Konditorei ist schon rein äußerlich ein Hingucker. Im Inneren bestechen die Räume durch exklusives Design, die Suiten sind mit eigenem Whirlpool, privater Terrasse oder Balkon ausgestattet. Zum Frühstücksbuffet gibt's Leckereien aus der Konditorei. Das Haus ist eines von mehreren Hotels in Südtirol, die sich mit ihrem Angebot ausschließlich an Erwachsene richten. Altenmarktgasse 36, ✆ 0472/268355, small-luxury.it. **€€€€**

***** Tallero 27,** angenehmes Stadthotel, gute Zimmer, Frühstücksraum unterm Dach mit Ausblick auf die Stadt. Alter Markt 35, ✆ 0472/830577, tallero.it. **€€–€€€**

meinTipp **Alter Schlachthof 3,** schon die alte Steintreppe, die zu den 5 Schlafkojen unterm Dach führt, macht neugierig, der Anblick der durch Holzwände abgeteilten Räume nicht minder. Drinnen wartet eine originelle, urgemütliche Einrichtung, kuschelige Kojen, liebevolle Details wie Sitzsäcke aus ehemaligen Getreidesäcken, eine Dusche mit Metallzuber. Seit 2022 wurde das Angebot um wunderschöne historische Zimmer und Apt. in den umliegenden Häusern erweitert. Man kann à la carte wählen, alles bio, lecker und frisch zubereitet. Da bleibt man gerne etwas länger sitzen. Schlachthausgasse 4, ✆ 327/3621614, schlachthof.it. Dachzimmer im Schlachthof **€€–€€€,** übrige Zimmer und Apt. **€€€€**

****** Krone 29,** das bereits 1717 als Gasthof erwähnte Haus präsentiert sich nach vollständigem Umbau als „Vital Stadthotel". Gute Lage,

Stylisches Ambiente: Alter Schlachthof in Brixen

5 Min. von der Innenstadt. Wellnessbereich „Regenbogenwelt" mit Blick von oben auf die Stadt, sehr komfortable Zimmer und Suiten, aufmerksamer Service und ein vorzügliches Restaurant machen den Aufenthalt sehr angenehm. Spezielle Pakete für Radfahrer. Stadelgasse 4, ✆ 0472/835154, krone.bz. **€€€–€€€€**

Jugendgästehaus Kassianeum (Jugendherberge) 5, einfache Unterbringung in Zwei- und Vierbettzimmern mit oder ohne Du/WC. Brunogasse 2, ✆ 0472/279999, jugendherberge.it. **€**

Außerhalb *****S Millanderhof 15**, familienfreundlicher Gasthof mit modernen, funktionalen Zimmern. Sehr persönlicher, angenehmer und effizienter Service. Plosestr. 58, ✆ 0472/833834, millanderhof.com. **€€€–€€€€**

******* My Arbor 16**, spektakuläre Stelzenarchitektur mit Baumhausfeeling in einem Waldstück oberhalb von Brixen. Außergewöhnlich designte Suiten mit Panoramafenstern und Ausblick aufs Tal, großer Wellnessbereich mit 4 Saunen und Spa, Hallenbad und Infinity Pool. Hervorragendes Restaurant, zuvorkommender Service. Sehr hochpreisig, aber ein Erlebnis. Leonharderstr. 26, St. Andrä, ✆ 0472/694012, my-arbor.com. **€€€€**

***** Kranebitt 6**, nach Umbau hübsch aufgemöbeltes Hotel über Brixen, ruhig, sonnig, kinderfreundlich, schöner Pool mit Liegewiese, Wellnessbereich, komfortabel ausgestattete Zimmer, gemütliche Apartments. Apt. für 2 Pers. Elvaser Str. 78, ✆ 0472/836411, hotelkranebitt.com. **€€–€€€**

***** Haller 20**, sympathischer Familienbetrieb, eigene Landwirtschaft/Weinberg, gemütliche Zimmer im Altbau, schicke Suiten im spektakulär in den Weinberg integrierten Neubau, und hochwertiges Restaurant AO (s. u.). Weinbergstr. 68, Elvas, ✆ 0472/834601, byhaller.com. **€€€–€€€€**

Biobauerhof Platzbon 19, 2 stilvoll mit Zirbenholzmöbeln eingerichtete Apartments für 2–4 Pers. in renoviertem historischen Bauernhof (samt Kälbern, Hühnern, Katzen, Schweinen, Laufenten) hoch über Brixen. Milch, Eier, Speck vom Hof, Brötchenservice. Apt. (2–4 Pers.), Rutzenberg 41, ✆ 0472/6245252, platzbon.it. **€€**

Vom Brenner bis Bozen → Karte S. 24/25

Essen & Trinken/Nachtleben

→ Karte S. 60/61

Restaurants, Gasthäuser, Pizzerien

Finsterwirt 12, seit 1743 als Gasthaus geführtes Restaurant mit mehreren altgetäfelten Räumen (Künstlerstübele im 1. Stock, Andreas-Hofer-Stube) und schöner Gartenterrasse. Küchenchef Hubert Ploner setzt auf Tradition, verknüpft mit neuen Wegen. Er verwendet regionale, saisonale und Bio-Produkte, ist Verfechter artgerechter Tierhaltung und orientiert sich an Slow-Food-Kriterien. So findet man das Villnösser Brillenschaf auf der Speisekarte ebenso wie den veredelten Käse von Degust. Mo/Di Ruhetag. Domgasse 3, ✆ 0472/835343, finsterwirt.com. **€€€**

Decantei 2, das 2019 neu eröffnete Restaurant wurde bereits von mehreren Lesern empfohlen: „Liebevoll und sehr geschmackvoll mit ökologischen Materialien eingerichtet." In historischem Gebäude mit Innenhof und Außengarten, klassische Südtiroler Küche auf gehobenen Niveau. Mo Ruhetag Hartwiggasse 5, ✆ 0472/674270, decantei.it. **€€–€€€**

Fink 21, das alteingesessene Restaurant wurde 2023 vollständig umgebaut und bietet „Klosterküche" vom Feinsten: einfache Speisen aus hochwertigen Zutaten, wobei der Schwerpunkt auf vegetarischen und veganen Gerichten liegt. Außerdem 9 edle Suiten. So Ruhetag. Kleine Lauben 4, ✆ 0472/834883, restaurant-fink.it. **€€€–€€€€**

Apostelstube 30, gehobene und verfeinerte Tiroler Küche im Hotel Elephant, Fisch- und Fleischgerichte mediterran angehaucht, das historische Ambiente ist kostenlos. Mehrgängiges Degustationsmenü in der Apostelstube im Art-déco-Stil. Ausgezeichnete Küchenleistung, 2023 gab es dafür einen Stern im Guide Michelin, vom Gault-Millau 3 Hauben. Geöffnet nur Do bis So abends, Menü 135 €. Weißlahnstr. 4, Tischreservierung unter ✆ 0472/832750.

meinTipp **Brix01 22**, hypermoderne Architektur am idyllischen Fischweiher, große Außenterrasse, gehobene Küche mit süditalienischem Einschlag, hervorragende hausgemachte Pasta, sehr gute Fleischgerichte, Bio-Rind, Lamm, Gemüse aus dem eigenen Hofgarten. Mo/Di geschl., Fischzuchtweg 17, ✆ 0472/268371, brix01.com. **€€€**

Alter Schlachthof 3, vom Namen sollte man sich keinesfalls abschrecken lassen! Denn was aus dem Gebäude, das bis 1983 als Schlachthof in Betrieb und danach dem Verfall preisgegeben war, entstanden ist, kann sich sehen lassen. Das direkt am Radweg gelegene Lokal wurde behutsam saniert und modernisiert, ohne dass das spezielle Flair des Ursprungsgebäudes dabei verloren ging. Kulinarisch hat die Küche vom Brunch bis zum Aperitif hin einiges zu bieten, abends gibt es Burger. Verwendet werden regionale und Bioprodukte. Im Sommer Kultur- und Musik-Events. Schlachthausgasse 4. ✆ 327/3621614, schlachthof.it. **€–€€**

Pizzeria Valentina 9, echt italienische Pizzeria, hervorragende Pizza: dünner Teig, kross gebacken, saftiger Belag. Pastaliebhaber und Weißbiertrinker müssen nicht verzweifeln. Mo Ruhetag. Millanderstr. 14, ✆ 0472/833625, pizzeriavalentina.com.

Kutscherhof 17, Bräustüberl im ehemaligen Kutschentrakt der Hofburg, urige Bierkelleratmosphäre im historischen Gewölbe, draußen malerischer Gastgarten mit Blick auf die Hofburg. Typische Südtiroler Küche, z. B. leckere Roggenschlutzkrapfen mit Topfen und Spinat gefüllt und brauner Butter. Hofgasse 6, ✆ 0472/802674, kutscherhof.it.

Grissino 23, im Gebäude der Acquarena, trendiges Restaurant v. a. für die Jüngeren, wo Thai-Food, Wokgerichte (von ostasiatischen Köchen showmäßig zubereitet) und Eisbecher, Pizza aus dem Holzofen und mediterrane Nudelgerichte ein köstliches Nebeneinander führen – der Laden ist hell und stromlinienförmig möbliert, hier geht's um Essen und Kommunikation – bis Mitternacht. Altenmarktgasse 28b, ✆ 0472/262500. Ab 10 Uhr geöffnet, kein Ruhetag.

Schmalzgebackenes, ganz frisch

AO 20, das Restaurant des Hotels Haller (→ Übernachten) bietet sehr gute Südtiroler Küche, begleitet von hervorragenden Weinen, u. a. Eisacktalern aus Eigenanbau. Auf den Tisch kommen Produkte aus eigener Landwirtschaft und aus der Umgebung. Hübsch gedeckte Terrasse mit Weinberg- und Talblick, Stuben, schöner Ausblick, Mi–Mo abends, So mittags. Weinbergstr. 68, ✆ 0472/834601, byhaller.com. **€€€€**

Cafés, Imbisse, Bars **Bar Rossini 10**, in Rot modernisierte kleine Bar, beliebter Treff für einen Macchiato oder ein kleines Pils zum Panino. Domplatz 14.

Pupp Café 28, traditionelle Konditorwaren und Eis auf gehobenem Niveau. So/Mo geschl., Altenmarktgasse 37, pupp.it.

Café-Konditorei Heiss 8, Sacher- und Weincremetorte, Spezialität Brixner Nüsse. Di Ruhetag, Plosestr. 26, konditorei-heiss.it.

Art Café 11, Eis, Panini, Fruchtsäfte, Kaffee und Kuchen im 1. Stock des Hauses mit Blick auf die Großen Lauben, entspannte Atmosphäre. Sa ab 15 Uhr und So zu. Große Lauben 8.

Domcafé 7, Konditoreicafé und Eisdiele unter den Lauben des Pfarrplatzes, mittags kleine Imbisse, So zu. Pfarrplatz 3.

Vinus – Peter's Weinbistro 24, Vinothek und Weinlokal mit großer Auswahl, im Sommer stimmungsvoller Garten im Innenhof. Mi/Fr abends und Sa mittags warme Küche, So geschl., Altenmarktgasse 6, vinothekvinus.it.

Adler Tagesbar 1, Bar und Café des Adler Historic Guesthouse unter den Arkaden. Adlerbrückengasse 9a.

Nachtleben Die Bäckergasse, ein schmaler Schlauch zwischen den Großen Lauben und der Domgasse, ist noch spätabends belebt, anderswo wird es schwierig, nach 22.30 Uhr geöffnete Lokale zu finden.

3fiori 13, sympathische Kneipe, Bar, Café, Jazzkeller, es gibt Craftbier, Wein und Snacks. So/Mo geschl., Bäckergasse 3, 3fiori.com.

Absolut Lounge 4, trendige Bar für alle Altersstufen, Cocktails und Kaffeespezialitäten. So geschl. Albuingasse 2.

Nördlich von Brixen: Vahrn und Neustift

Vahrn ist ein Ort am Nordrand des Brixner Stadtgebiets, touristisch abhängig vom nahen Brixen, mit dem es praktisch zusammengewachsen ist. Im alten Dorf Vahrn und in den Dörfern an den Hängen oberhalb, etwa in **Schalders** und in **Spiluck,** wohnt man angenehm und hat Brixen vor der Tür. Die große Attraktion von Vahrn ist die ausgedehnte alte Anlage des **Klosters Neustift,** die auf der Vahrn gegenüberliegenden Seite des Eisacks liegt. Sie gehört zu den ganz großen kunst- und kulturhistorischen Sehenswürdigkeiten (Süd-)Tirols.

Verbindungen Gute **Busverbindungen** zwischen Vahrn, Neustift und Brixen, ins Schalderer Tal nur Schulbusse.

Mein Tipp **Einkaufen** Veredelter Käse in allen Variationen. Sternekoch Hansi Baumgartner hat sich darauf spezialisiert, Käse aus Südtirol und anderen Regionen Italiens auf raffinierte Art zu verfeinern. 1994 entstanden, ist Degust inzwischen zu einem Begriff in ganz Südtirol geworden und in vielen gehobenen Restaurants und Feinkostläden zu finden. Der Käse hat allerdings auch seinen Preis. Einen eigenen Shop gibt es in Vahrn, Bsackerau 1, degust.com.

Übernachten/Essen ****** Löwenhof,** Familienbetrieb an der Staatsstraße in Richtung Brenner, gute Ausstattung mit Pool, Whirlpool, Sauna und Dampfbad. Im Haus Restaurant-Pizzeria und Café-Bar. Sehr gut ausgestattete Zimmer. Hauseigener Campingplatz (→ „Camping") auf dem anstoßenden Grünbereich mit Freibad und Minigolf. Löwenviertel/Brennerstr. 60, Vahrn, ✆ 0472/836216, loewenhof.it. **€€€–€€€€**

****** Pacher,** große und behagliche Zimmer, üppiges Frühstücksbuffet, Pool, Sauna und schöne Liegewiese. Im Restaurant wird Südtiroler und italienische Küche serviert, dazu gute Weine v. a. aus der Region. Pustertaler Str. 6, Vahrn, ✆ 0472/836570, hotel-pacher.com. **€€€–€€€€**

****** Pacherhof,** Vinum Hotel und Weingut mit großer moderner Dependance, Freibad, Wellnessbereich, schöne Aussichtslage. Großzügige Zimmer mit Balkon. Vier holzgetäfelte alte Stuben. Beliebtes Törggelenziel. Michael-Pacher-Str. 1, Vahrn, ✆ 0472/835717, pacherhof.com. **€€€€**

Punterhof, stattlicher Bauernhof mit Wein, Obst und 30 Gemüsen aus eigenem Anbau (Hofladen auf Anfrage). Idyllische, sehr ruhige Lage nördlich vom Kloster Neustift, 3 Apt. für 2 und mehr Pers. Eisackstr. 42, Vahrn, ✆ 0472/834726, punterhof.com. **€€**

Martinhof, im seit dem 15. Jh. bezeugten Haus der Familie Winkler im Oberdorf haben die Räume ganz unterschiedliches Niveau, Grund sind das hohe Alter sowie An- und Umbauten. Gotische Decke im 1. Stock. Zwei einfache Zimmer, dazu ein großes Apt. für 2–4 Pers. Sehr freundlich und familiär. Oberdorfstr. 8, Neustift, Vahrn, ✆ 0472/834814, martinhof-neustift.com. **€**

Stiftskeller Neustift, im Kloster Neustift, ansprechend renovierte Räume, gemütliche, ruhige Terrasse, 30 eigene Weine, Brotzeiten mit Speck und Käse, Salatteller, aber auch Kaffee und Kuchen. So Ruhetag, ✆ 0472/836189, kloster-neustift.it.

Köfererhof, Neustift/Vahrn, neben dem alten Hof an der Straße ins Pustertal steht das Gebäude mit modernem Anbau. Innen mit viel Holz gemütlich eingerichtet, hinter der großen Glasfront eine schöne Terrasse, von der man auf Neustift, Brixen und die Sarntaler Berge schaut. Spezialität des Hauses sind Knödel, Schlutzer und Bauerngröstl. Hauseigene preisgekrönte Weißweine: Müller-Thurgau, Silvaner, Kerner, Riesling, Gewürztraminer, alle reintönig und sortenbetont. Pustertaler Str. 3, ✆ 0472/836649, koefererhof.it.

Camping **Löwenhof,** zum gleichnamigen Hotel gehöriger und direkt benachbarter Platz mit guter Ausstattung und Swimmingpool, geöffnet April bis Okt., grün und teilweise schattig, wenn auch nicht ganz leise. Gespann und 2 Pers. 25–40 €. Löwenviertel/Brennerstr. 60, Vahrn, ✆ 0472/836216, loewenhof.it.

Camping zum See, hübsch gelegener, einfacher Platz am Vahrner See mit Gastwirtschaft. Der Großteil des sauberen Sees mit großer Verlandungszone und Schilfgürtel ist streng geschütztes Feuchtbiotop. Auf absehbare Zeit ist Baden wegen Bergung von Kriegsrelikten verboten. Achtung: Die Zufahrt führt durch einen nur 2,90 m hohen und 2,70 m breiten Tunnel. Geöffnet April bis Okt. Gespann und 2 Pers. ca. 26–42 €. Vahrnerseeweg 6, Vahrn, ✆ 0472/832169, camping-vahrner-see.com.

Kloster Neustift

Seit 1142 besteht dieses idyllisch in den eigenen Weinbergen gelegene *Augustiner Chorherrenstift*. Der Grundstock der heutigen Anlage entstand nach einem Brand 1190 und wurde im 15. Jh. befestigt, 1525 während des Bauernaufstands geplündert (die Augustiner waren geflohen) und ab 1735 zumindest in den wichtigsten Gebäuden barockisiert.

Man betritt den Klosterbereich durch einen mittelalterlichen Eingangsbau und hat dann zur Linken einen merkwürdigen Rundbau, die sog. *Engelsburg*. Sie entstand als Michaelskapelle und war Teil des Pilgerhospizes, zogen doch durch Brixen viele Jerusalempilger weiter nach Venedig, wo sie sich einschifften. Aus Angst vor der türkischen Invasion im 15. Jh. umgab man das Kloster mit Wehrgängen und Schießscharten, 1476 entstand z. B. der Türkenturm zur Rechten. Links folgen die Klosterschenke und der Weinkeller des Stifts, dahinter erreicht man den ersten Hof. Im Gebäude über dem Durchgang befindet sich die *Bibliothek*. Der zweistöckige Saal mit Stuckdecke und etwa 65.000 Büchern, Manuskripten und Karten ist ein Juwel des Rokoko. Hinter der Bibliothek zeigt das *Stiftsmuseum* in mehreren Räumen Tafelgemälde, Flügelaltäre und Handschriften aus dem Mittelalter.

Der barocke Weltwunderbrunnen

Bei der Erweiterung des Museums um die historische Wagenremise (2021) entstanden zwei neue Räume mit interaktiven Elementen, um die jüngere Schultradition und die Wirtschaftsgeschichte des Stiftes zu präsentieren. In den Übergang zum *Chinesischen Kabinett*, einem ehemaligen Lagerraum der Bibliothek, ist ein sehenswerter Aufzugsschacht des österreichischen Künstlers Paul Renner integriert, der die vier Elemente visualisiert. Fresken unbekannter Künstler aus dem 18. Jh., die ebenfalls die vier Elemente thematisieren, wurden erst im Zuge des Umbaus entdeckt und für Besucher zugänglich gemacht.

Im ersten Hof fällt der *Weltwunderbrunnen* ins Auge. Der barocke Aufbau des Brunnens, der selbst aus dem Jahr 1508 stammt, zeigt in Gemälden die sieben antiken Weltwunder und als achtes Weltwunder das zeitgenössische Neustift von 1669!

Unter dem Atrium der Prälatur mit Bildnissen sämtlicher Äbte des Klosters – auch diesen Saal besichtigt man bei einer Führung – erreicht man den zweiten Hof, auf dessen rechter Seite die *Stiftskirche* steht. Massig ist der Kirchturm aus romanischer Zeit, durch dessen Gewölbe man die Kirche betritt, eine dreischiffige Kirche mit hohem, während der Gotik entstandenem Chor. Die Barockisierung war vollständig, üppiger Stuck (von bayerischen Stuckateuren), prächtige Deckengemälde (von Matthäus Günther, 1736) in Form von drei Riesenmedaillons mit Darstellungen aus dem Leben des hl. Augustinus, ein Marmorhochaltar mit gedrehten Säulen – das Innere der Stiftskirche gilt als einer der Höhepunkte des Spätbarocks.

Der *Kreuzgang*, den man durch einen Durchgang vom ersten Hof aus erreicht, ist gotisch. Seine Kreuzrippengewölbe sind z. T. von sehenswerten Fresken bedeckt, die allerdings vielfach durch später eingemauerte Grabsteine zerstört wurden.

Erst vor einigen Jahren wurde der *Stiftsgarten*, ein sorgfältig rekonstruierter historischer Garten, wieder zur Besichtigung freigegeben – hier befand sich einst die Gärtnerei des Stiftes. Die Bäume und Büsche im „Wilden Garten", im streng geometrischen Barockgarten und im botanischen Lehrgarten sind noch recht jung. Diese Attraktion Neustifts kann man auch mit einer Gartenführung besuchen.

Besichtigung Der Zugang zum Klosterbereich ist normalerweise ständig möglich, Parkplatz vor dem Eingang. Die beiden Höfe, Stiftskirche und Kreuzgang sind jederzeit zugänglich. Seit einigen Jahren können auch Museum und Bibliothek ohne Führung besucht werden. Geöffnet ist das Museum Mo–Sa 10–17 Uhr (letzter Einlass 16.15 Uhr). Führungen nur nach Anmeldung, Zeiten erfragen. Eintritt 10 €, mit Führung 15 €, erm. 4 €, ✆ 0472/836189, kloster-neustift.it.

Wein **Stiftskellerei Neustift,** Weinberg- und Kellerführung mit Verkostung Mo bis Fr um 16 Uhr, Sa 14.30 Uhr (Anmeldung). 20 €, (Dauer 90 Min.). Reservierung unter ✆ 0472/836189, kloster-neustift.it. Im Klosterladen am Pkw-Parkplatz Verkauf sowohl eigener Produkte (Weine, Schnäpse, Säfte, Kräutertee und Naturkosmetika) als auch von befreundeten europäischen Klöstern (Schokolade aus England, Seife aus Frankreich) .

meinTipp **Törggelen** In mehreren Buschenschanken rund um Brixen kann man den Eisacktaler Wein kosten und deftige Tiroler Kost probieren, z. B. die beliebten Kastanien. **Gattererhof** (Elvaserstr. 83, ✆ 0472/838243, gattererhof.it) in Kranebitt sowie **Strasserhof** (Unterrain 8, ✆ 0472/830804, strasserhof.info) und **Pacherhof** (Michael-Pacher-Str. 1, ✆ 0472/835717, pacherhof.com) in Neustift. **Gummererhof** (Pinzagen 18, ✆ 0472/835553, gummererhof.it und **Hubenbauerhof** (Schattengasse 12, ✆ 0472/830051, hubenbauer.com) sind die beliebtesten Adressen. Saisonbetriebe, daher unbedingt vorher anrufen!

Der Vahrner See und Wanderung zur oberen Franzensfeste

Zehntausende fahren täglich daran vorbei, ohne ihn zu sehen, denn der Vahrner See nördlich von Vahrn ist durch einen dichten Waldgürtel von Autobahn und Staatsstraße abgeschirmt. Nur bis 2,2 m tief ist der See, der zum größten Teil als Biotop geschützt ist. Ein einziger klarer Quellbach speist den stark verlandenden See, der in einer abflusslosen Mulde liegt. Stockenten und Sumpfrohrsänger bewohnen See und Schilfgürtel, die Ringelnatter ist oft zu sehen. An die 6 ha Schutzgebiet grenzt ein kleiner Bereich, in dem bis vor Kurzem noch gebadet werden durfte.

Seit 2017 hat der See für den Tourismus allerdings viel von seinem Reiz verloren, denn ein zufälliger Granatenfund hatte zahlreiche Tauchgänge zur Folge, bei denen bislang über 15.000 Sprengkörper geborgen wurden, die vermutlich von den Deutschen in beiden Weltkriegen dort versenkt wurden. Baden ist seither verboten, nur das Westufer ist begehbar. Am nordwestlichen Ende führt ein steiler Pfad (3b) Richtung obere Franzensfeste. 20 Min. nach dem Abzweig hat man einen schönen Blick zurück aufs Biotop. Dann geht es für 20 Min. eben durch lichten Wald (Ausblick auf untere Franzensfeste und Schlucht) und zuletzt für 15 Min. bergan auf einer alten,

 → Karte S. 24/25

teils geteerten Militärstraße. Oben warten ein Brunnen, Kletterwände und ein Picknickplatz vor den trutzigen Mauern der verschlossenen Festung. Hin und zurück 1:40 Std.

Vahrn

Der hübsche Ort ist über 1000 Jahre alt, er wurde 992 erstmals erwähnt. In der *Pfarrkirche* wurde Gotisches während der Barockzeit rigoros ausgeräumt, aber an der Südwand blieb ein großes Außenfresko von Meister Leonhard (dem Brixner Maler) erhalten, das die Krönung Mariens zeigt. Vom oberen Ortsteil sollte man auf jeden Fall auf dem nördlichsten Teil des „Keschtnweges" (s. u.) zum Vahrner See wandern, man passiert einen kleinen Esskastanienwald und an einer Stelle einen uralten Baumriesen, der nach wie vor Früchte trägt.

Das „Apfelplateau" von Natz und Schabs

Was rund um Neustift der Wein ist, das sind zwischen Natz, Schabs, Viums und Raas die Äpfel. Dieses „Apfelplateau", und um ein welliges Plateau handelt es sich wirklich, liegt im Schnitt fast 300 m höher als Neustift, nämlich bis 900 m hoch. Besonders schön ist das Plateau im Frühjahr während der Apfelblüte, aber auch im Spätsommer und Frühherbst, wenn die roten und gelben Äpfel durch das Grün der Obstplantagen leuchten. Wenn man dort in der Landschaft steht und das untrügliche Gefühl verspürt, dass das hier eine in Jahrhunderten gewachsene

Der Keschtnweg

Der Keschtnweg ist ein Weitwanderweg von 61 km Länge. Er führt von Neustift bei Brixen bis nach Schloss Runkelstein bei Bozen. Von Norden passiert er dabei Vahrn, Feldthurns, Klausen, Villanders, Barbian, Leitach und Unterinn. Unterteilt in vier etwa gleichlange Etappen (jeweils ca. 5 Std.), überwindet er eine Gesamthöhe von 2000 m und kann von beiden Seiten begangen werden. Er passiert spektakuläre Erdpyramiden, malerisch gelegene Törggelenhöfe, tief eingeschnittene Bachschluchten, weite Almweiden, dichte Wälder – und natürlich immer wieder üppige Kastanienhaine! Neben wenigen Abschnitten auf Fahrstraßen verläuft er weitgehend auf Feldwegen, Wiesenpfaden und auch felsigen Steigen, nicht selten auf der Trasse der früheren Römerstraße. Innerhalb weniger Jahre ist dieser panoramareiche (von den Geislerspitzen über Lang- und Plattkofel, Puflatsch, Schlern bis hin zum Rosengarten werden Wanderer mit Traumausblicken verwöhnt), zumeist hervorragend ausgeschilderte Wanderweg zu einem der beliebtesten Südtirols geworden. Dennoch ist man aufgrund seiner Länge und Lage abseits von Hotels und Hauptverkehrswegen oft recht alleine unterwegs.

- **Karten:** Zum Keschtnweg gibt es eine Tappeiner-Panoramakarte (eher zum Schmökern und Schwärmen geeignet denn als Wanderkarte) und eine Kompass-Karte (Blatt 696, 1:25.000) mit Begleitheft.
- **Verbindungen/Info:** Bus 342 von Brixen nach Feldthurns, Bus 346 von Waidbruck nach Barbian, Bus 165 von Bozen nach Lengstein (über Unterinn), Zug von Brixen/Bozen nach Waidbruck. Die Bauern der Höfe entlang des Wegs haben einen kleinen Faltplan publiziert, der in den Törggelenhöfen erhältlich ist.

traditionelle Bewirtschaftung darstellt, unterliegt man einem fundamentalen Irrtum. Historisch war das eher eine unfruchtbare, arme Gegend. Erst als imJahre 1958 die damals größte Beregnungsanlage Europas ohne Pumpenantrieb installiert wurde, waren die Voraussetzungen da, um das sonnenreiche, milde Klima für großflächigen Apfelanbau zu nutzen (das Wasser kommt von der Nordseite des Pustertals herabgeschossen und schafft es allein durch die Eigengeschwindigkeit durch unterirdische Rohre über den Talgrund auf die Hochfläche).

Im **Raier Moos** hat sich ein kleines Wasserauge erhalten, ein kleiner Moorsee und letzter Rest eines großen Sees, an dem in der Nacheiszeit Menschen in Pfahlbaudörfern wohnten. Das Verlandungsgebiet mit seinen vielen Orchideen und das Moor sind geschützte Landschaftsteile, die aber durch Wege und Holzstege erschlossen sind (das Raier Moos ist von der Straße Natz – Raas aus zu erreichen).

Information **Tourismusverein,** Mo–Fr 8.30–12.30/14.30–17.30 Uhr, in der HS auch Sa 9–12 Uhr. I-39040 Natz-Schabs, Oberbrunnergasse 1, Haus Hansengut, ✆ 0472/415020, natz-schabs.info.

Feste & Veranstaltungen **Sunnseitn Feschtl,** im Sommer wöchentlich stattfindender Abendmarkt (immer donnerstags ab 20 Uhr) mit Musik, heimischen Spezialitäten und Kinderprogramm.

Am 1. Mai lädt die örtliche Apfelkönigin zum **Königlichen Festival**: Produktköniginnen aus halb Europa haben dann ein Stelldichein. Es gibt einen Umzug, Musik und einen Bauernmarkt.

An einem Sonntag im Oktober wird beim alljährlichen **Apfelfest** die neue Apfelkönigin gekrönt, dazu gibt es Apfelspezialitäten in den Restaurants, Apfelwanderungen und natürlich einen Festumzug. Außerdem Kinderprogramm und Bauernmarkt.

Übernachten *****S Ploseblick,** Obst rundum – Äpfel vor allem –, man ist schließlich auf dem „Apfelplateau". Das kinderfreundliche Hotel gibt sich gehoben bürgerlich, Wandern und Radfahren sind Hauptaktivitäten. Das Abarbeiten der Kalorien kann auch in Sauna, Whirlpool oder Freibad erfolgen. Gute Zimmer mit hübschen Möbeln, nicht alle mit Balkon. Oberbrunnergasse 5, ✆ 0472/415109, ploseblick.com. **€€€–€€€€**

MeinTipp **Weiherhof,** moderner, geschickt in die Landschaft integrierter Bau, malerisch zwischen Obst- und Apfelplantagen und dem Flötscher Weiher gelegen. Die engagierte Betreiberin Barbara Graf führt das Haus mit viel Herzblut und Leidenschaft. Die Zimmer sind sehr gemütlich und mit viel Naturholz geschmackvoll eingerichtet, ebenso die 4 Apartments. Das reichhaltige Frühstück mit hofeigenen und regionalen Produkten lässt keine Wünsche offen. Natz Flötscher 4, ✆ 0472/412017, weiherhof.it. **€€**

Weiter nach Rodeneck und ins Untere Pustertal → S. 382.

Auf die Plose

Im Sommer wie im Winter lockt die Kulisse des Brixner Hausbergs, der Plose, eines Wander- und Skibergs, der mit dem *Großen Gabler* immerhin 2561 m erreicht – das sind von Brixen aus 2000 m Höhenunterschied! Kein Wunder, dass die waldfreie Gipfelregion schon im Frühherbst weiß überzuckert ist und der Schnee oft lange im Frühjahr liegen bleibt.

Anfahrt/Verbindungen Eine Straße führt über mehrere hübsche Weiler und Dörfer nach St. Andrä, von wo eine Kabinenumlaufbahn auf 2050 m führt. Über Afers und Palmschoss kann man der Bergstation auch mit dem Auto nahe kommen. Ab Parkplatz Sessellift oder zu Fuß in etwa 30 Min. Buslinie 321 ab Brixen stündlich zur Talstation und dem Parkplatz am Sessellift, im Winter Skibus.

Bergbahnen Die **Kabinenbahn Plose** fährt Ende Mai bis Ende Okt. tägl. 9–12/13–17

Uhr, im Sommer 9–18 Uhr; **Kabinenbahn Pfannspitze** Mitte Juni bis Anf. Okt. tägl. 9–12.45/13.30–17 Uhr; **Sessellift Palmschoss** Ende Mai bis Mitte Okt. tägl. 9–17 Uhr. Beide Kabinenbahnen Berg 19 €, Berg/Tal 24 €, Sessellift Berg 10 €, Berg/Tal 15 €, Mountainbikes werden in der Plosebahn und im Sessellift kostenlos befördert. Die Pfannspitzbahn ermöglicht es, im Sommer immer freitags den Sonnenaufgang am Gabler zu erleben. Die genauen Fahrzeiten stehen auf der Webseite. Infos unter ✆ 0471/200433, plose.org.

Sport/Freizeit **Tandem-Paragleiten** wird angeboten vom Paragliding Tandem Team, ✆ 333/6799316, para-tandemteam.com.

Mountainbike: Die Plose ist MTB-Revier, neben ausgewiesenen Touren, die auch E-Bike-geeignet sind, gibt es den Brixen Bikepark mit 4 Lines für Anfänger und Profis. Der Sessellift Palmschoss wurde dafür extra eröffnet. Infos unter plosebike.com. Verleih von Bikes und Ausrüstung an der Bergstation bei Sportservice Erwin Stricker, ✆ 0472/850077.

Wandern mit Kindern **Woody Walk,** 2,5 km langer Familienwanderweg mit vielen Spielstationen, kinderwagentauglich. Ab Bergstation Kreuztal bis zur Rossalm.

Mountaincarts Mit geländegängigen Dreirädern geht's auf die 9 km lange Strecke von der Bergstation Kreuztal nach St. Andrä. Verleih (15 €) an der Bergstation. Ende Mai bis Ende Sept. (Di, Do, So, HS auch Mo).

Wintersport **Skifahren/Snowboarden:** Das Skigebiet Plose ist Teil der Region Eisacktal der Organisation *Dolomiti Superski* (Details → S. 633). Neben dem Skipass für die Gesamtregion gibt es den Skipass für die Region Eisacktal, die auch das Skigebiet Gitschberg Jochtal umfasst (von Mühlbach im Pustertal zu erreichen). Skibus ab Brixen und Lüsen. Das Skigebiet Plose umfasst 7 Liftanlagen mit 43 km Pisten. ✆ 0472/200433, plose.org.

Skischule Plose, auch Kinderskikurse, Seilbahnstr. 31b, St. Andrä, ✆ 0472/850040, ploseskischule.it.

Rodeln: Die 9 km lange Rodelbahn RudiRun (benannt nach Maskottchen Rudi) führt von Kreuztal nach St. Andrä. Die Bahn gliedert sich in zwei Abschnitte: den oberen, leichteren und einen unteren mit höherem Anspruch; die beiden Strecken können unabhängig voneinander befahren werden. An den Freitagabenden wird die Rodelbahn für das Event „Plose Night" beleuchtet. Die Kabinenbahn Plose ist von 18–23 Uhr geöffnet, mehrere Hütten ebenfalls. Verleih von Ausrüstung, u. a. Leuchtrodel (!), an der Berg- oder Talstation.

Blick von Meran auf Plose und Eisacktal

mein Tipp **Berghütten Rossalm,** die gemütliche Hütte auf 2200 m wurde vor einigen Jahren komplett neu und architektonisch ansprechend errichtet. Sie bietet eine fantastische Aussicht auf Geislerspitzen und Peitlerkofel. Die Küche wartet mit leckeren Südtiroler Gerichten auf. Wer noch den Sonnenuntergang erleben will, kann sich in eines der 6 Gästezimmer einmieten und Sauna und Whirl-Badebottich nutzen. ✆ 377/3772275, rossalm.com. **€€€€**

Schatzerhütte 18 (→ Karte S. 60/61), die am Südhang des Gablers auf 2004 m gelegene Alm ist für ihre herausragende Kulinarik bekannt. Sie ist eine der Südtiroler Hütten, die vom Gault-Millau ausgezeichnet wurden. Gemütliche Stube mit Kachelofen, Sonnenterrasse mit toller Aussicht. Übernachtet wird in einfachen Zimmern und im Lager. Oder komfortabler in einem der Chalets oberhalb der Hütte. Geöffnet Ende Mai bis Ende Okt. und in der Wintersaison. Nur über einen 2 km langen Fußweg zu erreichen. Buchung telefonisch unter ✆ 0472/521343, schatzerhuette.com. **€€–€€€**

In **St. Andrä** beginnt die Kabinenumlaufbahn auf die Plose. Die spätgotische Pfarrkirche mit ihrem typischen hohen, spitzen Turm ist innen barockisiert, die Kapelle ist ein interessanter 8-eckiger Zentralbau von 1696. Im Weiler **Klerant** wurde die Kirche St. Nikolaus spätgotisch ausgemalt. Der Freskenzyklus aus dem Leben des hl. Nikolaus, aus der Passion Christi sowie Darstellungen aus dem Alten Testament stammen von Künstlern der Brixner Malerschule (um 1475). Die wahrscheinlich berühmteste Szene zeigt einen Kriegselefanten: Er trägt einen hohen Wehrturm auf seinem Rücken und ist in einen Panzer gekleidet, wie er von damaligen Ritterrüstungen abgekupfert wurde. Als Elefant erkennt man ihn nur am Rüssel, der Rest des Tieres, das der Maler offenbar nie in natura gesehen hat, ähnelt mehr einem Pferd.

Von St. Andrä lohnt sich ein Abstecher nach St. Leonhard. Unterwegs passiert man in **Karnol** die kleine Kirche St. Johannes (1133 erstmals erwähnt, im 15. Jh. grundlegend umgebaut) mit einem schönen gotischen Netzgewölbe und einer sehenswerten Darstellung des Martyriums der hl. Ursula von 1520 in der Apsis.

Die alte **Wallfahrtskirche in St. Leonhard** ist immer noch von einer schmiedeeisernen Kette umgeben, wie das bei Leonhardskirchen so üblich war. Der hl. Leonhard galt als Löser von Ketten und war gleichzeitig Patron des Hausviehs. Früher brachte man ihm schmiedeeiserne Tierfiguren als Votivgabe oder ließ sie vom Pfarrer segnen, um so den göttlichen Segen dem Vieh daheim zu überbringen. Bekannt sind die Leonhardiritte, die am Tag des Heiligen im November stattfinden, der in St. Leonhard findet seit 1870 nicht mehr statt, ganz im Gegensatz zu St. Leonhard in Abtei oder dem im deutschen Bad Tölz.

Auf der Lüsner und der Rodenecker Alm: Das Hochplateu ist eines der größten Almgebiete Südtirols. Im Sommer weiden Hunderte Kühe auf den saftigen Wiesen, während die zahlreichen Wanderer den herrlichen Blick auf Plose und Peitlerkofel genießen.

Das Gebiet ist zu jeder Jahreszeit einen Besuch wert, und die Hütten sind fast durchgehend geöffnet. Im Winter findet man hier ein tolles Winterwander-, Schneeschuh- und Langlaufgebiet mit gespurten Loipen. Mit dem Almbus fährt man nach Zumis und wandert von dort aus auf dem Schöpfungsweg in 45 Min. zur Roneralm. Nach weiteren 45 Min. erreicht man die Rastneralm, wenige Minuten später die Starkenfeldhütte. Von hier steigt man in gut 1 Std. zum Astjoch mit grandiosem Rundblick auf.

mein Tipp **Starkenfeldhütte,** die gemütliche Hütte mit Käserei wurde mit viel Holz und Glas modern gestaltet und bietet neben verschiedenen Zimmerkategorien einen Seminarraum und eine Sauna. Die gehobene Almküche mit Schlutzern und Zitronenrisotto zu einem Glas Weißen lässt keine Wünsche offen. ✆ 0472/671565, starkenfeld.com. **€€€**

Das Lüsner Tal

Im schmalen, tief eingeschnittenen Lüsner Tal liegt nur das eine Dorf Lüsen sowie mehrere große, alte Bauernhöfe auf der Sonnenseite und ausgedehnter Wald auf der Schattenseite (Nordabfall der Plose). Immer noch leben die Menschen vorwiegend von der Landwirtschaft, das Vieh wird im Sommer auf die Lüsner Alm getrieben, ein ausgedehntes welliges, zwischen 1900 und 2200 m hoch gelegenes Plateau mit Traumblicken auf den Peitlerkofel und die Dolomiten. **Lüsen** selbst ist jung. Ein Brand hat 1921 den gesamten Ort vernichtet, auch die Pfarrkirche, die aber schön renoviert wurde samt Barockinnenleben. Derzeit steht der Ort kurz davor, klimaneutral zu sein (Sonnenenergie, Wasserkraft, Geothermie). Die Gemeinde und die Gastgeber im Lüsner Tal haben als Teil der Klimastrategie ein kostenloses Gästebussystem auf die Beine gestellt. Im Winter fährt der Bus zum Skigebiet Plose und ermöglicht bei passendem Wetter (auch geführte) Schneeschuhwanderungen auf dem Kamm der Lüsner Alm zwischen Tulperhof und Kreuzwiesenalm, ein ideales Revier für Einsteiger. Auch wer im Sommer hierherkommt, will in erster Linie wandern, viel Ruhe haben und abends früh ins Bett. Sehenswürdigkeiten sind die *Stricker Säge*, eine Venezianersäge mit nur einem senkrecht stehenden Sägeblatt, und die *Pardellermühle*, ein Bau von 1646 und heute Schaumühle. Die Touristeninformation organisiert von Mai bis Oktober Führungen zu beiden Sehenswürdigkeiten. Der *Lüsener Kulturwanderweg* führt vom Dorfplatz über die Pfarrkirche und den Naturfreibad am Gfasebach zur Bar Lüsen, weiter vorbei am Mairhof über eine Brücke bis zum Kaserbach. Hier zweigt der Naturlehrpfad zur Säge und zur Mühle ab, anschließend geht es zurück ins Dorf. Länge 4,5 km, Dauer 1:30 Std.

Information **Tourismusbüro Lüsen,** Mo, Di, Do 8–13 Uhr , Fr 8–12 Uhr, Di, Do, Fr auch 14–16 Uhr, in der HS auch Sa, I-39040 Lüsen, Dorfgasse 19, ✆ 0472/413750, luesen.com.

> Lüsen ist ein Geheimtipp für **Gleitschirm- und Drachenflieger** und verfügt über eine Flugschule (papillon.de/luesen).

Baden Naturfreibad mit großer Liegewiese und langer Rutsche ins Wasser. Fast alle Gastgeber im Ort geben Gutscheine für freien oder ermäßigten Eintritt aus.

Einkaufen „Die Bäckerei Gasser bietet schmackhafte **Ziegenkäse-Produkte** des lokalen Produzenten Raimund Lamprecht an. Besichtigung und Verkostung auf dem Ziegenhof sind über die Touristen-Info buchbar. Raimund ist außerdem Förster und Wanderführer. Konditionsstarke können mit ihm von der Bergstation der Plose-Seilbahn auf den Plose-Gipfel und wieder hinunter nach Lüsen wandern." ▪ **Lesertipp**

Übernachten/Essen ***** Herol,** das familienfreundliche Hotel liegt etwas oberhalb von Lüsen. Großzügige, helle Zimmer mit viel Naturholz, Terrasse mit Aussicht auf die umliegenden Berge und kleiner, aber feiner Wellnessbereich. Auf dem Hof gibt es Kühe, Hund und Katzen, Haflingerpferde warten auf den Ausritt auf die Lüsner Alm. Berg 1, ✆ 0472/413770, hotel-herol.com. **€€–€€€**

Kreuzwiesenalm, 1924 m, der behäbige Holz- und Steinbau nach altem Muster auf den Almwiesen oberhalb von Lüsen ist modern und urgemütlich mit viel Holz eingerichtet. Sauna, Naturbadeteich und Kegelbahn. Mit Almkäserei! Doppel- und Mehrbettzimmer, Matratzenlager. Geöffnet Mitte Mai bis Anf. Nov. und teilweise in der Wintersaison. Runggerstr. 18, ✆ 333/7484880, kreuzwiesenalm.com. **€€€–€€€€**

Kompatscher Hof, „die Familie hat mit Kinderferien auf dem Bauernhof angefangen, und innerhalb von drei Generationen ist daraus ein tolles Hotel geworden." Gemütliche Zimmer mit viel Holz, neuer Panoramapool, 3 versch. Saunen und Dampfbäder, Ferienwohnung für max. 4 Pers., hofeigene Produkte wie Eier, Käse, Joghurt, Gemüse, Kräuter, Kalb- und Rindfleisch. Essen kann man hier auch, und „da der Juniorchef fürchterlich gut kocht", sollte man sich die Sache nicht entgehen lassen. ✆ 0472/413600, kompatscherhof.it. ■ **Lesertipp. €€–€€€**

Feldthurns

Die Sonnenterrasse von Feldthurns liegt schräg gegenüber dem Eingang zum Villnösser Tal, sodass man Geislerspitzen, Aferer Geisler und Peitlerkofel, aber auch die Plose und einen Teil der Pfunderer Berge vor sich hat, wenn man über das tief unten liegende Eisacktal hinweg schaut. Die Gegend gefiel schon den Fürstbischöfen so gut, dass sie sich hier einen Sommersitz errichten ließen, **Schloss Velthurns,** direkt neben dem Dorf Feldthurns. Eine gute Idee, die Sommerfrische im hübschen Dorf zwischen Wein und Kastanien nachzumachen. Wein und Edelkastanien – das ist die unmittelbare Umgebung des Orts mit dem nahen Weiler **Tschiffnon** und bis hinauf nach Schnauders, wer noch höher steigt, erreicht die steilen Hänge unter den Gipfeln der Sarntaler Alpen. Unter dem Gipfelgrat zwischen Königsangerspitze (2436 m) und Hundskopf (2354 m) liegt der winzige **Radlsee** mit einladendem Schutzhaus, von dort hat man einen Ausblick, der fast die gesamten Dolomiten umfasst.

Information **Infobüro Feldthurns,** Mo–Fr 8–12 Uhr. I-39040 Feldthurns, Simon-RiederPlatz 2, ✆ 0472/855290, feldthurns.info.

Veranstaltungen **Keschtnigl,** in den Kastanienwochen (Mitte Okt. bis Anf. Nov.) werden den Gästen geführte Wanderungen durch die Kastanienhaine angeboten (Feldthurns hat angeblich über 3000 Kastanienbäume); „Niglmarkt" mit Unterhaltung und Gastro-Ständen, am letzten Wochenende Kastanienfest, in den Gasthäusern gibt's traditionelle Kost mit Kastanien.

Übernachten/Essen ****** Taubers Unterwirt,** Traditionsbetrieb im modernen Gewand, sehr gute Zimmer und Suiten mit Blumenbalkonen, außerdem 1000 m² Wellness mit Hallenbad, Sauna, Fitnessraum, Liegewiese. Auf den Tisch kommt die traditionelle Südtiroler Küche mit italienischen Akzenten. Eisacktaler Weinsuppe und Feldthurner Krapfen gehören zu den Spezialitäten des Hauses, die während der Törggelenzeit besonderen Zuspruch finden, dann gibt es z. B. auch ein reines Kastanienmenü. Der Unterwirt ist ein „Aktiv- und Vitalhotel" und entsprechend um seine Gäste bemüht. Restaurant Mi Ruhetag. Josef-Telser-Str. 2, ✆ 0472/855225. **€€€€**

***** Oberwirt,** Hotel nahe dem Schloss Velthurns, Familienbetrieb mit Saunen, Whirlpool, Massage, Fitnessraum. Restaurant-Pizzeria und Bar mit kleiner Eiskarte in einem gesonderten, dekorativ eingerichteten Bau, Kegelbahn. Restaurant Mo Ruhetag. Dorfstr. 6, ✆ 0472/855212, hotel-oberwirt.it. **€€€–€€€€**

*****S Feldthurnerhof,** Panoramahotel, der Name stimmt, dazu Wellnessbereich, Fitnessraum, Liegewiese, Kinderspielplatz. Im Haus sehr stimmungsvolle Pizzeria „Die Mühle", Restaurant mit Italo-Tiroler Cross-over-Küche, aber auch viele Hauptgerichte vom Grill. Pizzeria Di/Mi, Restaurant Mo Ruhetag. Guln 1, ✆ 0472/855333. **€€€–€€€**

**** Wöhrmaurer,** Landgasthof im Familienbetrieb mit Zimmern und Pizzastube. Ruhige

Malerisches Feldthurns

Vom Brenner bis Bozen → Karte S. 24/25

Einzellage an der Straße nach Brixen, gute hausgemachte, traditionelle Gerichte. Themenwochen (Kräuter, Artischocken), abends auch außergewöhnliche Pizzakreationen (für Gruppen Pizzadegustation mit bis zu 8 Gängen für 32 €); beliebtes Törggelenlokal. Restaurant Do Ruhetag. Nach Erweiterung teils neue, schicke Zimmer im Alpinstil, Familienzimmer und Ferienwohnung. Tschiffnon 21, ✆ 329/4175789, woehrmaurer.com. **€€–€€€**

Tonig, nettes, stylisch eingerichtetes Café und Bar mit großer, sonniger Terrasse und Garten, teilweise überdacht. Leckere Sandwiches, Bruschetta, aber auch Eis und Kuchen. Ideal zum Chillen, für den Imbiss zwischendurch und zum Aperitif am Abend. Musikalische Events. Mo und Di Ruhetag. Dorfstr. 22, ✆ 0472/855216, tonigbar.it.

Mein Tipp **Urlaub auf dem Bauernhof Obermoserhof,** typische Hofschänke in Panoramalage mit Zimmern und gut ausgestatteten Apartments, im Herbst Törggelen. Die Innenausstattung kombiniert gekonnt moderne Täfelung mit alten Holzelementen. Eigener Speck, Käse und Topfen, leckerer Tris mit Schlutzern, Käse- und Spinatknödeln, opulente Krapfen zum Nachtisch, eigene Alm. Mo, Di Ruhetag. Schnauders 26, ✆ 0472/855215, oobermoserhof.it. **€–€€**

Thalerhof, mit Holzschnitzerei. 3 gemütliche Apt. für 2–6 Pers., Schnauders 17, ✆ 349/6220047, thalerhof.it. **€–€€**

Gasserhof, freundlicher Hof mit hellen Balkonzimmern und traumhafter Aussicht, reichhaltiges Frühstück mit hofeigenen Produkten. Schnauders 6, ✆ 0472/855252, gasser-hof.it. **€**

Törggelenstuben Im Herbst verwandeln einige Feldthurner Bauern ihre Wohnstuben in Törggelenstuben, die Liste gibt es beim Verkehrsverein, der in der Saison auch Törggelenwanderungen mit Einkehr veranstaltet.

Sehenswertes/Ausflüge

Schloss Velthurns und Archaeoparc Feldthurns: Fürstbischof Johann Thomas Spaur ließ 1587 eine um 1140 bereits bestehende und zu seiner Zeit recht heruntergekommene Burg zu einer Sommerresidenz umbauen. Während man in Südtirol was Kirchen anbelangt zu diesem Zeitpunkt immer noch in gotischen Formen dachte, entstanden Schlösser und die typischen Ansitze in den Formen der Renaissance (z. B. Hofburg Brixen, Fürstenburg in Schluderns, Rathaus in Schlanders, Ansitze des Überetsch). Velthurns ist keine Ausnahme, wie schon ein Blick ins mit überbordender Dekoration ausgestattete Fürstenzimmer mit seiner kostbaren Täfelung, den großartigen Einlegearbeiten und dem üppig dekorierten Kamin zeigt. Velthurns war bis 1803 Sommerresidenz der Fürstbischöfe von Brixen, kam 1810 in Privatbesitz und gehört heute der Autonomen Provinz Bozen/Südtirol, deren Denkmalamt das Schloss zwischen 1980 und 1983 aufwendig restauriert hat.

Der Hof kann jederzeit auch ohne Führung betreten werden, sodass man einen guten Eindruck von der Anlage des Schlosses mit seinen zwei Gebäuden, dem eigentlichen Schloss links, dem Nebengebäude rechts (sog. Schreiberhaus, auch Haus Türnitz genannt) und den Umfassungsmauern bekommt. Die Letzteren umschließen auch einen unteren Hof ohne Gebäude, das ehemalige Wildgehege.

Die Wiesen der Tanzgasse oberhalb des Ortszentrums waren 1983 Teil eines Bauprojekts. Aber statt Gebäuden entstand nach 25 Jahren Grabungen ein Archaeoparc, denn bei ersten Sondierungen wurde ein megalithischer Steinkreis entdeckt und Artefakte, die, wie wir heute wissen, bereits vor 7000 Jahren entstanden. Der Steinkreis wurde mit Nebenanlagen als Kult- und Begräbnisplatz genutzt, dieser Teil des noch keineswegs komplett ausgegrabenen Geländes ist heute als Archaeoparc teilweise überdeckt. In den Jahrzehnten der Grabungen wurden Reste menschlicher Siedlung bis hin in die späte Römerzeit entdeckt, am bedeutendsten blieb jedoch der Steinkreis und eine Stele derselben Zeit – sie ist fast 5000 Jahre alt – mit Ritzungen.

Innenbesichtigung des Schlosses Mitte März bis Mitte Nov. Mi–So 10–17 Uhr, Führungen (4–5 tgl.) für Gruppen ab 10 Pers.; Eintritt 6 €, erm. 5 €, ✆ 0472/855525, schlossvelthurns.it.

Archaeoparc Feldthurns, Di–So von 9–18 Uhr, Eintritt frei, Info unter ☏0472/855290 (Tourismusbüro).

Der Radlsee: Gerade 130 mal 60 m misst dieser kleine, bis zu 10 m tiefe See auf 2284 m zwischen Königsangerspitze (2436 m) und Hundskopf (2354 m) hoch über Brixen und Feldthurns. Kaum erwähnenswert also, aber seine Lage an den an Seen armen Sarntaler Alpen und vor allem der großartige Blick auf die Dolomiten mit Geislerspitzen, Sella und Langkofel, den man von der nahegelegenen Hütte und den beiden leicht zu ersteigenden Gipfeln hat, machen ihn zu einem äußerst lohnenden Wanderziel.

- **Radlsee-Schutzhaus,** AVS Brixen, 2284 m, 20 Betten, 40 Lager, traditionelle Küche. Mitte Mai bis Anf. Nov. geöffnet, ☏0472/855230, radlseehuette.it. **€€**

Die Edelkastanie

Ob am „Keschtnweg“, im „Keschtnriggl“ oder beim Fest „Keschtniggl“ – immer wieder begegnet einem der umgangssprachliche Begriff für die Kastanie. Das ist kein Wunder, denn im Eisacktal und im Etschtal, aber auch in der Gegend um Meran und im oberen Vinschgau sind weite Hänge bis in Höhen von 900 m mit prächtigen Kastanienhainen bedeckt. Im Oktober fallen die stacheligen Früchte von den Bäumen. Erst wenn die harte Schale entfernt ist, kommt die braun glänzende Frucht zum Vorschein. Sie wird auf zahllose Arten verarbeitet. Der Klassiker sind die über offenem Feuer gerösteten, oft zum Teil leicht angekokelten Früchte auf den Kastanienfesten – lecker! In der Gastronomie gibt es mittlerweile vielerorts Kastanienwochen. Da werden dann Kastaniensuppe, Wildschwein mit Kastanien, Kastanienmousse, Kastanientorte oder Kastanieneis kredenzt. Beim Törggelen gibt es oftmals einen Teller gerösteter Kastanien als Nachtisch – die Frucht verträgt sich prächtig mit einem Glas Roten …

Die Kastanie existiert bereits seit über 3000 Jahren in Südtirol. Während der Römerzeit erlebte sie ihre erste Hochphase, die zweite dann im Zuge der Hangbesiedelung ab dem 12. Jh., als zahlreiche Höfe entstanden. Von den etwa 50.000 Kastanien, die es in Südtirol gibt, zählen die ältesten Exemplare bis zu 500 Jahre, der größte gemessene Stammesumfang liegt bei 11 m. Pro Baum lassen sich im Schnitt 10 kg Ernte einfahren, das ergibt dann in der Summe 500.000 kg pro Jahr. Durch den aus den USA eingeschleppten Kastanienrindenkrebs waren auch Südtirols Kastanien bis knapp vor der Jahrtausendwende stark bedroht. Seither wurden 30.000 Bäume forstwirtschaftlich saniert und die Krankheit weitgehend eingedämmt, wenn sie auch nicht überwunden ist. Da viele der Bäume schon weit über 100 Jahre alt und entsprechend anfällig sind, müssen Neupflanzungen durchgeführt werden, um den Bestand zu sichern. Zu diesem Zweck und um die Kastanie im Allgemeinen zu schützen, zu bewerben und zu vermarkten, haben sich verschiedene Kastanienvereine gegründet, u. a. im Eisacktal, im Burggrafenamt und im Vinschgau.

Klausen

Eine Klause ist eine Engstelle, eine Verengung im Flusstal, Klausen hat also einen wirklich aussagekräftigen Namen: Der Ort liegt im engen Eisacktal am Fuß eines hohen, isolierten Felsens, auf dem sich mehrere alte Bauten befinden, Kirchen und Burgen, gekrönt vom Kloster Säben, dem früheren ersten Sitz des Bischofs von Bozen-Brixen.

Kein attraktiver Ort für einen Bischof und noch weniger für die Bürger des zwischen Fluss und Klosterfels eingezwängten Städtchens. Aber ein ziemlich schlecht zu erobernder Ort und damit zumindest bis ins 19. Jh. auch ein sicherer Ort. Und jedermann, vor allem jeder Kaufmann, musste durch die Klausner Hauptstraße, wenn er im Eisacktal unterwegs war, und seinen Pfennig Maut bezahlen. Also: doch ein guter Standort.

Es lohnt sich auch heutzutage sehr, das mittelalterliche Städtchen zu erkunden, den Säbener Klosterberg auf einer Treppe durch Weinberge steigend zu erklimmen, in der Umgebung die Buschenschanken beim Törggelen abzuklappern und die Atmosphäre eines seit Jahrhunderten kaum veränderten Orts auf sich wirken zu lassen.

Klausens Umgebung ist zumindest auf der Sonnenseite Weinland, das sieht man im unmittelbaren Stadtumfeld, auf dem Säbener Berg und natürlich in und unter den Dörfern **Villanders** und **Barbian** sowie einer Handvoll kleinerer. Klassisches Buschenschanken-Land und ebenso klassisches Törggelengebiet ist diese Eisacktaler Weinlandschaft mit ihren Kastanienhainen als Draufgabe. Auch die Schattenseite hat Wein, aber nur auf den sonnigen Dorfterrassen wie im Lajener Ried. Im Westen reicht das Gebiet der Gemeinden um Klausen bis hinauf zum Ostkamm der Sarntaler Alpen, bis zur Villanderer und Latzfonser Alm, die Letztere mit dem berühmten höchstgelegenen Wallfahrtsort Europas, der Kapelle am Latzfonser Kreuz.

Praktische Infos

Information **Tourismusverein Klausen,** Mo–Fr 8.30–12.30/14.30–18, Sa 9–12 Uhr. I-39043 Klausen/Chiusa, Marktplatz 1, ✆ 0472/847424, klausen.it.

Verbindungen **Pkw:** Brennerautobahn, Ausfahrt Klausen, die Altstadt ist Fußgängerzone. **Bahn:** Am Bhf. Klausen halten alle Regionalzüge. **Bus:** Busbhf. von Brixen kommend links neben dem Bahnhof, Busse nach Bozen, Brixen/Bruneck/Innichen, nach Feldthurns und Latzfons, ins Villnösser Tal und Grödner Tal. **Taxi:** Lang, ✆ 347/2914130.

Einkaufen Monatsmarkt zu bestimmten Tagen des Heiligenkalenders (z. B. 10. Aug. **Laurenzimarkt,** 14. Sept. **Hl.-Kreuz-Markt**). Bauernmarkt Mai bis Okt. Do vormittags.

Feste & Veranstaltungen Traditionelles **Gassltörggelen** in der Altstadt mit Vorstellung hiesiger Handwerksberufe, kulinarischen Spezialitäten und Unterhaltungsprogramm, an 3 Samstagen im September/Oktober.

Alle 3 Jahre (zuletzt 2022) Mitte Juni **Pilgerzug der Gadertaler** zur Heiligkreuzkirche in Säben. Die 3 Tage dauernde Wallfahrt geht für die Obergadertaler von Pedratsches und Campill über das 2294 m hohe Kreuzjoch ins Villnöss, wo die anderen Gruppen getroffen werden, bevor man gemeinsam nach Klausen und Säben weiter zieht. Hin- wie Rückweg werden zu Fuß gemacht (bei vielen heutigen Fußwallfahrten ist das nicht mehr der Fall, oft wird sogar für den größten Teil des Weges der Bus benutzt). Die Prozession entstand bereits vor 1400 und wurde 1503 erstmals erwähnt.

Am Krampustag (5. Dez.) **Krampusumzug** durch die Altstadtgassen: Wie in Österreich wird auch in Südtirol der hl. Nikolaus (6.12.)

vom Krampus begleitet, einem borstigen, schwarzen Teufel mit heraushängender roter Zunge und Rute, mit der er besonders gern hübsche Mädchen schlägt.

Baden **Erlebnisbad Klausen,** Freibad, Juni bis Anf. Sept. tgl. 10–19, Sa/So ab 9 Uhr. Tagesticket 7,50 €, erm. 4,50 €.

Übernachten/Essen in Klausen *****S Der Rierhof,** Hotel am Ortsausgang, relativ ruhig, Grün im Hintergrund, dazu Außenpool, Hallenbad, Sauna und was sonst noch zur Wellness nötig ist, auch Heubäder. Große Balkone und großzügige, komfortable Zimmer. Es gibt auch attraktive Familienzimmer auf 2 Ebenen. Fragburg 7, ✆ 0472/847454, rierhof.it. **€€–€€€**

***** Bischofhof,** das Hotel auf der stadtabgewandten Flussseite hat eine gehoben gutbürgerliche Atmosphäre. Die Architektur ist regionaltypisch holzbetonter Tirolerstil, Außenpool und dekorativer Saunenbereich runden das Angebot des Hauses mit seinen gut ausgestatteten und teils modern renovierten Zimmern ab. Im Haus befindet sich das ehemalige Zwei-Sterne-Restaurant Jasmin, das mittlerweile in erster Linie als Bistro für Hausgäste und genutzt wird. Griesbruck 4, ✆ 0472/847448, bischofhof.it. **€€–€€€**

Gasslbräu, Wirtshausbrauerei, deftige Küche und originelles, rustikales Ambiente, Treffpunkt auch der Einheimischen. In der Gschwendtstube werden die Gemälde des Klausener Künstlers Heiner Gschwendt präsentiert, der 71 Jahre seines Lebens in Klausen verbrachte und dort malte. Di Ruhetag. Gerbergasse 18, ✆ 0472/523623, gassl-braeu.it. **€–€€**

MeinTipp **Torgglkeller Schmuckhof,** majestätischer, verschachtelter, im Kern mittelalterlicher Bau unterhalb der Burg, der neben dem Hotel mit Restaurant auch den urigen Buschenschank Torgglkeller beherbergt. Sehr gute rustikale Küche, riesige Pizzen und ruhige, modern eingerichtete Zimmer sowie üppiges, vielseitiges Frühstück, Mo Ruhetag. Der Parkplatz liegt unmittelbar vor bzw. nach dem Tunnel an der Hauptstraße, daher Vorsicht beim Abbiegen. Tinneweg 7, ✆ 0472/847026, schmuckhof.it. **€€–€€€**

***** Camping Gamp,** am Gasthof angeschlossener Camping- und Wohnmobilstellplatz, nicht gerade ruhig gelegen, aber gute Sanitärausstattung, z. T. schattig (junge Bäume), ganzjährig geöffnet. Griesbruck 10, ✆ 0472/847425, camping-gamp.com.

Altehrwürdiger Betrieb: der Schmuckhof

***** Ansitz Gamp,** Hotel mit Nebengebäuden und modern renovierten, komfortablen Zimmern. Pool, Liegewiese. Restaurant mit Südtiroler Küche. Griesbruck 10, ✆ 0472/847425, camping-gamp.com. **€€–€€€**

***** Ansitz Fonteklaus,** Hotel im alten Ansitz mit modernem Anbau, ganz isoliert 400 m hoch über Klausen gelegen, eigene Zufahrtsstraße (Abzweig von SS 242 direkt beim Gasthof Gamp). Der mittelalterliche Ansitz wurde vom heutigen Besitzer liebevoll saniert. Blick auf die Sarntaler Berge, nur 11 komfortable Zimmer ohne Balkon. Es gibt eine ausgesprochen schmackhafte Küche (der Hausherr kocht selbst) mit Tiroler und italienischen Nudelgerichten, hausgebackenem Brot und besonders leckeren Nachspeisen. Restaurant Do Ruhetag. Im Winter geschl. Laion, ✆ 0471/655654, fonteklaus.it. **€€–€€€**

Jasmin, das ehemalige Restaurant im Hotel Bischofhof, wurde in ein Bistro für Hausgäste umgewandelt (Mo/Di Ruhetag). Auf Anfrage kann man aber für mind. 6 Personen ein „Chef's table by Martin" buchen. Man begibt sich damit kulinarisch in die kreativen Hände von Sternekoch Martin Obermarzoner, und das hat seinen Preis. Infos und Reservierung ✆ 0472/847448.

Vom Brenner bis Bozen → Karte S. 24/25

Café Nussbaumer, Unterstadt 4, dunkel ist's zunächst, wenn man die paar Stufen hinunter ins Lokal steigt, aber dann sehr intim und gemütlich. Ein Stockwerk höher schönes Renaissance-Ambiente für besondere Anlässe, das alte Batzenhäusl mit seinem Mittelerker ist eines der schönsten Häuser des Orts. Di Ruhetag.

In Latzfons **** Zum Hirschen,** ehemals wohl einziges Gasthaus des Orts, bei der Kirche, durch Zu- und Anbauten ziemlich angeschwollen, recht einfache Zimmer. Das **Weiße Kreuz** gegenüber wird vom gleichen Betreiber geführt, neuerer Bau mit schönen Balkonzimmern, funktional, aber gemütlich, mit Kinderspielplatz und Liegewiese. Dorfstr. 6, ✆ 0472/545184, gasthaus-weisses-kreuz.it. **€€**

In Gufidaun ******** Gnollhof,** der alteingesessene Hotelgasthof (er war der erste am Ort mit Freibad, heute sind Hallenbad, Infinity Pool und Saunen dazugekommen) bietet einen komfortablen, ruhigen Aufenthalt in gut ausgestatteten, großen Zimmern mit Balkon und reichlichem Frühstücksbuffet. Gufidaun 81, ✆ 0472/847323, gnollhof.it. **€€€–€€€€**

Figisterhof, Urlaub auf dem Bauernhof in prachtvoller Aussichtslage im Grünen, eigene Produkte, beliebte Jausenstation. Gotische Stube aus dem 18. Jh. Möglichkeit, auf dem Hof mitzuhelfen, kleiner Spielplatz, kinderfreundlich. Auch Apt. Gufidaun 12, ✆ 0472/847395, figisterhof.com. **€€**

Unterwirt, das Gasthaus hat eine 400 Jahre alte Bauernstube und eine äußerst gemütliche Zirbenstube, außerdem eine Südtiroler Küche vom Feinsten (2 Gault-Millau-Hauben), die keineswegs vor Anregungen aus der italienisch-mediterranen Küche zurückschreckt und die auch köstliche Kuchen und andere Mehlspeisen serviert. So/Mo Ruhetag und Jan./Febr. geschlossen. Helle, modern renovierte Zimmer. Gufidaun 45, ✆ 338/3854015, unterwirtgufidaun.com. **€€€**

Turmwirt, Gufidaun 50, der historische Gastbetrieb mitten im Dorf ist für seine wunderschöne gotische Stube und seine fantasievolle Südtiroler Küche bekannt, die besonders während der Spezialitätenwochen (Eisacktaler Kost, Kräuterküche, Kastanien ...) empfehlenswert ist. Di/Mi Ruhetag. ✆ 0472/44001, turmwirt-gufidaun.com. **€€–€€€**

In Pardell, Verdings und in Gufidaun liegen einige der gemütlichsten und freundlichsten **Buschenschanken** Südtirols: **Hienghof,** Leitach 60, ✆ 0472/847354 (Straße nach Feldthurns, dann links nach Pardell abbiegen oder Wanderweg Säben – Pardell); **Huberhof,** Pardell 50, ✆ 0472/855479; **Martscholerhof,** Gufidaun 27, ✆ 0472/847207, martscholerhof.it; **Moar zu Viersch,** Verdings 22, ✆ 0472/855489; **Torggler,** Gufidaun 22a, ✆ 0472/310255, pensiontorggler.com.

Sehenswertes/Ausflüge

Stadtspaziergang: Wo bis in die 1960er-Jahre der Durchgangsverkehr rauschte, herrscht heute beschauliche Fußgängerruhe. Am besten beginnt man auf der Nordseite beim *Brixner Tor,* wo die Kaufleute aus Deutschland ankamen und in der angebauten (spätgotischen) Apostelkirche erst mal ein Gebet sprachen, bevor es ans Geschäft ging – und an das Zahlen der Maut. Dann die *Oberstadt,* wie sich die schmale Hauptstraße hier nennt. Hübsche, breite Häuser, Erker, Wappen, mit steinernen Rahmen eingefasste Fenster sind zu sehen, und im Erdgeschoss Läden und Gaststätten. Gleich rechts (Nr. 67) ist ein Renaissancehaus mit schönen Fresken zu bewundern, Nr. 59 ist das schöne gotische *Alte Rathaus,* und auf Nr. 37 wartet (ebenfalls rechts) das *Säbner Haus.*

Auf dem Pfarrplatz steht etwas unterhalb die *Pfarrkirche St. Andreas.* 1498 wurde sie fertig und aus dieser Zeit haben sich einige spätgotische Gemälde, die Empore und Statuen erhalten. Ab hier heißt die Hauptstraße *Unterstadt,* sonst ändert sich nichts, hübsche Häuser rechts wie links. Knapp vor ihrem Ende beginnt rechts der Säbener Aufgang, wo es anschließend zum Kloster hinaufgeht (s. u.).

Jenseits des Tinnebachs steht etwas isoliert das ehemalige *Kapuzinerkloster* von 1701. Die Kapuziner sind erst 1972 gegangen, heute beherbergt ein Teil des Komplexes das *Klausner Stadtmuseum.* Das Gebäude besitzt den kostbaren Loretoschatz. Der war ein Geschenk der letzten spanischen Habsburgerkaiserin an ihren Hauskaplan, der aus Klausen stammte.

Klausner Stadtmuseum: Ende März bis Anfang Nov. Di–Sa 9.30–12/15.30–18 Uhr, So, Mo und an Feiertagen geschl. Eintritt 4 €, erm. 1,50 €; ✆ 0472/846148, museumklausenchiusa.it.

Der Säbener Aufgang: Diese lange Stiege, die von der Unterstadt bis zur Heiligkreuzkirche auf der Spitze des Säbener Bergs führt, war und ist ein Wallfahrts- und Kreuzweg, wie die Kreuzwegstationen zeigen. Man passiert nach einem steilen Treppenstück die *Burg Branzoll* (nicht zu besichtigen) mit mächtigem Bergfried. Dann erreicht man die *Liebfrauenkirche*, einen achteckigen barocken Zentralbau. Sie entstand als Votivkirche der Klausner Bürger, die von der Muttergottes vor der Pest bewahrt worden waren (schön sind die Fresken zum Marienleben in der Kuppel). Entlang dem Benediktinerinnenkloster gelangt man zur *Klosterkirche* von 1687, besonders schön die schmiedeeisernen Gitter, die den Chorraum der Schwestern vom Schiff abtrennen. Noch eine Treppe und wir sind am höchsten Punkt mit der kleinen *Heiligkreuzkirche*. Sie steht auf sehr viel älteren Vorgängerinnen, der prominente und gut zu verteidigende Standort war seit vorgeschichtlicher Zeit besiedelt. Bei der Kirche handelt es sich um den Dom des Bischofs Ingenuin (um 600), umgebaut in der Spätgotik als Palastkapelle der bischöflichen Burg. Das großartige Kruzifix auf dem Hochaltar ist von Leonhard von Brixen.

Liebfrauenkirche Juli bis Okt. Di, Mi, Fr und Sa 14–17 Uhr; **Gnadenkapelle, Heiligkreuz- und Klosterkirche** tgl. 8–17/18 Uhr. Das **Kloster** kann nicht besichtigt werden.

Verdings und Latzfons bestanden ursprünglich aus Kirche und einer Handvoll Höfe, darunter das Mesnerhaus und ein Gasthof. In vielen Fällen war das in Südtirol übrigens ein und dasselbe Haus, denn der Mesner musste einen Nebenberuf ausüben, um überleben zu können. Die Kirche *St. Valentin* in Verdings wurde um 1200 geweiht, ihr hoher, schlanker Turm mit dem

Hoch über Klausen: Kloster Säben

kleinen Satteldach ist weitum zu sehen. Bauernhöfe sind locker über die Hänge in Richtung Latzfons verteilt, heute jeder mit eigener asphaltierter Zufahrt, aber es gibt noch genug alte Wander- und Karrenwege zu entdecken. Wandern ist überhaupt das Zauberwort, wer hier nicht wandert, der ist ganz sicher am falschen Platz.

Zum Latzfonser Kreuz (2303 m): Die höchste Wallfahrt Europas führt zum 2303 m hoch gelegenen Latzfonser Kreuz. Sie gehört zu den beliebtesten und landschaftlich großartigsten Ausflügen aus dem Eisacktal. Die Wallfahrt entstand, als man um 1700 ein Wetterkreuz am Joch aufstellte, das zwischen Brixen und dem Sarntal einen einfachen, aber bei Schlechtwettereinbruch potenziell gefährlichen Übergang darstellt. Das Kreuz war damals eine geschwärzte Christusfigur aus dunklem Holz („Schwarzer Herrgott"). Sie entstammte ursprünglich der Totenkapelle oberhalb von Villanders (heutiges Kirchlein am Toten). Offensichtlich musste sich das Wetterkreuz bewährt und schlechtes Wetter abgehalten haben, denn man baute einen Bildstock und 1867 eine Wallfahrtskapelle. Heute noch kommt am Sonntag, der auf St. Magdalena (22. Juli) folgt, eine große Zahl von Wallfahrern herauf aufs Joch, die meisten Besucher des etwas oberhalb stehenden Schutzhauses sind aber Wanderer, die den Ausblick und das Essen genießen.

Zum Latzfonser Kreuz gibt es mehrere Wege. Einer startet vom Kühhof (Parkplatz) oberhalb des Ortes Latzfons auf breitem Forstweg über die Klausner Hütte – das ist sicherlich der bekannteste und beliebteste, daher auch vollste Weg; der zweite ist unten beschrieben (siehe Wanderung 4).

Attraktiv, da von Beginn an sehr aussichtsreich ist auch folgende Variante: Man fährt mit dem PKW auf der schmalen, panoramareichen Straße 12 km von Latzfons hinauf zum Kasereck (1930 m). Über breite Wiesenrücken steigt man gut eine Stunde bergan und dann nach Osten in weitem Bogen in 30 Min. bergab zum Schutzhaus, immer die steile Geröllflanke der Kassianspitze im Blick (hin und zurück 2:45 Std.).

Von der Schutzhütte aus sind zwei Touren besonders beliebt. Die eine führt über den eiskalten, klaren Kassiansee auf die Kassianspitze (2581 m), man ist in 1:30 Std. wieder unten (wenn man nicht da oben die einmalige Aussicht bis hin zur Pala, Monte Pelmo und Ortler genießt und viel, viel länger braucht). Die andere führt über den Kamm der Villanderer Alpe, die hier den höchsten Rücken der Sarntaler Alpen bildet, zum Rittner Horn (ca. 4 Std.). Das allerdings ist denen vorbehalten, die nicht zum Pkw zurück müssen, es sei denn, sie gehen den ganzen Weg wieder zurück.

Gufidaun: Von diesem idyllisch gelegenen Ort mit seinen vielen historischen Gebäuden hat man einen schönen Blick auf Klausen und die Sarntaler Alpen, auf Brixen, die Plose und im Hintergrund die Zillertaler Alpen. Am Dorfrand fällt das imposante Gemäuer der *Koburg* samt Burggraben auf, ein alter Ansitz der Herren von Gufidaun, deren Gerichtsbarkeit zeitweise bis ins Grödner Tal und sogar ins oberste Abteital bis Kolfuschg reichte. Wie die *Burg Summersberg* am Rand des Steilhangs hinunter ins Eisacktal ist die Koburg in Privatbesitz und kann nicht besichtigt werden. Anders der *Ansitz Hohenhaus*, in dem das *Dorfmuseum Gufidaun* untergebracht ist. Er liegt neben der innen hübsch freskierten spätgotischen *Pfarrkirche* und ist schon wegen der schönen Stuckdecken einen Besuch wert.

▪ **Museum** Ostern bis Allerheiligen Mi 17–19, Do 17–19, Fr 10–12 Uhr, Eintritt 4 €, erm. 2 €, Infos unter dorfmuseum-gufidaun.it.

Der Eisacktal-Radweg

Bei Klausen berührt der Eisacktal-Radweg die einzige größere Siedlung zwischen Brixen und Bozen. Der Radweg ist komplett ausgebaut, asphaltiert und sogar ab und an mit Ruheplätzen bzw. Bänken versehen. Im unteren Teil, wo die Bahn heute zwischen Waidbruck und Bozen im langen Tunnel verschwindet, wurde er auf den verwaisten Bahngleisen angelegt und die Tunnel wurden so weitergenutzt – die meisten kurz, alle gut beleuchtet. Der Weg ist leicht zu fahren, die Bahn bietet einen billigen und einfachen Rücktransport – kein Wunder, dass der Radweg ziemlich belebt ist (aber kein Vergleich zum Vinschger Radweg oder zum Pustertaler Radweg zwischen Innichen und Lienz!).

Tour 4: Wanderung zum Latzfonser Kreuz[GPS]

Tour-Info: Verhältnismäßig leichte Tour, die durch Wald in die Almenregion und dann ins Hochgebirge führt. Ziel ist die Wallfahrtskirche am Latzfonser Kreuz und die dortige Schutzhütte mit ihrer herrlichen Aussicht. Gute Fahrwege bis knapp unterhalb der Hütte, dann kurz schlechter Weg, der Schlenker ab der Hütte zur Fortschellscharte auf schmalem alpinem Steig. Gehzeit 4:30 Std. Höhenunterschied 860 m. Karten: Tabacco (1:25.000) Blatt 30; Kompass (1:50.000) Blatt 56.

Karten und Einkehr: Eine Gratis-Radkarte mit den wichtigsten kulturellen Stätten „Kulturradroute am Eisack" gibt es bei den Tourismusbüros. Auf der Höhe von Atzwang lädt die originelle *Bios-Radstation*, die zum Partschillerhof gehört, zu einem kühlen Getränk unter schattigen Bäumen ein, Mo Ruhetag.

Radler-Info: Der Aufstiegsweg ist bis knapp unterhalb der Hütte am Latzfonser Kreuz mit dem **Mountainbike** befahrbar, der Abstiegsweg ist für Räder nicht geeignet.

Den Ausgangspunkt dieser Tour erreicht man von Latzfons auf dem Sträßchen, das aus dem Ort weiter ins Tal hineinführt, wobei man rechts abbiegende Straßen nicht beachtet. Nach einer Einmündung endet der Asphalt, und nach der knapp danach folgenden Bachquerung macht die Straße (Rodelbahn-Hinweis) einen Knick nach links. Hier beginnt keine 100 m weiter auf der rechten Seite unser Wanderweg (bescheidene Parkmöglichkeiten).

Am Ausgangspunkt der Wanderung **A** weist ein Schild „Latzfonser Kreuz" und die Markierung für Weg 2 auf einen steil ansteigenden Forstweg. Man geht durch Wald, kurze Zeit begleitet von einem teilweise offenen Waal, dessen Waalfassung **B** gut zu sehen ist. Wo das Forststräßchen nach rechts abknickt **C**, geht es geradeaus auf dem Fußweg weiter. Auf einer Lichtung wird ein Fuhrweg gequert **D**, der Fußweg führt weiter aufwärts durch Wald. Endlich erreicht man ein Fahrsträßchen mit Markierungen **E** („17" und „1"), links geht es weiter, und bald tritt man aus dem Wald auf die Almwiesen hinaus und hat die Klausner Hütte erreicht **F**. Das nächste Stück Steigung ist ziemlich zertrampelt, der Weg macht Abkürzungen zwischen Kurven des Fahrsträßchens. Bei einem ziemlich neuen Almgebäude mit Brunnen **G** erreicht man ein Joch und sieht zum ersten Mal hinüber zur Kirche am Latzfonser Kreuz. Der flotte Fahrweg führt im Bogen hinüber in das dazwischen liegende Tal, dort bei einem Kruzifix Abzweigung eines Wanderwegs (hier kommen wir später zurück), und steigt auf der anderen Seite unvermittelt schärfer an **H**, wobei er zusehends schlechter wird, um auf den letzten 50 Höhenmetern zum groben Fuhrweg zu verkommen. Endlich die Schutzhütte am Latzfonser Kreuz **I**, sie liegt etwas höher als die Kirche.

Der Abstieg führt zunächst zur Kirche, an der es nach links auf einen Steig in den Südhang geht, der ganz leicht ansteigend gequert wird. Bald sieht man in ein Kar hinein, das auf unserer Seite mit Schutt gefüllt ist. Bei einer Gabelung **J** rechts hinunter, durch Grobschutt in den Karboden und diesen queren, teilweise nur auf Wegspuren (aber mit rot-weißen Bodenmarkierungen) zu einem auf der anderen Seite verlaufenden, breiten Weg **K**. Er führt durch das Kar abwärts zur Einmündung in den Aufstiegsweg beim Kruzifix **L**. Nun auf dem Abstiegsweg hinunter bis zur Klausner Hütte. Unterhalb von ihr nimmt man einen dort beginnenden, nicht bezeichneten Fuhrweg in die ausgedehnten Mähwiesen **M**. Er zieht zuerst in der Falllinie bergab, dann nach rechts, wo er bei einem Schuppen endet **N** (der oberste einer ganzen Gruppe von Heustadeln und Schuppen). Etwas unterhalb führt ein Zaun nach rechts zum Waldrand, wir bleiben oberhalb und gehen dann entlang dem Waldrand und teilweise im Wald auf altem Weg abwärts (keine Markierungen!). Nach Querung einer Forststraße **O** ist der Weg durch aufgeschüttetes Material etwas verdeckt, rechts umgehen und weiter auf dem Altweg. Leider endet der Weg dann endgültig an einem Wiesenzaun **P**, den man überklettert, um weglos schräg über die Wiese zu einem Brunnen und in der Falllinie weiter zur Straße abzusteigen (zwei Zäune sind zu übersteigen – wenn das Gras hoch steht, geht man, sollten keine Wegspuren vorhanden sein, ganz nach rechts und steigt den Zaun entlang ab). Hat man die Straße erreicht **Q**, geht man auf ihr nach rechts und in einem Linksbogen weiter, wobei das Almgelände bald verlassen und Wald erreicht wird. Mehrere Kurven führen abwärts, dann findet man sich plötzlich auf einer Straße mit Beleuchtung **R** – es handelt sich um die Rodelbahn. Dankenswerterweise nur kurz auf ihr nach rechts bis zum großen Parkplatz am Ende der Bahn **S** und auf der dort querenden Straße nach links und zurück zum Ausgangspunkt **A**.

Hütten **Klausner Hütte,** 1920 m, Anf. Mai bis Anf. Nov., gut besucht, große Terrasse. Nudel- und Knödelgerichte, hausgemachter Käse, Buchweizentorte. Lager und Zimmer, ✆ 320/7078058, klausnerhuette.it. **€**

Schutzhaus Latzfonserkreuz, 2296 m, privat, große Karte mit Gerstensuppe, köstlichen Pfannenmakkaroni, Bauerngröstl, Speck am Brettl, Graukäse, Speckknödeln, hausgemachten Kuchen (Linzerschnitte, Torten). Geöffnet Anf. Juni bis Okt. ✆ 0472/545017, latzfonserkreuz.com. **€-€€**

Lajen

Über dem Eingang zum ladinischen Grödner Tal thront auf einer Sonnenterrasse in ca. 1100 m Höhe ein deutschsprachiger Ort, das große Dorf Lajen. Der Dorfplatz ist von mehreren historischen Gebäuden umgeben, darunter das Minnehus und der Ansitz Zehentner. Der besonders im Herbst wunderschöne historische Poststeig führt von hier als Wanderweg hinein ins Grödner Tal.

Auf einer tieferen, schmaleren Terrasse um die 800 m liegen die Höfe des **Lajener Rieds.** In einem davon soll *Walther von der Vogelweide* geboren worden sein (das wird allerdings auch anderswo behauptet). Die isolierten Weiler *Tschöfas, Tanürz* und *St. Peter* mit seiner großen Kirche (Außenfresken!) sind durch eine schmale und kurvige Panoramastraße mit grandiosen Blicken auf Schlern und Langkofel miteinander verbunden. St. Peter ist die letzte deutschsprachige Siedlung vor den dichten Wäldern unter dem Raschötzberg, welche die deutschen und ladinischen Orte des Grödner Tals trennen.

Die Straße Klausen – Grödner Tal folgt der Trasse der ehemaligen Grödner Bahn, die vom österreichischen Militär in Rekordzeit von September 1915 bis Februar 1916 auf 31,4 km gebaut wurde und Brixen mit dem hintersten Grödner Tal verband.

Information **Tourismusverein Lajen,** Mo–Fr 8–12.30/14.30–18.30 Uhr, Sa 8–12.30 Uhr, in der NS kürzer, I-39040 Lajen/Laion, Walther von der Vogelweide 30b, ✆ 0471/655633, lajen.info.

Übernachten/Essen ***** Radlhof,** am Platzl von Lajen, wirklich zentral liegt dieser Gasthof, bei dem einem unwillkürlich die Worte „gemütlich" und „behäbig" einfallen. Hauptsächlich Apartments, aber auch 2 hübsche Zimmer, gutes Frühstück, hofeigene Produkte, sehr schöner Sauna- und Ruhebereich. Dorfplatz 15a, ✆ 0471/655648, radlhof.it. **€€**

Blick auf Langkofel und Plattkofel von Lajen aus

Vom Brenner bis Bozen → Karte S. 24/25

****** Ansitz Zehentner,** erstmals 1357 erwähnter Hof mit mächtigen Außenmauern und teils historischen Stuben, Zimmern und Apt., mit schöner Holztäfelung. Dorfplatz 8, ✆ 333 2677554, zehentner.it. **€€-€€€**

Außervogelweiderhof, Sie wollen Urlaub auf dem Bauernhof verbringen, wo (vielleicht) schon Walther von der Vogelweide Hand angelegt hat? Bitte sehr: 4 Apartments und die Einladung, auf dem Hof mitzuarbeiten (nicht enttäuscht sein, das Wohngebäude stammt nicht mehr aus der Zeit des Minnesängers), Produkte aus eigener Landwirtschaft und eine freundliche Besitzerfamilie. Ried 138, ✆ 0471/786250, ausservogelweiderhof.it. **€€**

Café am Platzl, Dorfplatz 7, tgl. außer sonntags geöffnet, schön zum Draußensitzen bei Kaffee und Kuchen oder einem Aperitivo.

Törggelen **Putzerhof,** Ried 127, freundliche Buschenschank in der Stube des Bauernhofs, dessen gute Rot- und Weißweine zum rustikalen Essen auf den Tisch kommen: Knödel, Schlutzkrapfen, Krapfen, Speck. Von Klausen kommend, biegt man bei der Bushaltestelle Ried scharf rechts und gleich wieder scharf links ab, um den Hof zu erreichen. Sept. bis März tgl. ab 12 Uhr, an Werktagen wird um Reservierung gebeten, ✆ 0471/655785.

Oberfinserhof, Ried 151, urige Buschenschank mit klassischer Törggelenküche, alleine die holzgetäfelte Stube mit dem gemütlichen Ofen ist schon (fast) den Besuch wert. Sept. bis Dez. geöffnet, ✆ 0471/654398.

Buchnerhof, Ried 144, Buschenschank in historischem Haus, die Stube ist barock (17. Jh.)! Speckknödel, Kaiserschmarrn, Tirtlen, Gerstlsuppe – eigene Weiß- und Rotweine. Mitte Sept. bis Mitte Dez. tgl. außer Mo ab mittags, Mitte Jan. bis Ende April ab 16 Uhr, ✆ 0471/655829.

Villanders

Die beiden spitzen Kirchtürme von Villanders, die so eng beieinander stehen, sind ein gut merkbares Wahrzeichen des Ortes im Eisacktaler Weinland. Die zu den Kirchen hinaufführende Gasse wird gerne „Defreggergasse" genannt. Diese pittoreske Dorfgasse war Vorlage für *Defreggers* berühmtes Gemälde „Das letzte Aufgebot", jenes historistische Gemälde zur Verherrlichung des Tiroler Freiheitskampfs. In der Pfarrkirche erinnern hübsche farbenprächtige spätgotische Glasfenster an die Knappen, die im heute stillgelegten Pfunderer Bergwerk arbeiteten.

Villanders ist nicht nur das schmucke Dorf mit seinen umliegenden Weilern und Einzelhöfen, wie jenen um die Kirche *St. Moritz* im Weingebiet, die beliebte Törggelenziele darstellen. Vielmehr bildet die **Villanderer Alm,** ein sanft gewelltes Almenplateau hoch über dem Dorf zwischen ca. 1800 und ca. 2500 m, ein sommerliches wie winterliches Erholungsziel, das sich durchaus mit der Seiser Alm auf der anderen Seite des Eisacktals messen kann. Ohne den starken Besucherverkehr der Seiser Alm wohlgemerkt, aber sehr wohl mit attraktiven Hütten und Jausenstationen, die erschöpfte Sportler mit Speckknödeln und Schlutzern, Bier und Wein vor dem Umfallen bewahren.

Information **Infobüro Villanders,** Mo–Fr 8–12 Uhr, I-39040 Villanders, F.-v.-Defregger-Str. 6, ✆ 0472/843121, villanders.info.

Sport **Wandern/Bergsteigen** → Villanderer Alm, S. 88.

Wintersport: Langlauf und Rodeln vor allem auf der Villanderer Alm. Mehrere Loipen mit zusammen ca. 26 km, mehrere Rodelbahnen.

Übernachten/Essen ****** Stephanshof,** Kupferdachwucherungen, die eher an eine chinesische Pagode als an einen Tiroler Ansitz erinnern, passen vielleicht nicht unbedingt in ein Dorf wie Villanders, aber der Stephanshof, der sich ohne jedes Understatement „Granpanorama-Hotel" nennt, ist ja nun wirklich komfortabel. 320 m² Badelandschaft mit Hallenbad, Saunen, Kneippbad, Whirlpool, Freischwimmbad, Fitnessraum und gute Zimmer mit Balkon. Mountainbikeverleih. St. Stefan 12, ✆ 0472/843150, stephanshof.com. **€€€€**

*****S Sambergerhof,** Hotel hoch über Villanders auf dem Weg zur Villanderer Alm in großartiger Aussichts- und Sonnenposition. Komfortables Haus mit Wellnessbereich (Saunen inkl. Kräutersauna, Whirlpool, Ruheraum, Fitnessraum, beheiztes Freibad), Tennisplatz, Kinderspielplatz und Abenteuerspielplatz im nahen Wald. Außerdem MTB- und E-Bike-Verleih. Oberland 48, ✆0472/843166, sambergerhof.com. **€€€–€€€€**

***** Ansitz zum Steinbock,** der historische Ansitz beherbergt ein sehr gutes Restaurant im mittelalterlichen Ambiente. Getäfelte Bauernstube, zur Dorfstraße kleine erhöhte Terrasse. F.-v.-Defreggergasse 14, ✆0472/843111, zumsteinbock.com. **€€€**

**** Sturmhof,** traditioneller Gasthausbau in isolierter Panoramalage mit wirklich traditioneller Stube und altem Kamin, wie er in der Region üblich ist. Ausblick von Pool und Liegewiese, solide Zimmer mit Balkon. Das Gasthaus serviert zum traditionellen Essen Eigenbauweine, im Herbst Törggelen. St. Valentin 7, ✆0472/847645, sturmhof.it. **€€**

**** Erlacher,** komfortabel eingerichtete Pension mit schönen Zimmern mit Massivholzmöbeln und Balkon. Auf den Tisch kommen bevorzugt Produkte aus eigener Landwirtschaft, u. a. von den beiden Almen, die zum Familienbetrieb gehören. Schöner Garten mit Whirlpool. Stofls 1, ✆0472/843207, pension-erlacher.com. **€€–€€€**

Urlaub auf dem Bauernhof/Törggelen

Winklerhof, Familie Fink führt ihren Bauernhof mit saisonaler Buschenschank (Sept. bis Mitte Dez. ab 12 Uhr, Mo/Di geschl.) nach alter Tradition, die Gäste, die zum Törggelen kommen, sieht sie als Hausgäste. Man isst Speck und Käse, Schlutzer, Kasnocken und Spinatknödel zum Weißen, zum Portugieser oder Vernatsch. Zwei schöne alte Stuben, es gibt auch 3 modern eingerichtete Ferienwohnungen (Frühstück aus hofeigenen Produkten kann extra bestellt werden). Wanderer erreichen den Hof auf Weg 14 von Villanders aus in einer halben Std. Sauders 25, ✆331/3990900, winklerhof.eu. **€€**

Oberparteggerhof, Unter St. Stefan 7, ein traditioneller Bauernhof im Weingebiet unterhalb von Villanders, Weiß- und Rotweine (Gewürztraminer, Zweigelt, Lagrein), dazu Hausmannskost, die wirklich vom Hof stammt inklusive selbstgebackenem Brot, eigener Butter, Gerstlsuppe, Schlutzer und Käse, mehr auf Vorbestellung. Sept. bis Dez. ab 16 Uhr, März bis Mai ab 17 Uhr, an Herbstsonntagen ab 13 Uhr, Mo Ruhetag. Reservierung ratsam, ✆0472/847869, beimpartegger.com.

Sehenswertes/Ausflüge

Dorf Villanders: Die Herren von Villanders haben keine Burg hinterlassen, obwohl sie einmal im ganzen Eisacktal recht einflussreich waren. Da sie sich aber schon im Mittelalter in mehrere Zweige mit Besitz in anderen Tälern aufspalteten, blieb Villanders ohne Burg. Doch nicht ohne einen eindrucksvollen alten Edelsitz, den *Ansitz zum Steinbock* am unteren Ende der Kirchengasse. Der schöne Bau wurde in der Renaissance in seine heutige Form gebracht, tatsächlich hat er wesentlich ältere Bauteile und eine alte getäfelte Stube, wie sie einmal alle Häuser hatten. Villanders hat noch immer einige schöne alte *Bauernstuben*, die man während der Törggelenzeit bewundern kann, wenn mehrere Bauern ihre Stuben öffnen, um Gäste zu Wein und Kastanien willkommen zu heißen. Die Kirchengasse führt zu zwei Kirchen, das Bild der Gasse ist berühmt, wie schon oben bemerkt. Die gotische *Pfarrkirche zum hl. Stephan* hat eine neugotische Einrichtung mit wenigen älteren Stücken, die aber Aufmerksamkeit verdienen: Glasmalereien im Langhaus (um 1520 entstanden) stellen die Knappenarbeit dar, aber auch eine Maria mit Kind und zwei Heiligen. An älteren Stücken sind noch der schöne Renaissancetaufstein und ein Gemälde des Franz Xaver Unterberger an der Nordseite des Chores (Martyrium des hl. Stephanus, 1767) erwähnenswert. Die Kirche daneben ist die dem hl. Michael geweihte *Friedhofskirche*, der Friedhof mit seinen schönen schmiedeeisernen Kreuzen ist besonders reizvoll (und fotogen).

(Pfunderer) Bergwerk Villanders: Schaubergwerk mit stillgelegten Stollen auf Kupfer-, Zinn-, Bleierze und Schwefelkies, im Mittelalter wurde hier nach Silber geschürft. Das Bergwerk liegt oberhalb der Kapelle St. Anna, die man von Villanders auf dem Sträßchen über St. Valentin erreicht.

Vom Brenner bis Bozen → Karte S. 24/25

▪ Nur mit Führung zu besichtigen, April bis Nov. jeweils Di und Do 10.30 und 14.30 sowie So 10.30 Uhr, Juli/August erweiterte Öffnungszeiten, Eintritt Elisabethstollen 9 €, erm. 4 €, Dauer ca. 1:30 Std., im Sommer spezielle Kinderführungen, Sonderführungen möglich, Anmeldung unter ✆ 345/3115661, bergwerk.it.

Auf der Villanderer Alm: Ein ausgedehntes Plateau mit grünen Wiesen, kleinen Seen und Mooren, mit Kuppen, auf denen Almrausch und Lärchen wachsen, mit dem einen oder anderen Steilabfall, mit der einen oder anderen Quelle, mit Almhütten an mehreren Stellen und deren Weidevieh. Eine Fülle von Wanderwegen quert diese riesige Alm; sie führen zum südlichen Rittner Horn mit seinem Blick ins Unterland und auf die Mendel, oder zum *Wallfahrtskirchlein am Toten* („Am Toatn"), einer Kapelle am Übergang ins Sarntal, wo die Villanderer Besitz und Weiderechte haben, ein Totenkirchlein, in das heute immer noch die Sterbebildchen gebracht werden. Oder über die benachbarte Latzfonser Alm, die man zur Kassianspitze und zum Latzfonser Kreuz quert. Mountainbiker finden viele Almverbindungssträßchen und gute Wege, auf denen sie über die Alm bis zu den Abfahrten nach Bozen, nach Barbian (→ Tour 4, S. 83) oder ins Durnholzer Tal fahren können. Auch im Winter lockt die Villanderer Alm mit Loipen und Touren, mit Rodelbahnen und Schneeschuhtouren. Eine Handvoll Jausenstationen und Berghütten erschließen die Villanderer Alm, auf die vom Dorf herauf bis zur Gasserhütte eine öffentliche Straße führt.

Wanderbus Im Sommer Klausen – Villanders – Bergwerk – Villanderer Alm 5x tgl.

Essen/Übernachten **Pfroder Alm** (2145 m), Villanderer Alm, Jausenstation.

Rinderplatzhütte (1800 m), Almgasthof in Holzbauweise, doch ein bisschen größer als eine Almhütte, Terrasse und Rasenfläche zum Sonnenbaden. Spielplatz und Streichelzoo. Gemütliche Stube, Südtiroler Küche. Hübsche Zirbenholzimmer. Villanderer Alm 2, ✆ 335/1438245, rinderplatz.com. **€€€–€€€€**

Mair in Plun (1860 m), schöner Almgasthof mit Sonnenterrasse in toller Aussichtslage, auch im Winter geöffnet. Traditionelle Almgerichte auf hohem Niveau, vom Gault Millau für seine Kulinarik ausgezeichnet. Villanderer Alm, ✆ 335/474625, mairinplun.com.

Gasserhütte (1756 m), Almhütte mit 4 gemütlichen Zimmern, Restaurant mit gehobener Tiroler Kost. Villanderer Alm, ✆ 0472/843510, gasserhuette.it. **€€–€€€**

Waidbruck und Barbian

Wo sich das Eisacktal zur Schlucht verengt, die sich erst bei Bozen wieder öffnet, liegt Waidbruck. Der Ort war schon in der Römerzeit ein Verkehrsknoten und ist es noch heute: Hier zweigt aus dem Eisacktal die Straße ins Grödner Tal ab, in römischen Zeiten begann hier die Straße über den Ritten nach Bozen. Waidbruck ist Teil der hoch oberhalb des Eisacktals gelegenen Gemeinde Barbian, in der sich auch die Touristeninfo befindet. Barbian, das auf die *Trostburg* (s. u.) hinunterblickt, hat einen schiefen Turm, der zur Pfarrkirche *St. Jakob* aus dem 13. Jh. gehört. Er ist 37 m hoch und hat eine Neigung von immerhin 1,56 m.

Information **Infobüro Barbian,** Mo–Fr 8–12 Uhr, I-39040 Barbian, Dorf 10, ✆ 0471/654411, barbian.it.

Verbindungen **Pkw:** Waidbruck liegt an der Abzweigung der Grödner-Tal-Straße von der Brennerstraße, nächste Autobahnausfahrten sind Klausen und Bozen-Nord. Alle **Busse** zwischen Bozen und Brixen halten in Waidbruck. Achtung: Die Busse nach Gröden starten nicht von der Eisacktalstraße aus (Haltestelle), sondern auf der linken Eisackseite, man muss die Brücke queren, um sie dann links am Parkplatz zu finden. **Bahn:** In Waidbruck halten nur Regional- und Lokalzüge.

Übernachten/Essen/Törggelen ***** Kircher Sepp,** Gasthof an der Straße in Richtung Villanders in einsamer und aussichtsreicher Lage, Zimmer mit Balkon. Im Haus gute Restaurant-Pizzeria mit gedeckter Terrasse und Taverne. Pizza, Nudelgerichte, aber auch Schlutzkrapfen und Knödel. Rosengartenstr. 27, Barbian, ✆ 0471/650074, kirchersepp.com. **€€**

***** Rösslwirt,** sympathischer Gasthof bei der Kirche in Barbian mit schönen, teils schick und modern renovierten Zimmern, alten Bauernstuben und angenehm gestaltetem Restaurant mit gutbürgerlicher Küche, leckeren Südtiroler Speisen, auf Wunsch auch vegetarisches Menü. Do Ruhetag. Freundlicher Service. Dorf 6, Barbian, ✆ 0471/654188, roesslwirt.com. **€€–€€€**

Pennhof, familiäres Biohotel in aussichtsreicher Lage. Auf den Tisch kommt, was auf dem Hof selbst bzw. in der Umgebung produziert wird, sogar vegan wird gekocht. Küchenchef Elmar teilt seine Leidenschaft für gute biologische Küche mit seinen Gästen. Schöne Zimmer und gemütliche Chalets, Sauna, Pool und Liegewiese mit Ausblick. Saubach 21, Barbian, ✆ 0471/654498, pennhof.com. **€€€€**

Gostnerhof, typischer Bauernhof des Eisacktals mit Wein & Alm, Törggelen im Herbst, gemütlichen Zimmern und Apartments. Viele eigene Produkte vom Brot über den Speck bis zu Eiern und Fruchtaufstrichen. Barbianerstr. 9, Barbian, ✆ 339/6225166, gostnerhof.com. **€€–€€€**

Unteraichnerhof, Törggelenstube im Bauernhof, eigene Hausmacherwürste und Schlachtplatte, Kasnocken und Schlutzkrapfen, Krapfen und „Keschtn", dazu natürlich Eigenbauwein. Geöffnet Sept. bis 1. Dez. tgl. und Ostern bis Pfingsten (dann nur am Wochenende) jeweils ab 12 Uhr, besser reservieren, Aichnerweg 2, Barbian, ✆ 0471/650115, unteraichnerhof.com.

Sehenswertes/Ausflüge

Barbianer Wasserfälle: Sie stürzen sich in insgesamt acht Kaskaden über 200 m in die Tiefe und gehören zu den eindrucksvollsten Wasserfällen Südtirols. Auf dem Weg von Barbian nach Saubach schwingt sich eine spektakuläre Panoramabrücke mit tollem Blick auf die unteren Barbianer Wasserfälle über die Schlucht des Ganderbachs. Zu Fuß zu erreichen sind sie von Barbian auf dem steilen *Wasserfallweg*: die unteren Fälle in ca. 20 Min., bis ganz nach oben braucht man doppelt solange. Ein anderer Weg zu den Wässerfällen beginnt am Parkplatz an der Straße zum Huberkreuz.

Wanderhighlight: spektakuläre neue Hängebrücke bei Barbian

Huberkreuz: Von Barbian führt eine kurvige und schmale Straße in 7 km (800 Höhenmeter, auch mit dem Mountainbike möglich) zum Huberkreuz. Dort befindet sich aber kein Kreuz, sondern ein Parkplatz und ein uriger Kiosk, da hier der Weg zum Ritten und zur Villanderer Alm vorbeiführt. Am Kiosk (Mai bis Anfang Nov. geöffnet, bei schönem Wetter auch im Winter) gibt's eine Panoramaterrasse mit Blick auf die kompletten Südtiroler Dolomiten – grandios!

Dreikirchen: Die Gruppe von drei Kirchen, die der Größe nach Kapellen sind, ist außergewöhnlich: Warum man die Kirchen für die Heiligen Nikolaus, Gertrud und Magdalena neben- und aneinander gebaut hat, dazu noch weit ab vom Schuss und nur betreut von Einsiedlern, das fragt man sich ohne Zusatzinformationen vergeblich. Und es gibt keine Zusatzinformationen. Alte Quellheiligtümer, sicher vorchristlich, sagen die einen. Ursprünglich römisches Capitolium für die göttliche Trias Jupiter, Juno und Minerva, sagen die anderen.

Kirchen Schlüssel beim Messnerhof nebenan, Ostern bis Allerheiligen, Infos unter ✆ 0472/650059.

meinTipp **Übernachten/Essen** ***** Bad Dreikirchen,** komfortables und idyllisch gelegenes Gasthaus aus dem 14. Jh., auf 1120 m Höhe gelegen, nur zu Fuß oder mit dem Geländetaxi zu erreichen. Hier wird bewusst auf Telefon, TV und Auto verzichtet. Der schön bemalte Speisesaal, die sonnige Veranda, gemütliche Plätze im Garten und dazu absolute Ruhe – perfekt zum Entschleunigen. Die Zimmer sind individuell und traditionell eingerichtet. Gute regionale Küche. Geöffnet von Mai bis Oktober. Dreikirchen 12, ✆ 0471/650055, baddreikirchen.it. **€€€**

meinTipp **Briol,** Gasthof in wunderschöner Lage auf 1310 m Höhe, nur zu Fuß oder per Geländetaxi zu erreichen. 1928 vom Künstler Hubert Lanzinger gestaltet und in der Bausubstanz unverändert erhalten. Daher Waschschüsseln statt eigenem Bad, (geräumige) Zimmer mit Lärchenholzboden, weder Heizung noch TV – aber ein einmaliges Ambiente (Waschbecken und Duschen stockwerksweise). Reichhaltiges Frühstücksbuffet, hausgemachte Kuchen, regionale Küche. Es gibt auch 4 sehr schöne Apartments im etwas unterhalb gelegenen Haus Settari, außerdem seit 2021 das Einäugl, ein Rundbau mit 10 Zimmern und Sauna (auch im Winter geöffnet), und ein Baumhaus – modern, einfach, naturnah. April bis Okt., Dreikirchen, ✆ 0471/650125, briol.it. **€€€€**

Die Trostburg: Sie bewachte im Mittelalter den Eingang zum Grödner Tal, und da steht sie noch heute, als ob sie nach wie vor zur Verteidigung bereit wäre. Ein gepflasterter Reitweg führt (sehr steil!) hinauf, die Wehranlagen, u. a. ein oberhalb des Komplexes isoliert stehender Rundturm, sind gut erhalten. Die mittelalterliche Burg wurde während der Renaissance ausgebaut und prächtig ausgestattet, was man ihr von außen nicht ansieht. Gotische

Die Trostburg, vom Ritten aus gesehen

Stube mit Kachelofen und herrlichem dreifachen Tonnengewölbe aus Holz, spektakulärer Renaissancerittersaal mit Figuren im Wandstuck und eindrucksvoller alter Kassettendecke, Burgkapelle mit schönen Fresken (vor allem an der Decke). Die Innenräume sind nur noch zum kleinen Teil original ausgestattet, eine Ausstellung informiert über *Oswald von Wolkenstein*, von dem (wohl zu Unrecht) behauptet wird, dass er hier seine Kindheit verbracht habe.

■ Besichtigung nur mit Führung: Ostern bis Ende Okt. um 11, 14 und 15 Uhr, im Juli/Aug. auch um 12 und 16 Uhr. Mo geschl. Eintritt 8 €, erm. 5 €. Die Burg ist vom Hauptplatz in Waidbruck in 20 Min. zu Fuß über die alte (für Pkw gesperrte) Zufahrt zu erreichen. Infos ✆ 0471/654401, burgeninstitut.com.

 → Karte S. 24/25

Bozen und Umgebung

Bozen ist nicht erst seit gestern ein multikultureller Ort. Italienische Kaufleute waren in dem Tiroler Handelsort am Zusammenfluss von Etsch und Eisack schon im Mittelalter gerne gesehen. Die Hauptstadt der Provinz ist eine ganz besondere, einmalige Stadt: ein Mix aus deutschen und italienischen Elementen unter Tiroler Vorzeichen.

Man kam sich auch menschlich näher: Italienische Familiennamen deutschsprachiger Familien und umgekehrt sind nicht erst seit 1918 entstanden, als Bozen mit ganz Südtirol unter italienische Verwaltung kam. Über ein Jahrtausend lang war Tirol eine zweisprachige Region, Mittler zwischen deutschem und italienischem Kulturraum, dabei war das nördliche Innsbruck stärker nach Deutschland, das südliche Bozen stärker nach Italien ausgerichtet.

Bozen liegt in einem nach Süden offenen, sonnigen Becken und wird im Norden von Weinbergen umrahmt, die wie die Stadt selbst von der südlichen Sonne profitieren, die selten einmal Schnee fallen lässt, aber lange und trockene, oft heiße Sommer garantiert. So heiß, dass Bozner wie Gäste am liebsten hoch über der Altstadt von Bozen in **Jenesien** oder **Oberbozen** wohnen, mit Blick nach Süden ins Etschtal, auf die Dolomiten mit dem Schlern – den Blick hat man auch mitten in der Stadt – und mit Kühlegarantie.

Bozen war immer ein Handelsort, die zentrale Einkaufsgasse, die „Lauben" mit ihren jahrhundertealten Häusern, legt Zeugnis dafür ab. Eine gute Verkehrsanbindung hatte der Ort wohl auch schon seit der Keltenzeit, und römische Feldherren wie römisch-deutsche Kaiser zogen auf ihren Alpenüberquerungen auch durch Bozen. Heute sind Brennerbahn und Brennerstraße, Brennerautobahn und die Straße über den Reschen sowie ein Flughafen die Garanten dafür, dass Bozen reichlich Besucher hat, wenn auch wenige auf die Idee kommen, hier länger als zwei Nächte zu bleiben.

Die für die Südtiroler traumatische Italianisierungspolitik der Faschisten hatte besonders auf Bozen starke, das Bild der Stadt völlig verändernde Auswirkungen. War Bozen vor 1918 eine deutschsprachige Kleinstadt im Schatten der Landeshauptstadt Innsbruck gewesen, wurde es nun systematisch zum Zentrum eines industrialisierten Gebiets aufgebaut. Große neue Stadtviertel entstanden westlich und südlich der Altstadt, und in diese Viertel zogen fast ausschließlich aus Süditalien stammende Zuwanderer. Während für viele Südtiroler auf dem Land „die Italiener" nur eine kleine Rolle spielten,

Schloss Maretsch vor dem Weinberg am Bozner Stadtrand

mussten sich die deutschsprachigen Bozner damit abfinden, in ihrer Stadt plötzlich eine Minderheit zu sein. Doch die Bozner haben sich arrangiert und sind zur Tagesordnung übergegangen, Geldverdienen ist wichtiger als Politik. Zumal man sich mit den Italienern viel besser versteht, als die von den Zeitungen der Provinz immer wieder durchgehechelten Zwistigkeiten glauben machen wollen. Und: Bozen wäre nicht Landeshauptstadt, gäbe es kein Südtirol, hätte wahrscheinlich keine Universität, müsste sich wie früher Innsbruck oder wie später bis 1969 Trient unterordnen. Und wer will das schon von den Bozner Händler- und Großbürgerfamilien?

Stadtgeschichte

Bozen ist eine römische Gründung, was die italienischen Neofaschisten auch weidlich ausschlachten, um zu belegen, dass Bozen „immer schon italienisch gewesen sei". Pons Drusi nannte sich die römische Militärstation, die 15 v. Chr. errichtet wurde. Wichtig war der Standort, weil dort die Via Claudia Augusta – von Rom über die Alpen nach Süddeutschland – das Etschtal verließ, den Eisack querte, um über den Ritten den Alpenaufstieg zu beginnen (das Eisacktal war noch unwegsam).

Zum zweiten Mal wurde der Ort 1027 gegründet. Damals ließ der Trienter Bischof Ulrich II. eine Stadt errichten, die von Anfang an als Kaufmannsstadt gedacht war, was der Bozen genannte Ort auch bis heute geblieben ist. Die Laubengasse mit ihren bis heute für den Handel genutzten Häusern entstand damals in ihrer Urform (nur Grundrisse und wenige Teile haben sich erhalten). Den Grafen von Tirol war der gut verdienende Handelsort der Trienter Konkurrenz bald ein Dorn im Auge, und nachdem sie 1277 die Stadt zuerst zerstört hatten, gliederten sie diese dann ihrem Territorium ein und übernahmen die Schirmherrschaft über das Bistum Trient.

Die neuen Tiroler Landesherren ließen die Straße durch das Eisacktal bauen, was der Handelsstadt sehr gut bekam und ihre Messe zu einem der Hauptumschlagplätze zwischen Oberitalien und Süddeutschland machte. Im Spätmittelalter ging es Bozen gut, den vornehmlich aus dem 15. und 16. Jh. stammenden Lauben, den reich ausgestatteten Kirchen der Zeit (Dom, Abtei in Gries) sieht man das heute noch deutlich an. Viele Händler und Großbürger erhielten Adelstitel oder wurden mit dem Adel gleichgestellt wie die Familie Vintler, die sich in Schloss Runkelstein einen prachtvollen Ansitz schuf und die heute noch großartigen Fresken zum höfischen Leben der Zeit malen ließ.

Bozen blieb bis zum Ersten Weltkrieg Tirols wichtigste deutschsprachige Stadt südlich des Alpenhauptkamms. Bereits damals besaß die Stadt eine bedeutende italienische Minderheit, die Italiener aus Venetien und der Lombardei waren schließlich die wichtigsten Handelspartner.

Nach dem Waffenstillstand von 1918 übergaben die österreichischen Truppen die Stadt kampflos den Italienern, die am nächsten Tag einzogen (einen „Sieg" hat es also nicht gegeben). Zunächst änderte sich wenig. Anders, als die Faschisten in Italien die Macht ergriffen: Bozen wurde zur Speerspitze der Italianisierung Südtirols, neue Stadtviertel und große Industriebetriebe für Zuwanderer aus dem Süden entstanden, das Siegesdenkmal zeigte den Boznern, wer die neuen Herren waren.

Heute hat Bozen mehr als 100.000 Einwohner, davon sind nur noch etwa 25 % deutschsprachig, was nicht heißt, dass die italienische Mehrheit nicht ebenfalls Deutsch beherrscht (obwohl es Stadtviertel und Lokale gibt, in denen man mit Deutsch wirklich nicht weit kommt). Die Atmosphäre zwischen den beiden Bevölkerungsgruppen hat sich allmählich neutralisiert.

Mittelaltergasse in Bozen

So italienisch und industrialisiert Bozen auch ist, die Altstadt macht den Eindruck einer mittelalterlich-barocken Stadt des deutschen Sprachraums. Wenn sich die Altstadt zum Christkindlmarkt auch noch ein leuchtendes Kleid anzieht, sind die zahllosen italienischen Touristen kaum noch zu halten vor Begeisterung über die mittelalterlich-romantische, für sie sehr deutsche und gemütlich-kleinbürgerliche Seite der Hauptstadt Südtirols.

Basis-Infos

Information **Verkehrsamt der Stadt Bozen,** die Touristeninformation befindet sich im Gebäude der Handelskammer. Kostenlose Pläne, kurze Ortsbeschreibung und die informative Broschüre „kunsthistorischer Rundgang" sowie zahlreiche Prospekte zu Unterkünften. Mo–Fr 9–17, Sa 9.30–17 Uhr, I-39100 Bozen/Bolzano, Südtirolerstr. 60, ✆ 0471/307000, bolzano-bozen.it.

Verbindungen **Pkw:** Auf der Brennerautobahn A 22 von Norden Ausfahrt Bozen Nord oder Bozen Süd. Elektronische Anzeigetafeln informieren unmittelbar nach den beiden Autobahnabfahrten über Staus und freie Parkplätze, auch unter parking.bz.it erhält man in Echtzeit Auskunft über die verfügbaren Plätze in den Bozner Parkhäusern. Neben dem großen Parkhaus Mitte auf der Südseite des

Vom Brenner bis Bozen → Karte S. 24/25

Bahnhofs (Mayr-Nusser-Str. Ecke Schlachthofstr. 95, Pkw 1,50 €/Std., größtes und preisgünstigstes Parkhaus der Stadt) gibt es eine Tiefgarage unter dem Waltherplatz, eine weitere in der Laurinstraße gegenüber dem Bahnhof und eine in der Perathonerstraße beim Busbahnhof sowie in der Mühlgasse neben dem Naturmuseum. Sämtliche Parkplätze um die Altstadt – die Altstadt selbst ist Fußgängerzone – sind gebührenpflichtig!

Als Anti-Smog-Maßnahme dürfen Pkws der Euroklassen 0, 1, 2 Diesel und 3 Diesel Mo–Fr von 7–10 und 16–19 Uhr nicht mehr in die Innenstadt einfahren!

Bahn: In Bozen halten alle Züge, die zwischen München und Verona/Mailand/Rom/Venedig verkehren. Tagsüber bestehen alle 2 Std. Direktverbindungen mit dem Eurocity München – Bozen – Trient – Verona (und weiter). Daneben häufige Bahnverbindung nach Meran. Der während der faschistischen Zeit errichtete Bahnhof Bozen liegt nur 5 Min. zu Fuß von der Innenstadt entfernt. In der Vorhalle Bahnauskunft, beim Seiteneingang Gepäckaufbewahrung.

Auf dem Bozner Obstmarkt

Bus: Bozen ist Zentrum des dichten Busnetzes der Gesellschaft SAD, die ganz Südtirol erschließt. Am neuen Busbahnhof in der Rittner Straße halten nur Überlandbusse. Einen Übersichtsplan sowie kostenlose Fahrpläne für ganz Südtirol oder nur für einzelne Gebiete (z. B. Bozen und Umgebung) gibt es in der Information im Bahnhof. Städtische Busse der Gesellschaft SASA mit 13 Linien u. a. nach Gries und Moritzing), aber auch nach Meran, sasabz.it.

Taxi: Standplätze vor dem Bahnhof, am Waltherplatz sowie am Siegesplatz. Funktaxi ✆ 0471/981111.

Mietwagen: Avis, Luigi-Galvani-Str. 1 f, ✆ 0471/9212560.

Stadträder/Radverleih: Bike-Sharing (Fahrrad Bozen) mit zahlreichen Fahrradstationen, 1 €/Std. Anmeldung/Registrierung unter bolzano.ecospazio.it. Städtischer Radverleih in der Bahnhofsallee. Südtirol Rad am Verdiplatz, suedtirol-rad.com.

Seilbahn: Bozens eingemeindete höhere Ortsteile Jenesien und Kohlern sowie Oberbozen in der Gemeinde Ritten werden durch Seilbahnen erschlossen, von Oberbozen nach Klobenstein verkehrt die Rittner Bahn (→ Ritten). Zur Seilbahn Kohlern in der Kampillstraße mit dem Stadtbus 11 und 14.

Ärztliche Versorgung **Krankenhaus Bozen,** Lorenz-Böhler-Str. 5, ✆ 0471/908111; im Krankenhaus auch **zahnärztlicher Notdienst** (Sa/So 9–11 Uhr).

Post Mehrere Postämter, z. B. am Dominikanerplatz 1 oder am Pfarrplatz 11.

Gästekarte Die kostenlose **Bozen Card** der Beherbergungsbetriebe beinhaltet die Benutzung der öffentlichen Verkehrsmittel und Seilbahnen in und um Bozen, Eintritt in über 80 Museen, Stadtführungen, Verkostungen, geführte Wanderungen, Ermäßigungen und vieles mehr. Ein Flyer, erhältlich im Tourismusbüro, gibt einen genauen Überblick.

Feste & Veranstaltungen **Blumenmarkt,** Ende April/Anfang Mai, der Waltherplatz verwandelt sich dann in einen bunten Garten. Auch in den Gasthäusern spielen Blüten und Kräuter eine Rolle, ein Slow-Food-Genussmarkt rundet das Ganze ab.

Bozner Sommer, das Südtirol Jazzfestival (suedtiroljazzfestival.com), das Festival Tanz Bozen (bolzanodanza.it) und das Bolzano Festival Bozen (bolzanofestivalbozen.eu) sorgen für hochkarätige Konzerte und Auftritte während der gesamten Sommersaison, langweilig wird's nicht, nur die Auswahl fällt bei dieser Angebotsfülle schwer.

Nacht der Keller, in Bozen, Eppan und Terlan. Zahlreiche Weingüter gewähren Einblick in ihre beeindruckenden Räumlichkeiten, nähere Infos unter nachtderkeller.suedtiroler-weinstrasse.it.

Lorenzinacht, um den Namenstag des hl. Laurentius von Rom herum (10.8.) bieten zahlreiche Kellereien der Umgebung ihren Wein unter den Bozner Lauben zur Verkostung an. 18 Uhr bis Mitternacht.

Obstmarkt, an einem Samstag Ende September ab 17.30 Uhr bis Mitternacht, mit Musik und Genuss.

Christkindlmarkt, es gibt ihn noch gar nicht so lange (seit 1991), aber er hat einen enormen Erfolg – gerade auch bei den Italienern – und ist mittlerweile nicht mehr aus der Vorweihnachtszeit wegzudenken. Ende Nov. bis ca. 6. Jan.

> **Private Knallerei an Silvester** ist in Bozen seit 2019 verboten. Dafür gibt's viel Unterhaltung mit Musik und Licht-Shows.

Einkaufen

Shopping heißt in Bozen vor allem **Lauben** und **Obstmarkt.** Auf den 380 m Länge der Lauben konzentriert sich das hochpreisigste, aber auch umfassendste Angebot ganz Südtirols. Internationale Boutiqueketten und Lokalmatadore (Loden bei Oberrauch-Zitt, Bücher bei Athesia, Sportausrüstung bei Sportler) drängen sich in dieser schmalen Straße. Bequem zu erreichen ist Bozens großer täglicher Grünmarkt: Der Obstplatz liegt gleich am Westende der Lauben.

Die Lauben Die wichtigsten und interessantesten Läden sind die folgenden:

Nr. 1: **Sportler,** Hauptgeschäft der Südtiroler Kette, 6 Stockwerke Sportgeräte und Kleidung;

Nr. 2: **Tschager,** 5 Stockwerke Kunsthandwerk und Souvenirs;

Nr. 17: **Apotheke zur Madonna,** seit 1443, mit kompletter alter Täfelung;

Nr. 37: **Sportler alpin,** weil's im Hauptgeschäft zu eng wurde, ist der Alpinbereich hierher umgezogen – tolle Auswahl;

Nr. 39: **Südtiroler Werkstätten,** Kunsthandwerk in einem prachtvollen Barockhaus, dem einzigen der Lauben, ehemals Sitz des Bozner Merkantilmagistrats (→ Merkantilmuseum);

Nr. 41: **Buchhandlung Athesia,** Hauptgeschäft des größten Südtiroler Buchverlages auf mehreren Etagen, alle Tirolensien im Erdgeschoss, im Tiefgeschoss EDV-Bedarf;

Nr. 46: **Schwarzer Adler,** historische Apotheke;

Nr. 60: **Rizzolli,** Hüte und Schuhe, wohin das Auge blickt, ein Bozner Meilenstein seit 1870 in verwinkeltem Altbau;

Nr. 67: **Oberrauch-Zitt,** *das* Lodengeschäft, größtes und bekanntestes Italiens, Hauptsitz in Vintl (Pustertal), hier eher auf fein und sehr hochwertig getrimmt (die Konkurrenz, **Moessmer,** findet man auf dem Musterplatz 3).

Kulinarisches Die **Franziskaner-Bäckerei,** Hauptsitz in der gleichnamigen Gasse, hat die wohl größte Brotauswahl Bozens, 9 Filialen. Konkurrenz macht **Bozner Brot** mit seinem Stand vor (und von) „Hopfen & Co." auf dem Obstmarkt.

Pur Südtirol nennt sich eine Lebensmittelkette, die auf biologische und regionale Produkte ausgewählter Anbieter setzt. Dazu zählen neben Speck und Käse auch getrocknetes und frisches Obst, Wein und Marmeladen sowie der Apfelsekt S'Pom. Das Ganze in modern-gediegenem Ambiente – offenkundig ein Erfolg. Mustergasse 3 a, pursuedtirol.com. Weitere Filialen in Meran, Brixen, Bruneck und Lana.

Mila Shop, Innsbruckerstr. 41, gleich neben der Molkerei befindet sich ein großer, ansprechend gestalteter Laden mit Bistro. Angeboten werden eigene Molkereiprodukte und eine große Auswahl an Käse, aber auch leckere Spezialitäten aus Südtirol, mila.it.

Großer **Despar** in der Innenstadt an der Ecke Raingasse/Laurinstraße; riesiger **Interspar** im Gewerbegebiet Bozen Süd, Buozzistr. 30, tgl. geöffnet.

Hochwertige Fleisch- und Wurstwaren gibt es bei **Feinkost Egger Metzgerei,** Obstplatz 6.

Acherer Patissierie, Kunstvolles aus Schokolade in stilvoll-modernem Ambiente. Leonardo-da-Vinci-Str. 1d.

Vom Brenner bis Bozen → Karte S. 24/25

Wein Der auf den Hängen über Bozen wachsende „St. Magdalener“ (aus mehreren Rebsorten gekeltert) ist eine „Geschützte Herkunftsbezeichnung“ (DOC).

Enoteca 1000 e 1 vino, Südtiroler Str. 37, Weine, Sekte und edle Destillate, 1000eunvino.it.

Enovit, Dr.-Josef-Streiter-Gasse 30, Önothek in stilvoll renovierten und eingerichteten historischen Gewölben.

Winestore, Gewerbezone Kardaun 5, das Weinfachgeschäft im Gewerbegebiet Bozen Nord verkauft Spitzenweine aus Südtirol und Italien, Obstbrände und Destillate, außerdem regionale Feinkost und Delikatessen. Verkostung von 32 Weinen und 4 Schaumweinen. Riesige Auswahl, große Fachkenntnis, schön gestaltete Räumlichkeiten, weindiele.com.

In Bozen sind 25 Kellereien ansässig, besonders empfehlenswert ist die mit dem schlichten Namen **Kellerei Bozen.** 2019 wurde eine spektakuläre, 32 Mio. Euro teure Anlage in Moritzing in der Nähe des Anraitherhofes eingeweiht. Architektonisch ist sie schon allein deswegen interessant, weil der überwiegende Teil der Kellerei unterirdisch in einem Hang liegt, darüber wurde ein Weinberg angepflanzt. Führungen mit anschließender Verkostung finden Di und Sa um 15 Uhr statt, Anmeldung erforderlich (Minimum 2 Pers.), Dauer ca. 2:30 Std. (inkl. der Verkostung acht verschiedener Weine), Kosten 30 €. Der Wineshop befindet sich in einem futuristischen Kubus mit leuchtendem Blattrelief. Moritzinger Weg 36, ✆ 0471/270909, kellereibozen.com.

MeinTipp **Weingut Schmid Oberrautner,** ältestes familiengeführtes (in der 21. Generation!) Weingut Südtirols mit schönem Laden, in dem neben den eigenen Weinen (Lagrein, Blauburgunder, Weißburgunder, Chardonnay) ausgewählte Feinkost angeboten wird (Mo–Fr 10–12 und 14–18, Sa 9–12 Uhr). Vor dem Haus wächst der Lagrein, obwohl man sich noch „mitten in der Stadt“ glaubt. Hausherr Florian beschäftigt sich intensiv mit dem Thema Klimawandel und den Auswirkungen auf seinen Wein und dem Thema biologischer Anbau. Das Weingut verfügt über einen idyllischen Garten, der auch für Veranstaltungen gebucht werden kann. Florian und seine Frau Judith haben eine unerschöpfliche Fülle guter Tipps fürs wandern und zu Südtirol allgemein auf Lager. Jeden Freitag um 16.30 Uhr gibt es eine ausführliche Weinkellerführung inkl. Degustation (Dauer 2:30 Std., 15 €), außerdem werden drei schöne, geräumige Wohnungen vermietet. Der Frühstücksraum war früher der Stall: Wo heute die Frühstücksbar ist, stand einst das Pferd Fritz. Fagenstr. 50c, ✆ 0471/281440, schmidoberrautner.it. **€€€–€€€€**

Weingut Loacker, das Unternehmen produziert seit 1979 biologischen Wein in der Toskana und in Südtirol. Der Schwarhof liegt östlich von Bozen am Fuß sonniger Südhänge und keltert hochwertige Rot- und Weißweine. Verkostung im Skywine-Pavillon inmitten der Reben oberhalb von Bozen Mo–Fr 9–13 und 14–17 (auch ohne Anmeldung möglich). St. Justina 3, ✆ 0471/365125, loacker.bio.

Märkte **Obst- und Gemüsemarkt** Mo–Fr 7–19 Uhr, Sa 7–13 Uhr auf dem Obstplatz. Kein bloßes Touristenspektakel, sondern normaler Einkaufsmarkt der Einheimischen.

Bauernmarkt mit Direktverkauf durch Südtiroler Bauern: jeden Di und Fr auf dem Rathausplatz, Fr auf dem Don-Bosco-Platz, Di auf dem Mazziniplatz und Sa auf dem Matteottiplatz, jeweils 7.30–13.30 Uhr. Der Bauernmarkt auf dem Rathausplatz ist sehr schön und lebendig.

Flohmarkt jeden ersten Sa des Monats zwischen 8 und 17 Uhr an der Wassermauerpromenade am Talferufer.

Kleidungsmarkt (auch Schuhe) jeden Sa 8–13 Uhr auf dem Siegesplatz.

Sonstiges **Lorenzi** in der Goethestraße 36 bietet eine Auswahl von mehr als 2000 Arten Messer, Jagdmesser werden nach Kundenwünschen gefertigt. In der Rauschertorgasse auf Nr. 6 befindet sich der Lederhandwerksbetrieb **Il Gufo.** Teuer, aber eben auch exklusiv sind die Läden des Südtiroler Modemachers **Gasser** auf dem Waltherplatz 16.

Thuniversum, Luigi-Galvani-Str. 29 (Industriezone), Schausalon und Verkauf der Firma Thun, handgefertigte Sammlerstücke aus Steingut/Porzellan, v. a. die berühmten „Bozner Engel“, Café-Bar und Bistro, thun.com.

Salewa World, Waltraud-Gebert-Deeg-Str. 4, das markante Headquarter von Salewa erinnert an eine postmoderne Raumstation und ist von der Autobahn aus nicht zu übersehen. Es beherbergt u. a. einen Store (kein Outlet) mit allerdings überschaubarem Angebot, eine Kletterhalle (Salewa Cube, → Sport) und ein Bistro. Besuchenswert vor allem wegen der Architektur!

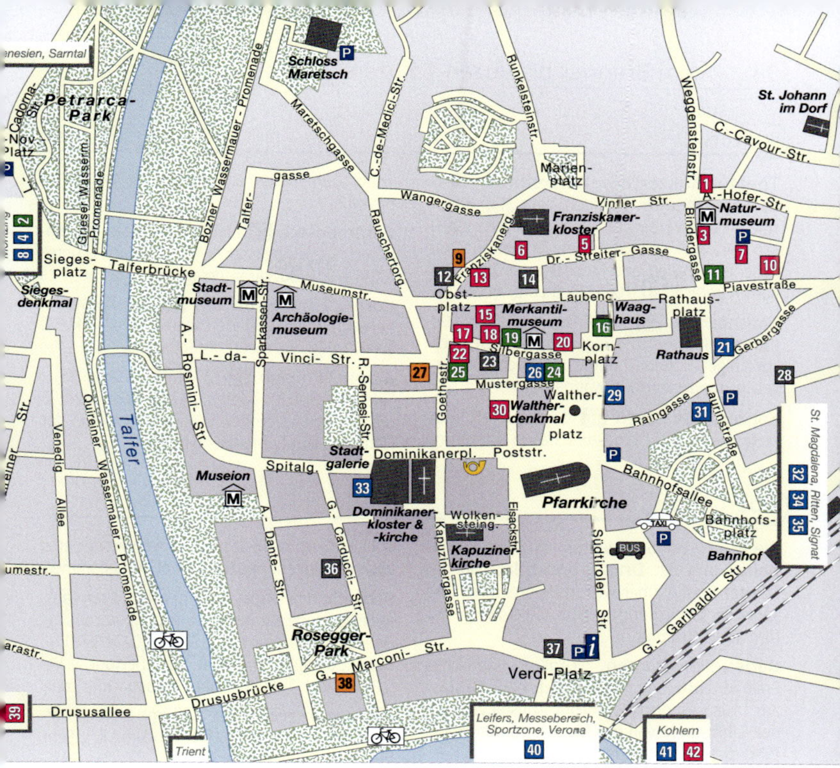

Übernachten

4 Camping Moosbauer
8 Post Gries
1 Feichter
6 Stadthotel Città
9 Greif
1 Parkhotel Laurin
2 Magdalenerhof
3 Kolpinghaus
4 Kandlerhof
5 Jugendherberge
0 Camping Steiner
1 Kohlern

Essen & Trinken

1 Batzenhäusl
3 Nussbaumer
5 Osteria Dai Carrettai
6 Fischbänke
7 Tree Brasserie
10 In Viaggio
13 Banco 11
15 Arôme
17 Hopfen & Co.
18 Humus
20 Restaurant 37
22 Vögele
30 Zur Kaiserkron
31 Laurin
39 Steidlerhof
41 Kohlern
42 Gasthof Schneiderwiesen

Cafés

2 Gelateria Avalon
11 Cooper
16 Waag Café
19 Ritterbar
24 Stadtcafé
25 Monika

Sonstiges

12 Cortile/Theater im Hof
14 Filmclub
23 Theater Carambolage
28 Waltherhaus
36 Konzerthaus Bozen
37 Neues Stadttheater

Nachtleben

9 Nadamas
27 Insere Bar
31 Laurin Bar
38 Latino

100 m

Bozen/Bolzano

Kultur

→ Karte S. 97

Theater/Konzerte/Kulturzentren **Neues Stadttheater** **37** Verdiplatz 40, Hauptspielort der „Vereinigten Bühnen Bozen“. Eigenproduktionen und Gastspiele in Deutsch und Italienisch, Ballett und Musiktheater. Infos und Karten unter ✆ 0471/065320; theater-bozen.it.

Waltherhaus **28** Schlernstr. 1; v. a. das Südtiroler Kulturinstitut bringt Gastspiele deutschsprachiger Bühnen hohen und höchsten Ranges ins moderne Haus, waltherhaus.org.

Konzerthaus Bozen **36** Dantestr. 15, Konzerte des Haydn Orchesters, das in Bozen und Trient beheimatet ist. Infos ✆ 0471/975031, haydn.it.

Carambolage **23** Kleinkunsttheater, v. a. Kabarett, Silbergasse 19, Infos unter ✆ 0471/981790, carambolage.org.

Cortile/Theater im Hof **12** Kleinkunstbühne, auch und v. a. Kindertheater, Obstmarkt 37, ✆ 0471/980756, theaterimhof.it.

Kinos **Filmclub** **14** Dr.-Streiter-Gasse 8d, 3 Säle, filmclub.it; Twenty, G. Galileistr. 20, 6 digitale Säle im großen Einkaufszentrum in der Nähe der Autobahn, twentybz.it.

Sport

Die wichtigsten Sportzentren sind der **Sportpalast** und der **Drusus-Sportplatz** an der Triester Straße, über weitere Sportstätten und spezielle Einrichtungen gibt die Touristeninformation Auskunft.

Baden/Schwimmen Großes städtisches Freibad **Lido** und **Hallenbad Karl Dibiasi** am Drusus-Sportplatz an der Triester Str. 21, der Fahrradweg von der Altstadt eisackabwärts führt direkt daran vorbei.

Klettern **Kletterwand** auf dem Drusus-Sportgelände, Triester Straße.

Kletterhalle Salewa Cube, Waltraud-Gebert-Deeg-Straße im Industriegebiet (Beschilderung „Messe“), mit 2000 m² die größte Kletterhalle Italiens, unmittelbar neben dem Store (→ Einkaufen), tgl. 9–23 Uhr. 15 €/Tag. Infos unter salewa-cube.com.

Radfahren/Mountainbiken Bozen eignet sich gut zur Erkundung mit dem Fahrrad, hat man sich nicht gerade die Ortsteile Jenesien oder Kohlern oder das mit Bozen verbundene, aber nicht zugehörige Oberbozen vorgenommen.

Radverleih bei Papin Sport im ehemaligen Tankstellengebäude am Verdiplatz, papinsport.com, bei Zweirad Engl, Cavourstr. 20, ✆ 0471/978114, bikeshop-engl.it, und bei Passepartour, J. Perathonerstr.1, ✆ 333/8384447, passepartour.com.

Reparaturservice bei Novum, Schlachthofstr. 49, ✆ 0471/971713, novum2.it. Sehr freundliches, flinkes Personal.

Wandern/Bergsteigen Spaziergänge und Wanderungen ab der Altstadt, auch geführte Wanderungen, z. B. die interessante Kellertour „Bacchus urbanus“, die mit den lokalen Weinsorten Lagrein und St. Magdalener vertraut macht. Näheres, Termine und Buchungen in der Touristeninformation.

Wintersport „Palaonda/Eiswelle“ nennt sich die **Eishalle** in der Luigi Galvani Straße neben dem Messegelände in Bozen Süd. **Ice Rink** auf dem Ritten für Eis-Leistungssport (→ Ritten).

Übernachten

→ Karte S. 97

Bozen ist, was Hotels betrifft, kein Billigpflaster. Die meisten Häuser haben die in Südtirol üblichen drei Sterne mit entsprechenden Preisen und bürgerlichem Publikum. Leider gibt es nur wenige private Zimmervermieter, weswegen man in der Hochsaison und während der Messen kaum ein einigermaßen bezahlbares Zimmer findet.

***** Stadthotel Città** **26**, geschmackvoll und mit postmodernen Anklängen renoviertes Hotel in einem Gründerzeitbau am Waltherplatz 21 (mit Garage). Schicker Wellnessbereich, Brasserie und Café (viele Bioprodukte), das Thema Nachhaltigkeit wird großgeschrieben. ✆ 0471/1800161, hotel-citta.com. **€€€€**

******S Parkhotel Laurin** **31**, zentral gelegenes Traditionshotel mit eigenem Park und untadeligem Service. Eindrucksvoller Bau (5 Stockwerke) der späten Gründerzeit, total renoviert, was sich z. B. in der Laurin Bar erkennen lässt: moderner Chrom-Marmor-Bartresen, aber an den Wänden die Fresken zur Laurinsage aus der Entstehungszeit des Hotels. Großzügig geschnittene Zimmer und Suiten mit Marmorbädern, Swimmingpool im Park. Laurinstr. 4, ✆ 0471/311000, laurin.it. **€€€€**

****** Greif 29,** alteingesessenes, aber modern eingerichtetes Designhotel. Die nur 33 Zimmer wurden von zeitgenössischen Künstlern individuell dekoriert und ausgestattet, die Spanne reicht von elegant über nüchtern-modern bis zu postmodern, die Zimmer kann man auf der Homepage des Hotels anschauen. Einige Zimmer haben Whirlpool, Sauna. Waltherplatz 7, ✆ 0471/318000, greif.it. **€€€€**

**** Kolpinghaus 33,** funktional eingerichtete Zimmer, Selbstbedienungsfrühstück à la Mensa, aber freundliche Rezeption. Geräusche nur vom Gartenlokal oder von der Musikschule gegenüber. Kolpingstr. 3, ✆ 0471/308400, kolpingbozen.it. **€€–€€€**

**** Feichter 21,** freundliches Hotel mit angenehm schlichten Zimmern, zum Hof hin recht ruhig, das Haus wird gerne von Gruppen besucht – günstiger geht's in Bozens Innenstadt kaum. Mit Bistro. Weintraubengasse 15, ✆ 0471/978768, hotelfeichter.it. **€€€**

***** Post Gries 8,** alter Einkehrgasthof im Zentrum von Gries, der modernisiert und durch Anbauten erweitert wurde. Die Zimmer sind hell und freundlich eingerichtet. Schöne Speiseräume, die Bar ist – gutes Zeichen! – lokaler Treff. Eigene Garage. Auch Apt. (2 Pers.), Freiheitsstr. 117, ✆ 0471/279000, hotel-postgries.com. **€€–€€€**

***** Magdalener Hof und **** More Magdalener 32,** im Weingebiet um St. Magdalena gelegen – gediegene Komfortzimmer. Die Dependance bietet moderne und ansprechend gestaltete Suiten mit First-Class-Komfort, alle Zimmer und Suiten mit Balkon. Gepflegte Gartenanlage mit Pool, Fitnesscenter, Restaurant mit schöner Tiroler Stube. Rentscherstr. 48/A, ✆ 0471/978267, magdalenerhof.it. **€€€–€€€€**

**** Kandlerhof 34,** Ferien auf dem Bauernhof bei Familie Spornberger, Haus mitten in den Weinbergen, Verkostung von Eigenbauweinen möglich, 6 einfache Gästezimmer. St. Magdalena 30, ✆ 0471/973033, kandlerhof.eu. **€€**

***** Kohlern 41,** romantisches Hotel in einem prächtigen Bau von 1908 vom Typ „Sommerfrische", sehr schön und stilvoll eingerichtete, große Zimmer mit Marmorbädern, wunderschöne verglaste Veranda – man sieht weit, denn das Hotel liegt auf 1170 m Höhe! Weder Telefon noch Fernseher, dafür Infinity Pool und Sauna mit Ausblick. Sehr gutes Restaurant (→ „Essen & Trinken"). Die Kohlerer Seilbahn verbindet Bozen mit dem Gasthof. Erreichbar ist er aber auch über die schmale Kohlerer Straße, die direkt hinter der Talstation der Bahn beginnt. Kohlern 11, ✆ 0471/329978, kohlern.com. **€€€–€€€€**

Genussmeile: Käse und Speck am Wochenmarkt

mein Tipp **Privatzimmer** **Stay Cooper,** was mit 3 Apts. begann, hat mittlerweile beachtliche Dimensionen erreicht: Auf der in Italien weit verbreiteten Idee der *alberghi diffusi* fußend (zentrale Vermarktung von in einem Ort verstreut liegenden Privatzimmern), vereint der Anbieter verschiedene Kategorien vom einfachen Zimmer bis zum gotischen Raum im mittelalterlichen Laubenhaus in der Laubengasse. Auch moderne Wohnungen gehören zum Portfolio. Vergünstigte Parkhauspreise am Waltherplatz, vorab nachfragen! Frühstück im zugehörigen *Bistro Cooper* ca. 15 €. Der Checkin für alle Wohnungen befindet sich in der Via Piave 7/B am östlichen Ende der Laubengasse, das Büro dort hat täglich geöffnet, die Mitarbeiter sind freundlich und kompetent. ✆ 0471/980023, stay-cooper.com. **€€–€€€**

Jugendherberge Moderne **Jugendherberge** **35** in Bahnhofsnähe. 81 Betten in Ein- und Vierbettzimmern (mit Du/WC), Frühstücksbuffet. Rittnerstr. 23, ✆ 0471/300865, jugendherberge.it. **€**

Camping ****** Moosbauer** **4**, vorbildlich geführter Platz, der neue Wege in Richtung Nachhaltigkeit geht. Maßnahmen zum Energiesparen und zur Müllvermeidung wurden ergriffen, im schick renovierten Restaurant mit lauschiger Terrasse heißt es jetzt „zurück zu früheren Werten – back to the roots". Pizza gibt es aber nach wie vor. Ansonsten schattiger Rasenplatz, Salzwasserpool, top Sanitäranlagen mit innovativem Konzept. Busverbindung (201) in die Stadt, geöffnet März bis Nov., im Winter nur Stellplatz. Gespann und 2 Pers. 39–85 €. Moritzinger Weg 83, ✆ 0471/918492, moosbauer.com.

***** Steiner** **40**, sauberer, schattiger und schön angelegter Platz mit Außenpool, Hallenbad (nicht im Hochsommer) und guten Sanitäranlagen. Bungalows, Schlaffässer und originelle „ArchiCabins", eine Art Tiny House. Gutes Restaurant und Pizzeria, auch ein reichhaltiges Frühstücksbuffet wird angeboten. Geöffnet Ostern bis Ende Okt. Gespann und 2 Pers. 37–60 €, Schlaffass (2 Pers.) 52–59 €. Leifers (7 km südl. in Richtung Auer), Kennedystr. 32/34, ✆ 0471/950105, campingsteiner.com.

Wer die etwas längere Anreise nicht scheut, kann auch den kleinen, aber angenehmen Campingplatz des **Hotels Markushof** in Auer (siehe dort) in Erwägung ziehen.

Essen & Trinken/Nachtleben

→ Karte S. 97

Das kulinarische Angebot Bozens ist kaum zu überblicken und enorm vielfältig. Es gibt Restaurants, Gasthöfe und Kneipen in allen Abstufungen zwischen traditionellem Tiroler Gasthof und schickem italienischen Restaurant, feinem Gourmettempel und Szenekneipe, für jeden Geldbeutel und jede Altersgruppe, vom Trinken ganz zu schweigen. Die Preise sind auf Hauptstadtniveau, also höher als im Südtiroler Durchschnitt.

Essen & Trinken/Nachtleben **Vögele (Roter Adler)** **22**, Goethestr. 3, traditionelles, innen getäfeltes Gasthaus unter den Lauben der Goethestraße, zwei Räume wurden von dem bekannten Architekturbüro *noa* zur „Kamaunstube" umgestaltet. Absolut sehenswert! Südtiroler Küche klassisch (Erdäpfelplattlen mit Sauerkraut), auf gehobenem Niveau, und neue Küche, gute Weinauswahl. So geschl. ✆ 0471/973938, voegele.it. **€€**

Zur Kaiserkron **30**, Musterplatz 2, das Lokal im und vor dem schönen Barockpalais Pock bietet gehobene Küche im eindrucksvollen Ambiente. So Ruhetag. ✆ 0471/028000, ristorantezurkaiserkron.it. **€€€**

Arôme **15**, Lauben 69, schmackhafte Küche bietet das Restaurant-Café im Obergeschoss der Parfümerie Thaler. Schönes, gediegenes Ambiente mit attraktiver Terrasse, im Nebenraum können die Kinder spielen. Ein Trio aus dem Sarntal kreiert gehobene Küche mit südtirolerischem und internationalem Einschlag. So Ruhetag. ✆ 0471/313030, arome.bz. **€€–€€€**

mein Tipp **Restaurant 37** **20**, Lauben 37 / Silbergasse 4, „Alpine Eating" nennt sich das Restaurant im Obergeschoss des Alpin-Sportler-Geschäfts im Untertitel. Gemütlich eingerichtet mit historischen und modernen Elementen, geführt von einem jungen, aufmerksamen Team, man speist vorzüglich. Serviert wird Südtiroler Küche mit interessanten Akzenten. Die Terrasse über den Dächern ist im Sommer das Highlight. So Ruhetag. ✆ 0471/979654, restaurant37.com. **€€–€€€**

In Viaggio **10**, Piavestr. 15, der sardische Chefkoch Claudio Melis serviert in seinem Restaurant mit nur 5 Tischen Gerichte mit Anklängen aus seiner Heimat und Südtirol. Ausgezeichnete Feinschmeckerküche, gekrönt mit einem

Michelin Stern und 3 Hauben im Gault-Millau. 5, 7 oder 9 Gänge. Mo, Mi, So Ruhetag. ✆0471/1684878, inviaggioristorante.com. €€€€

Laurin 31, Laurinstraße 4, Restaurant des Nobelhotels Laurin, im Sommer auch im wunderschönen Garten. Aufmerksamer Service, kurze Wartezeit garantiert, raffinierte Menüs mit mediterranem Flair. So geschl. ✆0471/311000, laurin.it. €€–€€€

Tree Brasserie 7, Piavestr. 15, Restaurant im Hotel Luna/Mondschein, das auf ein interessantes Konzept setzt: Food Sharing: Die italienisch-mediterranen Gerichte sind so konzipiert, dass man sie miteinander teilt. Elegantes Ambiente, eindrucksvoll der Van-Gogh-Saal mit Glasmalereidecke. So und Mo abends geschl. ✆0471/1532377, treebrasserie.it. €€–€€€

Hopfen & Co. 17, Obstplatz 17, Bozens immer gut besuchte, lange Zeit einzige Gasthausbrauerei. Das Bier wird mitten im Lokal gebraut und drinnen an Holztischen und draußen auf hohen Hockern von der vorwiegend jungen Klientel getrunken. Deftige Wirtshausküche. Ab und an Live-Musik, ✆0471/300788, boznerbier.it. €

Osteria Dai Carrettai 5, Dr.-Streiter-Gasse 20 b, winzige, geschäftige Trattoria mit wenigen Plätzen drinnen und schmalen Holztheken draußen. Rund 20 verschiedene Crostini, Toasts und Bruschette im Buffet und Wein in kleinen Gläsern zum Selbstzapfen – was will man mehr für eine kurze (oder längere) Rast!

Batzenhäusl 1, Andreas-Hofer-Str. 30, sechs Jahrhunderte Gasthaustradition – und wahrscheinlich wird's hier in sechs Jahrhunderten immer noch genauso ausschauen. Die leckeren, deftigen Gerichte kann man bis 0.45 Uhr früh bekommen. Eigene Wirtshausbrauerei mit schönem Biergarten und Kulturkeller „Sudwerk". ✆0471/050950, batzen.it. €–€€

Fischbänke 6, Dr.-Streiter-Gasse 28, wahrscheinlich das originellste Lokal Bozens: Auf die Marmortische des ehemaligen Fischmarkts kommen Bier, Wein und kleine Imbisse (besonders beliebt: Bruschetta). Nur von Mitte Mai bis Mitte Okt. geöffnet, Sa abends und So geschl.

Banco 11 13, Obstplatz 11, winzige Weinbar mit Stehtischen draußen, die kleine Appetithäppchen und belegte Crostini zum Wein anbietet. Sehr beliebt und dementsprechend voll. So geschl.

Nussbaumer 3, Bindergasse 11, gut besuchte Trattoria und Pizzeria in historischen Gewölben. Es gibt preiswerte Tagesmenüs, Nudelgerichte und natürlich Pizza. Dazu eine große Auswahl an Wein, die dazugehörige Vinothek ist in der Brennerstr. 28. So geschl. ✆0471/053366, nussbaumer.bz. €

Humus 18, Silbergasse 18, das kleine Bistro serviert leckere vegetarische Küche in Bio-Qualität, orientalisch-mediterrane Speisen, die man gut kombinieren kann. Lockere, ungezwungene Atmosphäre, die Location empfiehlt sich für den Hunger zwischendurch. So geschl.

Außerhalb Kohlern 41, Kohlern 11, Restaurant des gleichnamigen Hotels. Schöne Veranda mit überragendem Ausblick auf Bozen. Mit einer Gault-Millau-Haube ausgezeichnete Küche mit Pilzen und Kräutern aus der Umgebung, schmackhaften Knödeln und Schlutzern sowie Fleisch und Gemüse von lokalen Bauern. Mo Ruhetag. ✆0471/329978, kohlern.com. €€–€€€

Gasthof Schneiderwiesen 42, Seit 41, Steinmannwald (Leifers). Ein gemütlicher Spaziergang bringt den Wanderer von der Bergstation in Kohlern über Weg 1 zum Gasthof Schneiderwiesen auf einsamer grüner Wiese über dem Etschtal auf 1372 m (ca. 40 Min.). Alternativ zur Seilbahn Kohlern Zufahrt über St. Jakob (Straße nach Leifers und Auer): schmal, kurvenreich, genau richtig für Mountainbiker. Traditionelle Küche, Wildgerichte, aber auch Brettljausen und hausgemachte Mehlspeisen im Speisesaal und auf der sonnigen Terrasse. ✆0471/250500, schneiderwiesen.it. €

Steidlerhof 39, der Bauernhof mit seinem großartigen Blick auf den Rosengarten und das Etschtal ist Weingut und Buschenschank. Man erreicht den Hof auf der Straße nach Ritten, bei Rentsch Abzweig links nach Obermagdalena. Es gibt auch 2 Apts. Obermagdalena 1, ✆0471/973196, steidlerhof.bz.

Cafés, Imbisse, Konditoreien Stadtcafé 24, gediegenes Kaffeehaus des Stadthotels am Waltherplatz, in dem immer was los ist, denn: Zentraler geht nicht mehr!

Waag Café 16, Kornplatz 12, im renovierten Waaghaus (→S 105) befindet sich im EG ein modern eingerichtetes Café, auch draußen kann man gut sitzen und das vorbeiflanierende Publikum begutachten. So Ruhetag, waagcafe.eu.

Gelateria Avalon 2, von außen unscheinbare Eisdiele im Stadtviertel westlich der Talfer. Laut zahlreicher Medienberichte eine der bes-

Vom Brenner bis Bozen → Karte S. 24/25

Ländliche Idylle in der Stadt: Weingut Oberrautner

ten Eisdielen Italiens. Neben den üblichen Geschmacksrichtungen kreiert Paolo Coletto seit mehr als 30 Jahren ungewöhnliche Eissorten (Avocadoeis mit Ziegenmilch), oft aus regionalen und saisonalen Produkten. Die aktuellen Sorten und die Herkunft der Zutaten sind an der Wand im Inneren verzeichnet. Wenige Sitzmöglichkeiten. Freiheitsstr. 44.

Cooper 11, Bindergasse 35, das modern gestaltete Bistro gehört zum Zimmeranbieter *Stay Cooper* und hebt sich angenehm ab von der allgegenwärtigen Kaffeehaustradition. Das Angebot geht von leckeren Frühstückvariationen über leichte Mittagsküche bis zum abendlichen Aperitivo. Auch Veganer werden hier glücklich.

Monika 25, Goethestr. 13, gut für den Cappuccino zwischendurch, hier gehen auch die Einheimischen hin. Leckere Teilchen, Kuchen und Süßwaren, selbst gemachtes Eis. Im 1. Stock sitzt man gemütlich mit Blick auf die Fußgängerzone, cafemonika.it.

MeinTipp **Ritterbar 19**, Silbergasse 12, man übersieht sie leicht, die kleine, schmale Bar mit dem schmiedeeisernen Ritter über dem Barschild. Drinnen ist es eng und gemütlich. Gute Weinauswahl, kleine, schmackhafte Gerichte. So Ruhetag.

Gehören zu Bozen: die **Würstelstände.** Klassischer Standort ist die Ecke Obstmarkt/Lauben, wo man bei Sonja Ebner seit nunmehr 35 Jahren Wiener und Lange mit Estragonsenf bekommt.

Nachtleben Trotz der Universität und der studentischen Nachfrage nach Kneipen, die nicht unbedingt um 22 Uhr schließen, hat Bozen nicht gerade ein aufregendes Nachtleben zu bieten. Am ehesten trifft man auf andere Nachtschwärmer in den Gassen um den Obstmarkt mit Ausnahme der Lauben, die nach Ladenschluss in Tiefschlaf verfallen.

Gutbetuchte Klientel trifft sich in der **Laurin Bar 31** im Hotel Laurin, Laurinstr. 4, wo es häufig Solo- und Jazzabende gibt, Infos unter laurin.it.

Insere Bar 27, L.-da-Vinci-Str. 1 b, angesagte, authentische Bar, die auch bei Einheimischen beliebt für einen Treff am Abend ist. Kleine Snacks zum Aperitivo runden den Tag ab.

Nadamas 9, Obstmarkt 43, lohnt einen Stopp mit Aperitif entlang der „Kneipenmeile" Obstmarkt – Dr.-Streiter-Gasse.

Vor allem junges Publikum trifft sich im immer vollen **Latino 38** in der Marconistr. 25, wo es Fr/Sa auch Live-Musik gibt. Auch beliebtes Tagescafé mit Burgern, Cocktails und schick schwarz gekleidetem Personal.

Sehenswertes in der Bozener Altstadt

Waltherplatz: Ein Stadtspaziergang durch Bozen beginnt wie selbstverständlich auf dem Waltherplatz. Das Denkmal des „größten deutschsprachigen Minnesängers" *Walther von der Vogelweide* steht unübersehbar auf einem normalerweise von müden Touristen und Jugendlichen belagerten Stufenpodest in der Mitte des Platzes. Das Denkmal für den angeblich in Südtirol geborenen Dichter wurde während der frühen Blüte des Nationalismus errichtet

(1889) und sollte das Deutschtum Bozens betonen. Der Waltherplatz ist eine klassische gute Stube, umgeben von Cafés und ein paar feinen Boutiquen, ideal für Flaneure, für den Espresso auf der Kaffeehausterrasse, für Aussteller und Schausteller und für Kunstsinnige: Von den Cafés auf der ihr gegenüberliegenden Seite sieht man sehr schön die Dompfarrkirche mit ihrem hohen Turm.

Dom Maria Himmelfahrt: 62 m hoch ist der spitze gotische Turm der Dompfarrkirche. „Dom", weil Bozen seit 1964 die Rolle Brixens als Bischofsstadt übernommen hat, „Pfarrkirche", weil das gotische Bauwerk (13./14. Jh.) nie etwas anderes sein sollte als eine Pfarrkirche und – mit Ausnahme des Turms – eher bescheidene Ausmaße hat. Die Architekten und Baumeister kamen aus der Lombardei, die am Bau beschäftigten Handwerker waren meist ortsansässige Tiroler. Der Turm, ein zartes spätgotisches Gebilde aus der Werkstatt des *Hans Lutz,* wurde erst 1519 fertig. Geht man um die Dompfarrkirche herum, erkennt man, dass sie auf einen romanischen Bau zurückgeht, von ihm haben sich die beiden Portale erhalten. Innen ist leider nach mehreren Zerstörungen (zuletzt 1945) wenig von der Originalausstattung übrig geblieben: die schöne gotische Kanzel, wie der Turm ein Werk des Hans Lutz (1514), recht eindrucksvoll der barocke Hochaltar. Der berühmte Flügelaltar, den *Hans von Judenburg* ab 1420 für die Kirche schuf, wurde nach Ausmusterung in der Barockzeit teilweise verstümmelt und ist heute in der Pfarrkirche Deutschnofen zu bewundern.

Das **Domschatzmuseum** ist wahrlich ein Schatz von unzähligen Kostbarkeiten, seien es Prunkgeräte für den Gottesdienst, prachtvolle Monstranzen, Reliquien und Einrichtungsgegenstände oder Textilien, Gemälde und Votivbilder.

▪ **Kirche** Mo–Sa 7.30–18, So 8–20 Uhr; **Domschatz,** Pfarrplatz 27, Di–Sa 10–12.30 Uhr, Erw. 3 €, erm. 2 €. ✆ 0471/978676, dompfarre.bz.it.

Dominikanerkirche und -kloster: Die Dominikaner errichteten um 1300 für ihr gerade gegründetes Kloster einen einfachen Kirchenbau, der 1498 zu einer dreischiffigen Hallenkirche umgebaut wurde. Deren Chor wiederum wurde im Barock üppig stuckiert, was einen aparten Gegensatz zur Strenge des gotischen Rippengewölbes bewirkt. In der **Johanneskapelle,** die man vom Chor aus betritt, hat sich dagegen die Gotik unverändert erhalten. Hier sind auch die spektakulären Fresken aus der Mitte des 14. Jh. noch gut erhalten, die von einer Werkstatt der Giotto-Schule ausgeführt wurden, sie bedecken Teile von Wänden und Decke. Besonders eindrucksvoll der „Triumph des Todes". Im **Kreuzgang,** den man über die Johanneskapelle erreicht, kann man die renovierten Fresken von *Friedrich Pacher* (etwa von 1490) bewundern.

Waltherplatz mit Denkmal des berühmten Minnesängers

Vom Brenner bis Bozen → Karte S. 24/25

▪ **Kirche** Mo–Sa 8–19, So 8–18 Uhr; **Kreuzgang** April bis Okt. und Adventszeit Sa 10–12 Uhr.

Universitäts- und Museumsviertel: Zwischen Dominikanerkloster und Talferbrücke liegen drei der fünf großen Bozner Museen und der Hauptbau der Universität. Die deutschsprachigen Südtiroler studierten bisher (und tun es vorwiegend immer noch) in Innsbruck, Wien, Graz und München, seit einigen Jahren haben sie auch die Möglichkeit, im Lande zu bleiben. Hier finden sich das interessante Museion, ein Museum für moderne Kunst, das mit anderen Museen und der Universität kooperiert und außer Wechselausstellungen auch Seminare und Kurse veranstaltet; das leider nur eingeschränkt zugängliche Stadtmuseum und natürlich Bozens und Südtirols großer Stolz und Publikumsmagnet Nummer 1, das **Südtiroler Archäologiemuseum,** allgemein als „Ötzi-Museum" bekannt (→ S. 108).

Gotisches Netzgewölbe im Dom

Faschistisches Bozen mit Siegesplatz und Dokumentationszentrum: Nördlich vom Stadtmuseum führt die Museumsstraße über die Talferbrücke ins „faschistische Bozen", also jenen Stadtteil, der im Zuge der Italianisierung ab 1923 entlang der Verlängerung der historischen Laubengasse errichtet wurde und auf seine Art ein architektonisch homogenes Bild abgibt. Touristisch interessant ist neben der Talferbrücke das am Siegesplatz emporragende Siegesdenkmal, das nach zweijähriger Bauzeit 1928 fertiggestellt wurde, orientiert am klassischen Triumphbogen als Zeichen eines glühenden Nationalismus. Nach dem Ende des 2. Weltkriegs gab es Überlegungen, das Monument zu schleifen. Seither steht es im Mittelpunkt von Kontroversen und Diskussionen zwischen Rechten und Linken und dient(e) zahlreichen politischen Gruppierungen immer wieder als Aufmarschplatz für Demonstrationen, wurde so aber auch zum lebendigen Brennpunkt gesellschaftspolitischer Entwicklungen und Strömungen. Nach gründlicher Renovierung wurde in den weitläufigen Kellergewölben und der Krypta des faschistischen Monumentalbaus 2014 ein äußerst sehenswertes Dokumentationszentrum eingerichtet, das die didaktisch modern aufbereitete Ausstellung „BZ 18-45" präsentiert. Dort geht es um die Geschichte des Bauwerks, um die Entwicklung Bozens von 1918 bis 1945 im Allgemeinen, die Bedeutung von Denkmälern allgemein und die hochaktuelle Frage, wie Demokratien mit einem totalitären Erbe umgehen (können). Sehr eindrucksvoll und textgewaltig, daher Zeit mitbringen!

Oberirdisch ist das Siegsdenkmal durch einen Zaun abgesperrt, um Beschädigungen vorzubeugen, sodass es nur aus der Entfernung betrachtet werden kann.

▪ **Dokumentationszentrum** Di–So 11–13/14–17, Do 15–21 Uhr (im Winter ähnlich), freier Eintritt, Siegesplatz, ✆ 0471/095474, siegesdenkmal.com.

Obstplatz: Durch die Museumstraße gelangt man von der Talferbrücke zurück ins Zentrum von Altbozen, zum Obstplatz und in die Lauben. Der Obstplatz ist wie seit Jahrhunderten der Grünmarkt der Stadt: Geschäftigkeit vor und hinter den vielen Ständen mit Gemüse, Obst und Feinkost aus der Umgebung und aus ganz Italien. Vom Obstplatz nach links (von der Museumstraße aus gesehen) geht es auf die Kneipenmeile zwischen Obstplatz und Dr.-Streiter-Gasse, aber auch nach rechts in die Goethestraße lohnt es sich, wenn man Kneipen, Bars und Restaurants sucht.

Die Lauben: Sie sind wie seit ihrer Gründung die Haupteinkaufsstraße der Stadt und obwohl einige internationale Ketten Fuß gefasst haben, dominieren immer noch die alteingesessenen Bozner Geschäfte. Beim Bummel unter den schattigen Lauben, also den Arkadengängen der prächtigen Bürgerhäuser, sollte man aber nicht nur den Geschäften Aufmerksamkeit zollen: Viele dieser Häuser sind wunderbar verziert, haben alte Fresken und Steinmetzarbeiten, hübsche Erker und Eingänge oder wie das aus zwei älteren Häusern zusammengefügte barocke *Haus Nr. 46* eine barock stuckierte und bemalte Fassade in rosa Tönen. Beim *Haus Nr. 30*, dem ältesten Rathaus der Stadt, haben sich gotische Arkaden erhalten, erkennbar an ihrem spitzen Zuschnitt. Dasselbe Haus hat noch einen alten Wasserspeier in Form eines Drachens (Dachtraufe rechts). Sehr interessant auch die *Apotheke zur Madonna*, Haus Nr. 17, mit ihrer altehrwürdigen Einrichtung.

Von den Lauben zum Rathausplatz: Wer – wie empfohlen – die Lauben vom Obstplatz rauf und runter gegangen ist, wendet sich jetzt in die **Silbergasse** mit ihren schönen Bürgerhäusern. Von hier aus lassen sich einige der Geschäfte der Lauben ebenfalls erreichen (z. B. Athesia, Sportler), während das *Merkantilmuseum*, eingerichtet im Gebäude des Bozner Merkantilhauses (Handelsrat der Stadt) von 1708, umgekehrt nur über die Lauben zugänglich ist (Eingang Lauben Nr. 39). Die Gasse mündet in den **Kornplatz**, der nach seiner ehemaligen Aufgabe benannt ist, Getreide (und anderes) zu wiegen und die Steuer zu bemessen. Das **Alte Waaghaus** von 1633 mit seinen Fresken erinnert ebenfalls daran. Es wurde in den letzten Jahren renoviert, beherbergt eine Reihe von Kulturvereinen und ein nettes Café. Der Rathausplatz, den man mit ein paar Schritten erreicht, ist ein harmonisches städtisches Ensemble. Prächtig dekorierte Hausfassaden flankieren das neubarocke **Rathaus** (1907).

Franziskanerkirche: Über die Dr.-Streiter-Gasse, die im Spätmittelalter über dem zugeschütteten Stadtgraben entstand, oder über die Bindergasse, vorbei am *Naturmuseum* (s. u.) und die ziemlich stark befahrene Vintlerstraße, erreicht man die Franziskanerkirche. Als Bettelordenskirche wurde sie außerhalb der Stadtmauern und relativ schlicht erbaut, aber in der Spätgotik umgebaut, als auch die Bettelorden in ihren Kirchen nicht mehr auf Schmuck verzichten wollten. Dabei teilte man die bisherige Saalkirche in drei Schiffe und baute einen Chor mit üppigem Rippengewölbe an. Aus der reichen spätgotischen Ausstattung sticht besonders der *Krippenaltar* von 1500 auf dem Hochaltar heraus, ein Hauptwerk des *Hans Klocker* und der spätgotischen Altarschnitzkunst schlechthin (unbedingt mit dem um 1475 entstandenen Pacheraltar in Gries vergleichen!).

▪ Mo–Sa 10–17.30, So 14.30–17.30 Uhr.

St. Johann im Dorf: Die einschiffige romanische Dorfkirche wurde bereits

Viel Rummel um Ötzi

Die Schlangen vor den Schaltern des Südtiroler Archäologiemuseums (→ S. 108) können ziemlich lang werden. Es ist es ein ganz bestimmtes Objekt, das massenweise Besucher ins seit 1998 bestehende Museum lockt: die 5300 Jahre alte mumifizierte Leiche eines Mannes, die damit älter ist als alle ägyptischen Mumien. Jahrtausende wurde sie vom Gletschereis der Zentralalpen konserviert und kam erst im Spätsommer 1991 an die Oberfläche, wo sie von Bergwanderern zufällig entdeckt wurde, noch bevor sie an der Luft austrocknen und sich zersetzen konnte. Mit der Leiche kamen Kleidungsstücke und Utensilien für die Jagd, das Feuermachen, die Nahrungszubereitung und anderes ans Tageslicht, alle in vorzüglichem Erhaltungszustand und jeweils die ältesten, die man jemals gefunden hat. Die Mumie dieses Mannes um Mitte 40 erhielt in den Wochen nach der Entdeckung über 500 verschiedene Namen, bis sie ein österreichischer Journalist nach dem Fundort an der italienisch-österreichischen Grenze in den Ötztaler Alpen „Ötzi" nannte. Innsbruck und Bozen stritten um den endgültigen Verbleib. Bozen siegte, da Ötzi, so das Ergebnis 1992 neu durchgeführter Messungen, 92 m südlich der Grenze auf italienischem Gebiet gefunden wurde. Als würdiger Rahmen für den weltberühmten Fund wurde das Archäologiemuseum errichtet. 1998 wurde Ötzi, der bis dahin in Innsbruck gekühlt und erforscht worden war, unter höchsten Sicherheitsvorkehrungen im Konvoi über die gesperrte Brennerautobahn nach Bozen in sein neues Zuhause transportiert.

In dieser unwirtlichen Bergwelt auf über 3000 m wurde Ötzi gefunden

Der „Mann aus dem Eis" liegt im 1. Stock in einem abgedunkelten Raum hinter einer Panzerglasplatte. Der klinisch reine Raum wirkt wie ein Krankenhauszimmer, das allerdings – was der Besucher nicht merkt – auf Temperatur und Luftfeuchtigkeit eines Gletschers eingestellt ist. Eine Videodokumentation berichtet über Bergung, Laboranalysen und Konservierung. Im selben Stockwerk werden die mit der Mumie gefundenen Objekte ausgestellt und erklärt: Pelzmütze, Leggins, Grasumhang, Fellmantel, Unterwäsche aus Ziegenleder, Lederschuhe, eine kleine Ledertasche, Feuerschwamm, Messer, 14 Pfeile und ein Beil aus Kupfererz (Ötzi lebte in der Kupferzeit, die Kupferbearbeitung war gerade erst erfunden worden). Dort begegnet man auch einer ungemein lebendig wirkenden Rekonstruktion des Eismannes: ein kräftiger Mann mittleren Alters mit wachem Blick, heller Haut, langen Haaren und zotteligem Bart. Die Rekonstruktion der Gestalt Ötzis und seiner äußeren Merkmale beruhte auf einer Genomentschlüsselung aus dem Jahr 2012. Gut zehn Jahre später stellte sich heraus, dass zwei wesentliche Merkmale des Abbilds nicht stimmen: Ötzi war weder hellhäutig noch mit einer prächtigen Mähne ausgestattet. Eine mit neuer Sequenziertechnologie durchgeführte Genomanalyse ergab, dass Ötzis Vorfahren in erster Linie Zuwanderer aus Anatolien waren, die ihm eine ausgesprochen dunkle Hautfarbe vererbt hatten – etwa so dunkel wie die Hautfarbe seiner Leiche, deren starke Tönung man bis dato auf Ötzis „unsachgemäße Lagerung" im Eis zurückgeführt hatte. Außerdem hatte Ötzi ein „Glatze-Gen", sodass die Pracht auf seinem Kopf in fortgeschrittenem Alter wohl zum schütteren Haarkranz zusammengeschmolzen war. Dass die neuen Erkenntnisse das Museum veranlassen werden, die liebgewonnene Ötzi-Gestalt in absehbarer Zeit gegen eine realistischere auszutauschen, ist eher unwahrscheinlich. Sie ist zu sehr zur Marke geworden.

Ötzi: modelliert von Kennis & Kennis (Südtiroler Archäologiemseum)

Die Faszination, die der Eismann auch weit über die Fachwelt hinaus auslöst, hat sicher auch mit den Umständen seines Todes zu tun: Ötzi starb nicht an Entkräftung, Altersschwäche oder infolge eines Unfalls, sondern wurde allem Anschein nach hinterrücks ermordet. In seinem Körper fand man eine Pfeilspitze, außerdem sichere Anzeichen für ein erlittenes Schädel-Hirn-Trauma, verursacht durch einen Schlag oder den Sturz nach der Pfeilattacke. Eine Schnittwunde an Ötzis Hand, wenige Tage vor seinem Tod zugefügt, könnte darauf hinweisen, dass dem Mord ein Messerkampf vorausgegangen war. Möglicherweise flüchtete sich Ötzi daraufhin in die Berge, um seinem Widersacher zu entkommen. Mit einer Verfolgung hat er aber offenbar nicht gerechnet: Sein eigener Bogen war ungespannt, obwohl er das Werkzeug dafür bei sich trug. Die Soko Ötzi ermittelt weiter ...

1180 vom Bischof von Trient geweiht. Sie steht eingezwängt zwischen historischen Häusern an einem winzigen Platz in der kurzen, schmalen St.-Johann-Gasse (vom Naturmuseum durch die Batznhäuslgasse, dann rechts in die Via Cavour, dann links). Bis zum Bau des Doms war sie Pfarrkirche von Bozen. Im 14. Jh. wurde der schöne, gemauerte Turm errichtet und ein Tonnengewölbe eingesetzt. Die ältesten Fresken stammen von 1330 und befinden sich in der Apsis und an der Triumphbogenwand, die übrigen Fresken sind geringfügig älter (1365). Detailreich und farbenfroh erzählen sie aus dem Leben des Evangelisten Johannes. Die Kirche und die sie umgebenden Häuser, u. a. das Strutzerhaus (Nr. 3) vom Ende des 14. Jh., das erst vor wenigen Jahren behutsam restauriert wurde, bilden ein unerwartetes Ensemble, das das historisch-dörfliche Bozen für einen Moment spürbar werden lässt!

▪ Nur von April–Okt. Sa 10–12.30 Uhr, ggf. im Tourismusbüro nachfragen!

Die Bozner Museen

Südtiroler Archäologiemuseum: Das Museum wurde für Ötzi (→ Kasten S. 106) geschaffen – dementsprechend steht der Mann aus dem Eis im Mittelpunkt der sich über drei Etagen erstreckenden Ausstellung zur Vor- und Frühgeschichte Südtirols. Im Erdgeschoss lässt sich durch eine multimediale Präsentation der Medienhype nacherleben, den Ötzis Entdeckung auslöste. Im 1. Stock werden die Kleidung und die Gegenstände gezeigt, die der Eismann bei sich hatte. Er selbst liegt gleich zu Beginn des Rundgangs in seiner Kühlkammer, in eigenartig verdrehter Haltung und mit glänzender Haut – was von der feinen Besprühung mit Wasser herrührt, das auf der Haut zu einer dünnen, konservierenden Eisschicht wird. Im 2. Stock wird der Lebensalltag zu Ötzis Zeiten dargestellt – und der „Kriminalfall Ötzi" aufgerollt. Außerdem steht hier die lebensgroße Ötzi-Rekonstruktion, die so echt wirkt, dass man fast das Gefühl hat, der Eismann blicke einen aus seinen wachen Augen fragend an. Neueste Erkenntnisse haben zwar ergeben, dass Ötzi höchstwahrscheinlich ganz anders aussah (→ „Viel Rummel um Ötzi", S. 106), aber das schert hier (vorläufig) niemanden. Im 3. Stock des Museums werden wechselnde Ausstellungen zur Archäologie Südtirols gezeigt.

Besichtigung Di–So 10–18 (letzter Einlass 17.30 Uhr), Juli, Aug. und Dez. auch Mo geöffnet. Eintritt 13 €, erm. 10 €, Fam. 26 €, für Gruppen wird telefonische Reservierung empfohlen, Tickets kann man auch online kaufen. Wer kurz vor Öffnung um 10 Uhr ankommt, muss kaum anstehen! Kostenloser Eintritt mit diversen Gästekarten. Museumstr. 43, ✆ 0471/320100, iceman.it.

Bücher und Apps Empfehlenswert sind „Ötzi, der Mann aus dem Eis" von Angelika Fleckinger, Direktorin des Archäologiemuseums, Folio Verlag, und „Ötzi 2.0. Eine Mumie zwischen Wissenschaft, Kult und Mythos", hrsg. von Angelika Fleckinger, Folio Verlag. Den Audioguide zum Museum gibt es als Leihgerät für 4 € oder als App („Ötzi") für 2,49 €, für Kinder wurde eine eigene kostenlose App entwickelt („Mission Ötzi"). Empfehlenswert für junge Leser ist das Buch von Gudrun Sulzenbacher: „Die Gletschermumie".

Stadtmuseum: Das Museum präsentiert verschiedene Wechselausstellungen. Darüber hinaus gibt es u. a. Schnitzkunst und Gemälde aus mehreren Jahrhunderten zu besichtigen. Wer bis ganz nach oben in den Turm steigt, hat einen schönen Rundblick und kann das alte Bozen im Osten und das neue Bozen im Westen entlang der Linie von Laubengasse und Museumsstraße bewundern.

▪ Das Museum wird bis auf Weiteres umgebaut, die geöffneten Räume sind Di–So 10–18 Uhr zu besichtigen, der Eintritt ist frei! Sparkassenstr. 14, ✆ 0471/997960.

Naturmuseum Südtirol: Sehenswertes und in großen Zügen kindgerechtes Naturkundemuseum mit Blick auf Südtirol: Gesteine und Gebirgsentstehung, Pflanzen, Aquarien und eindrucksvolle Dioramen wie z. B. Murmeltiere im Hochgebirge. Höhepunkt ist ein Terrarium mit einem Ameisenbau (samt Ameisenfriedhof!).

▪ Di–So 10–18 Uhr. Eintritt 7 €, erm. 5 €, Familie 14 €. Bindergasse 1, ✆ 0471/412964, naturmuseum.it.

Museion – Museum für moderne und zeitgenössische Kunst: Seit 2008 ist der Neubau, ein 54 m langer Glaszylinder mit Fronten in den Maßen 25 x 23 m, eröffnet, ein spektakulärer Anziehungspunkt in der architektonischen Landschaft Bozens. Im Inneren beeindruckt das Gebäude durch ein imponierendes Raumerlebnis, hervorgerufen durch das Wechselspiel aus hohen Decken, weißen Wänden, dem Lichteinfall durch die Glasfronten und eine innovative Wandgestaltung.

Die eigenen Bestände belaufen sich mittlerweile auf über 4500 Exponate, darunter wichtige Werke der italienischen Neoavantgarde, Arbeiten aus dem Bereich der visuellen Poesie und eine umfassende Sammlung von Lichtkunst. In der Dauerausstellung werden jeweils Teile dieser Bestände mit wechselnden Themenschwerpunkten präsentiert, eine jährlich von einem Gastkurator entwickelte Sonderausstellung ergänzt das Angebot. Im Erdgeschoss und auf der seitlichen Terrasse befindet sich ein nettes, kleines **Café,** in dem auch Imbisse serviert werden.

▪ Di–So 10–18, Do bis 22 und ab 18 Uhr freier Eintritt, ansonsten 10 €, erm. 5 €. Dantestr. 6, ✆ 0471/223413, museion.it.

Domschatzmuseum: → S. 103.

Merkantilmuseum: Prächtiges barockes Stadthaus mit doppelter Freitreppe und zwei Stiegenaufgängen im Hof, in der heutigen Form erbaut von 1708 bis 1729, ehemals Sitz des Handelsgerichts (Merkantilmagistrats). Originale Einrichtungsgegenstände und Dokumente veranschaulichen die wechselvolle Handelsgeschichte Bozens, Mittel- und Höhepunkt ist der prunkvolle Ehrensaal. Seit einigen Jahren sind auch die weitläufigen, bis auf gotische Zeiten zurückreichenden Kellergewölbe zugänglich. Sie widmen sich der Geschichte Bozens im Spätmittelalter (13./14. Jh.) und den baulichen Vorgängern des heutigen Museumsgebäudes. Sehenswert!

▪ Mo–Sa 10–12.30, Do 10–13 und 14–16 Uhr, Eintritt 7 €, erm. 2 €. Silbergasse 6 und Lauben 39, ✆ 0471/945702.

Dokumentationszentrum im Siegesdenkmal: → S. 104.

Stolpersteine: Auch in Bozen wurden, wie einige Jahre zuvor in Meran (→ S. 196), vom deutschen Künstler Gunter Demnig Stolpersteine an jenen Orten verlegt, an denen Bozens jüdische Bürger wohnten, bevor sie deportiert oder ermordet wurden. Bislang hat man die Lebensläufe von 25 Personen dokumentiert, 15 davon sind inzwischen mit Stolpersteinen gewürdigt worden. Die Adressen sind z. B. Laubengasse 30, Obstmarkt 7 und 9 und Sparkassenstraße 16. In letzterer wohnte die fünfköpfige Familie Carpi; der Vater betrieb einen Kolonialwarenladen. Die Familie wurde 1943 vom Südtiroler Ordnungsdienst denunziert, kam nach Reichenau und später vermutlich ins KZ Auschwitz. Niemand überlebte. Die jüngste Tochter Olimpia wurde nicht einmal vier Jahre alt. An der Drususallee wurde 2003 ein öffentlicher Park nach ihr benannt. Von den Juden, die in Südtirol von den Nazis verhaftet und verschleppt wurden (in Bozen, Meran, Oberbozen, Glurns, Auer und Altrei), überlebten gerade einmal zwei.

Schloss Runkelstein: → S. 110.

Sehenswertes/Ausflüge außerhalb der Bozener Altstadt

Schloss Maretsch: Ganz stadtnah und doch von Weinbergen umgeben ist Schloss Maretsch. Der quadratische Bau entstand samt seinen Rundtürmen an den Ecken zwischen 1558 und 1570, dabei wurde ein älterer Teil mit fünfstöckigem Wehrfried und Wohnburg aus dem 12./13. Jh. integriert. Die Burg gehörte verschiedenen Bürgerfamilien und zuletzt den Toggenburg, die sie verfallen ließen. Heute ist der Ansitz ein Kongress- und Tagungszentrum. Von der Einrichtung hat sich wenig erhalten, aber interessant sind die Fresken im Empfangssaal des ersten Stocks mit mythologischen, symbolischen und allegorischen Szenen.

▪ Das Schloss kann an Tagen, an denen keine Veranstaltungen stattfinden, besichtigt werden (auf der Webseite sind die Öffnungstage der nächsten knapp 2 Monate vermerkt). Geöffnet dann 9–12.45 und 14–17 Uhr, Eintritt 5 €. Auskünfte und Anmeldungen: Schloss Maretsch, Claudia-de-Medici-Str. 12, ✆ 0471/976615, maretsch.info.

Auf der Wassermauerpromenade nach Schloss Runkelstein: Ein schöner Spaziergang führt auf der Wassermauerpromenade von der Talferbrücke oder vom Schloss Maretsch den Talferbach entlang zur Burg Runkelstein. Zwischen Weinbergen zur Rechten und Auengrün und dem Fluss zur Linken – bei der St.-Anton-Brücke wechselt man kurzzeitig auf die andere Flussseite – spaziert man gemütlich bis zum Ausgang des Sarntals. Darüber liegt an ehemals schwer zugänglicher Stelle Schloss Runkelstein. Nach langen Restaurierungsarbeiten ist die Burg seit 2000 wieder dem Publikum zugänglich, und sie ist mehr als sehenswert: In mehreren Räumen haben sich *mittelalterliche Fresken* zum Hofleben erhalten, eine große Seltenheit, da die meisten nicht kirchlichen Fresken des Mittelalters verschwunden sind. Da sieht man Damen und Herren beim Ballspiel, ein Turnier mit Lanzen wird ausgetragen, ein Reigentanz unter Bäumen aufgeführt. Obwohl die Burg der Bozner Bürgerfamilie *Vintler* gehörte, ist das Dargestellte doch gänzlich höfisch, was man schon an den Kronen erkennt, die einige Personen tragen.

Schloss Runkelstein, Kaiser-Franz-Josef Weg, tgl. (außer Mo) 10–18 Uhr, Nov. bis Mitte März bis 17 Uhr, Mitte Jan. bis Ende Febr. geschl. Eintritt 8 €, erm. 5,50 €, Familie 16 €; ✆ 0471/329808, runkelstein.info. Die **Burgschänke** auf Schloss Runkelstein ist rustikal und schön zum Draußensitzen, ✆ 375/6045180.

Auf der Oswaldpromenade nach St. Magdalena: Ebenfalls an der Talfer beginnt ein beliebter Wanderweg der Bozner, der durch die sonnenbeschienenen warmen Hänge nördlich der Stadt zum Weinbauerndorf St. Magdalena führt. Die Promenade beginnt an der Talfer bei der Antoniusbrücke, wo beim Schloss Klebenstein die eigentliche Wassermauerpromenade endet, und führt in vielen Kurven nicht ganz ohne Anstrengung bis auf eine Höhe von 400 m, wo es dann aber gemütlich bis St. Magdalena weitergeht. Es erwartet einen der überspitze gotische Kirchturm von *St. Magdalena in Prazöll* (im Inneren gotische Fresken), ein toller Ausblick auf Bozen und ringsum Wein, Wein und nochmals Wein. Nicht umsonst heißt die beliebteste Rebsorte der Winzer hier „Magdalener". Der Abstieg führt über die kaum befahrene Untermagdalenerstraße zur Brennerstraße am östlichen Ende von Bozen.

▪ **St. Magdalena in Prazöll** ist von April bis Okt. Fr/Sa 16–18 Uhr geöffnet.

Im Stadtteil Gries: Der ehemals unabhängige Ort Gries, vor 1914 einer der wichtigsten Fremdenverkehrsorte (Süd-) Tirols, gehört heute zu Bozen. Gries wurde als Folge der baulichen Umklammerung durch das faschistische Bozen seiner idyllischen Lage beraubt und stark italienisiert. Ein Grieser wird sich bis heute nicht als Bozner bezeichnen. Zentrum des Orts ist der Komplex aus der **Benediktinerabtei** Muri-Gries und der Pfarrkirche. Vom Kloster, das aus einer aufgegebenen Burg der Grafen von Tirol hervorging, ist nur die üppig spätbarocke *Stiftskirche* zugänglich. Die **Alte Pfarrkirche** ist ein spätgotischer Bau, dessen Inneres eines der großen Kunstwerke der damaligen Zeit beherbergt, den Schnitzaltar des *Michael Pacher* von 1475 mit der Darstellung der Marienkrönung.

▪ **Stiftskirche:** Vorraum tgl. 9–19 Uhr zugänglich, guter Blick auf den Kirchenraum; **Alte Pfarrkirche:** April bis Okt. Mo–Fr 10–12 Uhr.

Auf der Guntschnapromenade (Heinrichpromenade): Von Gries aus geht man auf der nach dem Erzherzog Heinrich von Habsburg benannten Promenade durch einen submediterranen Park in vielen Windungen hinauf nach Guntschna. Wärme liebende Pflanzen sind an diesem heißen Sonnenhang gut aufgehoben, praktisch ganzjährig blüht dieser oder jener Strauch oder Baum (die Pflanzen sind beschildert). Großartige Ausblicke, beim Reichrieglerhof am oberen Ende hat man 250 m Steigung hinter sich (ca. 0:45–1 Std.). Rückweg auf demselben Weg.

▪ Man erreicht die Guntschnapromenade vom Grieser Platz aus, wenn man der in Richtung Berg führenden Fagenstraße und geradeaus weiter der M.-Knoller-Straße folgt und sich an deren Ende nach links in die Glaningerstraße wendet, die Promenade zweigt dann rechts ab.

Schloss Sigmundskron: → Gemeinde Eppan S. 133.

Die Haselburg: Die malerische Burg liegt auf einem strategischen Standort über der Stadt, der das Etschtal in Richtung Meran im Blick hat: Man sieht bis Lana, aber auch ins Unterland und ins Überetsch bis Eppan. 1240 wurde sie von den Herren von Haselberg errichtet, kam an die Grafen von Toggenburg, die sie restaurierten, seit Kurzem gehört sie einem Bozner Kaufmann. In den oberen Stockwerken wurden die

Trutziger Innenhof: Burg Runkelstein

Fresken (z. B. schöne Renaissance-Veduten) sorgfältig restauriert. Auf der Burg gibt es ein bekanntes und gelobtes Restaurant mit Traumausblick, die verwinkelten Räume und Speisesäle wunderschön renoviert.

▪ **Restaurant und Kulturburg Haselburg,** nur über das Restaurant und zu dessen Öffnungszeiten zugänglich, Di–Sa 11.30–14 und 18.30–21.30, So geschl.; hervorragendes Restaurant. Menü von 4 bis 6 Gängen, auch ein veganes Menü ist dabei, und es gibt „alkoholfreie" Essensbegleitung mit 5 versch. Apfelsäften. ✆ 0471/402130, haselburg.it. **€€€**

Radtour von Bozen nach Eppan und Kaltern auf der alten Eisenbahntrasse: Eine schöne Radtour für die ganze Familie führt auf dem durchgehend asphaltierten Radweg von Bozen nach Eppan und Kaltern, wo er am ehemaligen Bahnhof endet. Der Weg benutzt die alte Sekundärbahntrasse und weist besonders nach der Etschquerung auf der ehemaligen Eisenbahnbrücke im Aufstieg nach Eppan nur noch Radverkehr auf. Die beiden früheren Eisenbahntunnel, die man durchquert, sind vorbildlich beleuchtet (in Bozen Beschilderung ab den Brücken über die Talfer).

Radtour von Bozen nach Salurn (und weiter nach Trient): Der Etschtalradweg ist ein optimaler Familienradweg: Von Bozen fährt man fast immer entlang des Eisacks und dann – ab der Weggabelung mit dem Radweg nach Eppan bzw. nach Meran unterhalb der Ruine Sigmundskron – entlang der Etsch. Praktisch ständig ganz leicht bergab auf relativ breitem, asphaltiertem Radweg – da hat man vielleicht Lust, über Salurn hinaus bis nach Trient zu fahren. Die Fahrradtageskarte und die Mobilcard Südtirol gelten auch für die Bahnfahrt ab Trento/Trient zurück nach Bozen (alle Regionalzüge nehmen Fahrräder mit).

Radtour von Bozen nach Meran: Zunächst wie oben, ab der Gabelung unterhalb von Sigmundskron dann etschaufwärts. Stets am Fluss entlangführend durch schier endlose Apfelplantagen passiert der Weg Terlan, Vilpian, Gargazon und Lana. Über Sinich geht es gut beschildert ins Zentrum von Meran (aufgrund der vielen Abzweige und der verschachtelten Streckenführung auf diesem letzten innerörtlichen Abschnitt ist erhöhte Aufmerksamkeit geboten!). Einfach 28 km, wer nach sättigender Einkehr in Meran zu müde ist für den Rückweg, der nimmt den Zug.

Die Radwege nach Klausen und Brixen: Eisacktalradweg (→ S. 82) und in den Vinschgau via Vinschger Radweg (→ S. 283).

Mit der Seilbahn nach Kohlern: Die älteste Personenseilbahn der Welt führt seit 1908 nach Kohlern, einem Siedlungsgebiet südlich der Stadt mit den beiden Ortsteilen Bauernkohlern und Herrenkohlern. Schöne Blicke vom 37 m hohen Aussichtsturm auf Bozen und den Ritten, eine hervorragende Gastronomie (Gasthof Kohlern s. o.) und viele Wanderwege locken herauf. Besonders schön ist die Wanderung über Bad St. Isidor, einem ganz einsam gelegenen Gehöft (heute Hotel): Man nimmt ab der Seilbahnbergstation die Straße nach Herrenkohlern, biegt nach 750 m nach links auf Wanderweg 1 ab, der nach Bad St. Isidor führt. Weiter auf 1 (später auch 2), dreimal die Asphaltstraße querend, bis Schloss Kampen über dem Eggental (→ S. 545). Auf der Straße weiter bis zur Talstation der Seilbahn.

▪ **Seilbahn Kohlern,** 7–19.30 Uhr viertelstündlich, So ab 8 Uhr, am Wochenende Pause von 13–14 Uhr, im Winter nur bis 17 Uhr, einfach 4 €, hin/zurück 8 €. Anfahrt mit Bus 11 zur Talstation der Seilbahn, mit Bus 14 bei Kampiller Brücke aussteigen. Bis zu 5 Räder können mitgenommen werden. Infos unter kohlererbahn.it.

Nach Jenesien und über den Salten bis Flaas und Mölten auf den Tschögglberg: Jenesien ist ein Dorf, das oberhalb der Kastanienwälder im Rücken Bozens liegt. Hier oben auf dem Plateau, auf dem sich der aus Weilern und Einzelhöfen zusammengesetzte Ort befindet, breiten sich weite Lärchenwiesen aus: Die lockeren Lärchenbestände hat der Mensch geschaffen, indem er andere Bäume aushackte, aber die Lärchen stehen ließ und damit eine beschattete Viehweide schuf. Und: Man hat prachtvolle Ausblicke auf die Dolomiten. Besonders reizvoll ist eine Wanderung auf den flachen Bergrücken des Salten Mitte April (dann blühen Abertausende kleiner weißer und blauer Krokusse, so weit das Auge reicht) und im Frühherbst mit seinen klaren Tagen mit weiter Sicht. Dann sind die Lärchen schon gelb, und die Berge jenseits von Etsch- und Eisacktal zeigen weiß verschneite Gipfel.

Der Herbst ist auch die traditionelle Zeit des Feierns, die Bauern haben die wichtigsten Arbeiten abgeschlossen, die Tiere von den Hochweiden abgetrieben, jetzt kann man es sich gut gehen lassen. Der *Flaaser Kirchtag* am zweiten Wochenende im September ist der erste große Termin, da trifft sich halb Südtirol auf der Schermooswiese am Pass zwischen Flaas und Mölten und dem Tschögglberg (wie das westlich an den Salten anschließende Plateau genannt wird, → S. 268).

Information **Tourismusverein Jenesien,** Information im Dorfzentrum bei der Kirche, allgemeine Infos gibt es auch bei der Tourismusinformation in Bozen. Mo–Fr 8–16, Sa 9–12 Uhr, im Winter nur vormittags unter der Woche. ✆ 0471/354196, jenesien.net.

> Die **Seilbahn nach Jenesien** ist seit 2019 geschlossen, ob sie jemals wieder eröffnen wird, ist unklar. Sehr schade!

Anfahrt/Fußweg Die Straße von Bozen schafft den steilen Anstieg nur mit Kehren und zwei Spiraltunneln (nicht ungefährlich für Radfahrer, da sehr eng!). Die alte Straße, die im Tal fast an derselben Stelle wie die neue beginnt, ist heute großenteils Wanderweg, sie ist so steil, dass man sich vorstellen kann, dass hier nur Fußgänger und Reiter unterwegs sein konnten. Alle Lasten wurden früher in Körben oder eigens dafür angefertigten Holzfässern, den „Lagln" auf den Berg hinauf transportiert.

Kühne Konstruktion: Neue Kellerei Bozen

Veranstaltungen **Schupfenfest am Salten,** an einem Sonntag in der 2. Septemberhälfte: Die vielen Heuschupfen und Hütten des Salten werden an diesem Tag zu Jausenstationen, die man auf einer langen Wanderung zwischen Jenesien und Flaas abklappert. Sämtliche Vereine der Gemeinde sind beteiligt und bewirten die Wanderer mit lokalen Spezialitäten von Schwarzplentenen Knödeln mit Rettich und Spinatspatzen mit Schinken bis zu Graukas mit Laugenbrot. Dazu das obligate Glas Roten oder ein Bier. Und weiter zur nächsten Schupfn. Musik gibt's auch und Tanz.

Flaaser Kirchtag, 2. Septemberwochenende, traditioneller Kirchweihtag des bis 1926 selbstständigen Dorfes Flaas, auf großer Festwiese am Farer Joch unterhalb der alten Kirche Lafenn (auch Langfenn genannt, daneben Wirtshaus) auf dem Rücken des Salten. Festzelt, Musik, Tanz, großes Speisenangebot, Besucher von nah und fern.

mein Tipp **Übernachten/Essen** ******S Saltus,** Eco-Hotel und Schwesterhotel des Tschöggelbergerhofs (s. u.). Luxuriöse Zimmer mit Aussicht, toller Wellnessbereich mit Wald-Spa und Infinity Pool, Heusauna, Yoga und Waldbaden. Im Eingangsbereich mit seinem riesigen Panoramafenster bleibt man gerne auf ein Glas Wein sitzen und genießt den spektakulären Blick auf die Dolomiten. Gegessen wird im hervorragenden Restaurant des Tschöggelbergerhofs. Freigasse 8, ☏ 0471/1551190, hotelsaltus.com. **€€€€**

Wietererhof, ein echter Bauern- und Reiterhof in Jenesien mit 4 modernen Apartments (Brötchenservice inkl.), alter Wirtschaftstrakt, schöne Aussicht von den ostseitigen Zimmern im Wohnhausneubau. Kindgerecht: Mitarbeit auf dem Hof (Kühe, Pferde, Schafe, Hühner, Kaninchen ...), eher für die Erwachsenen: das Heubad. Außerdem Hofschank mit regionaler Küche. Simml 9, ☏ 0471/354066, wietererhof.com. **€€€–€€€€**

Lanzenschuster, der Berggasthof liegt ganz im Westen schon in der Fraktion Flaas am Tschögglberg (→ S. 268). Gastbetrieb mit eigener Schlachtung, bekannt v. a. das Schöpserne, in der Jagdsaison Wild. Mehrgängige, saisonal ausgerichtete Menüs. Mitte März bis Nov., Mo Ruhetag, im Winter nur Wochenende. Lanzenweg 12, ☏ 0471/340012, lanzenschuster.com. **€€**

*****S Tschöggelbergerhof,** das Hotel am Ortsrand bietet eine Traumaussicht auf die Dolomiten und das Etschtal. Die Zimmer sind individuell eingerichtet, schick, modern und trotzdem sehr gemütlich. Pools, und Wellness im Saltus (s. o.). Leckere Südtiroler Küche, überaus freundlicher, persönlicher Service. Restaurant Di Ruhetag. Freigasse 8, ☏ 0471/354119, tschoeggelbergerhof.com. **€€€–€€€€**

***** Camping Chalet Salten,** 22 Stellplätze und gemütliche Holzhäuser auf dem neuen Platz am Salten. Gute Sanitäranlagen, Minimarket und Bar/Pizzeria. Gespann und 2 Pers. 36–48 €, Chalet 170–190 € (2 Pers.). Geöffnet Mitte April bis Anfang November sowie in der Wintersaison. Flaaser Str. 26c, ☏ 347/7508567, camping-chalet-salten.com.

Der Ritten

Ritten nennt sich das leicht nach Süden geneigte und entsprechend von der Sonne verwöhnte Plateau oberhalb von Bozen. Locker gruppieren sich Höfe und kleine Ortschaften zwischen Wiesen, Weiden und Wäldern auf dem Hang, der vom wuchtigen Rittner Horn überragt wird.

Wenn im Herbst über dem Tal undurchdringlicher Nebel liegt, gehen die Bozner zum Törggelen zu den Weinbauern am Südrand des Plateaus. Von deren Höfen blickt man über den Nebel hinweg auf den Schlern und den Rosengarten, die in der strahlenden Sonne liegen. In den zum Eisacktal tief eingeschnittenen Tälern haben sich im lockeren Moränenschutt spektakuläre *Erdpyramiden* (→ Kasten, S. 122) gebildet, die man vom Hauptort Klobenstein aus bequem besichtigen kann.

Schon wie man auf den Ritten kommt, ist ein Ausflug für sich: Die Seilbahn führt direkt von Bozen auf 5 km Länge bis hinauf nach **Oberbozen.** Bis 1966 fuhr eine Zahnradbahn hinauf. Von Oberbozen fährt die Rittner Schmalspurbahn, das „Bahnl", nach **Klobenstein** bzw. **Maria Himmelfahrt.** Neben den moderneren roten Waggons aus der Schweiz (Appenzell) gibt es noch Original-Triebwagen (Graz 1907/08) und einen Vierachser von 1910, der noch von der 1934 eingestellten Bahn von Fondo auf den Mendelpass stammt.

Sehenswertes/Ausflüge

Oberbozen, Rittner Themenweg und Freudpromenade: Ein Bummel durch Oberbozen zeigt, dass das Dorf schon lange Fremde beherbergt, tatsächlich ist der Fremdenverkehr schon auf die Zeit vor den Napoleonischen Kriegen zu datieren, als die Bozner begannen, hier oben Sommerfrische zu machen. Der „Themenweg" zwischen Oberbozen und Maria Himmelfahrt verläuft teil-

Am Rittner Bahnhof in Oberbozen

weise entlang der Bahnstrecke des Rittner Bahnl, führt aber auch hinunter zum Kirchlein St. Jakob und zu den Erdpyramiden im Katzenbachtal, die man von der zweiten, flacheren Teilstrecke der Seilbahn nach Oberbozen sieht. Er beginnt an der Bergstation der Seilbahn in Oberbozen und berührt neun Rittner Besonderheiten, die auf Infotafeln erklärt werden. Er nimmt Weg 23 hinunter ins Katzenbachtal, führt an den dortigen *Erdpyramiden* vorbei und beim Hof Maier am Loch, erreicht dann das *Kirchlein St. Jakob* auf einem Sporn des Berghangs. Vom Kirchlein geht es wieder hinauf nach *Maria Himmelfahrt*, wie Oberbozen eine alte Sommerfrische. Hier endete die Zahnradbahn, die ab 1907 die Bozner auf den Ritten brachte und erst 1966 durch die Rittner Seilbahn ersetzt wurde. Entlang der Bahn oder mit dieser zurück zum Bahnhof Oberbozen oder weiter nach Klobenstein; Gehzeit 1:30–2 Std.

Die „Freudpromenade" hat ihren Namen vom berühmten Psychoanalytiker, der 1911 seine Silberhochzeit in Klobenstein feierte. Anlässlich seines 150. Geburtstags im Jahr 2006 wurde der Wanderweg Nr. 35 von Oberbozen nach Klobenstein nach ihm benannt. Familientauglich führt er in etwa 1:30 Std. nahezu steigungsfrei durch Wiesen und Wälder, meist in der Nähe der Bahntrasse. Rückweg mit der Bahn; auch eine kurze Variante der Tour ist möglich, indem man nur bis zum Bahnhof Lichtenstern geht, der auf halber Strecke liegt.

**** Gasthof Schluff,** Einkehrgasthof mit Südtiroler Hausmannskost, von April bis Januar geöffnet. Maria Himmelfahrter Weg 2, ✆ 0471/345276, gasthof-schluff.com.

Wanderung am Wolfsgrubener See: Beim Dorf *Wolfsgruben* liegt im Wald der Wolfsgrubener See (mit Hotel auf einer kleinen Halbinsel), von dem aus mehrere Wanderwege in das Waldgebiet um den Signater Kopf führen. Der *Signater Wald* bedeckt ein leicht welliges Plateau mit vielen Mulden, in denen „Lacken" (Teiche), der kleine Mitterstieler See und sumpfige Wiesen liegen. Hier wächst im Frühjahr die knallgelbe Trollblume. Ein schöner Rundweg beginnt am Nordufer des Sees (wo man ihn von Oberbozen her zuerst erreicht) und führt auf Sträßchen (nach 300 m Schranke) praktisch ohne Höhenunterschiede bis zur *Signater Aussicht*, man biegt jedoch bereits nach 1 km links auf einen Wanderweg ab, der zur großartigen Aussichtsstelle auf 1234 m Höhe führt. Zurück bis zur Schwarzen Lacke, die man bereits passiert hatte und bei Gabelung rechts zum *Mitterstieler See*. Mit Weg 12 nach links weiter, man kommt am anderen Ende des Wolfsgrubener Sees heraus (ca. 1 Std. Gehzeit, kann stellenweise matschig sein).

Mit dem Rad von Oberbozen über Unterinn nach Bozen: Besonders bequem haben es die Radler, die Seilbahn nimmt das Fahrrad mit (bei Stoßzeiten etwas problematisch), oben fährt sich's dann ganz gemütlich und ohne große Steigungen auf verkehrsarmen Straßen, ein Trekkingbike genügt. Abfahrt über *Klobenstein* und *Unterinn*, dort noch vor dem Unterinner Hof auf das Sträßchen nach rechts (nicht asphaltierter Güterweg, für Pkw gesperrt, für Rennräder nicht geeignet), bei Erreichen der sehr schwach befahrenen Asphaltstraße Bozen – Signat dann links hinunter und über das Weindorf *St. Justina* und *Rentsch* zurück nach Bozen.

Wanderung zu den Erdpyramiden bei Lengmoos: Schon auf der Seilbahnfahrt von Bozen herauf hat man rechts die Erdpyramiden gesehen, die es am Rand des Rittner Plateaus an einigen Stellen gibt. Bei Lengmoos nahe Klobenstein befindet sich im steil eingeschnittenen *Finsterbachtal* das größte, interessanteste und am leichtesten erreichbare Vorkommen dieses interessanten geomorphologischen Phänomens. Um dorthin zu kommen nimmt man am besten von der Endstation der Trambahn die Straße bis nach Lengmoos, dem nächsten Ort, und biegt beim Café Erdpyramiden am großen Pkw- und Busparkplatz in den ausgeschilderten Wanderweg 24 (nach Bachbrücke 24 a) ein. Er führt in unmittelbare Nähe der Erdpyramiden, quert das Tal und steigt zu den Wiesen von **Mittelberg** (Kirche *St. Nikolaus*, barockisierter gotischer Bau, Turm bereits 12. Jh. – wahrscheinlich ältestes Gotteshaus auf dem Ritten) an. Man sieht deutlich, wie sich das Tal immer weiter in die darüber liegende Wiese einschneidet und immer wieder neue Pyramidenformen bildet. Zurückwandern kann man entlang der Straße und über **Maria Saal** (kleine barocke *Wallfahrtskirche* mit Bild der Muttergottes unter einem Regenschirm).

- **Café Erdpyramiden,** Café-Konditorei, Eis, große Terrasse, 8–22 Uhr, Mi Ruhetag.

Aufs Rittner Horn: Das Rittner Horn ist der Hausberg der Bozner und ein Aussichtsberg erster Ordnung, von dem aus man Pfunderer Berge bzw. südliche Zillertaler Alpen, Dolomiten und Ortlergruppe sowie Texelgruppe und Ötztaler Alpen sieht. Eine bequeme Straße ab Bozen führt bis zur Kabinenbahn auf die *Schwarzseespitze*, von dort aus kurzer Wanderweg auf das Horn: Von der Bergstation auf der Schwarzseespitze geht es in eine Scharte (etwas oberhalb Unterhornhaus, links etwas abseits Feltuner Hütte), von dort führt ein schnurgerader Weg über den mäßig geneigten Hang hinauf zum Rittner Horn. An klaren Herbsttagen *der* Bergausflug ab Bozen!

Bergbahn Kabinenbahn Rittner Horn (Pemmern – Schwarzseespitze von 1538 m auf 2071 m), Mitte Mai bis Anf. Nov. 9–17.30, ab Okt. bis 16.30 Uhr, Berg/Tal 18 €, Kind 12,50 €.

Hütten Feltuner Hütte, 2046 m, Jausenstation/Gasthaus auf grüner Almwiese, große Veranda und Terrasse, die ganze Familie bedient, kocht und brutzelt, es gibt deftige und gute Südtiroler Bergküche. ✆ 0471/352777, feltunerhuette.it.

Unterhornhaus, Berggasthof auf 2042 m am Anstieg zum Rittner Horn. ✆ 0471/356371.

Rittner Horn Haus, 2259 m, Schutzhütte (CAI Bozen) auf dem Gipfel des Rittner Horns mit einem der gewaltigsten Panoramen Südtirols; genächtigt wird in Mehrbettzimmern und im Lager. Geöffnet Ende Mai bis Ende Okt. ✆ 0471/1550602, schutzhaus-rittner-horn.com.

Erdpyramiden bei Lengmoos am Ritten

Hier geht's zum Keschtnweg

Auf der Straße von Lengmoos nach Barbian (der „Kaiserweg"): Lengmoos ist eine alte Pfarre und war zu Zeiten des Kaiserwegs über den Ritten ein wichtiger Ort mit Hospiz. Als nach 1314 der Kunterweg durch das Eisacktal den Verkehr über den Ritten praktisch völlig ersetzt hatte, übernahm der *Deutsche Orden* das Gebäude und machte eine *Kommende* daraus. Ein Teil des Gebäudes wurde durch einen Brand im Bauernaufstand (1525) vernichtet, der spätgotische Kapitelsaal mit seinem schönen Gewölbe ist jedoch erhalten geblieben. Der Neubau stammt aus der Mitte des 17. Jh. und ist im damals in Tirol üblichen späten Renaissancestil errichtet. Die Repräsentationsräume wurden ein Jahrhundert später nach neuester Mode ausgestattet mit üppigen Stuckdecken, bemalten Tapeten und prunkvollem – weitgehend verlorenem – Mobiliar. Im Innenhof finden im Sommer Aufführungen der *Rittner Sommerspiele* statt.

Man passiert *Maria Saal* und *Mittelberg* (→ „Wanderung zu den Erdpyramiden"), erreicht nach der nächsten Talquerung **Lengstein.** Am Kirchplatz Brunnen, Friedhofseingang, eine kleine „Handlung" und der Gasthof Schwaiger, eine Nebenstraße führt hinunter nach St. Andreas über der Eisackschlucht. Die Straße führt über eine schmale, flache

Terrasse, die Blicke nach rechts fallen auf die Dolomiten. Nach dem Rotwandterhof wird ein steil eingeschnittenes Tal passiert. Drüben hat man den Ritten verlassen und ist im Gemeindegebiet von Waidbruck-Barbian, der nächste kleine Ort, Saubach, gehört bereits zu Barbian.

▪ **Deutschordenskommende Lengmoos,** Mai bis Anf. Nov. Mi und Fr 16–18 Uhr, Anmeldung zu Führungen beim Tourismusverein Ritten.

Auf dem Keschtnweg: → Brixen, S. 70.

Basis-Infos

Information **Tourismusverein Ritten,** Mo–Fr 8.30–18, Sa 8.30–12 Uhr, Klobenstein/Collalbo, Dorfstr. 5, ✆ 0471/356100, ritten.com. Zweigstelle in Oberbozen/Soprabolzano, Ing.-J.-R.-Riehl-Platz 1, (Bahnhof Rittner Bahn), ✆ 0471/345245, Mo–Fr 9–17, Sa 9–14 Uhr, in den Wintermonaten Mo–Fr 9–13 Uhr. Beide bieten neben dem üblichen Werbematerial das „Family Magazin" mit Tipps für Familien mit Kindern – der Ritten will sich als besonders kinderfreundliches Ferienziel etablieren.

Verbindungen **SAD-Bus** Bozen – Ritten; hochmodern die Talstation der **Rittner Seilbahn Bozen – Oberbozen,** alle 4 Min. (12 Min. abends) zwischen 6.30 und 22.45, im Winter bis 21.48 Uhr, 8 Kabinen zu je 30 Pers., Berg 6 €, Berg/Tal 10 €, fürs Fahrrad Fahrradtageskarte (7 €). Parken 2,30 €/Std. Im An-

Vom Brenner bis Bozen → Karte S. 24/25

schluss **Tram Oberbozen – Klobenstein:** Die Rittner Bahn wurde 1907 erbaut und war von Anfang an als Touristenbahn gedacht. Von Maria Himmelfahrt über Oberbozen führen die Gleise der Schmalspurbahn bis Klobenstein auf 6,8 km Länge. Die Tram fährt im Halbstundentakt (ca. 10–18.30 Uhr), morgens ab 6 Uhr und abends bis 23 Uhr seltener, allerdings heutzutage überwiegend zwischen Oberbozen und Klobenstein (5x tgl. bis Maria Himmelfahrt). Einfach 3,50 €, hin und zurück 6 €. Tickets auch in der Bahn. Die historischen Wagen fahren nur 1x am Tag, genauere Infos vor Ort.

Seilbahn by night

Ein besonderes Erlebnis ist die Fahrt mit der Rittner Seilbahn bei Nacht. Wie sich das funkelnde Lichtermeer Bozens vor einem ausbreitet und sich sekündlich die Perspektive verändert – das allein ist schon den Fahrpreis wert!

Gästekarte **Ritten Card,** mit der Gästekarte der Beherbergungsbetriebe kann man kostenlos die öffentlichen Verkehrsmittel nutzen. Außerdem die Rittner-Seilbahn, die Schmalspurbahn und die Bergbahn zum Rittner Horn. Inbegriffen ist auch der Eintritt in rund 80 Südtiroler Museen.

Einkaufen **Märkte:** in Klobenstein jeden Mi am Parkplatz Kaiserau, Bauernmarkt jeden Sa in Klobenstein (vormittags) und Di in Oberbozen (nachmittags); Bartlmämarkt am Bartlmastag (24. Aug.).

Obsthof Troidner, Thomas Kohl produziert leckere Bergapfelsäfte pur und in interessanten Kombinationen, z. B. mit Marille, Karotte, Johannisbeere. Im dazugehörigen „Genussladen" gibt es den Apfelsekt S' Pom, Marmeladen und Sirup aus eigener Produktion sowie Chutneys, Weine, Honig und Nudeln von anderen lokalen Produzenten zu kaufen. Unterinn, Hauptstr. 35, ✆ 0471/359442, kohl.bz.it.

Bienenmuseum und Imkerei Plattnerhof: schöner alter Bauernhof mit Imkertradition, zum großen Teil original eingerichtete Räume, bemalte Bienenkästen, Ausstellung zur Imkerei und zum Bienenleben, Bienenlehrpfad, Honig zum Probieren und zum Verkauf. April bis Okt. tgl. 10–18 Uhr. Eintritt 7 €, erm. 4 €. Man erreicht den Bienenhof in 10 Min. vom Parkplatz am Wolfsgrubener See bzw. der Haltestelle Wolfsgruben der Rittner Bahn. Wolfsgruben 15, ✆ 0471/345350, museo-plattner.it.

Feste & Veranstaltungen **Rittner Sommerspiele,** Laientheater im Innenhof der Deutschordenskommende in Lengmoos, Mitte Juli bis Mitte August, Programm und Kartenreservierung unter ✆ 0471/357030, rittnersommerspiele.com.

Bartlmastag, Kirchweihfest auf dem Ritten zu St. Bartholomä, 24. Aug. Ursprünglich ein Viehmarkt am Tag des Almabtriebs, heute immer stärker Volksfest für die Rittner und viele Gäste.

Baden/Schwimmen **Öffentliche Freibäder** in Klobenstein bei der Arena Ritten, tgl. 9–19 Uhr, und in Oberbozen, tgl. 9–19.30 Uhr. Baden im Wolfsgrubener See ist ebenfalls möglich, Eintritt 6,50 €, erm. 4,50 €.

Radfahren/Mountainbiken **E-Bike und MTB-Verleih** bei Elektro Rottensteiner / Rent a Bike Ritten in Oberbozen, Dorf 21, ✆ 0471/345535, elektro-rottensteiner.it. Rückgabe der Räder gegen Gebühr an vielen Stationen von Papin (papin.it) möglich. Es werden auch geführte Touren angeboten. Ladestationen für E-Bikes in Klobenstein und bei der Feltuner Hütte am Rittner Horn. MTB ist am Rittner Horn nur auf eigens ausgeschilderten Routen erlaubt!

Reiten Im **Flachenhof** in Pemmern, ✆ 347/39794807, flachenhof.it; in der **Alpenranch Himmelreich** in Klobenstein, ✆ 0471/356300, alpenranchhimmelreich.com.

Wandern/Bergsteigen Eine wachsende Anzahl Rittener Hoteliers hat sich unter der Bezeichnung **Wanderwirte Ritten** zusammengeschlossen und bewirbt speziell Wanderer (u. a. Shuttleservice, Ausrüstungsverleih und auf Wanderer ausgerichtete Wochenprogramme). Informationen beim Tourismusverein und den teilnehmenden Betrieben.

Wintersport **Rittner Horn:** Kabinenbahn von Pemmern (Straßenende) zur Schwarzseespitze mit Mittelstation, 2 Schlepplifte bis aufs Rittner Horn (2259 m), leichte bis mittlere Pisten (13 km), eine **Rodelbahn** (3,5 km, ab Mittelstation 2,5 km), 7 km Loipen. Das Skigebiet gehört zur *Ortler Skiarena*. Gratis-Skibus ab Klobenstein. Skischule ✆ 0471/352793, Skiverleih ✆ 0471/352980, Infos über Preise und Pistenverhältnisse (Südhang!) an der Talstation und unter rittnerhorn.com, Schneetelefon ✆ 0471/356100, Skischule ritten.com/skischule.
Winter- und Schneeschuhwanderungen finden immer mehr Anhänger. Am Ritten wurde nun Italiens erster „Winter-Premium-Weg" eröffnet, ein Panoramaweg mit Aus-

blicken auf die Sarntaler Alpen und Dolomiten. Er beginnt an der Bergstation der Rittner Horn Bergbahn. 7,8 km lang, Gehzeit 2:45 Std., Höhenunterschied 340 m.

Eissporthalle „Arena Ritten" in der Sportzone Klobenstein, Eishalle sowie sehr schnelle Freiluftbahn „Ice Rink", auf der zahlreiche Rekorde erzielt wurden und werden; Zaberbach 15, ✆ 0471/356606, rittenarena.com.

Übernachten/Essen & Trinken

Speziell für Kinder

Einige Rittner Hoteliers haben sich zum lockeren Verband der **„Family-Hotels Ritten-Renon"** zusammengeschlossen (nicht mit der Hotelkette Familienhotels verwechseln – im Fall des Parkhotels Holzner in Oberbozen trifft aber beides zu). Diese Hotels sind mit Rabatten für Kinder, mit Spielzimmern und Spielplätzen, Kindermenüs und Kinderprogramm besonders familienfreundlich. Liste beim Tourismusverein und auf familyhotels-ritten.com.

In Oberbozen und Wolfsgruben

******S Parkhotel Holzner,** Familienbetrieb mit Tradition und dem Charme eines mehr als hundert Jahre alten, liebevoll konservierten und mit jedem modernen Komfort ausgestatteten Hauses. Garten und Park, ausgezeichnete Küche im kleinen Restaurant 1908 (4 Gault-Millau-Hauben, 1 Michelin-Stern, So/Mo Ruhetag), recht große Zimmer und Suiten. 2018 wurde erneut umgebaut und erweitert. Das Haus gehört zur Kette der „Familienhotels Südtirol", es gibt ein Kleinkinderspielzimmer, eine Lounge für größere Kinder und Kinderbetreuung. Innen- und Außenpool sowie eine schön gestaltete Saunalandschaft. Dorf 18, parkhotel-holzner.com, ✆ 0471/345232, restaurant1908.com. **€€€€**

*****S Hotel Post Victoria,** schon im Jahr 1060 erstmals erwähnt, ehemalige Poststation (zwei Gebäude) mit gediegenen Zimmern in historisch angehauchtem Stil, schöner Aussichtsterrasse, Hallenbad und Sauna. Dorf 1, ✆ 0471/345365, post-victoria.com. **€€€–€€€€**

*****S Hotel am Wolfsgrubener See,** auf kleiner Halbinsel im von Wald umkränzten Wolfsgrubener See gelegenes Hotel mit Charme, große Zimmer, von den Balkonen kann man Seeblick und Ruhe genießen. Wolfsgruben 14, ✆ 0471/345119, hotel-wolfsgrubenersee.com. **€€€€**

Malerisches Ortszentrum von Lengstein

Kaserhof, großer Bauernhof mit Hofschänke und einer schönen Auswahl hauseigener Produkte, Ferienwohnungen (komplett und gut eingerichtet) und Reitstall mit Vollblutarabern und Isländern sowie Lama- und Alpakazucht. Die Hofschänke ist Montag geschl. Apt. für 2–3 Pers. Geirerweg 26, ☏ 0471/345046, kaserhof.it. **€€–€€€**

Ebnicherhof, Am Grumeregg 6, Oberbozen, auf halbem Weg zwischen Maria Himmelfahrt und Bozen gelegen. Das herbstliche Törggelen ist hier besonders stimmungsvoll, sieht man doch weit über den Bozner Kessel auf die dann schon verschneiten Dolomiten. Weiß- und Rotweine (Müller-Thurgau, Blauburgunder, Vernatsch) zu Knödeln, Schlachtplatten, Käse, Speck und Kastanien. Von der Bozner Oswaldpromenade ab St. Peter auf Weg 2 in einer guten Stunde zu erreichen, mit Pkw über Straße von St. Magdalena nach Oberbozen. ☏ 333/2305850. Mitte Sept. bis Mitte Dez. tgl. außer Di/Mi und Mitte Jan. bis Mitte Mai Do–So ab Mittag geöffnet.

Gasthaus Babsi, Dorf 4, unmittelbar neben dem Post Victoria, nachmittags Kaffee und Kuchen, abends leckere Pizza in heimeligem Ambiente zu moderaten Preisen, Di Ruhetag. Nebenan lässt es sich in 5 schön eingerichteten Apartments und 2 Zimmern angenehm und ruhig nächtigen, ☏ 0471/345385, babsi.it. **€€**

Café Haus am Hang, Wolfsgruben, Café mit ebenso großer wie großzügig geschwungener Terrasse, die ein großartiges Panorama der Dolomiten eröffnet, Mo/Di Ruhetag, ☏ 0471/345222, hotelamhang.it.

In Signat ***** Signaterhof,** Gasthof, aber auch beliebtes Törggelenziel (direkt am Keschtnweg gelegen, → S. 70) mit schöner alter Bauernstube aus dem 18. Jh. hoch oberhalb der Stadt. Es gibt eigenen St.-Magdalener-Wein, Selchwürste, Wild und eine köstliche Kastanienmousse (Gault-Millau 1 Haube). Am schönsten zu erreichen von Wolfsgruben zwischen Oberbozen und Klobenstein mit Abstecher zur „Signater Aussicht" (Weg 11 ab Wolfsgrubener See). Gut ausgestattete Zimmer mit Balkon. Restaurant So abends und Mo Ruhetag. Signat 166, ☏ 0471/365353, signaterhof.it. **€€–€€€**

mein Tipp **Törggelen in Signat,** die Streusiedlung Signat liegt direkt über Bozen und ist von dort aus auf einer guten Straße zu erreichen – entsprechend gut besucht sind an Wochenenden und während der Törggelenzeit an jedem Abend die Lokale (s. u.). Aber es lohnt sich, kaum irgendwo anders isst man so gut und bei so guter Aussicht!

Von Bozen Abzweigung von der Straße über Rentsch und Klobenstein auf den Ritten, von Oberbozen Straße (kein privater Pkw-Verkehr!) ab Wolfsgruben.

Kinighof, Signat 187, inmitten von Apfelplantagen gelegen. Familie Pechlaner produziert leckeren Bio-Apfelsaft und Wein. In der 400 Jahre alten Stube oder vor dem Haus mit tollem Ausblick ins Eisacktal lässt man sich Käse, Speck und Rotwein, Graukäse- oder Brennnesselknödel und zum Nachtisch den legendären Kinigschmarrn mit getrockneten Zwetschgen schmecken. Die Hausherrin kocht nicht nur hervorragend, sie ist auch gelernte Restauratorin, was sich in den 4 außergewöhnlichen Apartments (eines davon barrierefrei) widerspiegelt. Modern gestaltet und mit antiken Möbeln versehen, u. a. einem gewaltigen alten Holzzuber, der als romantische Badewanne dient. Apt. (1–5 Pers.). Mi Ruhetag. ☏ 0471/365047, hof-kinig.it. **€€**

Buschenschanken in Signat: Baumannhof, Signat 6, ☏ 0471/365206, Mi Ruhetag, baumannhof-bz.it; Loosmannhof, Signat 177, ☏ 0471/365551, Fr–Mo geöffnet; Partschonerhof, Signat 164, Mi Ruhetag (außer zur Törggelenzeit), ☏ 393/470005876, partschonerhof.com.

In Klobenstein *****S Ansitz Kematen,** Hotel in einem 750 Jahre alten Ansitz mit nur 16 Zimmern, exklusiv und äußerst komfortabel, im Inneren eine gotische Stube und altes Mobiliar. Kürzlich erweitert mit komfortablen, modernen Zimmern und Suiten. Moor-Badesee mit integriertem Holzbecken, Sauna. Das Haus liegt neben der kleinen neugotischen Kirche Heiligkreuz am Hang oberhalb der Straße von Klobenstein nach Wangen und ins Sarntal. Herrlicher Ausblick und Wanderwege praktisch ab der Haustür. Restaurant und Café mit eigener Konditorei. Restaurant Mo Ruhetag. Kematerstraße 29, ☏ 0471/356356, kematen.it. **€€€€**

Flachenhof, nicht nur Gelegenheit zum Reiten und zum Reitunterricht, sondern auch zum Brotbackenlernen, Mountainbiken (Gratis-Fahrradverleih) und Kennenlernen des Lebens auf einer Alm. Auch Apt. ab 2 Pers. Tannstr. 31, ☏ 0471/352782, flachenhof.it. **€€**

Weidacherhof, der traditionelle, aber modern arbeitende Bauernhof verspricht Wellness einmal anders und das hält er – Honigmassage, Kräuterstempelmassage, Molkebäder, Kräutersauna, Naturpool mit Aussicht ... 5 schöne, gut ausgestattete Apartments, allerdings mit Blick auf die Eissportarena Ritten, im Hofladen gibt es viele hofeigene Produkte vom Speck bis zum Fruchtaufstrich. E-Ladestation für PKW. Apartments für 2–8 Pers. Viehweiderweg 1, ✆ 347/082470, weidacherhof.com. **€€**

In Lengmoos **Pfoshof,** Oberlengmoos 5, rustikales Törggelenlokal, schmackhafte Küche, dazu gute Weine, teilweise überdachte Terrasse am alten Wirtschaftsgebäude. Urlaub auf dem Bauernhof in den 2 schön und modern eingerichteten Apartments (2–4 Pers.). Di Ruhetag. ✆ 0471/356723, pfoshof.com. **€€€**

In Lengstein ***** Schwaiger,** schräg gegenüber der Kirche steht der behäbige Gasthof (rechts unten im Gebäude die kleine „Handlung" des Orts mit freundlicher Bedienung), geräumige Zimmer mit viel Holz, gutes Frühstück. Dorf 1, ✆ 0471/349049, gasthof-schwaiger.it. **€€€**

Die Erdpyramiden

So seltsam sie aussehen, die spitzen Erdtürme mit den Hüten aus grauen oder leicht rötlichen Gesteinsplatten, so wenig seltsam ist ihre Entstehungsweise. Wo lockeres Material, etwa Moränenschutt, langsam abgetragen wird, also etwa an den Rändern eines Plateaus, wird das zwischen den Gesteinsplatten liegende Lockermaterial vom Wasser schneller entfernt als die Platten selbst. Die Rinnsale werden tiefer, die Platten schützen das darunter liegende Lockermaterial vor der Abtragung. Die Form, die entsteht, ist eine Pyramide mit Deckstein (wird die Basis unterspült und fällt der Deckstein, wird die Pyramide ganz schnell abgetragen). Bei den Erdpyramiden des Ritten ist der Deckstein in vielen Fällen aus Granit oder Porphyr, das Lockermaterial, das ohne diese Decksteine rasch abgetragen würde, ist Moränenmaterial der letzten Eiszeit, als die riesigen Gletscher, die bis ins Alpenvorland am Südufer des Gardasees vordrangen, das heutige Rittenplateau mit mehreren Hundert Metern Eis überdeckten. Es handelt sich um lehmige Ablagerungen, die trocken steinhart werden. Wenn sie feucht werden, sind sie bald ein lehmiger Brei, der hangabwärts rutscht und fließt.

Das Sarntal

Immer noch bäuerlich ist das Sarntal, das sich von Bozen nach Norden zieht bis zum Penser Joch. Höfe besiedeln die unteren Hänge auf beiden Seiten, ein großes Nebental, das Durnholzer Tal, hat Bergbauernhöfe mit ganzjähriger Besiedelung bis in 1760 m Höhe.

Das Sarntal ist das einzige Tal Südtirols, in dem nicht nur Frauen ab und an, sondern auch die Männer immer wieder die alte Tracht tragen, also nicht nur zum Schützenfest und zum berühmten Sarner Kirchtag im September, sondern am Sonntag zur Kirche und zu allen anderen einigermaßen festlichen Gelegenheiten. Die Viehwirtschaft war schon immer wichtig, heute

Blick ins Sarntal oberhalb von Schloss Runkelstein

ist sie neben dem Fremdenverkehr die Haupteinnahmequelle der Bauern. Das Vieh weidet auf den Bergbauernhöfen und den vielen Almen, die in den Sarntaler Alpen zu beiden Seiten des Tales günstige Bedingungen finden: nicht zu steile Lagen in mittleren Höhen, genügend Wasser, sonnige und warme Sommer. Immer wieder sieht man die Haflinger Pferde, sie sind hier so gut zu Hause wie in Hafling auf der anderen Seite des Ifinger. Heute verwendet man sie meist als Reitpferde, nur gelegentlich sieht man einen Haflinger, der auf der Alm den Heuwagen zieht.

Sehenswertes/Ausflüge

Die Höfe des Sarntals: Das Sarntal besitzt überdurchschnittlich viele alte Höfe, die z. T. auf das Mittelalter zurückgehen. Oft haben diese Anwesen meist großer Bauern getäfelte Stuben, die aber meist nicht älter als barock sind. Ältere Täfelungen haben aber z. B. der Rohrerhof in Rungg, der Kieserhof in Öttenbach (1583), der Nisslhof in Essenberg (16. Jh.), der Felderhof in Aberstückl und der Heißhof in Muls.

Die Talferschlucht zwischen Schloss Runkelstein (Bozen) und Sarnthein: Fährt man von Runkelstein die Talferschlucht weiter in Richtung Sarnthein, durchquert man seit 2016 einen langen Tunnel und bekommt somit von der Talferschlucht nicht mehr wirklich was mit. Die Schlucht ist im untersten Teil so eng und wild, dass immer wieder auf Bergverbindungen zwischen Bozen und dem Sarntal ausgewichen wurde – z. B. über Jenesien nach Sarnthein – und trotz der über das Penser Joch günstigen und theoretisch kürzesten Verbindung zwischen Brenner und Bozen nie ein Verkehrsweg mit größerer Bedeutung entstand.

Sarnthein: Die schönen alten Häuser des Hauptorts des Tals drängen sich an der ehemaligen Hauptdurchgangsstraße, die jetzt dank einer Umgehungsstraße verkehrsberuhigt ist. Die historischen Gebäude sind mit Infotafeln versehen und ermöglichen so einen geschichtlich erhellenden Rundgang durch den Ort (einen Flyer dazu gibt es beim Tourismusverein). Sehenswert ist die *Sarner Pfarrkirche*. Ein schöner Ansitz im Norden des Orts ist die *Kellerburg.* Eine Zinnenmauer umgibt den Ansitz, ein Rundbogentor mit Wappenstein der Sarntheiner von 1778 öffnet sich zur Straße. Es handelt sich um ein älteres Haus, das in der Renaissance zum Ansitz erweitert und verschönert wurde. Es gehört seit Mitte des 17. Jh. den Grafen von Sarnthein.

Nicht zu übersehen ist die romanische Burg **Schloss Reinegg** über den Wiesen östlich von Sarnthein. Der Bau hat sich bis in Einzelheiten so erhalten, wie er vor 750 Jahren errichtet wurde. Burgbesitzer waren die Velturner, die Burg wird erstmals 1263 anlässlich der Hochzeit der Tochter des Hugo von Velturns mit Albero von Matsch erwähnt. Die Burg dürfte damals brandneu gewesen sein, fiel nach Hugos Tod aber nicht an dessen Nachfahren, sondern wurde eingezogen und kam an Meinhard II. von Tirol. Weil sie bald in Fremdbesitz überging, blieb sie unverfälscht erhalten, die Pfleger hatten wenig Interesse und kein Geld für Anbauten oder Veränderungen.

Schloss Reinegg bei Sarnthein

Der **Rohrerhof** ist ein bereits 1280 erstmals erwähnter Hof, der heute mitten in Sarnthein steht, sich aber traditionelle Elemente wie die Rauchkuchl und vor allem den Gesamtzustand von vor 200 Jahren bewahrt hat. Er wird heute als Museum geführt, die Räume – zwei Stuben, Küche, Stubenkammer – sind im Stil des späten 19. Jh. eingerichtet, in weiteren Räumen sind Verwaltung und Ausstellungsbereiche untergebracht. Bauerngartl, Backofen und Mühle vervollständigen das Ensemble.

▪ Geöffnet bei Veranstaltungen, Öffnungszeiten und Führungen auf Anfrage. Runggener Str. 10, ✆ 0471/622644, rohrerhaus.it.

Wanderungen um Sarnthein: Sarnthein ist ohne Zweifel ein idealer Standort für Wanderer, die nicht unbedingt Felsensteige gehen, sondern in einer abwechslungsreichen Landschaft mit großen Almwiesen und unproblematischen alpinen Steigen unterwegs sein wollen. Die Wanderung Nr. 1 ab Sarnthein ist die einwöchige Umrundung des Tals auf der *Großen Hufeisentour,* ein anstrengendes, aber bergsteigerisch einfaches Unternehmen (Flugblatt und Liste der Hütten mit Adressen etc. in den Tourismusbüros).

Aber nicht jeder hat eine Woche Zeit. Eine hübsche Wanderung führt von der Sarner Skihütte, die man auch schön per Mountainbike erreichen kann, auf das *Auenjoch,* besser bekannt als „Stoanerne Mandln“ (→ Tschögglberg/Mölten, S. 268).

Durch das direkt von Sarnthein ausgehende *Ottenbachtal* erreicht man die Almenlandschaft um Meran 2000 und den Ifinger (→ Hafling, S. 269). Auf der anderen Talseite locken Rittner Horn, Villanderer Alm (→ S. 88) und –

rascher über das Durnholzer Tal und Reinswald zu erreichen – die Kassianspitze (→ Tour 4). Hier nur ein Tipp für einen kleinen Familienausflug: Weg 17 führt als *Jubiläumskreuzweg* sehr hübsch von Astfeld zum Höhenkircherl St. Valentin auf dem Sporn zwischen Sarntal und Durnholzer Tal. Er beginnt beim ersten Haus nach der Brücke am Beginn der Straße ins Durnholzer Tal, Dauer ca. 0:30 Std.

Bike & Hike zu den Stoanernen Mandln: Mit dem Rad auf steiler, geteerter Straße (8 km, 600 Höhenmeter, auch Autoverkehr) zur Sarner Skihütte. Ab da zu Fuß in 1:30 Std. (9,5 km, 500 Höhenmeter) über die Auener Hütte zu den berühmten Steinmännern mit dem grandiosen Rundblick über die Südtiroler Gebirgslandschaft.

Hütte **Sarner Skihütte,** Schutzhütte auf 1614 m mit gemütlicher Stube, 7 einfachen Zimmern mit Etagenduschen. Mai bis Okt. geöffnet, Mo Ruhetag. Kleine Speisen, zur Törggelenzeit besser reservieren. Auen 19, ✆ 0471/622480, sarner-skihuette.com. **€€**

Im Durnholzer Tal: Mit den beiden Dörfern Reinswald und Durnholz ist das Durnholzer Tal, ein Nebental des Sarntals, das sich zum östlichen Kamm der Sarntaler Alpen hinaufzieht, recht dünn besiedelt. „Erschließung", die meist mit Zersiedelung Hand in Hand geht, gibt es nur in bescheidenem Maße. Nur **Reinswald** besitzt durch die Kabinenbahn (s. u.) ein erschlossenes Wander- und Skigebiet. Kaum ein anderes derart ursprüngliches Bergbauern- und Berggebiet Südtirols ist gleichzeitig so gut erreichbar und so einsam. Wanderer werden durch die leichten Steige zu sehr aussichtsreichen Zielen gelockt, die Tagwaldhorn, Jakobspitze und Kassianspitze umfassen, alle im Hauptkamm zwischen Sarntal und Eisacktal mit Dolomitenblick.

Der kleine **Durnholzer See** (1540 m) ist ein gut erreichbares und doch einsames Bergseejuwel. Am aufgestauten Ende des Sees steht man, nachdem man durch ein steiles bewaldetes Stück heraufgestiegen ist, wie überwältigt da. Im an dieser Stelle ganz dunklen See spiegeln sich die von der Sonne erhellten offenen Wiesen und Weiden und der mit Berghöfen gesprenkelte Hang, der sich hinter dem See zur Jakobspitze (2741 m) hinaufzieht. Ein bequemer Weg führt um den See, ein Teil ist Asphaltstraße, ein Teil für Räder befahrbarer Wanderweg. Beim „Fischerwirt" (s. u.) kann man schön draußen sitzen und über den See hinweg auf die Berge blicken.

Der Ort **Durnholz** (1558 m), am Seeende etwas höher auf einer schmalen, aber sonnigen Hangterrasse gelegen, besteht aus einer Handvoll Häusern im Schatten der **Kirche St. Nikolaus** und verfügt über eine der kleinsten Bergschulen Südtirols – bei 260 Einwohnern ein Wunder, dass sich die Schule halten kann. Die gotische Kirche überrascht mit einem spektakulären **Freskenzyklus** aus dem frühen 15. Jh. Neben der Lebensgeschichte des Hl. Nikolaus ist die Passionsgeschichte in großer Farbenpracht und Detailtreue dargestellt (tgl. geöffnet). Die Fresken wurden zur Zeit der Pest übertüncht und erst 1986 wieder freigelegt.

Für Aktive bietet sich ab Durnholz die große Tour auf das *Tagwaldhorn* (2708 m) an, das sich am Ende des Seebachtals erhebt. Eine bequeme Talwanderung führt in 3 Std. zur Flaggerschartenhütte (Marburger-Siegener Hütte, 2481 m) auf der Flaggerscharte unter dem Gipfel, zu dem man noch eine Gehstunde hat, zurück geht man 3, also insgesamt 7 Std.

Bergbahn **Kabinenbahn Reinswald,** Ende Mai bis Anf. Nov., tgl. 9–12.30/13.30–17 Uhr, Juli/Aug. 9–17.30 Uhr; Berg 10 €, Berg/Tal 16,50 €, sarntal.com.

Kinder **Urlesteig,** schön angelegter, kinderwagentauglicher Naturerlebnispfad in nunmehr 6 Etappen zum Thema Wasser, Tiere, Geschichte und Kultur, Pflanzen, Naturgewalten

Vom Brenner bis Bozen → Karte S. 24/25

und Almwiese. Ausgangspunkt ist die Bergstation der Bahn. Wasserratten, Klettermaxe und Naturforscher kommen hier auf ihre Kosten. Die Urlesteig-Wanderkarte und weitere Infos gibt es unter sarntal.com.

Essen & Trinken **Pichlberg,** 2130 m, das Restaurant an der Bergstation der Kabinenbahn fügt sich durch die Verwendung von Naturstein und Holz perfekt in die Umgebung ein. Eine große Glasfront und die Terrasse bieten eine fantastische Aussicht bis zur Brenta und dem Ortlergebiet. Klassische Hüttengerichte. Und für Kinder gibt's einen großzügigen Spielplatz. Geöffnet Juni bis Anf. Okt. und in der Wintersaison, ✆ 0471/095585, pichlberg.it.

Sunnolm, gemütlicher Berggasthof bei Reinswald mit Sonnenterrasse, daneben „Grillikota", ein Grillerlebnis für Gruppen nach finnischer Art. Imbisse und warme Speisen lokaler Tradition mit ein paar Schlenkern für die italienischen Besucher. Gut ein Knödel-Tris, der Grillteller oder die Sarner Bachforelle. 30 Min. zu Fuß ab Parkplatz Kabinenbahn. ✆ 0471/625324, reinswald.it.

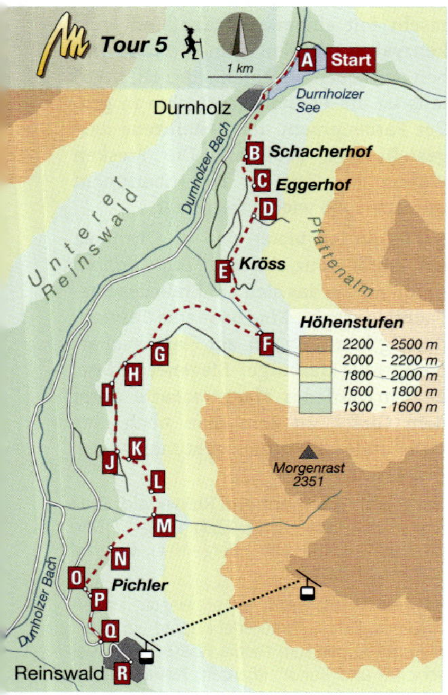

Bauernhof Messnerhof → S. 129.

Flaggerschartenhütte, 2481 m, CAI Bozen, Tiroler Küche mit einigen Knödelgerichten, sonnige Terrasse, 3 Vierbettzimmer mit Zirbenholzbetten und Lager, sehr einfache Sanitäranlagen, geöffnet Mitte Juni bis Ende Sept., ✆ 347/8284867 (WhatsApp), forcellavallaga.it. €

Tour 5: Wanderung vom Durnholzer See nach Reinswald[GPS]

Tour-Info: Hübsche Waldwanderung ohne große Anstrengungen, **auch mit Kindern,** einige schöne Ausblicke ins Durnholzer Tal und in die Sarntaler Alpen. Zurück mit dem Bus Sarnthein – Durnholz, vorher nach Zeiten erkundigen! Länge 7,8 km; Dauer 2 Std.; Höhenunterschied ↑ 250 m, ↓ 210m. Karten: Tabacco (1:25.000) Blatt 40, Kompass (1:50.000) Blätter 54 und 56. Keine Hütten!

Beim nächsten Gehöft **K** zweigt links ein Fuhrweg ab, der sich bald zum Steig verschmälert und einen zum nahen Gehöft Wieshäusl **L** bringt, wo man am Ende einer hier heraufführenden Asphaltstraße bei einem Kruzifix **M** geradeaus in den Hang weitergeht. Nicht lange, dann zweigt rechts ein Steig ab **N,** der nach ca. 200 m im Wald eine abschüssige Forststraße quert, danach wird der Weg etwas besser und auch breiter. Er führt zu einer Hofgruppe **O** (Pichler), wo man beim letzten Gebäude nach links auf einen Weg gelangt, der durch Wiesen um eine Schulter herum zu einem Hof am Rand von Reinswald führt, wo wieder eine Asphaltstraße beginnt **P.** Auf dieser weiter, bei Einmündung in breitere Straße **Q** entweder nach rechts (zur Kirche) oder nach links zur Talstation der Seilbahn und Buswendestation samt Parkplatz R.

In Durnholz geht man nicht in den Ort hinauf, sondern nimmt den unterhalb am See beim Buswendeplatz **A** beginnenden Fahrweg (oder das kurze Stück beschilderten Wanderweg). Beim ersten Hof **B** (Schacherhof) endet die Asphaltstraße, geht aber als schmaler

Weg und dann Fuhrweg weiter zum zweiten Hof **C** (Eggerhof). Nach halblinks auf einen Fahrweg, ein Schild nennt „Reinswald", die rot-weiße Markierung trägt die Nummer 22. Bei einer Gabelung **D** vom Fahrweg nach rechts auf an dieser Stelle undeutlichem Fußweg, er führt zu einem weiteren Hof **E** (Kröss). Dort hinter einem Schuppen mit Schild „Reinswald" rechts hinunter auf Weg, der in eine steile Wiese und ein Bachtal führt. Unten erreicht man den Waldrand **F**, kurz links und Bachquerung auf einem Steg, danach kurz steil hinauf zu einem flacheren bewaldeten Hang, wo man eine Forststraße erreicht **G**. Nach rechts und nach 100 m links auf eine abzweigende Forststraße (Schild, Markierungen). Bei einem Kruzifix **H** geht es wieder von der Forststraße ab und zwar nach links auf einen schmalen Fußweg durch Wald. Wo man die Forststraße wieder erreicht **I**, hält man sich rechts und ist bald am Waldrand, wo wunderschöne Wiesen darüber hinwegtrösten, dass hier wieder Asphalt beginnt. Eine Abzweigung **J** (Staubstraße zur Pfnatschalm und zur Bergstation der Kabinenbahn von Reinswald) bleibt links.

Vom Brenner bis Bozen → Karte S. 24/25

Basis-Infos zu Sarnthein und dem Sarntal

Information **Tourismusverein Sarntal**, Mo–Fr 8.30–12/15–18, Sa 8.30–12 Uhr, Sarnthein/Sarentino, Kirchplatz 9, ✆ 0471/623091, sarntal.com.

Verbindungen **Bus:** gute Verbindung nach Bozen, auch die Seitentäler wie das Durnholzer Tal werden erschlossen. **Pkw:** Die Strecke Sarnthein – Bozen durch die Talferschlucht ist durch eine neue Straßenführung im vorderen Abschnitt mit mehreren Tunnels entschärft.

Einkaufen **Sarner Speck und Wurst** aus eigener Produktion bei Luis Moser, Sarnthein, Handwerkerzone 30, sarntaler.com.

Latschenkieferöl und Zirbelkieferöl in Bio-Qualität aus eigener Brennerei bei Georg Thaler, Unterreinswald 10, latschenkieferoel.com. Kosmetik und Pflegeprodukte aus der Latschenölbrennerei Eschgfeller, Unterreinswald 17, eschgfeller.eu. Außerdem gibt es das spektakuläre Trehs-Haus im Hotel Bad Schörgau, wo die Latschenkieferprodukte der gleichnamigen Linie verkauft werden (trehs.com).

Sarner G'schick, sechs Handwerker in Traditionsberufen haben sich zusammengeschlossen, um heimische Waren aus örtlichen Rohstoffen zu vermarkten (sarner-gschick.com):

Handweberei Unterweger, Steet 26. Schafwollteppiche nach Maß, Fleckerlteppiche, Bettsocken, aber auch Betten und Kissen mit naturbelassener Schafschurwolle, handweberei.it.

Federkielstickerei Thaler, Rohrerstr. 41. Trachtengurte, Hosenträger, Glockenriemen und Brieftaschen, federkielstickerei.com.

Das Gold der Berge

Nach Jahrzehnten der Vernachlässigung aufgrund des Imports billiger, parfümierter Massenware wird originales Latschenkieferöl neuerdings wieder sehr geschätzt. Die endlosen Latschenfelder, die über die gesamte Länge des Sarntals in weit über 2000 m Höhe (dort, wo kein Baum mehr wächst) Wind und Wetter trotzen, ermöglichen reichliche Ernte. Zunächst gilt es, die Äste abzuhacken. Dann werden sie zu schweren Bündeln geschnürt (bis zu 50 kg), zu Tal gebracht und gehäckselt. Dabei wird das Harz freigesetzt. In einer Destille werden die gehäckselten Latschenäste bis zu 8 Std. erhitzt. Beim Erkalten kondensiert das Öl an der Kesselwand. Wer es nicht zum Einreiben oder als Zusatz im Badewasser nutzt, kann es als Pesto, Latschenkieferrisotto oder im Schnaps auch innerlich anwenden.

Holzbildhauerei Runggaldier, Kellerburgweg 1. Heiligenfiguren und Pendeluhren aus Holz, bildhauerei.it.

Sarner Goldschmiede, Postplatz 2. Traditioneller, moderner und individueller Schmuck, sarnergoldschmiedecom.

Drechslerei Fritz, Steet 37a. Schüsseln, Teller, Lampen und Kerzenständer aus Zirbenholz, drechslerei-fritz.com.

Steinmetz, Handwerkerzone 19a. Objekte aus Naturstein vom Weinkühler bis hin zur Badewanne, steinobjekte.com.

Feste & Veranstaltungen **Sarner Kirchtag** am ersten Wochenende im September in Sarnthein, Volksfest mit 450-jähriger Tradition, das Besucher aus ganz Südtirol anlockt. Die auch während des Jahres immer wieder Trachten tragenden Sarner sind dann ausschließlich in der Tracht zu sehen. Musikkapellen, Schützen und Feuerwehren aus dem ganzen Tal nehmen an Aufmärschen teil – ein Trachtenumzug mit Festwagen, viele von Haflingergespannen gezogen, ist wohl der Höhepunkt des Festes (am Sonntagnachmittag). Festplatz mit Festzelt, am Samstagabend Fackelumzug, Volkstänze und – über dem ganzen Rummel zumindest bei den Bauern nicht in Vergessenheit geraten – Markttreiben und der einzige echte Viehmarkt des Landes am folgenden Montag.

Wintersonnenwende: In der Vorweihnachtszeit ziehen im Sarntal die Zussln von Haus zu Haus, vermummte Maskengestalten, geführt von Zusslmandl und Zusslweibele, den Symbolen von Winter und Frühling. Dazu wird kräftig Lärm gemacht, „geklöckelt", mit selbst gebastelten Instrumenten, Glocken und Ziehharmonika. Dann werden zwei Lieder gesungen, und es wird weiter gelärmt, bis die Hausleute herauskommen und Speck, Wurst, Brot (oder Geld) spenden.

Baden/Schwimmen **Freibad** in Sarnthein mit Großschwimmbecken (12,5 x 25 m).

Mineralbad Bad Schörgau, wiederbelebtes früheres Bauernbadl (→ „Übernachten/Essen & Trinken" in Sarnthein); Sarner Latschenkiefernbad, Entspannungsbad in den sehr aromatischen Nadeln und Zapfen der Latschenkiefer, dazu Heubäder, Kneippgüsse und Sauna. Infos und Anmeldung beim Hotel Bad Schörgau, bad-schoergau.com.

Reiten Mit mehr als **500 Haflingerpferden** gehört das Sarntal zu den großen Zuchtzentren dieser Pferderasse. Reiterhöfe sind z. B. Bergerhof in Reinswald, Haflingerhof Tschatter und Kohl in Auen oberhalb von Astfeld sowie der Rabensteinerhof in Rabenstein (→ „Übernachten/Essen & Trinken").

Wintersport Das **Skigebiet Reinswald** ist das einzige alpine Skigebiet des Sarntals und Teil der Ortler Sikarena. Moderne Kabinenbahn von Reinswald (1570 m) auf 2130 m (1 Sessellift, 2 Schlepplifte, 14 km Pisten, 4,5 km Rodelbahn von der Bergstation zur Sunnalm und von dort zur Talstation auf 720 m). An Vollmondwochenenden gibt's Mondscheinrodeln, die Kabinenbahn ist dann von 19–21.30 Uhr in Betrieb. Skischule und Skiverleih an der Talstation, ✆ 345/6118042, skischule-sarntal.com, ✆ 0471/625330, skireinswald.com.

Übernachten/Essen & Trinken

In Sarnthein ****** Bad Schörgau,** idyllisch südlich von Sarnthein gelegen und äußerst komfortabel, mit hervorragendem Restaurant. Der letzte Umbau setzte architektonische Highlights in Zimmern, Restaurants und Spa-Bereich. Außerdem erweckte man das alte Bauernbadl, gewissermaßen die Keimzelle des Gasthauses, zu neuem Leben als Bestandteil einer extensiven Wellnesslandschaft, die auf unterschiedlichste Bäder spezialisiert ist. ✆ 0471/623048, bad-schoergau.com. **€€€€**

**** Sonnenblick,** Pension am Westrand von Sarnthein in etwas erhöhter Lage, freundliches Haus mit farbenfrohen Zimmern, Zirbenbetten, kleinem Saunabereich, großer Terrasse. Zum Frühstück gibt's schon mal Selbstgebackenes. Rohrer Leiten 12, ✆ 0471/623206, sonnenblick.it. **€€–€€€**

Alpes, das Restaurant des Hotels Bad Schörgau wurde mit 3 Hauben vom Gault-Millau ausgezeichnet. Auf den Teller kommen Gerichte einer verfeinerten Südtiroler Küche, die sich ihrer regionalen Wurzeln besinnt. Mo/Di Ruhetag. Ein neues Konzept wagt das Team mit dem **La Fuga,** serviert wird ein festes Menü für höchstens 6 Personen (190 € p. P.). **€€€**

mein Tipp *****S Höllriegl,** freundliches Hotel im Zentrum, dessen Ur- Vorgängerbau bereits um 1280 entstand. Helle, gemütlich eingerichtete Zimmer, kleiner Wellnessbereich und stilvolles Restaurant, das zu den Südtiroler Gasthäusern gehört und regionale Küche serviert. Den Abend ausklingen lässt man unter der alten Kastanie im Innenhof. Aufmerksamer Service. Klara-von-Pölt-Weg 9, ✆ 0471/623007, hoellriegl.com. **€€€**

Milchbar, Europastr. 28, uriges Café in der ehemaligen Mittermühle von 1497. Den Cappuccino oder den hervorragenden Hauspunsch (im Winter) trinkt man im Gewölbe neben einem originalen hölzernen Mühlrad. Dazu hausgemachte Kuchen und Sandwichs.

In Astfeld und Nordheim ***** Alpenblick,** Hotel am nördlichen (oberen) Ende von Astfeld bei, aber nicht direkt an der Straße. Mit Hallenbad und Sauna, schöner Liegewiese, zur Straße eine Pizzeria, einfache Zimmer mit Balkon, freundlicher und guter Service. Astfeld 41, ✆ 0471/623183, alpenblick.bz.it. **€€€**

An der Straße bei Astfeld **Graf-am-Bichl-Hof,** wunderschöner alter Bergbauernhof oben am Berg (1183 m; Zufahrt auf asphaltierter Straße ab Sarntalstraße zwischen Astfeld und Muls) mit typischer Stube, in der das Frühstück eingenommen wird – mit vielen hauseigenen Produkten. Liegewiese und Pool, Kinderspielplatz, Haustiere. Freundliche Zimmer und Apartments (2–5 Pers.). Essenberg 8, ✆ 333/4565242, graf-am-bichl.it.

In Reinswald *****Eschgfeller,** das B&B der Familie Eschgfeller mit seinen naturnah eingerichteten Zimmern hat sich ganz dem Konzept „Alpen-Wellness" verschrieben. Gemütliche Bar, großzügige Saunalandschaft mit Sarntaler Latschenkiefernbad. Eigene Latschenölbrennerei. Im Naturladen gibt es Pflegeprodukte und Süßigkeiten aus eigener Herstellung. Spa/Wellness extra. Unterreinswald 17, ✆ 0471/625138, eschgfeller.eu. **€€**

In Durnholz **Messnerhof,** hinter dem Bauernhof im Dörfchen Durnholz breitet sich das Grün aus, knapp unterhalb liegt der See. Zimmer und 3 Apts. (2–5 Pers.), Produkte vom Hof (Eier, Speck usw.). Durnholz 12, ✆ 338/1728276, messnerhof.info. **€€–€€€**

In Rabenstein **Rabensteinerhof,** Bauernhof mit Tradition, tolle Lage über dem Tal. Schöne getäfelte Bauernstube, im neuen Anbau der vom Bruder betriebene Gasthof Rabenstein (s. u.) mit traditioneller Sarner Küche, die Hauptzutaten kommen meist aus eigener Bio-Landwirtschaft. Auch der Wellnessbereich befindet sich im Gasthof Rabenstein. Wanderwege und im Winter Loipe ab Haus. Apt. (2–7 Pers.). Muls 6a, ✆ 349/3417713, rabensteinerhof.com. **€€**

***** Gasthof Rabenstein,** gute Zimmer und feines Restaurant mit regionaler Küche. Schöner Blick von der Terrasse. Hallenbad und kleiner Saunabereich. Muls 6, ✆ 0471/627347, hotel-sarntal.it. **€€–€€€**

Vom Brenner bis Bozen → Karte S. 24/25

Begrüßung auf Südtirolerisch

Überetsch und Unterland

Im Gebiet um den Kalterer See, Überetsch genannt, gibt es intensiven Weinbau, während im Unterland, der Gegend südlich von Bozen und östlich des Mitterbergs, endlose Apfelplantagen das Tal prägen. Reizvoll im Südtiroler Süden sind die zahlreichen idyllischen Ortschaften, dazwischen locken unzählige Möglichkeiten zum Wandern und Radeln und zur weinseligen Einkehr.

- Zuständig für die Region ist das Informationsbüro Bozen → S. 93 und suedtirols-sueden.info.
- WinePass: Kostenlose Gästekarte der Beherbergungsbetriebe, u. a. freie Fahrt im Nahverkehr, Eintritt in rund 90 Museen, Weinverkostungen und -Kellerführungen.
- mobil & activ Card: Kostenlose Gästekarte, wird von vielen Quartieren der Südtiroler Weinstraße ausgegeben, umfasst öffentliche Verkehrsmittel, 80 Museen, geführte Wanderungen ...

Von Bozen führt die **Südtiroler Weinstraße** ins Weinland des Überetsch. In den Winzerdörfern von **Eppan** und rund um **Kaltern** scheint eine südliche Sonne, im submediterranen Klima gedeihen einige der besten und bekanntesten Weine des Landes. Aber auch im Unterland dominiert an den Hängen der Wein, etwa um **Tramin** mit der nach dem Ort benannten Traminerrebe.

Im **Etschtal** selbst erstrecken sich von Bozen bis zur Landesgrenze bei Salurn riesige Obstplantagen, vor allem Äpfel werden angebaut. Zwischen dem Mitterberg, der das Etschtal von Kaltern abtrennt, und der Etsch liegt die langgezogene Gemeinde **Pfatten** mit dem überregional bekannten Landesversuchszentrum. Auf der linken Seite der Etsch reihen sich im Schatten steiler rötlicher Felsen weitere Obst- und Weindörfer. **Auer** und **Neumarkt** stechen als fast städtische Orte hervor, ihre großen alten Häuser zeugen noch immer von Wohlhabenheit. Oberhalb der steilen Talflanken liegt ein welliges Plateau, auf dem nur wenige Bauerndörfer wie **Aldein, Altrei oder Truden** dem harten Klima trotzen. Die gewaltige **Bletterbachschlucht** zieht sich mittendurch, Ziel für Wanderer und Naturliebhaber.

Was anschauen?

Kaltern: Der ideale Plan lautet, durchs Ortszentrum bummeln und die hervorragende Eisdiele auf dem schönen Marktplatz besuchen. **→ S. 147**

St. Pauls und sein „Dom“: idyllisches Musterbeispiel eines Weindorfes, dessen Wohlstand im Bau eines 86 Meter hohen Kirchturms gipfelte. **→ S. 136**

Neumarkt: Erst römische Poststation, dann mittelalterlicher Handelsort. Anders als in den vielbesuchten Zentren

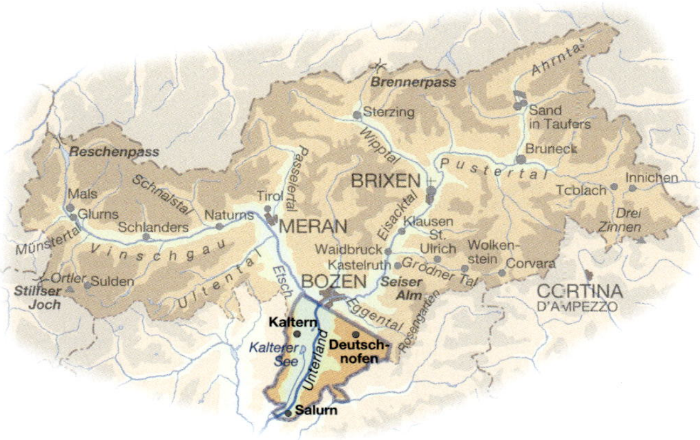

von Meran oder Bozen wandert man durch ein Kammertheater aus gotischen Lauben mit spitzen Portalen, niedrigen, dunklen Durchgängen und Renaissance-Sgraffiti. → **S. 169**

Was unternehmen?

Wein entdecken: Das **Weinbaumuseum** in Kaltern lässt das Know-how zum Thema sprießen. **Weingüter und Kellereien** wie Manincor (S. 155), Elena Walch (S. 161), die Kellerei Kaltern (S. 155) oder Tramin (S. 161) sorgen – verbunden mit spektakulärer Architektur – für die Degustations-Praxis und den kompetenten Einkauf bei Erzeuger und Erzeugerin. Ein Spaziergang durch die Reben am Kalterer See oder ein Besuch der **ältesten Rebe Südtirols** an einer Hauswand in Margreid (S. 164) runden die Expertise sportlich ab.

Auf den Castelfeder: Vor allem abends und frühmorgens ein magischer Hügel über dem Etschtal mit lockeren Eichenwäldern, geheimnisvollen Ruinen und dem weiten Blick nach Süden. Dazu leicht zu erklimmen! → **S. 173**

Auf den Spuren der Saurier in der Bletterbachschlucht: Auf Leitern und Stiegen klettert man im GEOPARC durch den spektakulären Canyon unter dem Weißhorn und beginnt dabei, die Gesteinsstruktur der Dolomiten zu verstehen. Mit Besucherzentrum und informativen Schautafeln. → **S. 179**

Radeln auf der Fleimstalbahn: Auf der alten Bahntrasse von Montan bergauf und über Truden und Altrei zurück – eine abwechslungsreiche Tour für Radsportler. Zum Abschluss eine Einkehr im Pinzoner Keller! → **S. 174**

Baden: Im **Kalterer See** oder den kleinen, zwischen Wäldern versteckten **Montiggler Seen,** das Ganze kombiniert mit einem Spaziergang oder einer Radtour - mehr „summer feeling" geht nicht! → **S. 149 und 139**

Wo und was essen und trinken?

Kürbishof in Altrei: Neben feiner Südtiroler Küche und einem stilvoll-rustikalen Ambiente lässt sich hier eine Tasse des geheimnisvollen Altreier Kaffees genießen. Mit Espresso hat er nicht viel zu tun, dafür mit Lupinen umso mehr → **S. 184**

Rottenburger Keller in Kaltern: Klasse renoviertes Weinlagerhaus oberhalb des Dorfplatzes mit großer Pizzaauswahl und Südtiroler Küche. → **S. 158**

Schwarz Adler in Kurtatsch: Raffiniert verfeinerte Südtiroler und mediterrane Küche, riesige Steaks. Der historische Gasthof wurde zurückhaltend renoviert – schlicht und schön. → **S. 166**

Gemeinde Eppan

Eppan – der Name steht für die Überetscher Ansitze, diese Landhäuser und Schlösschen, die sich reiche Händler und Adelige in der Renaissance und im Barock bauten. In Eppan sind Dutzende davon attraktiv in der idyllischen Weinbergslandschaft verteilt.

16 eng beieinanderliegende Dörfer und Weiler sowie zahlreiche Einzelhöfe sind in der Gemeinde Eppan zusammengefasst. 67 Ansitze (→ Kasten, S. 135) gibt es im Gemeindegebiet, fast alle zwischen 1550 und 1650 in einem Mischstil aus spätgotischen Elementen und Renaissanceformen errichtet, dem *Überetscher Stil*. Die Besitzer dieser Ansitze lebten überwiegend vom Weinbau, sei das nun direkt durch Weingüter oder indirekt durch Zins und Pachtgelder von Weinbauern. Heute sind die Schlösser und Ansitze die größte Sehenswürdigkeit.

Unter den nicht nur Bergsteiger und Bergwanderer faszinierenden Felswänden und Steilhängen des **Mendelkamms,** die Eppan überragen, erstreckt sich ein breiter Mischwaldgürtel mit vielen schönen Wanderwegen, darunter dem **Eppaner Höhenweg.** Tiefer liegt das besiedelte Gebiet von Eppan, das etwa in **Perdonig** weit über die Weinzone hinausragt, aber im Wesentlichen von Weinbergen geprägt ist. Es ist windgeschützt und warm, die Hänge blicken nach Süden und Südosten. Nicht nur die Schlösser und Ansitze zeugen von der Attraktivität, die Eppan schon früher hatte, Burgen und Burgruinen, vor allem das **Eppaner Burgendreieck** mit **Hocheppan, Boymont** und **Korb,** zeigen, dass auch die Herrschaft Tirols sich hier gerne niederließ. Eine Zeit lang schien es im Mittelalter sogar, als ob Hocheppan Schloss Tirol den Rang ablaufen würde (dann würden wir heute Südeppan besuchen und nicht Südtirol). Aber dann setzten sich doch die Herren von Tirol im Land durch und nicht die Eppaner.

Sehenswertes/Ausflüge

Schloss Sigmundskron „MMM Firmian": Die so minimalistisch wie intelligent restaurierte Ruine wurde gegen venezianische Söldner erbaut, als diese im Spätmittelalter (15./16. Jh.) zu Zeiten Kaiser Maximilians noch eine Gefahr darstellten. Später vergaß man sie, was hatte sie noch zu verteidigen, nachdem Tirol-Österreich eine Großmacht und Venedig eine immer weniger bedrohliche und schließlich sogar (1797–1866) von Österreich geschluckte Macht geworden war? Für die Geschichte der Autonomen Region Südtirol wurde die Ruine zum Wahrzeichen für die kulturelle, sprachliche und administrative Eigenständigkeit der Deutsch-Südtiroler, als dort im Jahr 1957 jene große Kundgebung unter dem Motto „Los von Trient" stattfand, die letztendlich die Entwicklung zur heutigen Autonomie ins Rollen brachte (→ S. 596).

Seit *Reinhold Messner*, umtriebig und ideenreich wie immer, in der Burg sein „Messner Mountain Museum Firmian" eingerichtet hat (Eröffnung 2006), haben die ursprünglichen Unkenrufe vieler Südtiroler (die in der Messner-Gründung einen Ausverkauf sahen) so ziemlich aufgehört, denn das Ergebnis, eine begehbare und teilrekonstruierte Ruine, spricht für sich. Über einem „Tanzplatz der Götter" wachen mythische Standbilder, außerdem sind Figuren aus verschiedenen Bergkulturen der Welt zu sehen.

Sigmundskron ist nur ein Standort seines insgesamt sechsteiligen MMM-Projekts (Messner Mountain Museen), die anderen Standorte sind der Monte Rite in der Provinz Belluno, Juval, Sulden, die Stadtburg in Bruneck („Ripa") und seit 2016 der Kronplatz mit dem von Zaha Hadid entworfenen futuristischen „Corones".

Auf SS 42 in Richtung Eppan, nach Kreuzung mit SS 38 (Bozen – Meran) links zur Ruine. Alternativ auf dem Radweg Eppan – Bozen auf

Die Südtiroler Weinstraße

Von Nals im Burggrafenamt und von Bozen über Sigmundskron nach Salurn durchzieht die „Südtiroler Weinstraße" die wichtigsten Weingebiete im südlichen Südtirol. Ein Gratis-Faltblatt mit den Anschriften der Kellereien entlang der Südtiroler Weinstraße und einem Übersichtsplan ist in den Tourismusbüros erhältlich. Jedes Jahr gibt es mehr Veranstaltungen um den Wein. Besonders erwähnenswert sind die Südtiroler Weinstraßenwochen von Ende April bis Ende Juni. Es gibt Verkostungen, Weinschulungen, Konzerte, Führungen durch Weingärten und Veranstaltungsschwerpunkte wie die Blauburgundertage. Das Programmheft gibt es ab Jahresbeginn in den Tourismusbüros.

der ehemaligen Bahntrasse. Geöffnet 3. So im März bis 2. So im Nov. Fr–Mi 10–18 Uhr, Eintritt 15 €, erm. 13 €, Kinder 6–18 J. 6 €. ✆ 0471/631264, messner-mountain-museum.it.

Das „Eppaner Burgendreieck": Von Missian aus, aber auch von St. Pauls kann man zu den drei Burgen in Aussichtslage aufsteigen: **Burg Hocheppan, Schloss Korb** und **Ruine Boymont.** Zusammen bilden sie das „Eppaner Burgendreieck", Wahrzeichen der Gemeinde und des gesamten Überetsch und Symbol für dessen bedeutende Vergangenheit.

Burgendreieck-Rundwanderung: Als Wanderung ab Missian nimmt man Weg 9, der durch Weinberge und Laubwald bis *Schloss Eppan* führt (1 Std.). Von dort Weg 9 a hinunter in eine Schlucht und jenseits auf Treppen in Waldgebiet und dann auf Fuhrweg bis Boymont (0:45 Std.). Von dort auf Fahrweg hinunter nach Schloss Korb und auf dem Nussbaumerweg nach St. Pauls bzw. auf der erreichten Straße zurück nach Missian (1 Std.; insgesamt 2:45–3 Std.).

Burg Hocheppan: Tirol könnte genauso gut Eppan heißen. Schließlich waren die Grafen von Eppan, als sie unter *Ulrich II.* etwa von 1125 bis 1130 ihre große, neue Burg Hocheppan bauen ließen, mindestens so mächtig wie die mit ihnen um die Vorherrschaft im alten fränkischen Gau Bozen konkurrierenden Grafen von Tirol in ihrer Burg oberhalb von Meran. Erst nachdem *Heinrich der Löwe* die Eppaner nach deren Übergriff auf eine päpstliche Reisegruppe besiegte und empfindlich in ihren Rechten beschnitt (sie waren zwar Welfen wie er, aber was sollte er gegen einen päpstlichen Befehl unternehmen – und außerdem war es politisch opportun), bekamen die Grafen von Tirol die Oberhand im Land, das sich später – erheblich erweitert – nach ihnen benennen sollte.

Ein 30 m hoher Bergfried und der dreistöckige Palas sind die auffälligsten Teile der Anlage, die strategisch so angelegt war, dass man von dort aus angeblich 36 Burgen und Burgruinen sehen kann. Künstlerisch bedeutend ist nur die frei stehende *Burgkapelle,* diese aber auf höchstem Niveau. Sie enthält einen *romanischen Freskenzyklus* wahrscheinlich byzantinischer Meister oder solcher mit Kenntnis der byzantinischen Tradition.

Die Burgkapelle von Hocheppan

Der „Ansitz" im Überetsch

Nicht nur im Vergleich mit dem restlichen (Süd-)Tirol ist das Überetsch ein gesegnetes Land, mild und südlich warm, wo Feigen reifen und Weinberge ein sanftes Hügelland überziehen. Die über den Brenner und den Ritten nach Süden reisenden Deutschen, die adeligen Ritter, die Kaiserzüge nach Rom, die Heere und Händler erlebten dieses Land als einen Vorgeschmack auf Italien. Wer hier Besitz hatte, konnte sich zurücklehnen und auf Klima und Boden vertrauen. Denn der Weinhandel über die Alpen kam selbst in unruhigen Zeiten nicht zum Erliegen. Seit dem Spätmittelalter bauten sich die Herren und die Besitzer von Grund und Boden im Lande – nicht unbedingt Adelige, in vielen Fällen auch reiche Handelsherren etwa aus Bozen – nicht mehr Burgen wie Hocheppan, sondern eine Art befestigte Landhäuser.

Ansitz ist das Südtiroler Wort für einen Landsitz des niederen Adels, wie man sie ganz besonders im Überetsch noch heute zu Dutzenden findet. Unter habsburgischer Herrschaft entwickelte sich ein eigener Überetscher Stil: Im Gegensatz zu Venedig – das die Grundbesitzer des Überetsch durchaus im Blick hatten – gab es keine überragenden Architekten wie Palladio und Vincenzo Scamozzi, die Ordnung in die Entwicklung brachten. So entwickelte sich hier ein Stil, der alle Elemente gleichzeitig duldete, ja bewusst mischte. Es entstanden Ansitze mit oft burgenartigem Äußeren um einen Innenhof herum, mit gotischen Erkern und fast idealen Renaissancefenstern im lombardischen Stil, mit engen, mittelalterlich wirkenden Gängen und Stiegenhäusern mit Kreuzgrat- oder Tonnengewölbe, mit repräsentativen Sälen im Renaissancedekor mit Stuck, Fresken, Täfelungen, aufwendigen Kassettendecken, elegante Arkaden, aber auch zinnenbestückte Wehrtürme mittelalterlichen Typs. Fast alle haben als Erkennungsmerkmal den Erker. Besonders der Eppaner Ansitz Thalegg zwischen St. Pauls und St. Michael ist ein wahres Bilderbuch des Überetscher Stils! Sehenswert sind auch der Ansitz Paschbach in Berg, Schloss Englar in Gand, Schloss Moos, Schloss Gandegg, Ansitz Kreith, Ansitz Stofferin, Castel Ringberg (ein Gut der berühmten Winzerin Elena Walch), Ansitz Löwengang in Magreid, Ansitz Wohlgemuth in St. Michael und viele mehr.

Besonders interessant ist die Mittelapsis, in der eine thronende Madonna mit einem ziemlich großen Jesuskind auf dem Schoß von Engeln flankiert wird. Diese sehr formale Darstellung erinnert in Ausführung an eine Ikone. Ganz anders die törichten (links) und die klugen Jungfern (rechts) im Fries darunter. Die Letzteren sind ausgesprochen schick und nach der letzten Mode gekleidet und haben in der Art, wie sie locker stehen, etwas von Mannequins während einer Modeschau. Einzelne Details, die ebenso von der byzantinischen Norm abweichen, lassen vermuten dass auch lokale Meister ihre Hand im Spiel hatten, vor allem ist die Darstellung einer Knödelesserin im Bild von Christi Geburt ein echter Realitätshit – das Fresko ist übrigens der älteste Hinweis auf die lange Tradition der *Knödel* in der Tiroler Küche. An der Außenwand fällt eine große Jagdszene ins Auge. Die sehr naturalistische Szene wird nicht als reine Jagddarstellung gedeutet, sondern als Höllenfahrt des Dietrich von Bern. Dieser war als Arianer in den Augen der Kirche ein Ketzer gewesen und zur Hölle verdammt. (Rechts vom Haupteingang von San Zeno in Verona befindet sich eine vergleichbare Darstellung, die Szene in Hocheppan könnte sich darauf beziehen.)

Etwas unterhalb der Burg steht, so weithin sichtbar wie Hocheppan selbst, der letzte erhaltene der vier Wachtürme, der schlanke, hohe Kreideturm.

Burg: April bis Anfang Nov. Do–Di 10–18 Uhr, im Okt. kein Ruhetag. Nähere Infos zu Führungen und Preisen im Tourismusbüro Eppan oder unter ✆ 0471/662206. Vom Parkplatz zu Fuß ca. 40 Min.

Burgschenke: Passend zum „Knödelfresko" liegt der kulinarische Schwerpunkt auf – Knödeln! Zur Törggelenzeit besser vorher anrufen, ✆ 333/6698212, hocheppan.it.

Ruine Boymont: Die Herren von Boymont, Ministerialen der Eppaner und von ihnen abhängig, ließen ab 1230 für sich unterhalb von Hocheppan eine Burg erbauen. Die heutige Ruine (die Burg wurde 1425 durch Brand zerstört) zeigt noch sehr genau die ursprüngliche Konstruktion, die später nicht mehr verändert wurde. Ein großes Rechteck von 45 auf 31 m, ein massiver Bergfried und zwei große, übereinander liegende Säle, in denen die Herrschaft wohnte. Von der Ausgestaltung haben sich nur die Fassungen der Rundbogenfenster mit ihren zierlichen Säulchen erhalten.

Fußweg/Essen: Von Schloss Korb (unterhalb des Schlosses großer Parkplatz) zu Fuß ca. 30 Min.; *Burgschenke Boymont*, drinnen im Innenhof der Ruine schmeckt die Merende an den rustikalen Tischen besonders gut, wer dann auch noch die Törggelenzeit mit ihren gebratenen Kastanien für den Besuch ausgewählt hat, wird sich sicher lange daran erinnern. April bis Allerheiligen, Mo Ruhetag (nicht im Okt.), ✆ 366/8113338.

Schloss Korb: Wer das heutige komfortable Hotel besucht, das geschickt in den ursprünglichen Wohnturm integriert und um ihn herum gebaut wurde, kann sich kaum vorstellen, dass in der Bauzeit um 1240 nicht nur eine Adelsfamilie, sondern wahrscheinlich auch Gesinde und Soldaten im Turm wohnten. Die Burg ging durch mehrere Hände, u. a. besaßen sie eine Zeit lang die Bozner Vintler, die auch Runkelstein ihr Eigen nannten. Die Umwandlung zum Schlosshotel, die erst vor einer Generation erfolgte, hat dem Bau neues Leben gegeben.

▪ Das Innere des Turms kann nur der Hotelgast, der eines der Zimmer bucht, besuchen, vom Gang an der Rezeption guter Blick auf den Turm. Restaurant im Schloss Korb, kein Ruhetag, ✆ 0471/636000; Hotel Schloss Korb → S. 146.

St. Pauls: Eher die Ausmaße eines Doms hat die **Dorfkirche** mit ihrem 86 m hohen Turm. Für das kleine, wenn auch wohlhabende Weindorf St. Pauls muss die Errichtung dieser Kirche ein gewaltiger Kraftakt gewesen sein, man fragt sich, wen man damit beeindrucken oder gar übertrumpfen wollte. Die spätgotische Kirche (1461–1552) besitzt einen eindrucksvollen Umgangschor mit schönem Chorgestühl von ca. 1600. Eindrucksvoll vor allem auch die Fassade, die 1514 von einem Augsburger Meister entworfen und errichtet wurde und schönen plastischen Schmuck besitzt.

Am Aichweg wurden ab 2005 die spektakulären Grundrisse einer **römischen Villa** ausgegraben (auf Google Maps deutlich erkennbar!). Zahlreiche Mosaike, Fresken und Reste einer Fußbodenheizung kamen zum Vorschein. Bislang wurden 27 Räume erfasst, vermutlich war die Villa noch erheblich größer. Sie soll als Museum der Öffentlichkeit zugänglich gemacht werden und ist nur das prominenteste Beispiel einer Vielzahl römischer Funde, die in, um und vor allem unter der Erde von St. Pauls ausgegraben wurden.

■ Die Kirche ist tgl. geöffnet.

St. Michael: Das alte Dorf mit seiner schmalen Hauptgasse, die von alten Hausfassaden flankiert wird, ist von Ansitzen förmlich eingekreist. Dazu

Überetsch und Unterland → Karte S. 132

Spachteln unter Sternen – die Gastliche Tafel in Eppan

Gastronomisch lassen sie sich ja einiges einfallen, die Südtiroler. Aber unter freiem Himmel in der mittelalterlichen Gasse in St. Pauls mit 340 anderen Gästen an einer über 130 m langen Tafel dinieren – das ist schon das, sagen wir mal, Tüpfelchen auf dem „i“. Seit über 20 Jahren findet dieses Ereignis immer Ende Juli statt. 5-Sterne-Köche aus der Region kreieren das Menü. Zuvor präsentieren sich ausgesuchte Winzer am einen Ende der Tafel, man schlürft Sekt oder Wein, plaudert, und dazu spielt Blasmusik. Die halbe Eppaner High Society ist anwesend, das kleine Schwarze ist ebenso vertreten wie legere Freizeitkleidung. Für ein paar Auswärtige reicht der Platz auch noch, es geht international zu. Das Essen ist fantastisch, aber der Mehrwert besteht zweifelsohne im Ambiente. Es ist eine Schau, wie flink wieselnde Kellner es hinbekommen, 340 Teller fast gleichzeitig zu servieren. Zu jedem Gang gibt es einen eigenen Wein, und nachgeschenkt wird schneller, als man austrinken kann. Das Motto der Tafel ist Begegnung, und im Laufe des Abends werden die Gespräche mit den Sitznachbarn stetig angeregter. Gegen Mitternacht ist das Spektakel vorbei.

Die Tafel ist extrem beliebt. Deshalb sollte man frühzeitig im Internet nachsehen, ab wann gebucht werden kann – die Plätze sind schnell weg. Infos und Buchung unter eppan.com.

Gleich geht’s los

zählen *Haus Wohlgemuth* bei der St.-Anna-Kirche mit Mittelerker und Renaissance-Zwillingsfenstern und *Ansitz Thalegg* in der Maderneidstraße mit Zinnen, Loggia und Freitreppe. Hoch über dem Ort liegt die mittelalterliche *Burg Moos-Schulthaus*, die das eindrucksvolle *Museum Südtiroler Wohnkultur* beherbergt. Der Bergfried, der massige Hauptturm, wurde als ältester Teil der Anlage um 1270 noch mit spätromanischen Elementen erbaut. Das Museum zeigt erst um 1960 entdeckte gotische Fresken, darunter der sehenswerte Zyklus des „Katzen- und Mäusekriegs", eine gotische Stube mit Balkenwalmdach, eine Original-Rauchkuchl und eine Menge mittelalterliches Original-Inventar. Die Burg wurde um 1550 im Überetscher Renaissancestil umgebaut. Von außen sollte man sich *Schloss Freudenstein* ansehen, erbaut im 13. Jh., Neubau 1519; Anfang des 20. Jh. wurde es im spätgründerzeitlichen Geschmack renoviert, Bauherr war der damaligen Besitzer, Baron Seibald, der u. a. als Botschafter des Deutschen Reichs in Japan tätig war.

Ansitz Thalegg, Mittelerker

▪ **Museum Ansitz Moos-Schulthaus (Museum für mittelalterliche Wohnkultur),** Ostern bis Okt., Führungen nur nach Voranmeldung Di–Sa, Eintritt 7 €, erm. 5 €. Schulthausweg 4, Eppan-Berg, ✆ 0471/053906, moos-schulthaus.it.

Die Eislöcher bei Eppan: Am oberen Ortsrand von Eppan liegt mitten im warmen Flaumeichen- und Hopfenbuchenwald auf 510 bis 527 m Meereshöhe ein Biotop, in dem die übliche Vegetationsfolge auf kleinstem Raum umgekehrt ist. Hier steigt man aus dem submediterranen Buchenwald durch subalpinen Fichten- und Lärchenwald in Mulden hinunter, in denen Alpenrose, alpine Moose und Farne, Scheuchzers Glockenblumen und andere typisch alpine Pflanzen vorkommen. An manchen Felsblöcken hängt auch im Sommer ein Eiszapfen. Ein eiskalter Wind kommt unter den Blöcken hervor, es bleibt den ganzen Sommer über alpin-kalt, während es ein paar Dutzend Meter höher vielleicht 25 °C hat. Dieses interessante Temperaturumkehrphänomen ist möglich, weil kalte Bergluft unter lockerem Felssturz- und Bergrutschmaterial den Berghang unterirdisch herabdringt, ohne sich dabei zu erwärmen. Am Boden der Mulde tritt sie aus und kann nicht abfließen, ein an die 5 m hoher Kaltluftsee bleibt permanent in der Mulde, da eine Erwärmung wegen der ständig nachfließenden Kaltluft nicht möglich ist. So können hier nur Pflanzen überleben, die alpine Klimabedingungen gewöhnt sind – wie ihre Vettern 1000 bis 2000 m höher!

Von Eppan auf den Mendelpass: Die Straße auf den Mendelpass 1300 m über Eppan wurde 1880–1885 errichtet und war damals eine bedeutende Leistung im Gebirgsstraßenbau. Die Fahrt ist nach wie vor eine eindrucksvolle Erfahrung, vor allem im zweiten Teil, wenn man förmlich durch die Felswand aufwärts geführt wird. Zusammen mit der Straße über den Gampenpass ermöglicht sie eine fantastische

Rundfahrt von Eppan: auf den Mendelpass, hinunter ins Nonstal nach Fondo, über den Deutschnonsberg (Unsere Liebe Frau im Walde) nach Lana und von dort auf der Südtiroler Weinstraße zurück nach Eppan.

▪ Zum Pass und seiner Umgebung → Kaltern/Mendelbahn.

Der Montiggler Wald und die Montiggler Seen: Die beiden Seen mitten im großen Montiggler Wald sind nur außerhalb der Badesaison idyllisch, wenn sich dort Wanderer, Jogger und Radfahrer auf den vielen Wegen tummeln, ohne dass es irgendwo eng wird. Im August jedoch umlagert badewütiges Volk die recht flachen und daher bald aufgewärmten Seen. (Großes Freibad und Hotel am Großen Montiggler See, kleines Bad mit Jausenstation am Kleinen Montiggler See).

Um den Kleinen Montiggler See führt ein **Botanischer Lehrpfad** mit hübschen, handgemalten Tafeln, ein Werk zweier Klassen des humanistischen Gymnasiums „Walther von der Vogelweide" in Bozen.

Ganz einsam liegt südlich des Montiggler Waldes auf einem isolierten Basaltfelsen die **Ruine Leuchtenburg,** die man von der Autobahn aus besser sieht als vom Überetsch. Die Burg wurde um 1250 von den Herren von Rottenburg erbaut, die zur damaligen Zeit Vögte des Gerichtes Kaltern waren (sie gehört auch heute administrativ zu Kaltern). Wer auf recht steilem Steig zur frei zu besichtigenden Ruine hinaufsteigt, entdeckt die Reste einer *prähistorischen Wallanlage,* die den gesamten Berg umgibt, die aber in dem dortigen niedrigen Flaumeichenbuschwald oft nicht gut auszumachen ist.

▪ Zu den Montiggler Seen fährt im Sommer der **See- und Wanderbus** von Altenburg/Kaltern und Girlan; **Jausenstation Kleiner Montiggler See** **20** (→ Karte S. 144/145), geöffnet Ostern bis Okt., ✆ 0471/663127, kleinermontigglersee.com.

Das Frühlingstal bei Montiggl: Zwischen dem Großen Montiggler See und dem Kalterer See verläuft ein von Eiszeitgletschern ausgeformtes breites Tal, das wegen seiner auffallend artenreichen und bunten Frühjahrsvegetation Frühlingstal genannt wird. Hopfenbuchen, Mannaeschen, Edelkastanien, Eichen und Steinweichsel an trockenen Stellen, an Bachläufen Schwarzerlen, sind im frühen Frühjahr noch blattlos und erlauben dann einen reichen Unterwuchs. Zwischen dem Großen Montiggler See und dem Ort Montiggl ist dieses Naturparadies leider durch landwirtschaftliche Nutzung und Straßenbau fast zerstört worden, weiter in Richtung Kalterer See jedoch sind im natürlich bewaldeten Teil des Frühlingstals wunderschöne Biotope erhalten (in den Aufforstungsgebieten der Douglastanne hingegen ist der Bodenbereich praktisch vegetationslos). Die Blütezeit von Schneeglöckchen und Frühlingsknotenblume, Leberblümchen und Stengelloser Primel, Seidelbast und Buschwindröschen ist der März. Zu dieser Jahreszeit ist bereits oft der Zitronenfalter zu sehen. Das Frühlingstal ist ein nach Landesgesetz geschütztes Biotop.

■ **Fußweg:** Großer gebührenpflichtiger Parkplatz an der Straße Eppan – Montiggl etwas oberhalb von Eppan, von dort Weg nach Montiggl nehmen, wo die Beschilderung „Frühlingstal" beginnt.

Tour 6: Wanderung oder mit dem Rad von Girlan über die Montiggler Seen nach Kaltern[GPS]

Tour-Info: Durch den Montiggler Wald und zu den Montiggler Seen führt diese gemütliche Radtour oder Wanderung zwischen Eppan/Girlan und Kaltern. Die Tour führt an der autofreien Seite der Montiggler Seen entlang und durch den oberen Teil des Frühlingstals. Länge der Radtour 13,7 km, der Wanderung ca. 15,5 km (Girlan–Kaltern); Dauer mit dem Rad 1:15–1:30 Std., zu Fuß 4–4:30 Std.; Höhenunterschied ↑ 180 m, ↓ 210 m. Karte: Tabacco (1:25.000) Blatt 49. Mehrere Gaststätten am Weg.

Von Eppan-St. Michael aus nimmt man die Straße oder den Maria-Rast-Weg (von der Information in St. Michael nach rechts auf die J.-G.-Plazer-Straße, erste rechts und immer geradeaus bis zur Maria-Rast-Kapelle, dort auf für Pkw gesperrtem Weg über die Umfahrungsstraße, man kommt am Ortsrand von Girlan an) nach Girlan, wo unsere Tour vor der Kirche des Dorfs **A** beginnt. Mit Blick auf die Kirchenfassade wendet man in die rechts beginnende Straße und hält sich bei der folgenden Einmündung in eine lebhafter befahrene Straße **B** links. Bei der folgenden Gabelung **C** nach links auf die Schreckbichler Straße und dieser folgend auf einen sanften Höhenzug mit dem Weiler Schreckbichl mit Kapelle **D.** Zwei Buschenschanken laden zur (hier für uns etwas frühzeitigen) Rast. Die Straße ist noch ein Stückchen asphaltiert, am Waldrand beginnt dann in der Fortsetzung eine recht gute, aber nicht geteerte Forststraße **E.** Der Montiggler Wald empfängt uns, es geht leicht bergauf, man erreicht einen Forststraßenstern **F,** wo man sich links hält. Kurz darauf zweigt rechts ein beschilderter und markierter Fußweg ab, den Wanderer benützen, die Radler bleiben auf der Forststraße, die im Bogen bergan führt, der nur 300 m lange Wanderabschneider mündet rechts. Zwei Abzweigungen schmalerer Forststraßen werden in der Folge nicht beachtet (bei Gabelung „Hirschplatz" links), dann erreicht man nach kurzem Abstieg eine Schranke und die Forststraße mündet in eine Seeuferstraße **G** – wir sind am Kleinen Montiggler See angekommen, rechts befindet sich eine Jausenstation.

Der weitere Weg für Wanderer: Linksbündig (im Uhrzeigersinn) um den Kleinen Montiggler See entlang, die Straße endet, ein Weg mit Markierung 1A führt weiter. Knapp bevor sich die Seerunde schließt, biegt der Weg nach links ab und führt als schmaler Weg zum Großen Montiggler See. Dort erreicht man ein Sträßchen, dem man wieder linksbündig folgt, auch dieses setzt sich später als schattiger Waldweg fort, der durch den schönen Kiefern-, Buchen- und Lärchenwald dieser Zone führt (die ungewöhnliche Misch-

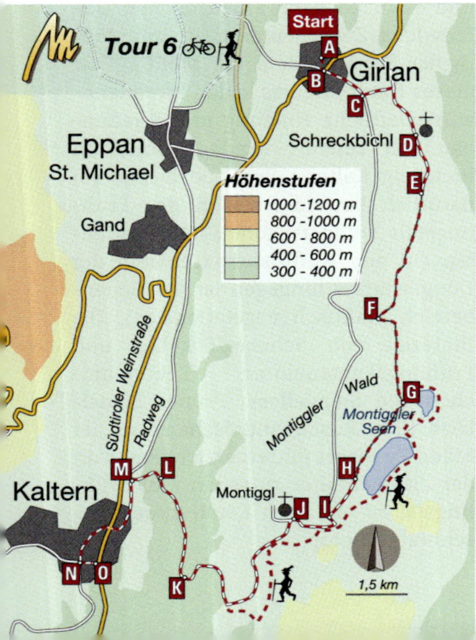

wald-Zusammensetzung gilt als seltener Rest nacheiszeitlicher Vegetation). Am Südufer angekommen, geht man am dort beginnenden Zufahrtssträßchen nicht nach rechts zur Autostraße, sondern geht in etwa gleicher Richtung weiter auf Weg 20, der durch das ausgedehnte Sumpfgebiet im Verlandungsbereich des Großen Montiggler Sees führt (Schilder „Frühlingstal"). Man folgt diesem deutlich markierten und beschilderten Weg ca. 2,5 km. Er bleibt bis auf die letzten 300 m auf der linken Seite des Bachs. Wo er dann eine asphaltierte Straße kreuzt, wenden wir uns auf dieser nach rechts und erreichen nach 250 m die Einmündung einer von rechts kommenden, ebenfalls asphaltierten Forststraße **K.**

Der weitere Weg für Radfahrer: Rechts weiter auf der Seeuferstraße, man passiert – ohne Ausblicke, für die muss man den Wanderweg gehen – den Kleinen und den Großen Montiggler See, erreicht dann die zur Badezone (und zum Hotel Sparer) führende breite Autostraße **H,** der man nun nach rechts folgt. Das Hotel Moser am See bleibt links, die Schilfzone im Verlandungsgebiet des Großen Montiggler Sees endet, die Asphaltstraße macht eine scharfe Rechtskurve. Hier noch vor der Kurve **I** nach links auf ein Sträßchen, das in die Ortschaft Montiggl **J** führt. Dort noch vor der Kirche nach links hinunter auf asphaltierte Forststraße („Unterberg"), flotte Fahrt, dann im Wald Einmündung in eine etwas breitere, ebenfalls asphaltierte Forststraße **K.**

Von der Einmündung **K** auf der asphaltierten Forststraße weiter, abwärts durch Wald in ein wasserloses Tal, das von Eppan/Gand herunterziehende Lavasontal, das im unteren Teil zum Kalterer See führt. Wo der Talboden erreicht ist, Linksknick **L** und rechts zwei Wege, der linke der beiden („Lavasonweg") ist für Wanderer wie für Radfahrer geeignet, er führt nach Gand und somit nach Eppan. Wir gehen oder fahren jedoch ganz links weiter, recht steil geht es hinauf zur alten Bahntrasse, die Straße wird unten durch geführt. Auf der anderen Seite steht man am Ortsrand von Kaltern, rechts verläuft die Weinstraße, links mündet der Radweg (die Bahntrasse) von Eppan. Hier **M** nicht die Weinstraße überqueren, sondern leicht links versetzt weiter auf der Bahnhofstraße (am Ende liegt links der alte Bahnhof) bis zu einem Verkehrskreisel, wo man relativ gefahrlos auf die andere Seite wechseln kann. Oder man quert erst gar nicht, sondern wartet an der Haltestelle auf den nächsten Bus nach Eppan. Auf der anderen Seite fährt man als Radler am besten die schräg nach links führende Straße in Richtung Mitterdorf hinauf (Maria-Theresien-Straße) und wendet sich oberhalb des Dorfkerns von Kaltern nach links zum breiten Rottenburger Platz **N,** wo man die einigermaßen steile Straße Paterbichl zum Dorfplatz hinunter nimmt **O.**

Überetsch und Unterland → Karte S. 132

Basis-Infos

Information **Tourismusverein Eppan,** Büro im Zentrum von St. Michael, April bis Okt. Mo–Fr 9–18 Uhr, Sa 9–13 Uhr, ab Nov. Mo–Do bis 17, Fr bis 12.30 Uhr. Eppan/Appiano, Rathausplatz 1, ✆ 0471/662206, eppan.com.

Verbindungen **Pkw:** Die Strecke von Bozen über Eppan nach Kaltern ist gut ausgebaut. Der locker gebaute Ort hat Parkmöglichkeiten an vielen Stellen. **Bus:** gute Verbindungen mit Bozen und Kaltern sowie Auer und Neumarkt; innerorts Citybuslinien, die Verbindung zum Bahnhof Sigmundskron ist an den Fahrplan der Bahnlinie Bozen – Meran angepasst. Sehr guter, leicht zu fahrender **Radweg** Bozen – Eppan – Kaltern auf der ehemaligen Bahntrasse.

Veranstaltungen Der Tourismusverein veranstaltet regelmäßig Wanderungen und Führungen, Gastronomie- und Weinevents, Infos und Anmeldungen beim Tourismusverein.

Kinder: Von Juli bis September bietet der Tourismusverein ein abwechslungsreiches Aktiv- und Erlebnisprogramm unter Beteiligung zahlreicher Eppaner Betriebe an, z. B. Burgenwanderungen, einen Besuch der Feuerwehr u. v. m. In der Vorweihnachtszeit zeigt St. Pauls seine Krippenausstellung mit rund 100 Krippen. Die beleuchteten Krippen sind hinter Fenstern, in Nischen, auf Erkern und in Höfen zu bewundern – ein einmaliges Schauspiel! Die Krippen sind handgefertigt und nicht zum Verkauf bestimmt. An 2 oder 3 Terminen gibt es eine „Lebende Krippe" mit Laiendarstellern zu bewundern.

Sport & Freizeit **Fahrradverleih/-touren:** Verleih bei Sanvit Bike, Sillweg 70 (Umfahrungsstraße), sanvit.com, E-Bikes bei E-Bike-Verleih, Laubendurchgang. 16, e-bikeverleih.it. EppanBike bietet geführte Touren sowie Fahrtechniktraining an, Infos und Tourenvorschläge über den Tourismusverein, eppanbike.it.

Baden/Schwimmen: Lido am Großen Montiggler See mit Sportbecken, Kinderbecken und -animation sowie großer Rutsche, ab Ende Mai geöffnet.

Golf: „The Blue Monster" nennt sich der Golfplatz unterhalb von Eppan, das 10.000 m² große Gelände mit dem architektonisch gelungenen Hotel „The Lodge" ist auch nicht zu übersehen. Das Areal umfasst eine 9-Loch-Anlage, Hotel und Restaurant. Unterrainerstr. 74, ✆ 0471/1888164, golfandcountry.it.

Einkaufen

Lebensmittel/Märkte **Bioprodukte** im Bio Paradies (Reformhaus und Naturkost), darunter auch **Bio-Ultner-Brot.** St. Michael, Albertus-Magnus-Platz 5.

Das Brot der **Bäckerei Plazotta** in St. Michael, J.-Innerhofer-Str. 44 wird sehr gerühmt, mehrere Filialen.

Supermarkt: großer Despar in St. Michael, Bahnhofstr. 8.

Markt: am Mo in St. Pauls, am Di in St. Michael, am Do in Girlan.

Spirituosen **Fischerhof,** Hofbrennerei der Winzerfamilie Mauracher. 40 verschiedene hauseigene Brände und Liköre, 12 Sorten Grappa. Schreckbichl 12, Girlan, ✆ 0471/660627, fischerhof-mauracher.it.

Gutshofbrennerei Alfons Walcher, Südtiroler Edelbrände, die Brennerei hat unter der Marke Biostilla diverse Biobrände anzubieten. Walcher verkauft aber auch verschiedene hochwertigste kaltgepresste Olivenöle aus ganz Italien. Auch Betriebsbesichtigung und Verkostung, Anmeldung und Infos zum Betrieb unter ✆ 0471/631145, Pillhofstr. 99, Frangart, walcher.eu, biostilla.com.

Wein **Weingut K. Martini & Sohn,** Weine in mehreren Qualitätsstufen aus eigenem Anbau, der Rosenmuskateller besonders fein und aromatisch, interessanter Lagrein. Lammweg 28, Girlan, ✆ 0471/663156, martini-sohn.it.

Weingut Gandberg, Bioweinanbau und Piwi-Weine. Schulthauserweg 1, Pigeno, ✆ 340/8242495, thomas-niedermayr.com.

Weinkellerei Schreckbichl, große Kellerei mit breit gefächertem Angebot, einige Weine auch als Lagenabfüllungen. Weinstr. 8, Girlan, ✆ 0471/664246, schreckbichl.it.

Kellerei Girlan, große Kellerei mit Weinen in 3 Qualitätslinien, auch Lagenweine, nicht nur Vernatsch. Stilvolle Vinothek in historischen Gewölben. St.-Martin-Str. 24, Girlan, ✆ 0471/662403, girlan.it.

Kellerei St. Pauls, alteingesessener Betrieb mit ausgezeichneten Weinen und Sekt, Gelegenheit zum Verkosten und Einkaufen in der hauseigenen Vinothek; Weinseminare, Weinbergbegehung und Kellerführung, Schloss-Warth-Weg 21, St. Pauls, ✆ 0471/1807700, stpauls.wine.

Kellerei St. Michael, großer Betrieb im gründerzeitlichen Ansitz seit 1907. Neben Konsumweinen in Stahltanks feine Kreszenzen aus dem Holzfass, Spitzenprodukte haben die Bezeichnung „Linie Sanct Valentin". Moderner Shop mit Degustation; Weine auch im Einzelhandel erhältlich. Umfahrungsstr. 17–19, ✆ 0471/664466, stmichael.it.

Übernachten

→ Karte S. 144/145

Wohin auch das Auge blickt – Eppans Ansitze werden als Hotels und Pensionen geführt. Die Gelegenheit, sich als Schlossherr oder Schlossherrin zu fühlen ...

Weitläufige Anlage: Sigmundskron

****** Stroblhof 5**, alter Ansitz und Weingut. Ausbau, Anbau, Zubau – der Mix hat eine Tradition, die bis ins 16. Jh. zurückreicht. Dennoch moderner Komfort und sehr gut ausgestattete geräumige Zimmer mit Stilmöbeln. Ruhe? Das Hotel liegt nahe Schloss Englar in den Weinbergen über St. Michael. Sport? Tennisplatz, Hallenbad, Sauna, Naturbadeteich, Kinderspielplatz. Pigenoer Weg 25, ✆ 0471/662250, stroblhof.it. **€€€€**

***** Ansitz Tschindlhof 8**, an den Ansitz mit seinen beiden ungleichen Türmchen grenzt der eigentliche (neuere) Hoteltrakt. Atmosphäre eines historischen Ansitzes von der Bibliothek/Rezeption im Hochparterre bis in die Zimmer, zum Tal Gartenterrasse mit altmodischen Wirtshausgartenstühlen, Park und Pool, Speisen in der getäfelten Stube mit großem Kamin. Bergweg 36, ✆ 0471/662225, tschindlhof.com. **€€€€**

***** Bad Turmbach 4**, Landgasthof/Pension mit vorzüglichem Restaurant (→ „Essen & Trinken") und schönen, teils renovierten Zimmern im 1. Stock im Anbau an das alte Haus (im Altbau ohne Balkon). Große Liegewiese, Pool, großzügiges Frühstücksbuffet. Turmbachweg 4, ✆ 0471/662339, turmbach.com. **€€€–€€€€**

***** Schloss Englar 7**, das Hotel in einem gotischen Schloss (15. Jh.) in gräflichem Besitz wurde vorbildlich saniert und 2020 zum historischen Gastbetrieb des Jahres gewählt. Stilvolle Zimmer im Schloss, der Garten mit alten Zedern – auch die abseits stehende Kapelle gehört zum Ansitz, Pool mit Liegewiese, ringsum Wein und Obst. Pigeno 42, ✆ 0471/662628, schloss-englar.it. **€€€€**

***** Schloss Paschbach 6**, das Garni im von außen wehrhaft wirkenden Renaissanceansitz (1248 erbaut, 1585 umgestaltet) bietet innen Komfort. Arkadengang zwischen den Innenhöfen, eine getäfelte Renaissancestube mit historischem Kachelofen. Frühstücksbuffet, im Grünen um den Ansitz Liegewiese. Bergweg 33, ✆ 0471/662588, schlosspaschbach.it. **€€€–€€€€**

******S Moser 19**, das schicke Gartenhotel gehört zu den Familienhotels und liegt absolut ruhig zwischen Weinberg, Obstgarten, Wiese und einen Katzensprung vom Großen Montiggler See entfernt. Der Wellnessbereich ist hell und großzügig. Mehrere Saunen, Thermarium, Kneipp-Becken, Beauty-Bereich, große Liegewiese. Für Kinder gibt es ein eigenes Becken, Spielplatz und Beachvolleyball, Spielzimmer und Animation. 2015 wurde der Komplex um einen weiteren Bau mit 13 Luxussuiten, neuer Saunawelt und Naturbadeteich erweitert. Das „Winter Ramus Montiggl" getaufte Haus ist als B&B konzipiert und hat, wie der Name sagt, auch im Winter geöffnet. Montiggler See 104, ✆ 0471/662095,gartenhotelmoser.com. **€€€€**

Überetsch und Unterland → Karte S. 132

Übernachten
1 Schmalzerhof
3 Schloss Korb
4 Bad Turmbach
5 Stroblhof
6 Schloss Paschbach
7 Schloss Englar
8 Ansitz Tschindlhof
9 St. Justina Hof
15 Camperstop
16 Schloss Warth Residence
17 Camping Montiggl
19 Moser am See
Essen & Trinken
2 Lipp
4 Bad Turmbach
5 Stroblhof
11 Zur Rose
18 Vinothek Pillhof
Cafés
10 Caramel
12 Mein Beck
13 Vinothek Schreckenstein
14 Peter Paul
20 Jausenstation Kleiner Montiggler See
Mendel
Kaltern
Eislöcher
Obere Gand
Mendelstraße
Untere Gand
Schulthauser Weg
Museum Schloss Moos
Schloss Englar
Schloss Gandegg
Pigeno
Gruber-Str.
Badlweg
Andreas-Hofer-Straße
Rittsteinw.
Lamprechtsweg
Weingüterweg
St. Michael
Umfahrungsstraße
Kalterer Straße
St.-Antonius-Weg
Sillweg
Bahnhofstraße
Kreuzweg
Wartl-Weg
Montiggler Straße
Weißhausweg
Lammweg
Montiggl
Sportzone Rungg
Runggweg
Großer Montiggler See
Kleiner Montiggler See
Schreckbich

Perdonig
Perdoniger Weg
1
2
Burg Hocheppan
Ruine Boymont
Schloss Korb
3
Hocheppaner Weg
Missian
Missianer Weg
St.- Justina- Str.
Nußbaum - Weg
9
Berg
Bergstraße
Doos - Weg
Kreuzstein
Schloss Freudenstein
4
6
Berg-straße
Matschatscher Weg
Platzlweg
Schloss Paschbach
Schloss Reinsperg
8
Aichweg
Beinspergweg
Krafußweg
Aich
Aichweg St.-Justina-Str.
Unterrainer Straße
Huberfeldweg
Maderneidstr.
Paulser Straße
13
Feld-weg
Feldweg
„Dom auf dem Lande“
14
Maderneid
Paulsner Höhle
Schulweg
Bozner Straße
Handwerkerstr.
Schloß-Warth-Weg
St. Pauls
Meran
Pillhofstraße
16
Bozner Straße
Mühlweg
Weinstraße
SS. 42
Schloss Sigmundskron (MMM Firmian), Bozen
18
Naunweg
Iritsch - Tal - Weg
St.-Florian-Straße
Heim-str.
Pranzoll-weg
Jesu-Martini-Str.
Markhof-weg
Markhofweg
Frangart
Bozner Straße
S.-Kerschbaumer Str.
Weinstraße
300 m
Gemeinde Eppan/ Appiano

***** St. Justina Hof 9**, schöne Lage schon außerhalb des Orts, man blickt von den Balkonen des Hotels auf die Landschaft und nicht auf die Nachbarn. Zur – wenig befahrenen – Straße Restaurant-Café mit Terrasse, nach hinten großer Garten und Liegewiese, kleine Sauna. Sehr gutes Frühstücksbuffet, freundliche Zimmer mit Balkon. Missianer Weg 4a, ✆ 0471/663137, ustinahof.com. **€€€–€€€€**

******S Schlosshotel Korb 3**, die Umwandlung von Schloss Korb, einem der drei Schlösser im Eppaner Burgendreieck, war ein Glücksgriff. Die Burg mit ihren Turmsuiten im Bergfried und der Neubau mit seinen auf ganz andere Art ebenso einladenden Suiten und Zimmern, eine Badelandschaft samt Infinity-Pool, Hallenbad und Sauna garantieren entspannenden Urlaub. Gelungen ist die mit Glas und Holz nicht geizende Verbindung von Turm und Anbau, amüsant das winzige Rezeptionsfenster. Eigene Weinkellerei Hocheppaner Weg 5, Missian, ✆ 0473/636000, schloss-hotel-korb.com. **€€€€**

Urlaub auf dem Bauernhof, Ferienwohnungen Schmalzerhof 1, der Hof liegt in Perdonig, im höchsten Teil von Eppan mit toller Aussicht. Spezialisiert auf Wanderer, einmal wöchentlich gibt es eine geführte Wanderung. 5 Ferienwohnungen, Apt. (2 Pers.). Perdonig 17, ✆ 349/6925520, schmalzerhof.it. **€€**

***** Schloss Warth 16**, eine Burg (von ca. 1250) in strategischer Lage, wuchtiger Bergfried, von dem man Überetsch und Unterland überblickt, Weinreben rundum, im Garten ein Pool – und Ferienwohnungen, teils schick und modern renoviert. Apt. für 2–6 Pers. Schloss-Warth-Weg 30, ✆ 0471/662850, schloss-warth.it. **€€–€€€**

Camping ** Montiggl 17**, der neue Platz an der Straße nach Montiggl fügt sich äußerst idyllisch in die Landschaft ein. Im zentralen Bereich befinden sich die ansprechenden sanitären Einrichtungen, Restaurant/Pizzeria, Minimarket und ein schöner Schwimmteich, ringförmig angeordnet drum herum die 80 Stellplätze. Gespann und 2 Pers. 42–63 €. Geöffnet Ostern bis Mitte Nov., der **Camperstop 15** ist ganzjährig offen (30 €/Tag). Montigglerstr. 62a, ✆ 0471/1808290, campingmontiggl.com.

Essen & Trinken

→ Karte S. 144/145

Zur Rose 11, in den beiden Räumen (Stube und eleganter Speisesaal) des mittelalterlichen Hauses isst man nicht die übliche Gasthausküche. Vielmehr wird italienischen Gerichten

Ziemlich viel Nachtisch ... gibt's bei der Eppaner Tafel

mit lokal-alpinen Anleihen, saisonalen und regionalen Zutaten sowie leichten Zubereitungen auf höchstem gastronomischem Niveau (Guide Michelin 1 Stern, 3 Gault-Millau-Hauben) neuer Pfiff gegeben (Chefkoch Herbert Hintner hat dazu mehrere Bücher veröffentlicht): Risotto mit Zitrone und Büffelmozzarella oder Kloazn-Ravioli mit Graukäse und ein fantasievolles Dessertangebot. So sowie Mo/ Do mittags geschl., Josef-Innerhofer-Str. 2, ✆ 0471/662249, zur-rose.com. **€€€–€€€€**

Bad Turmbach 4, der Landgasthof offeriert regionale Gerichte wie Käsenocken oder Kürbisravioli und Fisch- und Fleischgerichte. Auf der anderen Straßenseite besonders entspannend der Gastgarten unter Apfelbäumen. Eigene Forellen, eigener Weißwein. Di und Mi Ruhetag. Turmbachweg 4, ✆ 0471/662339, turmbach.com. **€€€**

Stroblhof 5, im stilvollen Restaurant des gleichnamigen Hotels werden Südtiroler und mediterrane Speisen serviert. Dazu gibt es Weine vom eigenen Weingut. Auf der üppig begrünten Gartenterrasse oder in der Vinothek im alten Kellergewölbe kann man den Abend wunderbar ausklingen lassen. Mo Ruhetag. Pigenoer - Weg 25, ✆ 0471/662250, stroblhof.it. **€€**

Lipp 2, traditionelles Essen und ein herrliches Panorama, Knödel und Nocken, Würste und Speck, aber auch Kaffee und Kuchen und zur Törggelenzeit Kastanien und neuer Wein. Mo und Di Ruhetag, Perdoniger Weg 30, ✆ 0471/662517, lipp.it.

Vinothek Pillhof 18, stilvolle Weinwirtschaft in einem Ansitz aus dem 15. Jh. mit Restaurant, Weinbar und Vinothek. Intelligente und große Weinkarte. Essen mediterran, Wein aus Südtirol – ein ideales Paar! Geöffnet Mo–Fr abends (ab 16 Uhr, Essen ab 18 Uhr), Sa/ So geschl., Bozner Str. 48, ✆ 0471/633100, pillhof.com.

Cafés & Weinbars **Allegra Weinbar Ansitz Schreckenstein 13,** ansprechende Weinbar & Bistro, ab 17 Uhr geöffnet Mo und Di Ruhetag. Unterrainer Str. 24, ✆ 339/6241592.

Peter Paul 14, Konditorei-Café, in der Weihnachtszeit eigene „Zelten“ (Tirol-Trentiner Lebkuchen) und typische Gebildbrote zu den Festen, Feldweg 20a (Fußweg ab Schreckensteinkeller), peterpaul.it.

MeinTipp **Mein Beck 12,** die Bäckerei besitzt im Zentrum von St. Michael eine Filiale mit Bistro und Café. Frühstücken unter den Bäumen der Terrasse oder im gemütlichen Café, zum Aperitif in die verwinkelten Ecken im 1. Stock, die Kinder spielen derweil in der Kinderecke. Ein Platz zum Verweilen! Und leckere Semmeln, Croissants und allerlei Süßes gibt's natürlich auch. Mi und Do nur bis 13 Uhr. Rathausplatz 8, meinbeck.com.

Caramel 10, beliebte Café-Eisdiele mit Terrasse am oberen Ende der Fußgängerzone. Leckere Kuchen und Torten und traumhaft gute Kastanienherzen. Das Eis gilt unter Connaisseuren als eines der besten Südtirols. Mo geschl., Kapuzinergasse 13.

Überetsch und Unterland → Karte S. 132

Kaltern

Kaltern lebt vom Wein: Kalterer Wein und vor allem das Etikett „Kalterer See“ sind allgemein bekannte Begriffe. Das kommt nicht von ungefähr. 760 ha Wein baut Kaltern heute an, der „vinum de caldaro“ ist seit 1220 urkundlich belegt, aber wohl viel älter.

Das milde, im Herbst lange sonnenwarme Klima lässt es zu, dass Feigen, Japanische Mispeln und Mandeln reifen – und natürlich der Wein. Vernatsch ist die Rebe des lokalen Weins, der sich „Kalterer See“ nennt.

Weinbau ist eine Sonderkultur, die im Vergleich zur Getreide- oder Milchwirtschaft wesentlich kleinere Grundstücke benötigt, was bedeutet, dass in Weinbaudörfern auf gleicher Fläche wesentlich mehr Familien leben können als in Dörfern mit gemischter Landwirtschaft. Man sieht es Kaltern an, dass es ein Weindorf ist, man sieht es am dichten Nebeneinander der Weinbauernhöfe, an der Größe der einzelnen Dorfteile, am fast städtisch an-

Grünes Kleinod im Rebenland: Kalterer See

mutenden Dorfkern. Ohne die Hektik einer Stadt mit der außerhalb der Erntezeit ruhig fließenden Arbeitsweise des Weinbauern, der selten einen Termin hat, den er nicht ein wenig verschieben kann, um mit dem Nachbarn ein paar Worte zu wechseln. Nur ausgerechnet dann, wenn die meisten Gäste im Dorf sind, hat man tagsüber wenig Zeit, wenn nämlich die frühherbstliche Erntesaison beginnt. Aber die vorübergehende Vernachlässigung der Gäste lässt sich abends leicht wieder wettmachen, indem man mit ihnen ein Glas Roten trinkt.

Sehenswertes/Ausflüge

Schlösser und Ansitze in Kaltern: Neben herrschaftlichen Gebäuden in der Hauptstraße wie dem ehemaligen **Laimburger Pfleghaus,** in dem heute das *Weinmuseum* (→ S. 149) untergebracht ist, besitzt Kaltern vor allem in den Weingärten außerhalb der geschlossenen Ortschaft einige bedeutende und große Ansitze.

An der Straße zum Kalterer See liegt am Ortsausgang **Schloss Windegg,** ein 1807 errichteter Ansitz in klassizistischem Stil (französische Vorbilder sind deutlich, es war schließlich die Zeit der Napoleonischen Kriege). Wahrscheinlich steht der Ansitz auf einer alten Burg der Rottenburger, die ihren Bau der strategischen Lage verdankte – man sieht von hier aus das gesamte Becken des Kalterer Sees. Prächtige Repräsentationssäle mit dem typischen Dekor des Empire! **Schloss Campan** mit seinem Park stammt in den Grundzügen noch aus dem 13. Jh. und wurde nach 1499 im Überetscher Renaissancestil vergrößert. Besonders schön der Innenhof mit seinen Renaissanceloggien. **Schloss Sallegg** besteht – für viele Überetscher Ansitze typisch – aus mehreren unterschiedlich alten Teilen, einer um 1500 entstandenen Schlosskapelle, dem um 1600 noch spätgotisch geprägten Hauptbau und einem neugotischen Südtrakt. Aber auch ganz normale Häuser in Kaltern sind dekoriert mit Außenfresken, mit Nischen, in denen Heiligenfiguren stehen, mit Schmuck besonders um Fenster und Toreinfahrten. Selbst im winzigen Ortsteil **Oberplanitzing** kann man diesen Wunsch auch Normalsterblicher, ihren

Besitz künstlerisch zu verschönern, beobachten, wie am Fresko mit der Gottesmutter und dem hl. Jakobus (rechts) an einem Haus unterhalb der Kirche.

Ansitz Windegg ist eine Weinkellerei und kann für Hochzeiten, Familien- und Firmenfeiern angemietet werden. Seit kurzem stehen Gästen 2 luxuriöse Apartmentsim Ansitz und 4 schöne Ferienwohnungen im neu gebauten Hof zur Verfügung. Pool und Fasssauna. Apt. (2–4 Pers.). Windegg 3, ✆328/5774799, windegg.it. **€€€–€€€€**

Castel Sallegg hat ein Verkostungs- und Verkaufslokal, Apr–Okt. Mo–Fr 10–13 und 15–20 Uhr, Sa 10–14, in der NS nur Mo–Fr, Kellerführung (Anmeldung) mit Verkostung Mi um 10.30 Uhr (Apr.–Okt.), 25 €, Unterwinkel 15, ✆0471/963132, castelsallegg. it.

Südtiroler Weinmuseum: Das Museum in der zentralen Goldgasse von Kaltern ist im ehemaligen Pfleghaus der landesfürstlichen Pfandherrschaft Kaltern-Laimburg untergebracht. Im Zehentkeller mit seinen eindrucksvollen Gewölben (17. Jh.) werden die Geräte gezeigt, mit denen ein Weinbauer übers Jahr arbeitet, die Pergeln, an denen der Wein befestigt wurde und wird, die Torggln, in denen die Trauben gepresst werden, die Fässer und Tonkrüge, Flaschen und Butten, das Leben der Weinsäumer und Fuhrleute, der Fassbinder und eben der Weinbauern. Auch über die Geschichte des Weingartsaltner erfährt man etwas, jenen in oftmals furchterregende Gewänder gekleideten Wächter der Weingärten und Reben, von dessen Existenz heutzutage fast niemand mehr weiß. Eindrucksvoll auch der tiefe Keller (16. Jh.) mit seinen alten Fässern.

▪ April bis Mitte Nov. Di–Sa 10–17, Eintritt 6 €. ✆0471/963168, weinmuseum.it.

Pfarrkirche Maria Himmelfahrt: Ohne eine große Pfarrkirche kommt kein Weinort aus, das sagten sich auch die Kalterer, als sie 1791/92 ihre neue Kirche im damals brandmodernen klassizistischen Stil errichten ließen. Dem Innenraum der Kirche fehlen zwar Überschwang und Dekorwut des späten Barocks, die Details sind jedoch noch ganz eindeutig aus dem Barock übernommen. Die Ausmalung von *Josef Schopf* (1792/93) hinkt ein klein wenig der damaligen Entwicklung hinterher, sie ist purstes Rokoko mit den typischen zarten Farbtönen dieses Stils. Das Altarblatt im spätbarocken (vor der Kirche entstandenen) Hochaltar ist eine hervorragende Arbeit von *Michelangelo Unterberger*.

Rundwanderung um den Kalterer See um das Naturschutzgebiet „Feuchtbiotop Natura 2000“: Ein 9 km langer Wanderweg führt in etwa 2:30 Std. gemütlich rund um den Kalterer See. Er verläuft allerdings zum großen Teil auf geteerten Wegen und nicht unmittelbar am Ufer, südseitig gibt es einige neu angelegte Holzstege durch Ufergebüsch, im Norden geht es oberhalb der Straße durch den Wald, im Westen z. T. durch Apfelplantagen. Der See hat in Teilen noch einen breiten Schilfgürtel, anderswo grenzt er an Auwald oder an Feuchtwiesen, die jeweils auf Schautafeln erklärt werden. Das gilt u. a. auch für Trockenrasen, den submediterranen Buschwald mit Flaumeichen und die Weinkulturen. Besonders interessant ist der Weg außerhalb der Badesaison in der Zugvogelperiode im Frühjahr und Herbst, wenn zahllose Zugvögel hier Station machen.

Kirche St. Peter in Altenburg: Die Ruinen der Kirche von St. Peter sieht man sehr gut vom Panoramaaussichtsplatz in Altenburg aus. Von hier erreicht man sie in etwa 20 Min. auf steilem, teils holprigem Geläuf durch Laubwald. Sie gehört zu den ältesten christlichen Kirchen Tirols, ist vielleicht die älteste Südtirols und wurde im 4. oder 6. Jh. errichtet. Die dreischiffige Kirche hatte eine halbrunde Mittelapsis. Man fragt sich, warum sie so unzugänglich unmittelbar an der Schlucht erbaut wurde, sodass man im Mittelalter eine Steinbrücke errichten musste, um die

Überetsch und Unterland → Karte S. 132

Kirche zu erreichen. Für die alte Brücke wurde etwas höher eine Hängebrücke errichtet, sie erspart den Abstieg in die Schlucht. Im Jahre 2000 wurde die Ruine nach der Durchführung von Renovierungsarbeiten neu geweiht. Zu diesem Zweck wurde ein filigraner Rundbogen aus Edelstahl an die Stelle gesetzt, an der sich früher das Kirchenportal befand. Wenn man durch diesen Bogen hindurchtritt, gelangt man zwar in freien Raum, hat aber doch ein bisschen das Gefühl, als würde man ein altes Kirchenschiff betreten. Ein magischer, sehr besinnlicher Ort, dessen Wirkung sich am ehesten frühmorgens oder abends im Dämmerlicht entfaltet.

■ Die Ruine der Kirche ist in Privatbesitz (Familie Baron di Pauli), aber jederzeit frei zu besichtigen.

Wanderung nach Altenburg durch die Rastenbachklamm: Eine großartige Szenerie stellt die scharf eingeschnittene, von dichten Buchenmischwäldern umgebene Rastenbachklamm dar, die von Altenburg zum See herunterführt. Ein für gute Geher unproblematischer, aber recht steiler Weg mit mehreren spektakulären Aussichtspunkten erschließt die Klamm. Ausgangspunkt ist der Gasthof „Sonnleitenhof" in St. Josef am See, von dort führt eine Straße bergan zum Vogelmairhof. Dort wendet man sich nach links und quert auf Steg und mit Markierung 13 auf einen Fahrweg, der nun etwas steiler ansteigt. Bei einer Weggabelung geht es (immer markiert) geradeaus weiter, bis man den etwa 40 m hohen Wasserfall in der Klamm erreicht (kurzer Abstecher unterhalb des Wegs). Nun auf Treppen und über Stege durch die Klamm hinauf, man passiert die Ruinen von *St. Peter* (→ S. 148), erreicht den großartigen Aussichtspunkt und die Kirche von Altenburg (Gasthaus Altenburger Hof etwas weiter oben links). Abstieg über Weg 14, den „Nusstalweg", den man erreicht, wenn man sich beim Gasthof „Altenburger Hof" links hält und dann vom Feuerwehrhaus wieder links abbiegt. Weg 14 erreicht Kaltern an der Straße zwischen St. Josef am See und dem Vogelmairhof. Trittsicherheit und Schwindelfreiheit nötig! Dauer als Rundweg 2:30 bis 2:45 Std.

Schattig und feucht: Rastenbachklamm

Weg-Alternative: Der **Friedensweg** führt als leichter zu gehende Variante von der Altenburger Kirche über die Ruinen der Abtei St. Peter (vom Aussichtspunkt sehr gut einzusehen) hinunter zur Pfarrei Maria Himmelfahrt in Kaltern. Für diesen Weg wurde extra eine Hängebrücke errichtet, die *Friedensbrücke*. Sie hängt 30 m über den Resten eines mittelalterlichen Brückenpfeilers über der Schlucht.

Essen & Trinken **Waldschenke,** Jausenstation und Buschenschank, Terrasse und Wintergarten, Panorama zum Gleichhierbleiben. Vernatsch und Blauburgunder aus eigener Produktion, dazu gibt es die ganze Palette Südtiroler Weinkost von Speck über Schlutzer, Spinatknödel und Schlachtplatte bis Apfelstrudel und Kaiserschmarrn, Altenburg 10, ☎ 339/5714662, waldschenke-kaltern.com

Altenburger Hof, Restaurant und Pizzeria bei der Kirche von Altenburg, Tiroler und italienische Küche, Holzofenpizza. Di Ruhetag, ✆ 0471/964143, altenburgerhof.com.

Die Eppaner Eislöcher: Von Oberplanitzing auf Weg Nr. 15 markiert → Eppan, S. 138.

Mit der Mendelbahn auf den Mendelpass: Seit über 120 Jahren verrichtet die Mendelbahn (erbaut 1901–1903) ihren Dienst als flotter Zubringer vom Überetsch auf den Mendelpass. Die 854 m Höhenunterschied und 4,5 km Entfernung überwindet sie mit Hilfe von zwei Viadukten und zwei Tunnels in einigen Minuten – das sollen ihr die Autofahrer, die sich die Kurven von Eppan hinaufquälen, mal nachmachen. Im oberen, sehr steilen Streckenabschnitt hat sie ein Gefälle von 64 %, damit ist sie eine der steilsten Standseilbahnen der Welt. Zu ihrer Eröffnungszeit war sie ein technisches Wunderwerk. Inzwischen wurde sie komplett renoviert und auf den letzten technischen Stand gebracht, als eine der großen touristischen Attraktionen der Region verrichtet sie weiter ihren Dienst.

Der *Mendelpass* war vor dem Ersten Weltkrieg eine bedeutende Sommerfrische, das sieht man den dortigen Hotels auch deutlich an wie dem ehemaligen „Grandhotel Penegal" im typischen späten gründerzeitlichen Grandhotel-in-den-Bergen-Stil, wie er zwischen Luzern und Toblach, Karersee und Trafoi viele Beispiele hinterlassen hat. Vom Mendelpass erreicht man auf einer steilen, aber guten – mittlerweile asphaltierten – Straße den Gipfel des nördlich gelegenen *Penegal* (1737 m) mit dem „Hotel Penegal" und berühmtem 360-Grad-Rundblick. In Richtung Süden führt eine Zubringerstraße zur Talstation des Sesselliftes Monte Roèn, von dessen Bergstation aus man die gut besuchte **Malga di Romeno** und das Wandergebiet um den *Monte Roèn* erreicht.

Seit über 100 Jahren im Dienst: Talstation der Mendelbahn

Wanderung zum Penegal und über die Furtlauer Scharte: Viel schöner als die Fahrt mit dem Auto ist es, mit der Mendelbahn hochzufahren und dann zum Gipfel des Penegal (1:30 Std. hin, 1 Std. zurück) zu wandern. Ein gut markierter Steig führt durch Lärchen- und Mischwald parallel der Fahrstraße hinauf. Er führt fast immer am Grat entlang und bietet so einen spektakulären Ausblick nach dem anderen – auf Kaltern, seinen See, Montiggl, Bozen und dahinter die Felswände der Dolomiten. Besonders empfehlenswert an einem sonnigen Oktobertag, wenn die Lärchen am Berg und die Weinreben im Tal in goldgelben Farbvarianten schimmern und leuchten.

Versierte Bergsteiger wandern weiter in 45 Min. zur Furglauer Scharte, um dann in weiteren 2 Std. die spektakuläre Furglauer Schlucht hinabzukraxeln. Trittsicherheit und absolute Schwindelfreiheit vorausgesetzt, ist das ein atemberaubender Trip über 1200 Höhenmeter zwischen himmelhohen Felswänden, der gemächlich zwischen Weinreben endet. Zurück nach Kaltern fährt man von St. Michael Eppan mit dem Bus.

Fahrrad- und MTB-Touren: Eine genussreiche Rundtour führt von Kaltern durch Weinreben zum Gasthof Klughammer am nördlichen Seeufer. Dann weiter am Ostufer auf geteerter Straße immer am Berghang entlang, ein Sackgassenschild ignorieren, an einem abgezäunten Militärareal vorbei bis zur Südspitze des Höhenkamms, der Kaltern vom Etschtal trennt. Hier nach links der Hauptstraße folgend. Einkehr bei *Viktor's Imbiss*, schaut eher wie eine Autobahnraststätte aus, hat aber einen guten Apfelstrudel. Dann auf dem Etschradweg zurück nach Bozen und über die Brücke unterhalb von Sigmundskron nach links Richtung Eppan. Wer noch Körner hat, kann östlich auf den Höhenkamm fahren und durch waldreiche Gegend über die Montiggler Seen nach Kaltern, alternativ direkt über den Radweg nach Eppan und Kaltern. Etwa 35 km, kaum Höhenmeter (Anstieg zwischen Bozen und Eppan), ca. 3 Std., über die Montiggler Seen + 200 Höhenmeter, + 10 km und + 1 Std.

Ein Schmankerl für Mountainbiker ist der speziell für sie errichtete **Neue Mendelsteig,** 28 km Länge, teilweise felsdurchsetzter Schottertrail, 1000 m Höhenunterschied, Dauer 1:30 bis 3 Std.

Der „Kalterer See"

Wer „Kalterer See" sagt, der meint die Vernatsch-Rebe, denn der berühmte Wein besteht zu mindestens 85 % aus dieser Traube. Leicht, frisch und süffig ist dieser Wein. Man sollte ihn nicht zu lange lagern, sondern lieber jung genießen. Der Säuregehalt ist gering (um die 4,5 Promille), das macht ihn besonders bekömmlich, zumal er fast immer trocken ausgebaut wird. Dass er keinen Restzucker enthält, macht ihn auch für Diabetiker zum idealen Wein. Vor 40 Jahren war er *der* Südtiroler Wein, zumindest im deutschsprachigen Ausland. Doch was als „Kalterer See" oder gar „Kalterer See Auslese" in die Flaschen kam, war oft nicht unbedingt ein Produkt der sonnenwarmen Hänge um Kaltern. Einen Schutz der Bezeichnung gab es nicht. Jeder konnte irgendein „elendes gepantschtes Heidengesöff" unter dem Etikett „Kalterersee" den getäuschten Konsumenten andrehen (Zitat nach H. Hochrain: Die guten Weine Südtirols, Bozen 1985). Die Kontrolle durch den Staat und die geschützte Ursprungsbezeichnung (DOC – denominazione di origine controllata) konnten dann zwar die Qualität sichern, aber den guten Ruf nicht wieder herstellen. Vor 30 Jahren hatte der Anteil der Vernatsch-Rebe im Bereich von Kaltern noch 80 % betragen, heute liegt er knapp über 50 %. Andere Sorten haben das Rennen gemacht, Lagrein, Blauburgunder und die an den Höhengrenzen des Kalterer Weinbaus schon immer beheimateten Weißweine wie der Gewürztraminer und der Müller-Thurgau. Dennoch ist der Abwärtstrend lange gebannt, der italienische Markt für die Vernatsch-Traube hat sich sogar verbessert, allerdings macht ihr die zunehmende Wärme durch den Klimawandel zu schaffen.

Eine weitere schöne MTB-Tour führt von Kaltern (Ausgangspunkt Sportpark St. Anton) über Altenburg und Tramin und den *Lenzenhof* (Buschenschank mit Top-Panorama!) steil hinauf nach Graun. Schattige Buchenwälder wechseln sich dabei mit Weinreben ab. Ab Graun steil bergab, dann zurück oberhalb von Kurtatsch durch Wälder bis Altenburg und von dort zum Ausgangspunkt. 27 km, 860 m, ca. 4–5 Std.

Abstecher zum Versuchszentrum und Landesweingut Laimburg: Diese Einrichtung befindet sich eigentlich in der Gemeinde Pfatten an der der Etsch zugewandten Seite des Mitterbergs. Sie ist allerdings vom Kalterer See gut zu erreichen, indem man auf der SP 162 am Gasthof Klughammer vorbei über den Geländeeinschnitt des Mitterbergs fährt, der den Weg ins Etschtal ermöglicht. Man passiert dabei die Ruinen der Leuchtenburg und der Laimburg. Das Versuchszentrum selbst ist eine Einrichtung, die zu allen landwirtschaftlichen Themen forscht, Fachtagungen und Kongresse veranstaltet und beispielsweise bei der Züchtung neuer Apfelsorten und Rebklone eine wichtig Rolle spielt. Auch wenn es um die Erforschung und Bekämpfung von Schädlingen geht (aktuellstes Beispiel ist die asiatische Baumwanze), ist das Zentrum (laimburg.bz.it) federführend. Es ist jedoch nicht zu besichtigen.

Angegliedert sind eine Fachschule für Obst-, Wein- und Gartenbau und, für Touristen definitiv der interessanteste Aspekt, das **Landesweingut Laimburg** inkl. eines Verkaufsshops (auch Online-Bestellung). Das Weingut baut selbst Reben an und kooperiert dafür mit 13 Höfen der näheren Umgebung. Insgesamt werden 15 Rebsorten verarbeitet, die Gesamtanbaufläche beläuft sich auf 2500 ha. Spektakulär ist der Felsenkeller, in dem die großen Weißweinfässer lagern.

■ Landesweingut Laimburg, Laimburg 6, Auer/Pfatten, Mo–Fr 8–12 und 13.30–17 Uhr, ✆ 0471/969706, laimburg.bz.it.

Bergbahnen **Mendelbahn,** Standseilbahn von Kaltern/St. Anton (513 m) zum Mendelpass (1363 m) in 12 Min., 8.13–20.13 Uhr im 20-Min.-Takt. Im Sommer ist die Konkurrenz zwischen anstehenden Wanderern und Mountainbikern groß, man versucht den Unmut durch blockweisen Zugang beider Gruppen etwas zu mindern. Berg 6 €, Berg/Tal 10 €. **Sessellift Monte Roèn,** Juli bis Sep. tgl. 9.30–17 Uhr Mai/Juni/Okt. nur an bestimmten Tagen, teils mit Mittagspause von 13–14 Uhr, Berg 10 €, Berg/Tal 12 €.

Essen & Trinken **Bar Bistro Mendelstation,** in den Räumen der historischen Bäckerei Eisenstecken im Gebäude der Talstation. Innen stilvoll im Oldie-Look, außen große Sonnenterrasse mit Bergblick. Den Mendelspritz als Spezialität gibt es sonst nirgendwo!

***** Penegal,** das optisch gewöhnungsbedürftige Panoramahotel auf 1740 m Höhe stand jahrelang leer und verkam. Seit 2011 erstrahlt es in neuem Glanz mit fantastischer Aussicht von der großen Panoramaterrasse, es lohnt sich, auf der Wanderung zum Penegal hier haltzumachen. ✆ 0471/200769, penegal.com.

Malga di Romeno (1775 m), rustikale Küche, Merenden, Kuchen – die Tische der renovierten Roenalm sind selten frei.

Überetsch und Unterland → Karte S. 132

Basis-Infos

Information **Tourismusverein Kaltern,** Karwoche bis Allerheiligen Mo–Fr 8–13/14–17 Uhr, Sa 9–13/14–17 Uhr, So 10–12 Uhr (im Juli/Aug. Do bis 22 Uhr), Nov. bis vor Ostern Mo–Do 8–12.30/13.30–17 Uhr, Fr 8–12.30 Uhr, Kaltern/Caldaro, Marktplatz 8, ✆ 0471/963169, kaltern.com.

Verbindungen **Pkw:** gute Straßen nach Eppan und Bozen sowie nach Tramin und Auer. **Bus:** Verbindungen mit Bozen und Tramin, Auer und Neumarkt.

Einkaufen Viele Kalterer Geschäfte haben im Juli und August am Do länger offen, zu diesen Terminen auch Sonderfahrten des Gästebusses in die Ortsteile bis nach 22 Uhr.

Wine Pass heißt die Gästekarte des Südtiroler Südens, die neben den üblichen Vergünstigungen einen um 50 % ermäßigten Eintritt zu zahlreichen Veranstaltungen rund um die Südtiroler Weinstraße ermöglicht.

Brot und Gebäck in der Dorfbäckerei Wörndle, Goldgasse 4 (hervorragendes Brot und Backwaren). **Feinkost und Wein** bei Vinothek Battisti, Goldgasse 7. **Supermarkt,** Bahnhofstr. 31.

Bioprodukte wie naturtrübe Fruchtsäfte beim Steffelehof (auch Buschenschank März bis Nov., Mi–Sa ab 17 Uhr), Heppenheimerstr. 11, St. Nikolaus, luggin-steffelehof.com; Bioladen Triade, Maria-Theresien-Str. 19.

Winecenter der Kellerei Kaltern, Bahnhofstr. 7. Der architektonisch interessante Neubau mit spiegelnder Außenfassade beherbergt neben dem Weinverkauf eine stylische Winelounge und eine Dependance von „pur Südtirol" mit einer kleinen Auswahl an regionalen Delikatessen, tgl. geöffnet, winecenter.it.

Neu und modern: Kellerei Kaltern

Am Mittwoch **Markt** in der Kellereistraße (Ortseinfahrt aus Richtung Eppan links). Dienstags **Bauernmarkt** am Marktplatz.

Feste & Veranstaltungen Von April bis Oktober gibt es zahlreiche Veranstaltungen rund um das Thema Wein und Kulinarik, wie das Kalterer Weinfest im August, „Kaltern ganz in Rot bzw. Weiß" oder die Weinsafari. Infos beim Tourismusverein.

Kalterer Weintage, Kaltern präsentiert sich in der ersten Septemberwoche ganz im Zeichen des Weins – nicht, als ob das im alten Weindorf etwas Besonderes wäre, aber in diesen Tagen dreht sich wirklich alles um den Wein. Stände mit Wein und traditionellem Essen auf dem Marktplatz, Weinfachproben und Verkostungen, Konzerte, spezielle Weinmenüs in den Gaststätten, Führungen zum Thema Wein.

Kalterer Seespiele, drei Abende im Sommer mit Programm zwischen Rock, Pop und Klassik. Open Air und romantischer Standort am See.

Kinder Großer **Kinderspielplatz** im Altenburger Wald nahe der Sportzone St. Anton. **Tretboot und SUP,** z. B. beim Strandbad Gretl am See, 11–13 €/Std. Südtirols größter **Hochseilgarten** im Walderlebnis-Abenteuerpark beim Altenburger Wald, Erw. 27 €, Kinder und Jugendliche 7–22 €. ✆ 347/8010960, abenteuerpark.it.

Baden/Schwimmen Badebetriebe am Kalterer See: **Lido** bei St. Josef mit großer Terrasse, Pizzeria, Freibad und Bootsverleih. Im Bereich Gretl am See (nordwestliches Seeende) großzügiges **Kalterer Seebad** auf zwei Ebenen und 11.000 m² Fläche; Seezugang mit Liegewiese beim Gasthof Klughammer und beim Hotel Seegarten, Mitte Mai bis Ende Sept.

Paragliding/Drachenfliegen Para-Start vom Lavinaspitz, Drachen vom Penegal, Landewiese ist die Südwestecke des Kalterer Sees.

Radfahren/Mountainbiken Fahrradshop und -verleih Sarner Bike, Gewerbezone Gand 6, sarnerbike.it. Wöchentlich geführte Radtouren (Tourismusverein). **Mountainbike- und Rennradtouren:** Bike School Roen, Weinstr. 43, ✆ 0471/860384, bikeschoolroen.it.

Reiten Moderne Reitsportanlage Georgsturm mit Reitschule in Oberplanitzing. ✆ 339/2412547, priskakelderer.it.

Segeln/Surfen Auf dem Kalterer See, nachmittags kräftige Ora, Infos beim **Segelverein,** Clubhaus St. Josef am See 14, svks.it.

Surfkurse und Surfbrettverleih im Strand- und Freibad Gretl am See, ✆ 0471/960055, gretlamsee.com.

Wintersport **Kunsteisbahn** „Eisring Kaltern" in der Sportzone St. Anton. Natureisplatz auf dem Kalterer See.

Wein und Weingüter **Infos:** Eine Karte der einzelnen Lagen erhält man im Tourismusverein, sie enthält Namen und Adressen der Betriebe, die mit Kalterer Wein in Beziehung stehen. Allgemeine Infos außerdem bei der Genossenschaft, Marktplatz 8, ✆ 0471/956410, wein.kaltern.com.

Kellerei Kaltern, großer Traditionsbetrieb mit neuem Kellereigebäude und moderner Vinothek, Kellerführungen und Verkostungen (April bis Okt.) Mi 17 und Fr 10 Uhr, Kosten 18 €, Anmeldung unter ✆ 0471/966067, Kellereistr. 12, kellereikaltern.com.

Weingut Manincor, Eigentümer ist Michael Graf Goëss-Enzenberg. Eindrucksvoller, architektonisch interessanter, drei Stockwerke tiefer und moderner Kellerbereich neben dem alten Gebäude, schöner Verkaufsladen, Führungen mit Weinverkostung möglich. St. Josef am See 4 (direkt an der Weinstraße), ✆ 0471/960230, manincor.com.

Weinkellerei Kettmeir, Wein und preisgekrönter Sekt aus Südtirol, Kellereistr. 4, ✆ 0471/963135, kettmeir.com.

Weingut Klosterhof, privater Weinkeller mit Garni (→ „Übernachten"). Die junge Familie hat vor ein paar Jahren den Sprung aus der Genossenschaft zum selbstständigen Weingut gewagt, die Weine sind alle aus hofeigenen Trauben, die Hofbrennerei produziert Destillate aus eigenem Obst, die Vermarktung ist direkt (Verkostungsstube im Innenhof des Garni). Klavenz 40, ✆ 0471/961046, klosterhof.it.

Erste & Neue, direkt neben der Kellerei Kaltern und seit 2016 von dieser übernommen, Verkauf in der Vinothek der Kellerei Kaltern. ✆ 0471/963149, erste-neue.it.

Übernachten

→ Karte S. 156/157

Gutes Angebot an Übernachtungsmöglichkeiten, in der Hochsaison (August bis Oktober) meist voll bis auf ein paar Restplätze. In einigen Ecken des ausgedehnten Orts konzentrieren sich die Frühstückspensionen, ebenso im ruhigen **Prey-Klavenz,** wo fast jedes Haus einzeln im Weinberg steht, und im alten Dorf **Oberplanitzing** am Waldrand in Richtung Eppan, unweit der Mendelstraße gelegen. Auch **St. Nikolaus** oberhalb von Kaltern Dorf und Mitterdorf ist wegen der größeren Anzahl privater Zimmervermieter ein guter Tipp.

****** Schlosshotel Aehrental 12,** wer mal in einem Ansitz wohnen will (späte Renaissance), ist hier am rechten Ort. Gelungener Mix aus alten Räumen, denen man z. B. die unverputzten Wände und die Steinumfassungen von Türen, Toren und Fenstern gelassen hat, und mit Stilmöbeln und Teppichen komfortabel eingerichteten modernen Bereichen. Nahe dem Zentrum, sehr gute, großzügig proportionierte und eingerichtete Zimmer mit Sitzecke, großer parkähnlicher Garten mit Liegewiese und am Kalterer See Privatstrand mit Liegewiese und Café. Goldgasse 19, ✆ 0471/962222, schlosshotel.it **€€€€**

****** Weingut Klosterhof 16,** sehr ruhig gelegenes, familiengeführtes Hotel garni in den eigenen Weinbergen (→ „Weingüter"), gemütlich eingerichtet, modern gestaltete Zimmer und Ferienwohnungen mit Balkon und neuen Holzböden. Vor dem Haus großer Garten/Liegewiese mit Obstbäumen und Pool. „Wein-Spa" mit Sauna und Bade-Weinfässern. Die Weine aus dem eigenen Anbau, das appetitliche Frühstücksbuffet und nachmittäglicher Kaffee und Kuchen tragen nicht wenig zur guten Stimmung bei. Auch Apt. für 2–4 Pers. Klavenz 40, ✆ 0471/961046, klosterhof.it. **€€€–€€€€**

****** Das Wanda 5,** ein Hide-away der Extraklasse, aber nur für Erwachsene. 12 großzügig geschnittene Suiten in dezenten Farben, individuell und hochwertig ausgestattet. Prächtige Aussichtslage zwischen Wald und Reben. Frühstück mit lokalen Produkten. Schöner Park mit Pool und Liegewiese, im Haus außergewöhnlich designter Spa-Bereich mit Sauna und Infinity Pool. Perfekt zum Entspannen. Garnellenweg 18, ✆ 0471/669011, daswanda.com. **€€€€**

Masatsch 8, barrierefrei und rollstuhlgerecht bis ins Detail. Geräumige Zimmer, Hallenschwimmbad, Massagen, Klangtherapie. Das inklusive Projekt unter Führung der Lebenshilfe ist einzigartig in Südtirol und schon deswegen einen Aufenthalt wert. Restaurant und Bar sind

Überetsch und Unterland → Karte S. 132

tgl. außer sonntags geöffnet. Oberplanitzing 30, ✆ 0471/669522, masatsch.it. €€–€€€

*****S Römerrast 6**, Hotel oberhalb der Straße, nach hinten Wald, im Haus Café mit Panoramaterrasse, alle Zimmer mit Balkon, sodass man auch dort den Ausblick genießen kann. Seitlich große Liegewiese und Pool, kleiner Wellnessbereich. Oberplanitzing 40, ✆ 0471/669097, roemerrast.com. €€€

Wolfsgrubenhof 3, die sympathische Hausherrin vermietet im Neubau am Waldrand 2 Apartments in schöner Panoramalage mit Blick auf Weinreben und die umliegenden Berge, außerdem eine gemütliche Wohnung im Ortszentrum von Altenburg. Äußerst ruhige Lage, Brötchenservice, Spielmöglichkeiten für Kinder. Apt. (2–4 Pers.). Altenburg 5c, ✆ 320/0212623, wolfsgrubenhof.com. €€

MeinTipp ***** Villa Weingarten 7**, futuristisch und klar gestaltetes Garni mit toller Aussicht auf Kaltern und die Bergwelt. Große Panoramafenster lassen viel Licht in die modern und großzügig gestalteten Zimmer. Die engagierte Hausherrin legt großen Wert auf persönlichen Service und zaubert ein hervorragendes Frühstück für ihre Gäste. Im ruhigen, schön angelegten Garten kann man so richtig ausspannen. Unterwinkel 24, ✆ 333/1824756, villaweingarten.it. €€€–€€€€

Babios 4, der neu gebaute Hof mit Apfel- und Weinanbau oberhalb von Kaltern setzt architektonische Maßstäbe. Angeboten werden 4 komfortabel und gemütlich eingerichtete Wohnungen, 2 davon über 2 Ebenen. Der Ausblick auf die Umgebung ist grandios. Salzwasserpool mit schöner Liegewiese, ruhige Lage. Apt. (2–4 Pers.). St. Anton 59c, ✆ 348/0609553, babios.it. €€€–€€€€

MeinTipp **Dissertorihof 1**, der Familienbetrieb vermietet 4 Apartments und hat eine eigene kleine Weinproduktion für den Hausgebrauch. Rund um Kaltern besitzt man vorzügliche Lagen. Vater Paul zeigt gern den hauseigenen Weinkeller, wo er einen kräftigen Vernatsch und einen süffigen Rosé keltert. Sohn Roland brilliert als wandelndes Weinlexikon, und Mutter Helene stellt dem Gast neben einem leckeren Frühstück und guter Laune auch einen umfassenden Fundus an Ausgeh- und Wandertipps zur Verfügung. Malga 8/A, ✆ 0471/963350, dissertorihof.com. €€

****** Seehotel Ambach 22**, ein Bau von Othmar Barth von 1973, klare geometrische Linien, sanfter Schwung der Fassade, auch die Zimmer überwiegend im 70er-Jahre-Design, ein architektonischer Höhepunkt der Region. Direkt am Radweg gelegen, ein ruhiger Ort im trubeligen Umfeld von Kaltern – komfortabel. Neu ist das außergewöhnlich gestaltete Badehaus im Park mit Wasser- und Spa-Landschaft. Klughammer 3, ✆ 0471/960098, seehotel-ambach.com. €€€€

Essen & Trinken

2 Steffelehof
9 Rottenburger Keller
10 Siegi's
11 Spuntloch
14 Drescherkeller
15 Weinhaus Punkt
17 Torgglkeller
19 Rösslhof
20 Castel Ringberg
21 Panholzer

Cafés

13 Eis Innerhofer

150 m

Kaltern/Caldaro

***** Kreithof 23**, die freundliche Frühstückspension liegt in den Weinbergen südöstlich über dem See, man geht etwa 20 Min. hinunter zum Strandbad und erreicht direkt vom Hof aus die Wanderwege zu den Montiggler Seen. Kein Durchgangsverkehr, kinderfreundlich, große Liegewiese und sehr gutes Frühstücksbuffet, Eigenbauweine! Zimmer mit Balkon. Kreith 2, ✆ 0471/960025, kreithof.it. **€€**

Camping * Gretl am See 24**, Platz für Wasserratten, denn hier kann man evtl. in erster Reihe direkt am See zelten! Etwas Schatten, kleines Schwimmbecken, alle Einrichtungen in Ordnung, alle Wassersportarten möglich. Geöffnet April bis Okt. Gespann und 2 Pers. 33–40 €. St. Josef am See 18, ✆ 0471/960244, camping-gretl.it.

***** St. Josef am See 18**, Platz an der Weinstraße zwischen den Weinbergen und dem Schilfgürtel des Sees, gut ausgestattet, auch in Bezug auf den Sanitärbereich. Restaurant, kleiner Shop. Durch den Schilfgürtel führt ein Weg zum großen Badesteg im See. Geöffnet April bis Allerheiligen. Gespann und 2 Pers. ca. 35–47 €. St. Josef 75, ✆ 0471/960170, camping-kalterersee.com.

Essen & Trinken/Nachtleben

→ Karte S. 156/157

Rösslhof 19, traditionelle Südtiroler Kost wie Schlutzer und Knödel in der Buschenschank mit eigenem Weingut und Hofladen. Einladend gestalteter Gastraum, schöne Aussichtsterrasse und schmackhafte, deftige Gerichte, dazu einer der empfehlenswerten Eigenbauweine – perfekt! Geöffnet März bis Mai und Sept. bis Anf. Dez., Mo und Di Ruhetag, St. Josef am See 34 b, ✆ 0471/962566, roesslhof.info.

Weinhaus PUNKT 15, gegenüber der Pfarrkirche steht die vom österreichischen Szene-Architekten Hermann Czech gestaltete modern-funktionale Weinbar, die sich im alten Haus über zwei Etagen erstreckt und mit 150 Etiketten die Fülle des Weinangebots der Kalterer Kellereien vorstellt; dazu gibt es die passenden Speisen (vom Bistrotyp). Mo geschl., Marktplatz 3, ✆ 0471/964965.

meinTipp **Rottenburger Keller 9**, das denkmalgeschützte, historische Weinlagerhaus wurde 2011 stilvoll umgebaut. Entstanden ist eine Restaurant-Pizzeria, die sich sehen lassen kann. Man speist in gemütlichem Ambiente unter schönem Gewölbe oder im rustikalen Gastgarten. Auf den Tisch kommen neben 37 riesigen Pizze traditionelle Gerichte wie Schlutzkrapfen, Knödel oder Nudeln mit Wildragout. Di Ruhetag, Rottenburgerplatz 4, ✆ 0471/962108, rottenburger.it.

Torgglkeller 17, beliebter und ganz zentral gelegener Keller (16. Jh.) mit 2 Räumen und guter Weinauswahl, stark besucht vor allem während der Törggelenzeit, wenn man sich die leckeren Imbisse zum neuen Wein vom Buffet holt. So Ruhetag (außer Sept./Okt. und an Fei), Bichl 2, ✆ 0471/963421, torgglkeller.com.

Drescherkeller 14, Keller mit Innenhof im Renaissanceansitz „Reich'sches Schlössl" im typischen Überetscher Stil. Nahe dem Ortszentrum, Eigenbauweine und Merenden. Di Ruhetag, Maria-von-Buolplatz 3 (an der A.-Hofer-Straße), ✆ 0471/963119.

Panholzer 21, stilvolles Restaurant, zeitgemäß mit dem Zusatz „Weinbar & Vinothek" versehen. Die Speisekarte ist mediterran geprägt und mit regionalen Zutaten umgesetzt (Gault-Millau 1 Haube). Große Weinauswahl, passend zu den jeweiligen Gerichten. Außergewöhnliches Ambiente in den steinernen Gewölben und auf der Terrasse. Ruhetage Di und Mi, St. Josef am See 8, ✆ 0471/662649, panholzer.it. **€€–€€€**

Spuntloch 11, beliebtes Restaurant mit Grillspeisen, Pasta/Risotti und Merenden im eindrucksvollen Kellergewölbe des seit 1731 bestehenden Ansitzes Paterbichl. 17–24 Uhr, Sa abends und So geschl., Goldgasse 35, ✆ 0471/961062, spuntloch.it. **€€–€€€**

Steffelehof 2, Buschenschank im Steingewölbe des Obst- und Weinbauernhofs. Saisonale Gerichte, Speck, Käse und Knödel werden im urgemütlichen Keller serviert, dazu Eigenbauwein. Besonders zur Törggelenzeit sehr beliebt. Geöffnet März bis Nov., Mi–Sa ab 17 Uhr. Heppenheimerstr. 12, ✆ 0471/963608, luggin-steffelehof.com.

Castel Ringberg 20, Vinothek (Häppchen und Wein) im historischen Jagdschloss an der Seeuferstraße, schön in den Weinbergen von Elena Walch gelegen mit Blick auf den See. Di geschl., St. Josef am See 1, ✆ 0471/960010, castelringberg.com.

meinTipp **Siegi's 10**, oberhalb von Kaltern. Kleine und urige Gaststube im historischen Gewölbe, die Küche beginnt gleich hinter der Bar, an der mit Vorliebe einheimische Biker in Lederjacke ihr Bier nehmen. Siegi, mit Vollbart,

Weinreben leuchten im Herbst

Ohrringen, Tattoos, passt gut dazu. Raue Sprüche an der Wand und an der Theke und eine kleine, aber feine Speisekarte (z. B. Artischocken mit Parmesan und Apfelscheiben, tolles Spargelrisotto mit Pistazien, das größte und beste Affogato aller Zeiten, garniert mit fantastischen steirischen Kürbiskernen). Morgen gibt es wieder etwas ganz anderes, sicher genauso gut! Sa, So Ruhetag, Oberplanitzing 56, ✆ 0471/665721, siegis.it.

MeinTipp **Eis Innerhofer 13**, leckeres Eis in der besten Eisdiele weit und breit, besondere Sorten wie Holundereis, soweit es geht, aus regionalen Zutaten hergestellt (eisdiele-innerhofer.com). Marktplatz 10.

Tramin

Tramin ist trotz des berühmten Namens ein Dorf geblieben. Dabei zeigen schon die große Kirche und die behäbigen Ansitze, dass hier Wohlstand herrscht, dass man sich etwas leisten kann – dass Tramin eben nicht ein Dorf ist wie viele, sondern der Ort, wo der Traminer herkommt.

Wer die Christian-Schrott-Gasse hinaufgeht, spaziert durch einen ganz traditionellen Weinort. Man passiert gleich zu Anfang einen bäuerlichen Ansitz, Torbogen zum Hof, drinnen rechts die offene Scheune, geht weiter zwischen Mauern, die Weinberge abgrenzen, passiert einen weiteren, großen Ansitz und ist draußen, wieder unter Weinbergen. Neben der *Pfarrkirche* gibt es zwei weitere Traminer Kirchen, die alle bedeutende *mittelalterliche Freskenzyklen* besitzen. Offensichtlich hatte man schon im Mittelalter das Geld, um die jeweiligen Künstler zu bezahlen, der Traminer, scheint es, hat sich immer gut verkauft.

Sehenswertes

Pfarrkirche Hl. Quiricus und Hl. Julitta: Die Pfarrkirche mit dem seltenen Patronat hat einen 93 m hohen gotischen Turm (obere Stockwerke 1460–1492), in der spätgotischen Apsis (1440) befinden sich zwei Freskenzyklen (nur der 1460 entstandene Chor der Kirche ist alt, das Kirchenschiff entstand 1909–1911). Der ältere Zyklus (rechts) zeigt das Martyrium der Kirchenpatrone Quiricus und Julitta, die gesamte grausige Story wird in einem einzigen Bild abgehandelt, der Realismus und die Betonung des Bizarren ist typisch für die Bozner Schule. Ebenfalls einen Blick wert ist das Hochaltarbild des Tiroler Barockmalers *Martin Knoller*.

Kirche St. Jakob in Kastelaz: An das romanische Kirchlein im oberen Ortsteil wurde viel später ein gotisches Parallelschiff angebaut, beide sind mit Fresken aus der Entstehungszeit dekoriert. In der Sockelzone des romanischen Teils fällt gleich eine außergewöhnliche Darstellung ins Auge, denn dort sind die berühmten kämpfenden Fabelwesen zu sehen, u. a. die Nixe mit den beiden Fischschwänzen. Die meisten Wesen haben tierische und menschliche Teile, Pferde mit Menschenoberkörper in antiker Tradition, Vogel- und Fischmenschen, es gibt aber auch einige völlig fantastische, an nichts Reales erinnernde Ungeheuer. Man versteht den Sinn dieses grausigen Freskenbandes nur, wenn man die Darstellungen darüber mit einbezieht, die Christus in der Mandorla, Heilige und Apostel zeigen. Die Ungeheuer sollen den Kontrapunkt zur christlichen Erlösung darstellen, das zur ewigen Verdammnis und zur Hölle verurteilte Heiden- und Ketzertum.

→ Karte S. 132

▪ Ostern bis Anf. Nov. tgl. 10–18 Uhr, im Winter am Wochenende 10–16 Uhr, erwünschte Spende 2 €. Führungen auf Anfrage (☏ 0471/860131). Bei der Kirche keine Parkmöglichkeit! Zu erreichen in 20 Min. auf dem Kirchsteig (steil!) vom Ortszentrum Tramin.

Kirche St. Valentin am Friedhof: Noch eine Traminer Kirche sollten sich Kunstinteressierte ansehen, vor allem wenn sie Freude an den figurenreichen Freskenzyklen der *Bozner Schule* haben: die Friedhofskirche St. Valentin. Sie ist innen vollständig ausgemalt (1390–1420) und enthält sehr eindrucksvolle plastisch-naturalistische Wimmelbilder. Das Leben Jesu macht den Hauptteil des Zyklus aus, doch an der rechten Wand befindet sich eine Darstellung der Ursulalegende (mit den heiligen Jungfrauen links in den Schiffen im Rhein) mit Darstellung einer mittelalterlichen Stadt (Köln ist gemeint; die bösen Soldaten sind Hunnen).

Eingebettet in Weinberge: das Dorf Tramin

▪ Den **Schlüssel** erhalten Sie gegen Kaution im Tourismusverein. Von dort erreicht man die Kirche in 10 Min. zu Fuß.

Die Ansitze in Tramin: In der Hans-Feur-Straße gibt es mehrere Renaissanceansitze, auf Nr. 11 das ehemalige Heilig-Geist-Spital, auf Nr. 24/26 das „Amt Stetten", ehemals Sitz der Verwaltung für den Besitz der Grafen von Tirol in Tramin und Kurtatsch. Nr. 23 war der Sitz der Herren von Villanders und später Wolkenstein, mit schönem Wappen über dem Torbogen. Der Ansitz Unterspaur in der Andreas-Hofer-Str. 5–9 ist ein 1796 nach einem Brand komplett neu errichteter Ansitz der Grafen Spaur.

Traminer Dorfmuseum (Hoamet-Museum): Das Museum am Rathausplatz befindet sich in einem mittelalterlichen Bau, einem ehemaligen Badhaus, und wurde zuletzt 2012 erweitert und modernisiert. Vom heimischen Handwerk über das Vereinswesen, den legendären Egetmann-Umzug am Faschingsdienstag bis hin zum vinologischen Wahrzeichen des Ortes, dem Gewürztraminer, wird ein anschaulicher Querschnitt der Traminer Kulturgeschichte präsentiert.

▪ April bis Ende Okt. Di–Fr 10–12, Mi auch 16–18 Uhr. Eintritt 3,50 €, Führungen Mi/Do 10.30 Uhr, hoamet-tramin-museum.com.

Wanderungen und Spaziergänge rund um Tramin: Der Traminer Naturerlebnisweg führt über 7 km in 2:30 Std. rund um den Söller Berg. Der abwechslungsreiche, teils steile Pfad durch Laubwald mit tollen Aussichtspunkten, wie dem Geier Knöttl, erfordert Trittsicherheit. Unterwegs stößt man auf einen Findling, der in der Eiszeit vom Gletscher des hinteren Martelltals hierhertransportiert wurde.

Die Kastelazpromenade ist ein breiter Panoramaweg, der durch schönen Laubwald von Kastelaz nach Kurtatsch führt. Für die 4,5 km benötigt man 1:30 Std., der Weg ist auch mit dem Mountainbike befahrbar und bietet

Ausblicke auf Tramin, steile terrassierte Weinhänge und Kurtatsch. Besonders schön im Spätherbst durch die goldgelbe Färbung der Reben und die bunt leuchtenden Laubwälder.

Basis-Infos

Information **Tourismusverein Tramin,** Mo–Fr 9–12.30/14.30–18 Uhr, Sa 9–15 Uhr, im Winter nur Mo–Fr 9–12.30, Tramin/Termeno, Mindelheimerstr. 10a, ✆ 0471/860131, tramin.com.

Verbindungen **Pkw:** Nach Kaltern wie in Richtung Kurtatsch und Neumarkt gute Straßen. Der Ortskern ist autofrei, die blau gekennzeichneten Parkplätze am Dorfrand sind gebührenpflichtig, es wird häufig kontrolliert. Gebührenfreies Parken am Parkplatz Mindelheimer Straße und in der Tiefgarage des Bürgerhauses (7.30–24 Uhr). **Bus:** gute Verbindungen mit Kaltern und Bozen, Auer und Neumarkt.

Einkaufen **S' Traminer Weinhaus,** Weinstr. 15, hier gibt's die ganze Palette Traminer Weine und Destillate und diverse andere Südtiroler Weine, die Preise liegen meist kaum über denjenigen der Erzeuger! Weitere Verkaufsstelle zentral am Rathausplatz 8, wein-suedtirol.it.

Supermarkt an der Einfahrt aus Richtung Kaltern.

Feste & Veranstaltungen **Fasching:** Wer im Dorfmuseum war, hat die „Schnappviecher" gesehen, Masken, die während der Faschingszeit getragen wurden und werden. Sehens- und hörenswert ist, was diese „Schnappviecher" während des Traminer Faschings beim Egetmann-Umzug treiben. Der Brunnen auf dem Rathausplatz vor dem Sparkassengebäude gibt einen Hinweis darauf. Der Egetmann-Umzug findet in allen ungeraden Jahren jeweils am Faschingsdienstag statt, der Kinder-Egetmann-Umzug in den geraden Jahren, Infos unter egetmann.com.

Diverse **Wein- und Schützenfeste** (meist auf dem teilweise überdachten Festplatz) während des Sommers und Herbstes.

Traminer Weingassl, an einem Samstag im späten Oktober, der historische Ortskern Tramins verwandelt sich dann bis Mitternacht in ein gastronomisches Paradies: Weinverkostungen, Südtiroler Spezialitäten von Kastanien über Mohnkrapfen bis zu Speck und Käse, dazu Straßenmusik von Volksmusik bis Jazz und das alles unter freiem Himmel.

Weingüter/Brennerei **Kellerei Tramin,** 1898 gegründete Genossenschaftskellerei, eine der ältesten Südtirols. Kellermeister Willi Stürz wurde vom renommierten italienischen Weinführer „Gambero Rosso" als erster Südtiroler zum Kellermeister des Jahres gewählt. Im Sommer 2010 wurde der markante, aus viel Glas und netzartigen grünen Streben bestehende Neubau eingeweiht. Termine und Preise für Kellerbesichtigung und Weinprobe erfragen. Weinstr.144, ✆ 0471/096633, cantinatramin.it.

Kellerei A. von Elzenbaum, Weinverkostung und Verkauf, die Highlights sind Gewürztraminer und Rosenmuskateller; Hans-Feur-Str. 4, ✆ 0471/860124, vonelzenbaum.it.

Weinkellerei Elena Walch, Traditionsweingut mit breitem Angebot aus den Weingütern Castel Ringberg und Kastelaz. Das Unternehmen geht konsequent voran in Richtung Nachhaltigkeit und Umweltschutz. A.-Hofer-Str. 1, ✆ 0471/860172, elenawalch.com.

Brennerei Roner, Besichtigung mit Kostproben, April bis Okt. Mo 10 Uhr, Do 14.30 Uhr, 13 €; eigener Shop, Zallingerstr. 44, ✆ 0471/864000, roner.com.

Baden/Schwimmen Großes, sehr schönes **Sport- und Erlebnisbad Tramin** in der Sportzone am Nordrand des Orts an der Straße in Richtung Auer. Etwa 1300 m² Wasserfläche, großes Becken Wildbach und Wasserfall, auch Whirlpool und Kletterfelsen, die Kinder kriegt man nicht so leicht wieder raus. Juni–Aug. tgl. 9–19 Uhr, Mai 10–18 Uhr. Eintritt 7 €, erm. 3,50 €. Und natürlich im **Kalterer See** (→ Kaltern).

Übernachten

***** Mühle Mayer,** noch oberhalb von St. Jakob in Kastelaz über Tramin liegt dieses Hotel, das aus einer alten Mühle hervorgegangen ist, woran heute allerdings eigentlich nur

Überetsch und Unterland → Karte S. 132

noch die Lage am Bach erinnert. Komfort in modernem Ambiente, bewusst funktionelles, lichtes Hallenbad mit Sauna, Liegewiese, Massage, die angenehmen Zimmer mit Balkon, von dem man, in welche Richtung er auch weist, auf Wein blickt. Mühlgasse 66, ✆ 0471/860219, muehle-mayer.it. **€€€€**

Gutshof Rellich, inmitten von Weinreben gelegener Hof, 2017 neu erbaut, großzügig geschnittene Wohnungen, Pool, Garten, Tiefgarage, Eigenproduktion von Apfelsaft und preiswerten Rot- und Weißweinen, die vor Ort gekauft werden können. 3 Fewos für 2–6 Pers. (und 3 weitere im Tschifleinhof direkt daneben), ✆ 339/1712680, rellichhof.com. **€–€€**

****** Vineus,** das Residence Garni oberhalb von Tramin besticht mit seiner Lage mitten in den Weinbergen. Die Zimmer sind angenehm gestaltet, die Suiten und Wohnungen großzügig und sehr gut ausgestattet. Sonnige Terrasse, reichhaltiges Frühstücksbuffet und ein schöner Pool in entspannter Lage. Schneckenthalerstr. 25, ✆ 0471/860122, vineus-tramin.it. **€€€–€€€€**

**** Sandhof,** Garni in den Weinbergen am Südende des Ortes, wenig oberhalb des Schwimmbades (freier Eintritt!). Modernisierte Zimmer mit Balkon oder Terrasse. Weinstr. 146, ✆ 0471/2253803, panholzer.it. **€€–€€€**

Ansitz Romani, in dem unter Denkmalschutz stehenden, sorgfältig renovierten Ansitz gibt es 3 Zimmer und 7 Apt. Ausgestattet sind sie mit stilvollen Möbeln, geschmackvollen Bädern und eigenen Kochnischen. Idyllischer Garten. In der historischen Taberna Romani (→ „Essen & Trinken“) lässt es sich ausgezeichnet speisen. Andreas-Hofer-Str. 23, ✆ 0471/860010, panholzer.it. **€€€€**

Essen & Trinken

Goldene Traube, gute innovative Küche im alten Gasthaus, das – erst kürzlich komplett umgebaut – sich einen modernen und trotzdem traditionellen Anstrich gegeben hat. Steaks und Burger vom Grill, Südtiroler Speisen und mediterrane Gerichte. Julius-von-Payer-Str. 2, ✆ 0471/860482, goldene-traube.it. **€€**

Ansitz Romani, schon kurz nach der Eröffnung im historischen Ansitz heimste Küchenchef Armin Pernstich 2 Hauben im Gault Millau

Wie man Trauben zieht – Pergl versus Spalier

Wer sich auf seiner Reise die Weinhänge genauer anschaut, wird schnell feststellen, dass die Rebstöcke an unterschiedlichen Haltesystemen emporwachsen. Während sie beim Drahtrahmenspalier senkrecht nach oben wachsen, haben die Perglsysteme, von denen es wiederum alleine in Südtirol zehn Varianten gibt, die Gemeinsamkeit, dass die Rebstöcke nach oben hin in die Schräge gezogen werden und letztlich richtige Dächer bilden. Der Pergl ist das traditionelle Südtiroler System. Doch viele Weinbauern pflegen auf ihren Flächen mittlerweile beide Systeme. Das Spaliersystem ermöglicht eher eine mechanische Laub- und Vorschneidung und gezielteren (und damit sparsameren) Einsatz von Spritzmitteln und gilt als weniger fäulnisanfällig. Beim Pergl müssen die Triebe in der Regel weniger oft nachgeschnitten werden, das dichtere Laubdach schützt Trauben nach der Entblätterung eher vor direktem Sonnenlicht, ist aber in der Gesamtpflege erheblich aufwendiger. Letztlich sind Vor- und Nachteile von Lage und Sorte abhängig. Ohnehin kommt der Spalier nur bei neuen Anbaulagen zum Einsatz oder wenn Stöcke so alt sind, dass sie ausgetauscht werden müssen.

ein. Raffinierte, regionale Küche, aber auch italienisch-mediterrane Gerichte stehen auf der Speisekarte. Das saisonale Angebot spiegelt sich im Menü wider. Das Ambiente in den alten Gemäuern und im stimmungsvollen Innenhof ist einmalig. So/Mo Ruhetag, A.-Hofer-Str.23, ✆ 0471/860010, ansitzromani.com.

Plattenhof, Ausflugslokal in Spornlage über dem Unterland, Restaurant mit Pizzeria im Weingut, traditionelle Küche mit ein paar italienischen Schlenkern, gute Nudelgerichte und Knödel, Fleischgerichte vom Wiener Schnitzel bis zum Berglammkotelett. Der hauseigene Gewürztraminer hat eine besondere Qualität. Mo Ruhetag, Söll 33, ✆ 0471/860162, plattenhof.it.

Gummererhof, Berggasthof und Jausenstation, höher geht's nimmer (in Tramin), traditionelle Speisen, Apfelsaft und Weißweine aus Eigenbau, ungewöhnlich der hiesige Diolinoir. Mo und Di Ruhetag. Söll 68, ✆ 0471/860430, gummererhof.com.

Buschenschanken/Keller **Ansitz Raßlhof,** Buschenschank seit über 100 Jahren. Gag: Man speist in oder zwischen umgewidmeten Holzfässern, zum Eigenbauwein gibt es deftige Kost vom Speck über hausgemachte Hirschwurst bis zum Almkäse und bei den warmen Gerichten die ganze Palette zwischen Spinatknödeln, Kasnocken und Gulasch. Unter den Eigenbauweinen stechen Gewürztraminer und Weißburgunder hervor. Auch Hofladen. So und Mo Ruhetag. A.-v.-Keller-Weg 11 (beim Hotel Traminer Hof an der Weinstraße), ✆ 0471/861222, buschenschank.it.

Weiskeller, sehr traditionsverbundener Betrieb mit guten Weinen, u. a. Merlot, Weißburgunder und Vernatsch. Dazu die eher üblichen Merenden und einige warme Gerichte, z. B. Käsknödel und – ein rarer Fund – Spare Ribs mit Rosmarinkartoffeln. Di Ruhetag, Julius-von-Payer-Str. 29, ✆ 0471/860851.

G'würzerkeller, ein zünftiges Weinlokal mit deftiger, regionaler und italienischer Küche in einer Gründerzeitvilla mit großem Garten und Kinderspielplatz. So und Mo Ruhetag. Zallingerstr. 24, ✆ 339/47812000, gwuerzerkeller.com.

Goldener Löwe, Café und Imbissstube. Eisbecher sowie Kaffee und Kuchen und Snacks, besonders an warmen Tagen beliebt, So Ruhetag. Rathausplatz 2.

Überetsch und Unterland → Karte S. 132

Kurtatsch, Margreid und Kurtinig

Der Wein bestimmt in den am Berghang lehnenden Dörfern des Unterlandes den Jahreslauf. Ein Rebstock in Margreid wurde 1601 gepflanzt und trägt immer noch, er ist der älteste Südtirols und zeugt von Alter und Bedeutung des Weinbaus in den Dörfern Kurtatsch und Margreid – weniger in Kurtinig, das als einziges Dorf des Unterlands nicht am Rand des Etschtals liegt, sondern auf einer unscheinbaren Anhöhe mitten in der Ebene.

Sehenswertes/Ausflüge

Kurtatsch und das Museum bäuerlicher Kultur: Kurtatsch liegt auf einer kleinen Terrasse über dem Unterland, umgeben von Weingärten und mit prächtiger Aussicht auf das Etschtal und die jenseitigen Berge. Mehrere Ansitze im Ort und in der Umgebung zeugen von gewissem Wohlstand. Der Ort besitzt eine historisch-kulturelle Sammlung im *Ansitz am Orth*, deren Objekte in der Steinzeit beginnen und bis zur Gegenwart reichen, der Besuch – nur mit Führung – bedeutet also eine Zeitreise durch 10.000 Jahre. Viele Infos und mehr als 4000 Objekte (!) zu Ackerbau, Obstbau, Viehzucht und Handwerk, Vor- und Frühgeschichte.

▪ **Museum bäuerlicher Kultur/Museum Zeitreise Mensch,** nur mit Führung zu besichtigen, Ostern bis Allerheiligen jeden Fr um 10 Uhr und nach Voranmeldung unter ✆ 0471/880267 oder beim Tourismusverein. Eintritt 8 €, erm. 4 €. Botengasse 2. museumzeitreisemensch.it.

Entiklar und Weinlehrpfad Kurtatsch: Im Kurtatscher Ortsteil Entiklar steht *Schloss Turmhof*, ein Ansitz in schönem Park, der sich aus mittelalterlichen und neuzeitlichen Teilen zusammensetzt. Der namengebende Turm geht wohl auf

Ältester Rebstock Südtirols in Kurtatsch

das 12. Jh. zurück, desgleichen der kleine Wohntrakt (Palas) und die Ringmauer. Der Ansitz beherbergt heute ein Weingut und eine Jausenstation und ist zu deren Öffnungszeiten zu besichtigen (→ „Wein“ und „Übernachten/Essen & Trinken“).

Von Kurtatsch nach Entiklar führt ein reizvoller Themenweg mitten durch die Weinberge: der *Weinlehrpfad Kurtatsch.* 2,1 km, eine Dreiviertelstunde Gehzeit, das schafft fast jeder. Auf den 23 Infotafeln, die letzten fünf auf dem möglichen Weiterweg nach Margreid (zusätzliche 1,4 km/40 Min.), erfährt man eine Menge Interessantes und Wissenswertes zum Wein.

■ Broschüre beim Fremdenverkehrsverein sowie weinlehrpfad.it.

Margreid und Kurtinig: Das kleine Weindorf **Margreid,** durchflossen von einem frischen Gebirgsbach, liegt ausgesprochen malerisch am Rand der Ebene direkt am Bergfuß. Alte Häuser und Ansitze mit strengen Fronten bestimmen das Ortsbild, spitze und runde Torbögen, Brunnen, Wappensteine. Mittelpunkt ist der St.-Gertraud-Platz im oberen Ortsteil mit großer Linde und Brunnen in der Mitte und der Renaissancefassade der Vinothek „Im Paradeis“. Die *älteste Weinrebe Südtirols*, gepflanzt 1601, rankt sich an einer Häuserfront in der Grafengasse entlang und ist alleine schon einen Abstecher wert. Sie wächst aus einer gemauerten Fassung empor. Der marmorne Kragstein daneben dokumentiert das Jahr der Pflanzung. Das mächtige Gebäude, dessen Außenfassade sie je nach Jahreszeit blühend im Frühjahr, in saftigem Grün im Sommer und leuchtend gelb und rot im Herbst zum Erstrahlen bringt, stammt von 1572.

Weiter nach Süden kann man noch einmal die Etsch queren und erreicht **Kurtinig.** Der verschlafen wirkende Ort ist der einzige in Südtirol, der weder Wald noch Fels noch mehrere Fraktionen hat. Am einladenden Dorfplatz, dem größten steingepflasterten seiner Art in Südtirol, befinden sich ein alter Ziehbrunnen, die mächtige Pfarrkirche St. Martin und das traditionelle Hotel Teutschhaus (teutschhaus.it) mit zugehörigem Café-Restaurant auf der gegenüberliegenden Platzseite. Kurtinig ist für einen besonderen Brauch bekannt: bei Geburt eines Kindes oder bei Übergabe des Hofes an den Nachfolger wird eine Rebe an der Hausmauer gepflanzt, die sog. „Hausrebe".

Ab hier geht es entweder weiter nach Salurn oder zurück auf die Weinstraße, die bald die Landesgrenze passiert, bevor sie *Roverè della Luna* erreicht. Knapp vor der Landesgrenze kommt man am Einstieg des **Fennberger Klettersteigs** vorbei. Dieser führt durch teilweise senkrechte Wände, aber für Klettersteiggeher mit relativ geringen technischen Problemen, hinauf nach Fennberg.

Fennberg, das zur Gemeinde Kurtatsch gehört, liegt auf einem bewaldeten Plateau, das zum Etschtal mit bis zu 800 m hohen, steilen bis senkrechten Wänden abfällt. Die lang gezogene Siedlung befindet sich verstreut in einer Höhe zwischen 1000 und 1160 m und ist sicher eine der abgelegensten Südtirols, obwohl dank einer gut befahrbaren, aber kurvenreichen, 14 km langen Straße von Kurtatsch nicht mehr so einsam wie früher. Im Jahre 1145 erstmals urkundlich erwähnt, war die abgelegene Hochfläche wahrscheinlich schon viel früher besiedelt, wie mehrere prähistorische Fundstätten (insbesondere die eines Kupferschmelzofens) belegen. Viele der Höfe Fennbergs stammen noch aus dem Mittelalter (damals hatte Fennberg sogar eine eigene Gerichtsbarkeit), einige wurden von wohlhabenden Familien im 18. Jh. als Sommerfrische errichtet. Heute verirren sich nur wenige Touristen hierher, die hier aber Ruhe und Entspannung finden. Es gibt mehrere einfache Einkehrmöglichkeiten und im Bereich um den See (s. u.) kann man schön spazieren gehen. Wenn man vom Gasthof zur Kirche der Straße westwärts folgt, passiert man zur Linken unter zwei Ulmen den *Siebenbrunnenhof*. Hier wurde 1759 der Feldmarschallleutnant Franz Philipp von Fenner zu Fennberg geboren, weswegen der Müller-Thurgau des Weinguts Hofstatt (s. u.) als „Feldmarschall von Fenner" vermarktet wird. Kurz darauf folgt der Turm-Kellerhof mit dem ehemaligen Gerichtsgebäude und Gefängnis (!), einer Hofkapelle und einem Sommerfrischehaus. Am Ende des geteerten Weges trifft man auf den zweithöchstgelegenen Weingarten Europas, das *Weingut Hofstatt* (1034 m). Höher ist nur die Lage am Kloster Marienberg im Vinschgau.

Von Fennberg aus lässt sich auf Wanderwegen das *Tresner Horn* (1812 m) erreichen und weiter im Westen das Val di Non. In **Oberfennberg** steht das schlichte *Renaissancejagdschlösschen Ulmburg*, in **Unterfennberg** ist das kleine *Leonhardskircherl* bereits im frühen Hochmittelalter bezeugt, wahrscheinlich entstand es zum Zeitpunkt der Rodung des ursprünglich vollständig bewaldeten Plateaus. Der **Fennberger See** ist ein romantisch gelegener See von ca. 1,3 ha, er ist von einem 10 ha großen Schutzgebiet umgeben, durch das nur ein einziger Zugang an das Wasser führt (dort Bademöglichkeit). In den blumenreichen Feuchtwiesen um den See finden sich viele Orchideen, im klaren Wasser lebt der sehr selten gewordene Flusskrebs, und im Frühjahr kann man beobachten, wie sich im Uferbereich zahlreiche Erdkröten zeitlupenartig ans Licht graben und in der wärmenden Frühlingssonne ganz allmählich ihre Körpertemperatur hochfahren.

MTB-Tour auf den Fennberg: Die Straße von Kurtatsch auf den Fennberg ist landschaftlich reizvoll und nicht stark befahren. Deshalb bietet sie sich für eine Fahrradtour an. Auf 14,5 km werden 850 Höhenmeter überwunden, garniert mit herrlichen Talblicken. Zur Belohnung winken ein Bad im Fennberger See und eine lange Abfahrt. Versierte Fahrer können den markierten

Überetsch und Unterland → Karte S. 132

Weg Nr. 3 (zweigt beschildert Richtung Putzwald von der Hauptstraße ab) nach Margreid nehmen. Im oberen Teil extrem steil und schotterig, im unteren Drittel geteert, belohnt er mit tollen Panoramablicken. Von Margreid geht es dann auf der Weinstraße (3 km) nach Kurtatsch zurück.

Basis-Infos

Information **Tourismusverein Südtiroler Unterland,** Ostern bis Allerheiligen Mo–Fr 9–12/14–17, Sa 8–12 Uhr, im Winter Mo–Fr 9–12 Uhr. Kurtatsch/Cortaccia, Hptm.-Schweiggl-Platz 8, ✆ 0471/880100, suedtiroler-unterland.it.

Verbindungen Relativ gute Verbindungen per **Bus** mit Tramin, Neumarkt und Salurn.

Weingüter **Weingut Tiefenbrunner,** Lagrein aus den tieferen Lagen und Müller-Thurgau aus Weinlagen in Fennberg (ca. 1000 m!), Grappa; Weinverkauf, Verkostung im eigenen Bistro (→ „Essen & Trinken"), Führungen Di und Do 16 Uhr nach Voranmeldung (20 € inkl. Verkostung). Entiklar, Schlossweg 4. ✆ 0471/880122, tiefenbrunner.com.

Weingut Tòr Löwengang Alois Lageder, Margreid. Alois Lageder ist eine lebende Legende und der Besuch dieses Weinguts eigentlich ein Muss. Hier trifft man auf einen Vorreiter in Sachen Nachhaltigkeit: was die Energiegewinnung betrifft (Photovoltaik), vor allem aber auch in Sachen biodynamische Landwirtschaft, die hier schon seit Jahrzehnten betrieben wird. Das Haus, ein alter Ansitz, hat eine auffallend schöne Renaissance-Fassade, das zentrale Fresko im oberen Wandteil ist leider verwittert. Klassische Rebsorten und Kompositionen. Verkostung und Verkauf in der Vinothek Paradeis, Casòn Hirschprunn Str. 1, interessante individuelle Führungen. Anmeldung in der Vinothek oder unter ✆ 0471/809580. Mittagsküche im Paradeis und im Innenhof „lokal, frisch und bio". aloislageder.eu.

Bio.Weingut Othmar Sanin, Ebenfalls biodynamisch bewirtschaftet Othmar Sanin sein Weingut. Er setzt dabei allerdings auf die sog. pilzwiderstandsfähigen Rebsorten (Piwi) und hat damit in den vergangenen zweieinhalb Jahrzehnten viele Erfahrungen gesammelt. Ein Highlight ist die mehrstündige Führung durch seinen Weingarten, in dem mehr als 30 essbare Wildkräuter gedeihen. Sie findet von April bis Nov. (außer Juli) immer freitags um 9 Uhr statt, Treffpunkt ist vor Ort, Anmeldung erwünscht unter ✆ 335/1420497, Bahnhofstr. 6, Margreid. sanin.bio.

Kellereigenossenschaft Kurtatsch, Weinverkauf, Weinproben in der postmodernen Vinothek, Themenführungen auf Anfrage, Merlot, Blauburgunder, Gewürztraminer, Chardonnay u. a. Rebsorten, tgl. außer sonntags geöffnet. Weinstr. 23, Kurtatsch, ✆ 0471/881496, kellerei-kurtatsch.it.

Übernachten/Essen & Trinken

In Kurtatsch **** Terzer,** Gasthof/Restaurant und Pizzeria (Pizza nur abends) an der Straße nach Graun, auf der anderen Seite Wein und Obst. Zimmer teilweise mit Balkon, modern und individuell gestaltet. Saunabereich auf der Dachterrasse. Das Restaurant mit seiner regional geprägten Küche ist einen Besuch wert, auch die Weinauswahl kann sich sehen lassen. Frühstück auf der Gartenterrasse, freundlicher Service. Restaurant Mo Ruhetag. Obergasse 5a, ✆ 0471/880219, panholzer.it. **€€**

Turmhotel Schwarz Adler, das Hotel befindet sich gegenüber dem gleichnamigen Gourmetrestaurant. Die Zimmer sind gemütlich mit viel Holz eingerichtet, teils mit Balkon, die Turmzimmer großzügig und stilvoll. Pool im Garten, kleiner Wellnessbereich mit Sauna, Beauty-Anwendungen kann man im separaten Studio buchen. Kirchgasse 2, ✆ 0471/096400, turmhotel.it. **€€€€**

mein Tipp **Schwarz Adler,** das älteste Gasthaus im Zentrum von Kurtatsch wurde behutsam saniert. Harmonische Licht- und Farbgestaltung und schlichtes Mobiliar unter historischer Balkendecke prägen das Ambiente. Überregional bekannt ist die Küche für ihre Grillgerichte. Beeindruckend, wenn das riesige T-Bone-Steak am Tisch geschnitten und verteilt wird. Sehen lassen können sich aber auch die saisonalen Risotti und die Teigtaschen mit Spinatfüllung. Küchenchef Claudio Marcomin hat sogar ein Kochbuch veröffentlicht, das vor Ort erhältlich ist. 1 Gault-Millau-Haube. So nur mittags, Di Ruhetag. Schweiggl Platz 1, ✆ 0471/096405, schwarzadler.it. **€€–€€€**

Fischerhof, der unmittelbar neben dem Camping Obstgarten (s. u.) gelegene schlichte Gasthof bietet knusprige Pizza und guten Salat zu fairen Preisen, Mi Ruhetag, Breitbach 5, ✆ 0471/880022.

MeinTipp **Camping Obstgarten,** freundlicher, kleiner Campingplatz mit Naturbadeteich, Minimarkt und Kinderspielplatz, sehr gute Sanitäranlagen und – angenehm – Brötchenservice. Gespann und 2 Pers. 37–42 €, Wohnmobilstellplatz (vor der Schranke) 28 €. Breitbach 9, Kurtatsch, ✆ 0471/880709, camping-obstgarten.it.

In Entiklar **Schloss Turmhof,** Ansitz mit stimmungsvollem Bistro im Innenhof und den modern getäfelten Zirmstuben. Hervorragende Weine aus Eigenproduktion (auch Verkauf) und sehr gute Südtiroler Merenden. So Ruhetag, Schlossweg 4, schöner ✆ 0471/880122, tiefenbrunner.com.

In Hofstatt **Santlhof,** Buschenschank: Weine aus Eigenbau, dazu die bäuerliche Küche Südtirols: Schlutzkrapfen, Speckknödelsuppe, Speck am Brettl, Gröstl. Ab ca. 15 €, Hofstatt 7, ✆ 0471/880700, santlhof.it.

In Graun **Ungererhof,** freundliche Zimmer in einem wirklich ruhig und einsam gelegenen, großen Bauernhof. Ideal für Kinder, denen die umgebenden Wiesen mit Haus- und Nutztieren und der anschließende Wald zur Verfügung stehen. Indermauerstr. 41, ✆ 0471/880205, panholzer.it. **€–€€**

Buschenschank Lenzenhof, wenig außerhalb von Graun (vom Tal kommend ca. 0,5 km nach Graun) in prachtvoller Aussichtslage, Weinbau auf über 800 m (Müller-Thurgau). Dazu Speck und Käse, Gerstlsuppe und Omelett. März bis Nov. geöffnet, erste Julihälfte geschl. Mi Ruhetag, Indermauer Str. 46, ✆ 0471/880299, buschenschank-lenzenhof.com.

In Fennberg **Zur Kirche,** einfacher Gasthof neben einer vierhundertjährigen Linde, eher Jausenstation für Wanderer und Treffpunkt der Einheimischen. Unterfennberg 18.

Hof Unternberg, 2 stilvolle Apartments für max. 3 bzw. 4 Pers. im historischen Biohof, malerischer und ruhiger als hier geht es nicht. Biodynamischer Gemüseanbau, Verkauf ab Hof und auf den umliegenden Märkten. Unterfennberg 21, ✆ 339/2156380, hofunternberg.it. **€€**

Salurn

Salurn liegt an einer Engstelle des Etschtals, das bis ins 19. Jh. und zur Etschregulierung regelmäßig überschwemmt wurde und unpassierbar war. In diesen Zeiten umging der Verkehr die *Salurner Klause*, wie die Engstelle sich nennt, und erreichte über die nahen Berge das Fleimstal, von wo man weiter nach Trient reiste. *Albrecht Dürers* erste Venedigreise 1494 ist eines der bekannteren Beispiele für diese Wegführung (→ „Wanderung auf dem Albrecht-Dürer-Weg", S. 170). In Salurn selbst erinnert die in den Felsen über dem Ort heute noch Wache haltende **Haderburg** an die frühere Bedeutung der Klause. Das Ortsbild zeigt behäbige Bürger- und Bauernhäuser, an einigen aufwendigeren Fassaden zeigen die Adelswappen ihre früheren Besitzer an. Heute hat Salurn keine Bedeutung mehr als Posten an der deutsch-italienischen Sprachgrenze, die Brennerautobahn und die Bahnlinie zwischen Bozen und Verona lassen Salurn schnöde links liegen, nur die Staatsstraße passiert es. Salurn ist heute ein überwiegend italienischsprachiger Ort, was man sofort bemerkt, wenn man eine der Bars betritt.

Sehenswertes und Ausflüge

Ortsbummel: Von der Staatsstraße, die den Ort heute umgeht, führen Romstraße und Noldinstraße über Battistiplatz und Rathausplatz ins alte Zentrum mit der *Pfarrkirche des hl. Andreas*. Die mächtigen Häuser sind aus Stein, hoch und im Erdgeschoss besonders kräftig gebaut, einige mit abgeschrägten Wänden, der Putz blättert allerorts von den Wänden. Auch Ansitze sind darunter mit Wappen und skulptierten Fensterfassungen. Ein Spaziergang führt vom Rathausplatz durch die Wasserfallstraße zum Wasserfall, ein anderer durch die Bergstraße und den Schlossweg zum St.-Josephs-Platz mit der hübschen Kirche dieses Heiligen. Mehrere Brunnen auf Plätzen und vor Häusern. Insgesamt wirkt der Ort wenig touristisch und etwas verschlafen, vielleicht ein bisschen aus der Zeit gefallen.

Der Skulpturengarten in Buchholz: Im Ortsteil Buchholz oberhalb von Salurn befindet sich in einem Laubwald, erreichbar über den Klammweg, der „Garten der Sehnsucht" der Künstlerin Sieglinde Tatz-Borgogno. Über 200 Exponate aus Bronze und Marmor finden sich auf dem Areal und laden ganzjährig zu einem Kunst-Natur-Spaziergang ein (Eintritt frei).

Die Haderburg bei Salurn

Ausflug nach Gfrill: 13 km entfernt und 1000 m oberhalb von Salurn liegt der Weiler Gfrill mit seinen 50 Einwohnern inmitten der grünen Wiesen und Wälder des Naturparks Trudner Horn. Einen Blick wert ist die gotische *Kirche St. Margaret* mit ihrem schönen Netzgewölbe von 1500. Ansonsten lohnt der Ausflug hierher wegen der zahlreichen Möglichkeiten zum Spazierengehen und Wandern und wegen einer sehr guten Einkehrmöglichkeit: dem Fichtenhof (→ S. 169).

Die Haderburg: Die Burg in den senkrechten Felsen der Salurner Klause verbindet sich optisch so vollständig mit dem grauen Gestein, dass man sie nur wahrnimmt, wenn sie beleuchtet vor dem dunklen Hintergrund steht – ein paar Stunden lang am Nachmittag. Die südlichste Burg des geschlossenen deutschen Sprachraums wurde um 1150 erbaut und schützte die Verkehrswege nach Süden (Trient, Verona und Venedig) und ins Fleimstal. Die Klause, über der sie thront, wurde damals nur phasenweise vom Verkehr benutzt, da die mäandrierende Etsch und ihre Sümpfe fast den ganzen Talboden ausfüllten, bei den häufigen Überschwemmungen war kein Durchkommen. Man musste dann von Salurn aus über die Berge und den Sauc-Pass (980 m) ins Fleimstal und von dort nach Trient weiterreisen. Die aufwendig restaurierte, vorher praktisch unzugängliche Burgruine kann besichtigt werden. Im Hof gibt es die Schänke „zum 18. Fass". Verschiedene Veranstaltungen, Führungen für Gruppen ab 10 Pers. Nach Voranmeldung (8 €).

Burg März bis Okt. Mi–So 11–17 Uhr.

Fußweg/Anfahrt Der 890 m lange, 2,5 m breite und 12 % steile Weg zur Burg beginnt in der Trientstraße, der alten Landstraße von Bozen nach Trient (sie quert die Romstraße zwischen heutiger Staatsstraße und Battistiplatz, man erreicht sie aber auch vom Rathausplatz z. B. über Bergweg und Schlossweg). Parkplatz am Fuße des Burghügels.

Essen & Trinken **zum 18. Fass,** gemütlicher Innenhof, urige Ritterstube. Und Hausherr Roman Perfler, nach 36 Jahren in der Gastronomie zur Haderburg aus- bzw. aufgestiegen, ist ein echtes Original. Mit Lederschurz und Mittelalterkäppi ausstaffiert, serviert er neben Knödeln, Gerstsuppe und Krautplatte auch saftiges Grillfleisch. Und schon dünkt einem, man wäre im Mittelalter ... ☎ 334/7775843, zum18tenfass.it.

Praktische Infos

Information **Tourismusverein Castelfeder** in Auer, castelfeder.info (→ S. 175).

Wein **Weingut Haderburg,** Weingut von Alois Ochsenreiter in Buchholz, Sortiment eigener Weine vom Blauburgunder bis zum Sauvignon und Chardonnay, mehrfach ausgezeichneter Sekt. Weinverkauf, Kellerführungen auf Anfrage. Albrecht-Dürer-Weg 3, ☎ 0471/889097, haderburg.it.

Ansitz Dornach, Oberhalb von Salurn produzieren Patrick und Karoline Uccelli auf ihrem historischen Ansitz Dornach seit 2008 biodynamischen Wein und sind als Selbstversorger zugleich bemüht, dem Prinzip der Nachhaltigkeit auch in ihrem eigenen Alltag zu folgen. Auf der Weinterrasse mit grandiosem Talblick trinkt man einen feinen Tropfen und isst dazu „Tiroler Tapas" oder den Brunch „Holbmittag" (auch vegan), Do–Sa 9–21 Uhr. Einen Bio-Hofladen gibt es auch. Dornachstr. 12. ☎ 338/6973946, ansitzdornach.it.

Übernachten/Essen ****** Erica,** das „Komforthotel" schwankt zwischen funktional-modern oder traditionell-rustikal. Alle Zimmer mit Balkon, im Haus Sauna, Dampfbad und Fitnessraum. Nationalstr. 20, ☎ 0471/883145, comforthotelerica.it. **€€–€€€**

Jolly, Pizzeria-Restaurant an der Durchgangsstraße, eines der wenigen Lokale Salurns. Staatsstr. 28, ☎ 0471/884240; Mo Ruhetag.

Jugendherberge Dr. Josef Noldin, 55 Betten, Zwei- und Mehrbettzimmer mit Etagenbad oder eigenem Bad, umsichtig renoviert. Dr.-J.-Noldin-Str. 20, ☎ 0471/884356, noldinhaus.org. **€€**

Fichtenhof, von Slow Food inspirierte Küche mit Produkten vom eigenen Biohof. Wildgerichte, Graukäse, selbst gebackenes Brot, selbst gemachte Kräutertees. Panoramaterrasse mit grandiosem Ausblick ins Eisacktal. Mo Ruhetag. Freundliche, angenehm dezent eingerichtete Zimmer und Apartments, Gfrill 23, ☎ 338/3028653, fichtenhof.it. **€€–€€€** (Übernachten), **€€** (Essen)

Überetsch und Unterland → Karte S. 132

Neumarkt

Die schattigen mittelalterlichen Laubengänge sind der Stolz des Städtchens. Authentischer als anderswo zeugen sie von der geschäftigen Vergangenheit. Wenn man am Markttag den Trubel beobachtet, kann man sich lebhaft vorstellen, wie es hier vor einem halben Jahrtausend zuging.

Neumarkt wurde im Hochmittelalter (1189) vom Bischof Konrad von Trient als *Handelsort* gegründet, wie seine schönen Lauben mit den lang nach hinten gezogenen Häusern mit oft mehreren Höfen und Trakten zeigen, die für die Lagerung von Handelsware und für Werkstätten gedacht waren. Als wichtige Station an einer internationalen Handelsroute hatte Neumarkt eine weitere Funktion, der es mit großen Gasthöfen nachkam. Zeugnis dieser Tradition legt das mittelalterliche **Klösterle** ab, eine ehemalige Raststation an der Brennerstraße.

Eindrucksvoll sind die **Neumarkter Lauben** mit spitz zulaufenden gotischen Portalen und dunklen niedrigen Durchgängen mit mittelalterlichen Kreuzgratgewölben. Diese führen zu großen Höfen, in denen einmal mehr los war als heute und Handelsgüter aufbewahrt wurden. Einige Fassaden haben noch Reste ihres alten herrschaftlichen Anstriches wie das Haus gegenüber der Information in den Lauben mit seinen Renaissancegraffiti und den Spitzbögen der Gotik, die man später dem Zeitgeschmack entsprechend abgerundet hat. Meist stehen die Häuser entlang der Lauben Schulter an Schulter, aber es gibt auch schmale Gässchen zwischen ihnen, über die alte Schwibbögen laufen, die den Druck der seitlichen Mauern auffangen.

Sehenswertes/Ausflüge

Museum für Alltagskultur: Unter den Lauben findet man dieses Museum traditioneller Wohnkultur. Vorwiegend werden Objekte städtischer und ländlicher Alltagskultur vor 1914 gezeigt (insgesamt ca. 1815–1950): Mobiliar im Wohnraum, in der Küche und der Speis (wie man den zur Küche gehörenden Vorratsraum nannte), im Herrschaftszimmer und im Schreibzimmer. Nicht nur für Kinder interessant ist das Kinder- und Puppenzimmer u. a. mit einem Puppenhaus im Jugendstil. Kaum zu glauben: Etwa 60 % der Sammlung stammt vom Sperrmüll.

■ Ostern bis Allerheiligen Di/Fr 9.30–12 Uhr, Mi/ 15.30–18 Uhr, So 10–12.30 Uhr. Führungen nach Vereinbarung, freiwillige Spende. A.-Hofer-Str. 50, museum-alltagskultur.it.

Vill: Der Weiler Vill in den Weinbergen bei Neumarkt (an der alten Straße in Richtung Auer, die etwas oberhalb der heutigen Staatsstraße verläuft) besitzt in der kleinen *Kirche Unsere Liebe Frau* ein Kleinod hochgotischer Architektur, dessen feines Rippengewölbe zum Besten gehört, was in Südtirol aus dieser Zeit existiert. Die Planer und Architekten des Baus waren mit Sicherheit lokale Meister.

Ruine Kaldiff: Im Tal des Gschnoner Bachs liegt auf einem Felssporn die Ruine Kaldiff (auch Caldiff geschrieben). Sie bewachte die alte Wegverbindung hinauf nach Truden und hinüber ins Fleimstal, die um Jahrtausende älter ist als die heutige Straße von Auer über Kaltenbrunn. Vom Palas und Rittersaal sind noch mehrere Stockwerke der Außenmauern erhalten, von der Inneneinrichtung ist praktisch nichts mehr zu erkennen. Man erreicht Kaldiff vom höher gelegenen Neumarkter Ortsteil *Mazon* auf Weg Nr. 3.

St. Florian und das Klösterle: Südlich von Neumarkt verengt sich das Etschtal bei St. Florian (Gemeinde Laag), einer alten Kirche mit kräftigem Chorturm und wenigen benachbarten Häusern. Hier begann in den Zeiten, als die Etschüberschwemmungen Jahr für Jahr die Salurner Klause für Monate unpassierbar machten, der Weg hinüber ins Fleimstal und weiter nach Trient. Etwas oberhalb von St. Florian liegt sehr einsam das hervorragend erhaltene *mittelalterliche Pilgerhospiz,* es wird heute Klösterle genannt. Wahrscheinlich ist das Hospiz ein unmittelbarer Nachfolger des 1979 in Neumarkt ausgegrabenen römischen *mansio,* also einer Pferdewechselstation mit Herberge, wie sie an wichtigen Stellen des damaligen Wegenetzes wie hier im römischen *Endidae* existierten. Typisch dafür ist der Grundriss mit Innenhof mit Gebäuden an drei Seiten, eines davon offensichtlich Stall und eines mit zweitem Stockwerk, in dem die Schlafsäle und Krankenlager waren. Im Klösterle konnte man vom Krankenlager aus den Gottesdienst im Chor der benachbarten Hospizkapelle verfolgen. Das Hospiz wurde 1317 aus unbekannten Gründen aufgehoben *(Albrecht Dürer* hat auf seiner ersten Venedigreise also sicher nicht dort genächtigt, sondern in einem der Neumarkter Gasthöfe).

Wanderung auf dem Albrecht-Dürer-Weg: Von St. Florian/Klösterle über Krozzol und die sogenannte Römerbrücke führt der Albrecht-Dürer-Weg auf der mittelalterlichen Trasse hinüber zum Fleimstal und nach Segonzano. In fünf erhaltenen Aquarellen hat Dürer diese Passage über die Berge auf seiner ersten Venedigreise verewigt. Sie stellen u. a. Burg Segonzano und die dortigen Erdpyramiden dar, wo der Weg, der in Cembra das Fleimstal erreicht, endet. Der Weg ist ab Klösterle deutlich mit dem bekannten Signum Dürers (in ein großes A eingeschriebenen D) beschildert. Ein anregendes Teilstück des Weges zwischen Klösterle und Salurn bietet sich für einen Tagesausflug an (zurück mit dem Bus). Der Weg führt zunächst von St. Florian/Klösterle nach Laag und dann hinauf nach Buchholz, von wo man auf dem schmalen Sträßchen über Pichl nach Salurn absteigen kann (Gesamtgehzeit ca. 3 Std.).

Praktische Infos

Information **Tourismusverein Castelfeder** in Auer, castelfeder.info (→ S. 173).

Verbindungen **Bahn:** Bahnhof, der jedoch nur von Lokalzügen bedient wird (Regionalzüge in Auer, → S. 173). **Bus:** Gute Verbindungen mit Bozen und ins Fleimstal/Fassatal sowie 3–4x tgl. nach Aldein. **Pkw:** Autobahnabfahrt etwas nördlich zwischen Neumarkt und Auer. Großer Parkplatz beim Busbahnhof. Von dort zu Fuß zur Altstadt.

Einkaufen Naturkost bei **Pro Natura**, Lauben 17. Neuer **Wineshop** des Weinguts Castelfeder, Marienweg 8/1.

Markt am Di, **Bauernmarkt** am Fr, **Flohmarkt** jeden 3. Sa des Monats.

Feste & Veranstaltungen Während der **Blauburgundernächte** im Mai gibt es kulinarische Genüsse in den Gaststätten von Neumarkt, Auer und Montan, Infos unter blauburgunder.it.

Laubenfest im historischen Zentrum: Dieses Fest findet an einem Wochenende Anfang August statt (Fr–So). Originell ist die traditionelle Eierzeremonie zu Beginn (Fr vormittags), ein Bittgang durch den Ort um schönes Wetter und gutes Gelingen des Laubenfestes. Musikkapellen, Festumzüge, Volkstänze, Kinderfest (So nachmittags).

mein Tipp **Wein und Lauben:** stimmungsvolles Weinverkostungsfest üblicherweise Mitte Juli unter den historischen Lauben im Zentrum. Im Eintrittspreis ist ein Verkostungsglas enthalten, welches man stilecht im mittelalterlichen Brunnen ausspült, außerdem zwei Gänge eines Degustationsmenüs, das am zentralen Platz den ganzen Abend über serviert wird. Rund 50 Produzenten stehen Rede und Antwort, und im Laufe des Abends, nach dem 25. Ausspülen des Glases, werden die Weine immer fruchtiger und der Blick immer entrückter. Beginn 17.30 Uhr, nähere Infos beim Tourismusverein.

Baden/Schwimmen **Lido Neumarkt,** das örtliche „Erlebnisbad" in der Sportarena ist im Sommer tgl. von 9–19 Uhr geöffnet, Eintritt 6,50 €, erm. 3,50 €. Brennerstr. 7, sportarena-unterland.com.

Radfahren/Mountainbiken **Verleih** hochwertiger E-Bikes und MTBs bei E-Bike-Dreams, Lauben 18, ✆ 348/0516339, ebike-dreams.com. Zahlreiche **Tourenvorschläge** von leicht bis schwer auf der Webseite des Tourismusvereins.

Reiten Im **Pferdezentrum Alps Coliseum,** unter der Leitung von Amelie von Longo, ✆ 335/8205811, alpscoliseum.net.

Übernachten *****S Andreas Hofer,** ruhig im Ortszentrum an den Lauben gelegenes Hotel im alten Bürgerhaus mit modernem Anbau sowie mit Sauna, Pool und schöner Liegewiese.

Ritterkost vom Grill

Überetsch und Unterland → Karte S. 132

Qualitätsbewusst eingerichtet mit Stilmöbeln, Bauernmöbeln und Antiquitäten. Restaurant (→ „Essen & Trinken"). Gute Zimmer in diskreten Farben. Straße der Alten Gründungen 21–23, ✆ 0471/812653, hotelandreashofer.com. **€€–€€€**

Ela Living, Südtirols erstes *albergo diffuso*. Mittendrin sein im Leben historischer Ortschaften, so lautet das Motto dieses in ganz Italien verbreiteten Konzepts der „verstreuten Unterkünfte". Die 17 Apartments modern und komfortabel ausgestattet, sind demzufolgeüber den mittelalterlichen Ortskern verteilt. Die Rezeption liegt am Rathausring 13, ✆ 327/5419817, elaliving.it. **€€–€€€**

***** Villner Hof,** unterhalb des Felsens von Castelfeder außerhalb Neumarkts liegt dieser Hotelfamilienbetrieb mit Schwimmbad, Liegewiese, Sauna, Reitpferden, Kinderspielplatz, Radverleih. Gutes Frühstücksbuffet, die Zimmer nicht alle mit Balkon, teils modern renoviert. Villner Str. 30c, ✆ 0471/812639, villnerhof.com. **€€–€€€**

Essen & Trinken **Piazzetta,** das Restaurant des Hotels „Das alte Rathaus" bietet italienisch-mediterrane Küche, aber auch regionale Speisen in einem eleganten Gastraum. Hauptplatz 8, ✆ 0471/813715, dasalterathaus.com. **€€–€€€**

Andreas Hofer, Restaurant des gleichnamigen Hotels. Essen traditionell: Herrengröstl, Schlutzer, Knödel, Risotto, Hauptgerichte ab 15 €. So Ruhetag.

Oenothek Johnson & Dipoli, kleines Lokal unter den Lauben. Man kann schön kühl draußen sitzen, wenn die Sonne brennt. Kleine Speisen und Tagesmenü. Küche mit frischen Zutaten, italienisch-mediterran geprägt, naturgemäß mit sehr guter Weinbegleitung. Andreas-Hofer-Str. 3, ✆ 0471/820323, johnson-dipoli.it.

Bar Café Centrale, großes gutbürgerliches Kaffeehaus und Eissalon am Hauptplatz, vorne große Terrasse, von der man alles überblickt, was in den beiden Einkaufsgassen der Stadt geschieht, Mi Ruhetag.

Auer und Montan

Auer liegt auf einem Bachschuttkegel. Das sieht man an der Form des Untergrunds, und das kann man unschwer an den hohen Natursteinmauern erkennen, die Felder und Gärten umschließen, und an den Mauern, aus denen die älteren Gebäude errichtet wurden. Der aus der wilden Bletterbachschlucht herunterströmende Schwarzenbach ist heute ziemlich friedlich, bei schweren Regenfällen schäumt er aber nach wie vor in seinem regulierten, tiefen Bachbett. Früher überschwemmte er Auer in unregelmäßigen Abständen nicht nur mit Wasser, sondern mit Schutt und Schlamm – daraus entstand der große Schuttkegel unter dem Dorf, und damit wurde es gebaut.

Oberhalb, auf einer sonnigen Hangterrasse, liegt Montan mit Schloss Enn noch ein Stück darüber. Wein gedeiht auch hier, in Buschenschanken kann man ihn auch beim Hersteller probieren. Zwischen beiden Orten liegt der geheimnisvolle, sagenumwobene Felshügel von **Castelfeder,** ein uralter, heute verlassener Siedlungsort.

Sehenswertes/Ausflüge

Auer: Der Ort ist sehr locker besiedelt, es gibt kein eigentliches Zentrum, hohe Mauern verbergen auch in der Ortsmitte dahinterliegende Weingärten. Auch um die im höheren Ortsbereich stehende *Kirche St. Peter* ist kein wirkliches Zentrum auszumachen. Auf der rechten Seite der ansonsten schmucklosen Westfront dieser Kirche hat sich ein gotisches Christophorusfresko erhalten, dessen Ausmaß sogar für Südtirol ungewöhnlich ist. Die spätgotische Pfarrkirche zeigt deutlich, wie viel seit dem Spätmittelalter aufgeschüttet wurde: Sieben Stufen sind es zum Eingang des früher auf normalem Ortsniveau stehenden Baus. *Schloss Auer* mit schönen spätbarocken Wappenfresken ist der größte der Ansitze des Orts, er wurde in

Weindorf Montan im sonnenverwöhnten Etschtal

der Renaissance auf einer mittelalterlichen Burg aufgebaut.

Auf dem Castelfeder: Über Auer erhebt sich der Castelfeder, ein von karger Vegetation bedeckter und von Felsrippen mit Gletscherschliffen übersäter Porphyrfelsen (Teil des Porphyr-Mittelgebirges des Überetsch, der durch Etsch und Etschgletscher davon getrennt wurde). Smaragdeidechsen, Nashornkäfer und Gottesanbeterin leben hier. Mauerwerk aus verschiedensten Zeiten deutet auf frühere Besiedlung des heutigen Weidegebiets. Die karge Trockenvegetation ist so interessant wie selten, Flaumeichen, Hopfenbuchen, Mannaeschen, Perückenstrauch und Kornelkirsche wachsen hier, auch die vom Menschen eingeführten Kiefern und Esskastanien. Für Laien sind am auffälligsten die alten Eichen in großen Abständen, die dem Hügel von Castelfeder den Anblick einer Parklandschaft geben.

Auf der Kuppe des Hügels hat man eine vormittelalterliche Ringmauer identifiziert. Im Inneren sind Reste einer *mittelalterlichen Burg* mit *romanischer Kapelle* und Rundapsis auszumachen – die Reste dieses Baus auf erhöhter Stelle werden immer wieder gegen den Hintergrund des Unterlands und der Salurner Klause fotografiert. Tiefer am Südwesthang fallen auf einer Verebnung die Reste einer *prähistorischen Großsiedlung* auf, insgesamt 160 Häuser konnten identifiziert werden. Wer die Bewohner waren und wann sie lebten, das ist nicht klar.

Fußweg: Man erreicht den Castelfeder am einfachsten in ca. 20 Min. aus der großen Linkskurve der Straße nach Montan nach der ersten Steigung. Wegweiser zeigen den Weg hinüber zum Hügel (Schutzgebiet), den man nach Querung eines trockenen Tals erreicht. Alternativ beginnt man den Aufstieg in Auer beim Sportgelände Schwarzenbach, geht rechts der Turnhalle zur Fleimstalstr. und dort 200 m nach rechts, wo jenseits Weg 5 a beginnt. Mit 5 a und 5 auf die Kuppe, dort blau-weiße Markierung zur Straße; der gesamte Weg ist sehr gut beschildert (0:45–1 Std.).

Wanderung auf der „Katzenleiter“: Eine für gute Geher einfache Wanderung führt die 540 Stufen der „Katzenleiter“ hinauf zu Aussichtspunkten über der *Schlucht des Schwarzenbachs*, für Ausdauernde weiter zu einer Bushaltestelle an der Straße nach **Aldein,** von wo aus man mit dem Bus nach Auer zurückkehren kann. Man beginnt rechts der Pfarrkirche und nimmt den dort beginnenden „Wasserfallweg", der unvermittelt vor einem E-Werk endet. Rauf auf eine Mauer, die vor Überschwemmungen schützen soll, eine Fußgängerbrücke und Weg 2 zum Treppenanstieg der Katzenleiter. Schwindelfreiheit ist nicht nötig, obwohl die Ausblicke wahrhaft schwindelerregend sind. Oben in **Karnol** kommt von links ein alter Weg herauf, es handelt sich um die früher (also bis ins 20. Jh.!) einzige Verbindung von Aldein mit dem Etschtal, den heute noch so genannten *Alten Aldeiner Weg*.

▪ Gehzeiten bis Schlossberg (656 m) 1:20 Std., bis Steinhaus (802 m) 2 Std., bis zur Bushaltestelle beim Bauernhof Schmieder (880 m) 2:15 Std. Gesamtgehzeit.

Montan: Das idyllische Weindorf Montan liegt der Nachmittagssonne zugewandt auf einer schönen Hangterrasse über dem Etschtal. Das 1300 entstandene und um 1880 veränderte und restaurierte große **Schloss Enn** oberhalb von Montan ist seit 1650 im Besitz der Grafen Albrizzi (aus Venedig). Leider kann es nicht besichtigt werden, nur von fern hat man einen Blick auf die Anlage. Nur einmal im Jahr gibt es Gelegenheit, zumindest das Äußere und den Innenhof in Augenschein zu nehmen, nämlich anlässlich eines Konzerts der Musikkapelle Montan im Innenhof, das Mitte August stattfindet. Die alte Fleimstalbahn fuhr unterhalb von Montan in großer Schleife nach Süden, um dann oberhalb von Schloss Enn in Richtung Kaltenbrunn zu dampfen. Heute ist die Trasse der stillgelegten Bahn ein beliebter *Wander- und Radweg* (→ Tour 12).

Pinzon: Das kleine Weindorf Pinzon etwas südlich von Montan – man sieht es von der Trasse der Fleimstalbahn aus unter sich liegen – birgt einen Kunstschatz erster Ordnung. In der *Dorfkirche St. Stephan* befindet sich nämlich der bedeutendste Flügelaltar des Unterlands, eine Arbeit des *Hans Klocker*. Der vorzügliche spätgotische Altar ist gegen 1500 entstanden und atmet noch rein gotischen Geist, so verzichtet er völlig auf Perspektive oder gar auf die gekonnte und bewusst zur Gestaltung eingesetzte Zentralperspektive seines Zeitgenossen Michael Pacher. Von den Figuren des Schreins wurden leider bei einem Kunstraub die vier den Vorhang hinter der Hauptszene tragenden Engel und das Christuskind im Schoß der Maria geraubt (2017 tauchten zwei der Engel im Rahmen einer Versteigerung in Bayern wieder auf).

▪ Keine offiziellen Zeiten, für Besichtigungen ✆ 0471/819776.

Tour 7: Wanderung oder Radtour von Montan nach Kaltenbrunn auf der ehemaligen Trasse der Fleimstalbahn[GPS]

Tour-Info: Gemütliche Wanderung mit (fast) immer gleicher, angenehm schwacher Steigung auf ehemaliger Bahntrasse, meist schattig und kühl auf der Nordseite – etwas für heiße Tage! Nur unzureichend beleuchtete Tunnel (mit dem Rad Licht notwendig). Zurück mit dem Linienbus. Länge 12,7 km; Dauer 3:30 Std.; Höhenunterschied: ↑ 530 m. Karte: Tabacco (1:25.000) Blatt 49.

Die stillgelegte Fleimstalbahn von Auer (wo der Bahnhof neben dem der Etschtalbahn erhalten ist) nach Cavalese im Trentino ist heute die Strecke für eine herrlich gemütliche, schattige Wanderung von Montan bis Kaltenbrunn. Von dort kann man mit dem Bus zurück, oder man hängt den Besuch des nahen Truden dran (Radfahrer machen auf der Rückfahrt sowieso besser den kleinen, interessanteren Umweg über Truden, denn die SS 48 ist stark befahren).

In Montan nimmt man etwas unterhalb des Dorfs beim großen Parkplatz **A** die nach rechts in Richtung Pinzon (Schild) abgehende Straße. Eine größere Straße wird gequert **B,** drüben geht es mit einem Fahrweg weiter. Wir sind

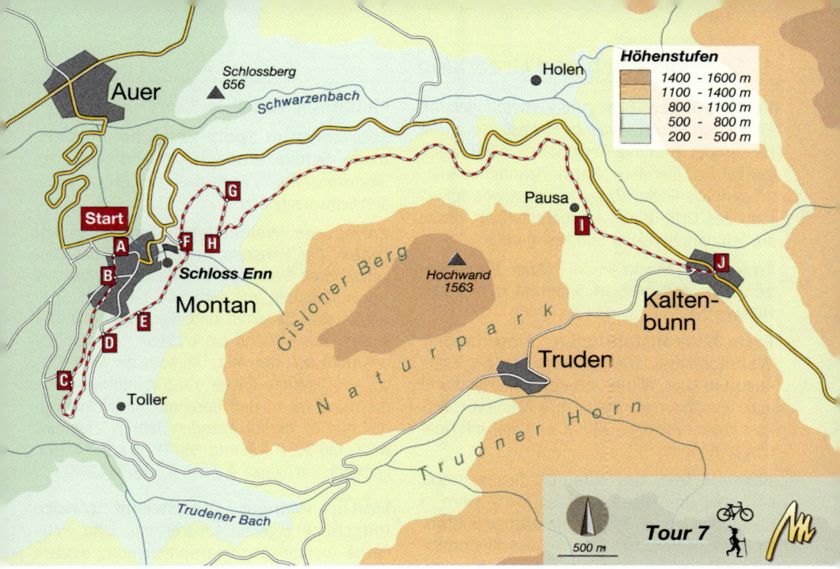

auf dem alten Bahnweg, den wir bei einer Gabelung **C** ausgehen, um die enge Schleife der Trasse samt Viadukt kennenzulernen (weiter oben guter Blick auf Viadukt). Nach diesem Richtungswechsel weiterhin leicht ansteigend auf erneuerter Asphaltstraße **D** (Straße nach Truden) und bald darauf in einen ersten Tunnel **E.** Spärliche Beleuchtung! Zweiter Tunnel, Schloss Enn liegt unterhalb. Kurz darauf Gabelung **F,** nicht flach und links weiter auf der Bahntrasse, sondern jetzt etwas steiler nach rechts (Schilder sind hilfreich) in einen Wiesenhang. Der eingeschlagene Weg macht eine Krümmung nach rechts, wird nochmals steiler und erreicht den Feitnerhof **G,** wo man ein Sträßchen links liegen lässt, um rechts mit Markierung 3 weiterzugehen. Man gelangt nach einem sehr steilen Wegstück (Radler müssen schieben) zum Lamberthof, dem höchsten der Kalditscher Höfe, wo man sich nach links auf einen Güterweg wendet **H.** Nun immer in der am Hof eingeschlagenen Richtung bleiben, die Trasse der Bahn führt hier fast ohne Steigung weiter, ein Tunnel wird passiert, ein Schild macht auf den nahen Gasthof Brückenwirt aufmerksam (gute 100 m tiefer, hin/zurück 0:30 Std., Mo Ruhetag), und dann öffnet sich wieder der Wald, und man betritt die Wiesen des historischen Pausahofs. Dort links vorbei **I** und noch ein Stück Bahnweg, dann erreicht man eine Straße, der man nach links abwärts und zu den wenigen Häusern von Kaltenbrunn **J** folgt. Vorsicht bei der Querung der SS 48 zur Bushaltestelle, die Ortsdurchfahrt ist eine Rennstrecke! Wer nach Truden möchte, geht auf der Straße nicht Richtung Kaltenbrunn, sondern 300 m nach rechts, wo auf der anderen Seite ein Wanderweg beginnt, der in einer guten halben Stunde nach Truden leitet (von dort Busverbindung nach Montan und Auer), es ist der Europäische Fernwanderweg Nr. 5.

Basis-Infos

Information Tourismusverein Castelfeder, Mo–Fr 8.30–12.30 Uhr. Infos auch zu Salurn und Neumarkt. Auer/Ora, Hauptplatz 5, ✆ 0471/810231, castelfeder.info.

Verbindungen **Bus:** gute Verbindungen mit Bozen und Salurn sowie ins Fleimstal (u. a. mit Bussen der Trentiner Regionalbuslinien), weniger gut ins Überetsch. **Bahn:** Bahnhof in Auer, an dem alle Regionalzüge halten, etwas außerhalb des Orts. **Pkw:** Autobahnauffahrt etwas südlich zwischen Auer und Neumarkt.

Einkaufen **Markt** am Mi in Auer. **Einkaufszentrum** mit großem Supermarkt in Auer, Hilbweg 1.

Feste & Veranstaltungen **Unterlandler Weinkosttage,** Traditionsveranstaltung Ende August in Auer, Winzer aus dem Unterland und auch von anderswo stellen ihre Weine vor, Verkostungen, Vorträge, Musik und viel Information zum Wein.

Altmauerfest, das Aurer Dorffest erstreckt sich über drei Tage Ende Mai, alle 2 Jahre in ungeraden Jahren. Es gibt jede Menge Südtiroler Spezialitäten, ein umfassendes Kinderprogramm und Musik zum Abtanzen. altmauerfest.it.

Baden/Schwimmen **Freibad Auer** im Sport- und Erholungszentrum Schwarzenbach, mehrere Becken, große Liegewiese, parkartiger Wald. Erw. 6 €, erm. 3 €.

Radfahren **Verleih** im Tourismusbüro.

Sportzentrum **Sport- und Erholungszentrum Schwarzenbach,** Zufahrt von der Fleimstalstraße in Auer nach der Brücke über den Schwarzenbach.

Weingüter **Weinkellerei Clemens Waldthaler,** der Hausherr betreibt seit über drei Jahrzehnten Weinbau. Die Kellergewölbe des Gutes stammen aus dem 13. und 17. Jh. Spezialität sind Cabernet und Blauburgunder mit langer Fassreife und ein kräftiger Pinot Grigio, der im Akazienfass reift. Ultimativ der Raut Rosso, eine kräftige Cuvée (raut kommt von „roden" und meint den Beschnitt im Weinberg), die nur in hervorragenden Jahren abgefüllt wird. Mo–Fr 9–13 und 15–19, Sa 9–14 Uhr geöffnet. Bachgasse 4, Auer, ✆ 348/3942182.

MeinTipp **Weingut Pfitscherhof (Ansitz Pfitscher),** Eigenbaukellerei mit 5 ha Rebfläche, architektonisch ansprechendes, modernes Kellerei- und Degustationsgebäude inmitten der Weinberge, bemerkenswert der Lagrein – wiewohl alle Weine dieses familiengeführten Gutes von hervorragender Qualität sind. Dolomitenstr. 17, Montan. ✆ 0471/1681317, pfitscher.it.

Übernachten

In Auer ***** Markushof,** richtig dörflich wirkt die Gartenseite des Markushofs mit den blumengeschmückten Balkonen und dem schattigen Gastgarten, hinter dem sich der hauseigene kleine Campingplatz samt Pool, Liegewiese und Kinderspielplatz versteckt. Dabei ist der Markushof kein Landgasthof, sondern ein veritables und keineswegs kleines Hotel, das Busgruppen aufnimmt und sie auch problemlos verköstigen kann, denn selbst der urige Keller hat Übergröße (besonders beliebt in der Törggelenzeit, wenn kein Keller groß genug sein kann). Die Ausstattung der Zimmer ist okay, das Essen gut, die Atmosphäre sympathisch familiär. Truidn 1, ✆ 0471/810025, hotelmarkushof.it. **€€–€€€**

**** Meinrad,** Garni oben bei der Kirche, gemütlich und familiär, die Zimmer (Balkon) mit soliden Möbeln, üppiger Blumenschmuck, Garten mit Whirlpool. Fahrradverleih. Kirchgasse 2, ✆ 0471/810416, meinrad.it. **€€–€€€**

Camping Markushof, privater Campingplatz des Hotels Markushof, angenehm übersichtlich und sehr ruhig, es sind ausschließlich Erwachsene erwünscht. Pool und Liegewiese, beheizte Sanitäranlagen. April bis Okt. Gespann und 2 Pers. 35–39 €. Truidn 1, ✆ 0471/810025, campingmarkushof.it.

***** Heide,** ansprechend modern gestaltetes Hotel mit freundlichen Zimmern (nicht alle mit Balkon), Restaurant, Weinlaube und Torggelkeller. Freibad und Terrasse. Nationalstr. 7, ✆ 0471/801211, hotelheide.it. **€€–€€€**

***** Kaufmann,** an der Straße nach Cavalese gelegenes Hotel mit guter Ausstattung, Freibad und Liegewiese. Und einer wichtigen Besonderheit: Das Hotel ist ein Biohotel, sein Restaurant ein Biorestaurant. Im nahen Haus Regenbogen werden Apartments für bis zu 8 Personen vermietet. Fleimstalstr. 16, ✆ 0471/810004, hotelkaufmann.it. **€€–€€€**

In Montan ***** Tenz,** der „Tenz" ist aus einem alten Einkehrgasthof hervorgegangen, was man ihm allerdings nicht ansieht. Er ist ein gut ausgestattetes Hotel, alle Zimmer mit Balkon oder Terrasse. Hallenbad und Sauna, Freischwimmbad und Natursee mit schöner Liege-

Himmelhoch: alte Bahntrasse bei Auer, heute ist es ein Radweg

wiese, 2 Stuben, Biergarten. Die bei Motorradfahrern beliebte nahe Fleimstalstraße macht sich abends und morgens, wenn man im Zimmer ist, kaum bemerkbar. Ladestation für E-Autos. Kalditsch 3, ✆ 0471/819782, hoteltenz.com. **€€€–€€€€**

**** Goldener Löwe,** trutziger mittelalterlicher Bau aus dem 14. Jh. im Zentrum, einst wohl Zollstation für Schloss Enn. Vorbildlich renoviert, moderne Details harmonieren mit alter Bausubstanz, der historische Saal mit Deckenfresken und Holzvertäfelung ist absolut sehenswert. Freundliche Zimmer, teils mit Balkon. Im Haus gutes Restaurant (Do Ruhetag). Kirchplatz 11, ✆ 0471/819844, goldenerloewe.it. **€€€**

Essen & Trinken

In Auer **Aura,** Pizzeria mit Holzofenpizza in 80 Varianten, auch Vollkornpizza. Bruschette, Schnitzel mit Pommes, Speckteller. Sa nur abends, So Ruhetag, Nationalstr. 44, ✆ 0471/811119, pizzeriaaura.it.

Tschurtsch, Weinstube und Törggelenlokal in den Kellergewölben des funktionierenden Bauernhofs mit seinen z. T. mittelalterlichen Mauern. Die Hintergrundmusik trifft den kleinsten gemeinsamen Nenner. Merenden, Speck, Hauswurst mit Sauerkraut, im Herbst Kastanien, Mi Ruhetag, Kirchplatz 3, ✆ 0471/810648.

In Montan **Pinzonerkeller,** gemütliche, stilgerecht renovierte Bistro-Weinbar. Grillspezialitäten, aber auch viele vegetarische Gerichte aus regionalen und Bioprodukten. Beliebt auch für Feste und Hochzeiten, daher gelegentlich für geschlossene Gesellschaften geblockt. Mo, Di, Mi Ruhetag, St.-Stephan-Platz 3, ✆ 0471/813552, pinzonerkeller.com.

Rose, sehr traditionsverbundenes Gasthaus im wuchtigen, mittelalterlichen Bau, das spürt man sofort, wenn man Schank und Stube im 1. Stock betritt: Die wenigsten Gasthäuser haben noch die früher allgemein übliche Schank, und welches Gasthaus hat schon im Speisesaal eine rauchgeschwärzte Deckenwölbung, unter der sich mal ein Kamin (oder die Küche?) befand. Das betrifft auch das einfache Essen: Nudelgerichte, Schlutzkrapfen, Speck am Brettl. Sa Ruhetag, Kirchplatz 17, ✆ 0471/819564.

Schloss Enn, Pizzeria-Café im Ort (gegenüber Touristeninfo), große Auswahl an hervorragender, schön krosser Pizza, aber auch Restaurantküche. Mo und Di Ruhetag, ✆ 0471/819796.

mein Tipp **Planitzer Hof,** gemütlich renovierte Buschenschank, traditionelle und saisonale Gerichte, hausgemachte Säfte und Eigenbauwein. Der Service ist ausgesprochen freundlich, schön sitzt man in der holzgetäfelten Stube, aussichtsreich auf der Panoramaterrasse. Geöffnet März bis Juni und Aug. bis Dez. Mo–Mi geschl., Glen 25, ✆ 0471/819407, planitzer.it.

Überetsch und Unterland → Karte S. 132

In Gschnon Gschnon erreicht man auf der Straße Montan – Truden (Glenerstraße ab Montan/Kirchplatz), bei der Trudner Mühle nach rechts und ca. 1,5 km Zufahrtsstraße.

Dorfnerhof, Törggelen im traditionellen Berggasthof mit einer Traumaussicht und einer gemütlichen Stube. Traubenmost, eigener Speck und Kastanien. Auch außerhalb der Törggelenzeit lohnt der Weg, die Südtiroler Küche ist schmackhaft, Schlutzer, Knödel & Co. Mo Ruhetag. Es gibt auch 6 schön eingerichtete Zimmer. Gschnon 5, ✆ 0471/819924, dorfner.it. **€€**

Aldein und Radein

Die beiden Streusiedlungen Aldein und Radein am Südfuß des Regglbergs mit ihren alten Bauernhöfen sind ideale Sommerfrischen. Die sanft geneigten Hänge unter dem Weißhorn blicken nach Süden. Wiesen und Weiden, dazwischen Wald, bieten Erholung. Das touristische Angebot ist begrenzt, aber gut, erholsame Familienferien sind angesagt, wer Action sucht, ist fehl am Platz. Die beiden Dörfer, die zusammen eine Gemeinde bilden, sind durch keine direkte Straße verbunden. Die wie eine klaffende Wunde vom Weißhorn herunterziehende **Bletterbachschlucht** trennt sie, nur Wanderwege führen hindurch – seit 2009 gehört sie zum UNESCO-Welterbe Dolomiten. Diese Schlucht und die **Schwarzenbachschlucht,** die ebenfalls vom Weißhorn herunterkommt und erst bei Auer endet, schneiden die beiden Orte auch nach Süden von anderen Siedlungen ab. Erst die spektakuläre Brücke über die Schwarzenbachschlucht, 1963/64 errichtet, brachte Aldein näher an das Unterland und Bozen, wohin man mit dem Auto vor der Fertigstellung mindestens 1:30 Std. benötigte. Es lohnt sich, von der Brücke in die Schlucht hineinzuschauen, man befindet sich 110 m über dem Talboden.

Sehenswertes/Ausflüge

Aldein: Die Streusiedung nimmt nur um die Kirche auf dem Hügel Dorfgestalt an. Ausgrabungen haben gezeigt, dass hier schon eine romanische Kirche stand (die heutige ist spätgotisch mit neugotischer Ausstattung). Aldein wurde wohl im 12. Jh. wahrscheinlich von hessischen Bauern besiedelt, noch heute werden die Aldeiner „Hessen" genannt. Etwas unterhalb der Kirche steht der eindrucksvolle historische „Gasthof Krone" (→ „Übernachten/Essen & Trinken"), auf der anderen Seite des dortigen Platzes sind die Touristeninformation und das Dorfmuseum untergebracht.

Das **Mühlenmuseum „Im Thal"** ist eine einzigartige Ansammlung historischer bzw. wiedererrichteter Mühlen und Stampfer mit unterschiedlicher Funktion. So wurde in der Thalmühle das Getreide zu Mehl gemahlen, in der Matznellermühle mit dem Rendl das Gerstenkorn von seinen Spelzen befreit und mit dem Stampf Loden gewalkt und, früher sehr wichtig, die Fichtenrinde zerkleinert, die man zur Herstellung von Lohgerbe brauchte. In der Wasserschmiede sieht man den Wasserhammer, der mit einem Wasserrad betrieben wird. 2009 hinzugekommen ist die Stampfer Säge, eine sogenannte Venezianersäge, die von einer Schaufelradturbine betrieben wird.

Zudem gibt es sog. Schiaßermühlen, mit denen man früher Murmeln („Schiaßer") zum Spielen herstellte. Eine Führung ist empfehlenswert, weil das alte Handwerk dann zum Leben erweckt wird. Bei aller Vielfalt sind die heute bestehenden Mühlen nur ein Bruchteil derer, die es früher gab (1775 waren es 31, 1911 sogar 42 Stück!).

Dorfmuseum Aldein, Museum für sakrale Kunst, es werden v. a. barocke Monstranzen, Hostienschalen, Messbecher, Stickereien etc.

gezeigt. Geöffnet Mai bis Okt. Fr 16–18 Uhr, im Juli/Aug. auch Sa 16–18 Uhr. museum-aldein.com.

Mühlenensemble „Im Thal", Freilichtmuseum, von Mai bis Okt. geöffnet. Führungen durch den Tourismusverein: im Juli/Aug. jeden Sa um 10 Uhr Mühlenwanderung ab Feuerwehrhalle Aldein. museum-aldein.com.

Radein: Die Kirche von Radein, ein harmonischer gotischer Bau mit schönem Fächergewölbe im Chor, steht im Gegensatz zu Aldeins Kirche fast allein. Radein ist Streusiedlung geblieben, die Aldeiner Siedlungskonzentration durch Pensionen und Privathäuser hat Radein nicht mitgemacht.

Auch Laien werden vom Radeiner **Geologiemuseum** angesprochen, das den Gesteinsaufbau der Dolomiten in vielen Beispielen, instruktiven Schautafeln und einem Diorama erklärt. Außerdem eine Sandsteinplatte mit Spuren unterschiedlicher Saurier! Wer die Bletterbachschlucht besucht oder den obersten Schluchtbereich mit dem Weißhorn von der Aldeiner Seite gesehen hat, wird sich ohnehin fragen, wie so ein gewaltiges Naturphänomen wohl entstanden sein mag. Das Museum sollte man mit dem GEO-Weg durch die Bletterbachschlucht verbinden (s. u.), nachher ist man Experte für Dolomiten-Geologie.

Geologiemuseum im Vereinshaus „Peter Rosegger" in Oberradein, geöffnet Mai bis Okt. 9.30–18 Uhr. Im Museum sind die Eintrittskarten in den GEOPARC Bletterbach erhältlich. museum-aldein.com.

„Auf den Spuren der Saurier" – der GEO-Weg durch die Bletterbachschlucht: Leitern und Stiegen führen hinunter und hinauf in die gewaltige Bletterbachschlucht, deren obersten Teil, die „Gorz", man gar nur auf einer steilen Metallstiege verlassen kann. Der Canyon ist ein wahres Geologiemuseum der Dolomiten unter freiem Himmel, reicht doch der Aufbau von Schlucht und Weißhorn vom Bozner Porphyrsockel über Grödner Sandstein und Bellerophonschichten der Permphase bis zum Muschelkalk der Trias. Der Canyon entstand an einer Störungszone: Die dunklen Gesteine des Schwarzhorns (Porphyr) wurden en bloc gehoben, die weißen des Weißhorns (Triaskalke) ebenso en bloc abgesenkt. Der GEO-Weg durch die Bletterbachschlucht beginnt am Parkplatz unter der Lahneralm in Aldein beim Besucherzentrum (mit Souvenirshop) und führt hinunter ins „Butterloch". An 14 interessanten Stellen informieren Schautafeln über Tektonik und Gesteine der Schlucht. Der Rückweg zum Besucherzentrum erfolgt im Regelfall über den Jägersteig.

Tour-Info: Ein Faltblatt zum GEO-Weg mit kurzer Beschreibung und Verlaufsskizze gibt es beim Tourismusverein und im Besucherzentrum. Infos im Internet – mit virtueller Tour durch die Schlucht – unter bletterbach.info.

Vorsicht! Bei Regen oder gar Gewitter ist von der Begehung der Schlucht wegen Steinschlaggefahr dringend abzuraten! Es herrscht Helmpflicht, Ausleihe im GEO Museum. Bei einem Erdrutsch wie im Mai 2014 wird der Eingang zur Schlucht vorübergehend geschlossen. Vorher informieren!

Besucherzentrum Bletterbach (Aldein), Mai bis Okt. tgl. 9.30–18 Uhr, Eintritt 9 €, Eintritt und Schluchtführung 19 €, Führung durch den GEOPARC So um 10 Uhr. ✆ 0471/886946.

Tour 8: Wanderung vom Joch Grimm auf das Weißhorn

Tour-Info: Das Weißhorn ist die äußerste Bastion der Dolomiten im Südwesten, dementsprechend ist die Aussicht von seinem Gipfel. Der Rundweg (Variante A) mit Gipfelbesteigung ist leicht und **auch für Kinder** zu bewältigen. Die Variante B auf dem Höhenweg ist zum Schlussanstieg schwer (mit Seilversicherungen) und nicht für Kinder geeignet, aber absolut spektakulär, da sie am oberen Abbruchrand der Bletterbachschlucht entlangführt (Schwindelfreiheit und Trittsicherheit erforderlich). Dauer Variante A 2–2:15 Std.; Hö-

Überetsch und Unterland → Karte S. 132

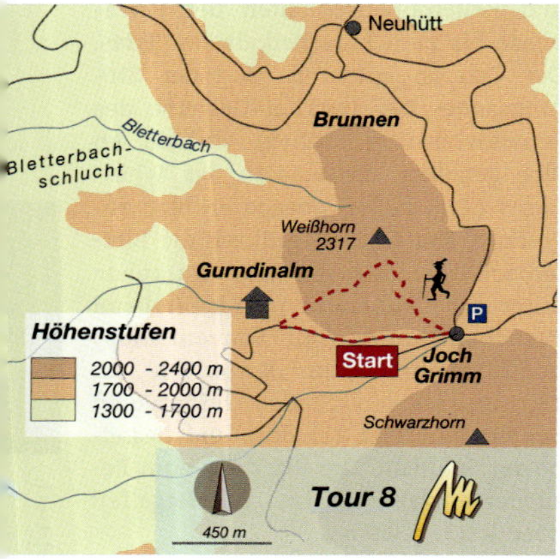

henunterschied: 340 m, Variante B 3 Std. 600 Höhenmeter. Karte: Tabacco Blatt 29 oder 4land Blatt 184 (1:25.000). Anreise mit dem Pkw nur über Cavalese oder Deutschnofen und Passo di Lavazè!

Beim Gasthaus Joch Grimm (1989 m) beginnt auf der Radeiner (westlichen) Seite ein gut ausgebauter Wanderweg, der den Südhang des Weißhorns durchsteigt und in einer Stunde direkt zum Gipfel führt. (Dieser Gipfel ist, wie man erst hier entdeckt, ein Doppelgipfel mit 2317 m und 2313 m). Die Abzweigung zum Höhenweg (mit H beschildert und beschriftet) nach rechts auf etwas mehr als halber Höhe (Variante B) wird nicht beachtet, es sei denn, man möchte das Weißhorn umrunden, denn genau das macht dieser Steig (und kommt, wie wir, bei der Gurndinalm zurück an die Straße).

Zurück geht's die ersten Meter auf dem Aufstiegsweg, dann aber bei der obersten Gabelung nicht links, sondern rechts weiter (beschildert Gurndinalm) und flott durch Wiesen und Krummholz zur Gurndinalm (1952 m). Von dieser auf dem Sträßchen in 0:20–0:25 Std. zurück zum Joch Grimm und zum Ausgangspunkt.

Die Variante B führt ab der Gabelung am Höhenweg durch Latschenfelder an der Ostseite des Weißhorns entlang (schöner Ausblick auf Schlern, Rosengarten und Latemar), umkurvt den Berg an der Nordseite und trifft 0:45 Std. nach der Gabelung unvermittelt auf die Abbruchkante der Bletterbachschlucht. Fantastischer Ausblick in die Schlucht, nach Norden auf Maria Weißenstein und nach Westen auf den ganzen Rest Südtirols. Ab hier auf Steig Nr. 5 immer an der Kante entlang Richtung Gipfel des Weißhorns. Ein ziemliches Gekraxel, auf und ab dem Gratverlauf folgend. Nach 20 Min. erreicht man den Gipfelanstieg. Zwischen Felsblöcken seilversichert senkrecht nach oben, technisch nicht schwierig, aber schwindelfrei sollte man sein. 15 Min. Kletterei, und man erreicht das Gipfelkreuz und genießt einen Rundblick, wie er für einen Berg dieser Höhe mehr als ungewöhnlich ist – aber außer dem Schwarzhorn ist halt kein anderer Gipfel in der Nähe, der die Sicht nehmen könnte. Ab hier wie Variante A.

Essen & Trinken **** Jochgrimm,** Hotel/Gasthaus mit rustikaler Küche, Heubäder, ✆ 0471/887232, jochgrimm.it. **Gurndinalm,** mit Naturkegelbahn, Liegestühlen und leckeren Strauben, Mai bis Okt. tgl. geöffnet, ✆ 330/765083, gurndialm.com.

Das Joch Grimm: → Kapitel „Das Rosengartengebiet" auf S. 540.

Basis-Infos

Information **Tourismusverein Aldein/Radein,** Mo–Fr 8.30–12 Uhr, Aldein/Aldeno, Dorf 34, ✆ 0471/886800, aldein-radein.com.

Verbindungen **Pkw:** gute Straße als Abzweigung von der Fleimstalstraße. **Bus:** 3–4x tgl. Bus von Neumarkt nach Aldein, Radein wird nicht bedient.

Gästekarte Die GuestCard Aldein-Altrei-Truden enthält den Eintritt in die Bletterbachschlucht, in die örtlichen Museen und diverse Ermäßigungen, z. B. beim E-Bike-Verleih oder bei der Seilbahn Alpe Cermis. Sie wird von den Beherbergungsbetrieben ausgegeben.

Einkaufen **„Käseladele"** auf der Schönrastalm (1700 m). Der diplomierte Senner und Käser stellt derzeit sechs Rohmilchkäse her, darunter Brennnesselkäse und Heukäse, auch in handlichen kleinen Laiben fürs Picknick und zum Mitnehmen im Rucksack. Lerch 43, ✆ 0471/886731.

Feste & Veranstaltungen **Klangdein,** eine musikalische Veranstaltungsreihe im Sommer, verschiedene Konzerte und Feste mit Blasmusik, Chor und Kultur. Sonnenuntergangskonzert auf dem Weißhorn, Genussfestl auf dem Dorfplatz von Aldein.

Anfang bis Mitte Sept. **Almabtrieb** in Aldein. Die Ankunft der Tiere im Dorf wird mit Musik (z. B. der „Böhmischen" aus Aldein), Tanz, traditionellen Gerichten und jeder Menge Getränken gefeiert.

Kegeln Die wenigsten Südtiroler Orte haben ihre **alten Naturkegelbahnen** erhalten. Anders in Aldein und Radein, Naturkegelbahnen im Gasthaus Schönblick, auf der Schmiederalm, der Lahneralm, Schönrastalm und Gurndinalm sowie in den Gasthöfen Nigglhof und Rose.

Radfahren **E-Bike-Verleih** beim GEO-PARC Bletterbach und im GEOMuseum Radein.

Wintersport Das Joch Grimm mit seinen Schleppliften scheint so nah, ist aber mit dem Auto nur über Cavalese und das Lavazèjoch zu erreichen. Nächstes alpines Skigebiet ist folglich die **Alpe Cermis** mit Kabinenseilbahn ab Cavalese. Anders beim **Langlauf:** Rund um das Weißhorn ziehen sich ca. 50 km Loipen und auch **Rodler** haben freie Bahn: Naturrodelbahnen auf der Schmiederalm und Schönrastalm.

Übernachten/Essen & Trinken

In Aldein ***** Krone,** der historische Gasthof (1577 als Gaststätte bezeugt) in der Ortsmitte zeigt sein Alter deutlich an der Fassade, an der Steinumrahmung der Eingangstür, am Dachtyp. Älteres und hier und da ehrwürdiges Mobiliar in Räumen, Fluren und Zimmern, die große Stube holzgetäfelt, die Bar unter Kreuzgewölbe, der Weinkeller ein Tonnengewölbe. Restaurant mit sehr guter Küchenleistung (Gault-Millau 1 Haube). Restaurant Mo Ruhetag (außer Juli/Aug.). Dorfplatz 3, ✆ 0471/886825, gasthof-krone.it. **€€€€** (Übernachten), **€€** (Essen)

Ploner, Café-Restaurant mit gutem Preis-Leistungs-Niveau, gehobene Tiroler Küche mit italienischem Einschlag, auch viel Fisch. Lokal mit Terrasse, Garten und kleinem Spielplatz. Mo, Di Ruhetag, Dachselweg 1, ✆ 0471/886556. **€–€€**

In Radein ***** Zirmerhof,** wenige Hotels in Südtirol können mit der Tradition des Zirmerhofs mithalten. Schon Ende des 19. Jh. beherbergte die Familie Perwanger Gäste aus Österreich-Ungarn und dem Deutschen Reich. Diese mussten damals noch auf haarsträubenden Fuhrwegen ins Dorf hinauffahren (mit der Pferdekutsche natürlich). Das stattliche Bauernhaus von damals hat sich nicht wesentlich verändert, die Zirmerstube des 16. Jh. mit ihrer Zirbenholztäfelung, der später angebaute Speisesaal mit seinen Fresken, die Gründerzeitmöbel in den Zimmern, die Kachelöfen und Kamine – das atmet alles noch den Hauch des ganz frühen Fremdenverkehrs. Hinzugekommen sind die (Marmor-) Bäder und WCs (damals undenkbar – man hatte eine Schüssel und einen Wasserkrug im Zimmer, WC gab's auf dem Gang), Sauna, Dampfbad im Heustadel, Ruheraum. Sehr gute Küche (Gault-Millau 1 Haube). Mo Ruhetag. 3 liebevoll renovierte und überaus gemütlich eingerichtete Berghütten werden zur Alleinnutzung vermietet, neu sind zwei stilvolle „Häuser der Wiese", errichtet aus dem Holz der Bäume, die der Orkan Vaia zerstört hat. Oberradein 59, ✆ 0471/887215, zirmerhof .com. **€€€€**

Wastlhof, freundliche Apartments mit traditioneller Einrichtung (Holzriemenböden) in wuchtigem Bauernhof am Rand Oberradeins. Hofprodukte erhältlich, Spielplatz, Haus-, Stall- und Weidetiere, toll für Kinder. Apt. 2–4 Pers. Oberradein 62, ✆ 0471/887168, urlaub-amwastlhof.com. **€€**

Nigglhof, Gasthof/Jausenstation, Tiroler Küche, wunderbare Mehlspeisen (Kuchen, Strudel etc.), Naturkegelbahn. Wer schon immer mal im Heustadl übernachten wollte – hier ist es möglich! Oberradein 3, ✆ 0471/887165, nigglhof.com.

Überetsch und Unterland → Karte S. 132

Almgasthöfe **Schmiederalm,** traditionelles Almgasthaus mit entsprechender, sehr guter Kost, einfache Zimmer (Etagenbad), sehr schöne Aussichtslage. Do Ruhetag. Lerch 41, ✆ 0471/886810, schmiederalm.it. **€€**

Mein Tipp **Gurndinalm,** 1953 m, schlichter kleiner Almgasthof (20 Min. vom Joch Grimm) in toller Aussichtslage auf einer von Lärchen umgebenen Wiese und mit Liegestühlen zum Entspannen. Leckere Südtiroler Küche, Knödelbis und Nudeln. Spezialität des Hauses sind köstliche Strauben mit Preiselbeeren. Unbedingt probieren! Geöffnet Mai bis Anfang Nov. und in der Wintersaison. Einfache Zimmer (Etagenbad). Eich 28/2, ✆ 0471/886745, gurndinalm.com. **€–€€**

Isihütte, Almrestaurant mit ausgezeichneter biologischer, traditionell geprägter Küche. Die Lage am Fuße des Schwarzhorn ist herrlich, die gemütliche Atmosphäre entspannt. Juni bis Sept. und teilweise im Winter geöffnet, Di Ruhetag. Jochgrimm 11, ✆ 348/8108694, isi.st.

Truden, Altrei und der Naturpark Trudner Horn

Der Naturpark Trudner Horn ist ein waldreicher Mittelgebirgspark mit sehr artenreicher, südlich angehauchter Vegetation. Im Naturparkhaus kann man sich die ersten Informationen holen, bevor man mit Wanderstock oder Mountainbike in die Umgebung zieht.

Das Bergdorf **Truden** (Kirchplatz auf 1127 m) hat kaum Platz zwischen den Talflanken, die Dorfstraße ist steil, die Felder mussten durch hohe Steinmauern vor dem Wegschwemmen geschützt werden. Einige schöne alte Häuser, gepflegte Steinbauten, haben den Bauboom der letzten Generation überlebt. Truden wurde früher von Cavalese (Trentino) aus verwaltet und ist heute noch ein Teil der „Magnifica Comunità di Fiemme", der alten Selbstverwaltungsorganisation der Dörfer im Fleimstal. Das hat immer noch Bedeutung: Ein ausgedehnter Kollektivbesitz an Wald (20.000 ha!) und Weideland wird gemeinsam bewirtschaftet. Erst nach dem Zweiten Weltkrieg wurde Truden aus dem Trentino herausgelöst und zu Südtirol geschlagen.

Von den vielen Dörfern, die hoch über dem *Torrente Avisio* liegen, dem Fluss, der das Trentiner Fleimstal entwässert, ist nur **Altrei** deutschsprachig. Die Gemeinde war früher wirtschaftlich und politisch eng mit Trient verbunden und reicht heute noch bis hinunter ins Fleimstal – tatsächlich führt die Trentiner Straße 612 durch Altreier Gemeindegebiet.

Wer nach Altrei kommt, erlebt ein ruhiges Bauerndorf, kaum von anderen Dörfern zu unterscheiden, bis auf den Umstand, dass das nächste Dorf (Capriana im Fleimstal) italienischsprachig ist. Die jahreszeitlichen bäuerlichen Arbeiten bestimmen das Leben im Dorf, das von ausgedehnten Wäldern umgeben ist, die zum Naturpark Trudner Horn gehören. Die Hauptstraße ist gesäumt von alten Häusern mit mächtigem Mauerwerk und großen Toren aus verwittertem Holz. Alle paar Minuten kommt aus irgendeiner Gasse ein Ape daher und verschwindet kurz darauf laut knatternd hinter der nächsten Biegung – ein Beleg dafür, dass die meisten Straßen und Wege hier eng und kurvig sind, und nicht immer für Autos geeignet. Das Dorf und seine Landschaft sind ideal zum Ausspannen – Sommerfrische eben.

Der Naturpark Trudner Horn

Auf 6600 ha umfasst dieser Mittelgebirgsnaturpark eine sehr differenzierte Waldflora und Fauna. An seinem Süd- und Westfuß reicht er noch bis in die submediterrane Buschwaldzone hinein, die durch Flaumeichen charakterisiert ist, seine höchsten Bereiche um das Trudner Horn (1817 m) liegen im subalpinen Tannenwald. In einigen Bereichen dominiert dunkler Porphyr, anderswo, z. B. am Rand des Etschtals, liegt verkarstetes helles Kalkgestein an der Oberfläche, wie jenes, das die Haderburg in Salurn trägt. Lärchenwald und einige Hochmoore zwischen Truden und Altrei sind gerade in diesen relativ niedrigen Höhen selten gewordene Biotope. Sehr informativ ist das Naturparkhaus in Truden.

▪ Information: Naturpark Trudner Horn, Am Kofl 2, Mo–Fr 8–12 Uhr, Truden/Trodena, ✆ 0471/8692078, trudnerhorn.com.

Sehenswertes/Ausflüge

Naturparkhaus in Truden: Eine elektrisch betriebene Elevator-Mühle in Höhe von drei Stockwerken (entstanden 1948/49) bildet den Kern des Naturparkhauses. Mehr auf den Naturpark Trudner Horn und die anderen Naturparke Südtirols bezogen sind die Multivisionsschauen zum Naturraum, deren Themen von den Gesteinen bis zu den Lärchenwiesen reichen. Ein lebender Ameisenhaufen, das Moorprofil und Vogelnester sind Anschauungsmaterial, das auch Kinder fesselt.

▪ Geöffnet von April bis Oktober, Di–Sa 9.30–12.30/14.30–18 Uhr, Eintritt frei; Am Kofl 2, ✆ 0471/869247.

Unterwegs im Naturpark: Wandern und Radfahren (Mountainbike oder Crossbike) heißt die Devise in Truden. Ein dichtes Wegenetz ist für beide Gruppen von Freizeitsportlern geeignet. *Cisloner Alm* und *Hornalm* sind die beliebtesten Ausflugsziele von Truden, kann man sich doch dort für den Rückweg auf traditionelle Weise stärken.

Essen & Trinken **Cisloner Alm,** 1249 m, zu Fuß in einer Stunde erreicht man von Truden aus die Alm im Naturpark. Tolle Aussicht auf das Unterland bis hin zur Brenta. Die Alm wurde 2016 komplett neu aus Naturstein und mit viel Holz gebaut. Almküche mit Knödeln und Schlutzern, Apfelstrudel und Kaiserschmarrn. Ganzjährig geöffnet, M. Ruhetag (außer Juli bis Sept.), ✆ 0471/1889832.

Üppige Sommerwiesen im Naturpark Truder Horn

Hornalm, 1715 m, 2 Std. Fußweg von Truden, eine traditionelle Alm mit herrlichem Ausblick auf die Dolomiten und regem Betrieb vor allem am Wochenende. Merenden, Trentiner Küche mit Polenta und Wild, Südtiroler Almkost mit Knödeln, Kaiserschmarrn und Strauben. Zimmer mit Du/WC im separaten Häuschen. Ende Mai bis Anf. Nov. und im Winter, im Sommer kein Ruhetag (sonst Mo). ✆ 338/1022342.

Praktische Infos

Information **Tourismusverein Truden,** Information und Naturparkhaus sind im selben Gebäude untergebracht. Information Mo/Mi 8–12.30 Uhr; **Naturparkhaus** April bis Okt. Di–Sa 9.30–12.30/14.30–18 Uhr, Eintritt frei. Am Kofl 2, Truden/Trodena, ✆ 0471/869078, trudnerhorn.com. **Tourismusverein Altrei,** Di/Do/Fr 8–12.30 Uhr, Rathausplatz 1c, ✆ 0471/882077.

Verbindungen **Pkw:** von der Fleimstalstraße gute Verbindung zu beiden Orten, ab Montan nach Truden ebenfalls ausgebaute Straße (weniger Verkehr). **Bus:** wochentags 6x, Sa/So 3x mit dem Bus 144 ab Neumarkt nach Truden und Altrei.

Gesundheit/Wellness **Naturoase Stegerhof,** Heubäder, Kräuterdunstbad, „Kraxenofen“, Thalassotherapie etc. in einem (modernen) Bauernhof. So geschl.; Truden, Pintergasse 8b, ✆ 0471/869211, naturoase-stegerhof.com.

Kneippanlagen in Altrei (Anhöhe Sandegg) und in Truden, schön gelegen in einem Lärchenwald etwa 10 Min. außerhalb Trudens (beschildert). Toll für Kinder: gleich daneben liegt ein neuer Abenteuerspielplatz, sehr großzügig und naturnah angelegt.

Radfahren Verleih im Tourismusverein. Außerdem Radverleih im Gasthaus Kaltenbrunn.

Übernachten/Essen in Truden ** Zur Mühle, Hotel-Restaurant mit funktionstüchtiger Getreidemühle im Untergeschoss, Ortsteil Mühlen. Zimmer in moderner Holzbauweise, Restaurant mit vorzüglicher traditioneller Küche mit Knödeln, Pilzgerichten, Pizza; schöne Gartenterrasse. Menü **€**, Di und Mi Ruhetag; Zimmer **€€**. Mühlner Str. 11, ✆ 0471/869210, zur-muehle.com.

****** Stegerhof,** Bauernhof mit Heubad, Bauernsauna und Kraxenofen, Naturpool. Hofeigene Produkte wie Säfte und Milch, nachhaltige Bewirtschaftung. 5 helle und modern eingerichtete Apartments. für 2–6 Pers. Pintergasse 10, ✆ 0471/869211, naturoase-stegerhof.com. **€€–€€€**

In Pausa * Pausahof,** Ferienwohnungen in mustergültig renoviertem, historischem und denkmalgeschütztem Hof an der ehemaligen Fleimstalbahn (→ Tour 12). Komplett ausgestattet und mit modernen Bauernmöbeln eingerichtet. Apt. für 2–4 Pers. Pausa 1, ✆ 0471/887055, pausahof.it. **€€**

In Altrei ** Zum Rössl, solides Hotel mit Tradition, Zimmer mit Balkon, die meisten mit abgetrenntem Wohnbereich; es gibt auch Apartments, Hallenbad, Whirlpool und Sauna, reichhaltiges Frühstücksbuffet. Noldin-Str. 3, ✆ 0471/882031, otel-zum-roessl.it. **€€–€€€**

mein Tipp **Kürbishof,** der ehemalige Stadel wurde grundrenoviert und zum Restaurant mit interessanter Küche ausgebaut (2 Gault-Millau-Hauben), so schmackhaft, dass sich der Abstecher nach Altrei in jedem Fall lohnt. Dazu eine vom sympathischen Hausherrn Hartmann Varesco, dessen Familie bereits seit 1406 in Guggal heimisch ist, kenntnisreich abgestimmte Weinauswahl, eigener Wein *Solaris Quercu* (Piwi) aus der hofeigenen Lage „Leitn" auf 1170 m Höhe. Gespeist wird in 2 originalen Bauernstuben, mit viel Liebe zum Detail eingerichtet. Nur 3 stilvoll möblierte Zimmer. Di und Mi mittags geschl., Guggal 23, ✆ 0471/882140, kuerbishof.it. **€€–€€€** (Übernachten), **€€** (Essen)

Das etwas andere Aroma: Altreier Kaffee

Dabei handelt es sich nicht etwa um eine endemische Alpenkaffeebohne, sondern um ein Produkt aus Lupinen. Deren Samen werden geröstet und gemahlen und dann als Aufguss zubereitet. Lupinenkaffee wurde angeblich schon im alten Ägypten konsumiert. In Altrei war er etwa seit 1860 bis 1960 übliches Heißgetränk, wurde dann aber vom Bohnenkaffee verdrängt und geriet in Vergessenheit. Die Diplomarbeit einer österreichischen Studentin über alte Kulturpflanzen brachte die seltene Altreier Lupine und den entsprechenden Kaffee ab 1998 wieder ans Tageslicht. Ab 2003 wurde im Rahmen eines EU-Projektes wieder mit der Produktion begonnen. Seit 2010 kann der Kaffee als „Voltruier Kaffee" reinsortig oder mit 20 % Anteil lokal angebauter Gerste erworben und z. B. auch im Kürbishof konsumiert werden. In Guggal liegen auch mehrere Lupinenfelder, eines direkt vor dem Kürbishof und ein anderes etwa 150 m dahinter, wenn man der schmalen Gasse nach Süden folgt, ist es nicht zu verfehlen. Von Juni bis September ist der Anblick besonders interessant, dann leuchten die Blüten der Lupine in kräftigem Blau. Erhältlich ist der Kaffee in der örtlichen Metzgerei, im Gemischtwarenladen und bei den Produzenten Reiner Amort (Guggal 26a) und Leonhard Werth (Hof am Orth, Gottschalkstr. 4).

Alter Hof in Truden

Meran und Umgebung

Parks und Palmen erzählen vom mediterranen Mikroklima der alten Kurstadt Meran. Drumherum gedeihen Äpfel und Wein, und die Berge wachsen in den meist azurblauen Himmel. Flanieren, wandern und dinieren – Meran und seine Umgebung sind eine Wohltat für Herz, Glieder und den Magen.

- Bequem auf halbe Höhe: Mit dem Sessellift schwebt man nostalgisch hinauf nach Dorf Tirol. → S. 216
- Ohne Anstrengung ins Hochgebirge: Mit der Gondel geht es zu Meran 2000, dem weitläufigen Wander- und Skigebiet zu Füßen des zackigen Ifingers. Dann vielleicht hinüber zu den Stoanernen Mandln mit Einkehr auf der aussichtsreichen Meraner Hütte. → S. 272
- Infos auf merano-suedtirol.it

Das Denkmal der **Kaiserin Sissi** im kleinen Meraner Park an der Passer spricht Bände. Nobel – und nicht gerade preiswert – gab und gibt man sich in Meran, aber in den Orten ringsum findet man auch ohne dicke Brieftasche ein gutes Quartier. Wandern und Mountainbiken, das ist die Devise im **Meraner Umland,** endlos sind die Wege und Pisten (und Aufstiegshilfen) und alle zwei, drei Stunden wartet eine rustikale Alm oder ein Berggasthaus auf den hungrig-durstigen Einkehrer. Auf den Spuren des Tiroler Freiheitskämpfers Andreas Hofer wandelt man im **Passeiertal** nördlich der Stadt. Im südlichen **Ultental** ist die bäuerliche Welt noch in Ordnung, uralte Höfe klammern sich an sonnige Hänge und „bio" wird groß geschrieben, besonders beim berühmten **Schüttelbrot.**

Was anschauen?

Schloss Tirol im Dorf Tirol: Hoch über Meran in einmaliger Lage auf einem Felsvorsprung, prächtige Säle, ein gelungenes **Museum für Südtiroler Kultur- und Landesgeschichte.** **→ S. 216**

Gärten von Schloss Trauttmansdorff: Botanisch einzigartige Gartenanlage am südöstlichen Stadtrand. Im Schloss hält einem eine fundierte Tourismusausstellung den Spiegel vor. **→ S. 194**

MuseumPasseier – Andreas Hofer in St. Leonhard: Soziales Gefüge, Geschichte, der Umgang mit dem Heldentum oder der Dialekt – didaktisch vorbildlich aufbereitet, auch für Kinder. **→ S. 233**

Almabtrieb in Pfelders: Besonderer Viehtrieb mit vielen geschmückten Kühen, stolzen Bauern und Dörflern, bei dem die Gäste nicht stören. Traditionsbewusstsein vor der spektakulären Kulisse zahlreicher 3000er. **→ S. 239**

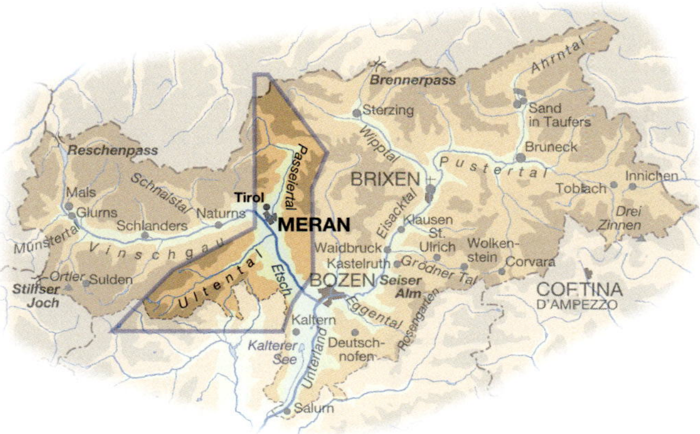

Was unternehmen?

Flanieren entlang der Meraner Promenaden: Die Wege an der Passer sind ein Vergnügen zu jeder Jahreszeit. Wenigstens ein Cappuccino in einem der vielen Cafés ist Pflicht. → S. 193

Marlinger und Algunder Waal: Zwei beliebte, weil gemütliche Waalweg-Touren, panoramareich, alle paar Meter eine hübsche Einkehr. → S. 243 und 211

Auf dem Ultner Höfeweg oder dem Höhenweg: Der erste passiert auf 13 km historische Bauernhäuser, gackernde Hühner, neugierige Pferde. Der insg. 50 km lange Höhenweg ist im Spätherbst von endlosen gelben Lärchenwäldern flankiert, dazu ein stahlblauer Himmel und das beste Omelett Südtirols auf der urigen Schusterhütte. → S. 256

Passerschlucht: schmale Klamm in Passeiertal, familienkompatibel ausgebaut, so dass man bequem oberhalb der Gischt wandern kann. → S. 235

Wo essen und trinken?

Bistro 7 in Meran: originelle Pasta und Desserts unter den Lauben, besonders schön im Abendlicht! → S. 208

Schnalshuberhof in Oberplars: Denkmalgeschützte Buschenschank mit Schmankerln und Hofladen. → S. 215

Torgglerhof im Passeiertal: in Apfelplantagen gelegenes „erstes Apfelhotel Südtirols“. Perfektes Wander- und Radziel mit 1a-Küche. → S. 240

Lamm in St. Martin: Im historischen Gasthof speiste schon Andreas Hofer. Klassische regionale Küche, geadelt vom Gault Millau. → S. 241

Stadele in Lana: Kulinarischer Hochgenuss mit Wild, Fisch und Südtiroler Mehlspeisen. Historisches Mauerwerk, stilvoll eingerichtet. → S. 253

Hidalgo & Aomi in Burgstall: Zwei Steak-Restaurants im selben Haus mit außergewöhnlicher Qualität. Im Aomi wird japanisches Wagyu-Rind serviert. → S. 254

Wo shoppen?

Ultner Brot: Preisgekröntes Schüttelbrot erhält man in St. Walburg im Ultental, bei „Pur Südtirol“ und in Meran im „Ultner Brot“ → S. 204 und 260

Kellerei Meran Burggräfler in Marling: Große Genossenschaftskellerei im modernen Gebäude mit guter Auswahl, vor allem an Weißweinen. → S. 205

Kräuter im Ultental: Kauft man z. B. im „Kräuterreich Wegleit“ in St. Walburg und beim „Oberen Hof“ in Kuppelwies. → S. 260

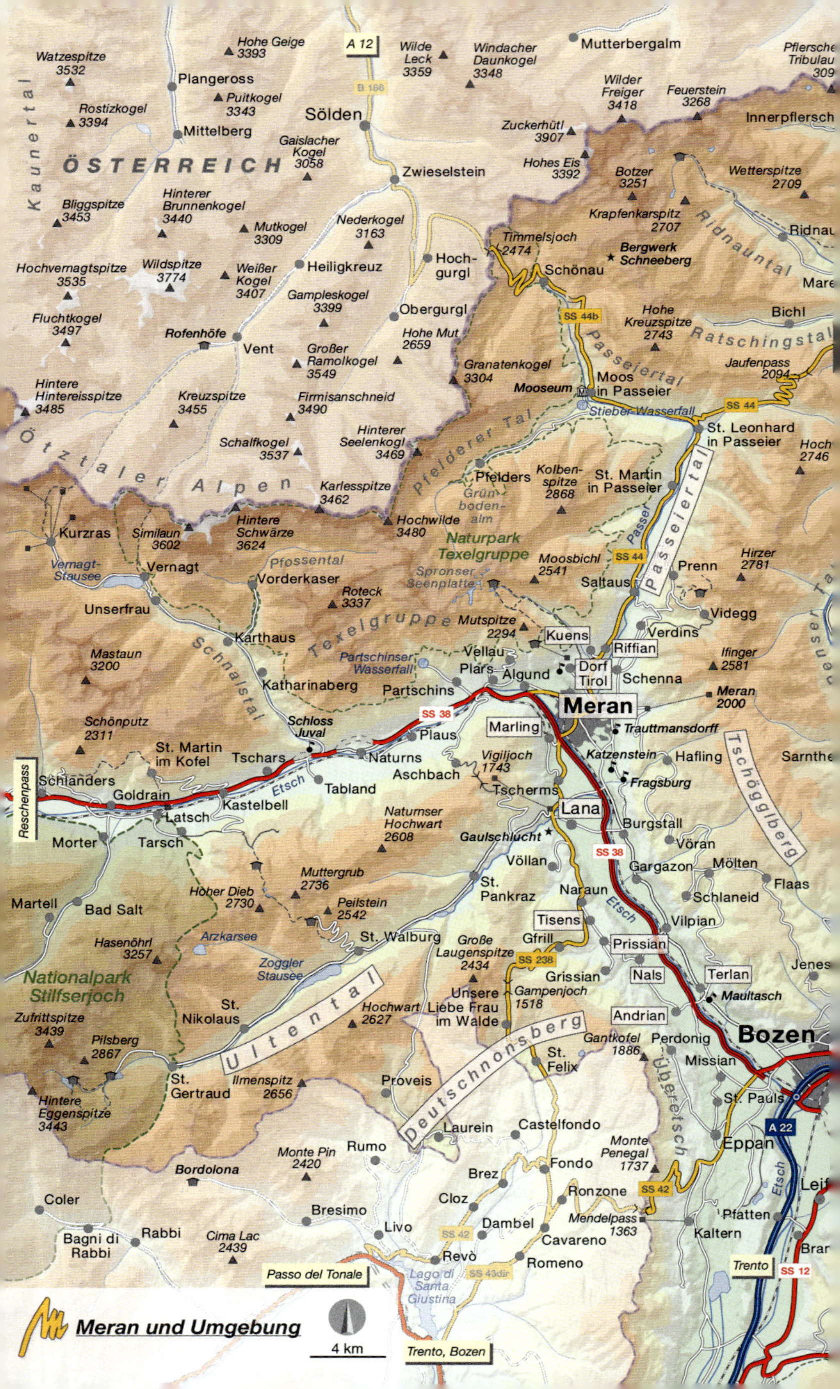

Meran und Umgebung

Meran

Die Kurstadt mit dem milden Klima und den fast 300 Sonnentagen liegt mitten im Gebirge, überragt von den Dreitausendern der Texelgruppe. In Gärten und Parks blühen Bäume und Sträucher aus jedem mediterranen Klima. An die frühere Hauptstadt Tirols erinnern mittelalterliche Laubengassen, an den Glanz vor 1914 Jugendstil-Kurhaus und Wandelhalle.

Im Nordwesten schützen die Berge der Texelgruppe vor Regen und Wind und sichern so auch mediterranen Pflanzen wie Palmen, Zypressen, Libanonzedern, Steineichen, Lorbeer und Myrthen ein ganzjähriges Überleben in Parks und Gärten. In freier Natur gedeihen Flaumeiche, Mannaesche, Wacholder und die vom Menschen wegen ihrer nahrhaften Früchte stark geförderte Esskastanie. Das alles macht noch kein echtes Mittelmeerklima, wie Meran es in Broschüren gerne vermarktet (selbst der Gardasee hat kein Mittelmeerklima), aber ein ausgesprochen angenehmes Klima mit reiner Gebirgsluft. Weit und breit gibt es keine größere Fabrik, sieht man von der Brauerei Forst ab, die sich die Optik eines prunkvollen Ansitzes verliehen hat. Promenaden und Spazierwege, allen voran der bereits mythische *Tappeinerweg*, ab 1890 angelegt, werden von immergrünen Bäumen und Sträuchern begleitet, denn auch und gerade im Winter will man das Grün genießen.

Meran bietet aber mehr als nur gutes Wetter und viel Natur. Die Stadt selbst ist ein **Shoppingparadies,** es gibt Konzerte und Theater, Ausstellungen, eine Handvoll interessanter Museen, Restaurants, Bistros, Bars und Cafés. Die Hotellerie ist auf einem hohen, allerdings ziemlich teuren Niveau. Die Alternative dazu bieten die umgebenden Dörfer **Algund, Dorf Tirol, Riffian** und **Kuens** auf hoher Sonnenterrasse, **Schenna** in ähnlich bevorzugter Lage sowie **Marling,** denn dort gibt es auch Hotels, die man sich als Durchschnittsverdiener mit Kind und Kegel leisten kann. Und da ist natürlich die Umgebung. Meran bietet Freizeit- und Sportmöglichkeiten vom Wandern entlang idyllischer Waalwege bis zur Hochgebirgsüberschreitung in der Texelgruppe oder den Ultner Bergen, Almerlebnis und herbstliches Törggelen, Mountainbiketouren bis auf 2500 m Höhe und Paragliderflüge von den benachbarten Höhen, die man mit mehreren Seilbahnen erreichen kann. Stadt und Dörfer locken zudem mit ganzjährigen, oft themenspezifischen Unterhaltungs- und Kulturangeboten. Im Winter hat Meran selten Schnee, in der Stadt und in den Weinbergen kann man meistens bei milder Sonne wunderbar spazieren gehen. Dafür tobt in **Meran 2000,** dem großen Skigebiet in den Sarntaler Alpen und am nahen Vigiljoch der Skizirkus.

Geschichte

Meran hat zwei Karrieren hinter sich. Die erste als Hauptstadt Tirols und Residenzstadt der *Grafen von Tirol* mit einem Besitz, der vom heutigen Bayern bis ins heutige Trentino reichte, mit reichen Silbergruben und einträglichem Handel übers Gebirge zwischen Venedig und Süddeutschland. Diese erste Karriere, die ihren Höhepunkt zwischen 1317 und 1420 hatte, hat sich besonders deutlich im Stadtbild niedergeschlagen. Die Lauben, die zu beiden

Meran und Umgebung → Karte S. 188

Seiten von Bogengängen flankierte Gasse, die ganz Alt-Meran von West nach Ost durchzieht, sind das beste Zeugnis für den Wohlstand dieser Zeit. Oder die große Stadtpfarrkirche und vor allem die vielen komfortablen Ansitze von Adeligen im benachbarten Ober- und Untermais, heute Stadtteile von Meran. Nach dem großen Einbruch – die Landeshauptstadt wurde nach Innsbruck verlegt, und Bozen zog den Handel an sich – kam ein halbes Jahrtausend des Abstiegs. Bedeutende Barockbauwerke sind in der ganzen Stadt nicht zu finden. In dieser Zeit war Meran das klassische „Kuhstadtl", wer überhaupt investieren konnte, der investierte in ein neues Dach, bevor ihm das alte auf den Kopf fiel.

Seine zweite Karriere hat Meran einem Wiener Arzt zu verdanken. *Dr. Johann Huber*, Leibarzt der Fürstin Mathilde zu Schwarzenberg, empfahl der einflussreichen Hochadeligen Meran für einen Kuraufenthalt. 1836 gab er eine Broschüre heraus, in der er Meran als hervorragenden Luftkurort empfahl (der Aufenthalt der Fürstin dürfte positiv verlaufen sein). Damit war Meran einer der ersten Orte im Rennen um den beginnenden Tourismus. *Bürgermeister Valentin Haller*, ein weiterer Glücksfall für Meran, sah seine Stadt als europäischen Kurort und kümmerte sich um entsprechende Investitionen. Es folgte der größte Glücksfall: Zwischen 1870 und 1872 verbrachte *Kaiserin Elisabeth von Österreich* mit Töchtern und Hofstaat zwei Winter in Meran bei hochadeligen Freunden. Meran hatte seine Weihen erhalten und wuchert bis heute mit dem Pfund „Sissi" (seit ein paar Jahren „Sisi" geschrieben). Der Hochadel zuerst Österreich-Ungarns, dann aus Deutschland und ganz Europa traf sich fortan im Winter in Meran zur Kur. Mit der Bahn ging es bis Bozen und ab 1881 bis nach Meran.

Bürgerliche kamen hinzu, wenn sie es sich leisten konnten. Hotels entstanden, der Kurarzt *Dr. Franz Tappeiner*

Aussicht vom Marlinger Waalweg auf das Meraner Land

ließ einen Promenadenweg über dem Ort errichten, und auf der Kurpromenade und im neuen Kurhaus spielte das Kurorchester Walzer und Polkas. Dann kam 1918/19 und der Anschluss an Italien. Die Kurgäste blieben aus, der südlichste deutschsprachige Kurort war plötzlich Faustpfand der Italiener und Ausland, die Inflation und die Weltwirtschaftskrise taten das Übrige.

Noch eine Karriere, eine dritte? Vielleicht. Meran hat nach dem Zweiten Weltkrieg lange gebraucht, um sich wieder hochzurappeln. Die großen Hotels waren inzwischen alt und unkomfortabel und aus der Mode, die adelige Kurklientel existierte nicht mehr. Von der überschwappenden Welle des Urlaubstourismus von jenseits der Alpen, der Mitte der 1950er Jahre begann, konnte zwar auch Meran profitieren, aber keineswegs auf dem früheren exklusiven Niveau, sondern als ein Ort unter vielen. Dennoch macht sich der Südtirolboom der letzten zwei Jahrzehnte mittlerweile bemerkbar, besonders deutlich während des Weihnachtsmarktes, befördert aber auch durch das Kurzentrum „Therme Meran", das viele betuchte Gäste und einen Hauch vergangener Exklusivität ins Stadtzentrum bringt.

Das Meraner Kurwasser

Meran hat nicht nur ein sehr gesundes Klima, sondern besitzt auch in seiner Umgebung, vor allem im Gneis rund um das Vigiljoch (Tscherms, Lana), leicht radonhaltige radioaktive Heilquellen, die 1914 erstmals analysiert wurden. Zwischen 1933 und 1936 ergab die Untersuchung von mehr als 700 Quellen, dass etwa 100 radioaktiv sind, und auch in Meran selbst stieß man auf Radonquellen, und zwar im Garten der Villa Tivoli. Die darauf entstandene Heilbadanlage vervollständigte das Angebot des Kurorts, der bis dahin Luftkurort gewesen war und seine Traubenkur (→ Kasten S. 204) anbot. Das *Thermenzentrum*, inzwischen schon wieder veraltet, wurde großzügig umgebaut, die Promenade im Bereich des Bads wird von farbintensiven Ahornbäumen flankiert.

Das Meraner Kurwasser der radioaktiven Quellen dient vielfältigen therapeutischen Zwecken, so hilft es bei arthritischen Erkrankungen, verschiedenen rheumatischen Beschwerden, bei Frauenkrankheiten, Erkrankungen der Atemwege und Kreislaufstörungen. Es ist antiphlogistisch (entzündungshemmend) und gefäßerweiternd und wird entsprechend dem Krankheitsbild auf unterschiedlichste Weise angewendet: Bäder, Fangopackungen, Hydromassage, Inhalation, Baden im Thermalwasser und weitere Anwendungen.

Sehenswertes

Meraner Altstadt: Die Struktur der mittelalterlichen Stadt hat sich vorzüglich erhalten. Drei von den vier Stadttoren stehen heute noch, das Vinschgauer Tor nach Algund, das Bozner Tor und das Passeirer Tor. Das vierte, das Ultner Tor, beschützte den Stadtausgang in Richtung Lana und Ultental, es lag dort, wo sich heute der Theaterplatz befindet. Eindrucksvoll ist besonders das *Bozner Tor*, das man erreicht, wenn man vom Pfarrplatz die Leonardo-da-Vinci-Straße abwärts nimmt, an seiner

Meran und Umgebung → Karte S. 188

Fassade haben sich die Wappen Tirols, Österreichs und Merans erhalten. Von der *mittelalterlichen Stadtmauer* ist am *Passeirer Tor* ein Stück erhalten, der Rest fiel der Stadterneuerung des 19. Jh. und dem Bau der Promenaden für die Kurgäste zum Opfer. Zwischen dem Passeirer Tor, der Pfarrkirche und dem an das Bozner Tor angrenzenden Sandplatz liegt das *Steinachviertel*, das älteste Viertel der Stadt, das schon vor der Stadterweiterung durch die Lauben bestand. Nur hier haben sich z. B. in der Kallmünzgasse und am Gartenweg enge Gässchen mit hohen Mauern zwischen ehemaligen Weinberggrundstücken erhalten, letzter Rest des alten Weindorfs zur Zeit der frühen Grafen von Tirol.

Stadtpfarrkirche und Barbarakapelle: Dem hl. Nikolaus, dem Patron der Reisenden, Seefahrer und Händler ist die große Meraner Stadtpfarrkirche mit ihrem 83 m hohen Kirchturm (14. und 17. Jh.) gewidmet. Der Turm ist so etwas wie ein Wahrzeichen von Meran geworden, unzählige Male von der Tappeinerpromenade etwas oberhalb fotografiert, mit dem Burggrafenamt und der Mendel im Hintergrund. An der Fassade der Mitte des 15. Jh. fertiggestellten gotischen Kirche (begonnen 1302) sieht man ein übermannshohes Christophorus-Fresko. Das dreischiffige Innere wurde 1785 spätbarock verändert, die beiden Seitenaltäre aus dieser Zeit sind sehenswerte Arbeiten des Tirolers *Martin Knoller* (1793).

Hinter der Kirche stehen an der Umgrenzungsmauer des Platzes alte Grabsteine, einige stammen noch aus der Renaissance. Der Zentralbau hinter der Pfarrkirche ist die *Barbarakapelle*, die als gotischer Bau im 15. Jh. entstand und ursprünglich als Totenkapelle des Friedhofs und im Untergeschoss als Karner (Beinhaus) diente. Besonders schön ist das Netzgewölbe im Inneren, zwei barocke Altäre flankieren einen spätgotischen Flügelaltar mit einer eindrucksvollen Darstellung des Letzten Abendmahls in der Predella (hinter Glas).

Palais Mamming: Unmittelbar neben der Kirche befindet sich das barocke Palais Mamming, das nach langem Leerstand und jahrelanger Renovierung im Jahr 2015 wiedereröffnet wurde und seither die Sammlung des Stadtmuseums beherbergt. Das Palais wurde etwa um das Jahr 1675 von Karl Delai für die Familie Mamming erbaut und ist mit zahlreichen barocken Fresken ausgestattet.

Die Lauben: Geht man vom Pfarrplatz nach Westen, kommt man in den Bereich der mittelalterlichen Stadterweiterung „Die Lauben“, unter Graf Meinhard II. von Tirol Mitte des 13. Jh. errichtet, sind das deutlichste Zeichen des städtischen Wohlstands in der damaligen Zeit. Eine schnurgerade Straße vom West- zum Osttor, in Richtung Passer die Wasserlauben, in Richtung Berg die Berglauben, zweistöckige Häuser mit geräumigen Kellern und Lagern für die Händler, zur von den Lauben flankierten Straße meist schlichte Fassaden. Fast jedes Haus besteht aus mehreren Trakten, die hintereinander gestaffelt und durch schmale Gänge und oft mehrere Lichthöfe erreicht werden. Zwischen den Häusern führen schmale Durchgänge zu weiteren Hauseingängen mit jeweils eigenen Hausnummern. Auch am **Rennweg,** auf den die Lauben münden, gilt dieses System, Rennweg 47–69 ist solch ein Durchgang mit einer ganzen Reihe von Hausnummern. Im Gegensatz zu den Lauben, wo jeder einzelne Durchgang von Läden oder Kneipen erobert wurde, ist dieser immer noch Wohnbereich (Eingang gegenüber Hotel Roter Adler). Im Barock wurden die Fassaden vieler Häuser umgestaltet, mit Erkern versehen und oft freskiert, sodass die Lauben heute bunter und vielfältiger wirken als zur Entstehungszeit. Einige sehenswerte Häuser sind etwa das Jugendstilhaus Mahlknecht (Lauben 78), heute ein Schuhladen, oder die Passage mit Lichthof (Lauben 18–20): Über der schönen gotischen Brüstung im ersten Stock des ersten Lichthofes sitzt die Statue eines Christus in der Marter. Sehenswert ist auch der Durchgang Lauben 164–174 a mit schön restauriertem Lichthof.

Freiheitsstraße und Kurpromenade: Jugendstil ist das Zauberwort der Straßen, Promenaden und Bauten, die nach Abriss der Wassermauer zwischen Altstadt und Passer errichtet wurden. An der Stelle des Ultner Tores entstand das *Stadttheater* (heute Giacomo Puccini gewidmet) 1899 im Stil der „Münchner Gruppe" entworfen und errichtet. Noch gründerzeitlichen Bauvorstellungen gehorcht das 1874 errichtete *Alte Kurhaus („Pavillon des Fleurs")*. Als es zu klein wurde, entstand das *Neue Kurhaus („Kursaal")*. Dieser Bau, der 1914 fertiggestellt wurde, also nie jenes Vorkriegspublikum sah, für das er gebaut wurde, ist reinste Wiener Sezession, der Architekt war Friedrich Ohmann. Eleganz charakterisiert Inneres wie Äußeres, der riesige Ballsaal dient heute vor allem Konzerten.

Die Kurpromenade verbindet Theaterbrücke und Postbrücke, von der Theaterbrücke flussabwärts führt die *Passerpromenade* bis zum Lido, der Städtischen Badeanstalt. Die *Postbrücke* über die Passer, die den Sandplatz mit dem Stadtteil Untermais verbindet, ist ebenfalls reiner Jugendstil (1909): Vergoldete Girlanden hängen von einem aufwendigen Geländer mit den für Jugendstil und Sezession typischen asymmetrischen Kurven. An der *Freiheitsstraße* und vor allem am *Rennweg* haben sich weitere Bauten des Jugendstils erhalten, darunter die amüsante Fassade in Biedermeier und Jugendstil von Haus Nr. 12 („Forster Bierstüberl").

Sandplatz, Winter- und Sommerpromenade: In der Mitte des hübschen Platzes am Ostende der Kurpromenade steht eine *barocke Mariensäule*. Das große Gebäude dahinter, das wie ein Hotel der Zeit vor 1914 aussieht und heute vor allem Ämter beherbergt, war tatsächlich ein Hotel, das renommierte „Erzherzog Johann" und spätere „Esplanade". Am Sandplatz beginnt die Winterpromenade, die der Sonne voll ausgesetzt ist, schließlich wollte und will man auch im Winter etwas Wärme spüren. Der erste Teil wird von einer offenen Wandelhalle mit hübschen Fresken und einigen Büsten flankiert. Auf der anderen Passerseite bietet die Sommerpromenade das Gegenteil: Schatten und keine direkte Sonneneinstrahlung. Beide Promenaden sind üppig begrünt, wärmeliebende subtropische Pflanzen aus aller Welt gedeihen hier. Am Beginn der Sommerpromenade hat ein Denkmal Kultstatus, es zeigt die sitzen-

Wandelhalle Meran

de Elisabeth, Kaiserin von Österreich, Königin von Ungarn (etc., etc.), unter uns „Sis(s)i" genannt.

Zenoburg: Über den Eingang ins Passeiertal und damit zur Jaufenstraße wacht auf einem steil über dem hier klammartig eingeschnittenen Fluss die Zenoburg. Wahrscheinlich stand hier schon in römischer Zeit eine Festung, sicher ist, dass während der Völkerwanderungszeit hier der Augsburger Bischof Valentin (ca. 470) und später der Freisinger Bischof Korbinian (725) bestattet wurden. 1347 wurde die Zenoburg, damals Besitz der Grafen von Tirol, zerstört und später nie wieder aufgebaut. Die pittoreske Ruine wurde 1800 von der heutigen Besitzerfamilie erworben und teilweise restauriert, die Burg wird heute wieder ständig bewohnt.

▪ Die Zenoburg ist Privatbesitz, das Innere kann nicht besichtigt werden. Von der alten Jaufenstraße aus ist die Burg sehr schön zu sehen.

Stadtteil Untermais: Wenige Touristen verirren sich weiter nach Untermais. Der Stadtteil war wie auch Obermais bis 1923 eine eigene Gemeinde. Geblieben ist das historistische Rathaus von 1908. Im 20. Jh. wurde in Untermais fleißig gebaut, so entstand während der faschistischen Ära die große **Pferderennbahn.**

Jenseits der Postbrücke im Ortsteil Untermais steht die **Heiliggeistkirche,** eine nach außen hin schlichte Kirche mit winzigem Türmchen. Sie wurde ursprünglich als Kirche des Spitals vom Heiligen Geist 1271 anlässlich einer Stiftung Graf Meinhards II. errichtet, aber nach einer flutbedingten Zerstörung im 15. Jh. als gotische Hallenkirche wieder errichtet. Das Portal zeigt das Relief eines Gnadenstuhls, Gottvater mit dem Gekreuzigten auf dem Schoß und einer darüber schwebenden Heiliggeisttaube. Der Innenraum mit seinen fein profilierten Pfeilern gehört zu den eindrucksvollsten Südtirols. Auch die Ausstattung ist bemerkenswert: Holzfiguren von Heiligen (15. Jh.) im Chor, zwei Reliefs von *Jörg Lederer* (um 1520), die in den neugotischen Flügelaltar integriert sind, sowie eine große gotische Kreuzigung. An der Südwand Fresken, die Schäden durch das Hochwasser der Passer schildern.

Die **Wallfahrtskirche Maria Trost** ist ein romanischer Bau, der 1614 völlig umgebaut wurde. Die Fresken an der Außenfassade sind aus dem 14. Jh. und wohl Bozner Schule. Im Inneren romanische Fresken, die aber nur in Bruchstücken erhalten geblieben sind, darunter ein Marientod und Marienbegräbnis eines Meisters, der wohl in Oberitalien den byzantinischen Stil erlernt hat.

Stadtteil Obermais: Als die Grafen von Tirol in Meran ihre Hauptstadt hatten, baute sich eine Reihe von Adeligen außerhalb der Stadt Ansitze und Schlösser. Obermais auf der anderen Passerseite und mitten in Weinbergen war der bevorzugte Standort. Bedeutende Schlösser und Ansitze sind geblieben, *Schloss Winkel* bewahrt unter dem Kleid der Spätrenaissance die Züge eines mittelalterlichen Ansitzes. *Schloss Rametz,* im 12. Jh. gegründet, ist heute Sitz eines bedeutenden Weinguts. Als Hotel wird heute *Castel Rundegg* geführt, dasselbe gilt für *Schloss Labers* mit seiner bis ins 11. Jh. reichenden Bausubstanz (Schlosskapelle St. Michael), die Umwandlung in ein Hotel fand schon 1885 statt! Am bekanntesten ist heute **Schloss Trauttmansdorff.**

Gärten von Schloss Trauttmansdorff: Die Gartenanlage von Schloss Trauttmansdorff ist seit ihrer Eröffnung im Jahr 2001 fast ein Muss für Besucher Südtirols geworden, genau wie das Bozner Archäologiemuseum mit der Ötzi-Mumie. Wahre Besucherkolonnen (pro Jahr 400.000, mehr als anderswo in Südtirol) drängen sich in den prachtvollen botanischen Gärten, die Pflanzen aus aller Welt umfassen, aber auch spezifische Südtiroler Landschaftstypen zeigen. Im Schloss Trautt-

Die Gärten von Schloss Trauttmansdorff

mansdorff können Sie das **Touriseum,** ein witziges Tourismusmuseum, besichtigen (→ „Museen").

Öffnungszeiten/Eintritt April bis Mitte Nov. tgl. 9–19 Uhr, im Oktober bis 18 Uhr, im Nov. bis 17 Uhr, im Sommer Fr bis 23 Uhr. Am besten, man kommt gleich ganz frühmorgens, wenn noch kein Trubel ist, oder um die Mittagszeit, wenn andere Besucher essen. Eintritt mit Touriseum 16 €, erm.13 €, Familien 36 €; Gartenführungen tgl. 11 Uhr, 7 € pro Pers.; Gartenführungen mit Voranmeldung ab 7 € pro Pers. St.-Valentin-Str. 51A, ✆ 0473/255600, trauttmansdorff.it und touriseum.it.

Verbindungen Gebührenpflichtiger **Parkplatz** (5 €/Tag), **Bus:** Stadtbus 4 ober 1b ab Bahnhof/Sandplatz.

Museen

Kunst Haus Meran/Merano Arte: moderne Kunsthalle im Gebäude der Sparkasse unter den Lauben, wechselnde Ausstellungen mit übergreifenden, gelegentlich kontroversen Themen.

■ Di–Sa 10–18 Uhr, So/Fei 11–18 Uhr, Eintritt 7 €, erm. 5/2 €. Lauben 163, ✆ 0473/212643, kunstmeranoarte.org.

Frauenmuseum Evelyn Ortner: Am neuen Standort in der Meinhardstraße 2 (früher unter den Lauben) dokumentiert das Museum auf zwei Stockwerken die Stellung der Frau in unserer (westlichen) Gesellschaft zwischen dem Biedermeier und den 80er-Jahren des 20. Jh. Themen sind Schönheitsideale, die Rolle der Frau in der Privatsphäre seit dem Biedermeier und Frauenarbeit bzw. die Frau in der Arbeitswelt.

■ Mo–Fr 10–17, Sa 10–12.30 Uhr; Eintritt 5 €, erm. 4,50 €, Führungen (ab 7 Pers.). ✆ 0473/231216, museia.it.

Landesfürstliche Burg: Die Residenz der Tiroler Landesfürsten war schon alt, als sie 1470 umgebaut wurde, um jetzt den Habsburgern als Tiroler Landesfürsten bei ihren gelegentlichen Besuchen der Stadt als Absteige zu dienen. Heute ist die Burg noch teilweise alt (spätgotisch) möbliert, interessant ist eine Sammlung von historischen Musikinstrumenten, nicht übersehen sollte man einen Kachelofen, der zu den ältesten seiner Art gehört. Schade, dass der würdevolle Bau an zwei Seiten

Meran und Umgebung → Karte S. 188

von gesichtslosen Bauten flankiert wird (Gemeindeverwaltung und Lehranstalt für Wirtschaft und Tourismus Peter Mitterhofer).

▪ Ostern bis Jan. Di–Sa 10.30–17, So 10.30–13 Uhr; Eintritt 5 €.

Stolpersteine in Meran – Blick auf den Boden gegen das Vergessen

Wie in vielen anderen europäischen Städten wird auch in Meran mit 33 Stolpersteinen an die Opfer der NS-Zeit erinnert. Einige der Stolpersteine befinden sich im Zentrum, z. B. in der Laubengasse. Im Haus Nr. 71, heute ein Optikergeschäft, wohnte einst Richard Reitsamer. Er verweigerte aus religiösen Gründen den Kriegsdienst und wurde deshalb am 11. April 1944 hingerichtet.

▪ Eine Liste aller Stolpersteine in Meran findet sich unter de.wikipedia.org/wiki/Liste_der_Stolpersteine_in_Meran.

Städtisches Museum im Palais Mamming: Von der Frühgeschichte bis zur Moderne wird die Stadtentwicklung in all ihren Facetten dargestellt. Viele der über 100.000 Exponate stammen aus privaten Sammlungen, darunter eine ägyptische Mumie und eine sudanesische Waffensammlung. Skulpturen und Gemälde von der Gotik bis zur Gegenwart machen das Städtischen Museum zu einer Tiroler Kunstgalerie. Die Gemälde der großen Tiroler Barockmaler *Michelangelo Unterberger, Johann Evangelist Holzer* und *Franz Anton Maulbertsch* sind ebenso vertreten wie eine Schreibmaschine des Erfinders *Peter Mitterhofer* (sein viertes Modell) und eine originelle mechanische Fastenkrippe, ein barockes Modell der Leidensgeschichte Christi mit einer Unmenge an Figürchen.

▪ Ostern bis Jan. Di–Sa 10.30–17, So 10.30–13 Uhr, 6 €, erm. 5 €, Kombiticket mit Landesfürstlicher Burg 8 €, palaismamming.it.

Jüdisches Museum und Synagoge: Meran hatte vor dem Zweiten Weltkrieg eine bedeutende jüdische Kultusgemeinde. Das Museum in der 1901 erbauten Synagoge zeigt die Blütezeit der jüdischen Kultusgemeinde vor 1914 und ihre Vernichtung während der Schoah.

▪ Mo–Fr 9–12 Uhr außer an jüdischen Feiertagen; Eintritt frei. ✆ 0473/234999, meranoebraica.it, Leopardistr. 31. Zum Zeitpunkt der Recherche im Herbst 2023 wegen Umbau geschlossen.

Touriseum (Tourismusmuseum): Das Schloss Trauttmansdorff wurde Mitte des 19. Jh. auf Ruinen eines älteren Baus errichtet, was sich allerdings nicht wesentlich auf den Gründerzeitbau ausgewirkt hat. In einigen Räumen befindet sich das Tourismusmuseum „Touriseum". Tirol hat – nach den klassischen Reiseländern Italien, Frankreich und der Schweiz – mit rund 200 Jahren die längste Erfahrung mit dem Tourismus. Die Präsentation im Museum ist kurzweilig, viele attraktiv aufbereitete Fakten und amüsante Figurengruppen illustrieren die Entwicklung des Tourismus von den Anfängen bis heute.

▪ April bis Okt. tgl. 9–19 Uhr, Juni bis Aug. am Fr bis 23 Uhr, 1. Hälfte Nov. tgl. 9–17 Uhr. Der Eintritt ist im Ticket für die Gärten von Schloss Trauttmansdorff inbegriffen (s. o.). ✆ 0473/255655, touriseum.it.

Spaziergänge und Ausflüge

Auf dem Tappeinerweg und der Gilfpromenade: Für seine Kurgäste ließ sich Dr. Tappeiner allerlei einfallen, u. a. einen flachen, für jede und jeden gangbaren Weg durch den Sonnenhang mit seiner wärmeliebenden Vegetation. Palmen, Yucca, Kirschlorbeer, Steineiche, Myrthe, Lorbeer, Japanische Mispel, Schneeball, Zypresse, Zürgelbaum, Perückenstrauch, Feigenbaum, Pinie – das sind einige der auffälligeren Bäume der damals zum großen Teil neu angepflanzten Vegetation.

Im oberen Teil steil ist allerdings der Treppenanstieg von der Pfarrkirche aus (zwischen dieser und der Barbarakapelle), der sog. Tirolersteig. Wer jetzt schon ins Schwitzen gekommen ist, hat in Jausenstationen und Cafés am Tappeinerweg jede Gelegenheit, sich zu erholen. Geht man von der Einmündung des Tirolersteigs in den Tappeinerweg nach rechts, kommt man zu einer halbrunden Terrasse mit dem Denkmal Tappeiners, darunter am sonnigen, heißen Hang der 5000 m² große städtische Kräutergarten mit seinen 250 Beeten, 230 Aromapflanzen und Heilkräutern. Unweit davon passiert man den Pulverturm, einen mittelalterlichen Wehrturm oberhalb der Stadt. Hier biegt die Promenade nach links ins Tal der Passer ein. Bei einer Weggabelung kann man rechts direkt in die Altstadt hinuntergehen, bleibt man links, quert man bald die Zenobergstraße und wird in engen Kurven den steilen Hang zur Passerbrücke und zur Gilfpromenade hinuntergeführt. Kurz davor Aussichtspunkt in die wilde Passerschlucht (links). Die Promenade führt auf der anderen Seite der Passer weiter. Man unterquert die alte Römerbrücke, die keineswegs römisch ist,

Flanieren unter schattigem Grün ...

Meran und Umgebung → Karte S. 188

aber immerhin mittelalterlich. Die Gilfpromenade mündet auf dieser Flussseite in die schattige Sommerpromenade, der Tappeinerweg führt hinüber zur Winterpromenade und zum zentralen Sandplatz.

Essen & Trinken **Fernblick im Weinberg,** Jausenstation und Café, es gibt Brotzeiten, hausgemachte Kuchen, zur Törggelenzeit Bauernkrapfen, eigene Weine, so u. a. einen weißen Küchelberger, Edelvernatsch und Merlot, So/Mo geschl.

Saxifraga Stub'n, am oberen Ende des Tirolersteigs, Stuben und Terrasse mit Blick auf die Pfarrkirche. Kuchen, hausgemachte Nudeln, Schlutzkrapfen, Speck, zahlreiche Teesorten, eigene Weine, Mo/Di Ruhetag. ✆ 0473/239249, saxifraga.it.

Der Ifinger (2581 m) und Meran 2000: Wie bequem, dass man mit dem Stadtbus (Linie 1 a ab Bahnhof über Theaterplatz und Sandplatz) die Talstation der *Ifinger-Seilbahn* erreichen kann. Da braucht man im Sommer wie im Winter keine Stunde vom Zentrum Merans auf eine Höhe von nahezu 2000 m. Von dort aus einfache Spaziergänge, Wanderungen, Touren, im Winter dreht sich der Skizirkus (neben der Hirzer-Seilbahn und jener von Dorf Tirol zu den Muthöfen die am meisten frequentierte Seilbahn in alpine Höhen). Wichtig: Bis zu einer halben Stunde Weg im Umkreis der Bergstation ist manchmal ziemlich viel, ab

Dr. Franz Tappeiner, Meraner Kurarzt

Die Tappeiner sind ein altes Vinschgauer Geschlecht, das ursprünglich von einem Hof in der Nähe der Schlandersburg stammt. Franz Tappeiner wurde 1816 in Laas geboren und zum Medizinstudium nach Innsbruck, Prag, Padua und Wien geschickt (zu seiner Zeit waren alle diese Städte in österreichischem Besitz). Der junge Arzt ließ sich 1846 in Meran, damals noch ein Kuhdorf, nieder und eröffnete eine Praxis. Nach der Revolution von 1848, als er für die Liberalen (eine oppositionelle Partei) kandidierte und verlor (gegen den katholisch-konservativen Priester und Wissenschaftler Beda Weber), wandte er sich wieder der Medizin zu und gründete mit zwei Kollegen eine Molkenkuranstalt. Das gute Kurklima Merans war zwar schon bekannt und wurde in den Medien der Zeit diskutiert, doch es gab noch keine Kureinrichtungen. Der erste Schritt war die Formulierung einer Kurordnung, dann wurde eine „Kurvorstehung“ bestellt. Schließlich machte sich Tappeiner daran, eine Kurverwaltung auf die Beine zu stellen. Die für den Kurbetrieb notwendigen Investitionen wurden durch Tappeiners Stiftungen ermöglicht. Mit dem Geld wurde emsig geworben, und ohne diesen Einsatz wäre wohl auch die Wandelhalle nicht so schnell der schöne Bau geworden, den wir heute noch sehen. Schließlich stiftete Tappeiner Geld für die Gilfpromenade, und 1893, anlässlich seines 50-jährigen Promotionsjubiläum, stellte er fast 30.000 Gulden für die später nach ihm benannte Promenade oberhalb Merans zur Verfügung. Bei der Eröffnung wurde eine Büste des edlen Spenders in Laaser Marmor enthüllt, die noch in einer Erweiterung des Tappeinerwegs zu bewundern ist.

einer Stunde dann fast gar nichts mehr los. Und wer einen Weg nimmt, der nicht zu einer Hütte führt (wie Weg 3 zum Missensteiner Joch ab Gabelung in Richtung Oswaldscharte), der hat vielleicht schon nach wenigen Minuten ab Abzweigung keine Begleitung mehr.

Wandern/Wintersport Zu den Wanderzielen auf dem Plateau → Tschögglberg (Hafling). Zum Wintersport → Sport, S. 206.

Bergbahnen **Seilbahn Meran 2000,** modernste 120-Personen-Kabinenbahn, Mai bis nach Allerheiligen 9–17 Uhr, Juli bis Sept. 8.30–18 Uhr; Berg/Tal 24 €, einfach 17 €, Kind 20,50/14,50 €. Günstiger zur Mittelstation und ab 14 Uhr.

Umlaufbahn Falzeben, Mai bis nach Allerheiligen 9–17 Uhr, Juli bis Sept. bis 17.30 Uhr; Berg/Tal 20,50 €, einfach 14,50 €, Kind 14,50/10 €.

Seilbahn Naifjoch, Juni bis nach Allerheiligen 9.30–16.30 Uhr, Juli bis Mitte Okt. 9–17.15 Uhr; Berg/Tal 11,50 €, einfach 9 €, Kind 8,50/6,50 €. Auf dem Dach der Bergstation dieser neuen Bahn befindet sich eine spektakuläre Aussichtsplattform (Naifjoch VISTA).

Sessellift Mittager, Mitte Juni bis Mitte Okt. 10–16 Uhr; Berg/Tal 7 €, einfach 4 €, Kind 4/2,50 €.

Außerdem gibt es Kombitickets, Familienpreise, Fahrradtransport und Hundetickets. Der Parkplatz in Falzeben ist gebührenpflichtig (5 €/Tag).

Alpin Bob, Action und Spaß auf der 1,1 km langen Schienenrodelbahn, Startpunkt an der Bergstation Piffing. Geöffnet wie die Bergbahn, 10–16.30, im Sommer bis 17.15 Uhr; eine Fahrt 6 €.

Infos zu allen Bahnen unter meran2000.com.

> Zu Spaziergängen, Wanderungen und Radtouren ab Dorf Tirol, Algund, Schenna, Riffian, Kuens und Marling siehe jeweils dort!

Tour 9: Mit dem Rad von Meran über den Hecherhof nach Burgstall[GPS]

Tour-Info: Kurze Radtour durch lichten Laubwald und Bauernland mit Wein, **auch als Wanderung** hübsch zu gehen, in der Mitte der Hecherhof, Gasthof und beliebte Buschenschank. Wunderschöne Ausblicke auf Etschtal und Ultental, zurück auf der alten Bozner Straße; Dauer 1:30 Std.; Länge 8,4 km; Höhenunterschied ↑ 350 m, ↓ 400 m. Karten: Tabacco (1:25.000) Blatt 11, Kompass (1:50.000) Blatt 53.

In Meran-Obermais fährt man entlang von Winkelweg oder Dantestraße in Richtung Schloss Trauttmansdorff

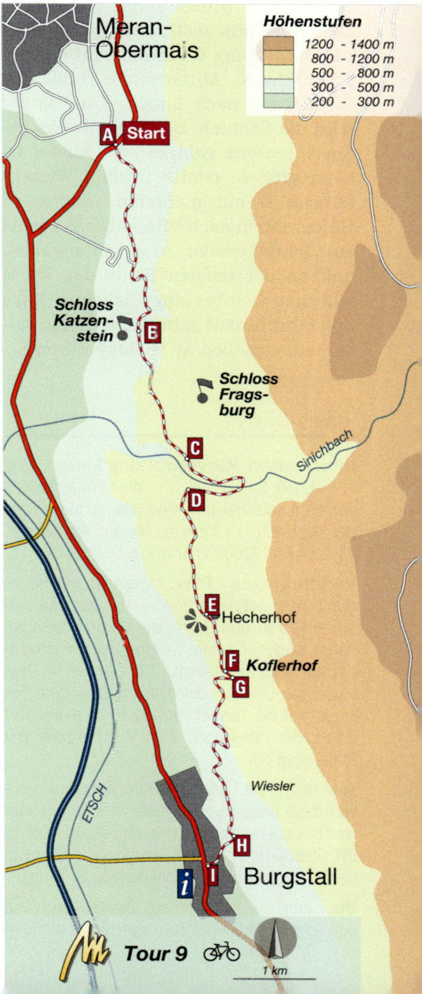

und knapp nach Vereinigung der beiden bei einem Brunnen nach rechts in die Katzensteinstraße bis zur Landesstraße Schenna – Verdins mit meist starkem Verkehr, da sie als Ostumfahrung für Meran dient. Dort quert man vorsichtig **A** und fährt auf der Verlängerung der Katzensteinstraße bergan in den Waldhang, nach einer Serpentine erreicht man die Weingärten und Schloss Katzenstein **B** und hat erstmals eine wunderbare Aussicht auf Burggrafenamt und Ultner Berge. Das Sträßchen führt nun als Güterweg weiter, eine Abzweigung **C** verweist auf die Buschenschank Mitterwalder und den Wanderweg nach Sinich. Kurz darauf wird die Schlucht des Sinichbachs gequert, jenseits geht es steil hinauf zu einer großen, relativ flachen Wiesenterrasse **D** mit mehreren verstreuten Höfen. 150 m nach Wiesenbeginn weist ein Schild wieder zum Mitterwalder, und an der tiefsten Stelle der Wiese hält man sich bei einer Gabelung links und fährt hinauf zum Hecherhof in seiner fantastischen Aussichtsposition **E.**

Der weitere Weg führt in Form eines fahrbaren Fußwegs hinter dem Haus rechts am dortigen Bildstock vorbei und erreicht nach kurzem Abstieg den Koflerhof **F,** ebenfalls eine Buschenschank, wo man nach rechts auf eine Asphaltstraße fährt. Sie mündet in eine weitere Asphaltstraße **G,** hier rechts weiter, bei der folgenden Kirche **H** bei Einmündung in eine querende Asphaltstraße nach links zur Staatsstraße, wo man ziemlich genau gegenüber der Touristeninformation in Burgstall **I** ankommt. Rückfahrt auf der Staatsstraße oder über Lana und Marling (etwas weniger Verkehr). Wer die Strecke gewandert ist, was bei dem praktisch nicht existenten Autoverkehr gut zu machen ist, nimmt den SASA-Bus Bozen – Meran zurück (Haltestelle an der Staatsstraße etwas rechts versetzt).

Hecherhof, Katzensteinstr. 38, Meran, Jausenstation/Gasthof/Törggelenkeller. Was für ein Ausblick von der Terrasse! Wenn Sie wollen, können Sie natürlich auch drinnen sitzen und sich hausgemachte Nudelgerichte schmecken lassen. Di Ruhetag. ✆ 0473/274086, hecherhof.it.

Basis-Infos

Information **Kurverwaltung Meran,** Mo–Fr 9–17.30, Sa 9.30–16 Uhr (die Öffnungszeiten variieren saisonal und sind jeweils aktuell auf der Webseite zu finden), Meran, Freiheitsstr. 45, ✆ 0473/272000, meran.eu.

Verbindungen **Pkw:** Meran ist mit Bozen durch eine Schnellstraße verbunden, die zwischen Meran und Bozen meist kurz MeBo genannt wird. Die MeBo ist eine der unfallträchtigsten Straßen Italiens! Die Straße in den Vinschgau umfährt die meisten Orte, zum Teil sogar mittels Tunnel. Dennoch ist eine Fahrt durch den Vinschgau zum Reschenpass mit Staus gespickt.

Sehr zentral die Tiefgarage unter den Thermen – wer diese besucht, zahlt niedrigere Parkgebühren. Neue, etwas enge Tiefgarage Plaza Parking, 690 Stellplätze Ecke Goethestraße und Otto-Huber-Straße (außerhalb des Vinschgauer Tores).

Bus: Zum *Bustransfer* aus Deutschland und der Schweiz → S. 606. Zubringerdienst von den Flughäfen Bergamo und Verona mit Umsteigen in Bozen: Buchung auf suedtirolbus.it.

Busse im Nahverkehr: Meran ist Zentrum für die SAD-Busse in den Vinschgau, das Passeiertal, das umgebende Burggrafenamt und den Deutschnonsberg. Der Busbahnhof befindet sich auf dem Bahnhofsvorplatz.

Stadtbusse (SASA): Fahrkarten (wie jene der SAD) vorher kaufen, z. B. im Busbüro am Theaterplatz oder in Tabakgeschäften aber auch Ticketautomat im Bus.

Bahn: Meran ist mit Bozen in kurzen Abständen mit der Bahn verbunden. Die *Vinschgerbahn* fährt bis Mals im (mindestens) Einstundentakt, die Trenitalia fährt über Bozen ebenfalls nahezu stündlich zum Brenner.

Taxi: *Funktaxizentrale* ✆ 0473/212013, *Taxi-Meran* ✆ 0473/5353, taxi-meran.it.

Bergbahn: Nostalgischer Einer-Sessellift „Meran – Dorf Tirol", April bis Okt. tgl. 9–18,

Juli/Aug. bis 19 Uhr, Berg 6 €, Berg/Tal 7,50 €, panoramalift.it.

Vorteilskarten Die **Meraner Land Guest Card** ist eine kostenlose Vorteilskarte vieler Beherbergungsbetriebe. Mit ihr erhält man Ermäßigungen in Museen, Seil- und Sesselbahnen sowie Freizeitanlagen. Sie enthält nicht die Mobilcard. Infos unter guest-card.info. **Meran Card:** Gästekarte der Beherbergungsbetriebe, kostenlose Benutzung der öffentlichen Verkehrsmittel und verschiedener Seilbahnen sowie einmaliger kostenloser Eintritt in über 90 Museen, die MeranCard ist in ausgewählten Partnerbetrieben zumeist ganzjährig kostenlos erhältlich. **Seilbahnkarte Meraner Land:** 14 Seilbahnen können im Zeitraum von April bis Nov. kostenlos benutzt werden, Gültigkeit 6 Tage, 72 €, erm. 30 €. **BusCard Meraner Land:** Die Karte ermöglicht eine Nutzung aller Busverbindungen im Meraner Land, Gültigkeit 1 Woche, 16 €.

Ärztliche Versorgung Allgemeines Krankenhaus Franz Tappeiner, Rossinistr. 5, dort auch **ärztlicher Notdienst** (Sa/So), ✆ 0473/263333.

Feste & Veranstaltungen Im Herbst (3. Wochenende im Okt.) traditionelles **Traubenfest** und alle 5 Jahre das **Landesmusikfest.** Die meisten Zuschauer zieht der große Festzug am Sonntagnachmittag an, wenn um die 70 Gruppen, meist Trachtengruppen, geschmückte Festwagen und Musikkapellen 15.000 Besuchern gegenüberstehen. Seit 1965 ist auch der Rosenheimer Spielmannszug dabei.

Meraner Weihnacht, der stimmungsvolle Christkindlmarkt auf der Kurpromenade und am Thermenplatz mit seinen Gastronomie- und Kunsthandwerksständen zieht jedes Jahr zahlreiche Besucher an und dauert bis zum 6. Januar. Umfangreiches Rahmenprogramm mit Konzerten, Stadtführungen und Veranstaltungen, auch für Kinder. Eislaufbahn am Thermenplatz.

Das aktuelle Veranstaltungsprogramm entnimmt man dem **Veranstaltungskalender** (bei Tourismusbüros, an der Veranstaltungsorten und unter weihnacht.meran.eu).

> Seit ein paar Jahren ist **privates Feuerwerk an Silvester** verboten, stattdessen wird eine spektakuläre „pyromusikalische" Show beim Kurhaus geboten mit tollen Spezial-Effekten.

Kino & Theater Ariston Kino, Rennweg 25, Filme auch in deutscher Sprache.

Stadttheater Puccini, Theaterplatz 2, ✆ 0473/496000, kurhaus.it.

Theater in der Altstadt, Freiheitsstr. 27, ✆ 0473/211623, tida.it.

Konzerte Das **Kurorchester** mit seiner alten Tradition (es wurde bereits 1855 gegründet) hat eine Frühjahrs- und Herbstsaison mit (vorwiegend) klassischer Musik. Die Aufführungen finden im Kursaal statt.

Südtirol Festival Meran, Mitte Aug. bis Mitte Sept., vor allem im Kurhaus, aber auch im Stadttheater, Klassik und Cross-over, Jazz und Folk mit bedeutenden Orchestern, Dirigenten und Solisten, meranofestival.com.

Kurhaus, Freiheitsstr. 29, häufig Konzerte und andere Veranstaltungen, für Kammermusik wird gelegentlich der Dom als Konzerthalle genutzt.

Pferderennen Am Ostermontag traditionelles **Haflinger-Galopprennen,** vorher Umzug durch die Innerstadt. Ende Sept. **Großer Preis von Meran.** Pferderennplatz in Untermais. Information unter ✆ 0473/446222, ippodromomerano.it.

Post Hauptpost: Romstr. 2; **weitere Postämter:** Goethestr. 5, Brunnenplatz 19 (Obermais).

Meran und Umgebung → Karte S. 188

Kuren & Wellness

Kurverwaltung → „Information".

Kureinrichtungen Therme Meran: Der Entwurf des Meraner Kurbades stammt von Südtirols Stararchitekten Matteo Thun. Zum Kurbad gehört neben einem großen „Gesundheits-, Bäder- und Wellnesszentrum", der eigentlichen Therme, auch ein Park mit Freischwimmbädern und das erstklassige Hotel Therme Meran mit seinen Kongresseinrichtungen. Die Anlage umfasst 25 Pools mit 2000 m^2 Wasserfläche eine 1250 m^2 große Saunalandschaft, ein Spa & Vital Center mit 1400 m^2 und 560 Parkplätze. Die 12 Pools in der Außenanlage haben eine Temperatur von 18–37°C und sind in einen großzügigen Kurpark eingebettet. Die 13 Innenpools sind 34–37 °C warm. Sauna finnisch, Bio-Heusauna, Schneeraum, Caldarium, Dampfbad. Auskünfte Therme Meran, Thermenplatz, ✆ 0473/252000, thermemeran.it.

Gratsch
Leiterg.
Karl-Wolf-Str.
Laurinstraße
Partschins
Goethe-Straße
G.-Rossini-Str.
Giuseppe-Verdi-Str.
Tappeinerpromenade
Dorf Tirol
Landesstr. Dorf Tirol
Segenbühelweg
Segenbühel
Meran-Dorf Tirol
Schiendorfweg
V.-Bellini-Str.
Franziskus-Str.
V.-Alfieri-Str.
4.-November-Str.
Laurinstr.
A.-Hofer-Str.
Klosterstr.
Vinschgauer Tor
G.-Galilei-Str.
Meran Zentrum siehe Seite 20
Bahnhofsplatz
Meinhardstr.
St.-Josef-Str.
Bahnhof
Europaallee
Alpinistraße
Huber-Straße
Frauenmuseum
Kornpl.
Rennweg
Laubengasse
Pfarrpl.
Viehmarktstr.
G.-Mazzini-Platz
30.-April-Str.
Freiheitsstr.
Theaterplatz
Schießstandstr.
Schwimmbadstr.
Speckbacher-Str.
Rätiastr.
Otto-Huber-Str.
G.-Carducci-Str.
Passer-Promenade
Sandplatz
Thermenallee
Winterpromenade
Passer-Prom.
PASSER
A.-Manzoni-Str.
Therme Meran
Synagoge
Fahrradverleih
Piavestraße
G.-Garibaldi-Str.
C.-B.-Cavour-
Sportplatzweg
Schwimmbad
U.-Foscolo-Str.
G.-Leopardi-Str.
F.-Schiller-Str.
Romstraße
Postgranzstr.
Marlinger Str.
W.-v.-d.-Vogelweide-Str.
Francesco-Petrarca-Str.
Maiastraße
Weingarten-str.
F.-Innerhofer-Str.
Enrico-Toti-Str.
Texelstraße
G.-Leopardi-Str.
T.-Brenner-Str.
Vinschgau
Marlinger Str.
Luis-Zuegg-Str.
Wolkenstein-Str.
Reitturnierplatz
Untermais
Maia-str.
Schafferstr.
Marlinger Steig
O.-v.-
Meranarena
Versorgungshausplatz
Wallfahrtskirche Maria Trost
Maria-
Umfahrungsstrasse West
ETSCH
L.-Zuegg-Str.
Pferderennplatz Mais
Eisstadion
Kasernenstr.
Pfarrgasse
Gampenstr.
L.-Cadorna-Str.
Gampenstr.
Lana
Bozen
Bahnhof Untermais
Romstraße

E ssen & Trinken
2 Sissi
3 Mösl
11 Prezioso
12 Tuo
Ü bernachten
1 Partaneshof
4 Camping Hermitage
5 Riedingerhof
6 Waidmannhof
7 Jugendherberge
8 Kolpinghaus
9 Westend
10 Live Merano Camping
11 Castel Fragsburg
Schenna
Passer
Zenoburg
Jaufenstraße
Plantastr.
Vergilstr.
Pflanzensteinstr.
J.-B.-Rufin-Str.
Schönblickstr.
Priamiweg
Haslerweg
Naifweg
Montaniweg
St.-Georgen-Str.
Schennastr.
Reichenbachgasse
Pröfingerstr.
Ifingerstr.
B.-Cavour-Str.
Schloss Winkel
Leichtergasse
Obermais
Christomannos-Str.
Kastaniengasse
Schloss Rametz
Schloss Labers
Laberser Str.
Frank-Str.
Schafferstr.
Parkg.
Dante-Alighieri-Str.
Rittenstein-str.
Fluggigasse
St.-Valentin-Str.
Naifdammweg
Winkelweg
Nusser-Str.
Waalweg
Schallhofweg
J.-Mayr-
Pienzenauweg
Seilbahngasse
Josef-Mayr-
Finkgasse
St.-Katharina-Str.
Hagengasse
Schloss Trauttmansdorff Gärten „Touriseum“
Bozen, 11 12
150 m
Meran/Merano

Kuren & Preise Zwar bieten auch Hotels Kuren an (vor allem das exklusive Palace, ein reines Kurhotel), doch die Therme Meran hat den Löwenanteil der Kuren gebucht. Die Auswahl ist kaum zu überblicken: Molkebäder, Entspannungsmassage, Baden in Ultner Schafwolle als Wärmetherapie, Traubenkur ganz klassisch, Apfelaromabad, Apfel-Honig-Lehmpackung für entspannte Haut, insgesamt 18 verschiedene Massagearten, Solebäder mit Heuextrakten, Hydrotherapie, Fango.

Therme Meran: Tagestickets können nur online erworben werden! Eintritt für 2 Std. 17–19 €, mit Sauna 26–28 €, Tageskarte 25–27 €, mit Sauna 37–39 €, die höheren Preise gelten im Winter am Wochenende. Diverse Pakete, wie z. B. das Kennenlernpaket „Wohlfühltag" mit Bergheubad, Massage und Thermenbesuch, für 109 €. Die Pools sind 9–21 Uhr geöffnet, im Park bis 20 Uhr, in den anderen Bereichen sehr unterschiedlich.

Berühmt und lecker: die Meraner Traubenkur

Man isst pro Tag ca. 300 g bis 1 kg frische Kurtrauben (Großvernatsch, rote, großbeerige Trauben mit dünner Fruchtschale), sehr langsam und jede Beere einzeln, die Schale wird gekaut (und dann ausgespuckt), denn gerade in ihr sind viele wichtige Vitamine und Salze enthalten. Kurtrauben wirken positiv bei Erkrankungen des Verdauungstraktes, bei Herz- und Kreislauferkrankungen, Erkrankungen der Leber, Galle, Niere, Harnwege und bei Stoffwechselerkrankungen. Man spricht auch von ihrer „therapeutischen Indikation", ohne den exakten Einfluss auf die Entwicklung einer Erkrankung genau bestimmen zu können. Die Trauben sind keineswegs das Einzige, was man isst, doch sollte man es während der Kur nicht mit dem Essen und Trinken übertreiben. Der aus Kurtrauben gepresste Saft, wie er im Herbst z. B. auf der Promenade angeboten wird, hat leider nicht die therapeutische Wirkung der frischen Traube.

Einkaufen

Meran ist ein Boutiquen-Dorado. Die Lauben und die von ihr abgehenden Passagen und Durchgänge beherbergen so viele kleine Traditionsgeschäften, internationale Ketten und feine Läden, wie sie selbst für eine zehn Mal größere Stadt ungewöhnlich wäre. Dazwischen mischen sich Bars und Restaurants, Weinkeller und der eine oder andere Metzger, was das Einkaufen in der Meraner Altstadt besonders sympathisch und angenehm macht.

Märkte Die Marktstände auf dem **Kornplatz** sind, auch wenn sie Obst und Gemüse anbieten, für Touristen gedacht und haben entsprechend gehobene Preise.

Markttag ist samstags von 8–12 Uhr mit dem **Bauernmarkt** vor der Landesfürstlichen Burg in der Galileistraße, v. a. Obst und Gemüse und andere landwirtschaftliche Produkte, Biogemüse und Biokräuter, Honig, Würste; ähnliches Angebot am Mi am Brunnenplatz und im Sommer in der Meinhardstraße. Relativ neu ist der **Meraner Markt** in der Oberen Freiheitsstraße / Sandplatz. Er findet von Ende März bis Oktober jeden Samstag von 9–13 Uhr statt, angeboten werden Südtiroler Lebensmittel und Kunsthandwerk.

Großer **Wochenmarkt** am Freitagvormittag am Praderplatz (Nähe Hbf.).

Supermärkte **Despar,** Rennweg 98. **Eurospar** in den Lauben Nr. 30. Großer **Interspar** in der Romstr. 276.

Spezialitäten/Feinkost **Brotspezialitäten** im winzigen Laden Ultner Brot an der Freiheitsstr. 8.

Speck und andere hervorragende **Fleisch- und Wurstprodukte** aus eigenem Betrieb bei Max Siebenförcher, Laurinstr. 59 (Straße nach Gratsch), max-siebenfoercher.it, oder bei G. Siebenförcher, Lauben 164, siebenfoercher.it.

Bauernladen Meran, Romstr. 245 (in Sinich), moderne Beton-Glas-Halle, in der 39 Höfe aus der Umgebung ihre Produkte anbieten, auch Snacks und Brotzeit; im Winter geschl., bauernladen-meran.com.

Pur Südtirol, so nennt sich eine Initiative und Vermarktungsgemeinschaft, die Südtiroler Qualitätsprodukte – und natürlich nicht nur Bioware – fördert. „Pur Südtirol" nennt sich auch der große Laden im Kurhaus, wo man an den Ständen Südtiroler Gastrokultur zum Kauf angeboten bekommt, einiges auch zur Verkostung. Eine Besonderheit ist der fruchtige Apfelcidre S'Pom, der ausschließlich von Pur vertrieben wird. Freiheitsstr. 35, pursuedtirol.com.

Wein **Kellerei Algund,** Lauben 218, mit großem, zentrumsnahem Parkplatz (Zufahrt von der Galilei-Straße); Sauvignon, Vernatsch, Merlot, Lagrein hoher Qualität, auch Destillate, ✆ 0473/237147, kellereialgund.it.

Weingut Schloss Rametz, Labersstr. 4, Weingut im Schloss, große alte Keller, Weinmuseum, Önothek, Restaurant. 1860 wurde hier die erste Blauburgunderrebe Südtirols angepflanzt. Führungen durch das Weinmuseum und die Keller mit Weinprobe Mo–Fr jeweils 16.30 Uhr, Mi 14.30 Uhr, Kosten 25 €. Das zugehörige Restaurant ist So/Mo geschl. ✆ 0473/211011, rametz.com.

Kellerei Meran Burggräfler, Kellereistr. 9, Marling, durch die Fusion der beiden Genossenschaften entstand die größte Kellerei im Westen Südtirols mit nur 260 ha Reben. Großes Angebot vom Weißburgunder bis zum Lagrein, ausgezeichneter Gewürztraminer, Süßweine. Verkauf und Kellerführung mit Weinverkostung möglich (23 €), März bis Okt. Mi–Fr 15 Uhr. ✆ 0473/447137, kellereimeran.it.

Bücher Athesiabuch, Lauben 186, und Buchhandlung Alte Mühle, Sparkassenstr. 11 a.

Haushaltswaren **Frasnelli,** Lauben 156 (Durchgang Metzgerei Siebenförcher); bei diesem Fachgeschäft gibt es u. a. die typischen durchlöcherten Maroni-Grillpfannen, auch – edel, edel und nicht billig – aus reinem Kupfer.

Taschen & Accessoires Bei **OlleTog** gibt es garantiert handgefertigte Produkte aus LKW-Plane, bunt bedruckt mit originellen Motiven. Man kann auch eigene Motive drucken lassen oder eins der etwas teureren Unikate erwerben. Sparkassenstr. 1, olletog.com.

Traubenfest in Meran

Meran und Umgebung → Karte S. 188

Kleidung & Schmuck **Trachtenmode und Loden** bei Runggaldier, Lauben 276, Tiroler Traditionsgeschäft seit 1896; handgefertigte Filzpatschen (Hausschuhe) bei Wenter, Lauben 319. **Kindertrachten** bei Edelweiss, Lauben 31 (in der Kurhauspassage).

Eleganter **Goldschmuck** bei Wegleiter, Lauben 175.

Sportartikel Sportler, Lauben 270, Sportler Alpin, Lauben 60, und 3x Hutter Sport, Lauben 6 (CMP Store), 16–18 (Schuhe) und Freiheitsstraße 44 (Montura).

Fahrräder bei Gruber Bikepoint, Lauben 337. **Skate- und Snowboards** bei Fakie, Lauben 244.

Sport

Eine Fülle von Sportmöglichkeiten bietet die **Meranarena** in der Gampenstraße 74 neben der Pferderennbahn in Untermais: Hallenbad und Eisstadion, Kletterhalle „Rockarena", nebenan Tennis. ✆ 0473/236982, meranarena.it.

Baden/Schwimmen **Freibad „Lido",** mit 3 Becken und Rutschen, Restaurant und Eisdiele, geöffnet Mai bis Sept., an der Passer, Schwimmbadstr. 38.

Radfahren/Mountainbiken Meran selbst bietet wenig Radwege, ist aber ein ideales Zentrum für Radurlauber, ob sie nun auf offiziellen Radwegen, wie dem Vinschger Radweg, recht gemütlich fahren oder auf Single Trails und ausgesetzten Steigen ihren Mut beweisen wollen. Familienkompatible Routen führen in den Vinschgau und über die Grenze nach Nordtirol, in das Passeiertal bis St. Leonhard und etschabwärts bis Bozen, Salurn, Trento und weiter zum Gardasee.

Fahrradverleih Südtirol Rad am Bahnhof, ✆ 0473/201500, suedtirol-rad.com.

Fahrräder, Radausrüstung sowie eine kompetente **Radwerkstatt** bietet Gruber Bikepoint, Lauben 337, ✆ 0473/237733, bike-point.com.

Reiten Pferderennen auf der **Pferderennbahn** in Untermais, Rennstallweg 37, ippodromomerano.it. Dort ist auch der Sitz des **Reitzentrums Meran** (Tennisstr. 2, ✆ 0473/232481, centroequestremerano.it) mit Reitschule, Reithalle, Turnierplatz etc. Während des Meraner Traubenfestes im Okt. werden hier die Haflinger-Galopprennen ausgetragen.

Wandern/Bergsteigen/Klettern 3 Gebirgsgruppen in unmittelbarer Umgebung, alle durch Seilbahnen erschlossen: **Texelgruppe, Sarntaler Alpen** (Ifinger, Hirzer) und **Ultener Berge** (östliche Ausläufer der Ortlergruppe). Dazu ein **Nationalpark** um die Ecke (Ortler) und ein **Naturpark** noch auf Gemeindegebiet (Texelgruppe). Ein Klima, in dem sich Wanderer zwischen April und November schneefrei bis in die subalpine Zone bewegen können. Ein äußerst dichtes Netz von Wanderwegen, beste Erschließung durch Hütten und Berggasthöfe – klingt nach Wanderparadies und ist eines. Infos zu den Bergbahnen Meran 2000 → S. 199.

Bergsteigerschule MeranAlpin, Gletscher- und Hochtouren, Klettersteige, Skitouren und Schneeschuhtouren, Kletterkurse. ✆ 348/2600813, meranalpin.com

AVS (Alpenverein Südtirol) Sektion Meran, Galileistr. 45, meran.alpenverein.it.

Kletterwand in der Rockarena des AVS an der Nordwand der Eishalle Meranarena, zwei Klettertürme bis 15 m Höhe; saisonal wechselnde Öffnungszeiten, Infos unter ✆ 0473/234619, rockarena.it.

Kleiner **Klettergarten** oberhalb von Schloss Fragsburg mit Abseilhaken und kurzem gesichertem Klettersteig.

Wintersport Der Skizirkus **Meran 2000** am Südfuß des Ifinger über Meran ist mit seiner guten Erschließung durch Seilbahnen und Schlepplifte und wegen der nur mäßigen Schwierigkeiten auf dem eher sanft gewellten Plateau ein ideales Familienskirevier. Die Bergbahn Meran 2000, die Umlaufbahn Falzeben, die man über die Straße von Meran und Hafling erreicht, die neue Umlaufbahn Naifjoch und 5 Sessellifte erschließen die Zone. 40 km Pisten, hauptsächlich leicht bis mittelschwer, 2 schwere Abfahrten, ein Snowpark. Der Skizirkus ist Mitglied der Ortler Skiarena (→ S. 633), Infos unter meran2000.com. Dazu siehe auch Hafling, S. 269.

An der Bergstation der Seilbahn von Meran 2000 und der Umlaufbahn Falzeben, Piffing genannt (1950 m), findet man **Babylift** und **Skikindergarten,** den Ski- und Rodelverleih und Reparaturdienst Stricker, ✆ 0473/279390, sowie die Skischule Meran 2000, ✆ 0473/279404. Tolle **Rodelbahn** ab Bergstation bis Falzeben.

Eishalle Meranarena (s. o.) mit Freiplatz, Mitte Juli bis April, saisonabhängige Öffnungszeiten für den Publikumseislauf findet man im Internet, im Sommer **Inline-Skating.**

Eislaufen auf dem Thermenplatz ist ein beliebtes Hochwintervergnügen, das Bistro des Thermenhotels macht dann gute Geschäfte.

Übernachten

→ Karte S. 202/203 und → Karte S. 209

In Meran wird bei den Unterkünften geklotzt und nicht gekleckert. Deshalb gibt es im mittleren Preissegment weniger Auswahl als im Luxusbereich mit seinen Spitzenhotels. Für den schmalen Geldbeutel bleiben eigentlich nur die Jugendherberge und der Campingplatz.

******S Therme Meran 26,** klare, kühle bis kalte Linien und Flächen prägen diesen Hotelkomplex an der Therme Meran, der aber durch rote Farbakzente, Wände und Textilien optisch aufgelockert wird. Superlage, denn das Hotel liegt zwischen Passerfluss mit Fußgängerpromenade und großem Kurgarten. 115 stylische Zimmer und 24 Suiten. Gespeist wird im Restaurant „Olivi", das nur Hotelgästen zur Verfügung steht. Riesiger Spa-Bereich mit allem, was dazugehört. Thermenplatz 1, ✆ 0473/259000, hotelthermemeran.it. **€€€€**

******* Castel Fragsburg 11,** nicht mehr in Meran selbst, sondern in einem Schloss auf einem Hügel gegenüber der Mündung des Ultentals. Das geschmackvolle Haus ist ein idealer Rückzugsort für anspruchsvolle Gäste, die Ruhe in exquisitem Ambiente suchen, es fehlt an nichts: Sauna, Whirlpool, Massage, Beautybehandlungen, Fitnessraum. Hervorragendes Restaurant (→ „Essen & Trinken"). Die Suiten befinden sich z. T. im modernen Anbau, der Blick vom Balkon ist hinreißend. Fragsburger Str. 3a, ✆ 0473/244071, fragsburg.com. **€€€€**

****** Partaneshof 1,** alter Bauernhof und Weingut der Familie Ladurner, die Weingärten beginnen hinter dem Haus direkt oberhalb des Pools. Hotel-garni-Zimmer in separatem Gebäude, straßenabgewandt, sonnig, Balkon oder Terrasse. Verdistr. 66, ✆ 0473/446260, partaneshof.de. **€€€€**

***** Westend 9,** familiengeführtes Hotel in spätgründerzeitlichem Haus von 1890. Wunderschöner Garten an der Passer, komfortable und recht ruhige Zimmer mit Balkon. Speckbacherstr. 9, ✆ 0473/447654, westend.it. **€€€–€€€€**

***** Rössl Bianco 15,** das ehemalige Weiße Rössl / Cavallino bianco war lange Jahre dem Verfall preisgegeben. Nun ist es vorbildlich saniert, in Obergeschoss und Dachboden befinden sich 8 überaus geschmackvoll gestaltete Zimmer mit historischem Charme. Im Erdgeschoss Bar und Bistro. Lauben 357, ✆ 0473/338032, roesslbianco.it. **€€€€**

***** Kolpinghaus 8,** Hotel in einem Gründerzeithaus mit modernem Anbau, stilvoll renoviert. Zimmer zur Südseite, Freischwimmbad, Liegewiese und Dachterrasse, ab 2024 sind Whirlpool, Dampfbad und Finnische Sauna in Planung. Und ein Kolpinghaus hat natürlich eine Hauskapelle. Auch Café und Bistro. Cavourstr. 101, ✆ 0473/253200, kolpingmeran.it. **€€€**

***** Riedingerhof 5,** Pension unterhalb der Schennastraße (kein störender Lärm), viel Holz, große, geschwungene Terrasse, Pool mit Kinderbecken, Whirlpool und Sauna. Schöne Zimmer und Apartments mit Balkon, herzliche Atmosphäre, auch Apt. (2–5 Pers.). Schennastr. 45, ✆ 0473/233273, riedingerhof.com. **€€–€€€**

***** Waidmannhof 6,** Garni in modern eingerichtetem Hof mit Pool und Liegewiese, bäu-

Therme Meran

erliche Oase am oberen Rand von Obermais mit Apfelgarten vor der Tür. Freundliche Zimmer mit Balkon. 5 Apartments im angrenzenden Hallinger für 2–6 Personen. Plantastr. 2, ✆ 0473/234766, waidmannhof.com und dashallinger.com. **€€–€€€**

Jugendherberge **7** Günstig und gut gelegen, einfache, aber saubere Doppel- und Mehrbettzimmer, alle mit eigenem Bad. Ü/FR 27 €. Carduccistr. 77, ✆ 0473/201475, jugendherberge.bz/de/meran/jugendherberge

Camping **Live Merano Camping** **10**, nach dem Neugestaltung eher Glamping mit mehr Freiraum pro Stellpatz: 91 Einheiten zu je 80 m² pro Einheit inkl. 40 m² „Privatgarten". Dazu ist der Platz recht ruhig, nebenan liegt das Hippodrom, durch Häuser und Parkplatz getrennt auf der anderen Seite die Piavestraße, auf der man rasch ins Zentrum kommt. Neues, beheiztes Freibad, Dampfbad und Sauna, topmoderne sanitäre Einrichtungen, teilweise Schatten, geöffnet Mitte März bis Mitte Jan. Gespann und 2 Pers. 80 €. Piavestr. 44, livemeranocamping.com.

****** Hermitage** **4**, sehr gut ausgestatteter Campingplatz nahe der Talstation der Seilbahn Meran 2000. Das Gelände gehört zum neuen Smarthotel Prinz Rudolf, hat Zelt- und Wohnmobilstellplätze, gute Sanitäranlagen; Freibad und Liegewiese des Hotels können genutzt werden, Pool und Sauna gegen Aufpreis. Geöffnet Ende April bis Jan. Gespann und 2 Pers. 34–44 €. Naifweg 29, ✆ 0473/860911, prinzrudolf.com.

Weitere **Campingplätze** befinden sich in Lana, Nals und in Saltaus im Passeiertal.

Wohnmobilstellplatz → Dorf Tirol S. 222.

Essen & Trinken

→ Karte S. 202/203 und → Karte S. 209

Merans Gastronomie hat hohes Niveau und ist entsprechend teuer. Die Küche ist selten traditionell, dafür oft italienisch-mediterran, in manchen Fällen wird beides kombiniert, was durchaus im Trend liegt.

Restaurants und Gasthöfe **Sissi** **2**, Galileistr. 44. Die höchsten kulinarischen Weihen hat Andrea Fenoglio im altstadtnahen Restaurant Sissi erreicht (1 Michelin-Stern, 3 Gault-Millau-Hauben 2023). Aus der ganzen Welt stammen die Anregungen für Speisen (und das außergewöhnliche Eis), die unverkennbar piemontesischen Einflüsse kommen vom Vater, die österreichischen von der Mutter. Mo Ruhetag. ✆ 0473/231062, sissi.andreafenoglio.com. **€€€€**

Prezioso **11**, Fragsburger Str. 3a. Im Restaurant des Hotels Castel Fragsburg (→ „Übernachten") zelebriert auch der Küchenchef Egon Heiss Gourmetküche auf höchstem Niveau, eine gelungene Komposition aus traditionell alpiner Küche mit kreativ angerichteten regionalen Zutaten. 4 Gault-Millau-Hauben und 1 Michelin-Stern gab es dafür 2023. Klassische Stube und verglaste Terrasse mit Panoramablick. Degustationsmenü 160 €, So und Mo Ruhetag, ✆ 0473/244071, fragsburg.com. **€€€€**

Forster Bräu **19**, Freiheitsstr. 90 (gegenüber dem Kurhaus, Zugang auch von den Lauben bei Nr. 105). Gastbetrieb der Brauerei Forst mit Biergarten, umfangreiche Auswahl an gutbürgerlich-deftigen Gerichten. ✆ 0473/236535, forsterbrau.it. **€€**

Hasen Jos **14**, Lauben 204. Im Gasthof unter den Lauben gibt es eher bodenständig-rustikale Kost: Nudelgerichte, Schnitzel usw. Alles ohne Schnickschnack zubereitet. So Ruhetag, ✆ 0473/232599, hasenjos.com. **€€**

Laubenkeller **16**, Lauben 118, gutbürgerliches Restaurant unter den Lauben, man isst Tagliatelle, Spinatknödel oder Schlutzer und Rindsgulasch mit Knödel. Im ersten Lichthof Eingang zum „Keller", einem großen Raum mit ausgemaltem Tonnengewölbe. Do Ruhetag. ✆ 0473/237706, laubenkeller.it. **€€**

Bistro 7 **13**, Lauben 232, besonders romantisch sitzt man am Spätnachmittag/Abend im Gegenlicht und genießt dabei raffinierte Pastagerichte, hervorragend die Millefoglie mit Ricotta-Mousse als Nachtisch. ✆ 0473/210636, bistrosieben.it. **€–€€**

mein Tipp **Kallmünz** **24**, Sandplatz 12, feine Küche in ebensolchem Ambiente. Im historischen Wagenschuppen mit mächtigen Deckenbalken und Steinsäulen schaffen minimalistisch-moderne Möbel ein faszinierend-behagliches Ambiente. Karte mit regionalen und saisonalen Speisen, vieles für Fisch- und Fleischliebhaber, aber auch Vegetarier finden ansprechende Gerichte. Der Service ist freundlich, die 2 Hauben im Gault-Millau 2023 sind durchaus verdient. So Ruhetag. ✆ 0473/212917, kallmuenz.it. **€€–€€€**

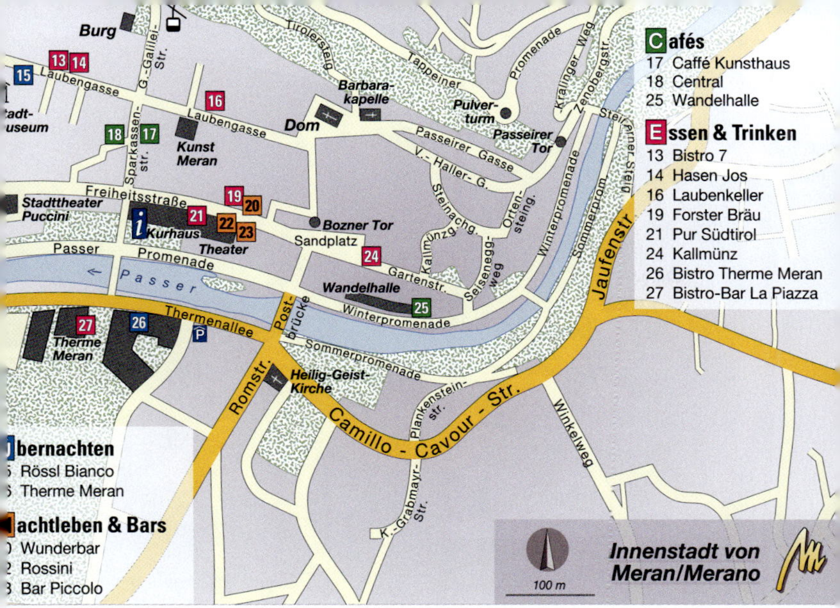

Pur Südtirol 21, Freiheitsstr. 35, in dem Geschäft mit seiner reichen Auswahl an regionalen Produkten kann man nicht nur einkaufen, sondern auch gut essen. Zur Auswahl stehen kleine Snacks für zwischendurch. Natürlich alles bio. pursuedtirol.com.

Bistro Therme Meran 26, Thermenplatz 9, beliebter Treffpunkt für Jung und Alt, mediterrane Küche mit Südtiroler Anklängen, kleine, leichte Speisen wie Salate und Pasta. Abends auch Cocktails und Fingerfood. Schöne Terrasse mit Blick auf den Thermenpark, perfekt zum People-Watching. ✆ 0473/252043.

Bistro-Bar La Piazza 27, Thermenplatz 1, modernes Bistro im Glaskubus mit mediterranen Tönen im Styling und auf der Karte, zum Bistro-Food gesellen sich diverse Aperitifs und Cocktails. Terrasse zum Thermenplatz! Tgl. 10–24 Uhr, ✆ 0473/259461.

Mösl 3, Priamiweg 1, am unteren Ende der Schönblickstraße, Gasthof-Pizzeria mit großem Gastgarten unter Rosskastanien und Linden, gemütlich. Einheimische und italienische Küche, Mi geschl., ✆ 0473/210780, pizzeria-moesl.it.

In Sinich Tuo 12, Reichstr. 72/A, neue und äußerst hippe Location im ultramodernen Stil. Flachbau mit viel Glas und Außenterrasse, vom Rindertatar bis zur originalen Pinsa reicht das Angebot. Auch für den Aperitivo im Kreise gleichgesinnter People-Watcher die perfekte Adresse. Mo Ruhetag, tuomerano.com.

Cafés/Konditoreien **Caffè Kunsthaus 17**, Sparkassenstr. 18b. Schick und trendy ist das Café des Kunsthauses der Sparkasse. Vorbildlich: viele offene Weine. Junges Publikum. So Ruhetag.

Central 18, Sparkassenstr. 11. Bei den Massen, die hier ständig vorbeidrängen, wundert es nicht, dass es im Café Central häufig eng wird. Imbiss, Eis und natürlich Kuchen.

Wandelhalle 25, Winterpromenade 25, das Café, in dem man seinen Kurschatten trifft, in der Mitte der Jugendstilwandelhalle der Winterpromenade. Hier ist es auch im Winter schon mal so mild, dass die Tische draußen frequentiert werden. Do geschl.

Nachtleben/Bars Immer mehr zur Barmeile entwickelt sich die Freiheitsstraße zwischen Theaterplatz und Sandplatz:

Bar Piccolo 23, Freiheitsstr. 5, sympathische, kleine Bar mit schöner Terrasse, Cocktails & Co. So Ruhetag.

Rossini 22, Freiheitsstr. 19, das Rossini ist zwar auch tagsüber geöffnet und tut dann braven Café-Dienst, zu Popularität kommt es aber erst abends. Äußerst stylisch und hipp, rossini-bar.it.

Wunderbar 20, Freiheitsstr. 70, „Fun & Food“ hat sich der Laden – Café, Bar und Pasticceria – auf die Fahnen geschrieben, das bedeutet vor allem Abendgeschäft und ein zu später Stunde jüngeres Publikum, Mi geschl.

Die Winterpromenade am sonnigen Ufer der Passer

Nördlich von Meran

In Weinbergen und Apfelgärten liegen die einladenden Dörfer am Sonnenhang über Meran, in denen man ruhiger und billiger nächtigen kann als in der Stadt. Zwischen der Texelgruppe im Westen und den Sarntalern im Osten zieht sich das Passeiertal, Heimat Andreas Hofers, von Meran noch weiter nach Norden bis an den Alpenhauptkamm.

Algund, Dorf Tirol, Kuens, Riffian, Schenna – diese Dörfer am Rand von Meran sind mit der Stadt verwachsen, ohne ihren eigenen Charakter verloren zu haben. *Schloss Tirol*, die Burg, die dem Land den Namen gab, schaut oberhalb von Algund auf das Meraner Becken herunter, jenseits des Tals der Passer bewacht Schloss Schenna den Zugang zum Passeiertal und zum *Jaufenpass*, der alten Verbindung zwischen Meran und dem Brenner. Im *Passeiertal* erinnern die alten Schildhöfe an alte Rechte des Tiroler Bauernstandes, sie sind Bauernhöfe, deren Besitzer seit dem Mittelalter Adeligen praktisch gleichgestellt waren. Über den höchsten Höfen des Tales ragen die Gipfel des Wanderparadieses *Naturpark Texelgruppe* bis auf 3335 m auf, die Eisriesen der Ötztaler Alpen an der Grenze nach Nordtirol gar auf 3482 m.

Information **Tourismusverband Meran & Umgebung,** kein eigenes Büro, sondern Zentrale, die Anfragen weiterleitet, umfassende Infos zur Urlaubsplanung im Meraner Land finden sich auf der Webseite (merano-suedtirol.it).

Verbindungen Zum Bustransfer aus Deutschland und der Schweiz → S. 606.

Gästekarten Die **Meraner Land GuestCard** ist eine kostenlose Vorteilskarte vieler Beherbergungsbetriebe (in Schenna, Dorf Tirol, Naturns, Algund, Meran). Mit ihr erhält man Ermäßigungen in Museen, Seil- und Sesselbahnen sowie Freizeitanlagen. Sie enthält nicht die Mobilcard. Infos unter guestcard.info.

Algund

Das milde Meraner Klima gilt auch für Algund, das benachbarte Dorf mit seinen gutbürgerlichen Pensionen und Hotels zwischen Apfelgärten und Weinbergen. Schönste Reisezeit? Die Obstbaumblüte im April und Mai.

Die Texelgruppe steigt unmittelbar hinter dem nach Süden blickenden Ort auf 2625 m (Große Rötelspitze) und schützt mit ihrer massiven Gebirgsfront vor den Nordwestwinden. Gute Wanderwege führen durch die Steilhänge rund um die Texelgruppe, darunter der berühmte Meraner Höhenweg. Entlang der Waale spaziert man hinüber nach Gratsch, bereits in der Gemeinde Meran, oder nach Partschins, etwas höher und bereits im unteren Vinschgau gelegen. Algund ist ein ruhiges Dorf, besonders die Ortsteile **Dorf, Oberplars** und **Vellau,** das Letztere schon auf über 900 m gelegen, haben noch etwas dörflichen Charakter, während **Mühlbach,** das neue Zentrum (meist als Algund angesprochen), schon recht verdichtet und geschäftig ist.

Sehenswertes/Ausflüge

Algunds Dörfer: Die Gemeinde Algund besteht aus mehreren allmählich zusammenwachsenden Dörfern mit dem alten **Dorf Algund** etwas oberhalb des heutigen Hauptorts **Mühlbach.** Die *alte Pfarrkirche* im Dorf zeigt ihre Bauperioden im Äußeren wie im Inneren: Romanik, Gotik, Barock. Die *neue Pfarrkirche* in Mühlbach, 1966 bis 1971 errichtet, ist ein gutes Beispiel moderner Kirchenarchitektur, ihr hyperspitzer Turm überragt jedes andere Gebäude der Gemeinde. Mühlbach, heute meist Algund genannt, ist entlang seiner Hauptstraße (Alte Landstraße) recht dicht verbaut, nur wenig erinnert an ein altes Dorf. Am westlichen Dorfrand steht an der Steinachstraße das **Kloster Maria Steinach** mit frühgotischer Marienkirche und ruhigem Kreuzgang. Das Kloster wird heute von Dominikanerinnen geführt. **Plars,** das wiederum aus **Mitterplars** und **Oberplars** besteht, ist noch dörflicher, Obst und Wein sind noch der Maßstab zwischen den einzeln liegenden Pensionen. **Vellau,** auf der Straße oder mit dem Sessellift von Plars aus zu erreichen, liegt noch einmal eine Etage höher und bietet einen großartigen Ausblick.

▪ **Alte Pfarrkirche** tgl. 7.30–19 Uhr. **Neue Pfarrkirche** tgl. 7.30–19 Uhr. **Kloster Maria Steinach** tgl. 9–19 Uhr.

Aschbach: Zum Dorf mit seiner Seilbahn: → Partschins, S. 287.

Der Algunder Waalweg: Alle Ortsteile Algunds sind durch Wanderwege miteinander verbunden. Zum nahen Gratsch (Ortsteil von Meran) beginnt der Wanderweg an der Rosengartenstraße bei den ersten Häusern von Mühlbach, bei der schönen alten Kirche

Meran und Umgebung → Karte S. 188

Der Naturpark Texelgruppe

Die mit den Ötztaler Alpen nur durch einen schmalen Gebirgsstreifen am Eisjöchl verbundene Texelgruppe dominiert Meran, das Etschtal oberhalb von Bozen und den unteren Vinschgau. 3337 m hoch ist das *Roteck*, dieser und die anderen hohen Gipfel der Gruppe leuchten fast ganzjährig weiß über den grünen Wäldern und Talböden. 33.430 ha stehen als Naturpark Texelgruppe unter Schutz (kleine Teile der Ötztaler und Stubaier Alpen sind eingeschlossen), kein anderer Naturpark Südtirols ist größer. Vom Tal aus, etwa von Meran, wirken seine Flanken besonders abweisend, da sie fast ungebrochen aus dem Talbereich in große Höhen aufragen. Etwa 3 % des Parks gelten als vergletschert, tatsächlich dürfte sich die Gletscherfläche besonders nach den zunehmenden trockenen, heißen und langen Sommern deutlich verringert haben (unter gletscherarchiv.de finden sich eindrucksvolle bzw. eher schockierende Fotovergleiche von Gletscherrückgängen im Alpenraum). Größter Gletscher ist der *Similaungletscher* an der Grenze zu Nordtirol mit ca. 189 ha. Die Niederschläge sind abseits des Alpenhauptkammes gering: 500–600 mm im Vinschgau und Schnalstal, 1000–1200 mm im Passeier, 1600–1700 mm in der Gipfelregion und vor allem in der Nähe des Alpenhauptkamms. Von der Weinregion der tieferen Täler mit ihrer z. B. in Meran pseudomediterranen Vegetation bis zu den Gletschern sind alle Vegetationsstufen vertreten, was den Naturpark zu einem einzigartigen lebenden Museum alpiner Lebensräume macht.

Die *Spronser Seenplatte* oberhalb von Dorf Tirol, durch die Seilbahn zu den Muthöfen leicht zu erreichen, ist der am häufigsten besuchte Teil des Parks. Populär, aber noch nicht überlaufen, ist der berühmte *Meraner Höhenweg*, der in etwa 5–6 Tagen rund um die Texelgruppe führt (Berghütten und markierte Wege in einem Gelände, das für jeden rüstigen Bergsteiger zu bewältigen ist).

Juwelen in der Texelgruppe: Spronser Seen

Für Tierliebhaber ist vielleicht das *Pfossental*, ein Nebental des Schnalstals, das interessanteste Gebiet, dort befindet sich nämlich (neben unzähligen pfeifenden Murmeltieren und anderen Wildtieren von der Gams bis zum Steinadler) die um 1970 durch Einwanderung entstandene und anschließend durch Aussetzen mehrerer Tiere lebensfähig gebliebene *Steinbockkolonie* der Texelgruppe.

■ Auskünfte bei den Tourismusvereinen und beim Amt für Natur, Bozen, Landhaus 11, Rittner Str. 4, ✆ 0471/417770, naturparks.provinz.bz.it, sowie im Naturparkhaus Texelgruppe in Naturns (→ S. 291).

von Gratsch endet er an der Straße. Und ein paar Meter höher beginnt einer der berühmtesten Wege Südtirols: der Algunder Waalweg. In etwa 6 km wandert man, an stattlichen Höfen vorbei, durch Obstwiesen und Laubwald nach Töll und überwindet dabei gut 200 hm. Die Familienwanderung dauert 2 Std. und ist in der Saison (Frühjahr und Herbst) reichlich überlaufen – deshalb besser sehr früh losgehen.

Vellau: Auf über 900 m liegt der Kirchweiler, den man mit dem historischen Sessellift von Plars aus leicht erreicht. Ein ebenso historischer Korblift führt weiter auf die ganz auf Liftgäste ausgerichtete Leiteralm (1555 m), von der aus nach Westen eine schöne Familienwanderung zur Hochganghütte möglich ist. Der ostwärts führende Hans-Frieden-Felsenweg zu den *Muthöfen* ist zwar breit und ungefährlich, sollte wegen seiner Exponiertheit aber nur von Trittsicheren begangen werden. Er lässt sich mit dem unterhalb verlaufenden, spektakulär in den Fels gehauenen Vellauer Felsenweg zu einer zweistündigen Rundtour kombinieren.

Bergbahnen **Sessellift Plars – Vellau,** April bis Anf. Nov. tgl. 9–12.30/13.40–17.10 Uhr, im Sommer 8.30–12.30/13.40–18.10 Uhr; Berg/Tal 9,50 €, einfach 7,50 €.

Korblift Vellau – Leiteralm, April bis Anf. Nov. tgl. 8.30–12/13–17 Uhr, im Sommer 8–12/13–18 Uhr; Berg/Tal 12,50 €, einfach 9,50 €.

Essen & Trinken **Gasthof Gasteiger,** Vellau 13, gutbürgerliche Küche, Kaffee und Kuchen, Fr Ruhetag. ✆ 0473/448532, gasteiger.it.

Basis-Infos

Information **Tourismusverein Algund,** Mo–Fr 8.30–12.30/14–18 Uhr, Sa 9–15, So geschl., Nov. bis Mitte März Mo–Do 8.30–12.30/14–18 Uhr, Fr 8.30–12.30/13–17 Uhr, Sa/So geschl. Algund, Hans-Gamper-Platz 3, ✆ 0473/448600, algund.info.

Verbindungen **Bustransfer** aus Deutschland und der Schweiz → S. 606.

Citybus, halbstündliche Verbindungen nach Meran und zur Therme.

Einkaufen **Brot und Gebäck** in der Bäckerei Tauber, Breitofenweg 8. Gute **Weinauswahl** im Weinfachgeschäft Vinum novum, Alte Landstr. 33, vinum-novum.com. **Weingut** Kellerei Schloss Plars (s. u.).

Bier ist zwar kein typisches Südtiroler Produkt, aber die riesige **Brauerei Forst** im gleichnamigen Ortsteil ist zumindest im Rest Italiens sehr bekannt. Die Brauerei Forst kann von April bis Okt. Mi 11 und 14 Uhr besichtigt werden, Anmeldung unter ✆ 0473/260111. Vinschgauerstr. 8, forst.it.

Käse und Molkereiprodukte in der Sennerei Algund, Mitterplars 29, sennereialgund.it.

Sport **Freibad Algund,** Marktgasse 11, sehr schön gelegenes Freibad, Mai bis Sept. geöffnet, im Juli/Aug. bis zur Abenddämmerung.

Radverleih bei Bike and Hike, Stenizerstr. 14, Verleih von Mountain- und E-Bikes, bikeandhike.it.

Veranstaltungen Konzerte der **Algunder Musikkapelle,** die seit 1837 besteht, etwa zehn öffentliche Termine zwischen April u. Okt.

Übernachten

Algund und Meran ergänzen einander. Meran steht für Noblesse und ein 4-Sterne-Publikum, während Algund viele 3-Sterne-Hotels und Ferienwohnungen bietet und mit Kinderfreundlichkeit punktet.

****** Wiesenhof,** das Hotel am äußersten Ortsrand in Richtung Meran gibt sich nach dem neuesten Umbau schick und zeitgemäß mit modernem Restaurant und neuen Zimmern. Weiterhin Hallenbad sowie beheiztes Freibad, Whirlpool, Sauna, Massage, Radverleih, komfortable Zimmer mit großen Balkonen. Weingartner-Str. 16, ✆ 0473/446677, wiesenhof.com. **€€€€**

*****S Flora,** Hotel in sehr schöner und ruhiger Lage über dem Becken von Meran in den Weingärten (hinter dem Haus Obst), großer, beheizter Pool, Whirlpool, Sauna, Radverleih,

Sommerliche Blütenpracht im mediterranen Klima

freundliche Zimmer. Neubau mit schickem Hallenbad und Liegewiese auf dem Dach, auch Apt. Huebenweg 1, ✆ 0473/448450, hotel-flora-algund.com. **€€€–€€€€**

****** Schloss Plars,** der mit Turm und Zinnen geschmückte alte Ansitz mit schönem, geschütztem und ruhigem Garten ist heute ein schickes Boutiquehotel und B&B. Nur 12 individuelle Zimmer und Suiten, stilvoll und elegant möbliert. Pool mit schöner Aussicht. Das Hotel besitzt ein Weingut mit Schlosskellerei und Weinverkauf. Mitterplars 25, ✆ 0473/448472, schlossplars.com. **€€€€**

****** Ansitz Pünthof,** B&B im Ortsteil Mühlbach, großer Komplex mit altem Natursteintrakt (Wehrturm mit Kaminzimmer) und modernen Anbauten. Kleiner Park, Pool und ringsum Obstgärten – paradiesisch. Bungalow für 2–6 Pers. Steinachstr. 25, ✆ 0473/448553, puenthof.com. **€€€–€€€€**

***** Maratscher,** eine aus der Reihe tanzende Frühstückspension: Jedes der 10 Zimmer wurde auf individuelle Art gestaltet, Farbkombinationen, Dekor, Möbel und sonstige Ausstattung bilden eine künstlerische Einheit, das bezieht sich auch auf die Bäder. Besonders freundliche Atmosphäre, schöner Garten mit Liegewiese, verglaste Terrasse. Mitterplars 30, ✆ 0473/448469, maratscher.com. **€€€–€€€€**

***** Spisshof,** Garni am oberen Rand von Dorf ganz nahe dem Algunder Waalweg, schöner Pool mit Liegewiese, Sauna. Apartments und Zimmer mit Balkon. Leitenweg 10–12, ✆ 0473/448654, spisshof.com. **€€–€€€**

***** Obermaratscherhof,** ein Haus mit Ferienwohnungen, Gäste fühlen sich bald wie in die Besitzerfamilie aufgenommen – gutes Mobiliar, freundliche Details wie eine kleine Hausbibliothek, ein heller Frühstücksraum mit Dielenboden, auch sonst viel Holz. Draußen Liegewiese, Garten, Freibad, ringsum Weinreben, Obst. Von der Terrasse und den Balkonen der z. T. komplett neuen Apartments schaut man auf das Meraner Becken und die Ifingergruppe. Apt. für 2–5 Pers. Mitterplars 14, ✆ 0473/448570, obermaratscher.it. **€€–€€€**

Camping Via Claudia Augusta, kleiner Campingplatz inmitten von Obstwiesen und Weinreben. Sehr gute sanitäre Anlagen, kostenloser Zugang zum nahen Freibad. Geöffnet März bis Nov. Gespann und 2 Pers. 46–50 €. Marktgasse 14, ✆ 0473/223060, campalgund.com.

Essen & Trinken/Nachtleben

Schlosswirt Forst / Luisl Stube, Vinschgauerstr. 4. „Zwei Restaurants, eine Küche", lautet das Motto. Mit 3 Hauben hat der Gault-Millau 2023 die Stube ausgezeichnet, dazu 1 Stern vom Guide Michelin. Chefkoch im zeitgenössisch sanierten Haus ist seit 2017 Luis Haller (nicht der Namensgeber!). Er legt viel Wert auf Regionalität, experimentiert mit seltenen und hochwertigen Produkten wie dem Laugenrind, oft in Bioqualität. Ungewöhnlich auch die Bierbegleitung zu den Gerichten, eine gute Weinauswahl gibt es natürlich auch. Die Atmosphäre in der mit nur 3 Tischen bestückten Stube mit ihren holzgetäfelten Wänden und dem alten Kachelofen ist überaus ansprechend und gemütlich. Luisl Stube nur Mi–Sa geöffnet, Schlosswirt-Restaurant tägl. außer Di. ✆ 0473/260350, schlosswirt-forst.it. **€€€** (Schlosswirt Forst), **€€€€** (Luisl Stube)

Bruthendler, Steinachstr. 9, Deftiges, Klassisches und italienische Küche mit Pastagerichten und Pizza. Heller Wintergarten, So geschl. ✆ 0473/530005, bruthendler.it.

Oberlechner, Vellau 7, empfehlenswertes Gasthaus mit bodenständiger Südtiroler Küche, dazu tolle Aussicht. Hervorragende Desserts samt den beliebten Topfen- und in der Saison auch Marillenknödeln. Mi Ruhetag. ✆ 0473/310398, gasthofoberlechner.com. **€€**

Überbacher, Kirchplatz 5a, die alteingesessene Café-Konditorei bietet eine große Auswahl an Kuchen und etwas cremelastigen Torten sowie Kleingebäck. Auch eigenes Eis am neuen zentralen Standort des Cafés und auf der Terrasse. Mo Ruhetag.

Mein Tipp **Leiter am Waal,** Mitterplars 26, hübsches Gasthaus direkt am Waalweg. Gehobene, schmackhafte Tiroler Kost mit ein paar iitalienischen Schlenkern, köstliche Schlutzer und Knödel mit Käse oder mit Marillen als Nachspeise. Eigene Weine. Sehr schöne alte Stube, aber auch in den modernen Räumlichkeiten und draußen unter der Pergola sitzt man gemütlich. Mo abend und Di geschl., ✆ 0473/448716, leiteramwaal.com.

Braugarten Forst, Vinschgauer Str. 9, Bier nach bayerischem Vorbild samt Weißwust mit Brezn und entsprechendem Biergarten in der zur Brauerei Forst gehörenden Gaststätte. Oft Live-Events mit Volksmusik, ✆ 0473/447727, braugartenforst.com.

Schnalshuberhof, Oberplars 2, gemütliche Buschenschank im denkmalgeschützten Bio-Bauernhof, interessante Weine (u. a. der lokaltypische Fraueler oder der Chambourcin), aus der Küche die Spezialität Schlutzer und andere warme und kalte Tiroler Schmankerl, Hauptgericht ab ca. 10 €. Geöffnet Do–So ab 18 Uhr. ✆ 0473/447324.

Allgunder Hof mit bildschönem Bauerngarten

Trutzige Feste unter hohen Gipfeln: Schloss Tirol

Dorf Tirol

Auf dem sanft geneigten, nach Süden und Osten blickenden Hang unter der Texelgruppe liegt das Dorf Tirol breit hingelagert zwischen Obstgärten, in die sich immer mehr Neubauten schleichen. Am Rand des steilen Abfalls hinunter zur Etsch drängen sich die Hotels und Restaurants.

Dorf Tirol hat einen großen Namen, ist aber heute nicht viel mehr als einer jener Orte im Umkreis, auf die der Gästeüberhang Merans überschwappt. Hinzu kommt eine Vielzahl direkt anreisender Bustouristen, die durch den Ort schwärmen, die vielen Einkehrmöglichkeiten belagern und sich auf breitem Weg zur zweifellos größten Attraktion vorankämpfen: **Schloss Tirol.**

Von einer Felskuppe unterhalb des Ortes schaut man tatsächlich recht majestätisch auf Meran, das Burggrafenamt und den unteren Vinschgau herab. Dorf und Schloss bedingen einander, ob das eine dem anderen den Namen gab oder umgekehrt, ist nicht sicher. Das vollständig restaurierte und Stammschloss der Grafen von Tirol, die bei der Vereinigung des Landes unter Meinhard II. dem ganzen Land ihren Namen gaben, ist heute ein eindrucksvolles Museum. Offizieller Name: Südtiroler Landesmuseum für Kultur- und Landesgeschichte.

Schloss Tirol

Die Grafen von Vinschgau besaßen seit etwa 1100 eine Burg über dem Becken von Meran mit einem nahe gelegenen Dorf, beide „Tirol" genannt. Die Grafen gaben sich bald – ab 1141 bezeugt –

auch den Namen Tirol und ließen bis etwa 1160 eine neue, größere und aufwendigere Burg errichten, von der man heute noch den Bergfried und die Burgkapelle erkennen kann. Mit dem Aufstieg der Grafen wurde die Burg erweitert. Doch schon 1360 verlegte man die Residenz nach Meran, und Tirol kam aufs Abstellgleis, noch mehr, nachdem die Hauptstadt des Landes Tirol Mitte des 15. Jh. nach Innsbruck verlegt worden war. Ein Burgwart hatte sich nun um den Bau zu kümmern, aber die Gelder flossen zäh und schwach, und Burg Tirol begann zu verfallen. Im 17. Jh. riss man die Nordseite mit den Fürstenzimmern ab, da man befürchtete, die schwere Last könnte die Flanke des Moränenhügels, auf dem die Burg steht, zum Einsturz bringen. Auch der Bergfried wurde damals teilweise abgetragen und das Material an anderer Stelle wiederverwendet. Bis 2003 war Tirol eine Halbruine mit wenigen erhaltenen Räumen. Während mehrjähriger Sanierungsarbeiten erhielt es sein heutiges Aussehen. Besonders ins Auge fällt der mächtige Bergfried, der bereits 1903 wiederaufgebaut worden war, aber keine Funktion hatte. Heute ist er über eine rote Freitreppe erreichbar und beherbergt den Museumsteil zur Zeitgeschichte Tirols (1900 bis 1992), der sehr gut aufbereitet ist, u. a. auch mit Filmen.

Besichtigung: Der Rundgang beginnt in der *Vorburg*, die man durch das Burgtor betritt, und führt zuerst in den *Tempel* mit der Darstellung der Baugeschichte und der Krypta. Daran anschließend folgt der *Palas*, der Wohntrakt der Grafenfamilie, mit dem Rittersaal, der doppelgeschossigen Burgkapelle und dem Kaisersaal (in dieser Reihenfolge). Den *Rittersaal* betritt man durch eine lichte, offene Loggia mit Freitreppe und wunderschönen romanischen Säulenkapitellen. Hörstationen illustrieren Episoden aus der mittelalterlichen Geschichte der Burg, u. a. die Hochzeit der Margarethe Maultasch mit Ludwig von Brandenburg, dem Sohn Kaiser Ludwigs des Bayern, und die Belagerung der Burg durch die Truppen König Karls IV. unter derselben Herrscherin. Die *Burgkapelle* ist einer der ältesten Teile des Baus und von romanischen Bauideen geprägt, was sich schon am Portal zeigt: Das typische Trichterportal ist mit Flechtmotiven dekoriert, die Kreuzigungsszene im Tympanon ist ein so naives wie faszinierendes Werk der lokalen Steinmetzkunst. Im *Kaisersaal* veranschaulichen Objekte in Vitrinen die verschiedenen mittelalterlichen Gesellschaftsschichten: Bauernstand, Bürger, Adel und Klerus.

Im schmucklos-funktionalen *Ostpalas* (auf der anderen Seite der Burgkapelle) wird die Rechtsgeschichte Tirols beleuchtet, während das sog. *Mushaus* unter dem Bergfried mit Stubenkammer und Hochzeitszimmer zwei im 19. Jh. historisch eingerichtete Räume beherbergt. Hier wird eben dieses Jahrhundert mit seinem erwachenden Nationalismus und der Entwicklung Me-

Meran und Umgebung → Karte S. 188

rans zum Kurort dargestellt. Kurios sind die *Besucherbücher* von Schloss Tirol von 1832 bis 1974: Die ca. 250.000 Eintragungen wurden digitalisiert und können eingesehen werden. Über den überdachten *Küchenhof*, in dem der Alltag auf Schloss Tirol im Mittelalter dargestellt wird, betritt man den interessant eingerichteten *Bergfried* mit seinem zeitgeschichtlichen Rundgang.

Schloss Tirol Mitte März bis Anf. Dez. tgl. (außer Mo) 10–17 Uhr, Eintritt 8 €, Fam. 16 €. Führungen für Gruppen nur nach Online-Voranmeldung unter schlosstirol.it.

Fußweg Schloss Tirol erreicht man zu Fuß von Dorf Tirol über den Schlossweg in ca. 30 Minuten, auf dem gesamten Schlossweg herrscht Fahrverbot (Ausnahme Taxis). Auch die Straße von Meran herauf ist ab Schloss Thurnstein gesperrt, von dort beträgt der Fußweg 20–30 Minuten. Gebührenpflichtige Parkplätze in Dorf Tirol, am Schloss Thurnstein keine Parkmöglichkeit.

Essen & Trinken **Gasthaus Schloss Tirol,** Schlossweg 25, mit Terrasse, gutbürgerlich, im Herbst Törggelen, Mo Ruhetag. ✆ 0473/443125.

Für Schwindelfreie: Der Vellauer Felsenweg

Weitere Sehenswürdigkeiten/Ausflüge

Pflegezentrum für Vogelfauna: Das Pflegezentrum im Schloss Tirol (Schlossweg 25) hat eigentlich die einzige Aufgabe, verletzte und erkrankte Greifvögel gesund zu pflegen und dann wieder in die freie Wildbahn zu entlassen. Aber warum dann nicht zugleich damit finanzieren, dass man der interessierten Öffentlichkeit zeigt, was so ein Greifvogel alles kann? So können Besucher an Flugvorführungen teilnehmen, und ein Lehrpfad informiert über den Lebensraum alpiner Greifvögel vom Uhu bis zum Adler.

■ April bis Anf. Nov. Di–So 10.30–17 Uhr, Flugvorführungen 11.15 Uhr und 15.15 Uhr; Eintritt 12 €, Kinder 9 €. ✆ 0473/221500, gufyland.com.

Auf der Falknerpromenade: Die erst 1972/73 entstandene aussichtsreiche Promenade wurde nach ihrem Spender Hans Norman Falkner benannt, einem eingebürgerten Nordtiroler, der zur Gänze für die Kosten aufkam. Sie beginnt im unteren Ortsbereich an der Straße in Richtung Meran, ein Bogen mit dem Namenszug macht es unmöglich, den Beginn zu übersehen. Die Aussicht ist unvergleichlich schön, denn kein Gebäude liegt auf der Talseite der direkt an der obersten Hangkante oberhalb Merans verlaufenden Promenade. Sie mündet in die Schlossgasse, der man auf ebenfalls Pkw-freiem Sträßchen bis Schloss Tirol folgen kann.

Landwirtschaftsmuseum in der Brunnenburg: Die Brunnenburg wurde um 1250 für Wilhelm Tarant, einen Ministerialen der Grafen von Tirol, errichtet. Der relativ kleine Bau mit zentralem Bergfried ging durch die verschiedensten Hände, bis er etwa ab 1500 verfiel. 1705 richtete sich ein Bauer drinnen ein, die Initialen des Gregor Hofer und die Jahreszahl 1711 sind heute noch am Giebel des damals errichteten Hauses zu lesen. Leben am Steilhang ist das

Hauptthema des heute hier eingerichteten Museums, es gibt aber auch einen Rittersaal und eine Gedächtnisstätte für den berühmten, wegen seiner offenen Unterstützung des italienischen Faschismus aber umstrittenen amerikanischen Dichter *Ezra Pound.* Pound hatte ab Ende der 1950er-Jahre hier in der Brunnenburg einen seiner Wohnsitze und war bis zu seinem Tod 1972 als Bürger von Dorf Tirol registriert. Vom Faschismus hat er sich nie öffentlich distanziert.

▪ April bis Anf. Nov. So–Do 10–17 Uhr; Eintritt 8 €, Kinder 4 €. Ezra Pound Str. 3, ✆ 339/1803086, brunnenburg.net.

Die Muthöfe: Auf dem steilen Südosthang der Texelgruppe liegen einige Bergbauernhöfe, die mit der Kabinenbahn vom obersten Ortsteil bequem erreicht werden können (es gibt auch Wanderwege). An der Bergstation der Seilbahn beginnen sehr populäre Wanderwege, wie jene zur *Spronser Seenplatte,* auf dem *Vellauer Felsenweg* nach Vellau und über den *Hans-Frieden-Felsenweg* zur Leiteralm, die beiden letzteren führen durch außerordentlich steiles Gelände, die Wege sind jedoch so breit, dass sie eventuell auch von nicht schwindelfreien Wanderern begangen werden können. Wenige Minuten von der Bergstation entfernt befindet sich in *Steinegg* eine spektakuläre **Aussichtsplattform,** deren korbförmiges Aussehen an die Tragekörbe der Bergbauern erinnern soll, die auf den umliegenden, extremen steilen Hängen ihr hartes Tagwerk verrichten mussten.

Bergbahn **Seilbahn Dorf Tirol – Hochmuth** Mitte März bis Mitte Nov. 7.30–18 Uhr zur halben Stunde, Juni bis Sept. 7.30–19 Uhr; im Winter seltener; Berg/Talfahrt 15 €, einfach 10 €, Kombiticket mit Panoramalift ab Meran 15 €. ✆ 0473/923480, seilbahn-hochmuth.it.

Essen & Trinken **Gasthof Hochmuth,** direkt an der Bergstation gelegen. Traditionelle Südtiroler Gerichte in familiärer Atmosphäre. Leckere Knödel und Omelettes. Mitte März bis Mitte Nov., ✆ 333/2668484, hochmuth.it. Etwas

Dorf Tirol im Abendlicht

oberhalb der Bergstation liegt der gemütliche **Gasthof Steinegg,** Sonnenterrasse mit Superausblick, die Küche verwendet Produkte vom eigenen Bauernhof, man probiere den Kaiserschmarren oder das Knödel-Tris. Mitte März bis Mitte Nov., ✆ 338/9004531, steinegg.it.

Gasthaus Mutkopf, gut besuchter Berggasthof auf 1684 m Höhe mit toller Aussichtsterrasse und Tiroler Hausmannskost. April bis Anf. Nov., ✆ 0473/229950.

Meraner Höhenweg: Der *Hans-Frieden-Felsenweg* ist ein Teil des Meraner Höhenweges, der in 4–6 Etappen rund um die Texelgruppe führt. Entlang des Wegs gibt es ausreichend Einkehr- und Übernachtungsmöglichkeiten. Der höchste erreichbare Punkt ist das *Eisjöchl* zwischen Schnalstal und Pfelderer Tal (Passeiertal) auf 2998 m mit der *Stettiner Hütte* (2975 m). Alpine Ausrüstung und Bergerfahrung sind genauso wichtig wie gutes Kartenmaterial und eine Schönwetterlage für diesen Weg, der aufgrund seines hochalpinen Charakters, einiger ausgesetzter Passagen und der Länge der Etappen anspruchsvoll, aber nur mäßig schwierig ist.

▪ Einen kostenlosen Flyer mit Angaben zu Hütten und Gehzeiten gibt es bei den Tourismusbüros der Region.

Tour 10: Wanderung von den Muthöfen über die Spronser Seenplatte hinunter zum Longfallhof[GPS]

Tour-Info: Zu Recht beliebter und bis zu den Spronser Seen viel begangener Wanderweg, die meisten Besucher gehen jedoch zur Seilbahn zurück. Gute Steige, wegen der Dauer etwas anstrengend, im Abstieg endet die Tour bei der Jausenstation Longfallhof, wo man sich, falls man dort zu Abend isst, nach Dorf Tirol bringen lassen kann, ansonsten nimmt man den Güterweg. Länge 12,3 km; Dauer 4 Std., bis Dorf Tirol 5 Std., von der Talstation zur Bergstation ca. 1:30 Std.; Höhenunterschied ↑ 770 m, ↓ 1050 m. Karten: Tabacco (1:25.000) Blatt 11; Kompass (1:50.000) Blatt 53.

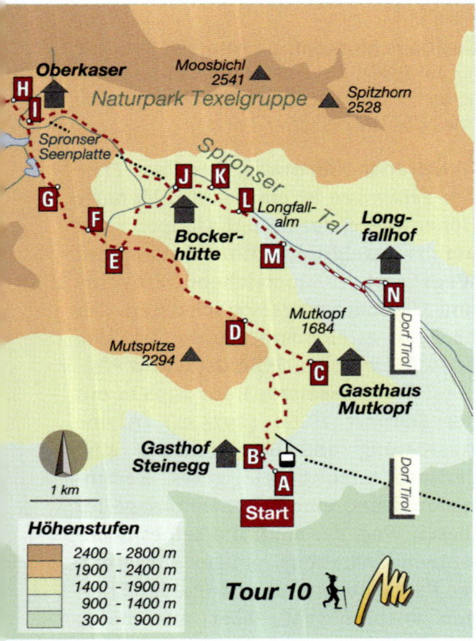

Von der Terrasse der Seilbahnbergstation **A** wenden wir uns rechts und über die Stiegen aufwärts zum Gasthof Steinegg, wo sich etwas unterhalb die Wege gabeln **B**, wir gehen rechts und in Richtung Mutkopf. Die folgende Strecke führt durch steilen Wald (kein Satellitenempfang, aber auch keinerlei Abzweigung!) und endet nach einiger Steigung bei der ungemein aussichtsreichen Terrasse des Gasthauses Mutkopf **C**. Scharf nach links und weiter auf dem Weg, höher oben Gabelung **D**, wir gehen dieses Mal rechts in Richtung Spronser Seen (links auf den Mutkopf). Der Weg verläuft nun in der Nordwestflanke des Mutkopfes, und man hat schöne Blicke auf das Spronser Tal, ahnt auch schon, wo die Alm und die Seen liegen. Eine Abzweigung nach rechts **E** hinunter zur Bockerhütte bleibt unbeachtet. Der Weg bekommt Steigcharakter, man muss schon aufpassen, wohin man tritt. Nach der Abzweigung des Wegs zur Mutspitze **F** muss eine kleine Steilstufe bewältigt werden, bevor man das Joch erreicht hat **G**, von dem aus man zum ersten Mal die Seen auf dem Höhenniveau der Spronser Seenplatte, die Pfitscher Lacke und die Kaser Lacke sieht. Jenseits der Kaser Lacke liegt unser kulinarisches Ziel, der Oberkaser **H**.

Der Abstieg führt nur bis zum Bächlein, das aus der Kaser Lacke austritt, wo sich die Wege gabeln **I**. Wir folgen nicht unserem Anstiegsweg, sondern wenden uns links hinunter auf den alten Hüttenzugangsweg. Er ist gut in Schuss, man kommt flott hinunter zum Unterkaser mit der Bockerhütte **J**. Wenig tiefer liegt die Spronser Alm mit ihrem winzigen Kapellchen **K**. 150 m tiefer liegt die Longfallalm **L**, unterhalb von ihr tritt man in den Wald ein. Bei einem Kruzifix mit Bank **M** sieht man erstmals hinunter auf den Longfallhof. Erst kurz vor dem Talboden geht der Weg in ein Forststräßchen über, wo dieses den

Talboden erreicht, wendet man sich mit dem Schild „Longfallhof" nach links und erreicht den Hof nach einer Wiesenquerung in wenigen Minuten **N.**

Rückweg nach Dorf Tirol auf der Zufahrtsstraße zum Longfallhof (deren letztes Stück wir gerade in umgekehrter Richtung gingen) oder man lässt sich von den Leuten vom Longfallhof kostenlos hinbringen, nachdem man dort gegessen hat. Die Straße ist bis zum Tiroler Kreuz (Restaurant) am Ortsende von Dorf Tirol nicht asphaltiert, Strecke bis zur Kirche in Dorf Tirol 5 km, also ca. 1 Stunde Gehzeit.

Essen & Trinken **Oberkaser Alm,** wie der Name sagt eine Käsealm, mit großer Aussichtsterrasse. Deftige Kost: Lammbraten, Speckknödel, Kaiserschmarrn, Käsknödelsuppe, Speck am Brettl. Übernachtungsmöglichkeit in Mehrbettzimmern, Ü/FR 30 €. Juni bis Okt., ✆ 0473/923488, oberkaseralm.it.

Bockerhütte, 1700 m, Gasthaus mit warmer Küche, einfachen Zimmern und Lager; geöffnet Ostern bis Ende Okt., kein Ruhetag. Ü/FR 32 €. ✆ 0143/424030, bockerhuette.com.

Gasthof Longfall (hin/zurück 15-Min.-Abstecher), Spronserweg 1, warme und kalte Speisen, hausgemachter Apfelstrudel, Fr geschl. ✆ 0473/923674.

Basis-Infos

Information **Tourismusverein Dorf Tirol,** Sommer Mo–Mi 8.30–18, Do–Sa 9–17, So 9.30–12.30 Uhr, Winter Mo–Do 8.30–12.30/14–17.30, Fr bis 17 Uhr. Dorf Tirol, Hauptstr. 31, ✆ 0473/923314, dorf-tirol.it.

Vorteilskarten Hier sind verschiedene Karten erhältlich wie in Meran (→ S. 201).

Verbindungen **Bustransfer** aus Deutschland und der Schweiz (→ S. 606).

Bus: Gute Verbindungen mit Meran (Bus 221) etwa alle 20–30 Min., aber nur bis ca. 20 Uhr, ein Sessellift (s. u.) führt von Meran in den unteren Ortsteil von Dorf Tirol. Gästebus vom Gasthaus Tiroler Kreuz über Seilbahn Mut, Tourismusverein bis Segenbühel/Tirolersteig, eine Minute von der Sesselbahn Meran – Dorf Tirol entfernt. Der Bus fährt tgl. alle 20 Min. im Pendelverkehr, Fahrplan beim Tourismusverein.

Sessellift Meran – Dorf Tirol, April bis Okt. tgl. 9–18 Uhr, Juli/Aug. bis 19 Uhr, Berg 6 €, Berg/Tal 7,50 €, Kombiticket mit Hochmuthbahn 15 €, panoramalift.it.

Ärztliche Versorgung **Gemeindearzt** im Ambulatorium, Lingweg 14 (Altersheim), Mo–Fr 8–11 Uhr, ✆ 0473/923626.

Baden/Schwimmen **Freibad Lido Tirol** „Am Wasserpark", Gnaidweg 2.

Einkaufen Honig, Äpfel und anderes **Obst aus biologischem Anbau** im Bachguterhof, Haslachstr. 35, bachguterhof.com.

Gute Auswahl an **Wein,** Destillaten und Delikatessen im Tiroler Weinhaus, Hauptstr. 23h.

Sportkleidung in der Sportboutique Tirol Sport, Hauptstr. 6.

Paragliding **Tirolfly** veranstaltet Tandemflüge z. B. von Hochmut und Hirzer. ✆ 335/6766891, tirolfly.com.

Radfahren/Mountainbiken **Fahrradverleih** bei Tirol Bike im Hotel Alpenhof, Hauptstr. 50. Verleih von E-Bikes aller Art, auch für Kinder. ✆ 0473/926007, tirol-bike.com.

Veranstaltungen Wöchentliche Veranstaltungen des Tourismusvereins, geführte Wanderungen, kunsthistorische Führungen, Apfel- oder Weinberglehrgang.

Im **Tiroler Kulturfrühling** im April musikalische Veranstaltungen an besonderen Schauplätzen und in Gaststätten.

Musikalische **Soireen** auf Schloss Tirol, Konzerte im Juni und Juli mit Folk, Jazz und Weltmusik.

Schlossfestspiele, Juli/August, auf dem Programm stehen Bühnenklassiker.

Mitte Sept. **Herbstfest** mit Umzug, Musik und Unterhaltung (alle 2 Jahre in ungeraden Jahren).

Wandern/Bergsteigen/Klettern Dorf Tirol ist ein guter Standort für Wanderungen und Bergtouren im gesamten Meraner Raum, insbesondere aber in der Texelgruppe, die unmittelbar im Rücken des Ortes aufragt.

Meran und Umgebung → Karte S. 188

Innenhof von Schloss Tirol

Übernachten

Dorf Tirol hat den dicksten Unterkunftskatalog Südtirols, das sagt eigentlich schon alles über die Vielzahl an Hotels und Pensionen. Die Preise entsprechen dem Bekanntheitsgrad des Ortes.

******S Patrizia,** das breite Gebäude des frisch duftenden Hotels mit großem beheiztem Pool, kühl-sportivem Hallenbad, Garten und Liegewiese vor der Tür liegt am Hang umringt von Obstgärten. Zimmer und Suiten mit Balkon und Ausblick, die größeren mit Kachelofen, teilweise Stilmöbel. Fast ein Muss: die Tirolerstube neben dem Restaurant mit großer Terrasse, auf der bei warmem Wetter auch das Frühstücksbuffet aufgebaut wird. Lutzweg 5, ✆ 0473/923485, hotel-patrizia.it. **€€€€**

***** Paradies,** prachtvoll gelegenes Hotel, die Falknerpromenade vor der Tür, im Garten mediterrane Pflanzen. Man blickt auf das Burggrafenamt, auf den Vinschgau, es ist komplett ruhig, das Terrassencafé (→ „Essen & Trinken“) lädt ein, und die freundlichen Balkonzimmer mit ihren hübschen Möbeln ebenso. DZ/HP 150–208 €. Hauptstr. 27a, ✆ 0473/923654, paradies-tirol.it. **€€€€**

***** Turmwies,** kleineres Hotel mit Freibad, Sauna und Whirlpool, hübsche Stube, Balkone zum Tal mit Aussicht auf die Ifingergruppe. Angenehme, teils erneuerte Zimmer mit Vollholzmöbeln und Balkon. Lingweg 13, ✆ 0473/923470, turmwies.com. **€€€–€€€€**

***** Mair am Ort,** Südtirols erstes „Hundehotel“ bietet Entspannung für Gäste mit Hunden – war aber auch Zeit. Die Chefin als Hundenärrin machte es möglich. Kratzfeste Möbel, Hundebett im Zimmer, Hundespeisekarte, Seminare und Workshops rund um den Hund. Schlossweg 10, ✆ 0473/923315, mairamort.com. **€€€–€€€€**

*****S Amelia,** „Hotel Garni Residence“ ganz im Zeichen des Apfels, mit geschmackvoll eingerichteten Zimmern und modernen, freundlichen Apartments (2–4 Pers.). Schwimmbad und Liegewiese, Sauna, Whirlpool und Terrassencafé. Lingweg 15a, ✆ 0473/923449, hotel-amelia.com. **€€–€€€**

***** Ortswies,** schöner Garten, der in Obstgärten übergeht, nette Stube und immer wieder Hausmusik, Familie Schnitzer veranstaltet auch Grillabende und Hauswanderungen für ihre Gäste. Haslachstr. 37, ✆ 0473/923573, ortswies37.it. **€€**

Wohnmobilstellplatz Am Schneeburghof, Schotterplatz mit Sanitärbereich und Grillplatz, nebenan Wiese und Pool, ganzjährig geöffnet, 29,50 €. Segenbühelweg 26, schneeburghof.com.

Essen & Trinken

Castel finedining, Keschtngasse 8, das Gourmetrestaurant des Hotels Castel und eines der besten Restaurants Südtirols (2 Michelin-Sterne, 5 Gault-Millau-Hauben). Chef Gerhard Wieser gönnt dem Gast kulinarische Freuden, wie z. B. Holunderbeeren-Soufflé mit Buchweizen und Ingwer. Gern jongliert er mit den – häufig lokalen – Zutaten und lässt sich von alpinen und italienisch-mediterranen Inspirationen leiten. So und Mo Ruhetag, ✆ 0473/923693. **€€€€**

Panorama, Segenbühelweg 22, Terrassenrestaurant an der Bergstation des Lifts von Meran nach Dorf Tirol. Tirolerisches wie Speckknödelsuppe, aber auch feine Fischzubereitungen, im Herbst Wild. ✆ 0473/923105; Mi Ruhetag, letzte Talfahrt für Gäste 20.30 Uhr. **€€**

Roberts Stube, Zenobergstr. 14, etwas außerhalb gelegenes, hervorragendes Restaurant mit regionaler und mediterraner Küche, die sich den Prinzipien der Slow-Food-Bewegung verschrieben hat und entsprechende Produkte verwendet wie den Ahrntaler Graukäse. Ungewöhnlich der urige Felsenkeller, den man von draußen so gar nicht erwartet. So Ruhetag, ✆ 338/8055956, roberts-stube.it. **€€€**

Sandgruberhof, Schlossweg 20, Jausenstation, Café. Jeder Besucher von Schloss Tirol passiert die Gaststätte mit ihrem üppigen Blumenschmuck und den Weinpergeln vor dem Haus. Merenden und warme Imbisse, eigene Kuchen und Strudel, in der Saison Törggelen im alten Kellergewölbe. Mo Ruhetag. ✆ 0473/923513, sandgruberhof.com.

Schloss Thurnstein, Restaurant in einer am Hang liegenden Burg, Tische drinnen in gemütlicher Stube und draußen, Tiroler und mediterrane Gerichte, eigene Kuchen, Do Ruhetag. Zufahrt über St. Peter oder von Gratsch (Meran). St. Peter 8, ✆ 0473/220255, thurnstein.it.

Furggerhof, Schlossweg 5, viel Laufkundschaft im gemütlichen Gasthof mit seiner schönen getäfelten Stube und dem ruhigen Garten. Deftige, gutbürgerliche Küche wird serviert. ✆ 0473/923401, Di Ruhetag. **€–€€**

Mair am Ort, Schlossweg 10, Restaurant im gleichnamigen Hotel (s. o.) mit gedeckter Terrasse über der Falknerpromenade. Wer nach Schloss Tirol will, kommt hier vorbei – entsprechend gut besucht ist das Lokal. Traditionelle Tiroler Küche (Speckteller, Nocken, Schlutzer) und ein internationaleres Angebot. ✆ 0473/923315, Do und Fr Ruhetag. **€€**

Bar Café Sunshine, Hauptstr. 23A, Terrassencafé oberhalb der Hauptstraße. Milchmixspezialitäten und Buttermilchmixgetränke, Milchreis, Fruchtjoghurtmix, Eisbecher.

Sammy's Eislabor, Hauptstr. 4, viel Auswahl und ungewöhnliche Eissorten wie Birne-Ingwer oder Feige-Ricotta, alles hausgemacht natürlich – und äußerst lecker.

Kuens und Riffian

Die beiden Orte am Ausgang des Passeiertals sind unmittelbare Nachbarn Merans, gewachsene Dörfer mit alten Bauernhöfen und Kirchen. Dazu gehören Bergbauernhöfe in Einödlage hoch oben unter dem Waldgürtel und der Obstbau unterhalb der Dörfer, wo es steil zur Passer hinab geht. Nach Meran ist es ein Katzensprung, die Busverbindungen sind nicht schlecht, man wohnt sehr angenehm und ruhig in den beiden Orten und hat doch alle Annehmlichkeiten der berühmten Kurstadt vor der Hautür.

Zwischen Kuens und Riffian verläuft steil eingeschnitten der *Finelegraben* mit auffälligen Erdpyramiden. Wie auch anderswo in diesem Raum weisen die *Erdpyramiden* auf lockeren Moränenschutt hin, der vom Abtragen nur durch eingeschichtete größere Steinbrocken und Felsen bewahrt wird. Aufgerissene Muren entlang der Terrassen, auf denen Kuens, Riffian und Dörfer des Passeiertals liegen, zeigen den gleichen Untergrund und die gleiche Gefahr rascher Abtragung.

Meran und Umgebung → Karte S. 188

Sehenswertes/Ausflüge

Riffian: Die **Wallfahrtskirche zu den sieben Schmerzen Mariens** am oberen Ortsende ist eine barocke Kirche von etwa 1749, in der eine komplette gotische Kirche (von vor 1310) steckt – das ist heute nur noch am Apsisgewölbe nachzuvollziehen. Im Inneren eindrucksvoller barocker Hochaltar von *Bartlmä Grätl* und eine Pietà (Gnadenbild) von ca. 1400. In der *Friedhofskapelle,* der ehemaligen Gnadenkapelle (hier befand sich ursprünglich das verehrte Gnadenbild), bedeutende Fresken des höfischen Stils im Einfluss der „internationalen Gotik" (um 1415) von Meister Wenzeslaus.

■ **Wallfahrtskirche** tgl. 7.30–19.30, So 8–18.30 Uhr. Infos unter wallfahrtskirche.riffian.com.

Auf dem Wanderweg nach Vernuer und Gfeis: Die Höhensiedlungen Vernuer und Gfeis sind wahre Aussichtsbalkone über dem Passeiertal. Man sieht hinunter in Richtung Dorf Tirol und Meran, das aber zum Großteil verborgen bleibt, und über das Passeiertal hinweg auf die Sarntaler Alpen. Von Riffian (502 m) geht man den Kirchweg bergauf, das Sträßchen führt unter der Wallfahrtskirche vorbei. Weggabelung am Hammelkreuz, dort scharf links und zunächst steil, dann flacher mit Weg 5 durch Wald nach *Vernuer,* wo man am unteren Ende des Wiesenbereichs ankommt, der *Gasthof Brunner* liegt noch etwas höher (1095 m). Auf der Zufahrtstraße kurz nach links bis zur *Kapelle,* dort wieder recht steil mit Weg 5 hinauf zum *Oberöbersthof* (1387 m). Direkt vom Gasthaus weiter auf Weg 24 a (der rechte der sich dort gabelnden Wege) und durch Wald zur Hofgruppe *Gfeis* (1381 m; mit Gasthaus auf 1296 m). Hinunter zum Meraner Höhenweg und nach links zur *Jausenstation Bergrast* (1187 m). Dort im spitzen Winkel nach rechts und auf Weg 21 a, der hinunterführt nach Riffian.

Oberöberst, Vernuerstr. 32, Gasthaus in Traumlage auf fast 1400 m, seitlich große Sonnenterrasse, die es einem schwer macht, sich wieder zu erheben und die Wanderung fortzusetzen – besonders wenn man sich zum Speck am Brettl einen Roten gegönnt hat.

Praktische Infos

Information **Tourismusverein Riffian-Kuens,** im Sommer Mo–Fr 9–15 Uhr, Sa bis 12.30 Uhr, im Winter Di/Do 9–12 Uhr. Das Büro liegt an der Hauptstraße in Riffian. Jaufenstr. 50, ✆ 0473/656188, passeiertal.it.

Verbindungen/Ausflüge **Bus** 224 zwischen Dorf Tirol und Vernuer über Riffian und Kuens, nach Meran und ins Passeiertal auch **Regionalbus** 240.

Übernachten/Essen in Kuens ****** Sonnenhof,** ruhig und aussichtsreich – noch oberhalb der Ortskirche – liegt das familiengeführte Hotel im Grünen. Geräumige Zimmer, Hallenbad, Sauna, Garten und Kräutergarten, reichhaltiges Frühstücksbuffet. Kuenserstr. 43, ✆ 0473/241160, hotel-sonnenhof.com. **€€€€**

Hilber Keller, Kuenserstr. 23, beliebte Jausenstation und Törggelenkeller mit großem Garten in Panoramalage im Dorf, hervorgegangen aus dem an- und z. T. umgebauten Hilberhof, einem typischen Paarhof. Auf den Tisch kommt deftige Kost vom Speck am Brettl über Käse, Topfen, Kaminwurzen bis zu Gegrilltem. März bis Nov., Di Ruhetag. ✆ 0473/240051, hilberkeller.eu.

Übernachten/Essen in Riffian ****** Hofbrunn,** familienfreundliches Hotel mit Tradition in ruhiger Lage, sehr gut ausgestattete Zimmer mit Südbalkon, geräumige, z. T. neu gestaltete Familienzimmer, sehr großer Garten mit Infinitypool, Hallenbad, Whirlpool, Sauna. Jaufenstr. 14, ✆ 0473/241027, hotel-hofbrunn.it. **€€€–€€€€**

*****S Zirmer Hof,** die etwas biedere breite Balkonfront des Hotels steht für die solide bürgerliche Atmosphäre, die drinnen herrscht. Familienbetrieb mit kulinarischen Ambitionen, auch Apartments (Brötchenservice und Essen zubuchbar). Die Gäste kommen, weil's gemütlich ist, wegen Hallenbad, Freibad, Wellnessbereich, kleinem Kinderspielplatz, Wandermöglichkeiten in der Umgebung und der ungestörten Nachtruhe. Hohlgasse 40, ✆ 0473/241177, hotel-zirmerhof.com. **€€€€**

***** Mignon,** modernes Apartmenthaus mit etwas älterer Dependance, Hallenbad und großem Garten, etwas oberhalb der Durchgangsstraße und nahe den Riffian umgebenden Obstanlagen. Helle Apartments. Hohlgasse 38, ✆ 0473/241110, meran-ferienwohnungen.com. **€€–€€€**

Riffl, Grill-Imbiss, günstig gelegen an der Hauptstraße. Hier gibt's nicht nur klassische Snacks, sondern auch leckere Burger, Salate und Grillgerichte. Toll für Kinder: spezielle Kindergerichte, Beachvolleyball und Spielplatz mit Piratenschiff. Mi Ruhetag. Laufenstr. 71, riffl.it.

Lufer Keller, um dieses Grilllokal und Restaurant mit urigem Keller kommt man in Riffian nicht herum. Mo Ruhetag. Lufer Weg 1, ✆ 0473/241071, luferkeller.it.

Schenna

Von Schenna schaut man mitleidig auf Meran hinunter – was die dort im städtischen Lärm und Gestank durchzustehen haben! Dagegen wohnt man hier oben so komfortabel wie ruhig und hat auch noch die kürzeren Anfahrtswege zu den beliebtesten Bergzielen der Sarntaler, vor allem zum Hirzer. Und wenn einen doch der Wunsch packt, Meran unsicher zu machen, dann kann man ganz bequem mit dem Stadtbus hinunterfahren. Dass man mindestens genauso tirolerisch ist wie Dorf Tirol auf der Terrasse gegenüber (und jenseits der Passer), beweist ja wohl zur Genüge das Grabmonument des Erzherzogs Johann, eines der berühmtesten Freunde Tirols, das dieser am Ort errichten ließ.

Wanderungen und Spaziergänge, Mountainbiketouren und Paragleiterflüge, Nervenkitzel im **Hochseilgarten** und Kultur in **Schloss Schenna,** Pop auf der **Gompm-Alm** und Klassik in der Pfarrkirche – ein Urlaub in Schenna lässt kaum Wünsche offen, zumal die Hotellerie alle Kategorien bedient, wenn auch mit deutlichem Trend zum Feinen, Teuren und zur Wellness. Aber das ist auch anderswo so in Südtirol.

Sehenswertes/Ausflüge

Die Pfarrkirchen und das Mausoleum für Erzherzog Johann auf dem Kirchenhügel: In der *Pfarrkirche* steht eine hervorragende Orgel von Franz Zanin (1993), es gibt immer wieder Orgel- und andere Kirchenkonzerte. Neben der Pfarrkirche befindet sich das neugotische Mausoleum des habsburgischen *Erzherzogs Johann* und seiner Gemahlin, errichtet 1860–1869. Es gilt eines der ersten neugotischen Bauwerke in Mitteleuropa und zählt zu den schönsten Bauten der Neugotik in Südtirol. In der Gruft steht der Sarkophag aus rotem Veroneser Marmor. Die Fresken in der *alten Pfarrkirche* stammen aus dem 16. Jh., jene in der *Johanneskapelle* im höfischen Stil aus der Zeit um 1400.

■ **Mausoleum:** von der Karwoche bis Allerheiligen Di/Do 9.30 Uhr, nur mit Führung zu besichtigen; Eintritt 5 €, Kind bis 10 Jahre frei. Besichtigung auch im Rahmen der kunsthistorischen Dorfführung des Tourismusvereins (✆ 0473/945669). Kirchweg, schloss-schenna.com.

Schloss Schenna: Die mittelalterliche Burg der Herren von Schenna von 1350 wurde mehrmals umgebaut, bevor sie ihre heutige Gestalt erhielt: den mächtigen, zinnenbekrönten Bau auf der Talseite, den Renaissancetrakt und die Anbauten aus der Gründerzeit. Letztere wurden an die Burg angebaut, um sie für den tirolbegeisterten, aber an der Steiermark hängenden *Erzherzog Johann* als Schloss und gelegentliche Residenz nutzbar zu machen. Seine Nachkommen, die *Grafen von Meran,* besitzen es heute noch. Dieser Titel wurde geschaffen, als der Erzherzog die Postmeisterstochter Anna Plochl aus Aussee, eine Bürgerliche, heiratete. Die Söhne des Erzherzogs waren zwar nicht

Meran und Umgebung → Karte S. 188

nachfolgeberechtigt, erhielten aber immerhin den Adelstitel und eine nette Finanzspritze. Zu besichtigen sind die eindrucksvolle Waffensammlung, der Renaissancesaal mit seinem barocken Ofen aus wertvoller Majolika, der Salon und der Speisesaal mit der Gemäldegalerie.

▪ Karwoche bis vor Allerheiligen Di–Fr, nur mit Führung zu besichtigen: 11.30 und 15 Uhr, Mo/Do 21 Uhr Abendführung. Eintritt 12 €, Kinder 5 €. Schlossweg 14, schloss-schenna.com.

Kirche St. Georg: Die romanische Rundkirche im Weiler St. Georgen im *Oberdorf* von Schenna mit ihren zentralen Tragsäulen besitzt einige romanische und gotische Fresken und einen schönen spätgotischen Flügelaltar (frühes 16. Jh.), der leider nicht komplett erhalten ist. Interessant ist die Wand über dem Flügelaltar mit einem „Jüngsten Gericht". Auf den anderen Wänden sind Szenen aus dem Martyriums des hl. Georg von einem anderen Künstler zu sehen.

▪ Ostern bis Allerheiligen Di und Fr 11.15–16 Uhr.

Auf der Alm Taser: Auf die Taser startet ganz bequem eine Seilbahn etwas oberhalb von Schenna, wer unbedingt will, kann auch mit dem Auto hinauffahren. Da aber eines der Vergnügen des durch Lifte gut erschlossenen Schennabergs darin besteht, an einer Stelle hinaufzufahren und an einer ganz anderen wieder runterzukommen (und zurück den Gästebus oder SAD-Bus zu nehmen), löst man besser eine Berg-Fahrkarte und lässt das Auto im Ort stehen. Ab Taser lockt vor allem der **Ifinger,** der sich über den Almböden und dem Wald darüber türmt (nur für Klettersteiggeher; zur Ifinger Scharte rechts unterhalb auch als normaler Bergsteiger). Und auf dem Weg dorthin, als eigenes Ziel, die bereits im alpinen Bereich liegende *Ifinger Hütte* (1815 m). Oder man wandert geruhsam hinüber zur *Jausenstation Egger*, dann weiter zum *Gsteirer* und fährt dann von der Mittelstation der Bahn von Obermais nach Meran 2000 runter. Oder zur Streitweider Alm, nach Videgg und zur Bergstation der Seilbahn von Verdins. Oder locker runter nach Schenna …

Die **„Familienalm" Taser** bemüht sich um die Kinder, und mit Spielplatz,

Schloss Schenna

Streichelzoo, Ententeich und dem nahen Hochseilgarten ist sie für diese auch durchaus anziehend.

Bergbahn Seilbahn Taser April bis Allerheiligen tgl. 8.30–12/13–18 Uhr, Mitte Juni bis Mitte Sept. So/Fei bis 19 Uhr, Anf. Nov. bis Mitte Dez. und in der Weihnachtszeit 9–12/13–17 Uhr, jeweils im Halbstundentakt, Berg 9,70 €, Berg/Tal 13,50 €, Kombikarte Taser (Bergfahrt) und Verdins (Talfahrt) 16,50 €. taser-seilbahn.com.

Hochseilgarten 1500 m Stahlseile und 200 m Kunststoffseile, 22 Plattformen und u. a. eine 4 m lange Hängebrücke erlauben auch Plattfüßlern atemberaubende Seilerlebnisse, die für Mutige mit dem Flying Fox enden. Die Sicherheitsausrüstung wird gestellt und ist obligatorisch. Erw. 55 €, Kinder 42 €, mit GuestCard etwas günstiger. Anmeldung ✆ 0473/945615, taseralm.com.

Essen & Trinken Pichler, 50 m von der Talstation der Seilbahn, deftig-südtirolerisch bis fein-mediterran und regional. Di Ruhetag. Pichlerstr. 32, ✆ 0473/945614, hotelpichler.com.

Berggasthof Taser, „Alm"-Hoteldorf mit mehreren Gebäuden, diversen Zimmertypen, 3 großzügigen, geschmackvollen Ferienwohnungen und komfortablen Chalets, dazu Sauna, Pool und Restaurant, alles kindgerecht ausgestattet. ✆ 0473/945615, taseralm.com. **€€€–€€€€**

Schnugger, 1353 m, Gasthaus 15 Min. vom Hochseilgarten Taser, rustikal, freundlich, April bis Anf. Nov. tgl. außer Sa.

Ifinger Hütte, 1815 m, Südtiroler Almgerichte und tolle Aussicht, Mitte April bis Allerheiligen tgl.

Einkaufen Weinmesser's Vinothek, Verdinserstr. 1, zum gleichnamigen Hotel gehörende Weinbar mit Weinhandlung in stylischem Ambiente, große Auswahl auch an Grappe und Likören, weinmesser.com.

Die Almen unter dem Hirzer: Tallner Alm, Stafellalm, Gompm-Alm, Reasegger Alm – die Almen unter der wilden Berggestalt des Hirzer kann man von der Bergstation der von Saltaus startenden Seilbahn bequem erreichen. Entsprechend gut besucht sind sie, das heißt aber auch, dass man auf der Speisekarte eine große Auswahl hat. Echte Genussspechte gehen nicht weit, warum in die Ferne schweifen, wenn man gleich bei der nächsten Alm eine Brettlmerende, ein Viertel Roten und einen Liegestuhl bekommt? Zumindest bis zur Mittelstation sollte man wandern (wie unten in Tour 17 beschrieben).

Anfahrt/Bergbahn Um die Almen unter dem Hirzer zu erreichen, hat man die Pkw-Option, allerdings nur bis auf ca. 1500 m (Obertall) und – viel gemütlicher – gleich zwei Bergbahnen. Man kann von Verdins mit der Seilbahn nach Tall schweben und weiter mit dem anschließenden Sessellift von Oberkirn bis Grube. Oder man erreicht das Gebiet über die Hirzer-Seilbahn, die in Saltaus in Passeier ihre Talstation hat (Bushaltestelle der Linien von Meran ins Passeier).

Seilbahn Saltaus – Prenn – Klammeben: April bis Anf. Nov. tgl. 8.30–18.30 Uhr im Halbstundentakt, in den Weihnachtsferien 9–17 Uhr. Berg 14,50 €, Berg/Tal 21 €, Kinder 8/10,50 € (hirzer.info).

Seilbahn Verdins – Tall, April bis Anf. Nov. tgl. 8.30–12.15/13.15–17.30 Uhr im Halbstundentakt, im Sommer bis 18 Uhr, in den Weihnachtsferien 10–12/13.30–16.30 Uhr. Berg 10,50 €, Berg/Tal 15 €, Kinder 6/7,50 €. Die Bahn wurde 2020 umgebaut und modernisiert (verdins.it).

Sessellift Tall – Grube, April bis Anf. Nov. tgl. 9–16.30, im Sommer bis 17.30 Uhr.

> Von Mai bis Oktober gewähren die Seilbahnen am ersten Sonntag des Monats zum **Tallner Sunntig** einen ordentlichen Preisnachlass. Die Bahnen haben teils bis 19.30 Uhr Betrieb, alle Hütten des Wandergebiets Hirzer servieren spezielle Gerichte. Das ganze Programm unter tallnersunntig.it.

Sport Paraglider-Tandemflüge durch Tandem Club Ifinger Flüge ab Hirzer-Mittelstation. Anmeldung: tandemclub.it.

Essen/Hütten Klammeben, 1840 m, geöffnet April bis Anf. Nov., ✆ 0473/949422.

Stafellhütte, 1970 m, die Alm wurde 2019 zur beliebtesten Almhütte gewählt, entsprechend gut besucht ist sie. Mitte April bis Anf. Nov., unterkirnhof.com.

Gompm-Alm, 1808 m, nicht nur Musik, sondern auch gutes Essen und am Wochenende

Meran und Umgebung → Karte S. 188

hausgebackenes Brot (Zuschauen beim Backen erwünscht), gerühmt wird Hüttenwirt Helli Gufler auch für seinen Organic Gin Edelschwarz, nicht günstig, aber edel (edelschwarz.it). E-Bike-Ladestation. Mai bis Okt, ✆ 0473/949544, gompmalm.it.

Gasthof Grube, 1808 m, April bis So nach Allerheiligen. ✆ 0473/949404, gasthofgrube.com.

Tour 11: Wanderung unter dem Hirzer[GPS]

Tour-Info: Einfache Wanderung, zunächst eben und dann bergab von der Bergstation zur Mittelstation der Hirzer-Seilbahn. Dauer 1:30 Std.; Länge 4,3 km; Höhenunterschied ↓ 600 m. Karten: Tabacco (1:25.000) Blatt 11, Kompass (1:50.000) Blatt 53. Der auf manchen Karten noch eingetragene direkte Weg von der Grube zu den Wahlguthöfen existiert nicht mehr!

An der Bergstation der Hirzer-Seilbahn hat man die Almregion der Sonntagsweide erreicht, die sich bis zu den Felswänden erstreckt, mit denen der Hirzer (2781 m) nach Westen abbricht. Man wendet sich vor dem Gebäude der Seilbahn **A** halbrechts, dorthin, wo etwas oberhalb die Wege beginnen **B** (Schilder), dort rechts auf dem mit „Stafellhütte" angegebenen Weg. Der entpuppt sich als atemberaubender Panoramaweg, man hat die ganze Texelgruppe, das Becken von Meran und einen Teil der Berge des unteren Vinschgaus zur Rechten und muss nur aufpassen, dass man bei dem hier oben bis zur nächsten Hütte (aber nicht weiter) herrschenden starken Wandererverkehr niemanden rammt, während man in das Panorama versunken weiterstolpert. Bei der Stafellhütte und (rechts) Stafellalm **C** (beide bewirtschaftet) sind die Liegestühle für Sonnenanbeter ohne Hautkrebsangst voll besetzt. Geht man runter zu den beiden Almen, muss man entlang eines Gartenzauns wieder nach rechts auf die etwas höhere Anhöhe gehen, geht man nicht zu den Almen, wendet man sich direkt bei der Weggabelung oberhalb nach rechts auf den mit „Grube" angegebenen Weg. Es geht ein Stückchen einen Rücken hinunter, dann aber – aufgepasst! – nicht auf den deutlichen Wegspuren weiter, sondern im scharfen Knick **D** (Schild „Grube Sessellift") nach rechts und in den Wald hinein.

Knapp vor der „Grube" mit ihrem Sessellift, die etwas höher bereits zu erkennen ist, geht man in einer Senke **E**

Zwischen Wein- und Obstgärten liegt Schenna

nach links und in den Wald auf schmalem Steig. Bei einer Weggabelung noch im Wald **F** scharf nach rechts, und nach Erreichen einer Wiese steht man auf einer Staubstraße **G**, der man zu einer Hofgruppe (Wahlguthöfe) folgt. Dort nach dem ersten Haus links hinunter auf einen alten Fuhrweg durch Wiesen und Weiden, noch eine längere Waldpassage und wir stehen oberhalb der Mittelstation der Hirzer-Seilbahn. Weiter runter bis zur Straße und ein paar Meter nach links und wir sind an der Seilbahnstation angelangt **H**.

Essen & Trinken Gaststätten an der Bergstation Klammeben und an der Mittelstation Stafellhütte sowie Gasthaus Grube.

Basis-Infos

Information Tourismusverein Schenna, zentral gelegen im alten Ort. Mitte März bis Mitte Nov. Mo–Fr 8–18.30, Sa 8–18, So 9–11.30 Uhr, im Winter Mo–Fr 8–12/13–17, Sa 8.30–12 Uhr. Schenna, Erzherzog-Johann-Platz 1/D, ✆ 0473/945669, schenna.com.

Verbindungen Meraner Citybus von Schenna nach Verdins (231), zum Botanischen Garten Trauttmansdorff und zur Seilbahn Meran 2000 (232), zur Seilbahn Taser und nach St. Georgen (beide 233), in der Winterhochsaison Skibus Verdins – Schenna – Talstation Seilbahn Meran 2000. Fahrpläne in der Touristeninformation.

Feste & Veranstaltungen Im Sommer kulturelle, musikalische und kulinarische Events auf der **Gompm-Alm** unterhalb der Bergstation der Hirzer-Seilbahn, ✆ 0473/949544, gompmalm.it.

Kirchenkonzerte auf der ausgezeichneten Orgel der Pfarrkirche, Programm beim Tourismusverein.

Tallner Sunntig, „Schmankerlsonntage" der Wirte um Hirzer, Verdinser Seilbahn, Obertall, Videgg etc., zwischen Mai und Okt., jeweils am 1. Sonntag des Monats, Preisnachlässe bei den Seilbahnen, tallnersunntig.it.

Sommerabende in Schenna mit Musik und Konzerten unterschiedlicher Musikgruppen auf dem Raiffeisenplatz mit seinem Musikpavillon, die Geschäfte haben länger geöffnet.

Sport Paragliding: Tandemclub Ifinger, Flüge ab Hirzer, Vigiljoch, Meran 2000, ✆ 339/7631715, tandemclub.it.

Hochseilgarten Schenna-Taser, große Seilkletteranlage (→ „Sehenswertes/Ausflüge").

Radfahren: Verleih von E-Bikes und MTBs (und einem Elektro-Twizy!) bei E-Bike Schenna, Schennastr. 31, ✆ 334/9561820, schenna-bike.com.

Minigolf: zentral im Ort gelegene, nette Anlage mit gemütlicher Bar, St. Georgen Str. 1, April–Juni 14–18 Uhr, Mo Ruhetag, Juli/Aug. tgl. 10–12 und 15–21.30 Uhr, Sept. bis nach den Herbstferien 14–18 Uhr, Mo Ruhetag (minigolf-schenna.com).

Architektonisch interessantes modernes **Freibad** mit frei tragendem Aussichtssteg und Rutsche, Restaurant und Bowling, lidoschenna.it.

Übernachten

In Schenna ** Der Fink von Schenna,** unter diesem Namen firmieren zwei Hotels unter gemeinsamem Management: das runderneuerte Wellnesshotel Finkenhof und in 400 m Entfernung das Familienhotel Finkennest. Alle Zimmer mit Balkon, üppiges Frühstücksbuffet, schicke Pool- und Saunalandschaft. Schön gestalteter Garten mit Schwimmteich. Zahlreiche Angebote für Kinder. Alle Einrichtungen des Finkenhofs sind auch vom Finkennest nutzbar. Verdinser Str. 9b und Schlossweg 16, ✆ 0473/945848, hotel-fink.com. **€€€€**

*****S Bergland,** Hotel mit Stilmöbeln in den recht komfortablen, hellen Zimmern, attraktiver Wellnessbereich mit Saunen und Pools. Restaurant für Hausgäste. Ifingerstr. 35, ✆ 0473/945959, bergland.net. **€€€–€€€€**

***** Hotel Garni Nachtigall**, in Panoramalage oberhalb von Apfelbäumen, mit Sauna, Schwimmbad und Garten. Geräumige Zimmer und Apt. für 2–5 Pers., Schennaerstr. 37/b, ✆ 0473/945865, nachtigall.it. **€€€**

***** Wunderlehof,** Garni in Pracht-Aussichtslage ohne jeden Durchgangsverkehr (sieht man von den Wanderern auf dem unweit vorbeiführenden alten Weg nach Schenna ab), gemütlich und sehr persönlich geführt. Pool, Liegewiese, neuer Sauna- und Ruhebereich, gut ausgestattete, freundliche Zimmer mit Balkon, auvh Apt. Honig aus eigener Imkerei. Stickles Gassl 3, ✆ 0473/233213, wunderlehof.com. **€€–€€€**

In Verdins ****** Fürstenhof,** familienfreundliches Wellnesshotel mit gehobenem Komfort in Zimmern und Gemeinschaftsräumen, auch Apt. für 2–5 Pers. 1000 m² großer Spa-Bereich mit Pools, Saunen, Fitness und Beauty. Angebote für Kinder. Verdins 4, ✆ 0473/949451, fuerstenhof.net. **€€€–€€€€**

****** Gruberhof,** nach dem Umbau zeigt sich der Hof als Naturhotel mit neu gestalteten Zimmern und Apartments, die Lage in den Wiesen oberhalb der Kirche bietet eine fantastische Aussicht. Moderne, helle Zimmer mit Balkon, schöne Apartments in der Residence etwas unterhalb, kleiner Kinderspielplatz, beheiztes Schleusen-Schwimmbad. Oberverdins 2, ✆ 0473/949465, gruberhof-schenna.com. **€€€–€€€€**

Essen & Trinken

In Schenna **Köstenthaler Hof,** Hofweg 3, der alte Keller des Hofs in der Nähe der Seilbahn Taser bietet eine komplette Restaurantkarte, während der Törggelenzeit auch Kastanien, Krapfen und Suser (Sauser, gemeint ist der gärende Süßmost), der Wein kommt aus eigenem Anbau. Mi Ruhetag. ✆ 0473/945831, koestenthaler.com.

Georgenhof, St.-Georgen-Str. 41, „sehr schönes Gasthaus mit mehreren Terrassen; freundliches Personal. Die Chefin macht alles möglich, dass man einen Platz bekommt. Toll gelegen direkt am Waalweg, deshalb unbedingt vorher reservieren! Die Leute stehen Schlange. Das deftige Essen ist hervorragend und kommt rasch.“ Di Ruhetag, ✆ 0473/945689. **€€ ▪ Lesertipp**

Votivkapelle in Schenna

Moserhof, St.-Georgen Str. 40, gleich gegenüber, „wunderschöne Hanglage mit Wintergarten und Terrasse. Abends schön beleuchtet nebenan die kleine Kirche St. Georgen. Essen: etwas teurer als der Georgenhof, aber genauso gut. Spezialität des Hauses sind die magere Schweinshaxe und das Angussteak. Auch sehr freundliches, witziges Personal. Sehr hilfsbereit. Die Chefin, eine sehr adrette ältere Dame, macht die Tischverteilung. Auch hier vorreservieren.“ ✆ 0473/945688, moserhof.it. **€€–€€€ ▪ Lesertipp**

Maier Stub'm, Schenna Str. 7/D, „Restaurant und Eis-Café mitten im Ortskern von Schenna. Große Terrasse, kann bei schlechtem Wetter geschlossen sein. Hilfsbereites, freundliches Personal, schneller Service, gute Tiroler und klassische Küche. Auf Extrawünsche wurde gut reagiert.“ Sa Ruhetag, nur wenige Parkplätze, ✆ 0473/945344, mairstubm.com. **€€ ▪ Lesertipp**

In Richtung Verdins **Hasenegg,** Schennaberg 2, der Gasthof oberhalb Verdins hat sich zum „Mountain Village“ mit schicken Chalets gewandelt, auch die Küche bietet nicht mehr nur traditionelle Speisen, sondern auch mediterrane und Grillgerichte. Schön sitzt man auf der Terrasse mit Ausblick. Do Ruhetag. ✆ 0473/949419, hasenegg.it.

Zmailer Hof, Bergerweg 17, traditionelle Bauernküche im historischen Hof mit Stube und Terrasse. Eigene Weine und Marmeladen, Gemüse, Obst, Rindfleisch vom Hof. Brennnesselknödel, Zigorisalat, Kaiserschmarrn und Bauernkrapfen als Highlights, sonntags Fleischgerichte. März bis Nov., Fr Ruhetag, ✆ 0473/945881.

Das Passeiertal

Zu den Tälern, die sich ins Bewusstsein schieben, wenn man an den Tiroler Freiheitskampf gegen Napoleon denkt und an das Selbstbewusstsein der seit dem Mittelalter Waffen tragenden freien Bauern, gehört in erster Reihe das Passeiertal.

Das hängt zum einen mit seinen *Schildhöfen* zusammen, Bauernhöfen, deren Besitzer bereits im Hochmittelalter dadurch ausgezeichnet wurden, dass sie wie Adelige mit Pferd und in Rüstung für den Landesherrn Kriegsdienst taten, zum anderen mit der Person *Andreas Hofers*. Der Sohn des Sandwirts aus St. Leonhard ist der mit Abstand berühmteste Passeirer, er ist die Symbolfigur für die Deutschtiroler schlechthin, egal ob sie nördlich oder südlich des Brenners leben, und seit 1848 ist das Lied, das sich mit seinem Heldentod beschäftigt („Zu Mantua in Banden der treue Hofer lag …") die Tiroler Landeshymne. Die Passeirer sind stolz auf ihre erworbene und erhaltene Freiheit und stolz auf Andreas Hofer, und sie tragen gerne ihre alte Tracht, die Männer mit dem berühmten breitkrempigen Hut.

Das bei Meran mündende Tal der Passer besteht aus zwei gänzlich unterschiedlichen Zonen. In einem scharf V-förmig eingeschnittenen Tal fließt die *Passer*, ein Radweg begleitet sie von Meran bis St. Leonhard in Passeier. Der Fluss hat sich in ein älteres, flaches Tal eingeschnitten, das heute noch als Terrasse zu beiden Seiten erhalten ist. Auf ihr liegen die Orte, alte Streusiedlungen mit Kirchen in ihrer Mitte, um die sich heute Dörfer mit Hotels und Pensionen geschart haben. Nur **St. Martin** und **St. Leonhard** sind auch früher bereits echte Dörfer mit einem Ortskern gewesen, ganz deutlich in St. Martin mit seiner hübschen Dorfstraße zu sehen. Zwei wichtige Pässe führen vom Passeier über die Alpen: das nur mehr touristisch bedeutende *Timmelsjoch* hinüber ins Ötztal und der bereits in römischer Zeit als Straße ausgebaute *Jaufenpass* nach Sterzing, die älteste Verbindung von Bozen über den Brenner nach Norden. Das oberste Passeiertal, das **Hinterpasseier** – Fundstätte zahlreicher Siedlungsorte aus 6.–8. Jt. v. Chr. (→ Kasten, S. 237) –, teilt sich auf: Nach Norden führt es zum Timmelsjoch und nach Südwesten durch das wildromantische **Pfelderer Tal** zwischen Ötztaler Alpen und Texelgruppe hoch hinauf ins Gebirge und dann über das *Eisjöchl* auf Wanderwegen hinüber ins zweite große Seitental des Etschtals, das **Schnalstal.**

Sehenswertes/Ausflüge

Auf den Hirzer (2781 m): Von der Hirzer-Seilbahn in Saltaus gibt es zahlreiche Wandermöglichkeiten (Mittel- und Bergstation); → Schenna.

St. Martin in Passeier: Wer unterhalb von St. Martin auf der Staatsstraße 44 vorbeidonnert, ist selbst schuld. Denn der Ort ist trotz Tourismus und einiger Neubauten ein sehr traditionelles Dorf, an dessen schmaler Dorfstraße sich viele schöne alte Häuser aufreihen. Wanderwege ringsum, die Hirzer-Seilbahn (→ S. 227) ist gleich um die Ecke.

Ein architektonisches Juwel ist das **Dorfhaus** in der Ortsmitte, ein genial konstruierter Bau aus Bruchsteinen und Holz, der nur zu einem Fünftel aus dem Boden ragt – der Rest ist unterirdisch. Über der Erde befindet sich im Wesentlichen eine riesige Freilichtbühne. Was man auf den ersten Blick nicht sieht: Sie lässt sich durch Hochfahrendes Tores verschließen, sodass ein Multifunktionssaal entsteht.

In St. Martin und im engeren Umkreis gibt es eine ganze Reihe von **Schildhöfen.** Sie heißen Kalm, Turm, Haupold, Weingarten, Obergereuth, Untergereuth oder Saltaus. Der Schildhof Steinhaus, der auf einem Hügel oberhalb der Pfarrkirche liegt, fällt durch sein wehrhaftes Aussehen mit Spitzbogentürmen und Erkern auf.

Beim Dorfbummel besucht man die *gotische Pfarrkirche zum hl. Martin* mit ihrem reizvollen Sterngewölbe im Chor (15. Jh.) und dem barockisierten Langhaus. Sie hat einen prächtigen Hochaltar (1765) und schöne, ebenfalls spätbarocke Seitenaltäre. Besonders reizvoll ist die gleichzeitig entstandene Kanzel mit dem üppig dekorierten Schalldeckel, auf dem ein Engel fleißig die Posaune bläst. Auf dem Friedhof steht die spätgotische doppelgeschossige *St.-Michaels-Kapelle* mit Nikolausfresko neben dem Eingang und hübschem Renaissancealtar im oberen Stockwerk.

Noch westlich oberhalb der Kirche (nicht an der Dorfstraße) steht das sogenannte *Malerhaus*, so groß wie ein adeliger Ansitz und mit Außenfresken: an der oberen Hauswand ganz groß die Gottesmutter mit Heiligen und dem Stifter, daneben Medaillons, rechts ist der hl. Martin zu sehen, der Patron des Dorfes. Die Freskenstammen aus der „Passeirer Malerschule", die etwa zwischen 1719 und 1845 viele Fresken, aber auch Gemälde in Kirchen und Kapellen hervorbrachte und in St. Martin ihr Zentrum hatte. Nördlich der Kirche, in der Schmiedgasse, befinden sich mehrere beachtenswerte Gebäude. Gleich nach der Friedhofskapelle *St. Michael* findet man auf der linken Straßenseite ein markantes *Turmhaus* mit freskiertem Erker und freskierten Rundmedaillons, etwas versetzt dahinter das mächtige *Haus der Jugend*, ein Wohnturm aus dem 14. Jh. mit freigelegten historischen Putzflächen. Etwas dahinter (westlich) liegt das massiv gemauerte *Pfarrwidum*, dessen Ursprünge sogar bis ins 12. Jh. zurückreichen. Weiter nördlich auf der rechten Straßenseite der Schmiedgasse befindet sich das *Hohe Haus* von 1791, so genannt, weil es zu seiner Erbauungszeit alle anderen Häuser überragte. Es ist mit spätbarocken Wandmalereien von 1794 versehen. Südlich der Pfarrkirche befinden sich die *alte Bäckerei* von 1694, ehemals Zollhaus, das *Fischerhaus* mit historischem Holzbalkon und das *Steckholzgütl* aus dem 17. Jh. mit gemauertem Erdgeschoss samt Erker und flachem Satteldach.

Oberhalb des Dorfs St. Martin steht der eindrucksvolle *Schildhof Steinhaus*, der 1285 erstmals urkundlich bezeugt ist und im Besitz mehrerer Tiroler Adelsfamilien war, dann zum Kloster Marienberg kam und seit dem frühen 19. Jh. in den Händen von Bauernfamilien ist. Erker, Türmchen und Spitzbögen sowie Maßwerkfenster (um 1500) erinnern eher an einen adeligen Ansitz als an einen Bauernhof. Auch das Wirtschaftsgebäude setzt sich von anderen Höfen durch seine massiven Steinportale ab.

▪ Zwei hilfreiche Broschüren (Schildhöfeweg und Kunst und Kirchen in St. Martin) gibt es beim Tourismusbüro.

St. Leonhard in Passeier: Der Geburtsort von *Andreas Hofer* liegt zu beiden Seiten des rasch fließenden Waltenbachs. Die Straße zum Jaufenpass umgeht den Ortskern, wo neben der Autobrücke der alten Jaufenstraße eine zweite, für Fußgänger reservierte Brücke über die Passer führt. Dort konzentriert sich sehr dicht der Gastrobezirk des Orts, was man ganz anschaulich am späteren Nachmittag nachprüfen kann, wenn die Terrassen sämtlicher Cafés und Gaststätten mit Eis schlürfenden und Torten verschlingen … – pardon, genießenden Gästen besetzt sind. Die alten *Schildhöfe Happerg, Gomion, Ebion* und *Buchegg* in der weiteren Umgebung zeugen von der Bedeutung des Orts bereits im Mittelalter.

Seit 1883 hat St. Leonhard das Recht, sich „Kurort" zu nennen. Das hat es der Heilquelle „Zegg-Bad" zu verdanken, heute Bad Fallenbach, die bereits seit dem 18. Jh. bekannt war, ab 1830 erstmals analysiert und später gefasst wurde. Passeirer wie ihre Gäste nutzten das Bad, das wie so viele andere „Bauernbadl" nach 1918 aus der Mode kam. Im Garten des Hotels Bad Fallenbach (→ „Übernachten") können Sie es kostenlos vom Brunnen trinken. Das Wasser entspringt mit 12 °C und enthält Eisen, Jod und Fluor sowie Spuren von Arsen, Brom, Selen, Zink und vielen anderen Elementen. Typisch sind die rostfarbenen Ablagerungen, die das fließende Wasser an der eigentlichen Kluftquelle hinterlässt. Es gilt als das reichhaltigste Mineralwasser Südtirols.

Die Jaufenburg: Die Ruine der Jaufenburg ist von St. Leonhard aus gut zu sehen. Im sanierten Bergfried erklären Schautafeln in den unteren Stockwerken die Geschichte der Burg und des Gerichts Passeier samt der jeweiligen regierenden Herrschaften (z. B. die Grafen Fuchs), interessant v. a. die Erklärungen zum Phänomen der Schildhöfe. Im vierten Stockwerk Fresken von *Dill Riemenschneider* (1538), im fünften tolle Aussicht und Hörstation zu den Sagen des Passeier.

▪ Juni bis Sept. Mo 10–13 Uhr; Eintritt frei (freiwillige Spende). Die Jaufenburg wird vom Museum Passeier betreut (s. u.). Mit Pkw über Schlossweg (ab Jaufenstraße), zu Fuß z. B. „Sonnenrundgang" (ebenfalls ab Schlossweg) in ca. 20 Min.

MuseumPasseier mit Andreas-Hofer-Geburtshaus: Außerhalb von St. Leonhard und etwas talabwärts liegt an der Jaufenstraße der alte *Sandhof*. Wegen seiner Lage an der stark frequentierten Jaufenstraße war er schon lange ein

St. Leonhard in Passeier mit Jaufenburg

Meran und Umgebung → Karte S. 188

Die Schildhöfe des Passeiertals

Im Passeiertal gibt es eine Reihe von Bauernhöfen, die schon durch ihre baulichen Besonderheiten – ein fester Turm, Zinnen und besonders kräftiges Mauerwerk – anzeigen, dass sie etwas Besonderes sind. Es sind sog. Schildhöfe, also die Höfe freier Bauern, die eine militärische Dienstverpflichtung an die Grafen von Tirol abgelegt hatten und ihnen mit Pferd, Schild und Speer Waffendienst leisteten. Für die Heerfolge, die aus dem 13. Jh. (vielleicht sogar schon aus dem 12. oder gar 11. Jh.) datiert, erhielten sie Privilegien. Das wichtigste Privileg war Steuerfreiheit (1311 waren es 11 Personen, die von der landesfürstlichen Steuer befreit waren, darunter die Besitzer der Höfe Gormion, Haupold, Saltaus, Erbion und Buchenegg). Die „Schildleute", wie sie auch genannt wurden, stuften sich in der mittelalterlichen Hierarchie gleich nach den Rittern ein und nahmen (bis 1790) in der Gruppe (Kurie) der Ritter am Landtag teil. Dass sie nicht in den Adel aufrückten, ist verwunderlich, die Gründe sind ungeklärt. Sie blieben Bauern, die ihrem Landesfürsten zu Pferd und in Rüstung Heerfolge leisteten und – eine wichtige Aufgabe – die Straße über den Jaufenpass sicherten. Ihre Stellung als landesfürstlich Privilegierte und besonders angesehene Bürger Tirols erlaubte es ihnen jedoch, Verwaltungsämter auszuüben, insbesondere das lukrative Richteramt. Zwei Burggrafen auf Tirol (Verwalter der Burg) waren Schildherren aus dem Passeiertal. Neue Titel und Einkünfte außerhalb der Landwirtschaft ermöglichten es den Schildherren, ihren Besitz zu erweitern, Wasserrechte und Grundstücke zu kaufen und eigene Verwalter und Gesinde einzustellen. Dazu waren oft Zu- und Anbauten, ja sogar neue Häuser nötig – die Schildhofstelle Saltaus entwickelte sich zu einem Dorf.

Nach der Verlegung der Tiroler Landeshauptstadt von Meran nach Innsbruck (1420) verloren der Jaufenpass und damit auch die Schildhöfe ihre große Bedeutung. Sie blieben jedoch bestehen und behielten formell bis 1918 ihre Heerfolgepflicht und das – ebenfalls militärische – Paraderecht, das sie in Form von Aufzügen bei Prozessionen bis heute ausüben. Die Schildhöfe selbst sind in den meisten Fällen nicht mehr die alten Gebäude, die längst durch Neubauten ersetzt oder bis zu Unkenntlichkeit verändert wurden. Nur wenige haben in ihrer alten Form überlebt, darunter der Hof Steinhaus oberhalb von St. Martin.

Gasthof, als dort 1767 Andreas Hofer geboren wurde. Andreas Hofer (1767–1810), der wohl berühmteste Tiroler, war Gastwirt in diesem Haus, bevor er den Tiroler Widerstand gegen die Besatzung der Franzosen zu organisieren begann, der am Ende scheiterte und für Hofer persönlich mit Gefangennahme, Verurteilung und Hinrichtung endete (→ „Geschichte").

Neben dem Gasthaus wurde der ehemalige Stall (heute lässt man den Wagen auf dem riesigen Parkplatz gegenüber dem Haus stehen) zum interaktiven Ausstellungsbereich (mit Film- und Tondokumenten) über das Leben und Wirken des Andreas Hofer unter dem Motto „Helden und Hofer" eingerichtet. Zu sehen sind u. a. seine Kleider, der Hut, sein Rosenkranz, Waffen, Schützenfahnen, diverse Dokumente und Andreas-Hofer-Kitsch. Es wird dargestellt und aufgearbeitet, wie der Rebell für nationalistische und faschistische Zwecke instrumentalisiert wurde. Die modern gestaltete Ausstellung „Helden und Wir" im Dachstuhl des Gebäudes befasst sich mit der Frage, wozu es eigentlich Helden braucht.

Sehenswert ist auch der Außenbereich, der von der Straße aus teilweise einsehbar ist. Ein kompletter Passeirer Haufenhof wurde abgetragen und hinter dem Sandhof wieder aufgebaut, er zeigt die Hofschmiede, die Wassermühle, den Getreidekasten und den wegen der Brandgefahr fast überall frei stehenden – Backofen, das Wohnhaus und das Wirtschaftsgebäude. Daneben sind eine Herz-Jesu-Kapelle von 1899 und das interessante Heilig-Grab-Kirchlein von 1691 von Interesse. Weiterhin sind eine Lodenwalke mit Gerstenstampfe, die bis 1950 im Hinterpasseier in Betrieb war, eine Kegelbahn von 1920 und ein alter Bienenstand zu sehen. Und in einem der alten Gebäude vermittelt die Ausstellung „Mir Psairer" einen augenzwinkernden Blick auf Kultur, Tradition und insbesondere die Sprache der Einheimischen, zu der beispielsweise das Wort „Singaisn" gehört, das sein hochdeutsches Pendant „Kuhglocke" fast ein bisschen prosaisch klingen lässt.

▪ Mitte März bis Allerheiligen Di–So 10–17 Uhr, Fr 11 Uhr Führung (Dauer 1 Std.) ohne Anmeldung und Aufpreis. Eintritt 10 €, Kinder frei, Kombiticket mit Bunker Mooseum 14 €. St. Leonhard in Passeier, Passeirerstr. 72, ✆ 0473/659086, museum.passeier.it.

Wanderweg durch die Passerschlucht: Nach drei Jahren Bauzeit wurde 2016 der spektakuläre Passeirer Schluchtenweg eröffnet. Auf 6,5 km Länge führt er über 320 hm durch die enge Felsklamm, die die Passer im Lauf der Zeit herausgefräst hat. Atemberaubend angelegte (aber absolut familiengeeignete) Gitterstege ermöglichen es, quasi über dem Abgrund zu wandeln. Wer mag, kann dem beschilderten Weg entlang des Flusses ab dem Parkplatz beim Museum folgen, bis man nach etwa einer halben Stunde zum eigentlichen Beginn des Schluchtenweges am Ende der Sportzone Passeier kommt. Nach gemächlichem Beginn quert man auf einer Brücke (0:15 Std.) den rauschenden Bach und folgt seinem Verlauf flussaufwärts am linken Ufer. Nach ersten Gitterstegpassagen und dem alten Gomioner Kraftwerk (0:30 Std.) geht es über steile Serpentinen bergan. Zur Rechten stürzt über die Stulser Wände der dritthöchste Wasserfall Europas herab (200 m hoch). In der Folge führt der Weg über mehrere besonders eindrucksvolle Gitterstege durch senkrechte Felswände hoch über dem Flussbett. Schließlich senkt sich der Weg wieder zum Talgrund ab und mündet am Ende der Schlucht in die Brücke (0:50 Std.), die den großen Rückhaltedamm überquert. Ab hier kann man direkt nach Moos (rechts) oder den 40-minütigen Umweg nach links über den wild schäumenden Stieber-Wasserfall (37 m hoch) und das Café Bad Sand wählen. Wer nicht den gleichen Weg retour gehen will, nimmt in Moos den Bus (Haltestelle gegenüber der Pension Café Maria, Abfahrt immer 5 Min. vor der vollen Stunde).

Die Straße über den Jaufen: Die uralte Jaufenpassverbindung von St. Leonhard in Passeier nach Sterzing bzw. von Bozen und Meran zum Brenner und nach Innsbruck wurde 1912 zu einer modernen Straße ausgebaut. Zwi-

Meran und Umgebung → Karte S. 188

schen St. Leonhard und dem Pass auf 2094 m müssen zwei steile Hänge in Serpentinen bewältigt werden, dazwischen liegt idyllisch der Bergweiler *Walten* mit Kirchlein auf dem Hügel Glaiten. Das Kirchlein sieht man schon vom Tal aus, entsprechend lohnend ist der Blick von dort oben auf Passeiertal, Texelgruppe, Ötztaler und Sarntaler Alpen. Zum Jaufenpass → S. 43.

Wanderung auf die Jaufenspitze: → „Das Ridnauntal/Ausflüge", S. 45.

Die Timmelsjochstraße: Die Bergstraße erreicht auf dem Timmelsjoch eine Scheitelhöhe von 2491 m, damit ist sie nach Stilfserjoch- und Großglockner-Hochalpenstraße die dritthöchste Straßenverbindung über die Ostalpen. Der Weg über das Timmelsjoch ist eine alte Verbindung. Mindestens seit dem Frühmittelalter, als Bauern aus dem Passeier das obere Ötztal zu roden und besiedeln begannen, ist ein ununterbrochener Verkehr über das Joch anzunehmen. Die heutige Straße ist modern ausgebaut, sie hat fast ausschließlich touristische Bedeutung (Oktober bis Juni gesperrt!).

Wilde Passerschlucht

Ein kunsthistorisch interessantes Projekt, die **„Timmelsjoch-Erfahrung"**, lädt unterwegs zu mehreren Zwischenstopps ein. Die erste Station ist der *Steg*, ein aufwendig gestalteter Aussichtspunkt an der Nordtiroler Mautstation. Die zweite ist ein begehbarer Kubus hinter der Timmelsbachbrücke mit dem Namen *Schmuggler*. Dort erfährt man etwas über das harte und gefährliche Leben derjenigen, die früher alle möglichen Waren über die Passgrenze schmuggelten. Das *Passmuseum* am höchsten Punkt der Straße erzählt die Geschichte ihrer Erbauung. Unterhalb des Scheibkopfs bietet ein *Fernrohr* einen spektakulären Blick auf das Passeiertal und die Gipfel der Texelgruppe. Der *Granat* bei Stuls beschließt den Projektzyklus. Es handelt sich um einen Schauraum, in dem man Wissenswertes über Mussolinis Alpenwall und die Stulser Wasserfälle erfährt.

Maut: Für die Benutzung der Timmelsjochstraße wird eine Maut verlangt, für Pkw einfach 18 €, hin/zurück 24 €, timmelsjoch.com.

Top Mountain Crosspoint Tirol, der futuristisch anmutende Gebäudekomplex aus viel Holz und Glas beherbergt nicht nur die neue Mautstation, sondern auch ein großzügig gestaltetes Restaurant (auch Bar) und Europas höchstgelegenes Motorradmuseum mit 230 Exemplaren von 100 Herstellern. Zudem ist die neue Kirchenkar-Kabinenbahn-Talstation integriert. Hangseitig ragt ein wuchtiger Steg (erste Station der „Timmelsjoch-Erfahrung", s. Kasten) über den Abgrund, von dem man einen fantastischen Blick auf Obergurgl hat. Museum im Sommer tgl. 10–17.30 Uhr, Eintritt 15 €. ✆ 05256/6265910, crosspoint.tirol.

*** Gasthof Hochfirst,** auf 1860 m an der Timmelsjochstraße, Ausgangspunkt für viele Wanderungen, z. B. auf den Schneeberg (2:30 Std.). Mai bis Okt. Neu renovierte Zimmer mit Balkon, außerdem Matratzenlager und Gaststätte (Mi/Do Ruhetag) mit Terrasse zum Tal. Timmelsjochstr. 56, ✆ 0473/647040, hochfirst.it. **€€**

Erlebnisbergwerk und Schutzhütte Schneeberg: Das wohl höchstgelegene Bergwerk Europas baute Feinsilber, Zinkblende und weitere Erze ab, die in Gängen zwischen 2000 m und 2500 m

Die Jäger und Sammler im Hinterpasseier

Ein mehrjähriges Forschungsprojekt brachte vor einigen Jahren eine erstaunliche Dichte an Stätten früher Besiedelung (6.–8. Jt. v. Chr.) im hintersten Passeiertal zutage. Sowohl in den Seitentälern des Pfelderer Tals als auch am Seebersee, am Timmelsjoch selbst und auf der Stuller Mut oberhalb von Moos sowie auf der Ulfaser Alm fanden sich Spuren aus Bronzezeit, Jungsteinzeit und Mittelsteinzeit. Geräte und Herstellungsreste aus Silex (ein Silikatgestein, das zur Fertigung von Schmuck, aber auch als Feuerstein verwendet wurde) und Bergkristall wurden ebenso entdeckt wie Feuerstellen mit Holzkohleresten. Die insgesamt 19 Fundstellen liegen zwischen 1700 und 2450 m Höhe, der Großteil davon in einem Bereich, des damals klimabedingt vermutlich noch vom Bergwald bedeckt war. Wer heute über die einsamen Hochebenen und verkarsteten weiten Flächen unterhalb der gewaltigen Szenerie von Dreitausendern dahinwandert, bekommt eine durchaus respekteinflößende Ahnung davon, wie Ötzis Vorfahren sich anno dazumal ohne Goretex-Zweilagen-Jacken, Vibramsohlen, Hightechrucksäcke, Alustöcke und Bio-Müsliriegel durch die unwirtliche Wildnis kämpften.

vorkommen. Die Gänge ziehen sich zwischen Ridnauntal (→ Südtiroler Bergbaumuseum Ridnaun-Schneeberg, S. 42) und dem Passeier über mehrere Kilometer. Seit dem frühen Mittelalter wird abgebaut. Die Tiroler Grafen ließen aus dem *Silber* Münzen prägen. Die Fugger verstärkten den Abbau und sorgten wie auch anderswo in ihrem Sterzinger Besitz (Gossensass) für bessere Abbaumethoden, aber mit dem Vordringen des Silbers aus den Habsburgerkolonien in Amerika verlor der Abbau an Bedeutung. 1871 begann man dann mit dem Abbau der bis dahin wirtschaftlich uninteressanten Zinkblende. Dafür musste das Bergwerk ausgebaut, Zufahrtswege und Abbau- sowie Aufbereitungsanlagen errichtet und eine Reihe neuer Stollen gebohrt werden. Die 1871 errichtete Erz-Übertage-Förderanlage auf Schienen war die größte ihrer Zeit und ist in Teilen gut erhalten. 1925 wurde eine große Materialseilbahn errichtet, wodurch es möglich war, die Erzaufbereitung komplett ins Tal zu verlagern und die alte Bergwerkssiedlung St. Martin am Schneeberg weitgehend aufzugeben (die vorhandenen Bauten wurden jedoch nicht abgetragen). Die Knappensiedlung auf 2355 m war vorher jahrhundertelang ganzjährig bewohnt gewesen. Für die dort untergebrachten Knappen war der Hochwinter die schlimmste Zeit des Jahres. Sie mussten sich oft durch 8 m hohen Schnee wühlen, bevor sie den Stolleneingang erreichten. Da der Abbau erst vor relativ kurzer Zeit eingestellt wurde, sieht man bei der Besichtigung von Schneeberg Knappenhaus und Stollen, Förderlinien und Aufarbeitungsanlagen eines zwar historischen, aber noch bedeutungsmäßig bis in unsere Gegenwart hereinragenden Betriebes.

Die **Schutzhütte Schneeberg**, errichtet im alten Knappenhaus von *St. Martin am Schneeberg*, ist Zentrum für die Besichtigung. Man erreicht sie vom Passeiertal aus z. B. von der Timmelsjochstraße. 2:30 Std. geht man auf einer

Forststraße von km 18,6 an der Straße (hinter dem Gasthaus Schönau auf 1700 m). Man erreicht zuerst das Abbaugebiet Seemoos auf 2187 m und dann nach recht steilem Aufstieg die Knappensiedlung St. Martin am Schneeberg.

Schutzhütte Die **Schutzhütte Schneeberg** (2355 m), ein ehemaliges Herrenhaus und Knappenwirtshaus, ist zwar ein historischer Standort, aber wie jede andere alpine Schutzhütte für jeden Wanderer offen (Mitte Juni bis Ende Sept.). Einfache 3- bis 6-Bett-Zimmer und Matratzenlager, Ü/FR ab 39 €, ✆ 0473/932900, schneeberg.org.

Erlebnisbergwerk Schneeberg Mitte Juni bis Mitte Okt., es werden 2 ganztägige Führungen angeboten (s. u.). Anmeldung am Vortag bis 16 Uhr telefonisch unter ✆ 348/3100443 oder per Mail bei Franz Kofler, koflerfranz.it. Startpunkt ist jeweils am Parkplatz Schneeberger Brücke an der Timmelsjochstraße. Infos beim Landesmuseum Bergbau, Standort Ridnaun, ✆ 0472/656364, bergbaumuseum.it.

Erlebnistour Erzrevier, Di und Do jeweils 9.15 Uhr, 25 €, erm. 20 €, Familien 45 €. Die 8-Std.-Tour umfasst Schauraum, Knappensiedlung und Erzrevier.

Abenteuertour Schneeberg, Sa/So 8.30 Uhr, Dauer ca. 10 Std., Mindestteilnehmerzahl 8 Pers., 30 €, erm. 15/25 €. Die Tour zeigt den gesamten Bereich des Abbaus inkl. 3,5 km Grubenbahn im Poschhausstollen. Ausrüstung wird gestellt, Regen- und Kälteschutz sowie Essen und Trinken selbst mitnehmen!

Bunker Mooseum: Eingerichtet wurde das 2009 eröffnete Museum in einem zweistöckigen Bunker namens *sbarramento di Moso* (Barriere von Moos), der das faschistische Italien gegen einen österreichischen (oder deutschen) Angriff vom Timmelsjoch her verteidigen sollte – die Kampfstellungen für Maschinengewehre sind erhalten. Das sehenswerte Museum beschäftigt sich in den beiden in den Berg getriebenen Stollen mit den wichtigsten Phasen der Entwicklung des Hinterpasseier und besitzt als besondere Attraktion ein großes Steinbockgehege, das man im Laufe des Rundgangs über eine panoramareiche Treppenkonstruktion erreicht, die zum höchsten Punkt der Bunkeranlage führt. Markant ist auch der Eingangsbau, eine Stahl- und Glaskonstruktion, die am besten von der unterhalb gelegenen Brücke zu bewundern ist.

■ April bis Okt. Di–So 10–17 Uhr, Eintritt 12 €, erm. 10 €, Kinder 5 €. Kombiticket mit MuseumPasseier am Sandhof 14 €, Familien 26 €, museum.hinterpasseier.it.

Spaziergang zum Stieber-Wasserfall (→ Passerschlucht, S. 235): Von Moos nimmt man die Pfelderer Straße und erreicht nach ca. 600 m noch vor Platt den Parkplatz, an dem der Fußweg zum „Stieber" abgeht. Eine Viertelstunde Weg, dann oft etwas feuchter Anblick des eindrucksvollen Wasserfalls von der Holzbrücke über den Pfelderer Bach, dessen stiebende Wassermassen seinem Namen alle Ehre machen. Wer zu Fuß hierher kam, geht über die Brücke weiter und erreicht in *Gilf* die alte Pfelderer Straße und den Rückweg nach Moos. Wer zum Pkw zurückgeht, kann sich noch beim „Platterwirt" stärken.

Auf dem Panoramaweg von der Gründbodenalm nach Lazins: Vom Großparkplatz am Ortsanfang von Pfelders führt der Gründbodenlift in die Almregion der Texelgruppe. Ein wirklich aussichtsreicher, leicht zu gehender Weg führt in 2:30–3 Std. von der Bergstation mit Hütte (2000 m) über die **Faltschnalalm** (1872 m) nach Lazins (1782 m), von wo aus man auf dem schönen Talweg 24 nach Pfelders zurückkehrt. Herrliche Blicke auf den Gurgler Kamm, den Grenzkamm der Ötztaler Alpen gegenüber und in den Talschluss mit der Hochwilde (3482 m).

Bergbahn Kabinenbahn **Grünboden Express** Mitte Juni bis Ende Sept. und in der Wintersaison tgl. 9–16.30 Uhr; Berg/Tal 13 €, Berg 10,50 €, Tal 9 €. **Mountaincart** 11 €. Die neu errichtete **Grünbodenhütte** an der Bergstation, die **Faltschnalalm** und der **Hof Lazins** sind bewirtschaftet.

Auf dem Meraner Höhenweg ins hinterste Pfelderer Tal und zur Stettiner Hütte: Gemütlich geht es von Pfelders bis zur Lazinser Alm, das ist ein

Familienausflug. Anschließend wird's haariger, wenn auch technisch unproblematisch, aber man muss eben 1000 Höhenmeter überwinden, um zur Stettiner Hütte (oder Eisjöchlhütte) auf dem Eisjöchl zu gelangen. Das siebt die Spaziergänger unter den Wanderern aus. Wer sich den einfachen, aber langen Aufstieg mit nicht enden wollenden Serpentinen zumutet, bekommt den Blick ins jenseitige Pfossental (Schnalstal-Nebental) und auf die Südkante der Hochwilde im Grenzkamm kostenlos dazu. Gesamtgehzeit ab Pfelders etwa 6 Std., technisch leicht.

Man kommt vorbei an der **Zeppichl Mountain Residence** (früher einfach „Gasthof") mit gemütlichen Mehrbettzimmern, modernen Apartments, Suiten und spektakulärem Wellnessbereich. Restaurant mit traditioneller und italienischer Küche, aber auch Brotzeit und Kuchen. Fleisch und Wurst stammen vom eigenen Hof. Im Herbst Bauernkuchl mit Schöpsernem, Muas und Riibl. ✆ 0473/646762, zeppichl.com. **€€–€€€**

Man passiert außerdem den bewirtschafteten **Hof Lazins** und die nahe gelegene, ebenfalls bewirtschaftete, neu erbaute **Lazinser Alm** in herrlicher Lage mit guter Almküche.

Stettiner Hütte, 2875 m, Juli bis Sept.; seit 2023 ist der spektakuläre Neubau der Hütte auf dem höchsten Punkt des Meraner Höhenweges in Betrieb, insgesamt 70 Schlafplätze in 10 Mehrbettzimmern. Reservierung nur per E-Mail an stettiner@13h.de. Ü/FR 45 €, Essen nur à la carte möglich. ✆ 347/8742805, stettinerhuette.com.

Basis-Infos zum Passeiertal

Information **Tourismusverein Passeiertal im Meraner Land,** St. Leonhard, Passeierstr. 40, ✆ 0473/656188 (Nummer gilt für alle Büros im Tal), Infobüro in St. Martin, Jaufenstr. 7, Infobüro in Moos, Dorf 78. Webseite für alle Orte: passeier.it. Infobüro in Pfelders, Pfelders 11, pfelders.info.

> Seit 2007 ist Pfelders (fast) **autofrei.** Unter dem Slogan „Pfelders – sanft mobil" dürfen ab dem Ortseingang nur noch Einheimische und Gäste der Beherbergungsbetriebe die Straßen befahren. Für alle anderen stehen der „Dorfexpress" und ein Citybus zur Verfügung. Die Gemeinde Moos in Passeier, zu der Pfelders gehört, ist Mitglied der „Alpine Pearls" für nachhaltigen Tourismus (alpine-pearls.com).

Verbindungen **Pkw:** Jaufenpass und Timmelsjoch werden durch das Passeiertal erreicht, beide sind im Winter gesperrt. In der Mautgebühr über das Timmelsjoch (Pkw einfach 18 €, hin/zurück 24 €, timmelsjoch.com) sind Tiroler und Südtiroler Anteile enthalten.

Gute **Busverbindungen** nach Meran, dagegen nach Moos und Pfelders gerade eben ausreichend, letzter Bus 241 ab Pfelders gegen 20 Uhr.

Vorteilskarten Es gelten die Gästekarten von Meran und Umgebung wie die **MeranCard.** Ausgewählte Betriebe vergeben auch die **Frühlingskarte Hirzer,** die nur von Ende März bis Ende Mai erhältlich ist. Sie erlaubt die tägliche Nutzung der Hirzer Seilbahn.

Einkaufen Hausgemachte Produkte aus der hofeigenen Metzgerei, dazu Brot und Schnäpse gibt es in **Martins Hofladen/Hofschank** (zeppichl-bauernguet.com), Bergkäse in der Käserei **Seppnerhof** (kaeserei-pfelders.com), beide in Pfelders beim Gasthof Zeppichl. Ziegenkäse und Geräuchertes in der **Hofkäserei Kresspichl,** Pfelders 21b, kresspichl.com.

Feste & Veranstaltungen **Pfelderer Kirchtig** am 15. August (Mariä Himmelfahrt). An diesem Tag und zu Fronleichnam sieht man überall im Tal zum Kirchgang und beim Umzug besonders viele Trachten.

Mein Tipp Mitte September findet hier einer der schönsten **Almabtriebe** Südtirols statt. Die mit schwerem Kopfschmuck versehenen Kühe kommen den Bergweg hinab, dazwischen einzelne Senner auf Pferden oder Kutschen, ein paar Ziegen sind auch dabei. Unten im Dorf dürfen die Tiere auf einer eingezäunten Weide fressen und sich etwas beruhigen. Dabei besteht ausgiebig Gelegenheit, die prächtigen Kopfbedeckungen (die von den Tieren allerdings überwiegend als störend empfunden werden, vor allem beim Fressen) zu betrachten. Eingerahmt wird das Ganze von Musik und, wie sollte es anders sein, etwas Gutem zum Essen.

Bauernkuchl im Hinterpasseier, Ende September bis Mitte Oktober laden die Gastwirte

Meran und Umgebung → Karte S. 188

zu einem kulinarischen Streifzug durch die traditionelle Küche ein.

Baden/Schwimmen **Freibäder** in St. Martin und St. Leonhard (in der Sportarena).

Golfen **Golfclub Passeier,** St. Leonhard, 18-Loch-Anlage (Par 71, 5755 m), geöffnet März bis Nov. ✆ 0473/641488, golfclubpasseier.com.

Radfahren/Mountainbiken Der Passer-Radweg zwischen Meran und St. Leonhard ist ein gut ausgebauter, im mittleren Teil allerdings nicht asphaltierter **Familienradweg.** Radverleih im Bikeshop in der Handwerkerzone Lahne, St. Martin, bikeshop-passeier.it.

Reiten **Reitstall Steinerhof,** Koppel, Ausritte, Ponys, Kutschenfahrten, im Winter Schlittenfahrten, auch Mondscheinfahrten. ✆ 340/5478603, steinerhof.eu.

Wintersport Skigebiet mit moderner Kabinenbahn, 2 Sesselliften und 2 Schleppliften sowie 18 km Pisten. Das Pfelderer Skigebiet gehört mit zum Verbund *Ortler Skiarena* (→ S. 633). **Skischule Pfelders,** komplettes Kursangebot für Alpinski, Snowboard und Langlauf, auch Carving-Intensivkurse, ✆ 0473/861950, skischule pfelders.it. **Skiverleih Gufler,** Pfelders 45, ✆ 0473/646768, skiverleih-gufler.com. Geführte **Schneeschuhwanderungen** im Hinterpasseier durch den Tourismusverein, Infos auf pfelders.info.

Wandern/Bergsteigen/Klettern Der Bergführer Robert Ciatti führt Tages- und Wochentouren durch, auch Kletterfahrten und Skitouren, Infos bei den Tourismusbüros und auf bergfuehrer-schnals-passeier.com.

Mehrere **Klettergärten** im Tal, die besten sind in der Gratisbroschüre „Klettern im Passeiertal" zusammengestellt. **Kletterhalle** in St. Leonhard, sportarena.it.

Höfewanderungen: Meist an Donnerstagen und Freitagen von Juni bis Sept. führen die Fremdenverkehrsämter des Tales Wanderungen zu Bergbauernhöfen durch. Hofbesichtigung, Informationen über das Bauernleben mit Erzählungen der Bauern, Bauernkost und die Fußwanderung zum Hof gehören dazu. Infos und Anmeldung bei den Tourismusbüros des Tales.

Übernachten/Essen & Trinken im Passeiertal

In Saltaus ****** Saltauser Hof,** der historische Schildhof in Saltaus mit seinem weiß getünchten Äußeren mit den kontrastierend farbigen Fensterflügeln und den pittoresken Stufengiebeln hat im Inneren sowohl die Erinnerungsstücke an eine bäuerliche Passeier Vergangenheit erhalten als auch den Komfort der Gegenwart integriert: Hallenbad und Freibad, Sauna, Fitnessraum, Kinderspielplatz und -spielraum, Radverleih. Eindrucksvolle getäfelte Bauernstube als Restaurant, uriger Marendkeller, im Herbst auch Törggelen. Großzügige Zimmer, schicke Apartments in der „Panorama Residence". Pseirerstr. 6, ✆ 0473/645403, saltauserhof.com. **€€€€**

Mein Tipp **Torgglerhof,** traumhaft inmitten von Apfelplantagen direkt am Passerradweg gelegen, ein architektonisches Prunkstück mit großer Wiese und Terrasse. Alles dreht sich beim Apfelhotel um die runde Vorzeigefrucht, darüber hinaus ist der Service ausgesucht freundlich und die Küche hochwertig. Außergewöhnlich das Brunnenhaus mit Spa, das geschickt in die Landschaft eingefügt wurde. Unterschiedlich gestaltete Zimmer, auch für Familien, runden das Konzept ab. Torgglerhof 19, ✆ 0473/645433, apfelhotel.com. **€€€€**

***** Sonnegg,** kinderfreundliche Pension mit gut ausgestatteten, gemütlichen Zimmern, im aufgebauten Obergeschoss mit Sauna und Dachterrasse sind die Zimmer neu und alpin gestaltet. Reichhaltiges Frühstücksbuffet, kleines beheiztes Freibad, Fahrradverleih und Wanderungen. Saltnerweg 1, ✆ 0473/645478, pension-sonnegg.com. **€€€–€€€€**

***** Camping Passeier,** der Campingplatz unweit von Meran im unteren Passeiertal (beim Untersaltaushof) liegt zwar zwischen Straße und Fluss, ist aber recht ruhig. Pool, Heubad und Massagen, sanitäre Ausstattung komfortabel und modern. Ansprechend gestaltete Bistro-Pizzeria und bestens ausgestatteter Laden. Geöffnet Ende März bis Allerheiligen. Gespann und 2 Pers. 37–42 €. Apts. (2–4 Pers.), teils neu, 70–164 €. Pseirerstr. 10, ✆ 0473/645454, campingpasseiermeran.com.

In St. Martin *****S Jager Hans,** solides Haus mit angenehmen, geräumigen Zimmern und neuen Apartments in der nahen „Residence Grünwald", Hallenbad, Whirlpool, Kneippbecken und Saunen. Die Restaurant-Pizzeria bietet klassische Speisen, Marendenteller mit Speck und Kindergerichte. Dorfstr. 3, ✆ 0473/641253, jagerhans.com. **€€€–€€€€**

Mein Tipp **Gasthaus Lamm – Mitterwirt,** im historischen Gasthof Mitterwirt in der Ortsmitte speiste schon Andreas Hofer. Schmackhafte klassische Südtiroler Küche ohne Schnickschnack aus besten lokalen und regionalen Zutaten, oft in Bio-Qualität, auch Slow-Food-Produkte finden Verwendung: z. B. Bratl von der Passeirer Bergziege, Knödel und Nocken mit Kräutern, Birnen-Pannacotta zur Nachspeise. Gemütliche Tiroler Stube. So abends und Mo Ruhetag. Dorfstr. 36, ✆ 0473/641240, gasthaus-lamm.it. **€€–€€€**

Unterwirt, in dem schön renovierten Hotel bzw. seinem Urbau, dem Unterwirt-Häusl, wurde bereits seit 1611 Wein ausgeschenkt. Hier kann in geschichtsträchtigem Ambiente nur essen, wer auch dort nächtigt. Doch auf ein Gläschen in der schicken Bar oder draußen in der Gasse kann man sich gerne niederlassen, beispielsweise um den Piwi-Wein Solaris zu genießen. Die Reben (die einzigen im Passeiertal) wachsen nur 100 m hinter dem Gebäude, also quasi mitten im Ort, die dazugehörige Weinkellerei nennt sich *Passir*. Zünftig essen und ruhig schlafen kann man im nahen **Brauhotel Martinerhof** desselben Betreibers: Jaufenstr. 15, ✆ 0473/641226, martinerhof.it.

Dorfcafé Kofler, daneben **Bäckerei** mit gutem Brot, beide am Dorfplatz.

In St. Leonhard ****** Stroblhof,** familienfreundliches Wellness- und Sporthotel, Wasserwelt mit großzügigem Frei- und Hallenbad samt Rutsche und Liegewiese sowie großzügigem Sauna- und Spa-Bereich. Schicke Cocktail-Bar in trendigem Design. Umfassende Angebote für Kinder, auch Kinderbetreuung. Mehrere Zimmertypen, komfortable Suiten, alle hervorragend ausgestattet. Passeierstr. 28/29, ✆ 0473/010500, stroblhof.com. **€€€€**

***** Tirolerhof,** Hotel in zentraler Lage, neu renovierter Familienbetrieb, moderne, helle Zimmer und komfortable Suiten mit viel Holz und meist mit Balkon, Sauna und Dampfbad. Kohlstatt 7/11, ✆ 0473/656117, hoteltirolerhof.it. **€€€–€€€€**

****** Camping Zögghof,** schön angelegter Campingplatz mit steiler Terrassierung, Chalets und ansprechenden Bungalows in der obersten Reihe, kleine Bar und Shop mit Verkauf hofeigener Produkte. Stellplatz für 2 Pers. 31–50 €, Bungalows/Chalets 60–500 €. Mooserstr. 31a, ✆ 335/1050440, zoegghof.com.

Brückenwirt, beliebte Gasthaus-Pizzeria mit Mini-Schaubrauerei. Das Hausbraubier des Brückenwirts darf 4–6 Tage gären und dann ebenso viele Wochen reifen, bevor es ausgeschenkt wird. Toller Ausblick auf Passer und Ort von der Terrasse. Leckere Pizza. Breitebnerstr. 2, ✆ 0473/656191, hoellenbraeu.com.

Sandwirt, neben dem Museum Passeier gelegenes Geburtshaus von Andreas Hofer mit traditioneller, saisonal ausgerichteter Tiroler Küche, auch Törggelen. Im Winter geschl., Mo Ruhetag. Passeirerstr. 72, ✆ 0473/656143, sandwirt.bz.

In Stuls ***** S Kronhof,** Hotel in sonniger Panoramalage. Schönes Hallenbad, Saunen, Fitnessraum, Liegewiese und bequeme Zimmer und Apartments mit Balkon. DZ/HP und Apt. Stuls 7c, ✆ 0473/649566, kronhof.com. **€€–€€€€**

In Pfelders ***** Das Edelweiss,** das hübsche Haus am Ortsrand punktet mit modernen und trotzdem gemütlichen Zimmern, alle mit Balkon. Kleine Sauna, das Restaurant im Haus ist für externe Gäste nur mittags geöffnet (Reservierung ✆ 349/1426523). Zeppichlerstr. 12, ✆ 0473/646713, edelweiss-pfelders.it. **€€€–€€€€**

Steinerhof, der kinderfreundliche Reiterhof mit Haflingern und Haustieren bietet nicht nur Ausritte an, sondern auch Apartments im neuen Bauernhaus und 2 gemütliche Zimmer im sanierten, alten Bauernhaus, außerdem eine Ferienwohnung für bis zu 10 Personen. Pfeldererstr. 20/34, ✆ 340/5478603, steinerhof.eu. **€€–€€€**

***** Bergland,** sympathisches Hotel-Café mit recht großen, modernen Zimmern mit Balkon, Wiese mit Spielplatz beim Haus, nettes Café. Pfelders 27, ✆ 0473/646716, alpshotelbergland.com. **€€–€€€**

***** Camping Bergkristall,** neuer Platz direkt an der Straße zwischen Moos und Pfelders. Der Platz selbst ist eher einfach, aber rundum viel Grün und Natur. Gute Sanitäranlagen. Der sympathische Besitzer Luis Hofer verfügt über beste Ortskenntnisse und hat viele Tipps, auch beim Almabtrieb ist er aktiv, er war sogar mal in jungen Jahren in der italienischen Ski-Nationalmannschaft. Gespann und 2 Pers. 28,50–39 €, ganzjährig geöffnet. Platterstr. 67, ✆ 389/0670606, campingbergkristall.it.

Zum Karl, Imbiss und Bar direkt am Parkplatz am Ortseingang. Perfekte Lage für die kurze Einkehr nach der Wanderung.

Pisten Pub, früher reiner Après-Ski-Treffpunkt, ist der runde Holzbau oberhalb der Talstation nun auch im Sommer eine Einkehr wert. Alpine Gerichte und Pizza in rustikalem Ambiente. Pfelders 45a.

Meran und Umgebung → Karte S. 188

Krokusblüte in Mölten

Südlich von Meran

Burggrafenamt ist der alte Name des Tals südlich von Meran und der angrenzenden Berge, denn hier lagen die ersten Besitzungen der Burggrafen von Tirol. Es ist reiches Land mit Weinbergen wie in Lana und armes Bergbauernland wie im Ultental.

Im unmittelbaren Umfeld von Meran ist *Marling* fast so etwas wie ein Vorort der Stadt geworden, wogegen *Lana* genügend historisches Eigengewicht hat, um sich gegenüber der großen Nachbarin zu behaupten. Man passiert den ausgedehnten Ort, wenn man ins *Ultental* fährt, in ein Bergbauerntal, dessen markierte Wanderwege auch in mehreren Urlauben nicht abzuwandern sind, zumal man für die höchsten, im *Nationalpark Stilfserjoch*, Pickel und Steigeisen braucht. Schon ins Trentino blicken die Orte des *Deutschnonsbergs* im obersten Val di Non. Freundliche Ferien-, Wein- und Apfelorte liegen im Etschtal zwischen Meran und Bozen: *Tisens, Prissian, Nals, Terlan, Andrian*. Wer die Höhenstraße über *Tschögglberg* und *Salten* nimmt, bekommt auch die Bergdörfer mit, bekannte und unbekannte wie *Hafling, Vöran, Mölten* und das winzige *Flaas*.

Marling

Der nach dem Ort benannte lange **Marlinger Waalweg** zwischen Töll und Tscherms (und weiter als Tschermser Waalweg nach Lana) ist fast jedem Besucher der Gegend um Meran bekannt. Er ist Marlings große Attraktion und das Ziel vieler Wanderer aus der ganzen Region, die gemütlich ein paar

Stunden auf einem praktisch ebenen Weg wandern und die Gegend genießen wollen ebenso wie die Ausblicke, das Plätschern des Wassers, den Duft der Apfelblüten im Frühjahr und dann im Herbst den der am Boden liegenden Falläpfel.

Es wohnt sich angenehm in Marling, der Ort ist übersichtlich, wandern kann man fast von jeder Pension aus, Meran ist nah (von vielen Balkonen aus sieht man Meran, Dorf Tirol, die Texelgruppe, den Ifinger). *Franz Liszt* fand den Ort inspirierend. Das Geläut der Pfarrkirche soll ihn zu einer Komposition angeregt haben – dem Schöpfer thematischer Tongemälde ist das ohne Weiteres zuzutrauen.

Ausflug auf dem Marlinger Waalweg

Hier ein paar Daten zu diesem vielleicht berühmtesten aller Waalwege: 13 km lang, 1737–1756 gebaut, 300 l Wasser pro Sekunde, Bewässerung von 300 ha Kulturland. Errichtet wurde er auf Initiative der Kartäusermönche im Schnalstal (heute Karthaus), die den Goyenhof in Marling besaßen und den Waal für seine Bewässerung benötigten. Heute zum Großteil asphaltiert, aber immerhin erhalten. Ein Teil des Waalwegs wurde vom Forstinspektorat als *Walderlebnispfad* eingerichtet und mit „Erlebnisstationen" versehen.

Der Marlinger Waalweg beginnt am Parkplatz an der Etschschleuse in **Töll** an der Vinschgauer Straße, nach 0,5 km erreicht man den eigentlichen Marlinger Waalweg (generell sehr gute Beschilderung). Man passiert ein Waldgebiet, der Waal ist leider wie im größten Teil des Wanderweges verrohrt. Beim „Gasthaus Schönblick" kommt Meran in den Blick (sehr kundenfördernd ist die gute Lage des Wirtshauses!), beim „Gasthaus Enzian" Marling. Weiter geht es nach **Tscherms,** wo man auf halber Höhe zwischen Basling und Schloss Lebenberg wandert, mittlerweile auf dem **Tschermser Waalweg,** der aber allgemein mit dem Marlinger Waalweg als Einheit gesehen wird. Der Waal und der Weg enden in **Oberlana** am Raffeinweg, folgt man ihm in den Ort und zum Busbahnhof kommt man per Bus zum Ausgangspunkt zurück (Umsteigen in Meran).

Wer höher hinaus will, kann den ebenfalls in Töll beginnenden **Marlinger Höhenweg** nehmen, der gleichfalls nach Tscherms führt, wo er in den Marlinger Waalweg mündet. Auch als Rückweg sehr empfehlenswert, aber nur für gute Geher! Gehzeit 3–4:30 Std., mit Rückweg das Doppelte.

Gereimte Bedienungsanleitung

Meran und Umgebung → Karte S. 190

Basis-Infos

Information **Tourismusverein Marling,** Mo–Fr 8.30–12.30/14–18 Uhr, im Winter bis 17 Uhr, im Sommer auch Sa 8.30–12.30 Uhr. Marling, Kirchplatz 5, ✆ 04737/447147, marling.info.

Verbindungen **Bus** nach/von Meran jeweils etwa 6.30–21 Uhr mindestens stündl. Bus nach Lana und Algund werktags alle 20 Min., So alle 30 Min.

Gästekarte Nun hat auch Marling seinen **Südtirol Guest Pass,** der die Museummobil Card beinhaltet. Alle öffentl. Verkehrsmittel und der Eintritt in rund 80 Museen sind damit kostenlos.

Märkte **Bauernmarkt** Jeden zweiten Mi (April bis Okt.) auf dem Kirchplatz.

Wein & Destillate **Weingut Popphof,** Mitterterzer Str. 5, Hofladen, Kellerführung mit Verkostung April bis Aug. nach telefonischer Vereinbarung (ab 10 Pers.), ✆ 0473/447180, popphof.com.

Kellerei Meran Burggräfler, Kellereistr. 9, Verkaufsladen, geführte Weinverkostungen April bis Okt. Mi–Fr um 15 Uhr. kellereimeran.it.

Privatbrennerei Unterthurner, A.-Pattis-Str. 14, große Auswahl, über 40 Destillate und Liköre, Enothek und Laden mit Verkostung, Führungen Mi 16 Uhr und Fr 10 Uhr nach Voranmeldung, 15 €. ✆ 0473/447186, unterthurner.it.

Bauernbrennerei Lahnerhof, Brugger Weg 2, Obstbrände (Apfel, Birne) und Grappas, Führungen und Verkostungen nach telefonischer Vereinbarung (ab 6 Pers.), ✆ 335/7043583.

Übernachten/Essen & Trinken/Nachtleben

Die Hotels in Marling bieten in ihren Restaurants den für Südtirol üblichen Mix aus Tiroler und italienischer Küche. Dazu kommen die Jausenstationen, Gasthäuser und Buschenschanken, v. a. jene am Marlinger Waalweg und Marlinger Höhenweg.

Übernachten ******S Giardino Marling,** gediegenes Luxushotel in ruhiger Lage am oberen Ortsrand von Marling mit tollem Blick auf Meran und Umgebung, funktional-modernes Ambiente im großen Speisesaal mit Terrasse, komfortable, geräumige Zimmer, moderner Wellnessbereich mit Biosauna, finnischer Sauna, Dampfbad und Whirlpool im Garten. Der Clou ist der im Dunklen beleuchtete Dachterrassenpool, von dem aus man bei 28 °C warmem Wasser die Lichter von Meran (und die Sterne am Himmel) anschmachten kann. Frühstücksbuffet und Essen sind vom Feinsten. St.-Felix-Weg 18, ✆ 0473/447177, giardino-marling.com. **€€€€**

**** Rosemarie,** Gasthof-Pension, Pool und Liegewiese, Familienbetrieb mit Sinn für Kinder. Einfache Zimmer und Apartments. Gampenstr. 57, ✆ 0473/447200, pension-rosemarie.it. **€€**

***** Marlinger Hof,** das „Piccolo Hotel" ist so klein nun auch wieder nicht, hat aber familiäre Atmosphäre, Freibad, Liegewiese, Kinderspielplatz und liegt verkehrsgünstig an der Marlinger Brücke und daher nicht ganz ruhig. Im älteren wie neueren Trakt angenehme Zimmer mit Balkon. Gampenstr. 6, ✆ 0473/447157, hotel-marlingerhof.it. **€€–€€€**

****** Pazeider,** Bio- und Wellnesshotel mit neuem Anbau. Angenehm puristisch gestaltete Zimmer und stylische Suiten, ringsum das Grün der Apfelplantagen, Hallenbad, Sauna, Fitnessraum, beheiztes Freibad und Liegewiese mit Bäumen, man kann auch draußen frühstücken und zu Abend essen. Balkone zum Tal, da hat schon mancher Gast mit Blick auf Meran ein abendliches Fläschchen Burggräfler geleert. Nörderstr. 32, ✆ 0473/448740, pazeider.com. **€€€€**

**** Popphof,** ruhig, obwohl zentrumsnah gelegenes, sehr angenehmes Haus im Grünen mit altem Weinkeller und eigenen Weinen, schöner alter getäfelter Stube, mit Freischwimmbad und Liegewiese mit Ausblick und freundlichen Zimmern. Mitterterzer Str. 5, ✆ 0473/447180, popphof.com. **€€**

Urlaub auf dem Bauernhof **Rochelehof,** gut ausgestattete Ferienwohnungen, Schlaf- und Wohnraum getrennt, Brötchenservice. Sauna, Garten und Liegewiese, Weinlaube mit Terrasse, schön gestaltetes Kellermuseum. Anselm-Pattis-Str. 23, ✆ 0473/222446, rochelehof.it. **€€–€€€**

Essen & Trinken **Oberwirt,** St.-Felix-Weg 2, das Gourmetrestaurant des Hotels Oberwirt ist für seine gehobene Küchenqualität bekannt (2 Gault-Millau-Hauben). Gemütliche Stuben und Speisesäle. Regionale und mediterrane Gerichte wie Schlutzkrapfen oder Wolfsbarsch in Salzkruste, berühmt die „Spaghettini Oberwirt". ✆ 0473/222020, oberwirt.com. **€€–€€€**

Anny, Restaurant, Pizzeria und Steakhouse mit großer Karte von Burger über Pasta bis zum T-Bone-Steak und zur Pizza. Da ist für jeden etwas dabei – auch für Vegetarier. Entsprechend gut besucht, mittags von Einheimischen, abends bunt gemischtes Publikum. Freundlicher Service, angenehmes Ambiente. Mo abends geschl., Gampenstr. 29, ✆ 0473/606318, restaurant-anny.it.

IM KULT, „Food, Design, Culture" in der ehemaligen Seifenfabrik. Wirklich spektakulär, was Architekt Werner Tscholl aus dem Gebäude gemacht hat. Bistro, Concept Store und Eventlocation gehen eine perfekte Verbindung ein, bis hin zu den Toiletten ist jedes Detail designt. Gut essen kann man übrigens auch. So/Mo geschl., Gampenstr. 19, ✆ 0473/204090, imkult.com.

Tschigg, jede Menge S-Kurven führen hinauf zum Tschigg, da hat man als Mountainbiker schon einige Kalorien verbraucht und sich eine Erfrischung verdient. Auf der Terrasse des ca. 600 m über Marling liegenden Gasthofs hat man einen Prachtblick auf die Meraner Bucht und ein Essen vor sich, das der Tradition entspricht und zum Gutteil aus eigenen landwirtschaftlichen Erzeugnissen hergestellt wird. Auch der Wein ist Eigenbau und der Kuchen hausgemacht. Fr Ruhetag, abends nur auf Vorbestellung. Bergerstr. 22, ✆ 328/1756069.

Mein Beck, Kirchplatz 7, Filiale der Bäckerei im Zentrum mit Verkauf und Café, leckere Teilchen, hübsche Terrasse.

Nachtleben **Musikantenstadl,** Neuwiesenweg 14. Nach seiner Umbenennung in „Tonzstodl" heißt er wieder wie früher. Sicher kein Jugendtreff, aber hier wird getanzt, was das Zeug hält (von 19 bis 2 Uhr morgens). Nur Mo–Mi herrscht Ruhe, ✆ 0473/424040, musikantenstadl.it.

Meran und Umgebung → Karte S. 190

Lana

Lana liegt am Südrand des Etschtals auf einem riesigen Schwemmkegel, den der Falschauer Bach seit der letzten Eiszeit vor ca. 14.000 Jahren aufgeschüttet hat. Die Lage für Ausflüge ist hervorragend, Hotellerie und Gastronomie sind breit gefächert mit hohem Standard.

Lana ist ein wunderbarer Urlaubsort, doch besonders in den Übergangszeiten und im Winter ist es nicht ganz so sonnig wie das nach Süden schauende Meran. In Lana, das aus drei Ortsteilen zusammenwuchs *(Ober-, Mitter-* und *Niederlana),* und in den Ortsteilen *Tscherms, Burgstall* und *Gargazon* gibt es viel zu sehen und zu unternehmen. Freundlich ist die verkehrsberuhigte Hauptstraße in Oberlana, das Platzl am Beginn der alten Gampenstraße und der Griesplatz mit seinen Cafés. Ein prachtvoller spätgotischer Flügelaltar in Niederlana, Museen, die Wanderung auf dem nahen Marlinger Waalweg, eine Mountainbiketour vom Vigiljoch ins Ultental, im Frühjahr Spaziergänge durch die blühenden Apfelgärten und im Herbst durch Kastanienhaine, eine Spritztour ins nahe Meran – da ist der Urlaub um, kaum dass er begonnen hat.

Über Lana liegt **Völlan,** eingemeindetes Dorf, Luftkurort, auch hier Apfelplantagen und gute Hotellerie und Gastronomie. In den Wäldern über dem Ort dominieren die Edelkastanien. Die Superaussicht hat man vom Vigiljoch, Seilbahn und Sessellift führen ganz bequem hinauf.

Übrigens: Die 140 km lange *Rundfahrt* mit dem eigenen Pkw (für Cracks auch mit dem Rennrad) über den Gampenpass, hinunter ins Nonstal (mit Blick auf die Brentagruppe), nach Mezzocorona und auf der Südtiroler Weinstraße über Unterland, Kalterer See und

Überetsch zurück nach Lana ist eine ausgesprochen anregende Tagestour!

Sehenswertes/Ausflüge

In den Ortsteilen und Tschermser Waalweg: Lana besteht aus den drei Dörfern **Oberlana, Mitterlana** und **Niederlana,** die allmählich immer enger zusammenwachsen. Der wichtigste Ort war einmal Niederlana, wo heute noch die Pfarrkirche steht, das Zentrum verlagerte sich immer weiter nach oben und ist heute Oberlana. In allen drei Ortsteilen gibt es noch dörfliche Ecken, jeder hat seine Kirche. Neben der *Pfarrkirche in Niederlana* (s. u.) sind die gotische Kirche *St. Peter in Mitterlana,* die romanische Kirche *St. Margarethen* zwischen Mitter- und Niederlana und die gotische Kirche *St. Agatha auf der Wiese* bei Mitterlana sehenswert. Oberhalb des Ortes steht die Kapelle *St. Magnus in Gagers* (man erreicht sie über die Straße ins Ultental), und ein ganzer Reigen weiterer Kapellen und Bildstöcke ist zu entdecken.

Auch Schlösser hat Lana zu bieten: *Schloss Braunsberg* mit mittelalterlichem Kern, in Privatbesitz und nicht zu besichtigen, aber die Sonnenuhr am Treppengiebel und die Zypressen sind nicht zu übersehen, wenn man ins Ultental fährt und die erste große Rechtskurve passiert. *Burg Brandis* beim Golfplatz ist eine Ruine, auch sie ist in Privatbesitz, ebenso *Schloss Leonburg,* das man auf dem Kreuzweg nach Tisens passiert, und die *Mayenburg* über Völlan, bereits 1241 erwähnt als Besitz der Grafen von Eppan.

Die Kirchen **St. Peter** und **St. Agatha auf der Wiese** sind tgl. geöffnet, **St. Margarethen** nur Mi 10–13 und 14–17 Uhr. Der Schlüssel für **St. Magnus in Gagers** wird nebenan im Gagerser Hof verwahrt.

Die Gaulschlucht: Direkt an der Teissbrücke über die Falschauer, den aus dem Ultental herunter kommenden Bach, beginnt der Wanderweg in die schattige, kühle Gaulschlucht, meist nur „die Gaul" genannt. Vom starken Verkehr auf dieser Brücke, die Oberlana mit Tscherms und dem Ultental verbindet, hört man bald nichts mehr. Bis zu einer Wiese am Fuße von Schloss Braunsberg ist der Weg noch breit, dann

Eine der vielen Kirchen in Lana: St. Johann an der Falschauerbrücke

schlängelt sich nur noch ein gesicherter Pfad weiter den Bach entlang, ein Wasserfall wird passiert, dann endet er – die gewaltige Schlucht zwischen St. Pankraz und Lana ist nicht passierbar.

Pfarrkirche Niederlana mit Schnatterpeck-Altar: Die prachtvolle spätgotische Pfarrkirche von 1492 in Niederlana mit ihrem wunderschönen Steinmaßwerk und Netzgewölbe ist für Kunstbegeisterte einen Umweg wert. Zudem beherbergt sie einen der größten Kunstschätze (Süd-)Tirols: den spätgotischen Flügelaltar von *Hans Schnatterpeck* aus Landsberg am Lech. Allein seine Dimensionen sind umwerfend: Mit dem krönenden Spitzengesprenge ist der Altar 14,1 m hoch und füllt den Chor, für den er von Anfang an bestimmt war, zur Gänze aus! Figurenreiche, geschnitzte Flügelaltäre waren in Südtirol etwa zwischen 1420 und 1530 in Mode. Der Schnatterpeck-Altar, der zwischen 1503 und 1511 als Auftragswerk entstand, markiert den künstlerischen Höhepunkt dieser Phase. Der Mittelschrein zeigt die Dreifaltigkeit – Gottvater hält den Gekreuzigten auf dem Schoß, über seinem Haupt der Heilige Geist in Gestalt einer Taube. Links und rechts Petrus und Paulus, alle fein detailliert, die Gewänder faltenreich, die Gesichter der Apostel echte Porträts. Zierliche Fialenbaldachine krönen die drei unteren Nischen des Schreins. Darüber die Krönung Mariens, links und rechts die Heiligen Anna und Katharina, etwas kleiner, aber genauso detailliert und von vergoldeten Rosenbaldachinen überdeckt. Auch die Flügel zeigen jeweils zwei große, ebenfalls mit üppigem Dekor bedeckte Reliefszenen: Verkündigung (oben links), Beschneidung (unten links), Geburt Christi (oben rechts) und Anbetung der hl. drei Könige (unten rechts). Während der Fastenzeit, wenn der Altar geschlossen war, konnte man nur die Außenseiten der Flügel sehen. Sie zeigen in Gemälden des Dürer-Schülers *Hans Leonhard Schäufelein* Szenen der Passion (1507/08 entstanden).

▪ Besichtigung nur mit Führung (3 €), Palmsonntag bis Allerheiligen Di–Fr um 11 Uhr.

Südtiroler Obstbaumuseum im Ansitz Larchgut: Ein besserer Platz für das Museum konnte kaum gefunden werden. Das Südtiroler Obstbaumuseum wurde in einem sehenswerten mittelalterlichen Ansitz mitten im Obstplantagengebiet von Lana eingerichtet. Eine Stube mit Herrgottswinkel, altes Mobiliar und traditionelle Kleidung informieren über das Leben der Weinbauern, aber besonders interessant sind die Weinpresse (von 1570), alte Arbeitsgeräte, Instrumente zur Schädlingsbekämpfung, Öfen gegen Nachtfröste, alte Korntruhen und Transportwagen sowie die erste Sortiermaschine für Obst.

Museum/Wanderung Südtiroler Obstbaumuseum, 1. April bis 31. Okt. Di–Fr 10–17 Uhr, Sa und 1./3. So 13–17 Uhr. Eintritt 4 €, Kinder 2 €, Familien 10 €. Führungen Mi 16 Uhr, Do 11 Uhr jeweils mit Voranmeldung. Eintritt 6 €, erm. 2,50 €, Familie 13 €, bei Führungen zuzüglich 3 € pro Person. Brandiswaalweg 4, ✆ 0473/564387, obstbaumuseum.it.

Empfehlenswert ist die Kombination mit einer Wanderung von Lana über den **Brandiswaalweg** hinaus zum Museum. Man nimmt zunächst ab Oberlana die Gampenpassstraße, der Waalweg zweigt links ab (Schild). Dauer: etwa 40 Min. Zurück geht's auf demselben Weg oder man nimmt den Bus.

Essen & Trinken Waalrast, Restaurant am Brandiswaalweg, große Terrasse, deftige Tiroler Küche, Grillgerichte, Eis und Kuchen, Mo Ruhetag, ✆ 0473/561270, waalrast.com.

Auf dem Skulpturenwanderweg: Der Skulpturenwanderweg beginnt am Ausgang der Gaulschlucht oberhalb von Lana, führt entlang des Falschauer Bachs bis zu seiner Mündung in die Etsch. An markanten Stellen des Wanderweges sind ingesamt 33 Objekte zeitgenössischer Künstler zu sehen, z. B. „I am angry" des Koreaners *Moon Byoung-Tak* und „Im Laufe der Zeit", eine Spirale aus 100 Pyramiden-

Meran und Umgebung → Karte S. 190

pappeln, von *Maria Burger* und *Thomas Hansen*. Unter dem Motto „Gehen und sehen" ist man etwa 2:30 Std. unterwegs – meist den Bach entlang, zuletzt quert man ihn auf einem Steg.

▪ **Tour-Info:** Ein Faltblatt zum Skulpturenwanderweg ist im Tourismusbüro zu bekommen (lana-art.it).

Auf dem Marlinger Waalweg und dem Tschermser Waalweg: Der viel begangene Marlinger Waalweg führt von Töll (zwischen Algund und Plars) oberhalb der Steilstufe am Beginn des Vinschgaus über Marling nach Tscherms und in der Verlängerung als Tschermser Waalweg bis Oberlana. Von Lana aus nimmt man von der Talstation der Vigiljochbahn den Villener Weg und dann den Raffeinweg, um zum Anfang des Waalwegs zu kommen.

▪ Zum Tschermser Waalweg → S. 249, zum Marlinger Waalweg → S. 243.

Bauernmuseum in Völlan: Wollen Sie wissen, wie das Leben der Menschen in der Region noch vor drei Generationen aussah? Die Geräte und Einrichtungsgegenstände sprechen für sich: alte Stube mit Herrgottswinkel, Mühlenraum, Spinnstube, Werkzeugraum, ein Raum für die Hausarbeit mit Butterkübel, Kohlenkorb, Wurst- und Nudelpresse, Keschtnriggl und Gerät zum Brotbacken.

▪ Geöffnet Ostern bis Okt. Di und Fr 15–17 Uhr, Spende, Badlweg 2, ✆ 0473/568078.

Auf das Vigiljoch: Der schroffe Bergkamm auf der Nordseite des Ultentals endet über Lana und dem Burggrafenamt mit ganz untypisch weichen Formen. Bis über 1700 m reichte hier früher die ganzjährige Besiedlung (heute ca. 1420 m), das *Kirchlein St. Vigilius* liegt auf 1793 m direkt oben auf dem Joch, es markierte möglicherweise die Grenze zwischen den Bistümern Trient (wie der hier verehrte heilige Vigilius, der Patron von Trient, verrät) und Chur auf der Nordseite des Gebirgszugs. Die Aussicht ist spektakulär. Bequeme nutzen für den Aufstieg die Kabinenbahn von Lana, übrigens eine der ersten weltweit (ursprünglich von 1912) und nehmen den anschließenden Sessellift hinauf zum Vigiljoch, einer Passlandschaft mit Wald, Weiden, einem kleinen See und dem namengebenden Kirchlein. Alternativ steigt man etwa 45 Min. bergan durch Lärchenwald zunächst unterhalb des Sessellifts und dann westlich oberhalb des Mitterterz, bis sich der Wald lichtet. Hier kann man in der *Gampl-Alm* (s. u.) einkehren, dann sind es noch 15 Min. bis zum Joch. Dort gibt es weitere Wandermöglichkeiten. Radfreaks erreichen das Vigiljoch über Tscherms und Basling (durchgehend Straße, für MTB, aber auch Trekkingbikes), bei ca. 1500 m Höhenunterschied nichts für Gelegenheitsradler.

Bergbahn Seilbahn Vigiljoch, Juni bis Sept. tgl. halbstündlich 8–19 Uhr, Mai/Okt. 8.30–18 Uhr, Nov. bis April 9–17 Uhr werktags mit Mittagspause, Berg/Tal 16 €, einfach 12 €. Im Anschluss Sessellift Berg/Tal 5 €, Kombiticket 20/15 € (vigilio.com).

Rundgang Von der Bergstation des Sessellifts nach links auf Weg 4 zum Vigiliuskircherl, dann 9 (Fahrweg) zu den Gasthöfen „Seehof" und „Seespitz" – letzterer am Seelein Schwarze Lacke – und auf dem Weg 7/8 zurück zur Bergstation. Der Rundweg dauert ca. 1 Std.

Bergtour Auf den Hochwart (2608 m), Superaussicht auf Texelgruppe und Dolomiten, Weg 9 mit kurzem Abstecher zum Gipfel (hin/zurück ca. 6 Std.).

Übernachten/Essen *** Vigilius Mountain Resort,** keine Straße führt hinauf zum Hotel der Luxusklasse, die Gäste kommen mit der Seilbahn. Ruhe und Natur pur auf 1500 m. Elemente der Holzarchitektur Tirols und Holzbearbeitung nach skandinavischem Vorbild in klaren Linien. Viel Glas und helle Töne zeichnen das Resort aus, der Bau stammt vom renommierten Architekten Matteo Thun. Hallenbad, Infinity Pool und Sauna, dazu Beauty-Anwendungen und Fitness. Kühles Zimmerdesign. Zwei ausgezeichnete Restaurants. Vigiljoch, Pawigl 37, ✆ 0473/556600, vigilius.it. **€€€€**

Das **Restaurant 1500** beeindruckt mit einer an der gehobenen Gastronomie orientierten

Küche mit italienischem Akzent (3 Hauben im Gault-Millau 2020). Ein traditionelles Lokal mit eher deftiger Küche ist die **Stube Ida,** nur tagsüber geöffnet. **€€€–€€€€**

MeinTipp **Gampl-Alm,** Familienalm mit großer Aussichtsterrasse, Kinderspielplatz mit Trampolin und Ziegengehege. Klassische Südtiroler Küche (saisonal fantastische Kürbisravioli!), ganzjährig geöffnet (wenn der Sessellift nicht fährt, auf der o. g. Route kindergerecht zu Fuß erreichbar). Hübsche, großzügige Apartments für 2–6 Personen. Vigiljoch, Pawigl 15, ✆ 0473/562014, familyparadies.com. **€€–€€€**

Dorf Tscherms, 7 Gärten und Spaziergang auf dem Tschermser Waalweg: Das lang gestreckte Dorf leidet etwas durch den starken Verkehr, der zwischen Ultental, Gampenpass, Lana und Marling bzw. Meran durchbraust. Oberhalb im Weiler Basling und am Tschermser Waalweg ist es dagegen ruhig und idyllisch. In Basling dominiert das *Schloss* mit seinem großen Reitstall, die barocke *Kirche St. Anna* z. T. mit Originaleinrichtung (Hochaltar!) sollte man daneben nicht übersehen.

Nicht nur Kindern gefällt eine neue Sehenswürdigkeit, die beim Weingut Kränzel (Restaurant Miil → „Essen & Trinken“) entstanden ist, die **„7 Gärten“.** Auf 2 ha erstreckt sich ein Park, dessen Herzstück ein Rebenlabyrinth ist (von den Trauben darf man naschen!). Drum herum gruppieren sich sieben Gärten mit unterschiedlichster Vegetation von mediterran bis alpin. Zahlreiche Künstler haben Skulpturen hineingestellt. So lässt sich hinter jeder Kurve und an jeder Ecke Neues entdecken. Dieses Gartenkunstwerk hat zu jeder Jahreszeit seinen Reiz und ist auf jeden Fall einen Besuch (und auch den Eintritt) wert.

▪ **7 Gärten** April bis Sept. tgl. 9.30–19 Uhr, Eintritt 12 €, Kinder 4,50 €. Gampenstr. 3, ✆ 0473/564549, kraenzelhof.it.

Der **Tschermser Waalweg,** oft nur als Teil des Marlinger Waalwegs gesehen (was er eigentlich auch ist, denn er verlängert den Marlinger Waal nur, hat keine eigene Wasserzufuhr), ist ideal für einen gemütlichen Familienspaziergang. Man lässt den Wagen am besten am Parkplatz in der Gampenstraße (Ortsmitte) stehen oder, besser, kommt mit dem Bus (Haltestelle Raffeinweg). Etwas steil geht es den beim „Gasthaus Löwenwirt“ beginnenden Raffeinweg hinauf, bis ein Schild auf den Tschermser Waalweg aufmerksam macht (ab dort Fahrverbot, auch für Fahrräder). Der Waal leitet unter Schloss Lebenberg hindurch und erreicht die Lebenbergerstraße, die man nach Verlassen des Waalwegs abwärts verfolgt. Man passiert Schloss Baslan und geht rechts abbiegend über St.-Anna-Weg (Kirche!) und Gruberstraße hinunter zur Gampenstraße und zurück zum Ausgangspunkt.

▪ **Glöggl-Keller,** Raffeingasse 8, alter Weinhof mit Buschenschank am Waalweg, eigene Weine und Säfte, Hausmannskost, Speck und Merenden. Im Frühjahr Mo–Mi Ruhetag, im Herbst Mo Ruhetag. ✆ 0473/561785, gloegglkeller.com.

Schloss (Castel) Lebenberg: Die über Tscherms wachende Burg der früheren Herren von Marling ist eine der wenigen, die nach wie vor ganzjährig bewohnt werden. Das große, eindrucksvolle Anwesen mit dem massiven Bergfried und der hübschen Burgkapelle birgt zahlreiche kunst- wie kulturhistorische Kleinodien. Besonders interessant: der Stammbaum der Familie Fuchs mit 264 Figuren auf Leinwand samt Wappen und erklärenden Schriftzügen. Und: Waffenkammer, romanische Muttergottes mit Kind, gotische Kapelle (14. Jh., dreigeschossig!) mit barockem Altar, ein Fresko mit der Steinigung des Erzmärtyrers, barocke und rustikal-traditionelle Wohnräume, Rokoko-Spiegelsaal, schöne Kachelöfen und – gruselig – die Geschichte von den Gebeinen, die man vor 100 Jahren hinter einem Wandkreuz fand.

▪ Führungen Ostern bis Oktober Mo–Sa 10.30–12.30/14–16.30 Uhr, Eintritt 8 €, Kinder 3 €, Information unter ✆ 320/4018511.

Meran und Umgebung → Karte S. 190

7 Gärten im Kränzelhof bei Tscherms

Burgstall: Der Ort liegt gegenüber von Niederlana auf der anderen Seite des Etschtals, gehört aber zur Gemeinde Lana. Das lang gestreckte Dorf besitzt eine Kabinenbahn, mit der man bequem nach Vöran und auf den Tschögglberg hinauffahren kann. Oben bieten sich dann zahlreiche Wanderwege an, u. a. die empfehlenswerte Rundwanderung *Knottn³* mit ihrer einzigartigen Verbindung von Natur, Panorama und Kunst (→ Mölten, S. 276).

Seilbahn Burgstall – Vöran: Im 20-Min.-Takt. werktags 7–19.40 Uhr (außer 8–9 Uhr), So/Fei 8.20–19.40 Uhr (außer 12–13 Uhr), im Sommer bis 20 Uhr. Einfach 6 €, hin/zurück 10 €. Die 1958 erbaute Seilbahn wurde samt Parkplatz 2017 komplett erneuert. Das Bistro-Café **Sunnsait** mit Aussichtsplatz (Mi zu) und Duschen für verschwitzte Mountainbiker und Läufer haben Platz in der neuen Bergstation bekommen.

Mit dem Rad von Meran über die Buschenschank Hecherhof nach Burgstall: → Tour 9, S. 199.

Basis-Infos zu Lana und Umgebung

Information **Tourismusverein Lana und Umgebung,** Mo–Fr 9–18.30, Sa 9–12.30 Uhr, Mitte Juli bis Ende Okt. auch Sa 9–12.30 Uhr, Nov. bis Ende März Mo–Fr 9–12.30/14—17 Uhr. Lana, A.-Hofer-Str. 9/1, ✆ 0473/561770, lana.info.

Infopoint in **Völlan,** Mayenburgstr. 44; Tourismusbüro in **Tscherms,** Gampenstr. 22, April bis Okt. Mo–Fr 9–12, Mi erst ab 9.30 Uhr; Tourismusbüro in **Burgstall,** Romstr. 50, April bis Okt. Mo–Fr 9–12, Mi ab 9.30 Uhr; Infopoint in **Gargazon,** Gemeindeplatz 4.

Verbindungen **Bus:** Linie 211 (Burgstall – Lana – Meran) an Wochentagen häufige Verbindungen (bis 5x pro Std.), am So alle 30 Min.; Linie 214 Völlan – Lana stündlich.

Gästekarte Der **Südtirol Guest Pass** beinhaltet die Mobilcard, mit der man kostenlos die öffentl. Verkehrsmittel und manche Seilbahnen benutzen kann.

Baden/Schwimmen **Schwimmbad Lido Lana,** Bozner Straße 67, Mai bis Sept., tgl. 10–19 Uhr, im Sommer 9–20 Uhr, lido-lana.com. Sehr schön das **Naturbad in Gargazon,** das gänzlich auf Chemie verzichtet und die Duschen mit Sonnenkollektoren heizt. naturbad-gargazon.it.

Einkaufen **Wochenmarkt:** jeden Fr im Lorenzerpark. Bauernmarkt April–Dez. Di am Rathausplatz. Ostern und Allerheiligen Jahrmärkte. **Supermarkt:** Meraner Str. 9 (nahe Falschauer Brücke).

Delikatessen: Weine, Destillate, feines Olivenöl, Südtiroler Speck und Käse im **Gourmet Ladele,** Verkostungen und kleine Speisen zum Aperitivo, Sitzgelegenheiten drinnen und draußen, Gampenstr. 6, gourmetladele.com.

Pur Südtirol, gut sortierter Ableger der Ökokette mit regionalen und biologischen Produkten, Bistro und Weinbar, Industriezone 8, pursuedtirol.com.

Feste & Veranstaltungen **Blütenfesttage** im April während der Obstblüte mit bäuerlicher Genussmeile, geführten Wanderungen und dem Blütenhöfefest mit Führungen, Verkostungen, Kulinarik und Kinderprogramm auf teils historischen Höfen. Programm unter bluetenfesttage.it.

Kürbistage an einem Wochenende im September, Genussfest mit umfangreichem Rahmenprogramm, alles dreht sich um den Kürbis.

Keschtnriggl, Kastanientage in Völlan, Tisens, Prissian und Lana in der zweiten Oktoberhälfte. Der Keschtnriggl ist ein aus Kastanienholz und Haselnussstaude geflochtener geschlossener Korb mit einer kleinen Öffnung, den man in dieser Gegend seit Jahrhunderten zum Schälen der gerösteten Kastanien verwendet. Das Programm und eine Liste der teilnehmenden Restaurants und Buschenschanken gibt's unter keschtnriggl.it.

Kinder **Sommerprogramm** des Tourismusvereins mit Angebot vom Lama-Trekking bis zum Kinder-Rafting (Anmeldung nötig). **Spielplätze** gibt es z. B. in Gargazon: Dort befindet sich mit 5000 m² Fläche und zahlreichen Spielgeräten einer der größten Spielplätze Südtirols. Gut mit Kindern zu gehen sind die **Promenaden am Falschauer Bach** sowie die **Gaulschlucht** (→ S. 246) und der **Brandiswaalweg. Minigolf** gibt es in der Bozner Straße 15 beim Gasthof Tennis, **Ponyreiten** im Reitpark Lana und in Schloss Baslan in Tscherms, zum **Radfahren** bieten sich der Radweg nach Bozen (Rückfahrt mit dem Zug) und die Weinstraße an. **Schwimmen** im Lido Lana und **Skaten** in der Sportzone Gargazon. Eine tolle Attraktion sind die **„7 Gärten" mit Labyrinth** im Weingut Kränzel in Tscherms (→ S. 249).

Golf **Golfclub Lana,** Brandisweg 13, 9 Löcher auf 20 ha (Par 35, 2739 m), mitten im Obstbaugebiet, ganzjährig bespielbar (mit ein paar Tagen Ausnahme, etwa nach dem seltenen Schneefall). ✆ 0473/564696, golfclublana.it.

Paragliding Beliebter **Startplatz** ist die Bergstation des Vigiljoch-Sessellifts, Tandemflüge über Tandemclub Ifinger, tandemclub.it.

Radfahren/Mountainbiken **Radverleih** bei SS38 Bike Lana, Meranerstr. 7, Mountain- und E-Bikes. ✆ 0473/491186, mtb-suedtirol.com.

Reiten **Reitpark Lana,** Industriezone 1 zwischen Lana und der MeBo-Auffahrt an der Max-Valier-Straße. Mit Reithalle, Trabbahn, Dressurplatz etc. ✆ 333/2114800.

Wein **Weingut Kränzelhof,** mit angeschlossenen „7 Gärten" (→ S. 253), Gampenstr. 1, Tscherms. Schöner Ansitz mit mittelalterlichen Wurzeln und Gebäudeteilen, eindrucksvolle Kellergewölbe, alte Weinpresse. Verschiedene Führungen April bis Okt., teilweise mit Weinverkostung und/oder Gartenbesichtigung, z. B. Mo und Mi 15.30 Uhr, 30 €. Vinothek mit Verkauf, Kulinarisches in der Essbar. ✆ 0473/564549, kraenzelhof.it.

Übernachten

In Lana Das Vorzeigehotel des Ortes liegt nicht in der Stadt selbst, sondern hoch oben über dem Ultental unter dem Vigiljoch: Vigilius Mountain Resort (→ S. 248).

****** Pfeiss,** das Hotel mit Obstgärten ringsum liegt am Dorfrand von Niederlana. Sämtliche Zimmer wurden zeitgemäß renoviert, die Suiten mit netten Details ausgestattet, auch schöne Apartments. Whirlpool auf der Dachterrasse, außerdem Saunawelt mit Kneippbecken, große Liegewiese mit lockerem Obstbaumbestand, beheiztes Freibad, Kinderspielplatz, Radverleih. Feldgatterweg 6, ✆ 0473/561395, pfeiss.com. **€€€€**

*****S Kröllnerhof,** familienfreundliches Hotel, die Zimmer lebendig und komfortabel mit süd-

Meran und Umgebung → Karte S. 190

ländischen Stilmöbeln, Frei- und Hallenbad, großzügige Gartenlandschaft, die den mediterranen Aspekt des Hauses betont. Ultner Str. 1, ✆ 0473/561209, kroellnerhof.com. **€€€–€€€€**

***** Vigilhof,** bis zur 4. Kehre der Ultner Straße müssen Sie hinauffahren, ehe Sie den Aussichtsbalkon des Garni-Hotels Vigilhof erreichen. Prächtig gelegen über dem eigenen Weinberg. Das kleine Freibad mit Liegewiese, das allein schon den Aufenthalt lohnen würde, erreicht man zwischen Pergeln und Wald. Hübsch renovierte Zimmer, der Aufenthaltsraum lebt von der Holzkonstruktion und vom offenen Kamin. Ultner Str. 16/A, ✆ 0473/562432, vigilhof.it. **€€–€€€**

***** Sonnenhof,** Familienurlaub im Hotel mitten im Obstbaugebiet am unteren Ortsrand von Lana, großer Pool mit Terrasse, Liegewiese und Spielgeräten, gute, moderne Zimmer mit Balkon. Angerweg 21, ✆ 0473/561338, hotelsonnenhof.info. **€€€**

Ketterlerhof, Urlaub auf dem Bauernhof in nicht sehr ländlicher Umgebung am unteren Ortsrand von Lana, der durch den umgebenden Obstgarten sein privates bäuerliches Umfeld schafft. Schöne Ferienwohnungen. Laurinweg 5, ✆ 0473/562717, ketterlerhof.it. **€€**

****** Camping Arquin,** teilweise angenehm schattiger Platz inmitten von Obstplantagen. Beheizter Pool, Kinderbecken, Restaurant und kleiner Shop, gute sanitäre Anlagen. März bis Mitte Nov. und in der Weihnachtszeit geöffnet. Gespann und 2 Pers. 47–52 €. Feldgatterweg 25, ✆ 0473/561187, camping-arquin.it.

******* Camping Schlosshof,** Einfahrt Feldgatterweg, der große Platz des Hotels Schlosshof bietet gehobenen Komfort: Einzelwaschkabinen, Privatbäder, Frei- und Hallenbad, sehr gute Sanitärausstattung. Spa-Bereich des Hotels gegen Gebühr. Der Platz ist März bis Anfang Nov. geöffnet. Gespann und 2 Pers. 49 €. Jaufenstr. 10, ✆ 0473/561469, schlosshof.it.

In Völlan ******S Der Waldhof², ** isoliert und ruhig zwischen Wiesen und Waldrand gelegenes Hotel der Oberklasse mit schönem Pool und Liegewiese, Wellness- und Beautybereich, ein perfektes Hideaway inmitten eines 3 ha großen Parks. Zimmer im angesagten Alpin-Stil mit Komfort und Ausblick sowie passendem Service. Mayenburgstr. 32, ✆ 0473/568081, derwaldhof.com. **€€€€**

***** Camping Völlan,** kleinerer, überschaubarer Platz zwischen Obstkulturen, das kleine Freibecken reicht völlig für die nur 55 Einheiten, ebenso die sanitären Anlagen. Geöffnet April bis Anf. Nov. Stellplatz und 2 Pers. 36–48 €. Zehentweg 6, ✆ 0473/568056, campingvoellan.com.

***** Alpin Fitness Waldcamping Völlan,** freundlicher kleiner Platz in hübscher und ruhiger Lage, neue Sanitäranlagen, Schwimmbad, Kinderspielraum, Waldspielplatz, teilweise schattig. Außerdem Bar und Shop. Geöffnet April bis Anfang Nov. Stellplatz und 2 Pers. 33–45 €. Feldweg 12, ✆ 0473/568138, alpinfitnesswaldcamping.it.

In Tscherms ******S Das Grafenstein,** Familienhotel mit Apartments in verschiedenen Größen in grüner Umgebung mit kleinem Park und Obstanlagen. Hallenbad, Freibad mit Kinderbecken in Panoramalage, Saunen, Liegewiese, Kinderspielplatz und Spielzimmer. Kinderprogramm und Betreuung. Ansprechende Ferienwohnungen mit ausgezeichneter Ausstattung für 3–8 Pers. Raffeinweg 30a, ✆ 0473/563853, grafenstein.it. **€€€–€€€€**

***** Törggelehof,** die Apfelplantagen zwischen Tscherms und Lana umgeben Hotel und Swimmingpool samt Liegewiese, von der Terrasse blickt man auf Etschtal, Sarntaler Berge und Texelgruppe. Gepflegte Ausstattung, persönliche Atmosphäre. Schicke Suiten und Dachterrassen-Sauna. Raffeinweg 15, ✆ 0473/562518, toerggelehof.it. **€€€**

***** Georgenhof,** solide Pension, Pool und Liegewiese, rustikaler Frühstücksraum, alle Zimmer mit Balkon, außerdem 4 kleine Apartments. Dr.-J.-Garber-Str. 24, ✆ 0473/562733, georgenhof.it. **€€–€€€**

In Burgstall ******S Muchele,** nur 42 elegante und zeitgemäße Suiten im Hotel am Waldrand, vor dem Haus Terrasse, Freischwimmbad mit Kinderbecken, Weingärten, im Haus Wellnessbereich mit Saunen und Hallenbad, reichhaltiges Frühstücksbuffet. Maiergasse 1, ✆ 0473/291135, muchele.com. **€€€€**

*****S Förstlerhof,** Alt und Neu verbindet sich nicht nur architektonisch recht harmonisch im Hotel am nördlichen Ortsrand von Burgstall. Die Zimmer sind geräumig, hell und gemütlich. Hallenbad und ein Pool im ruhigen Garten laden Sonnen- und Wasserfreaks ein, die Wellnesslandschaft die Erholungssuchenden. Restaurant in 2 traditionellen Stuben, gutes Frühstücksbuffet. Romstr. 1, ✆ 0473/292288, foerstlerhof.com. **€€€**

Verspielte Architektur im Zentrum von Lana

Meran und Umgebung → Karte S. 190

Essen & Trinken/Nachtleben

In Lana **Forsterbräu,** Mariahilf-Str. 17, bei Einheimischen wie Gästen beliebte Brauereigaststätte der Brauerei Forst mit rustikalem Ambiente und ebensolcher Karte (Bauernschmaus mit Knödeln und Kraut, Haxe), aber auch Pizza; schöner schattiger Garten mit großen Rosskastanien und rustikale Stube (beides gehört einfach dazu). Di Ruhetag, ✆ 0473/561257, forst.it.

MeinTipp **Stadele,** Aichweg 2. Behutsam restauriertes altes Gebäude mit historischem Mauerwerk und viel Holz, Tische auf zwei Etagen, besonders schön ist es unter dem mächtigen Dachstuhl. Man speist à la carte oder nimmt eines der bestens aufeinander abgestimmten 5- oder 7-Gänge-Menüs (2 Gault-Millau-Hauben). Mediterrane Gerichte, sehr gute Weinbegleitung. So und Mo Ruhetag. ✆ 338/2702860, stadele.eu. **€€€**

Liesy, Meraner Str. 50, Pizzeria, reichlich Auswahl bei der Pizza, aber auch italienische und Südtiroler Nudelgerichte, Salate und gute Desserts. Mi Ruhetag, ✆ 0473/561381, pizzerialiesy.com.

Pfefferlechner, St. Martinsweg 4, Buschenschank und Hausbrauerei mit schattigem Biergarten und Kinderspielplatz im Zentrum von Oberlana. Urig-rustikales Ambiente, überdachter Innenhof, Blick in den Stall mit Pferden und Ziegen. Beliebter Treffpunkt und Törggelenkeller. Di und Mi Ruhetag. ✆ 0473/562521, pfefferlechner.it. **€€**

Inge, Brandiswaalweg 2a, Café und Eisdiele nahe dem Obstbaumuseum, Kuchen und Eis aus eigener Produktion, Di Ruhetag.

Bars am Griesplatz, kleiner Platz am Beginn der alten Gampenstraße, drei (Bistro-) Bars, ein paar Tische und Stühle draußen am modernen Brunnen, kein Verkehr, Cappuccino oder Campari, kleines Bier oder großes Weizen – so könnte man den Urlaub genussvoll vertrödeln ...

In Völlan **Kirchsteiger,** Propst-Wieser-Weg 5, sehr gutes Restaurant mit Terrasse, alpinmediterrane Gerichte, auch Vollwertküche, Vegetarisches und auf Vorbestellung vegane Gerichte (2 Gault-Millau-Hauben). Do Ruhetag. ✆ 0473/568044, kirchsteiger.com. €€–€€€

In Tscherms **Sapperlot,** Gampenstr. 43a, der frühere „Elisabethkeller" hat sich zum schicken Wirtshaus mit Bar und verschiedenen Räumlichkeiten gewandelt. Traditionelle und mediterran angehauchte Gerichte, interessant verfeinert, und Pizza wie früher. So und Mo Ruhetag. ✆ 0473/564305, sapperlot.it. €€€

MeinTipp **Miil,** Gampenstr. 1. Die ungewöhnliche und luftig wirkende Holzkonstruktion und der außen vorbeiließende Waal geben dem hervorragenden Restaurant im alten Mühlengebäude (Miil = Mühle) beim Kränzelhof (→ „Wein") ein überaus heimeliges Ambiente, saisonal geprägte Küche mit vielen biologischen Zutaten (3 Gault-Millau-Hauben). Im Garten am Bach dreht sich wie früher munter plätschernd das Mühlrad. Nebenan die „7 Gärten" (→ S. 249). So und Mo Ruhetag. ✆ 0473/563733, miil.it. €€€

Eggbauer, Leitenweg 1, Gasthaus und Café mit gutbürgerlicher Küche, im Sommer abends Grill, eigene Kuchen und gutes Eis, kinderfreundlich (Spielplatz mit Spielhaus), schöne Aussicht, am Waalweg. Di Ruhetag, ✆ 339/3901634, eggbauer.it. €€

In Burgstall **Hidalgo,** Romstr. 7, vom einfachen Steakhouse hat sich das Hidalgo zu einem gehobenen Lokal entwickelt (1 Gault-Millau-Haube). Die Küche ist mediterran und leicht und berühmt für ihre Fleischgerichte. Auf der Karte finden sich aber auch zunehmend vegetarische und sogar vegane Gerichte. Bemerkenswert der Weinkeller mit mehr als 600 Kreszenzen bzw. 20.000 Flaschen. Zur Straße helle, verglaste Veranda, im Innenhof sind die bevorzugten Tische. Integriert in das Gebäude ist das Spezialitätenrestaurant **Aomi,** hier serviert Chefkoch Otto Mattivi Kulinarien aus Kobe-Beef, Südtiroler und japanischem Wagyū-Rind. ✆ 0473/292292, restaurant-hidalgo.it und aomi.it. €€€–€€€€

Das Ultental

Nur 37 km sind es von Lana bis zum Weißbrunner Stausee am Ende des Ultentals. Im Talschluss, Teil des Nationalparks Stilfserjoch, erreicht die Hintere Eggenspitze 3443 m. Ein Wanderparadies mit dichtem Wegenetz und vielen bewirtschafteten Almen.

Die Höfe des Tals, einige stammen noch aus dem Mittelalter, sind meist Paarhöfe und haben ein unteres Steinstockwerk und zwei bis drei Holzstockwerke. Balkone sind bei den älteren Häusern nicht bekannt, aber durch leichte Holzwände teilweise abgeschirmte offene Veranden, auf denen man die Ernte regengeschützt trocknen konnte. Die großen Wirtschaftsbauten haben im ersten Stock eine umlaufende Galerie. Im Tal konnten sich wahrscheinlich deshalb so viele alte Bauernhöfe halten, weil die Talstraße erst 1907 entstand. In der Landwirtschaft dominiert die Viehwirtschaft mit Hochalmen, dazu gibt es Schafe, etwa tausend sollen es sein, man trifft sie immer wieder auf den hochgelegenen Steigen, oft unmittelbar am Gletscherrand (aber auch auf den Speisekarten der Gaststätten des Tals – Ultner Lamm ist eine Delikatesse!).

Sehenswertes/Ausflüge

Pawigl und das Vigiljoch: Ein sehr beliebtes Wandergebiet sind die Bergbauernhöfe im äußersten Ultental zwischen Vigiljoch und Pawigl. Rein administrativ gehört Pawigl zwar zu Lana, nur die Höfe auf dem Guggenberg gehören zum Ultental, das Streusiedelgebiet Pawigl ist aber nach allen Kriterien eine typische Ultner Bergbauernsiedlung. Dass zwischen Vigiljoch und Pawigl eine Menge Leute unterwegs sind,

Malerische Lage: St. Pankraz im Ultental

hängt natürlich mit der Bergbahn von Lana zusammen. Ein eigenes Erlebnis ist die Fahrt mit der urigen Pawigl-Bahn, deren Talstation an der Straße ins Ultental liegt (einige hundert Meter vor der Fahrstraße nach Pawigl rechts ab, beschildert) und die nach Bedarf fährt (einfach läuten) und max. 4 Personen befördern kann.

Greitwies, traditionelle Hausmannskost in der rustikalen Jausenstation, Di Ruhetag, Pawigl 3, ✆ 0473/563376, greitwies.it.

St. Pankraz: Das Dörfchen ist der erste Ort, den man im Ultental erreicht, viel größer sind auch die anderen Dörfer nicht, die sich ausnahmslos auf sonnigen Hangterrassen über dem Talboden des Falschauer Bachs (so heißt der Bach, der das Ultental entwässert) befinden. Ein Kuriosum ist das unterhalb und auf der anderen Seite des Bachs gelegene *Häusl am Stoa,* von dem man den Eindruck hat, es wäre mithilfe von Stelzen auf einem in der Wiese liegenden Felsblock errichtet worden. Tatsächlich wurde es ganz schlicht auf einer Wiese errichtet, die Basis stützt sich auf den Felsblock darunter. Bei einem schweren Hochwasser im Jahr 1882 wurden mehrere Häuser weggerissen, nur dieses blieb stehen.

St. Walburg: Walburg sagen die Einheimischen, wie sie statt St. Gertraud nur Gertraud sagen. Die *Kirche* des Hauptortes des Tals (mit Rathaus und Touristeninformation in sechseckigem Bau direkt an der Straße) steht auf einem alten Siedlungshügel. Ursprünglich war sie romanisch, wurde dann gotisiert, im 19. Jh. wurde das Schiff verlängert und der Turm erhöht. Drinnen skurriler Stilmix mit Biedermeierhochaltar (frühes Neobarock). Der *Einkehrgasthof „Eggwirt“* an der Straße (→ „Übernachten/Essen & Trinken“) ist vor allem innen einen Blick wert!

Dokumentationszentrum Culten: Das sehenswerte Museum am Kirchhügel von St. Walburg widmet sich der Besiedelung des Ultentals während der Stein-, Bronze- und Eisenzeit. Hauptattraktion ist ein nachgebauter Brandopferplatz aus dem 6. Jh. v. Chr., außerdem sind ein Bauernhof aus dem 15. Jh.

und ein Grünbereich mit typischer Ultener Flora zu besichtigen.

■ Mai bis Anf. Nov. Sa/So 14–18 Uhr, Mitte Juni bis Mitte Sept. auch Fr 16–20 Uhr, ✆ 0473/428900, culten.it.

Etwas oberhalb liegt der große **Zoggler Stausee,** der größte der Stauseen des Tals (im Talschluss mehrere kleinere Stauseen). Im Wasser dieses Sees ist ein wesentlicher Teil der bäuerlichen Tradition des Tals buchstäblich untergegangen, da sich fast nur dort größere Bauernhöfe in Tallage befanden.

Die Schwemmalm: Eine moderne Kabinenbahn hat aus der Schwemmalm ein leicht zu erreichendes Sommerwandergebiet gemacht, auch die Wintersaison profitiert davon. Von 1150 auf 2150 m ist man nur wenige Minuten unterwegs, Wanderungen führen auf die Gipfel (auch auf über 3000 m) und auf Höhenwegen bis in den Talschluss. Trotzdem ist man – wie so oft – eine halbe Stunde von der Bergstation entfernt ziemlich allein.

Der Ultner Höhenweg: Der Ultner Höhenweg verläuft von der Bergstation der Schwemmalm auf etwa 2000 m immer knapp oberhalb der Baumgrenze hinein ins Ultner Tal und beschert dem Wanderer herrliche Ausblicke talauswärts Richtung Ritten und Sarntaler Alpen und taleinwärts auf die mächtigen, auch im Sommer oft mit einer Schneehaube versehenen Dreitausender am Talende. Etwa 2:30 Std. nach dem Start erreicht man die urige Schusterhütte, dort lohnt unbedingt eine Einkehr. Im weiteren Wegverlauf trifft man nach einer weiteren Stunde auf die Innere Flatschbergalm. Ab hier entweder durch das Flatschbergtal auf langem Ziehweg und später den Weg Nr. 147 an Höfen vorbei und steil hinab durch den Wald zur Bushaltestelle an der Lahnersäge (90 Min. ab Flatschbergalm) oder, wenn die Zeit reicht, unterhalb der Alm durch den Wald weiter bis zum Weißbrunnsee (75 Min.) und von dort mit dem Wanderbus zur Lahnersäge.

Die Wanderung ist zu jeder Jahreszeit schön. Wenn sich im Oktober die Lärchen gelb färben, ist sie aber ein Erlebnis.

Der Ultner Höfeweg: Der Wanderweg beginnt am großen Parkplatz in Kuppelwies bei der Talstation der Schwemmalmbahn. Er führt an der südöstlichen Talseite bis zur Lahnersäge kurz vor St. Gertraud und liegt bereits am Morgen in der Sonne. Zahlreiche, teils mittelalterliche Höfe liegen am Weg. Es geht in gemütlichem Tempo vorbei an Bauerngärten, gackernden Hühnern und mehreren Hofläden (→ „Einkaufen"). Die Strecke dauert einfach 2:30 Std. Der Rückweg auf der gegenüberliegenden Talseite verläuft im Schatten. Von der Lahnersäge lohnt der Abstecher zu den Urlärchen (s. u.) – anschließend kann man mit dem Bus (Haltestelle an der Lahnersäge) zurück zum Ausgangspunkt fahren.

Bergbahn Schwemmalmbahn, Ende Mai bis 1. Nov. Mo–Sa 9–17, So/Fei 9–18 Uhr; einfach 15 €, Berg/Tal 23 €, Kind 8,50/14 €, schwemmalm.com.

Essen & Trinken Das **Bergrestaurant Außerschwemmalm** ist nur zu Bergbahnzeiten geöffnet, einheimische Gerichte, eigener Käse (auch zum Verkauf) und Almprodukte (schwemmen.it).

Sea.wies, an der Talstation der Seilbahn befindet sich eine schöne Einkehrmöglichkeit mit integriertem Bauernladen, der regionale Produkte und Mitbringsel anbietet. Perfekt für einen Aperitif nach der Wanderung oder dem Skitag, erhältlich sind auch kleine Snacks.

M 13, gleich ums Eck, am Rande des riesigen Parkplatzes, lockt ein flacher Holzbau tagsüber als Snackbar und abends die Partylöwen und Sportfans: Live-Musik, DJs und Sportübertragungen bis spät in die Nacht.

St. Nikolaus: Die **Villa Hartungen** wurde vom Kurarzt Dr. Christoph Hartung von Hartungen für die Gäste seines „Mitterbades" von 1903 bis 1906 errichtet, das Bad ist heute verfallen. Vor 1914 besuchten Bad und Villa u. a. Sigmund Freud, Rudolf Steiner und Peter Rosegger, Thomas Mann war schon vor Errichtung der Villa hier zur Kur. Erinnerungstafel an der Villa.

Das **Ultner Talmuseum** zeigt die bäuerliche Kulturlandschaft, wie sie leider zu einem großen Teil in den Stauseen untergegangen ist. 7 Räume mit bäuerlichem Gerät und Objekten zu Alltag und Festen.

■ Mitte Mai bis Anf. Nov. So 14–18 Uhr, Eintritt 5 €. ✆ 0473/790347. Museumsführer im Tourismusbüro.

Die Ultner Urlärchen: Lärchen und Zirben sind der große Schatz der Wälder des Ultentals. Die meisten Wälder liegen heute in Steillagen in großen Höhen, denn wo sie leicht erreichbar waren, sind sie der Nachfrage nach Lärchen- und Zirbenholz zum Opfer gefallen. Viele der erhaltenen Lärchen sind alt, aber wenige so alt wie die Ultner Urlärchen: In einem Bannwald in der Nähe von St. Gertraud stehen auf 1430 m Höhe drei Exemplare, die Forschungen zufolge etwa 850 Jahre alt sind. Bei einer schon vor längerer Zeit umgestürzten Urlärche fand man angeblich mehr als 2000 Jahresringe. 36,5 m hoch ist die höchste Lärche, 8,34 m ist der größte Stammumfang.

Fußweg Die Ultner Urlärchen erreicht man z. B. zu Fuß oder mit dem Pkw ab dem Parkplatz unterhalb von St. Gertraud, der Weg ist deutlich mit „Ultner Höfeweg“ und „Urlärchen“ markiert (45 Min. hin/zurück).

Essen & Trinken 5 Min. geht man von den Urlärchen zur **Hofschänke Falschauerhof,** St. Gertraud 14a, die auf Produkte mit Ziegenmilch und -fleisch spezialisiert ist, aber ein wesentlich größeres Angebot bereithält. Klassische Ultner Bauernküche in der Bauernstube. Nur auf Vorbestellung, ✆ 0473/790191.

St. Gertraud und Nationalparkhaus: Das höchstgelegene Dorf des Tals ist eigentlich nur eine Kirche mit Gasthof

Alter Hof am Ultner Höfeweg ▲
Reiche Ernte ▼

Die Schusterhütte – das Original unter den Südtiroler Hütten

Mit ihren zwei kleinen Dachgiebeln und dem üppigem Blumendekor an der Wand schaut die Schusterhütte eigentlich eher wie ein Gartenhäuschen aus. In einer winzigen Küche bereitet Bertha am Bullerofen leckere Omelettes. Ihr Mann Konrad, Typ Alm-Öhi, bespaßt derweil auf der Holzterrasse vor allem die weiblichen Gäste mit launigen Sprüchen. Es gibt selbst gemachte Schnäpse (Wacholder, Schwarzbeere) und ein einmaliges Plumpsklo mit grandiosem Fernblick. Wenn's regnet, heißt es zusammenrücken, denn unterm Dach gibt's nur einen Tisch, an den normalerweise vier Gäste passen. Da kein Lagerplatz vorhanden ist, müssen Speisen und Getränke täglich ein Stück weit heraufgeschleppt werden, und das wird dem Konrad eigentlich zu viel, deswegen denkt er jedes Jahr ans Aufhören. Mittlerweile packt Sohn Thomas kräftig mit an, und so bleibt zu hoffen, dass die Hütte, die nach über 30 Jahren unter Einheimischen Kultstatus genießt, ihren Gästen auch weiterhin erhalten bleibt und der Konrad nach dem Essen sein „Mogsch a Schnapserl?" in die klare Bergluft rufen kann.

▪ Geöffnet Anfang Juni bis Mitte Nov. (wenn das Wetter passt) **Lärchengarten,** Ausserlahn 18, Café, Pizzeria und Jausenstation (im Sommer mittags auch Almküche) nur wenige Meter unterhalb der Urlärchen, 38 riesige Pizze zu fairen Preisen. Schöne Aussichtsterrasse, nur Fr–So geöffnet. ✆ 0473/798011.

und ein paar Bauernhöfen, ein Weiler. Aber eine Kirche macht aus einem Weiler ein Kirchdorf, zumindest am Sonntagvormittag, wenn sich die Bauern der Umgebung zuerst in der Kirche und dann beim Kirchenwirt treffen. Heute erstreckt sich der Ort bis zum eigentlichen Talende (St. Gertraud liegt auf einem Hügel), dort endet auch die Buslinie. St. Gertraud ist Ausgangspunkt für zahlreiche Wanderungen in den Talschluss, der zum Nationalpark Stilfserjoch gehört, so auch für die hochalpinen Überschreitungen ins Martelltal und ins Tal von Rabbi (Trentino). Am beliebtesten sind Touren, die vom *Weißbrunn-Stausee* ausgehen, den man auf einer guten Autostraße bequem erreichen kann. Die schönste dieser Touren ist unten beschrieben. Wer bei der Kirche von St. Gertrud (schöner Blick ins hinterste Ultental) zwischen zwei historischen Höfen den lärchenbestandenen Weg 109 Richtung Nagelstein hinaufsteigt, hat nach wenigen Metern einen spektakulären Blick talauswärts.

Das Ultental hat in St. Gertraud ein eigenes *Nationalparkhaus*. Für das Besucher-Informationszentrum hat man die alte *Lahner Säge* sehr geschickt um- und angebaut und wieder funktionstüchtig gemacht – eine gute Idee, denn das Ultental war immer ein Zentrum der Holzverarbeitung, und um den Wald und das Holz geht es auch im Nationalparkhaus. Interessante Schauräume im Erdgeschoss, sicher am interessantesten der Raum zum „Mythos Wald" im Obergeschoss.

▪ Di–Sa 9–12.30/14.30–17.30 Uhr, April sowie Nov. bis Ende Dez. geschlossen. Eintritt 3 €. ✆ 0473/798123, lahnersaege.com.

Tour 12: Wanderung über die Ultner Stauseen zur Höchster Hütte und den Weißbrunnalmen[GPS]

Tour-Info: Diese Tour im hintersten Ultental führt von den Stauseen Weißbrunnsee zum Grünsee und zur beliebten Höchster Hütte. Obwohl der Rückweg über das ausgedehnte Kar der Weißbrunnalmen kaum länger ist als der Anstieg und auf jeden Fall abwechslungsreicher, gehen ihn doch nur wenige Wanderer. Dauer 3–3:30 Std.; Länge 10,2 km; Höhenunterschied ↑↓ 570 m. Karte: Tabacco (1:25.000) Blatt 42.

Vom Straßenende am Weißbrunnsee mit Parkplatz geht man noch ein paar Meter bis zum Ende der öffentlichen Straße, wo bei der Unteren Weißbrunnalm die Wanderwege beginnen. Etwas oberhalb des Straßenendes steht der Holzbau des Restaurants Knödlmoidl, wir beginnen den Aufstieg darunter **A**. Man geht durch Wald das Tal des Grünseebachs bergan, eine Brücke über den Bach **B** bleibt links. Allmählich wird der Wald lichter, und auf einer Verflachung mit Picknicktisch **C** und Wegabzweigung nach rechts (die wir nicht beachten) ist er fast vollständig durch Krummholz ersetzt worden. Weiter über einen stellenweise etwas holprigen und stark ausgetretenen Weg, auf ca. 2250 m verlässt er das Bachtal und steigt nach rechts kurvenreich zum Grünsee hinauf, dessen Staumauer man bereits erkennt. Hat man die Höhe der Dammkrone erreicht, geht es noch ein Stück flach weiter, dann folgt die Abzweigung eines Weges nach links **D** (Weg 12), den wir nach dem Besuch der Hütte gehen wollen. An der Hütte **E** schöner Blick auf Stausee, Hintere Eggenspitze (3443 m) und Weißbrunnferner.

Nach der Stärkung geht es weiter in den Talschluss der Weißbrunnalmen, den man im Aufstieg links von sich gesehen hat, überragt von der wenig auffälligen, unvergletscherten Pyramide des Gleck (2957 m). Man muss nicht bis zum im Anstieg passierten, offiziellen Beginn von Weg 12 zurückgehen, sondern kann eine mehr oder weniger offizielle Abkürzung hinunter zur Krone des Staudamms nehmen, die den

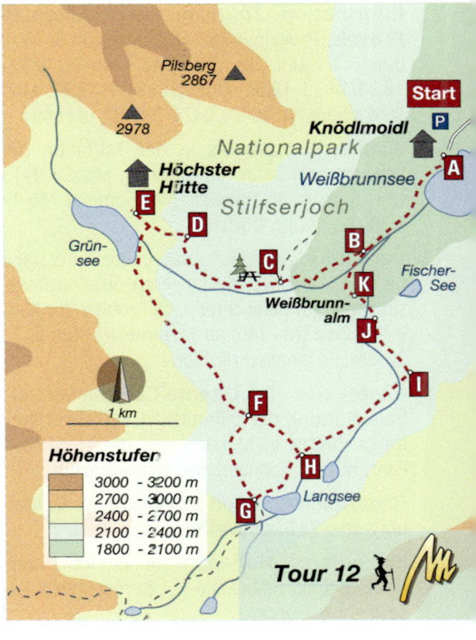

ersten Abschnitt dieses Wegs bildet. Es folgt Grobschutt und Bergsturzmaterial, aufmerksam zu begehen, dann ein Wiesenrücken, der für eine kurze Rast wie geschaffen ist. Hier Weggabelung mit Hinweisschild **F** links direkt hinunter zu den Weißbrunnalmen, zunächst undeutlicher Weg, rechts weiter in den Talschluss (und über zwei Joche zu den Haselgruber Seen mit gleichnamiger Hütte), wegen des Langsees, an den man so näher herankommt, unbedingt vorzuziehen.

Im Talschluss Wegstern **G,** wir schwenken scharf nach links auf den abwärts führenden Weg 107 ein, der sich oberhalb des Langsees durch Hochalmgelände zieht. Die Einmündung des direkten Wegs (von Punkt F herunter) wird passiert **H,** weiterhin gemütlicher Almenbummel, Seelein in einiger Entfernung links und rechts. Dann kommt man zur Oberen Weißbrunnalm **I,** ab der es an den eigentlichen Abstieg geht. Noch einmal erreichen wir einen flacheren Almboden mit der Hütte der Mittleren Weißbrunnalm **J,** dann etwas tiefer ein ausgetrocknetes Seebett. Jenseits steigt man nach einem Steg zu einer weiteren Almhütte hoch, einer alten Blockhütte **K.** Weg 107 weist hier nach rechts und zum Fischersee, wir jedoch steigen nunmehr mit Weg 103 durch Wald ab ins Grünseebachtal. Bei der uns vom Aufstieg bekannten Brücke **B** biegen wir nach rechts in den Aufstiegsweg ein und gehen hinunter zur Unteren Weißbrunnalm, wobei wir dieses Mal auf dem Weg oberhalb der „Knödlmoidl" bleiben, und dann den Parkplatz und den Ausgangspunkt unserer Tour erreichen.

Essen & Trinken **Höchster Hütte** (Grünseehütte/Rif. Canziani – CAI Milano), 2560 m, St. Gertraud, Juni bis Okt. geöffnet. ✆ 0473/798120, rifugiocanziani.it.

Am Straßenende **Berggasthaus Knödlmoidl,** bekannt für seine – natürlich – Knödelvariationen, aber auch Apfelstrudel und Co, weissbrunn.eu.

Basis-Infos zum Ultental

Information **Tourismusverein Ultental-Proveis,** Pavillon in der Ortsmitte von St. Walburg. 1. Juni bis 31. Dez. Mo–Fr 8.30–12.30/14.30–18.30 Uhr, Sa 8.30–12.30 Uhr. St. Walburg, Nr. 104, ✆ 0473/795387, ultental.it.

Büro in **Kuppelwies** in der Talstation der Schwemmalmbahn. Im Sommer Mo–Sa 9–13 Uhr. Büro in **St. Pankraz,** im Sommer Mo–Fr 8.30–12.30 Uhr, Dörfl 5.

Verbindungen Gut ausgebaute Autostraße bis zum Talende. Die längeren Straßentunnel sind sehr gut beleuchtet, kein Problem für Radler. **Busse** (Nr. 245) ab Meran etwa stündl. 7–20 Uhr, So eingeschränkter.

Gästekarte Die **UltentalCard** umfasst die freie Nutzung der öffentlichen Verkehrsmittel, freien Eintritt in Museen und die kostenlose Fahrt mit der Kabinenbahn Schwemmalm.

Baden/Schwimmen **Freibad** in St. Walburg oder **Felixer Weiher** bei St. Felix.

Einkaufen **Hofladen** im Biohof Unterschweig in St. Nikolaus (→ „Übernachten"): Käse, Joghurt, Speck.

Ziegenkäse vom Ziegenhof Baschtele. Ediths Hofladen befindet sich am Ultner Höfeweg in St. Nikolaus. Besonders gut ist der in Kräuter eingelegte Frischkäse. Die leckeren Produkte können auch bei Pur Südtirol und im Vinschger Bauernladen erworben werden. Mittergraben 63.

Ultner Brot in St. Walburg in der Biobäckerei am Dorfplatz; **Ultner Speck** bei Heinrich Pöder, Außererbhof, St. Pankraz.

Kräuterteemischungen, Gewürze und Naturkosmetik beim Oberen Hof in Kuppelwies gleich am Beginn des Ultner Höfewegs (kraeutertee.it).

Biokräuter im **Kräuterreich Wegleit,** St. Walburg. Hofführungen Mai bis Okt. Di um 10 Uhr. Die angeschlossene Naturlebensschule Ulten bietet Kurse u. a. zu Wollverarbeitung, Korbflechten, Papierschöpfen, alles auf der Basis eines bewussten, nachhaltigen Umgangs mit der Natur (kraeuterreich.com).

Sea.wies, kleiner Bauernladen in der Talstation der Schwemmalmbahn, regionale Feinkost, Wein und handwerkliche Produkte aus dem Tal.

Ultner Wollprodukte, wie Decken, Socken oder Sitzauflagen, verkauft die kleine Sozialgenossenschaft Bergauf in Kuppelwies, bergauf.it.

Feste & Veranstaltungen **Ultner Lammwochen:** In der 2. Septemberhälfte bis Anfang Okt. ist das Ultental 10 Tage lang ganz auf Schafe eingestellt. Almabtrieb, Schafmarkt in Kuppelwies, Kaufleute zeigen die Schaf- und Schafwollprodukte des Tals, und in den Gaststätten hat Lamm Hochkonjunktur. Das Infobüro organisiert weitere Programmpunkte wie eine Mühlenwanderung, die Wanderung zu einer Schafalm, ein Kindergrillfest und den Ball des Almbrauchtumspflegevereins.

Schafmarkt in Kuppelwies während der Ultner Lammwochen (s. o.), die große Koppel des Marktes liegt unübersehbar direkt neben der Straße.

Wolle spinnen, Färben, Gestalten mit Wolle: Während der Ultner Lammwochen veranstaltet die Landesberufsschule Meran in der Mittelschule Ulten in St. Walburg und in Ultner Spinnstuben auföffentliche Kurse.

Wandern/Bergsteigen Sonn- und Schattenseite des Tales haben ihren eigenen Charakter, Weitwanderungen sind im Norden Höfewanderungen, im Süden Almwanderungen. Aufstiegshilfen: Vigiljochbahn (→ Lana) und Schwemmalm (s. u.). Die Wanderkarte „Ultental Deutschnonsberg 1:25.000" ist bei den Fremdenverkehrsämtern erhältlich.

Wintersport **Skigebiet Schwemmalm** im Verband Ortler Skiarena, 9 Pisten, eine moderne Kabinenbahn, 4 Sessellifte, 25 km Piste, schwemmalm.com. Gratis-Skibus ab Bahnhof Meran; **Skischule Ultental,** ✆ 0473/795099, skischule-ultental.com. **Naturrodelbahn** „Moscha", Ausgangspunkt ist der Parkplatz „Alpinlounge W", 1,7 km, Mi Nachtrodeln ab 19 Uhr.

Übernachten/Essen & Trinken

In St. Pankraz **Pfrollnhof,** traditionelles Anwesen mit ebenso traditioneller Küche (Speckknödel, Schweinswürste, Ultner Mohnkrapfen), eigenes Brot, eigene Säfte, im Herbst Wildgerichte. Nörderberg 6 (ab St. Pankraz Straße nach Buchen, der Hof liegt nach 13 km an der Straße). Mai bis Nov. tgl. außer Do, sonst nur So geöffnet, ✆ 0473/787315, pfrollnhof.com.

In St. Walburg **Eggwirt,** setzen Sie sich in die alte Bauernstube (1611) des Gasthofs und lassen Sie die Atmosphäre auf sich wirken, Speck am Brettl, ein Vinschgerl und ein Glas Roter können dabei helfen. Deftige Hausmannskost. Di Ruhetag, St. Walburg 112, ✆ 0473/795319, eggwirt.it.

*****S Pöder,** das Ehepaar Melli und Gert betreibt die modernen und zugleich heimeligen Ferienwohnungen (2–5 Pers.). Der im Gegensatz zu seiner quirligen Frau eher zurückhaltende Hausherr ist passionierter Fotograf und bietet auf Anfrage Sonnenaufgangstouren an. Im Keller gibt es eine im Preis inbegriffene Vitaloase mit Sauna, Fitnessgeräten und Heubad. Auf Wunsch erhält man ein Frühstückskistl (11 €) in die Wohnung geliefert. St. Walburg 152, ✆ 0473/796003, poeder.com. **€€–€€€**

In Kuppelwies ****** Arosea,** die aufwendige Konstruktion dieses modernen Hotels integriert einen ganzen Wald aus biologisch sinnvoll behandeltem Holz und ähnelt weniger einem Tiroler Berghotel als einer Lodge im

Mächtige Urlärchen

Nordwesten Kanadas. Sehr schön die Tiroler Stuben nachempfundenen Räume. Hallenbad, Wellness & Fitness, Heubad und Beauty-Anwendungen. Großzügig geschnittene Zimmer mit viel Holz. Kuppelwies am See 355, ✆ 0473/785051, arosea.it. €€€€

Kuppelwies, Restaurant-Pizzeria, traditionelle und italienisch geprägte Küche. Während der Lammwochen z. B. Bauernlammbraten mit Röstkartoffeln und Krautsalat. Das Wirtschaftsgebäude ist noch ganz traditionell gedeckt, das verträgt sich gut mit dem soliden und bodenständigen Gesamteindruck. Do Ruhetag. Kuppelwies 385, ✆ 0473/799040, kuppelwies.it. €€

In St. Nikolaus ****** Erlebnishotel Waltershof,** sympathisches Hotel, ideal für Wanderer, da viele Touren vom Hotel veranstaltet werden und Wanderwege vor der Tür beginnen. Neu gestalteter, mit viel Holz stylisch aufgepeppter Eingangsbereich mit Bar. Wellness regiert in Hallenbad, Saunen, Kräuterbad, Naturteich, es gibt Massagen und Beauty-Anwendungen, die Küche serviert u. a. Vollwertkost und vegetarische Gerichte. Wer will, kann ein Zimmer mit Wasserbett buchen. Dorf 59, ✆ 0473/790144, waltershof.it. €€€€

Biohof Unterschweig, auf fast 1700 m gelegener Bergbauernhof in Steillage, einer der höchsten Südtirols. Die alten Hofgebäude, wie auch anderswo im Tal übereinandergestaffelt, werden durch ein Gästehaus im alten Stil ergänzt. Tolle Aussicht, hofeigene Produkte wie Butter, Käse, Speck, Gemüse und Brot, beim Backen kann man zusehen. 4 schöne Ferienwohnungen mit viel Holz. Unterschweighof 267, ✆ 0473/790252, uab.it/unterschweig. €€

In St. Gertraud *****S Gasthof Ultner Hof,** das ganze Dorf trifft sich im Ultner Hof, es gibt keine Konkurrenz und die Gaststube ist gemütlich – am Sonntagmorgen kommen die Damen hinter dem Tresen kaum den Wünschen nach Bier und Espresso hinterher. Modern renovierte Zimmer mit Balkon, attraktive Saunalandschaft, gutes Frühstück. St. Gertraud 114, ✆ 0473/798117, ultnerhof.com. €€€

Abstecher auf den Deutschnonsberg

„Deutschgegend" nannte man sie früher, die vier Orte Unsere Liebe Frau im Walde, St. Felix, Laurein und Proveis. Sie liegen jenseits des Gebirgskamms, der das Ultental von Trentino und dem Nonstal (Val di Non) trennt, deutsche Sprachinseln hoch über dem italienisch- und ladinischsprachigen Tal darunter. 1800 Menschen leben dort überwiegend von Handwerk, Tourismus und Landwirtschaft. Früher führten die Verkehrsverbindungen im Winter ausschließlich nach Süden und ins Trentino, zu dem die Orte auch bis 1949 gehörten: Proveis ist zwar über die Hofmahd (1783 m) mit dem Ultental auf einem Fußweg verbunden, war aber früher monatelang durch hohen Schnee auf sich allein gestellt. Heute führt vom Ultental eine Straße mit langem Tunnel hinauf zum Deutschnonsberg (ihr Bau hatte zur Folge, dass die stete Abwanderung aus Laurein und Proveis zumindest abflachte), eine zweite, frequentiertere Straße führt von Lana über den Gampenpass nach Unsere Liebe Frau im Walde und weiter nach Fondo und ins Nonstal, wo man über Castelfondo und Laurein wieder nach Proveis gelangt. Somit lässt sich der Ausflug zu einer schönen Rundtour mit einem kleinen Abstecher auf Trentiner Gebiet kombinieren – ob man dabei vom Ultental oder von Lana aus startet, spielt eigentlich keine Rolle und hängt ausschließlich vom Standort ab.

Gampen Bunker: Mit dem Bau der ausgedehnten Bunkeranlage (1,5 km Länge) wurde 1940 begonnen, um einen zusätzlichen Abwehrwall gegen das Deutsche Reich zu schaffen, da Mussolini seinem Bündnispartner Hitler nicht traute. Nach einem knappen Jahr wurde die Arbeit eingestellt und die niemals in Betrieb gegangene Stellung wurde im Laufe der Jahrzehnte von Gestrüpp und Bäumen überwuchert und fast vergessen. 2010 eröffnete man unter Mitwirkung des unermüdlichen Reinhold Messner eine Galerie, in der zunächst Exponate aus der Privatsammlung des Bergsteigers ausgestellt wurden. In den Folgejahren wurden weitere Teile der Anlage hergerichtet und der Öffentlichkeit zugänglich gemacht. Im Zugangsbereich ist die Baugeschichte von Gampenpassstraße und Bunkeranlage visuell dargestellt. In den kalten, düsteren Gängen dahinter wird die einzigartige Mineraliensammlung von Toni Kiem präsentiert, die aus 2500 Stücken besteht. Beeindruckend, aber auch bedrückend – wenn sich am Ausgang wieder Tageslicht zeigt, ist man irgendwie erleichtert.

▪ Geöffnet Mai bis Okt.: Mitte Juni bis Mitte Sept. tgl. 10–17 Uhr, Mitte Sept. bis Ende Okt. und 1. Junihälfte Do–So 10–17 Uhr, Mai Sa/So 10–17 Uhr. Eintritt 6 €, erm. 4 €, mit Führung 12/7 €; bei konstanten 6–8 °C und 90 % Luftfeuchtigkeit ist auch im Sommer eine Jacke angesagt. Gampenpass, ✆ 0463/886321, gampengallery.it.

Unsere Liebe Frau im Walde: Der populäre Wallfahrtsort geht mindestens auf das Jahr 1184 zurück, als erstmals ein Kloster der Brüdergemeinschaft der „Hospitalier" mit einem kleinen angeschlossenen Hospiz für Reisende urkundlich erwähnt wird. Heute gehört die Kirche zum Benediktinerstift Muri-Gries. Der Turm stammt aus romanischer Zeit, das Kirchenschiff wurde im 15. Jh. im gotischen Stil neu erbaut. Die Kirche enthält mehrere sehenswerte geschnitzte Barockaltäre. Im hinteren Teil befinden sich unzählige Votivtafeln und -bilder. Der Platz vor der Kirche mit den umliegenden mittelalterlichen Gebäuden und dem mächtigen ehemaligen Hospiz im Hintergrund (heute „Zum Hirschen") lässt erahnen, wie es war, als sich hier vor Jahrhunderten Mönche, Pilger und Reisende begegneten, um einzukaufen, einzukehren, zu übernachten und zu beten. Die Kirche liegt am Schnittpunkt zweier Pilgerwege: Der Romediusweg führt auf den Spuren des hl. Romedius von Thaur bei Innsbruck nach San Romedio im Nonstal und der Santiago-Anaunia-Pilgerweg geht auf die Wallfahrt von Pfarrer Zanebello aus Cles im Nonstal (römisch: Anaunia) zurück, die ihn 1208 nach Santiago de Compostela führte.

▪ Kirche tgl. 8–19 Uhr, Pilgerwege: romediuspilgerweg.at und santiagoanaunia.it.

Ausflug von St. Felix zum Tretsee: Weg 9 führt meist abseits des Fahrsträßchens von St. Felix hinauf zur Felixer Alm, ein paar Minuten vom Felixer Weiher oder Tretsee (Lago di S. Maria) mit dem „Gasthaus Waldruhe". Tretsee heißt er nach der Ortschaft Tret, die man talabwärts in Richtung Fondo erreicht, sie ist bereits rein italienischsprachig. Hübscher Rundweg um den See, wer noch Energie hat, findet einige von hier abgehende Waldwege. Besonders schön ist ein Weg, der herrliche Blicke ins Tal erlaubt: Man nimmt von der Alm (nicht vom See) den mit T und 50 gekennzeichneten Fahrweg, nach ca. 1,5 km führt er als Weg weiter, erreicht den Bergkamm, dem man bis zum Schönegg (1773 m) folgt. Rückkehr auf demselben Weg.

Felixer Alm, Speck und Käse aus eigener Produktion, Knödel, Polenta und Pilze, Brennnesselnocken mit Käsesoße; Mai bis Okt., kein Ruhetag, im Winter nur am Wochenende.

Gasthaus Waldruhe, nahe Tretsee, schöne Terrasse, bürgerliche Küche und gerühmt für seinen Kaiserschmarrn, Mai bis Okt.

Laurein und Proveis: Das beschaulich zwischen Bergwiesen liegende Laurein besitzt eine spätgotische Pfarrkirche, deren hoher, schlanker Turm von Weitem ins Auge sticht. Der kleine, abseits des Touristenrummels gelegene Ort lädt zu Spaziergängen in der Umgebung ein. Seine Blütezeit hatte er, ähnlich wie das nahegelegene Proveis, im Mittelalter, als aus diversen Bergwerken Kupfer abgebaut und verhüttet wurde. Proveis, das oberhalb der Hauptstraße liegt, bietet einen fantastischen Rundblick über die teils üppig

Meran und Umgebung → Karte S. 190

bewaldete, sanft wirkende Landschaft des Deutschnonsberg. Zahlreiche verstreut liegende Höfe, von denen mindestens zehn nachweislich schon im 16. h. bestanden (der älteste noch bestehende ist der Unterweghof der Familie Perger, der sich seit 1332 in Familienbesitz befindet), liegen als Farbtupfer inmitten der Wiesen. In der Umgebung von Proveis findet sich ein gutes Dutzend kleiner Kapellen an den Wegesrändern. Ein beschilderter Erlebnisweg, der hinter dem Gasthaus zur Lärche beginnt, führt auf etwa 6 km Länge zum Hochmahdjoch, einem Übergang ins Ultental. Schautafeln am Wegesrand informieren über Flora, Fauna und den historischen Bergbau (3 Std. hin und zurück). Am Start des Weges befindet sich eine Infotafel mit netten Kindergedichten in Mundart der Grundschüler aus Proveis, darunter eine Hymne auf den Touristen: *„i hon di kemma gsechn / amerscht an schwarzn Fleck / nor di selber / du wilkemmener Turist! / untr dr selb Olb / af dr Bank / hoschta an gmiatlichen Platz / fir di und deina Familia.*

Dorfkirche in Laurein

Information **Tourismusverein Deutschnonsberg,** das Infobüro befindet sich in **Proveis,** Mo–Fr 8–12 Uhr. Außerdem **Infopoint Gampen Bunker,** Juli/Aug. tgl. 10–17 Uhr, Mai Fr–So, Juni/Sept. Mi–Mo, Mitte Sept. bis Ende Okt. Do–So, jeweils 10–17 Uhr. ✆ 0463/530088, deutschnonsberg.it.

Verbindungen **Pkw:** Straßen nach Unsere Liebe Frau im Walde über den Gampenpass und aus dem Ultental nach Proveis, beide von Lana ausgehend. Über Fondo und Castelfondo im Nonstal lässt sich eine Rundfahrt aus der Tour machen.

Bus: ab Meran über beide Strecken, die Gampenpassroute führt weiter nach Fondo im Val di Non. Nach Proveis/Laurein tgl. 4x, So 2x (jeweils mit Umsteigen in Pumbach vom 245 auf den 244); nach Unsere Liebe Frau im Walde/St. Felix mit dem Bus 246 tgl. 7x (So 3x).

Einkaufen Speck aus eigener Herstellung und andere regionale Produkte wie Kräutertee, Wein und Destillate bietet das Feinkostgeschäft **Kofler** in Unsere Liebe Frau im Walde, Malgasott 2, kofler-delikatessen.it, man kann auch Sa/So einkaufen. Biokäse, Brot und Mehl beim **Roatnocker** im gleichen Ort, aber etwas außerhalb, Obere-Innere 12.

Proveiser Bergspeck, lokale Würste und Berghonig vom Deutschnonsberg werden vom „Bergladele" angeboten, im Sommer auch Almkäse. Proveis, Kirchbichl 35, bergspeck-proveis.com.

Deleg, Gewerbezone 1, Proveis, die Landwirtschaftliche Erzeugergenossenschaft der Region vertreibt in ihrem Geschäft Käse, Fleisch, u. a. auch vom Laugenrind, Gemüse und Obst ihrer Mitglieder; eigener Stand am neuen Meraner Markt (deleg.it).

Veranstaltungen Im April/Mai dreht sich alles um den Löwenzahn. Während der **Löwenzahnwochen** bieten die Gastbetriebe Frühlingsgerichte mit Löwenzahn an, das Rahmenprogramm ist vielfältig – vom Genussmarkt über Wanderungen bis zum Workshop. Programm unter loewenzahnwochen.it.

Im Herbst (September und Oktober) finden die **Radicchiotage** statt, auch hier werden Köstlichkeiten rund um das edle Gemüse angeboten, außerdem Führungen, Schaukochen und Radicchiofest in Proveis.

Übernachten/Essen **Hofschank Reinhof,** gemütlicher Gasthof in Blockhausbauweise mit fantastischem Ausblick aufs Nonstal, großer Terrasse und deftigen Gerichten (leckere Schlutzer). Gampenstr. 2, St. Felix, ✆ 0463/886301, reinhof.it.

Bachwiesl, Hofschank mit Gastgarten und schöner Aussicht an der Straße vom Ultental ins Nontal kurz hinter Proveis – ein beliebter Stopp bei Motorrad- und Autofahrern. Tiroler Küche mit Knödelgerichten und Kaiserschmarrn. Bachwiese 1, ✆ 0463/530355, bachwiesl.com. **€€**

MeinTipp ***** Zum Hirschen,** das historische Hospiz für Wallfahrer, Pilger und Reisende hat sich zu einem „Ort der Kontemplation" weiterentwickelt. Dafür sorgen betont schlichte Zimmer mit viel Naturmaterial. Die Küche des Restaurants Cervo verarbeitet die Produkte des eigenen Bauernhofs. Interessant sind die Löwenzahn- und Radicchiospezialitäten; das Bistro mit seiner schönen Terrasse bietet leichte Mittagsgerichte. Unsere Liebe Frau im Walde, Malgasott 2, ✆ 0463/886105, zumhirschen.com. **€€€–€€€€**

Tisens und Prissian

Tisens und Prissian liegen auf einem sanft gewellten Plateau 300–350 m über dem Etschtal, aber Aussicht ist nicht: Ein niedriger Bergzug („Vorbichl") versperrt fast überall den direkten Blick hinunter ins Tal. Man muss etwas höher steigen, nach *Bad Gfrill* oder in den *Prissianer Hochwald*, um den Blick auf Sarntaler Alpen und Texelgruppe genießen zu können. Dafür sieht man von der Straße zwischen Prissian und Nals hinüber in die Dolomiten, was ja auch nicht zu verachten ist. Das Plateau ist eine Welt für sich, ein Miniatur-Südtirol, reicht das Gemeindegebiet doch vom Weinanbaugebiet (Gewürztraminer, Lagrein u. a.) über Weiden, Wiesen und Wald zu den Almen und hinauf ins Hochgebirge auf 2433 m (Laugenspitze). Und dazu Burgen, alte Kirchen, mittelalterliche Fresken, Bauernbadl, Speck, Vinschgerl und Kastanien und eine Hotellerie der gehobenen Mittelklasse.

Sehenswertes/Ausflüge

Pfarrkirche Maria Himmelfahrt in Tisens: Das Dorf Tisens besitzt eine sehenswerte spätgotische Pfarrkirche. Besondere Aufmerksamkeit verdient vor allem das wunderschöne Netzgewölbe mit den Wappenschlusssteinen (Fernglas!). EineSeltenheit in Südtirol sind die spätgotischen Glasfenster (Augsburger Schule, spätes 15. Jh.).

Prissian: An Burgen hat das hübsche Dorf Prissian keinen Mangel, alle fünf haben jedoch den Nachteil, dass man sie nicht oder nur kleine Bereiche von ihnen besichtigen kann. **Schloss Katzenzungen** hat einen besonders reizvollen Kirchturm. Auf einem romanischen Turmbau mit dekorativen Blendarkaden, die farblich geschickt hervorgehoben wurden, thront ein kleines achteckiges Geschoss mit barockem Helm, das auf einem Spaziergang von etwa 30 Min. Dauer umrundet werden kann. Das Schloss ist für Veranstaltungen und Events wie Hochzeiten geöffnet, sonst aber nicht zugänglich (castel.katzenzungen.com). Am Hang unterhalb wächst einer der ältesten Rebstöcke Europas und sicher der größte, der mind. 370 Jahre alte **Versoaln-Weinstock,** benannt nach einer

Meran und Umgebung → Karte S. 190

heute fast ausgestorbenen einheimischen Rebsorte. Die Pflanze bedeckt mit ihrem Laubwerk etwa 350 m^2 Fläche und liefert bei guten Bedingungen bis zu 300 Flaschen grünlichen, fruchtigen Wein.

Die *Wehrburg* ist ein Hotel, die *Fahlburg* eine Eventlocation, die *Zwingenburg* und *Schloss Holt* sind nicht zu besichtigen.

Kirche St. Jakob in Grissian: Das Kirchlein beherbergt einen der ältesten Freskenzyklen Südtirols, höchstwahrscheinlich das Ergebnis einer Kooperation zwischen byzantinischen und lokalen Meistern aus der Zeit der Spätromanik (frühes 13. Jh.). Während das Bildschema eher an Byzanz erinnert, deutet die Ausführung im Detail eher auf lokale Maler hin. So wirkt der Christus in der Mandorla in der Apsis mit den vier Evangelisten ikonografisch-byzantinisch, während die Darstellungen von Abraham und Isaak sowie Kain und Abel viel lockerer sind und byzantinische Schemata, etwa in der Kleidung, neu interpretieren und variieren. Man beachte die schnee- und eisbedeckten Berge im linken Bild und den Eselstreiber, der sein Tier auf den Bogen des Kirchenschiffs treibt. Die Kirche ist von Ostern bis Allerheiligen täglich, im Winter nur sonntags geöffnet (Spaziergang etwa 15 Min., Fahrweg ab Schmiedlhof). Ihr kleiner Vorplatz mit einer Mauerumfriedung ist ein magischer Ort: Vogelgezwitscher, der Blick bis hin zum Rosengarten und viel Ruhe.

meinTipp **Schmiedlhof,** Brot, Speck, eigener Apfelsaft, einfache Gerichte, Holztische unter den alten Obstbäumen und grandioses Panorama. Der Hof aus dem Mittelalter ist einer der wenigen erhaltenen des Burggrafenamts, er hat einen soliden quadratischen Grundriss, zwei Stein- und ein schräges hölzernes Dachstockwerk, die Gaststube ist die alte Wohnstube, sie stammt noch aus dem 14. Jh. Ganzjährig geöffnet, ✆ 0473/920993.

Naraun: Der besonders in Richtung Norden, Meraner Bucht und Texelgruppe unvergleichlich aussichtsreiche Kirchhügel nahe Naraun bei Tisens war schon in vorgeschichtlicher Zeit besiedelt. Die kleine *Kirche des hl. Hippolyt* steht vielleicht auf keltischen Kultvorgängern. Fahrsträßchen und Wanderweg (Nr. 5) ab Naraun.

Schloss Katzenzungen

▪ In Naraun gibt es mehrere Jausenstationen und Buschenschanken, die sich besonders zum herbstlichen Törggelen eignen: **Gruberkeller** (Di Ruhetag), **Hofstätterhof** (Di Ruhetag), hofstaetterhof.it und **Obertalmühle** (Mo Ruhetag), obertalmuehle.com.

Basis-Infos

Information **Tourismusverein Tisens-Prissian** mit Hauptbüro in Prissian: Mo–Fr14–17, Mo auch 9–12 Uhr, im Winter Mo–Fr 9–12 Uhr, Gerbergasse 1 B, ✆ 0473/920822. Zweigstelle Infobüro in Tisens, Tiroler Str. 47: Ostern bis Allerheiligen Mo–Fr 9–12 Uhr. ✆ 0473/920822, tisensprissian.com.

Verbindungen Gute Straße von Lana, **Busse** 7–19 Uhr stündl. (Linie 216).

Gästekarte Der **Südtirol Guest Pass** berechtigt zur kostenlosen Benutzung der öffentlichen Verkehrsmittel und zum freien Eintritt in rund 80 Museen.

Feste & Veranstaltungen **Keschtnriggl:** Kastanientage in der 2. Oktoberhälfte in Tisens, Prissian und Völlan (→ Lana) mit Kastanienwanderungen bzw. -führungen, einem Törggelenfest auf dem Rathausplatz in Tisens mit Eigenbauwein und allem aus Kastanien, z. B. Keschtnkrapfen (keschtnriggl.it).

Burgen Spectaculum, im Juli Konzerte und Kabarett in den Burgen und Schlössern der Gemeinde.

Kinder **Erlebnispfad Vorbichl** in Prissian, Wanderweg mit verschiedenen Stationen wie Holzrutschen, Klangkörper, Kletternetze und Schautafeln.

Wellness & Sport Sehr schöne **Kneippanlage** mitten im Ort Prissian. **Freischwimmbad** im Natur Caravanpark Tisens (s. u.).

Übernachten/Essen & Trinken

Übernachten ***** Schloss Wehrburg,** dieses Hotel nennt sich nicht nur so, es ist ein echtes Schloss oder eigentlich eine Burg mit altem Mobiliar, Himmelbetten, Turmzimmern, knarrenden Dielen und Fernblick bis zu den Dolomiten. Ringsherum Wald und Wiesen, für Wasserratten ein kleines Freibad. Prissian 7, ✆ 0473/920934, wehrburg.com. **€€€**

***** Grissianer Hof,** ruhige, aussichtsreiche Lage, einfache, teils auch ansprechend renovierte Zimmer, Menüwahl und Salatbuffet, Produkte vom eigenen Bauernhof. Wellnessbereich mit Sauna, Whirlpool und Kneippanlage. Grissian 6 a, ✆ 0473/920823, grissianerhof.com. **€€€**

***** Liesy,** drei Gebäude im Grünen, helle Wohnungen, Pool, Terrasse. Kinderspielplatz und Tiere. Apartments für 2–6 Pers. im Haupthaus, Neubau und Bauernhof. Dorf 11 a, Tisens, ✆ 0473/920918, residence-liesy.it. **€€–€€€**

****** Camping Tisens,** ganzjährig geöffneter „Deluxe"-Caravanpark in großzügiger Anlage mit Schwimmbad, Kinderbecken und Liegewiese, im modernen Stil umgebautem Restaurant mit Terrasse, neuen Sanitäranlagen und großen Stellplätzen. Stellplatz und 2 Pers. 39–57 €. Tisens, ✆ 0473/562073, camping-tisens.com.

Essen & Trinken **Zum Löwen,** Hauptstr. 72, Tisens, kreative Saisonküche mit italienischen und Tiroler Akzenten auf höchstem Niveau (1 Michelin-Stern, 4 Gault-Millau-Hauben 2023). Die Frau am Herd und Besitzerin heißt Anna Matscher, ist Koch-Autodidaktin und weit über Südtirol hinaus für ihre kulinarischen Kreationen bekannt. Stilvolles Ambiente im alten Gebäude, das seit Generationen als Gasthof dient, das Restaurant befindet sich im ehemaligen Innenhof mit historisch-modernem Charme. „Junglöwenmenü" für Gäste unter 25 Jahren. Mo, Di Ruhetag ✆ 0473/920927, zumloewen.it. **€€€€**

Bad Gfrill, Gampenstr. 48, Tisens, Café-Restaurant im alten Badl oberhalb von Tisens, Kuchen, Eisbecher, diverse kalte und warme Speisen, schöne Aussichtsterrasse, Di Ruhetag. In 2 km Entfernung liegt der Gfrillerhof mit seiner ausgezeichneten traditionellen Südtiroler Küche. Etwas oberhalb der Rainguthof mit seinen Bauernhoftieren, toll für Kinder. ✆ 0473/921018, gfrillerhof.com.

Grissianer Hof, Grissian 6 a, Gasthaus (→ „Übernachten") auch mit Kaffee und Kuchen für Familien und Ausflügler, Spezialität sind die Lammgerichte (aus eigener Haltung). Mo geschl.

Meran und Umgebung → Karte S. 190

Nals

Entlang der Straße von Lana nach Andrian dehnt sich Nals über einen guten Kilometer aus. Die älteren Ortsteile liegen aber nicht an der Straße, sondern darüber: die *Pfarrkirche* und *Schloss Schwanburg* in Richtung Andrian, *Ansitz Stachelburg* und die älteren Häuser an Goldgasse und Mühlgasse am Ausgang des Grissianer Tals in Richtung Tisens. Noch höher liegen die *Burgruine Payrsberg* und *Schloss Schwanburg,* die auf den Ort und seine Weingärten und Apfelplantagen herunterblicken.

Nals ist nicht überlaufen, sondern ruhig. Dennoch: 900 Gästebetten auf 1500 Einwohner – da haben die Nalser ganz schön zu schaffen, um ihre Gäste bei Laune zu halten. Zu Nals gehört auch **(Unter-) Sirmian** auf aussichtsreicher Terrasse, noch höher liegt **Obersirmian,** das aus dem romanischen *Kirchlein St. Apollonia* und einer Handvoll Häuser besteht.

Information **Tourismusverein Nals,** Di–Fr 8–14, Mo 8–17 Uhr, Juni bis September auch Sa 9–12 Uhr, Nals/Nalles, Rathausplatz 1a, ✆ 0471/678619, nals.info.

Sport **Sportzone** an der Schwimmbadstraße (Straße in Richtung Lana) mit Freibad, 4 Sand-Tennisplätzen mit Flutlicht, Kinderspielplatz, Minigolf u. a.

Wein Die Weine der **Kellerei Nals Margreid** gehören zu den besten Südtirols. Wineshop und Vinothek im modernen Gebäude, Kellereiführung mit Verkostung Mi 15 Uhr (März bis Nov.), mit Voranmeldung. Heiligenberger Weg 2, ✆ 0471/678626, kellerei.it.

Übernachten/Essen ***** Krösshof,** 8 schöne Ferienwohnungen in verschiedenen Größen, gemütlich eingerichtet und gut ausgestattet, mit Balkon oder Terrasse. Im Garten Pool, Liegewiese, kleiner Kinderspielplatz. Vilpianer Str. 31, ✆ 0471/678863, kroesshof.com. **€€–€€€**

**** Camping Zum Guten Tropfen,** kleiner (15 Einheiten), familiengeführter Platz nahe der Ortsmitte, war 2023 geschlossen, Infos auf Webseite prüfen. Mühlgasse 14, ✆ 0471/678516, camping-nals.com.

Stachelburg Keller, Prissianer Str. 2, schön renoviertes Kellergewölbe und lauschiger Innenhof in der historischen Stachelburg mit Fresken aus der Zeit der Frührenaissance, deftige Tiroler Kost samt Brettljausen zu eigenen Weinen. Mi Ruhetag. ✆ 0471/678558, stachelburgkeller.it.

Nalserbacher Keller, Prissianer Str. 1, Buschenschank mit deftiger Hausmannskost, Mo–Mi Ruhetag. ✆ 0471/678661.

S'Passler, Andreas-Hofer-Str. 6, Restaurant mit guter mediterran-italienischer Küche (Fisch- und Fleischgerichte). Nachmittags Café, u. a. leckere Kastanientorte. Ansprechend eingerichtet, gemütliche Terrasse. Mo u. Di Ruhetag, ✆ 0471/678631. **€€**

Figl, Mühlgasse 9, Restaurant-Pizzeria, großes Lokal mit Stube, Saal, gedeckter Terrasse. Neben Pizza und Spargel aus eigenem Anbau gibt es täglich frischen Fisch und Meeresfrüchte. Mi Ruhetag, ✆ 0471/678941, figl.it.

Der Tschögglberg

Zwischen Meran und Bozen, zwischen dem Etschtal und dem Sarntal liegt ein welliges Hochplateau mit mehreren Dörfern, der Tschögglberg, im Osten Salten genannt. Seine Landschaft charakterisieren weite Almwiesen, weiche Oberflächenformen, Lärchen und natürlich die Haflingerpferde auf den Koppeln. Einige dieser Dörfer, wie *Hafling,* schauen auf Meran herunter, *Mölten* blickt ins Etschtal bei Nals. Bis auf das stark erschlossene und im Sommer wie im Winter sehr belebte Gebiet von *Meran 2000* oberhalb von Hafling ist der Tschögglberg eine idyllische **Wanderlandschaft,** in der man nie viel Konkurrenz auf den Wegen hat, sieht man einmal von der unmittelbaren Umgebung der populäreren Einkehrziele ab. Und natürlich von gewissen Tagen wie dem *Flaaser Kirtag*, wenn von allen Seiten ganz Südtirol zum Festzelt zwischen Mölten und Flaas eilt, am Pass unterhalb von Langfenn auf dem Salten. Früher waren alle Scheunen und Wirtschaftsgebäude mit Stroh gedeckt, das ist heute nur noch Geschichte. Letzte *Strohdächer* gibt es noch am Spitzeggerhof, Törnmoarhof, Langtratterhof und Gfrarhof (Völlan).

▪ Informationen über den Tschögglberg mit seinen vier Ortschaften Hafling, Vöran, Mölten und Jenesien sind auf der Webseite tschoeggIberg.info zusammengefasst.

Hafling und Meran 2000

Das Bergdorf **Hafling** führt im Wappen ein Pferd, genauer gesagt einen Haflinger. Passender geht es nicht, zumal der Haflinger im Wappen auf einer grünen Wiese vor einem Nadelbaum steht. Das auf ca. 1250 m Höhe gelegene Dorf oberhalb von Meran bringt es auf mehr Sonnenstunden als der Kurort selbst. Im Herbst gibt's seltener Nebel und im Winter wird's später dunkel, weil sich die Sonne nicht so früh wie in Meran hinter den Bergen versteckt – ideal also für die Sommerfrische, aber auch für Frühling- und Herbstwanderungen. Wintersport geht ebenfalls, denn das Kunstdorf **Meran 2000** oberhalb von Hafling (von Meran wie von Hafling bequem zu erreichen) ist ein echtes Skisportparadies auf 27 km² Fläche. Im Frühjahr, Sommer und zeitigen Herbst trifft sich die muntere Wanderschar bei der Bergstation der Falzeben-Bahn und startet in Richtung Mittager (2422 m), Ifinger (2581 m) oder Plattenspitzen (2680 m).

Sehenswertes/Ausflüge

Ortsteil St. Kathrein: Die Straße von Meran-Obermais herauf erreicht Haflinger Gemeindegebiet im Ortsteil St. Kathrein. Das gotische, normalerweise verschlossene *St.-Kathrein-Kirchlein* (13. Jh.), dessen Innenraum man durch eine Öffnung im Portal betrachten kann, besitzt einen spätgotischen Flügelaltar. Eine heute noch größere Sehenswürdigkeit ist die Haflingeraufzucht beim Sulfnerhof, dessen Stall besichtigt werden kann (→ „Reiten“).

Haflinger Erlebnisweg: Entlang seiner Stationen von Hafling Dorf nach St. Kathrein lernt man viel über die legendäre Pferderasse; von Länge (2,3 km, 1 Std.) und Schwierigkeit her eher ein ausgedehnter Spaziergang (allerdings muss man ja auch wieder zurück).

Wanderungen auf Meran 2000: Das großzügig wellige Gelände mit seinen vielen Almen und Hütten bietet sich förmlich für die Erschließung mit Wanderwegen an und daran ist unter dem Ifinger und den Plattenspitzen, die nach Norden aufragen, kein Mangel. Da lockt der Gebirgsjägersteig zum *Kratzberger See*, und weiter (für sehr Ausdauernde und Schwindelfreie) geht es über die *Obere Scharte* zur Bergstation der Hirzer-Seilbahn. Oder der *Große Mittager* im Osten, der von Norden so ausschaut, als ob er eventuell nicht ganz leicht wäre, und dann doch ein Kinderspiel ist. Der *Ifinger* selbst ist erfahrenen Bergsteigern vorbehalten. Und dann wäre da noch der *Hönig*, der kleine Bruder des Ifinger. Er ist halt nicht ganz so hoch, aber beim Rundblick fehlt nichts.

▪ Zu Meran 2000 → Meran, S. 199.

Wanderungen Ungefähre Gehzeiten auf Meran 2000: Piffing (Bergstation Ifinger-Seilbahn und Falzeben-Seilbahn) bis Meraner Hütte 2 Std. und weiter bis Kratzberger See 1:45 Std. Piffing bis zum Großen Mittager 2:15 Std. Piffing bis zum Kleinen Ifinger 2:30 Std.,

Meran und Umgebung → Karte S. 190

weiter bis zum Großen Ifinger 4 Std. (gesicherter Steig, Tritt- und Schwindelfreiheit erforderlich). Von Pfiffing zu den Stoanernen Mandln über Auener Joch und zurück 8 Std.

Bergbahnen Umlaufbahn Falzeben, Mai bis nach Allerheiligen 9–17, Juli bis Sept. bis 17.30 Uhr; Berg/Tal 20,50 €, einfach 14,50 €, Kind 14,50/10 €.

Sessellift Mittager, Mitte Juni bis Mitte Okt. 10–16 Uhr; Berg/Tal 7 €, einfach 4 €, Kind 4/2,50 €.Kombitickets und Familienpreise, Infos unter meran2000.com.

Seilbahn Meran 2000, modernste 120-Personen-Kabinenbahn, Mai bis nach Allerheiligen 9–17, Juli bis Sept. 8.30–18 Uhr; Berg/Tal 24 €, einfach 17 €, Kind 20,50/14,50 €. Günstiger zur Mittelstation und ab 14 Uhr.

Seilbahn Naifjoch, Juni bis nach Allerheiligen 9.30–16.30, Juli bis Mitte Okt. 9–17.15 Uhr; Berg/Tal 11,50 €, einfach 9 €, Kind 8,50/6,50 €. Die Bergstation dieser neuen Bahn hat auf dem Dach eine spektakuläre Aussichtsplattform (Naifjoch VISTA).

Der Haflinger

Die Vorfahren der kräftigen blonden Pferde mit der geringen Größe – 140 cm Widerristhöhe gilt unter Haflingern als normal – wurden schon lange von den Bauern des Sarntals, des Tschögglbergs und eben auch in Hafling gehalten. Aber der moderne Haflinger entstand erst, als 1874 in Schluderns ein Hengstfohlen geboren wurde, das nicht einen Haflinger, sondern einen Rasse-Araber als Vater hatte. Das Fohlen mit dem Namen 249 Folie wurde Stammvater der gesamten Haflingerzucht, die wahrscheinlich deshalb so viel Erfolg hatte, weil sie sehr bald vom k. u. k. Ackerbauministerium unterstützt wurde. Ab 1897 wurden auf dem Tschögglberg und im Vinschgau insgesamt 220 Stuten erfasst, die für die weitere Züchtung des Haflingers herangezogen wurden. 1908 wurde die heute besonders wichtige Pferdezuchtgenossenschaft Sarntal gegründet, dort entstand erst das heutige Markenzeichen des Haflingers, die blonde Mähne.

Populär und bildhübsch

Die Jahre nach 1918 – Südtirol war Teil Italiens geworden, das zunächst keinerlei Interesse an der Haflingerzucht hatte – waren schwer, zumal sich nun ein Teil der Zuchtstuten im Ausland, nämlich in Österreich, befanden. Erst nach dem Zweiten Weltkrieg ging es wieder bergauf, vor allem ab 1953, als der Südtiroler Haflinger Pferdezuchtverband die Arbeit aufnahm. Heute ist der Haflinger ein populäres Pferd, der Aufstieg des Hobbyreitens hat zu seiner Erhaltung ganz wesentlich beigetragen, aber immer noch werden Haflinger auch als Arbeitstiere eingesetzt.

■ **Information:** Südtiroler Haflinger Pferdezuchtverband, Bozen, Galvanistr. 38, ✆ 0471/063970, haflinger.eu.

Hütten/Essen **Meraner Hütte,** 1960 m, mit Restaurant und Aussichtsterrasse, 2-, 3- und 4-Bett-Zimmer, 25 Lagerplätze. E-Bike Ladestation, ✆ 328/4346659.

Kesselberghütte, 2300 m, urige Hütte, gute Gerichte, freundlicher und schneller Service.

Kuhleitenhütte, am Weg zur Oswaldscharte auf 2361 m Höhe in spektakulärer Aussichtslage, große Sonnenterrasse, kuhleiten.it.

Praktische Infos

Information **Tourismusverein Hafling-Vöran-Meran 2000,** Mo–Fr 8.30–12.30/ 13.30–17.30, Sa 8.30–12.30, im Sommer 8.30–17.30, Sa 8.30–13.30 Uhr. Hafling/Avelengo, St.-Kathrein-Str. 2 b, ✆ 0473/279457, hafling-meran2000.eu.

Verbindungen **Pkw/Bus:** Gute Straße von Meran, Parkplatz unterhalb der Dorfkirche. Gute Busverbindung mit Meran, Linie 156 von Jenesien (Bozen) über Mölten und Vöran nach Hafling 4x tgl.; außerdem Wanderbuslinie „Tschögglberg" je nach Jahreszeit 3–4x tgl. von Jenesien nach Falzeben. Die Nutzung der Seilbahn Burgstall – Vöran ist in der Mobilcard Südtirol inbegriffen.

Gästekarte Der **Südtirol Guest Pass** der Beherbergungsbetriebe beinhaltet die Mobilcard, bei manchen Anbietern auch die Museummobil Card.

Reiten **Reiterhof Sulfner,** St.-Kathrein-Str. 4, Haflingeraufzucht, Reitkurse und Ausritte, ✆ 0473/279424, hotel-sulfner.com. **Reiterhof Innergruber,** Falzebener Str. 40, Ausritte mit Haflinger-Pferden, ✆ 0473/279331, innergruber.it.

Eine **Trabrennbahn** im Ortsteil Viktoria wird im Sommer wie im Winter vom Haflinger Pferdezuchtverein genutzt. Besonders interessant sind die **Skijöringwettbewerbe** im Winter.

Wintersport Zu **Meran 2000** → S. 206, kostenloser Skibus von Hafling zur Talstation Falzeben.

Übernachten/Essen ******S Hirzer 2781,** für seine 4 Sterne eher ein kleineres Klassehotel in Hafling-Oberdorf, das mit Hallenbad und Saunen/Wellnessbereich samt Beautyabteilung und der edlen Ausstattung in den renovierten Zimmern mit Balkon und Ausblick über die große Liegewiese auf das Tal keinen Vergleich zu scheuen braucht. Auch die Gourmetküche ist exquisit. Falzebener Str. 66, ✆ 0473/279306, hotel-hirzer.com. **€€€€**

******* Miramonti,** Edelhotel hoch über Meran, dessen Ursprünge bis ins Jahr 1932 zurückreichen. 1977 wurden hier Szenen des James-Bond-Klassikers „Der Spion, der mich liebte" gedreht. Zimmer und Suiten mit minimalistischem Design, viel Holz und Glas, großer Spa-Bereich mit Waldsauna und architektonisch herausragendem Infinity-Pool. Das kulinarische Angebot von Panoramarestaurant (2 Gault-Millau-Hauben), Stube und Klassik-Restaurant wird von Koch Massimo Geromel innovativ aufeinander abgestimmt, er zelebriert eine internationale Küche mit Südtiroler Anklängen. St.-Kathrein-Str. 14, hotel-miramonti.com. **€€€€**

****** Christine,** modernes Apartment-Hotel ohne Tiroler Schnickschnack, dafür Apartments und Suiten für 2–6 Pers. mit hochwertiger Ausstattung, Sauna im Haus und Frühstück auf Wunsch. Falzebener Str. 16, ✆ 0473/378021, aparthotel-christine.it. **€€€**

Mölten und Vöran

Das Bergdorf *Mölten* schmiegt sich in eine sonnige Mulde des Tschögglbergs. Wanderwege führen sternförmig zu alten Höfen, Almen, bewirtschafteten Hütten, auf denen man eine Marende bekommt, zu Wiesen, Aussichtspunkten, vorbei an vielen Kapellen und Bildstöcken, die von den Bauern errichtet wurden und werden. Gemütlich klingt das und nach Sommerfrische. Was nicht genau zutrifft: Der Herbst ist in Mölten vielleicht noch schöner als der Sommer, wenn die lichten Lärchenwiesen gelb aufleuchten und der Blick so weit geht, dass man meint, Langkofel, Schlern, Rosengarten und Latemar mit Händen greifen zu können.

Auf der Sonnenterrasse, die das Dorf *Vöran* einnimmt, hatten wahrscheinlich bereits die Römer Wiesen und Felder: Der Name Vöran wird als *varianum predium* gedeutet, als Landgut des Varius. Kein Wunder, bei der Aussicht, den Sonnentagen und Sonnenstunden. Das

Getreide, das hier wohl schon vor Jahrtausenden angebaut wurde und hervorragend gedieh, sieht man allerdings nur noch an wenigen Ecken des Hochplateaus, die Viehwirtschaft hat den Getreidebau verdrängt. Meran ist nah, wer Lust auf städtischen Trubel hat, kann ja immer mal einen Regentag dort verbringen oder im ebenfalls nahen Bozen. Ansonsten ist Vöran vor allem durch sein „Knottnkino" bekannt geworden (→ S. 273).

Sehenswertes/Ausflüge

Fossilienmuseum in Mölten: Das moderne Museum *Fossilia* erläutert in Schaukästen die geologischen Prozesse anhand von Fundstücken aus der Umgebung, darunter 250 Mio Jahre alte Baum- und Pflanzenreste. Das aus Holz und Beton errichtete Gebäude ist frei zugänglich, Führungen sind auf Anfrage möglich.

▪ Kleiner Museumsführer und Führungen im Tourismusverein.

Wanderung zum Kircherl St. Ulrich: Die winzige Kirche liegt auf einem aussichtreichen Hügel über dem Etschtal zwischen Mölten und Vöran. Man erreicht es von der Tschögglbergstraße aus auf einem kurzen Zubringer (Hinweisschild „Gasthof St. Ulrich"). Wer zum Höhenkirchlein wandert (Aufstieg ca. 1:15 Std., Abstieg ca. 0:45 Std.), nimmt in Mölten die oberhalb der Kirche beginnende Straße nach Schlaneid und biegt auf den ersten Wanderweg nach links ab. Wo dieser nach ebenem Wegstück wieder die Straße erreicht, führt jenseits ein mit „U" bezeichneter Weg weiter zur Hofgruppe Schleirer. Dort weiter mit „U" auf Fahrweg, und dann auf dem Weg über den Plunerhof hinauf zum Kirchlein und Gasthof. Hinunter auf der Tschögglbergstraße, auf markiertem Weg (13) nach rechts zur Schlaneider Straße abkürzend.

▪ **Gasthof St. Ulrich,** Familienbetrieb mit eigener Landwirtschaft, eigenem Speck und Käse, schottische Hochlandrinder; ganzjährig geöffnet, Mo Ruhetag. ✆ 0471/668056, sanktulrich.com.

Wanderung nach Langfenn: Vom ausgeschilderten Wanderparkplatz Schermoos zwischen Mölten und Flaas führt eine gut einstündige Rundwanderung (beschilderter Rundweg Langfenn) zum höchsten Punkt des Salten, der gotischen Kirche St. Jakob von Langfenn und der gleichnamigen Einkehr. Faule erreichen sie direkt in etwa 15 Min. vom Parkplatz aus. Viel schöner ist es aber, zunächst durch schattigen Nadelwald nach Süden und nach etwa 20 Min. über die teils sumpfigen Langfennwiesen durch herrlichen Lärchenbestand bergauf zu wandern (ein Muss im Oktober/November, wenn sich die Blätter der Bäume färben). Unterwegs genießt man grandiose Ausblicke vom Schlern über die Seiser Alm bis hin zum Rosengarten. In Kirche und Gasthof angelangt, wird man dann noch mit einer Panoramaaussicht auf die Texelgruppe belohnt.

Gasthof Langfenn, ganzjährig geöffneter Familienbetrieb mit rustikaler Küche, auch Übernachtungsmöglichkeit in DZ oder Bettenlager, im Sommer Reitmöglichkeit. ✆ 0471/668218, langfenn.it.

Kirche St. Jakob, eine auf heidnischer Kultstätte erbaute, außen romanische Höhenkirche aus dem 12. Jh., schlichtes Inneres mit gotischem Kreuzgewölbe in der Apsis, durch das Türfenster kann man einen Blick ins Innere werfen.

Die „Stoanernen Mandln": Was anderswo erst in letzter Zeit zur Mode wurde, nämlich Steinmänner aufzustellen, ist bei den Stoanernen Mandln am Sarntaler Bergkamm oberhalb von Mölten und Vöran schon seit alters her der Brauch. Wie lange, weiß niemand. Sie standen schon immer da, die steinernen Männchen. Man erreicht sie ganz leicht von Mölten, wenn man die steile Straße in Richtung Flaas und Salten nimmt und auf dem Sattel nach Norden abbiegt. Hier quert der *Europäische Fernwanderweg* 5 die Straße, mit ihm erreichen wir auf gutem Weg die Alm **Möltner Kaser.** Von dort führt ein gut beschilderter Weg noch einmal höher, die Stoanernen Mandln liegen 2003 m hoch und haben einen traumhaften Rundblick. Zurück geht man auf dem gleichen Weg oder man nimmt den Fahrweg ab der Alm und ab *Kampidell* (Stichstraße nach rechts) den Wanderweg 8, der wieder zum Pass führt.

▪ **Möltner Kaser,** bewirtschaftete Alm mit Gasthausbetrieb, Mai bis nach Allerheiligen und Weihnachtsferien, im Winter nur am Wochenende. ✆ 349/1243720, moeltner-kaser.com.

Vöran und die Rundwanderung „Knottn³": Die Wanderwege und die für Fahrräder geeigneten Forststraßen rund um Vöran bieten Almhütten und Jausenstationen zur Einkehr und ein fast unerschöpfliches Reservoir von Halb- und Ganztagestouren. Das gilt ebenso für die sanft gewellten Almen auf dem Tschögglberg mit ihren alten Höfen, die zum Teil noch strohgedeckte Wirtschaftsgebäude haben.

Von der Bergstation der Seilbahn, die von Burgstall heraufführt (→ S. 250), startet die neu ausgeschilderte Rundwanderung **Knottnkino³.** Das sehr beliebte Wanderziel am Rotstein mit Namen Knottnkino, eine Installation von 30 Kinosesseln des 2017 verstorbenen Künstlers Franz Messner, wurde 2019 um weitere Stationen zu einem schönen Rundweg ergänzt. Von der Bergstation Vöran geht es zunächst in 1 Std. durch Bergwald und über Almwiesen auf Weg Nr. 1 und 12 über den Eggerhof (hier großer Wanderparkplatz für PKW-Fahrer) zum Weberhof. Dort links und durch Bergwald in 20 Min. zum Aussichtspunkt *Knottnkino* mit seinen Sesseln, erweitert durch einen ostseitigen, aus dem roten Porphyr geschnittenen Rastplatz mit Blick auf Vöran. Zurück zum Weberhof, weiter zunächst auf dem Weg Nr. 11, dann rechts ab Nr. 14 auf dem Schützenbründlweg. Durch lichten Bergwald in 45 Min. bis zum großen Festplatz, direkt davor rechts und in 10 Min. zum Porphyrplateau des *Beimstein Knott* direkt oberhalb von Vöran. Schönes Wetterkreuz und neue Installation *Attimo* aus 5 linear hintereinander angeordneten Sesselliftsitzen, sozusagen eine künstlerische Variante des Knottnkinos, an der die Kinder Franz Messners beteiligt waren.

Zurück zum Festplatz geht es vorbei am Gasthof Stübele und dem Gasthof Grüner Baum in Richtung Opertimpflerhof, dann links bergab über Porphyr und durch Bergwald zum *Timpfler Knott*, Dauer etwa 30 Min. ab Festplatz. Auch hier findet sich eine aus dem Porphyr gefräste runde Sitzfläche, davor eine Kunstinstallation: eine Skulptur zweier verbundener Hände, die im Schattenspiel die Umrisse eines Wolfs annehmen. Ein schöner Aussichtspunkt, umgeben von Wald. Ab hier in 30 Min. zurück zur Bergstation, allerdings zunächst steiler Anstieg zum Teil über Steinstufen, die letzten 15 Min. durch den Ort.

Insgesamt 3:50 Std., 500 hm, 11,7 km, durchgängig beschildert. Variante zur Abkürzung: dem Weg Nr. 14 ab Beimstein nach Vöran folgen, 30 Min. bis zur Bergstation. Dort bietet sich eine Einkehr im **Café Sunnseit** an, der Name des netten Cafés mit Panoramaterrasse ist Programm!

Praktische Infos

Information Tourismusverein Mölten, Mo–Fr 8–16.30, Sa 8–14 Uhr. Mölten/Méltina, Möltnerstr. 1, ✆ 0471/668282, moelten.net.

Verbindungen Pkw: breite Straße von Meran über Hafling und Vöran sowie von Terlan. Die schmalere Straße über den Langfennsattel und Flaas führt nach Jenesien und Bozen. Parkplatz Kircheben oberhalb des Dorfzentrums von Mölten.

Busverbindung mit Terlan und Bozen über Jenesien (Nr. 156) bis 4x tgl., außerdem Bus der Wanderbuslinie „Tschögglberg" je nach Jahreszeit 3–4x tgl. von Jenesien nach Falzeben.

Gästekarte Die Beherbergungsbetriebe gewähren mit der **Bozen Card** vergünstigte Eintritte, Rabatte bei Veranstaltungen und bei Seilbahnen.

Meran und Umgebung → Karte S. 190

Seilbahn **Vilpian – Mölten,** ganzjähriger Betrieb im 15-Min.-Takt, werktags 7–11.30/13–19 Uhr, So/Fei 8–12/13–19 Uhr, im Winter einige Fahrten weniger (genauer Fahrplan moelten.net). Einfach 4 €, Berg/Tal 6 €. **Seilbahn Burgstall – Vöran** → Burgstall S. 132.

Einkaufen **Sektkellerei Arunda,** Prof.-J.-Schwarz Str. 18, renommierte Sektkellerei, die „höchstgelegene Europas", Flaschenlagerzeit 2 Jahre. Verwendet werden Südtiroler Chardonnay-, Weiß- und Blauburgundertrauben. Besichtigung mit Sektverkostung von April bis Nov. Mi 10 und Do 11 Uhr, 8 €, nur mit Anmeldung. ✆ 0473/668033, arundavivaldi.it.

Tschögglberger Speck und Kaminwurzen bei Lintner, Georgen 2, Verschneid, tschoegglbergerspeck.com.

Feste & Veranstaltungen **Verschneider Ritt,** Wochenende in der ersten Maihälfte.

Möltner Knödelbuffet, Anfang August, leckere Knödelgerichte und Musik.

Radfahren **Verleih** beim Tourismusbüro.

Reiten Schnupperkurse, Ausritte und Kutschenfahrten über den Tourismusverein.

Reiterhof Bacher, Aschlerbach 37, Haflinger, Isländer u. a., Ausflüge, Pferde-Trekking. ✆ 0471/667003, reiterhof-bacher.com.

Übernachten/Essen in Mölten ***** Zum Löwen,** Gasthof im Dorf, freundliche Zimmer (nicht alle mit Balkon) und schöne Suiten und ein Apartment, gemütliches Restaurant (Mo Ruhetag). Krumergass 8, ✆ 0471/668010, zumloewen.com. **€€€**

Friedheim, Café und Pizzeria in der Dorfmitte, warme und kalte Imbisse, Merenden und Pizza, hausgemachte Kuchen und Eis auf der Terrasse. Di/Mi Ruhetag, ✆ 0471/668048.

Lingerhof, moderner Hof über dem Ortskern, große Liegewiese und Kinderspielplatz, 2 Ferienwohnungen (2–6 Pers.). Am Hof gibt es eigenes Brot, Speck, Käse, Milch und Eier, Obst und Gemüse. Schlaneidstr. 8, ✆ 0471/668097, lingerhof.com. **€€**

Mein Tipp **Sattlerhütte,** 1604 m, gemütliche Einkehr mit Terrasse und Kachelofen in der Stube. Leckerer Apfelstrudel und Tiroler Küche. Hühner und Gänse als Wachhunde (man wird entsprechend aufgeregt empfangen) sowie Ziegen, die um die Alm herum grasen. Im Winter nur am Wochenende geöffnet. Ab Schermoos in 50 Min. erreichbar oder ab Kleineben (Parkplatz) in 1:30 Std.

> Im Sommer grasen 250 Kühe der Möltener Bauern auf der Weide. Mitte April blühen dort spektakulär die Krokusse, im Oktober prächtige Lärchenfärbung.

In Schlaneid **Etschblick,** Gasthof an der Bergstation der Möltener Seilbahn mit Café-Restaurant, traditionelle Südtiroler Kost und Mediterranes. Mo Ruhetag, Bahnweg 26, ✆ 0471/668058, etschblick.com.

In Verschneid **Gasthof Tschaufen** („Tschaufenhaus"), Tschaufen 4, wunderschön auf einer großen Wiese im Wald gelegener Gasthof mit gutbürgerlicher Küche und bekannt guten Mehlspeisen. Vor dem Haus Tische und Bänke, Reiten für Kinder, Ausritte mit Begleitung für die Erwachsenen. Mo Ruhetag, ✆ 0471/668235.

Terlan

Terlan ist ein altes Weindorf, der spitze Turm der gotischen Pfarrkirche zählt zu den höchsten Südtirols. Auf einem Porphyrfelsen steht etwas oberhalb die Ruine Maultasch. Nicht nur wegen des hervorragenden Weins und des Spargels ein besuchenswerter Ort. Wer vom „Terlaner" spricht, meint den Wein aus der Umgebung des Ortes, vor allem den hervorragenden Weißburgunder. Den großzügigen Häusern des Dorfs sieht man an, dass man mit Weinbau wohlhabend werden kann. Gästezimmer gibt es nur wenige, die Auswahl ist größer im nahen Vilpian, das wie Siebeneich, etwas weiter in Richtung Bozen, zur selben Gemeinde gehört.

Sehenswertes/Ausflüge

Pfarrkirche Mariä Himmelfahrt in Terlan: Der spitze, hohe Turm der Pfarrkirche ist das weithin zu erkennende Wahrzeichen von Terlan. Ihre Größe und prächtige Ausstattung ist nur dann zu verstehen, wenn man weiß, dass Terlan im Hochmittelalter erheblich am

Silberbergbau verdiente. Der rein gotische Bau besitzt im Inneren einen überwältigenden Schatz an Fresken, ein wahres Kompendium der mittelalterlichen (hochgotischen) Bilderwelt. Sie wurden vermutlich zwischen 1399 und 1407 vom Bozner Meister *Hans Stockinger* geschaffen. Die Fresken im Chor sind die ältesten und ein hervorragendes Beispiel der Bozner Schule, die die deutsche mittelalterliche Tradition mit Anregungen der italienischen Frührenaissance verband. Auffallend an der Kirche ist neben dem 75 m hohen Turm das Dach mit seinen bunten Ziegeln. Auf dem Friedhof sollte man sich die vielen schönen alten Grabmäler anschauen, die ältesten stammen aus dem 15. Jh.

■ Die Kirche ist tgl. 8–19 Uhr geöffnet.

Auf die Ruine Maultasch (Burg Neuhaus): Von Terlan geht man nur eine Dreiviertelstunde zur Burgruine auf dem Felsen über dem Ort. Um 1206 erbaut, zweimal zerstört, zuletzt 1320 wiederaufgebaut und mustergültig restauriert. *Margarethe Maultasch,* die letzte Herzogin von Tirol vor der Machtübernahme der Habsburger (denen sie Tirol freiwillig vermachte, um ihren Lebensabend im Luxus zu verbringen), soll hier immer wieder residiert haben. Die ihr nachgesagte Verschwendungssucht sowie die Missbildung ihrer Lippe („Maultasch"!) waren, wie man heute annimmt, nichts anderes als politische Propaganda ihrer Gegner. Tatsächlich hat die Burg ihren Namen von der vulgärlateinischen Bezeichnung *malatasca* (Mausefalle) für eine Straßensperre.

Wanderung zur Burg Greifenstein (Sauschloss): Erreichbar ist die Burg auf einem guten Steig (11/11 a, ab Kapelle 11), der an der Straße zwischen Siebeneich und Moritzing (Bozen) beginnt. Er führt an der *Kapelle St. Kosmas und Damian* vorbei, die Ruine erreicht man nach ca. 1:40 Std. Besonders lohnend ist der weitere Weg vorbei am Gasthof Noafer (Di Ruhetag), der durch Esskastanienwald führt. Vom Noafer in Unterglanig kommt man auf Weg 9 (meist an der Straße, weitere Einkehrmöglichkeiten) und von Glanig ebenfalls auf Weg 9 hinunter zur Guntschnapromenade (→ Bozen/Ausflüge) und nach Gries, von wo aus man mit dem Bus zurückkehrt. Gesamtgehzeit ca. 3 Std.

Die Burg oberhalb von Siebeneich stand schon im Frühmittelalter auf ihrem Felsen über dem Ort, wurde zerstört, wiederaufgebaut, brannte ab, wurde erneut wiederaufgebaut ... Ihr endgültiges Schicksal wurde 1420 besiegelt, als sich der Tiroler Adel – darunter der uns heute als Minnesänger bekannte *Oswald von Wolkenstein* – gegen den Landesfürsten, einen Habsburger, erhob und dessen Truppen die Burg belagerten. Die Übermacht war so groß, dass der Burgkommandant floh und die Verteidiger aufgaben. Sauschloss heißt die Ruine nach einer Anekdote aus dieser Zeit: Um die Belagerer zu täuschen, warfen die Verteidiger ihr letztes Schwein in den Burggraben. Die Gegner sollten sehen, dass man da oben eine lange Belagerung aushalten würde. Wahrscheinlich ist die Geschichte erstunken und erlogen, aber nett (armes Schwein).

Meran und Umgebung → Karte S. 190

Basis-Infos

Information **Tourismusverein Terlan,** Mo–Fr 9–12/15–18, Sa 9–12 Uhr, im Winter Mo–Fr 9–12 Uhr. Terlan/Terlano, Dr.-Weiser-Platz 2, ✆ 0471/257165, terlan.info.

Verbindungen Gute Busverbindung mit Meran und Bozen, MeBo in beide Richtungen, Bahnstation.

Gästekarten Die Region gehört zu Südtirols Süden, erhältlich ist daher der WinePass und die mobil & activ Card (→ S. 132).

Einkaufen/Wein **Kellerei Terlan,** Silberleitenweg 7, Traditionsbetrieb für den sehr gefragten „Terlaner" mit großem Angebot vom

Terlaner Weißburgunder über Lagenweine wie den Terlaner Chardonnay Kreuth bis zu verschiedenen anderen Südtiroler Traditionsweinen wie einem Südtiroler Malvasier. Führungen mit Weinverkostung April bis Aug. Do 15.30 Uhr, 20 €. Nur mit Voranmeldung im Tourismusbüro, ✆ 0471/257135, kellerei-terlan.com.

Spargel: April bis Mai ist Spargelzeit in Terlan, den qualitätsgeschützten Terlaner Spargel „Margarete" bekommt man im Einzelhandel und natürlich in den Gaststätten.

Markt in Terlan am Montag auf dem Hauptplatz.

Bäckerei Patauner, Bahnhofstr. 1, Siebeneich, Südtirols erster Biolandbäcker. Das Vorschussbrot (Vorschuss nennt sich im altösterreichischen Raum das erste Mehl eines Mahlgangs) ist traumhaft, im Herbst ist besonders das Apfelbrot zu empfehlen. Café mit Verkaufsladen auch am Dr.-Weiser-Platz 7 im Zentrum.

Baden/Schwimmen **Freibad** in der Silberleitengasse, Ende Mai bis Anf. Sept. tgl. 9.30–19 Uhr.

Veranstaltungen **Terlaner Spargelwochen** im April und Mai, zahlreiche Veranstaltungen rund um den Spargel, kulinarische Wanderungen, Kutschenfahrten, Führungen, Radtouren und das Terlaner **Spargelfest** am So Ende April. Anmeldung und Infos beim Tourismusverein. Natürlich werden in dieser Zeit Spargelgerichte in den Gaststätten serviert. Infos auch unter terlaner-spargelzeit.it.

Übernachten

In Terlan *****S Weingarten,** Hotel im Ortskern mit eigenem Wein und Obst, Liegewiese und Garten mit Freibad, Restaurant mit 2 Stuben und Terrasse, komfortable Zimmer. Hauptstr. 42, ✆ 0471/257888, hotel-weingarten.com. **€€€**

***** Runer,** Pension, die schon von außen mit ihrer überbordenden Blumenpracht an Balkonen, Brüstungen, an Mauern und in Beeten ein freundliches Inneres signalisiert. Zimmer mit Balkon, schöne Stube, Pool und Liegewiese und herzliche Wirtsleute. Silberleitenweg 3, ✆ 0471/257163, pensionruner.com. **€€–€€€**

**** Wieterer,** Haus am sanften Weinhang oberhalb der Ortsmitte mit Café. Freibad mit Liegewiese am Weingarten. Gute Zimmer und Apartment mit Balkon. Kirchgasse 17, ✆ 0471/257474, wieterer.com. **€€**

In Vilpian ***** Sparerhof,** Bilder-Hotel: Galerie im Haus und Originaldrucke an den Wänden, ansprechende Ausstattung, Pool, MTB-Verleih. Nalser Str. 2, ✆ 0471/678671, hotelsparerhof.it. **€€€**

*****S Neuhausmühle,** ruhig in den Obstgärten am Dorfrand gelegener Baukomplex mit Liegewiese und schönem Freischwimmbad, daneben Kinderspielplatz mit Tischtennis. Speisesaal und großer, im Halbrund verglaster Wintergarten mit Blick auf die Obstgärten. Saunen, Kneippanlage, Ruheraum, Gratis-Radverleih. Zimmer mit Balkon oder Terrasse, hell und geschmackvoll eingerichtet, jene unterm Dach mit reizvoller Dachholzkonstruktion. Brauereistr. 8, ✆ 0471/678882, neuhausmuehle.com. **€€€**

Haus Winkler, Haus mitten in den Obstgärten mit beheiztem Pool und Liegewiese in ruhiger Lage. Sonnenterrasse und heller Wintergarten fürs Frühstücksbuffet. Gemütliche Zimmer und Apartments mit viel Holz. Winkelweg 4, ✆ 0471/678768, haus-winkler.it. **€€**

Ganderhof, Urlaub auf dem Bauernhof, der mit dem Umweltsiegel Südtirol für biologisches Bauen ausgezeichnet wurde. Auf einer Seite Obstgärten, auf der anderen Wald. 2 freundliche, gut ausgestattete Ferienwohnungen. Im Garten Grillplatz, Spielbereich. Meraner Str. 30, ✆ 0471/678538, ganderhof.com. **€€**

***** Camping Ganthaler,** angenehmer, straßennaher, kleiner Platz (30 Einheiten) mit Schwimmbad, Tennis, Spielplatz, Pizzeria. Geöffnet Mitte März bis Anf. Nov. Stellplatz und 2 Pers. 38–44 €. Meraner Str. 50, ✆ 0471/678716, campingganthaler.com.

In Siebeneich ***** Greifenstein,** Hotel mit dekorativem Terrassencafé etwas von der Bozner Straße abgesetzt, mit großer Liegewiese und Freischwimmbad zwischen den Obstgärten hinter dem Haus. Geräumige Zimmer mit Südbalkon. Kinderspielzimmer, Gratis-Radverleih. Bozner Str. 2, ✆ 0471/918451, greifenstein.it. **€€€**

Essen & Trinken

In Terlan **Oberhauser,** Dr.-Weiser-Platz 1. Restaurant und Pizzeria mit großem klassischem Gastgarten unter Rosskastanie und Ahorn. Drinnen sitzt man im schönen Speisesaal oder im hellen Wintergarten. Serviert wird klassische Südtiroler Küche mit Schlutzern, im Herbst gibt's Pilz- und Wildgerichte, aber auch Fischgerichte stehen auf der Karte. Abends Pizza. ✆ 0471/257121, oberhauser.bz.

Café Wieterer, Kirchgasse 17, mit Sonnenterrasse, große Auswahl an Torten und Kuchen, außerdem Eis. Mi Ruhetag, wieterer.com.

In Vilpian **Waldinger,** Dorfstr. 5, Fischrestaurant mit Gartenterrasse, wird von einem ehemaligen Schiffskoch geführt. Durchweg italienische Küche von Antipasti bis zum Dessert. ✆ 0471/678956, Mo Ruhetag. **€€**

In Richtung Mölten **Oberlegar,** Möltnerstr. 2, Buschenschank und Bauernhof mit eigenem Weinberg und deftiger Küche von Kitz und Lamm bis zu Schlutzer und Kasnocken. Hauptgang ab ca. 12 €. Geöffnet Ende März bis Mai und Ende Sept. bis Anf. Dez., Mo–Mi Ruhetag. ✆ 0471/678126.

In Siebeneich **Patauner,** Bozner Str. 6, traditionsreicher Gasthof mit schönem Gastgarten, in der Spargelzeit wird der Spargel aus eigenem Anbau serviert. So Ruhetag. ✆ 0471/918502, restaurant-patauner.net. **€€**

Andrian

Gegenüber von Terlan liegt auf der anderen Seite des Etschtals am Rande eines Murkegels das ausgedehnte Dorf Andrian, das aus dem eigentlichen Dorf mit der Pfarrkirche (und Touristeninformation) und dem Oberdorf besteht. Über den Felswänden des Schlossbergs oberhalb von Andrian thront auf scheinbar unzugänglichem – aber auf Weg 15 b leicht erreichbarem – Aussichtsfelsen die Burgruine Festenstein. Koflerhof, Gaid (Jausenstation) und andere Höfe liegen auf der schmalen Terrasse darüber, die im Hintergrund in steilen Wald und noch steilere Felsen übergeht.

Information **Tourismusverein Andrian,** Mo/Mi/Fr 9–12/15–18, Di/Do 9–15, Sa 8–14 Uhr, im Winter Mo–Fr 9–12 Uhr. Andrian/Andriano, Wehrburgstr. 1a, ✆ 0471/510100, andrian.info.

Verbindungen Mo–Sa stündl. **Busse** der Linie 202 nach Bozen.

Gästekarten Die Region gehört – wie Terlan – zu Südtirols Süden, erhältlich ist daher der WinePass und die mobil & activ Card (→ S. 132).

Einkaufen/Wein **Kellerei Andrian,** landesweit für ihren Gewürztraminer (und nicht nur den) gelobte Kellerei. 2008 von der Kellerei Terlan übernommen, werden die Räumlichkeiten nur noch für Events gebucht. Verkaufsladen in der Wehrburgstr. 5, kellerei-andrian.com.

Übernachten/Essen ***** Andrianer Hof,** das Hotel Garni ist das letzte Haus an der direkten Straße nach Nals, entsprechend ruhig liegt es im Weinberg. Ansprechend renovierte Zimmer mit Balkon. Hallenbad, Sauna und Liegewiese und, nicht zu vergessen, sehr angenehmes und freundliches Personal. Gisshübelweg 2, ✆ 0471/510087, andrianerhof.com. **€€€**

Mein Tipp ***** Schwarzer Adler,** Gasthaus und Weinstube im Ansitz Sichelburg mit gemütlicher Stube, nach hinten schöner Garten, hervorragende Vorspeisen und traditionelle Tiroler Gerichte, im Herbst delikate Kürbiscremesuppe und Kastanienmousse. Auch recht komfortable Zimmer. Restaurant Mo Ruhetag. St.-Urban-Platz 4, ✆ 0471/510288, schwarzeradler-andrian.net. **€€**

Terlander Pfarrkirche mit ihrem 75 m hohen Turm

Meran und Umgebung → Karte S. 190

Der Vinschgau

Dank Bewässerung regiert Üppigkeit im seit Menschengedenken besiedelten oberen Tal der Etsch. Der fast regenlose Vinschger Sonnenberg lohnt wegen seiner seltenen Flora und Fauna und zeigt, wie es ohne Bewässerung aussehen würde. Auch wenn ganz oben die Gletscher zurückgehen, wandert man in den Seitentälern an zahlreichen plätschernden Gebirgsbächen von Almhütte zu Almhütte.

▪ **Infos zur Region** unter vinschgau.net.

▪ **Pflicht-Abstecher in die Schweiz:** Das grandiose präromanische Kloster Müstair, gegründet von Kaiser Karl dem Großen, ist UNESCO-Weltkulturerbe und nur einen Katzensprung vom Vinschgau entfernt. Diese Top-Sehenswürdigkeit liegt gleich hinter der Grenze in Graubünden und ist durch das Tauferer Tal leicht per Pkw oder Bus zu erreichen. → S. 376

Endlose Flächen weißer Apfelblüten im Frühjahr und rote, grüne, gelbe Früchte im Spätsommer charakterisieren die dicht bewirtschaftete und besiedelte Talsohle des Vinschgaus. Der intensive Anbau im **unteren Vinschgau** wird ermöglicht durch künstliche Bewässerung, die auch auf Wanderer und Radfahrer herabrieselt. Das Wasser kommt heutzutage aus der Leitung und nicht wie früher aus den **Waalen,** die einst den Getreideanbau an den steilen Talhängen möglich machten. Einige der zwischenzeitlich in Vergessenheit geratenen Waale wurden zu schattigen Spazier- und Wanderwegen ausgebaut.

Während im **oberen Vinschgau** die Südhänge fast versteppt sind, sind die Nordhänge bewaldet und bekommen vom Wolkenstau der Ortlerkette einigen Niederschlag ab. Bei Schluderns und Mals macht der Vinschgau einen Richtungswechsel, die windige, von kleinen Waalen durchzogene **Malser Haide** steigt steil zum **Reschenstausee** und zum **Reschenpass** auf 1508 m auf.

Was anschauen?

Schloss Juval am Eingang des Schnalstals: Reinhold Messners Sommersitz thront hoch droben, es ist sein erstes und persönlichstes Museum. Beim Rundgang spaziert man gefühlt fast durchs Wohnzimmer. → S. 293

St. Prokulus in Naturns: Die frühromanische Kirche mit ihren sehenswerten Fresken liegt idyllisch am Apfelhain und gilt als exemplarisch für die vielen romanischen Sakralbauten im Tal. Ein informatives Museum liegt gleich gegenüber. → S. 290

Glurns: 900 Einwohner zählt die kleinste Stadt Südtirols. Vier Stadttore und ein kompletter Mauerkranz fassen die

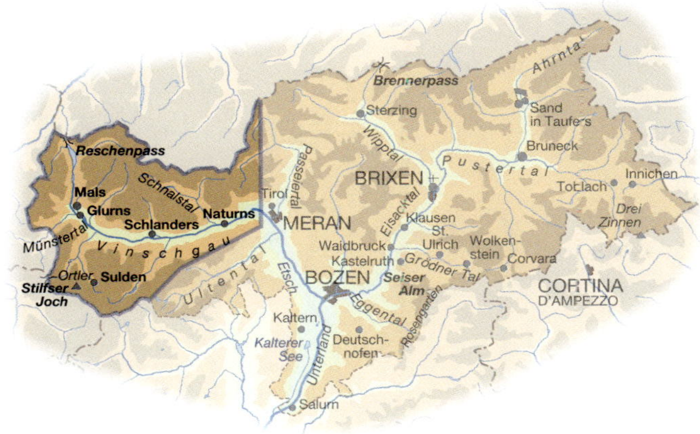

mittelalterliche Struktur, die sich in Gassen, Ecken und Winkeln fortsetzt. Am Marktplatz treffen sich die Glurnser und die Welt – nur der Durchgangsverkehr trübt das Bild etwas. → S. 352

Laas und der Marmor: Ein Spaziergang durch den Ort erzählt von der lokalen Bedeutung des schneeweißen Steins – man begegnet ihm am Bahnsteig, an Denkmälern und auf den Lagerflächen der gigantischen Blöcke. Wer den Laaser Marmor noch besser kennenlernen möchte, bucht eine **Führung zum Marmorwerk** hoch oben im Berg. → S. 330

Was unternehmen?

Tour am Schnalswaal und Tscharser Waal: Am Vinschger Sonnenberg führt der gut erhaltene Schnalswaal entlang (und biegt dann verrohrt ins Schnalstal ab), unterhalb verläuft parallel der Tscharser Waal, so dass sich eine Rundwanderung daraus machen lässt. → S. 294

Abstecher ins Schnalstal: Steile Hänge, uralte Höfe auf schmalen Geländeterrassen, alle paar Meter eine Transportseilbahn für Milchkannen und Lasten, das mittelalterliche **Karthaus,** der tiefgrüne Stausee in Vernagt und im Talschluss die 3000er. Mit der Gondelbahn zum höchsten Hotel Südtirols, dem Grawand mit der Aussichtsplattform **Iceman Ötzi Peak.** Das Panorama ist überwältigend und **Ötzis Fundstelle** am Hauslabjoch fast in Reichweite. → S. 298 und 304

Auf dem Vinschger Radweg: Zwischen Mals und Meran führt er über 80 km immer entlang der Etsch – ohne größere Schwierigkeiten, abwechslungsreich und mit zahlreichen Einkehrmöglichkeiten. Zurück geht es mit der **Vinschgerbahn,** allerdings gibt es im Sommer oft keinen Platz mehr für die Räder. → S. 283

Wo essen, trinken & einkaufen?

Schlosswirt Juval: Hier (in Messner-Schloss-Nähe) gibt's üppige Südtiroler Küche im historischen Gebäude mit verwinkeltem Außenbereich. → S. 294

Weißes Kreuz in Burgeis: Das architektonisch interessante Hotel mit grandiosem Wellnessbereich bietet eine vielfältiger Küche (südtirolerisch, asiatisch, italienisch) aus regionalen Zutaten. → S. 363

Oberraindlhof im vorderen Schnalstal: In diesem historischen Hof mit alter Stube ist die Küche preisgekrönt. → S. 306

Vinschger Bauernladen unterhalb von Schloss Juval: Äpfel, Marmeladen, Käse, Speck, Wein und vieles andere direkt vom Erzeuger. Auch Reinhold Messner, Nachhaltigkeitsprediger der ersten Stunde, mischt hier mit. → S. 294

Landeck
B 180
Nauderer
Hennesiglspitze
3042
Unter-Engadin
27
Reschenpass
1508
Weißseespitze
3532
SCHWEIZ
Langtauferer Tal
Melag
Reschen
Grub
Kapron
Davos, St. Moritz
Sesvennagruppe
Rojental
Graun
Pedross
Rojen
Äußere
Bärenbartkogel
3471
Reschensee
Rabenkopf
3393
Elferspitze
2926
Valvellspitz
3359
St. Valentin
Haideralm
Dörfl
Fischerhäuser
Haidersee
Plawenn
Saldurns
SS 40
Watles
2557
Alsack
Matscher Tal
Planeil
Thannai
Planeiltal
Piz
Sesvenna
3205
Ulten
Marienberg
Burgeis
Schlinig
Schlinig Tal
Mals
Matsch
Litznerspitze
3206
Schleis
Tartsch
Laatsch
St. Veit
Ganglegg
Piz
Starlex
3075
Glurns
Schluderns
Köpflplatte
2410
Churburg
SS 38
Taufers
Tannas
Lichtenberg
Eyrs
Allitz
Davos, St. Moritz
Müstair
Spondinig
SS 38
Piz
Chavalatsch
2765
Agums
Etsch
Prad
Laas
Tschengls
Santa
Maria
Tarn
Valchava
Stilfs
Münstertal
559
Gomagoi
Tschenglser
Hochwand
3375
Orgel - Laaser
Spitz
3305
Furkel-Spitze
3004
Umbrail-
pass
2501
Trafoi
Suldental
Hoher Angelus
3521
SS 38
Vertainspitze
3544
SS 38
Stilfser Joch
2758
Ortler
3905
Sulden
Cima di Reit
3049
Monte
Cristallo
3434
Cima di
Trafoi
3565
Königsspitze
3851
3031
Monte
Confinale
3370
Veneziaspitze
3386
Zufallspitze
3757
Bormio

Sölden
Wildes Mannle 3023
Gampleskogel 3399
Obergurgl
Fluchtkogel 3497
Rofenhöfe
Vent
Hohe Mut 2659
Großer Ramolkogel 3549
Granatenkogel 3304
ÖSTERREICH
Hintere Hintereisspitze 3485
Kreuzspitze 3455
Firmisanschneid 3490
Pfelderer Tal
Ötztaler Alpen
Schalfkogel 3537
Hinterer Seelenkogl 3469
Pfelders
Hochjoch 2875
Tisenjoch 3208
Karlesspitze 3462
Hintere Schwärze 3624
Hochwilde 3480
Kurzras
Similaun 3602
Naturpark Texelgruppe
Pfossental
Vernagt
Vorderkaser
Roteck 3337
Langsee
Vernagt-Stausee
Unserfrau
Texelgruppe
Schnalstal
Karthaus
Mastaun 3200
Katharinaberg
Partschinser Wasserfall
Partschins
Algund
Gamsegg 2912
SS 38
Meran
Schönputz 2311
Schloss Juval
Plaus
Schlandersberg
St. Martin im Kofel
Tschars
Naturns
Aschbach
Schlanders
Tabland
Vigiljoch 1743
Vetzan
Kastelbell
Goldrain
Latsch
Naturnser Hochwart 2608
Untermontani
Tarsch
Morter
Obermontani
Vinschgau
Muttergrub 2736
St. Pankraz
Hoher Dieb 2730
Peilstein 2542
Bad Salt
Hasenöhrl 3257
Arzkarsee
Zoggler Stausee
St. Walburg
Große Laugenspitze 2434
Nationalpark Stilfserjoch
Gampenjoch 1518
Hochwart 2627
Ultental
St. Nikolaus
Zufrittspitze 3439
Pilsberg 2867
St. Felix
St. Gertraud
Ilmenspitz 2656
Proveis
Hintere Eggenspitze 3443
Cles
Der Vinschgau
3 km

Latsch im Vinschgau, dahinter die verschneite Ortlergruppe

Von Meran in den Vinschgau

Die Talstufe der Töll zwischen Algund und Partschins trennt das Becken von Meran vom Vinschgau, der 200 m höher mit einem flachen Talabschnitt beginnt. Der erste größere Ort ist Partschins, das auf dem Schwemmkegel des Zielbachs liegt, der in der Texelgruppe entspringt.

Die **Gemeinden Partschins, Plaus** und **Naturns** bilden eine Art Übergangsbereich, der bis zur Mündung des Schnalstals reicht. Dieser Abschnitt war immer stark nach Meran orientiert, auch klimatisch sind seine an der sonnigen Seite des Tals liegenden Orte eher im Meraner Land zu verorten: In Naturns und Partschins ist es wesentlich milder als im Rest des Vinschgaus, die Temperaturgegensätze sind nicht so ausgeprägt, bis Naturns (und sogar weiter bis Kastelbell) zieht sich auch noch ein allmählich schmäler werdender Streifen von Weinreben an den sonnigen Hängen entlang.

Das **Schnalstal,** dieses längste der vom Zentralalpenkamm zur Etsch herabziehenden Täler, ist eine Welt für sich, ein bis vor ein, zwei Generationen fast autarkes Tal mit grünen Wiesen und Bergbauernhöfen, langen Seitentälern mit Almen und im Hintergrund den Gletschern der Ötztaler Alpen. Die Übergänge nach Nordtirol sind hoch, aber sie werden seit Jahrtausenden begangen. **Ötzi,** die Mumie des ersten uns näher bekannten Schnalstalers, wurde am *Tisenjoch* (3210 m) gefunden. Jedes Jahr wechseln Schafherden mit ihren Hirten von Süd- nach Nordtirol und zurück über das wenig tiefer gelegene Niederjoch (3019 m). Heutzutage kann man sich ganz bequem in diese Höhen katapultieren lassen, die Grawandbahn von Kurzras im hintersten Schnalstal bringt Sie in ein paar Minuten auf 3200 m.

Information **Tourismusverband Meran & Umgebung,** Gampenstr. 95, I-39012 Meran/Merano, ✆ 0473/200443, meranerland.com.

Verbindungen **Pkw:** Die Vinschgaustrecke ist generell extrem überlastet und in der Saison sind abschnittsweise Staus zwischen Meran und Naturns eher die Regel als die Ausnahme.

Bus/Bahn: Zum Bustransfer aus Deutschland und der Schweiz → S. 606. Gute Verbindungen per Bus zwischen Meran und Schlanders (Nr. 251 etwa halbstündlich) von dort mit der Nr. 252 nach Mals. Vinschgerbahn von Meran nach Mals im Stundentakt, Fahrradmitnahme (7 €).

Busse verbinden Naturns und seine Ortsteile Kompatsch, Staben, Tabland und Tschirland mit Partschins, auf dem Weg werden Plaus, Rabland und die Töll berührt. Ein weiterer Bus verbindet Partschins mit dem Partschinser Wasserfall. Die Fahrpläne sind in allen Informationen und in vielen Hotels und Pensionen erhältlich (sii.bz.it).

Bikeshuttle im Vinschgau, mehrere Anbieter, Rad- und Personentransport für diejenigen, die nicht die Bahn nutzen und nicht abgeholt werden, Infos und Kontakte unter bikeshuttle.it.

Vorteilskarten **GuestCard Meraner Land:** Gästekarte der Vermieter mit vielen Vergünstigungen, u. a. bei Museen, Seilbahnen und Veranstaltungen. **MeranCard:** Gästekarte der Beherbergungsbetriebe, kostenlose Benutzung der öffentlichen Verkehrsmittel, verschiedene Seilbahnen, Eintritt in Museen, die MeranCard ist teils nur von Okt. bis Juni in teilnehmenden Unterkünften kostenlos erhältlich, teils auch ganzjährig. **Seilbahnkarte Meraner Land:** 16 Seilbahnen können im Zeitraum von Mai bis Nov. ohne weitere Kosten benutzt werden, Gültigkeit 6 Tage, 72 €, erm. 30 €. **BusCard Meraner Land:** Gültigkeit 1 Woche, nur für Busse, 16 €.

Der Vinschger Radweg

Zwischen Meran und dem Reschenpass an der Grenze mit Nordtirol zieht sich nicht nur die italienische Staatsstraße 40, sondern auch der etwa 80 km lange Vinschger Radweg (auch wenn das eigentliche Vinschgau erst bei Partschins beginnt). Dieser Weg ist zwischen Meran und Glurns bzw. dem Bahnhof Mals leicht zu fahren, ein ausgesprochener Familienradwanderweg. Nur zwischen Algund und Töll, Kastelbell und Latsch sowie zwischen Schlanders und Laas muss man, wenn man in Richtung Reschen unterwegs ist, steilere Passagen bewältigen. Zwischen Laatsch und Schleis wurde der Radweg erst kürzlich wegen Steinschlaggefahr auf das talseitige Etsch-Ufer verlegt. Hinter Schleis geht es dann bergauf, bis zum Reschenpass müssen ab Glurns auf 25 km immerhin mehr als 500 Höhenmeter bewältigt werden. Für den Radweg wurde keineswegs eine eigene Trasse eingerichtet, sondern er wurde über lange Strecken auf Güterwegen und gemeinsam mit dem Fußgängerweg angelegt, weswegen besonders aufmerksames Fahren geboten ist. Dennoch – dass ein durchgehender Weg abseits der Staatsstraße ausgewiesen wurde, ist großartig, und man darf als Radfahrer dankbar dafür sein. Der Weg ist einheitlich beschildert und dermaßen viel befahren, dass man keine Probleme haben dürfte, sich zu orientieren. Entlang des Radwegs gibt es eine Anzahl von Plätzen, an denen man sich verpflegen und ein Päuschen einlegen kann.

Radbar, zwischen Staben und Naturns gelegene Jausenstation mit Spielplatz, Liegestühlen und kleinem Weiher, äußerst entspannte Pause, tgl. 10–18 Uhr, radbar.it.

Radtreff Fischteich Brugg, zwischen Kortsch und Laas, eine vollwertige Gaststätte mit warmen Mittagsgerichten, Spielfläche und Fischteich. Was wie ein steinerner Kamin ausschaut, gehörte zum Aquädukt des Kortscher Etschwaals, das 1855 bei einer schweren Überschwemmung zerstört wurde. 10–18 Uhr, Fr Ruhetag.

Self-Service-Stand vom Ortlerhof, etwa auf der Höhe von Kortsch findet sich ein Kiosk, an dem man frischen Apfelsaft zapfen und Marmelade und Äpfel vom Ortlerhof kaufen kann, das Geld wirft man einfach in die Kasse.

Die Vinschgerbahn

Die Bahn zwischen Meran und Mals, lange stillgelegt und praktisch aufgegeben, ist seit 2005 wieder in Betrieb. Während das Land Südtirol für Einrichtungen wie Wartesäle, Fahrkartenautomaten und Toiletten etc. zuständig ist, liegt die Gestaltung der Bahnhöfe bei den Gemeinden, die diese zum Teil mit viel Liebe zum Detail und zur historischen Bausubstanz restauriert haben. Derzeit verkehrt die Bahn im Sommer im Stundentakt, eine Direktverbindung Bozen – Mals besteht alle zwei Stunden. Das Busnetz ist zwar nicht ganz an den Bahnfahrplan angepasst, größere Probleme bestehen dadurch aber nicht. Seit Jahren wird die Elektrifizierung der beliebten und dementsprechend stark frequentierten Vinschgerbahn vorangetrieben – ein Großvorhaben, das mit der Verlängerung aller Bahnsteige und der Anpassung kleinerer Streckenabschnitte einhergeht, mit ca. 66 Mio. Euro veranschlagt ist und frühestens 2025 abgeschlossen sein wird.

Tickets Alle Fahrkarten sind am Automaten erhältlich. Im Gegensatz zum sonst in Italien üblichen Vorgehen wird die Fahrkarte **im Zug entwertet.** Für das Fahrrad/MTB wird ein **eigenes Ticket** benötigt (Tagesticket 7 €).

Vinschgerbahn für Radler Von fast allen Punkten des Vinschger Radwegs (s. o.) ist die Bahnlinie auf kurzen Wegen zu erreichen. Die **Bike-Mobilcard** (→ S. 611) erlaubt alles, was die Mobilcard bietet, außerdem ein Leihrad für einen Tag (erhältlich an Bahnhöfen, bei SüdtirolRad und PapinSport). Die Züge nehmen **maximal 15 Fahrräder** mit, Enge und Abweisung sind da leider vorprogrammiert, zumal es keine platzsparende Aufhängung gibt (wie sonst in Italien), sondern die Räder einfach an freie Sitze gestellt werden. Vormittags ist der Zustieg mit dem Rad in Meran, Algund und Marling nicht gestattet. Dann erfolgt der Radtransport per Bus mit speziellen Radanhängern (ohne Aufpreis zur Fahrradtageskarte à 7 €), in den Zielbahnhöfen kann das Rad in ausgewiesenen Parkflächen abgeholt werden.

Auf dem Vinschger Radweg

Partschins

Man kann davon ausgehen, dass Partschins in günstiger Sonnenlage auf dem Schwemmkegel des Zielbachs einen römischen Vorgänger hatte. Warum hätten die Römer unten in der feuchten Aue siedeln sollen und nicht oben in der Sonne?

Die römische Heeresstraße *Via Claudia Augusta*, die unterhalb von Partschins durch den Vinschgau führte, hat sich in einem in Rabland gefundenen Meilenstein verewigt. Sonst wird man in Partschins nichts finden, was weiter als bis ins Hochmittelter zurückreicht, da der Zielbach mit seinen häufigen Überschwemmungen alles Ältere zugedeckt hat. Welche Kraft dieser Bach sogar bei normalem Wasserstand aufbringt, demonstriert der **Partschinser Wasserfall**, der gerade zum „Luftkurort" ernannt wurde. Sein Wasser hat nahezu Trinkwasserqualität und die Luft ist nachgewiesenermaßen so sauber wie die in der Arktis.

Der Wasserfall ist die Nummer eins der Ausflugsziele ab Partschins, knapp gefolgt vom **Partschinser Waalweg.** Wer höher hinaufwill, findet auf dem Sonnenhang über dem Dorf eine gute Handvoll Jausenstationen und bewirtschaftete Berghütten. Einige davon sind mit kleinen privaten Kabinenbahnen ausgerüstet, die den Gästen zur Verfügung stehen. Noch mehr bietet der **Meraner Höhenweg,** der die höheren Hütten verbindet. Bergsteiger nehmen sich Zeit für die Überschreitung der *Texelgruppe* und die Besteigung der höchsten Gipfel wie *Tschigat, Lodner* und *Hohe Weiße*.

Ausflugsziel Nummer eins: der Partschinser Wasserfall

Sehenswertes/Ausflüge

Partschins: Die *Pfarrkirche St. Peter und Paul* ist wie so oft in Südtirol ein spätgotischer Bau mit Netzgewölbe. Die *Stachelburg* ist eine mittelalterliche Burg mitten im Ort, sie ist von der Straße aus schlecht zu sehen und nicht zu besichtigen (Privatbesitz, Schlossweingut Stachlburg → „Wein"). Dasselbe gilt für den *Ansitz Sauregg*, wo man immerhin den Garten (mit riesiger Wellingtonia, 45 m hoch!) betreten darf.

Schreibmaschinenmuseum Peter Mitterhofer: Im eindrucksvollen modernen Bau des Schreibmaschinenmuseums von Partschins (Kirchplatz 10) sind mehr als 1400 Exponate zu bewundern, darunter auch Modelle von Peter Mitterhofer, gebürtiger Partschinser und Erfinder der Schreibmaschine (→ S. 289). Außerdem präsentiert werden lebensechte Dioramen, Fotos und Werbeposter, die die Geschichte der Schreibmaschine illustrieren.

▪ April bis Okt. Mo 14–18 Uhr, Di–Fr 10–12/14–18 Uhr, Sa 10–12 Uhr, Nov. bis März Di 10–12 Uhr, Eintritt 7 €, erm. 2 €, ✆ 0473/967581, schreibmaschinenmuseum.com.

Rabland: Das kleine historische Zentrum von Rabland besteht aus dem spätgotischen Kirchlein St. Jakob und dem mächtigen Bau des traditionellen „Hanswirt". Ersteres hat ein schönes Spitzbogenportal und eine bunte Sonnenuhr an der Südseite, Letzterer beherbergt das sehenswerte Eisenbahnmuseum. Es beeindruckt mit 1000 m² Ausstellungsfläche, 800 m Gleisen, 70 Zügen, 400 Fahrzeugen und 12.000 Figuren – ein Traum nicht nur für Kinder!

▪ Tgl. außer Sa 10–17 Uhr, Eintritt 12 €, erm. 8,50 €. ✆ 0473/521460, eisenbahnwelt.eu.

Wanderung auf dem Partschinser Waalweg: Beliebter und einfach zu gehender Waalweg im untersten Teil des Sonnenhangs. Ab Partschins mit Gästebus (Wasserfall) bis zum Großen Saltenstein (nach „Gasthof Salten"). Oder über den Sonnenbergweg (zweigt oberhalb der Kirche vom Graf-Johann-Weg ab) und die Hängebrücke über den Zielbach zum „Gasthof Winkler", noch vor Erreichen rechts und etwas aufwärts bis zur Brücke (rechts) über den Zielbach, wo man jenseits auf den „Gasthof Salten" trifft, kurz der Straße links nach oben folgen bis zum Großen Saltenstein. Hier beginnt der Partschinser Waalweg, der knapp vor der Jausenstation/Gasthof „Grasweger Keller" endet. Den Rückweg nach Partschins macht man am besten über Weg 7 a, dafür geht man etwa 400 m auf dem Zugangsweg zurück und wendet sich dann links abwärts, man erreicht Partschins bei der Talstation der Kleinseilbahn zum Greiterhof (Gehzeit 1:30–2 Std.).

▪ **Grasweger Keller,** Vertigenstr. 15, Grillgerichte, Marenden, Törggelen, hübsche Laube. Di Ruhetag, ✆ 347/4096311, graswegerkeller.it.

Zum Partschinser Wasserfall: 97 m hoch ist die Felswand, über die der Zielbach als Partschinser Wasserfall herunterstürzt. Das sieht von unten wie von oben und sogar aus dem Etschtal unterhalb von Rabland spektakulär aus. Das Spektakel erreicht man mit dem Gästebus ab Partschins oder auf eigene Faust auf dem Sträßchen, das der Bus nimmt, und das an mehreren Stellen durch gut gekennzeichnete Wegabschnitte für den Fußgänger abgekürzt wird. Am besten nimmt man ab Partschins Weg 39 (Sonnenbergweg) und folgt nach der Hängebrücke dem Weg 1 mit bester Beschilderung dem Weg über den „Winkler" zum Wasserfall. Vom oberhalb liegenden „Gasthaus Wasserfall" (mit eingeschränkter Aussicht) führt ein gut gesicherter Steig noch höher hinauf zu einer Aussichtskanzel, von der aus man das Naturschauspiel wirklich hautnah bewundern kann. Wer im Mai und Juni kommt, sieht einen besonders eindrucksvollen Wasserfall. Während der Schneeschmelze in den Bergen stürzen pro Sekunde bis zu 10.000 l Wasser über die Wand.

Verbindungen Bus 265 von April bis Nov. tgl. mind. alle 30 Min. von Partschins bis zum Gasthof Wasserfall.

Essen & Trinken Gasthaus Wasserfall, obwohl man den namengebenden Wasserfall vom Gasthaus nur sehr eingeschränkt sieht, lohnt sich doch der kurze Weg dorthin. Umfangreiche Speisekarte von bürgerlich über Tiroler Küche bis italienisch. Streichelzoo und Spielplatz. Sa Ruhetag. ✆ 338/3462333, partschins-wasserfall.com.

Mit der Texelbahn zum Meraner Höhenweg: Die Texelbahn führt vom westlichen Ortsrand in Partschins hinauf zum Meraner Höhenweg auf 1544 m Höhe. Von dort aus sind Wanderziele sowohl in westlicher als auch östlicher Richtung leicht erreichbar. Nach Osten geht's über Nassereith (Hütte Nasereit, nasereit.com) und Hochganghaus (hochganghaus.it) zur Seilbahn Leiteralm, mit der man nach

Algund hinunterfährt. Diese Tour ist nicht ganz einfach und dauert etwa 4 Std. Nach Westen erreicht man in etwa 3:30 Std. die Bergstation Unterstell. Dabei erwandert man den spektakulären 1000-Stufen-Weg mit steilen und gelegentlich rutschige Passagen, auf denen Trittsicherheit und Schwindelfreiheit erforderlich sind:

Man folgt dem Meraner Höhenweg Nr. 24 in Richtung Unterstell. Zuerst geht es durch Wiesenhänge, dann durch Lärchen-und Mischwald, nach 30 Min. auf geteertem Fahrweg bis zu einem Hof. Danach teilweise steiles Auf und Ab. Nach etwa 1:30 Std. überquert man eine kühne Hängebrücke über die 1000-Stufen-Schlucht und erreicht nach steilem Aufstieg ca. 2 Std. nach dem Start den 700 Jahre alten *Pirchhof* in spektakulärer Lage (Panoramaterrasse und gute Südtiroler Küche, von März bis November tgl. geöffnet). Weiter auf einer Straße durch Almhänge, vorbei an mehreren Höfen und über eine kurze Hängebrücke entlang des tiefen Kirchgrabens. Nach der Jausenstation Galwein folgt man dem Weg Nr. 24 oder 24b. Nach 15 Min. geht es bergab in den Mischwald. Bald erreicht man die *Aussichtsplattform Unterstell* und mehrere Übungsklettersteige, kurz darauf die Bergstation mit Einkehrmöglichkeit. Insgesamt 8,5 km, 430 Höhenmeter, 3:30 Std. Auch umgekehrt möglich, dann 700 hm und 3:45 Std.

Ohne Auto gut machbar. Hin: Start am Bahnhof Rabland, mit Bus 266 zur Texelbahn. Zurück: von der Talstation Unterstellbahn in 15 Min. zu Fuß entlang der Etsch zum Bahnhof Naturns.

Bergbahn/Essen **Texelbahn,** Ende März bis Nov. tgl. 8–18 Uhr, Juni bis Sept. 8–19 Uhr, jeweils im 30-Min.-Takt, Do und So erste Fahrt 7 Uhr. Berg 11,50 €, Berg/Tal 16,50 €, Kinder 5/6 €, Combicard mit Seilbahn Unterstell (Naturns) oder Seilbahn Hochmuth (Dorf Tirol) 13,80 €. Zielstr. 11, Partschins, texelbahn.com.

Gasthaus Giggelberg, an der Bergstation mit Aussichtsterrasse und Südtiroler Küche.

Nach Aschbach und auf den „Nörderberg": Der Weiler auf 1360 m, der zur Gemeinde Algund gehört, ist dank seiner Seilbahn einfach zu erreichen. Das lohnt sich vor allem für Wander- und Mountainbiketouren auf dem Nörderberg – wie sich der schattige, nach Norden blickende Hang südlich der Etsch nennt – in Richtung Vigiljoch (Gehzeit 1:30 Std., 430 m Steigung), Naturnser Alm (2 Std., 630 m Steigung) und über Pirchberg (1 Std., 250 m Abstieg) evtl. hinunter nach Plaus.

Bergbahn **Seilbahn Aschbach,** ganzjährig, 8–12/13–19 Uhr, im Winter bis 18.30 Uhr. Einfach 9 €, Berg/Tal 12,50 €, Kinder 3/4 €, Bike 5/6 €, aschbach.it.

Essen & Trinken **Gasthaus Aschbacher Hof,** eine einzige Aussichtsterrasse mit der Texelgruppe als Blickfang. Gutbürgerliches Essen. Von Ostern bis Nov. Mo Ruhetag, Aschbach 24, ✆ 0473/967250, aschbacherhof.it.

Naturnser Alm, 1922 m, warme Küche und schöne Aussicht, Mai bis Okt., kein Ruhetag.

Der Vinschgau → Karte S. 280/281

Basis-Infos zu Partschins und Umgebung

Information **Tourismusverein Partschins – Rabland – Töll,** zentral nahe dem Kirchplatz in **Partschins.** Mo–Fr 9–12/13–18, Sa 9–12 Uhr, im Winter Mo–Fr 9–12/14–18 Uhr. Partschins, Spaureggstr. 10, ✆ 0473/967157, partschins.com.

Außenstelle in Rabland, Ende März bis Anf. Nov. Mo–Fr 9–12/15–18, Sa 15–18 Uhr, im Winter Mo–Fr 9–12 und 14–18 Uhr. Vinschgauerstr. 34, ✆ 0473/967168.

Verbindungen Zum **Bustransfer** aus Deutschland und der Schweiz → S. 606.

Pkw: Stichstraße von der Vinschgauer Straße.

Bus: Die meisten Busse halten nur unten, 1 km vom Ortszentrum entfernt. Zum Wasserfall fährt von April bis Okt. der Bus 265.

Einkaufen Traditionell geselchten **Bauernspeck** aus eigener Produktion bietet die Metzgerei Gamper, Lahnstr. 7, Rabland. Im Hofladen **Moar 1271** kann man Obst, Marmelade, Säfte und Wein kaufen. Er liegt unübersehbar an der Vinschgauerstr. 6 (Durchgangsstraße).

Wein Das **Schlossweingut Stachlburg,** Peter-Mitterhofer-Str. 2, bietet jeden Do um 17 Uhr (April bis Nov.) eine Kellereibesichtigung mit Verkostung, 13 €. Der Schloss- und Gutsbesitzer Baron von Kripp führt selbst durch seinen Betrieb. Anmeldung im Tourismusbüro. Weinverkauf ab Hof, ✆ 0473/968014, stachlburg.com.

Baden/Schwimmen **Freibad Partschins,** Zehentstr., tgl. 9–20 Uhr.

Paragliding Die **Texelflieger** bieten Mo Tandemflüge am Giggelberg an, Treffpunkt Bergstation der Texelbahn. ✆ 335/8280880.

Radfahren/Mountainbiken **Verleih** bei Etzi's Bikeshop, Rabland, Peter-Anich-Str. 1, ✆ 0473/967697, etzisbikeshop.com.

Rafting Auf der Etsch, auch für Kinder, mit **Acquaterra,** ✆ 336/611336, acquaterra.it.

Wandern/Bergsteigen/Klettern Programm geführter Wanderungen und Bergtouren beim Tourismusverein.

Klettergarten Burgstallknott, oberhalb der Talstation der Greiter Seilbahn, auch für Anfänger geeignet. Der **Klettergarten Huafwond** unterhalb der Bergstation Texelbahn ist eher für erfahrene Kletterer. Außerdem **Klettertour am Partschinser Wasserfall,** geführte Tour oder Abseilen auf Anfrage beim Tourismusbüro.

Kinder Partschins hat ein vielgestaltiges Kinderprogramm zu bieten: Bauernhofbesuch mit Würstelgrillen und Reiten auf einem Haflinger, Mini-Kletterkurs, großes Kinderfest, Schlauchbootfahrt, Museumsbesuch mit Quiz, Pizzabacken und mehr – Infos beim Tourismusbüro. **Spielplätze** am Festplatz Zehentstraße und im Sportzentrum Zielstraße.

Übernachten

Die meisten Betriebe in Partschins sind in der Zeit nach Allerheiligen bis zum Samstag vor der Karwoche geschlossen.

In Partschins *****S Die Sonne,** gleich unterhalb der Kirche steht das „Alpin & Stylehotel". Schickes Interieur in gedeckten Farben im Neubau, die Zimmer im Haupthaus wirken dagegen fast banal. Sauna und Dampfbad mit Aussicht und der obligatorische Infinity-Pool auf dem Dach gehören dazu. Gemütliche Atmosphäre im Restaurant im Gewölbesaal, eher puristisch in der neuen Tagesbar. Peter-Mitterhofer-Platz 8, ✆ 0473/967108, hotelsonne.it. **€€€–€€€€**

****** Das Stachelburg,** gleich hinter der mittelalterlichen Stachelburg steht das äußerlich alpine, innen elegante, sehr komfortable, kompetent und freundlich geführte Hotel gleichen Namens. Gut ausgestattete Zimmer, Hallenbad mit Glaswand zum Garten, Liegewiese, Sauna, zahlreiche Vitalpina-Angebote. Wasserfallweg 7, ✆ 0473/967310, hotelstachelburg.com. **€€€€**

***** Kronenwirt,** großzügig geschnittene Ferienwohnungen mit Schlafzimmer, Wohnraum und Küche getrennt, komplett ausgestattet, modern und hell. Im Haus auch Sauna, Fitnessraum, Sonnenterrasse und das Restaurant Kronenwirts-Stub'n (im Keller). Stachelburgweg 3, ✆ 0473/967112, kronenwirt.com. **€€–€€€**

In Rabland ****** Tyrol,** das schicke Designhotel gehört zu den Vitalpina-Hotels. Hallen- und solarbeheiztes – als Landschaft gestaltetes – Freibad, Gartensauna und Liegewiese, Skypool mit Bar (Adults only!). Geführte Wanderungen und Biketouren, Fahrradverleih. Hans-Guet-Str. 40, ✆ 0473/967654, tyrolhotel.it. **€€€€**

***** Weiss,** kleineres, sportbetontes Hotel, Saunen, Kneippbad, freundliche, teils renovierte Zimmer, Radverleih, Kinderspielbereich samt Betreuung, Freizeitanlage mit Freibad und Kinderbecken, Liegewiese, Minigolf. Vinschgauer Str. 38, ✆ 0473/967067, hotelweiss.it. **€€€**

*****S Sonja,** angenehm gestaltete und gut ausgestatteten Apartments, eins davon ganz oben mit 360-Grad-Panorama und Whirlpool. Salzwasserpool im Garten, kleiner Saunabereich. Lahnstr. 22, ✆ 0473/965227, residence-sonja.com. **€€€–€€€€**

Essen & Trinken/Nachtleben

Onkel Taa, Bahnhofstr. 17, das historische Gasthaus am Bahnhof Töll wird von drei sympathischen Frauen mit viel Hingabe geführt, alles ist hausgemacht und mit Kräutern aus dem eigenen Garten verfeinert. Eine Spezialität sind Weinbergschnecken. Traditionelle Küche in ungewöhnlichem Ambiente, Mo Ruhetag. ✆ 0473/967342, onkeltaa.com. **€€**

Taufenbrunn, Taufnergasse 2, Café-Eisdiele, Eisbecher, kleine Imbisse (Toasts, Bruschette) und Brettlmarenden, Mi Ruhetag.

Prünster, Tabland 6, der Hof hat in aller Enge eine komplette Gasthausküche anzubieten, da bleiben viele Gäste, die den wenig anstrengenden Steig vom Wasserfall hier herauf hinter sich gebracht haben, gleich sitzen. Eier mit Speck, Rahmschnitzel, Speck am Brettl, aber auch schlichte Vintschger Brotsuppe, Fr Ruhetag. ✆ 0473/967454.

Rudi, Kleinkarlbacherstr. 10, Eiscafé mit großer Terrasse, mit eigenen Kuchen und sehr gutem hausgemachtem Eis, Di Ruhetag.

Hanswirt, Geroldplatz 3, historischer Hotelbetrieb mit holzgetäfelten Stuben, gute Küche im Wirtshaus, die vom Gault-Millau geadelt wurde: biologisch, regional, mediterran verfeinert, und eigenen Wein gibt es auch. Im Dez. Mi Ruhetag, ✆ 0473/967148, hanswirt.com. **€€–€€€**

Der Vinschgau → Karte S. 280/281

Peter Mitterhofer, Erfinder ohne Erfolg

Er muss schon ein wenig seltsam gewesen sein, dieser Peter Mitterhofer (1822–1893) aus Partschins, der die Schreibmaschine erfand, aber mehr Erfolg hatte als Zimmermann und gelegentlicher Bauchredner und Musikant mit der selbst gebauten Gitarre und anderen Instrumenten aus eigener Herstellung. Der begnadete Tüftler baute für seine kranke Frau in späteren Jahren eine Waschmaschine und setzte es sich um 1860 in den Kopf, eine Schreibmaschine zu erfinden. Er baute insgesamt fünf Prototypen. Den dritten, er war aus Holz, trug er 1866 auf dem Rücken und zu Fuß nach Wien, wo er auf Anerkennung hoffte, aber nur 200 Gulden als einmalige Zuwendung sowie etwas gnädige Herablassung vom Kaiser erhielt. Dieses Modell existiert nicht mehr. Sein Vorgänger befindet sich heute in den Technischen Sammlungen Dresden. Dass die Zeit dafür nicht reif gewesen wäre, kann man nicht behaupten, denn die amerikanische Firma Remington ließ sich 1867 eine Schreibmaschine patentieren und brachte 1873 serienmäßig ein Modell auf den Markt, das Mitterhofers Wiener Schreibmaschine auffallend ähnlich ist (ob Zufall oder nicht, ist umstritten). Aber im saturierten Wien der späten Gründerzeit hatte man mit einem halb zerlumpten Zimmermann aus Tirol nichts am Hut, auch nicht, als er 1869 ein zweites Mal nach Wien kam, diesmal mit seinem fünften Modell. Das Polytechnische Institut kaufte es für läppische 150 Gulden, heute ist es der Stolz der Sammlung des Wiener Technischen Museums.

Mitterhofer erhielt zu Lebzeiten keinerlei Anerkennung, er starb in bitterster Armut in seinem Heimatort. Sein Grabstein steht nahe dem Nordportal der Pfarrkirche St. Peter und Paul.

Naturns und Umgebung

315 Sonnentage pro Jahr – das macht sich gut in der Werbung. Und so hat Naturns eine begeisterte Stammgastgemeinde, die dem Ort noch eine Hochsaison bescheren, wenn anderswo längst Feierabend ist.

Ganz besonders beliebt ist der Herbst, denn dann hat die Sonne ihre Gewalt im Zaum und man kann bei milden Temperaturen spazieren gehen und wandern, bis weit in den November hinein auf den Terrassen der Gaststätten sitzen und ein Glas Wein genießen, bei einigen auch den „Nuien", den neuen Wein. Höher oben mag der Winter eingezogen sein, unten in Naturns kümmert man sich nicht darum und lässt den späten Sommer leben. In jüngster Zeit hat sich Naturns dank seines reichhaltigen Wellnessangebots auch als zertifizierter „Alpine Wellness Ferienort" einen Namen gemacht.

Darüber hinaus ist Naturns für die Fresken in der kleinen **Kirche St. Prokulus** bekannt. Aber der wirkliche Schatz von Naturns ist seine Lage unter dem heißen, trockenen Sonnenhang am Südabfall der Texelgruppe. Wie dort oben die Bergbauernhöfe an den Hängen kleben, das muss man erlebt haben – am besten zu Fuß.

Sehenswertes/Ausflüge

Kirche St. Prokulus und ihre Fresken, Prokulus-Museum: Der „Schaukler" des winzigen Kirchleins St. Prokulus ist wohl eines der bekanntesten Bilder Südtirols, sieht man mal von den Drei Zinnen ab. Es handelt sich um einen scheinbar naiv gemalten Mann mit Heiligenschein, der auf einer Schaukel sitzt oder auf dieser Schaukel von einer Brüstung abgeseilt wird. Sein Gewand ist mit schematischen Falten und ganz unwahrscheinlichen konzentrischen Kreisen an den Knien dargestellt, und wer genau hinsieht, erkennt, dass der Schaukler die Seile nicht ergreift – der Maler hat die Seile hinter der geschlossenen Hand durchgeführt. Das Bild zeigt den hl. Prokulus, Patron des kleinen Kirchenbaus, wie er auf der Flucht aus Verona von der Stadtmauer herabgelassen wird.

Das Werk ist zusammen mit größeren Fresken desselben Malers (es gibt besonders im oberen Wandbereich jüngere Fresken) wohl noch im 7. Jh. während der bayerischen Zeit des Vinschgaus entstanden – und damit früher als die karolingischen Fresken in Taufers oder in Müstair. Tatsächlich lassen sich die Fresken zwar datieren, aber kunsthistorisch nicht herleiten oder einordnen, es gibt nichts Vergleichbares. Die Szene mit der Flucht des Heiligen und den Zuschauern zu beiden Seiten, eine Gruppe von Heiligen, die zarten Sgraffiti im Triumphbogen, die Engel darstellen, der Zug der Rinder mit Herdenbesitzer, Hirte und Hund – sie sind Zeugen einer Welt, die wir kaum noch deuten können.

Das **Prokulus-Museum** informiert über Geschichte und Bedeutung der Kirche. Das Gebäude wurde völlig unauffällig in den Hang gebaut, sodass es nicht mit der bescheidenen Architektur des Kirchleins konkurriert. Auch sollte den christlichen und vorchristlichen Gräberfunden unter dem heutigen Friedhof ein angemessener Platz im Museum gegeben werden. Der Rundgang informiert über spätantike und frühe Kirchenbauten südlich der Alpen. Beeindruckend sind die mit modernster Technik abgenommenen, wunderbar erhaltenen gotischen Fresken, aber auch die archäologischen Funde.

▪ Kirche und Museum Ende März bis Ende Okt. Di, Do, So und an Feiertagen 10–12.30/14.30–17.30 Uhr, Eintritt 6 €, Kinder 2,50 €, Fam. 12 €. Kostenlose Führungen durch die Kirche um 10.30 und 15 Uhr. ✆ 348/9203829 (Kirche), ✆ 0473/673139 (Museum), prokulus.org.

Naturparkhaus Texelgruppe: Seit Juli 2023 steht das neue, moderne und lichtdurchflutete Naturparkhaus am ebenfalls neuen Bernardin-Astfäller-Platz, gegenüber der ebenfalls neu gestalteten Naturnser Würstelbude. Auf 600 m^2 präsentiert das Museum Dauerausstellungen zu Geologie, Flora und Fauna der Region sowie zur Wanderweidewirtschaft. Integriert ist auch eine Kreativwerkstatt für Kinder. Die Eröffnung für das Publikum ist für März 2024 geplant, Öffnungszeiten und Eintrittspreise können sich noch ändern.

▪ Karwoche bis Ende Okt. Di–Sa 9.30–12.30/14.30–18 Uhr, Juli bis Sept. auch So, Eintritt frei. ✆ 0473/668201, B.-Astfäller-Platz. Infos unter naturparks.provinz.bz.it.

Naturpark Texelgruppe: → „Nördlich von Meran/Algund“, S. 212.

Pfarrkirche St. Zeno: Sie stand früher völlig isoliert vom Ort jenseits des zu Hochwasser neigenden Kircherbachs und liegt noch immer etwas abseits. Geweiht ist sie dem hl. Zeno, einst Bischof von Verona. Der heutige Bau ist eine spätgotische Hallenkirche (1474/75) mit wunderschönem, stark verzweigtem Rippengewölbe. Der barockisierte Chor mit Stuckmarmor der Wessobrunner Schule ist in diesem Raum ein Fremdkörper, für sich genommen jedoch sehr attraktiv, reich gegliedert und mit schönen Skulpturen (Georg Forcher, 1750).

Auf dem Wallburgweg zum Aussichtspunkt über dem Schnalstal: Der Wallburgweg gehört zu den Standardausflügen von Naturns (Schlossweg ab Hauptstraße, dann gut beschildert). Hoch über dem Tal gestattet er herrliche Ausblicke und führt durch eine interessante Trockenvegetation. Am En-

St. Prokulus in Naturns ▲
Ein Heiliger auf der Schaukel ▼

de und Umkehrpunkt steht man unmittelbar über der Mündung des Schnalstals in den Vinschgau, aber die Wand, über der man steht, bricht so steil ab, dass man den Boden des Schnalstals nicht erkennen kann. Gegenüber liegt auf hohem Sporn eine Burg in ehemals strategisch bedeutender Lage, es handelt sich um Juval (s. u.), heute in Besitz von Reinhold Messner.

Schwalbennest, Pichlweg 5, Jausenstation am Wallburgweg, mitten im Wald mit Traumaussicht auf das Tal und die jenseitigen Berge. Marendbrettl und hausgebackener Apfelstrudel sowie exzellente hausgemachte Säfte. Im Juli/Aug. Do Ruhetag.

Wanderung auf dem Panoramaweg nach Partschins (Wege 39 und 91): Der Sonnenhang zwischen Naturns und Partschins ist steil und von vielen trockenen Tobeln, engen bewaldeten Schluchten, durchfurcht. Zwei Wege durchziehen ihn, der Wanderweg 39, der nahe Naturns im tieferen Bereich bleibt und dann zum Gruberhof aufsteigt, um dann wieder nach Partschins abzusteigen, und der tiefer bleibende Sonnenberger Panoramaweg mit der Nummer 91. Eine Kombination aus beiden bringt ein großartiges Landschaftserlebnis und einen kaum zu überbietenden Einblick in die Trockenvegetation dieses Hangs.

In Naturns nimmt man von der Hauptstraße aus die Rathausstraße (links die Touristeninformation) und biegt dann rechts in die Feldgasse ein. Bei der Abzweigung des St.-Prokulus-Wegs nach links geht man auf diesem weiter. Weiter oben biegt rechts ein Sträßchen mit den Markierungen 39 und 39 a ab und dem Schild „Sonnenberger Panoramaweg“. Die beiden Wege trennen sich spätestens beim Hof Pignol, im Zweifelsfall immer der Markierung 91 und „Sonnenberger Panoramaweg“ folgen! Eine etwas unangenehme Tobel-Querung ist gut versichert und auch für Nicht-Schwindelfreie zu bewältigen.

Man kommt in Partschins entweder beim „Gasthaus Happichl“ herunter oder beim „Winkler“, der Letztere ist vorzuziehen, da man dann nur einen kurzen Straßenweg nach Partschins hat, der Erstere, wenn man über Rabland zum Bus möchte. Alle relevanten Abzweigungen sind deutlich beschildert.

Die Höfe des Sonnenbergs: Bis zu 1000 m hoch über Naturns liegen in Höhen zwischen 1221 m (Höfl) und 1535 m (Schnatz) die Höfe des Naturnser Sonnenbergs (→ Literaturtipp S. 640), des trockenen, nach Süden gewandten Steilabfalls der Texelgruppe. Wie Bauernfamilien hier oben auf den kleinen, sehr steilen bebaubaren Flächen überleben können, erklärt sich nur teilweise, wenn man weiß, dass die kleinen Steinmauern, die schräge Wiesenterrassen stützen, früher Feldterrassen mit Getreide trugen, und dass das durch den Regen herab geschwemmte Erdreich auf dem Buckel wieder an die Oberkante der Felder getragen wurde. Seilwinden gab es nicht, man trug das Stroh und Heu genauso auf dem Rücken. Die Trockenheit des Südhangs mit seinen kargen Niederschlägen konnte nur durch künstliche Bewässerung ausgeglichen werden, dafür mussten Bergwaale angelegt und gewartet werden. Heute haben Wasserleitungen, Seilwinden, Lastenaufzüge und moderne Straßenzufahrten zumindest in dieser Hinsicht Erleichterung gebracht – Strom und elektrisches Licht haben die meisten Höfe übrigens erst nach 1979 erhalten! Auf dem Naturnser Sonnenberg befindet sich die Ruine der höchsten Dauersiedlung, die je in den Ostalpen (östlich der Schweizer Grenze) bestanden hat, auf dem Gamplhof lebte auf 2130 m Höhe um das Jahr 1500 eine Familie von zehn Personen.

Die moderne Straße, die sich von Naturns bis auf 1500 m hochwindet (ein Ast zum Oberbichl, der andere zum Schnatz) hat Fremde gebracht und Einnahmen aus dem Tourismus, die dringend gebraucht werden. Die moderne **Kabinenbahn zum Unterstellhof** (über Kompatsch auf 1282 m) spuckt in den wärmeren Monaten zusätzlich zahllose Tagesgäste aus. Seit einigen Jahren gibt es eine 16 m lange, **spektakuläre Aussichtsplattform,** die nur 10 Min. von der Bergstation entfernt ist. Den Jausenstationen, die ein Großteil der Bergbauernhöfe für hungrige und durstige Wanderer während der warmen Saison unterhalten, gibt das mit Sicherheit einigen Auftrieb. Wenn die Bahn 50.000 Personen pro Jahr auf den Sonnenberg hinauftransportiert, kann es an manchen Tagen sogar etwas eng werden.

Übernachten/Essen & Trinken Fast jeder Hof bewirtet Wanderer, selbst wenn er nicht als Jausenstation ausgewiesen ist (Kärtchen mit den Höfen auf dem Prospekt der Seilbahn).

Patleidhof, 1386 m, 20 Min. von der Bergstation, Bergbauernhof am steilen Hang, Neubau mit großer Terrasse. 2 großzügige, moderne Ferienwohnungen und eine ehemalige Kornkammer, die umgebaut wurde zur gemütlichen Lodge mit viel Holz. Frühstück extra. Zum Speisen Marenden, Schlutzer und Kuchen. E-Ladestation, Mo Ruhetag, ✆ 0473/667767, patleidhof.it. **€€–€€€**

Pirchhof, 1445 m, Bergbauernhof und Hofschank, typisch eng aus mehreren Häusern zusammengebaut, am steilen Hang, die Dächer alt und mit Steinen beschwert. Es gibt Hausmannskost, Ziegenfleisch, eigene Gemüse, die typischen Mohn- und Kastanienkrapfen. Im alten Hofgebäude (13. Jh.) auch Zimmer und 1 Apt. Geöffnet tgl. von März bis Nov., ✆ 0473/667812, pirchhof.it. **€€**

Bergbahn **Seilbahn Unterstell,** ganzjähriger Betrieb, Ende März bis Allerheiligen 8–19 Uhr halbstündl., im Winter Mo–Sa 8–17 Uhr stündl., So halbstündl. bis 18 Uhr, Mi auch um 19, 20 und 21 Uhr. Einfach 11,90 €, Berg/Tal 16,50 €, Kinder 5/6 €. Kombikarte mit Texelbahn 16,50 €. Talstation in Naturns-Kompatsch, Sonnenbergweg 46, ✆ 0473/668418, unterstell.it.

Plaus: Das kleine Dorf hat vor der Etsch-Regulierung stark unter Hochwasser gelitten. Heute bietet es vor allem Ruhe und eine für Freizeitsport vom Radeln zum Wandern ideale Umgebung. Die *Pfarrkirche zum hl. Ulrich* besitzt noch den romanischen Turm der ersten Kirche. Nach einem Brand wurde das Schiff im gotischen Stil neu errichtet und 1403 geweiht.

Tschirland und Tabland: Auf dem riesigen Tablander Schwemmkegel, den der Medulbach in Richtung Naturnser Sonnenhang und Schnalstalmündung aufgeschüttet hat (gut zu sehen vom Wallburgweg!), liegen die beiden Dörfer Tschirland und Tabland. Beide sind heute von Obstplantagen (vor allem Äpfel) umgeben, die künstlich bewässert werden. Früher wurde auf dem Schwemmkegel in kleinen Feldern Getreide angebaut. In Tschirland liegt am westlichen Ortsrand die kleine *Kirche St. Oswald.* Sie ist dem heiligen König von Northumberland (Nordengland) geweiht, der zur Zeit der iroschottischen Mission lebte (7. Jh.), als deren Mönche den Germanen – z. B. den Baiern, die damals den Vinschgau in ihrer Hand hatten – das Christentum brachten. Ein älterer Bau wurde abgerissen, spätgotisch neu errichtet, barockisiert (1669) und prächtig ausgestattet. Ein Rest der gotischen Bemalung wurde bei Restaurierungsarbeiten gefunden. Auch *St. Nikolaus in Tabland* verdient den Besuch, die Kirche des Patrons des Wassers und der Reisenden (weil sein Leichnam über Wasser von Kappadokien nach Bari gebracht wurde ...). Sie ist spätgotisch mit neubarocken Veränderungen, der Schnitzaltar stammt vielleicht von *Hans Schnatterpeck* (→ S. 247). Außen ist der hl. Christophorus (als spätgotisches Fresko) gleich zweimal vertreten.

Schloss Juval: Seine Lage am Eingang des Schnalstals war schon in vorgeschichtlichen Zeiten wichtig, als der Urweg vom Vinschgau ins Schnalstal und über die Ötztaler Alpen ins Inntal noch auf den Höhen der Hänge verlief. Seit dem Ötzi-Fund auf dem Hauptkamm der Ötztaler Alpen, der die Beziehungen zwischen Oberitalien und den Zentralalpen schon in der ausgehenden Steinzeit unterstreicht, weiß man, dass Juval an einer bedeutenden Route liegt. Die heutige Burg, vom Tal her kaum auszumachen, entstand um 1278, ihren Zenit hatte sie wohl überschritten, als die Habsburger ganz Tirol in ihren Besitz brachten und auf Festungen im Tiroler Binnenland verzichten konnten. 1813 kam die lange vernachlässigte Burg an einen Bauern, 1913 an einen ortsfremden Bauherrn, der sie sorgfältig (und kostspielig) restaurieren ließ. 1983 wurde sie Wohnsitz des Südtiroler Alpinisten *Reinhold Messner*.

Zu besichtigen sind die **Kunstsammlungen** Reinhold Messners, vor allem Tibetika, eine Maskensammlung und Bergbilder. Man spaziert mitten durch den Felsenkeller mit Messners Skiern, Bergschuhen und Einmachgläsern.

Museum **MMM Juval,** vom 4. So im März bis zum 1. So im November tgl. 10–17 Uhr, Mi Ruhetag. Eintritt 14 €, Kinder 6 €, Familien 32 €. Es gibt keine Führungen mehr, als Ersatz kann man die „Locandy App“ als Audioguide nutzen. Infos unter ✆ 0471/631264, messner-mountain-museum.it. Kein Parkplatz am Schloss, kostenloser Parkplatz Juval an der Staatsstraße. Tagsüber (außer Mi) Pendelbus bis zum Schlosswirt, ab da noch 15 Min. Fußweg, einfach 4 €, juvalshuttle.com.

Einkaufen **Vinschger Bauernladen,** 2005 gegründete Genossenschaft, die mit Unterstützung von Reinhold Messner regionale Produkte vermarktet: Obst, Säfte, Marmeladen, Wein, Käse, Wurst, Grappas und Liköre, moderner Laden mit Café direkt beim Parkplatz Juva (bauernladen.it).

mein Tipp **Übernachten/Essen** **Schlosswirt Juval,** schöne alte Stube, an den Wänden des Saals zentralasiatische Yao-Gemälde, großer aussichtsreicher Garten, verschiedenste Knödel und Nockerl, klassische Fleischspeisen, sehr gute Mehlspeisen, Weine aus den Reben vom Hof Unterortl (Weißburgunder, sehr guter Riesling, unterortl.it). Mi Ruhetag, ✆ 0473/668056, schlosswirtjuval.it. Simon Messner, der Sohn von Reinhold Messner, hat den Oberortlhof übernommen, dort werden 5 gemütliche Ferienwohnungen für 2–7 Personen vermietet, 3 davon dekorativ ausgestattet mit tibetischen Elementen, oberortlhof-juval.com. **€€–€€€** (Übernachten), **€€** (Essen)

Der Schnalswaal zwischen Altrateis im Schnalstal, Juval und Tschars: Besonders im Spätsommer, wenn die Vegetation bereits ausgetrocknet ist, sieht

Steiler Weg zum Schloss Juval

man gut, dass der trockene Sonnenhang unterhalb von Juval von zwei Waalen durchzogen wird: Die Zone direkt an und etwas unterhalb der Waale wird durch Sickerwasser grün gehalten. Der untere der beiden Waale ist der Stabener Schnalswaal (5 km, 1842 erbaut), der obere der 11 km lange Tscharser Schnalswaal, der 1517 nach 13 Baujahren fertiggestellt wurde. Letzterer gehört zu den interessantesten und reizvollsten Waalwegen Südtirols, sowohl wegen seiner Länge als auch wegen seines Erhaltungszustands (mit einer Waalschelle) und der Prachtausblicke.

Auf die Naturnser Alm: Auf dem Höhenkamm südlich von Naturns liegt auf 1922 m die Naturnser Alm. Die Berge darüber sind die letzten Ausläufer der Ortlergruppe im Osten, bevor diese beim Larchbühel über dem Vigiljoch abrupt zum Becken von Meran abbricht. Von Naturns führt eine Straße zu den Höfen des Schatthangs, ein im unteren Teil öffentlicher Güterweg führt weiter in Richtung Naturnser Alm (gute Beschilderung), man muss nur die letzten 300 Höhenmeter zu Fuß gehen (z. T. auf dem Güterweg). Prachtvoll ist vor allem die Aussicht auf den unteren Vinschgau, die Texelgruppe und das Schnalstal bzw. die Berge im Westen des Schnalstals, den Salurnkamm.

Auf die Naturnser Alm führt eine beliebte **Mountainbiketour** (bis zur Alm komplett auf der Straße und dann über das Vigiljoch hinüber auf anderem Weg nach Aschbach und auf der dortigen Straße ins Tal). Fast 1400 Höhenmeter sind auf und ab zu überwinden, die ganze Tour ist ca. 45 km lang und entsprechend anstrengend, aber technisch leicht.

- **Naturnser Alm,** 1922 m, warme Küche, Mai bis Okt., kein Ruhetag. ✆ 340/522769.

Der Vinschgau → Karte S. 280/281

Basis-Infos für Naturns und Umgebung

Information **Tourismusverein Naturns** (mit Plaus, Kompatsch, Staben, Tabland und Tschirland), Mo–Fr 9–18.30, Sa 9–12/14–17 Uhr, im Winter Mo–Fr 9–12/14–18 Uhr. Naturns, Rathausstr. 1, ✆ 0473/666077, naturns.it.

Verbindungen Zum **Bustransfer** aus Deutschland und der Schweiz → S. 606. **Busse im Nahverkehr:** gute Verbindungen mit Meran, Mals und dem Vinschgau, akzeptable mit dem Schnalstal. **Bahnverbindung** mit Meran und Mals.

Vorteilskarten Es gelten die Gästekarten von Meran & Umgebung (→ S. 201), außerdem wird von den Beherbergungsbetrieben die neue **GreenCard** angeboten, aber nur im Zeitraum von Anf. März bis Anf. April bzw. 2 Wochen im Nov. Sie beinhaltet z. B. die Seilbahn Unterstell oder eine Weinverkostung.

Einkaufen/Wein Weine in der **Naturnser Vinothek** mit Weinbar und Café, Hauptstr. 43, naturnser-vinothek.bz.it; außerdem bei **Weingut Falkenstein,** Schlossweg 19, auch Führungen (in der Regel jeden zweiten Do 15.30 Uhr, Anmeldung beim Tourismusbüro), ✆ 0473/666054, falkenstein.bz.

Bauernspeck aus eigener Produktion bei Christanell, Hauptstr. 49.

Nicht zu übersehen, da direkt an der Staatsstraße gelegen, ist **Moser Speckworld** mit großer Auswahl und kleinem Speckmuseum, Stein 17, moser.it.

Vinschger Bauernladen → Schloss Juval

Markttag ist Samstag, Krämermarkt und landwirtschaftliche Produkte am Rathausplatz. **Brot** und Backwaren in der **Bäckerei Psenner,** Hauptstr. 63.

Baden/Schwimmen **Erlebnisbad Naturns,** Feldgasse 5, Wasseroper im großen Stil: Freibad mit 75-Meter-Rutsche, Hallenbad mit 51-Meter-Rutsche und Strömungskanal, 500 m² Saunalandschaft – Palmen und andere Gewächse sorgen für tropisches Feeling. Freibad Juni bis Anfang Sept., erlebnisbad.it.

Minigolf Am Sportplatz, Bahnhofstraße 67 (am Etschdamm).

Paragliding **Fly2Meran** bietet Tandemflüge am Sonnenberg, Tandemflug 80–170 €, ✆ 333/5438555, fly2meran.info.

Radfahren/Mountainbiken **Fahrradservice Zischg,** Bahnhofstr. 47, ✆ 0473/667811, zischgkarl.it.

Ötzi Bike Academy, Hauptstr. 25, geführte Touren und Kurse, E-MTB-Testcenter, MTB- und E-Bike-Verleih, ✆ 347/1300926, oetzi-bike-academy.com.

Routenkarte unter unterstell.it.

Speziell für Kinder

Naturns zeigt sich kinderfreundlich und hat im Sommer ein spezielles Kinderprogramm parat. Großer **Spielplatz** am Sportplatz Bahnhofstraße (beim Etschdamm) mit Picknickplatz, Beachvolleyball, Tischtennis, Minigolf – und gut besuchter Eisdiele. Eine besondere Attraktion ist der **Erlebnisbahnhof Naturns** im alten Bahnhof in Staben: Auf einem über 500 m langen stillgelegten Bahngleis kann man eine Draisinenfahrt unternehmen, und mit einer Garteneisenbahn können die Kleinen auf 800 m Gleislänge durch eine angelegte Steinlandschaft tuckern; geöffnet jeden So 14–18 Uhr. Zwei Postwaggons der Rhätischen Bahn aus der Schweiz dienen als Bistro-Café.

Kraxeln Der fantasievoll angelegte **Übungs- und Familienklettersteig „Knott"** beginnt und endet an der neuen Aussichtsplattform der Bergstation Unterstell. Vier unterschiedlich schwere Routen, eine Seilbrücke und Leitern, Benutzung nur mit kompletter Ausrüstung erlaubt, ganzjährig begehbar. Infos und **Skaten Funpark** an der Industriestraße beim Jugendzentrum, endlich ein Skatepark für die Jugendlichen weitum.

Der Tourismusverein Naturns veranstaltet diverse **Sportkurse,** u. a. Einführungs- und Aktivkurse für Klettern, Tennis, alpinen Skilauf, Mountainbiking.

Veranstaltungen Naturns liegt an der Höhengrenze des Weinbaus, wo sich vor allem noch Weißweine wohlfühlen, besonders der Riesling. Die **Rieslingtage** des Ortes im Okt./Nov. sind denn auch die bedeutendste Veranstaltung von Naturns. Weinführungen, Riesling-Verkostungen, Kellerführungen, Vorträge zum Thema Wein (rieslingtage.com).

Im Frühling das **Frühlings Festival,** im Sommer verschiedene kulinarische und musikalische Veranstaltungen im Ort und auf den Almen, im Herbst ein **Törggelefest** – in Naturns ist in der Saison viel geboten, genaue Infos beim Tourismusbüro.

Übernachten

Naturns ist trotz seiner zahlreichen Hotels, Pensionen, Apartments und Privatzimmer nicht zu jeder Jahreszeit ein guter Platz, um mal eben spontan ein Zimmer zu mieten, vieles (nicht alles) ist im Winter geschlossen. Der Ort ist eher auf die Zeit von März bis Allerheiligen eingeschworen.

In Naturns ******S Feldhof,** familienfreundliches Dolce-Vita-Hotel mit großzügigem Wellnessbereich, zum Hallen- und Freibad gesellt sich auf dem Dach das „Sky-Spa" und die 2000 m² umfassende Spa-Landschaft. Geräumige und geschmackvoll eingerichtete Zimmer und Suiten. Mediterrane Küche mit Vitalkost und viele Sport- und Freizeitangebote wie geführte Bike- und Wandertouren. Für Kinder und Jugendliche gibt's ein umfangreiches Programm inkl. Wellness nur für Kids. Rathausstr. 4, ✆ 0473/666366, feldhof.com. **€€€€**

****** La Vimea,** Biohotel mit angenehm schnörkellosen Zimmern und einem Restaurant, das ausschließlich vegane Bio-Küche anbietet. Naturbadeteich im schönen Garten, Salzwasserhallenbad und Sauna dürfen nicht fehlen, ebensowenig wie Yoga und Waldbaden. Adults only! August-Kleeberg-Str. 7, ✆ 0473/055035, lavimea.com. **€€€€**

***** Kleinkunsthotel,** so nennt sich das Haus im Ortszentrum. Kunstobjekte finden sich im ganzen Haus, es gibt Theater- und Kabarettaufführungen, auch das jährliche Humorfestival „Naturns lacht!" findet hier statt. Angenehm eingerichtete Zimmer mit Balkon. Schöne, holzgetäfelte Stube. DZ/FR 120–164 €. Hauptstr. 47, ✆ 0473/667110, kleinkunsthotel.com. **€€€**

***** Sylvanerhof,** gut eingerichtetes Hotel garni, holzbetonte, neue Zimmer mit Balkon, Freibad, Liegewiese, schöne Terrasse, großzügiges Frühstücksbuffet, ruhige Lage in den Obstgärten Richtung Kompatsch. Kugelgasse 4, ✆ 0473/667283, sylvanerhof.it. **€€–€€€**

***** Nischlhof,** Familie Gapp bietet rund ums Jahr 10 teils schön renovierte, komplett ausgestattete Ferienwohnungen an, Schlaf- und Wohnraum getrennt, Brötchenservice, Tennisplatz, freier Eintritt ins Erlebnisbad. Schlossweg 26, ✆ 0473/667350, nischlhof.it. **€€–€€€**

****** Camping Adler,** der Platz geht als „Wellness Camping" neue Wege und richtet sein Angebot speziell an Ruhe suchende Erwachsene – ohne Kinder, keine Zelte. Neben den Stellplätzen für Wohnmobile und Wohnwagen komplett eingerichtete Selbstversorger-Bungalows für 2–4 Pers., dazu Hallenbad, Sauna, Dampfbad, kleiner Shop, Fahrradverleih und Internetpoint. Offen von März bis Mitte Nov., Stellplatz und 2 Pers. 44–90 €. Lidostr. 14, ✆ 0473/667242, campingadler.com.

In Plaus * Stefanshof,** das „Genusshotel" (Adults only) ist schon rein äußerlich eine wahre Erholung: nichts Tirolerisches, der verglaste Mitteltrakt erinnert an Bauhaus und manche Bauten der späten Gründerzeit. Auch drinnen wohltuende Schnörkellosigkeit, gute Zimmer im Landhauslook, die renovierten Zimmer im modernen Alpinstil. Gutes Essen, Sauna, Liegewiese und Salzwasserpool, freier Eintritt ins Erlebnisbad, Fahrradverleih. Dorf 7, ✆ 0473/660085, stefanshof.com. **€€€**

In Staben * Quellenhof,** ruhig gelegenes, gut ausgestattetes Hotel mit einfachen Zimmern, Freibad, Liegewiese und Fahrradverleih. Staben 65, ✆ 0473/664039, quellenhof-naturns.com. **€€€**

In Tschirland ***S Hochwart, angenehm modern und hell eingerichtete Zimmer und Ferienwohnungen für bis zu 6 Personen im Neubau, Pool im Garten. Ruhige Lage, gutes Frühstück und eine sehr freundliche und hilfsbereite Gastgeberin sorgen für einen erholsamen Aufenthalt. Tschirland 155, ✆ 0473/666303, hochwart.com. **€€–€€€**

****** Waldcamping,** der geräumige Platz (3,3 ha) ist nur teilweise schattig – die Bäumchen müssen noch wachsen. Er liegt mitten in den Apfelplantagen von Tschirland und ist gut ausgestattet mit Hallenbad, sauberen Sanitäranlagen, Bolzplatz und Jugendraum, Minigolf, Restaurant, geöffnet von Mitte März bis Anf. Nov. Stellplatz und 2 Pers. 47 € – keine Motorradgruppen. Dornsbergweg 8, ✆ 0473/667298, waldcamping.com.

In Tabland ** Gletscherblick, hübsche Balkonzimmer und eine neue Ferienwohnung in angenehmer Pension, sehr ruhig und sonnig. Freier Eintritt ins Erlebnisbad. Tabland 15, ✆ 0473/660514, gletscherblick.it. **€€**

Der Vinschgau → Karte S. 280/281

Essen & Trinken/Nachtleben

Weißes Rössl, Hauptstr. 57 a, der historische Gasthof wurde liebevoll restauriert. Kleiner, gemütlicher Gastraum, kleine, aber feine Karte mit regional-mediterranen Anklängen, tagsüber auch Café und abends Bar. Do Ruhetag, ✆ 0473/667147, roessl-naturns.it. **€€**

Historische Hofschank bei Naturns

Hofer, Am Graben 8, die von einer Südtiroler Familie geführte Pizzeria am westlichen Ortsende ist von der Straße aus nicht zu sehen, was ihrer Popularität keinen Abbruch tut. Zu Recht: In dem großen Saalbau aus Holz und Glas gibt es eine große Pizzaauswahl, Nudel- und Fischgerichte. Mi Ruhetag, ✆ 0473/667097, pizzeria-hofer.com.

Wiedenplatzer Keller, Eichgasse 15, deftige, Südtiroler Küche und ausgesuchte Weine drinnen im Gewölbekeller mit rustikaler Bar oder an den Tischen im Freien. Di Ruhetag, ✆ 0473/673280, restaurant-naturns.com.

Oberleiter, Konditorei-Café, Kompatscher Str. 1, gute Konditoreiwaren und Getränke an der westlichen Ortsausfahrt Richtung Kompatsch. Mo Ruhetag.

meinTipp **San Zeno,** Bahnhofstr. 20, hippe Bar, die mit einer guten Geschichte aufwarten kann. Hier wurde vor etlichen Jahren der Hugo erfunden: Roland Gruber, der selbst keinen Hugo trinkt, saß in abendlicher Runde mit seinem Team beieinander. Man hatte neue Mischungen probiert. Ein Cocktail aus Prosecco, Holunderblütensirup, Minze, einem Schuss Mineralwasser und einer Limette schien der perfekte Frauentrunk zu sein. Aber wie sollte er heißen? In der Endauswahl waren – das ist verbürgt – Detlev, Hugo, Luis und Otto. Detlev, äh, na ja. Luis können Italiener nicht gescheit aussprechen, Otto, zu banal, blieb also: Hugo. Roland Gruber ist längst weitergezogen, und weil er seine Erfindung nicht als Fertigmischung anbieten wollte, konnte er sie nicht patentieren lassen, das haben andere getan, deshalb gibt's jetzt auch Hugo im Supermarkt in der Sektflasche. Aber den Ur-Hugo, den einzig wahre Hugo, den gibt's hier in der Bar San Zeno – und der schmeckt auch Männern.

Aijoo, hippe Eisdiele, auch vegane Sorten, Mo Ruhetag, Bahnhofstr. 47, aijoo.it.

Gleis 2, Bistro und Bäckerei direkt am Naturnser Bahnhof, beliebter Treff für Einheimische und Reisende, Radfahrer und Wanderer, So Ruhetag, baeckerei-psenner.com.

Das Schnalstal

Ohne Ötzi geht im Schnalstal nichts mehr. Dass der Mann im obersten Schnalstal zu Tode kam, um 5300 Jahre später aus dem schmelzenden Gletscher geborgen zu werden, war für die Region ein wirtschaftlicher Segen. Das ganze Tal wird als „Ötzi's World" beworben.

Im **Archeoparc** wird das Leben der Zeit, in der Ötzi lebte, nachgestellt (→ S. 302). Auf dem Schnalstaler Gletscher schaut man sich zuerst ein paar Ötzi-Utensilien in der „Ötzi show gallery" an, bevor man auf die Piste geht oder mit dem „Ötzi Express" (einer Gletscherraupe) aufs Eis fährt. So viel zum „Iceman", wie er auf Neudeutsch genannt wird.

Das lang gestreckte Tal, das tatsächlich von den Reben bis zum Gletschereis reicht, besitzt einige der höchstgelegenen *Bergbauernhöfe* der Ostalpen. Es sind große Höfe mit großem Grundbesitz für immer noch große Familien. Nur wegen der traditionellen Unteilbarkeit der Erbhöfe blieben Hofstellen erhalten, die früher das Überleben sicherten. Die Abwanderung setzte dennoch im 19. Jh. ein, betraf aber nur die allerhöchsten Höfe. Das Tal war immer auf sich selbst gestellt gewesen, erst die ab 1880 errichtete Straße brachte eine damals einigermaßen moderne Verbindung mit der Außenwelt. Das im Hochmittelalter errichtete *Kartäuserkloster,* Vorgänger des Orts **Karthaus,** existierte damals schon nicht mehr, sonst hätten die Mönche sich ganz sicher geweigert, ihre Isolation aufzugeben.

Das ist alles eine Weile her. Nach dem Zweiten Weltkrieg wurde im mittleren Tal der **Vernagt-Staudamm** errichtet, ein türkisgrüner See deckt heute ehemalige Bauernhöfe zu. Die Straße

Blick vom Schnalstal auf den Alpenhauptkamm

Der Vinschgau → Karte S. 280/281

wurde ausgebaut. Das **Skigebiet Grawand** mit dem aus dem Boden gestampften Sportort **Kurzras** zog eine Menge Aktivurlauber an. Auch die Engstellen am Ausgang des Schnalstals sind mittlerweile Geschichte, man kann vom Eingang im Vinschgau bei Naturns durch zwei Tunnel ganz bequem ins Tal einfahren, die Zitterpartie auf der engen und kurvenreichen Straße in diesem Abschnitt hat ihr Ende gefunden.

Sehenswertes/Ausflüge

Katharinaberg mit Wanderung: Auf seiner Aussichtskanzel schart sich der Ort recht eng um die namensgebende *Kirche*. Im Friedhof, direkt an der Hangabbruchkante, liegt die beeindruckend schlichte Totenkapelle, die 2012 im Zuge einer Umgestaltung des Friedhofs realisiert wurde. Wer hier den Urlaub verbringt, der wandert. Viele Tagesbesucher kommen mit dem Auto oder mit dem Bus von Naturns und legen ein Stück des *Meraner Höhenwegs* zurück, zum Beispiel und am schönsten talauswärts bis Unterstell, von wo man gemütlich mit der Kleinseilbahn ins Tal (Kompatsch/Naturns) zockeln kann. Nur je ca. 250 hm An- und Abstieg, guter Weg, bessere Ausblicke, Verpflegung am Hof Kopfron auf halbem Weg, knapp vor dem Ziel beim Lint und am Ziel im Hof Unterstell.

Das Pfossental mit Wanderung: Von Karthaus führt eine Straße ins Pfossental bis zum Vorderkaser, wo sie als Alm-Erschließungssträßchen weitergeht bis zum Eishof auf 2071 m. Noch höher führt der Wanderweg auf das Eisjöchl (2895 m) und zur wenig tiefer gelegenen **Stettiner Hütte** (2875 m) schon im allerobersten Pfelderer Tal. Dieses lange, erst von Süd nach Nord, dann von West nach Ost verlaufende Tal gehört zum *Naturpark Texelgruppe* und ist landschaftlich und in Bezug auf Pflanzen und Tiere eines der schönsten und interessantesten des Parks. Der Alpenhauptkamm mit den Südwänden zwischen Hinterer Schwärze (3624 m) und der Hochwilden (3480 m) dominiert die rechte (nördliche) Talseite, im Süden erhebt sich die Texelgruppe mit der einsamen Texelspitze (3318 m), auf die kein Wanderweg führt, nur alpine Routen über Fels und Eis. Unter den Tieren sind die 1970 wieder eingeführten Steinböcke, die Steinadler, Kolkraben, Auer- und Birkhähne, die Gämsen, Schneehasen und Murmeltiere zu erwähnen, die meisten wird man allerdings selten zu Gesicht bekommen. Nur Gämsen und Murmeltiere sieht man häufig.

2076 m hoch liegt der **Eishof.** Bis 1897 war er ganzjährig bewohnt und damit die höchstgelegene Dauersiedlung der Ostalpen. Heute wird er als Alm genutzt (Neubau nach Brand mit eigener Hofkäserei – was man ihm erst auf den zweiten Blick ansieht), als Jausenstation und Übernachtungsmöglichkeit. Auch das hat Tradition, bereits 1896 wurde für die Fremden ein Zimmer eingerichtet. Der Eishof nimmt sie immer noch gerne auf. Vom Vorderkaser geht man auf einem Forstweg über die **Rableidalm** bis zum Eishof etwa 1:30 Std.

Kontemplativ: alter Kreuzgang in Karthaus

Essen/Hütten **Rableid Alm,** 2004 m, klassischer Bau der Region, Almkost und Käse aus der eigenen Käserei, 18 Lager. ✆ 0473/420631, rableidalm.com. **€**

Eishof, 2076 m, Pfossental, Mai bis Ende Okt., Übernachtungsmöglichkeit in Mehrbettzimmern. ✆ 346/7323773, im Sommer ✆ 0473/420524, eishof.com. **€€**

Gasthaus Jägerrast, 1694 m, auch Vorderkas genannt, Ostern bis Allerheiligen, regionale Küche, hofeigene Käserei, einfache Zimmer Parkplatz für Wanderer 3 €. ✆ 0473/679230, jaegerrast.com. **€€**

Stettiner Hütte, 2875 m, Juli bis Sept., nach einem Lawinenabgang wurde die alte Hütte abgerissen, der spektakuläre Neubau steht seit 2023 den Wanderern offen. Übernachtet wird in 10 Mehrbettzimmern für 4–12 Pers. Mit insgesamt 70 Betten gut gerüstet für die Meraner-Höhenweg-Wanderer. ✆ 347/8742805, stettinerhuette.com. **€€**

Unser Frau in Karthaus: Der Name verrät's – hier stand einmal eine Kartause, ein Kloster von Kartäusermönchen (Sie wissen schon, diejenigen, die zu immerwährendem Schweigen verpflichtet waren und so gute Kräuterschnäpse produzierten). Wo? Wenn man den Ort erreicht, auf kurzer Zufahrtstraße aus dem Tal, sucht man das Kloster zunächst vergebens. Bis man bemerkt, dass zwei, drei Häuser mit einer einzigen Rückwand verbunden sind (undenkbar sonst in einem Deutschtiroler Dorf), dass schmale Gässchen, Durchgänge, mittelalterliche Mauerzüge das rechteckige Dorf umschließen. Das Dorf ist ins Kloster hineingebaut, hat es erfüllt mit seinem Leben, nachdem die Klostergemeinschaft unter Kaiser Josef II. aufgelöst wurde. Selbst im riesigen Backofen hat sich jemand wohnlich eingerichtet und die Rückwand des „Gasthofs Grüner" (→ „Essen & Trinken") ist teilweise identisch mit der Front der Klosterkirche. Auch der südliche Trakt des *Kreuzgangs* hat sich erhalten. An seinem Beginn illustriert ein 9-minütiger Film in poetischen Bildern die wechselvolle Geschichte des Klosters, der Gang selbst ist ein wahrhaft meditativer Ort, den man am besten in der Früh oder abends aufsucht, wenn man ihn für sich alleine hat und die Stille hören kann. In den Sommermonaten finden hier interessante Kunstausstellungen statt.

Wanderung auf die Klosteralm: Von Karthaus führt eine schöne Wanderung auf die Klosteralm (2152 m), die etwa von Ende der ersten Juniwoche bis Ende September bewirtschaftet ist. Man nimmt den am großen Parkplatz linker Hand beginnenden Wanderweg 20/23 (die Klosteralm ist ausgeschildert) und erreicht durch Wald (im oberen Teil lichter Lärchenwald) in etwa 2–2:30 St. die Alm. Alternativ kann man die Forststraße nehmen (vom Parkplatz rechts, bei Gabelung am Beginn des für Pkw gesperrten Abschnitts links), was für Mountainbiker amüsant, für Wanderer allerdings lange nicht so schön ist wie der Wanderweg. Von der Klosteralpe erreichen gut ausgerüstete Bergwanderer auf leichtem, doch streckenweise steilem Steig den einsamen *Saxalbersee* (2460 m, Fortsetzung Weg 23, ab Klosteralm ca. 2 Std. hin/zurück).

Klosteralm, 2152 m, schön und mit viel hellem Holz renoviert, kalte und warme Speisen, Übernachtungsmöglichkeit in 2 Vierbettzimmern und Lager (11 Plätze), Anfang Juni bis Ende Okt., Mi/Do Ruhetag. ✆ 329/6785550, klosteralm.com. **€€**

Wanderung auf die Penaud Alm, das Niederjöchl und die Vermoispitze: Auf die Penaud Alm im hinteren Penaudtal führt den Wanderer ein fahrbarer Almerschließungsweg, der aber sowohl für den Privatverkehr gesperrt als auch streckenweise so steil ist, dass man ihn wirklich nicht fahren sollte. Der Penaudbach ist im unteren Teil nur ein Rinnsal, sein Wasser wird in den Vernagt-Stausee geleitet. Die Alm bietet an

Wallfahrtskirche Unser Frau

den Tischen darunter typische Verpflegung für hungrige Wanderer.

Geht man von der Penaud Alm auf Weg 20 höher hinauf in Richtung Gebirgskamm, erreicht man zuerst ein idyllisches Kar mit kleinen und kleinsten Seen in verschiedenen Höhenlagen. Bei der Gabelung nimmt man den rechten Weg (20) zum Niederjöchl, der auf eine weitere, um die 2600 m gelegene Verflachung führt, auf der es nochmals einen See gibt. Beim Niederjöchl (2662 m, ab Penaudalm hin/zurück ca. 1:30 Std.) dann plötzlich – hoffentlich nur im übertragenen Sinne – umwerfender Tiefblick in den Vinschgau und die Entdeckung, dass hier oben in dieser Steinwüste Reste eines Waals zu finden sind. Sie gehören zum stillgelegten *Goldrainer Jochwaal*, der durch die äußerst steilen Abstürze unter uns führte, um dem trockenen Tal Wasser zuzuführen. Wer gut zu Fuß ist, kann von der Penaud Alm auch die noch aussichtsreichere Vermoispitze (2929 m) auf einem wirklich leichten Steig erklimmen, muss aber für hin und zurück nochmals mit 3–4 Std. rechnen. Die Vermoispitze ist übrigens auch ein toller Skitourenberg: Nach 5–

Der Vinschgau → Karte S. 280/281

6 Std. Aufstieg ist man zwar ziemlich geschlaucht, aber der Ausblick und die 1571 m Abfahrt entschädigen allemal für die Mühen.

▪ **Penaud Alm,** 2323 m, von Karthaus hin/zurück 5–6 Std., lebendige Alm mit vielen Schafen, Kühen und Pferden, eigene Käserei mit Verkauf, Juni bis Anf. Okt. ✆ 329/1410567, penaudalm.com.

Unsere Frau (Unser Frau) in Schnals: Die barocke Wallfahrtskirche ist von einem sehenswerten Friedhof umgeben. Man sieht viele kunstvoll geschmiedete Grabkreuze aus Eisen, Kupfer und Bronze, auch schöne Stücke der jüngsten Zeit. Seit über 700 Jahren (1304 ist bezeugt als erstes Jahr) pilgern Gläubige zur 13 cm hohen Statue der Maria mit Kind, die heute in einer kostbaren Monstranz im barocken Hochaltar aufbewahrt wird.

Der Archeoparc Schnals: Wo das Archäologiemuseum in Bozen auf harte wissenschaftliche Tatsachen setzt, was Informationen zu Ötzi und seiner Umwelt betrifft, setzt das 2001 eröffnete Freilichtmuseum Archeoparc auf die – vielfach hypothetische – Rekonstruktion von Lebensweise und spätneolithischer Alltagskultur, wenn möglich unter Einbeziehung der Besucher. Da wird Brot gebacken, und Feuersteinknollen werden zu Pfeilspitzen und Messern verarbeitet, Ton wird zu Gefäßen geformt und Wolle gesponnen, gefilzt, gefärbt, zugeschnitten, zu Kleidung verarbeitet. Viel zu lernen, sehr interessant gerade auch für Kinder, aber nicht unbedingt nachprüfbar – ob's wirklich so zuging in Ötziland, ist fraglich. Trotzdem: Man kann einen Nachmittag weniger anregend verbringen als im Archeoparc.

▪ Ostern bis Allerheiligen Museum tgl. 10–17 Uhr, Freilichtbereich 10.30–16.30 Uhr, im Juni 2 Wochen geschl.; Eintritt (Parcours 1) 6 €, erm. 5 €, Eintritt mit allen Hausgruppen und Mitmachhaus (Parcours 1, 2 und 3) 14/12 €, Familien 32–42 €. Unser Frau 163, ✆ 0473/676020, archeoparc.it.

Der Vernagt-Stausee: Man hat sich daran gewöhnt, aber als der Damm zwischen 1948 und 1964 errichtet und der See aufgestaut wurde, als das Dorf Vernagt mit Kirche und acht alten Höfen in seinen Wassern versank, da trauerten diejenigen, die dieses Tal noch gekannt hatten, als es unberührtes Bauernland war. Heute führt ein Wanderweg (streckenweise Straße) rund um den See (Seespiegel auf 1690 m), die auf 1952 m liegenden Finailhöfe machen ein gutes Geschäft mit Wanderern, die zur Jause den Blick hinunter auf den See genießen wollen, und in Neu-Vernagt, das sich Vernagt am See nennt, stellt der Stausee Anreiz dar, hier den Urlaub zu verbringen.

Wanderung um den Vernagt-Stausee: Am besten ab Vernagt im Uhrzeigersinn mit den Finailhöfen und Raffein als Schluss- und Höhepunkt: über die Staumauer, dann Weg 138 am See entlang bis Gerstgras, dann ein Stück Straße talabwärts bis knapp vor dem Sträßchen zu den Finailhöfen, wo links Weg 9 alternativ hinaufführt. Von den Finailhöfen auf Weg 9 weiter zum Hof Raffein und Tisenhof (Jausenstation) und hinunter nach Vernagt. Um die 2:30 Std.

Mein Tipp **Finailhof,** 1973 m, in dem aus mehreren Gebäuden bestehenden, eindrucksvollen Erbhof sollen im Mittelalter Adelige Zuflucht gefunden haben. Heute wird er in der 5. Generation von der freundlichen Familie Gurschler geführt und besitzt mehrere, holzgetäfelte Bauernstuben auf. Neuerdings wird sogar (wie bis 1967) wieder Getreide angebaut, und die umliegenden Hänge werden von Ziegen bevölkert. In einem der ehrwürdigen Hofgebäude, deren Ursprünge bis ins 13. Jh. zurückreichen, befindet sich heute eine Jausenstation mit Gerichten aus der Südtiroler Bauernküche wie Schöpsernes, Braten, Kaiserschmarrn und der leckeren regionaltypischen Schneemilch. Ganzjährig geöffnet, kein Ruhetag. Der grandiose Ausblick auf den fast senkrecht darunter liegenden türkisgrünen See ist kostenlos. ✆ 346/6174980, finailhof.com.

Wanderung von Vernagt auf die Similaunhütte und zur Ötzi-Fundstelle: Die Similaunhütte auf 3019 m im Niederjöchl an der österreichisch-italienischen Grenze ist eine der bekanntesten Hütten der Alpen und auf jeden Fall die bekannteste der Ötztaler Alpen – der „Mann von Similaun", später familiär Ötzi genannt, ist unweit der Hütte am *Tisenjoch* (früher wurde meist das nahe Hauslabjoch genannt) entdeckt worden. Und zwar nur ein paar Dutzend Meter diesseits der Grenze, die man im Gelände selbst nicht erkennt, sodass es zunächst hieß, er sei auf österreichischem Boden gefunden worden. Das war aber nicht so, was die Mumie nach einem Aufenthalt in Innsbruck nach Bozen brachte und zwar endgültig.

Die Hütte kann jeder Wanderer besuchen, der mit 1400 m Anstieg durch das Tisental keine Probleme hat (man muss ja nicht am selben Tag zurück; Aufstieg ca. 3:30, Abstieg 2:30 Std.). Das Tisenjoch und die Fundstelle bleiben (noch) gletschererfahrenen Gehern vorbehalten. Man nimmt von Vernagt die Straße in Richtung Kurzras und biegt bei der ersten Kurve nach rechts zum Tisenhof ab (guter Fahrweg). Weiter auf Fuhr- und Wanderweg durch das Tisental, streckenweise an einem Waal entlang, zuletzt in Kehren zum Niederjoch und der Similaunhütte, die man erst im letzten Moment sieht.

Similaunhütte, 3019 m, Mitte Juni bis Ende Sept. und Mitte März bis Ende April, schöne Gaststuben und Wintergarten mit Panoramafenstern, Aussichtsterrasse, 30 Betten in gemütlichen Mehrbettzimmern, 40 Lagerplätze. ✆ 0473/669711, similaunhuette.com. **€€€**

Wanderung auf die Bergl-Alm: Diese Wanderung kann im Sommer und im Winter (dann aufgrund steiler Passagen besser mit Grödeln oder nach Neuschnee mit Schneeschuhen, in jedem Fall mit Stöcken) durchgeführt werden. Ab dem Hotel Gerstgras (Bushaltestelle und Parkmöglichkeit) auf dem Weg Nr. 13 steil bergauf durch Bergwald, nach

Tiefverschneites Winterziel: Berglalm

1:10 Std. Abzweig, hier links in 10 Min. zur malerischen Alm in sonniger Lage unterhalb weiter Berghänge, mit weitläufigem Außenbereich, kleinem Weiher und uriger Stube. Der Rückweg auf dem Weg Nr. 5 Richtung Kurzras führt durch einen schönen Lärchen- Kiefern-Wald mit uralten Exemplaren, im Schlussabstieg steileres Stück. Man kommt bei den Koflhöfen heraus (bis dort 1:20 Std., ab hier zu Fuß oberhalb der Straße auf Nr. 13a in 40 Min. nach Gerstgras) oder wählt vorher den Abzweig nach Kurzras (bis Kurzras insgesamt 1:40 Std.). Von beiden Endpunkten fährt der Bus.

MeinTipp **Berglalm,** 2214 m, große Portionen, deftige Almküche mit Gerstsuppe, Käseknödel, Kaiserschmarrn; Mitte Mai bis Anf. November und Weihnachten bis Mitte April. ✆ 339/3816482, bergl-alm.com.

Ski- und Wanderort Kurzras

Eine Hotelkolonie, kein Gletscherblick, Supermarkt ohne Mittagspause, Parkplätze, zwei Lifte, einer davon auf die Grawand im ewigen Eis. Ein typisches alpines Hoteldorf mit starker Wintersaison und bedeutender Sommersaison. Beliebtestes Ziel bei den meisten Sommerbesuchern ist die sanft gewellte Lazaunalpe mit ihren schönen Ausblicken. Viele Besucher benutzen die Kabinenbahn hinauf und gehen dann hinunter.

Wanderung auf der Lazaunalpe: Eine kleine, aber feine Wanderung abseits von jeglichem Trubel führt von der Bergstation der Bahn nach Südwesten rund um die sumpfige Lazaunalpe. Man folgt dabei unmarkierten Pfaden und Steigen. Zunächst geht's an einem malerischen kleinen See vorbei, in dem sich bei Windstille die schneebedeckten Gipfel der 3000er spiegeln. Einem plätschernden Bach folgend, erreicht man nach etwa 15 Min. das südöstliche Ende der kleinen Hochfläche unter der 3433 m hohen Saldurspitze. Hier lässt sich auf Felsen am Bach prima ausspannen. In der Folge immer am äußeren Rand der sumpfigen Almfläche nach Westen und dann Nordosten, Wegspuren helfen dabei. Nach etwa einer halben Stunde trifft man an einem Steg auf den Wanderweg 114 und kann von dort den Abstieg nach Kurzras in Angriff nehmen.

Unternehmungslustigere wenden sich gleich von Kurzras auf den Weg Nr. 3 (den kommen auch die Schafe beim Abtrieb herunter, es gibt auch einen steilen Fahrweg, der der Piste folgt, aber eher für MTB geeignet ist) zur **Berghütte Schöne Aussicht,** die ihren Namen voll verdient, liegt sie doch auf der Wasserscheide nahe dem Hochjoch (2860 m) zwischen Grawand (3205 m) und Im Hintern Eis (3269 m). (Die Staatsgrenze folgt in diesem Bereich nicht wie sonst der Wasserscheide, sondern ist zugunsten Italiens etwas nach Norden verschoben.) Man benötigt hin und zurück etwa 4 Std., kein Aufwand für eine für jeden Wanderer zu schaffende Tour in die Eiswelt der Ötztaler Alpen.

Bergbahnen Für alle drei Bahnen Infos unter schnalstal.com.

Schnalstaler Gletscherbahn, einfach 18 €, Berg/Tal 25 €, Kinder 10/15 €, Familie 38/50 €. Gletscher-Erlebnis-Karte für Winterwanderer 30 €, Kinder 15 €, Familie 60 €, Kombiticket Gletscher & Palmen, Gletscherbahn und Eintritt in die Gärten von Schloss Trauttmannsdorff 34 €.

Umlaufbahn Lazaun, 1.7. bis Anf. Okt. einfach 9 €, Berg/Tal 14 €, Kinder 6/10 €. Mit Mountaincarts geht's hinab von der Bergstation bis hinunter zur Talstation. Di/Do, Sa/So 10–16 Uhr, in der HS tgl. Eine Fahrt 10 €. Für Kinder ab 10 Jahren.

Sessellift Roter Kofel, 1.7. bis Mitte Sept. einfach 8 €, Berg/Tal 12 €, Kinder 5/7 €.

Sehenswertes/Touren **Ötzi Show Gallerie,** wer sich im Archäologiemuseum in Bozen und/oder im Archeoparc im Schnalstal noch nicht ausreichend zu Ötzi informiert hat, kann hier noch eins draufsetzen. Direkt an der Bergstation, Eintritt frei.

Die begehbare Skulptur des isländischen Künstlers Olafur Eliasson auf dem Grawandgrat weist in Verbindung mit dem 410 m langen Besinnungsweg auf den katastrophalen Zustand der Gletscher hin. Man durchquert 9 Tore und erreicht am Ende den kreisrunden Metallring mit 700 blauen Glasfenstern. Auf der anderen Seite der Bergstation thront eine spektakuläre **Aussichtsplattform** mit Blick zum Similaun und zum Hochjochferner. Zu erreichen ist der **Iceman Ötzi Peak** bequem über eine Treppe mit Handlauf in 10 Min. ab Bergstation.

Ötzi Glacier Tour, geführte Ganztageswanderung (Juni bis Okt.), bzw. -skitour (Okt. bis April) zu Ötzis Fundstelle, Mindestalter 12 J., gute Kondition erforderlich, Kosten pro Pers. 140 € (bei 4 Pers.), Infos und Anmeldung beim Archeoparc, ✆ 0473/676020, archeoparc.it.

Essen/Hütten **Lazaunhütte,** 2427 m, Juni bis Anf. Okt. und in der Wintersaison. Pasta, Gegrilltes und Knödel, dazu eine tolle Aussichtsterrasse. Mo Ruhetag, lazaun.it.

Ötzi Biwak, 3013 m, urige Hütte vom Hotel Grawand, erreichbar mit dem Grawand-Sessellift, schöne, windgeschützte Sonnenterrasse, Juli bis Sept. und im Winter geöffnet.

Schöne Aussicht, 2845 m, Schutzhütte mit traditionellen Stuben und sehr guter Küche. Doppel- und Mehrbettzimmer, 20 Lagerplätze, auch im nahen Zollhaus lässt es sich einfach, aber urig nächtigen. Für ganz Unverfrorene: Im Winter kann man eine Nacht im Iglu verbringen, auf Schafffellen und im Expeditionsschlafsack. Saunahaus und Holzzuber. Gepäcktransport ab Kurzras. ✆ 0473/679130, schoeneaussicht.it. **€€–€€€**

Basis-Infos zum Schnalstal

Information **Tourismusverein Schnalstal,** Mo–Fr 8.30–12/14–17, Juli/Aug. bis 18 und Sa 8.30–12 Uhr, Schnalstal, Karthaus 42, ✆ 0473/679148, schnalstal.it. Infobüro in Kurzras, Mo–Fr 9–13 Uhr, ✆ 0473/662177.

Verbindungen Gut ausgebaute Straße (anfangs Tunnel) vom Vinschgau bis Kurzras, **Bus** der Linie 261 ab Naturns Mo–Sa stündl., So 6x.

Vorteilskarten Zum Teil gelten die Karten von Meran & Umgebung, außerdem ist von Ende Mai bis Ende Okt. die **Summercard Schnalstal** erhältlich, sie kostet 29,90 € für Erwachsene und 15 € für Kinder ab 6 Jahre. In den Jahreszeiten Frühling bis Herbst gibt jeweils eine Karte mit unterschiedlichen Optionen. Inbegriffen sind immer die Busse im Tal und nach Naturns, die Seilbahn Unterstell und der Archeoparc.

Feste, Veranstaltungen **Transhumanz,** der Almabtrieb vom Ötztal ins Schnalstal, ist ein spektakuläres Ereignis an zwei aufeinanderfolgenden Tagen Mitte Sept. mit abschließendem Fest, Musik, Speis und Trank am Stausee Vernagt bzw. in Kurzras, trotz der Kommerzialisierung eine Schau (→ Kasten S. 307). Empfehlenswert ist, eine Nacht zuvor auf der Schönen Aussicht zu übernachten (frühzeitig reservieren und auf schlaflose Stunden vorbereiten, da wird kräftig vorgefeiert), weil ein Teil der Schafe beim Abtrieb dort vorbeikommt. Verschiedene Hotels bieten zum Ereignis Komplettpakete mit Übernachtung, Gondelticket und/oder Bustransfer zum Fest an. Entsprechende **Spezialitätenwochen** im September in der Gastronomie.

Ötzi Alpin Marathon, seit 2004 wird der extreme Triathlon im April ausgetragen: 24,2 km Mountainbiken, 11,3 km Laufen und zum Schluss 6,7 km mit Tourenskiern von Naturns auf den Schnalstaler Gletscher.

Einkaufen **Schnalser Säge,** Familie Metzdorff, aus Deutschland zugezogen, produziert und vertreibt Praktisches und Schönes aus Zirbenholz, z. B. Zirbenholzkissen und Dekoartikel. Im Laden duftet es, und einen Blick in die kleine Werkstatt nebenan kann man auch werfen. Karthaus 98, schnalsersaege.com.

Baden/Schwimmen **Hallenbad Kurzras,** olympische Maße, Sauna, Whirlpool, Fitnessraum.

Hochseilgarten **Ötzi Rope Park,** am Ende des Stausees Vernagt, 12 Parcours, Zipline-Parcours (3x Flying Fox), Riesenschaukel, geöffnet Ende April bis Anf. Nov. tgl. 10–16 Uhr, im Sommer 9.30–16.30 Uhr, Erw. 30 €, Kinder und Jugendliche 10–25 €, Schaukel und Zipline extra, hochseilgarten.bz.

Wandern/Bergsteigen Jedes Seitental bietet den Weg auf eine Alm, von den Almen führen hohe Übergänge ins österreichische Ötztal und in den Vinschgau. In Kurzras auch Aufstiegshilfen: Die Schnalstaler Gletscherbahnen haben im Sommer die Gletscherbahn, die Kabinenbahn von Kurzras zur Lazaunhütte und den Sessellift Roter Kofel zur Teufelsegghütte in Betrieb. Preise → Kurzras.

Wintersport Das Skigebiet Schnalstaler Gletscher ist Mitglied im Verbund der Ortler Skiarena. Saison ist von Oktober bis Mai.

Insgesamt **11 Aufstiegshilfen** von der Gletscherbahn (Kabinenbahn) von Kurzras zum Hotel Grawand über die neue Lazaun Umlaufbahn bis hin zu 5 Sessel- und 4 Schleppliften. **Rodeln** ab der Bergstation der Umlaufbahn Lazaun, 3,3 km Rodelbahn, Verleih von Schlitten bei „Rent and Go" in Kurzras. **Langlaufen** mit Aussicht auf der 2 km langen Lazaunloipe auf der Hochebene Lazaun. Die Höhenloipe Hochjoch ist zwischen 5 und 10 km lang und Trainingsgebiet für Profis, sie liegt in etwa 3000 m Höhe auf dem Gletscher.

Ski- & Snowboardschule Schnalstal, Kurzras 10, Ski- und Snowboardkurse, Kinderskischule „Ötzilino" mit Kinderbetreuung, Gruppen- und Einzelunterricht, ✆ 0473/662170, skischuleschnalstal.com.

Der Vinschgau → Karte S. 280/281

Übernachten/Essen & Trinken

In Karthaus **Grüner,** Karthaus 24, der Grüner – schauen Sie sich seine Lage genau an – ist vor die Kirche der ehemaligen Kartause gebaut. Gute Küche mit regionalem und italienischem Akzent und mit Bezug zur eher einfachen Kost der Karthäusermönche. Gemütliche Stuben und überdachte Terrasse, tagsüber auch Café, Do Ruhetag. ✆ 0473/679104, restaurant-gruener.com.

mein Tipp ****** Zur Goldenen Rose,** nach einem Brand wiederaufgebautes historisches Hotel mit breiter Front, geschmackvolle Stube, die Zimmer stilvoll und individuell. Highlight ist das sehr atmosphärische, neue Karthauser Bad, ein Freiluft-Wellnessbereich mit Panoramasauna, Erdsauna, Stein-Whirlpool und Ruhe-Pavillon, zu erreichen über einen überdachten Holzsteg, an dessen Ende an kalten Winterabenden ein behaglicher Leseraum mit Kaminfeuer zum Träumen einlädt. Für Hausgäste mittags Sonderkonditionen im Schutzhaus Schöne Aussicht (Kurzras). Zum Hotel gehört auch die nahe Residence Weisskugel mit komfortablen Apartments, auch mit FR oder HP buchbar. Karthaus 29 und 105, ✆ 0473/679130, goldenerose.it. **€€€€**

In Unser Frau ****** Tonzhaus,** neuer Name, neue Zimmer, neues Alpin Spa. Der Name geht zurück zu den Ursprüngen des Gasthauses im 16. Jh. Die Zimmer sind gemütlich mit Naturholz eingerichtet. Wellness mit Infinity-Pool, Sauna und Dampfbad. Sehr gute Küche, das Restaurant bietet z. B. Schnalstaler Brotsuppe, Ravioli mit Löwenzahn und Nüssen, Lamm im Tontopf, Fichtennadel-Creme auch 35 Pizze, davon 6 vegetarische, stehen zur Auswahl, Mi Ruhetag. Unser Frau 27, ✆ 0473/669688, tonzhaus.com. **€€€€** (Übernachten), **€€** (Essen)

mein Tipp ***** Oberraindlhof,** etwas abseits der Straße gelegener Gasthof unterhalb des eigentlichen Orts, traditioneller Holzbau auf Steinfundament, Restaurant mit gehobener Südtiroler Küche (2 Gault-Millau-Hauben) in komplett getäfelter Bauernstube und Wintergarten. Ronenknödel und Schlutzer, Lamm- und Wildgerichte, verwendet werden hauptsächlich regionale Produkte (6-Gänge-Menü ab 55 €). Im Anbau und Dachgeschoss so freundliche wie schlichte Zimmer, sehr schön die historischen Bauernzimmer im Haupthaus. Mo Ruhetag. Raindl 49, ✆ 0473/679131, oberraindlhof.com. **€€€–€€€€**

Josephus, der behäbige, unscheinbar wirkende Bau hat schon über 100 Jahre auf dem Buckel und beherbergt 4 außergewöhnliche, schön restaurierte Ferienwohnungen auf 4 Ebenen. Gemeinschaftsraum und Sauna gehören auch zur Ausstattung. Unser Frau 42, ✆ 338/4241710, josephus.it. **€€€**

In Vernagt ***** Gerstgras,** Hotel mit gutem Restaurant zwischen Vernagt und Kurzras, ansprechende Zimmer und Apartments in unterschiedlicher Ausstattung. Kleiner Wellnessbereich mit Hallenbad und Sauna. Im Winter eigener Skibus zum Skigebiet. Kurzras 7, ✆ 0473/662211, hotelgerstgras.com. **€€€**

In Kurzras ***** Zirm-Christal,** architektonisch auffälliges, italienisch geführtes Clubhotel, das Innere in kühlen Formen und Farben, sportbetont mit Hallenbad und Saunabereich (gegen Gebühr), der dazugehörige Nachbar-Bau ist weniger auffällig. Skilift und Wanderziele gleich nebenan. Kurzras 115, ✆ 0473/662188, bluhotelssenales.it. **€€€–€€€€**

***** Berghotel Grawand,** das Hotel an der Bergstation auf 3200 m Höhe bietet die seltene Möglichkeit, in Höhe alpiner Gletscher zu nächtigen. Komfortable, teils renovierte DZ, 3- und 4-Bett-Zimmer, Loggia mit Ausblick, funktional-kühle Einrichtung, im Haus Sauna und Fitnessraum. Wer hier wohnt, kommt zum Skifahren. Oder bucht die Ötzi Glacier Tour zur Fundstelle von Ötzi. Höchstgelegenes Hotel der Alpen! Nur in der Wintersaison geöffnet, ✆ 0473/662118, grawand.com. **€€€–€€€€**

Marchegghof, einer der ältesten Erbhöfe Südtirols aus dem 15. Jh. thront auf 1800 m Höhe inmitten von Almwiesen. Mit einer original erhaltenen Kornkammer von 1507 und 3 zirbenholzgetäfelten Zimmern. Hier wurde 2013 der Alpen-Western „Das finstere Tal" mit Tobias Moretti gedreht, ein düsterer Film, der mit zahlreichen Preisen ausgezeichnet wurde. Kurzras 6, ✆ 0473/662163, marchegghof.com. **€–€€**

Caravanpark Schnals, der Stellplatz am Ortseingang von Kurzras ist ein idealer Standort für Wohnmobile mit modernen Sanitäreinrichtungen. Ganzjährig geöffnet, 30–35 € pro Tag, Reservierung in den Weihnachtsferien und im Aug. ratsam. ✆ 0473/662171, caravanpark-schnals.com.

Mit Geblöke und Gebimmel – der Schafübertrieb im Schnalstal

29 Schnalstaler Höfe haben heute noch Weiderechte im obersten (österreichischen) Ötztal, ihre Schafe weiden hier von Mitte Juni bis Mitte September. Die Rechte gehen auf das frühe Mittelalter zurück und wurden 1415 schriftlich festgehalten. Im Dezember 2019 wurde diese sog. **Transhumanz** zum Immateriellen Weltkulturerbe der UNESCO erklärt, die jahrhundertealte Tradition erfährt dadurch eine besondere Anerkennung und Wertschätzung. Der Almabtrieb führt wie der Auftrieb über den Niederjochferner und das 3016 m hohe Niederjoch. Mehr als 2000 Schafe mit etwa 25 Treibern bewältigen den schweren Weg zwischen der Martin-Busch-Hütte (2470 m) über Eis und Schnee hinauf zum Joch und dann hinunter nach Vernagt (1700 m) in nur 9 Std. Die Ankunft am Vernagt-Stausee (immer an einem Samstag) ist ein Spektakel für Einheimische und Touristen. Schon Stunden vorher stehen Hunderte erwartungsvoll am Hang, und wenn die ersten Schafe in schmaler Reihe aus dem Wald auftauchen und alsbald im wilden Galopp das letzte Stück über Wiesen zum Pferch hinabgetrieben werden, ist das Hallo groß. Mehrere Hirten tragen die jungen Lämmer im Arm, ein rührender Anblick. Im Laufe des Nachmittags, nachdem ausgiebig gefeiert wurde, müssen die Besitzer aus den Hunderten drängelnden Schafen im Pferch die Richtigen herausfinden und -holen (dabei helfen die zahlreichen blauen, roten, schwarzen Farbmarkierungen auf dem Fell). Dabei geht's nicht zimperlich zur Sache, es wird gezogen, gestoßen, geknufft. Bis am Ende jedes Tier seinem Besitzer zugeordnet ist, zieht der Abend herein.

Am Sonntag dann der Schafübertrieb über das Hochjoch bei der Schutzhütte „Schöne Aussicht" (2845 m) nach Kurzras (2011 m). Wer auf der Hütte übernachtet (frühzeitig reservieren!), kann den Tieren durch eine urzeitlich wirkende Landschaft aus Geröll, Gletscherzungen und Felsgipfeln entgegenwandern. Wenn die Herde zum ersten Mal im Trogtal auftaucht – zunächst nur kleine weiße Punkte in der weiten grauen Gesteinsfläche – ist das ein erhebender Anblick. Die letzte halbe Stunde inmitten von Hirten, Schafen und anderen Bergwanderern zurück zur Schönen Aussicht zu stiefeln, ist eines der beeindruckendsten Erlebnisse, das man in Südtirol haben kann. An der Hütte legen Schafe und Hirten eine Rast ein. Die kleinen Lämmer dürfen sich bei ihren Müttern stärken. Anschließend geht es einen spektakulären steilen Gebirgspfad durch Geröllhänge und Felswände hinab Richtung Kurzras. Die Schafe drängeln und schubsen, immer geführt und getrieben von den laut rufenden Hirten mit ihren langen Stöcken. Sobald alle Schafe auf dem Weg sind, können die Wanderer folgen. Im unteren Bereich des Weges führen breite Weideflächen dazu, dass sich die Reihe der Schafe auflöst. Gemächlich fressend und dann wieder zum Abstieg getrieben, erreicht die Herde schließlich gemeinsam mit den Schaulustigen nach etwa 2 Std. Kurzras.

Apfelland unterer Vinschgau

Der untere Vinschgau

Von Kastelbell bis Schlanders drängen sich die Siedlungen am Fuß des Sonnenhangs, nur wenige, wie Latsch, liegen auf dem früher häufig vermurten Talgrund. Die steilen Sonnenhänge über ihnen sind extrem trocken, nur künstliche Bewässerung macht sie fruchtbar.

Der untere Vinschgau ist *Apfelland,* daran geht kein Weg vorbei – im wahrsten Sinne des Wortes, wie Wanderer und Radfahrer erfahren, wenn sie in der wärmeren Jahreshälfte in der Talsohle unterwegs sind. Wasserschauer um Wasserschauer geht dann über den Passanten nieder. Da merkt man, dass man nur Einnahmequelle Nr. 2 ist, der Vinschgauer Apfel belegt unangefochten den 1. Platz. Das Wasser kommt nicht mehr aus den *Waalen,* die aber an einigen Stellen noch existieren und herrliche schattige Spaziergänge und Wanderungen erlauben. Das viele Wasser, das heutzutage über die Äpfel verspritzt wird, kommt aus der Leitung, und die kommt wie der Strom, den man für die beweglichen Wasserwerfer benötigt, von Speichern und Kraftwerken im Hochgebirge (dem Martelltal, Schnalstal, Reschenstausee im oberen Vinschgau). Wer höher hinauf geht, um der Apfelbewässerung zu entgehen, muss feststellen, dass die Bergwiesen vieler Bergbauern ebenfalls auf diese moderne Art und Weise bewässert werden und man auch dort gelegentlichen Schauern nicht entgeht. Die Bauern sind äußerst dankbar für diese Errungenschaften moderner Technik, die ihnen die extrem arbeitsaufwendigen und im Vergleich dazu ineffektiven Waale erspart. Ohne Bewässerung läuft nämlich nichts im unteren Vinschgau, hier ist es so trocken wie sonst nur in Steppengebieten. Auch für Kulturbegeisterte bietet der untere Vinschgau etwas Einzigartiges: Jedes Jahr Anfang Oktober gibt es den *Tag der Romanik*. Ein Großteil der sehenswerten Kirchen befindet sich in dieser Region und manche sind nur an diesem einen Tag geöffnet (stiegenzumhimmel.it).

Information **Tourismusverband Vinschgau,** für den Vinschgau gibt es eine Internet-Plattform, auf der sich alle Vinschgauer Ferienregionen versammeln. Ein zentrales Tourismusbüro für den gesamten Vinschgau gibt es allerdings nicht, zuständig sind die Infobüros der jeweiligen Ferienregionen.

> Auf der Webseite **vinschgau.net** findet sich die hilfreiche interaktive Karte „Vinschgau Terra Raetica", auf der man sich übersichtlich durch ortsbezogene Angebote aller Art klicken kann, sie ist auch als App erhältlich.

Verbindungen **Pkw:** Die Vinschgaustraße umgeht die meisten Orte, keiner hat Parkplatzprobleme. **Bahn und Bus:** gute Verbindungen mit Mals bzw. Reschen und Meran sowie über Taufers in die Schweiz.

Gästekarte Die **VinschgauCard** der Beherbergungsbetriebe beinhaltet den Südtirol Guest Pass und damit die kostenfreie Benutzung der öffentlichen Verkehrsmittel. Außerdem Ermäßigungen bei Seilbahnen, Freizeiteinrichtungen und Museen, Zusatzleistungen und Rabatte bei momentan 10 Attraktionen, Infos unter vinschgaucard.net.

Gästeprogramm Reichhaltiges Programm, beispielsweise Hofbesuche, Dorfführungen, Almwanderungen, Brennereibesuch, Einführung ins bäuerliche Leben, Brotbacken, Apfelwirtschaft – alle Angebote sind im Heft „SommerZeit" zusammengefasst, außerdem im „Urlaubsbegleiter" für Sommer und Winter.

Kinder Zuschauen bei der Käse- und Butterherstellung, z. B. auf der Soyalm im Martelltal; Kletter-Schnupperkurs und Schlauchbootfahrt in Kastelbell; Erleben, wie eine Getreidemühle funktioniert in der Moarmühle in Galsaun bei Kastelbell; Wanderung im Murmeltiergebiet; Erlebnistag auf dem Bauernhof, Piratentag, Lama-Trekking, Ponyreiten, Streichelzoo.

Der Vinschgau → Karte S. 280/281

Kastelbell

Niemand, der auf der hier engen und etwas unübersichtlichen Vinschgau-Staatsstraße durch den Ort fährt, wird den Anblick der direkt über der Straße thronenden Burg vergessen. So und nicht anders müssen Burgen liegen. Ob der Name der Burg und des Ortes Kastelbell nun vom lateinischen castel bellum kommt und „schöne Burg" bedeutet oder mit dem keltischen bel zu tun hat, was „Burg auf dem Felsen" bedeutet, sei dahingestellt. Richtig ist ja Beides.

Zur Doppelgemeinde Kastelbell-Tschars gehören auch *Galsaun*, *Latschinig* und vor allem **Tschars** und die Streusiedlung der Bergbauernhöfe des *Trumsbergs* auf dem Sonnenhang 700 m über der Talsohle. Dadurch hat Kastelbell fast alles an Lebensmitteln zu bieten, was der Vinschgau hervorbringt: den besten Wein des Tals, Marillen, Palabirn und Äpfel, den Speck und die Würste aus Hausschlachtung, wie sie gerade in den Bergbauernhöfen noch üblich ist, sowie Milch, Butter und Käse von den Almen. Und für einen aktiven Urlaub jede Menge Wanderwege, darunter einige der schönsten Waalwege Südtirols.

Sehenswertes/Ausflüge

Schloss Kastelbell: Die mittelalterliche Burg der Herren von Montalban wechselte häufig den Besitzer, bis sie 1531 an die (späteren Grafen) Hendl kam, die sie bis 1956 besaßen. Die Burg brannte 1825 ab, die Ruine interessierte niemanden, und die letzten Generationen der Hendl hatten kein Geld für Renovierungen und hausten nur noch in einem kleinen Wohntrakt. Die Restaurierung durch ein halbprivates Konsortium brachte die Burgkapelle auf den alten Glanz des Spätmittelalters und stellte Burgküche wie Palas wieder her. Apropos *Burgkapelle:* romanische Apsis mit Fresken des 14. Jh., Schiff der späten Spätgotik mit Fresken des 16. Jh. – klein, aber äußerst eindrucksvoll. Eine Dauerausstellung informiert über die „Via Claudia Augusta", die wichtige Römerstraße durch den Vinschgau. Den besten Blick auf die Burg (und den einzigen fotografierwürdigen) hat man vom Bahnhof auf dem anderen Ufer der Etsch (nach der Brücke rechts).

Schloss Kastelbell
inmitten von Apfelplantagen

■ Schloss Ende April bis Ende Okt., Führungen Juli bis Mitte Sept. Di–So 10, 11, 14 und 15 Uhr, Eintritt und Führung jeweils 7 €, erm. 5 €. Infos beim Kuratorium Schloss Kastelbell, Schlossweg 1, schloss-kastelbell.com.

Wanderung am Latschanderwaalweg zwischen Kastelbell und Galsaun: Der Waalweg entlang dem Latschanderwaal ist nicht nur an heißen Tagen ein wunderschöner Spaziergang. Im Hochsommer ist der Waalweg eigentlich der einzige Weg, den man zwischen den beiden Dörfern verwenden kann, unter seiner üppigen Vegetation ist es immer schattig, während die Straßen und Wege abseits des Waals in kochender Hitze liegen. Man nimmt den Weg Nr. 3 ab Kastelbell: von der straßenabgewandten Seite des Schlosses auf dem Montalbanerweg (Markierung 8) bis zur Einmündung in den Latschanderwaalweg, auf diesem nach rechts bis *Schloss Kasten* oberhalb von Galsaun. Die *Ruine Hochgalsaun,* unter der man vorbeigekommen ist, kann man auf dem von Weg 3 abzweigenden, recht steilen Weg H erreichen. Galsaun ist ein ruhiges und traditionelles Dorf. Besuchenswert die Moarmühle, eine der wenigen Getreidemühlen, die aus der großen Zeit des Vinschgaus als Kornkammer Tirols (bis ins 20. Jh.) übrig geblieben sind. Eine weitere Mühle, die **Baumandlmühle,** befindet sich im Kastelbeller Ortsteil Marein.

Tschars: Das Dorf hat noch einige schöne alte Häuser und eine gotische Pfarrkirche mit barockem Zwiebelturm und liegt hübsch inmitten seiner Obstgärten. Idyllische Waalwege führen hinüber nach Galsaun und in der anderen Richtung nach Juval und ins Schnalstal. Die *Plattermühle* ist eine restaurierte, noch vor wenigen Generationen zum Getreidemahlen verwendete Mühle. Sie kann im Rahmen von Führungen besichtigt werden (Infos beim Tourismusbüro in Latsch).

Via Vinum Venostis: Lehrreicher Themenweg entlang des Wanderwegs Nr. 3 zwischen Latsch und Kastelbell. Auf Tafeln werden Rebsorten und Culinaria vorgestellt und beschrieben. Wegverlauf durch Kastelbell, oberhalb Galsaun vorbei, durch Tschars und abschließend geht es hinauf zur Burg Juval. 2:30 Std., 300 Höhenmeter, 9 km. Zurück mit dem Shuttle ins Tal und dann mit dem Linienbus.

Wanderung am Schnalswaalweg von Tschars zum Schloss Juval: Der Schnalswaalweg bildet die sicher interessanteste Möglichkeit, den Sonnenhang über Tschars zu queren und so nebenbei auch noch Schloss Juval zu besichtigen. Man steigt von der Kirche das Sträßchen in Richtung Schönegghöfe hinauf (nach der Kirche rechts, dann links Weg 1 a) und biegt in der ersten Linkskurve auf Weg 3 ab, das ist bereits der nach Juval (und weiter) führende Schnalswaalweg. Wer das mitten im Sommer und vielleicht noch in den Mittagsstunden gemacht hat, ist für eine längere Pause reif, für die der Schlosswirt von Juval ideal ist. Abstieg evtl. auf Weg 1, dem „Urweg" zwischen Vinschgau und Passeier, oder mit dem Zubringerbus nach Staben. Von dort aus mit dem Bus zurück nach Tschars.

▪ Gesamtbeschreibung → S. 294, dort auch Hinweise zu Juval und zum Schlosswirt Juval. Höhenunterschied ca. 370 m im Auf- und Abstieg, Dauer ca. 3:30 Std., ganzjährig begehbar.

Praktische Infos

Information **Tourismusverein Kastelbell-Tschars,** Mo–Fr 9–12/15–18 Uhr, im Winter Mo, Mi, Fr 9–12 Uhr, Kastelbell/Castelbello, Staatsstr. 5, ✆ 0473/624193, kastelbell-tschars.com.

Einkaufen/Wein Die Rebhänge über Kastelbell und Galsaun bringen hervorragende Blauburgunder und Riesling hervor. Verkostungen im **Weingut Köfelgut** in Kastelbell, dort auch eigene Grappe und Edelbrände, Zwetschge, Jonagold, Muskatellerbirne und – unbedingt probieren – Vinschger Marille aus eigenem Anbau. Spargelanbau wird ebenfalls betrieben, Verkauf ab Hof. Im Winkel 12, ✆ 0473/624634, koefelgut.com. Außerdem Weinverkauf im **Rebhof,** Römerstr. 23 in Galsaun, Weißburgunder, Chardonnay und Vernatsch; Weinverkostung Mi 15.30 Uhr, 12 €. ✆ 0473/624692, rebhof-vinschgau.com.

Baden/Schwimmen Freibad mit Rutsche, Beachvolleyball und Skaterpark in der **Freizeitanlage Schlums,** Linter Str. 1.

Übernachten/Essen in Kastelbell **Kuppelrain,** von allen Gastroführern ausgezeichneter Familienbetrieb mit exquisitem Restaurant (1 Michelin-Stern seit 2001, 4 Gault-Millau-Hauben 2023). Gemütliche Räume, schöner alter Keller. Hausherr Jörg Trafoier hat inzwischen an Sohn Kevin übergeben. Der bietet weiterhin gehobene Küche mit traditionellen Produkten aus regionalem Anbau, eigenes Brot, eigenes Gemüse, Früchte und Säfte, Südtiroler Käse, feine Desserts. So und Mo Ruhetag. Tagsüber moderne Küche im Bistro von Tochter Natalie. 3 moderne und freundliche Zimmer mit Balkon. Bahnhofstr. 16, ✆ 0473/624103, kuppelrain.com. **€€€–€€€€** (Übernachten), **€€€€** (Restaurant), **€€–€€€** (Bistro)

***** Gstirnerhof,** der traditionelle Gasthof mit Restaurant (schöne Stube) und rustikalem „Törggelekeller" liegt direkt am Vinschger Radweg, dem er seine historische Seite zuwendet, zur anderen Seite liegt ein moderner Trakt. Große Liegewiese mit beheiztem Freibad unter Obstbäumen, Blick auf den unteren Vinschgau. Reichhaltiges Frühstücksbuffet. Restaurant Mi Ruhetag. Spineidweg 5, ✆ 0473/624032, gstirnerhof.eu. **€€–€€€**

Übernachten/Essen in Tschars ******S Sand,** familiengeführtes Landhotel mit wirklich jedem Komfort, 10.000-m²-Park mit Badeteich, Freibad, Hallenbad, Wellnessbereich, Radverleih. Klassische und moderne Zimmer, teils in kühlem Design. Im Grünen unterhalb von Tschars gelegen, Restaurant mit Wintergarten, vorwiegend Tiroler Küche mit italienischem Einschlag. Mühlweg 2, ✆ 0473/624130, hotel-sand.com. **€€€€**

Niedermair, Trumsberg 4, Hof hoch über Kastelbell. Eigene Produkte bis hin zum Brot, Schöpsernes, Knödel, Krapfen, Apfelstrudel, eigene Obstsäfte und Traumausblick. April bis 20. Dez. geöffnet, Do Ruhetag, im Hochsommer auch So. ✆ 0473/624091. Zufahrtsstraße von Kastelbell, zu Fuß auf Weg 2 oder 8 nach Trumsberg (ca. 1:30 Std.).

Der Vinschgau → Karte S. 280/281

Historischer Ortskern und Kirche von Latsch

Latsch und Umgebung

Latsch ist ein alter Ort, das sieht man selbst als Durchreisender, mit Kirche und einer Burg direkt neben der Straße. Wer genauer schaut, entdeckt in der *Spitalkirche* einen der berühmtesten spätgotischen Flügelaltäre Südtirols und im nahen **Tarsch** den romanischen Turm der alten Kirche mit dem seltsam klingenden Heiligennamen *St. Karpophorus*. Und *St. Medardus* natürlich, das Kirchlein an der Spitze des Murkegels, der sich hinunter in den Vinschgau ergießt und an dessen Rand Latsch liegt. Eine Seilbahn führt direkt vom Ort hinauf nach **St. Martin im Kofel** mit seinen Bergbauernhöfen, die man früher nur auf abenteuerlichen Steigen erreichen konnte, und die heute mit steilen und schmalen Straßen erschlossen sind.

Sehenswertes/Ausflüge

Pfarrkirche hl. Petrus und Paulus: Mit ihrem spitzen Turm winkt die Pfarrkirche schon von Weitem. Mehrere Bauphasen von der Romanik bis zur Neugotik (Einrichtung des Innenraums), besonders schön das Hauptportal von 1524 aus weißem Marmor und die interessanten Marmorgrabsteine, die in die Außenwände eingelassen wurden. Der Zinnenturm im Bau neben der Kirche gehört zur Burg Latsch (nicht zu besichtigen).

- Die Pfarrkirche ist tgl. geöffnet.

Spitalkirche zum hl. Geist: Südtirol ist nicht gerade arm an spätgotischen Flügelaltären. Der Altar des Jörg Lederer von 1524 in der Spitalkirche Latsch (1470–1520), einen Steinwurf nach der Pfarrkirche in Richtung Kastelbell, gehört zu den prächtigsten. Die Kirche geht auf eine Stiftung der Annenberger von 1337 zurück, deren Burg über Goldrain thront. Ihre Gruft hat man 1970 im nördlichen Seitenschiff der Pfarrkirche entdeckt. 1470 wurde der bereits bestehende Bau komplett in gotische Form gebracht, der Hauptaltar entstand erst später und wurde 1524 aufgestellt. Er ist figurenreich mit feinsten gotischen Spitzen und mit Goldüberzug reich geschmückt. Der dreiteilige Schrein zeigt in der Mitte einen Gnadenstuhl (Gottvater mit dem toten Christus auf dem Schoß), daneben der hl. Wolfgang und Johannes der Täufer. Mehrere Figuren und vier Reliefs ergänzen den geschnitzten Teil des Altars. Auch die Malereien der Rückseite sind bemerkenswerte Meisterwerke, sie stammen von Hans Leonhard Schäufelein, einem Dürer-Schüler, der auch von den Gemälden des Schnatterpeck-Altars in Lana bekannt ist.

▪ April bis Nov. Mo–Sa 9–18 Uhr.

Nikolauskirche: Die spätromanische Kirche (14. Jh.) an der Hauptstraße ist ein auffälliger Bau mit einigen Freskenresten an der Straßenseite. Sie kann im Rahmen der Dorfführung (s. u.) besichtigt werden und beherbergt seit 2017 den marmornen Figurenmenhir aus der Kirche Unserer Lieben Frau.

Kirche Unsere Liebe Frau auf dem Bichl: In dem Kirchlein auf dem „Bichl" (= Bühel) am Ortsausgang in Richtung Kastelbell wurde 1992 ein ca. 5000 Jahre alter Menhir mit schwer zu deutenden eingeritzten Symbolen gefunden. Er befindet sich seit 2017 in St. Nikolaus (s. o.). Wie Ötzi stammt er aus der Übergangsepoche zwischen Steinzeit und Bronzezeit. Die von außen sehenswerte Kirche wird heute für Veranstaltungen genutzt, im Inneren macht sie einen recht lieblosen und baufälligen Eindruck. Wie man ein leeres Gotteshaus besser zur Geltung bringt, kann man in Laas in der Kirche St. Marx besichtigen.

▪ Besichtigung beider Kirchen nur im Rahmen einer Führung, Infos unter ✆ 0473/623109, Tourismusverein Latsch-Martell (s. u.).

Wanderung auf dem Latschanderwaalweg nach Kastelbell und Galsaun: Der 8 km lange und schattige (auch Esskastanien!) Latschanderwaalweg

Gemächlich am Wasser: Waalweg im Vinschgau

führt von Galsaun über Kastelbell nach Latsch, er ist mit der „3" markiert. Die Wasserführung umfasst normalerweise die Monate von März bis September bzw. vom Beginn bis zum Ende der Vegetations- und damit Bewässerungsperiode.

▪ Zum Teilstück Kastelbell – Galsaun → S. 310.

Kirche St. Medardus in Tarsch: Das Kirchlein des hl. Medardus, vor Ort „Sammedárn" ausgesprochen, liegt hoch oberhalb des Etschtals auf 950 m an der Spitze des Schwemmkegels, der sich in Richtung Latsch und Kastelbell erstreckt (Sträßchen über Tarsch). Der Bau stammt aus romanischer Zeit. Er wurde als Hospizkirche des Malteserordens über einer Quelle errichtet, wahrscheinlich als Nachfolger wesentlich älterer Bauten, Quellheiligtümer kannten schließlich schon die Römer und vor ihnen die Kelten. Früher lief das Quellwasser vom Altar her unterirdisch durch das Kirchenschiff, eine lose Steinplatte öffnete den Blick auf den

Wasserlauf. Als man für den Zufrittstausee im Martelltal Stollen in den Berg trieb, versiegte das Wasser. Wer heute kommt, erlebt romanische Architektur, Reste einer romanischen Kreuzigungsgruppe – die Aura eines Quellheiligtums ist verschwunden.

▪ Die Kirche ist in Privatbesitz und kann nur von außen besichtigt werden. Sollte am Hof der Besitzerfamilie jemand zu Hause sein, kann man nachfragen, ob aufgesperrt wird.

St. Karpophorus in Tarsch hat einen der schönsten Kirchtürme im Vinschgau, wenn nicht sogar in ganz Südtirol. Sie ist als einzige Kirche im Vinschgau noch im Besitz des Deutschen Ordens, der sich um ihre Erhaltung kümmert und sie mehrfach renovieren ließ. Kuriose Anekdote am Rande: Der Boden ist mit Fliesen aus dem billigeren Carrara-Marmor bestückt, und das mitten im Laaser Marmorgebiet. Ein echtes Juwel ist der perfekt erhaltene romanische Glockenturm mit seinen Friesen und Blendbögen. Auf eindringliche Bitte darf man über eine abenteuerliche Holzleiter nach oben klettern und den Blick über das Dorf genießen – aber Vorsicht, sonst stößt man sich den Kopf an der Kirchenglocke an!

▪ **St. Karpophorus,** 1. April bis 1. Sept. Do 13.30–14.30 Uhr, Anmeldung bei Ernst Pohl, ✆ 333/5927391.

Wanderung auf der Tarscher Alm mit Tarscher See und Tarscher Jochwaal: Der kleine, von Lärchen umstandene Tarscher See (1828 m) erfreut sich dank seiner relativen Nähe zur Bergstation des Sessellifts auf die Tarscher Alm ziemlicher Popularität – bei 2:30 Std. Fußmarsch (hin/zurück, Weg 9). Aber nicht nur der Tarscher See lockt im Sommer auf die Alm. Besonders eindrucksvoll ist der Anstieg zur *Jausenstation Zimruan* (2241 m) und weiter (auf Weg 1, ab Gabelung auf 2 A) zum Tarscher Jochwaal, einem der höchsten Waale Südtirols, die höchste Stelle liegt auf 2659 m. Besonders eindrucksvoll die Brückenkonstruktionen, mittels derer der Waal über Mulden geführt wird. (2–3 Std. Aufstieg, Abstieg ca. 1:30–2 Std.)

Bergbahn/Einkehr **Sessellift Tarscher Alm,** Mitte Mai bis Mitte Okt. 9–12.30/14–18 Uhr, in der NS bis 17 Uhr. Einfach 12 €, Berg/Tal 16 €, erm. 10/12 €, bergbahnen-latsch.com. Einkehr auf der **Tarscher Alm** oberhalb der Bergstation, Mai bis Okt., kein Ruhetag.

Wanderung zur Latscher Alm: Die 2015 neu erbaute Almhütte (1715 m) auf der gleichnamigen Alm lädt heute müde Wanderer zur Brettljause ein mit einem Glas Roten und eigenen Produkte wie Käse, Joghurt und Topfen. Man kann auch zuschauen, wie Käse gemacht wird. Man erreicht die Latscher Alm vom Tal auf Weg 2 (hervorragend für Mountainbiker geeignet, für Wanderer eher ermüdend, da fast durchgehend Almzufahrtssträßchen).

▪ **Latscher Alm,** traditionelle und regionale Almkost, Mai bis Nov., kein Ruhetag.

Latschiniger Albl: Während Latscher Alm und Tarscher Alm gut besucht sind, hat der Senn auf dem Latschiniger Albl in 1936 m Höhe oft weniger zu tun. Gerade deshalb lohnt sich der Weg hierher!

▪ **Latschiniger Alm,** Anfang Juni bis Ende Okt., einfache Südtiroler Kost und ein paar Getränke wie selbstgemachte Säfte in reizvoller Umgebung.

Tour 13: Wanderung vom Latschiniger Albl nach Tarsch[GPS]

Tour-Info: Als Abstieg kommt der Weg vor allem für diejenigen in Frage, die mit dem Sessellift auf die Tarscher Alm gefahren und dann in Richtung Zimruanhütte gegangen sind. Wer nicht wieder abfahren, sondern wandern will, nimmt Weg 15/3 über die Kofelrastseen zum Latschiniger Albl (ca. 3–3:30 Std.). Dauer als Abstieg 2:30–3 Std.; Länge einfach 8,4 km; Höhenunterschied: 1100 m. Karten: Tabacco (1:25.000)

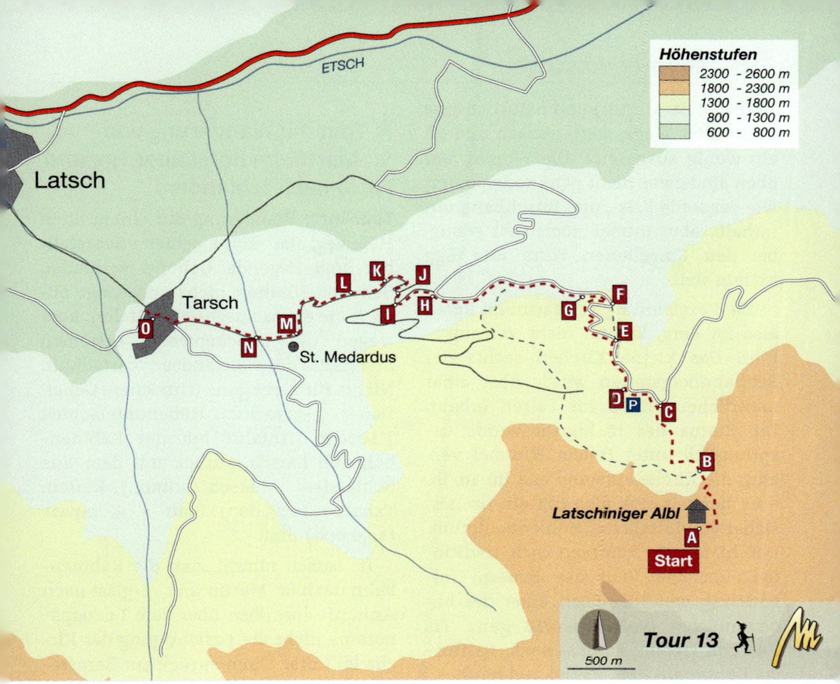

Blatt 42, Kompass (1:50.000) Blatt 52. Essen & Trinken auf der Alm s. o.

Am Latschiniger Albl **A** nimmt man den die feuchte Wiese querenden Weg 3, der bald durch Wald rechts steil und ziemlich holprig (Lockersteine) abwärts führt. Ein Querweg **B** verweist auf die Wege zur Freiberger Mahd und zur Marzoner Alm (beide bewirtschaftet), es geht weiter geradeaus bergab. Wo der steile Weg endet, wird ein Forstweg erreicht **C,** hier links und vorbei am Parkplatz und der „Freiberger Sog", der dortigen alten Sägemühle **D.** Auf dieser Straße (Staubstraße) weiter, Abkürzungen (**E** Beginn, **F** Ende, eine weitere Abkürzung folgt gleich darauf) erleichtern den Abstieg. Man tritt aus dem Wald hinaus auf die Wiesen der Höfe von Freiberg, ab hier Asphalt **G,** schöne Ausblicke. Bei einer scharfen Rechtskurve der Asphaltstraße **H** geradeaus weiter auf einen Fahrweg („Tarsch 1 Std." und Markierung 3) und bei einer Rechtskurve **I,** wo von links eine Staubstraße einmündet kurz nach rechts. Einen Steinwurf weiter auf nicht markiertem Wanderweg nach links hinunter **J,** er endet an einem quer über den Weg gezogenen Zaun, hier wenige Meter zurück und hinunter zur Staubstraße **K,** wo wir links weitergehen. Ein Hof (Tasenplon) wird etwas unterhalb passiert **L** und das Staubsträßchen steigt hinunter auf den großen Schwemmkegel von Tarsch, wo man etwas unterhalb von St. Medardus ankommt **M.** Hier beginnen die Apfelplantagen, die man auf der Fortsetzung des Sträßchens quert, man erreicht die zur Seilbahn Tarscher Alm führende Straße **N** und geht auf ihr in den Ort Tarsch zur Pfarrkirche **O.**

St. Martin im Kofel: Hoch über Latsch und gut von unten zu erkennen liegt auf dem Sonnenberg die kleine Siedlung St. Martin im Kofel auf 1736 m und höher. Eine Kabinenbahn führt von Latsch (östlicher Ortsrand) hinauf, eine Straße (nur für die Bewohner der

Höfe von St. Martin) und natürlich eine Reihe alter Wege, steil, trocken und oft ein wenig ausgesetzt. Die Wiesen hier oben sind zwar nicht ganz so exponiert wie der steile Fels-, und Buschhang unterhalb, aber immer noch steil genug, bei den Einzelhöfen Forra und Egg extrem steil.

Die Bezeichnung St. Martin im Kofel, also im Berg, kommt nicht von ungefähr: Das kleine Kircherl rechts der Seilbahnbergstation wurde über einer natürlichen Höhle im Felsen erbaut. Die Statue des hl. Martin wurde ursprünglich unter freiem Himmel verehrt, die Kirche entstand erst im 16. Jh. – es handelt sich also um ein uraltes, sicher vorchristliches Höhlenheiligtum. Der hl. Martin kümmert sich traditionell um das Vieh der Bauern, folgerichtig war hier oben einer der bedeutendsten **Wallfahrtsorte** ganz Tirols. Im 19. Jh. kamen noch Barfußwallfahrer aus dem Passeiertal hierher.

Unbedingt besuchen sollte man von St. Martin aus die *Einzelhöfe Egg* und *Forra* (Sträßchen), die bis vor einigen Jahren nur durch einen Saumweg mit den anderen Höfen verbunden waren. Die Lage dieser Bergbauernhöfe ist extrem ausgesetzt, einzigartig in den Alpen. Dass sie einmal völlig autark waren – bis auf Salz und ein paar Bänder und Metallobjekte, die fahrende Händler brachten – kann man sich heute gar nicht mehr vorstellen. Die Steinmauern, die verhindern sollten, dass die winzigen Getreidefelder durch den Regen abgetragen wurden, sieht man heute noch, seit Langem wird jedoch kein Getreide mehr gebaut.

Bergbahn **Kabinenseilbahn St. Martin,** ganzjähriger Betrieb, 7–12.30/14–18.30 Uhr halbstündl., Nov. bis Mai bis 18 Uhr und nachmittags nur stündlich. Bikes werden nur zu bestimmten Zeiten transportiert. Einfach 11,50 €, Berg/Tal 14 €, Kinder 5,50/6,50 €, Fahrräder 7 €, bergbahnen-latsch.com.

Essen & Trinken **Gasthaus Bergstation St. Martin** mit Panoramaterrasse, Di Ruhetag.

Tour 14: Wanderung von St. Martin im Kofel über Egg und Forra nach Schlanders

Tour-Info: Wanderung auf einem alten Höfeweg, der einige schier unvorstellbar steil liegende Gehöfte verbindet. Schwindelfreiheit nicht unbedingt nötig (eine etwas ausgesetzte Stelle), aber wegen der streckenweise extremen Steilheit des Geländes vorteilhaft. Nichts für nicht ganz trittsichere Geher! Dauer 3–3:30 Std.; Höhenunterschied ↓ 1000 m. Anfahrt mit der Kabinenbahn ab Latsch, zurück mit dem Bus Schlanders – Latsch (stündl.). Karten: Tabacco (1:25.000) Blatt 4, Kompass (1:50.000) Blatt 52.

In Latsch nimmt man die Kabinenbahn nach St. Martin und vergisst nach Ankunft dort oben über dem Luxuspanorama nicht die Besichtigung der Kirche im Kofel. Dann zurück zur Bergstation und auf Straße weiter in den Talbereich einiger Höfe, deren steile Lage bald deutlich zu erkennen ist. Das Sträßchen passiert einen steilen Tobel und erreicht den freundlichen Hof Egg mit Jausenstation samt aussichtsreicher Terrasse. Weiter geht es etwas oberhalb nach Forra, einer unübersichtlichen Gebäudegruppe. Steiler und ausgesetzter kann ein Hof nicht liegen. Rechts oberhalb weiter mit Weg, der in ausreichender Breite sehr steiles, an einer Stelle etwas ausgesetztes Wiesengelände durchquert.

Man erreicht die Hofruine Laggar, die Steilheit der Wiesen lässt etwas nach, dann folgt Lärchenwald. Wenn man schon fast im Bachtal angelangt ist, öffnet sich eine Lichtung mit einer weiteren Hofruine, sie liegt malerisch auf einem vorspringenden Felsen (Zuckbühel). Die Bachquerung etwas weiter unten kann evtl. nach Regenfällen unangenehm sein.

Nach dieser Passage sind die Schwierigkeiten vorbei, man geht auf

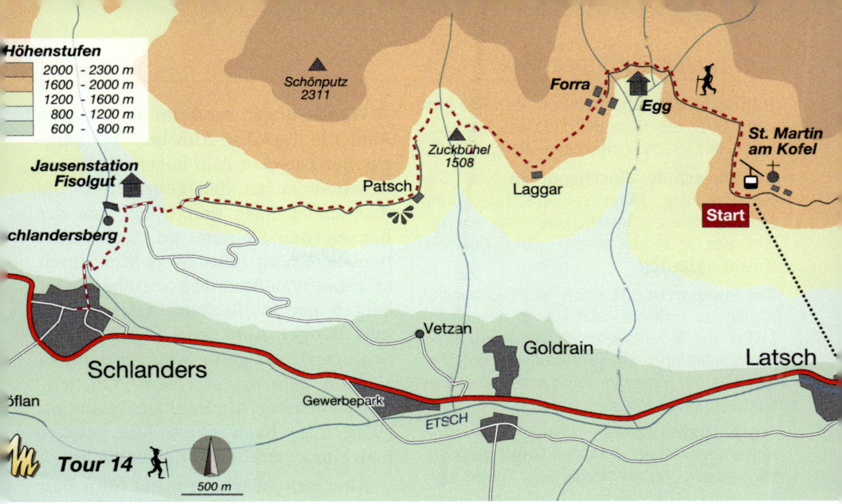

schönem Wanderweg durch Wald, erreicht bei einem nur noch als Sommerhaus verwendeten Hof (Patsch, die Dachkonstruktion der Halbruine ist gut zu sehen) eine Güterstraße. Bevor man ihr weiter abwärts folgt, sollte man sich in aller Ruhe auf die dortige Bank setzen und das Panorama betrachten: Es reicht von den Bergen über Naturns und Meran bis zur Sesvennagruppe.

Nach einer scharfen Linkskurve geht man noch ein Stück und findet dann die Fortsetzung des Wanderwegs, die zur Burg Schlandersberg hinunterführt. Steil abwärts durch verbuschten Hang, dann Wald, unten an der Burg links vorbei und steil hinunter zum Ort Schlanders, an einer Stelle auf versichertem Felsensteig! Nach einem Fischteich erreicht man eine Straße, der man wenige Meter folgt, quert dann eine Brücke und gelangt auf der anderen Seite ins Zentrum von Schlanders.

Essen & Trinken **Jausenstation Egg,** Bergbauernhof mit sehr aussichtsreicher Terrasse, recht umfangreiche rustikale Karte (Knödel mit Salat, Knödelsuppe, Speck am Brettl, Kaiserschmarrn, hausgemachte Kuchen). Ostern bis Nov., Mo Ruhetag.

Basis-Infos zu Latsch und Umgebung

Information **Tourismusverein Latsch-Martell** (für Latsch, Goldrain, Morter, Tarsch und das Martelltal), Mo–Fr 8.30–12/14.30–18, Sa 8.30–12, im Sommer auch 14.30–17 Uhr. Latsch/Laces, Hauptplatz 14, ✆ 0473/623109, latsch-martell.it.

Verbindungen **Pkw:** Latsch wird von der Staatsstraße links der Etsch umgangen, die **Busse** fahren durch den Ort. Station der **Vinschgerbahn.**

Einkaufen Unübersehbar liegt das große Geschäft des Speckproduzenten **Rinner** direkt an der Hauptstraße. Nicht nur Geräuchertes, sondern auch Käse, Delikatessen, Eingelegtes und Schüttelbrot, alles sehr appetitlich präsentiert. Hauptstr. 122, rinner-speck.it. Im sympathischen **Weltladen Latsch** Erzeugnisse lokaler Produzenten und solche aus aller Welt, Hauptstr. 47, weltladen-latsch.com. Fr am Hauptplatz **Krämer- und Bauernmarkt;** großer bäuerlicher **Ostermarkt** im März/April.

Baden/Schwimmen **AquaForum Latsch,** „Erlebnisbad" mit Sportbecken, Röhrenrutsche, Solebecken und Whirlpool, 1000 m² große Saunalandschaft, Außenanlage mit Erd-Sauna und Kneippanlage, Sauna-Events. Im Sommer tgl. 10–19 Uhr, im Winter sehr unterschiedliche Öffnungszeiten (→ Website), Tageskarte für Sauna und Bad ab 26 €. Marktstr. 48, aquaforum.it.

Radfahren/Mountainbiken **Verleih,** auch von E-MTBs, bei Maxx Bike Eldorado, Hauptstr. 65a, ✆ 0473/720077, maxx-bike-eldorado.com.

Die **Bikeschule VinschgauBike** gibt Fahrtechniktraining, bietet geführte Tages- und Mehrtagestouren. Interessante Infos auf der Webseite, Vinschgaustr. 3, Goldrain, vinschgaubike.com.

Der **Bikeparcours Latsch** ist ein spannend angelegtes Trainings- und Übungsgelände für MTBer mit 3 verschiedenen Trails und einer Übungsplattform. Mo Fahrtechniktraining, Anmeldung im Tourismusbüro oder bei Bike Eldorado, s. o.

Latsch entwickelt sich immer mehr zum Hotspot für MTBer, zahlreiche **Singletrails** am Sonnenberg und am Nörderberg, Touren teils auch für E-MTBs geeignet. Auch neue, eigens für Biker angelegte Trails, wie der Holy Hansen oder Aigen Trail, erfreuen sich zunehmender Beliebtheit. mountainbiker.it.

Die beiden Bergbahnen Latsch transportieren auch Bikes.

Wandern Die Latscher und die Tarscher Alm sind beliebte Wanderreviere. Die Tarscher Alm ist mit dem Sessellift leicht zu erreichen und Ausgangspunkt für zahlreiche Wanderungen und Bergtouren, u. a. auf das Hasenöhrl (3256 m), das als einer der „leichten Dreitausender" gilt und in etwa 4 Std. zu besteigen ist.

Wanderungen rund um die Tarscher Alm: Die Tarscher Alm und der Berggasthof Tarscher Alm liegen direkt nebeneinander an der Bergstation. Die Alm bietet Käse und Milch aus der hauseigenen Sennerei an. Eine Familienwanderung führt in 30 Min. durch lockeren Waldbestand 200 Höhenmeter bergab zur idyllischen Latscher Alm mit deftiger Almküche (z. B. Knödel, Schlutzer) und guter Weinauswahl. In 1:15 Std. geht es auf einem Pfad, teilweise Forstweg, hinunter zur Talstation (Weg Nr. 2). Nach etwa 50 Min. passiert man einen verfallenen Kohlenmeiler.

Alternativ oder ergänzend führt von der Alm aus ein beschilderter Familienrundweg (Symbol: geschnitzter Adlerkopf) teilweise entlang eines alten Waals, über mehrere kleine Brücken und vorbei an geschnitzten Tierfiguren. Am höchsten Punkt gibt es mitten im herrlichen, lichten Lärchenwald Wasserspiele mit einem kleinen Mühlrad und Sitzbänke. Dauer: ca. 1 Std.

Wintersport Modernes **Eisstadion** „IceForum", geöffnet Sa/So/Fei und Ferien 13.30–17 Uhr, Valtneidweg 1/A, ✆ 0473/622171, iceforum.it. In Tarsch **Naturrodelbahn,** 1 km Länge.

Übernachten

In Latsch ******S Matillhof,** Wellness und Beauty heißt hier die Devise, da darf die Sky-Sauna nicht fehlen. Hallenbad und Pool, 9 Saunen und kosmetische Anwendungen gehören zum Programm. Qualitätsküche, gut eingerichtete Zimmer, historische Suiten im angrenzenden Schlössl. Hans-Pegger-Str. 6a, ✆ 0473/623444, hotelmatillhof.com. **€€€€**

mein Tipp **Heiligenhof,** geräumige Ferienwohnungen für 2–4 Pers. mit Brötchen- und Eierservice, umgeben von Apfelplantagen in absolut ruhiger Lage. Schöner Garten mit Kinderspielplatz. Der Hofladen ist bestückt mit hauseigenen und regionalen bzw. im Familienumfeld hergestellten Produkten, z. B. Käse von Aftmult aus Planeil (→ S. 359), Bauernspeck von eigenen Schweinen, Berghonig, Palabirnensaft und Marmelade, lecker! Plafatweg 23, ✆ 347/2262927, heiligenhof.com. **€€**

*****S Latscher Hof,** sehr ruhige Lage beim Eisstadion am Waldrand, in den Übergangsjahreszeiten jedoch lange im Schatten. Dafür viel Komfort mit großzügig geschnittenen Zimmern, beheiztem Freibad mit Liegewiese und Sauna. Außerdem Ladestationen für E-Autos und E-Bikes. Valtneidweg 1, ✆ 0473/623152, latscherhof.com. **€€€**

***** Sattlerenglhof,** am oberen Ortsrand in Richtung Tarsch liegt diese populäre, weil herzlich geführte Familienpension. Zimmer mit Balkon, Pool und Liegewiese, gutes Frühstücksbuffet, kleine verglaste Terrasse für die nicht so sonnigen Tage. Freier Eintritt ins AquaForum, Radverleih. Herrengasse 13, ✆ 0473/623030, sattlerenglhof.com. **€€**

****** Camping Latsch,** direkt an der Etsch gelegener, teilweise schattiger Platz. Gute Sanitäranlagen, Minimarket, Restaurant im Hotel

Vermoi, Hallen- und Freibad. Großzügige Mobilheime. Stellplatz und 2 Pers. 39–43 €. Reichstr. 4, ✆ 0473/623217, camping-latsch.com.

In Tarsch ***** Zum Riesen,** der Gasthof mit dem Fresko an der Außenwand wurde 2019 als „Historischer Gastbetrieb des Jahres" ausgezeichnet. Zu Recht, denn zum einen wurden die historischen Räumlichkeiten aufwändig und behutsam restauriert, zum anderen wurden moderne und alte Elemente geschickt kombiniert. Auch eine Sauna findet nun ihren Platz. 9 individuelle Zimmer, Frühstück in der holzgetäfelten Stube. Speisen kann man im nahen Tarscher Wirt. Karpoforusweg 1, ✆ 0473/720081, zumriesen.it. **€€€–€€€€**

**** Sachsalber,** traditionelle Pension, kinderfreundlich, Einrichtung konservativ und einfach, aber okay. Freier Eintritt ins AquaForum. Obermühlweg 20, ✆ 0473/623103, pension-sachsalber.com. **€€**

Siglgut, Biobauern- und Reiterhof, ein 600 Jahre alter Hof neben einem Neubau mit 4 gemütlichen Ferienwohnungen für 2–7 Personen. Liegewiese, Obstfelder und viel Grün. Frühstück mit hofeigenen Produkten. Brunnenweg 20, ✆ 347/6082777, siglgut.it. **€€**

Der Vinschgau → Karte S. 280/281

Essen & Trinken

In Latsch **Jolly,** Marktstr. 1, Pizzeria-Café 100 m vom Zentrum an der Straße nach Tarsch, auf der kleinen Terrasse Kuchen, Torten, Apfelstrudel und Eis, in der Pizzeria gute Pizza-Auswahl. Di Ruhetag (außer in der HS).

Bierkeller Latsch, Valtneidweg 2, außerhalb und näher an Morter als an Latsch gelegen, eigentlich eine Jausenstation mit Bierausschank, Biergarten und Holzscheune für diejenigen, die drinnen essen wollen und für kühle Tage – da macht's auch Spaß zuzusehen, wie sich der Grill über der Flamme dreht. Mo/Di geschl. ✆ 0473/623208, bierkeller-latsch.com.

Helene, Marktstr. 20/c, Konditorei-Eiscafé mit hausgemachtem Eis – zu Recht populär. Mo geschl. (nicht Juli/Aug.).

In Tarsch **Tarscher Wirt,** Brunnenweg 12, im Kulturgasthof kann man nicht nur gut essen, es finden immer wieder kulturelle Veranstaltungen statt. Schöne historische Stuben, der Gasthof blickt auf eine über 100-jährige Geschichte zurück. Traditionelle Speisen und Pizza, Mo Ruhetag. ✆ 0473/860818, tarscherwirt.it.

Knofelkeller, Medardusstr. 34, gemütliches Kellerlokal, beliebtes Knoblauchbrot und andere Gerichte mit Knofel, auch saisonale Gerichte, z. B. im Herbst mit Pfifferlingen und Kürbis, Nudelgerichte und Salate. Törggelen im Herbst, ✆ 329/3673703, Mi Ruhetag.

Goldrain

Das kleine Dorf, das sich oberhalb der Vinschgaustraße am Sonnenhang zusammendrängt, wird von seinem gleichnamigen Schloss dominiert. Vor nicht sehr langer Zeit überschritt die Bautätigkeit die Etsch, heute liegen die meisten Gebäude im nur sanft geneigten Etschtal. Hier steht am Rand der steilen Schlucht das nicht zugängliche *Schloss Annaberg*, das Goldrain vom Latscher Sonnenberg trennt.

Sehenswertes/Ausflug

Schloss Goldrain: Der Bau geht zumindest in Teilen auf eine romanische Burg zurück und wurde im Spätmittelalter erweitert und in seine heutige Form gebracht. Die Außenmauer wird von vier Rundtürmen flankiert, ein Renaissance-Eingang zitiert venezianische Vorbilder. Der älteste Teil der Anlage ist wahrscheinlich der quadratische *Wehrturm*, der sie heute noch überragt. Viele Stile sind vertreten, viel Marmor ist in das Schloss eingebaut, was man selbst bei einem schlichten Rundgang um das eigentliche Schloss erkennt. Das Schloss ist Bildungs- und Kulturzentrum des Vinschgau und nur im Rahmen entsprechender Veranstaltungen zugänglich.

Vinschgauer Äpfel

Mehr als 200 Sonnentage pro Jahr und wenig über 500 mm Niederschlag bei großen Temperaturschwankungen zwischen Sommer und Winter sowie Tag und Nacht – das ist das Klima im unteren Vinschgau, und das ist das Klima, das Äpfel mögen. Der Vinschgau ist eines der bedeutendsten Apfelanbaugebiete Italiens, auf 4700 ha Apfelplantagen stehen 12 Mio. Apfelbäume auf Lagen zwischen 500 und 1100 m. 2000 Bauern in neun Obstgenossenschaften produzieren die begehrte Frucht. Der wegen der Höhenlage und durch den natürlichen Kühlhauseffekt besonders knackige Vinschgauer Apfel war früher vorwiegend ein Golden Delicious (süß, besonders gut für den Apfelstrudel geignet), eine Sorte, die es seit 1890 gibt. Andere sind Gala, Red Delicious, Braeburn (knackig), Elstar, Granny Smith (grün und säuerlich) und mit steigenden Quoten Pinova. Dieser Apfel hat eine leuchtend rote Farbe, unter der ein grün-gelblicher Grund noch durchscheint. Warum ist diese Apfelsorte so beliebt? Der Pinova wird spät geerntet und hält sich bis in den nächsten Sommer, damit verlängert er die Apfelsaison für die Bauern des Vinschgaus. Doch damit nicht genug: In Zusammenarbeit mit der Hochschule in Weihenstephan züchtete der Kandlwaalhof die Sorte „Weirouge". Ihr Fleisch ist rot und sehr säurehaltig und bringt einen schmackhaften, leuchtend roten Apfelsaft hervor, den man probieren sollte.

„Südtiroler Äpfel" sind nicht irgendwelche Äpfel, 13 Sorten sind mittlerweile unter diesem Namen geschützt, 18 werden insgesamt angebaut, ein nicht unbeträchtlicher Teil von ihnen kommt aus dem Vinschgau. Die Ernte in Südtirol beträgt im Schnitt mehr als 1 Mio. Tonnen und macht damit etwa 10 % der europäischen Gesamternte aus; bei Bio-Äpfeln werden etwa 42.000 Tonnen geerntet, das sind rund 40 % der europäischen Produktion, aber nur 4 % der gesamten Südtiroler Apfelmenge – da gibt es also noch Luft nach oben.

▪ Südtiroler Apfelkonsortium, Jakobistr. 1/A, Terlan, apfelwelt.it, Infos auch unter suedtirolerapfel.com.

Fischerteich Goldrain: Der kleine See ist ein sauberes Fischgewässer, Baden ist nicht erlaubt. Er liegt östlich vom Sportplatz an der Etsch, der Radweg führt vorbei. Die Liegewiese wird an schönen Sommertagen von vielen Sonnenhungrigen belagert.

▪ **Ban Silvio,** schöne Räumlichkeiten mit Terrasse direkt am See. Burger, Bowls und Pasta, auch vegane Speisen, ban-silvio.it.

Praktische Infos

Einkaufen Jahresmarkt „Londsproch" Mitte März.

Kräutergarten und Hofladen Kräuterschlössl, Küchenkräuter, Duftkräuter, Liköre, Cremes und Parfums nach Bioregeln. Tgl. geöffnet, Hofführungen im Sommer, ab 10 Pers., auf Anmeldung, Schanzenstr. 50, kraeuterschloessl.it.

Übernachten/Essen Goldrain ist eher auf Ferienwohnungen spezialisiert als auf Hotels oder Garnis.

**** Marlene,** „Residence" mit angenehmen Zimmern und Apartments inmitten schöner Obstgärten, ruhig gelegen, Pool mit Liegewiese. Schanzenstr. 39, ✆ 0473/742387, residence-marlene.com. **€€**

***** Amolaris,** die ehemalige „Obermühle zu Schanzen" ist eine kinderfreundliche Ferienanlage mit modernen, teils mit eigener Sauna eingerichteten Apartments im Haupthaus. 8 schicke Chalets mit großzügiger Ausstattung und ein kleines Restaurant, Badeteich, Hallenbad, Sauna, neu gestalteter Garten und Spielplatz. Frühstücksbox auf Anfrage. Schanzenstr. 31, ✆ 0473/742057, amolaris.com. **€€€–€€€€**

Camping Goldrain Cevedale, der kleine Platz mit seinem schönen Freibad ist von der Straße aus leicht zu übersehen. Teilweise schattig, saubere sanitäre Einrichtungen, Minimarket, kleine Bar, ruhige Lage. Geöffnet Mitte März bis Mitte Nov., Stellplatz und 2 Pers. 40 €. Vinschgauer Str. 59, ✆ 391/4327283, camping-goldrain.com.

Nur für Angler! Goldrainer See am Vonschger Radweg

Morter

Morter ist ein locker gebautes Dorf am Austritt des Martelltals in den Vinschgau. Zwei Burgen bewachen den Eingang ins Martelltal, das sind die heutige *Ruine Untermontani* und *Burg Obermontani*. Im Dorf steht recht unbeachtet, und nur über einen Stichweg zwischen privaten Obstgärten zu erreichen, die kleine *Kirche St. Vigilius*. Kaum einer der Radfahrer, die auf dem Vinschger Radweg den Ort passieren, macht den Abstecher (zu Fuß). Von den Autofahrern gar nicht zu reden. Dabei ist das Kircherl fast 1000 Jahre alt, älter als jedes andere Gebäude im Ort.

Sehenswertes/Ausflüge

Kirche St. Vigilius: Idyllisch inmitten von Apfelplantagen gelegenes romanisches Kleinod (geweiht 1080), der einzige Dreikonchenbau Südtirols (Apsiden in Form eines Kleeblattsnischen, von lat. „concha", Muschel) mit gotischer Kreuzigungsgruppe an der Südwand. Diese leidet allerdings unter der Feuchtigkeit der Apfelbaumberegnung. Erwähnenswert ist das gotische Eingangsportal mit der hölzernen Tür. Im weitgehend leeren Innenraum wenige erhaltene Fresken.

▪ Schlüssel im Hotel bei Martin's, Hofergasse 14, ✆ 0473/742049.

Burg Obermontani: Wuchtig und unangreifbar schaut Obermontani auf den Vinschgau hinunter und erinnert an die Zeiten, als es noch eine Funktion gab für die 1837 aufgegebene Burg, nämlich den Eingang ins Martelltal zu schützen. Die Burgbibliothek barg einen nicht nur für Germanisten bedeutenden Schatz, eine Originalhandschrift des Nibelungenlieds (heute in Berlin). Die isoliert stehende **Burgkapelle St. Stephan** ist der Schatz der Anlage. Kaum zu glauben, aber in dieser Kirche ist wirklich jeder Quadratzentimeter mit farbenprächtigen, hervorragend erhaltenen gotischen Fresken bedeckt, deshalb wird der Sakralbau auch „Sixtinische Kapelle des Vinschgau" genannt. An der Nordwand ist das Martyrium des hl. Stephan dargestellt, die Südwand widmet sich dem hl. Hubertus und mit ihm verbundenen Jagdszenen, die Ostwand zeigt die hl. Ursula mit ihren Jungfrauen und über der Westwand wird traditionsgemäß das Jüngste Gericht gehalten. Die Fresken stammen aus den Jahren um 1430 und um 1487. Beachtenswert sind auch die vielen Graffiti aus dem 15. und 16. Jh.

▪ Besichtigung April bis Allerheiligen, Fr/Sa 14.30–17.30 Uhr, Eintritt 3 €. Zufahrtssträßchen von der Straße ins Martelltal (Obermontaniweg, Wegweiser zum Schlosshof Montani folgen).

Ruine Untermontani: Von der Burg mit ihrer Zugbrücke ist nicht mehr viel erhalten. Brückenanlage, Mauerverlauf, Hof und Palas sind jedoch noch gut zu erkennen. Zu erreichen zu Fuß von Obermontani.

Übernachten ***** Montani,** das familienfreundliche Hotel bietet gute Zimmer mit Balkon, einen schönen Wintergarten und netten Garten mit beheiztem Freibad, ein Hallenbad und einen kleinen Saunabereich – angenehme Atmosphäre. Hofergasse 7, ✆ 0473/742155, hotelmontani.it. **€€€**

Das Martelltal

Dass sich ein hochalpines Tal mit Früchten hervortut, ist ungewöhnlich. Man staunt bereits in der ersten Kurve der Straße hinauf ins Martelltal, dass an den unteren Hängen nicht etwa Kühe weiden, sondern Erdbeeren wachsen.

Angefangen hat es bescheiden in den 60er-Jahren, mittlerweile haben die Erdbeeren zwischen 800 m und 1700 m ganz schön um sich gegriffen (40 ha Anbaufläche, das entspricht immerhin 60 Fußballfeldern). Aber es gibt nicht nur Erdbeeren in diesem zum **Nationalpark Stilfserjoch** gehörenden Tal. Ein von (leider auch hier dramatisch zurückgehenden) Gletschern leuchtender Talschluss, der im gewaltigen Cevedale (3769 m) gipfelt – man sieht jedoch „nur" die etwas vorgelagerten Zufallspitzen (nördliche, 3700 m und südliche, 3757 m) – und der Suldenspitze (3376 m) des Ortlermassivs. Fast unberührte Gebirgszüge im Norden und Süden, die bis 3461 m (Schildspitze im Norden) bzw. 3438 m (Zufrittspitze im Süden) reichen, bäuerliches Siedlungsgebiet mit alten Höfen am Sonnenhang um Martell-Dorf, Wälder, Almböden, winzige alpine Seen (und den Zufritt-Stausee) und ein ungebrochenes Traditionsbewusstsein. Ein Tal des Individualtourismus und des naturnahen Urlaubs. Hier kann man in den Bergen Gämsen, Rehen, Rothirschen oder Murmeltieren begegnen oder mit Glück und Geschick den Bartgeier (in den Jahren 2000 und 2002 nach eineinhalb Jahrhunderten der Ausrottung wieder angesiedelt, seit 2015 brüten die Geier wieder erfolgreich) beobachten, wie er lautlos durch die Lüfte segelt. Und im Winter lässt sich in der verschneiten Landschaft um die Zufallhütte bis hin zur Martellerhütte und im darüber gelegenen Talschluss oder auf dem Forstweg zur Lyfialm prima Schneeschuhwandern.

Sehenswertes/Ausflüge

Nationalparkhaus Culturamartell: Kultur in den Bergen am Beispiel der Bewohner des Martelltals – das ist das

Programm dieses Nationalparkhauses. Es geht es hier um die Kulturlandschaft, die einer unwirtlichen Natur in oft extremen Situationen abgerungen wurde, um das Bauernleben ohne Idyll mit (Ton-)Originaldokumenten und die Stube als Zentrum des Bauernlebens und nicht als dekoratives Ambiente für schicke Restaurants.

▪ Mai bis Ende Okt. Di–Sa 9.30–12.30/14.30–17.30 Uhr, Eintritt 3 €, erm. 2 €, Familie 4/7 €. Trattla 246, Martell, ✆ 0473/745027, nationalpark-stelvio.it.

Martell-Dorf: Der Sonnenhang im mittleren Tal, auf dem Martell-Dorf liegt, war immer die bevorzugte Siedlungslage. Ein Dorf im eigentlichen Sinne gab es nicht, die Höfe standen verstreut auf den steilen Hängen. Erst der Tourismus hat eine dorfähnlich bauliche Verdichtung bewirkt. Immer noch sieht man im Tal die alten Gehöfte mit ihren nur mäßig geneigten Dächern. Diese sind mit Schindeln gedeckt, über die Holzstreifen gelegt sind, die die zur Beschwerung draufgelegten Steinen am Abrutschen hindern sollen. Heute sind alle Höfe durch Straßen erschlossen, aber es gibt noch einige der alten Verbindungswege, die als Wanderwege gepflegt werden – leider fallen dem Straßenbau immer wieder neue Teilstücke des alten Wegenetzes zum Opfer. Die *Pfarrkirche zur hl. Walburga*, ein Barockbau mit gotischem Chor (das Schiff der früheren Kirche) enthält wertvolle Deckengemälde von *Adam Mölk* (1759). Am Ortseingang des ältesten, oberhalb des Talbodens gelegenen Ortsteils steht eine schön restaurierte alte Mühle, im Zentrum ein Gemischtwarenladen mit der italienischen Beschriftung „Generi Misti" – das haben wir in Südtirol sonst nirgends gesehen!

Wanderung auf die Soyalm: Die mit einem Käsereigebäude versehene Soyalm (2072 m) ist ein schönes Ausflugsziel. Ihre Lage in einem ausgedehnten Almwiesenbereich, in dem man das Vieh beobachten und alles mögliche entdecken kann, der relativ einfache Aufstieg und die Möglichkeit, mal beim Buttern und Käsen zuzuschauen, machen sie auch für Kinder interessant. Man steigt von der Jausenstation „Hölderle" auf gutem Almsaumweg durch den Schatthang auf – das kann in den Übergangsjahreszeiten ganz schön kühl werden. Umso mehr freut man sich über den herrlichen Almboden, auf dem die Soyalm liegt, und die Traumblicke in die Berge ums Martelltal (Zufrittspitze). Aufstieg ab „Hölderle" (ca. 1460 m) auf Weg 4 etwa 2 Std., Abstieg 1:30 Std.

▪ Die **Soyalm** ist einfach bewirtschaftet, Käse und Butter zum Verkauf, nur im Sommer, kein Ruhetag.

Wanderung auf die Lyfialm: Neben der Soyalm ist diese Alm (2165 m) die zweite im Martelltal, die heute noch Milchwirtschaft betreibt. 45.000 Liter Milch werden dort jährlich in Handarbeit zu Käse und Butter verarbeitet. Man erreicht die Almhütte ab dem Talschluss in etwa einer Stunde auf Weg 6/8 und wandert dabei hauptsächlich durch Kiefern- und Latschenwald.

▪ Die gemütliche **Lyfialm** ist auch ein schönes Schneeschuhwanderziel. Deftige Almgerichte, eigene Käserei. Ganzjährig Do–So, ✆ 333/2770100, lyfialm.it.

Zum Zufritt-Stausee und zum Talschluss: Zu den großen Bildern der Südtiroler Berge gehört der Blick von etwas oberhalb des Zufritt-Stausees auf den Talschluss des Martelltals. Die Eispyramide des *Cevedale* dominiert ihn, die vereisten Flanken wirken trotz des Gletscherschwunds noch immer imposant (wer sich den Gletschern nähert, etwa auf der unten beschriebenen Wanderung, erkennt den starken Rückgang). Entlang der Ostseite des Stausees führt ein breiter Spazierweg, der beim „Gasthaus zum See" beginnt und sogar von Rollstuhlfahrern zu bewältigen ist. Wegen der großartigen

Der Vinschgau → Karte S. 280/281

Ausblicke, die man über die grüne Wasserfläche des Sees hinweg auf den vergletscherten Talschluss hat, sei er auch jenen empfohlen, die lieber Touren gehen. Auf der Westseite gibt es keinen Weg, man muss also denselben Weg zurückgehen oder den Bus benutzen.

Eine recht kurvige und enge Straße führt oberhalb des Stausees in den Talschluss, wo am Ende der Straßen die Berggasthöfe „Enzian" und „Schönblick" auf ihre Gäste warten. Das ehemalige „Hotel Paradiso del Cevedale", ein Vorzeigebau des italienischen Funktionalismus der Dreißigerjahre, hat mehrere Besitzerwechsel hinter sich. Dieser schaurig-schöne „Lost Place" bröckelt seit Jahrzehnten vor sich hin und ist auf jeden Fall den kurzen Abstecher wert. Wegen Einsturzgefahr sollte man die notdürftige Absperrung ernst nehmen.

Wanderung rund um die Plima-Schlucht: Ein 2017 eröffneter, für Kinder sehr attraktiver Rundweg führt am östlichen Rand der spektakulären Plima-Schlucht entlang in etwa 50 Min. zur Zufallhütte. An vier beeindruckenden stählernen Aussichtspunkten kann man einen Blick in den Abgrund und die tosenden Wasser werfen und erfährt nebenbei an Infotafeln einiges über Amphibien, Flechten, den Tannenhäher und über das Leben mit Naturgefahren. Nach der *Kelle in der Klamm*, der *Panoramasichel* und der *Aussichtskanzel* folgt kurz vor der Zufallhütte der architektonische Höhepunkt, die *Hängebrücke*: Auf rostbraunen Bodenplatten schwebt man über die Schlucht, zu beiden Seiten geschützt von einer luftigen Konstruktion aus Seilen, Drahtgeflecht und silbern glänzenden Stahlelementen. Nach der Rast in der Hütte kann man sich noch deren ehemaliges Badhaus gleich nebenan anschauen. Im Ersten Weltkrieg wurden dort einmal im Monat die Soldaten der Cevedale-Front entlaust. Nach einer Renovierung beherbergt es heute unter dem Namen „Lausoleum" eine kleine Ausstellung über die Lebensbedingungen an der Front.

Beim entspannten Rückweg (35 Min.) auf dem breiten Weg Nr. 150 kann man noch einen Abstecher zum Julius von Payer-Stadel machen, der etwas unter-

Alte Höfe und hohe Berge im Martelltal

halb des Weges inmitten sanft gewellter Almwiesen liegt. Der im 19. Jh. lebende Kartograph und Polarforscher bestieg zu Vermessungszwecken mehr als 70 Gipfel der Ortlergruppe und hielt sich 1868 einige Tage in dieser schlichten, schön renovierten Hütte auf. Einige Infotafeln an der Innenwand erzählen seine Geschichte (Abstecher insg. 15 Min.).

Wer es länger mag und kann, den belohnt der Weg hinauf zur Marteller Hütte mit den wesentlich eindrucksvolleren Ausblicken, die man von ca. 2600 m Höhe hat. Und warum nicht auf einen wirklich „leichten" Dreitausender wie die Vordere Rötspitze? Trittsicherheit, Schwindelfreiheit und alpine Erfahrung samt der entsprechenden Ausrüstung natürlich vorausgesetzt.

Verbindungen Zu den Gasthöfen Enzian und Schönblick führt die **Talstraße,** die auch von den **Bussen** des SAD befahren wird (im Sommer 3x tgl.). Gebührenpflichtiger Parkplatz am Ende der Straße.

Übernachten/Hütten **** Gasthof Enzian,** 2051 m, einfache Zimmer mit Balkon. Ganzjährig geöffnet, Gaststätte Fr Ruhetag. Hintermartell 200, ☏ 333/7955610, gasthof-enzian.it. **€€**

**** Gasthof Schönblick,** 2100 m, Zimmer mit Balkon. Wanderinfos und Schneeschuhverleih. Einheimische Küche. Hintermartell 199, ☏ 0473/744776, gasthof-schoenblick.it. **€€**

Zufallhütte/Rif. Nino Corsi (CAI Milano), 2264 m, 2023 nach zweijährigem Umbau wiedereröffnet, 80 Betten in 2- und 3-Bett-Zimmern und im Lager. Urige Räume wie früher, gutes Essen und ein smarter, kommunikativer Hausherr. Auch eine Sauna gibt es, von der Aussicht und Ruhe ganz zu schweigen. Lager Ü/HP 55 €. Geöffnet Febr. bis Anf. Mai und Anf. Juni bis Okt. ☏ 335/6306603, zufallhuette.com. **€€**

Rudis Würstelbude, am Wanderparkplatz, bietet Würstel, Pommes, Schnaps, blaue Schürzen und Espresso an. Rudi aus Latsch war mal Sommelier am Odeonsplatz in München, außerdem ist er einer der bestinformierten und heißblütigsten FC-Bayern-Fans Südtirols, ein Schwätzchen lohnt sich auf jeden Fall.

Marteller Hütte (AVS), 2610 m, 28 Betten, 19 Lager. Ü/HP im Mehrbettzimmer 76 €, im Lager 66 €, Gepäcktransport ab Parkplatz gegen Gebühr. Febr. bis Anf. Mai, Mitte Juni bis Okt., ☏ 335/5687235, martellerhuette.com.

Der Vinschgau → Karte S. 280/281

Basis-Infos zu Martell und dem Martelltal

Information **Tourismusverein Latsch-Martell,** die Touristmusinformation befindet sich im Nationalparkhaus Culturamartell. Mai bis Okt. Di–Sa 9.30–12.30/14.30–18 Uhr. Martell/Martello, Trattla 246, ☏ 0473/745027, stelviopark.bz.it.

Verbindungen **Pkw:** Die Talstraße ist zügig ausgebaut, in Martell-Dorf Parkprobleme. **Bus:** Linie 262 von Schlanders nach Martell-Dorf tgl. 9x (So 5x), im Sommer ab Martell auch zum Gasthof Enzian 3x.

Einkaufen **Erdbeeren!** Sie werden hier spät im Jahr reif, Ende Juni bis Aug., auf den höchsten Flächen sogar erst im Sept., und sie sind besonders schmackhaft. Man bekommt die Marteller Erdbeeren (u. a. regionale Produkte) in der **Südtiroler Erdbeerwelt** der MEG direkt neben dem Naturparkhaus. Auch Himbeeren (Juli bis Mitte Okt.) und Johannisbeeren (Juni bis Aug.) gedeihen prächtig. Infos unter vip.coop.

> Die **Bio-Kräuter** vom Blütenhof Soyreit werden zu Tees verarbeitet, vermarktet und verkauft von den **Kräuterrebellen.** Die Produkte sind in regionalen Läden und online erhältlich, rebellen.it.

Joghurt und Käse in der Bio-Hofkäserei mit Hofladen beim Gandhof, Gand 53, gandhof.com.

Feste & Veranstaltungen Ende Juni findet im Martelltal zur Erdbeerenernte das **Erdbeerfest** statt, Standort ist beim Naturparkhaus. Schleckermäuler kommen wegen der Erdbeeren und der Riesen-Erdbeertorte (2001 angeblich in Weltrekordgröße), die zu Beginn festlich angeschnitten wird; Bauernmarkt und Genussstände, Musik, Kutschenfahrten und ein spezielles Kinderprogramm. Infos unter erdbeerfest.it.

Micheli-Markt, Ende Sept. (Michaeli), ursprünglich ein Viehmarkt, heute ein recht populärer Krämermarkt, der nahe dem Naturparkhaus an der Talstraße stattfindet.

Sport Die **Freizeitanlage Trattla** an der Talstraße umfasst neben dem Nationalparkhaus Culturamartell Tennisplätze, Eislaufplatz, Schießsportanlage, Bowling- und Naturkegelbahn, Minigolf, einen Kinderspielplatz und eine Kletterhalle. Das **Biathlonzentrum,** Maiern 96, bietet einen Parcours und ein ebenso großes Stadion, biathlon-martell.com.

Übernachten/Essen & Trinken

***** Burgauner Hof,** familiengeführtes, sympathisches Hotel mit viel Holz innen und außen. Komfortable, modernisierte Zimmer mit Balkon, im Haus kleines Hallenbad, Whirlpool, Sauna mit Ausblick. Ennewasser 196, ✆ 0473/744530, burgaunerhof.com. **€€€**

*****S Zum See,** freundliches, helles Haus mit angeblich „dem größten Erdbeerbecher des Martelltals" (Eigenwerbung), im Mai und Juni kann man an einer geführten Beobachtungstour zum Bartgeier teilnehmen. Hintermartell 207, ✆ 0473/744668, hotelzumsee.com. **€€€**

*****S Bergfrieden,** Hallenbad, finnische und Dampfsauna, Whirlpool – was für ein Genuss nach einer anstrengenden Wanderung! Das recht große „Beerenhotel" (und Familienhotel und Wanderhotel ...) hat helle Zimmer mit naturbelassenem Holz und Namen wie „Preiselbeer-Suite", alle mit Balkon und Sitzecke. Meiern 84, ✆ 0473/744516, bergfrieden.com. **€€€**

***** Waldheim,** Gasthof und Familienhotel, zuletzt 2019 renoviert, an der Talstraße bei der kleinen Wallfahrtskirche Maria in der Schmelz, die große Terrasse lockt mit Kuchen und Eis, draußen und drinnen gibt's Wildspezialitäten, Fisch und regionale Spezialitäten (Marteller Bauernsuppe mit Urpaarl). Gekocht wird mit regionalen und Slow-Food-Produkten. Moderne Zimmer und Apartments, Pool und Wellness. Mitte Okt. bis Juni Mi Ruhetag. St. Maria in der Schmelz 16, ✆ 0473/744545, waldheim.info. **€€€–€€€€** (Übernachten), **€€€** (Essen)

***** Stallwies,** Bergbauernhof und Gasthaus auf 1950 m mit Luxus-Aussicht, angeblich „höchster Kornhof Europas", kleiner Streichelzoo, Wassermühle, rustikale Tiroler Gerichte. 10 urig-modern und individuell eingerichtete Zimmer im Neubau. Mi/Do Ruhetag. Waldberg 1, ✆ 333/7616962, stallwies.com. **€€€**

Café Hölderle, bekannt für seine leckeren Erdbeerbecher, zur Begrüßung bekommt man laut einer Leserin einen Limoncello aufs Haus. Hintermartell 17, direkt an der Straße gelegen.

Schlanders

Schlanders mit seinem überspitzen Pfarrkirchturm – an die 96 m hoch soll seine Spitze sein – ist der wichtigste Ort des Vinschgaus. Fast städtisch mutet seine Hauptstraße an, aber kaum ist man aus dem Zentrum heraus, befindet man sich schon wieder fast auf dem Land.

Schlanders besitzt ein Krankenhaus, ist der Sitz der Talgemeinschaft und wichtigster Einkaufsort sowie zentraler Verkehrsknotenpunkt. Ein paar Daten zur Geschichte gefällig? Schlanders erscheint erstmals 1235 in einer Schenkung als Pfarre Schlanders an den Deutschen Orden durch Kaiser Friedrich I. (Barbarossa), damals gab es also bereits einen Pfarrort (über die Zeit davor ist nichts bekannt). Um 1260 bauten dann die Herren von Montalban oberhalb von Schlanders eine Burg, sie wurden nach ihr als Herren von Schlandersberg bekannt (1755 in männlicher Linie ausgestorben). Auch im Ort selbst gab es eine Burg. Die Schlandersburg wurde aber von einem anderen Adelsgeschlecht errichtet, den Herren von Hendl. Die behäbigen Bürgerhäuser des Marktorts täuschen eine friedliche Geschichte vor, die Schlanders nicht hatte. Pest 1348, Bündner Truppen während des Engadiner Kriegs

1499, die den Ort komplett niederbrennen (auch die Kirchen), Bauernaufstand 1525, Pest 1635 und 1636 mit 1000 Todesopfern, Flutkatastrophe 1731 mit 30 weggerissenen Häusern, 1799 napoleonische Truppen (das Schützengelöbnis, das heute noch mit Prozession gefeiert wird, nützte nichts), Blutopfer im Befreiungskrieg 1809 und im Ersten Weltkrieg, italienische Besetzung 1918/19, Option und Auswanderung im Zweiten Weltkrieg – erst nach 1945 konnte man sich's so einigermaßen gemütlich einrichten.

Sehenswertes/Ausflüge

Pfarrkirche Maria Himmelfahrt und Spitalkirche: Der weithin sichtbare Turm der Pfarrkirche mit seinem spitzen Helm ist das Wahrzeichen von Schlanders, er ist mit dem Turm der Traminer Pfarrkirche einer der höchsten im Lande. Die Pfarrkirche war ursprünglich gotisch, wurde aber 1758/59 barockisiert, die eindrucksvolle Ausmalung ist von *Adam Mölk*. Den besten Blick auf den Innenraum hat man von der Empore.

Avimundus: An der Hauptstraße mitten im Ort gibt es im modernen, lichten Gebäude des Nationalparkhauses eine Ausstellung über die Vögel des Nationalparks Stilfserjoch unter der Überschrift „Avimundus", Vogelwelt. Sie wird in zahlreichen Schaukästen und mit interaktiven Elementen für Kinder anschaulich und lebendig präsentiert.

▪ Besucherzentrum Avimundus, Hauptstr. 67, Mai bis Okt. Di–Sa 9.30–12.30/14.30–17 Uhr, Eintritt 3 €, erm. 2 €, Fam. 4/7 €, ✆ 0473/730156, nationalpark-stelvio.it.

Die Schlandersburg: Die Burg der Herren von Hendl wurde in der Renaissance errichtet. Ihr schönster Teil, der zweistöckige Arkadenhof, ist öffentlich zugänglich (im Gebäude heute Stadtbibliothek und Ämter). Schöne Säulen, Portale, Wappen und Fenstergitter.

Wanderung zum Schloss Schlandersberg: Der trutzig-schlichte Bau hoch über Schlanders wurde ebenfalls in der Renaissance errichtet. Er war der Stammsitz der Herren von Schlanders, nach deren Aussterben die Burg an Bauern der Umgebung verkauft wurde. Man kann hinauffahren (Straße ab Vetzan), viel schöner ist eine Wanderung, die aber nur von guten Gehern in Bergschuhen unternommen werden sollte, denn im Mittelteil handelt es sich um einen recht holprigen, teilweise sogar etwas ausgesetzten Felsensteig. Das Schloss ist in Privatbesitz und kann nicht besichtigt werden.

Kortsch: Das Bauerndorf hat ein paar schöne alte Höfe, eine spätgotische Pfarrkirche mit Flügelaltar aus der Entstehungszeit (16. Jh.) und einige Kapellchen in der Umgebung. Besonders **St. Ägidius am Schatzknott** ist interessant, dort hat man frühmittelalterliche Fresken freigelegt, und am ersten Fastensonntag findet dort das *Scheibenschlagen* statt, bei dem junge Burschen ihre Geschicklichkeit beweisen. Früher vergab man an diesem Termin den verantwortungsvollen Posten des *Waalers* für das folgende Bauernjahr. Was das Abschlagen von brennenden Rädern ins Tal damit zu tun hat und warum es anderswo (Vetzan) auf das Fest Herz Jesu überging, weiß man nicht. Am kurzen **Zaalwaal** oberhalb des Orts gibt es übrigens noch eine der heute sehr selten gewordenen Waalschellen. Man erreicht den Waal vom Ägidiuskirchlein auf dem mit „Sonnenberg" bezeichneten Weg.

Vetzan: Hier liegt die Obergrenze des Weinbaus im Vinschgau, und der Ort ist gleichzeitig der älteste Weinbauort des Tals (1170; Erwähnung durch das Kloster Marienberg, zu dem er gehörte). Auch die Esskastanie hat hier ihr so ziemlich höchstes Vorkommen im Tal. Immer wieder gab es katastrophale Hochwasser des Fallerbachs (wer oben zwischen den aufgelassenen Höfen Zuckbichl und Patsch das Tal quert, sieht besonders gut die zerstörerische Gewalt dieses Wildbachs) – 1840 wur-

Der Vinschgau → Karte S. 280/281

de das gesamte Dorf zerstört, seit der Bach verbaut wurde, kann man hoffen, dass eine Katastrophe dieses Ausmaßes nicht mehr auftritt.

Göflan und Umgebung: Der Ort liegt Schlanders gegenüber am Fuß des **Nörderbergs,** wie sich hier der Schatthang des Vinschgaus nennt. Im Ort zwei bedeutende Kirchen, St. Martin mit spätgotischen Flügelaltären sowie St. Walburga. Nicht genug, dass *St. Martin* gleich drei gotische Flügelaltäre besitzt, einer davon ist auch noch von *Jörg Lederer* (linker Seitenaltar), dessen Altar in der Spitalskirche in Latsch jedoch bekannter ist. Figuren wie die Maria mit Kind und zwei weiblichen Heiligen in der Mitte und die Reliefs gehören zu den Meisterwerken des Jörg Lederer. Das kleine Kircherl *St. Walpurgis* hat ein wunderschönes spätgotisches Inneres mit aufwendig verziertem Netzgewölbe und vielen Wappen herrschender Geschlechter. Von Göflan, das vom Etschtalradweg gequert wird, der hier die Talseite wechselt, gehen Wanderwege und Sträßchen zu den Höfen des Nörderbergs, die auch für Mountainbiker interessant sind.

Kirchen Besichtigung von St. Martin und St. Walpurgis nur im Rahmen des Gottesdienstes So um 8.15 Uhr möglich.

Wein Das **Weingut Befehlhof:** Torgglweg 2 in Vetzan, bietet Verkauf ab Hof und Führungen durch den Betrieb samt anschließender Wein- und Sektverkostung, nur für Gruppen ab 6 Pers. ✆ 0473/742197, befehlhof.it.

Basis-Infos zu Schlanders

Information **Tourismusverein Schlanders-Laas,** Mo–Fr 8.30–12.30/14–18 Uhr, April bis Okt. auch Sa 8.30–12.30 Uhr. Schlanders/Silandro, Kapuzinerstr.10, ✆ 0473/730155, schlanders-laas.it.

Verbindungen **Pkw/Parken:** Schlanders hat eine verkehrsberuhigte Hauptstraße und wird von der Staatsstraße SS 38 relativ eng umfahren. Im Ort gibt es 12 Parkplätze, darunter mehrere Tiefgaragen (gebührenpflichtig). Sind alle Parkplätze und die Tiefgaragen besetzt, bietet sich der riesige Parkplatz an der Sportzone im Osten des Orts an (dort auch Parkmöglichkeit für Camper).

Bus: Verbindungen mit Ober- und Untervinschgau, Meran und Martelltal. **Vinschgerbahn** ab und nach Meran und Mals.

Ärztliche Versorgung **Krankenhaus Schlanders,** Krankenhausstr. 3, ✆ 0473/738111, zuständig für den gesamten Vinschgau, auch Notdienst.

Einkaufen Schlanders verkauft sich als Einkaufsparadies, und tatsächlich hat die verkehrsberuhigte Innenstadt eine ganze Reihe guter Geschäfte – vom Juwelier über den Buchladen bis zum Kindermodengeschäft. Stärkste Konzentration in der Göflaner Straße ab dem Platz vor dem Kulturhaus Karl Schönherr und die anschließende, platzartig erweiterte Hauptstraße bis zum Dammlplatz mit schickem Benetton-Haus.

Gutes **Brot** in der Bäckerei Preiss, u. a. die „Feigenstriezen", Hauptstr. 125.

Tee- und Kaffeespezialitäten im Tea Shop, Hauptstr. 37.

An der Vinschgau-Staatsstraße in Richtung Meran rechts großer **Supermarkt** (Eurospar) mit reichlich Parkplätzen.

Bioladen Holzer, Hauptstr. 18.

Der **Biobauernhof Vill,** einen Steinwurf vom Stadtzentrum entfernt, ist Demeter-zertifiziert, verkauft werden hauptsächlich Apfelsaft, Cidre und Obst. Mühlgasse 13, vill.it.

> **Hofläden,** die regionale Produkte anbieten, sind Sonnwarthof (Säfte, Sirup, Speck, Käse) am Nördersberg und der Befehlhof (Wein, Destillate) in Vetzan.

Markt Do Wochen- und Bauernmarkt, am Parkplatz Stainer und Plawennpark.

Feste & Veranstaltungen **Kulturhaus Karl Schönherr,** die Stadt leistet sich ein modernes Kulturhaus für Konzerte, Theater- und Kinoaufführungen (Letztere nur Sa/So), Göflanerstr. 27 b, ✆ 0473/737777, kulturhaus.it.

Sommerabende, im Juli und August verwandelt sich die Fußgängerzone freitags in eine Musik- und Genussmeile, Geschäfte haben bis 21 Uhr geöffnet.

Baden/Schwimmen **Freibad Schlanders,** Schwimmbadstr. 12, mit Beachvolleyball und Boulderwand. Das Bad ist beheizt, große Liegewiese, Juni bis Saisonende tgl. 10–20 Uhr.

Radfahren/Mountainbike Der Tourismusverein organisiert diverse Radtouren. **Radverleih Bikeman,** neues Geschäft in der Stachelburgstr. 18, ✆ 0473/732387, bikeman.it.

Am Schlanderer Sonnenberg wurde für MTBer der **Propain Trail** gebaut, an bestimmten Tagen Shuttle-Transport, Infos unter vinschgaubike.com (→ Latsch).

Reiten **Bio-Reiterhof Vill,** „Vill's Ponyclub" für Kinder, Kurse und Ausritte, Mühlgasse 13, ✆ 0473/621267, vill.it.

Der Vinschgau → Karte S. 280/281

Übernachten

In Schlanders ******S Vier Jahreszeiten,** First-Class-Hotel mit schicken Zimmern, Suiten und Speisesälen, Spa, Hallenbad, Sauna, erweiterte Badelandschaft im Freien mit Tropendusche und weißem Marmorstrand, 1100-m²-Parklandschaft. Das Küchenteam kreiert mediterran angehauchte Gourmetgerichte unter Verwendung regionaler Zutaten. Andreas-Hofer-Str. 8, ✆ 0473/621400, vierjahreszeiten.it. **€€€€**

*****S Maria Theresia,** komfortables Hotel mit Hallenbad, Sauna, Whirlpool, gediegene Zimmer mit Balkon, Nachteil ist die Lage an der Vinschgau-Staatsstraße. Restaurant-Pizzeria Mi abends geschl. Staatsstr. 15, ✆ 0473/730209, hotel-maria-theresia.it. **€€€**

**** Pernthaler,** einfache Pension im Zentrum mit wirklich großer, ruhiger Liegewiese und kleinem Kinderspielplatz, Zimmer mit Balkon, gutes Frühstücksbuffet. Andreas-Hofer-Str. 18, ✆ 0473/730035, pension-pernthaler.it. **€€–€€€**

***** Camping Vogelsang,** recht neuer Campingplatz inmitten von Obstgärten und nahe am Freibad gelegen. Schöne Anlage, kleiner Shop, nette Bar, der sympathische Hausherr bietet Produkte vom eigenen Hof. Stellplatz und 2 Pers. 40–48 €. Geöffnet April bis nach Allerheiligen, Vogelsangstr. 27, ✆ 0473/538095, camping-vogelsang.com.

In Kortsch ***** Kortscherhof,** moderner Hof mit schönen Ferienwohnungen, insbesondere die 2 Apartments in der neuen Dependance sind spektakulär mit Bruchsteinmauern, viel Glas und Holz und tollem Ausblick vom Balkon. Maneidweg 4, ✆ 0473/730519, kortscherhof.com. **€€–€€€**

In Vetzan ****** Vetzan,** das Sporthotel Vetzan gibt sich, was den Sport betrifft, wirklich Mühe: 2 Tennisplätze, Hallenbad, Whirlpool, Fitnessraum, City- und Mountainbikes, man ist Partner des Golfclubs Lana. Kein Gegenüber, wenn man draußen frühstückt, aber Bergblick. Dorfstr.14, ✆ 0473/742525, sporthotel-vetzan.com. **€€€€**

*****S Vinschgerhof,** das Wanderhotel liegt nicht im Ort Vetzan, sondern unten im Etschtal an der Straße nach Latsch. Hallenbad und Saunen, die kürzlich renovierten Zimmer und Suiten sind modern, gemütlich und hell. Geführte Wander- und Biketouren. Restaurant Mo Ruhetag. Alte Vinschger Straße 1, ✆ 0473/742113, vinschgerhof.com. **€€€**

**** Sonnenberg,** familiäre Pension auf dem Sonnenberg, Pool und Liegewiese, blumengeschmückte Balkone, farbenfrohe Zimmer, reichhaltiges Frühstücksbuffet, hinterm Haus geht's rauf in den steilen Trockenhang der Vinschgauer Sonnenseite. Dorfstr. 58, ✆ 0473/742068, pension-sonnenberg.it. **€€**

Essen & Trinken

Trögerwirt, Hauptstr. 38, alter Einkehrgasthof in der Dorfmitte, bekannt noch als „Schwarzer Adler". Traditioneller Gastraum und Stube, gute saisonale Küche nach Tiroler Tradition (Nockerl-Tris mit vier Arten von Nocken) und sehr zivile Preise, Sa Ruhetag. ✆ 0473/730222, troegerwirt.com. **€€**

Speckeggele, Hauptstr. 48, neues Bistro in der Fußgängerzone. Gegrilltes, Geräuchertes, aber auch Feines und Vegetarisches, alles äußerst appetitlich angerichtet. Außerdem kann man lokale Produkte kaufen. Schöne Terrasse. So–Di Ruhetag, ✆ 335/5312112.

Schuster, Hauptstr. 60, Café-Konditorei, nicht nur üppige Eisbecher, sondern auch Käsesahne-, Sacher- und Fruchttorte, Sacherkrapferl, gute Brioches, Trockengebäck und ein vorzüglicher Cappuccino. So Ruhetag.

Laas

Laas ist das Marmordorf Südtirols. Im südlich verlaufenden Laaser Tal und in großer Höhe über dem Ort befindet sich auf der Nordseite des Ortlermassivs ein riesiges Marmorvorkommen, dessen schneeweiße Qualität schon die Römer hierher führte. Im Ort wurde die romanische Apsis der **Pfarrkirche** aus diesem schönen Stein gebaut. In der Neuzeit hat sich der Abbau im 19. mit stark verstärkt, so sind z. B. die Löwen vor der Feldherrnhalle in München und das Moltkedenkmal in Berlin aus Laaser Marmor. Vor allem aber Wiener Bauten leuchten dank Laaser Marmor: so die Treppenhäuser der Neuen Hofburg und der beiden großen Museen am Ring. Auch die Büste Kaiser Franz Josefs mit ihrem üppigen Piedestal, die in Laas etwas verloren zwischen Bank und Rathaus steht (Raiffeisenplatz), ist aus Laaser Marmor. 1910 wurde sie bestellt, aber – 1918 war's aus mit dem Kaiserreich – niemals abgeholt. Das bislang letzte Großprojekt mit Laaser Marmor war die 2016 eröffnete U-Bahn-Station am Ground Zero in New York, entworfen vom Stararchitekten Santiago Calatrava. Sein Zentrum bildet eine über 50 m hohe, strahlend weiße Halle aus Marmor. Das Projekt kostete unglaubliche 4 Mrd. Euro. Die *Fachschule für Steinbearbeitung* im Ort soll und wird die Tradition der Marmorbearbeitung (des „Weißen Goldes", wie man in Laas gerne sagt) aufrechterhalten.

Im Laaser Steinbruch

Sehenswertes/Ausflüge

Marmor in Laas: Die Apsis der *Pfarrkirche* aus Laaser Marmor, ein wunderschönes (wenn auch rekonstruiertes) Werk der Romanik, ist sicher das älteste Beispiel dafür, dass man in Laas selbst den Marmor verwendet hat (die Kirche selbst ist jünger und nicht interessant). Auf dem *Friedhof* (der sich entlang der Hauptstraße erstreckt und hinter einer hässlichen Mauer verbirgt) dominiert der weiße Marmor derart, dass man die Augen schließen muss, wenn die Sonne darauf scheint. Ein modernes Marmorobjekt befinden sich auf der anderen Straßenseite, dort steht auch in einem Winkel die erwähnte *Büste Kaiser Franz Josefs*. Vor dem Rathaus ein überlebensgroßer moderner *Torso* à la römischer Imperator. Wer die Brücke über die Etsch nimmt, findet sich von einem schönen *Brunnen* in modernen Formen mit einer auf den Marmor von Laas bezogenen Inschrift.

■ Ein hervorragender, üppig bebilderter **Bildband** zum Laaser Marmor ist 2008 erschienen: Franz Waldner, Laaser Marmor, Bozen (Athesiaverlag, nur noch antiquarisch erhältlich).

Weitere Kirchen in Laas: Die Kirche *St. Marx* ist ein mächtiger Steinbau eines unbekannten Meisters aus dem 12. Jh mit beeindruckendem Mauerwerk. Die Kirche wurde nie vollendet, daher gibt es keinen Glockenturm. Im 19. Jh. wurde der Bau als Steinmetzschule genutzt. Zu diesem Zweck wurden Fenster herausgebrochen, die heute durch einen eleganten architektonischen Kniff wieder verschlossen sind: Fotos des Mauerwerks wurden auf Kunststoffplatten reproduziert, die nun vor den Fensteröffnungen hängen. Eine Idee des Südtiroler Architekten Werner Tscholl, der auch für die Innenrenovierung verantwortlich war. Im Innenraum befindet sich an der Nordseite ein gut erhaltenes Fresko, an zwei Stellen im Süden und Westen wurde der durchgehende weiße Putz entfernt, um das wunderschöne Mauerwerk sichtbar zu machen. Der romanische Boden aus groben Steinplatten wurde freigelegt und mit einem luftigen schwarzen Metallgestell überbaut. Im westlichen Bodenbereich liegt der Eingang zu einer tonnenförmigen düsteren Krypta. Alljährlich wird der renommierte Franz Tumler Literaturpreis in der Kirche verliehen.

Oberhalb der Laaser Sportzone versteckt sich hinter einer hohen Umfassungsmauer auf einem Hügel eine der ältesten und schönsten, weil ursprünglichsten romanischen Kirchen Südtirols, *St. Sisinius*. Mit ihrem niedrigen Glockentrum wirkt sie auf den ersten Blick unscheinbar. Doch das Innere aus unverputztem Mauerwerk und ohne störendes Beiwerk macht auf fast magische Weise spürbar, wie es wohl vor 1000 Jahren gewesen sein muss, als die Kapelle erbaut wurde. Heute ist der Ort mit seiner vor Blicken schützenden Mauer ein beliebter Treffpunkt für junge Paare. Folgerichtig heißt er im Volksmund „Schmusbichl“. Beide Kirchen sind nur am *Tag der Romanik* zu besichtigen, der „Schmusbichl“ ist immer einen Abstecher wert.

Marmorsteinbruch im Laaser Tal: Der *Weisswasserbruch* liegt auf 1600 m Höhe und ist seit 1883 in Betrieb. Während der Marmor über 100 Jahre lang nur sehr langsam abgebaut werden konnte, hat sich seit dem Einsatz von Diamantsägen im Jahr 1991 das Produktionstempo vervielfacht, die Zahl der Arbeiter jedoch verringert. Heute arbeiten hier noch 18 Männer. Die bis zu 12 t schweren Blöcke wurden früher mit einem Seilkran über das Laaser Tal und dann über Schienen zum Maschinenhaus transportiert. Die legendäre Laaser Schrägbahn beförderte die Blöcke mithilfe eines Seilzugsystems über 500 Höhenmeter und über ein Gleis weitere 3 km bis zum Werk *Lasa Marmo* am Ortsrand. Die Bahn war von 1930 bis 2019 in Betrieb, ohne dass jemals ein Ersatzteil benötigt wurde oder eine Störung auftrat. Die Einstellung des Betriebs erfolgte aus versicherungstechnischen Gründen. Seither werden die bis zu 40 t schweren Blöcke von Lkw abtransportiert.

All diese Stationen können bei einer sehr kurzweiligen Tour besichtigt werden, die aus Sicherheitsgründen nur bis zum Eingang des Bruchs führt.

Marmortouren Wer mehr wissen will, kann von Ostern bis Mitte Nov. an einer **Marmor-Erlebnisführung** teilnehmen, die u. a. eine Filmpräsentation, den Besuch des Marmorwerks, einer Bildhauerwerkstatt und der neuen *Laaser Marmor Welt* beinhaltet. Die Führung beginnt jeweils Mi um 13.30 Uhr sowie Di, Do um 10.30 Uhr am Bahnhof Laas, Dauer 2:30 Std., Ticket 11 €, Anmeldung ist nicht erforderlich.

Die **Marmor Erlebnistour** (7 Std.) führt über die Bergstation der historischen Schrägbahn zum Brüchlerstollen, Mi 9 Uhr, Teilnahme 54 €. Es geht 500 hm hinauf, Kondition erforderlich! Auch die **Marmor Relaxtour** (4 Std.) führt zum Brüchlerstollen, die Fahrt zur Schrägbahn erfolgt mit einem Shuttle, Fr 14 Uhr, Teilnahme 48 €. Die **Historische Marmor Spurensuche** (7 Std.) ist eine Wanderung auf der früheren Marmorstraße zum Göflaner „Alpbruch“, Do 9 Uhr, Teilnahme 38 €.

Der Vinschgau → Karte S. 280/281

Alle 3 Touren ab 6 Pers., mit Anmeldung, ✆ 347/74095404, marmorplus.it.

Der Steinmetzbetrieb (auch Verkauf) **Josef Mayr** in Laas besteht seit 1928. Hier kann man im Rahmen einer Führung (→ S. 331) erfahren, wie Marmor bearbeitet wird. Zuerst wird ein Gipsmodell angefertigt, das dann mittels Messpunkten auf den Marmorblock übertragen wird. Aus Marmor wird Erwartbares (z. B. Kerzenständer), aber auch Unerwartbares (wie Musikboxen) hergestellt. Mo–Fr 8–12/13–17 Uhr, Vinschgaustr. 89, ✆ 0473/626541, mayr-josef.com.

Laaser Marmor Welt, die neue Erlebniswelt mit historischem Kran und zahlreichen Marmorkunstwerken von Bildhauern aus aller Welt. Picknickmöglichkeiten und diverse Mitmachmöglichkeiten für Kinder (ritzen, meisseln, hämmern) sind über einen Kassenautomaten am Eingang jederzeit zugänglich, Eintritt 4 €, erm. 2 €.

Wanderungen: Der *Schrägbahnsteig* führt von der Talstation der Marmorbahn in steilen Serpentinen hinauf bis zur Kirche St. Martin und weiter bis zur Bergstation (650 hm, 4 km, Dauer 1:30 Std.). Rückweg über den Laaser Talweg oder die steile Gurgl-Schlucht (spektakulär, aber nur für Schwindelfreie zu empfehlen!).

Der *Apothekersteig* ist nach der Laaser Apothekerin Sigrid Haller benannt, die ihn 2017 zu ihrem 30-jährigen Dienstjubiläum stiftete. Er ist eher ein Spaziergang am trockenen Vinschger Sonnenberg oberhalb von Laas, beginnend am Sportplatz direkt an der Staatsstraße und als Rundweg angelegt (45 Min., 130 hm, 3 km).

Tour 15: Rundtour mit dem Rad von Laas über Tanas, Schluderns und Prad

Tour-Info: Im ersten Teil sehr aussichtsreiche Rundtour hoch über dem Vinschgau auf wenig befahrener Asphaltstraße, im zweiten Teil Vinschger Radweg mit Passagen auf Asphalt, auf Güterweg und auf Staubstraße. Länge ca. 28 km; Dauer 2 Std.; Höhenunterschied ↑↓ 650 m. Karten: Tabacco (1:25.000) Blatt 44; Kompass (1:50.000) Blatt 52. Essen und Trinken im Gasthof Paflur in Tanas, außerdem Gaststätten in Laas, Allitz, Schluderns und Prad.

In Laas (870 m) nimmt man vom Dorfplatz die in Richtung Schlanders führende Straße und biegt am Ortsrand nach links in die Straße nach Allitz und Tanas ab. Am oberen Ende des Schuttkegels liegt rechts Allitz, das man über eine Brücke erreicht (ca. 1100 m), die Straße nach Tanas geht jedoch links und in steilen Kurven weiter. Mehrere Höfe der „Laaser Leiten", wie dieses Gebiet heißt, werden passiert, dann wird die Straße wieder flacher und die Blicke in die Ortler- und die Sesvennagruppe werden immer eindrucksvoller. Tanas, das man nach einer ebenen Passage erreicht, bleibt links, man fährt bei der Gabelung vor dem Ort (1480 m) rechts und in Richtung Schluderns weiter. Vorbei an der Zufahrt zum Gasthof Paflur, der etwas rechts darüber thront, blickt man in das von Nebenbächen zerfranste Tal des Tanaser Bachs. Nach einer längeren Passage über dem Sonnenberg von Spondinig, während der man herrliche Ausblicke auf das Stilfser Tal und die Ortlergruppe hat, geht es ab den Gschneirer Höfen auf weiterhin guter Straße (und weiterhin mit Radwegschildern) hinunter nach Schluderns (920 m; die Churburg bleibt rechts oben, wer sie besuchen will, muss bei der ersten scharfen Linkskurve der Straße ab Gschneirer geradeaus weiterfahren. Von der Churburg geht es sehr steil ins Dorf).

In Schluderns fährt man über die Fußgängerbrücke zum Dorfplatz, an dessen linkem unteren Ende man nach links in die Kugelgasse einbiegt, um bei der folgenden Gabelung die linke Trasse unter der Staatsstraße hindurch zu wählen. Nach einer zweiten Unterführung links und bei der folgenden Gabelung rechts auf die durch Wiesen in

Richtung Prad führende weiterhin asphaltierte Straße. Diese macht einen Doppelknick und quert dann einen Bach und die Etsch. Auf der anderen Seite sofort nach links auf den Vinschger Radweg, dem man nun entlang der Etsch folgt. Nach 2 km abrupt im rechten Winkel nach rechts (Schilder beachten!) und nach einer querenden Staubstraße (jenseits der Brücke über die „Alte Etsch") links weiter.

Die Weiterfahrt nach Prad führt an den Fischweihern von Spondinig vorbei, um die herumgefahren werden muss, der erste Rechtsknick lässt also auch die Fischweiher rechts. Bei folgender Gabelung im schotterigen Aufschüttungsgebiet des Suldenbachs, „Prader Sand" genannt, rechts halten! Der Radweg (Abzweig vom Vinschger Radweg!) führt dann im rechten Winkel von der Etsch weg in Richtung Prad, man kommt bei den Sportanlagen an den Ort heran, quert gleich dort nach links auf eine Fußgängerbrücke und fährt geradeaus und dann halbrechts ins Zentrum (907 m), man erreicht es gegenüber der Touristeninformation. Hier über die Straße und halblinks weiter, Radwegzeichen und Hinweisschild auf den Campingplatz, den man kurz darauf zur Rechten hat. 2,5 km recht flache Strecke (Güterweg) durch Bauernland, dann Einmündung in eine öffentliche Straße, der man ca. 400 m nach rechts in Richtung Tschengls folgt, um dann einen nach links abzweigenden Güterweg zu nehmen (am Beginn der Steigung). Durch ein Wäldchen fährt man hinüber zur Straße zwischen Tschengls und Eyrs und dann je nach Geschmack links oder rechts weiter. Hier nach links zu fahren ist einfacher (und als Radweg ausgewiesen): bis zur Etsch, unmittelbar vor der Brücke auf Güterweg nach rechts, der bis knapp vor Laas führt, wo man der Straße nach rechts in den Ort folgt. Nach rechts zu fahren ist jedoch interessanter, wenn auch eventuell tiefgründiger (nach Regen eine gute Möglichkeit, um sich und sein Rad wirklich voll zu verdrecken): Straße queren und den linken der beiden dort abgehenden Güterwege nehmen, den Schgumser Weg. Abzweigungen nach links in die Obstgärten nicht beachten, ganz rechts bleiben (ein Kanal verläuft links, rechts eine verdeckte Wasserleitung). Wald mit einigen tiefgründigen Stellen, dann weiter am Hangfuß auf Güterweg, der sich allmählich etwas bessert. Der Hof Schgums bleibt rechts, ebenfalls die Schwefelquelle 5 Min. später. Guter Güterweg nach Laas, auf der am Ortsrand erreichten Straße rechts in den Ort und über die Etschbrücke in die Dorfmitte.

Der Vinschgau → Karte S. 280/281

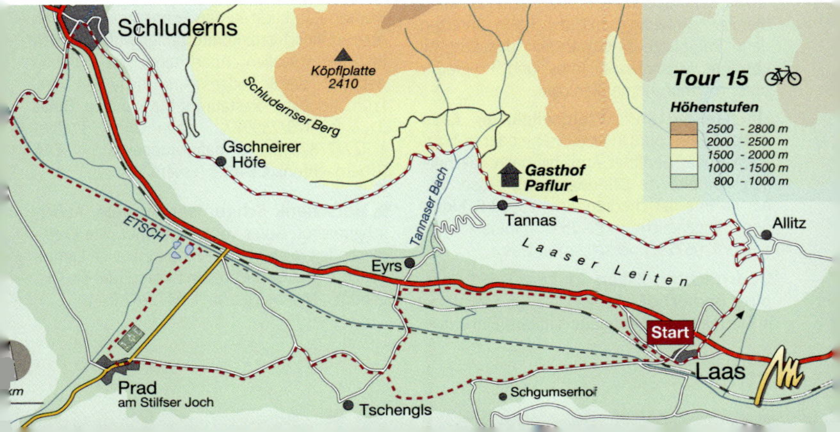

Praktische Infos

Information **Tourismusverein Schlanders-Laas,** Mo–Fr 8.30–12.30/14–18 Uhr, April bis Okt. auch Sa 8.30–12.30 Uhr. Schlanders/Silandro, Kapuzinerstr.10, ✆0473/730155, schlanders-laas.it.

Einkaufen Der **Kandlwaalhof,** Unterwaalweg 10, Produkte aus eigenen Früchten in Bio-Qualität, Verkauf im Hofladen und regionalen Geschäften. Apfelsaft, Essig, Trockenobst und Senf; die rotfleischige Apfelsorte Weirouge, aus der ein säuerlicher, roter Saft gewonnen wird, entstand in Kooperation mit der FH Weihenstephan (luggin.net).

Vinschger Bauern-Sauerkraut, eingelegtes und fermentiertes Gemüse, Marmelade und Säfte im neuen Hofladen bei der **Produktionshalle von H. Lechner,** Industriestr. 43, lechnerkraut.com.

Hochprozentiges in der **Schnapsbrennerei Ausserloretzhof,** Schießstandweg 11, einheimische Früchte wie Palabirn und Marille, aber auch ungewöhnliche Brände aus Kaki oder Orange, ebenso Liköre, ausserloretzhof.it.

Venustis, Vinschgaustr. 10, köstliche Kreationen aus Schokolade, z. B. Fruchtschokoladen, Bergpralinen oder Laaser Marmorwürfel, und allerlei Nettes aus Holz und Glas (venustis.it).

Feste & Veranstaltungen **Marmor und Marillen,** alljährlich am ersten Wochenende im Aug., buntes Markttreiben und Musik, kombiniert mit einer Marmorwerkstatt: Bekannte Bildhauer bearbeiten Marmorblöcke auf einem Gelände direkt am Bahnhof. Dazu gibt es Führungen durch das Marmorwerk, kulinarische Spezialitäten und natürlich saftige Marillen. Unbedingt mit der Bahn anreisen, denn Parkplätze sind während des Festivals absolute Mangelware. Infos und Programm unter marmorundmarillen.com.

Hochseilgarten **Waldseilgarten Lass-Allitz,** 10 Parcours in Bodennähe oder in bis zu 25 m Höhe. Geöffnet April bis nach Allerheiligen, komplizierte Öffnungszeiten, besser vorher im Internet checken. Erw. 25–28 €, Kinder und Jugendliche 15–25 €. Infos unter ✆380/4206729, hochseilgarten-laas.it.

Übernachten/Essen in Laas ***** Camping Badlerhof,** kleiner Platz (35 Stellplätze) in Dorfnähe, ausreichende sanitäre Einrichtungen, „Wellnessoase", nettes Café und gemütlicher Aufenthaltsraum. Gespann und 2 Pers. 34–42 €. April bis Anf. Nov. Kugelgasse 4, ✆0473/628011, camping-badlerhof.it.

Zur Krone, vor dem Gasthof an der Hauptstraße wächst eine junge Linde, die dem kleinen Platzl etwas Schatten gibt, was vor allem die Radler lockt, die vom nahen Vinschger Radweg in den Ort hineinfahren. Drinnen angenehm schlichtes, traditionelles Ambiente. Leichte regionale und italienische Küche, leckere Schlutzer und natürlich Marillen-Topfenknödel. ✆0473/626117, krone-laas.it. **€€**

Greta, Vinschgaustr. 65, populäres Konditorei-Café im Zentrum des Ortes, eigene Produkte vom Obstkuchen über die Torte bis zum Eisbecher. Mo Ruhetag.

Übernachten/Essen außerhalb **Untertröghof,** 5 Ferienwohnungen auf dem Bergbauernhof in Prachtlage am Vinschgauer Sonnenberg mit eigener Kapelle (von 1752). Die Apartments für 2–4 Pers. sind komplett eingerichtet und haben Balkon oder Terrasse. Allitz 33, ✆0473/626170, untertroeghof.it. **€€**

Gasthaus Sonneck, Allitz 11, hochgelobte Jahreszeitenküche aus regionalen Produkten, leckere Knödel- und Lammgerichte, sehr gut sortierte Wein- und Cocktailbar. Schön sitzt es sich auf der Terrasse mit der ausladenden Kastanie. Di Ruhetag. ✆0473/626589, gasthaus-sonneck.it.

*** Paflur,** Gasthof und Jausenstation etwas oberhalb des Dorfs Tanas an der Straße nach Schluderns, tagsüber gut besucht von Ausflüglern, die vor dem Haus mit rustikalen Speisen und Bier Hunger und Durst stillen. Ruhig schläft, wer bleibt. Wer ein Balkonzimmer nach Westen hat, blickt in den Sonnenuntergang im oberen Vinschgau. Komfortabler wohnt es sich in den stilvollen Apartments im Neubau nebenan, die 3 „Lodges" sind für je 2–4 Pers. Frühstück extra. Restaurant Mo Ruhetag. Tanas 31, ✆0473/739977, paflur.com. Lodges ✆327/7787313, paflur-lodges.it. **€€€** (Übernachten), **€€–€€€** (Essen)

Hofschank Schgumser Stübele, Außerschgumshof, Gutes vom Bauernhof, wie Brettlmarenden mit eigenen Produkten, auch Lammgerichte und Geselchtes mit Kraut. Mai bis Okt. geöffnet, Mo–Mi geschl., ✆0473/626021.

Der Ortler von Burgeis aus

Der obere Vinschgau

Der obere Vinschgau ist eine echte Passlandschaft – die Schweiz, Österreich und die Lombardei sind im Handumdrehen zu erreichen. Burgen und Schlösser zeugen in Schluderns, Glurns, Mals und Burgeis von den Kämpfen um diese kleine Region. Zum Alpenhauptkamm und in die Ortlergruppe führen kurze, steile Täler mit nur wenigen, lange isolierten Dörfern.

Der Kontrast der beiden Talflanken dieses typisch inneralpinen trockenen Tales könnte nicht größer sein. Noch deutlicher als im unteren Vinschgau erkennt man, dass die Südhänge wegen der enormen Trockenheit fast versteppt sind. Dagegen sind die Nordhänge bewaldet und bekommen als Schatthänge vom Wolkenstau der Ortlerkette einigen Niederschlag ab. Bei Schluderns und Mals macht der Vinschgau einen Richtungswechsel, die windige *Malser Haide* steigt steil zum *Reschenstausee* und zum *Reschenpass* (1508 m) auf. Der ist, wie im Pustertal die Wasserscheide zwischen Toblach und Innichen, viel mehr Verbindung als Trennung, sodass sich der historische Vinschgau über die heutige Staatsgrenze nach Nordtirol und Nauders zog. Die historische Verkehrsachse vom Inn bei Landeck über den Reschenpass nach Bozen wurde spätestens durch die römische Heeresstraße *Via Claudia Augusta* zur befahrbaren Straßenverbindung. Der römische Meilenstein von Rabland, 1552 gefunden, ist einer von vielen, die einmal aufgestellt waren. Von den sonstigen Einrichtungen wie Pferdewechselstationen und Schenken sowie wahrscheinlich einem Passtempel auf dem Reschen hat sich nichts erhalten.

Wie in den Dolomiten war auch der obere Vinschgau bis ins 17. Jh. ein Rückzugsgebiet des *Rätoromanischen*, wie es heute noch im benachbarten Münstertal in Graubünden gesprochen wird. Typische Ortsnamen wie jene auf „-tsch“, also Latsch und Laatsch, Matsch und Tartsch, weisen heute noch auf die rätoromanische Bevölkerung hin. Und sie ist ja nicht verschwunden: Vielleicht fallen Ihnen ja auch die schwarzen Haare und die typischen Gesichter der Menschen im oberen Vinschgau auf.

Kunst- und kulturhistorisch bedeutende Bauten sprenkeln förmlich diese kleine Passregion. Das präromanische und oftmals erneuerte *Stift Marienberg*, die *Renaissance-Churburg*, *Glurns* mit seinem kompletten Stadtmauerkranz, die karolingischen und romanischen Kirchen in vielen Orten wie *Taufers*, *Mals* oder *Prad*, sie sind Indizien für eine große frühmittelalterliche Bedeutung. Schon die Gotik betraf die Region nur noch am Rande, die Renaissance wirkte nur punktuell, und dann war Schluss. Barockkirchen? Fehlanzeige. Gründerzeitliche Stadterweiterung? Welche Stadt hätte man erweitern sollen. Die Ferne zu den Entwicklungszentren und die Abgeschiedenheit haben eine intakte bäuerliche Kulturlandschaft und Natur bewahrt, die von der Industrialisierung nie berührt wurde. Ein Glück für uns Nachgeborene, die hier Erholung suchen und finden.

Information Das obere Vinschgau wird von verschiedenen Tourismusvereinen betreut: Prad am Stilfserjoch, Ortlergebiet, Obervinschgau und Reschenpass. Die einzelnen Informationsbüros sind bei den entsprechenden Ortschaften angegeben.

Verbindungen Die **Vinschgerbahn** verbindet Meran und Mals, der eng getaktete Fahrplan ermöglicht Tagesausflüge ab Meran in den gesamten Vinschgau und umgekehrt. Räder werden, wenn Platz ist, ebenfalls mitgenommen (vormittags in Richtung Mals häufig überfüllt).

Wandertaxi: ab Burgeis/Mals mit Zielorten Schlinig, Watles, Planeil, Matsch, Gschneirerhöfe. Den Fahrplan gibt es in den Infobüros.

Gästekarte VinschgauCard nennt sich die kostenlose Gästekarte (mit integriertem Südtirol Guest Pass) der Beherbergungsbetriebe, sie wird angeboten von März bis November und ermöglicht die kostenlose Benutzung der öffentlichen Verkehrsmittel, Ermäßigungen bei Seilbahnen, Museen und Freizeiteinrichtungen und bestimmte Zusatzleistungen. Gültig im gesamten Vinschgau, Infos vinschgau.net.

Wandern Die Tourismusbüros veranstalten in der Sommersaison zahlreiche **geführte Wanderungen** im ganzen Vinschgau.

Von Prad zum Ortler

Von Spondinig führt ein Abstecher nach Prad am Ausgang des Stilfser Tals, durch das eine spektakuläre Bergstraße auf das Stilfser Joch und hinüber nach Bormio ins Veltlin führt, der höchsten Region der Lombardei. Das gesamte Gebiet ist Teil des Nationalparks Stilfserjoch. Die äußerst kurvenreiche Straße ist ein Dorado für Motorradfahrer und Radsportler und wird in jedem Jahr von Hunderttausenden befahren. Ganz nebenbei hat man in **Trafoi** an der Stilfserjochstraße und von noch weiter oben einen traumhaften Blick auf den König der Ostalpen, den 3905 m hohen **Ortler.** Ein Nebental führt nach **Sulden** mit seinen 3000ern und einem großartigen Sommerwander- und beliebten Wintersportgebiet. Rund um diesen höchsten Berg der Ostalpen (außerhalb der Schweiz) strecken sich Eisfelder in die obersten Talschlüsse wie bei Trafoi unter der *Trafoier Eiswand* und über Sulden im *Suldenferner*. Bewirtschaftete Hochalmen bieten Bergwanderern Verpflegung, bei der großen Höhe der Gipfelzone liegen die Schutzhütten meist für Wanderer etwas zu hoch und sind oft nur mittels Gletscherquerung zu erreichen. 2018 wurden vorhandene Wanderwege so miteinander verbunden und instand

Der Nationalpark Stilfserjoch

134.620 ha Fläche umfasst Südtirols einziger Nationalpark, den das Land sich mit der Lombardei und dem Trentino teilt. Sämtliche Täler rund um den Ortler, die eine zusammenhängende vergletscherte Gebirgsgruppe umschließen, wurden 1935 (erweitert 1977) unter ständigen Schutz gestellt. Vom ewigen Eis in der Gipfelregion bis zu den Obstgärten (Apfel, Marille) der Täler, vor allem des Vinschgaus, ergibt sich eine faszinierende Abfolge von Natur- und Kulturlandschaften. Zwar sind auch stark touristisch erschlossene Gebiete im Nationalpark integriert (z. B. die Region Sulden, das Stilfser Joch) und die Wasserkraftgewinnung hat ihre unübersehbaren Spuren hinterlassen (Martelltal und Ultental), aber der Großteil des Nationalparks ist wenig oder kaum von Menschen berührtes Naturland, Lebensraum für alpine Pflanzen wie Lärche und Zirbe, Legföhre und Alpenrose und Wildtiere wie Steinbock, Gämse, Murmeltier, Adler und Geier. In den fünf Nationalparkhäusern in Schlanders, Trafoi, Prad, St. Gertraud und Martell bekommt man einen Überblick zur Vielfalt dieses großartigen Nationalparks.

▪ **Information:** Konsortium Nationalpark Stilfserjoch/Südtirol, Außenamt Glurns, Rathausplatz 1, ✆ 0473/830430, nationalpark-stelvio.it; außerdem Infos in den Naturparkhäusern Culturamartell (Martelltal), Naturatrafoi (Trafoi), Lahnersäge (Ultental), Avimundus (Schlanders) und Aquaprad (Prad).

gesetzt, dass man den König in 7 Etappen auf 120 km und insgesamt 8126 Höhenmeter umrunden kann – der **Ortler Höhenweg** ist ein anspruchsvoller Leckerbissen für alle geübten und gut ausgestatteten Bergwanderer. Ein faszinierendes Naturschauspiel sind die Wasserfälle, wenn die Gletscherbäche aus den Hochkaren über Steilwände in die obersten Talschlüsse hinunterstürzen wie in jenem von *Hl. Drei Brunnen* bei Trafoi. Man sollte die Angebote der Nationalparkverwaltung wahrnehmen und geführte Touren mitmachen, um mehr über die Natur dieses faszinierenden Berggebiets zu erfahren.

Verbindungen Die **Busverbindungen** von Mals über Spondinig (dort Bahnanschluss) und Prad nach Sulden sind im Sommer während der Woche gerade noch ausreichend – der erste Bus der Linie 271 von Mals nach Sulden kommt dort um ca. 8.30 Uhr an, letzter Bus ab Sulden ca. 18.30 Uhr. Während des Tages fährt alle 2–3 Stunden ein Bus von Mals über Prad nach Stilfs. Im Winter gibt es an Sonn- und Feiertagen nach Stilfs wenige, nach Sulden überhaupt keine Busse.

Information Das Feriengebiet Ortler im Vinschgau unterhält kein eigenes Tourismusbüro, Infos in Prad oder auf ortlergebiet.it.

Prad am Stilfser Joch

Die Wachtposition am Eingang zur Tal des Suldenbachs hat Prad offensichtlich schon seit dem frühen Mittelalter, will man das heute etwas verloren liegende **Kirchlein St. Johann** als Beweis nehmen. Auch **Lichtenberg** und **Agums,**

Der Vinschgau → Karte S. 280/281

zur Gemeinde Prad gehörende Dörfer, weisen mit ihren Kirchen auf alte Besiedlung hin. Prad hat eine kontrastreiche Lage, vor sich hat man den nur leicht geneigten Schuttfächer des Suldenbachs mit Resten der einstigen Etschauen, im Rücken steigt der bewaldete *Nörderberg* steil an, mit ein paar wenigen Einödhöfen gesprenkelt. Wie Prad liegen auch Agums und Lichtenberg am unmittelbaren Hangfuß, nur dort ist genug Platz für eine Siedlung. Man sollte sich diese drei Orte genauer anschauen, besonders Prad hat eine ganze Reihe älterer und mittelalterlicher Häuser. Unter der Überschrift „Historische Dorfpunkte Prad am Stilfserjoch" hat die Gemeinde einen interessanten **Rundgang** zu 21 Punkten zusammengestellt, wozu u. a. das Ganderegg-Haus in der Silbergassse 59 (Startpunkt des Zussl-Umzugs) und der im 14. Jh. künstlich geschaffene Mühlbach gehören. Die einzelnen Stationen sind mit Infotafeln mit QR-Code versehen, so dass man sich vor Ort weiter einlesen kann.

Sehenswertes/Ausflüge

Kirche St. Johann: Ein schmaler Fußweg führt zwischen Privatgrundstücken zum 1186 erstmals urkundlich erwähnten Kirchlein St. Johann etwas abseits des Sträßchens (und Radwegs) in Richtung Agums und Glurns. Ob sie zu einem Pilgerhospiz gehörte, wie der Namensheilige nahe legt (St. Johann in Taufers ist nicht weit entfernt, und die Johanniter könnten sich hier durchaus niedergelassen haben) ist nicht geklärt. Über die spätere Verwendung ist man besser informiert: St. Johann war bis 1421 die Grablege der Herren von Tschengls und später der Lichtenberger. Dass der Bau romanisch ist, sieht man auf den ersten Blick, vor allem die schöne Rundapsis und die Rundbogenfenster sowie der Turm machen es deutlich. Im Inneren hat man romanische Freskenreste aufgedeckt, die besser erhaltenen Fresken entstanden um 1400 in gotischem Stil.

▪ Führungen von Mitte Mai bis Ende Sept. Di um 17 Uhr, im Juli und August zusätzlich jeden

In Prad am Stilfser Loch

Di um 10 Uhr, 5 €, Anmeldung erforderlich im Infobüro Prad oder online unter kultur.bz.it.

Nationalparkhaus Aquaprad: Das Nationalparkhaus ist dem Thema Wasser gewidmet. In einem ästhetisch ansprechenden Bau befinden sich zwölf Aquarien, die mit der Welt des Wassers in den Bergen des Vinschgaus bekannt machen, daneben gibt es einen Freilandteich und ein – bei Kindern sehr beliebtes – Streichelaquarium. Größte Attraktion: das 15 m lange, leicht abfallende Bach-Aquarium mit Saibling und Bachforelle. Im Seeaquarium mit 150.000 l Wasser befinden sich zehn verschiedene Fischarten dieser Lebensgemeinschaft. Diese und andere Fische aus den heimischen Seen und Bächen sowie die Biotopgruppen Moor und Auwald sind einige Themen, die im Obergeschoss noch detaillierter in der Ausstellung „Natur formt Mensch – Mensch formt Natur" vorgestellt werden.

▪ Ganzjährig Di–Fr 9.30–12.30/14.30–17.30 Uhr, Sa 14.30–17.30 Uhr, Eintritt 6 €, erm. 4 €. Kreuzweg 4c, ✆ 0473/618212, nationalpark-stelvio.it

Agums: Die *St.-Georgs-Kirche* im nahen Dorf Agums ist ein spätgotischer, um 1700 barockisierter Bau. Ein gotisches Kreuz, der „Große Herrgott", hat zahlreiche Wunder bewirkt, sodass die (1971 durch einen Brand beschädigte und komplett renovierte) Kirche zur Wallfahrtskirche wurde. Die eingemauerten Steinskulpturen eines Greifs und eines Wolfes zeigen, dass vor dem gotischen bereits ein romanischer Bau existierte.

▪ **St. Georg:** Öffnungszeiten im Infobüro Prad anfragen. Im Sommer Mo um 10 Uhr Führung, 5 €.

Burgruine Lichtenberg: Oberhalb des Weilers Lichtenberg thront auf einem bereits prähistorisch besiedelten Hügel die gleichnamige, sehr eindrucksvolle Burgruine. Wuchtig und gut erhalten der runde, 20 m hohe Verteidigungsturm neben dem Eingang, er entsprach im Baujahr 1520 modernster Kriegstechnik, da er Vorfeld, Eingang und Hauptfront überblicken und durch Gewehrfeuer verteidigen konnte. Im Torbereich die *Johanneskapelle* von 1575, geweiht durch den Burgherrn Johann Jakob Khuen, damals Erzbischof von Salzburg. Die anderen Teile der Burg sind Ruine.

Der Vinschgau → Karte S. 280/281

Basis-Infos zu Prad und der Stilfserjoch-Region

Information **Tourismusverein Prad am Stilfserjoch,** Mo–Fr 9.30–12.30/14.30–17.30 Uhr, Sa 9.30–12.30 Uhr, Prad am Stilfserjoch/Prato allo Stelvio, Kreuzweg 4c (im Aquaprad-Gebäude), ✆ 0473/616034, prad.info.

Einkaufen **Wochenmarkt** am Dienstag. Im Juni **St.-Johann-Markt** (Sonnta-Hons), im Herbst **Matthäusmarkt.**

Bio-Dorfsennerei Prad, Silberstr. 16, hauptsächlich Ziegenkäse von den örtlichen Sennern. Die Sennerei im Dorfzentrum geht durch Umwandlung in eine Genossenschaft und Hinwendung zu Bioproduktion neue Wege, Verkauf am Markt und in regionalen Läden, Führung und Verkostung Di um 16.30 Uhr, bio-dorfsennerei.it.

Genuss Gruber, Kreuzweg 15, Speck und Wurstwaren aus eigener Herstellung, Feinkost, genuss.it.

Hof am Schloss, Schlossweg 11, Lichtenberg, im Hofladen u. a. Marillenaufstrich aus echten Vinschger Marillen, Himbeer-Wein-Gelee, aber auch Almkäse, Honig, Bündnerfleisch, Speck, Frischfleisch, hof-am-schloss.com.

Feste & Veranstaltungen Am **Unsinnigen Donnerstag** (Do vor Fasching) findet das **Zusslrennen** statt. In ihren weißen Gewändern mit bunten Bändern und Applikationen lärmen die „Zussln" (Masken) stundenlang mit ihren schweren Schellen und vertreiben so die bösen Geister des Winters und wecken die Getreidesaat auf (früher ganz wichtig, als der Vinschgau noch die Kornkammer Tirols war).

Der **Stelviobike Day** Ende Aug./Anf. Sept. lockt jedes Jahr zahlreiche Radler und E-Biker an, die Passstraße wird für den Autoverkehr gesperrt. Startpunkte sind in Prad und Spondinig.

Kinder Der **Gumperle-Weg** zeigt an 13 Spielstationen, wie Waldtiere leben. Ausgangspunkt ist die Kirche St. Georg in Agums, der Weg ist 2 km lang.

Auf dem **Naturerlebnispfad Prad** lernen Kinder an 18 interaktiven Stationen Interessantes über die Lebensräume Wald, Wildfluss und Trockenbau, 3 unterschiedlich lange Routen.

Baden/Schwimmen **Erlebnisfreibad Prad,** Kiefernhainweg 37, zwei Becken, Wasserrutschen, Kinderplanschbecken, kleine Bar, Juni bis Aug. **Kneippanlage** am Nickbach zwischen Prad und Tschengls.

Radfahren/Mountainbike Werkstätte und **Verleih** Baldi Sport, Reutweg 19, ✆ 0473/617071, baldisport.it; **geführte MTB-Touren** durch Pradbike, Infos im Tourismusbüro und suedtirolbike.info.

Übernachten/Essen & Trinken

In Prad ****** Zentral,** Prads Traditionshotel hat neben seiner namengebenden Lage recht geräumige, teils modern eingerichtete Zimmer und Suiten zu bieten. Großzügiger Wellnessbereich mit Hallenbad, Whirlpool und Sauna, ruhiger Garten. Sehr kinderfreundlich: Spielzimmer, Kinderplanschbecken, Spielplatz, Verleih von Babyutensilien. Hauptstr. 100, ✆ 0473/616008, zentral.it. **€€€–€€€€**

***** Haus Tschenett,** Garni-Residence in ruhiger Lage mit viel Grün, ein DZ und schöne Ferienwohnungen mit Balkon für 2–6 Pers., freundliche Atmosphäre. Kiefernhainweg 14, ✆ 348/4153359, haustschenett.com. **€€–€€€**

**** Astoria,** freundliche Pension mit geräumigen Zimmern, kleine Bäder, aber meist Balkon, günstige Lage, das Ehepaar Rungg ist engagiert und gibt gerne Wander- und sonstige Tipps. Seit 2023 auch schicke Apartments für 2–6 Pers in der neuen Residence mit integrierter Hausbar. Schmiedgasse 1, ✆ 0473/616338, pension-astoria.it. **€€–€€€**

***** Kiefernhain,** Campingplatz neben dem Freibad (freier Eintritt), saubere Sanitäranlagen, kleine Bar, Kinderbetreuung, Brötchenservice. Mai bis Okt. Gespann und 2 Pers. 34–46 €. Kiefernhainweg 37, ✆ 0473/616422, camping-kiefernhain.it.

****** Sägemühle,** Luxuscamping mit großem Hallenbad und Sauna, sehr gut ausgestatteten Sanitäranlagen, Minimarket, Bar, Pizzeria und Restaurant. Spielplätze und Kinderanimation im Sommer. Ganzjährig geöffnet. Gespann und 2 Pers. 48–70 €. Der Platz bietet auch Bungalows und neue Chalets an, 2 Pers. 145–185 €. Dornweg 12, ✆ 0473/864410, saegemuehle.it.

Stern, Gasthof mit populärer Pizzeria, große Auswahl an leckeren Pizzen, aber auch regionale Küche, gemütliche Terrasse. Mo Ruhetag, Silbergasse. 1, ✆ 0473/616123, gasthof-stern.it.

Café am Platzl, Hauptplatz, Café-Konditorei und Eisdiele, etwas zurückgesetzt am Dorfplatz mit Terrasse. Konditoreiwaren und gutes Eis, eigene Kaffeerösterei. Do Ruhetag.

In Tschengls **Tschenglsburg,** Kulturgasthaus in den Kellerräumen der Burg, traditionelle Tiroler Küche, gute Auswahl an Südtiroler Weinen, auch Grillen und Törggelen im Schlosshof möglich. Hier finden gelegentlich Musikveranstaltungen statt. Mo Ruhetag, ✆ 320/0829165, karlperfler.com.

Stilfs

Ein enges und steilverwinkeltes Bergdorf wie aus dem Bilderbuch, heute mit guter Zufahrtsstraße, die sich aber mit dem Erreichen des Ortes zur Dorfstraße verwandelt, um noch vor der Kirche zur Gasse zu schrumpfen. Dass sich hier alte Bräuche wie der sicher heidnische Fruchtbarkeitskult der „Zussln" im Fasching und der Umzug der „Klosn" am Nikolaustag erhalten haben, wundert nicht. Was heute so abgeschieden wirkt und nur durch die Stichstraße erschlossen ist, lag früher am Wege: Stilfs lag an einem hoch über dem unteren Suldenbachtal verlaufenden *prähistorischen Saumweg*. Über den Ort liefen die ältesten Verbindungen aus dem Vinschgau in die Berge, zum Stilfser

Joch und ins Veltlin, also in die Lombardei. Aber das ist lang her, denn 1820 bis 1825 entstand die Stilfserjochstraße, die Stilfs schnöde auf seinem steilen Berghang hängen lässt und tief unten im Tal verläuft. Stilfs hatte im Mittelalter einige Einnahmen aus Silber- und Bleiglanz-Bergbau, in der Neuzeit war es ein armes Dorf, das wie so viele andere Gemeinden „Schwabenkinder" zur Sommerarbeit nach Süddeutschland schicken musste, damit die Familien überleben konnten. Heute bringt der Tourismus die Einnahmen, die es ermöglichen, hier oben zu überleben.

Ausflug auf die Stilfser Almen: Die wohl schönste Wanderung ab Stilfs führt auf die Stilfser Almen, die bewirtschaftet sind. Man nimmt im äußeren Dorf den Kirchweg (Weg 6), der nach Valatsches hinaufführt, einem Weiler im Tramentantal (bis hierher auch Fahrstraße, jedoch ab Platz für Ortsfremde gesperrt). Etwas höher zum Fahrweg (mit Nr. 4), der auf derselben Talseite weiter bergan führt. Wo er in einen querenden Güterweg einmündet, auf diesem nach rechts und zur **Unteren Stilfser Alm,** die **Obere Stilfser Alm** liegt in Steinwurfentfernung etwas höher. Zurück auf demselben Weg oder ca. 1 km auf dem Güterweg zurück und dann rechts fast eben weiter mit Weg 2 zum *Wildtiergehege Fragges*, von wo aus ein Sträßchen mit beschilderten Fußwegen (Nr. 7 über Platz und Pascht hat die längeren Fußwegstrecken) nach Stilfs hinunterführt.

■ **Obere Stilfser Alm,** 2077 m, Jausenstation, Verkauf von Almbutter und -käse, Juni bis Okt., Mo Ruhetag.

Information Das Feriengebiet Ortler im Vinschgau unterhält kein eigenes Tourismusbüro, Infos in Prad oder auf ortlergebiet.it.

Feste & Veranstaltungen Stilfs hat einen weithin bekannten Nikolaus-Umzug (um den 6. Dez.), genannt **„Klosn"** (das Wort kommt wahrscheinlich von Nikolaus). In bunte Fetzen bekleidete und mit Tiermasken vermummte Burschen, die um die Hüften riesige, schwere Glocken gebunden haben, ziehen, von „Eseln", Krampussen und Teufeln begleitet, durch den Ort. Wie auch im süddeutsch-österreichischen Raum sind die Krampusse – insbesondere die Teufel („Tuifl") – nicht ganz angenehm. Sie versetzen schmerzhafte Hiebe mit ihren Ruten, kneifen und zwicken gern. Daher machen sich Kinder und Jugendliche einen Spaß daraus, den Tuifl zu jagen und zu ärgern – insgesamt ein dynamischer und derber Spaß. Der Umzug startet an verschiedenen Punkten oberhalb von Stilfs und kommt an der Hauptstraße zusammen, wo er dann als ein langer Zug bergabwärts zieht, bis sich am Ortsende alles auflöst und schwitzende junge Männer nach Abnahme ihrer Masken erst mal erschöpft ein Bier zischen.

Alle geraden Jahre findet in Stilfs zur Faschingszeit ein ungewöhnlicher, ziemlich lauter Faschingsumzug statt, das **Pfluagziachn.** Dabei treten die Männer des Ortes in fast komödiantischer Weise in verschiedenen Rollen mit- und gegeneinander an.

Übernachten/Essen *****S Sonne,** sympathischer Familienbetrieb im kürzlich renovierten und erweiterten Hotel, moderne Zimmer und Gastraum mit Ausblick neben einer 200 Jahre alten, holzgetäfelten Stube. Schön im Winter ist der kleine Saunabereich mit Whirlpool. Regionale Küche, der Hausherr kocht selbst. Dorf 29, ✆ 0473/538003, stilfs.it. **€€€**

***** Traube,** für den alpinen Raum typischer Hotelbau in der Ortsmitte, Doppel-, 3- und 4-Bett-Zimmer und ein Apt. für bis zu 7 Pers. Im Winter hat Stilfs Skibusanschluss nach Sulden und Trafoi. Die Küche bietet das regionsübliche tirolisch-italienische Programm. Dorfstr. 12, ✆ 0473/611584, hoteltraube.it. **€€€**

Der Vinschgau → Karte S. 280/281

Trafoi

So klein Trafoi ist, so vielseitig ist es: Der Ort liegt in einem wiesengrünen flacheren Abschnitt des vom Suldental abzweigenden Trafoitals, überragt vom Ortler, der Trafoier Eiswand, den Madatschspitzen. Das nahe Wallfahrts-

Der Mord am Stilfser Joch

Gefährlich war's am Stilfser Joch auch früher – wie folgende Geschichte belegt: Der französische Heiratsschwindler Henry Perreau nutzte hier am 16. Juli 1876 eine Kutschfahrt, um sich kaltblütig seiner vermögenden Frau Madeleine zu entledigen, die er in einer Kehre in den Abgrund stieß. Da sie wohl nicht sofort tot war, half er noch mit einem Steinbrocken nach. Zunächst versuchte er, das Geschehen als Unglück darzustellen, verstrickte sich aber in Widersprüche und wurde zudem durch Zeugenaussagen belastet. In einem aufsehenerregenden Prozess wurde er am 2. Juli 1877 in Bozen zum Tod durch den Strang verurteilt. Jahre zuvor hatte der Übeltäter bereits seine damalige Frau und deren Mutter beseitigt, um sich das Erbe zu sichern. Da sein jetziges Opfer eine gebürtige Engländerin war und der Prozess in ganz Europa verfolgt wurde, profitierte der Stilfser Tourismus von der Untat: In den Jahren nach dem Prozess stieg die Zahl englischer Urlauberinnen signifikant an. Heute erinnert eine Marmortafel am Wegesrand zwischen den Kehren 32 und 33 an die grausige Tat.

kirchlein bei den Heiligen Drei Brunnen wirkt winzig unter den Wasserfällen, die über die Felswände vom Madatschferner, Trafoier Ferner und Nasenhornferner herunterstürzen. Frauenschuh wächst im lichten Bergwald, der den Ort umgibt. Ganz einsam steht Trafois neugotische Kirche in den Wiesen oberhalb der Siedlung.

Trafoi verbindet sich für viele Zeitgenossen mit dem Namen *Gustav Thöni*, dem aus dem Ort stammenden Skifahrer und mehrfachen Olympia- und Weltmeisterschaftsgewinner.

Feste & Veranstaltungen Die **Heilige-Drei-Brunnen-Prozession** findet am Pfingstmontag statt. Eine Gruppe lediger Burschen trägt dabei das Gnadenbild von der Kirche in Trafoi zur Wallfahrtskapelle Drei Brunnen. Ende Sept. kehrt die verehrte Gottesmutter dann wieder in die Kirche von Trafoi zurück.

Wintersport Trafoi ist eines der 15 Skigebiete der **Ortler Skiarena** (→ S. 633). 1 Sessellift, 3 Skilifte, 11 km Pisten, 6 km Langlaufloipe, Infos auf trafoi.com. **Skischule Trafoi,** Kirchweg 57, ✆ 329/8619130. **Skiverleih** bei **Sport Express,** Trafoi 54. **Rodelbahn,** 3,7 km ab Restaurant Weissknott auf der gesperrten Stilfserjochstraße.

Übernachten/Essen ****** Hotel Madatsch,** Hotel mit viel Atmosphäre und langer Tradition, komfortabel und gemütlich eingerichtet: Hallenbad, Wellnessbereich, schöne Zimmer, bestens ausgestattet mit neuen Bädern. Skiverleih. Trafoi 58, ✆ 0473/611767, hotelmadatsch.it. **€€€–€€€€**

***** Bella Vista,** das „Familienhotel", ein traditionelles Haus, von Familie Thöni geleitet, geschmackvoll renoviert. Gemütliche, moderne Zimmer, Saunen und Freiluft-Whirlpool, schöner Speisesaal. Tolles Kinderprogramm. Der Ausblick auf die Ortlergruppe ist unübertroffen. Trafoi 11. ✆ 0473/611716, bella-vista.it. **€€€–€€€€**

Camping Trafoi, einfacher Platz zwischen Trafoi-Ort und Hl. Drei Brunnen, grün und teilweise schattig, auf jeden Fall idyllisch. Nur Juli/Aug. geöffnet. Stellplatz und 2 Pers. ab 31 €. ✆ 0473/611533, camping-trafoi.com.

Sehenswertes/Ausflüge

Nationalparkhaus Naturatrafoi: Der moderne Bau in Trafoi sieht auf den ersten Blick wie eine Liftstation aus. Drinnen erkennt man bald, dass hier was anderes geboten wird als eine Aufstiegshilfe: „Leben an der Grenze" heißt das Thema des Hauses. Mit „Grenze" ist sowohl die Lebensgrenze im Hochgebirge gemeint als auch die Lage des Nationalparks an der Dreiländergrenze von Südtirol, der Schweiz und der Lombardei. Im Erdgeschoss wird die Kampfzone des Lebens in den Bergen thematisiert, der Höhenstreifen zwischen der oberen Waldgrenze und dem Eis der Gletscherregion. Im ersten Stock wird das Thema vertieft, u. a. durch Filme und Videos. Auch für Kinder attraktiv, viele Exponate können und sollen berührt werden.

■ Ende Dez. bis Ende März und Mai bis Ende Okt. Di–Sa 9.30–12.30/14.30–18 Uhr, Erw. 3 €, Kinder 2 €, Familie 7 €, Kombiticket mit Aquaprad 8/16 €. Trafoi 57, ✆ 0473/530045, nationalpark-stelvio.it.

Auf die Furkelhütte: Wenige Besucher von Trafoi können der Anziehungskraft des Sessellifts auf die Furkelhütte widerstehen, der sie aus dem oberen Ortsteil und 1500 m Höhe auf 2153 m Höhe schweben lässt. Und in eine Panoramalage, in der man den Ortler unmittelbar vor sich hat.

Von der Hütte lassen sich nicht allzu viele Wanderungen machen, aber diese sind wegen ihrer Ausblicke sehr eindrucksvoll. Ganz einfach ist der Spaziergang hinüber zur fast gleich hoch gelegenen **Prader Alm,** wo man einkehren und auf dem Wirtschaftsweg gemütlich zurückbummeln kann. Ein technisch anspruchsloser alpiner Pfad führt über das Schafseck auf den **Schafberg/Piz Minschuns** (2935 m) auf dem italienisch-schweizerischen Grenzkamm (Weg 24, hin/zurück ca. 3:30 Std.). Wesentlich anspruchsvoller und mit ständig wechselnden Ausblicken auf die Ortlergruppe gesegnet ist der Weg hinüber zum **Stilfser Joch** (Weg 20, Goldseeweg und Wormisionsteig, ca. 4 Std.), von wo man mit dem Bus zurück nach Trafoi fährt.

Bergbahn **Sessellift Trafoi** von Trafoi zur Furkelhütte, Juni bis Anf. Okt. 8.30–12.20/13.30–17 Uhr, Berg/Tal 16,50 €, Berg 12,50 €.

Hütten **Furkelhütte,** 2153 m, geöffnet Juni bis Mitte Okt. und in der Wintersaison, ✆ 0473/611577; von Trafoi (Hotel Madatsch) auf Weg 17 über die bewirtschaftete **Prader Alm** (2054 m) in ca. 1:30 Std. Die Alm produziert Käse, u. a. den prämierten Vinschger Almkäse.

Zu den Hl. Drei Brunnen und zur Berglhütte: Idyllisch liegt am Waldrand auf einer großen Wiese das Kirchlein Hl. Drei Brunnen, von dem der Ort Trafoi seinen Namen hat: *tra foi* sind auf Romantsch drei Quellen oder Brunnen. Der Talschluss ist nahe, Wasserfälle stürzen von den Gletscherzungen herunter, Eis blitzt vom Ortler (3905 m), von der Trafoier Eiswand (3563 m) und der Hinteren Madatschspitze (3432 m) herunter. Im Jahr 1229 sah ein frommer Hirt namens Moritz aus dem Fels drei Quellen entspringen, jede führte ein Holzkreuz mit sich. Zwei fing der Hirte auf, das dritte wurde fortgeschwemmt. Das Wunder führte zu einem Kapellchen, einer Einsiedelei, dann einer Wallfahrtskirche (1701). Im benachbarten Kapellchen bricht immer noch Wasser aus dem Felsen, es ist jedoch nur eine einzige Quelle, die in drei Strahlen geteilt wird. Viele Wunder haben sich hier ereignet, die Votivbilder, vor allem aber die zurückgelassenen Krücken und die Wachs- und Holzvotivgaben von Gliedmaßen zeugen davon (im Inneren der kleinen Wallfahrtskirche, die sonst wenig Interessantes zu bieten hat).

Lust auf mehr? Nur 1:30 Std. höher liegt die kleine *Berglhütte*, wo man sich gepflegt stärken kann – bei einmaliger Aussicht! Ein Sträßchen führt von Trafoi bis zum Steg über den Trafoier Bach, alternativ nimmt man ab Trafoi den Weg zum Campingplatz und erreicht dort die Straße (großer Parkplatz am Straßenende). Schön ist ein Rundweg: Man quert nicht über den Steg zur Kirche, sondern bleibt auf der ab hier gesperrten Straße und nimmt an deren Ende den Wanderweg, der unterhalb

Der Vinschgau → Karte S. 280/281

der Wasserfälle im Bogen zurück zum Kirchlein führt.

Berglhütte, 2188 m, Mitte Juli bis Okt., nur an Wochenenden bewirtschaftet, 26 Plätze, Ü/HP ab 55 €. Ab der Wallfahrtskirche Hl. Drei Brunnen, ca. 1:30 Std., ✆ 338/3877344.

Stilfserjochstraße: Zwar beginnt sie in Prad (oder gar in Spondinig), aber erst ab Trafoi wird sie zu der kühnen kurvenreichen Bergstraße, die immer wieder Teiletappe eines *„Giro d'Italia"* ist. Die zwischen 1820 und 1825 von österreichischen Militäringenieuren trassierte und vom österreichisch-ungarischen Heer errichtete Stilfserjochstraße entstand aus rein strategischen Gründen: Sie bot eine neue und direkte Verbindung zwischen Tirol und damit Altösterreich und der wieder gewonnenen und (damals) neuerdings aufmüpfigen Lombardei. Die höchste öffentliche Passstraße Europas weist 48 Kehren auf, überwindet fast 1800 Höhenmeter von Spondinig im Etschtal bis zur Passhöhe auf 2758 m und ist ein äußerst gefährliches Pflaster. Gründe dafür sind die überaus kurvenreiche und streckenweise enge Trasse und die Unwilligkeit oder Unfähigkeit ihrer motorisierten Benutzer – vor allem vieler Motorradfahrer –, sich diesen Bedingungen anzupassen.

Radtour auf das Stilfser Joch: Die Runde von Prad über Stilfser und Wormser Joch gehört zu den klassischen Touren in Südtirol: 60 km, 2000 Hm, eine Tagestour für Trainierte. Einmal im Jahr gehört die Stilfserjochstraße ganz den Radlern, nämlich an einem Samstag Ende August/Anfang September. Dieser autofreie **Stelviobike Day** lockt Tausende Radfahrer auf den Pass (2023: 11.700). Eine Anmeldung ist nicht nötig, Limits sind unbekannt! Wunderschön für MTB-Profis ist auch der Goldseeweg unterhalb vom Joch: Er ist nur vor 10 und nach 16 Uhr zu befahren, den Wanderern zuliebe! → Seite 630.

▪ **Information** über Tourismusvereine und auf stelviobike.com.

Trail Run auf das Stilfser Joch: Die Strecke ist 21 km lang und führt über Stilfs, Fragges, die Furkelhütte und den Goldseeweg (nicht auf der Passstraße).

Kurvenpanorama: Straße zum Stilfser Joch

2350 Höhenmeter sind zu bewältigen. Je nach Fitnesslevel gibt es drei Teilnahmevarianten.

- **Information:** Infos und Anmeldung auf stelviomarathon.it.

Das Stilfser Joch: Zum Trubel der Bergstraßenfreaks und Ausflügler kommt auf dem Stilfser Joch noch der **Sommerskilauf,** der von Juni bis Anfang November möglich ist. Die Pisten reichen von 2758 m auf der Passhöhe bis knapp 3400 m, im Winter ist kein Betrieb. Wer das Stilfser Joch als **Wanderer** besucht, vielleicht von Trafoi mit dem Bus heraufgekommen ist, kann von hier aus eine schöne Tour machen, die ihn in wenigen Stunden auf gutem Weg (Nr. 20, ca. 4 Std.) zur *Furkelhütte* (s. o.) bringt. Von dort aus fährt man mit dem Sessellift Kleinboden wieder nach Trafoi hinunter. Oder man kehrt in der *Tibet-Hütte* mit ihrem markanten Rundturm ein und genießt die Aussicht.

- **Seilbahn Stilfser Joch – Trincerone,** Juni bis Anf. Nov. 7.30–17 Uhr, Information ✆ 342/903223, passostelvio.eu.
- **Tibet-Hütte,** 2800 m, Südtiroler und deftige Veltliner Küche. Übernachtung in Doppel- und Mehrbettzimmern, geöffnet Ende Mai bis Okt. ✆ 348/2877857, tibet-stelvio.com. **€€€**

Der Vinschgau → Karte S. 280/281

Das Suldental

Sulden nennt sich der von den Eisriesen Ortler, Zebrú, Königspitze und Suldenspitze überragte Talschluss des Suldenbachs und der dort entstandene Ort. Ehemals stand hier eine Handvoll Bauernhöfe, vom Mittelalter bis 1775 wurden Eisenerz und Kupferkies abgebaut. Ein hartes Leben: Kälte, Lawinen, im frühen 19. Jh. der vorrückende Gletscher, der zur Aufgabe der höchsten Höfe zwang (Gampenhöfe, 1818). Als der neue Ortskurat Johann Eller 1863 nach Sulden kam, betrieb er Hotel- und Straßenbau, und die Fremden kamen, angelockt von der Strahlkraft des Namens Ortler, des höchsten Bergs der Donaumonarchie (Kaiserin Sissi war schließlich hier). Hütten entstanden und Hotels, und die Anstiege auf den Ortler und die anderen Gipfel in der Runde wurden Modewege. Später folgte der Skilauf, die 1975 errichtete Gletscherseilbahn zur Schaubachhütte setzte den vorläufigen Schlusspunkt. Sulden ist heute ein weltweit bekannter Skizirkus der ersten Kategorie, vor allem besucht von oberitalienischen Skifahrern, aber auch von zahlreichen Deutschen, Österreichern, Schweizern und Osteuropäern. Der Ortler, höchster Berg der Ostalpen mit 3905 m, und die anderen Eisgipfel locken im Sommer Bergsteiger aus aller Welt an; eine ausufernde Hotellerie garantiert Wohlstand für die Bevölkerung und Komfort für die Kunden. Sulden ist nichts für Spaziergänger und Wanderer, eher für Bergsteiger, denn es dominieren Steige und alpine Anstiege.

Sehenswertes/Ausflüge

MMM Ortles (Messner Mountain Museum Ortles): Nochmals *Reinhold Messner*, der 2005 eröffnete unterirdische Betonbau soll mit seiner Kühle und seinem bläulichen Innenlicht ein Gletscherinneres abbilden und zeigt zumeist in Gemälden die Gletscherwelt am Beispiel der Ortlergruppe und die Geschichte der Erstbesteigung der Ortlerspitze im Jahre 1804. Eindrucksvoll die Bilder des Alpengemälde-Pioniers *Edward H. Compton*, vor allem die „Payerhütte mit Ortler", aber auch die Gemälde, die von *Julius Payer* und *Albert Zimmermann* nach der österreichischen Franz-Josef-Land-Expedition angefertigt wurden.

- 4. So im Mai bis 2. So im Okt. und 2. So im Dez. bis 1. Mai tgl. 14–18 Uhr, im Juli/Aug. 13–

18 Uhr, Di Ruhetag; Erw. 12 €, Kinder 6 €, MMM-Tour-Ticket für alle 6 Museen (1 Jahr gültig) 55/25 €. ✆ 0473/613577, messner-mountain-museum.it.

Yak und Yeti, urige Einkehrmöglichkeit beim Museum in historischem Suldner Bauernhaus, holzgetäfelte Stube mit Himalaya-Anleihen und zahlreichen Messner-Devotionalien, nette überdachte Terrasse. Neben Südtiroler Küche und diversen Yak-Fleischgerichten wie Carpaccio vom (Suldner) Yak gibt es auch leckeren Kuchen. Sympathisch lockere Wirtsleute. Mo/Di Ruhetag, Forststr. 28, ✆ 348/2408578.

Bergsteigerhäuschen: Ein Stück in Richtung Ortsmitte gegenüber dem Hotel zur Post befindet sich die „Mutter aller Messner-Museen", ein nur 5x5 m messendes ehemaliges Bergsteigerhäuschen. Hier stellte der Reinhold unter dem Titel „alpine curiosa" seine ersten Exponate aus. Verblieben sind ein paar Bilder und Geschichten zum Ortler – und die Gewissheit, dass aus etwas ganz Kleinem durchaus etwas ganz Großes (nämlich 6 Museen!) werden kann.

▪ Tgl. 9–20 Uhr.

Bergsteigen im Suldener Talschluss: Der Suldener Talschluss ist – diese Warnung vorab – kein ideales Wandergebiet. Es gibt wegen der tief herabreichenden Gletscher und Felswände keinen Rundweg. Ein hübscher Weg steigt von der Bergstation der Bahn auf die *Schaubachhütte* zur *Madritschhütte* (2818 m) hinauf, von dort führt nur ein einziger markierter Weg weiter, der zum *Madritschjoch* führt (und hinüber ins Martelltal zur Zufallhütte). Vom Joch führt ein Plattenweg zur *Hinteren Schöntaufspitze* (3325 m), die als „leichter Dreitausender" gilt, was immer noch bedeutet, dass sie nur von gut ausgerüsteten und trittsicheren Bergsteigern unternommen werden sollte (bis zum Gipfel ca. 4:30 Std. von/zur Schaubachhütte, Abstieg vom Joch zur Zufallhütte 3 Std.).

Der **Suldner Höhenweg** ist ein etwa 5 Gehstunden erfordernder Weg, der von der Bergstation des Langenstein-Sessellifts (K2-Hütte, 2330 m) zur *Hintergrathütte* (2661 m) führt und von dort ins Tal zurück nach Sulden. Ausgesetzte Stellen, zwar versichert, aber dennoch Schwindelfreiheit und Trittsicherheit nötig!

Vielleicht der schönste Weg führt nicht in den eigentlichen Talschluss, sondern in die Berge östlich von Sulden, wo unter der Vertainspitze die idyllisch in der Nähe kleiner Seen gelegene *Düsseldorfer Hütte* (2721 m) einlädt. Man kann sie direkt von Sulden aus auf Weg 5 erreichen oder aus dem Talschluss auf Weg 11/12 (jeweils hin/zurück ca. 5 Std.). Wer mit der Seilbahn zur Kanzel auffährt, verkürzt die Gehzeit bei Abstieg nach Sulden auf 4 Std., kehrt er zur Seilbahn zurück, dann auf ca. 3 Std.

Unter der eindrucksvollen *Tabarettaspitze* (3128 m) mit der *Payerhütte* am Nordgrat (für Bergwanderer tabu) liegt die *Tabarettahütte* (2556 m) in prachtvoller Panoramaposition. Von Sulden ca. 4 Std. hin und zurück auf Weg 4 oder ab der Bergstation des Langensteinlifts auf Weg 10/4.

Bergbahnen Sulden hat 3 Seilbahnen, alle gehen direkt vom Ort aus und haben Bergrestaurants, Infos unter ✆ 0473/613047, seilbahnensulden.it.

Seilbahn Madritschgebiet (Schaubachhütte): 2 Sektionen, man kann auch bei der Mittelstation aus- und zusteigen. Ende Juni bis Anf. Okt. 8.30–12.45/14–17 Uhr, Sa auch um 7 Uhr, im 20-Min.-Takt; einfach 17 €, Berg/Tal 23 €, Kinder 8/10 €.

Sessellifte Kanzel und Langenstein: Mitte Juni bis Ende Sept. 8.30–12.20/13.30–17 Uhr, im Sommer bis 17.50 Uhr, ab ca. 21.9. abwechselnd geöffnet, einfach 13 €, Berg/Tal 17 €, Kinder 6,50/8,50 €.

Essen/Hütten **Hintergrathütte,** 2661 m, Mitte Juni bis Anf. Okt., Mehrbettzimmer und Lager (70 Plätze), Ü/FR 45 €, ✆ 388/3505929, hintergrathuette.com.

Tabarettahütte, 2556 m, Mitte Juni bis Mitte Okt., gutes, deftiges Essen, hausgemachte Kuchen, große Sonnenterrasse, Mehrbettzimmer und Lager, Ü/HP ab 58 €, ✆ 347/2614872, tabaretta.com.

Bergrestaurant K2, 2330 m, architektonisch ungewöhnlicher Bau an der Bergstation des Langensteinlifts, italienische und Tiroler Küche.

Düsseldorfer Hütte (Zaytalhütte), 2721 m, Mitte Juni bis Mitte Okt., Mehrbettzimmer und kleine Lager, Südtiroler Küche, ✆ 333/2859740, duesseldorferhuette.com.

Yak-Wanderung: *Reinhold Messner* **bietet im Sommer eine Wanderung ab Sulden zur Sommerwiese seiner Yak-Herde bei der Bergstation der Seilbahn an. Treffpunkt an der Talstation der Seilbahn Sulden, nach dem Abstieg gibt es noch eine Signierstunde für die Gäste. Nähere Informationen unter reinhold-messmer.de.**

Hütten Madritschhütte, 2818 m, Juni bis Mitte Okt. und in der Wintersaison, am Rand der Sonnenterrasse das angeblich höchstgelegene „Iglu" Europas, Restaurant und Disco/Bar.

Basis-Infos zu Sulden

Information Tourismusverein Ortler, Mo–Fr 8.30–12.30/14–18 Uhr, Sa 9–12 Uhr, So geschl. Sulden am Ortler/Solda, Hauptstr. 23, ✆ 0473/613015, ortler.it.

Wandern/Bergsteigen/Klettern Alpinschule Ortler im Haus der Berge bei der (neuen) Pfarrkirche, Hochtouren für Anfänger und Fortgeschrittene, Kletter- und Klettersteigtouren, Schnupperklettern für Kinder, umfangreiches Wochenprogramm, ✆ 0473/613004, alpinschule-ortler.com.

Wintersport Das Skigebiet Sulden ist Mitglied im Verbund **Ortler Skiarena** (→ S. 633). 44 km Pisten, 9 Lifte, höchster mit Lift erreichbarer Punkt auf 3250 m. Eigentlich sind es 3 Reviere rund um Sulden: Schaubach-/Madritschhütte (mit Seilbahn), Langenstein sowie Kanzel/Rosim (Sessellifte). Neue Seilbahnen sind in Planung, um die sogenannte „Ortler Ronda" zu verwirklichen, scheitern aber bisher am Widerstand der Naturschutzverbände und erlitten im Frühjahr 2023 auch eine vorläufige politische Abfuhr, was das Projekt unwahrscheinlicher denn je macht. Infos seilbahnensulden.it.

Skiverleih z. B. bei **Sport Thöni,** Hauptstr. 129, ✆ 0473/613080, sportthoeni.com.

Skischule Sulden, Kurse für Erwachsenen und „Yeti Club" für Kinder, Rosimstr. 42a, ✆ 0473/613100, skischulesulden.com.

Alpinschule Ortler, Skitouren, Eisklettern und Schneeschuhwandern, s. o.

Sulden ist auch für **Snowboarder** geeignet, Halfpipe bei der Madritschhütte.

Nachtrodeln immer Do ab 18 Uhr auf der Verbindungspiste Kanzel/Seilbahn, 2 km.

Für Langläufer **Höhenloipe** (7 km) beim Kanzellift.

Übernachten/Essen & Trinken

Übernachten ****S Post, „Alpin Spa Hotel" in zentraler Lage, das Äußere will ein überdimensioniertes Gasthaus darstellen, während drinnen 4-Sterne-Komfort herrscht. Hallenbad und großer Wellnessbereich, geräumige Zimmer und Suiten. Kinderbetreuung und Wellness für Kids. Zur Familie gehört auch das Garni Die kleine Post mit freundlichen Zimmern. Hauptstr. 22, ✆ 0473/613024, hotelpost.it. **€€€–€€€€**

****** Paradies,** Hotelkomplex in guter Lage, von hier aus Blick bis zum Talschluss und auf den Gletscher, das bietet kein Hotel näher am Ortszentrum. Großes Hallenbad mit Kinderbecken, Saunalandschaft, moderne Zimmer und schicke Suiten. Spielzimmer und Bastelraum für Kinder. Hauptstr. 105, ✆ 0473/613043, hotel-paradies.it. **€€€–€€€€**

***** Alpina,** Resort-Anlage mit guten Zimmern im Hotel, Apartmenthaus und Caravanpark. Hallenbad, Sauna, Fitnessraum, Pizzeria im Haus. Camper ab 30 €. Forststr. 76, ✆ 0473/861855, alpina-mountain-resort.it. **€€€**

Chalet Emma, bevor man auf der Talstraße nach Sulden hineinkommt, passiert man das etwas von der Straße abgesetzte, attraktive Haus mit seinen 5 Ferienwohnungen, komplette Einrichtung, Brötchenservice. Apt. (2–6 Pers.) Hauptstr. 9, ✆ 0473/613108, chalet-emma.com. **€€–€€€**

Essen & Trinken Hartmann, im Parc Hotel, Kirchweg 130, ausgezeichnete Italo-

Tiroler Küche. Kein Ruhetag, ✆ 0473/613133, parc-hotel.it. **€€–€€€**

Hoamat, Hauptstr. 93, das noch recht junge Restaurant im Hotel Des Alpes mit seinen ansprechend und heimelig renovierten Räumen bietet – wie der Name schon sagt – regionale Küche, auch die Produkte kommen, wenn möglich, aus der Gegend. Alles sehr appetitlich und freundlich serviert. Mo und Do Ruhetag, ✆ 348/6920212, garnidesalpes.com. **€€–€€€**

Tony's Bärenhöhle, Forststr. 115, Pizzeria und Bikertreff, 5 Ferienwohnungen, Après-Ski im Winter. baerenhoehle.it.

Schluderns

Von der anderen Talseite aus kann man die Lage von Schluderns am besten bewundern: Am Ausgang des schmalen und im Unterlauf unbesiedelten Matscher Tals liegt es windgeschützt – die Reschenwinde pfeifen unten vorbei und nerven stattdessen die Glurnser.

Rechts oberhalb liegt die Burg *Churburg,* die aussieht, wie eine Burg eben aussehen soll. Die Hänge über der Burg sind von ein paar Einzelhöfen gesprenkelt, im Hochsommer farblich getrennt in gelbliche, trockene und grüne, von Waalen bewässerte Zonen. Hier hat es auch schon unseren vorgeschichtlichen Vorfahren gefallen, die am *Ganglegg,* links oben gegenüber der Burg und heute im Wald versteckt, eine Siedlung bewohnten.

Kommt man näher, zeigt sich Schluderns als ein freundlicher Ort mit vielen alten Häusern und mehreren Kernen, einem um die Kirche, einem um den Dorfplatz, einen unter der Churburg, als ob da versehentlich ein einziger Ort aus mehreren zusammengeschmolzen wäre. Auch im Detail ist der Ort abwechslungsreich, das **Vintschger Museum**, die Renaissance-Innenausstattung der **Churburg,** die gut erhaltenen **Waale,** die am Ortsrand mit einer Waalschelle aufwarten können. Das alles zusammen bildet ein stimmiges und stimmungsvolles Ganzes. Auch für uns Gäste, denen Schluderns mit einer modernen Hotellerie und Gastronomie entgegenkommt, die Extreme scheut und auf Bewährtes setzt.

Sehenswertes/Ausflüge

Vintschger Museum: In einem historischen Gebäude an der Brücke der alten Meraner Straße über den Saldurbach befindet sich das Museum für die Kulturlandschaft des Vinschgaus. Eine Ausstellung zur Vorgeschichte erklärt das Leben der rätischen Bauern vor der Römerzeit. Die wichtigsten Exponate sind die Funde vom Ganglegg oberhalb Schluderns. Ebenso interessant ist der Bereich *„s'Wosser zum Wassern"* (= Bewässerungswasser), der sich mit den **Waalen** befasst, dem typischen Bewässerungssystem im trockenen Vinschgau. Ein weiterer Museumsbereich ist den Schwabenkindern (→ Kasten, S. 352) gewidmet.

▪ Mitte März bis Allerheiligen Di–So 10–12.30/14–18 Uhr. Eintritt 6 €, Kinder 2 €, Familie 12 €. Führungen zum Ganglegg und zum Quairwaal nach Anmeldung. Meraner Str. 1, ✆ 0473/615590, vuseum.com.

Die Churburg: Gut haben's die *Grafen Trapp* auf ihrer weithin sichtbaren Burg oberhalb von Schluderns, auf der sie seit einem halben Jahrtausend hausen (seit 1504; Grafen dürfen sie sich „erst" seit 1655 nennen). Reichlich Räume, Renaissanceloggien im Innenhof, ein Ausblick zum Genießen und, nachdem die vielen zahlenden Besucher gegangen sind, eine himmlische Ruhe. Das Hinaufkommen ist beschwerlich, vom Gasthof Weißes Rössl in Schluderns plagt sich der Fußgänger und Mountainbiker das immer steiler werdende

Die Churburg über Schluderns – so muss eine Burg aussehen

Der Vinschgau → Karte S. 280/281

Kopfsteinpflaster hinauf, und selbst Autofahrer haben ihre liebe Not, besonders wenn es geregnet hat.

Faszinierend die prachtvollen *Renaissanceloggien* des Arkadenhofes. Vor allem das erste der drei Stockwerke ist über und über dekoriert, am ehesten wird das Fresko mit dem ausgedehnten Stammbaum der Familie Trapp in Erinnerung bleiben. In der *Nikolauskapelle* sollte man das Diptychon mit Passionsszenen (böhmisch, 1415) und eine Madonna mit Kind (Holz, um 1270) nicht übersehen. Umwerfend vor allem die *Rüstkammer*, die größte private Sammlung Europas mit Stücken, die noch auf das 14. Jh. zurückgehen. Rüstungen in Stahl mit Silber- und Bronzeverzierungen in allen Größen, die ganz kleinen sind Paraderüstungen für den adeligen Nachwuchs, in der Schlacht trug man Praktischeres. Auch und besonders für Kinder sehr interessant.

▪ Ende März bis Ende Okt. Di–So, nur mit Führung zwischen 10–12 und 14–16.30 Uhr. Eintritt 12 €, Familien 28 €. ✆ 0473/615241, churburg.com.

Archäologischer Park Ganglegg: Vom Vintschger Museum führen Wanderwege auf das Ganglegg, einen Hügel oberhalb des Orts in Richtung Mals. Dort befand sich in der Bronze- und Eisenzeit eine befestigte Siedlung, die erst während der Römerzeit aufgegeben wurde. Reste dicker Befestigungsmauern und Gebäudeüberreste erinnern daran. Abseits auf einer Kuppe lag ein Brandopferplatz, auf dem in vorrömischer Zeit Tiere geopfert wurden. Man hat Knochen von Rindern, Schafen, Ziegen und Schweinen identifizieren können. Das **Archäologische Freiluftmuseum Ganglegg** wurde nach Abschluss der Grabungen 2003 eröffnet. Man erreicht es am einfachsten über einen Steig von der Talsperre des Saldurbachs oberhalb von Schluderns. Dorthin gelangt man auf dem für den öffentlichen Verkehr gesperrten Sträßchen, das an der Brücke beim Museum beginnt (Schilder, 45 Min. zu Fuß).

▪ Der Zugang ist frei, Schautafeln erklären die archäologischen Funde, Führungen durch Fachkräfte des Vintschger Museums müssen dort angemeldet werden (s. o.).

Der Quairwaal und der Bergwaal: Lehrpfad am Quairwaal, der u. a. die hier noch funktionierende Waalschelle erklärt. Man erreicht ihn bequem vom

Sträßchen entlang dem Saldurbach. Der oberhalb im Wald verlaufende Bergwaal ist ca. 3 km lang und führt normalerweise von April bis Oktober Wasser. Nur noch selten zu sehen sind die Kandeln (ausgehöhlte Baumstämme), in denen der Waal geführt wird. Und noch seltener: Die Fassung im oberen Saldurtal speist gleich zwei Waale, den Bergwaal und den Leitenwaal.

Tour 16: Wanderung an den Waalen oberhalb Schluderns: von Schluderns nach Mals

Tour-Info: Abwechslungsreiche Waalwanderung, die von Schluderns zuerst durch die waldreiche Schlucht des untersten Matscher Tals, dann durch sonnigen Trockenhang oberhalb Tartsch nach Mals führt. Kann beim Freiluftmuseum Ganglegg abgebrochen werden, um daraus einen **Rundweg ab Schluderns** zu machen. Dauer 3:30 Std., als Rundweg über Schluderns 2:15–2:30 Std.; Höhenunterschied ↑ 400 m, ↓ 270 m; Rückfahrt mit dem Bus oder Zug von Mals nach Schlanders. Karten: Tabacco (1:25.000) Blatt 44, Kompass (1:50.000) Blatt 52. Keine Einkehrmöglichkeit.

Von der Touristeninformation in Schluderns (ca. 920 m) aus quert man die Brücke über den Saldurbach und geht unmittelbar danach nach rechts auf ein Sträßchen (Haflinger Straße), bei erster Gabelung links und am Bach bleiben. Ein Waal (Quairwaal) wird gequert, folgt man ihm nach links aufwärts, kommt man zu einer funktionierenden Waalschelle. Zurück zum Sträßchen über eine Brücke nach links und auf einem getreppten Steig steil hinauf über die Krone einer Talsperre. Weg am Bach entlang, gut gesichert (an ein paar Stellen recht steil über dem Bach), rechts folgt ein alter Waaleinlass, der aber modernisiert und teilweise betoniert wurde (25 Min.).

Der Weg wird zum Steig. Man erreicht einen Steg über den Saldurbach, auf der anderen Seite führt der in Serpentinen angelegte Edelweißsteig den steilen Hang hinauf. Man erreicht einen Querweg, der sich als der Waalweg des Bergwaals entpuppt (1145 m, 0:45 Std., Weg Nr. 17). Geht man rechts weiter, gelangt man zum Vernalhof (und zurück nach Schluderns), geht man – wie wir – links weiter, folgt man dem Waal bis zu seinem Einlass. Er ist teilweise nicht verrohrt, führt komplett durch Wald und ist vor allem an heißen Hochsommertagen ein wahres Labsal. Die Abzweigung nach Matsch (Weg 20) bleibt rechts, eine zweite (Weg 17, Schlosshof Matsch) ebenfalls. Dann erreicht man den Bachgrund und den Einlass des Bergwaals (1:15 Std). Das Interessante ist, dass an dieser Stelle der Saldurbach gleich in zwei Waalen abgeleitet wird, im Bergwaal, den wir gerade begleitet haben, und im Leitenwaal, der über eine Rohrbrücke auf die andere Talseite geführt wird. Um zu ihm zu gelangen, gehen wir hinunter zum Bach, ein Steg führt uns hinüber, und steigen auf der anderen Seite zum Waal auf, dem wir nun talauswärts folgen, wieder mit Markierung 17.

Der Leitenwaal ist großenteils verrohrt, aber an einigen Stellen doch noch frei, besonders an den steileren, wo er kräftig plätschernd neben dem Weg herunterstürzt. Weg 18 nach Matsch bleibt rechts, es folgt ein Abzweig nach Schluderns hinunter und ein weiterer (1:45 Std.), wo wir uns nahe dem Ganglegg befinden (hier Möglichkeit zur Rückkehr nach Schluderns, ca. 0:30 Std. Gehzeit). Geradeaus weiter und in Richtung Mals!

Die Landschaft ändert sich nun komplett, statt durch Wald gehen wir durch Trockenvegetation, die nur links von uns, wo der Waal ober- oder unterirdisch fließt, durch Bäume und Grün unterbrochen wird. Karge Büsche, viele Berberitzen, sprenkeln das von Felsen durchsetzte Trockenrasengebiet. Eindrucksvoll ist der Kontrast zwischen dem Hang ober- und unterhalb des Waals vor allem im Hochsommer, wenn darüber bereits gelbe Töne vorherrschen und darunter alles noch in saftigem Grün steht.

Etwas später wird ein Kiefernwald gequert, der Waal fließt unterhalb und ist komplett abgedeckt. 10 Min. später ist die Straße nach Matsch zu queren, der Weg führt drüben leicht rechts versetzt weiter (2:20 Std.). Es folgt ein Serpentinenanstieg durch einen Trockenhang, an seinem Ende gelangt man auf einen Fuhrweg, dem man links weiter folgt. Bei einer Gabelung (3 Std.) rechts auf gesperrtem Fahrweg mit Fitnessparcours. Eine Viertelstunde später mündet er in die Straße Tartsch – Malettes, wir gehen links weiter. Kurz darauf führt ein Steig nach links praktisch in der Falllinie bergab, wir folgen ihm, bis er an einer Forststraße endet, die wir dann nach rechts nehmen, wo sie in die Zufahrtsstraße von der SS 40 nach Mals mündet. Links auf ihr hinunter und in den Ort (3:30 Std.).

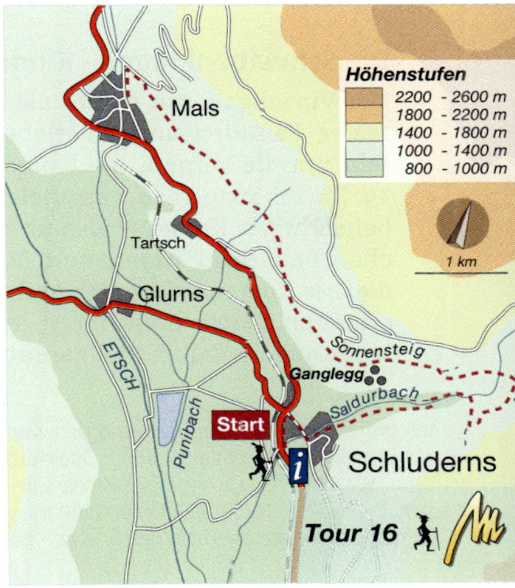

Wanderung am Gschneirerwaal: Vom Gasthaus Ortlerblick bzw. vom etwas höher gelegenen Gschneirerhof verläuft einer der beliebtesten Wanderwege von Schluderns taleinwärts ins Tal des Saldurbachs (Matscher Tal). Der Gschneirerwaal ist 8 km lang und führt normalerweise von Mai bis Oktober Wasser. Die Wanderung auf dem alten Waalweg führt meist nur bis zum Greinhof, von wo man auf Zufahrtssträßchen und recht steilem Fußweg, immer von Schildern „Schluderns" begleitet, über die Churburg nach Schluderns absteigt (Ab Ortlerblick ca. 3 Std.).

▪ Gasthaus Ortlerblick → „Übernachten", S. 356.

Das Matscher Tal: → „Mals/Ausflüge", S. 357.

Basis-Infos zu Schluderns

Information **Infobüro Schluderns,** Büro neben dem Museum. Die Gemeinde gehört zum Tourismusverband Obervinschgau mit Sitz in Mals. Im Sommer Di–So 10–12.30/14–18 Uhr. Meraner Str. 1, Schluderns/Sluderno, ✆ 0473/615590, vinschgau.net.

Verbindungen **Bus:** SAD-Busse tagsüber praktisch stündl. sowohl in Richtung Meran als auch Mals und Reschen, seltener nach Glurns und Taufers sowie ins Suldental und zum Stilfser Joch.

Wandertaxi im Sommer zu den Ausgangspunkten beliebter Wanderungen, z. B. zum Gschneirer. Information beim Tourismusverein.

Feste & Veranstaltungen Kurzweiliges Vergnügen, besonders für Kinder, versprechen die **Südtiroler Ritterspiele** an 3 Tagen Ende Aug. Authentische Kulisse bieten dabei Churburg, Burgruine Lichtenberg, Fürstenburg und Kloster Marienberg. Großer Festplatz mit Mittelaltermarkt, Ritterturnieren, Workshops und zahlreichen Vorführungen in Schluderns in der Nähe des Bahnhofs. Festumzug im Ort. Tageskarte Erw. 20–22 €, Kinder 6–15 €. Infos ✆ 0473/831190, ritterspiele.it.

Der alljährliche **Katharinamarkt** Ende Nov. im Dorfzentrum bietet regionale Produkte zum Verkauf, Bauernmarkt, Genussstände und Attraktionen für Kinder.

Wandern/Kinder Das Tal des Saldurbachs oberhalb der Brücke beim Museum ist mit sei-

Die Schwabenkinder – Kinderarbeiter aus dem Vinschgau

Der Vinschgau galt früher als Armenhaus Tirols, in dem kinderreiche Familien ums Überleben kämpfen mussten, von Jahr zu Jahr um die karge Ernte bangend. Früher und zwar vor allem im 19. Jh. schickte man von vielen Höfen einen Teil der bereits arbeitsfähigen Kinder – also ab 6 Jahren – im Sommer zu den reichen Bauern in Bayern und Württemberg, wo sie für ihre Hilfsdienste Kost und Quartier und manchmal einen sehr kargen Lohn erhielten. Nach ihrem meist im alemannischen Teil Süddeutschlands angesiedelten Ziel nannte man sie „Schwabenkinder".

nen grünen Wiesen, dem Bach und dem verschlungenen Weg entlang dem Quairwaal (samt Waalschelle) ein richtiger Kinderspielpark. Die in Tour 16 beschriebene Wanderung auf den Waalwegen oberhalb des Orts ist – bei Abstieg über das Ganglegg – für Kinder jeden Alters ein Abenteuer, dem man mit einem nachfolgenden Besuch im Vintschger Museum die Krone aufsetzt.

Übernachten/Essen & Trinken

Übernachten ***** Burggasthof,** im Zentrum von Schluderns gelegen, Zimmer hübsch, teilweise mit Stilmöbeln, einige modernisiert und mit Balkon. Meraner Str. 3, ✆ 0473/615300, burggasthof.com. **€€€**

**** Ortlerblick,** Pension und Jausenstation am Sonnenhang ohne Durchgangsverkehr, mit schöner Aussicht (zumindest in den meisten Zimmern und Apartments) sowie kleinem Hallenbad und Sauna. Beliebt als Ziel kleiner Spaziergänge und Wanderungen ab Schluderns. Großfeldweg 18, ✆ 0473/615286, ortlerblick.com. **€€–€€€**

Birkenhof, Urlaub auf dem (Berg-)Bauernhof oberhalb von Schluderns, moderner Bau, traditionelle Einrichtung mit schönen Zimmern und gut ausgestatteten Apartments. Birkenhof 20, ✆ 347/4338931, birken-hof.com. **€€–€€€**

Essen & Trinken **Burggasthof,** Meraner Str. 3, das Restaurant des gleichnamigen Hotels serviert bürgerliche Küche (Spinat- und Käsknödel, Schnitzel, Salatteller mit geräuchertem Forellenfilet). Nachmittags Kuchenbuffet auf der Terrasse. **€€**

Birkenhof, bäuerliche Jausenstation und Hofschank mit Hofladen über dem Ort, eigene Produkte wie Säfte und Fruchtaufstriche. Empfehlenswerte Südtiroler Küche in schöner Atmosphäre. Fr Ruhetag, birken-hof.com.

Glurns

Nach städtischen Maßstäben ein echter Zwerg: Gerade mal 900 Einwohner zählt Glurns am Eingang zum Münstertal. Während andere Orte seit dem Mittelalter die eine oder andere Wandlung mitgemacht haben, ist Glurns irgendwann noch vor der Renaissance in Schlaf versunken und bis heute nicht aufgewacht – vom ständigen Autoverkehr durch das Zentrum mal abgesehen. Noch immer findet man die komplette Stadtbefestigung mit Mauern und zehn Türmen, mit „städtischen" Bauernhäusern, Einkehrgasthöfen und Gärten noch innerhalb des Mauerrechtecks (man musste schließlich was haben, um sich ernähren zu können, wenn es gerade wieder eine Belagerung gab).

Gründer der Stadt war der auch sonst rührige *Meinhard II.* von Tirol, während dessen Regierung Tirol von 1271 bis 1295 seine größte Ausdehnung hatte. Glurns entstand als Handelsort für das Münstertal und das östliche Graubünden – Meinhard verlegte den stark besuchten Bartholomäusmarkt von Münster hierher – und als Befestigung gegen die damals schon aufmüpfigen Eidgenossen. Spätestens ab 1499 (sog. Schlacht an der Calwenbrücke gegen die Schweizer, die von den Tirolern blutig und spektakulär verloren wurde) war Glurns nur noch ein Provinznest, denn die Grenze war plötzlich nur noch ein paar Meilen vom Ort entfernt. Und es war eine dichte Grenze – die Eidgenossen wollten mit den Habsburgern, die nun Tirol besaßen, nicht viel zu tun haben. Dornröschenschlaf also. Die heutige Ortsanlage und vor allem die aufwendigen Befestigungen sind erst nach 1499 entstanden, die Schweizer hatten in jenem Jahr alles, was brennbar war, in Flammen aufgehen lassen. Wenn wir durch die „kleinste Stadt Südtirols" schlendern, können wir uns also in die Zeit knapp nach 1499 versetzen.

Sehenswertes/Ausflüge

Stadtbild und -befestigung: Die nach 1499 komplett befestigte Stadt ist ein Bilderbogen spätmittelalterlicher Architektur. Nicht nur was Mauern, Wehrgänge, Türme, Schießscharten und Pechnasen über den Ausfalltoren angeht, sondern auch in der Stadtanlage selbst: Lauben (gedeckte, zur Straße offene Gänge) mit Tonnengewölben, gotische Spitzbogeneingänge, spätgotische quadratische Fensterlaibungen, die schmalen Gässchen selbst. Lange braucht man nicht für die Besichtigung: Die drei Gassen des Orts erschließen lediglich ein Rechteck von ca. 400 x 150 m.

Der kräftige, weit aus der Stadtmauer herausragende **Kirchtorturm,** auch „Kirchporten" genannt (weil man durch dieses Tor zur außerhalb liegenden spätgotischen Pfarrkirche St. Pankratius mit ihrem romanischen Glockenturm kam) ist der eindrucksvollste der erhaltenen Befestigungstürme der Stadtmauer. Er sollte vor allem die Brücke über den Rambach verteidigen, über die der Weg ins Münstertal, nach Taufers und über den Ofenpass (Pass dal Fuorn) nach Chur verlief und heute noch verläuft. Im Inneren gibt es die *Paul-Flora-Dauerausstellung* zu sehen. Dem in Glurns geborenen Künstler gelang es, die Eigenheiten seiner Heimat mit spitzer Feder grafisch umzusetzen, ohne dabei zu Hause als „Nestbeschmutzer" zu gelten.

▪ Von Mai bis Okt. und Ostern tgl. außer Mo 10–13/14–17 Uhr, Eintritt 5 €. Infos zum Künstler auf paulflora.com.

Schludernser Torturm: Der Turm beherbergt die Ausstellung „Stationen einer kleinen Stadt", in der die Entstehung und Entwicklung von Glurns dargestellt wird. Auch ein Teil der Stadtmauer kann in diesem Zusammenhang begangen werden. Im Torwärterhaus befindet sich das Infobüro von Glurns.

▪ Von Mai bis Okt. und Ostern Di–Fr 10–12/14–16 Uhr, Eintritt 3 €, Kinder 1,50 €.

Stadtmühle: Am von der Etsch abgezweigten Mühlbach ist der mittelalterliche Bau seit seiner Renovierung wieder mit funktionsfähigem Mühlrad und Mahlwerk ausgestattet. An der straßenseitigen Fassade prangt ein teilweise erhaltenes Fresko eines von zwei Löwen gehaltenen Mühlrads.

▪ Wegen Renovierung 2023 geschl., Infos unter ✆ 0473/831097.

Kirche St. Jakob in Söles: Auf halber Strecke zwischen Glurns und Lichtenberg liegt ganz einsam das Kirchlein St. Jakob. Eines von vielen dachte man bis 1993, Südtirol ist reich an Minikirchlein und Kapellen im bäuerlichen oder adeligen Privatbesitz. Bis das Denkmalamt kam und das Innere

Der Vinschgau → Karte S. 280/281

untersuchte: Im Bau des 1220 erstmalig erwähnten, 1499 und 1799 niedergebrannten und dann jeweils wiederaufgebauten Kirchleins steckten Teile einer romanischen Vorgängerkirche samt – das war die Überraschung – romanischen Fresken aus dem 12./13. Jh. in gut erhaltenen Farben.

■ Ostern bis Allerheiligen 1. und 3. Montag im Monat um 16 Uhr Spaziergang mit Führung ab der Glurnser Pfarrkirche St. Pankratius (Parkplatz), 3 €. Anfrage unter ✆ 0473/831097.

Tour 17: Mit dem Rad von Glurns über die Schartalm nach Stilfs[GPS]

Tour-Info: Abwechslungsreiche Tour, die durch Bergbauernland, Wald und Almengebiet führt und bei der Abfahrt nach Stilfs herrliche Ausblicke auf die Ortlergruppe erlaubt. Überwiegend Forstwege und nicht asphaltierte Güterstraßen. Rückfahrt über Gomagoi und Prad auf der Straße zurück nach Glurns. Länge 21,2 km; Dauer 3:30 Std.; Höhenunterschied ↑ 940 m, ↓ 540 m. Karte: Tabacco (1:25.000) Blatt 44. Kei-In Glurns am Stadtplatz mit dem Brunnen **A** nimmt man die Straße durch das Tauferer Tor. Nach der Brücke hält man sich rechts und biegt bei der folgenden Gabelung nach links in die Straße nach Prad ein. Auf der rechten Seite folgt eine Straßenabzweigung **B** mit Schildern zur Glurnser Alm und nach St. Martin, der wir bergan folgen. Wo die Straße nach St. Martin bereits im Wald einen Rechtsknick macht **C,** geht geradeaus ein Fahrweg weiter (links Wanderweg nach Lichtenberg), der uns ansteigend in den Wald hineinführt. Nachdem es wieder flach geworden ist, erreicht man eine Wiese mit Waldparkplatz und Schranke **D.** Ab hier gesperrter Forstweg bis zum Erreichen einer geschotterten Straße in einer engen Kurve **E.** Wir folgen der Straße links abwärts, sie mündet in eine geteerte Straße **F,** der wir nur kurz folgen, bis sie in eine Asphaltstraße mündet **G.** Mit dieser nun aufwärts durch das Gebiet der Lichtenberger Höfe, mehrere Kurven, die trockenen Wiesen werden beregnet.

Nach dem Gandlinhof **H** gabelt sich die Straße, man bleibt links und fährt durch den letzten Hof **I** durch bis zur Abzweigung „Höfeweg". Dann geht es

Von Gärten umgeben: Glurnser Stadtmauer

auf einem Fuhrweg nach links, am Waldrand nach Bachquerung steiles Stück, dann wieder flacher. Wald, die Forststraße wird allmählich besser. Kurz vor einer Talquerung (Almtal) bietet eine gefasste Quelle mit Brunnentrog **J** Erfrischung. Etwas höher oben im Wald quert ein Wanderweg **K,** rechts Weg 12 „Höfeweg", der Autor nahm ihn, kurze steile Schiebestrecke (bleibt man auf der Straße, ist es wahrscheinlich wesentlich leichter). Wenig höher querender Wanderweg **L,** hier links weiter, es wird etwas flacher, Ruhebank **M.**

Wo man die Forststraße wieder erreicht **N,** geht es rechts weiter, bei der folgenden Straßengabelung **O** nach links. Und in wenigen Minuten ist man auf dem Sattel angelangt, nachdem man sich kurz vorher bei einer Gabelung für rechts entschieden und ein Gatter gequert hat **P.** Die Alm rechts (Schartalm) ist leider ohne Bewirtschaftung. Dafür geht es jetzt aber auch zügig runter, allerdings nicht ganz so zügig, wie man es sich wünschen würde, da die Wasserabzugsrinnen der Almzufahrtsstraße, sehr schräg angebracht und damit nicht ungefährlich sind (besser nicht zu schräg anschneiden, auch wenn das das Tempo verringert). Erst nach einem mehr als 2 km langen Abfahrtsstück hat man Ausblicke auf die Ortlergruppe, dann aber bei einer Wiese mit Bank **Q** gleich richtig üppig. Dennoch muss man weiter, Waldfahrt, dann Beginn des Asphalts **R** und Einmündung in eine größere Asphaltstraße **S,** der wir links abwärts folgen. Wenig später hat man die Zufahrtstraße nach Stilfs erreicht **T** und 5 Min. später das Dorf Stilfs mit der Dorfkirche **U.**

Praktische Infos

Information **Infobüro Glurns,** nur im Sommer, Mo–Fr 9–18 Uhr, Sa nur bis 16 Uhr. Glurns/Glorenza, Schludernser Torturm, ✆ 0473/831097, vinschgau.net.

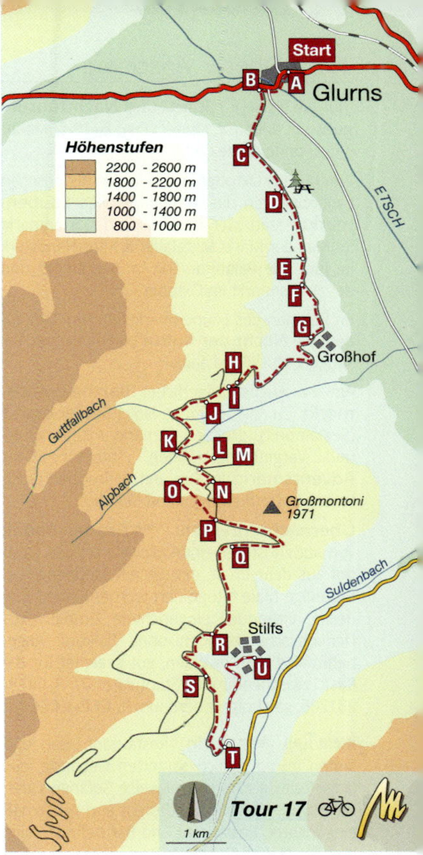

Kulturelle Informationen und einen guten Überblick über zahlreiche Veranstaltungen bietet auch die gemeindeeigene Organisation „Glurns Marketing" auf **glurns.eu.**

Einkaufen **Puni,** die erste Whisky-Destillerie Italiens ist schon wegen ihres Äußeren beeindruckend. Ein 13 m hoher Kubus aus roten Ziegeln beherbergt die original schottischen Vorrichtungen, die für die Whisky-Produktion nötig sind. Seit 2012 existiert das Familienunternehmen, 2015 kam der erste Single Malt auf den Markt und seither werden die mittlerweile vier Whiskysorten mit Preisen überhäuft (wobei „Best Italian Single Malt" ja nur bedingt aussagekräftig ist!). Es gibt auch Liköre und klare Destillate ohne Fassreife. Führung mit Verkostung im Sommer Mi/Do 14 Uhr, 12,50 €. Am Mühlbach 2, ✆ 0473/835500, puni.com.

Feste & Veranstaltungen Das Tourismusbüro veranstaltet Mo (April bis Okt.) und Do (nur Juli bis Sept.) **Stadt- und Nachtführungen,** toll auch für Kinder. Erw. 6–10 €, Kinder 3–5 €, ohne Anmeldung.

Von Mai bis Oktober finden in den historischen Laubengängen die stimmungsvollen **Laubenmärkte** statt: der Blumen- und Gartenmarkt im Mai, der Markt Mittelalter & Altes Handwerk im Juni, der Palabiramarkt im September und der Herbstmarkt im Oktober.

Im Rahmen des Laubenmarkts im Juni lädt zudem die **Nacht der Kultur** zu Führungen, Lesungen, Musik und Tanz.

Am 24. August bäuerlicher **Bartholomäusmarkt.** Zu Allerseelen (2. Nov.) **Seelenmarkt** (Sealamorkt), großer Jahrmarkt mit Verkaufs- und Vergnügungsständen. Stimmungsvoller **Adventsmarkt** im Dez. mit zahlreichen musikalischen Darbietungen und Ständen.

Übernachten/Essen ***** Grüner Baum,** von außen ist der eindrucksvolle schöne Gasthof aus dem 17. Jh. mit seinem Treppengiebel unzählige Male fotografiert worden. Innen moderne, individuell eingerichtete Zimmer (aus Denkmalschutzgründen ohne Balkon). Angenehm sitzt man draußen, gut geeignet für die Rast zwischendurch. Stadtplatz 7, ✆ 0473/831206, gasthofgruenerbaum.it. **€€€–€€€€**

MeinTipp ***** Flurin,** Restaurant, Bar und Suiten im vorbildlich sanierten Gebäude, das lange Zeit Gericht und zeitweise Gefängnis war. Die 6 Suiten individuell designt und zeitgemäß eingerichtet. Restaurant und Bar befinden sich im historischen Gewölbe. Regionale und saisonale Küche mit hohem Anspruch und kreativen Kombinationen. Sehr aufmerksamer und freundlicher Service, zum Geburtstagsessen gab's eine Kerze und eine Karte. Mo/Di Ruhetag. Laubengasse 2, ✆ 0473/428136, flurin.it. **€€€–€€€€**

***** Belvenu,** nettes Boutiquehotel im historischen Gebäude direkt neben dem Grünen Baum (die Häuser gehören zusammen), modernes, puristisches Design mit originellen Details in den Zimmern, spektakuläre Dachterrasse mit Whirlpool und Blick auf die verschachtelte Glurnser Dachlandschaft. Stadtplatz 1, ✆ 0473/831823, belvenu.com. **€€€–€€€€**

Didi's Apartments, 3 hübsche, modern eingerichtete Ferienwohnungen (2–4 Pers.) im Zentrum, sehr gut und gemütlich ausgestattet, Dachterrasse mit Blick auf die Stadt. Malser Str. 12, ✆ 349/3969475, didisapartments.com. **€€–€€€**

Café Schöpf, St.-Pankratius-Gasse 1, zentrales Café beim Tauferer Tor mit Blick auf das Geschehen im Ort, netter Platz für einen entspannte Pause.

Camping ****** Gloria Vallis,** die Anlage in den Wiesen und Obstanlagen unter dem Tartscher Bühel glänzt mit großem Angebot: geräumige Stellplätze, moderne Sanitäranlagen, Minimarket und Restaurant, Badeteich; gut ausgestattete Mobilheime für 2–4 Pers. Stellplatz und 2 Pers. 47–56 €. April bis Ende Okt., Wiesenweg 5, ✆ 0473/835160, gloriavallis.it.

Camping im Park, einfacher, idyllischer Platz in Gemeindebesitz an der Etsch. Stellplatz/2 Pers. 23 €, April bis Anf. Nov., Parkweg 1, ✆ 0473/424017, campingimpark.com.

Mals

Alte Häuser wenden ihre im Spätmittelalter und in der Renaissance geschmückten Fassaden zur Straße, schmale, meist blind endende Gassen führen zu beiden Seiten, Waalwasser rauscht ober- und unterhalb des Orts und abgedeckt unter ihm durch.

Mals ist eine jener typischen, eng gebauten und aus mehreren Kernen zusammengewachsenen Südtiroler Siedlungen. Die alte Reschenstraße führt durch den lang gezogenen Ort vom erhaltenen oberen Tor bis zum unteren Ortsausgang, wo sie in die heutige Umgehungsstraße mündet. Hinter hohen Mauern erahnt oder riecht man im Sommerwind Hausgärten. Fünf Türme überragen den Ort, wer von Burgeis die alte Straße herunterfährt oder -wandert, wird die von ihnen geprägte Silhouette des Ortes nie vergessen.

Man schaut ins Münstertal von Mals aus, aber der Ort liegt an der Reschenstraße, und diese Lage war schon in der Vorgeschichte günstig. Bedeutend wurde sie als das rein rätoromanische Gebiet erstmals unter fränkische Oberhoheit kam und ein günstiger Standort für Verwaltung und Kirche benötigt wurde. Vom Verwaltungsstandort hat sich nichts erhalten, sieht man vom später entstandenen Fröhlichsturm der (verschwundenen) Burg der Herren von Lichtenberg ab, aber die kleine **Benediktkirche** zeigt uns heute noch die Portraits der damaligen Herren, eines weltlichen und eines geistlichen Stifters, der eine in karolingischer Hoftracht, der andere im Bischofsornat. Das war vor 1150 oder 1200 Jahren.

Mals ist ein ausgezeichneter Standort für Entdeckungsfahrten, denn Reschenpass, Münstertal, Stilfser Joch und natürlich der Untervinschgau sind mit wenig Aufwand zu erreichen. Auch für den, der mit öffentlichen Verkehrsmitteln unterwegs ist, denn Mals ist ein wichtiger Bus-Knotenpunkt und Zielbahnhof der Vinschgerbahn. Als Ausgangspunk für Wanderungen ist Mals aus den gleichen Gründen ein guter Standort, zumal die Hotellerie keinen Wunsch offen lässt. Zu bedenken ist, dass Mals auf 1050 m Höhe auch im Sommer mal kalte Nächte hat und dass der Herbst früher eintrifft als im Unterland. Dafür hat es im Hochsommer erträgliche Temperaturen und meist ideales Wanderwetter.

Sehenswertes/Ausflüge

Pfarrkirche und Burg: Einen Blick sind die Fresken wert, die der Schwazer Maler *Emanuel Raffeiner* kurz nach Ausbruch des Ersten Weltkriegs in der **Stadtpfarrkirche** geschaffen hat, sie sind zeittypisch purer (später) Jugendstil. Die Ruine der mittelalterlichen (12. Jh.) **Fröhlichsburg** nahe Mals besitzt einen 33,5 m hohen, auffallenden Bergfried. 1499 wurde die Burg von den Schweizern niedergebrannt, als sie nach der Schlacht an der Calwenbrücke den Obervinschgau verwüsteten. Die wieder aufgebaute Burg hatte in der Neuzeit keine echte Funktion mehr und verfiel, schon zu napoleonischen Zeiten war sie nur noch eine Ruine.

▪ **Fröhlichsburg:** Der runde Fröhlichsturm kann bestiegen werden, 164 Holzstufen sind es im Inneren. Öffnungszeiten vor Ort erfragen.

▪ **Kirche St. Benedikt:** Das romanische Kirchlein in der St.-Benedikt-Straße stammt wie das Kloster Müstair noch aus dem 9. Jh., wohl noch aus der Zeit Karls des Großen, der Turm ist aus dem 12. Jh. Drinnen befinden sich Reste vorromanischer, höchstwahrscheinlich karolingischer Fresken zwischen mit Stucksäulchen umrahmten Fenstern der Altarwand. Engel, Tier- und Menschenköpfe in Rankenwerk, Stifterfiguren – einer ein Franke in Kriegstracht mit dem Schwert, der andere ein Geistlicher, beide ganz individuell erfasst, echte Portraits (nach damaliger Konvention bedeutete ein rechteckiger Nimbus um den Kopf, dass die dargestellte Person noch lebt) – Christus zwischen Cherubim, der hl. Gregor. Vieles in Fresken und Stuckornamentik erinnert an die Antike – nicht umsonst wird die offizielle Kunst des Frankenreichs „Karolingische Renaissance" genannt – ein Wiedererwecken von antiken Kunstidealen.

▪ April bis Okt. Di, Do und Sa 10–11.30 Uhr, Eintritt 1,80 €, Führungen (Mo, Mi, Fr 14 Uhr) 3 €.

Der Tartscher Bühel mit Kirche St. Veit: Uralter Siedlungsplatz ist der Tartscher Bühel nahe dem Dorf Tartsch, ein abrupt über der Ebene von Glurns und Schluderns aufragender Hügel am Fuß der Nordhänge des Etschtals. Eine hier aufgedeckte vorrömische Wallburg war sicher nicht die erste befestigte Siedlung. Vom Platz vor der romanischen Veitskirche hat man einen herrlichen Ausblick auf den oberen Vinschgau zwischen Schluderns, Glurns und Mals und die Ortlergruppe.

▪ **Führungen** auf den Tartscher Bühel mit Ausgrabungsbereich und Kirche St. Veit von Juni bis Okt. Do 17 Uhr, Treffpunkt an der Pfarrkirche Tartsch, 3 €.

Das Matscher Tal: 9 km vom Malser Ortsteil Tartsch entfernt liegt **Matsch,** ein noch immer idyllisches, eng bebautes Dorf in den steilen Wiesen auf der

Der Vinschgau → Karte S. 280/281

Die fünf Türme von Mals

Sonnenseite des Matscher Tals. Das hochalpine Tal lag schon immer abseits der großen Touristenströme. Daran hat sich nicht viel geändert, auch wenn der Ort sich heute rühmen darf, Südtirols erstes „Bergsteigerdorf" zu sein. Vielleicht sind deshalb die 200 Gästebetten öfter ausgebucht. Von Tartsch aus geht es zunächst steil in Serpentinen bergauf, bis sich das weite, sanft gewellte Tal mit seinen bewaldeten Hängen und schönen Ausblicken in Richtung Alpenhauptkamm öffnet. Grandios ist der Blick zurück zum Ortler, der immer schöner wird, je weiter man ins Tal gelangt. Keine wuchtigen Hotelbauten oder gar Liftanlagen, dafür alte, verträumte Höfe, kleine Kapellen am Wegesrand, Bächlein, die durch die Wiesen plätschern. Wer Ruhe und Natur sucht, ist hier genau richtig. Auch im Winter kann man hier entspannt wandern oder Schneeschuhwanderungen unternehmen, die Almen sind zum Teil geöffnet.

> Da die breite Straße nur wenig befahren ist, bietet es sich an, mit dem **Rad** von Mals bis zum Talschluss des Matscher Tals zu fahren und dort im **Glieshof** einzukehren (800 hm, 40 km hin und zurück, 4 Std.).

Oberhalb des **Glieshofs** (1807 m) regiert die Einsamkeit. Von hier geht man noch einmal etwa 1:30 Std. zur **Matscher Alm** (2116 m) mit deftiger Almküche. Weiter auf schmalem Steig über Almböden zur *Lacken*, einem kalten Seelein, das umrundet werden kann. Oberhalb des hintersten Talgrunds liegt die moderne **Oberetteshütte** als Standort für die Besteigung der Weißkugel (3738 m), sie ist aber auch beliebtes Ziel von Bergwanderern.

Bunker im Obervinschgau: Während Mussolini und Hitler nach außen hin noch ihre Partnerschaft zelebrierten, ließ Italiens oberster Faschist längst heimlich am *Alpenwall* bauen, einer Kette von großteils unterirdischen und weitverzweigten Bunkern und Befestigungsanlagen zum Schutz vor den Deutschen. Insgesamt 700 sollten entstehen, etwa 350 waren es schließlich, als Mussolini seine Bauaktivitäten 1943 auch aufgrund der enormen Kosten einstellte. Heimlich war da schon lange nichts mehr, denn die Nazis hatten längst ausspioniert und fotografisch gut dokumentiert, was da vor sich ging. Nach dem Krieg verfielen und überwucherten die Bauwerke. Auch dem unbedarften Besucher fallen sie nicht sofort auf, wer aber zwischen Latsch und Burgeis aufmerksam die Landschaft scannt, wird plötzlich eine ganze Menge Betonklötze entdecken, die zum Teil wie Ufos einsam auf Feldern stehen oder, gesäumt von Büschen und niedrigen Bäumen, erst auf den zweiten Blick zu erkennen sind. Der Architekt Heimo Prünster hat es sich zur Aufgabe gemacht, die Bunker zu erforschen und das „Institut für angewandte Bunkerologie" ins Leben gerufen (heimoprünster.com). Der 2019 gestorbene Künstler Benny von Spinn zog sogar in einen Bunker ein, schon von Weitem erkennbar an dem halben Wohnwagen, der an der Außenwand zu kleben scheint. Mittlerweile finden regelmäßige Bunkerführungen statt.

■ Lange Bunkerführung (4:30 Std.) Mitte Juni bis Okt. Do 13 Uhr, kurze Führung (2:30 Std.) Do 14 Uhr. Festes Schuhwerk, warme Kleidung und Taschenlampe erforderlich. Anmeldung, Eintrittspreise und Treffpunkt beim Infobüro Mals, ✆ 0473/831190.

Übernachten/Essen *****S Glieshof,** ganz am Ende des Matscher Tals liegt dieses moderne „Almhotel" in sehr ruhiger Lage auf 1824 m Höhe mitten im Wiesengrün. 2020 wurde umgebaut: neuer Speisesaal und Lounge, neue Zimmer mit Ausblick, Blocksauna und Whirlpool. Große Saunalandschaft mit „antiken" Säulen, eindrucksvolles Frühstücksbuffet. Matsch 69, ✆ 0473/842622, glieshof.it. **€€€–€€€€**

Oberetteshütte, 2670 m, AVS Matsch, Mitte Juni bis Anfang Okt. Deftige Südtiroler Küche und Marenden, das Fleisch schottischer Hochlandrinder stammt aus der eigenen Zucht. Übernachtet wird in Mehrbettzimmern und im Lager, Ü/HP 67–82 €. ✆ 0473/830280, oberettes.it.

Das Planeiltal: Das oberhalb von Mals in die Malser Haide mündende Planeiltal ist nur ein kurzes Stück auf öffentlicher Straße zugänglich, die endet nämlich im einzigen Ort des Tals, in **Planeil** mit seinen verwinkelten Gassen und mehreren, Schafzucht betreibenden Höfen Wer sich dann nicht weiter ins Tal hineinbegibt, das seinen traditionellen Almtalcharakter noch nicht verloren hat, lässt sich ein Erlebnis entgehen. Am schönsten ist eine etwa 4 Std. in Anspruch nehmende **Rundwanderung zur Planeiler Alm** (2203 m). Man bleibt zunächst am Punibach (so heißt der das Planeiltal entwässernde Bach) bis zur Abzweigung des Fahrwegs zur Planeiler Alm (bei der Ruine des Petersettes-Hofs). Von der Planeiler Alm nimmt man den fast ohne Höhenverlust talauswärts führenden Weg, der oberhalb von Planeil in den Pradimuns (das rätoromanische Pra bedeutet hier wie bei Prad Wiesen, Pradimuns heißt also wohl nichts anderes als Bergwiesen) nach unten und zurück nach Planeil abknickt (etwas steil). Insbesondere im Juni/Juli blühen im Planeiler Tal die Almwiesen mit dem seltenen gefährdeten Berg-Drachenkopf oder der Türkenbundlilie.

Verbindungen Der Bus 280 fährt Mo–Sa 8x tgl. ins Planeiltal.

Übernachten/Essen ***** Gemse,** gemütlicher Gasthof in Planeil, traditionelle Kost, teils modernisierte Zimmer mit Balkon und Fernsicht, Mehrbettzimmer und 1 Apartment (2–6 Pers.). Mo Ruhetag. Planeil 1, ✆ 0473/831148, gasthof-gemse.it. **€€€**

Einkaufen **Aftmult,** am Eingang des Planeiltals im Weiler Uiten gelegene Hofkäserei des Gruberhofs. Verschiedene Käsesorten, mit Pfeffer, Kräutern, Paprika veredelt, außerdem Vinschger Almkäse. Auch Speck, Kaminwurzen, Hauswürste. Hofladen Mo–Sa 9–12 Uhr und nach vorh. Vereinbarung. Uiten 115, ✆ 347/6289509, aftmultcom.

Schleis: Das Dorf am Eingang des *Schliniger Tals* unterhalb von Burgeis besitzt einige schöne Häuser mit Außenfresken, etwa jene am Platz gegenüber dem Hirschenwirt („Herberge zum Hirschen" steht auf der Fassade) im Unterdorf und eine barock ausgestattete *Pfarrkirche* am Platz im Oberdorf, auf den auch die Fassade des eindrucksvollen Gasthofs „Zum Goldnen Adler" blickt.

Übernachten/Essen **** Zum Goldnen Adler,** imposanter alter Bau mit der regionaltypischen doppelten Außentreppe, die zum 1. Stock führt, in dem sich die Gasträume (zwei

Der Vinschgau → Karte S. 280/281

Der Apfelkrieg – oder „Das Wunder von Mals"

Am Ende war das Ergebnis sogar deutlicher als von den Befürwortern selbst erhofft: Mit 75,68 % sprachen sich die Malser 2014 in einer Volksabstimmung dafür aus, auf ihrem Gemeindegebiet künftig ganz auf den Einsatz von Pestiziden zu verzichten. Den Malsern gebührt das Verdienst, mit diesem Votum den – in der Südtiroler Tourismuswerbung naturgemäß nicht vorkommenden – intensiven Pestizideinsatz mitsamt seinem über die Feldergrenzen hinausreichenden Sprühnebel zum Thema gemacht zu haben, trotz vielfacher Anfeindungen, auch vonseiten der Landespolitik, die das Ergebnis als nicht bindend ansah. 130 Landwirte klagten gegen das Vorhaben. Ein Gericht gab ihnen im Oktober 2019 Recht, da das Pestizidverbot eine staatlich zu regelnde und keine kommunale Angelegenheit sei. Zwischenzeitlich wurde das Umweltinstitut München – treibende Kraft hinter Buch, Film und einer Anzeigenkampagne zum Thema („Pestizidtirol" statt „Südtirol", plakatiert 2017 in München) – von 1376 Menschen verklagt, auch die Landesregierung trieb das Verfahren politisch voran. In der Folge mussten die Bauern die enorme Menge ihres Pestizideinsatzes offen legen – ein klassisches Eigentor und touristisches PR-Desaster. Die Klagen wurden u. a. deshalb zurückgezogen, das Institut im Mai 2022 freigesprochen. Nach wie vor gibt es in Mals Landwirte, die Pestizide einsetzen, und solche, die dies ablehnen.

▪ Alexander Schiebel, „Das Wunder von Mals", Oekom Verlag, 2017, auch als Kinofilm, wundervonmals.com.

alte Tiroler Stuben) befinden. Bemerkenswerte Regionalküche, die mit 2 Gault-Millau-Hauben ausgezeichnet wurde, gute Weinkarte. Knödel, Schlutzer, Lamm und Wild, Fruchtknödel (mit Marillen/Zwetschgen) und andere traditionelle Desserts. Do Ruhetag. Hübsche Zimmer und Apartments. Schleis 46, ✆ 0473/831225, zumgoldnen-adler.com. **€€€–€€€€**

Laatsch: Zwischen Burgeis und Mals quert der Etschtal-Radweg das Dorf Laatsch mit seinen vier Kirchen. Der Turm der abgebrochenen Kirche *St. Luzius* steht am Ortsausgang Richtung Mals auf dem Friedhof, in der Dorfmitte liegt *St. Leonhard*. Die kleine, doch zweigeschossige Kirche mit dem schönen gotischen Maßwerkfenster im romanischen Turm ist gotisch ausgemalt (15. Jh.) und besitzt einen Flügelaltar vom Ende des 15. Jh., der vor allem wegen seiner interessanten Charakterköpfe sehenswert ist. Kunsträuber haben *St. Kosmas und Damian* sowie *St. Cäsarius* am westlichen Ortsausgang heimgesucht, was blieb, wurde sichergestellt und ist nicht zu besichtigen. Behäbige Häuser mit Erkern, Freitreppen und Wandmalereien bestimmen das Ortsbild. Das kleine *Heimatmuseum* in der Scheune der Pfarrkirche zeigt den bäuerlichen Alltag der gar nicht so fernen Vergangenheit.

Kirche/Museum St. Leonhard: Führungen gegen Spende, Anfragen im Tourismusbüro.

Heimatmuseum: liebevoll eingerichtet mit bäuerlicher Gerätschaft für Haus, Hof, Feld und Alm. Juli bis Sept. nach Anfrage im Tourismusbüro oder unter ✆ 340/2653234, Spende erbeten.

Übernachten/Essen ***** Calva,** neu errichtete Residence mit Restaurant-Pizzeria und modernen, mit Liebe zum Detail eingerichteten Apartments und Zimmern. Frühstück kann man in der dazugehörigen Bar einnehmen, wo auch Café und Eisdiele Platz finden. Gemütliches Restaurant mit Wintergarten und Terrasse, einheimische Küche und Holzofenpizza. Di Ruhetag, Laatsch 140, ✆ 349/8706922 (Zimmer), ✆ 0473/831109 (Restaurant), calva.it. **€€€**

Kinder Sehr schöner **Waldspielplatz** (mit Grillplatz) zwischen Wald und Bach am Fuß-Radweg in Richtung Burgeis.

Basis-Infos zu Mals

Information **Infobüro Mals,** Hauptsitz des Tourismusverbands Obervinschgau, zu dem auch Schluderns, Glurns und Taufers im Münstertal gehören. Mo–Fr 8.30–12/15–18 Uhr, Sa nur vormittags. Mals/Malles, St.-Benedikt-Str. 1, ✆ 0473/831190, vinschgau.net.

Verbindungen **Vinschgerbahn** von/nach Meran. **Busse** nach Reschen, Meran, Taufers, ins Suldental und Matscher Tal. **Bus 277** im Sommer stündlich 8–18 Uhr von Mals über Burgeis nach Schlinig (nicht um 11/12/14/15 Uhr!)

Taxi und Bike-Shuttle: Taxi Iris, ✆ 333/5657464, taxi-iris.com.

Vorteilskarte Die **SportWell Card** der teilnehmenden Unterkünfte ermöglicht teils kostenlosen, teils ermäßigten Eintritt in Sauna, Hallen- und Freibad der Sport- und Freizeitanlage. Liste der Betriebe unter sportmals.net.

Einkaufen Edle Fruchtdestillate in Bio-Qualität bei der **Bio-Brennerei Steiner** des Hotels Panorama. Mo 21.30 Uhr Führung und Verkostung, Infos beim Hotel (s. u.) und unter biobrennerei.it.

Bauernladen Pobitzer, direkt an der Hauptstraße. In dem großen Gebäude werden Säfte, Obst, Kräuter, Honig, Käse, Marmeladen, Speck und Lederwaren angeboten, So und über Mittag geschl., Gerbergasse 18, pobitzer.org.

Hofkäserei Englhorn, im Hofladen werden 3 verschiedene Käsesorten verkauft. Der sympathische Betreiber Alexander Agethle hat es inzwischen zu einiger Berühmtheit gebracht und diverse Preise eingeheimst. Er öffnet seinen Laden auch außerhalb der offiziellen Zeiten, einfach anrufen oder klingeln. Nach Voranmeldung auch Hofführung mit Verkostung von Käse, Brot, Säften (mind. 8 Pers., 18 €). Das Käsereigebäude wurde mithilfe von Crowdfunding finanziert. Mo–Sa 8–12 Uhr, Schleis 8, ✆ 0473/835393, englhorn.com.

Wochenmarkt am Mittwoch, im Sommer mit Bauernmarkt.

Feste & Veranstaltungen Ende April zum Start in die Frühjahrssaison **Georgimarkt** mit Verkauf von Pflanzen, Blumen und Kräutern. Mitte Okt. zum Fest des hl. Gallus (16.10.) traditioneller **Gollimorkt** (Gallusmarkt) mit Kunsthandwerk, kulinarischen Ständen, Bauernobst und -gemüse, aber auch klassischen Wochenmarktwaren. Nachahmenswert: ein Kinderplatz, auf dem Kinder ihre Waren anbieten können.

Baden/Schwimmen/Sport **Sport- und Freizeitanlage Sport Well,** schönes, großes Hallenbad mit geschwungenem Holzdach, daneben Freibadbereich mit mehreren Becken und Liegewiese. Außerdem Saunalandschaft und Wellnessbereich. Sauna Di–So unterschiedliche Öffnungszeiten, Hallenbad im Winter Di–So ab 14 Uhr, im Sommer Badebetrieb für Hallen- und Freibad ab 11 Uhr; Tageskarte für Hallenbad und Sauna 19,40 €, Kinder 9,70 €. Tennisplatz auf dem benachbarten Grundstück; 4 automatische Kegelbahnen, Pizzeria. Glurnser Str. 7, ✆ 0473/831590, sportmals.net.

Etwas oberhalb großer **Kinderspielplatz** in ausgedehnter Wiese.

Radfahren/Mountainbike **Radverleih** in der Sport-Tenne, Bahnhofstr. 6, ✆ 0473/830560, sport-tenne.com. **Bikeschule** mit Fahrtechniktraining, Tourenangebot und Verleih bietet der Bikepoint von Südtirolbike am Bahnhof, ✆ 331/9504005, suedtirolbike.info.

Der Vinschgau → Karte S. 280/281

Übernachten/Essen & Trinken

Übernachten ******S Garberhof,** das einzige 4-Sterne-Hotel in Mals liegt etwas außerhalb des Zentrums an der Umgehungsstraße. Markantes Bauwerk mit interessanter Holzkonstruktion, neuen Suiten und einem 2200 m² großem Spa-Bereich mit Panoramasauna und Infinity-Pool. Elegant eingerichtete Zimmer, Speisesaal, Weinstube und Panoramaterrasse. Staatsstr. 25, ✆ 0473/831399, garberhof.com. **€€€€**

***** Biohotel Panorama,** neuer Trakt in ökologisch sinnvoller Holzständerbauweise mit schlichter Fassade. Dezent eingerichtete Räume, großzügige, heimelige Suiten, kleiner Saunabereich. Im Restaurant (→ „Essen & Trinken") wird u. a. mit Produkten aus der eigenen Biolandwirtschaft gekocht, was man auch beim Frühstücksbuffet zu schätzen weiß. Staatsstr. 5, ✆ 0473/831186, biohotel-panorama.it. **€€€€**

***** Greif,** repräsentatives Hotel im Zentrum, das sich ein wenig die Atmosphäre eines Gasthauses bewahrt hat, was man vor allem im Restaurant (→ „Essen & Trinken") mit seiner dezent-eleganten Möblierung spürt. Schlicht mit naturbelassenem Holz möblierte Zimmer. Der Betrieb ist mit dem Umweltsiegel ausgezeichnet. General-Verdross-Str. 40a, ✆ 0473/831189, hotel-greif.com. **€€€–€€€€**

*****S Tyrol,** kleineres Familienhotel im Zentrum von Mals mit Sauna, Dampfbad, Aromabad und modern im Alpinstil eingerichteten Zimmern. Fröhlichgasse 4, ✆ 0473/831160, hotel-tyrol.it. **€€€–€€€€**

***** Camping Mals,** ruhiger, grüner Platz mit jungen Bäumen, moderner Sanitärbereich mit Einzelwaschkabinen. Kinderspielplatz. Kostenloser Eintritt ins Erlebnisbad Sport Well gleich nebenan. Stellplatz und 2 Pers. 41–55 €. Geöffnet April bis Anf. Nov. Bahnhofstr. 51, ✆ 0473/835179, campingmals.it.

Essen & Trinken **Lampl,** Dr.-Heinrich-Flora-Str. 4, traditionelles Dorfwirtshaus in der Fußgängerzone, das in den historischen Räumen auf mehreren Ebenen typische Tiroler Kost, aber auch italienische Nudelgerichte und vor allem Pizza serviert. Mi/ Do geschl. ✆ 0473/831085.

Pizzeria Remo, Hauptstr. 5 in Tartsch. Schönes rustikales Gasthaus in einem liebevoll gestalteten Bauernhof. Pizzen (Remo wurde 2014 Pizza-Weltmeister und danach noch zweimal Dritter) und weitere Gerichte wie Wild, Knödel, Pasta und Suppen. Mi/Do Ruhetag, ✆ 0473/835210, pizzeriaremo.it.

Panorama, Restaurant des gleichnamigen Hotels (s. o.), hervorragende Küche mit Vollwert- und Vegetariergerichten, die ausschließlich aus (eigenen) Bioprodukten bestehen: Brennnessel-Erdbeerrisotto, Zucchinicarpaccio, Gamsbraten mit Schupfnudeln, Kaiserschmarrn. Sonntags Destillate-Gourmet-Menüs mit Verkostung eigener Destillate und Liköre. Reservierung empfohlen, ✆ 0473/831186. **€€–€€€**

Greif, Restaurant des gleichnamigen Hotels im 1. Stock des Hauses (s. o.), Bioküche, z. B. Salatbuffet mit Gemüse aus eigenem biologischen Anbau, Vegetarische und Vollwertküche, das hausgebackene Brot ist ein Vollkornbrot aus traditionellem Getreide, u. a. Dinkel und Buchweizen, außerdem Vinothek mit Bioweinen – einen Abstecher wert. Mo Ruhetag. **€€–€€€**

Burgeis

Burgeis ist einer der schönsten Orte des Vinschgaus, ein durch Neubauten nicht gestörtes Bauerndorf mit ansteigender Dorfstraße, ein Dorfplatz mit Brunnen in der Mitte, der hl. Michael hält Wacht, zwei Gasthäuser flankieren ihn.

Neubauten gibt es nur am Rand, und sie stören den Gesamteindruck nicht. Besonders schön ist der alte *Bauernhof* links neben dem Hotel Weißes Kreuz am Dorfplatz: asymmetrische Anlage, Steinbau mit Holzbalkon und Dachgeschoss aus Holz. Eine Anzahl von Hausfronten besitzt noch die alten Wandfresken, die ohne Ausnahme Heilige oder die Muttergottes mit Kind darstellen.

Am Ortsausgang in Richtung Laatsch und Glurns hält die **Fürstenburg** Wacht, ihr dunkler Turm sieht ernst aufs Dorf wie auf den Vinschgau unterhalb bis hinüber nach Mals. Und nochmals höher, wie eine eigentliche Fürstenburg über Dorf und Fürstenburg thronend, das in weißestem Weiß glänzende **Kloster Marienberg.** Die unnahbare Klosterburg, am Hang klebend wie ein tibetanisches Kloster, hat barocke Züge. Aber die Schätze, die es birgt sind älter: Die romanische Krypta mit ihren erhaltenen Fresken in üppiger Farbenpracht zählt zu den bedeutendsten Kunstdenkmälern Südtirols.

Radweg zwischen Burgeis und Glurns

Die Trassenführung zwischen Burgeis und Schleis ist problematisch: Steigungen bis um die 20 % bei schmalem und gewundenem Trassenverlauf und gleichzeitiger Verwendung als Fußgängerweg sowie für die Fahrzeuge der Anrainer – kommt ein Traktor mit Mäher entgegen, der die gesamte Breite beansprucht, schaut man bei diesem steilen Gefälle ganz schön dumm. Da heißt es: vorsichtig fahren und im Zweifelsfall lieber mal anhalten, statt im Höchsttempo talwärts zu brausen.

Praktische Infos

Information **Infobüro Burgeis,** Mo–Fr 8.30–12/15–18 Uhr, Sa 8.30–12 Uhr, in der Nebensaison nur Mo–Fr vormittags. Burgeis/Burgusio, Dorfplatz 46, ✆ 0473/831422, vinschgau.net.

Übernachten *****S Das Moriggl,** sympathisches, frisch und hübsch aufgemöbeltes Aparthotel mit persönlicher Note. Große Zimmer und Apartments für 2–4 Pers. ohne die übliche Tiroltümelei, angenehm klare Formen, helles Holz. Kleiner Saunabereich. Burgeis 176, ✆ 0473/831550, das-moriggl.com. **€€–€€€**

Mein Tipp ****** Weißes Kreuz,** da hat sich ein fast 800 Jahre alter Dorfgasthof renovieren und erweitern lassen und generell neu eingekleidet und ist nun ein veritables 4-Sterne-Haus, das der Gruppe der Romantik Hotels angehört. Die hypermoderne, holz- und glasgeprägte Außenfassade ist dennoch eine gelungene Referenz an die Tradition. Stylische Zimmer mit Balkon, schöne neue Suiten (u. a. eine Spa-Suite), 5 Luxussuiten im historischen Ansitz zum Löwen. 600 m² großer Wellnessbereich mit Hallenbad, Saunen, Außenpool, sehr gutes Restaurant. Burgeis 82, ✆ 0473/831307, weisseskreuz.it. **€€€€**

****** Burgus,** Suiten und Apartments im modernen, angesagten Alpin-Stil, gut und geschmackvoll eingerichtet, teils geschickt mit altem Holz kombiniertes Interieur. Wellness mit Sauna und Fitness. Reichhaltiges Frühstück, zum Hotel gehört auch das nette Café Brigitte. Burgeis 171, ✆ 0473/831471, burgus.it. **€€€–€€€€**

*****S Lapis Monti,** Aparthotel mit sehr persönlicher, freundlicher Atmosphäre, gutes Frühstück, farbenfrohe, moderne Zimmer und Apartments für 2–6 Pers., z. T. barrierefrei. Sauna, Dampfbad, Fitnessraum. Burgeis 126, ✆ 0473/831410, lapismonti.com. **€€–€€€**

Essen & Trinken **Weißes Kreuz,** Burgeis 82, das Hotelrestaurant geht über das hotelübliche Maß hinaus. Für die abwechslungsreiche Cross-over-Küche ist der Sohn des Hauses verantwortlich. Hier gibt es neben italienischer Pasta französische Entenleber oder thailändisches Curry, die Zutaten sind, wo immer möglich, regional, zum Teil aus eigenem Anbau. Seit 2022 bietet das Fine-Dining-Restaurant Mamesa eine Luxusvariante seiner Küche an. Nur 6 Tische, Mi–Sa geöffnet, Menü 4–7 Gänge 130–160 €). Speisesaal und Terrasse haben Panoramablick. **€€€–€€€€**

Schlossbar, Burgeis 183, kleines Restaurant mit freundlicher Atmosphäre. Gute Marenden und sehr gute Knödel, Nockerl und Wildgerichte, hausgeräucherte Forelle im Speisesaal und auf der Terrasse. Di/Mi Ruhetag, ✆ 0473/835488, schlossbar.it. **€–€€**

Café Brigitte, Burgeis 171, das Café des Aparthotels Burgus mit seinem schönen Außenbereich bietet leckere Kuchen, kleine Marenden und Eis. Mi Ruhetag.

Sehenswertes/Ausflüge

Die Kirchen von Burgeis: Etwas oberhalb des Orts steht ganz einsam in der Wiesenflur die Kirche *St. Nikolaus an der Haide*. Wer die Staatstraße vom Reschen herunterbrettert, passiert sie in Sichtweite, eine Zufahrt gibt es jedoch nicht, nur ein Fußweg führt vom Ort hinauf. Spätgotische und barocke Außenfresken, die zweimal den hl. Nikolaus zeigen, zieren die Außenwände des romanischen Baus mit seiner gotischen Balkendecke. Auch die *Pfarrkir-*

Der Vinschgau → Karte S. 280/281

Historisches Fresko an einem Wohnhaus in Burgeis

che Empfängnis Mariens hat ein romanisches Rundbogenportal, innen ist sie gotisch und barock ausgestaltet. Eine Kostbarkeit ist die 1678 von *Eugenio Gasparini* (aus Görlitz!) gebaute Orgel, die aus der Stiftskirche Marienberg stammt.

▪ **St. Nikolaus,** nur mit Führung (3 €), April bis Ende Okt. Fr 14 Uhr.

Die Fürstenburg: Die eindrucksvolle Anlage am Rand von Burgeis mit dem kräftigen Bergfried – man passiert sie auf dem Rad- und Fußweg nach Mals – wurde 1272 bis 1282 errichtet. Wenig wurde verändert, zumindest was ihre äußere Form betrifft. Fürstenburg heißt sie, weil sie den Fürstbischöfen von Chur gehörte, die sie aber nur verwendeten, wenn's im eigenen Haus zu brenzlig wurde, etwa während der unruhigen Reformations- und Bauernkriegszeit des 16. Jh. Die Burg beherbergt heute eine Landwirtschaftsschule.

▪ Besichtigung nur im Rahmen einer Führung, Juli/Aug. Mo und Do 14 Uhr, Treffpunkt an der Burg, 3 €.

Kloster Marienberg: Der massive, blendend weiß gestrichene Bau des Klosters hoch über Burgeis ist die höchstgelegene Benediktinerabtei Europas und von Weitem zu sehen. Für den Bau des ausgedehnten Gebäudekomplexes (ab 1150) musste erst eine Plattform am Hang geschaffen werden, dennoch sind die zum Tal blickenden Bauteile um etwa drei Stockwerke höher als die hangseitigen. Heute leben nur noch wenige Mönche im Kloster, das einst sehr mächtig war und wesentlich dazu beigetragen hat, dass die romanischen Bauern des Obervinschgaus allmählich das Deutsche annahmen und zu Deutsch-Tirolern wurden. Die barockisierte *Kirche* hat noch ein schönes romanisches Portal, aber das eigentliche Ziel der Kunst-Apassionati ist die *Krypta*: Die dortigen romanischen Fresken, ein komplett erhaltener Zyklus, stammen noch aus der Zeit der Stiftsgründung und gehören zum Bedeutendsten, was uns die Romanik in den Alpen hinterlassen hat: leuchtende Farben, elegante Figuren (Engel, segnender Christus in der Mandorla), stark byzantinische Züge. Der Meister dieser an der Kunst Südwestdeutschlands geschulten Fresken ist nicht bekannt, man nennt ihn mangels eines Namens den *Meister von Marienberg*. Dass die Fresken sich so gut erhalten haben ist einer frühen Übertünchung zu verdanken, die erst 1889 teilweise, komplett jedoch erst 1980 entfernt wurde. Im *Klostermuseum* „Ora et Labora" wird die über 900-jährige Geschichte dargestellt und anschaulich mit dem Klosteralltag verknüpft. Spektakulär der moderne unterirdische *Bibliotheksbau* mit mehr als 100.000 Werken, darunter viele wertvolle mit historischer Bedeutung. Er wurde von dem berühmten Architekten Werner Tscholl entworfen und 2019 eingeweiht. Unterhalb der Klosteranlage an der Straße liegt unscheinbar am Rande des Friedhofs die Kapelle *St. Stephan*, die ein schönes Zeugnis spätgotischer Freskenkunst in Südtirol bietet. Die Wandbilder wurden erst 2019 bei Restaurierungsarbeiten wiederentdeckt, ebenso kamen Mauerreste aus dem 5. Jh. und eine langobardische Gürtelschnalle zum Vorschein.

Klosteranlage **Kirche:** Mo–Sa ganztags geöffnet. **Krypta, St. Stephan und Bibliothek:** Besichtigung nur mit Führung, die genauen Zeiten und Preise ändern sich immer wieder und sind telefonisch zu erfragen oder der Webseite zu entnehmen. **Museum:** März bis Okt. und um die Weihnachtszeit Mo–Sa 10–17 Uhr, Eintritt 5,50 €, erm. 3 €. ✆ 0473/843980, marienberg.it.

Essen/Trinken **Klostercafé Vinterra,** wie die Bibliothek von Architekt Werner Tscholl gestaltet, befindet sich im Gebäude des alten Sägewerks, die noch intakte Säge steht – stimmig integriert – mitten im Café. Im Angebot: Kuchen, Suppen, Snacks.

Schlinig und das Schliniger Tal: Das Dörfchen auf 1725 m Höhe hat eine gedrungene gotische Kirche mit barockem Zwiebelturm, ein paar alte Höfe und einige Neubauten zu verzeichnen, die auf regen Tourismus hinweisen – die Nähe der Watles-Lifte macht sich hier ebenso bemerkbar wie der immer noch zunehmende Wandertourismus. Im Winter gibt es eine 13 km lange Langlaufloipe. Ganzjährig lässt es sich zur Schliniger Alm (1 Std. einfach) wandern, weiter zur *Sesvennahütte* und weiter zur Schweizer Grenze (die Sesvennagruppe, in der man sich hier befindet, ist für ihren Schmetterlingsreichtum bekannt – über 1000 Arten wurden schon gezählt). Dort beginnt die atemberaubend angelegte Steiganlage durch die spektakulär ins Gebirge eingeschnittene **Uinaschlucht.** Geführte Wanderungen zur Schlucht werden von allen Touristenbüros des oberen Vinschgaus veranstaltet (man kehrt auf dem gleichen Weg zurück). Hin/zurück 5–6 Std. bis zum Beginn der Schlucht.

Verbindungen **Wandertaxi** von den Orten des Obervinschgaus nach Schlinig am Mo, Fr, Sa und So. **Bus 277** unter der Woche 4x tgl. von Mals von Ende Sept. bis Mitte Juni (nicht während der Sommerferien). Gebührenpflichtige **Parkplätze** am Ortsanfang und am Beginn des Wanderwegs/Loipe (1 €/Std.).

Wintersport Schlinig mit seinem **Nordischen Skizentrum** war schon Austragungsort zahlreicher Wettbewerbe. 15 km Loipe, klassischer Langlauf und Skaten, Tageskarte 8 €. Umkleidekabinen mit Toiletten und Duschen am Beginn der Loipe. Langlauf-Skischule, **Verleih** von Ausrüstung bei Kristiania Sport, Schlinig 34.

Übernachten/Essen **Anigglhof,** freundlicher Gasthof in sonniger Lage. Im Neubau nebenan mit schönem Holz ansprechend und hell gestaltete Räume, heimelige Suiten und geräumige Familienzimmer. Schöner Saunabereich, witzig der Mini-Pool im Garten. Bar und Restaurant mit Südtiroler Küche, Mi Ruhetag. Schlinig 20, ✆ 0473/831210, anigglhof.it. **€€€–€€€€**

Andrien, die ehemaligen Wirtsleute der Schliniger Alm haben umgesattelt auf Vermietung von 5 ausgesprochen schönen Ferienwohnungen und Hofschank in einem ökologisch gebauten Holzhaus. Komfortabel: Brötchen- und Einkaufsservice. Apt. (2 Pers.) 75–110 €. Hofschank mit guter Almküche, geöffnet Do–So, Schlinig 27, ✆ 338/5379733, andrien.it.

Schliniger Alm, 1868 m, die beliebte Jausenstation wird im Rätoromanischen „Alp Planbell" (Alm am schönen Boden), genannt, ca. 45 Min. ab Schlinig. Seit 2020 unter neuer Führung. Käse- und Butterherstellung, Alm- und Wildge-

Der Vinschgau → Karte S. 280/281

richte. Mitte Mai bis Allerheiligen und Weihnachten bis April, kein Ruhetag. ✆ 347/9770667, schliniger-alm.com.

Sesvennahütte, 2256 m, AVS-Schutzhütte, von Schlinig ca. 2 Std. Saisonale Küche mit regionalen Produkten, hauptsächlich aus Bio-Anbau. Gemütliche Räumlichkeiten, 30 Betten und 50 Lager, Ü/HP 63–75 €. Mitte Juni bis Okt. und Febr. bis April, ✆ 0473/830234, sesvenna.net.

Auf dem Watles (2557 m): Von *Prämajur*, das man auf der Straße von Burgeis nach Schlinig (über Marienberg) erreicht, führt ein Sessellift in die Almenzone unter dem Watles. Dieser etwas in den Vinschgau vorgeschobene Gipfel der Sesvennagruppe ist leicht zu erreichen. In Kombination mit dem Weg über die beiden *Pfaffenseen* eine lohnende Bergtour. Im Winter ist der Watles ein beliebtes Skigebiet, das bis auf 2450 m reicht, also knapp unter die Gipfelzone. Von der Bergstation des Sessellifts lässt sich der Watles mit Schneeschuhen besteigen (1:30 Std. einfach), der Weg ist meist gespurt und bei günstigen Verhältnissen auch mit Bergschuhen zu begehen.

Bergbahn **Sessellift** Mitte Mai bis Allerheiligen 8.30–16.30 Uhr, Berg 14 €, Berg/Tal 17 €, Kinder 8/10 €. watles.net.

Verbindungen **Shuttledienst** von Schlinig zur Talstation Watles (und zurück) Mitte Juni bis 1.10. tgl. 16–18 Uhr im 10-Min.-Takt. 2 €.

Wintersport 3 Lifte, 4 Pisten mit 18 km, der Watles ist ein **Familienskigebiet** und Teil des Verbands der Ortler Skiarena. **Skischule Watles** mit guten Kinderkursen und Skikindergarten, Infos an der Talstation, ✆ 345/7670255. Spektakuläre, 4 km lange **Naturrodelbahn** von der Berg- zur Talstation, Rodelverleih an der Bergstation, Fr Nachtrodeln. Kostenloser **Skibus** von allen Orten der Ferienregion Obervinschgau. Weitere Infos unter watles.net.

Paragliding Tandemflüge etwas oberhalb der Bergstation, Landewiese bei Schleis, Infos ✆ 348/5104927.

Kinder Der **Erlebnisberg Watles** ist ein Paradies für Kinder. An der Bergstation laden ein 1500 m² großer und nur 40 cm tiefer künstlicher See mit Hängebrücke, Floß, Wasserfällen und Wasserrad, einer Erlebnisrutsche, Diamantenmine und Goldwaschen zum ausgiebigen Spielen ein. Die Nutzung ist kostenlos, nur Funball, Bogenschießen und Mountaincarts gegen Gebühr. Öffnungszeit 10–16 Uhr. Für die Erwachsenen gibt es Holzliegen zum Chillen und eine Kneippanlage. Außerdem Käseverkostung und Streichelzoo bei der Höferalm.

Das Reschengebiet

Die Gegend um den Reschenpass im obersten Vinschgau ist eine windige Ecke, genau das Richtige für die Parasurfer auf dem See. Im Stausee versank das alte Graun bis auf seinen Kirchturm. Zu beiden Seiten des Passes locken Wander- und Skiberge, darüber thront die 3738 m hohe Weißkugel.

Keine Gedränge – noch (sieht man mal vom Parkplatz in Melag ab, wenn an schönen Tagen Hundertschaften zur *Melager Alm* drängen). Ruhiger Urlaub, jede Menge Sport, Naturnähe – damit wirbt die Ferienregion um den Reschenpass. Sehr zu Recht. Dass die Südtiroler Reschenpassregion mit dem österreichischen *Nauders* zusammenarbeitet, ist kein Zufall. Nauders, ein paar Kilometer jenseits des Reschenpasses, ist historisch gesehen ein Teil des heute fast komplett italienischen Vinschgaus.

Sehenswertes/Ausflüge

Der Haidersee: Etwas tiefer als der Reschensee und noch unterhalb des Orts St. Valentin auf der Haide liegt der Haidersee. Sein meist klares Wasser und seine besonders am Etsch-Zufluss reiche Ufervegetation, die unter Naturschutz steht (Schilf, schwimmende Wiesen), erlauben einer reichen Fischfauna das Leben. Dass der Weiler etwas oberhalb sich **Fischerhäuser** nennt, hat seine Berechtigung. Im ökologisch empfindlichen Westteil des Sees wurde ein Steg verlegt, sodass seine Umrundung für Spaziergänger möglich ist, ohne dass das Feuchtbiotop dieses Abschnittes gestört wird.

▪ Schöner **Spaziergang** entlang dem Seeufer auf gepflegtem, gänzlich flachem Weg, Umrundung des Sees möglich (Uferlinie 4,5 km). Seit 2022 findet sich in aussichtsreicher Lage das **Zeress,** ein Restaurant mit Bar und schöner Terrasse (Di Ruhetag, ✆ 345/3487664).

Auf der Haideralm: Die Umlaufbahn von St. Valentin auf der Haide auf die Haideralm erschließt das **Wandergebiet** unter der *Seebodenspitze* der Sesvennagruppe. Viele Wasserläufe, kleine Seen, ein Rundweg zur Spitze (2859 m, ca. 4–5 Std. ab Bergstation hin/zurück). Wer will, kann in 2 Std. auf gutem Weg (Markierungen 7/4) zur Bergstation der Watlesbahn hinüber laufen. Im Winter ist das Gebiet dank guter Erreichbarkeit und neuer Anbindung an das Skigebiet Schöneben oft stark besucht.

Bergbahn Umlaufbahn Haideralm, Ende Mai bis Mitte Okt. und in der Wintersaison; im Sommer 9–16.30 Uhr, einfach 17 €, Berg/Tal 20 €, erm. 13/15 €, Kombination mit Schöneben (s. u.) möglich. schoeneben.it.

Das Rojental: Vom Grenzkamm zur Schweiz erstreckt sich das Rojental als spektakuläres Hochtal mit weiten, baumlosen Hängen bis zum nördlichen Teil des Reschensees. Straßen führen von St. Valentin auf der Haide und von Reschen nach **Rojen,** der einzigen Siedlung des Tals auf fast 2000 m Höhe. Das gotische *Bergkirchlein St. Nikolaus* mit seinen Fresken aus der Bozner Malerschule erinnert daran, dass man früher wegen des tiefen Schnees und drohender Lawinen oft wochenlang nicht zur Messe in Reschen gehen konnte, da durften die Rojer ihr Sonntagsgebet in St. Nikolaus verrichten. Der Weiler ist die höchstgelegene Dauersiedlung der Ostalpen. Den Schlüssel der Kirche erhält man im Hof nebenan. Auf dem Weg liegen die *Rojenalm* und die *Reschner Alm*, beide mit Einkehrmöglichkeit.

Der Reschensee: Auf dem See tummeln sich Windsurfer und Kitesurfer. Das *Kitesurfen* ist der absolute Trendsport, der See eignet sich ganz besonders dafür, denn er liegt (wie der nördliche Teil des Gardasees) in einem Windkanal. Baden ist allerdings nicht drin, zu kalt, wir sind auf fast 1500 m über dem Meeresspiegel. Und zu windig: Im Windkanal unterhalb des Sees stürzen die Nordwestwinde ungehemmt vom Reschenpass hinunter in den Vinschgau. Dafür macht die kleine „MS Hubertus" ein gutes Geschäft mit Seerundfahrten. Im Winter ist der See ein riesiger Eislaufplatz. Neuster Trendsport ist das Snowkiten, alljährlich steigt im Januar der spektakuläre Weltcup *International Snowkite Open*.

(Neu-)Graun: Der aus dem See ragende „Graue Turm", der Kirchturm des im Stausee versunkenen alten Graun, ist nicht nur das Wahrzeichen des neuen Ortes, sondern der ganzen Reschenregion. Bilder vom alten Ort und seiner allmählichen Überflutung sieht man im **Museum,** das leider nur sehr selten geöffnet hat. Gleich gegenüber vom Grauen Turm befindet sich der Landesteg des Ausflugsschiffs „MS Hubertus". Es ist fast 100 Jahre alt und fuhr früher auf dem Tegernsee. Am oberen Ende von Neugraun steht auf einem Hügel die gotische Kapelle *St. Anna* mit einem Fresko von 1600 am Portal. Eindrucksvoll ist der Blick auf den tiefgrünen See mit dem Turm. Vom Parkplatz am See ist man in 15 Min. oben.

Museum Vinschger Oberland Im Alten Gemeindehaus in Graun, Führung Juni bis Ende Sept. Do 17–18.30 Uhr, Juli/Aug. auch Di

Der Vinschgau → Karte S. 280/281

10–12 Uhr. Bilder zum untergegangenen Dorf, Infos zur Aufstauung des Sees und zum Neubau des Dorfs, Ausstellungsstücke auch zur bäuerlichen Geschichte. ✆ 348/0609560.

Reschen-Schifffahrt Die **MS Hubertus** fährt im Sommer von der Anlegestelle gegenüber dem Grauner Kirchturm ab, wegen Bauarbeiten an der Reschenseestraße aber erst wieder 2025. Ein Spaß, den es sonst nirgendwo in Südtirol gibt, und eine Möglichkeit, den berühmten Turm im See mal von einer anderen Seite zu fotografieren. Jacke mitnehmen, es kann ganz schön kühl werden, wir sind auf rund 1500 m Höhe! Juli bis Sept. tgl. um 15 Uhr, im Aug. auch 11, 12, 14, 15 und 16 Uhr, mindestens 10 Pers., Dauer ca. 1 Std., Erw. 12 €, Kinder 6 €, Treffpunkt beim Parkplatz am Turm. Infos auf schifffahrt-reschensee.com.

Reschen: Ein echter Straßenort – hier werden die Durchreisenden umworben, vor allem die zahlreichen Motorradfahrer. „Café Biker" heißt eines der Straßencafés un d verlockt mit ein paar Tischen am Straßenrand zu einem zischenden Hefeweizen. Die Seilbahn vom Ort entführt ins **Almgebiet Schöneben** auf ca. 2100–2300 m Höhe und in eine andere Welt, wo es im Sommer sehr ruhig, im Winter gelegentlich hektisch zugeht.

Hochmoor von Plamort: Ein lohnender Ausflug führt auf das Hochmoor von Plamort. Ab Reschen ca. 1:30 Std. und 600 hm, überwiegend Forstweg, auch mit MTB befahrbar. Wer oben die weit verzweigten und zugewachsenen Bunkeranlagen erkunden will, sollte sein Bike stehen lassen und zu Fuß weitergehen. In der Mitte der Hochebene befindet sich eine kuriose Panzersperre aus betonummantelten Holzpoldern mit massiven zylindrischen Eisenspitzen, ein allmählich verfallendes Relikt mit einem Hauch von Lost Place. Am Südrand der Hochebene bietet sich ein toller Blick über den türkisblauen Reschensee und den Haidersee bis hin zum mächtigen Ortler, im Westen das Rojental.

Abstecher zur Etschquelle: Gut beschildert, etwa 30 Min. ab Reschen, dann noch 5 Min. auf einem Waldweg. Die Etsch tröpfelt in 1550 m Höhe unspektakulär aus einer steinernen Rinne, plätschert unter einer Aussichtsplattform hindurch, ergießt sich in die Wiesen und schlängelt sich als schmales Band im Gras dem Reschensee entgegen. Kaum zu glauben, dass sie sich im Laufe der 425 km bis Rosolino Mare zu einem gewaltigen Strom entwickelt.

Bergbahn **Seilbahn Schöneben,** Ende Mai bis Mitte Okt. und in der Wintersaison; im Sommer 9–16.30 Uhr, einfach 17 €, Berg/Tal 20 €, erm. 13/15 €, Kombination mit Schöneben (s. u.) möglich. An der Bergstation steht seit Kurzem die überwiegend aus Holz errichtete und architektonisch beeindruckende **Schönebenhütte.** Im Sommer belagert von Mountainbikern, im Winter kommen die Skifahrer. E-Bike-Ladestation, Selbstbedienungsrestaurant mit guter einheimischer Küche, schoeneben.it.

Basis-Infos zu Reschen und dem Reschengebiet

Information **Ferienregion Reschenpass,** zum Tourismusverband gehören auch die Orte Graun, St. Valentin a. d. Heide und Langtaufers. Die Region arbeitet eng mit dem benachbarten Österreich und der Schweiz zusammen. Mo–Sa 9–12/14.30–18 Uhr, in der Nebensaison Sa nur vormittags, Reschen/Resia, Hauptstr. 22, ✆ 0473/633101, reschenpass.it.

Verbindungen Auch auf dem Verkehrssektor wird zusammengearbeitet: Die **Busse** des SAD fahren über die Grenze weiter bis Nauders, dafür transportieren österreichische Linienbusse Fahrräder auf der wegen der Tunnel unangenehm zu fahrenden Strecke zwischen Landeck und Nauders in einem extra Radanhänger, Infos auf postbus.at und viaclaudia.org.

Wandertaxi zur Grauner Alm, im Sommer jeden Mi um 9.30 Uhr, Start am Gemeindeparkplatz, 10/12 €, ✆ 335/6588855 oder im Tourismusbüro anmelden.

Vorteilskarten Die **3-Länder-Card** ermöglicht grenzübergreifend die Benutzung der

Graun – das versunkene Dorf

Wo sich heute der lang gestreckte, größte See Südtirols ausbreitet, befanden sich bis 1949 zwei kleine Seen, der Reschensee und der Mittersee, rundherum Wiesen, Weiden und Felder. Auch Bauernhöfe und das alte Dorf Graun mit etwa 670 Einwohnern lagen hier. Bereits seit 1920 gab es Pläne zur Errichtung eines Wasserkraftwerks. Sie wurden erst 1939 forciert, wobei die geplante Anhebung des Wasserspiegels von 5 auf 22 m den Graunern in ausschließlich italienischer Sprache so kurzfristig mitgeteilt wurde, dass niemand innerhalb der gesetzlich vorgeschriebenen Einspruchsfrist reagieren konnte. Damit war das Ende des Dorfes besiegelt. 1948 wurde mit dem Bau der Staumauer begonnen, die Gebäude wurden nach und nach abgerissen oder gesprengt. Im Sommer 1950 war der See vollständig aufgestaut. Die Toten des Grauner Friedhofs wurden exhumiert und an höherer Stelle im neuen Friedhof beigesetzt. Dort entstand auch der Retortenort Neugraun. 35 Familien siedelten sich dort an, der Rest wanderte aus. Nur der 1357 errichtete, denkmalgeschützte Turm der alten Pfarrkirche blieb unangetastet. Noch heute ragt er mit seinem romanischen Drillingsfenster im obersten Stockwerk und der noch spitzeren Turmhaube aus dem Wasser des Sees. Niemand fährt vorbei, ohne auszusteigen und dieses kuriose Bild zu betrachten. Bei der Grauner Bevölkerung weckt der Anblick eher traurige Erinnerungen, denn mit dem Stausee, heute ein beliebtes Freizeitrevier für Touristen, verschwand eine seit Jahrhunderten bestehende Dorfgemeinschaft in den Fluten.

Der Kirchturm von Graun

▪ „Das versunkene Dorf", Dokumentarfilm von Georg Lembergh, Begleitband im Raetia Verlag erschienen. „Ich bleibe hier" von Marco Balzano, bewegender Roman zum Thema.

Bergbahnen, der öffentlichen Nahverkehrsmittel, eine Schifffahrt, Eintritt in Museen und kulturelle Veranstaltungen, diverse Ermäßigungen. Erhältlich in den Infobüros, bei den Bergbahnen und in den Beherbergungsbetrieben, gültig Mitte Mai bis Mitte Okt. während der Betriebszeit der Bergbahnen. 3 Tage 55 €, 6 (innerhalb von 7 Tagen) 75 €.

Feste & Veranstaltungen Im September findet in der Region der **Almabtrieb** statt,

Der Vinschgau → Karte S. 280/281

dann geht es in den Gemeinden am Reschenpass hoch her, auf österreichischer wie auf Südtiroler Seite. Das bunt und oft aufwendig geschmückte Vieh wird von den Almen getrieben und für den Winter in die Ställe gebracht. Das ist wie überall im Ostalpenraum Grund zum Feiern. Eine Besonderheit ist die traditionelle **Schafschoad** in Grub/Langtaufers, wo die Rückkehr von etwa 1000 Schafen auf kulinarische Art gefeiert wird.

Radfahren/Mountainbiken/Enduro Am Reschenpass beginnt der beliebte 80 km lange **Etschradweg** entlang der früheren Handelsroute Via Claudia Augusta. Auch abseits dieser Route ist jede Menge geboten. Zahlreiche **Singletrails** für MTBer, in der Talsohle eher für Anfänger, im Hochgebirge anspruchsvolle Touren. Die **3-Länder-Enduro-Trails** mit ihren 25 Routen sind teilweise für Anfänger geeignet. Geführte Touren und Fahrtechniktraining auf ausgewiesenen Routen bieten die **Bikeschulen** von Südtirolbike (suedtirolbike.info) und VinschgauBike (vinschgaubike.com). **Radverleih** bei Sport Folie, Hauptstr. 32, ✆ 0473/633155, sport-folie.com.

Reiten **Kutschen- und (winterliche) Schlittenfahrten** am Reschen und am Haidersee, aber auch in die seitlichen Täler sowie **Reitkurse** (u. a. mit Haflingern) veranstaltet Elmar Habicher, Waldweg 23 in St. Valentin auf der Haide, ✆ 338/1798204.

Wassersport Der **Reschensee** ist kein Badesee, aber ein beliebtes Revier für **Kitesurfer** und **Segler.** Auf Anfrage führt der Segelverein Segelkurse durch, segelverein-reschensee.com. Die **Kiteschule** Proboarder bietet im Sommer Kite- und Stand-Up-Paddling-Kurse an, im Winter auch Snowkite-Kurse (kiteboarding-reschen.eu). Tageskarten fürs Kitesurfen am Kitespot in Graun, 25 €.

Wintersport **Zwei-Länder Skiarena** nennt sich der Skiverbund der Gebiete Nauders, Schöneben-Haideralm, Watles, Trafoi und Sulden, der mit einer Karte (theoretisch) die Nutzung von 211 km Pisten ermöglicht, Minimum 2-Tages-Karte bis hin zum Saisonabo. Der Tourismusverein Nauders gibt detaillierte Auskünfte über den österreichischen Anteil: Nauders, ✆ 0043/50225400, nauders.com. Das **Skigebiet Schöneben-Haideralm** allein umfasst 10 Aufstiegsanlagen und 65 km Pisten, darunter die längste Abfahrt im Vinschgau (4,3 km), möglich geworden durch die neue Kabinenbahn, die Schöneben und Haideralm verbindet, und die neue Verbindungsbahn St. Valentin – Schöneben. Attraktiver Snowpark und Funslope. Infos schoeneben.it.

Skischule Reschen bietet Kurse und Skikindergarten, mehrere Büros, u. a. an der Bergstation, ✆ 0473/420751, ski-reschenpass.com. **Verleih** von Ausrüstung bei Sport Folie (s. o.). **Rodeln** auf den beiden 1,5 km langen, abends beleuchteten Bahnen Talaiwald und Vallierteck. Wenn der Haidersee zufriert und der Eisring präpariert wird, dann ist **Eislaufen** angesagt, Schlittschuhe können beim Camping zum See ausgeliehen werden.

Panoramablick von Plamort auf den Reschensee

Übernachten/Essen & Trinken

In Reschen ******** **Seehotel,** prominent gelegenes Hotel in sonniger Panoramalage direkt am See, geräumige Zimmer und komfortable Suiten, auch Familienzimmer. Schöne Wellnessanlage mit Ausblick, toll für Familien ist der separate Spa-Bereich. Hauptstr. 19, ✆ 0473/633118, seehotel.it. **€€€€**

In Graun ****** **Goldener Adler,** der gemütlichen holzgetäfelten Stube mit ihrem schönen Kachelofen sieht man nicht an, dass sie – wie der ganze Ort Graun – neueren Datums ist. Zeitgenössisch wirken dagegen die renovierten Zimmer sowie der Sauna- und Dampfbadbereich. Wermutstropfen: gut gelegen, aber besonders am Wochenende nicht sehr ruhig, v. a. die Zimmer nach vorne nicht. Claudia-Augusta-Str. 3, ✆ 0473/633130, goldener-adler.it. **€€€**

In St. Valentin auf der Haide ****** **Mall,** sympathisches, kleines Hotel mit hübschen Zimmern, Sauna und Dampfbad, schöne getäfelte Stube, Angebote für Radfahrer, die auf Wunsch an den Startort ihrer Tour gebracht und am Ziel abgeholt werden. Landstr. 39, ✆ 0473/634633, hotel-mall.it **€€€**

****** **Mountain Living,** moderne Apartments bis 7 Pers., solides Mobiliar, ausgestattet mit neuen Küchenzeilen, Sauna, kleines Hallenbad. Ortslage, aber z. T. schöner Ausblick. Hauptstr. 27, ✆ 0473/634760, mountain-living.eu. **€€–€€€**

**** **Camping Thöni,** (sehr) kleiner Campingplatz – nur 30 Stellplätze – bei St. Valentin, der erste, den man, vom Reschenpass kommend, auf Südtiroler Gebiet antrifft. Gute sanitäre Anlagen, Spielplatz. Ganzjährig geöffnet. Gespann und 2 Pers. 24–28 €. Landstr. 83, ✆ 0473/634020, camping-thoeni.it.

****** **Camping Zum See,** beim Haidersee gelegener Platz mit neuen Sanitäranlagen, Bar und Restaurant, Kinderspielplatz. Im Winter Shuttle zum Skigebiet. Stellplatz und 2 Pers. 29–37 €. Camperstellplatz für 15 Wohnmobile, 12–15 €/24 Std. Ganzjährig geöffnet, Kirchgasse 26, ✆ 0473/634576, zumsee.it.

Der Vinschgau → Karte S. 280/281

Im Langtauferer Tal

Das Langtauferer Tal beginnt bei Graun auf 1500 m, steigt über wenige Kilometer bis auf 2000 m an und geht dann in einen gewaltigen Talschluss über, über dem wilde Wände und Ehrfurcht gebietende Gletscher bis in eine Gipfelzone zwischen 3300 und fast 3800 m reichen. Die *Weißkugel* (3738 m) steht dramatisch über diesem Talschluss, sie ist wie der gesamte Kammbereich Staatsgrenze mit Österreich. Der größte Gletscher des Talschlusses, der *Gepatschferner*, liegt jedoch nur zum kleinsten Teil auf Südtiroler Gebiet, der größte Anteil wälzt sich als gewaltige Eismasse nach Norden ins Kaunertal.

Im Sommer ist das Langtauferer Tal ein attraktives, wenn auch nicht für jeden günstiges Wandergebiet, sind doch alle Touren mit steilen Anstiegen auf den ersten 500 Höhenmetern verbunden, bis man die etwas flachere Almenzone erreicht hat. Zur Einkehr laden die **Melager Alm** (s. u.; mit einfachem Spaziergang ganzjährig zu erreichen, 45 Min.) und die ebenfalls ganzjährig geöffnete **Masebenhütte** (von der Talstation des geschlossenen Masebensesselliftes in Kappl in etwa 1:30 Std. zu Fuß oder mit Shuttle-Service). Im Winter ist das Tal ein **Langlaufparadies** – 35 km Loipen geringer Schwierigkeit durchziehen den Talboden! Auch Skitouren und Schneeschuhwanderungen bieten sich an.

Melag und der Talschluss: Die eng gebaute, urwüchsige Hausgruppe von Melag ist die hinterste und höchste des Tals, 1915 m liegt sie hoch! Von hier führen alte Wege weiter zur **Melager Alm** auf gleicher Höhe, man muss zunächst sogar ein Stück absteigen, denn Melag liegt auf einer erhöhten Felsbarriere mit Blick nach unten wie oben. Ab der bewirtschafteten und stark besuchten Alm wird's steil, der serpentinenreiche Weg zur **Weißkugelhütte** ist jedoch von allen rüstigen Gehern zu schaffen. Bei der Hütte angekommen, genießt man ein Panorama, mit dem sich wenige der Ostalpen vergleichen können. Es wird vom (deutlich zurückgehenden) *Langtauferer Ferner* und vor allem von dem mit Gletschern umhüllten Gipfel der *Weißkugel* (3738 m) dominiert. Zum Gletscher führt ein problemloser Fußweg (Schild bei der Hütte), wer mehr plant, etwa die relativ leichte *Vordere Karlesspitze* (3231 m) oder gar die *Weißkugel*, eine mittelschwere Gletschertour, braucht alpine Erfahrung, die komplette Ausrüstung einer hochalpinen Bergtour und gutes Wetter.

Hütten Masebenhütte, 2267 m, das Skigebiet Maseben (Sessellift) wurde zwar schon vor einiger Zeit stillgelegt, aber oben auf der Hütte existiert noch – oder wieder – der einzige Schlepplift. Zu verdanken ist dies dem Wirt der Maseben Hütte Alessandro Secci, der aus der Hütte ein beliebtes Ausflugsziel, sommers wie winters, gemacht hat (zu Fuß auf Forstweg durch den Wald in 1:30 Std.). Übernachtung in gemütlichen 2- und 4-Bett-Zimmern und im Lager Ü/HP 80–100 €, Shuttleservice möglich. Klassische Almküche mit Selbstgebranntem zum Abschluss. ✆ 0473/633106, maseben.it.

meinTipp **Melager Alm,** 1970 m, 2018 wurde die Hütte umgebaut und erweitert, der Gastraum nun ein ansprechend rustikal-moderner Stilmix mit Panoramaausblick, ausgezeichnete, deftige Südtiroler Küche. Geöffnet Mitte Juni bis Mitte Okt. und in der Wintersaison, Mo Ruhetag, ✆ 338/9129288.

Tour 18: Wanderung von Melag auf die Weißkugelhütte^GPS^

Tour-Info: Reizvolle Hüttenwanderung mit Ausblicken auf die Weißkugel und Nahblicken auf den Langtauferer Ferner. Dauer 3:15–3:30 Std.; Höhenunterschied ↑↓ 670 m. Anfahrt mit dem Pkw bzw. mit dem Linienbus von der Reschenstraße durch das Langtauferer Tal bis Melag. Karten: Tabacco (1:25.000) Blatt 43; Kompass (1:50.000) Blatt 52.

Vom Parkplatz in Melag **A** nimmt man das für den öffentlichen Verkehr gesperrte Sträßchen zur Melager Alm, das zuerst ein kurzes Stück bergab und dann fast flach in Richtung Talschluss führt. Bei der ersten Brücke **B** wie bei der zweiten Brücke **C** geht man geradeaus weiter, ab der Letzteren auf einem markierten Trampelpfad, der aber kurz darauf wieder den guten Steig von der Alm zur Weißkugelhütte erreicht. Auf diesem bergan, Serpentinen, die Aussicht ist beschränkt, öffnet sich aber ganz plötzlich auf einer kleinen Verflachung in einer sanften Linkskurve **D** und zeigt uns nun die Weißkugel. Weiterhin kurvenreicher Aufstieg, bei einer Bank mit Kreuz **E** hat man dann Verschnaufmöglichkeit und die Gelegenheit, das inzwischen nochmals größer gewordene Panorama zu bewundern, das nun auch den Kamm zum Vernagl (links der Weißkugel) umfasst. An einer Gabelung **F** rechts bzw. in gleicher Richtung weiter, hier werden wir beim Abstieg abbiegen. Unter der Hütte links eine Lacke mit hübschen Spiegelungen, dann sind wir bei der Weißkugelhütte angelangt **G** (2542 m, 2 Std.). Panorama der Sonderklasse, zum Langtauferer Ferner führt unmittelbar von der mit Bänken und Tischen förmlich gepflasterten Terrasse ein Steig hinüber.

Zurück bis zur vom Aufstieg schon bekannten Abzweigung **F** und dort nach rechts. Schöner Steig durch Almgelände, im Frühsommer blumenreich. Bei der Inneren Schäferhütte **H** besonders saftige Weiden in einer Mulde, nach rechts führen alpine Steige auf Nockspitze, Karlesspitzen und Weißseespitze, sämtlich 3000er (nur die Nockspitze ist für Normalgeher einigermaßen leicht). Weiter auf unserem Weg in sanftem Auf und Ab durch Almwiesen, die ganz plötzlich an einem Kreuz über einer Steilpassage **I** mit Blick auf Melag und das oberste Langtauferer Tal enden. Runter auf schlechtem, weil ausgetretenem Weg und über

Wiesen zum Sträßchen **J**, das uns in wenigen Minuten hinauf und zurück nach Melag bringt **K.**

Weißkugelhütte, 2542 m, seit vielen Jahren ist ein Neubau dieser zwar urigen, aber auch abbruchreifen Hütte geplant, der neue Pächter heißt seit 2022 Norbert Thöni. Er konnte 2023 das 130 jährige Bestehen der Hütte feiern, vermutlich werden noch ein paar Jahre hinzukommen. Geöffnet Mitte Juni bis Anf. Sept., ✆ 0043/664/5338923.

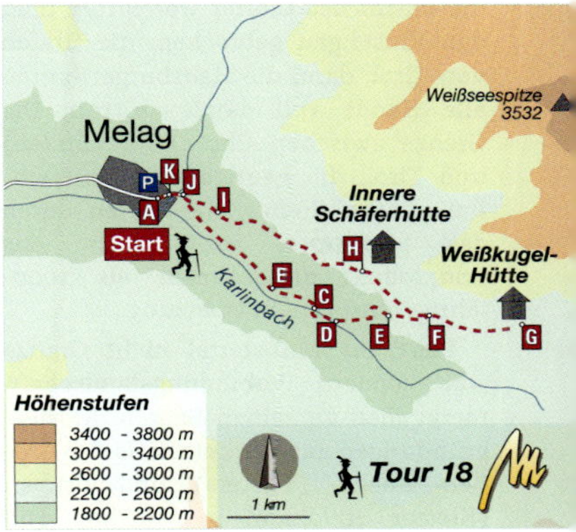

Praktische Infos zum Langtauferer Tal

Parken/Einkehr In Melag, dem letzten Ort im hinteren Langtauferer Tal gebührenpflichtiger Parkplatz, 1 €/Std., 8 €/Tag. Dort befindet sich die kleine Imbissstube Evi's Hüttl.

Einkaufen Die **Hofkäserei Gamsegg** verkauft leckeren Bio-Käse aus Kuh-, Schafs- und Ziegenmilch in ihrem schönen Hofladen, auch Hofführungen und Verkostungen sind auf Anfrage möglich. Melag 11, gamsegghof.it.

Wintersport **Langlaufen** auf der Höhenloipe Langtaufers, 15 km, Tageskarte 6 €. **Naturrodelbahn** bei Kapron, **Skitouren** und Schneeschuhwanderungen Richtung Weißkugel- und Maseben Hütte, dort auch ein Schlepplift.

Übernachten/Essen ****** Langtaufererhof,** die Lage dieses Hotels auf 1870 m ist besonders schön und aussichtsreich und vor allem ruhig. Geräumige Zimmer, neue Suiten geschmackvoll im Alpin-Stil, Wellnessbereich und Dachsauna. Saisonale Küche. Kappl 3, ✆ 0473/633551, langtaufererhof.it. **€€€–€€€€**

Fliri, wer schon immer mal in einem Klima-Strohhaus übernachten wollte, ist hier richtig. 2 liebevoll eingerichtete Wohnungen und 2 weitere gemütliche Apartments im Haupthaus des Biobauernhofs von Richard Fliri. Langtaufers 11a, ✆ 347/1842961, fliri.net. **€€**

Melaghof, 2 hübsche Ferienwohnungen mit Balkon für 2–5 Pers. auf einem Bauernhof in sonniger Lage im hintersten Langtauferer Tal. Langtaufers 9, ✆ 0473/633569, melaghof.it. **€€**

Das Münstertal

Nur der kleinste Teil des Münstertals gehört zu Südtirol, der Großteil liegt in der Schweiz. Das schmale Tal zwischen Glurns und Taufers wird vor allem von Wald eingenommen, nur bei Taufers weitet es sich und erlaubt Platz für Dorf, Wiesen und Felder. Wer die Grenze nach Graubünden überschreitet, trifft im rätoromanischen Müstair auf den alten Hauptort des Tals.

Sieht man sich eine Übersichtskarte der Alpen an, erkennt man die verkehrsmäßige Bedeutung, die das Münstertal hat: Es verbindet über den 2149 m hohen Ofenpass den Vinschgau und ganz Südtirol mit dem Engadin sowie über Flüela- und Albulapass mit ganz Graubünden und damit der alten Bischofsstadt Chur. Der Bischof von Chur wurde 772 von Karl dem Großen zum Verwalter von Churrätien bestellt, einem riesigen Gebiet, das zum Teil noch gar nicht erobert war (erst 774 besiegte Karl endgültig das Langobardenreich) und zu dem auch der gesamte Vinschgau gehörte. Erst langsam wurde die Macht des Churer Oberhirten über den Vinschgau gebrochen, die Grafen von Tirol, dann die Habsburger hatten alle Hände voll damit zu tun. Die Grenze zwischen Chur (Graubünden) und Tirol, die heutige schweizerisch-italienische Grenze, die mitten durch das Münstertal verläuft, ist das Endprodukt dieser mehr als 1000-jährigen Auseinandersetzung.

Dass das Münstertal nicht Grenze war, sondern Verbindungslandschaft, merkt man an seinen Bauten: Klostergründungen aus der Zeit Karls des Großen hüben (Taufers) und drüben (Kloster St. Johann in Müstair) und Festungen (zwei Ruinen über Taufers). Bis vor gar nicht so langer Zeit gab es eine gemeinsame Sprache, das Rätoromanische, das heute noch mit seinen verschiedenen Dialekten in Graubünden – hier im Schweizer Münstertal als Teil Graubündens ist es das „Jauer“ – gesprochen wird; im Vinschgau ist die Sprache erst in der Neuzeit ausgestorben und hat dem Deutschen Platz gemacht hat.

Information Für den Südtiroler Teil in den **Infobüros des Tourismusverbands Obervinschgau,** Hauptsitz in Mals, vinschgau.net. Für den Schweizer Teil: **Gäste-Information Val Müstair,** Tschierv, ✆ +41/81/8618840, valmuestair.ch.

Verbindungen **Pkw:** durch das Münstertal gute Straße vom Vinschgau. Straße über den Umbrailpass nach Bormio bzw. über das Stilfser Joch in den oberen Vinschgau.

Bus von Mals wochentags 6x per Bus nach Taufers und über die Grenze nach Müstair und Zernez, dort Bahnanschluss nach St. Moritz und Landquart.

Mit dem **Rad** von Mals nach Müstair und zurück sind es 23 km, Dauer 2 Std., 260 hm, eine gemütliche Tour.

Taufers

Nahe der Schweizer Grenze liegt der alte Ort Taufers an einer sonnigen Stelle des Münstertals. Die Burgen auf dem Waldhang darüber bezeugen die frühere strategische Bedeutung als Grenzort, das Johanniterspital erinnert an die Lage an einem bereits im Mittelalter wichtigen Verkehrsweg.

> In Müstair beginnt auch die **Alpine Straße der Romanik,** ein Projekt, in dem neben Müstair noch 24 romanische Bauwerke im gesamten Vinschgau (in Taufers ist das die St.-Johann-Kirche) sowie die Burgkapelle Hocheppan und die St.-Jakob-Kirche in Tramin gemeinsam präsentiert werden. Es gibt dazu eine schön aufgemachte und informative Broschüre samt Karte. Diese Bauwerke sind auch am **Tag der Romanik** zu besichtigen, der jährlich im Oktober stattfindet, stiegenzumhimmel.it.

Taufers gehört zwar wie das Münstertal zur Region Vinschgau, ist sich aber seiner gesonderten Stellung an der Schweizer Grenze, der eigenen, mit Müstair und dem Bistum Chur verbundenen Geschichte sehr bewusst.

Sehenswertes/Ausflüge

Ortsbild: Taufers ist ein lang gezogenes Straßendorf mit schönen *Außenfresken* an einigen Häusern. Bemerkenswert sind vor allem die Fresken an Nr. 65 der Hauptstraße (St.-Johann-Straße) oder der gotische Spitzbogeneingang von Nr. 67.

St. Johann Kirche: Nähert man sich Taufers vom Vinschgau her, ist das erste Gebäude, das man zur Rechten passiert, ein seltsames Konglomerat romanischer und gotischer Elemente, Wohnhaus und Kirche, auf zwei unterschiedlichen Niveaus. Es handelt sich um das ehemalige **Johanniterhospiz St. Johann** (später von den Maltesern geführt) samt Kirche. Diese wurde 1222 in romanischen Formen errichtet. In der dreigeschossigen *Sakristei,* die man nur mit einer Führung besichtigen kann, wird eine *Ausstellung zur Romanik* gezeigt, die einen hervorragenden Überblick der romanischen Kunststätten des Vinschgaus gibt. Versäumen Sie nicht, sich die äußere Nordwand der Kirche anzusehen. Das *Fresko des hl. Christophorus* ist das älteste Südtirols, möglicherweise der gesamten Alpen, nicht romanisch, sondern stark byzantinisch beeinflusst, wie man an dem „Christuskind" sieht, das als Mini-Erwachsener mit Buch und Segenshand dargestellt ist. Warum das Fresko an die Nordseite gemalt wurde, an der niemand vorbeikommt? Von wegen: Hier verlief die wichtige Straße Vinschgau – Chur, bevor die heutige Straße unterhalb gebaut wurde.

■ **Kirche** tgl. 9.30–17 Uhr. Führungen von Juni bis Ende Okt. Mi 16 Uhr, 4 €.

Pfarrmuseum St. Michael: In der Michaelskirche neben der Pfarrkirche von Taufers werden einige Kunstwerke aus den acht Kirchen von Taufers gezeigt, darunter vor allem ein *spätgotischer Flügelaltar* (1520) aus der Martinskirche.

■ Besichtigung Juli bis Mitte Okt. Mi 10–12 Uhr bei freiem Entritt. Auskunft im Tourismusbüro Mals, ✆ 473/831190.

Zu den Ruinen Raichenberg und Rotund: Über Taufers lagen zwei schwer bewaffnete Burgen, die heute als Ruinen nur noch von den Zeiten träumen, als die Schweizer gefährliche Grenznachbarn waren. Wer die beiden besuchen will, muss das auf einer Wanderung machen (hin/zurück 1:40–2 Std.). Die lediglich zu Fuß erreichbare Ruine Raichenberg besteht fast nur noch aus einem Rundturm, die anderen Gebäude sind verfallen oder bescheidene – und nicht ungefährlich zu begehende – Mauerreste. Rotund (= Rund) hat noch das Geschützrondell seiner Entstehungszeit (16. Jh.), als man erstmals begann, militärische Anlagen systematisch anzulegen. Der runde Turm der Burg ist viel älter, entstand wohl schon im 12. Jh. Am Sockel haben seine Mauern 2,5 m Durchmesser!

Weg-Info: Sträßchen (Kirchgasse) ab Taufers zum Baustadlhof (ab Ortsmitte Schilder mit der 6), von dort Wanderweg 6 zum Schlosshof und der Ruine Rotund. Zurück zum Baustadlhof und halblinks auf Weg ohne Markierung zur Ruine Raichenberg und hinunter zum Hangfuß, wo man Weg 8 erreicht, der entlang dem Turnaunawaal verläuft. Nach links zurück nach Taufers. Rotund erreicht man auch auf der beim Johanniterhospiz beginnenden Zufahrtsstraße zu den Bergbauernhöfen Eckhof und Gand.

Praktische Infos

Einkaufen **Speck und Wurstwaren** in hoher Qualität erzeugt die Metzgerei Mair im Ortszentrum.

Übernachten ****** Tuberis,** das Hotel Lamm hat sich in ein modernes und äußerst komfortables „Nature & Spa Resort" verwandelt. Hallenbad und Pool im Garten, weitläufige Saunalandschaft und Beautybereich. Für Kinder Spielplatz, Streichelzoo und Pferde. Gemütliche, geschmackvoll modernisierte Zimmer und ein Restaurant mit Bioprodukten aus Eigenbau. St.-Johann-Str. 37, ✆ 0473/832168, tuberis.com. **€€€€**

Ferienhaus Mangitz, das Haus aus dem 15. Jh. wurde vorbildlich restauriert und beherbergt seitdem 2 zeitgemäß schlichte, aber dennoch komfortable Apartments für 2–4 Personen, St. Johannstr. 23, ✆ 339/7532762, fewotaufers.com. **€€**

Der Vinschgau → Karte S. 280/281

Müstair

(Schweiz), Kanton Graubünden

Kaum hat man bei Taufers die Grenze überschritten, hat man schon Müstair erreicht, das schweizerische „Münster" des hl. Johannes des Täufers, rätoromanisches Sprachgebiet und Territorium des Schweizer Frankens (niemand hat Probleme mit dem Euro, im Supermarkt gibt es zwei parallele Auszeichnungssysteme und Kassen).

Die **Klosterkirche St. Johann in Müstair** ist eines der ganz großen Ziele von Kunstfreunden. 1983 kam die Gründung der Bischöfe von Chur aus der Zeit Karls des Großen (770) auf die UNESCO-Liste der Weltkulturgüter. Benediktiner (wie in Burgeis-Marienberg) bauten das Kloster auf und machten das Land urbar, strategische Überlegungen spielten beim Bau wohl auch mit. Rechts über der Straße – kommt man von Taufers – liegt der stattliche Klosterbau (heute von Benediktinerinnen geführt), der von der wuchtigen romanischen Kirche mit drei halbrunden Apsiden, dem eher plumpen Glockenturm und einem weiteren wuchtigen Turm, dem Plantaturm aus der Zeit der Verteidigung gegen die Ungarn und Awaren, bestimmt wird.

Die eigentlichen Kostbarkeiten findet man innen: romanische und – das ist sehr ungewöhnlich und rar und war ausschlaggebend für die UNESCO-Liste – karolingische Fresken. Der riesige Bilderzyklus (ehemals 82 Szenen) verarbeitet in gedeckten Tönen spätantike, byzantinische und frühmittelalterliche Kunstströmungen in Darstellungen zum Alten (David) und Neuen (Passion) Testament. Die Stilunterschiede zwischen den karolingischen und romanischen Fresken sind frappant, eine Verwechslung der beiden Stile und Zeiten ist auch für Laien kaum möglich: Die präromanischen Darstellungen passen den Rahmen dem Bildinhalt an, die romanischen passen umgekehrt den Bildinhalt in den aus architektonischen Gründen vorgegebenen Rahmen an (wie die Rundung eines Tympanons). Und während etwa bei Gewändern die präromanischen Darstellungen den Faltenwurf naturalistisch wiederzugeben versuchen, sind die romanischen stark stilisiert. Nicht zu übersehen ist eine Statue am rechten Ende der Hauptapsis, sie stellt Karl den Großen in Kaiserpose und mit der alten Reichskrone dar. So schön es wäre, sich darunter ein Portrait vorzustellen, so wenig trifft das zu. Die Statue wurde erst 1165/66 geschaffen, nachdem Kaiser Friedrich Barbarossa die Heiligsprechung seines Vorgängers erzwungen hatte.

Ein erweitertes **Museum** entstand in den Räumen nördlich der Kirche, Führungen umfassen auch den Plantaturm und Klosterräume, Auskunft an der Pforte (mit Buchladen). Im Museum u. a. karolingische Reliefs und – noch viel ungewöhnlicher als die Fresken – karolingisches Buntglas.

Etwas abseits am Kirchweg steht ein weiteres karolingisches Kleinod mit prächtigen Wandbildern – die **Heiligkreuzkapelle.** Seit dem Abschluss der Renovierungsarbeiten 2018 (man entdeckte dabei karolingische Malereien am Ostgiebel – einzigartig in Europa!) erstrahlt sie neuem Glanz und kann im Rahmen einer Führung besichtigt werden.

Verbindungen **SAD-Busse** ab Mals über Taufers nach Müstair bis zu 10x pro Tag, aus dem Engadin Bahn bis Zernez und **Postauto** über den Ofenpass nach Müstair.

Klosterkirche Ganzjährig geöffnet, Mai bis Okt. Mo–Sa 9–17, So 13.30–17 Uhr, im Winterhalbjahr 10–12/13.30–16.30 Uhr, So nur nachmittags. Die Heiligkreuzkapelle kann nur mit Führung (12 CHF) besichtigt werden. Auf der Webseite gibt es eine informative und gut aufbereitete virtuelle Führung durch Klosterkirche und angrenzendes Gelände. Infos unter ✆ 0041/(0)81/8586189, muestair.ch.

Museum Öffnungszeiten wie Kirche, Eintritt 12 CHF, erm. 6 CHF, Führungen Museum, Kirche und Kapelle (auch in Kombination) jeweils 12 CHF, genaue Termine im Veranstaltungskalender auf der Webseite.

Übernachten **Gästehaus St. Johann,** Zimmer (teils Gemeinschaftsbad) im Gästehaus des Klosters, Aufenthaltsraum mit Klavier, Biogarten-Küche, Möglichkeit, am klösterlichen Leben teilzunehmen. Ü/FR ab 65 CHF. ✆ 0041/(0)81/8516223, muestair.ch.

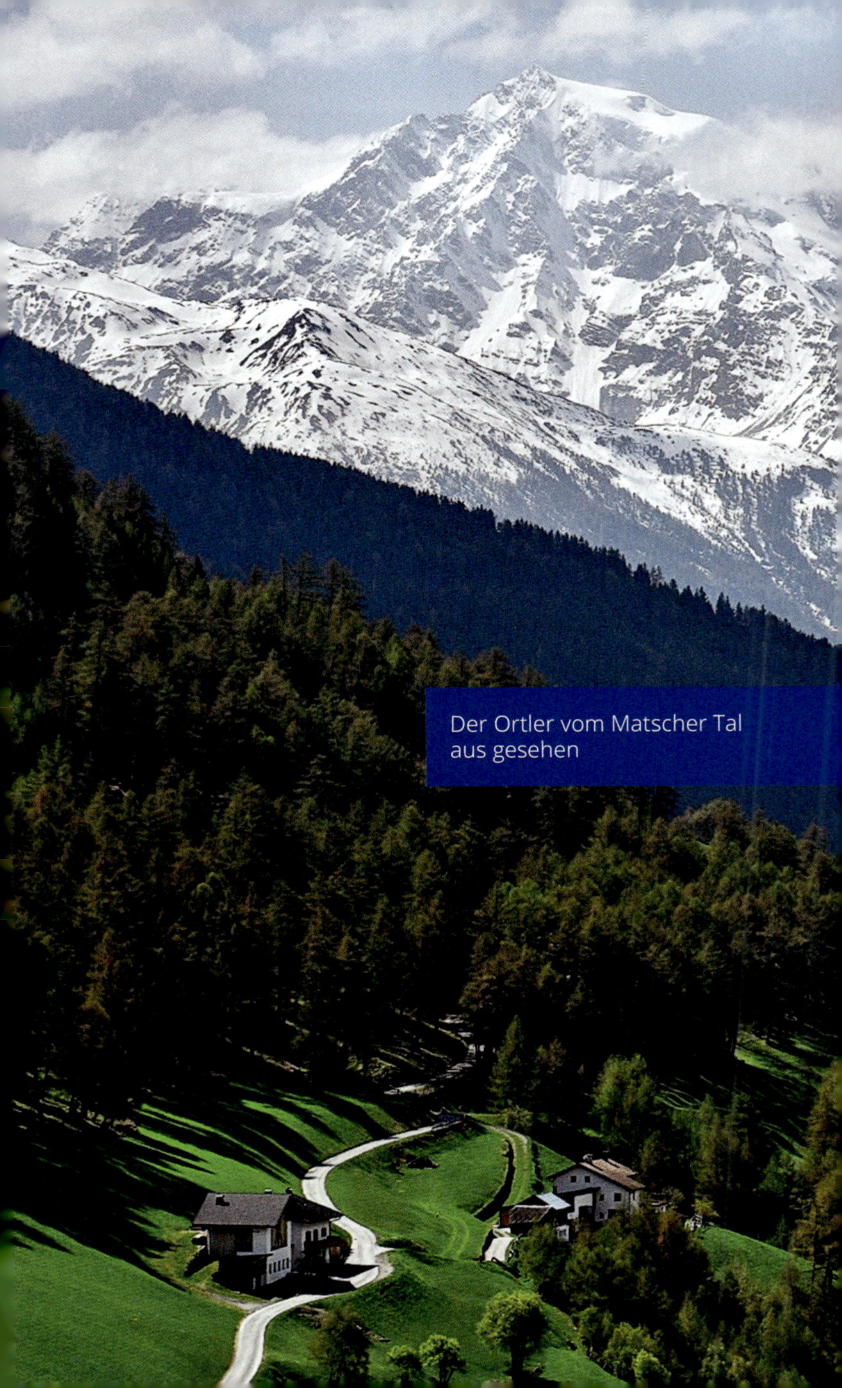

Der Ortler vom Matscher Tal aus gesehen

Pustertal und nördliche Dolomiten

„Puschtra" nennen sich die Pustertaler untereinander. Ihr Tal verbindet das Tirolerische im Norden mit dem Ladinischen im Osten und ist zudem die Hauptverkehrsachse ins österreichische Osttirol. Ziemlich italienisch geht es dagegen zu am Pragser Wildsee – was nicht zuletzt an Terence Hill liegt.

- **Saison-Tipp:** Im Winter ist das Pragser Tal eiskalt, aber wunderschön und weit weniger überlaufen als in den übrigen Jahreszeiten.
- Offizielle **Infos zur Region** auf kronplatz.com und dreizinnen.info.

Von Brixen in Südtirol bis Lienz in Osttirol zieht das **Pustertal** eine Linie zwischen den Zentralalpen im Norden und den Dolomiten im Süden. Wer ins Pustertal reist, kann also bequem zwei unterschiedliche Landschaften besuchen, je nachdem, ob er sich nach Norden oder Süden wendet. Massive Gebirgsketten aus dunklem Gestein, lange Täler wie das **Ahrntal** (mit seiner Fortsetzung Tauferer Tal) und das **Antholzer Tal** führen knapp an den Alpenhauptkamm im Norden, hoch über der 3000er-Höhenlinie. Die nördlichen Dolomiten auf der Südseite hingegen, **Pragser und Sextener Dolomiten,** sind einzelne Gebirgsstöcke mit ausgedehnten (Alm-)Plateaus und hellen, verwitterten Dolomit-Zähnen wie den Drei Zinnen. **Bruneck, Toblach** und **Innichen** bieten interessante, oft historische Ortskerne, kurze Wege in beide Alpen-Regionen und eine perfekte Hotellerie.

Was anschauen?

Bruneck: die historische Altstadt mit der schäumenden Rienz ist ideal für einen idyllisch-entspannten Einkaufs- und Kulturbummel. → S. 392

MMM Corones und Lumen – die Museen auf dem Kronplatz: Reinhold Messners Bergphilosophie trifft spektakulär auf die Geschichte der Bergfotografie. Kombiniert mit einem Spaziergang um das Gipfelplateau ist das ein panorama- und lehrreicher Tagesausflug! → S. 404

Stiftskirche von Innichen: einer der schönsten und größten romanischen Sakralbauten Südtirols. → S. 446

Bauernhofmuseum in Dietenheim: malerisch am Eingang des Antholzer Tals.

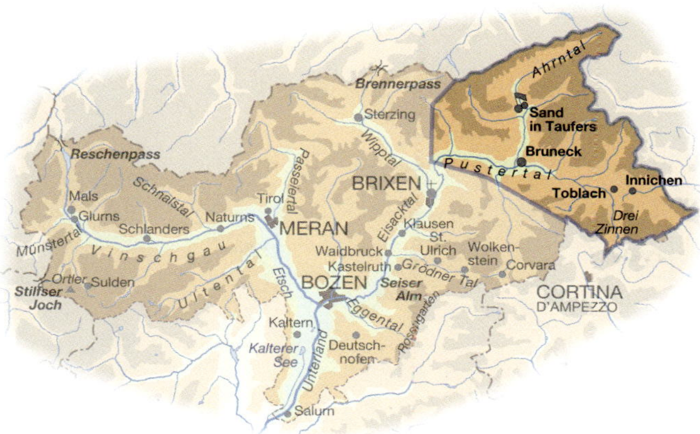

Dutzende historischer Höfe gruppieren sich locker auf dem weiten Gelände, ein spannender Ausflug in die bäuerliche Geschichte Südtirols! → **S. 395**

Was unternehmen?

Visite am Pragser Wildsee: Auch wenn Terence Hill als TV-Förster halb Italien anlockt, lohnt sich der Ausflug – nur nicht gerade im August und möglichst frühmorgens oder in der Abenddämmerung. Der tiefgrüne See, der vom Felsmassiv des Seekofels überragt wird, lässt sich gut und leicht umwandern. → **S. 441**

Die Drei Zinnen im Blick: Entweder zu Fuß über das **Fischleintal** auf toller Bergwanderung oder per Auto vom **Misurinasee** aus (teure Maut; bleibt man auf der Südseite wirkt das Massiv wie eine Zinne). Oder mit dem Teleobjektiv vom **Aussichtspunkt im Höhlensteintal** aus der Ferne. → **S. 443**

Zur Fane-Alm: Zu Fuß, mit dem MTB oder mit dem Shuttle-Bus zum Hüttendorf in saftig grünen Wiesen, umgeben von mächtigen Gipfeln, samt zünftiger Einkehr. → **S. 385**

Was sonst?

Auf dem Radweg von Toblach nach Cortina: Man fährt auf einer ehemaligen Bahntrasse, die über 32 km erst gemächlich, später spektakulär durch das Höhlensteintal und zwischen den mächtigen Gebirgsstöcken von Cristallo und Tofanen hindurchführt. → **S. 443**

Auf Gustav Mahlers Spuren: Das Komponierhäuschen in Altschluderbach sowie der Trenkerhof erinnern an die Besuche des Komponisten, der hier an der 9. und 10. Symphonie arbeitete. Im Sommer stehen bei den **Musikwochen in Toblach** seine Werke auf dem Programm. → **S. 437**

Wo essen und trinken?

Spanglwirt in Sand in Taufers: Hier gibt's hervorragende Küche im stimmungsvollen Gewölbe zu Füßen der Tauferer Burg. → **S. 410**

Moosalm im Gsieser Tal: Die zünftige Alm im modernen Holzlook mit großer Terrasse bietet deftige Küche. Drum herum wundervolle Natur. → **S. 431**

Sichelburg in Pfalzen: Ein Vergnügen für alle Sinne ist die italienisch-südtirolerische Crossover-Küche mit asiatischer Note in einem 700 Jahre alten trutzigen Gebäude. → **S. 392**

Seiterhof bei Toblach: In einem Seitental weit hinten und oben über Toblach liegt dieser große Hof mit authentischer Küche (Schlutzer, Nocken) und einem unübertroffenen Blick auf Pustertal und Sextener Dolomiten von der sonnigsten Terrasse Südtirols! → **S. 439**

Mayrhofen
Zemmtal
Rosswandspitze 3157
Stafflach
Hoher Riffler 3231
Gefrorene Wand 3250
ÖSTERREICH
Ochsner 3107
Wollbachs
Großer Löffler 3379
Zillertaler A
Schrammacher 3410
Schlageis-Speicher
Großer Greiner 3201
Schwarzenstein 3369
Brennerpass 1375
Pfitscher Joch 2251
Großer Möseler 3479
Ahr
Steinh
Brennerbad
Hochferner 3470
Hochfeiler 3510
St. Johann
Kematen
Amthorspitz 2749
Neves-Stausee
Weißenbach
Luttach
Ahor
Wilde Kreuzspitze 3132
Speikboden 2517
Lappach
Sand in Taufers
Dun
Hochgrubbachspitze 2809
Mühlwald
Mühlwalder Tal
Müh
Pfunders
Pfunderer Tal
Freienfeld
Windeck 2418
Uttenheim
Sterzing
Gitsch 2510
Lanebach
Mauls
Gitschberg-Jochtal
Weitental
Tauferer Tal
Gais
Valser Tal
Vals
Terenten
St. Sigmund
Issing
Gießba
Mühlbacher Klause
Vintl
SS 49
Kiens
St. Georgen
Mittewald
Rienz
Ehrenburg
Pfalzen
Bruneck
Mühlbach
Pustertal
Schloss Ehrenburg
Sonnenburg
St. Lorenzen
Rodeneck
Sebatum
Schabs
Burgstall 2194
Reis
Natz
Lüsner Tal
Gadertal
Kronplatz 2273
Vahrn
Lüsen
Neustift
A 22
Brixen
Zwischenwasser
SS 12
St. Leonhard
Stufels
Plose 2504
Maurerberg 2332
Milland
Großer Gabler 2575
St. Andrä
Untermoi
St. Vigil
Klerant
Eisack
St. Martin in Thurn
Palmschoß
Feldthurns
Latzfons
Würzjoch 2006
SS 244
Wengen
Peitlerkofel 2875
Villnöss
Aferer Geisler
Campill
Klausen
Villanders
Villnösser Tal
Gaderbach
Heiligkreuzko 29
Lajen
Sass Rigais 3025
Abtei
Barbian
Seceda 2519
Geislerspitzen
Puez 2568
Lava
Waidbruck
Naturpark Puez-Geisler
Stern
SS 242
St. Ulrich
Kastelruth
Kassianer Tal
St. Kas
St. Christina
Kolfuschg
Piz La Ila 2078
Wolkenstein
Seis
Corvara
Grödner Joch 2121
Bozen
SR 48

Pustertal und Nördliche Dolomiten
3,5 km
Rauhkofel 3251
Krimmler Tauern 2633
Birnlücke 2667
Napfspitz 3144
Hundskehljoch 2607
Dreihermspitze 3498
Zopetspitze 3198
Heilig Geist
Gamstod 3128
Hoher Rosshuf 3199
Kreuzspitze 3155
Prettau
Kasern
Quirl 3251
Rötspitze 3495
St. Peter
Lenkspitz 3105
Hinterbichl
Prägraten
Löffelspitze 3190
Hohes Kreuz 3159
Virgental
. Jakob
Klammljoch 2288
Totenkarspitze 3133
Stampfles-kopf 3071
Lasörling 3098
Keeseck 3173
Durreck 3130
Dreieckspitze 3030
Alplesspitze 3149
Rein in Taufers
Oberhaus
Reinbach
Lenkstein 3236
Rieserfernergruppe
Erlsbach
St. Jakob in Defereggen
Defereggental
Fensterkofel 3140
Ruthner Horn 3358
Hochgall 3436
Stallersattel 2052
Gsieser Törl 2205
Hochalmspitze 2797
Schwarze Wand 3105
Antholz Obertal
SP 44
Antholzer See
Rote Spitze 2956
Weiße Spitze 2963
Antholz-Mittertal
Rotwand 2818
Riepenspitze 2775
Hohes Haus 2784
Grentealm
Amperspitz 2687
St. Magdalena
Antholzer Tal
Gsieser Tal
Niedertal
chnall 2337
Innervill-graten
Eisatz 2493
St. Martin
Lutterkopf 2145
Kalkstein
Oberrasen
Toblacher Pfannhorn 2663
Außervillgraten
Rasen-Antholz
Taisten
Unterplanken
SS 49
Welsperg
Olang
Welsberg
Niederdorf
Aufkirchen
Wahlen
Lienz
Hochpustertal
Sillian
Toblach
Altschluder-bach
SS 49
Innichen
Vierschach
Prags
Pragser Tal
Rienz
Neu-Toblach
Helm 2433
aurerkopf 2567
Sextener Tal
turpark anes-ennes-Prags
Toblacher See
Haunold 2966
Sexten
Moos
Pragser Wildsee
Bad Moos
Seekofel 2810
Dürrenstein 2839
Ofenmauer 2458
Naturpark Sextener Dolomiten
Höhlensteintal
Fischleinboden
Kreuzbergpass 1636
Sennes
Plätzwiese
Sextener Rotwand 2965
Sennes
Hohe Gaisl 3146
Schluder-bach
Dürrensee
Gemärk 1530
M. Piana
Drei Zinnen 2999
Zwölferkofel 3094
Passo di Limo 2172
Pàdola
SS 51
SP 49
Boite
Cristallo 3221
Misurina
Lago di Misurina
SR 48
Tofane 3244
Cortina d'Ampezzo
A 22, Bozen, Trento
A 27

Das Unterpustertal

Von Franzensfeste bis knapp vor Bruneck ist das Tal des Flusses Rienz eng und schattig. Die meisten Besucher zieht es eher in die sonnigen Längstäler oder gleich nach Bruneck, dem wichtigsten Ort des gesamten Pustertals.

Das Unterpustertal selbst ist wenig besiedelt, sieht man von Markt- und Verwaltungsorten wie Mühlbach und Vintl ab. Die sonnigen Nebentäler Valser Tal und Pfunderer Tal ziehen von Norden zum Unterpustertal, beide mit hübschen Bauerndörfern und vielen Tiroler Paarhöfen. Von hier aus lassen sich die eisbedeckten Gipfel der Zillertaler Alpen ersteigen, allen voran der Hochfeiler an der Grenze zu Österreich, aber auch die wunderschöne hochalpine Landschaft um den Eisbruggsee.

Auf der Sonnenterrasse zwischen Terenten und Pfalzen ist die Besiedelung besonders dicht, hier gedeiht mehr, die Tage mit Sonnenschein sind häufiger als im tiefen Tal darunter oder in den Seitentälern. Sportlich lässt man es hier eher gemütlich angehen mit Spaziergängen und kleinen Wanderungen. In einem weiten Becken liegt Bruneck, der wichtigste Ort des gesamten Pustertals, mit gut erhaltener, sehenswerter Altstadt.

Information **Tourismusverband Eisacktal,** zuständig für die Ski- und Almenregion Gitschberg Jochtal, Bozen, Südtiroler Str. 60, ✆ 0471/999999, eisacktal.com. Zur **Ferienregion Kronplatz** gehören die Ortschaften Terenten, Bruneck, Kiens, Olang, Sand in Taufers, Ahrntal, Antholzer Tal, Gsieser Tal/Welsberg/Taisten, San Vigilio/San Martin (s. Gadertal → S. 488) und natürlich die Skiregion Kronplatz, kronplatz.com.

Vorteilskarten In der Region Gitschberg Jochtal sind – nur im Sommer – die Gästekarten **Almencard** und **Almencard Plus** erhältlich (s. u.). Im Pustertal dagegen ist der **Holidaypass Premium** gültig, der von den beteiligten Beherbergungsbetrieben ganzjährig ausgegeben wird. Er erlaubt die kostenlose Nutzung der öffentlichen Verkehrsmittel und Landesseilbahnen, zahlreiche Ermäßigungen und Teilnahme an diversen Aktivitäten.

Radfahren im Pustertal Der **Pustertal-Radweg** ist sicherlich einer der bekanntesten und beliebtesten (Familien-)Radwege Südtirols, zumal er sich in vielen Varianten mit den Seitentälern (Tauferer Ahrntal, Antholzertal, Gsieser Tal, Sexten, Cortina) und Richtung Österreich mit Lienz verbinden lässt. Von Franzensfeste bis Innichen sind es 70 km und 400 Höhenmeter, die teilweise entlang der Staatsstraße und teilweise unterhalb davon an der Rienz entlangführen. Zahlreiche Orte zum Einkehren und Rasten. Eine weitere Möglichkeit ist der in weiten Teilen radtaugliche **Wanderweg „Durchs Toul“**, der im Folgenden vorgestellt wird.

Wandern im Pustertal Die Möglichkeiten sind schier endlos und genauso vielfältig wie das Einkehr-Angebot. Es gibt zudem zahlreiche Weitwanderwege wie den **Pfunderer Höhenweg** oder den den **Neveser Höhenweg.** 50 km lang ist der **Wanderweg „Durchs Toul“**, der von Bruneck bis Heilig Geist bei Kasern im obersten Ahrntal führt mit grünem Symbol und dem Schriftzug „durchs toul“ sowie vielen Infoschilder, die über Natur und Kultur am Weg aufklären. Der Weg lässt sich zum Großteil mit dem Rad bestreiten. Die gesamte Strecke von Bruneck nach Sand in Taufers hat auf 17 km keine nennenswerte Steigung zu verzeichnen.

Feste & Veranstaltungen/Einkaufen Jede Region in Südtirol hat ihre Produkte, die sie feiert, im Pustertal ist das die weiträumig angebaute Kartoffel, südtirolerisch „Erdapfl“. In der zweiten Septemberhälfte nehmen derzeit 17 Gastronomen im Pustertal und den Seitentälern an den **Erdepflwochen** teil und bereiten bewährte und innovative Gerichte aus der Puschtra Bergkartoffel zu. Die Wochen beginnen immer samstags mit dem Erdepflfest in Bruneck, erdepflwochen.it.

mein Tipp **Lanz,** Feinkost und Bar, ausgewählte Südtiroler Produkte (Wein, Käse, Obst, Speck, Marmeladen, Bücher) und Happen für zwischendurch, beliebt bei Einheimischen und Touristen gleichermaßen. Gehört eigentlich zur Gemeinde Schabs, aber geografisch zum Pustertal, für den Autor das, was früher der Brenner war: Nach dem Espresso beim Lanz ist man in Südtirol angekommen – und bei der Rückfahrt ist es der perfekte Ort, um Abschied zu nehmen und noch schnell ein paar Mitbringsel zu besorgen. Großer Parkplatz, Pustertaler Str. 7 a, Schabs, tgl. 6–20 Uhr, lanz-suedtirol.it.

Mühlbach und das Valser Tal

2 km oberhalb von Mühlbach verengt sich das Rienztal bei der **Mühlbacher Klause,** die Reste einer mittelalterlichen Verteidigungsmauer und Zollstelle sind noch direkt an der Straße zu sehen. Die 1269 errichteten Gebäude markierten bis ins Jahr 1500 die Grenze zwischen Brixner Besitz und dem zur *Grafschaft Görz-Tirol* gehörenden Pustertal. Mühlbach war der zuständige Verwaltungssitz, woran heute noch die **Kandelburg** im Zentrum erinnert. Ein vorgeschichtlicher Plattenweg, der **Lindenweg,** führt hinauf nach Meransen auf sonniger Terrasse, alternativ gibt es die Kabinenbahn und eine Straße. Oben haben sich die alten Bauernhöfe in Apartmenthäuser und Hotels verwandelt, das hat der Skizirkus Gitschberg vor der Nase bewirkt. Dagegen ist das Valser Tal trotz eines kleinen Skigebiets recht ursprünglich geblieben, vor allem wenn man in den Talschluss hinauf wandert, wo auf der **Fane-Alm** eines der wenigen Almdörfer der Region zur Rast lädt.

Sehenswertes/Ausflüge

Mühlbach: Mehrere alte Adelssitze bezeugen, dass Mühlbach früher ein wichtiger Ort war. 1269 übergab der kinderlose letzte Rodenecker seine Herrschaft samt Burg und umgebendem Landstrich an die Grafen von Görz-Tirol. Bedingung war die Errichtung eines *burgum*, also eines befestigten Orts. Das wurde Mühlbach, ein Ort mit festen Mauern, Gericht (1271–1850) und Marktrecht seit dem Hochmittelalter. Von der Mauer ist noch ein Rest am Tertiarenkloster erhalten. Erhalten haben sich auch der *Ansitz Strasshof*, wo sich ehemals der Pfleger des Bistums aufhielt, der oberste Verwaltungsbeamte für die Zollstelle, der *Ansitz Freienthurn*, heute Tertiarenkloster und Schule, sowie der *Ansitz Kandlburg*, Gerichtshaus und heute Schlosshotel. Die *Pfarrkirche* ist ein gotischer Bau mit schönen mittelalterlichen Fresken, die man sich unbedingt ansehen sollte. Gegenüber dem Haupteingang steht ein granitener Zahltisch

Enlegenes Almdorf: Fane-Alm

aus dem 16. Jh., er stammt aus der Zolleinnahmestelle der Mühlbacher Klause (s. u.), von der Mühlbach sehr profitierte. In der spätgotischen *Florianikapelle* hat man zahlreiche römische Reste entdeckt.

Die Mühlbacher Klause: Die mittelalterliche Grenzfestung zwischen dem Fürstbistum Brixen und der Grafschaft Görz-Tirol ist zu besichtigen, der Parkplatz ist gleich vor dem Tor. Obwohl es sich um eine Ruine handelt, kann man sich vorstellen, wie es war, als der gesamte Verkehr durch das Tor und den schmalen Gang (Gebäudefundamente z. T. in dunklerem Stein nachgezeichnet) ins eigentliche Zollhaus geleitet wurde.

■ Besichtigung von Juni bis Sept. Do 9.30–12/14.30–16 Uhr. muehlbacherklause.it.

Ausflug auf dem Lindenweg (1:15–1:30 Std., Abstieg ↓ 600 m): Lindenweg nennt sich der uralte, wahrscheinlich vorgeschichtliche Meranser Plattenweg, der von Mühlbach nach Meransen hinaufführt. An einer flachen Passage mitten auf dem Weg kommt man unter einem Dach hindurch, das einen einfachen Altar und Gedenkstein mit drei Frauengestalten zeigt. Die Stelle nennt sich *Jungfernrast*. Es sind Darstellungen der heiligen drei Jungfrauen Aubet, Cubet und Cuere, der Sage nach Königstöchter, die vor den Hunnen flohen und irgendwann einmal entkräftet und halb verdurstet in den Bergen niedersanken. Als sie Gott um Hilfe baten, sprang eine Quelle aus dem Felsen und ein Kirschbaum mit Früchten schoss auf. Die Jungfrauen blieben eine Zeit lang in Meransen, dann zogen sie nach Köln weiter. Die Quelle fließt hier noch heute, die drei Jungfrauen werden immer noch verehrt.

Mächtiges Bauwerk: Burg Rodenegg

Burg Rodenegg: Die meisten Besucher drehen dem **Dorf Rodeneck** gleich den Rücken und eilen zur Burg. Wie es sich für Burgen gehört, liegt Rodenegg auf einem Felsen am steilen Hang über dem Rienztal, „trutzig" lautet auch hier der passende Ausdruck. Die Lage mit einem atemberaubenden Blick auf die Rienz tief unten ist spektakulär und der lang gestreckte Bau mit Vorburg ist eindrucksvoll. Im 13. Jh. hat ein ritterlicher Burgherr Fresken zu den 12 Abenteuern des Ritters Iwein malen lassen, einer der Ritter von König Artus' Tafelrunde und in Adelskreisen Vorbild ritterlich-höfischen Verhaltens. Die Fresken gehören zu den frühesten und berühmtesten Beispielen profaner Malerei im Alpenraum, erst 1972 wurden sie durch Zufall unter dem Verputz entdeckt.

Information **Tourismusverein Rodeneck,** Mo–Fr 8–12 Uhr, Rodeneck, Vill 3a, ✆ 0472/454044.

Burg Mai bis Mitte Okt. **Führungen** tgl. (außer Sa) um 11.30 und 14.30 Uhr, im Juli/Aug. auch 16 Uhr, Eintritt 8 €, erm. 3 €.

Zur Rodenecker und Lüsner Alm und dem Doloramaweg: Von Mühlbach führt eine kurvige, panoramareiche Straße über Nauders und den Ahnerberg zum Wanderparkplatz Zumis, der Ausgangspunkt für Touren auf die weite Hochfläche der Rodenecker Alm und Lüsner Alm ist. Letztere kann auch von Lüsen aus erreicht werden (→ S. 74). Der Mehrtagesweg führt von Zumis über die Maurerberghütte (1. Tag) zur Schlüterhütte (2. Tag), dann weiter zur Raschötzhütte (3. Tag) und endet schließlich in Lajen. Auf einer Strecke von 61 km sind 2356 m Aufstieg zu bewältigen, reine Gehzeit etwa 20 Std. Wer nur einen Tag oder ein paar Stunden wandern will, findet auf den weitläufigen Almhochflächen mit ihren Kiefern, Lärchen und den traditionellen Holzzäunen viele Wandermöglichkeiten, am besten von Zumis aus. Im Sommer weiden Hunderte Kühe auf den saftigen Wiesen und genießen den Panoramablick auf Plose und Peitler.

Von Zumis aus geht man zunächst auf dem von Künstlern gestalteten Schöpfungsweg in 45 Min. zur Roneralm. Wer mag, kann in weiteren 45 Min. bis zur Rastner- und Starkenfeldalm wandern. Von Letzterer ist es noch gut 1 Std. bis zum Astjoch mit seinem grandiosen Rundumblick. Das Gebiet ist zu jeder Jahreszeit einen Besuch wert, und die Hütten sind fast durchgehend geöffnet. Im Winter tolles Winterwander-, Schneeschuh-und Langlaufgebiet mit gespurten Loipen.

Bus Linie 415 7x tgl. ab Bahnhof Mühlbach zum Wanderparkplatz Zumis. Von Lajen mit dem Bus nach Bozen, dann mit dem Zug oder Bus nach Brixen und per Bus nach Mühlbach.

Einkehr **Roneralm,** relativ neu, geräumig, Spielmöglichkeiten für Kinder, **Rastnerhütte,** tolle Lage mit Rundumblick, gemütliche Terrasse (rastnerhuette.com), **Starkenfeldhütte,** mit viel hellem Holz und großen Glasfronten, 2017 erweitert und erneuert, helle Zimmer, Sauna, Seminarraum! Schaukäserei. Gehobene Almenküche, Schlutzer, Zitronenrisotto, starkenfeld.com.

Wanderungen von und zur Fane-Alm: Im obersten Valser Tal liegt auf einem sonnigen Wiesengrund in 1740 m Höhe die idyllisch anmutende Alm mit ihren Hütten, den Stadeln und der Kapelle. Die Fane wirkt wie ein Dorf, obwohl die Häuser nur im Sommer bewohnt wurden und werden. Aber dann lebte eben das ganze Dorf hier oben und versorgte das Vieh und machte Butter und Käse. Heute gibt es immer noch Vieh, aber man kann die Fane auf einer Fahrstraße erreichen. Es bieten sich vor allem zwei Touren an, die in hochalpines Gelände führen: zum Großen See und zur Wieserhütte, von wo aus man durch das Altfasstal nach Vals zurückkehren kann, und die Tour ganz hinauf ins wilde Valser Tal zur Brixner Hütte (auch eine tolle MTB-Tour, nur die letzten Meter auf engem Weg sollte man schieben) und evtl. weiter auf die Wilde Kreuzspitze (3132 m) mit ihrer fantastischen Aussicht oder in einem großartigen, aber anstrengenden Rundkurs über den Wilden See zurück zur Alm. Auch die Wanderung zur Alm ab der Kreuzkofelhütte ist für weniger Ehrgeizige bereits lohnenswert, erwarten einen doch diverse Einkehrmöglichkeiten!

Shuttle-Bus Die Straße zur Fane Alm ist von Juli bis Sept. 9–17 Uhr für den Autoverkehr gesperrt. Ab Kreuzkofelhütte (großer Parkplatz) wird ein Pendeldienst angeboten, 2,50 €, Kinder 1,50 €, Infos auf taxi-tauber.it.

Hütten Die meisten Hütten haben Ende April/Mai bis Ende Okt./Mitte Nov. geöffnet. **Kuttnhütte,** hauseigener Käse „Valler Gold". **Gattererhütte,** Jauserstation, gattererhuette.it. **Zingerlehütte,** regionale Almgerichte, auch Dez. bis Ostern für Skitourengeher und Schneeschuhwanderer geöffnet, zingerlealm.it. **Wieserhütte,** Schutzhütte im Altfasstal, Almgerichte und eigene Käserei. **Brixner Hütte,** 2282 m, AVS Brixen, tolle Lage im Talschluss mit Panoramablick, Mitte Juni bis Mitte Okt., 40 Lager, ✆ 0472/677001.

Praktische Infos

Information **Tourismusverein Gitschberg Jochtal,** Jochtalstr. 1 in Vals oder in der Katharina-Lanz-Str. 90 in Mühlbach, jeweils Mo–Fr 9–12/15–18 Uhr, ✆ 0472/886048, gitschberg-jochtal.com.

Pustertal und nördliche Dolomiten → Karte S. 380/381

Gästekarte Für Gäste gibt es gratis die **Almencard** (Mitte Mai bis Anf. Nov.) und die **Almencard Plus** (Mai bis Nov.). Die Karte bietet freie Fahrt mit den Bergbahnen Gitschberg und Jochtal, Nutzung der Wanderbusse und Teilnahme an Veranstaltungen. Die Plus-Variante beinhaltet zusätzlich die Nutzung der öffentlichen Verkehrsmittel, Eintritt in 90 Museen in ganz Südtirol und 9 Bergbahnen.

Feste & Veranstaltungen Ende Mai bis Mitte Juni finden in der Region Eisacktal die **Mountain Days Südtirol** statt mit interessanten und spannenden Outdoor-Aktivitäten; Programm, Infos und Anmeldung unter mountaindays.it.

Bergbahnen **Kabinenseilbahn Gitschberg** und **Kabinenseilbahn Jochtal** (Vals), Mitte Mai bis Anf. Nov. 8.30–11.45 und 13–16.30 Uhr und in der Wintersaison; beide jeweils einfach 20 €, Berg/Tal 25 €, erm. 16/20 €, Kinder 15/11 €.

Kinder/Einkehr Ein großes Angebot an Spielmöglichkeiten inklusive Einkehr eröffnet sich rund um die beiden Bergstationen. Der **Sonnenpark Gitschberg** mit Trampolin, Rutsche und vielen Holzspielgeräten, Einkehr in Gitsch- oder Nesselhütte. Der **Erlebnisberg Jochtal** mit Wasserpark, Hängematten und Streichelzoo, Einkehr auf der **Ochsenalm** oder in der **Jochtalhütte** – die Hütte wurde neu erbaut und 2016 gleich zur schönsten Skihütte Südtirols gewählt ✆ 0472/671345, jochtal.info.

Mountainbike Verleih, Werkstatt und geführte MTB-Touren bei Rentasport Gitschberg, Mittereckerstr. 27, ✆ 0472/522045, rentasport-gitschberg.com.

Wintersport **Skigebiet Gitschberg-Jochtal,** großer Skizirkus (15 Aufstiegsanlagen, 24 Pisten), Mitglied im Verbund Dolomiti Superski. Im Talboden von Vals hübsche **Rundloipe** (7 km). **Snowpark** für Kinder in Vals; Snow-Fun-Park in Jochtal. **Rodelbahn Gitschberg,** 6,8 km, 2 Abschnitte, ab Gitschhütte bis Meransen.

Die Skigebiete Gitschberg und Jochtal sind durch eine Kabinenbahn miteinander verbunden, so macht die Skiregion Gitschberg-Jochtal mit ihren 55 km präparierten Pisten dem bisher führenden Kronplatz ernste Konkurrenz.

Übernachten/Essen in Mühlbach
***** Panoramik,** das Hotel mit Hallenbad, Sauna, Dampfbad hat moderne, teils schön renovierte Zimmer ohne Schnörkel. Sandbichl 17, ✆ 0472/849535. **€€**

***** Restaurant Pizzeria Bar Putzer,** historischer Bau an der Pustertaler Straße, der unter Beibehaltung alter Elemente, wie des Holzbodens, modernisiert wurde, gemütlicher überdachter Biergarten, kleine Brauerei mit der preisgekrönten Marke **Viertelbier,** das es in 5 Grundsorten gibt (viertel-bier.it). Die Küche ist deftig und sättigend, hier ist immer was los, Pustertalerstr. 9, ✆ 0472/412194, putzer.it. **€€–€€€**

Übernachten/Essen im Valser Tal
******S Masl,** moderner Wellness-Bunker der exquisiten Sorte, ausgedehnter Wellnessbereich mit Innen- und Außenpool, 5 Themensaunen, Beauty, Massagen, Fitness, großzügige, helle Zimmer mit viel Holz, auch schöne Familienzimmer. Unterlände 21, ✆ 0472/547187. **€€€€**

****** Valser Hof,** jeder Komfort dieser Klasse im Vitalpina-Hotel inkl. Hallenbad und Wellnessbereich, 66 Zimmer und schick eingerichtete Suiten. Gute regionale Küche im eleganten Restaurant, umfangreiche Weinauswahl. Pichlstr. 24, ✆ 0472/547177. **€€€€**

***** Kaserhof,** familienfreundliches Hotel bei der Talstation der Jochtalbahn, angenehme Zimmer, Hallenbad, Sauna und Liegewiese. Jochtalstr.17, ✆ 0472/547101. **€€€–€€€€**

Camping Lärchwiese, neuer, naturnaher Platz beim Hotel Kaserhof mit 90 Stellplätzen, Shop und Bistro. Stellplatz und 2 Pers. 45–80 €, ganzjährig geöffnet., ✆ 0472 694945, camping-laerchwiese.com.

Übernachten/Essen in Rodeneck
****** Schönblick,** das Hotel ist eine Wellnessoase im Grünen und sehr zu empfehlen. Moderne, große Zimmer, elegante Suiten in der nahen Villa Grüntaler. Hallenbad und Freibad, Whirlpool, Saunen, Beauty-Anwendungen. Und dazu die Aussicht auf das bewaldete unterste Rienztal von der Terrasse. Gifen 143a, ✆ 0472/454141. **€€€–€€€€**

Mein Tipp ***** Zum Löwen** Im Weiler Vill (gehört zu Rodeneck), der auf einer schönen Hochfläche oberhalb von Mühlbach mit tollem Ausblick auf die Schlucht der Rienz liegt. Der Wanderparkplatz und das Aussichtsplateau sind ganz in der Nähe des Hotels. Ursprünglich aus dem 11. Jh mit rauchgeschwärztem Gewölbe im Stübele, das früher Küche und Räucherkammer war. Familienbetrieb, der seine Zutaten zum Teil aus dem Gemüsegarten des Schwiegersohns bezieht und auch sonst Wert auf regionale Bodenständigkeit legt. Der Hausherr bietet in der Sommersaison geführte Wanderungen an, zudem gibt es eine gemütliche Gartensauna. Auch ist Hubert Amort ein hervorragender Entertainer, der Ziehharmonika spielt, singt, Weinproben veranstaltet und auch mal seinen alten Weinkeller zeigt. Ein Teil der Zimmer ist bereits in hellem Naturholz renoviert, sehr geräumig. Vill 44, ✆ 0472/454243, hotel-loewen.it **€€–€€€**

***** Rodeneggerhof,** „Alpenland-Hotel" in prominenter, panoramareicher Lage im Stil eines Südtiroler Ansitzes. Hallenbad samt Sauna, Dampfbad, und Kneippanlage. Gute Zimmer und familiäre Atmosphäre. Vill 1a, ✆ 0472/454245, rodeneggerhof.com. **€€€–€€€€**

Meransen

Sonnenterrasse ist die richtige Bezeichnung für die Lage dieses Dorfs. Einige der alten Höfe existieren noch, und wenn am Sonntagvormittag der Kirchgang alle anderen Tätigkeiten zum Erliegen bringt, verkörpert Meransen für ein paar Stunden noch das alte Bauerndorf, auch wenn die Gemeinde mittlerweile von meist hochpreisigen Pensionen und Hotels durchsetzt ist. Das neue Familienhotel „Familiamus", trotz eleganter Architektur, viel Holz und geschwungenen Linien ein gewaltiger Klotz in der Landschaft, hat im Ort die Diskussion über das Thema „Overtourism" ins Rollen gebracht. Bei 950 Einwohnern und gleichzeitig 75 Beherbergungsbetrieben keine schlechte Idee, zumindest darüber zu reden, in Südtirol aber lange Zeit verpönt (→ Literatur, S. 640)

Die Kirche von Meransen steht wunderschön auf dem Plateau des Dorfs, das bereits in frühchristlicher Zeit als Kultplatz genutzt wurde. Der von einer Mauer umschlossene Friedhof ist still, man sieht weit ins Pustertal und in die Dolomiten hinein. Ein Fresko vor dem Eingang unter dem wuchtigen Turm stellt den hl. Christophorus dar. Nichts deutet darauf hin, dass sich drinnen einer der schönsten Rokokoräume Südtirols befindet, ein prachtvoller, heller und mit Stuck, Fresken, Altargemälden und elfenbeinweißen Skulpturen (aus Holz!) geschmückter Innenraum. Auf dem rechten Seitenaltar stehen die drei heiligen Jungfrauen, ihre Statuen stammen noch aus der Spätgotik, rechts daneben ist ein Kasten mit interessanten Votivgaben.

Information über den **Tourismusverein Gitschberg Jochtal** in Vals (s. o.).

Bergbahnen **Seilbahn Mühlbach – Meransen,** ganzjährig im 10-Min.-Takt Mo–Sa 6.50–8/9.10–11.50/13.15–18.40 Uhr, So 8.30–11.50/13.15–18.40 Uhr, einfach 7 €, Berg/Tal 9 €.

Umlaufbahnen Gitschberg und Jochtal → S. 389.

Sport Verleih hochwertiger **Mountainbikes** bei Rentasport Gitschberg an der Talstation der Gitschberg-Seilbahn. Außerdem **geführte MTB-Touren,** auch für Familien, ✆ 0472/522045, rentasport-gitschberg.com. **Schwimmen** im Erlebnisbad mit Baby- und Kinderbecken und Sauna, tgl. (außer Do) geöffnet, alpinpool.it.

Wintersport: Zum Skigebiet Gitschberg-Jochtal → S. 389; Ski-Pendelbus zwischen Vals und Meransen. Kunsteisbahn (150 m) neben der Tennishalle. Skiverleih bei Rentasport Gitschberg.

Übernachten/Essen ***** Alpenfrieden,** als Tirolerhof verkleidetes familienfreundliches Hotel bei der Kirche. Hallenbad, Sauna, Dampfbad, große Wiese. Schnörkellos renovierte Zimmer, von den meisten Balkonen schöne Aussicht. Restaurant im Haus. Aussereckerstr. 8, ✆ 0472/680070, alpenfrieden.com. **€€€–€€€€**

Hoferhof, vier gemütlich und modern eingerichtete Wohnungen und ein Zimmer im neu errichteten Haus beim Bauernhof mit Hofladen. Brötchenservice, Frühstücksbox oder Frühstück mit hofeigenen Produkten buchbar, Lindenstr. 6a, ✆ 346/1410655. **€€–€€€**

S'Pfandl, ein bisserl von diesem und etwas von jenem, Nudeltris im Pfandl und Pizza – man hat ja ein internationales Publikum zu bewirten. Bei der Talstation der Gitschbergbahn, Iglu-Bar fürs Après-Ski angeschlossen. Mo geschl. Enderecker Str. 2, ✆ 0472/522044.

***** Pension Sonnenhof,** 4 gemütliche, mit viel Holz gestaltete Gästezimmer für jeweils 2–5 Pers., Bio-Kräutersauna, Dampfbad, üppiges Abendessen, auch vegetarische Küche, Lindenstr. 10, ✆ 0472/520164, pension-sonnenhof.info. **€€€–€€€€**

Apartments Zi.ins, 2 moderne und geschmackvoll mit viel Holz eingerichtete Ferienwohnungen für jeweils 2–5 Pers., das Erlebnisbad ist ums Eck und der Eintritt als Hausgast reduziert (2 €/Tag), Aussereckerstr. 32, ✆ 0472/694941, zi-ins.com. **€€–€€€**

Vintl und das Pfunderer Tal

Von Vintl im Rienztal zieht sich das Pfunderer Tal weit in die Berge hinein, der Weißzint (3264 m) ist nur durch einen kurzen Kamm vom Hochfeiler am Alpenhauptkamm getrennt. Da es im Tal selber keine Lifte gibt, ist die Wintersaison trotz des nahen Skizirkus Gitschberg-Jochtal ruhiger als die Sommersaison. Aber die hat's in sich, denn für Wanderer und Bergsteiger sowie konditionsstarke Mountainbiker ist das Pfunderer Tal ein Eldorado.

Seit Jahrhunderten wird im Tal der **Pfunderer Marmor** gebrochen, der eigentlich gar kein Marmor ist, sondern ein Serpentin von grünlicher bis hellgrauer Farbe. Das Grünsteinwerk liegt etwas oberhalb des alten Dorfs, am Eingang macht ein großes Grünsteindenkmal Werbung sowohl für die Firma als auch für Pfunders.

Vintl selbst mit seinen Ortsteilen Niedervintl und Obervintl ist seit einigen Jahren den lästigen Durchgangsverkehr los, da eine Umgehungsstraße den ununterbrochen fließenden Verkehr am Ort vorbeiführt – abgetrennt durch wuchtige Lärmschutzwände.

Sehenswertes/Ausflüge

Niedervintl: Auf dem Kirchhügel von Niedervintl mit seinem Friedhof stehen zwei Kirchen, die alte und die *neue Pfarrkirche*. So neu ist die neue nun auch wieder nicht, immerhin ist sie ein echter Barockbau. Die Ausmalung

Lüftlmalerei schmückt ein Haus in Vintl

stammt von *Josef Anton Zoller* (1763), nach dem auch eine Straße des Orts benannt ist. Dafür ist die kleine *alte Pfarrkirche* wirklich alt, schon als sie im 14. Jh. erstmals erwähnt wurde, war sie bereits alt, da sie noch im romanischen Stil begonnen wurde. Innen sind Fresken von *Leonhard von Brixen* zum Vorschein gekommen, die sind im Vergleich zur Kirche wirklich jung, erst 500 Jahre.

Obervintl: An der alten Pustertaler Straße hat ein Loden-Großproduzent nicht nur sein Hotel hingestellt (→ „Übernachten") und natürlich seinen Verkaufsraum, er hat ihn auch – sehr attraktiv – als „Erlebnismuseum" garniert. Kinder können sich besonders für das Freigehege mit Streichellämmern etc. erwärmen.

▪ **Lodenmuseum,** Eintritt 5 €, erm. 4/2 €, Mo–Sa 9–17.30 Uhr, Juli/Aug. bis 18.30 Uhr.

Nach Pfunders: Pfunders liegt recht weit oben, von der Kirche mit ihrem spätmittelalterlichen Christophorus-Fresko hat man einen schönen Ausblick. Unterhalb das Café Dorftreff, an der Durchgangsstraße der schlichte Gasthof Brugger mit schöner Sonnenterrasse und freilaufenden Hühnern – Letztere findet man überall im Pfunderer Tal! Pfunders besteht aus kleinen Weilern und einzelnen Höfen, die sich locker über das Tal verteilen. Am höchsten liegt die Gruppe der *Kammerschienhöfe*, der obere liegt auf 1520 m! Eine Straße führt hinauf, aber noch vor gar nicht so langer Zeit gab es nur einen Fußweg, auf dem man 2 Std. nach oben wandern musste. Er nannte sich *Kirchweg*, denn selbstverständlich gingen die Bauernfamilien von den Kammerschienhöfen am Sonntag zur Messe – ein Halbtagesunternehmen.

Weiter nach Dun: Folgt man von Pfunders dem Pfunderer Tal weiter aufwärts, erreicht man die obersten Höfe in Dun (Daan). Nach der „Duner Heuschupfe" endet die öffentliche Straße (Parkplatz), als Privatstraße führt sie weiter zu den Höfen von Dun, die mit 1480 m an der Grenze der ständigen Besiedlung liegen. Von Dun aus gibt es mehrere beschilderte Wanderwege, auf die Edelrauthütte (2545 m) und durch die Duner Klamm zur Engberg- und zur Weitenbergalm (hin/zurück 5 Std., leicht/mittelschwer).

▪ **Straße nach Dun** im Sommer nur Sa/So und sonst vor 8 bzw. nach 13 Uhr befahrbar.

Praktische Infos

Information Tourismusverein Gitschberg Jochtal. → S. 385.

Einkaufen Feinkäserei Capriz, ein unübersehbares, wuchtiges Gebäude am Straßenrand aus Glas und Beton (das Dach soll ein Stück Käse darstellen). Die Käserei produziert Ziegenkäse nur von Tieren aus der näheren Umgebung. Heller Shop mit leckeren Käsespezialitäten, Feinkost, Bistro (Mo Ruhetag) und Vinothek und ein kleines Museum (Eintritt frei) runden das Konzept ab. Pustertaler Str. 1a, capriz.bz.

Lodenwelt, alles rund um den edlen Stoff aus Schafwolle im Shop und alles Wissenswerte zu Geschichte und Herstellung im Museum. Stärken kann man sich im Restaurant, Pustertaler Str. 1, lodenwirt.com.

Sport Jeden Mi geführte **Mountainbiketouren,** Anmeldung beim Tourismusverein.

Wintersport: von Januar bis März geführte Schneeschuhwanderungen und Skitouren, Infos und Anmeldungen beim Tourismusverein.

Skibus ab Pfunders und Vintl in die Skigebiete Jochtal und Gitschberg.

Übernachten/Essen ****** Lodenwirt,** Wellnesshotel in der Lodenwelt, Hallenbad, Sauna, Whirlpool. Gemütliche Zimmer teils mit sehr guter Ausstattung. Restaurant-Pizzeria mit Holzofen. Pustertaler Str. 1 a, ✆ 0472/867000. **€€€–€€€€**

La Passion, ein passender Name für dieses winzige Gourmetlokal mit seinen fünf Tischen in Obervintl, das mit Leidenschaft und auf höchstem Niveau geführt wird (3 Gault-Millau-Hauben). Gespeist wird in einer gemütlichen, eigens eingebauten Gadertaler Bauernstube aus dem 16. Jh., die Küche italienisch mediterran, saisonal und regional. St-Nikolaus-Weg 5b, ✆ 0472/868595. **€€€**

Pustertal und nördliche Dolomiten → Karte S. 380/381

In Pfunders **Gasthof Brugger,** einfacher, zentral gelegener Gasthof für die Einkehr zwischendurch, ganzjährig geöffnet, auch Zimmer, Lärchstr. 12, ☏ 0472/549155, gasthof-brugger.com.

In Dun **Duner Heuschupfe,** angenehme Ruhe im Bauernhof mit Heubad, Bio-Sauna, Massagen, Bädern und was der Mensch sonst noch zur Wellness braucht. 2 schöne Ferienwohnungen für 2–6 Pers. Gutes Essen, aber nur für Hausgäste. Duner Str. 12, ☏ 0472/549246, duner-heuschupfe.com. **€–€€**

Terenten und Pfalzen

Hier haben es die Hoteliers und Gastwirte leicht mit den Slogans „sonnige Terrasse", „herrliche Aussicht auf die Dolomiten" und ähnlichen etwas abgenutzten, aber unverzichtbaren Beschreibungen. Sie stimmen einfach auf der Terrasse zwischen Terenten und Pfalzen. Neben diesen beiden Dörfern gibt es nur Weiler oder Einzelhöfe. Die Höfe und die großen Familien brauchten viel Platz, da siedelte man lieber in etwas Abstand voneinander. So gibt es ein dichtes Netz von Wegen, die alle diese Weiler, Hausgruppen und Einzelhöfe verbinden. Die wenigsten wurden als Straße ausgebaut und warten auf ihre Entdeckung mit Kind und Kegel oder mit dem Mountainbike, das auf der Sonnenterrasse das ideale Verkehrsmittel ist. Aber die Straßenkarte trügt, es ist keineswegs flach zwischen Terenten und Pfalzen, doch auch Gelegenheitsradler schaffen die meisten Steigungen.

Pfalzener Dorfidylle

Sehenswertes/Ausflüge

Terenten: Dank dem Tourismus ist das Ortszentrum von Terenten (betont wird die erste Silbe) heute dicht verbaut, die „Pustertaler Sonnenstraße" wurde an den Rand verlegt und man kann ungestört die paar Meter Fußgängerzone rauf und runter spazieren. Rundum Streusiedlung, einige der Hügel, auf denen die Paarhöfe stehen, waren schon vor Jahrtausenden besiedelt. Die *Pfarrkirche* ist nur noch in Chor und Turm gotisch, der Rest ist 19. Jh. Der Friedhof ist ein typischer Tiroler Dorffriedhof.

Oberhalb von Terenten bilden sich im lockeren, von großen Steinen durchsetzten Moränenmaterial ständig neue *Erdpyramiden*. Der Bereich liegt im Ternertal, man erreicht ihn auf dem Mühlenlehrpfad in etwa einer halben Stunde.

Die bis zu 500 Jahre alten **Wassermühlen** zum Kornmahlen wurden sorgfältig restauriert und vermitteln ein originalgetreues Abbild uralter Handwerkstätigkeit.

■ Besichtigungen Mai bis Ende Okt. jeden Mo hat eine Mühle von 10 bis 14 Uhr geöffnet. Infos unter ✆ 0472/546140.

In **Issing** zwischen Terenten und Pfalzen befindet sich die rein biologisch arbeitende **Latschenölbrennerei Bergila,** die seit 100 Jahren Kräuteröle destilliert. Das Rohmaterial kommt z. T. aus dem eigenen Kräutergarten in der Nähe des Issinger Weihers.

■ Besichtigungen Mai bis Ende Okt. Mo–Fr 9–12/13–18 Uhr, Juli und Aug. auch Sa/So zu denselben Zeiten, Shop s. u. ✆ 0474/565373, bergila.com.

Pfalzen: Die Ansitze und die aufwendigen Fassaden von Pfalzen zeigen, dass man hier früher gut verdiente, als noch im nahen *Schloss Schöneck* oberhalb von Issing (privat, keine Besichtigung) Gericht gehalten wurde. Hübsch ist die barocke *Pfarrkirche,* aber kunsthistorisch wesentlich bedeutender ist das Innere der kleinen **Valentinskirche** in der Wiesenflur östlich von Pfalzen (oberhalb des Gasthofs auf der Straße nach rechts, Zufahrtssträßchen zur Kirche nach ca. 800 m rechts). Im gotischen Bau hat man erst 1979/80 einen kompletten *Freskenzyklus* an der Nordwand aufgedeckt, der von *Friedrich Pacher* 1487 geschaffen wurde.

Ausflug zum Kofler am Kofl: Eine schmale Teerstraße führt von Pfalzen kurvenreich zum Ausflugsgasthof Kofler am Kofl bis auf 1487 m. Von der Terrasse genießt man eine grandiose Aussicht auf Südtirols Bergwelt und Bruneck (übrigens auch bei Nacht ein eindrucksvolles Erlebnis!). Wer sich die rustikale Küche (leckere Schlutzkrapfen) verdienen will, kann vom Wanderparkplatz am Beginn der Teerstraße auf den Wegen 19 und 18 in gut 1,5 Std. emporsteigen und trifft oben auf freilaufende Hühner, Esel und eine kleine Kapelle. Die Gaststätte ist auch mit dem Auto erreichbar und dementsprechend besonders am Wochenende gut besucht (Mo geschl.).

Praktische Infos

Information/Einkaufen

Tourismusverein Terenten, Mo–Fr 8–12/13–17 Uhr. Terenten, St.-Georgs-Str. 1 ✆ 0472/546140, terenten.com.

Für Pfalzen ist schon der **Tourismusverein Bruneck** zuständig, Infobüro in Pfalzen. Mo–Fr 8.30–12, Pfalzen, Rathausplatz 1, ✆ 0472/538833, bruneck.com.

Kräuter, Ätherische Öle, Naturkosmetik, aber auch Schnäpse und Liköre in der Latschenölbrennerei **Bergila,** alles in Bio-Qualität. Ganzjährig geöffnet, Führungen s. o., Weiherplatz 8, Issing, bergila.com.

Feste & Veranstaltungen Unter dem Namen „S'Terner Schmelzpfandl" werden einige Veranstaltungen organisiert: von der Aussaaat im Frühling über das **Mühlenfest** Anf. Aug. und das **Erntefest** mit Bauernmarkt Mitte Aug. bis zum **Almabtrieb** im Okt. Ein kulinarischer Höhepunkt ist die **Terner Bauernkuchl,** eine Woche Mitte/Ende Okt. werden in den Lokalen bäuerliche Spezialitäten serviert: Schwårzplentan Ribla mit Apfelmuas, Ziachkråpfn, Krischtakråpfn, Tirschtlan, Årbassuppe – guten Appetit! Dazu wird ein umfangreiches Programm geboten. Infos zu allen Veranstaltungen und zum jeweiligen Programm unter schmelzpfandl.com.

Kinder Schön angelegter Spielplatz im Zentrum mit Wasserspielanlage, Kneippbecken, Volleyballfeld und Minigolf.

Sport **Baden/Schwimmen** am Issinger Weiher, einem schönen Naturweiher mit Badeplatz, Liegewiese, Gaststätte und Moorbad. Eintritt 8,50 €, Kinder 6,50 €, issingerweiher.it. Gleich daneben befindet sich Südtirols (angeblich) größter **Hochseilklettergarten „Kronaction"** mit 14 Parcours, der leichteste für Kinder ab zweieinhalb Jahren. Unterschiedliche Öffnungszeiten, besser im Internet checken. April bis Okt., Erw. 25 €, Kinder 6–20 €, zusätzliche Attraktionen kosten extra. ✆ 347/9848957, kronaction.com.

Übernachten/Essen in Terenten
****** Sonnenparadies,** sehr komfortables Falkensteiner-Hotel mit geräumigen Zimmern, Hallenbad, Saunen, Whirlpool, Abendunterhaltung und geführten Exkursionen (Wandern, MTB-Touren, Wildbeobachtung mit Jäger etc.). St.-Georgs-Str. 26, ✆ 0472/546266, falkensteiner.com. **€€€–€€€€**

Pustertal und nördliche Dolomiten → Karte S. 380/381

Mein Tipp *** **Naturhotel Edelweiss,** das familiäre, kleine Hotel befindet sich in ruhiger Lage am Ortsrand. Die Zimmer gemütlich und angenehm schlicht eingerichtet mit viel Naturholz und Parkettboden, z. T. Balkon, Außenpool und Liegewiese. Im Restaurant bereitet der sympathische Hausherr gute regionale Küche zu, Unterdorfstr. 6, ✆ 0472/546128. **€€€–€€€€**

Übernachten/Essen in Issing **** **Tanzer,** der wuchtige Bau im Zentrum ist nicht zu übersehen, die nach Umbauten entstandene ungewöhnliche Holzfassade fügt sich dennoch gut ins Ortsbild. Die Zimmer des Boutiquehotels sind angenehm schlicht im modernen Alpin-Stil eingerichtet, kleiner Saunabereich, Kneipp und Massagen. Im Restaurant traditionelle, vielfach ausgezeichnete (2 Gault-Millau-Hauben) Südtiroler Küche mit Italo-Pfiff – vom Sauvignon-Rosmarin-Risotto über Hirschpastete bis zum Zwetschgen-Scheiterhaufen. Restaurant Mo/Di/Mi Ruhetag. Dorfstr. 1, ✆ 0474/565366. **€€€€** (Übernachten), **€€€** (Essen)

Essen in Pfalzen **Schöneck,** dass man in Terenten und Pfalzen sehr gut essen kann, ist neben dem Tanzer vor allem dem Schöneck zu verdanken. Nichts rustikal Tirolerisches kommt auf den Tisch, Traditionelles ist entschlackt und verfeinert. Kostprobe gefällig? Rote-Bete-Ravioli mit Gorgonzola-Füllung oder Milchkalbskotelett mit Nüsse-Trüffel-Kruste und danach eine süße Nachspeise oder Käse. 1 Michelin-Stern, 3 Gault-Millau-Hauben. Reizvolles Ambiente: drei wunderschöne Stuben und helle Veranda. Mo/Di Ruhetag. Schloss-Schöneck-Str. 1, ✆ 0473/565550, schoeneck.it. **€€€–€€€€**

Mein Tipp **Sichelburg,** das eindrucksvolle, 700 Jahre alte Gebäude mit seinen trutzigen Mauern und den verschachtelten, teils holzvertäfelten Stuben strahlt eine ganz eigene, überaus stilvolle Atmosphäre aus. Mirko Mair präsentiert hier gehobene traditionelle und italienische Küche mit asiatischen Anklängen, Fisch und Meeresfrüchte spielen die Hauptrolle in den fantasiereichen Gerichten, große Auswahl an preislich adäquaten Weinen. Mi und Do geschl., Burgweg 1a, ✆ 0474/055603. **€€€–€€€€**

Bruneck

Bruneck ist wahrlich einen Ausflug wert. Es lohnt sich, mit der Seilbahn auf den Kronplatz zu fahren, bevor man die Stadt erkundet. Von oben sieht man am besten die Kreuzung zweier wichtiger Talachsen. Wenn das kein Platz für eine Stadtgründung ist!

1250 wird zunächst die Burg gegründet, das politische Gewicht im mittleren Pustertal verlagert sich damit von St. Lorenzen, dem Nachfolger des römischen *Sebatum*, einige Kilometer nach Osten. Die Gründung von Bruneck verläuft nach einem vorgegebenen Stadtplan, der Bau von Mauern und Graben zieht sich bis 1336 hin. 1371 verleiht Kaiser Karl III. die Hochgerichtsbarkeit, Schlosshauptmann und Stadtrichter können nun ohne Rücksprache Todesurteile fällen und vollstrecken lassen. Im Sommer 1830 erhält Bruneck seine Kanalisation, zeitgleich wird der Stadtgraben aufgefüllt, an den heute nur noch der Straßenname Graben erinnert.

Das alte Bruneck ist ein intaktes historisches Städtchen: Tore, alte Bürgerhäuser, eine Burg, Museen, Kirchen von der Gotik bis zum Barock. Hinzu kommen das faszinierende Volkskundemuseum im nahen Dietenheim, gute Gaststätten, Shopping, Theater – das bringt schon eine Menge Besucher in die Stadt. Abends ist die Spaziermeile außerhalb der alten Stadtmauern ein einziges Freiluftcafé. Das Bruneck der Gegenwart gewann 2011 die **Champions League für erneuerbare Energien** in der Kategorie Kleinstädte bei einem europaweiten Wettbewerb. Der Mix aus drei kleinen Wasserkraftwerken, einer Fernwärme- und einer Biogasanlage plus diversen Solar- und Fotovoltaikanlagen (in der Summe 100 % Versorgung durch erneuerbare Energien – wie übrigens auch in 22 anderen Gemeinden Südtirols) gab hier den Ausschlag.

Sehenswertes/Ausflüge

Bummel durch die Brunecker Altstadt: Die von Stadtmauern umgebene Altstadt betritt man durch das *Ursulinentor* neben der gotischen *Ursulinenkirche*. In der Längsachse der Altstadt, der Stadtgasse, ist die Reihe der alten Bürgerhäuser sehr eindrucksvoll. Oft besitzen sie einen falschen, kein Stockwerk abgrenzenden Treppengiebel. Einige der Gebäude haben noch die alten Aushängeschilder, die früher nicht nur den Gasthäusern vorbehalten waren, sondern von allen Gewerben verwendet wurden.

Durch das mit Fresken geschmückte *Unterrainertor* gelangt man auf den Platz Oberragen. Hier entstand außerhalb der mittelalterlichen Stadt die Vorstadt für Handwerker und Beamte. Barocke Mariensäule, am Platzende der *Ansitz Sternbach*, ein wuchtiges Stadthaus mit Erker und Turm von 1664. Die neuromanische *Pfarrkirche* von 1855 ist eine der ersten Kirchenbauten dieses Stils. In der Paul-von-Sternbach-Straße ist das *Ragenhaus* aus der Renaissance sehenswert (heute Musikschule).

Rainkirche: Die Kirche ist der hl. Katharina geweiht und besitzt einen auffallenden Turm mit doppelstöckiger barocker Zwiebelhaube, auch das Schiff ist barock.

Schloss Bruneck, MMM „Ripa“: Die gleichzeitig mit der Stadt 1250 gegründete Burg wurde aufwendig renoviert. Eindrucksvoller Burghof mit Wappen der Brixner Fürstbischöfe, Rundturm mit Wendeltreppe in die oberen Stockwerke. Säle aus Renaissance und Barock, besonders prächtig sind die Räume, die 1500 für Kaiser Maximilian eingerichtet wurden. Das von Reinhold Messner eröffnete MMM „Ripa“ im Schloss ist dem Thema Bergvölker gewidmet. Ein Rundgang durch die fünf Kontinente der Erde zeigt die Entwicklungsstufen der Menschheit unter

Pustertal und nördliche Dolomiten → Karte S. 380/381

In Reih und Glied: Häuserzeile im Zentrum von Bruneck

Schloss Bruneck, Sitz von einem der Messner Mountain Museen

besonderer Berücksichtigung der Bergvölker. Immer wieder geben wechselnde Veranstaltungen tiefere Einblicke in die Lebensweise der Bergvölker. Ein Raum ist dem Südtiroler Dichterrebellen Norbert C. Kaser gewidmet und weitgehend mit Utensilien aus Kasers früherer Brunecker Schreibstube eingerichtet – ein schönes Stück „Cross-Culture" und endlich auch eine räumliche Würdigung des früh verstorbenen streitbaren Geistes (→ Literatur, S. 640).

▪ Geöffnet vom 2. So im Mai bis 1. Nov. und Ende Dez. bis Ende April Mi–Mo 10–18 Uhr (im Winter ab 12 Uhr), Eintritt 14 €, erm. 12 €, Kinder 6 €, ✆ 0474/410220, messner-mountain-museum.it.

Spitalkirche: Der barocke Bau (1761) hat eine attraktive Fassade und einen ansprechenden Innenraum. Ein Teil der Altäre besitzt noch die Originalausstattung mit dem damals so beliebten Stuckmarmor. Geht man vom Kapuzinerplatz vor der Kirche über die Dantestraße stadtauswärts, kommt man bei der nächsten Kreuzung zu einem alten *Bildstock*, dessen im unteren Teil abgebrochene Fresken durch ein Dach geschützt sind. Seine Fresken wurden von *Hans von Bruneck* zu Beginn des 15. Jh. geschaffen.

Stadtmuseum: Alt und Neu ergänzen sich in dieser Galerie zu einem eigenständigen architektonischen Kunstwerk. Ausstellungsstücke von Michael und Friedrich Pacher, Simon und Veit von Taisten (Flügelaltar) sowie wechselnde Sonderausstellungen.

▪ Ganzjährig Di und Do 10–16 Uhr, Sa 10–12 Uhr; Juli/Aug. Mi–Fr 10–17 Uhr, Sa 10–12 Uhr. Eintritt 3 €, erm. 2 €, ✆ 0474/553292, Bruder-Willram-Str. 1, eck.museum.

Stadtteil Reischach: Am Fuß des Kronplatzes liegt auf sonniger, aussichtsreicher Terrasse das Dorf Reischach, heute ein Teil Brunecks. Hier oben liegen die meisten Hotels, Pensionen und Residences. Außerdem gotische Kirche und der wuchtige *Ansitz Angerburg* (17. Jh.).

Erdpyramiden: Oberhalb von Percha befindet sich eine interessante geomorphologische Sehenswürdigkeit: die Erdpyramiden. Wie auf dem Ritten (→ S. 116) wurden auch bei Oberwielenbach die lockeren Moränenmassen zuerst von einem Wildbach angeschnitten und dann durch Regenfälle abgetragen. Einzelne Decksteine haben pyramidenförmige Reste vor der Witterung geschützt, und so entstanden die

Pyramiden. Mit dem Auto bis Oberwielenbach, dort mehrere große Parkplätze. Abwechslungsreich geht es erst steil durch den Wald, dann auf und ab, entlang einer Wiese, kurz auf Asphalt, dann wieder durch Wald. Von mehreren schönen Aussichtsterrassen sind die Pyramiden aus nächster Nähe zu sehen. Trinkwasserbrunnen am Zugang zum Aussichtsweg; entlang des Weges gibt es Lern- und Erklärstationen für Kinder. Einfach 3,5 km, 170 Höhenmeter und 70 Min.

Einkaufen Auf dem **Kräuterhof,** einem Bergbauernhof oberhalb von Unterwielenberg, gibt es beim Hersteller Kräuterkosmetik, ätherische Öle sowie Kräuterschnäpse und -liköre zu kaufen. Ganzjährig geöffnet. Wielenberg 20, ✆ 0474/401092, kraeuterhof.it.

MeinTipp **Café** **Pyramidencafé,** weithin berühmte Kuchenauswahl, 10 Min. unterhalb des Parkplatzes, schöner Blick auf Oberwielenbach, zwei kleine, gemütliche Gaststuben, große überdachte Terrasse, Empfehlung: Kuchentris, tgl. außer Mi/Do geöffnet, Schießstandweg 2, pyramidencafe.it.

Südtiroler Volkskundemuseum in Dietenheim: Am Nordrand des Brunecker Beckens liegt das Dorf Dietenheim. Im *Ansitz Mair am Hof* (um 1690–1700) und dem angrenzenden Freigelände ist auf 3 ha das Volkskundemuseum eingerichtet. Der Ansitz zeigt zahlreiche bäuerliche Gebrauchsgegenstände und Fahrzeuge, das Freigelände alte Bauernhöfe, Ställe und Mühlen. Die Bauten wurden aus allen Teilen Südtirols hierhergebracht, zuerst Balken für Balken und Stein für Stein ab- und dann sorgfältig wieder aufgebaut. Besonders eindrucksvoll ist der Höfelerhof aus Mühlwald, dreistöckig mit Pultdach, Stube und Schlafzimmer mit z. T. bemalter Holztäfelung. Komplett erhalten ist die Apotheke eines Lüsener Bauerndoktors aus dem 19. Jh., interessant die Sammlung bäuerlicher Pfeifen und die Zithersammlung mit Beispielen dieses typischen Musikinstrumentes aus den Alpen, aus dem Balkangebiet, England und Nordamerika.

■ Ostermontag bis Ende Okt. Di–So 10–17 Uhr. Eintritt 9 €, Familien 18 €. Herzog-Diet-Str. 24, ✆ 0474/552087, volkskundemuseum.it.

St. Georgen und Gießbach: Mitten im Tauferer Tal liegt in einer Schlinge des Ahrnbachs der alte Ort St. Georgen. Seine Entstehung verdankt er der Furt,

Pustertal und nördliche Dolomiten → Karte S. 380/381

Bauernhofmuseum Dietenheim

über die heute eine Brücke ans andere Ufer nach Gießbach führt. Unter dem Fußboden der *gotischen Pfarrkirche* hat man romanische und vorromanische Reste entdeckt. Die Kreuzigungsgruppe an der Außenwand ist wahrscheinlich ein Werk des *Hans von Bruneck*. Besonders eindrucksvoll sind die Gebäude von Gießbach, zwei alte Ansitze mit Giebeln, einer davon ist *Schloss Gremsen,* mit kunstvollen Portalen und Wappen sowie eine ganze Reihe anderer schöner alter Häuser.

Die Familienfahrradtour von Bruneck nach Sand in Taufers: Die Fahrradtour zwischen Bruneck und Sand in Taufers (→ S. 407) ist gut markiert und familienfreundlich dank geringer Steigung – sie verläuft in großen Teilen als breiter asphaltierter Radweg auf einem ehemaligen Bahnkörper, Ruhebänke laden zur Rast ein. Etwas Orientierungssinn braucht man beim Verlassen von Bruneck: Man nimmt zuerst die Hauptstraße ins Tauferer Tal, aber am Ortsbeginn von St. Georgen die erste nach rechts abzweigende Straße Richtung Aufhofen. Hübscher ist es, wenn man am Anfang die Landstraße nach Dietenheim nimmt und von dort die Straße nach Aufhofen und St. Georgen, diese wird beim Erreichen von St. Georgen vom Fahrradweg Sand – Bruneck gequert. Hin und zurück 2–3 Std., kein nennenswerter Höhenunterschied, nicht schwierig.

Thara See Lounge, zwischen Uttenheim und Mühlen, an einem idyllischem Fischweiher gelegene, mit viel Glas und Holz erbaute Bistro-Bar mit großer Terrasse, E-Bike-Ladestation, Snacks und warmer Küche, in der Nebensaison Mo und Di geschl. thara-see-lounge.com.

Basis-Infos

→ Karte S. 397

Information **Tourismusverein Bruneck Kronplatz,** Mo–Fr 9–12.30/15–18 Uhr, Sa 9.30–12.30 Uhr, im Juli/Aug. Mo–Fr 9–19 Uhr, Sa 9.30–12.30/15–18 Uhr. Bruneck, Rathausplatz 7, ✆ 0474/555722, bruneck.com.

Verbindungen **Pkw:** ausreichend Parkplätze, altstadtnah an der Europastraße zwischen Busbahnhof und Graben (mit Parkhaus), die Altstadt ist Fußgängerzone.

Bahn: gute Verbindungen mit Brixen, Bozen, Hochpustertal.

Bus: Busbahnhof nahe Bhf., Verbindungen in alle Täler des östlichen Südtirols.

Taxi: Zentrale Südcab (suedcab.com), ✆ 0474/530530.

Ärztliche Versorgung **Krankenhaus:** Spitalstr. 11 (an der Straße nach Sand in Taufers), ✆ 0474/581111.

Feste & Veranstaltungen **Locknfescht,** nasses Spektakel am Ende der Wintersaison, wenn die „Lockn" (Lacke/Wasserloch) auf dem Kronplatz schon teilweise aufgetaut ist. Zur Gaudi Popmusik und alles Mögliche vom Standl.

Brunecker Sommerkonzerte, Klassik und Blasmusik im Juli/Aug., meist Di und Do, Veranstaltungsorte sind u.a. das Ragenhaus und die Pfarrkirche; Karten in der Buchhandlung Athesia.

Das **Südtirol Jazzfestival,** das von Ende Juni bis Anfang Juli in ganz Südtirol stattfindet, ist mit mehreren hochkarätigen Konzerten auch in und um Bruneck vertreten, Infos und Programm auf suedtiroljazzfestival.com

Weihnachtsmarkt in der Altstadt mit „Christkindlswerkstatt", wo sich das heimische Kunsthandwerk präsentiert.

Kultur **Stadttheater 3,** Dantestr. 21, ✆ 0474/772986, stadttheater.eu. **Kino Odeon 15,** Waldheimweg 1, odeonkino.com.

Post Europastr. 22, schräg gegenüber vom Busbahnhof.

Einkaufen

Märkte **Wochenmarkt** jeden Mi 8–13.30 Uhr gegenüber Busbahnhof. Der **Stegener Markt** (26.–28. Okt.) gilt als größter Markt Tirols, es kommen viele Österreicher. Im Advent **Weihnachtsmarkt.**

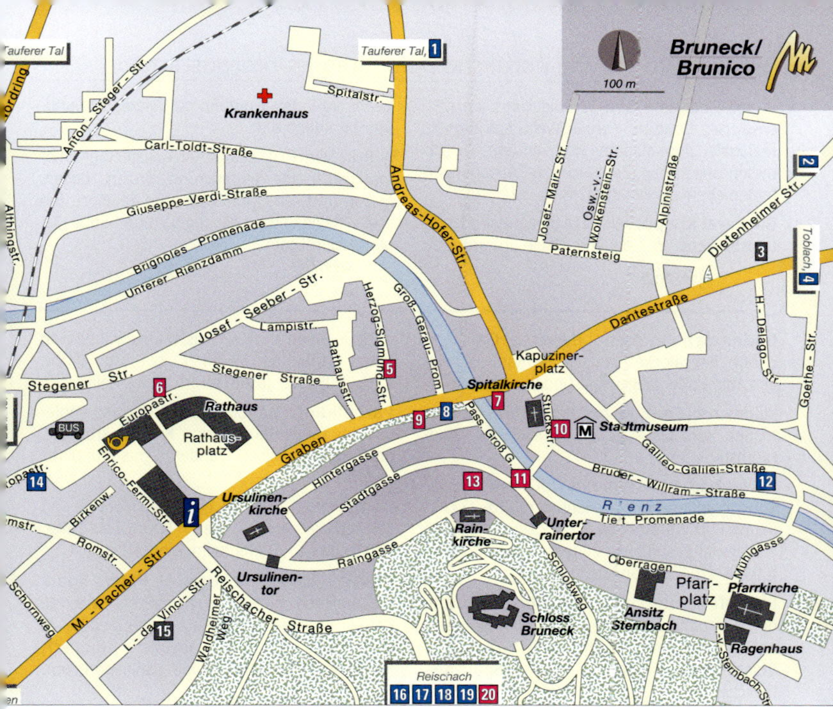

Übernachten

- Hotel Ander
- Niedermairhof
- Camping Schießstand
- Goldene Rose
- Haus Ragen
- Blitzburg
- Heinz
- Oberwiesen
- Edelweiß
- Petrus

Essen & Trinken

5 Pur Südtirol
6 b.local
7 Mondschein Dessert Bar
9 Café Roth
10 Weißes Lamm
11 Enoteca Bernardi
13 Stadtcafé
20 Kaminstube

Sonstiges

3 Stadttheater
15 Kino Odeon

Großer **Bauernmarkt** am Graben, Mai bis Okt. jeden Fr 8–12.30 Uhr, sehr viele regionale Produkte, auch Bio-Ware. Die wichtigsten Anbieter sind im Faltblatt „Brunecker Bauernmarkt" zusammengefasst (im Tourismusbüro) und auf bauernmarkt-bruneck.it.

Medien Bücher, CDs etc. bei **Athesia,** Stadtgasse 4, auf 4 Stockwerken.

Textiles **Kunsthandweberei Franz,** gewebte Textilien der Alpen und besonders Südtirols, Michael-Pacher-Str. 9 und Graben Nr. 8, tessiturafranz.it.

Lodenkleidung **Moessmer,** Walther-v.-d.-Vogelweide-Str. 6, moessmer.it.

Montura Store Bruneck, Tieltpromenade 4, Sportbekleidung der Trendmarke Montura, die mittlerweile in Südtirol jede/r Outdoorbegeisterte trägt, montura.it.

Wein & Feinkost **K. Bernardi,** Wein und Feinkost im Ladengeschäft in der Stadtgasse 36.

Acherer Patisserie Blumen, exquisite Schokokreationen inmitten bunter Blumengebinde – diese elegante Symbiose aus Konditorei und Blumengeschäft sollte man nicht verpassen. Stadtgasse 8, acherer.com.

Harpf, der Getränkeladen mit Hauptsitz am Nordring ist vor ein paar Jahren an den Ursprungsort in der Stadtgasse 53 a zurückgekehrt. Im sehenswerten Gewölbe werden Wein, Spirituosen, regionale Spezialitäten und andere Delikatessen angeboten. Zahlreiche Veranstaltungen finden ebenfalls hier statt, mehr auf harpf.it.

Bäckerei Knapp, seit 1914 bestehende Traditionsbäckerei in Gais mit Filiale in Bruneck, hervorragendes Schüttelbrot, Herzog-Sigmund-Str. 9 b, knapp.bz.it.

Pur Südtirol, Brunecker Ableger der Ökomarktkette, die es auch in Brixen, Bozen, Meran und Lana gibt. Wein und Feinkost, Bio und Regionales. Herzog-Sigmund-Str. 4a, pursuedtirol.com.

Sport

Baden/Schwimmen **Badesee Gais,** genannt „Baggalocke", günstig am Radweg gelegen, mit großer Liegewiese und Bar.

Städtisches **Freibad** mit Becken in Olympiamaßen, Juni bis Aug. tgl. 9.30–20 Uhr. Neurauthstr. 3.

Hallenbad und Wellness „Cron4" in der Sportzone Reischach, Hallenbad tgl. 10–22 Uhr. Sauna und Wellness tgl. 12–22 Uhr, auch hier manchmal gesonderte Zeiten. Im Gelände 26, ✆ 0474/410473, cron4.it.

Eislaufen **Intercable Arena Bruneck,** moderne Multifunktionsarena, ganzjährig geöffnet, An der Arena 5, hcpustertal.com; und **Eisschnelllaufring** in der Sportzone Reischach.

Golf 9-Loch-Anlage mit Driving Range neben der Sportzone Reischach, 18-Loch-Anlage geplant. **Golfclub Pustertal,** ✆ 0474/412192, golfpustertal.com.

Klettern **Kletterhalle** des AVS, mit 1370 m² Indoor-Kletterfläche und 450 m² Outdoor-Fläche. Dazu Boulderhalle und Bar, all das eingepackt in einen architektonisch ungewöhnlichen Bau. Ganzjährig geöffnet tgl. ab 9 Uhr, ✆ 0474/055005, Josef-Ferrari Str. 36, heliks.it.

Paragliding Startpunkt am Kronplatz. Anbieter von Tandemflügen sind Kronfly, kronfly.it, und Tandemflights, tandemflights-kronplatz.com.

Radfahren Infos zu geführten Touren und Fahrtechniktraining bei **Kronplatz-Bike,** Kircheggweg 7, Dietenheim, kronplatzbike.it.

Verleih: Größter Anbieter ist **Papin Sport** aus Innichen mit Filialen im ganzen Pustertal, Vorteil: Man kann das Rad gegen Gebühr in jeder Filiale wieder abgeben. Bruneck, Marconistr. 7, ✆ 348/4065468, papinsport.com.

Bike-Taxi: → Olang S. 406.

Reiten **Reitanlage Lechnerhof,** Reischach, ✆ 0474/548263, lechner-hof.com.

Wandern Der Tourismusverein veranstaltet **geführte Wanderungen** aller Schwierigkeitsklassen.

Wintersport → **Kronplatz.**

Übernachten

In und um die Altstadt ****** Hotel Ander 1,** gutes Hotel etwas abseits, Zimmer meist mit Balkon. Sauna- und Fitnessbereich, Garten mit Pool und Liegewiese, Tauferer Str. 1, ✆ 0474/551469, hotelander.com. **€€€–€€€€**

***** Goldene Rose 8,** Hotel mit integriertem Stadtturm aus dem 15. Jh. Helle Zimmer, beste Innenstadtlage, Studios mit Balkon und Rienzblick. Am Graben 36 b, ✆ 0474/537780, hotelgoldenerose.com. **€€€–€€€€**

***** Blitzburg 14,** gutbürgerlicher Gasthof am Busbahnhof, ruhig, Zimmer ohne Allüren, die zeitgenössische Erweiterung hat den attraktiven gründerzeitlichen Bau um einen neuen Trakt vergrößert. Kleiner Saunabereich im Haus. Europastr. 10, ✆ 0474/555723, blitzburg.it. **€€€–€€€€**

***** Haus Ragen 12,** familiengeführtes Haus in ruhigem Wohnviertel, gut ausgestattete Wohnungen mit Balkon. Apt. für 2 Pers. Bruder-Willram-Str. 29, ✆ 347/7383288, hausragen.com. **€€–€€€**

In Reischach ******S Petrus 19,** Luxushotel mit im Naturstil gehaltenen Zimmern und Suiten, teils mit eigener Sauna oder Whirlpool, Spa-Bereich. Schön die ruhige Waldrandlage. Auch das Restaurant spielt in der ersten Liga (→ Essen und Trinken). Reinthalstr. 11, ✆ 0474/548263, hotelpetrus.com. **€€€€**

*****S Oberwiesen 17,** hübsche Zimmer und geräumige, gemütlich ausgestattete Apartments für bis zu 8 Personen im neu erbauten Haus, Sauna und Whirlpool für müde Sportler, Pool und Liegewiese zum Entspannen. Auch

Apt., bei denen Frühstück dazu gebucht werden kann. Reinthalstr. 6, ✆ 0474/548095, oberwiesen.it. **€€–€€€**

***** Heinz 16,** nahe der Talstation Kronplatzbahn, großzügige Zimmer, in Schlaf- und Wohnbereich getrennt. Seilbahnstr. 6, ✆ 0474/548216, hotelheinz.com. **€€–€€€**

***** Edelweiß 18,** 5 angenehm schnörkellos eingerichtete Apartments für jeweils 2–6 Personen. Zum Haus gehören eine Sauna und ein Garten. Burgstr. 8, ✆ 0474/548208, apartment-edelweiss.it. **€€–€€€**

meinTipp **In Dietenheim Niedermairhof 2,** bereits 1304 urkundlich erwähnt, heute von 1900 von Helmut und Kathrin Im Stil der Zeit um 1900 aufwendig renoviert und zu einem Gesamtkunstwerk mit historischen Möbeln und raffinierter Lichtgestaltung veredelt. Die 8 individuellen Zimmer beeindrucken durch ihre liebevolle Ausstattung. Im ausgebauten Dachstuhl, dessen originale Balkenkonstruktion erhalten blieb, gibt es gemütliche Chill- und Leseecken. Die sympathische Gastgeberin erzählt gerne über den Umbau, der auch in einem Buch dokumentiert ist. Sehr gutes Frühstück, paradiesischer Garten mit Brunnen. Raffinierte Sauna im alten Stadl, 2,5 Std. für 2 Pers. 70 €. Herzog-Diet-Str. 1, ✆ 348/2476761, nmhof.it. **€€€–€€€€**

Historisches Bruneck mit der schäumenden Rienz

Außerhalb Camping Camping Schießstand 4, einfacher, teils schattiger Campingplatz mit Shop und Bar, Mai bis Sept., Gespann und 2 Pers. 22–34 €. Toblacher Str. 4, ✆ 0474/401326, camping-bruneck.com.

Essen & Trinken/Nachtleben

→ Karte S. 397

Weißes Lamm 10, alter Gasthof, Küche in Tiroler und italienischer Tradition, Restaurant im 1. Stock, appetitanregende Antipasti, Nudelgerichte und Risotti, Gulasch, Spareribs, Speckknödel und – unbedingt probieren – Erdäpfelplatterl. Stuckstr. 5, ✆ 0474/411350, weisseslamm.it. **€€**

Kaminstube 20, stilvolles Restaurant des Hotels Petrus, mit 2 Gault-Millau-Hauben geadelt, Südtiroler Küche mit mediterranen Anklängen, (Bio-)Gemüse saisonal aus eigenem Anbau. ✆ 0474/548263. **€€**

meinTipp **b.local 6,** innovatives Restaurant mit guter Weinauswahl, darunter viele Naturweine. Gekocht wird mit Zutaten aus der Region oder dem eigenen Garten. Das Überraschungsmenü (4 oder 6 Gänge) unterstreicht die kreative Küche, z. B. mit Zwiebelrisotto oder Tatar vom Simmentaler Rind. Gute vegetarische Auswahl. Freundliche und kompetenter Service. Sa/So Ruhetag. Via Europa 9, ✆ 0474/835222, blocal.it.

Enoteca Bernardi 11, feines Weinlokal mit schöner Gartenterrasse zum Fluss, Ambiente mit minimalistischem Schick. Günstige Tagesgerichte und „Klassiker", (Tartar vom Rind, Bruschetta), Fleisch aus der eigenen Metzgerei; mit täglichem Menü. So Ruhetag. Stuckstr. 6, ✆ 0474/370186, bernard-karl.it. **€€**

Pur Südtirol 5, geschickt im Genussmarkt integriertes Lokal mit leckerer Mittagsküche, gute Auswahl an Salaten, Snacks und warmen Gerichten, bio und regional, So geschl. Herzog-Sigmund-Str. 4 a, pursuedtirol.com. **€**

Café Roth 9, sehr schön ins alte Gewölbe eingebaute Bar mit modernem Mobiliar. Sa nur bis Mittag, So Ruhetag, Graben 32 b, .

Mondschein Dessert Bar 7, gemütliche Bar und Konditorei in historischem Gebäude, betrieben von jungen Pächtern, die eine grandiose, quietschbunte Auswahl an Torten, Törtchen und Dolci herstellen. Mo geschl., Kapuzinerplatz 9 d.

Stadtcafé 13, Konditorei-Café, frische Säfte, Eis, sehr populär v. a. die Terrasse. So geschl, Stadtgasse 26 a.

St. Lorenzen/Kloster Sonnenburg

Der Ort ist die älteste Siedlungsstelle des ganzen Beckens von Bruneck, das haben zahlreiche Ausgrabungen und die Reste von Wallburgen ringsum eindeutig geklärt. Selbst der Name deutet auf ein hohes Alter, denn der hl. Laurentius ist ein typischer Heiliger der Spätantike. Der Ort muss also schon vor der bajuwarischen Landnahme gegründet worden sein. Dass hier das römische *Sebatum* lag, der wichtigste Ort des ganzen Pustertals, ist ebenfalls gesichert. Der römische Meilenstein an der Straße nach Sonnenburg spricht ebenfalls eine deutliche Sprache. Im Museum **Mansio Sebatum** kann man einen großen Teil der Funde bewundern, die von der mittleren Steinzeit über die römische Phase und die Völkerwanderungszeit bis ins Frühmittelalter reichen. In der didaktisch modern und multimedial aufbereiteten Ausstellung erfährt man viel über das Leben und Sterben in früherer Zeit – auch für Kinder ausgesprochen interessant! Und ein **archäologischer Panoramaweg** macht mit den wichtigsten historischen Stätten und der Ausgrabungsstätte Sebatum bekannt.

▪ **Mansio Sebatum** in St. Lorenzen Mo–Fr 9–12 (im Juli/August bis 13) Uhr/15–18 Uhr, Sa 9–12 Uhr (im Juli/August auch 15–18 Uhr), Erw. 5 €, erm. 3 €, Führungen nach Vereinbarung: ✆ 0474/538196, mansio-sebatum.it.

Wenn man das freundliche Straßendorf von heute durchwandert, tut man sich schwer, an die einstige Bedeutung zu glauben. Im Mittelalter war St. Lorenzen Vorposten der Tiroler Landesfürsten, die auf der nahen Michelsburg Gericht hielten, während die Brixner Fürstbischöfe ihren Besitz von Bruneck und der dortigen Burg aus verwalteten. Wer von Bruneck nach St. Lorenzen ging, musste Zoll zahlen.

Die „Traubenmadonna" auf dem Hochaltar der **Pfarrkirche** ist ein Werk von *Michael Pacher*.

Im ehemaligen **Nonnenkloster Sonnenburg,** das auf einem Hügel thront, wurde ein Hotel eingerichtet. Darunter liegt der gleichnamige Weiler mit einigen alten Höfen und einer Kapelle. Der Orden war autonom, die Regeln waren locker, die Äbtissinnen ließen sich von niemand etwas vorschreiben. Unter dem Brixner Fürstbischof Nikolaus von Kues, der längst fällige Reformen ausführen wollte, kam es zum Konflikt zwischen Sonnenburg und dem Bistum, der erst nach Einschaltung des Landesfürsten Sigismund von Tirol, nach Bannsprüchen und einigem Blutvergießen endete – und zwar unentschieden mit dem Auszug der Äbtissin und der Amtsniederlegung des Bischofs. Das Kloster war eine Halbruine, bis es ab 1975 teilweise zum Hotel umgebaut wurde. Während der Arbeiten entdeckte man die eindrucksvolle *Krypta der früheren Stiftskirche*. 2020 verkaufte der langjährige Besitzer das Schloss an die Kronplatz Seilbahn AG, deren Touristik GmbH es zu einem 5-Sterne-Hotel umgestaltet. Die historische Substanz soll dabei komplett erhalten bleiben. Lassen wir uns überraschen!

Dorfidylle vor der Sonnenburg

Tour 19: Mit dem Rad von St. Lorenzen bei Bruneck nach Mühlbach auf dem Pustertal-Radweg[GPS]

Tour-Info: Kurzer **Familienausflug** auf dem Pustertal-Radweg. Rückfahrt auf dem gleichen Weg, bzw. per Bus bis St. Lorenzen oder Bahn bis Bruneck. Dauer 1:15 Std.; Länge 18 km; Höhenunterschied ↓ 60 m. Karten: Tabacco (1:25.000) Blatt 33; Kompass (1:50.000) Blatt 56. Mehrere Gaststätten am Weg.

Von der Brücke, die bei St. Lorenzen über die Rienz nach Sonnenburg führt **A** (SS 244 ins Gadertal), fährt man zur 20 m unterhalb liegenden Fußgängerbrücke und dann links an ihr vorbei (Schild „Heldenfriedhof") auf dem Hochuferweg weiter. Wo man wieder Häuser erreicht, geht es über einen Steg **B** nach rechts (mit Schild wie oben). Der Weg führt nun zwischen Fluss und Bahnlinie weiter. Vor einem Bahntunnel Gabelung **C** und nach links hinauf über den Tunneleingang hinweg auf einen Forstweg. Auf diesem weiter im lang gezogenen Linksbogen bis zu einer Asphaltstraße **D** (hier erreicht man den „offiziellen" Radweg), die gequert wird, denn gegenüber und ca. 50 m nach rechts versetzt führt der hier asphaltierte Pustertal-Radweg weiter (bis hierher war man *nicht* auf diesem Radweg!). Vorwiegend durch Wald nach Ehrenburg, wo man beim Hotel Lido Ehrenburgerhof **E** ankommt.

Geradeaus weiter und Querung der Straße zwischen Ehrenburg und Kiens

Mittelalterhöfe bei der Sonnenburg

F, leicht links versetzt geht der Radweg weiter. Man passiert die Kienser Brücke **G** (rechts). Bei der St. Sigmunder Brücke **H** lohnt sich ein Abstecher zur hübschen Wallfahrtskapelle Unsere Liebe Frau im Stöckl an der Straße in Richtung Vintl, wenn nicht überhaupt nach St. Sigmund mit seinem spätgotischen Flügelaltar in der Pfarrkirche.

Vom Abstecher zurück, quert man nach der Brücke die Bahnlinie (wer nicht den Abstecher macht, fährt bei der Brücke scharf links über die Bahn) und fährt rechts weiter auf dem Radweg, der durchgehend asphaltiert ist. Kurzes Waldstück, dann mündet der Weg nahe einem Bahnwärterhäuschen in eine querende Asphaltstraße **I**, der man rechts bis zur nahen Bahnüberführung folgt **J**, die man aber nicht benutzt, da man auf dem Radweg geradeaus weiterfährt. Tolle Wegführung über dem Fluss, durch Wald und ein paar Wiesenstücke, einsam (aber achten Sie auf die Traktoren, die den neuen Weg ebenfalls nutzen!). Die Brücke nach Niedervintl **K** bleibt rechts, noch ein

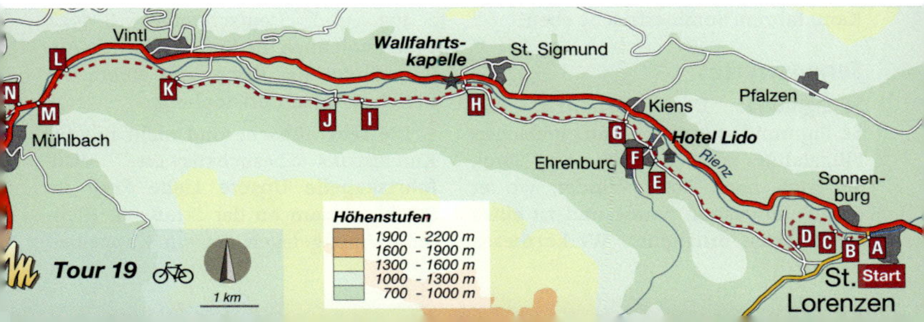

kurzes Straßenstück und wieder am Wald entlang des Rienzflusses.

Bei einer gedeckten Holzbrücke heißt es, den Fluss zu überqueren, auf der anderen Seite **L** geht es unter der Straße durch, an einem Werk vorbei und neben der Pustertaler Straße zum östlichen Eingangsbereich der Mühlbacher Klause **M** (Besichtigung nur nach Voranmeldung, → S. 384). Unterhalb an der Klause vorbei und nach rechts zum westlichen Eingangsbereich. Hier geht es oberhalb **N** auf dem Radweg weiter, der die Pustertaler Straße kurz vor Mühlbach tangiert **O,** um dann nach rechts mit dem Zubringer in den Ort zu führen. Den kurzen Radwegbereich (zwischen **P** und **Q** auf der linken Straßenseite!) kann man sich schenken und erreicht Minuten später die Ortsmitte von Mühlbach **R** (Bushaltestelle).

Praktische Infos

Information **Tourismusverein Bruneck Kronplatz,** Mo–Fr 8–13/15–18, Sa 9–12 Uhr, St. Lorenzen, Josef-Renzler-Str. 9, ✆ 0474/538196, bruneck.com.

Übernachten/Essen ******* Schloss Sonnenburg,** im ehemaligen Nonnenkloster. Schöne alte Stuben, prächtige Räume z. T. mit gotischen Gewölben. Das Schloss wird bis vsl. 2024 umgebaut (s. o.), sonnenburg.com.

*****S Saalerwirt,** alter Gasthof mit historischer Gaststube. Südtiroler Küche von Fastenknödeln über Schlutzer bis zu Strauben und Torten. Das „kleine Hotel" hat angenehme Zimmer, gemütliche Suiten im neu erbauten Teil, Saunahaus in Holzbauweise am Naturbadeteich. Saalen 4, ✆ 0474/403147, saalerwirt.com. **€€€–€€€€**

Pizzeria Zur alten Post, Pizzeria im alten Gasthof gegenüber der Kirche in St. Lorenzen, Mo Ruhetag.

Camping ****** Wildberg,** recht ruhiger, ganzjährig geöffneter Platz, neue Sanitäranlagen und Rezeption zentral im Ansitz. Freibad, Planschbecken, Sauna in der alten Ölmühle, Radverleih und eine Menge Tiere. Gespann und 2 Pers. 28–62 €. Auch Apartments und Suiten im alten Ansitz. **(€€)** ✆ 0474/474080, campingwildberg.com.

Kiens und Ehrenburg

Die Gemeinde Kiens umfasst die drei Orte *Kiens, Ehrenburg* und *St. Sigmund,* die alle wenig über dem Talboden des Pustertals liegen. Ehrenburg ist wegen seines gleichnamigen *Schlosses* in eindrucksvoller Lage bekannt, das in der Renaissance aus der Burg der Bischöfe von Brixen entstand und später barockisiert wurde (Privatbesitz und nicht zugänglich). Ruhige Wanderlandschaft ringsum, und auf der Rienz kann man Kanu fahren. Sommerfrische eben!

Sehenswertes

St. Sigmund: Die *Pfarrkirche* von St. Sigmund besitzt einen gotischen Flügelaltar, er ist der älteste in Tirol, der sich noch dort befindet, wo er (1430) aufgestellt wurde und ist eines der ältesten erhaltenen Werke dieses Typs überhaupt. Der Schrein umfasst nur drei Figuren, eine Maria mit Kind, den Apostel Jakobus (an der Pilgermuschel, die er in der Hand hält, erkennbar) und den Ortsheiligen Sigmund, dargestellt als prächtig gekleideter Ritter mit Adelskrone. Die weich fließenden Gewänder und die Predellafiguren, eine Anbetung der Hl. Drei Könige, weisen auf das Vorbild des Bozner Altars des Hans von Judenburg (→ Bozen, S. 103 und Deutschnofen, S. 552). Prachtvoll auch die Fresken an den Außenwänden der Kirche mit einem wie üblich riesigen Christophorus.

Die sehr hübsche und nicht nur für Kunstfreaks besuchenswerte **Wallfahrtskapelle Unsere Liebe Frau im Stöckl,** einsam an der Straße in Richtung Vintl gelegen, ist ein Kuppelbau

Sehenswert, wenn auch nur von außen: Schloss Ehrenburg

mit Türmchen von 1765/66. Im Inneren reizvolle Fresken des *Josef Anton Zoller* aus der Entstehungszeit (den Schlüssel erhält man nebenan).

Praktische Infos

Information **Tourismusverein Kiens,** Mo–Fr 8.30–12/14.30–18 Uhr, Sa 8.30–12 Uhr. Kiens, Kiener Dorfweg 4 b, ✆ 0474/565245, kiens.bz.

Übernachten/Essen ***** Pustertalerhof,** familienfreundliches Hotel Residence mit komfortablen Zimmern mit Balkon, neuen, großzügigen Suiten und interessant gestalteten Apartments. Schöner Wellnessbereich mit Hallenbad, Saunen und Naturbadeteich. Im Linda 16, ✆ 0474/565230, pustertalerhof.com. **€€€–€€€€**

****** Tauber's Biovitalhotel,** sehr persönlich geführtes Wanderhotel im Grünen. Vollwert- und vegetarische Küche, Heubäder, Naturkosmetik – das ganze Bauwerk wurde nach baubiologischen Grundsätzen errichtet. Plus: frische Luft, Grün, Ruhe, Hallenbad und beheiztes Freibad, Sauna, Wanderführer und Wanderbus. Pustertaler Str. 7, St. Sigmund, ✆ 0474/569500, biohotel.taubers-vitalhotel.com. **€€€–€€€€**

***** Gassenwirt,** der alte Gasthof bei der Kirche oberhalb von Kiens beherbergt ein Hotel mit gemütlichen Zimmern und einem hervorragenden Restaurant. Herzliche Gastgeber, schöne Stube, schmackhafte Südtiroler Küche. Auch Apt. Dorfweg 42, ✆ 0474/565389, gassenwirt.it. **€€–€€€**

**** Siessl,** familiär-gemütliche Pension in der zweiten Häuserreihe über der Pustertaler Straße. Kellerbar, Gartenlaube, einfache Zimmer, z. T. mit Balkon. Im Linda 8, ✆ 0474/565217, pensionsiessl.it. **€–€€**

Obermair, Gasthof unter der Ehrenburg, die Stube deutet auf das Alter, der Speisesaal auf die Effizienz des Betriebes. Tiroler Kost mit italienischen Anklängen. Einfache Zimmer. Mi Ruhetag. Ehrenburger Str. 38, ✆ 0474/565339, gasthof-obermair.it. **€€**

Auf dem Kronplatz

Der viele Wind rund um Bruneck hat seine Vorteile: Schneereiche Wolken aus Norden laden ihre Last besonders gerne beim ersten Hindernis südlich des Alpenhauptkamms ab, auf der Plose (→ S. 71). Der schneesichere, oben abgeflachte Kronplatz ist der Skiberg schlechthin und so erschlossen wie

Pustertal und nördliche Dolomiten → Karte S. 380/381

kaum ein anderer der Dolomiten. Und das bei unvergleichlicher Erreichbarkeit: 5 Min. Autofahrt ab Bruneck oder mit dem Stadtbus bis Reischach, von dort per Umlaufbahn zum Gipfel – zwei Seilbahnen nebeneinander! Mit 12 ha Grundfläche ist der Snowboarderbereich nicht eben bescheiden, es gibt so ziemlich alles was in dieser Sportart Tradition hat und/oder gerade auf den Markt gekommen ist (die ganz Jungen, denen man so den Hof macht, sind viel Geld ausgebende Stammgäste von morgen). Auch im Sommer lohnt sich die Fahrt hinauf, und trotz der Lifte, Zufahrtsstraßen, Hütten und sonstigen Verschandelungen der Sommerlandschaft gibt es schöne Wanderwege und noch schönere Mountainbiketouren (das Rad darf mit in die Seilbahn).

Unter dem Label **Outdoorcenter Kronplatz** wird mittlerweile ein umfassendes Kinderprogramm angeboten (s. u.). Und schlussendlich stehen auf dem Kronplatz im Abstand von nur wenigen Metern zwei spektakuläre Museen:

MMM Corones – die Vollendung von Reinhold Messners Werk? Ein Ufo? Krieg der Sterne auf dem Kronplatz? Das von der berühmten, leider viel zu früh verstorbenen **Stararchitektin Zaha Hadid** gemeinsam mit Reinhold Messner konzipierte Museum Corones liegt großteils unter einem Hügel verborgen. Futuristische Betonhüllen fassen spiegelnde Panoramafenster ein, in denen sich das Gipfelpanorama und der Betrachter selbst wiederfinden. Innen werden in einer minimalistischen Beton-Umgebung großformatige Gemälde von Bergen aus aller Welt und eine Sammlung von Curiosa aus Reinhold Messners ereignisreichem Bergsteigerleben präsentiert. Von einem der Fenster geht der Blick auf den Peitlerkofel, einen von Messners Heimatbergen. Und das ist gewiss kein Zufall. Dieses sechste Messner Mountain Museum beschließt seinen Museenzyklus und stellt das Vermächtnis des großen Bergsteigers dar. Vor allem im Winter, wenn der Skizirkus tobt und der Rundblick aufgrund der schneebedeckten Zacken am Horizont besonders spektakulär daherkommt, fungiert das am Südrand des Kronplatz abseits gelegene Museum als kontemplativer Kontrapunkt zum bunten Trubel. Und das ist ganz im Sinne des Meisters.

Grandioser Blick zum Peitlerkofel und Aferer Geislern vom Kronplatz

MMM Corones

▪ Juni bis Okt. und Dez. bis April, entsprechend den Öffnungszeiten der Seilbahn tgl. 10–16 Uhr. Eintritt 14 €, erm. 12 €, Familien 32 €, ✆ 0474/501350, messner-mountain-museum.it.

Lumen – Museum of Mountain Photography: Die frühere Bergstation einer Seilbahn in ein Museum umzubauen, darauf muss man auch erst einmal kommen! So geschehen beim spektakulären zweiten Museum auf dem Kronplatz, das von der Brixner Optikfirma Durst finanziert wurde. Das lichtdurchflutete Gebäude aus Beton beleuchtet auf 1800 m² die Geschichte der Bergfotografie ebenso wie ökonomische Entwicklungen. Durch die Kooperation mit „National Geographic" und „Red Bull" kamen spektakuläre Natur- und Action-Fotografien ins Haus. Verschiedene audiovisuelle Einrichtungen wie ein atemberaubender Spiegelsaal katapultieren den Besucher mitten ins Geschehen. Und auch die alte Bergstation hat eine ganz bestimmte, eindrückliche Funktion, aber mehr soll hier nicht verraten werden.

▪ Zu den Betriebszeiten der Seilbahn geöffnet, tgl. 10–16 Uhr, Eintritt 17 €, erm. 12 €, Kinder bis 14 J. 10 €, in Kombi mit dem MMM Corones 20 €, Familienkombiticket 40 €. ✆ 0474/431090, lumenmuseum.it.

Mein Tipp Wen Fotografie interessiert, der sollte 2 Std. für den Besuch einplanen und sich nicht vom Preis abschrecken lassen! Die Kombitickets mit dem Messner-Museum sind übrigens an 5 aufeinanderfolgenden Tagen gültig, falls der Input für einen Tag zu viel wird.

Bergbahnen **Kabinenbahn Kronplatz 2000** Juni bis Okt. 9–17 Uhr, einfach 22 €, Berg/Tal 31 €, **Kabinenbahnen Olang I+II** Juni bis Ende Sept. 9–17 Uhr, einfach 22 €, Berg/Tal 31 €, **Umlaufbahn Ruis** (vom Furkelpass) Juni bis Okt. 9–17 Uhr, in der NS nur Fr/Sa/So, einfach 18 €, Berg/Tal 24 €, kronplatz.com.

Wintersport Das **Skigebiet Kronplatz** im engeren Sinn umfasst mehrere Umlaufbahnen (Kronplatz I und II, Kronplatz 2000, Belvedere, Gipfelbahn u. a.) sowie diverse Sessel- und Schlepplifte – insgesamt 32 Aufstiegsanlagen und 119 km Pisten. Für Internet-Junkies: freies WLAN in den Kabinenbahnen Alpen Connecting und Olang I und II! Der Kronplatz umfasst außerdem die Lifte vom Furkelpass, in St. Vigil in Enneberg, St. Martin in Thurn, Olang, Taisten, Antholz, Untermoi und Terenten und ist Teil des Skiverbunds **Dolomiti Superski** (→ S. 633). Es gibt einen Bustransfer zum Skigebiet Alta Badia und eine Zugverbindung zum Skigebiet 3 Zinnen Dolomiten. Infos unter dolomiti-superski.com bzw. kronplatz.com. **Skischule Kronplatz,** an der Talstation Kronplatz, ✆ 0474/548474, school-kronplatz.com.

Sommer-Aktivitäten/Kinder Im Tal und am Berg bietet das **Outdoorcenter Kronplatz** zahlreiche sportliche Sommeraktvitäten (nicht nur) für Kinder. Neben organisierten Kletter- und MTB-Touren (für Erwachsene) kann der Nachwuchs im **Kikeriki-Kinderpark** einen Baumstamm hochklettern und auf einer Riesenschaukel in die Lüfte abheben; im Tal gibt es dazu ein Riesentrampolin. Die Angebote sind kostenpflichtig, Öffnungszeit Mitte Juni bis Anf. Okt., nähere Infos unter ✆ 0474/836768, outdoor-kronplatz.com.

Essen und Trinken Neben dem Lumen-Museum liegt auf einer Plattform vollverglast das Panoramarestaurant **AlpiNN** des Sternekochs Norbert Niederkofler. Das innovative Konzept basiert auf saisonalen und regionalen Zutaten und Nachhaltigkeit. Nicht günstig, aber etwas Besonderes. Nur tagsüber geöffnet (analog Seilbahn), ✆ 0474/431072, alpinn.it. **€€€**

Olang

Olang besteht aus vier Dörfern an der Ostseite des Kronplatzes, zu dem es zwei direkte Liftverbindungen hat: *Nieder-*, *Mitter-*, *Oberolang* und *Geiselsberg*. Die grüne Mulde des verstreuten Dorfes wird im Westen von den Waldhängen des Kronplatzes begrenzt, im Süden schauen die scharfen Grate der Dolomiten herunter, darunter Piz da Peres (2507 m) und Maurerkopf (2567 m). In Olang zu wohnen ist eine gute Idee, wenn man im Sommer wandern, aber doch nicht weit vom Schuss sein will (Bruneck ist um die Ecke) oder im Winter seine Ruhe haben will, obwohl man sich direkt am Skizirkus Kronplatz befindet. Olang kommt diesem Bedürfnis mit zahlreichen Hotels nach. Zusätzliches Plus: In den Bergen oberhalb des Ortes gibt es mehr als ein Dutzend bewirtschafteter Almhütten und Jausenstationen, darunter die wunderschön gelegene *Oberegger Alm* (→ „Übernachten/Essen") in einem früheren Wohnhaus!

Mit dem Gesundheits-, Naturkraft- und Wellnessboom der Gegenwart haben auch alte Bauernbadl wieder eine Chance. *Bad Bergfall* ist nicht nur ein seit dem Spätmittelalter hoch geschätztes Schwefelbadl, sondern hat auch einen römischen Vorgänger. Man hat die Reste eines Beckens sowie der heilkundigen Götter und Nymphen gefunden und badet heute mit der Gewissheit, dass gut sein muss für Gicht und Ischias, Haut- und Lungenkrankheiten, was Kranken in 2000 Jahren Heilung oder doch Linderung gebracht hat.

Auf den Furkelpass: Von Olang führt die wenig befahrene SP 43 auf den Furkelpass (1789 m), den Einschnitt zwischen dem Kronplatz und dem Piz da Peres, der bereits zum Naturpark Fanes-Sennes-Prags gehört. Von hier fährt eine Umlaufbahn (Ruis) auf den Kronplatz, es gibt zahlreiche Wandermöglichkeiten und mehrere Hütten. Ein großer Speichersee für den Kunstschnee im Winter beeinträchtigt optisch die schöne Umgebung. Auf der anderen Seite geht es recht kurvig hinunter nach St. Vigil/Enneberg. Der Furkelpass ist ein beliebter Spot für Radsportler, weil er abseits der Hauptverkehrsrouten liegt.

Information **Tourismusverein Olang**, Mo–Fr 8–12/14–18, Sa 8.30–12 Uhr (im Juli/Aug. auch 15–18 Uhr). Olang, Florianiplatz 19, ✆ 0474/496277, olang.com.

Sport Wandern, Klettern, Wintersport und Mountainbiken. Rent and go Kurt Ladstätter (Olang, Gassl 21, ✆ 0474/592111, sportrent.it) betreibt von Mai bis Okt. einen **Bike-Shuttle** in die Nebentäler des Pustertals oder an irgendeinen Punkt am Radweg, Radverleih im Sommer, im Winter Skiverleih; außerdem im Programm: Canyoning, Rafting, Paragliding. **Boulderhalle** am alten Bahnhof, tgl. 9–22 Uhr. **Freibad** in Niederolang.

Kinder Am Waldrand von Olang liegt die „Kinderwelt", ein weitläufiger **Naturspielplatz** mit Wasser- und Klettergelände, diversen Parcours,

Schaukeln und Rutschen. Sogar an Toiletten wurde gedacht! Nicht nur für Kinder: **3D-Bogen-Parcour** im Kron Arc Adventure Park (kronschool.com), Erw. 27 €, Kinder 17 €. Ebenfalls am Ort: Tubing-Rodeln, Fun-Camp mit verschiedenen Geräten und mehrere Trampolins. Geöffnet Mai bis Okt. und im Winter, Rodelbahnweg 3.

Veranstaltungen **Olanger Standlschmaus,** mehrere Gaststätten und Hobbyköche breiten ihr Angebot auf langen Tischen (Standln) aus an insgesamt 3 Mittwochen im Juli/Aug.

Übernachten/Essen ******* Bärenhotel,** schönes Hotel mit toller Aussicht, bester Service in diesem komplett renovierten Familienhotel, Wellnessbereich mit Hallenbad, Sauna und Massage. Zimmer mit Glastüren zum Balkon, Suiten mit eigener Sauna. Und der Name? Lassen Sie sich's erzählen! Furkelstr. 11, ✆ 0474/592001, baerenhotel.com. **€€€€**

**** Trattes,** einfacher Berggasthof und Familienbetrieb, abseits der Straße zwischen Geiselsberg und dem Furkelpass. Nicht nur die Lage besticht, sondern auch die traditionelle Südtiroler Küche ohne Schnickschnack, von Schlutzkrapfen über Knödel und Käsnocken, Gulasch und Wildgerichte bis hin zum Apfelstrudel und einer köstlichen Buchweizentorte. Menü ab 25 €. Mi Ruhetag. Furkelstr. 24, ✆ 0474/592010, trattes.it. **€–€€**

Oberegger Alm, Zufahrtsstraße ab Geiselsberg oder zu Fuß (0:30 Std.), altes Haus mit Stube, hochgelobte Tiroler Küche nach alten Familienrezepten. Juni bis Sept. (Mo Ruhetag) und Dez. bis April. ✆ 347/5220122, obereggeralm.com.

Pustertal und nördliche Dolomiten → Karte S. 380/381

Das Tauferer Tal und das Ahrntal

Von Bruneck im Pustertal bis zum Alpenhauptkamm und dem nördlichsten Punkt Italiens zieht sich die lange Achse des Tauferer Tal und des Ahrntals. Hier und in den beiden Nebentälern Reintal und Mühlwalder Tal zählen Wandern und Bergsteigen zu den beliebtesten Urlaubsaktivitäten.

835 m hoch liegt Bruneck, auf 3478 m ragt der Große Möseler in den Zillertaler Alpen, 3436 m erreicht der Hochgall an der Grenze zu Osttirol. Dazwischen liegen jede Menge Natur, Wiesengrün, Almen, Wälder und hochalpine Weiden, Gletscher und ein paar hübsche alte Orte wie Uttenheim in der Mitte des Tales oder Sand in Taufers am Talende.

Keinesfalls sollten Sie Ihr Mountainbike vergessen, denn jede Alm und jeder Bergbauernhof lockt mit einem Zufahrtssträßchen, wogegen die Verbindungen zwischen den einzelnen hohen Höfen und Almen oft so steil und ausgesetzt sind, dass sie geübten Bergsteigern vorbehalten sind. Aber auch Burgen, alte Adelsansitze, ein Bergbaumuseum samt befahrbarem altem Bergbaustollen (Kinderspaß pur!), die rustikale Küche in oft noch rustikaleren Lokalen und das immer noch urwüchsige Leben auf den Bergbauernhöfen sorgen für Abwechslung und einen erfüllten Urlaub.

Sand in Taufers

Wer über die Berge ins Salzburgische wollte, musste durch Sand in Taufers. Das war eine wirtschaftliche Notwendigkeit. Wein aus Bozen wurde über den Krimmler Tauern nach Norden gebracht, wo er als Messwein unverzichtbar war. Salz aus Hallein und anderen Salzorten wurde auf derselben Route nach Süden gebracht, wo man ebenso wenig darauf verzichten konnte. Sand profitierte von diesem Handel, und an der Stelle, wo das

Ahrntal beginnt, stand schon früh eine Burg, die den Weg sicherte, die damals wie heute spektakuläre **Burg Taufers.** Der Blick ist schon sehr eindrucksvoll und absolut unvergesslich: von den Wiesen bei Sand auf den *Ansitz Neumelans* mit seinem mächtigen Walmdach und den zierlichen Erkern, darüber mitten im Wald das Schloss Taufers und das alles gekrönt von den schnee- und eisbedeckten Gipfeln des Alpenhauptkamms.

Sehenswertes

Der Ort ist zwar klein, lässt aber wenige Wünsche offen, schließlich ist er das „Einkaufszentrum" mehrerer Täler. Die *Ahrntaler Straße* verläuft am westlichen Ortsrand, dort sind die meisten Geschäfte. Der alte Ort ist z. T. Fußgängerzone, das Zentrum liegt um die Josef-Jungmann-Straße, dort finden sich Rathaus, Post, Bank, Touristeninformation, Gemeindebücherei und das **Naturparkhaus Rieserferner-Ahrn** (im Tiefgeschoss, Eintritt frei) mit multimedialer Präsentation des Naturparks (→ S. 414).

Das **Pfarrmuseum** zeigt die sakrale Kunst der Kirchen und Kapellen rund um Sand. Viele Kunstwerke mussten während der Welle der Kirchendiebstähle in den 1960er- und 70er-Jahren sichergestellt werden und können nun hier bewundert werden. Südlich des Orts (in Richtung Bruneck) liegt der auffällige *Ansitz Neumelans*, ein mehrstöckiger Bau mit Walmdach, seitlichen Erkern und Park. Der Bau wurde unter dem Gerichtsherrn Hans Fieger 1582 begonnen und in nur 12 Monaten beendet. Hier unten war es wahrscheinlich doch etwas komfortabler als auf der zugigen Burg.

Naturparkhaus Mai bis Ende Okt. und Ende Dez. bis Ende März Di–Sa 9.30–12.30/14.30–18 Uhr, Juli/Aug auch So, zur Zeit der Straßenküche (→ „Veranstaltungen") Di bis 22 Uhr; Rathausplatz 9, ✆ 0474/677546, naturparks.provinz.bz.it. **Pfarrmuseum** Mi–Sa 16–18, So 10–12 Uhr, Spende statt Eintritt. ✆ 0474/678543.

Uttenheim im Tauferer Tal

Burg Taufers: Fast 100 m ist die Höhendifferenz zwischen dem Ahrntal und dem Tauferer Tal in der Schlucht oberhalb von Sand, der Almbach bewältigt sie in Kaskaden. Die Schlucht ist so eng, dass erst moderne Straßenbauer die heutige Straße in den Fels sprengen konnten. Der historische Weg durch die Schlucht führt direkt an der darüber wachenden Burg vorbei.

Die gewaltigen grauen Granitmauern und der hohe Bergfried machen noch heute Eindruck. Die adelige Familie Taufers hat sich ihre Stammburg wohl im 13. Jh. neu bauen lassen, dabei hat man einen frühmittelalterlichen Bau einbezogen. Die Taufers waren ein bedeutendes Geschlecht, eine Zeit lang konnten sie sich mit den Grafen von Tirol und den Andechsern messen.

Bei der Besichtigung sieht man die **romanische Burgkapelle,** deren Fresken bei der Restaurierung gefunden wurden. Sie sind ein Meisterwerk *Michael Pachers*, majestätisch der ganz byzantinische Christus in der Mandorla. Der Speisesaal mit großem Kachelofen, der Gerichtssaal, die Waffenkammer mit mittelalterlichen und frühneuzeitlichen Waffen und Rüstungen, der Rittersaal mit Adelsporträts und die wunderschöne Bibliothek sind genauso zu besichtigen wie das Zimmer der Margarete von Taufers, eine schön getäfelte Renaissancestube. Man berichtet, ihr Gemahl sei am Hochzeitstag ermordet worden, und sie habe sich in dieser Stube eingeschlossen (die Geschichte ist aber nicht verbürgt). Burg Taufers hat 64 Räume, davon sind 24 dekoriert, viele getäfelt und mit romanischen und gotischen Kassettendecken versehen.

■ Ganzjährig tgl. 10–17 Uhr, Besichtigung Turm und Ausstellung 6 €, Kinder 3 €, Eintritt mit Führung durch Innenräume 8–10 €, Kinder 4–5 €. Genaue Führungszeiten und Ticketverkauf auf der Webseite, ✆ 0474/678053, burgeninstitut.com. Parken an der Burg ist schwierig, am besten unten im Ort und in 20 Min. entspannt zu Fuß auf den Burgberg gehen.

Mächtige Festung Burg Taufers

Ritterschänke Burg Taufers, deftige Südtiroler Kost in historischem Gewölbe ✆ 342/5131540, ritterschaenke.com.

Taufers: Die *spätgotische Pfarrkirche* von Sand liegt nicht im Ort, sondern etwas südlich in Taufers, das nur aus wenigen Häusern besteht. Sie wurde 1527 vollendet, aus dieser Zeit ist noch die Kanzel erhalten. Zusammen mit der ebenfalls spätgotischen Friedhofskapelle und dem auf der anderen Seite des Platzes gelegenen Mesnerhof mit schönem Eingangstor und Erker bildet die Pfarrkirche ein eindrucksvolles Ensemble.

Praktische Infos

Information **Tourismusverein Sand in Taufers,** Mo–Fr 8.30–12.30/15–18, Sa 8.30–12 Uhr, Juli/Aug. Mo–Fr 8–18.30, Sa 8.30–12.30/15–18 Uhr, Di bis 21 Uhr. Sand in Taufers, Josef-Jungmann-Str. 8, ✆ 0474/678076, taufers.com.

Verbindungen **Pkw:** großer Parkplatz im Süden des Ortes, Parken meist unproblematisch. Auf der Straße ins Ahrntal Halteverbot. **Bus:** bis zu 25x tgl. nach/von Bruneck und Kasern oder Prettau.

Veranstaltungen **Tauferer Straßenküche,** Südtiroler Spezialitäten und Köstlichkeiten der örtlichen Betriebe sowie Handwerkermarkt mit Vorführungen und ein umfangreiches Rahmenprogramm mit Musik und Unterhaltung, alles unter freiem Himmel. Bustransfer ab Bruneck, Juli/Aug. jeden Di 19–23 Uhr. Das **Musikfestival TalKlang** in der ersten

Oktoberwoche präsentiert ungewöhnliche Musikevents an ungewöhnlichen Orten, mit Anmeldung beim Tourismusverein in Sand (s. o.). Nichts für Ängstliche ist der **Krampusumzug** am 7. Dez.

Einkaufen **Bauernmarkt** „Bauernpfinsta" ganzjährig Do ab 14.30 Uhr im Atrium des Tubriszentrums.

Goasroscht, Ziegenkäserei mit Hofladen und Café. Milch und leckerer Käse, u. a. Frischkäse, Schnittkäse, Ricotta und Graukäse. Weitere regionale Produkte: Sirup, Marmelade, Speck, Kräutersalz. Im Sommer auch Jausenstation, Winkelweg 39, Kematen, tgl. geöffnet, goasroscht.com. Unmittelbar gegenüber befindet sich ein kleines **Schafwollmuseum** mit Verkaufsladen, brusahelene.com.

Sonnenhänge des Tauferer Tals

Bergbahnen Speikboden und Klausberg → S. 415.

Canyoning/Rafting **Rafting Club Activ,** Ahrntaler Str. 22, ✆ 328/9660778, rafting-clubactiv.com.

Klettern/Bergsteigen **Bergführerbüro Hans Kammerlander,** die Alpinschule wird vom international bekannten Kletterer Hans Kammerlander geleitet (→ Ahornach, S. 411). Jungmannstr. 8, ✆ 0474/690012, kammerlander.com.

Paragliding Ideale Bedingungen am Speikboden. Tandemflüge über Kronfly, kronfly.it.

Radfahren Der 18 km lange **Radweg** von Bruneck nach Sand in Taufers führt recht eben durch das Tal und ist familientauglich (s. u.). Ab da in Richtung Ahrntal wird es steiler und teilweise unbefestigt. Radweg auch ins Reintal. **Radverleih** bei **Sport Tubris** im Tubriszentrum, ✆ 0474/678290, mountain-shop.com.

Wintersport Skiworld Ahrntal → S. 416.

Übernachten Sand hat jede Menge 3- und 4-Sterne-Hotels, an einfacheren und preisgünstigeren Quartieren mangelt es aber auch nicht. Gute Alternativen sind Apartments und Privatzimmer.

**** **Drumlerhof,** sehr persönlich und sympathisch geführter Familienbetrieb mitten im Ort. Wanderhotel mit Hallenbad, Sauna, Fahrradverleih, ausgezeichnetes Frühstücksbuffet und sehr schöne Zimmer mit Naturholzmöbeln, z. T. mit Balkon, z. T. gemütlich unterm Dach, auch Suiten. Großzügige Suiten. Glutenfreie Küche. Rathausstr. 6, ✆ 0474/678068, drumlerhof.com. **€€€–€€€€**

***S **Stocker,** großer Hotelkomplex am Südrand des Orts, eine Art Riesen-Tiroler Paarhof. Viel Wellness: Hallenbad, Sauna, Heubad, Moorbäder, Kosmetik, Mountainbikeverleih. Wiesenhofstr. 41, ✆ 0474/678113, hotelstocker.com. **€€€–€€€€**

Mein Tipp *** **Spanglwirt,** das zentral gelegene historische Gebäude mit original holzgetäfelter Stube von 1667 und urigem Weinkeller wurde zurückhaltend modernisiert. Großzügige Zimmer, auch für Familien geeignet, ansprechender Saunabereich mit viel Holz. Freundlicher, aufmerksamer Service. Ahrntaler Str. 23, ✆ 0474/678144, spangla.it. **€€€–€€€€**

*** **Garni Zimmerhofer,** freundliche Pension mit gut ausgestatteten Zimmern mit Balkon, dazu Garten, Sauna, Rad- und Mountainbikeverleih, Spielzimmer, Kühlschrankbenutzung. Dr.-Daimer-Str. 56, ✆ 0474/678271, garni-zimmerhofer.it. **€€**

***** Apparthotel Central,** moderne Apartments in 7 verschiedenen Ausstattungen für 2 bis 6 Pers. Sauna und Dampfbad im Haus. Hauseigene Restaurant-Pizzeria „Rosmarin“. Jungmannstr. 1, ✆ 0474/679062, apparthotel-central.com. **€€–€€€**

Essen & Trinken **Drumlerhof,** beliebtes Restaurant im gleichnamigen Hotel, überdachte und verglaste Terrasse. Gehobene bürgerliche Küche, ausgezeichnet mit 1 Gault-Millau-Haube. Verwendet werden saisonale und regionale Zutaten, bevorzugt in Bio-Qualität, auch glutenfreie und vegane Gerichte, gemütliche alte Wirtshausstube aus dem 18./19. Jh. Kein Ruhetag, Rathausstr. 6, ✆ 0474/678068, drumlerhof.com. **€€€€**

Zum Turm, stilvolles Ambiente (Stube aus dem 19. Jh.), italienische und Südtiroler Küche, Bergsaibling und Tagliata vom Weiderind, beste frische Zutaten und leichte Zubereitungen. Hochgelobte und ungewöhnliche Pizzakreationen mit lokalem Bezug wie die Calzone Ahrntal mit Graukäse. Mo Ruhetag, Bayergasse 12, ✆ 0474/678143, zumturm.org. **€€**

Pizzeria Mausefalle, Pizzeria, die neben Pizza auch klassische Gerichte und Salate anbietet. Am Ortsrand, weder überlaufen noch teuer. Di Ruhetag, Wiesenhofstr. 64, ✆ 0474/686280, mausefalle.bz.

Bäckerei/Konditorei/Café Röck, beliebte Konditorei am Park im Zentrum von Sand mit Wintergarten und Terrasse, üppige Eisbecher. Sa/So geschl., Bayergasse 14, roeck.it.

Ahornach

Die südseitig auf weiten Wiesenhängen verstreuten Höfe des Weilers sind über eine geteerte Straße zu erreichen und ziehen sich hoch über das Tal bis auf 1500 m empor. Wie Schwalbennester wirken die Höfe, entsprechend atemberaubend ist der Ausblick. Ahornach ist der Heimatort des berühmten Extrembergsteigers Hans Kammerlander, der im Tal ein Bergsteigerbüro für anspruchsvolle Touren unterhält (→ S. 410). Im Ort ist man sichtlich stolz auf diese prominente Persönlichkeit.

Übernachten/Essen **Roanerhof,** Pension und Bio-Bauernhof mit schwindelerregendem Rundblick, Kühen, Schweinen, allerlei Haustieren, absolut familienfreundlich. Einfache Zimmer und gut ausgestattete Apartments. Hervorragende Küche in **Roaners Bauernkuchl** mit Produkten vom eigenen Hof, empfehlenswert! Oberpojen 30, ✆ 0474/679291, roanerhof.com. **€€–€€€**

Kofler zwischen den Wänden, 1530 m, besonders exponiert und völlig isoliert liegt der Hof weit im Osten von Ahornach, bereits tief drinnen im Reintal, beeindruckend auf einer schmalen Wiesenterrasse zwischen steilen, felsdurchsetzten Hängen. 4 hübsche Apartments. Ahornach 53, ✆ 347/4924997, kofler-zd-waenden.com. **€–€€**

Lanebach

Die wenigen Höfe des hoch über dem Tal liegenden Bergbauernweilers Lanebach haben so ziemlich die steilsten Felder ganz Tirols. Einige der alten Höfe wie der spätmittelalterliche *Lercherhof* in Holzbauweise auf Steinfundament, sollten längst unter Denkmalschutz stehen. Sehenswert ist die ähnlich gebaute *Zwergschule* des Weilers, die zwar schon lange nicht mehr in Betrieb ist, aber ein hervorragendes und vor allem bestens erhaltenes Beispiel dieser Bauweise darstellt.

▪ Im Sommer werden **geführte Wanderungen** angeboten mit Besichtigung der Bergschule, Voranmeldung im Tourismusbüro von Sand in Taufers (s. o.). Die Tour erfordert Bergerfahrung und -ausrüstung (500 Höhenmeter) und dauert den ganzen Tag.

Durch das Mühlwalder Tal

Von **Mühlen,** das seinen Namen von den vielen Mühlen hat, die hier einst vom Bach angetrieben wurden (u. a. die Lodenmühle, Vorgängerin der Firma Moessmer in Bruneck), erreicht man das Mühlwalder Tal, das zahlreiche neue und gut ausgeschilderte **Themenwege** bietet, z. B. einen Käsekulturweg (mehr Infos in Taufers). Über **Mühlwald** mit seiner eindrucksvoll gelegenen Pfarrkirche gelangt man nach **Lappach,** dem höchsten Ort des Tals auf 1436 m. Von hier aus führt eine kostenpflichtige und stellenweise nur einspurige, per Ampelsystem regulierte Straße für private Pkw zum **Neves-Stausee** (Kassen an beiden Enden der Straße). Dieser wunderschön gelegene See ist Ausgangspunkt dreier interessanter **Bergtouren.** Nach Westen gelangt man zum Eisbruggjoch mit der Edelrauthütte und nach Pfunders (→ S. 389), nach Osten zum Nevesjoch mit der Chemnitzer Hütte (Nevesjochhütte) und hinunter nach Weißenbach, wo man die Straße ins Ahrntal erreicht oder in 5–6 Std. über den hochalpinen Kellerbauerweg zur Bergstation der Seilbahn Speikboden gelangt. Von Mühlwald erreicht man in 2 Std. auf steilem Weg den idyllischen Wengersee, ein von Lärchen und Zirben umgebener, einsamer Karsee (keine Hütte).

Maut **Neves-Straße:** Bei der Auffahrt zieht man vor der Schranke ein Ticket und zahlt dann bei der Abfahrt wie bei einem Parkplatz am Kassenautomat (1 Std. 4 €, bis 4 Std. 6 €, darüber 8 €, max. 25 €).

Museum **Magie des Wassers,** kleines, aber feines Museum im historischen Widum in Mühlwald, direkt an der Durchgangsstraße gelegen, zur Bedeutung des Wassers im Allgemeinen und der Geschichte der Wassernutzung im Mühlwalder Tal im Besonderen. Mitte Mai bis Mitte Sept. Di 10–13, Fr/So 14.30–17.45 Uhr, Eintritt 7 €, Familie 15 €, muehlwaldertal.it.

Einkaufen Mehrere Hofkäsereien in Mühlwald: **Eggemoa,** moderne Käserei in architektonisch innovativen Räumlichkeiten, veredelter Kuh- und Ziegenkäse, Verkostungen möglich (15 €), Dorf 53, eggemoa.com; **Hochgruberhof,** im Hofladen Verkauf von Kuhkäse, Joghurt, Butter, Gornerstr. 100, hochgruberhof.com; **Mittermair,** Verkauf von Graukäse, Butter, Joghurt, Mühlwald 57.

meinTipp **Übernachten/Essen** **Wiedmairhof,** schöne, moderne Apt. jeweils für 2 bis 5 Pers. Die junge und gastfreundliche Familie betreibt Milchwirtschaft und vermietet seit 2020 Ferienwohnungen. Auf Anfrage gibt es frische Milch und Brötchenservice. Uttenheim, Wolkensteinweg 5, ✆ 0474/430577, wiedmair.com. **€€**

***** Am See,** verglichen mit dem, was man in schicken Orten für Hotelzimmer dieser Kategorie samt Frühstück und Seeblick bezahlen muss, sind die Preise hier noch günstig. Einfache Zimmer mit Balkon, Sauna, Dampfbad und Whirlpool im Haus. Allerdings nicht ganz leise. Hauptort 2 a, Mühlwald, ✆ 0474/653166, hotel-am-see.it. **€–€€**

***** Apparthotel Sonnwies,** freundliches, familiengeführtes Aparthotel, gemütliche Apartments mit Balkon und kompletter Küche. Im Haus Sauna, Dampfbad, Whirlpool, Kneippbad sowie das **Dorfcafé.** Schusterfeld 22, Mühlwald, ✆ 0474/653355, apparthotel-sonnwies.com. **€€–€€€**

**** Schneider,** im Café Schneider gibt es auch nette Zimmer mit Balkon. Lappach 207a, ✆ 0474/685005, schneider-cafe.com. **€–€€**

Pizzeria Meggima, am kleinen Mühlwalder See. Die Umbauten haben den Räumlichkeiten gut getan, gemütlich ist es weiterhin. Großzügig gestalteter Außenbereich mit riesiger Spielfläche für Kinder. Über 40 verschiedene Pizze (auch zum Mitnehmen) und Schlutzkrapfen. Mittags eher Bistro, Mo/Di Ruhetag. Hauptort 4, ✆ 0474/656013, meggima.eu.

Bauernbadl Bad Schüsslerhof, nahe der Kirche bietet Familie Auer-Hartmann Zimmer mit Frühstück oder HP sowie die Annehmlichkeiten eines Badls an: Kneippbad, Sauna, Dampfbad und Massage, vor allem aber die regionaltypischen Heubäder. Lappach 214, ✆ 371/4385176, schuesslerhof.com. **€–€€**

Wanderung vom Neves-Stausee zur Edelrauthütte

Auf dem Eisbruggjoch steht in Panoramaposition die Edelrauthütte, die Rieserfernergruppe kann man von der Hütte aus perfekt studieren. Der Hochfeiler (3510 m) liegt nur wenige Stunden entfernt (hochalpine Eistour). Wanderer aus dem Pfunderer Gebiet treffen solche aus dem Mühlwalder Tal, denn der Aufstieg von Westen ist ein Teil des Pfunderer Höhenwegs. Vom Neves-Stausee (1860 m), den man mit dem eigenen Pkw oder im Sommer mit dem Bus erreicht, führt ab der Nevesalm (vorher schon Schranke und Wanderparkplatz) oberhalb des Nordufers der Hüttenweg Nr. 26 durch das Pfeifholder Tal zum Eisbruggjoch. 700 Höhenmeter sind zu bewältigen, zunächst noch im Wald und dann im immer karger begrünten Tal. Richtung Westen (hier geht es ins Pfunderer Tal hinunter) findet man knapp unter der Hütte den stillen kleinen Eisbruggsee in seinem Hochkar.

mein Tipp **Neves Alm,** am Neves-Stausee gelegene, idyllische Alm mit sehr schmackhafter Küche (klasse Risotto!), eine ideale Einkehrmöglichkeit am Rückweg von der Edelrauthütte oder auch nur bei einem Spaziergang rund um den Stausee (1 Std., kinderwagengeeignet). Den leckeren Käse dort kann man auch kaufen. Juni bis Mitte Okt., Lappach 17, ✆ 338/8737161.

mein Tipp **Edelrauthütte,** der 1908 auf 2545 m Höhe errichtete Bau hatte nach 108 bewegten Jahren seinen Dienst getan und wurde durch einen spektakulären Neubau mit viel Holz, großen Glasfronten und autarker Energieversorgung ersetzt. Die Terrasse vor der Hütte bildet exakt den Umriss des alten Gebäudes nach – eine Hommage der besonderen Art! Übernachtung im Mehrbettzimmer. Geöffnet Juni bis Anf. Okt. ✆ 0474/653230 oder 340/6604738 WhatsApp, edelrauthuette.com. **€€**

Das Reintal

Eine Nebenstraße führt von Sand ins Reintal. Zuerst passiert man die dreifach gestaffelten *Reinbachfälle,* ein gut ausgebauter Besinnungsweg („Franziskusweg“) mit mehreren Stationen erschließt sie (Forststraße und Weg ab Winkel, das man über einen Abzweig kurz vor Mühlen auf eigener Straße erreicht, nicht über Straße ins Reintal, dort nur Wegzugang von oben). Etwas höher öffnet sich unerwartet und weit das Tal, und nach herrlichen Ausblicken auf die umragenden Dreitausender ist man in **Rein in Taufers,** dem Hauptort des Tals (auch „Rain“ geschrieben). Das Dorf liegt auf 1595 m und ist keineswegs die höchste Siedlung des Tals, denn Bergbauernhöfe wie der Hirber (1674 m) und der Eppacher (1687 m) liegen noch höher. Bergwiesen, alte Wege und Steige, urtümliche Bauernhöfe, Almen und eine einsame Gebirgswelt sind das Kapital der Gegend. Der **Naturpark Rieserferner-Ahrn** umschließt die besiedelte und bewirtschaftete Fläche des Dorfes komplett, dieser Naturpark ist wahrscheinlich der ursprünglichste und einsamste ganz Südtirols. Ein einfacher, aber großartiger Anstieg führt auf die *Rieserfernerhütte* im Hauptkamm dieser Gebirgskette.

Wandern **Wasserfallweg** ab Toblhof (Gasthof) mit Parkplatz und Bushaltestelle, 160 m Höhenunterschied, hin/zurück ca. 1 Std. Ab Winkl (Start an der Wasserfallbar s. u.) führt der **Franziskusweg** auf mehreren Stationen entlang der Reintalfälle zur Franz-und-Klara-Kapelle und trifft oberhalb auf die Straße ins Reintal, 2,5 km, 290 Höhenmeter, hin/zurück ca. 1:30 Std., franziskusweg.it.

Zur **Rieserfernerhütte,** 2798 m, AVS, Ende Juni bis Ende Sept., 60 Lager, ✆ 0474/492125; von Rein auf Weg 3 (Aufstieg 3:30–4 Std.).

Outdoor Nur knapp 6 Min. dauert die Fahrt mit der neuen **Fly-Line Wasserfall.** Länge 850 m, 200 Höhenmeter. Wanderung ab Wasserfallbar bis zum 3. Wasserfall (40 Min.) oder ab Bushaltestelle Toblhof (2 Min.). April bis Okt., in HS tgl. 10–17 Uhr, Erw. 12 €, Kinder 10 €, fly-line-wasserfall.eu.

Übernachten/Essen ***** Bacher,** familienfreundliches Wanderhotel im Grünen auf 1600 m, reichlich Holz innen und außen, die Zimmer angenehm schnörkellos modernisiert. Hallenbad, Sauna, große Liegewiese, Kinderspielplatz und Spielzimmer. Unterstatt 4, ✆ 0474/672509, hotel-bacher.com. **€€€**

**** Garni und Pizzeria Florian,** Pizza, Eis, Kaffee und Kuchen, Panoramablick. Zimmer mit Balkon. Rein 55, ✆ 0474/672510, garni-florian.com. **€**

Wasserfallbar, am Start des Franziskuswegs (Parkplatz im Sommer 3 €/Tag) liegt diese originelle Einkehrmöglichkeit mit Lärchenholzmobiliar und schönen Sitzplätzen im Freien. Viele Spielmöglichkeiten für Kinder, u. a. schöne Kugelbahnen. Mitte April bis Mitte Nov. tgl. geöffnet. Winkelweg 3, Kematen.

Pustertal und nördliche Dolomiten → Karte S. 380/381

Der Naturpark Rieserferner-Ahrn

Fast wäre es der Rieserfernergruppe geschehen wie so vielen anderen Gebirgsgruppen mit reichlich Wasser und starkem Gefälle. Man plante Stauseen und Steigleitungen, Kraftwerke und Fernleitungen, dazwischen den einen oder anderen Skilift. Das wurde von der Südtiroler Landesregierung gerade noch verhindert, und es entstand statt alldem ein Naturpark von nationaler und in seiner Ursprünglichkeit internationaler Bedeutung.

Urgestein und Schiefer, aus denen das Gebirge im Naturpark besteht, lassen das Regenwasser oberflächlich abrinnen, und da viel Regen fällt, gibt es reichlich Wasser in den Bächen. Gletscher der Eiszeit haben den gesamten Bereich abgeschliffen, haben steile Talflanken und darüber flache Terrassen geschaffen, auf denen sich heute die Almen befinden. Von diesen Terrassen mit kleinen Seelein stürzen die Bäche in rauschenden Wasserfällen ins Tal. Zwar sind auch hier die Gletscher in starkem Rückgang, aber wer zur *Dreiherrnspitze* (3498 m) oder zum *Hochgall* (3436 m) hinaufschaut, wird sie immer noch eindrucksvoll genug finden.

Das Ahrntal

Wer die 30 Straßenkilometer des Ahrntals zwischen Sand in Taufers auf 870 m und Kasern auf 1600 m auf guter Straße abfährt, braucht nicht lange. Wer hier unten im Tal bleibt, ist meist enttäuscht, das Urlaubsglück liegt weiter oben.

Die Streusiedlungen *Luttach, St. Johann, St. Martin, Steinhaus, St. Jakob, Prettau* und *Klausberg* sind schnell passiert. Was der Autofahrer besonders im unteren Teil sieht, ist gesichtslose Verbauung. Wer aber das Tal mit dem Rad abfährt (es gibt einen beschilderten **Radweg** bis Kasern!), entdeckt die kleinen Kapellen an Weggabelungen, sieht die Scheunen und alten Wirtschaftsbauten, die Bauerngärten und die Birnen an den Südwänden der alten Höfe. Nur Wanderer und Mountainbiker erleben die höheren Etagen: Über der Zone der Bergbauernhöfe erstreckt sich ein kaum unterbrochener Waldgürtel. Es ist kaum alter Wald dabei, denn der Bergbau im Tal, der erst vor Kurzem eingestellt wurde, benötigte viel Holz. Den Rest verheizten die Schmelzöfen, ein Schornstein steht noch als Halbruine an der Straße oberhalb von Prettau. Nochmals eine Etage höher liegen die Almen, auf denen die Bauern im Sommer ihre Rinder aufpäppeln und Heu schneiden, damit die Tiere und sie selbst den langen Winter überstehen. Zahlreiche gut erhaltene und liebevoll gepflegte Trockensteinmauern säumen Wege und Weiden. Ganz zuoberst weiden die Schafe und Ziegen, um die Seen in den Gebirgskaren, den *Grießbachsee*, den *Waldnersee*, den durch die Klausberg-Seilbahn erschlossenen *Klaussee*. Darüber thronen die Gipfel.

Praktische Infos

Information Tourismusverein Ahrntal, Mo–Sa 8.30–12/15–18 Uhr, in NS Sa nur vormittags, Luttach, Ahrner Str. 22, ✆ 0474/671136, weitere Infobüros in St. Johann, Steinhaus und Kasern, ahrntal.com.

Verbindungen **Pkw:** Straße bis Kasern, dort Großparkplatz, Weiterfahrt nicht erlaubt (Schranken).

Im Sommer bis zu 15x tgl. per **Bus Nr. 450** von Bruneck über Sand ins oberste Ahrntal (Kasern), einige Busse nur bis Prettau.

Veranstaltungen Während der **Ahrntaler Graukäsetage** in der zweiten Septemberhälfte werden im Ahrntal eine Woche lang Graukäsespezialitäten serviert. Neben Verkostungen des aus Sauermilch hergestellten Käses und Führungen in den Käsereien und auf den Almen gibt es zum Abschluss ein großes Fest in Steinhaus und auf der Kristallalm.

Einkaufen **Hofkäserei Kleinstahl,** Verkauf von Käse und Produkten aus Ziegenmilch, Kaminwurzn, Speck, Brunnberg 20, St. Johann, kleinstahl.com.

Bergbahnen **Kabinenbahn Speikboden** Anf. Juni bis Mitte Okt. 8.30–17 Uhr, Berg 21 €, Berg/Tal 26 €, Kinder 13/15 €; **Sessellift Sonnklar,** Mitte Juni bis Mitte Okt. 8.45–12/13–17 Uhr, Berg/Tal in Kombi mit Kabinenbahn 33,50 €, Kinder 22,50 €, speikboden.it.

Kabinenbahn Klausberg, Ende Mai bis Okt. 8.30–12.20/13–17.15 Uhr. Berg 21 €, Berg/Tal 26 €, Kinder 13/15 €; im Aug. 1 Std. länger, klausberg.it.

Erhältlich sind **Wochenkarten,** die Supercard Speikboden oder Klausberg für je 74,50 € und die Saisonkarte Summerworld Ahrntal Card (Speikboden und Klausberg) für 120 €, beide ermäßigt mit Gästekarte, Infos skiworldahrntal.it.

Kinder **Streichelzoo** an der Talstation vom Sessellift Sonnklar. **Piratenklettersteig** für die Größeren an der Bergstation der Kabinenbahn Speikboden, Verleih von Ausrüstung gegen Gebühr. **Kinderwagentaugliche Wanderung** zur Trejer Alm ab Bergstation Speikboden 30 Min. An der **Bergstation Klausberg** große Liegewiese, Planschbecken, „Family Park" mit Spielgeräten und Wasserwelt, Dinoland und Sommerrodelbahn „Klausberg Flitzer", → S. 419.

Radfahren/MTB Ausgewiesene, überwiegend panoramareiche **Mountainbikerouten** am Klausberg, verschiedene Schwierigkeitsstufen. Fahrradverleih und Touren bei **Basecamp Kreaktiv,** Industriestr. 2, Sand in Taufers, ahrntal-aktiv.com.

Reiten **Herbert's Reitstall,** Pferdetrekking, Kutschen- und Schlittenfahrten, Weißenbachstr. 8, ✆ 335/5389099, pferdetrekking.it.

Wintersport **Skiworld Ahrntal,** 2 Skigebiete (Speikboden und Klausberg), 21 Aufstiegsanlagen, 74 km Pisten, ein Skipass. Das **Skige-**

Wanderparadies Ahrntal

biet Speikboden bietet davon 8 Lifte, 38 km Pisten und einen Snowpark für Anfänger und Könner, speikboden.it. Das **Skigebiet Klausberg** umfasst 10 Aufstiegshilfen, 33 km Pisten und 2 Snowparks, klausberg.it. Kleine Skigebiete in Weißenbach und Rein. **Rodelbahnen** am Speikboden (10 km!), Weißenbach, St. Johann und am Klausberg, dort auch Nachtrodeln am Di. Ausgewiesene **Schneeschuhtouren** am Speikboden. **Langlaufloipen** in Mühlwald/Lappach und Kasern, Rundloipen in Rein und Weißenbach. Infos zum gesamten Skigebiet unter skiworldahrntal.it.

Skischule Speikboden, Kurse und Kinderbetreuung, Drittelsand 7, Sand in Taufers, ✆ 0474/678526, schoolspeikboden.com. **Skischule Klausberg** in Steinhaus, auch Skiverleih, ✆ 0474/652350, skischuleklausberg.com.

Camping Der **Maurlechnhof** stellt 16 Camperstellplätze zur Verfügung, die einzigen im ganzen Ahrntal (deshalb ist Reservierung empfehlenswert), Sanitäranlagen, Spielplatz, Café; Wellness gegen geringen Aufpreis nutzbar. Wem das zu einfach ist, kann auch in die komfortablen und gemütlichen Chalets umziehen (**€€–€€€**). Luttach, Weißenbachstr. 8, ✆ 348/3389988, maurlechnhof.com.

Luttach

Das Skigebiet Speikboden vor der Tür und die typisch italienische Industrie- und Gewerbeansiedlung parallel zur Straße haben den alten Ort bis zur Unkenntlichkeit verändert. Im Ort schönes privates **Krippen- und Volkskunstmuseum** auf zwei Stockwerken (an der Straße nach Weißenbach, links). Paul Gartner, der Sammler und Leiter des Museums, beschränkt sich nicht auf Südtiroler Krippen, sondern zeigt Krippen aus allen Ländern und aus jedem Medium. Hübsch ist die spanische Panoramakrippe, faszinierend die aus England stammende Laserkrippe, die aus einem Glasblock besteht, in den mit Laserstrahlen eine Krippe eingebrannt wurde, ohne das Glas außen zu beschädigen. Dennoch bleibt die traditionelle Ahrntaler Krippe mit ihren 65 Figuren das Prunk- und umlagerte Hauptschaustück der Sammlung.

Auf dem Speikboden: Das Gebiet Speikboden, das man mit der Bergbahn von Luttach aus erreicht, ist im Sommer wie im Winter gut besucht. Oben gibt es einen Kinderspielplatz und mehrere Einkehrmöglichkeiten. Gute Küche gibt es im Bergrestaurant Speikboden, z. B. Knödeltris und leckere Schlutzer. Im Sommer reizt vor allem der Gipfel (2523 m), den man von der Bergstation (1974 m) über alpine Mat-

Spätherbst im hintersten Ahrntal

ten mit Alpenrosen in ca. 1:30 Std. erreicht (hin/zurück 2:45 Std., längere und schönere Variante s. u.). Es gibt zudem drei neu angelegte Klettersteige unterschiedlichen Schwierigkeitsgrades auf den Kleinen Nock und den Speikboden-Gipfel. Letzterer sorgt durch eine Seil- und eine Hängebrücke für Nervenkitzel und ist nur etwas für Geübte. Der Kinderklettersteig eignet sich ab 6 Jahren.

Über den Kleinen Nock zum Speikboden: Lohnende Panorama-Höhenwanderung ab der Bergstation auf Weg Nr 18 a/18 durch Bergwald zum Kleinen Nock (45 Min.). Weiter auf dem stetig ansteigenden Plattenweg am Grat entlang zum Speikboden (1:30 Std. ab dem Kleinen Nock). Fantastischer Panoramablick auf die Rieserfernergruppe, das hintere Ahrntal und die mächtigen 3000er Schwarzenstein, Turnerkamp, Großer Möseler, Großer Löffler und Nevesgletscher. Rechts vom Schwarzenstein ist die berühmte Schwarzensteinhütte auf dem Grat zu erkennen. Auf dem letzten Wegstück vor dem Gipfel hat man einen schönen Ausblick ins Mühlwalder Tal. Ab Speikboden auf Weg Nr. 27 in 45 Min. zurück zur Bergstation. Insgesamt 8 km, 600 Höhenmeter, 3 Std. Allerdings muss erwähnt werden, dass die gesamte Hochfläche oberhalb der Speikbodenalm mit Liftanlagen und einem großen Speichersee verbaut wurde. Die drastische Naturzerstörung ist vom Höhenweg aus zu sehen. Das Gelände ist in erster Linie ein Wintersportgebiet, damit lässt sich einfach mehr Geld verdienen.

Übernachten/Essen ******S Schwarzenstein,** straßenfern nahe der Kirche. Die zwei Flügel des Hotels sind durch einen Serviceblock mit Restaurant und Wellnessanlage verbunden: Hallenbad, Freibad, Sauna, Dampfbad, Whirlpool im Freien mit Naturteich, Beautyfarm, Sky-Spa, Infinity-Pool und 60 m lange Wasserrutsche. Dorfstr. 11, ✆ 0474/674100, schwarzenstein.com. **€€€€**

*****S Erlhof,** Tirolerhaus am Rand des Grünen, viel Blumen auf den Balkonen, Liegewiese, Spielplatz, gute Zimmer und Apartments im Neubau, die schick renovierten Suiten und Apartments befinden sich im Haupthaus. Sauna und Whirlpool. Im Anger 7, ✆ 0474/671221, erlhof.com. **€€–€€€**

Weißenbach

In Luttach zweigt eine gut ausgebaute Straße ins wenig bekannte, aber wunderschöne **Weißenbachtal** ab. Im Süden begrenzt von Nock und Speikboden, im Norden vom mächtigen Alpenhauptkamm mit Schwarzenstein, Hornspitzen und ihren ewigen Gletschern, bietet das Tal zahlreiche Wandermöglichkeiten und auch hochalpine Bergtouren. Der Hauptort Weißenbach erstreckt sich im weiten, oberen Talgrund am gleichnamigen Bach. Die *Pfarrkiche* ist dem hl. Jakob geweiht und birgt einen wertvollen gotischen Altar. Es gibt ausgeschilderte *Themenwege*, so einen Kräuterweg und einen Gesundheitsweg und im Winter eine 15 km lange *Langlaufloipe*. Eine einfache Wanderung (Weg Nr. 16) auf breitem Forstweg führt ins U-förmige **Mitterbachtal,** an dessen Ende der Mitterbachkees am Fuße der Hornspitzen in der Sonne glänzt. 30 Min. oberhalb von Weißenbach lädt die idyllische kleine **Riesa-Alm** zu einer Einkehr. Hier besteht die Möglichkeit zum Abzweig auf den Weg 16a, der talauswärts am Berghang entlangführt (schöne Talblicke!) und sich später wieder nach unten Richtung Talgrund und Weißenbach wendet (als Rundweg von Weißenbach etwa 1 Std.).

Museum **Krippen- und Volkskunstmuseum Maranatha,** Holzschnitzerwerkstatt und privates Krippenmuseum, ganzjährig Mo–Sa 9–12/14–18 Uhr, So 14–17 Uhr, Eintritt 7 €, Familien 15 €; Weißenbachstr. 17, ✆ 0474/671682, krippenmuseum.com.

Einkehr **Riesa Alm,** 1480 m, die hübsche Alm im Stil einer Jagdhütte bietet rustikale Südtiroler Küche, Nudelgerichte, leckeren Kaiserschmarrn. Ganzjährig geöffnet.

Pustertal und nördliche Dolomiten → Karte S. 380/381

St. Martin im Ahrntal

In St. Martin, einem Ortsteil von St. Johann, befindet sich die gotische *Martinskirche* mit ihrer eindrucksvollen Innenausstattung. Besonders beeindruckend ist ein Gedenkstein, den sich Pfarrer Hieronymus Schüssler 1580 im Inneren errichten ließ: Die Ecce-Homo-Darstellung mit Marterwerkzeugen und einer kleinen Figur des knienden Stifters in der Predella stammt von einem naiven einheimischen Meister.

Im Ort wird der auch sonst im süddeutschen Raum begangene Tag des hl. Martin (11. November) mit einem Umzug und dem traditionellen *Martinimarkt* gefeiert. Gebratene Kastanien, Glühwein und Tee werden vom „Köschtn-Broter" angeboten, aber es gibt natürlich auch anderes Spätherbstlich-Voradventliches an den Ständen. Mit dem Martinstag ist ein Laternenumzug der Kinder verbunden. In allen Gasthäusern kommt die traditionelle Martinigans auf den Tisch: „Martini kimmp – die Ganslan san gimäschtit!".

St. Johann in Ahrn

Die alte Hauptstraße besitzt noch ein paar schöne Fassaden, dankenswerterweise gibt es eine Ortsumfahrung. Die *Pfarrkirche St. Johann*, die alle Gebäude weit überragt, hat schöne und gut erhaltene barocke Fresken, der Gesamteindruck ist bunt und heiter. Sie entstand 1783–1785 als Neubau an einer hochwassersicheren Stelle – das gesamte Ahrntal hatte immer wieder unter Überschwemmungen leiden müssen. Eine der schlimmsten ereignete sich im August 1878, bei der mehrere Höfe von den Flutwellen weggerissen wurden und am unteren Ortsrand von St. Johann tagelang ein mehrere Meter tiefer See entstand. Als der aus mitgerissenen Bäumen und Felsbrocken aufgehäufte Staudamm dieses Sees brach, bildete sich eine noch größere Flutwelle, die bis ins Tauferer Tal hinunter große Schäden verursachte und Sand in Taufers halb verwüstete.

Im **Mineralienmuseum** wird die Sammlung eines Privatmanns gezeigt, der aus dem Ahrntaler Bergbau kommt. Sie ist unbedingt sehenswert, gibt sie doch einen bemerkenswert vollständigen Einblick in die bunte Mineralienwelt des Tals. Angeschlossen ist ein Verkaufsraum mit lokalen, regionalen und internationalen Stufen (Objekte aus mehreren Kristallen auf Muttergestein).

▪ Juni bis Sept. Mo–Sa 9.30–12/14–18.30 Uhr, Juli/Aug. tgl., Okt. bis Mai Mo–Sa 9.30–12/15–18 Uhr. Eintritt 5 €, erm. 3 €, Familie 12 €. ✆ 0474/652145, mineralienmuseum.com.

Bergtour zur neuen Schwarzensteinhütte: Ein spektakulärer Bau ist die auf 3026 m Höhe gelegene, Ende 2017 fertiggestellte neue Schwarzensteinhütte, Nachfolgerin der alten, 1894 etwas unterhalb errichteten Schutzhütte. Die Gebäudehülle besteht aus Kupfer, innen sind die Räume mit unbehandeltem Fichtenholz verkleidet. In der Form ein sich nach unten und oben verjüngender sechseckiger Kubus, war sie Objekt eines jahrelangen Streits zwischen Traditionalisten und Progressiven. Letztere setzten sich - gottseidank! - durch, denn die Architektur ist atemberaubend, die Energieversorgung ökologisch auf dem neuesten Stand und die Hütte seit ihrer Eröffnung ein voller Erfolg. Man erreicht die Hütte vom Parkplatz der Jausenstation Stanila (1472 m) losgehend, über einen Forstweg zur Daimerhütte (1862 m), anschließend auf steilen Kehren bis zum Rotbachkees. Weiter bis zum Talende, dann über Gletscherschliffplatten und mittels Seilversicherung zur Hütte, 4:30 Std., 1500 Höhenmeter (weswegen sich eine Übernachtung empfiehlt!).

Schwarzensteinhütte, 3026 m, Doppel- und Mehrbettzimmer, geöffnet Mitte/Ende Juni bis Mitte Sept. ✆ 342/8038586, schwarzensteinhuette.com. **€€** (Lager **€**)

Wanderung zur Bizathütte: Von den vielen Wanderwegen sei der Sonnseitenweg zur Bizathütte erwähnt, der mehrere alte Bergbauernhöfe berührt. Man beginnt ihn bei der Kirche in St. Johann, wo man jenseits der Straße den Weg 8 nimmt, der recht steil den Wiesen- und höher oben den Waldhang quert. Man erreicht eine Straße, der man nach rechts und ziemlich eben folgt, passiert die Jausenstation Platterhof und bleibt weiter auf dem Sträßchen, das bald zum Fahrweg wird, und vor einem steil eingeschnittenen Bachtal endet. Weiter mit Weg 18 das Bachtal aufwärts bis zur Bizathütte (1414 m), bis hier ca. 1:30 Std. Von der Hütte steigt man über Weg 6 ab, der bald zum Fahrweg wird, aber nach den Holzerhöfen als Fußweg zum Rieserhof führt, von wo er zuerst nach links zu den Golserhöfen leitet, bevor er durch Wald ziemlich steil nach Steinhaus führt. Abstieg etwa 1 Std., Bus zurück nach St. Johann.

Jausenstation/Berggasthof Platterhof, in der NS Mi Ruhetag, ✆ 0474/671255, platterhof.info. **Bizathütte,** Jausenstation in ehemaliger Alm, Mai bis Okt. und in der Wintersaison, in NS Mi Ruhetag, ✆ 349/3622039.

Information Tourismusverein Ahrntal, Mo–Sa 8.30–12/15–18 Uhr, in NS Sa nur vormittags, St. Johann, Im Dorf 67, ✆ 0474/671136, ahrntal.com

Kunsthandwerk Schnitzerei Klaus Kirchler, Mühlegg 48, ✆ 0474/652304, schnitzerklaus.com.

Übernachten ** Naturhotel Molin,** das frühere Hotel Gallhaus wurde umgebaut und in Richtung Wellness und Naturprogramm erweitert mit Spa, Infinity-Pool, großer Liegewiese, großzügige Zimmer und Suiten, Sport- und Freizeitprogramm. Mühlegg 1, ✆ 0474/652151, nature.hotelmolin.com. **€€€€**

Steinhaus

Dieser Ort ist wohl das einzige echte geschlossene Dorf des Tals. Hier befanden sich das Bergbaumagazin und die Verwaltung der Bergbauzone im *Ansitz Gassegg*. Die Häuser sind stattlich, nur fehlen Wirtschaftsbauten, da sie nicht als Bauernhöfe errichtet wurden. Im ehemaligen Bergbaumagazin, dem *Kornstadel*, ist das äußerst interessante **Südtiroler Bergbaumuseum** eingerichtet worden, eine von fünf Einrichtungen, die zusammen das Südtiroler Bergbaumuseum bilden (weitere sind das Schaubergwerk in Prettau und die Museen in Sterzing, St. Leonhard in Passeier und Ridnaun). Das Museum in seinem ehrwürdigen, hervorragend restaurierten Quartier zeigt eine bergbaukundliche Sammlung, verschiedene Modelle zum Bergbau, auch Multimedia. Illustriert werden vor allem die harten Bedingungen bei der Arbeit und im Alltag der Knappen. Im Erdgeschoss Sonderausstellungen.

▪ April bis Anf. Nov. Di–So 10–18 Uhr. Kombiticket mit Schaubergwerk Prettau 13 €, Kinder 5 €, Familien 24 €. ✆ 0474/651043, bergbaumuseum.it.

Wanderung auf dem Klausberg: Da die Kabinenseilbahn K-Express am Klausberg nur auf 1600 m führt, der *Klaussee* in seinem wilden Gebirgskar aber auf 2162 m liegt, hält sich der Ansturm dort oben in Grenzen. Zumal die Kinder sowieso sofort mit der **Sommerrodelbahn „Klausberg Flitzer"** zu Tal rasen möchten. (1,8 km lang, tgl. 8.30–11.45/13–17 Uhr, Erw. 4,50 €, Kinder 3,50 €. ✆ 0474/652155, klausberg.it). Ein guter Weg führt vom Berggasthof Kristallalm an der Bergstation über die Moareggalm zur Speckalm, die 120 m höher liegt. Anschließend zieht sich der Weg Serpentine um Serpentine den steilen Hang zum Kar des Klaussees hinauf. Da bleibt manch einer dann doch lieber an der Speckalm im Liegestuhl hängen. Außerdem gibt es am See nichts zu essen und zu trinken. Also Brotzeit mitnehmen und trotz Seilbahnnähe Urwelt unter Dreitausendern genießen, die Gipfel selbst, wie das Durreck (3135 m), gehören bereits zum Naturpark Rieserferner-Ahrn

Pustertal und nördliche Dolomiten → Karte S. 380/381

(Bergstation – Klaussee und zurück auf Weg 33, Dauer 2:30–3 Std.).

Bergbahn Kabinenbahn Klausberg → S. 415.

Information **Tourismusverein Ahrntal,** Mo–Sa 8.30–12/15–18 Uhr, in NS Sa nur vormittags, Steinhaus, Klausbergstr. 97, ✆ 0474/671136, ahrntal.com.

Übernachten/Essen ***** Bergland,** gutes Hotel mit Hallenbad und Saunalandschaft, gediegenes Ambiente, moderne Zimmer. Klausbergstr. 139, ✆ 0474/652222, hotelbergland.com. **€€€**

**** Alpenresidence,** einfaches Haus, angenehme Zimmer und Apartments. Klausbergstr. 42, ✆ 0474/652204, alpenresidence.com. **€€**

***** Steinhauswirt,** das traditionelle Gasthaus mit Restaurant-Pizzeria (im Winter nur für Hausgäste) im Rathaus von Steinhaus verfügt über moderne Räumlichkeiten, Zimmer und Apartments im neuen Anbau und eine Bar im Kellergewölbe. Pizza gibt es ab 17 Uhr, Mo Ruhetag. Klausbergstr. 89, ✆ 0474/652241, steinhauswirt.com. **€€–€€€**

Berggasthof Kristallalm, Erlebnisgastronomie mit Lounge, Seminarräumen, Restaurant und schöner Aussichtsterrasse, deftige Südtiroler Küche und mehr, ✆ 0474/651432, kristallalm.it.

St. Jakob in Ahrn und das Wollbachtal

Vom hübschen Weiler St. Jakob mit seiner erhöht über dem Talboden liegenden *Jakobuskirche* führt ein Wanderweg zur Wollbachalm im Wollbachtal, das im Unterlauf steil und unzugänglich ist, aber hier oben ab 1600 m sanfte Almwiesen trägt. Die *Wollbachalm* ist eine bewirtschaftete Jausenstation, der leicht zu gehende, wenn auch im unteren Bereich etwas steile Weg 5 nimmt hin und zurück ca. 2:30 Std. in Anspruch.

Übernachten/Essen ***** Biohotel Bühelwirt,** schöner als dieses Wanderhotel kann ein Hotel in den Alpen eigentlich gar nicht liegen – auf einem Bühel über der Talstraße, im Rücken die gotische Kirche, ringsherum Grün mit wenigen Gebäuden, nach vorne das Gebirgspanorama. Ein Meisterwerk der Architektur und Hingucker ist der schwarze, asymmetrische Neubau. Helle, klare, behagliche Zimmer, Wellnessbereich und ein Restaurant. Seit 2021 biozertifiziert. Am Bühel 30, ✆ 0474/650309, buehelwirt.com. **€€€–€€€€**

Kreuzwirt, Gasthof-Pizzeria an der Hauptstraße mit großem Parkplatz und mit ebenso großer Sonnenterrasse, gute Pizzaauswahl (auch zum Mitnehmen), außerdem Nudelgerichte und Tiroler Küche; Mi Ruhetag. St. Jakob 74, ✆ 0474/652144.

Prettau mit dem Schaubergwerk des Südtiroler Bergbaumuseums

Mit einem Straßentunnel (beleuchtet) und Galerien bewältigt man die Geländestufe zwischen Steinhaus und Prettau. Hier oben ist es deutlich kühler als im unteren Tal, Lärchen und Birken mischen sich unter die Bäume am Straßenrand. Das Bergwerk im alten Bergbauort Prettau ist **ein Muss!** Hier wurde schon vor 4000 Jahren geschürft, und zwar nach Kupfer, und das bis ins 20. Jh., als der Bergbau eingestellt wurde. Das Prettauer Kupfer war gesucht und teuer. Der Bergbau war um 1450 gegen den Widerstand anderer Tiroler Bergbaugebiete (vor allem der Gewerke in Schwaz) in für damalige Verhältnisse großem Maßstab begonnen worden. Den Höhepunkt der Produktion erreichte man um 1525, aber bis ins späte 17. Jh. waren die Einnahmen bedeutend. Unternehmer waren um 1600 die Freiherren von Wolkenstein, die nicht nur den Bergbau, sondern auch die Weiterverarbeitung des Kupfers in Schmelzen und Messinghütten – alles hier an Ort und Stelle in Prettau – in der Hand hatten. Im 17. Jh. folgten ihnen dann die Brunecker Reichsfreiherren von Sternbach nach, die als bürgerliche Kaufmannsfamilie den Namen Wenzel getragen hatte.

Der **St.-Ignaz-Erbstollen** wird mit der Grubenbahn befahren (Schutzkleidung wird gestellt). Die abenteuerliche Einfahrt ist über einen Kilometer lang und nichts für Menschen mit Platzangst. Als einziger Stollen wurde er nicht von Hand gegraben, dennoch betrug die Bauzeit über 40 Jahre. Andere Stollen

Prettau im Ahrntal

im Berg wurden über einen Zeitraum von 80 Jahren mit Hammer und Meißel geklopft, daher sind sie auch nur max. 150 cm hoch und 60 cm breit. Die Lebenserwartung der Bergleute betrug nicht mehr als 35 Jahre, schlechte Luft, Staub und Feuchtigkeit griffen vor allem die Lungen an. Im Berg folgt ein Rundgang, bei dem die Arbeitstechniken anhand von Modellen, Maschinen und Exponaten erläutert werden. Bei 7–8 C und hoher Luftfeuchtigkeit sollte man sich warm und robust anziehen. Ein **Bergbau-Lehrpfad**, der über die Zugänge zu den älteren Stollen und an zahlreichen Ruinen vorbei ins Hochgebirge führt, ist eine gute Ergänzung zur Fahrt in den Stollen, aber nur für geübte Wanderer zu empfehlen (800 Höhenmeter). Im **Klimastollen** des Schaubergwerks können Menschen mit Atemwegsproblemen in jeder Hinsicht aufatmen: Die Luft im Stollen ist frei von Pollen und Staub. Die Luftfeuchtigkeit ist hoch, die Temperatur mit 9 °C konstant niedrig, was sich bei richtiger Bekleidung entspannend auf den gesamten Organismus auswirkt.

Als der Bergbau am Ende des 19. Jh. in eine schwere Krise geriet, wurde die Situation für viele Familien dramatisch. Ein Dorfpfarrer hatte die Idee, das **Klöppeln** als Nebenerwerb einzuführen. Die Frauen von Prettau lernten schnell und begeistert. Klöppelspitzen werden noch heute hergestellt. Im Sommer kann man den Frauen bei der Arbeit an ihren Klöppelkissen zuschauen. Eine weitere Einnahmequelle ist die *Maskenschnitzerei* der Männer.

Museum/Schaubergwerk **Landesbergbaumuseum Prettau mit Schaubergwerk,** April bis Anf. Nov. Di–So 10–18 Uhr, Eintritt Erw. ab 7 €, Kinder ab 3 €, Familie ab 12,50 €, unbedingt vorab reservieren. Führungen: Von 1 Std. bis 10 Std., auch eine Kinderführung, mit Voranmeldung, Erw. 7–35 €, Hörmanngasse 38 a, ✆ 0474/654298, genauere Infos zu den einzelnen Touren unter bergbaumuseum.it.

Wellness **Klimastollen Prettau,** Öffnungszeiten wie Museum, ab 10 Uhr mehrere Einfahrten am Tag, Erw. 20 €, Kinder 9 €, medizinische Begleitung, Reservierung erforderlich, ✆ 0474/654298

Kunsthandwerk **Masken und Klöppelspitzen** im Ausstellungsraum „Haus Prettau",

Pustertal und nördliche Dolomiten → Karte S. 380/381

Infos beim Klöppelverein Prettau, Adelheid Bacher, ✆ 0474/654238; Klöppel-Vorführung im Naturparkhaus in Kasern (s. u.).

Übernachten **** Pension Anna,** 3-stöckiges Haus im klassischen Tirolerstil, Holzveranda und schöne Holzbalkone (der Bruder hat gegenüber eine Schnitzerwerkstatt), ansprechende Zimmer und Apartments. Neuhausergasse 47a, ✆ 0474/654336. **€€**

Kasern

Der Ort besteht nur aus einer Handvoll Häusern, dem **Naturparkhaus des Naturparks Rieserferner-Ahrn,** der Jausenstation und einigen Hotels. Das Naturparkhaus informiert unterhaltsam über Natur und Kultur im Park und zeigt in der sehenswerten Ausstellung „Grenzwege" die historischen Verbindungen der Bauern und des Handels nördlich und südlich des Alpenhauptkammes, z. B. die Weiderechte der Ahrntaler Bauern im Zillertal. Großer Parkplatz; die ab hier gesperrte Fahrstraße endet an der *Kehreralm* auf 1842 m, ein beliebter Spazierweg auch für weniger Sportliche, da kaum Steigungen. Die eindrucksvolle spätgotische **Wallfahrtskirche zum Heiligen Geist** (immer geöffnet) erreicht man 1 km nach Kasern von der Jausenstation Prastmann aus; sie liegt auf der anderen Bachseite und ist eine ehemalige Votivkapelle der Bergleute aus Prettau. Noch heute gibt es Wallfahrten hierher in die Bergeinsamkeit.

In Kasern endet der **Friedensweg,** der vom Krimmler Tal heraufführt. Eine Schautafel beim Naturparkhaus erinnert daran, dass im Sommer 1947 jüdische Auswanderer aus Osteuropa, die sich in Salzburg gesammelt hatten, mit Unterstützung von Fluchthelfern den beschwerlichen Weg über den Krimmler Tauern nahmen, um über Italien und das Mittelmehr nach Israel zu gelangen. Man schätzt, dass etwa 5000 Menschen diesen Weg nahmen. In den letzten Jahren fanden Gedenkmärsche statt, an denen auch Zeitzeugen teilnahmen.

▪ alpinepeacecrossing.org.

Alte Grenzen

Von Kasern gibt es mehrere Übergänge, die nicht erst heute ins benachbarte Ausland führen (nach Österreich): Während das Ahrntal zu Tirol gehörte, war das im Norden jenseits des Alpenhauptkamms gelegene Zillertal und das Krimmlertal salzburgisch (Salzburg war bis 1803 ein politisch völlig unabhängiges Fürsterzbistum), und das Umbaltal jenseits des Kamms zwischen Dreiherrnspitze und Rötspitze gehörte zu Görz-Tirol. Daher der Name für die Dreiherrnspitze im Talschluss, denn drei Herrschaften stießen hier aneinander. Ideal also für Schmuggler, die vom Krimmler Tauern, der vom Salzburgischen herüberleitet, illegal Salz transportierten, was dem Erzbischof gar nicht recht war, da ihm Steuern entgingen. Als der Hauptkamm 1919 Staatsgrenze zwischen Italien und Österreich wurde, waren die Schmuggler auch gleich wieder aktiv. Kasernen und hoch gelegene Schutzhütten der Alpini sowie die Sperrung des gesamten Grenzbereichs brachten den Schmuggel und den Grenzverkehr zum Erliegen. Seit 1971 ist die Grenze wieder offen und nur noch formal Grenze – beide Staaten sind schließlich in der EU.

Wanderung auf den Krimmler Tauern: Der einfach zu gehende, wenn auch anstrengende Weg von Kasern zum Krimmler Tauern (Weg 14) ist mit dem alten **Tauernweg** identisch, der bereits im Mittelalter zu Handelszwecken ausgebaut wurde. Man sieht es ihm heute noch an, denn Platten der alten Pflasterung haben sich erhalten. Auf dem Tauern gibt es keine Schutzhütte, d. h. bei 5 Std. Gehzeit hin/zurück unbedingt Proviant mitnehmen. Der Weg wird heute zweimal im Jahr noch vom Vieh der Ahrntaler Bauern benutzt, die drüben im Krimmler Tauerntal Almen besitzen. Im Frühjahr heißt das dann meist, dass sie große Schneefelder queren müssen, der Pass liegt auf 2633 m.

Information **Tourismusverein Ahrntal** im Naturparkhaus, gleiche Öffnungszeiten.

Naturparkhaus **Rieserferner-Ahrn** Infostelle Kasern, Juni bis Mitte Okt. Di–So 9–17, Juli/Aug. tgl. 9–17 Uhr, Weihnachten bis Ostern tgl. 9–16 Uhr, ✆ 0474/654188, naturparks.provinz.bz.it.

Übernachten ***** Berghotel Kason** Tagsüber geht es vor der Tür schon mal hektisch zu, aber abends und nachts herrscht himmlische Ruhe. Gemütliche Zimmer, hübsche Stube, kleine Sauna, Whirlpool. Kasern 10, ✆ 0474/654185, kasern.com. **€€–€€€**

Tour 20: Wanderung von Kasern auf die Birnlückenhütte

Tour-Infos: Dauer 5 Std., Höhenunterschied ↑↓ 900 m. An- und Rückfahrt mit Bus/Pkw bis Kasern. Karte: Tabacco (1:25.000) Blatt 35.

Am Parkplatz in Kasern (1580 m) endet die öffentliche Straße, aber eine Straße führt weiter taleinwärts. Vom Ende der Fahrstraße bei der Kehreralm (1842 m, 1:30 Std.) geht man nach rechts über den Bach auf Weg 13, der in Kehren den Hang zur Lahneralm hinaufführt (1986 m, 2 Std.). Der Almboden ist ganz eben, es handelt sich um einen ausgetrockneten See. Am Ende des ehemaligen Seebodens steigt der Weg wieder an. Zahlreiche Kehren führen hinauf zu einem höheren flachen Boden, auf dem die Birnlückenhütte in Panoramalage auf Gletscherhöhe wartet (2441 m, 3 Std.). Wenig oberhalb liegt die Birnlücke, meist von einem Schneefeld bedeckt. Großartiger Ausblick auf die von Gletschern verhüllte Dreiherrnspitze (3498 m). Der Rückweg nach Kasern erfolgt auf demselben Weg (5 Std.).

Hütten **Birnlückenhütte (Rif. Tridentina),** 2441 m, privat, 45 Betten im Lager, Juni bis Anf. Okt., ✆ 0474/654140.

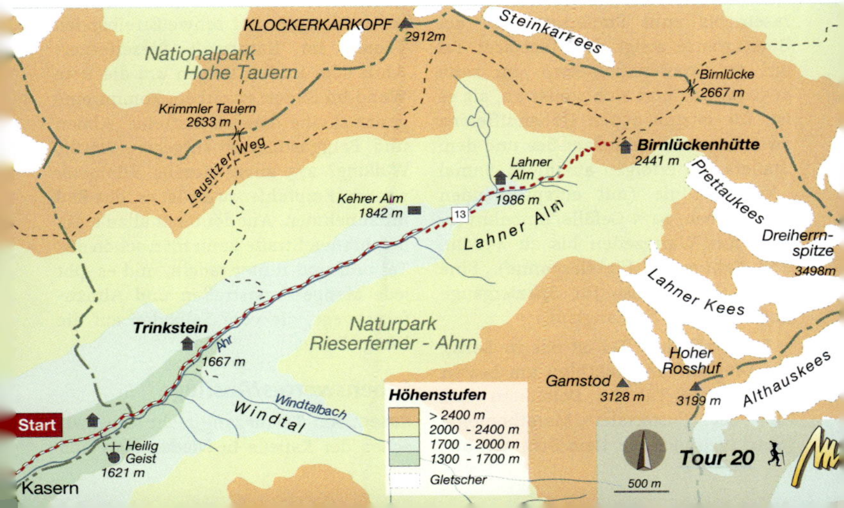

Frühling in Antholz

Das Antholzer Tal

Eines der weniger erschlossenen Täler im Osten Südtirols. Ideal für alle, die Ruhe suchen, sich entspannen, etwas Sport treiben, die bäuerlichen Kultur Südtirols kennenlernen oder auf einem Bauernhof übernachten möchten.

Von der Pustertaler Straße bei Niederrasen bis zum Stallersattel an der Staatsgrenze steigt das Antholzer Tal auf 23 Straßenkilometern um satte 1050 m. Das hört sich steiler an, als es ist. Die letzten 450 m Höhendifferenz zwischen dem Antholzer See und dem Stallersattel erfolgen auf nicht einmal 3 km Luftlinie (mit entsprechenden Serpentinen, 10 % Gefälle, Einbahnverkehr mit Wartezeiten bis zu 45 Min. und Fahrverbot für Gespanne). Eine ideale Gegend also für Spaziergänge und im Winter für Langlauf.

Das Antholzer Tal ist das in Bezug auf **Langlauf** und **Biathlon** am besten erschlossene Tal der Dolomiten und Ziel der Pustertaler Marathonloipe (Start in Innichen). Dem Sommerhunger und -durst, den sich brave Wanderer auf langen und schweißtreibenden Touren im Naturpark Rieserferner-Ahrn oder in den Bergen um die Rote Wand im Süden erwerben, kommt eine ganze Reihe bewirtschafteter Almen und Berggasthäuser entgegen. **Nordic Walking?** 275 ausgewiesene Kilometer warten. Empfehlenswert ist es, das **Rad** mitzunehmen. Auf der nicht allzu stark befahrenen Straße kann man schön das Tal rauf und runter radeln, und es gibt jede Menge Forststraßen und Almzufahrtswege, die vom Talboden auf die Hänge leiten.

Sehenswertes/Ausflüge

Rasen: Am Talausgang zieht sich zwischen der Kapelle in **Niederrasen** und der Kirche von **Oberrasen** ein lockeres Band recht stattlicher Bauernhöfe. Oberrasen ist der wichtigere Ortsteil, hier wohnten – in der heutigen *Burgruine Neurasen* auf einem bewaldeten Felssporn über dem Ort – die örtlichen Herren.

Nahe der Straße steht ein auffälliger, burgartiger Bau mit Türmen und Erkern, der *Ansitz Heufler*. 1580 ließen die Herren Heufler zu Rasen, die hier schon mehrere Generationen ansässig waren, einen neuen Ansitz im Stil der damals modernen Renaissance errichten. Der Ansitz ist nicht der einzige seiner Art in Südtirol, aber er ist sicher einer der schönsten – man sieht ihn von der Durchgangsstraße aus zur Rechten liegen, wenn man vom Talausgang her nach Oberrasen kommt. Der dreigeschossige Bau ist quadratisch und völlig symmetrisch mit diagonal gestellten Ecktürmen und Fronterkern über dem leicht zur Achse verschobenen Portal. Repräsentative, stuckierte und getäfelte Decken im ersten Stock, besonders in der „Hearrnstube", die zu den prächtigsten Tirols zählt. Täfelungen und Kassettendecke sind meisterhaft gearbeitet, dazu kommt ein schöner dunkelgrüner Kachelofen. Der Ansitz ist heute ein Schlosshotel (→ „Übernachten").

Wanderung durch die Rasner Möser: Naturbegeisterte sollten diese Tour oberhalb von Oberrasen nicht versäumen. Auf einem Naturlehrpfad, der an der Straße durch das Tal etwa 3 km oberhalb von Oberrasen beginnt (alternativ Forststraße ab Oberrasen bis zu einem Wanderparkplatz im Süden des Moores), gewinnt man Einblicke in ein Moorgebiet, wie es sich in dieser Größe in Südtirol nicht mehr findet. Typische Moorpflanzen wie der fleischfressende Sonnentau, Moosbeere und Scheidiges Wollgras sind zu sehen, typisch die krüppeligen Legföhren (Latschen), Kiefern und Birken. An Vögeln sind u. a. Zwergtaucher und Blässhühner, während der Zugvogelperiode auch Fischreiher, Störche und Bekassinen zu sehen.

Radtour von Rasen zum Antholzer See: Eine vor allem im Frühling schöne Radtour (einfach 22 km, 600 Höhenmeter) führt von Rasen zum Antholzer See durch weite, blühende Talwiesen. Mit ein bisschen Geschick lässt sich dabei die Fahrt auf der Hauptstraße nahezu vollständig vermeiden, allerdings ist die Route nicht beschildert und eine Karte (z. B. Tabacco Antholzer Tal 1:25.000) daher hilfreich. In Rasen hält man sich zunächst an den Dorfrundweg. Ab Oberrasen geht es auf dem Biotopweg immer am Antholzer Bach entlang. Bei Niedertal muss man den Fluss überqueren und folgt der Dorfstraße nordwärts (bergan). An der Einmündung in die Hauptstraße überquert man diese und fährt am linken Straßenrand einen schmalen Schotterweg entlang bis zur nächsten Abzweigung nach links (Lorenz-Leitgeb-Straße). Auf dieser Straße kommt man durch Mittertal und in der Folge geht es panoramareich am westlichen Talrand entlang bis zu den Wiesenhöfen. Die Straße mündet bald nach den Höfen in die Hauptstraße zum See. Gut 2 km muss man nun etwas auf den Verkehr achten, und dann geht es kräftig bergan. Kurz nach dem Hof Dörfl (Bushaltestelle) zweigt nach links der Weg zum Kühlechner ab. Diesem folgend überquert man alsbald den Antholzer Bach und fährt auf einem Forstweg immer auf der westlichen Bachseite entlang bis zum Biathlonzentrum am Antholzer See.

Mittertal: Noch vor einer Generation eine Streusiedlung plus Kirche, heute ein kompakter Ort mit Gasthäusern, Lebensmittelladen, Bäcker und Metzger. Über dem Dorf warten in Panoramalage *Grente Alm* und *Kumpfleralm*, beide auch aus kulinarischen Gründen besuchenswert. Von Niedertal oder Mittertal erreicht man auf einer reizvollen **Wanderung** die Grentealm mit zwei

Pustertal und nördliche Dolomiten → Karte S. 380/381

bewirtschafteten Hütten, Weg 6 führt ab dem Hof Huber im Feld (Schilder von der Hauptstraße) in vielen Serpentinen durch Wald bis auf 2002 m. Von dort Verbindung zur Kumpfleralm und nach Mittertal. Für Hin- und Rückweg zur aussichtsreichen Grentealm benötigt man 3:30–4 Std., beim Abstieg über die Kumpfleralm 4–4:30 Std. Der Höhenunterschied ist bei beiden Varianten 750 m.

Bewirtschaftete Almhütte auf der **Grente Alm,** Ende Mai bis Anf. Okt., Mo geschl., typische rustikale Almküche, den Graukäs oder die Graukasnocken probieren!

Bergwanderungen ab Obertal: Der gesamte westliche Talhang des Antholzer Tals ist Teil des **Naturparks Rieserferner-Ahrn,** das bezieht sich auch auf die oben genannten Almen. Während die zum Teil vergletscherte Kammzone fast weglos ist und gut ausgerüsteten, gletschererfahrenen Bergsteigern vorbehalten ist, gibt es doch zwei Wege, die auch normale Bergsteiger bis auf den Kamm leiten. Beide gehen von Antholz-Obertal aus. Der eine ist der Weg 4 auf die Antholzerscharte (2814 m), der zur **Hochgallhütte** (2276 m) hinüberführt, trotz des Wegs ist diese Tour ein bei jedem Wetter großes Unternehmen und nicht ohne Risiko.

Einfacher ist der Weg auf die **Rieserfernerhütte,** zumal man die Hütte am höchsten Punkt vorfindet und nicht wie beim ersten Weg noch tief absteigen muss. Der „Kornbrentesteig“ mit der Nummer 10 beginnt beim Steinzgerhof, den man auf der Straße über den gewaltigen Schwemmkegel von Antholz-Obertal (das kein Dorfzentrum besitzt) erreicht. Ein nach links abzweigendes Sträßchen, das bei der auffallenden, allein stehenden Kapelle St. Josef beginnt, führt zum Hof. Nach einem kurzen Straßenstück weiter auf Weg 3 und in vielen Serpentinen hinauf bis zur Hütte (2792 m) auf dem Gemsbichljoch (2800 m). Hin/zurück ca. 6–8 Std., mittelschwer.

Rieserfernerhütte, 2792 m, AVS, geräumige Hütte (60 Betten/Lager/Notlager, Winterraum), von Antholz 3 Std., von Rein 3:30 Std., geöffnet Ende Juni bis Ende Sept., ✆ 0474/492125, rieserfernerhuette.it.

Um den Antholzer See: Eigentlich hieß dieser See immer Untersee, denn jenseits des Stallersattels gibt es den

Am Antholzer See, dahinter geht's zum Stallersattel

Obersee, aber der liegt heute in Österreich. Während der Südteil des Antholzer Sees durch die nahe Straße auf den Stallersattel und Hotels wie Restaurants ziemlich beeinträchtigt ist, liegt der Nordteil im Naturpark und wirkt sehr ursprünglich. Es lohnt sich, die Umrundung des Sees zu machen (1–1:30 Std.). Am besten lässt man den Wagen beim großen Parkplatz an der Huberalm stehen (der Linienbus fährt bis zum nächsten, kleinen Parkplatz am See) und geht gegen den Uhrzeigersinn um den See, sodass man den ursprünglichen Teil zuletzt erlebt. Die Straße, auf der man dabei zuerst läuft, ist wenig befahren, da die meisten Autos am großen Parkplatz bleiben. Herrliche Blicke auf und über den See, man sieht zuerst die gewaltigen Abstürze von *Hochgall* (3436 m) und *Wildgall* (3273 m) und im zweiten Teil die *Rote Wand* (2818 m).

Über den Stallersattel: Die Straße über den Stallersattel (Einbahnverkehr: hinauf jede 31. bis 45. Minute der Stunde, hinunter jede 1. bis 15. Minute) ist bei Motorisierten wie bei Radfahrern beliebt. Busverkehr ist wegen der Haarnadelkurven unmöglich, aber auf der Passhöhe wartet im Hochsommer der österreichische Linienbus, mit dem man nach Lienz fahren kann. Im Passbereich liegt auf österreichischer Seite der Obersee mit der Oberseehütte, noch auf italienischem Territorium beim großen Parkplatz auf dem Pass beginnt ein weiterer Weg zur *Neuen Barmerhütte* auf der österreichischen Seite der Rieserfernergruppe, der mit einer Gletscherquerung verbunden ist.

Neue Barmerhütte, 2610 m, DAV, A-9963 St. Jakob in Defreggen (Österreich), die Hütte wird von einer Südtirolerin geführt! Anf. Juli bis Ende Sept., 34 Betten in Zimmern, 19 Betten im Lager, ✆ 0043/664/9489413, barmerhuette.at.

Basis-Infos zu Rasen und dem Antholzer Tal

Information Tourismusverein Antholzer Tal, Mo–Fr 8–12/14.30–17.30, Sa 9–12 Uhr, Rasen, Niederrasner Str. 35 f, ✆ 0474/496269, antholzertal.com.

Verbindungen Pkw: Der einspurige Stallersattel ist nur von Mitte Mai bis Ende Okt. von 5.30–22 Uhr geöffnet, ampelgeregelter Einbahnverkehr im 30-Min.-Takt, vom Anholzer See Richtung Pass jeweils von der 30. bis 45. Min., vom Sattel in Richtung Italien von der 1. bis 15. Min., nachts und für Gespanne generell gesperrt.

Bus: Nr. 431 bis zu 9x (So nur 4x) zwischen Bruneck und Olang, ab hier mindestens stündlich bis Antholz-Mittertal, zum Antholzer See lediglich 5 bis 6x.

Einkaufen Bäckerei Seeber, Antholz-Mittertal (gegenüber der Kirche), Pusterer Brot und Biobrot.

Kinder Freizeitpark in Niederrasen mit Kneippanlage, Teich, Spielplatz, Boccia, **Wasserspielanlage** „Wasserwaldile" mit Geschicklichkeits-Parcours.

Radfahren/Mountainbike Radverleih/Werkstatt bei **Sport Bergfuchs** in Niederrasen, ✆ 0474/498350; Radtransport zum Stallersattel mit **Bike Taxi Holzer,** ✆ 348/7279509. Neu angelegtes **Downhill-Revier** für MTBer mit 3 Strecken in unterschiedlichen Schwierigkeitsstufen und einer Variante für Kinder, Niedertal hinter dem Fischteich.

Wintersport Riepenlift in Mittertal, 1,6 km Piste, 2 Schlepplifte, Skischule und Skiverleih.

Skibus zum Kronplatz, für Gäste kostenlos.

Eislaufen auf dem Antholzer See. Skilanglauf optimal, **dichtes Loipennetz** in allen Schwierigkeitsgraden zwischen der Talmündung bei Olang und dem Antholzer See (60 km), Loipenmaut 14 €.

Langlauf- und Biathlonzentrum, beim Antholzer See. Neben dem Schießplatz liegt die „Südtirol Arena" mit Biathlonbüro und Langlauf-Skischule, ✆ 0474/492446, langlauf-antholz.it. **IBU-Weltcup-Läufe,** biathlon-antholz.it.

Pustertal und nördliche Dolomiten → Karte S. 380/381

Übernachten/Camping/Essen & Trinken im Antholzer Tal

Die Unterkünfte und Gaststätten sind im Folgenden vom Talausgang zum oberen Talende geordnet.

****** Alpenhof,** relativ kleines, aber komfortables Familienhotel, gemütliche Zimmer, meist mit Balkon, Hallenbad, Sauna, Dampfbad, Heubad, Reitmöglichkeit. Kinderbetreuung, Radverleih. Eigene Produkte auf dem Frühstückstisch. Niederrasner Str. 27, ✆ 0474/496451, hotelalpenhof.info. **€€€**

Traumhaft: Radeln im Antholzer Tal

***** Bad Salomonsbrunn,** traditionsreicher historischer Gasthof, mit Antiquitäten und Teppichen ausgestattetes Hotel, moderner Komfort und Ambiente verbinden sich auf angenehme Weise. Schöne verglaste Veranda vor der großen Liegewiese, moderne Zimmer im neuen Anbau. Sauna, Dampfbad und Radonbad mit eigenem Quellwasser. Antholzer Talstr. 1, ✆ 0474/492199, badsalomonsbrunn.com. **€€€–€€€€**

**** Bruggerwirt,** an das behäbige alte Gasthaus mit seinen dicken Mauern und der historischen Stube von 1835 mit altem Kamin wurde ein Trakt mit einfachen Balkonzimmern angebaut. St.-Georg-Str. 18, ✆ 0474/492120, bruggerwirt.it. **€–€€**

Pizzeria-Restaurant Anger, Pizza aus dem Holzofen, Tiroler Küche. Di Ruhetag, St.-Georg-Str. 16 a, ✆ 0474/492333.

Eggerhöfe, absolut ruhige Lage inmitten mehrerer Höfe, toller Ausblick auf das Tal, 4 freundliche Apartments im naturnah gebauten Haus, gemütlich mit viel Holz ausgestattet. Eigene Produkte vom nahen Bauernhof, auf Wunsch Frühstück und Abendessen in der **Hofschank,** auch für Gäste von außerhalb. Sunnseitnweg 10, ✆ 0474/493030, eggerhoefe.it. **€€–€€€**

Huberhof, kinderfreundlicher, moderner Hof in Prachtlage am Hang zwischen Obertal und dem Antholzer See, von den Balkonen sieht man bis zum Talausgang. Wenig oberhalb liegt einer der ältesten und am besten erhaltenen Paarhöfe des Tals. Ferien auf dem Bauernhof in 4 gemütlich eingerichteten Apartments, Frühstück möglich. Huberhof 10, ✆ 0474/492188, huberhof.it. **€€**

Restaurant Platzl am See, Restaurant direkt am See mit Sonnenterrasse, Liegewiese, Kinderspielplatz. Tiroler Küche, Spezialität sind frische Forellen, auch Kaffeehausbetrieb mit Kuchen und Eis. Obertal 39, ✆ 349/6210987. seerestaurant.it.

***** Camping Antholz,** großer ganzjährig geöffneter Campingplatz an einer der wenigen flachen Stellen zwischen Mittertal und Obertal, sehr komfortabel und sauber, kein Schatten. Rustikales Restaurant mit schlichter Speisekarte, kleiner Shop, Radverleih. Stellplatz und 2 Pers. 25–45 €, Schlaffass (2 Pers.) 50–65 €. Obertaler Str. 10, ✆ 0474/492204, camping-antholz.it.

Welsberg und das Gsieser Tal

Von Welsberg im Pusteral zieht sich das idyllische Gsieser Tal bis an die Grenze zum Defreggental. Folgt man dem ländlich gebliebenen Tal, das außer Wanderern und Langläufern nur wenige Urlauber kennen, ist man auf der Route der Schmuggler unterwegs.

Welsberg ist ein hübscher, geschlossener Ort. Über der Talmündung des Piedingbachs, der aus dem Gsieser Tal kommt, liegt die hervorragend erhaltene *Burg Welsberg*. Das Gsieser Tal beginnt mit einem leichten Anstieg, oben liegt das kunsthistorisch interessante *Taisten*. Im weiteren Verlauf ist das Tal lang gezogen und sehr locker besiedelt, von Taisten her fährt man durch *Durnwald, Unterplanken, Pichl, Oberplanken, Preindl, St. Martin* und *St. Magdalena*, nur die beiden Letzteren haben Ortscharakter. Das Gsieser Tal setzt auf sanften Tourismus und hat sich in diesem Rahmen mit dem österreichischen Villgraten, das über das niedrige *Gsieser Törl* zu erreichen ist, zusammengetan.

Sehenswertes/Ausflüge

Welsberg: Ein Bummel sollte zuerst zur *Pfarrkirche St. Magdalena* führen, sie besitzt Altarbilder des Barockmalers *Paul Troger* (1698–1762), der hier in Welsberg geboren wurde. Die Kirche ist ein barocker Neubau, die Troger-Bilder befinden sich auf dem Hauptaltar und den Nebenaltären. Ein großer *Bildstock* steht auf dem Platz nahe der Hauptstraße, seine Fresken stammen vom großen *Michael Pacher*, sie wurden leider bei einem Hochwasser 1882 fast völlig zerstört. Schöne Ansitze zeugen von der Bedeutung Welsbergs als Gerichtsort, so der *Ansitz Zellheim* an der Durchgangsstraße mit Erker, Doppelbogenfenster und prachtvoll geschmiedetem Gitter. Etwas außerhalb in Richtung Toblach und oberhalb auf einem Hügel liegt die *Rainkirche*, die heutige Friedhofskirche. Ein schönes Netzgewölbe im Chor und Fresken aus der Gotik zieren die ansonsten barock ausgeschmückte Kirche.

▪ **Infos zu Paul Troger:** Der Gratis-Folder (Infostelle) „Auf den Spuren Paul Trogers" führt zu den Stätten in Welsberg, die mit dem bedeutendsten Sohn des Ortes verbunden sind. Infos auf paultroger.it.

Schloss Welsperg: Über die Schlossstraße gelangt man vom Ort zum Schloss Welsperg. Die älteste Burganlage des oberen Pustertals zwischen Bruneck und Lienz hat noch den alten, sehr hohen Bergfried (1126–1140). Damals war die Burg Sitz des Geschlechts der Herren von Welsberg (spätere Grafen und Reichsfürsten), die von hier aus einen großen Besitz verwalteten. Die später umgebaute und erweiterte Burg ist 1765 teilweise abgebrannt und wurde erst vor einigen Jahren restauriert.

▪ Eintritt 5 €, erm. 3 €; Führungen nur auf Anfrage, geöffnet Mai Fr/Sa 10–14 Uhr, im Juni Do/Fr 10–14 Uhr, im Juli und August tgl. (außer Sa) 10–16 Uhr, So 14–18 Uhr, im Sept./Okt. nur Do 13.30–16 Uhr, außerdem Öffnung während der Schlosskonzerte, schlosswelsperg.com.

Taisten: Zwei Kirchen, eine Kapelle und ein Bildstock geben eine Einführung in die Kunstgeschichte von der Romanik bis zum Barock: die ursprünglich romanische Georgskirche, die barocke Pfarrkirche, die Friedhofskapelle und der gotische Bildstock am Ortseingang. *Simon von Taisten* (um 1460–1530), ein bedeutender Künstler des Spätmittelalters, stammt aus dem Ort und hat hier Fresken in der **Jakobskapelle** am Friedhof hinterlassen. Die **ba-**

Pustertal und nördliche Dolomiten → Karte S. 380/381

rocke Pfarrkirche wurde von *Franz Anton Zeiller* ausgemalt, der auch die Pfarrkirche in Toblach mit seinen Fresken verschönerte. Auch *Michael Pacher* ist vertreten mit der Madonna im Schlussstein des Gewölbes der an die Pfarrkirche angebauten, gotischen **Welsbergkapelle.** Die zweite Kirche, die **Georgskirche** mit dem großen Christophorusfresko und weiteren Fresken von *Simon von Taisten* und *Leonhard von Brixen,* liegt etwas abseits.

Im Gsieser Tal: Während die meisten *Almhütten* frühestens Ende Juni öffnen, passiert das im Gsieser Tal schon Mitte Mai – zur Freude aller Wanderer und Liebhaber deftiger Almkost. Ein anderer Pluspunkt des Tals wird im Winter deutlich. Mehr als üblich werden **Winterwanderwege** geräumt, sodass auch Wintergäste, die nicht Ski laufen wollen, sich in der Natur bewegen können. Und die Wege verbinden den Talboden mit einigen Almen, die zur Freude der Wanderer auch im Winter geöffnet sind (Adressen beim Tourismusverein).

Winterwandern im Gsieser Tal

Wanderung über das Gsieser Törl ins Defreggental nach Mariahilf: Lust auf eine grenzüberschreitende Tour? Mit Rückfahrt (Bus/Bahn/Bus) über Lienz? Oder nur auf einen Ausflug zum Grenzkamm und Rückkehr ins Gsieser Tal? Beides ist möglich. In St. Magdalena-Obertal lässt einen der Bus raus (1320 m), mit dem Pkw kann man noch weiter bis zur Talschlusshütte (1465 m) mit großem Wanderparkplatz fahren (Zeitangaben ab Bushaltestelle). Ein Sträßchen führt auf der bisherigen Bachseite weiter taleinwärts, am Waldbeginn zeigt ein Schild auf den Wanderweg, der zur Kradorfer Alm führt. Er quert den Bach und führt bald durch Wald und über Weiden bergan, bis man die bewirtschaftete Kradorfer Alm erreicht (1694 m, 1:30 Std.). Für den Weiterweg muss man zurück zum Sträßchen (nicht asphaltiert) und diesem rechts aufwärts folgen. Bei der Obergalm, links von uns, endet die Straße (1970 m, 2:15 Std.), es geht geradeaus auf einem schlechten Fuhrweg weiter. Dieser bleibt immer knapp über dem Bach, bis er das Gsieser Törl erreicht (2205 m, 3 Std.). Rechts sieht man die ehemaligen Kasernen der italienischen Grenzer, am Übergang steht immer noch ein Schild, dass dies eine militärische Zone und das Betreten verboten sei. Von wegen! Also über den Zaun und auf der österreichischen Seite hinunter auf Weg 329, zunächst recht nass, denn viele Quellen entspringen hier. Weiter unterhalb erreicht man Wald, wunderschöne alte Nadelbäume, dann die Lappachalm mit alten und einer neuen Almhütte. Ab hier etwas besserer Weg durch Wald ziemlich steil bergab, im Spätsommer/Frühherbst ein Pilzparadies. Man erreicht ein Sträßchen, hält sich rechts und ist bald unten in Mariahilf, wo man den Bach quert und sich die Zeit bis zum Bus vielleicht im ausgezeichneten Gasthof Zollwirt vertreibt (1425 m, 5 Std.).

Tour-Infos Einfache Bergwanderung, Almen und Wald, auch **für Familien geeignet,** besonders schön im Herbst. Dauer 5 Std., wer beim Törl umdreht, muss mit 4:30 Std. rechnen. Höhenunterschied ↑ 900 m, ↓ 800 m. Karte: Tabacco (1:25.000) Blatt 32. Anfahrt am besten mit Bus ab Welsberg/Bahnhof bis St. Magdalena, Rückfahrt mit dem Bus nach Lienz (im Sommer 6- bis 7x tgl.), dann Lienz – Welsberg per Bahn.

Essen & Trinken **Moosalm,** zünftige kleine Alm im modernen Holzlook am Ende des Gsieser Tals und (im Winter) der Langlaufloipe, beliebter Treff für Gsieser Jungfamilien mit Kinderwägen am Sonntagnachmittag, Südtiroler Küche, sonnige Terrasse, ein wirklich nettes Platzerl, Mo Ruhetag. Pater-Steinmair-Weg 10, ✆ 0474/948735, moosalm.it.

Kradorfer Alm, 1704 m, Juni bis Mitte Okt. sowie in der Wintersaison geöffnet, ✆ 348/6961541, Mo Ruhetag, kradorferhof.it.

Oberbergalm, 1975 m, Jun bis Okt., Mo Ruhetag, in der HS tgl. geöffn., ✆ 0474/948034.

Gasthof Zollwirt, St. Jakob (Österreich), Oberrotte 60, ausgezeichnete Tiroler Küche im Gasthaus in Mariahilf, ✆ (0043)04873/5225, zollwirt.at.

„Der Weg über die Jöcher": So nennen sich drei grenzüberschreitende Lehrpfade zwischen Gsieser Tal und Villgraten (Osttirol). Sie informieren über Almwirtschaft (Talschluss Gsieser Tal – Gsieserlenke – Ober-/Unterstalleralm), Schmugglerwesen (Talschluss Gsieser Tal – Kalkstein) sowie über Tradition und Brauchtum (St. Martin im Gsies – Gruberlenke – Kalkstein).

▪ Zwischen den Endpunkten dieser drei Wege fährt von Juli bis Mitte Sept. Mi und Fr ein Wanderbus, für den man sich am Vortag beim Tourismusverein Gsieser Tal (s. u.) anmeldet.

Grenzverkehr im Gsieser Tal

Die Gsieser waren nie reich, eine Handvoll Bauern ausgenommen, die meisten Talbewohner mussten niedere Dienste als Knecht, Magd, Holzknecht oder Hirt verrichten, schlecht oder gar nicht bezahlt, nur Kost und Logis umsonst. Wobei Logis eine Heuschütte unterm Dach bedeutete, und die Kost, wenn's hoch kam, Knödel und Milchsuppe. Kein Wunder, dass das Schmugglergewerbe blühte, als der Übergang ins Defreggental 1919 plötzlich Staatsgrenze wurde. Die Zollwachhütte der Italiener steht immer noch beim Gsieser Jöchl (etwas versteckt, damit man sie von der österreichischen Seite nicht sehen kann), aber es ist niemand mehr drinnen. Auch das Schild, dass man sich der Grenze nicht nähern dürfe, gammelt vor sich hin – es ist seit 1971 funktionslos –, während Bergsteiger und Wanderer von beiden Seiten das Gatter passieren, als ob es keine Landesgrenzen mehr gäbe.

Basis-Infos in Welsberg und dem Gsieser Tal

Information **Tourismusgenossenschaft Gsieser Tal – Welsberg – Taisten,** Gsieser Tal, St. Martin 10 a, ✆ 0474/978436, gsiesertal.com. Öffnungszeiten der Büros: **St. Martin** Mo–Fr 8–12 Uhr, **Welsberg,** Mo–Sa 8–12/15–18 Uhr, Pustertaler Str. 16, **Taisten** Mo–Fr 8–12 Uhr (nur HS), Sonnenstr. 28.

Verbindungen **Bus:** Welsberg liegt an der Buslinie Bruneck – Innichen mit zahlreichen Fahrten; nach Gsies (St. Magdalena) stündlich. ab Welsberg.

Bahn: Bhf. Welsberg.

Feste & Veranstaltungen **Gsieser Almhüttenfest,** Mitte Sept. auf mehreren Almen des Gsieser Tals. Blasmusik und Alphornbläser, dann Wanderung von Almhütte zu Almhütte (Gesamtgehzeit 1:30–2 Std.) mit Verkostung kulinarischer Spezialitäten, wobei in jeder Hütte ein spezielles Gericht serviert wird, dazu überall Musik.

Internationaler Gsieser-Tal-Lauf/Skimarathon, am 3. So im Febr., Volkslauf und Langlaufwettbewerb über 42/30 km. Mehr auf valcasies.com.

Einkaufen **Regiohof,** hier werden u. a. Marmeladen, Chutneys, Senf und Kräutertee produziert, Sirup, Säfte, Brände und Liköre sind ebenfalls im Angebot. Bauernkuchl im Hofschank, tgl. außer mittwochs geöffnet. P.-Haspinger-Str. 22 c, St. Magdalena, ✆ 0474/948562, regiohof.com.

Waldsamerhof, angeblich kleinste Schaukäserei Südtirols, im Hofladen (Mi und So geschl.) Verkauf von Kuhmilchkäse, Butter und Joghurt. Madleitn 5, St. Magdalena, waldsamerhof.it.

AlpenHigh Seppila, Bergschnäpse, Gin und Edelliköre der Marke „Alpen High“, Verkauf ab Hof mit Voranmeldung sowie in zahlreichen Geschäften, umfangreiches Angebot im Onlineshop, Haspaberg 30, Taisten, ✆ 348/1905518, seppila.com.

Baden/Schwimmen Beheiztes **Freibad Panorama** in Welsberg mit großer Liegewiese, Kinderbecken und Spielplatz.

Radfahren **Papin Rentabike,** Verleih und Werkstatt, Bahnhofstr. 13, Welsberg, ✆ 0474/913450. **E-Bike-Ladestation** beim Tourismusbüro Welsberg.

Reiten **Sun Ranch,** Pichl, ✆ 377/0919557, reiten-sonnenhof.it.

Wintersport **Schlepplifte** in Taisten, St. Magdalena und Pichl, skilift-gsies.com. Kostenloser **Zug** ab Welsberg zu den Skigebieten Kronplatz und Helm. 42 km **Langlaufloipe** im Gsieser Tal, Schule und Verleih, Infos auf dolomitinordicski.com. Schöne **Schneeschuhwanderungen** möglich. **Eislaufen** u. a. in der Sportzone Pichl (Schlittschuhverleih); **Rodeln** z. B. ab Taistner Alm, dort auch Rodelverleih, mehrere schöne Bahnen im hinteren Tal bei St. Magdalena, z. B. ab Kradorfer Alm.

Übernachten/Essen & Trinken in Welsberg und dem Gsieser Tal

In Welsberg ***** Hell,** Traditionsgasthaus und Hotel in der Ortsmitte von Welsberg, familiär und sehr aufmerksam geführt, Zimmer mit Balkon. Im Haus das **Restaurant Hell** mit kleiner Terrasse, gediegene Südtiroler Küche, wunderbar frisch zubereiteten Speisen – das Fleisch kommt aus der eigenen Metzgerei nebenan. Hauptplatz 3, ✆ 0474/944126, hotelhell.info. **€€–€€€**

***** Gailerhof,** wer Ruhe und Natur sucht, ist hier richtig. Ansprechendes B & B in aussichtsreicher Lage, gemütliche Zimmer und großzügige Apartments. Sehr herzlicher Service. Schießstandweg 9, ✆ 0474/944238, gailerhof.com. **€€€–€€€€**

In Taisten **** Lienharterhof,** Familienpension in Tirolerhof (altes Wirtschaftsgebäude nebenan) über dem Ort, toller Ausblick, viel Grün, moderne Zimmer. Bergstr. 38, ✆ 0474/950258, lienharterhof.com. **€€–€€€**

Im Gsieser Tal ***** Gsieserhof,** gepflegte Hotelpension mit rustikaler Gemütlichkeit, Zimmer mit Balkon, 4 hübsche Ferienwohnungen, kleiner Saunabereich, Liegewiese, Auslauf für die Kinder. Magdalenastr. 19, ✆ 0474/948035, gsieserhof.com. **€€–€€€**

Rainhof, aus dem 16. Jh. stammender Hof, ausgezeichnet für die mustergültige Renovierung, 4 Apartments. Magdalenastr. 29, ✆ 0474/948034, rainhof.bz. **€€**

Pizzeria/Restaurant Lanzberg, mit großer Anzahl großformatiger Pizze, eher deftige, traditionelle Küche, schöne Aussicht auf das Tal, Mi Ruhetag, Bergerstr. 1, ✆ 347/5913534.

Restaurant Durnwald, ausgezeichnet, mit Südtiroler Spezialitäten, sehr gelobt für seine Pustertaler Küche. Mo Ruhetag, Nikolaus-Amhof-Str. 33, Pichl, ✆ 0474/746886, restaurantdurnwald.it.

Dürrensee und Cristallo-Gruppe

Das Hochpustertal

Einige der berühmtesten Dolomitenbilder kann man im Hochpustertal entdecken, dem Tal des Rienzflusses und der Drau zwischen der österreichischen Grenze und Niederdorf: Drei Zinnen, Zwölferkofel, Pragser Wildsee, die Barockkirche von Innichen, den Blick von der Sennesalpe zum Monte Cristallo – und das sind nur die bekanntesten.

In *Sexten, Innichen, Toblach, Niederdorf* und *Prags* warten ausreichend Gästebetten auf diejenigen, die nach langen Wanderungen, anstrengenden Mountainbiketouren, einer kleinen Dolomitenrundfahrt über Pässe mit endlosen Serpentinen oder einem richtig anstrengenden Faulenztag in die Falle sinken wollen. Sogar baden kann man im Hochpustertal, im *Pragser Wildsee, Dürrensee* oder *Toblacher See*. Wenn man sehr abgehärtet ist. Alternativ gibt es das Acquafun in Innichen, es soll ja auch mal regnen.

Drei Täler ziehen vom Hochpustertal nach Süden. Von *Niederdorf* reicht das *Pragser Tal* weit in die Dolomiten hinein, es ist übrigens neben dem Sextener Tal das einzige deutschsprachige Tal der Dolomiten, alle anderen sind ladinisch- oder italienischsprachig! Von *Toblach* führt das schmale, von steilen Wänden begrenzte *Höhlensteintal* zum romantischen Dürrensee, bis zum Pass Im Gemärk hinüber nach Cortina reicht der deutsche Sprachraum. In *Innichen*, dem historisch bedeutendsten all dieser Orte, biegt nochmals ein Tal vom Pus-

tertal ab, es ist das *Sextener Tal*, an dessen Südrand die Sextener Dolomiten und die Drei Zinnen wachen, und an dessen Nordrand die Karnischen Alpen die Grenze zu Österreich bilden.

Information **Drei-Zinnen-Marketing,** Toblach, Dolomitenstr. 29, ✆ 0474/913156, drei-zinnen.info.

Vorteilskarten Der kostenlose **Holiday Pass** der örtlichen Beherbergungsbetriebe berechtigt in der Wintersaison zur freien Benutzung der Skibusse, der öffentlichen Verkehrsmittel und der Landes-Seilbahnen.

3 Zinnen Mountain Card (nur im Sommer), beinhaltet die Nutzung der Bergbahnen Haunold, Rotwand, Helm, Stiergarten und Col d'la Tenda inkl. Radtransport: 1 Tag 44 €, 3 (Berg- und Talfahrten) in 4 Tagen 60 €, 5 in 7 Tagen 77 €, online etwas günstiger. Zwei Arten von Liftpässen bietet Dolomiti Supersommer: Die **Super Summer Card** beinhaltet die Nutzung von 120 Liftanlagen des Dolomiti-Superski-Gebiets inkl. Radtransport: 1 Tag 56 €, 3 (Berg- und Talfahrten) in 4 Tagen 120 €, 5 in 7 Tagen 160 €. Die **Points Value Card** ist eine Wertkarte mit 800 Einheiten für 80 €, für 1.400 Punkte 140 €. Infos auf dolomitisuperski.com. Neu ist die **Mountain Card Pustertal,** mit der man 12 Bergbahnen von Sexten bis Klausberg nutzen kann, 3 (Berg- und Talfahrten) in 5 Tagen 68 €, 5 in 7 Tagen 85 €, 8 Fahrten in einem Sommer 125 €, online etwas günstiger, mountaincard.it.

Verbindungen **Pkw:** Die Straße durch das Pustertal umfährt die Orte Niederdorf, Toblach und Innichen, es gibt ausreichend Parkplätze.

Bus: Das Hochpustertal hat ein relativ dichtes Liniennetz, das auch Cortina d'Ampezzo einbezieht.

Bahn: gute Verbindungen nach Franzensfeste, Innsbruck und Bozen sowie nach Lienz/Villach.

Veranstaltungen Einige Veranstaltungen werden von den Gemeinden des Hochpustertals gemeinsam ausgetragen, so das **Internationale Festival der Chöre** in der letzten Juniwoche mit Aufführungen in allen 5 Gemeinden, u. a. auch unter freiem Himmel bei der Haunoldhütte, dem Helmrestaurant, der Seebühne im neuen Kurpark von Niederdorf etc. Über das Programm, das Kirchenmusik, Volksmusik und Spirituals sowie Jazz beinhaltet, informiert festivalpusteria.org.

Radfahren/Mountainbiken **Radwege:** Der Pustertal-Radweg ist zwischen Mühlbach/Franzensfeste und Lienz komplett ausgebaut. Kostenlose Prospekte des Tourismusverbands („Pustertaler Fahrradweg" mit Übersichtskarte sowie „Fahrradwege und Mountainbiketouren"), zu erhalten in jeder Information. Radweg von Toblach nach Cortina und weiter – großenteils auf der alten Bahntrasse – nach Calalzo di Cadore (mit Radtransport zurück – Infos bei den Tourismusbüros). **Bike-Shuttle-Service Rogger,** ✆ 348/8423779, puschtrabus.com.

In Niederdorf startet einer der Mountainbike-klassiker, das seit 1995 durchgeführte Rennen **Dolomiti Superbike.** Auf 113 km mit 3357 m Höhendifferenz oder 60 km mit 1783 m Höhendifferenz treffen sich Profis, trainierte Amateure und weniger versierte Mountainbiker und Jugendliche. Termin: 1. Wochenende im Juli, Startgeld 100–120 €. Befahren werden v. a. Forststraßen und -wege, man passiert Toblach, Innichen, Sexten und Prags. Mit Rahmenprogramm. Anmeldung unter dolomitisuperbike.com.

Wandern Der **Hochpustertaler Wanderpass** gibt 71 Wandervorschläge mit Übersichtskärtchen und Beschreibungen (nicht ausreichend zur Durchführung, eher zur Einstimmung), er ist in den Tourismusbüros erhältlich.

Wintersport Die Skiregion **Drei Zinnen Dolomiten** ist Teil des Skiverbunds Dolomiti Superski (→ S. 633). Sie umfasst 6 Skigebiete, 115 km Pisten und 31 Aufstiegshilfen. Das größte Skigebiet Helm-Stiergarten-Rotwand bietet allein 65 km. Für Snowboarder gibt's u. a. den **Drei-Zinnen-Snowpark** am Helm. Neben kostenlosen Skibussen verbindet der **Ski Pustertal Express** die Skiregionen Helm und Kronplatz im 30-Min.-Takt.

Für **Langläufer** stehen insgesamt 200 km gespurte Loipen (Loipenmaut Hochpustertal 15 €/Tag) zur Verfügung. Der **Pustertaler Skimarathon** im Januar findet 2021 zum 45. Mal statt (ski-marathon.com), der **Volkslauf Toblach – Cortina** im Februar wird seit 1977 veranstaltet (dobbiacocortina.org). **Schneeschuhwandern** ist – wie überall in Südtirol – im Kommen. Es werden geführte Touren über die Alpinschule Drei Zinnen (alpinschule-dreizinnen.com) angeboten. **Rodeln** auf folgenden Rodelbahnen: Haunold (2,1 km), Rotwand (5 km) und Signaue (2,2 km).

Infos zum gesamten Wintersport unter drei-zinnen.info.

Toblach

Wo die „Alemagna", die alte Handelsachse von Venedig nach Süddeutschland, auf das Pustertal trifft, liegt Toblach. Um das kleine Ortszentrum mit der spätbarocken Pfarrkirche ist ein Kranz von Neubauten gewachsen – Toblach ist im Sommer und Winter einer der wichtigsten Fremdenverkehrsorte Südtirols.

Und das seit Langem: Schon im 19. Jh. entstanden Hotels wie das Grandhotel in Neutoblach, ja eine ganz neue Siedlung, wie das „Neu" besagt. Im Ersten Weltkrieg lag Toblach in der Schusslinie der italienischen Stellungen auf dem Cristallino, Neutoblach ging – bis auf das geschützt liegende Grandhotel – in Flammen auf, auch die Pfarrkirche erhielt mehrere Treffer. Die Feinde von damals sind heute im August und um Weihnachten/Neujahr die wichtigsten Gäste, dann spricht man in *Dobbiaco*, wie der Ort nach 1919 getauft wurde, ganz selbstverständlich Italienisch. Die Umgebung ist das Kapital von Toblach. Einmal natürlich die *Drei Zinnen* im Hintergrund (man sieht sie vom Dorf Wahlen oberhalb des Orts) und dann das *Höhlensteintal* mit dem *Toblacher See* und dem *Dürrensee*. Die Alemagna passiert das Höhlensteintal in ganzer Länge in Richtung Cortina, das nur eine knappe Autostunde entfernt liegt. Toblach liegt verkehrsgünstig: nicht nur Cortina, auch das nahe Innichen, Bruneck und das österreichische Lienz sind leicht zu erreichen, selbst mit Bus und/oder Bahn. Also Wanderungen, Spaziergänge, Langlauf, Ausflüge zuhauf – was will man mehr?

Ehemaliges Grandhotel Toblach,
heute Kulturzentrum mit Hotel- und Jugendherberge

Pustertal und nördliche Dolomiten → Karte S. 380/381

Sehenswertes/Ausflüge

Pfarrkirche und Kreuzweg: Restauriert nach den Schäden des Ersten Weltkriegs, präsentiert sich die 1764 bis 1774 errichtete Pfarrkirche in der überquellenden Pracht des Spätbarocks. Baumeister war der Toblacher Rudolf Schraffl. Deckengemälde (Leben des hl. Johannes des Täufers) und Altarbilder sind Werke von Franz Anton Zeiller. Alles ist stuckiert und vergoldet und erstickt doch nicht in Schnörkeln. Der Kreuzweg entlang der zur Kirche und zum Friedhof führenden Maximilianstraße ist der älteste Tirols. Von den 1519 errichteten Passionskapellen haben sich fünf erhalten. Zusammen mit der ehemaligen görzischen Kapelle in der Pfarrkirche und der auf dem Hügel weitum sichtbaren Rundkapelle am Ostausgang des Orts im Lerschach bildeten sie einen kompletten Kalvarienberg.

Naturparkhaus Drei Zinnen: Ein Kulturzentrum, die Jugendherberge und das Naturparkhaus sind im früheren Grandhotel in Neutoblach zu Hause. Das Naturparkhaus informiert über die beiden Parks, die an Toblach grenzen und große Teile der Dolomiten umfassen, den *Naturpark Sextener Dolomiten* und den *Naturpark Fanes-Sennes-Prags*. Natur und Kultur, Geologie und Tierwelt, Pflanzen und Almwirtschaft werden in modernem Ambiente und z. T. interaktiv multimedial vorgestellt.

▪ Ende Dez. bis März und Anfang Mai bis Okt. Di–Sa 9.30–12.30/14.30–18 Uhr, im Juli/Aug. auch So, Eintritt frei. ✆ 0474/973017, naturparks.provinz.bz.it.

Nach Wahlen und zur Silvesterkapelle: Am Sonnenhang des bei Toblach mündenden **Silvestertals** liegt das Bauerndorf *Wahlen* mit einigen Pensionen und großen Bauernhöfen. Vom Dorf führt ein für motorisierte Fahrzeuge gesperrter Fahrweg auf gleicher Höhe talauswärts, nach 5 Min. erreicht man eine *Kapelle* mit Traumaussicht auf die Sextener Dolomiten samt Drei Zinnen. Im Ort ist die *Nikolauskirche* sehenswert, sie hat ein schönes spätgotisches Netzgewölbe. Interessant auch das Fresko neben dem Portal mit den armen Seelen im Fegefeuer. Nimmt man bei der Talgabelung oberhalb von Wahlen den rechten Ast, erreicht man zuerst auf der öffentlichen Straße und dann auf Sträßchen mit Markierung 1 b/a die *Silvesterkapelle* etwas oberhalb des Bodeneck-Joches. Sie ist ein alter Wallfahrtsort des Viehpatrons Sankt Silvester. Ein Gitter schützt das Innere mit seinen gotischen Fresken. Wer nicht nach Toblach zurückgehen will (oder muss, weil er am Straßenende das Auto stehen hat) wandert nach Innichen hinunter (zurück zum Bodeneck, auf der Forststraße nach links und bei der Abzweigung von Weg 3 auf diesem nach rechts weiter) und nimmt zurück den Bus.

Wanderungen zur und rund um die Bonner Hütte: Die 1897 erbaute, 2340 m hoch gelegene Hütte hat eine wechselhafte Geschichte hinter sich und war über jahrzehntelang dem Verfall preisgegeben. Von Kandellen (Parkmöglichkeit an der Silvesterkapelle) aus erreicht man sie in knapp 2 Std. auf einem (mittlerweile) breiten Fahrweg. 2006 übernahmen Alfred und Mina diese historische Ruine, ursprünglich eine 1897 erbaute DAV-Hütte und später ein Zollhaus, auf 25 Jahre unentgeltlich in Pacht von der Gemeinde Toblach. Dafür mussten sie das Gebäude in Eigenregie renovieren. Das hatte u. a. zur Folge: 7 Jahre kein Urlaub und zähe Verhandlungen bis zum Bau einer vernünftigen Zufahrt. Das Ergebnis ist ein gemütliches Kleinod mit grandiosem Blick auf die Sextner Dolomiten, umgeben von Kälbern, Alpenrosen und einem Netz von Wanderwegen, geführt von einem freundlichen Hüttenehepaar, das überzeugt ist, die richtige Entscheidung getroffen zu haben. Alfred kocht selbst, und das hervorragend und nachhaltig, sein Strommix stammt aus Solarzellen, einem kleinen Windrad und Wasserkraft. Der stimmungsvolle Sonnenuntergang bei einem Gläschen selbst gebranntem Heuschnaps auf der Terrasse ist selbst in Südtirol einzigartig.

In 45 Min. erreicht man von hier aus das Pfannhorn mit Panoramablick, Villgraten und den Alpenhauptkamm. Eine grandiose Tagestour führt weiter entlang des Grenzkamms auf dem Toblacher Höhenweg zur *Marchhütte*, einem umgebauten Bunker, und über die Silvesterquelle durch Alpenrosenhänge zurück. 5 Std., 15 km, 800 Höhenmeter. Auf dem bereits 1904 angelegten Bonner Höhenweg gelangt man bis ins Gsieser Tal.

meinTipp **Bonner Hütte,** 2340 m, 14 Betten, 11 Lager, Ende Mai bis Okt. ✆340/9428264, bonnerhuette.it. **€€**

Nach Aufkirchen und St. Peter im Kofl: Aufkirchen liegt zwischen Toblach und Niederdorf hoch oben auf der Sonnenseite. Hier dominiert die Marienwallfahrtskirche, die in der Spätgotik (1475) anstelle einer älteren, zu klein gewordenen Kirche errichtet wurde. Unübersehbar ist das überdimensionale Fresko an der Südwand, ein Werk des Simon von Taisten. Herrlicher Ausblick für Christophorus und Christuskind – und für uns. Im Ort empfehlenswertes Hotel mit ebendieser Aussicht (→ „Toblach/Übernachten", S. 439). Wer dem an der Kirche beginnenden „Besinnungsweg" mit seinen sieben Stationen folgt, gelangt zum Kirchlein St. Peter im Kofl auf 1450 m, angeblich die älteste Kirche des Pustertals.

Nach Altschluderbach – Gustav-Mahler-Haus (Trenkerhof) und Wildpark: Die Toblacher Mahlerfestspiele erinnern an drei Sommerbesuche des großen Komponisten Gustav Mahler in Toblach. Der viel beschäftigte Direktor der Wiener Staatsoper erholte sich auf dem Trenkerhof in Altschluderbach, gleichzeitig arbeitete er an seiner Neunten und der unvollendeten Zehnten Symphonie sowie am „Lied von der Erde". Im angrenzenden Wildpark Toblach befindet sich ein Komponierhäuschen aus Holz, das sich der Komponist errichten ließ, um ungestört arbeiten zu können. Auf einer Fläche von ca. 11 ha leben hier verschiedene Alpentiere wie Rotwild, Wildschweine, Eulen oder Murmeltiere, aber auch Esel, Ponys und Schafe. Einen kleinen Spielplatz gibt es auch.

▪ **Wildpark/Mahler-Komponierhäuschen:** erreichbar über Rienz (von der Straße ins Höhlensteintal unmittelbar nach der Bahnüberführung auf Sträßchen nach rechts abzweigen), im Sommer tgl. außer Do 9–18 Uhr, im Winter Zeiten erfragen unter ✆0474/972347.

Pustertal und nördliche Dolomiten → Karte S. 380/381

Basis-Infos zu Toblach

Information **Tourismusverein Toblach,** Mo–Fr 8.30–12.30/14–18.30, Sa 8.30–12.30/14–18, So 10–12 Uhr. Toblach, Dolomitenstr. 3, ✆0474/972132, toblach.it.

Verbindungen **Pkw:** großer Parkplatz am Mittelweg. **Bahn:** Bhf. in Neutoblach, Fahrkartenautomat (kein Schalter). **Bus:** Busbhf. in der Johannesstraße (Verlängerung der Dolomitenstraße).

Veranstaltungen **Gustav-Mahler-Musikwochen,** drei Wochen ab Mitte Juli, Konzerte regionaler und internationaler Orchester und Ensembles, meist im Mahlersaal des Grandhotels. gustav-mahler.it.

Im Aug./Sept. finden die **Festspiele Südtirol** statt, die ebenfalls vor allem Mahler gewidmet sind. Das Haydn-Orchester unter Arvo Volmer ist Hauptträger des Festivals. Infos unter festspiele-suedtirol.it.

Am **Nikolaustag** (6. Dez.) oder am Tag vorher, dem **Krampustag** (5. Dez.), geht in Toblach wie in vielen anderen Orten Südtirols der Krampus um. Der schwarze Begleiter des Nikolaus trägt eine furchteinflößende Teufelsmaske und ein schweres Fellkostüm. Am Krampuslauf nehmen rund 600 maskierte Teilnehmer mit ihren Glocken und Reisigbesen teil und ziehen lärmend ins Dorfzentrum zur Krampusparty.

Wer Angst hat, beobachtet den Umzug von der „krampusfreien Zone" aus bei einem Glühwein.

Einkaufen Guter Überblick über die Geschäfte unter toblachshopping.it.

Produkte der Sennerei Toblach in der **Schaukäserei Drei Zinnen** am westlichen Ortsrand an der Umfahrungsstraße. Neben einem Laden mit großer Auswahl an Käse und Milchprodukten gibt es ein kleines Museum über die Käseherstellung und eine Schaugalerie mit Blick in jeden der Produktionsräume – sehr kindgerecht! Eintritt 5 €, mit Verkostung 8/10 €. Juli/Aug. tgl., sonst Mo geschl. Pustertaler Str. 3c, ✆ 0474/971317, 3zinnen.it.

Wachtler Specialitá, Peter-Paul-Reiner-Str. 9, mit Café und Bistro, Geschenkeladen, wachtler.com.

Metzgerei Nocker, Dolomitenstr. 19 a, zarter Speck, Tiroler Bergkäse, nocker.it.

Trachtenstüberl, St.-Johannes-Str. 69, Loden und Trachten, kompetente Beratung.

Bottazzi, St.-Johannes-Str. 12, Edelsteine, individuelles Schmuckdesign, große Auswahl an Steinketten, Mineralien, Fossilien.

Markt: 1. und 3. Mo des Monats im Dorfzentrum.

Baden/Schwimmen Schön angelegter **Naturbadeteich** in der Sportzone Gries, sport-toblach.com.

Radfahren/Mountainbike **Fahrradverleih:** Papin Sport am Bahnhof, papinsport.com; Fun Active Rent, Dolomitenstr. 27a, ✆ 0474/862047, funactive.rent.

Radwege: Die Routen nach Lienz (Osttirol/Österreich), Cortina (Provinz Belluno) bzw. Calalzo di Cadore und nach Mühlbach im Pustertal (mit Anschluss an Wipptal- und Eisacktalradweg) machen Toblach zu einem idealen Ausgangspunkt für Radwanderer!

E-Bike: Interessante Touren und ein umfassendes Netz an Ladestationen machen Toblach zu einem attraktiven Ausgangsort für E-Biker, Infos unter drei-zinnen.info.

Wandern/Bergsteigen/Klettern **Kletterhalle** mit Boulder-Raum in der Nordic Arena. **Klettergarten** in Landro, Dürrensee (→ Höhlensteintal S. 443). **Bergführer:** Globo Alpin, Bahnhofstr. 3, ✆ 0474/976139, globoalpin.com, und Bergführerbüro Toblach, Dolomitenstr. 5 (neben Tourismusbüro), ✆ 0474/979065, bergfuehrertoblach.com.

Wintersport Toblach veranstaltet Anfang Februar den populären **Volkslanglauf** Toblach – Cortina (2021 zum 44. Mal), Infos unter dobbiacocortina.org. **Skischule** Toblach, Dolomitenstr. 5, ✆ 0474/972581, scuolascidobbiaco.com, **Langlaufskischule** Azzurra, ✆ 379/1202087, azzurra-ski.com. **Langlaufstadion** am Eingang des Höhlensteintales, ab hier mehrere Rundloipen, teils nachts beleuchtet, nordicarena-toblach.it. **Naturrodelbahn** in Ratsberg, 2 km mit Flutlicht. Überdachtes **Eisstadion** mit Schlittschuhverleih in der Sportzone Gries, sport-toblach.com. **Alpin-Ski** für Familien im Skicenter Rienz, 2 Lifte, 3 Pisten, ski-rienza.it.

Speziell für Kinder

Ein Muss ist der **Wildpark Altschluderbach,** aber auch das Erlebnisbad **Acquafun** in Innichen und der dortige große **Spielpark Burg** kommen immer gut an (→ S. 449). Die nicht mehr ganz so Kleinen werden den Besuch im **Naturparkhaus Drei Zinnen** schätzen (→ „Sehenswertes"), ebenso den Besuch in der **Schaukäserei** (→ „Einkaufen"). Direkt hinter dem Naturparkhaus lockt die **WaldWunderWelt,** ein amüsanter Lernparcours für Kinder. Am Eingang zum Höhlensteintal (beim Langlaufcenter) gibt es einen **Abenteuerpark** mit einem Riesennetz zwischen Bäumen (Mai bis Okt., unterschiedliche Öffnungszeiten, besser im Internet checken, ✆ 333/2491500, abenteuerpark.it/toblach).

Übernachten

Toblach ist mit wenigen Ausnahmen ein 3-Sterne-Ort. Im August ist alles fest in italienischer Hand. Wer dem Trubel entgehen will, kann auf Aufkirchen oder Niederdorf ausweichen.

In Alt-Toblach *****S Villa Monica,** kinderfreundliches Hotel im Stil eines Ansitzes mit großen Balkonen und seitlichem Erkertürmchen, bemerkenswerte Tirolerstube. Neuer

Wellnessbereich mit Aussicht im rustikalen Alpin-Stil. Gebr.-Baur-Str. 8, ✆ 0474/972216, hotel-monica.com. **€€€–€€€€**

Villa Bachmann, freundliche, sehr angenehme Pension, großer Frühstücksraum mit Glasveranda, Sauna und Liegewiese. Gemütliche Atmosphäre in den Zimmern, ansprechende Apartments für jeweils 2–3 Pers. Gustav-Mahler-Str. 28, ✆ 0474/972224, villabachmann.it. **€€**

In Neutoblach ****** Parkhotel Bellevue,** sehr gutes Traditionshotel nahe dem Bahnhof mit großem Park. Hallenbad, Sauna, Whirlpool, Massage, Radverleih. Dolomitenstr. 23, ✆ 0474/972101, parkhotel-bellevue.com. **€€€€**

Jugendherberge im Grandhotel Toblach, Schlafsäle? Von wegen! Doppel- und Mehrbettzimmer, z. T. mit Dusche, Parkettböden. Und das Schönste: kein Mindestaufenthalt, keine Altersbegrenzung, kein JH-Ausweis nötig. Was noch? Bar, Fitnessraum, Waschmaschine, TV-Raum, Restaurant. DZ mit Dusche/FR 74–84 €, ohne Dusche 54–62 €. Dolomitenstr. 29, ✆ 0474/976216, jugendherberge.bz.

***** Camping Toblacher See,** im Waldbereich nahe am See Fahrradverleih, das Restaurant Seeschupfe bietet regionale Küche, der Shop ein umfangreiches Angebot. Schicke Chalets mit Blick in den Sternenhimmel für Glamper. Stellplatz und 2 Pers. 33–46 €, Chalet ab 304 €. Geöffnet Dez. bis Okt. Toblacher See 3, ✆ 0474/973138, toblachersee.com.

Umgebung ***** Kirchenwirt,** gemütlich eingerichtete Zimmer, meist Balkon, kleiner Wellnessbereich mit Sauna und Hallenbad. Aufkirchen 5, ✆ 0474/972195, kirchenwirt.it. **€€–€€€**

Toninghof, familien- und hundefreundlicher Urlaub auf dem Bauernhof im neu errichteten Haus mit 4 geräumigen, modern eingerichteten Wohnungen. Netter Service: Frühstückskörbe mit leckeren Produkten. Zahlreiche Wanderwege direkt vor der Tür. Apt. (2–4 Pers.) Kandellen 8a, ✆ 334/2150074, toninghof.it. **€€–€€€**.

****** Camping Olympia,** einer der besten Plätze der Region, Schwimmbad, Sauna, Pool, Kinderbecken, sehr gute Sanitäranlagen, Fahrradverleih, angeschlossen sind Hotel, Restaurant, Pizzeria Samyr (Mi Ruhetag), in der Hochsaison abends Tanz und Animation. Ganzjährig geöffnet. Stellplatz und 2 Pers. 37–52 €. Apt. (2–6 Pers.) 85–110 € (2 Pers.), schicke Alpine-Lodges (2–6 Pers.) 100–120 € (2 Pers.). Campingstr. 1, ✆ 0474/972147, camping-olympia.com.

Pustertal und nördliche Dolomiten → Karte S. 380/381

Essen & Trinken

Toblach ist kulinarisch gesehen keine Hochburg, bis auf die die Sterne-Küche von Chris Oberhammer und die rustikale Küche des Seiterhofs in Kandellen.

Winkelkeller, alter Hof, rustikale Atmosphäre, dazu passendes traditionelles Essen und gute Stimmung. Gemütliche Stuben. Graf-Künigl-Str. 8, ✆ 0474/836668, winkelkeller.it.

Pizzeria-Restaurant Hans, lassen Sie sich von der Lage direkt an der Staatsstraße nicht abhalten, hier eine Pizza (und köstliche Desserts!) zu versuchen. Riesige Auswahl, klassisch dünner Boden, nicht zu wenig, nicht zu viel Belag. Auch schmackhafte Restaurant-Gerichte mit Südtiroler und italienischen Akzenten. Pustertaler Str. 9, ✆ 0474/972187, pizzeria-hans.com.

Pizzeria Dolomiten, wenige Schritte von der Jugendherberge entfernt, knuspriger Teig, fairer Preis. Alemagnastr. 3, ✆ 0474/972136, hotel-dolomiten.com.

Tilia, das Restaurant im Glaskubus ist Toblachs erste Gourmetadresse. Chefkoch Chris pflegt eine moderne franko-italienische Küche, ausgezeichnet mit einem Michelin-Stern und 3 Gault-Millau-Hauben. Menü ab 80 €, aber auch à la carte. Nur wenige Tische, Di–Sa mittags, Fr–So auch abends, Mo Ruhetag. Dolomitenstr. 31b, ✆ 335/8127783, tilia.bz.

mein Tipp **Seiterhof,** im Bergweiler Kandellen liegt dieser alte Bauernhof, dessen Wirtschaftsgebäude zu einem Gasthof mit einigen hübschen Gästezimmern umgebaut wurde. Herrliche Aussichtslage! Die Tiroler Gerichte des Pustertals sind hier so authentisch wie wohl nirgendwo sonst: Speck, Spinatnocken, Marillenstrudel, Krapfen. Erreichbar über die Straße ins Tal von Wahlen, Schilder am Talschluss. Di Ruhetag. Kandellen 7, ✆ 0474/976330, seiterhof.info. **€–€€**

Niederdorf

Die Pustertaler Straße in Richtung Toblach heißt in der Gemeinde Niederdorf Frau-Emma-Straße. *Frau Emma*, das war die weit über Tirol hinaus bekannte Emerentia Hausbacher, verheiratete Huttensteiner (1817–1904), die zusammen mit ihrem Mann von Niederdorf aus ein frühes Hotelimperium aufbaute. Der „Schwarze Adler" am Rathausplatz war der erste Schritt, es folgte ein Hotel am Pragser Wildsee, dann Häuser in Meran, in Innsbruck und im Vinschgau. Ihre Kochkünste waren so berühmt wie ihr Geschäftsgeist. Der Brief eines Amerikaners, so eine Anekdote, der an sie mit „Frau Emma in Europe, Autriche" adressiert war, wurde problemlos zugestellt. Das **Fremdenverkehrsmuseum Hochpustertal** mit seiner Ausstellung zum frühen Tourismus zwischen Niederdorf und Sexten, ist sicher ihretwegen hier eingerichtet worden. Ausstellungsort ist das spätmittelalterliche *Haus Wassermann* mit schönen Kassettendecken, alter Täfelung und Kachelöfen (Hans-Wassermann-Str. 8, Juli/ Aug. Mo–Sa 16–18, Sept. Di, Do 16–18, Okt. Di, Fr 16–18 Uhr; Eintritt 5 €, erm. 3 €).

Römischer Meilenstein in Niederdorf

Neben attraktiven Häusern am Rathausplatz (Von-Kurz-Platz) mit Gerichtshaus und Spitalkirche lohnt die *Pfarrkirche* mit Annakapelle auf der anderen Seite des Rienzflusses den Besuch, außerdem die etwas außerhalb liegende Kirche *St. Magdalena im Moos* (Mai bis Ende Sept., bei schönem Wetter tgl. geöffnet), in der gelegentlich Konzerte stattfinden. Sie wurde 1491 gestiftet und bewahrt Fresken aus der Entstehungszeit von Simon von Taisten.

Information **Tourismusverein Niederdorf,** im renovierten Bahnhofsgebäude, Mo–Fr 9–12/15–18 Uhr, Sa 9–12 Uhr, Niederdorf, Bahnhofstr. 3, ✆ 0474/745136, niederdorf.it.

Veranstaltungen Niederdorf ist in der ersten Julihälfte Austragungsort des Mountainbike-Bergrennens **Dolomiti Superbike**. Die kurze Distanz geht über 60 km und 1570 Höhenmeter, die lange Strecke über 123 km und 3400 Höhenmeter, dolomitisuperbike.com.

Einkaufen **Monatsmarkt** jeden 1. Sa im Monat, März bis Nov., 8–14 Uhr.

Kneipp Der Ort vermarktet sich seit Kurzem als Italiens „1. Kneipp-für-mich→-Erlebnisdorf". Die Kneipp-Anlage im **Kurpark** ist in den Sommermonaten von 10–18 Uhr geöffnet. In der HS betreut eine geschulte Gesundheitstrainerin tgl. außer Di die Anlage und gibt Tipps (14–18 Uhr). Im Park Gradieranlage und Trinkbrunnen.

Kinder **Kinderparadies** heißt der große Spielplatz im östlichen Teil des Kurparks, das **Adventureland** am Ortsrand spricht auch größere Kinder an.

Übernachten/Essen ****** Adler,** das Hotel am zentralen Rathausplatz ist Nachfolger eines bereits im 17. Jh. bezeugten Gasthauses, man versteht sich also auf die Gastronomie. Angenehme Atmosphäre mit Kaminzimmer und schöner Stube, kleine Hausbibliothek, Radverleih. Im Restaurant guter Service, gute Karte. Di Ruhetag. Von-Kurz-Platz 3, ✆ 0474/745128, hoteladler.com. **€€€€**

***** Weiherbad,** schöner Gasthof mit großzügigen, teils im Naturstil renovierten Zimmern, kleinem Wellnessbereich, neuem Hallenbad und Mountainbike-Verleih. Küche mit guter traditioneller Kost (Tirtlan und Schlutzer etc.), Tiroler Abende mit Live-Musik. Weiherweg 7, ✆ 0474/745197, weiherbad.com. **€€€–€€€€**

Das Pragser Tal

Das Pragser Tal beginnt zwischen Niederdorf und Welsberg, teilt sich bald in einen Ast, der zum Dorf **Prags** und zum Pragser Wildsee führt und in einen zweiten, der als Altpragser Tal zur Plätzwiese unter dem Dürrenstein leitet.

Der **Pragser Wildsee** zählt zu den Juwelen der Dolomiten, allerdings auch zu den überlaufensten Orten der Region. Er ist ein bis zu 36 m tiefer, auf 1489 m liegender See unter der gewaltigen Nordwand des Seekofels (2810 m), dem nördlichsten Gipfel der Pragser Dolomiten. Das Wasser ist immer wieder von anderer Farbe, einmal smaragdgrün, dann blau und dann wieder milchig, manchmal schwarz, durchsichtig bis zum Boden und kalt, kalt, kalt. Genau richtig für Forellen und die köstlichen Saiblinge. Auf Ruderbooten (Verleih am Bootshaus beim Hotel Pragser Wildsee) kann man zum Südende schippern, wo ein besonders schöner Kiesstrand zum Sonnenbaden lockt. Oder man macht die große Seerunde zu Fuß: 1–1:30 Std. ist man unterwegs, auf der Westseite auf (gesperrtem) Fahrweg, unter dem Seekofel auf einem guten Weg und dann an der Ostseite mit ihren fast senkrecht ins Wasser stürzenden Wänden auf einem gesicherten, an allen heiklen Stellen mit Geländer versehenen Steig, der bis zu 30 m über dem Wasser verläuft. Übrigens ist der See nicht nur im Sommer einen Besuch wert, sondern auch im Winter, wenn er von einer dicken Eisschicht bedeckt friedlich daliegt, oder im Frühjahr, wenn die gewaltige Eisdecke bei sinkenden Temperaturen knarzt und ächzt.

Von den Wanderungen ab dem Pragser Wildsee ist die **Seekofelrunde** (s. u.), die auf das Karstplateau der Sennes führt, die wohl eindrucksvollste. Wer den Abstecher auf den Seekofel hinzunimmt, steht mehr als 1300 m hoch über dem See. Aber auch die **Wanderung auf die Hochbrunnalmen** (mit rustikaler „Jausenstation") hat ihre Reize – übrigens auch für Mountainbiker, die ihr Rad zwar über ca. 200 Höhenmeter tragen müssen, aber ab dann von den Almen auf einem recht guten Fuhrweg nach St. Vigil in Enneberg (→ S. 483) hinunter brausen können. Die Wanderung führt an der Seewaldalm (→ Seekofelrunde) vorbei durch das Grünwaldtal, hin und zurück sollte man mit 5 Std. Gehzeit rechnen.

Information **Tourismusverein Pragser Tal,** in der HS tgl. 9–17, sonst Mo–Fr 9–12/14–17, Sa 9–12 Uhr. Prags, Außerprags 78, ✆ 0474/748660, pragsertal.info.

Einkaufen **Hofkäserei Patzleiner,** Außerprags, Ziegen- und Kuhmilch werden direkt am Hof zu Rohmilchkäse verarbeitet, köstlich! Freitags können Sie den Käse auch auf dem Brunecker Bauernmarkt bekommen. Führungen durch den Bauernhof. Lechnerhof 37, ✆ 0474/748652, pragserkaese.com.

Hof Alpe Pragas, Himbeeren, Erd- und Stachelbeeren als Fruchtaufstrich, Smoothy oder Chutney – die späten Beeren auf 1250 m sind besonders schmackhaft. Im Sommer Führungen, 10 €. Außerprags 38, ✆ 0474/749400, alpepragas.com.

Pragser Wildsee – wie Terence Hill ganz nah am Himmel

Seit die italienische Erfolgsserie „Un passo dal cielo", zu deutsch „Die Bergpolizei - ganz nah am Himmel", mit Terence Hill als verwitwetem Förster hier gedreht wurde, ist der ohnehin schon beliebte See ein internationaler Instagram-Spot und ein „Must See" für Italiener geworden. Das führt vor allem im Sommer zu einem Massenandrang, verbunden mit Parkproblemen. Deshalb gilt im Sommer ein Zufahrtsverbot. Seit Einführung der digital buchbaren Zufahrt ist der Individualverkehr um 25 % zurückgegangen, Tendenz weiter fallend. Vielleicht steigen wegen der exorbitanten (aber angesichts der Situation gerechtfertigten) Parkgebühren mehr Besucher auf den günstigeren, umweltfreundlicheren und stressfreieren Bus um. Das entlastet auch die geplagten Anrainer und ist ein Signal gegen den Massentourismus, der nirgends so spürbar ist wie rund um die tiefgrüne Naturperle am Fuße des mächtigen Seekofels.

Wie aus dem Bilderbuch: Pragser Wildsee:

▪ Straßensperrung Schmieden – Pragser Wildsee von Mitte Juli bis Mitte Sept. 9.30–16 Uhr, sobald die vorhandenen Parkplätze belegt sind. Kostenpflichtiger Parkplatz in Schmieden, ab dort Wanderung (1:30 Std.), alternativ mit den Buslinien 442 oder 439 (Tickets nur unterprags.bz). Das Kombiticket kostet 40 € (Parkplatz plus 20-€-Gutschein für Geschäfte und Gastro). Sobald alle Busplätze belegt sind, ist der Zugang nur noch zu Fuß oder mit dem Rad möglich. Gäste der Beherbergungsbetriebe und Restaurants erhalten gegen Voranmeldung eine Durchfahrtsgenehmigung.

Übernachten/Essen *****S Edelweiß,** familiäres Hotel im Tirolerstil mit blumengeschmückten Balkonen, reichlich, aber nicht zu viel Holz, Saunen, Dampfbad, Whirlpool, gute Zimmer mit allem Komfort. Außerprags 65, ✆ 0474/748664, hoteledelweiss.info. **€€€€**

***** Pragser Wildsee,** 1897 im Auftrag von Emma Hallensteiner, geb. Hausbacher, (→ S. 440) erbautes Hotel in romantischer Lage direkt am See, das 1945 von der SS verschleppten prominenten KZ-Häftlingen Schutz bot. Grandhotel-Ambiente im historischem Speisesaal von 1899, Zimmer teilweise mit Seeblick, Balkon und Originalmöbeln von 1900. St. Veit 27, ✆ 0474/748602, pragserwildsee.com. **€€€–€€€€**

*****S Brückele,** Traditionshaus am Beginn der Straße auf die Plätzwiese. Die Zimmer sind hell und modern, der Wellnessbereich mit innovativer Sauna ausgestattet. Traditionelle Südtiroler Küche und Pizza, gekocht wird mit regionalen Bio-Zutaten. Mo Ruhetag. Außerprags 4, ✆ 0474/748613, hotel-brueckele.it. **€€€–€€€€**

Moserhof, Paarhof in Panoramalage, eindrucksvolles Ensemble, großartig erhaltener Wirtschaftstrakt, Balkonzimmer gemütlich mit viel Naturholz eingerichtet. Gute Küche in schönen Räumlichkeiten, Mo Ruhetag. Innerprags 31, ✆ 0474/748653, moserhof-prags.com. **€€€**

Camper-Stellplatz, am Großparkplatz am See, Schrankenregelung, Sanitäranlagen. Ticket 20 €/Nacht.

Die Plätzwiese

Die riesige gewellte Almwiese zwischen dem Pragser Tal und dem Höhlensteintal mit ihren vom Wind zerzausten und vom Blitz halb zerstörten Zirben ist ein Panoramabalkon. Rechts liegt die *Fanesgruppe* mit der Hohen Gaisl, vor dem Betrachter die *Cristallogruppe* (so nah scheint sie, dass man jedes Gletscherchen und jeden Firnrest erkennt), nach links ziehen sich die Almen zum *Dürrenstein* hinauf. Das Vieh hier oben weidet auf Gemeinschaftsalmen, im Gegensatz zu vielen anderen Gebieten Südtirols und der Dolomiten gehen hier nicht die Bauern auf die Alm, sondern sie vertrauen ihre Tiere bezahlten Hirten an. Die Straße vom Brückele herauf ist gut in Schuss, hinunter zur Straße Toblach – Cortina führt eine alte Kriegsstraße. Für **Mountainbiker** bietet sich als sportliche Alternative zu u. g. Tour 21 eine Rundfahrt an: Ins Höhlensteintal bis Schluderbach (wie unten beschrieben), dann auf der Militärstraße kehrenreich zur Plätzwiese, diese überqueren und auf der anderen Seite auf der Mautstraße in flotter Fahrt bergab nach Prags und zurück ins obere Pustertal. Als Ausgangspunkt bietet sich Niederdorf an. Die Tour geht auch andersherum, allerdings kann man es dann bei der Abfahrt auf der Militärstraße nicht annähernd so laufen lassen wie auf der Mautstraße (850 Höhenmeter, 42 km, 3 Std.)!

Verbindungen **Bus 443** von Welsberg bis zu 15x tgl. (hierfür keine Reservierung notwendig), Straßensperrung von Mitte Juni bis Mitte Okt. 10–15 Uhr, in der übrigen Zeit gilt das Kombiticket für 40 € wie zum Pragser Wildsee, prags.bz.) Bis maximal 100 Pkw/Tag (keine Womos).

Übernachten/Essen **Berggasthof Plätzwiese,** ganzjährig geöffnet, Mo Ruhetag. E-Bike-Ladestation. Außerprags 58, ✆ 0474/748650, plaetzwiese.com. **€€€**

Tour 21: Mit dem Rad durchs Höhlensteintal

Tour-Info: Der Radweg ist gut ausgebaut (bis auf eine etwas unangenehme Passage vor dem Dürrensee) und beschildert und als Tagesausflug von Toblach für die ganze Familie zu bewältigen, wenn man zurück den Bus nimmt. ↑ 300 m zwischen Toblach und Gemärk, dann ↓ 300 m nach Cortina, Streckenlänge 32 km. Fahrzeit gemütlich 3 Std.

Ein Gletscher schürfte das tief eingeschnittene Höhlensteintal südlich von Toblach aus. Es führt über einen niedrigen Talpass mit Namen *Im Gemärk* bis hinüber ins Ladinische nach Cortina d'Ampezzo. Die Gebirgsriesen zu beiden Seiten, Dürrenstein, Drei Zinnen, Cristallo, können nur auf steilen und für normale Wanderer nicht geeigneten Steigen erklommen werden. Bis in die 60er-Jahre des letzten Jahrhunderts verlief durch das Tal die Zweigbahn nach Cortina und weiter ins Cadore bis Calalzo di Cadore. Als sie eingestellt wurde, entstand eine ungenutzte Trasse, die heute als **Radweg** ausgebaut ist – einer der angenehmsten und leichtesten, aber auch landschaftlich reizvollsten der Dolomiten.

Gleich am Anfang liegt der **Toblacher See** mit immerhin 14,3 ha Fläche (aber nur max. 3,5 m Tiefe). Wenn man von seiner Nordseite bei den Gaststätten (Ruderbootverleih!) auf das Höhlensteintal schaut, wirkt er besonders groß. Er ist Schutzgebiet, sein südlicher, verlandeter Bereich ist ein wichtiger Lebensraum für Lurche und Vögel. Fast flach geht es weiter bis zu einem *österreichischen Militärfriedhof* am Hang zur Rechten (großer Parkplatz, Hinweisschilder).

Pustertal und nördliche Dolomiten → Karte S. 380/381

Dreizinnenhütte im Spätherbst

Der **Dürrensee** kündigt sich mit dem Hotel Drei Zinnen und dem Parkplatz Dreizinnenblick an. Lago di Landro heißt er auf Italienisch, so nannte sich auch der Vorgänger des heutigen Hotels, es wurde im Ersten Weltkrieg zerschossen. Der See ist sehr flach, im Herbst oft nur halb so groß wie im Frühjahr, wenn er mit Schmelzwasser gefüllt ist. Genau südlich liegt die gewaltige Burg des *Monte Cristallo* (3221 m), die Kanonen der italienischen Stellungen auf dem Monte Cristallino (2786 m) zu seiner Linken waren es, die Neutoblach in Schutt und Asche legten. Die wilden Wände an der Ostflanke des Sees gehören zum *Monte Piana*, der zum Großteil auf Belluneser Territorium liegt. Auf dem 1915–1917 hart umkämpften Berg befinden sich zahlreiche alte Stellungen, die heute in einem Freiluftmuseum zugänglich gemacht wurden. In **Schluderbach** errichtete der Bauer Ploner aus Alt-Schluderbach bei Toblach einen Einkehrgasthof, heute befinden sich an dieser Stelle das Ploner heißende Hotel sowie eine Apartmentsiedlung und ein Restaurant. Von Schluderbach führt eine hervorragend für Mountainbiker geeignete Kriegsstraße hinauf zur Plätzwiese (für motorisierte Fahrzeuge gesperrt).

Nur Autofahrer passieren den Pass **Im Gemärk** (oder Passo di Cimabanche). Der Berg halb rechts darüber ist die *Hohe Gaisl* (3146 m), von den Italienern aufgrund ihrer roten Gesteinsfarbe Croda Rossa genannt. Bei der Fahrt hinunter passiert man das **Ospitale,** ein altes Hospiz an der Alemagna, von dem heute noch die kleine gotische Kapelle auf der anderen Straßenseite zeugt. An der Haarnadelkurve der Straße 3 km unterhalb hat man einen Panoramablick auf die Fanesgruppe, die man sonst nur von ihrer West- oder Nordseite kennt.

Weiter nach Calalzo di Cadore → Band „Dolomiten“ vom Autor dieses Buches.

Essen & Trinken Ausschließlich Laufkundschaft und doch vorzügliche Qualität? Das und sehr freundliche, effiziente Bedienung bietet das **Restaurant Dürrensee** mit Terrasse und Traumblick auf See und Berge. Knödel-Tris besonders zart und schmackhaft. ✆ 0474/972399.

Über den Misurinasee zu den Drei Zinnen

Von Schluderbach führt eine gute Straße (11 % Steigung) über ein niedriges Joch zum berühmten Misurinasee, der sich bereits im Cadore befindet (Provinz Belluno). Der Blick vom Parkplatz am Nordufer über den See hinweg zur Dolomiten-Gebirgsgruppe des Sorapis (3205 m) gehört zu den großen Eindrücken nicht nur der Dolomiten, sondern der Alpen überhaupt. Das *Grandhotel Misurina* am Südufer ist eines der ältesten Hotels der gesamten Region und heute wieder ein fashionabler Standort für Sommer- wie Winteraufenthalte.

Vom Nordufer führt eine im oberen Abschnitt (ab der Alm *Rin Bianco*) teure mautpflichtige Straße in Richtung der Drei Zinnen, sie endet an Großparkplätzen etwas unterhalb der *Auronzohütte* (im Winter lässt sich diese Hütte in etwa 2 Std. ab Misurina auf einer einsamen Schneewanderung erreichen – oder man lässt sich mit dem Motorschlitten zur Hütte bringen, um dann die 5 km hinabzurodeln, Infos unter trecimeservice.com). Von dort aus wandert man zur *Dreizinnenhütte*, aber wer der unten beschriebenen Wanderung folgt, wird möglicherweise mehr von seinem Ausflug haben. Den berühmten Dreizinnenblick hat man nur von der Dreizinnenhütte und damit von der Südtiroler Seite, nicht von Süden aus!

Verbindungen **Mautstraße Drei Zinnen/Auronzohütte,** 30 €, Ende Mai bis Ende Okt. Oben gibt es 700 Parkplätze, die in der HS oft schon um 9 Uhr belegt sind. **Shuttle-Bus** 444 ab Toblach/Bhf., Juni bis Mitte Okt., Erw. 18 € (hin und zurück).

Essen & Trinken **Malga Rin Bianco,** auf 1900 m an der Zufahrtsstraße zur Auronzohütte gelegen, schöne Aussichtsterrasse und hausgemachte Deftigkeiten, z. B. Gnocchi Cadorina mit flüssiger Butter und Hauskäse, Polenta. Innen gemütlich-rustikal mit kleinem Hofladen. Im Winter vom Parkplatz vor der Mautstelle (bis hierhin geräumt) in 15 Min. zu Fuß erreichbar, im Sommer großer Parkplatz vor der Hütte. Im Herbst 2023 geschlossen, vorher anrufen, ✆ 320/5699375, rinbianco.com.

Tour 22: Rund um die Drei Zinnen

Tour-Info: Einfache Bergwanderung mit großartigen Ausblicken. Anfahrt: Bus/Pkw (Mautstraße: Pkw 30 €) ab Misurina oder zu Fuß aus dem Marzontal von Auronzo di Cadore aus (ab Wanderparkplatz auf 1360 m ca. 3 Std. Aufstieg); Rückweg: Bus/Pkw nach Toblach/Cortina. Dauer: 3 Std. Höhenunterschied: ↑↓ 350 m. Hütten: *Langalm* (frische Almmilch, Imbisse); *Dreizinnenhütte* (Rif. Locatelli), 2405 m, 40 Betten, 100 Lager, ✆ 0474/972002, Ende Juni bis Ende Sept.; Rif. Auronzo, ✆ 0435/39002, Karte: Tabacco (1:25.000) Blatt 10.

Vom Ende der Mautstraße **A,** die von Misurina zu den *Drei Zinnen* hinaufführt, nimmt man Weg 105 in westlicher Richtung ab Ende des großen

Parkplatzes **B.** Großartige Ausblicke auf Cadinspitzen, Monte Cristallo, Hohe Gaisl. Der Weg führt leicht ansteigend unter den Südwänden der Drei Zinnen zur *Forcella del Col de Medo* **C**, wo man einen neuen Ausblick hat: die Almenlandschaft des Rienzbodens (hier oben entspringt der Rienzfluss) und die abweisenden Grate des Rautkofels und der Bullköpfe. Man quert auf gutem Weg einen Schutthang und erreicht einen wieder neuen Ausblick **D** und nach dem kleinen Rienzursprungsee **E** die neue Hütte der *Langalm* **F** (2245 m, 45 Min.). Nun hat sich das Panorama der Drei Zinnen aufgefaltet (ihr berühmter Anblick ist ja der von Norden). Um zum Paternkofel rechts von uns und zur Dreizinnenhütte zu kommen, muss noch die Alm gequert werden, 100 m hinunter (Wegweiser **G**), dann nach rechts **H** und wieder rechts **I** und auf Fahrweg links **J** 200 m hinauf. Bei diesem recht steilen Gegenanstieg wird man von Relikten des Dolomitengebirgskriegs (verrosteter Stacheldraht) begleitet.

Oben angelangt nach rechts **K** und endlich an der *Dreizinnenhütte* **L** (2405 m, 1:40 Std.): berühmter Dreizinnenblick, auf der anderen Seite des Jochs türmen sich die Gipfel der Sextener Dolomiten. Rückweg auf dem Fahrweg (von der Hütte aus kurzer Steig-Abschneider) zum *Paternsattel* **M** (2454 m, 2:20 Std.) östlich (für uns links) der Drei Zinnen, abwärts auf Steig und oberhalb der *Lavaredohütte* bleibend wieder auf Fahrweg **N.** Eine Kapelle **O** wird passiert, dann die *Auronzohütte* **P**, kurz darauf ist man am Parkplatz bzw. an der Bushaltestelle (3 Std.) **A.**

Innichen

Innichen muss seine Position unter den Orten des Pustertals nur mit Bruneck und Lienz teilen, im Hochpustertal ist es konkurrenzlos. Nur Innichen hat städtischen Charakter und kann auch ohne Tourismus leben, von dem es aber gern profitiert.

Mit der Stiftskirche in Innichen begann die Christianisierung und die Germanisierung des Pustertals – so liest man es in Geschichtsbüchern. Im dunklen Inneren der romanischen Stiftskirche fühlt man sich in diese Zeit versetzt, als in den dichten Wäldern um die winzige Siedlung noch Bären, Wölfe und Luchse lebten. Die Sonnenhänge im Rücken von Innichen, auf denen heute die Tirolerhöfe inmitten ihrer Wiesen und Weiden wie in einem Amphitheater aufgebaut stehen, waren damals noch nicht gerodet. Die Errichtung des Vorgängers der heutigen Kirche in der absoluten Wildnis muss für die wenigen slawischen Siedler des Tals, allesamt noch Heiden, ein epochales Ereignis gewesen sein.

Sehenswertes/Ausflüge

Stiftskirche: Sie liegt am belebten Pflegplatz, ist aber durch den Friedhof von ihm getrennt. Herzog Tassilo III. von Bayern hatte 769 dem Abt Atto von Scharnitz ein großes Gebiet um das heutige Innichen geschenkt, um hier ein Kloster zu gründen. Die Stiftskirche ist der dritte Bau an dieser Stelle. Die erste Kirche wurde noch vor dem Jahr 1000 durch einen größeren Bau ersetzt, von dem sich die Krypta unter dem heutigen Chor erhalten hat. Ort und Kirche brannten um 1200 ab, Anlass für eine dritte Kirche. Diese wurde in romanischen Formen errichtet und

1284 geweiht – die heutige Stiftskirche. Das Südportal, das man vom Pflegplatz aus betritt, ist ein Trichterportal mit einem großartigen Relief (Christus und die Evangelistensymbole) im Tympanon. In der flachen Zone darüber bemerkt man das ganz frisch wirkende Fresko, es ist ein Werk *Michael Pachers*. Das Innere ist ein eindrucksvoller romanischer Kirchenraum mit drei Schiffen. Das Mittelschiff ist weit gespannt, eine Kreuzigungsgruppe von 1240 zieht die Blicke auf sich. Der Chor ist erhöht, darunter liegt die von beiden Seiten zugängliche Krypta. Die Stiftskirche besitzt eine 1628/29 von Andreas Putz gebaute und mehrfach umgebaute Orgel, die sich in der Originalfassung mit bemalten Flügeln und dekorativen Holzschnitzereien erhalten hat. Das neue Orgelwerk mit 24 Registern und 1242 Pfeifen wurde unter Verwendung des Bestandes der Putz-Orgel eingerichtet.

Pfarrkirche St. Michael: Runder romanischer Turm, gotischer Bau, der 1760 barockisierten Kirche, Hauptfassade wie eine Altararchitektur – das ist Innichens schönste Kirche. Ein Fernglas ist hilfreich für die Deckenmalereien von Christoph Anton Mayr.

Stiftsmuseum: Von der Attostraße aus betritt man das Museum mit dem Domschatz, sakraler Kunst und der Handschriftensammlung. Die Räume sind in einigen Fällen genauso spektakulär wie die Exponate: Im Kapitelsaal, in dem der Domschatz ausgestellt ist, zeigen Fresken die Wappen der Chorherren, und die Schulstube der Chorknaben mit Täfelung und riesigem grünem Kachelofen (um 1550) ist eine einzige Augenweide. Durch seine Größe kann das Innicher Bergkristallkreuz nicht imponieren, wohl aber durch seine Schönheit und die Seltenheit des Werkstoffes – eben purer Bergkristall – für ein Monstranzkreuz.

■ Juli bis Mitte Sept. Di–Sa 14–19. Eintritt 4 €.

Marktplatz von Innichen mit Stifts- und Pfarrkirche

Altöttinger und Heiliggrabkapelle: Eingezwängt zwischen Straße und Bahnlinie und tief unter dem heutigen Straßenniveau liegt dieser kuriose und in seiner Art einmalige Kirchenbau. Drei Türmchen deuten schon auf die drei Räume hin. Innen besteht der komplexe Bau aus einem Achteck mit aufgesetztem Turm *(Altöttinger Kapelle)* und dem angebauten Kirchenschiff mit Türmchen *(Passionskapelle)* sowie dem Rundbau mit Türmchen und dem Heiligen Grab *(Grabeskirche)*. Entstanden ist der Komplex zwischen 1633 und 1653. Der Stifter war ein gläubiger Innicher Bürger, der fleißig Pilgerfahrten machte. Aus Altötting brachte er eine Kopie des Gnadenbilds und den Plan der dortigen Gnadenkapelle mit, die hier in kleinem Maßstab kopiert wurde. Aus Jerusalem brachte er den Plan der Grabeskirche und des Heiligen Grabes mit, auch diese wurden kopiert. In Nischen und auf Konsolen stehen Statuen einzeln und in Gruppen, das Marienleben in der Altöttinger Kapelle, im Eingang zum Grab eine Holzstatue des toten Christus. Frappierend!

■ Juli bis Sept. Mo–So 10–12/16–18 Uhr, im Juni nur Fr–So; freiwillige Spende.

Franziskanerkloster und -kirche: Im Westen des alten Orts nimmt das Kloster eine große Fläche ein. Die Kirche ist

Wildbad Innichen, vergessener Ort mit großer Geschichte

Lost Places sind ja neuerdings ein Label, das sich für abenteuerhungrige Globetrotter gut verkauft. In Südtirol ist dieser Boom noch nicht angekommen, aber die entsprechenden Orte, die gibt es natürlich! Das Wildbad Innichen würde definitiv dazugehören. Erbaut 1586 von einem ungarischen Arzt, an einer Stelle, die schon in der Antike aufgesucht wurde (wie römische und illyrische Münzfunde belegen), erlebte es ab 1854 als Sanatorium und Grandhotel glanzvolle Zeiten. Seit es im 1. Weltkrieg teilweise zerstört wurde, verfällt es vor sich hin. Obwohl von einem Zaun umgeben, sind gute Einblicke in die schwarzen Fensterhöhlen, auf verblichene Malereien halb eingestürzter Wände und verrottendes Dachgebälk möglich. Ein schaurig-schöner Ort, damals wie heute von fünf verschiedenen Quellen umgeben (an der Eisenquelle kommt man direkt vorbei), bekanntestes Produkt ist das Kaiserwasser, das in Flaschen abgefüllt erhältlich ist. Man erreicht das Wildbad von Parkplatz der Haunold-Bahn aus auf den Wegen 105 (Richtung Sexten) und 7 (ein Forstweg, beschildert) in etwa 1 Std., Rückweg 45 Min. Alternativ lässt sich vom Wildbad auf unschwierigem Forstweg 8a die Jora-Hütte (sehr gute Küche, → s.u) erreichen und von dort zurück nach Innichen absteigen (ab Wildbad 1 Std.). Möglich ist es auch, zum Haunold hochzufahren und dann auf den Wegen 6a und 7 zum Wildbad abzusteigen (30 Min.).

schlicht, dafür sind die Altäre barock verspielt mit einem sehr guten Gemälde von 1764, das die Gottesmutter mit Kind mit dem hl. Franziskus und dem vor ihr knienden hl. Leopold (von Österreich) zeigt. Es stammt von dem bedeutenden Barockmaler *Christoph Unterberger*. Der Kreuzgang wurde im Barock von einem bäuerlichen Künstler mit mehr als 70 Szenen aus dem Leben des hl. Franziskus ausgemalt. Ganz naiv schildert der Maler die Realität seiner eigenen Zeit um 1700, von den modischen Kleidern der Damen bis zur Ausstattung der Räume.

▪ **Kirche** Di–So 7.30–18.30 Uhr, **Kreuzgang** nur auf Anfrage.

Auf dem Haunold: Direkt vor Innichens Haustür liegt der wenig auffallende bewaldete Berg. Im Sommer sind hier zahlreiche einfache Wanderungen möglich. Vor allem bei Kindern und Jugendlichen beliebt ist die 1,7 km lange, bis 40 % geneigte Funbob-Sommerrodelbahn, die an der Bergstation beginnt und auf der man 36 km/h erreichen kann.

Bergbahn Sessellift Haunold, Juni bis Mitte Okt. 9–17.30 Uhr, im Sommer bis 18.30 Uhr, Berg 17,50 €, Berg/Tal 26,50 €, Kinder 12,50/18,50 € (online günstiger), dreizinnen.com.

Kinder Funbob, Erw. 16,50 €, Kinder 11,50 €, 5 Fahrten 51/35,50 €. Rund um die Bergstation befindet sich das **Riesenreich Haunold.** Tubingbahn, Hüpfburg, Wasserbecken und Holzhütten, bei dem Angebot bleibt die Wanderung wohl auf der Strecke. Immerhin lockt noch der Familienrundweg (2 km, verschiedene Stationen) und ein kleiner Hochseilgarten.

Hütten Riese Haunoldhütte, große Almhütte an der Bergstation mit Spielplatz.

Mein Tipp **Jora Mountain Dining,** seit Markus Holzer das Zepter in der Hand hält, hat sich nicht nur der Name der ehemaligen Jorahütte veredelt. Die Küche setzt auf regionale Produkte, meist in Bio-Qualität. Traditionelle und vegetarische Gerichte finden sich auf der Karte, die Nudelgerichte sind unbedingt zu empfehlen. Es gibt Events wie „Pasta on the rocks“ mit wechselnden Pasta-Kreationen (Do) und Gourmet-Abende (Sa), nur auf Vorreservierung. Mo Ruhetag. ✆ 335/6561256. jora.it. **€€€**

Basis-Infos

Information Tourismusverein Innichen, Mo–Fr 8–12/15–18, Sa 8–12 Uhr, Juli/Aug. auch So 10–12 Uhr. Innichen Pflegplatz 1, ✆ 0474/913149, innichen.it.

Verbindungen Pkw: einige seitliche Gratisparkplätze am Südende der Freisinger Straße. **Bahn:** Bhf. **Bus:** Busbhf. an der Mantinger Straße (Westende des großen Parkplatzes an der Peter-Paul-Rainer-Str. oberhalb der Draubrücke), einige Busse gehen auch vom Bahnhofsvorplatz ab! Gute bis sehr gute Direktverbindungen mit Bruneck, Brixen, Sexten.

Veranstaltungen Am Wochenende Mitte September traditioneller **Handwerks- und Bauernmarkt,** Vorführungen der Handwerksbetriebe und Volksmusik.

Einkaufen 1x monatl. **Krämermarkt** Febr. bis Nov. 8–14 Uhr am Pflegplatz oder am Parkplatz des Haunoldlifts. **Feinkost und Bistro Senfter,** Senfter Platzl 2/F, zum großen Metzgerbetrieb Senfter gehörender Feinkostmarkt mit großem Wurst- und Fleischangebot, auch Öl, Wein etc. sowie Café-Bistro, zinsenfter.com. **Bäckerei Trenker,** Alter Markt 2D, gute Backwaren und Frühstück. Filiale der **Sennerei Drei Zinnen,** Burgweg 1, im Laden guter Innicher Bergkäse und andere Käsesorten.

Baden/Schwimmen Im modernen **Erlebnisbad Acquafun** mit lichtdurchfluteter Architektur und Wellnessbereich samt Beautyfarm (Heubäder, Massage etc.). Tageskarte Bad 12 €, Sauna 25 €. Gratisparkplatz an der Herzog-Tassilo-Straße, von dort 2 Min. Michael-Hyeronimus-Huber-Str. 2, ✆ 0474/916200, acquafun.com.

Dachlandschaft: Altöttinger und Heiliggrabkapelle

Speziell für Kinder

Großer **Kinderspielpark Burg** oberhalb des Sextnerbachtals, zu erreichen vom Parkhotel Sole Paradiso (Schilder, Markierung) oder über die Freisinger Straße (Querstraße zum Alten Markt) aus dem Ortszentrum.

Wenn's regnet, und nicht nur dann, ist **DoloMythos** ein kindgerechter Platz. Die abwechslungsreiche Sammlung zu allen möglichen Themen, die mit den Dolomiten zu tun haben, ist beliebt bei Kindern (und ihren Eltern). Ganzjährig 8–19 Uhr geöffnet, Eintritt 10 €, Familien 25 €, Kinder 6 €, Peter-Paul-Rainer-Str. 11, ✆ 0474/913462, dolomythos.com.

Auch der **Funbob** von der Haunold-Bergstation ist vor allem etwas für die Kleinen, man saust auf Mini-Wägelchen auf einer Metalltrasse ins Tal hinunter. Ende Mai bis Mitte Okt., Erw. 16,50 €, Kinder 11,50 €. Juli bis Aug. am Mi **Funbob by night** bis 22 Uhr auf der erleuchteten Almwiese.

Riesenreich Haunold an der Bergstation mit Hüpfburg, einem Zwergendorf mit kleinen Hütten, Wasserbecken in Form von Fußabdrücken, Tubingbahn und einem Geschicklichkeits-Parcour. 2 km Rundweg mit Stationen. Im Sommer am Fr kindgerechte Führungen durch das Riesenreich (2 Std.).

Riese-Haunold-Kinderfeste mit Bastelwerkstatt, Gruppenspielen und Hüpfburg. Sie finden von Juli bis Anf. Sept. freitags an der Bergstation der Haunold-Bahn statt.

Und – nicht zu vergessen – **Acquafun** (→ Baden)!

Pustertal und nördliche Dolomiten → Karte S. 380/381

Radfahren Radverleih und Werkstatt bei **Papin Sport,** Freisinger Str. 9 oder in der Filiale am Bahnhof, ✆ 0474/913450, papinsport.com. Verleih hochwertiger Bikes für alle Bereiche bei **Südtirol Rad** an der Talstation in Vierschach, Schattenweg 2f, ✆ 0474/710355.

Wintersport **Ski & Snowboard Schule Innichen,** Kurse und Kinderbetreuung, Sextner Str. 6A und Talstation Haunold, ✆ 348/3523135, skibaranci.com.

Rodelbahn Haunold, von der Berg- zur Talstation (knapp 3 km), Rodelverleih an der Talstation.

Übernachten/Essen & Trinken

Ferienwohnungen bestimmen das Angebot in Innichen, die Liste (Fremdenverkehrsverein) scheint unerschöpflich zu sein ... jedoch nicht „wenn die Italiener kommen", in der ersten Augusthälfte ist der Ort ausgebucht!

Übernachten ******S Posthotel,** im Zentrum gelegener, freundlicher Familienbetrieb, gepflegt und gediegen, mit unterschiedlich gestalteten Zimmern – von klassisch gediegen bis stylisch. Edel designter Wellnessbereich mit Hallenbad, Sauna, Dampfbad und Beautybehandlungen. Das Angebot des Hotels richtet sich an „Erwachsene über 14 Jahre" – für Familien mit Kindern gibt es das Almdorf Post Alpina mit Chalets in Vierschach. Benediktiner Str. 10c, ✆ 0474/913133, posthotel.it. **€€€€**

****** Joas,** direkt am Skigebiet in Vierschach gelegenes, lichtes, filigran wirkendes Naturhotel und B & B mit viel hellem Holz innen und außen, Sauna, Dampfbad, behagliche, geräumige Zimmer und Apt. (2–4 Pers.). Helmweg 22, ✆ 0474/910013, joas.it. **€€€**

Der Pustertal-Radweg zwischen Mühlbach und Lienz (Osttirol)

Der grenzüberschreitende Radweg von Toblach nach Lienz ist im Sommer ungemein populär. Ganze italienische Großfamilien radeln mit Leihrädern die Drau entlang und lassen sich von der ÖBB, die dafür bis zu vier Radwaggons an ihre Züge hängt, abends wieder nach Innichen oder Toblach zurücktransportieren. Dieser Radweg ist nur die östlichste Teilstrecke (44 km) eines großen Radweges, der das gesamte Pustertal erschließt, von Franzensfeste im Westen, wo er vom Eisacktalradweg abzweigt, bis zur Europäischen Hauptwasserscheide bei Toblach (hier fließt die Rienz nach Westen zur Etsch und zur Adria und die Drau nach Osten zur Donau und zum Schwarzen Meer) und über die Grenze nach Lienz, wo das Pustertal endet. Der Weg ist komplett ausgebaut, sehr gut beschildert und in großen Teilen asphaltiert, also leicht zu fahren. Da der Radweg durch ein Tal mit Bahn- und Buslinie führt, ist ein Abbruch der Tour überall möglich. An mehreren Orten gibt es Radverleihe, das Rad kann man gegen einen kleinen Aufpreis auch an einem anderen Ort zurückgeben, muss also nicht unbedingt an den Ausgangspunkt zurück. Das Überblicksfaltblatt „Pustertaler Fahrradweg" mit Streckenverlauf und Rent-a-bike-Orten sowie Adressen ist kostenlos erhältlich bei allen Fremdenverkehrsvereinen.

▪ **Streckenlänge/Radverleih:** Die Strecke Innichen – Lienz beträgt 44 km, die von Innichen nach Mühlbach 61 km; Radverleih z. B. bei Papin Sport in Innichen und an der Talstation Vierschach.

Mein Tipp ****** Leitlhof,** Natur- und Wanderhotel, das seinen Energiebedarf zu 100 % durch ein eigenes Hackschnitzelkraftwerk in Kombination mit Solarzellen deckt. Geführte Wanderungen, Radtouren, Sonnenaufgangstour auf den Strudelkopf. Herausragende Küche, die lokalen Speisen mit mediterranen Einflüssen verbindet, ein Gedicht ist das am Tisch zubereitete Tatar vom Angusrind (die Rinder leben auf dem eigenen Mühlhof in der Nähe). Aufmerksamer, freundlicher Service. Moderne und gemütliche Zimmer und Suiten mit viel Holz und großen Bädern. Wellnessbereich mit Innen- und Außenpool und mehreren Innen- und Außensaunen mit Tauchbecken, Fitnessraum, Ruheraum. Panoramaterrasse mit Blick auf Innichen und den Haunold – was will man mehr? Pustertalerstr. 29, ✆ 0474/913440, leitlhof.com. **€€€€**

***** Burghügel,** angenehmes Garni, zentral und dennoch ruhige Lage. Ansprechende, moderne Zimmer und neue Apartments mit Balkon, auch größere, für Familien geeignete Zimmer und Apt. (2–4 Pers.). Freisinger Str. 6 a, ✆ 0474/913604, burghuegel.it. **€€–€€€**

Essen & Trinken Wiesthaler, das Lokal mit seiner schönen Stube geht auf das Jahr 1550 zurück, feine Nudel- und Knödelgerichte, Gerichte vom lokalen Lamm, gute Mehlspeisen. Die Stube liegt etwas unterhalb des Straßenniveaus (kein Wunder beim Alter des Hauses). Di Ruhetag, Herzog-Tassilo-Str. 3, ✆ 0474/913103, wiesthaler.com. **€€**

Uhrmachers Weinstube, nicht zu übersehen der Holzbohleneingang mit zwei Weinfassböden, drinnen Weinkost und Tiroler Brotzeiten, große, ruhige Terrasse zur Straße (Fußgängerzone) und nach hinten. Mo–Sa 10.30–23 Uhr, So 9.30–20 Uhr, Mi Ruhetag, Färberstr. 1, encro.it.

Bistro Senfter, Bistro der Metzgerei Senfter mit leckeren warmen und kalten Gerichten und hausgemachten Mehlspeisen. Senfter Platzl 2/F, ✆ 0474/913257, zinsenfter.com.

Sexten

Das Bergführer- und Bergsteigerdorf Sexten liegt in einem breiten grünen Tal zwischen den sanfteren Hängen der Karnischen Alpen und den schroffen Felswänden der Sextener Dolomiten. Von Sexten aus und vom etwas höher im Tal gelegenen *Moos* zieht sich das Fischleintal mitten hinein in die Dolomiten unter den Fuß des Zwölferkofels und der Drei Zinnen. Die Sextner Bergführerdynastie Innerkofler führte Bergsteiger aus England, Deutschland und den österreichischen Kronländern auf die Gipfel dieser Berge. Im Ersten Weltkrieg wurde Sexten zerstört – die italienische Artillerie stand am nahen Kreuzbergpass. Die heutigen Bauten sind meist weniger als 50 Jahre alt und häufig im Tirolerstil erbaut. Der Ort hat sich in den letzten Jahren zu einer hochpreisigen Destination entwickelt, den Drei Zinnen und der grandiosen Felslandschaft sei Dank!

Ausflüge

Ins Fischleintal: Am schönsten erreicht man das tief in die Dolomiten führende Fischleintal mit seinem Blick auf den Gipfelkranz der sog. **Sextener Sonnenuhr** über locker von alten Lärchen bestandene Heuwiesen am linken Talhang (also gegenüber von Moos und Sexten). Am Stand der Sonne über den Gipfeln von *Elfer-*, *Zwölfer-* und *Einserkofel* kann man in Sexten die Uhrzeit ablesen. Beim Hotel Dolomiten herrliche Aussicht auf die Sonnenuhr, bis zur Talschlusshütte noch Staubsträßchen, ab dort Wanderwege. Auch der **Aufstieg zu den Drei Zinnen** beginnt hier, im Winter gut als Schneeschuhtour geeignet – wobei sich am Wochenende Wanderer und Tourengeher buchstäblich gegenseitig auf den Schneeschuhen bzw. Skispitzen stehen! Bis zur Talschlusshütte 45 Min. zu Fuß, ab dort 2:30 Std. zur Dreizinnenhütte, insg. 13 km, 950 Höhenmeter, 6 Std. (im Sommer als Wanderung ähnliche Zeiten).

Pustertal und nördliche Dolomiten → Karte S. 380/381

Verbindungen **Pferdekutsche** vom Dolomitenhof zur Talschlusshütte im Fischleinboden, Liniendienst im Sommer. Im Winter **Pferdeschlittenfahrten,** Infos beim Reitstall Tschurtschenthaler (s. o.). **Parkplatz** 1 €/Std., 6 €/Tag.

Übernachten/Essen **Talschlusshütte,** 1548 m, nicht nur die Lage und der Rundumblick sind sensationell, auch das Essen schmeckt hervorragend, besonders nach der anstrengenden Tour zu den Drei Zinnen. Nächtigen kann man in gemütlichen 4-, 6- und 10-Bett-Zimmern. Mitte Mai bis Okt. und Weihnachten bis Ostern. NS Do Ruhetag. Fischleintalstr. 41, ✆ 0474/710606, talschlusshuette.com. **€€**

Auf die Sextener Rotwand: Von *Bad Moos* am Eingang des Fischleintals führt eine moderne Kabinenbahn auf die Rotwandwiesen. Toller Ausblick, mehrere Wanderwege (großer Plan an Tal- wie Bergstation), schöner Familienrundweg, Skiabfahrt. Wer weiter nach oben will, hat Pech, wenn er nicht mit versicherten Klettersteigen vertraut und entsprechend ausgerüstet ist.

Bergbahn/Hütten **Kabinenbahn Rotwand,** Juni bis Mitte Okt. 8.30–17.30 Uhr, in Sommer ab 8 Uhr, einfach 22 €, Berg/Tal 29 €, Kinder 15,50/19,50 € (online billiger); dreizinnen.com.

Rotwandwiesenhütte, 1924 m, in der Nähe der Bergstation Rotwand, Tiroler Küche, einfache Zimmer und Lager. Juni bis Mitte Okt. und in der Wintersaison, Mi Ruhetag, ✆ 0474/710651, rotwandwiesenhuette.it.

Rudihütte, sympathisches Restaurant auf 1950 m neben der Bergstation der Rotwandbahn. Hier wird gute Südtiroler Küche serviert, eigene Mehlspeisen, Knödel und Pasta. ✆ 0474/710436, rudihuette.it.

Auf den Kreuzbergpass (Passo Montecroce Comelico): Von Moos erreicht man den Kreuzbergpass (1636 m), der die Verbindung ins Cadore darstellt, mit dem Auto in wenigen Minuten (im Sommer Busverbindung bis zum Pass, keine Verbindung auf der anderen Seite). Wanderwege auf beiden Seiten, am Pass sehr gutes Hotel, im Winter Schlepplifte und Skibus zum Helm-Skigebiet. Landschaftlich äußerst eindrucksvoll ist die Wanderung zum **Rifugio Berti al Popera** (1950 m, Weg 124, beginnt am Parkplatz beim Hotel, hin 2:30, zurück 1:30 Std.). Vom Rifugio

Sexten mit Blick ins Fischleintal

aus sieht man Sextner Rotwand und Elfer von der ungewohnten Südostseite, was nicht minder eindrucksvoll ist.

Auf der Nordseite ist die **Coltrondo-Alm** ein beliebtes Ziel. Sie ist eine echte Alm mit Jausenstation, bewirtschaftet von der Familie Mair, lokale Bergbauernküche: Pressknödel, Wildkräuternocken mit Gorgonzola, Polenta mit geschmolzenem Almkäse, Apfelstrudel, Honig aus eigener Imkerei, eigener Ziegenkäse. 1915–1917 wurde in engster Umgebung der Hütte der Grabenkampf zwischen Österreichern und Italienern ausgetragen.

Hütten/Verbindung **Rifugio Berti al Popera,** 1950 m, CAI, 16 Betten, 32 Lager, geöffnet Ende Juni bis Ende Sept., ✆ 0435/67155, rifugioberti.it. €€

Coltrondo Alm, 1880 m, bewirtschaftet Juni bis Mitte Okt. und Weihnachten bis Ostern. Auf den Tisch kommt, was der Hof hergibt, ✆ 333/6882880, malgacoltrondo.it. Zu erreichen auf dem Weg 149 ca. 1,2 km nach dem Kreuzbergpass (in Richtung Auronzo), ca. 300 m Höhenunterschied, ca. 2 Std., zurück 1:30 Std.

Auf dem Helm: Die *Karnischen Alpen* ziehen sich von Sexten bis Tarvis, wobei sie immer die österreichisch-italienische Grenze bilden. Nur der äußerste Westen mit dem Helm fällt in den Bereich dieses Buchs. Drei Seilbahnen führen auf die Almen unter dem aussichtsreichen Gipfel (mit verfallener Hütte), eine von Vierschach/Innichen zum Helm, eine von Sexten aus zum Helm und die Drei-Zinnen-Bahn hinter Moos zum Stiergarten.

Bergbahnen **Kabinenbahn Drei Zinnen** (Stiergarten) Juni bis Okt. 8.30–17.30 Uhr, **Seilbahn Sexten – Helm** und **Kabinenbahn Vierschach – Helm** jeweils Juni bis Okt. 8.30–17.30, ab Mitte Okt. 9–16.30 Uhr. Für alle drei Bahnen gelten folgende Preise: einfach 22 €, Berg/Tal 29 €, Kinder 15,50/19,50 € (online billiger). Infos unter dreizinnen.com.

Kinder **Olperls Bergwelt,** schön angelegter Erlebnispark in Form eines Rundwanderweges an der Bergstation Helm (1,5 km) mit Hüttendorf samt Ziegengehege, Aussichtsturm, Kletterstationen, Infotafeln und Barfußweg, kein Eintritt, dreizinnen.com.

Schmetterlings-Jausenstation

Essen **Helm-Restaurant,** geräumiges Restaurant der gleichnamigen Bergstation mit großer Terrasse und fantastischem Ausblick, für Massen an Skifahrern im Winter ausgelegt.

Zin Fux, an der Talstation der Drei-Zinnen-Bahn gelegene, neu errichtete Hütte, gemütliche, entspannte Atmosphäre drinnen und draußen auf der großzügigen Terrasse. Regionale und internationale Küche, im Sommer Mo Ruhetag. Kinderspielplatz und Lama-Gehege. zinfux.com.

Tour 23: Auf den Helm und zur Sillianerhütte[GPS]

Tour-Info: Leichte Bergwanderung auf guten Wegen, geringe Höhenunterschiede. An-/Rückfahrt nach Sexten (Pkw/Bus), großer Parkplatz an der Talstation der Helmbahn, auch Bahn ab Vierschach. Dauer 3:15 Std.; Höhenunterschied ↑↓ 450 m. Hütten: *Helmrestaurant*, 2050 m, ✆ 0474/710255. *Sillianerhütte*, 2447 m, ✆ (0043) 664/5323802, sillianerhuette.at, *Hahnspielhütte, 2200 m,* ✆ 0474/830046, hahnspielhuette.com. Karte: Tabacco (1:25.000) Blatt 10.

An den Bergstationen der beiden Helm-Seilbahnen kann man nicht

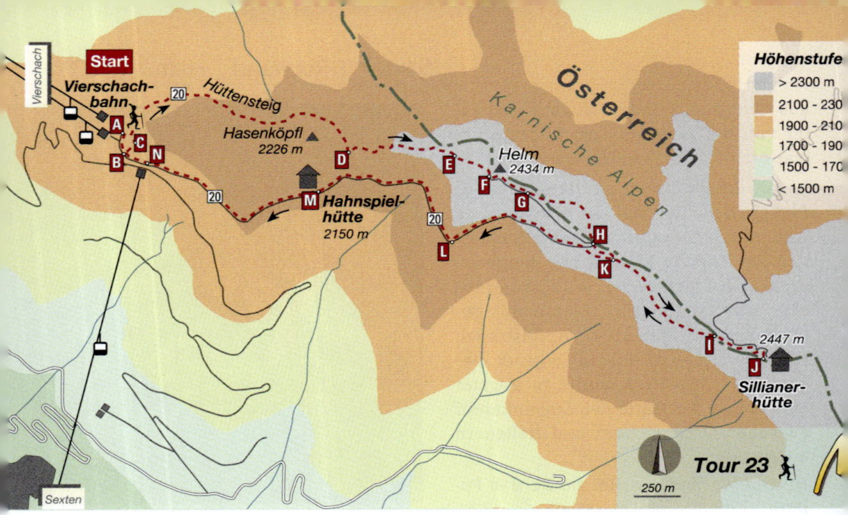

gleich weitergehen, weil man das Panorama der Sextener Dolomiten bewundern muss (Vierschachbahn-Bergstation = **A**). Auf dem Weg mit der Bezeichnung „Hüttensteig" (Nr. 20), der zwischen den beiden Bergstationen beginnt **B,** geht man zunächst durch das Olperl-Hüttendorf. Der Weg führt auf der Nordseite durch Hochalmgebiet (nach kurzem Anstieg **C** weiter recht flach), man verlässt ihn nach ca. 20 Min. nach rechts (auf stärker begangenem, unmarkiertem Weg) und erreicht den Rücken des Karnischen Hauptkammes **D.** Nun links steiler auf dem Rücken weiter, Weg 20 wird wieder erreicht. An den Resten einstiger Truppenunterkünfte vorbei **E** geht es hinauf zum Gipfel des *Helm* mit seiner verfallenden Hütte **F** (2434 m) und 1a-Rundblick. Weiter auf dem Kamm, teilweise auf österreichischem Gebiet (bei Gabelung links **G**), bis man wieder auf den Fahrweg trifft **H,** dem man bis zu einer Scharte **I** (2381 m) unter der *Sillianerhütte* und zu dieser hinauf **J** (2447 m, 2 Std.) folgt. Rückweg auf dem breiten Hauptweg (bei Gabelung **K** links, Abzweigung Helm **L**) auf der italienischen Seite des Karnischen Hauptkammes, vorbei an der bewirtschafteten Hahnspielhütte **M** zurück zu den Bergstationen ab Sexten **N** und Vierschach (3:15 Std.).

Basis-Infos

Information **Tourismusverein Sexten,** Mo–Fr 8.30–12.30/14–18, Sa 9–12/15–18 Uhr, Juli bis Sept. auch So 10–12 Uhr. Sexten, Dolomitenstr. 45, ✆ 0474/710310, dreizinnen.info und sexten.it.

Verbindungen **Pkw:** großer Parkplatz an der Talstation der Helmbahn. **Bus:** gute Anbindung an Innichen und Toblach; zum Kreuzbergpass mittlerweile ebenfalls ganzjährig (vom Pass gibt es keine Busverbindung ins Belluneser Cadore).

Veranstaltungen Der **Drei Zinnen Alpine Run** in der ersten Septemberhälfte wird von einem dichten Rahmenprogramm begleitet. Der Berglauf selbst führt über 17 km und 1.333 Höhenmeter von Sexten über Zsigmondy- und Büllelejochhütte und Paternsattel zur Dreizinnenhütte. Startgeld 75–95 €. Es gibt diverse Varianten für Kinder („Mini Alpine Run"). Im März wird ein Skitouren-Rennen ausgerichtet, der **Drei Zinnen Ski Raid,** 17,8 km, 1625 Höhenmeter. Online-Anmeldung auf dreizinnenlauf.com.

Einkaufen **Wochenmarkt:** gegenüber dem Hotel Waldheim, 1. und 3. Do im Monat ab 10. Febr. bis Ostern sowie von Juni bis Sept. **Bauern- und Handwerkermarkt** mit Musik und Kulinarik am 15. Aug. **Kunsthandwerkermarkt** jeweils Anfang Juli und Anfang Aug. Die **Hofkäserei Unter-Oltl** verkauft Schafs-, Ziegen- und Kuhkäse, ebenso Speck, Helmweg 11 b, Signaue. In dem Geschäft der **Käserei Sexten** wird Kuhmilchkäse, Butter und Milch angeboten, Schießstandweg 6, kaeserei-sexten.com.

Klettern Entweder gleich in den Sextener Dolomiten oder im Klettergarten am Dürrensee im Höhlensteintal (→ S. 444). Die **Kletterhalle Dolomit Arena** in der Sportanlage Sport Sexten ist 16 m hoch, hat 1800 m² Kletterfläche und 400 m² Boulderfläche.

Paragliding Tandemflüge über **Tandemfly** Sexten, tandemfly.eu.

Radfahren/Mountainbiken **Verleih** von MTBs und E-Bikes bei der Bike-Academy Sextner Dolomiten, Dolomitenstr. 45, an der Talstation der Helmbahn. Die **Bikeschule** bietet auch geführte Touren und Fahrtechniktraining an. bikeacademy-sextnerdolomiten.com.

Reiten **Reitstall Tschurtschenthaler,** Fischleintalstr. 22, ✆ 348/3482218, reitstall.bz.it.

Sportzentrum **Sport Sexten,** Waldheimweg 23, bietet eine ganze Reihe Sportmöglichkeiten von Beachvolleyball bis Tennis, auch Schwimmhalle.

Wandern/Bergsteigen **Alpinschule Sexten,** Dolomitenstr. 45, ✆ 0474/714156, alpinschule-dreizinnen.com.

Wintersport **Skischule Sextener Dolomiten,** Dolomitenstr. 45, an der Talstation der Helmbahn, ✆ 0474/714156. **Rodelbahn** von der Bergstation der Rotwandseilbahn nach Bad Moos (5 km). **Eislauf** und **Eisstockschießen** im Sport Sexten (s. o.).

Übernachten/Essen & Trinken

In Sexten **Grüne Laterne,** beliebtes gutbürgerliches Restaurant mit einheimischer und internationaler Küche, gute Pasta-Gerichte, großer Garten, auch Café-Konditorei. Gerichte auch zum Mitnehmen. Auch gemütliche Zimmer für 1–3 Pers. und Apt. für 1–6 Pers., jeweils. Mi Ruhetag, Waldheimweg 10, ✆ 0474/710140, gruenelaterne.it. **€€** (Übernachten), **€€–€€€** (Essen)

Waldruhe, bäuerliches Gasthaus hoch über dem Ort und mit fantastischer Aussicht. Zwei Stuben, eine davon in Zirbenholz. Deftige Küche, Speck, Schlutzkrapfen. Man erreicht den Hof vom Dorfzentrum über Kirchweg/Kaiserstraße oder zu Fuß in 1 Std. über den Besinnungsweg. Nur mit Reservierung! Außerberg 4, ✆ 0474/710512, gasthof-waldruhe.com. **€€–€€€**

In Moos und im Fischleintal ******S Bad Moos,** Wellnesshotel am Beginn des Fischleintals bei der Talstation der Rotwandbahn. Das Hotel nutzt das heilkräftige Wasser der Schwefelquelle am Fuß der Rotwand, Voll- und Teilbäder, Kneippgüsse, dazu Hallenbad, Saunen, abends Südtiroler Weinstube, Pianobar und gute Zimmer mit allem Komfort und Ausblick, edle Suiten im Haupthaus. Fischleintalstr. 27, ✆ 0474/713100, badmoos.it. **€€€€**

****** Dolomitenhof,** wo die öffentliche Straße ins Fischleintal endet, steht der Dolomitenhof mit schön in Zirbenholz renovierten Zimmern, das Badehaus mit Panoramahallenbad und Wellnessbereich im Garten, etwas abseits das dazugehörige Gründerzeithotel Alte Post. Die „Alte Post" wurde im Jahr 2007 100 Jahre alt und davor perfekt restauriert, sodass man den Eindruck eines typischen alpinen Hotels von vor 1914 bekommt, als das Haus sich noch Post Gasthof Fischleintal nannte. Selbst die Möbel in den Zimmern sind Originale, und die Stube hat eine alte Kassettendecke. Der „Dolomitenhof" wurde 1904 vom berühmten Bergsteiger Sepp Innerkofler errichtet, die Familie leitet das Hotel noch heute. Fischleintalstr. 33, ✆ 0474/713000, dolomitenhof.com. **€€€€**

Schönfeld Naturapartments, Apartmenthaus der jungen Familie Happacher, die moderne Zimmer mit alpinem Wohlfühlfaktor. 4 großzügige Apts., helle Räume, gute Bäder, tolles Naturholzambiente, Apt. (2–6 Pers.). Fischleintalstr. 14, ✆ 339/2543795, schoenfeld.it. **€€–€€€**

Mein Tipp ****** Caravanpark Sexten,** die Premium-Adresse unter den Dolomitenplätzen: 3-ha-Gelände für bis zu 500 Gäste, tolle Lage zwischen Sextnerbach und Straße im Grünen, z. T. Rasenplätze. Sehr gute Sanitäranlagen, Spa und Wellness vom Feinsten, mehrere Restaurants. Das **Hotel Patzenfeld** mit Zimmern,

Apartments und einem hervorragenden Restaurant ist angeschlossen. Gemütliche und luxuriös ausgestattete Baumhäuser mit eigener Sauna und diversen Paketangeboten (**€€€€**). Ganzjährig geöffnet, Stellplatz und 2 Pers. 52–80 €, Eintritt in die Saunawelt 26 €/3 Std. St.-Josef-Str. 54, ✆ 0474/710444, caravanparksexten.it.

Restaurant-Pizzeria Martina, in der Pseudo-Almhütte befindet sich eine elegante Pizzeria mit schönem Holzofen. Außer guter Pizza (auch mit Büffelmozzarella) gibt es auch Pastagerichte. Mo Ruhetag, St.-Josef-Str. 17, ✆ 0474/710101.

Bistro Biwak 12, zum Garni Reider gehörendes Bistro. Angeboten werden Wraps, Burger, Bowls (vegetarische gibt es auch), Tapas und „Josefs" (Fleischgerichte). Di Ruhetag, St.-Josef-Str. 27, ✆ 0474/710404, reider.cc.

Der Naturpark Sextener Dolomiten

Dieser Naturpark umfasst eines der großartigsten Gebiete der gesamten Dolomiten: die *Sonnenuhr* um Sexten zwischen *Rotwand, Elferkofel, Zwölferkofel* (3094 m) und *Einserkofel,* die isolierte *Dreischusterspitze* (3145 m), die weltberühmten *Drei Zinnen* (Große Zinne 2999 m) und das *Haunold-Massiv* (2966 m). Vom Kreuzbergpass bis zum Dürrensee folgt die Grenze des Naturparks der Provinzgrenze gegen Belluno. Wilde Felswände wie die des Zwölfers und der Drei Zinnen und zerrissene Felstürme wie auf der Rotwand sind nur die eine Seite dieser Gebirgslandschaft. Die andere ist die Almlandschaft zwischen den Drei Zinnen und dem Toblingerknoten sowie zwischen Toblingerknoten und dem Büllelejoch: kleine Seen, grüne Weiden, Almrausch. Der Naturpark ist um den Sextener Fischleinboden und die Drei Zinnen gut durch Wege und mit Hütten erschlossen, dagegen blieb der nordwestliche Zug zwischen Bullköpfen und Neunerkofel ein einsames Gebirgsland.

Im Ersten Weltkrieg verlief die Front quer durch dieses Gebirge über Monte Piana, Toblingerknoten nördlich der Drei Zinnen, Büllelejochhütte und oberen Fischleinboden sowie Rotwand. Direkt neben den Steigen haben sich Stellungs- und Unterkunftsreste bis heute erhalten. Viele seltene Dolomitenpflanzen kommen hier vor wie der *Rhätische Mohn,* dessen leuchtend gelbe bis orangefarbene Blüten z. B. die Schutthänge zwischen Büllelejoch und Dreizinnenhütte zieren.

■ **Information:** Naturparkhaus im Kulturzentrum Grand Hotel Toblach (→ S. 438).

Trutzige Burg Taufers am
Eingang zum Ahrntal

Dolomiten rund um die Sella

Südtirol heißt Dolomiten und umgekehrt!? Sie wissen natürlich, dass das nicht stimmt, aber die einmalige Felskulisse mit Alpenglühen, die ladinischen Sagen und die Knödel- und Pasta-Hütten machen trotz temporären Anzeichen von Overtourism aus den Dolomiten eine der besuchenswertesten Regionen der (Alpen-)Welt!

▪ Nach dem Orkan hat die Wiederaufforstung in den Dolomiten Priorität. Wie immer sind die Südtiroler zukunftsorientiert und pflanzen klimawandelfeste Mischwälder. → S. 551

▪ Dolomiten-Infos findet man unter valgardena.it, seiseralm.it und altabadia.org.

Im Jahr 2009 nahm die UNESCO die Dolomiten ins Welterbe auf, und dieses außergewöhnliche Gebirgsland rund um das gewaltige **Plateau der Sella** bekam die Würdigung und den Schutz, den es verdient. Sella, Langkofel, Puezgruppe, Geislerspitzen, Fanes, Sennes (und außerhalb Südtirols Marmolada, die Tofanen usw.), das sind Namen, die jeder kennt, der Berge liebt.

Und in diesen „Weißen Bergen" aus Dolomit- und Kalkgestein lebt im Gadertal und im Grödner Tal ein Volk, das seine eigene Sprache, sein eigenes Tirolertum und seine eigene Küche bewahrt hat: die **Ladiner.** Sommer wie Winter herrscht Hochbetrieb in St. Ulrich und Wolkenstein, Corvara und St. Kassian – **Dolomiti Superski** ist der größte Skiverbund der Welt. Ruhiger geht es dagegen im fast **liftfreien Villnösstal** zu, dessen Lage zwischen den berühmten Geislerspitzen (Reinhold Messners Kinderstube) und den zerklüfteten Aferer Geislern aber mindestens genauso schön ist und das mit dem kleinen Zwiebelturm-Kirchlein von **Ranui** vor der Geisler-Kulisse eines der weltweit wohl bekanntesten Südtiroler Fotomotive liefert.

Was anschauen?

Ladinisches Museum in St. Martin in Thurn: in einem alten Schloss untergebracht, vermittelt anschaulich die Lebenswelt der Ladiner. → **S. 481**

Berghütte Oberholz: faszinierender Bau aus Holz und Glas, innen wie eine dreischiffige Kirche mit Holzrippen an der Decke. Unbedingt das berühmte Latschenkiefer-Risotto bestellen. Von Obereggen geht es mit dem Sessellift

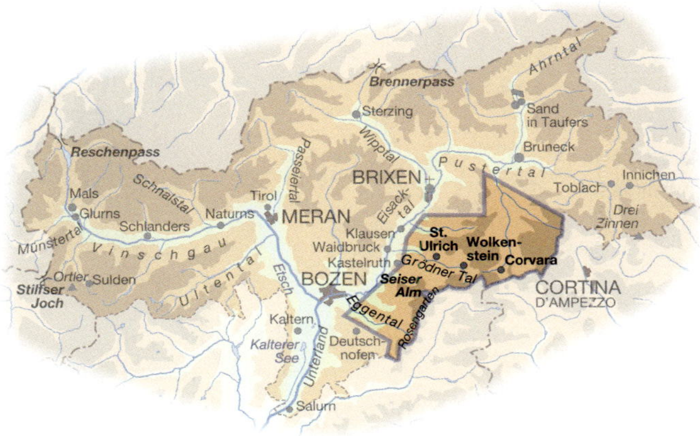

hinauf – und hinunter, wenn man zu voll zum Abstieg ist. **→ S. 554**

Langkofelscharte: Die wahrscheinlich **schmalste Kabinenbahn der Welt** führt vom Sellajoch zur Scharte, und an mindestens einer Stelle sind es nur Millimeter bis zur Felswand! Oben Einkehr und spektakulärer Blick ins Langkofelkar. Wer gut zu Fuß ist, läuft auf steilen Kehren zurück zum Joch. **→ S. 515**

Was unternehmen, wo essen?

Bequem auf der Seiser Alm: Natürlich kann man hier wandern und sporteln, aber die größte Almenhochfläche Europas eignet sich hervorragend, um sich die Kulisse von Schlern, Langkofel, Plattkofel, Geisler und Sella einfach nur anzusehen. Gute Küche gibt es obendrein, beispielsweise in der **Gostner Schwaige. → S. 539**

Törggelen am Wassererhof bei Völserried: Im renoviertem Gemäuer serviert ein Brüderpaar grandiose Südtiroler Küche und dazu gehaltvollen Wein aus eigenem Anbau. **→ S. 531**

Im Villnösstal: St. Johann in Ranui ist ein echter Instagram-Spot, dabei zusammen mit dem mittelalterlichen Ranuihof nebenan dennoch ein entspannter Platz – wenn man die richtige Tageszeit wählt. Weiter oben im Tal ist St. Magdalena, ein Weiler mit ein paar uralten Höfen ein schöner Flecken mit Geislerspitzen-Blick. Ansonsten: wandern, bis die Sohlen qualmen, und wer Lamm mag, kommt im **Restaurant Pitzock** auf seine Kosten. **→ S. 497**

Im Rosengarten: Auf König Laurins Spuren lassen sich in diesem Bergstock ganze Themen-Urlaube verbringen. Die anderen Trümpfe heißen Wandern, Klettern, Bergsteigen und Alpenglühen. Zwischen Kölner, Paolina- und Vajolett-Hütte führt ein großartiger, familienkompatibler Höhenweg durch die Traumwelt. **→ S. 549**

Auf dem Mühlenweg von Seres: Im oberen Gadertal haben sich ladinische Weiler mit mittelalterlichen Höfen erhalten. Unterhalb stehen ein paar liebevoll restaurierte, alte Mühlen. Klasse für einen – kindergerechten – Spaziergang in wunderschöner, fast touristenfreier Umgebung. **→ S. 482**

Was man nicht tun sollte?

An einem Sonntag im August die Dolomitenpassstraße um das Sella-Massiv mit dem Auto befahren, denn es bedeutet: Schritttempo (bestenfalls) im Dauerkurvenstau, Abgasgestank, heulende Motorräder, genervte Autofahrer und Radfahrer, und das alles in einer Affenhitze. Muss das sein? Nein, muss es nicht. Sie machen besser Urlaub.

Brennerpass
Bruneck
Vahrn
Brixen
A 22
St. Leonhard
Durnholz
Plankenhorn 2543
Sankt Kassianspitze 2581
Lorenzispitze 2481
Radlspitz 2422
Morgenrast 2351
Durnholzer Tal
Tils
Stufels
Pinzagen
Milland
St. Andrä
Latzfonser Kreuz
Gampberg 2147
SS 12
Reinswald
Klerant
Palms
Eisack
Albeins
Villanderer Berg 2509
Latzfons
Astfeld
Verdings
Teis
Klausen
Gufidaun
Villnöss
Sarnthein
Villnösser Tal
St. Magdalena
Villanders
SS 508
Rittner Horn 2259
Eisacktal
Lajen
Bundschen
Barbian
Grödner Tal
Seceda 2519
Schwarzseespitze 2071
Waidbruck
SS 242
Raschötz
Tagusens
St. Ulrich
Sarntal
Pemmern
Tisens
Kastelruth
Oltretorrente
St. Jakob
Afing
Ritten
St. Oswald
Plesdinaz
Wangen
Lengstein
Telfen
Puflatsch 2174
St. Christina
Lengmoos
St. Valentin
Compatsch
Talfer
Klobenstein
Seis
Seiser Alm
Oberbozen
Hauenstein
Völs
Schlem 2563
Plattkofel 2958
Unterinn
SS 12
Bozen
Naturpark Schlern-Rosengarten
Prösels
Tierser Alpl
A 22
Blumau
Trento, Meran
Steinegg
Tschamintal
Bauernkohlern
Breien
Tiers
Rosengarten
Eggental
Tierser Tal
St. Zyprian
Vajolettürme
Schaijoch 1591
Nigerpass 1690
Val di Fassa
Avisio
Welschnofen
Birchabruck
Pozza di Fassa
SS 241
Deutschnofen
Eggen
Vigo di Fassa
Karersee
Petersberg
SS 620
Karerpass 1745
Obereggen
Soraga
Rauth
Latemar 2842
Moèna
Regglberg
Passo di Lavazè 1805
Aldein
Weißhorn 2317
SS 48
Radein
Pampeago
Kaltenbrunn
A 22, Bozen, Trento

Bruneck
Olang
Welsberg
Kronplatz 2273
Zwischenwasser
Brach
Maurerkopf 2567
Prags
Maurerberg 2332
Großer Gabler
Gadertal
SS 244
Naturpark Fanes-Sennes-Prags
Untermoi
St. Vigil
Pragser Wildsee
Bad Valdander
Thurn
St. Martin in Thurn
Enneberg
Seitenbachscharte 2331
Seekofel 2810
Würzjoch 2006
Wengen
Peitlerkofel 2875
Campilltal
Gaderbach
Sennes
Campill
Val di Morins
Pederü
Sennes
Hohe Gaisl 3146
Heiligkreuzkofel 2907
Sass Rigais 3025
Abtei
Pedratsches
St. Leonhard
Passo di Limo 2172
Lienz
Puez 2568
Lavarella 3055
Alta Badia
Stern
Naturpark Puez-Geisler
Fanes
Fanesgruppe
Burg Wolkenstein
Hochabteital
Kassianer Tal
St. Kassian
Tofane 3244
Piz La Ila 2078
Armentarola
Dantercëpies
Kolfuschg
Corvara
Cortina d'Ampezzo
Grödner Joch 2121
SS 244
Lagazuoi
Sellagruppe
Passo di Valparola 2192
SR 48
Piz Boè 3152
Passo di Campolongo 1875
Passo di Falzàrego 2105
Averau 2648
Buchenstein
Col di Lana 2452
Arabba
Passo di Giau 2233
Croda da Lago 2701
SR 48
Belca
Passo di Pordoi 2239
Pieve di Livinallongo
Andraz
Passo di Fedaia 2057
Selva di Cadore
Gran Vernel 3210
Lago di Fedaia
Rocca Piétore
Caprile
Pescul
Forcella Staulanza 1773
SP 641
Marmolada 3342
Sottoguda
SR 203
Pelmo 3168
Cima dell'Uomo 3010
Cime dell'Auta 2602
Sasso Bianco 2407
Lago di Àlleghe
Àl eghe
Masaré
Passo San Pellegrino 1918
Civetta 3220
Zoldo Alto
Falcade
Canale d'Àgordo
Dont
Moiazza Nord 2865
Cencènighe Agordino
3,5 km
Dolomiten rund um die Sella

Corvara mit Blick auf den Sass Songher

Das Gadertal (Abteital)

Das Tal des Gaderbachs, das sich über mehr als 30 km vom Pustertal bei Bruneck bis an den Fuß des gewaltigen Sellamassivs zieht, ist gleichzeitig eines der touristisch am stärksten entwickelten und am wenigsten berührten Täler der Dolomiten und Südtirols.

Während man im Schatten des mächtigen Sellamassivs im Hochabteital (offiziell nur Alta Badia genannt) in den Fremdenverkehrsorten *Corvara, Kolfuschg, Stern/La Villa* und *St. Kassian* manchmal das Gefühl hat, sich trotz der vielen Natur ringsum gegenseitig auf die Füße zu treten, scheint in manchen *Viles,* wie die Ladiner (→ Kasten, S. 473) ihre eng gebauten Weiler nennen, die Zeit stehen geblieben zu sein. Das Hochabteital lockt Massen an Bergsteigern und Wanderern mit zahlreichen Hotels und Pensionen sowie mit Dutzenden bewirtschafteter Hütten auf den Almen. Dagegen sind die Weiler über *Pedratsches, St. Leonhard* oder *St. Martin in Thurn* im **mittleren Gadertal** kaum besucht. Das Tal ist hier grüner, breiter und fruchtbarer als weiter oben im Hochabteital. Die **Talschaft Enneberg,** die dritte Landschaft des Gadertals, grenzt an Bruneck und den Kronplatz und damit an den deutschen Sprachraum. Ihr rasch gewachsener, quicklebendiger Hauptort *St. Vigil* lebt vom Fremdenverkehr, die *Viles* auf dem Sonnenhang darüber immer noch von der Landwirtschaft. Das alte Pfarrdorf mit dem Namen *Enneberg Pfarre* ist heute nur noch ein unbedeutender Weiler.

Das Gadertal, wie sich das gesamte Tal samt allen Nebentälern nennt, wird oft auch *Abteital* genannt. Die italienische Bezeichnung *Val Badia* bedeutet nichts anderes, und *Badia* wird es auch von den Ladinern genannt. Im Mittelalter und der frühen Neuzeit gehörte nämlich das gesamte Tal – mit Ausnahme der Gegend von St. Martin in Thurn und Kolfuschg – den Nonnen des Klosters Sonnenburg im Pustertal, der Abtei eben.

Alta Badia – das Hochabteital

Kommt man vom Grödner Joch die Kehren herunter, wirkt das Becken von Kolfuschg und Corvara zwischen der Puezgruppe mit dem mächtigen Sass Songher und den Felsfluchten der Sella wie ein grünes Paradies.

Ein Paradies, in dem erst in den letzten Jahren viel gebaut wurde, in dem man aber schon suchen muss, um die alten Bauernhäuser zu finden, die sich um die Kirche von Kolfuschg scharen. Das Niveau der Hotellerie ist hoch, die Preise sind es ebenfalls – **Kolfuschg** und **Corvara** werben mit Qualität, nicht mit dem Preis. Nicht anders in **Stern/La Villa,** etwas weiter draußen im Tal, und in **St. Kassian** in seinem freundlichen Tal. Genügend Hotels und Pensionen also, reichlich Restaurants. Daneben Wanderwege, wohin das Auge blickt: Wiesenwanderungen am Fuß der Sella, Almwanderungen auf *Piz la Ila* und *Pralongià* im Osten, Touren auf die Fanesgruppe zur wunderschönen *Fanesalm* und von dort vielleicht weiter auf dem Dolomitenhöhenweg 1. Bergtouren in Sella- und Puezgruppe, Klettertouren zuhauf, ein schwieriger versicherter Klettersteig, der *Pisciadù-Steig,* und im Winter jede Menge Lifte und Abfahrten, darunter die weltberühmte schwarze *Gran Risa* der Ski-Weltcups, auf der *Alberto Tomba* seine Siege feierte.

Sehenswertes/Ausflüge

Corvara: Den besten Gesamteindruck bekommt man im oberen Ortsteil, wo die *Streda Col Alt* einen Bogen macht, um Höhe zu gewinnen. Man blickt durch den ganzen neuen Ort und hinüber auf den Hang von *Pescosta,* wo die Häuser jedes Jahr mehr werden. Darüber erhebt sich mit gewaltiger Wand der *Sass Songher,* dessen zeltähnlicher Gipfel die südöstliche Aussichtskanzel der Puezgruppe bildet. Diese großartige Lage ist der Trumpf von Corvara, sie nutzt auch der Golfplatz etwas oberhalb an der Straße zum Campolongo-Pass. Einige idyllisch anmutende alte Höfe finden sich am Hang hinter dem Hotel La Perla (sie gehören größtenteils zum Restaurantkomplex des Hotels, → Essen und Trinken). Ansonsten ist das Hotelniveau hoch, das Angebot gut und teuer, wen der Ort architektonisch nicht anspricht, der kann ja jederzeit in die Natur ausweichen.

Ein hübscher Weg (Tafel „Grödnerjoch“) führt von der Talstation der Boè-Seilbahn in Corvara zu den *Pisciadù-Wasserfällen* und zum Ausgang des Val de Mesdì. Von dort geht es über blumenreiche Wiesen nach Kolfuschg (Weg 650) mit tollen Blicken auf den Sass Songher.

Kolfuschg: Während Corvara nach Norden schaut, bietet Kolfuschg sonnige Südlage und Blick auf die imponierende, bis zu 1000 m hohe und fast senkrechte Nordflanke der Sellagruppe. Der auf 1650 m liegende alte Dorfkern ist im Kreis der Neubauten kaum noch auszumachen. Dass das heute gut erreichbare Kolfuschg einmal isoliert war, mag man kaum glauben: Bis ins späte 19. Jh. gab es keine Straße durch

Dolomiten rund um die Sella → Karte S. 460/461

das Gadertal, der Ort hatte keine eigene Pfarre, sondern war von Lajen im Eisacktal abhängig (wie das gesamte Grödner Tal). Dorthin gab es aber bis zum Bau der Straße übers Grödner Joch (erst um 1970 voll ausgebaut) nur einen Saumweg. Als Kolfuschg dann an die Gadertalstraße angebunden wurde, kam es verwaltungstechnisch zu Buchenstein jenseits des Campolongopasses, über den bereits seit 1901 eine Fahrstraße führt.

Sehenswert ist die Kirche des hl. Vigil, spätgotisch mit Spitzbogenfenstern und einer kleinen barocken Zwiebelhaube. Die eine oder andere altladinische Ciasa mit Steinmauerwerk im Erdgeschoss und teilweise hölzerner Außenverkleidung (zur Isolierung) steht noch im alten Dorf, einige alte Majun, die einfachen Heustadel, in den umgebenden Heuwiesen.

Die Sellagruppe: Eine Sella-Umrundung ist für Autofahrer, Motorradfahrer, Rennradfahrer, Wanderer und Skifahrer die größte Herausforderung. Das mächtige Massiv mit dem 3152 m hohen **Piz Boè** liegt im Herzen des ladinischen Sprachraumes, bis auf das Ampezzo haben alle ladinischen Täler hier ihren Ursprung. Gewaltige, an den meisten Stellen nur durch Kletterrouten und versicherte Klettersteige bezwingbare Wände umgeben ein wild bewegtes, zerrissenes Hochplateau. Karst prägt die Region, also kein fließendes Wasser, meist sehr karge Vegetation, heller Kalkstein, dessen Schichten und Banken im Aufriss der Sella immer noch gut zu sehen sind. Kein Wanderland, wer sich auf die Sella traut, sollte Bergsteiger sein und entsprechende Ausrüstung bei sich haben. Von Norden bildet die Boè-Seilbahn ab Corvara eine einfache Möglichkeit auch für Nicht-Bergsteiger ins Gebirge zu kommen, vom Süden her bietet die Seilbahn vom Pass Pordoi auf den Sass Pordoi ähnliche Optionen.

Stern mit Blick zum Lagazuoi

Auf dem Passo di Campolongo: Die weiche Almlandschaft um den ins Agordino nach Arabba (Buchenstein) führenden Pass ist ein angenehmes Wandergebiet mit einer ganzen Reihe bewirtschafteter Almen und Schutzhütten. Im Winter verwandelt sich die Landschaft in einen Ski-Zirkus mit überwiegend flachen, familiengeeigneten Pisten. Wanderweg 636, einer der eindrucksvollsten Anstiege auf den Sellastock, beginnt direkt am Pass.

Die Puezgruppe: Der auf Corvara blickende Sass Songher (2665 m) ist nur eine Aussichtskanzel des riesigen dahinterliegenden Plateaus der Puezgruppe. Dieses Bergland teilen sich Grödner Tal, Hochabteital und Villnösser Tal, die Zugänge vom Hochabteital sind vom Grödner Joch, von Kolfuschg und von Stern/La Villa. Trotz der Nähe zu den Touristenhochburgen ist es in weiten Bereichen des Plateaus einsam – die Sella gegenüber ist einfach populärer.

Die Seilbahn Plans – Frara von Kolfuschg ist der einfachste und vor allem

Puezgruppe mit Ansitz Ciastel Colz in Stern/La Villa

schnellste Aufstieg bis unter die Felswände der Puezgruppe. Bei der meist umlagerten Hütte Ütia Jimmy (Haus-Grappa probieren) beginnt der viel begangene Aufstieg zur Puezhütte, aber auch der aussichtsreiche und leicht zu gehende Bindelweg durch die blumenreichen Bergwiesen am Fuß der Felswände, der bei der Edelweißhütte oberhalb von Kolfuschg in den Weg auf den Sass Songher mündet. Zur Puezgruppe siehe auch Villnösser Tal und Grödner Tal, zum Naturpark Puez-Geisler → S. 496.

Seilbahn Plans – Frara (mit Mittelstation/Umsteigen) von Kolfuschg bis oberhalb Grödner Joch auf 2222 m, Berg 16,20 €, Berg/Tal 23,50 €.

Ütia Jimmy, 2220 m, besser bekannt als Jimmy-Hütte, urgemütlich und sehr beliebt, Essen wird gelobt, ✆ 333/4332262, jimmyhuette.com.

Ütia Edelweiß, 1832 m, Restaurant und Pizzeria, ✆ 0471/836024, rifugioedelweiss.it.

Stern/La Villa/La Ila: Im alten Dorf oberhalb der Straße hat sich wenig verändert, nur wenige Häuser stehen zwischen der Kirche und dem *Ansitz Ciastel Colz* aus der Renaissance. Der Blick auf die Fanesgruppe, die sich vom Dorf mit Conturinesspitze (rechts, 3064 m), Lavarella (Mitte, 3055 m) und der Felswand nach Norden Richtung Kreuzkofel (links) präsentiert, ist umwerfend. Der Publikumsmagnet ist die Seilbahn auf den *Piz La Ila,* die Umlaufbahn kann bis zu 2200 Personen pro Stunde transportieren.

Das Ski- und Wanderparadies Pralongià: „Gran Risa" nennt sich die berühmteste Piste des Hochabteitals, das ist die schwarze Abfahrtspiste vom Piz La Ila hinunter nach Stern. Der berühmte Skirennfahrer *Alberto Tomba* („Tomba la Bomba", so wurde er wegen seines, sagen wir mal, stämmigen Aussehens auch genannt) konnte hier achtmal auf dem Treppchen stehen. Der Weltcup-Skizirkus macht in der Vorweihnachtszeit hier Halt. Im Sommer ist das Gebiet zwischen der Bergstation auf dem Piz La Ila und dem Pralongià-Kamm ein **Familienwandergebiet:** Wiesen und Weiden wohin das Auge schaut, viel Wasser zum Planschen, keine gefährlichen Stellen. Und

Dolomiten rund um die Sella → Karte S. 460/461

Hütten mit Verpflegung in kindgerechten Abständen!

Club Moritzino, 2100 m, die Edelhütte auf dem Piz La Ila ist ein Prominenten- und Schickimickitreff, das Essen ist fein (Grödner und Südtiroler Küche), aber wohl eher Nebensache. Pralongià, St. Kassian, ☏ 0471/847403, moritzino.it.

St. Kassian und das Kassianer Tal

Das **Kassianer Tal** zieht sich von Stern/La Villa über den Hauptort **St. Kassian** und den Weiler Armentarola bis hinauf unter die Wände des Lagazuoi im äußersten Süden der Fanesgruppe, wo man am Passo di Valparola (2168 m) den höchsten Punkt erreicht – der Falzàrego-Pass ist nur noch 2 km entfernt. Die Hotellerie in St. Kassian kann sich mit der wesentlich größerer Orte messen, an Wandermöglichkeiten fehlt es nicht: Fanesgruppe, Puezgruppe, die Sellagruppe um die Ecke, direkter Lift ins Wanderparadies Pralongià. Im Ort lohnt das **Ladinische Museum,** ein Höhlenbärenskelett aus der Conturineshöhle in der Fanesgruppe ist die größte Attraktion.

Museum **Museum Ladin Ursus ladinicus,** Streda Micurà de Rü 26. Mineralien- und Fossilienmuseum mit den Knochen, Zähnen und dem Schädel eines 40.000 Jahre alten Höhlenbären (des „Ursus ladinicus"). 1. Mai bis Anf. Nov. Di–So 10–18, Uhr, Weihnachten bis Mitte März Do/Fr 10–18 Uhr, Eintritt 6 €, Familien 12 €, Kombiticket mit dem Museum Ladin Ćiastel de Tor in St. Martin in Thurn 10 €, Familien 20 €. Im Juli/August versch. Veranstaltungen und geführte Wanderungen, z. B. zur Conturines Höhle. Anmeldung unter ☏ 0474/524062, museumladin.it.

Ausflug/Hütte **Rifugio Scotoni,** 2040 m, gemütliche, im Winter und Sommer geöffnete Schutzhütte auf dem Weg von Stern zum Lagazuoi, 45 Min. Fußweg vom Parkplatz an der Capanna Alpina (Stichstraße), gute Hausmannskost, hübsche Mehrbettzimmer. ☏ 0471/847330, scotoni.it.

Basis-Infos zum Hochabteital

Information **Tourismusverband Alta Badia,** Infobüros in:
Corvara, Streda Col Alt 36, ☏ 0471/836176; Kolfuschg, Streda Pecëi 2, ☏ 0471/836145; Stern, Streda Colz 75, ☏ 0471/847037; St. Kassian, Micurà de Rü 26, ☏ 0471/849422; Abtei, Streda Pedraces 29a, ☏ 0471/839695.

Öffnungszeiten in Corvara, Kolfuschg und Stern Mo–Sa 8–12/15–18 Uhr, in St. Kassian und Abtei erst ab 8.30 Uhr. In der Hauptsaison haben die Büros teils bis 19 Uhr und am So geöffnet, altabadia.org.

Verbindungen **Pkw:** In Corvara und Kolfuschg parken z. B. bei den Seilbahn-Talstationen, in St. Kassian großes Parkhaus an der Durchgangsstraße und an der Talstation der Seilbahn Piz Sorega.

Bus: Die Südtiroler SAD verbindet die Orte des Hochabteitales untereinander und mehr als 10x tgl. mit Bruneck. Nach Westen (Gröden) und Süden (Buchenstein/Bellunese) sind die Verbindungen schlecht. Dafür gibt es im Sommer den **Bus 471 „Dolomitenpässe",** der mehrmals tgl. in beiden Richtungen rund um den Sellastock fährt.

Gratis-Skibus: zwischen Wengen und Stern/La Villa, zwischen Corvara und Pescosta sowie zwischen Corvara und Kolfuschg.

Bergbahnen Die Lifte laufen meist von Juni bis Sept., dazu natürlich in der Wintersaison. Betriebszeit ist meist 8.30–17.30 Uhr, genaue Infos auf altabadia.org. Liftkarten können vorab online gekauft werden unter shop.dolomitisuperski.com.

In Corvara: Kabinenbahn Col Alto, Berg 10 €, Berg/Tal 15,20 €, Sessellift Braia Fraida, Berg 6,60 €, Berg/Tal 10 €, Col Alto und Braia Fraida zusammen, Berg 15,10 €, Berg/Tal 23 €, Kabinenbahn Boè, Berg 13,90 €, Berg/Tal 21,10 €. Sessellift Vallon, Berg 7,60 €, Berg/Tal 11,50 €. Boè und Vallon zusammen, Berg 19,80 €, Berg/Tal 30,10 €. Sessellift Pralongià, Berg 8,30 €, Berg/Tal 12,60 €. Bec de Roces (Campolongo) Berg 8,50 €, Berg/Tal 10,50 €.

In Kolfuschg: Kabinenbahn Plans – Frara, Berg 16,20 €, Berg/Tal 23,50 €. Kabinenbahn

Abenddämmerung hoch über dem Kassianer Tal

Col Pradat Berg 8,60 €, Berg/Tal 13 €. Kabinenbahn Borest Berg 8,20 €, Berg/Tal 13,10 €. Kabinenbahn Colfosco Berg 9,70 €, Berg/Tal 14,70 €.

In Stern/La Villa: Kabinenbahn Piz La Ila, Berg 12,80 €, Berg/Tal 19,40 €. Sessellift Gardenaccia, Berg 8,30 €, Berg/Tal 12,60 €, Sessellift Bamby, Berg 7,50 €, Berg/Tal 11,40 €.

In St. Kassian: Kabinenbahn Piz Sorega, Berg 10,80 €, Berg/Tal 19,40 €, Sessellift La Fraina, Berg 7,50 €, Berg/Tal 11,40 €.

In Abtei/Badia: Sessellift La Crusc 1, Berg 10,40 €, Berg/Tal 15,80 €. Kabinenbahn La Crusc 2, Berg 7,80 €, Berg/Tal 11,80 €. Kombiticket 16,40 €/25 €, santa-croce.it.

Vorteilskarten Mit der **Alta Badia Summer Card** können alle Lifte im Hochabteital genutzt werden, Kosten: Tageskarte Erw. 44 €, Junior (8–16 J.) 31 €, 3 auf 4 Tage 66/46 €, 5 auf 7 Tage 85/60 €, 12 auf 14 Tage 151/106 €. **Dolomiti Super Summer Cards** → Hochpustertal/Vorteilskarten S. 434.

Feste & Veranstaltungen **Dolomites Bike Day,** Mitte Juni, 51 km lange Radstrecke über die Bergpässe rund um den Lagazuoi, 1.370 Höhenmeter; Straßensperrung für den motorisierten Verkehr, jeder kann ohne Anmeldungteilnehmen.

Radmarathon Maratona dles Dolomites, Anf. Juli, 9000 Teilnehmer, 3 verschiedene Strecken: die Sellaronda-Strecke über 55 km, 1.780 Höhenmeter, die mittlere Strecke über 106 km, 3.139 Höhenmeter, und die Maratona-Strecke über 138 km, 4.230 Höhenmeter, Start in La Villa und Ziel in Corvara, maratona.it.

Dorffest „Paîsc n Festa", St. Kassian, im Sommer mittwochs an mehreren Terminen, 16–22 Uhr, Markt mit regionalen Produkten, Handwerk, Musik und Kinderprogramm.

Lebende Krippe, Badia, 26. Dez.

Smach, ein alle 2 Jahr stattfindendes Kunstprojekt im ladinischen Teil der Dolomiten, nächster Termin: 2025. Die Kunstinstallationen in Berg und Tal sind zu Fuß erreichbar, eine Dreitagestour verbindet sie miteinander. Objekte früherer Installationszyklen sind im Kunstpark *Val dl´Ert* in St. Martin in Thurn gegenüber dem Museum zu sehen. Geführte Touren können gebucht werden, mehr unter smach.it.

Märkte **Wochenmarkt** am zweiten und letzten Sa des Monats in Corvara, am letzten Do des Monats in Stern/La Villa.

Traditioneller **Handwerker- und Bauernmarkt** Fr auf dem Kirchplatz in Kolfuschg ab 15 Uhr (Juli/Aug.) sowie beim **Paîsc in Festa** in St. Kassian (s. o.).

Wein/Feinkost Ziger-Käse, den haustypischen, rahmigen Käse, Schnittkäse und Joghurt bekommt man beim Bauernhof **Lüch da Pćëi,** Pecei 17, St. Kassian, und in weiteren Filialen in Corvara, St. Kassian, Wengen/Pederoa und St. Vigil, altabadialat.it.

Dolomiten rund um die Sella → Karte S. 460/461

Grappe, Honig und eingelegte Früchte, Bauernspeck, Weine und Spirituosen, große Feinkostauswahl bei **Delizius**. Micurà de Rü 51, St. Kassian, delizius.it.

Einen weiteren Feinkostladen, **La Tradiziun,** gibt es in Stern/La Villa, Colz 36 a, im Angebot Südtiroler und Ladinische Spezialitäten.

Eine Filiale des **Maso dello Speck** aus Val di Fiemme befindet sich in Corvara, La Siëia 6, große Auswahl an Speck, Wurstwaren und Käse, darüber hinaus regionale Spezialitäten wie Honig, Marmeladen, Soßen und Knödel, titospeck.it.

Sport

Baden/Schwimmen Am **Biotop-See Sotscofes** in Corvara (mit botanischem Lehrpfad) befindet sich ein kleiner Badebereich mit 3 Naturteichen, Liegewiese, Spielplatz, Umkleidekabinen und Snackbar.

Bergsteigen/Wandern/Klettern **Boulder Center** mit Kletterwand in Corvara, Burjé 5, ✆ 0471/836103, und in St. Kassian, Hotel Störes, Plan 22, ✆ 0471/849486.

Sehr empfehlenswert ist die **geführte kulturhistorische Wanderung** zu den Viles der Region, ladinische Kultur wird anschaulich erklärt, Einkehr in einem der Höfe, Anmeldung in den Tourismusbüros. Weitere geführte kulturelle und naturkundliche Wanderungen im Sommer.

Bergführerverein Alta Badia Guides, Col Alt 94, Corvara, tgl. 17–19 Uhr, großes Veranstaltungsprogramm. ✆ 0471/836898, altabadiaguides.com.

Golf **Golf Club Alta Badia,** Planac 9, Tranrüs (oberhalb von Corvara an der Straße zum Campolongopass), 9-Loch-Platz (Par 72), Driving Range und Putting Green, auf 1700 m Höhe, seit 1997. ✆ 0471/836655, golfaltabadia.it.

Paragliding **Tandemflights,** z. B. von der Bergstation der Boè-Seilbahn auf 2150 m bis zur Talstation, „Hike and Fly" von unterschiedlichen Startplätzen aus. Burjé, Corvara, ✆ 347/0652549, tandemflights.it.

Radfahren/Mountainbiken **MTB-Verleih** Da Carlo in Corvara, Col Alt 70, ✆ 0471/830977, noleggiodacarlo.it. Alta Badia Bike Rental in La Villa, Colz 60, ✆ 0471/847616, und in St. Kassian, Mikurà de Rü 48, ✆ 0471/849374, altabadiabike.it. Sport Edoardo in Kolfuschg, Str. Pecëi 12, ✆ 0471/836212, sportedoardo.it.

Service für E-MTBs: An den 3 Bergstationen Col Alto, Piz la Ila und Piz Sorega sowie an Sta-

Die Almen im Naturpark sind gut mit dem Rad zu erreichen

tionen in Corvara und La Villa können geliehene E-Bikes aufgeladen und abgegeben werden. Infos zu E-MTB-Sharing beim Tourismusverein.

Sellaronda Mountainbike: Da einige Seilbahnen Räder transportieren, ist es auch für durchschnittliche Biker (nicht für Anfänger) möglich, die Sella mit dem Mountainbike an einem einzigen Tag zu umrunden (Kasten → S. 519).

Ein interessantes und vielfältiges Programm an geführten Touren bieten die **Bikeschulen** der Region für MTBs, E-MTBs und Freerider, z. B. Dolomite Biking, La Villa, Ninz 78, ✆ 345/8430374, dolomitebiking.com.

Neu angelegt wurden 8 **Trails für Mountainbiker** – die „Bike Beats". Unterschiedliche Schwierigkeitsgrade, daher auch für Anfänger, Kinder und E-MTBs geeignet. Gestartet wird ab der Bergstation Piz Sorega.

Wellness/Yoga Unter **Alta Badia Balance** firmieren zahlreiche Veranstaltungen und kurze Einheiten rund um das innere Wohlbefinden im Juli/Aug. Yoga, Waldbaden, Qi Gong, teils auch für Kinder, Teilnahme ist teils kostenlos, Programm und Veranstaltungsorte unter altabadiabalance.com.

Wintersport Jede Menge Möglichkeiten, das Skigebiet **Alta Badia** hat 53 Skiliftanlagen und 130 km Piste. Es gehört zum Skiverbund Dolomiti Superski, Infos unter dolomitisuperski.com.

Skischulen: 6 Ski-, Snowboard- und Langlaufschulen im gesamten Tal, ebenso Skikindergärten mit Betreuung, genaue Infos unter altabadiaski.com. Der neue Hauptsitz der Skischule Colfosco, das Mountain Sport Resort, bietet ein Komplettprogramm mit Schule, Verleih, Depot und Bistro, im Sommerprogramm auch Bike and Hike, msrc.it.

Langlauf, Schneeschuhlaufen, Boarder/Freerider: Langlaufzentrum Alta Badia, Loipen v. a. im Bereich St. Kassian-Armentarola (Loc. Sarè), Skiverleih, Langlauf- und Biathlonschule, Geräteservice und Bar, 4 Loipen mit 26 km beginnen vor dem Haus, zum Programm gehört auch **Schneeschuhlauf** mit geführten Wanderungen und Kursen, ✆ 339/8068111, scuolafondo.it. Eine klassische **Freerider-Abfahrt** ist das Val de Mesdì, Boarder treffen sich im Snowpark Alta Badia auf dem Piz Sorega.

Eislauf: Eisstadion Corvara, Burjé 3, ✆ 0471/830301. Außerdem am Sompunt-See in Badia, mit Schlittschuhverleih.

> Einen guten Überblick über das umfangreiche **Outdoor-Sport-Programm** der Region bietet der Tourismusverein auf exploreyourway.altabadia.org.

Speziell für Kinder

Im Sommer Ein Highlight ist der **Moviment Park:** An 3 Aussichtsplätzen auf der Hochebene zwischen Corvara, La Villa und St. Kassian, erreichbar durch die Seilbahnen Col Alto, Piz La Ila und Piz Sorega, befinden sich die Freizeitparks, die durch die Öffnung der Sessellifte Bamby und Fraina auch untereinander bestens vernetzt sind. Dort gibt es Kneippanlagen und Fitnessgeräte zum Trainieren des Gleichgewichts und der Muskeln für die Erwachsenen, Trampoline, Slacklines, Kletterwände und Ziplines für die Kinder, Infotafeln über die Tierwelt der Dolomiten, Strecken zum Joggen und Nordic Walking – und Internet-Hotspots für die Erholungspausen dazwischen. Nahezu alle Aktivitäten sind kostenlos, außer E-MTB-Sharing, Bogenschießen und der Verleih von GPS-Geräten und Kinderwagen. In der HS wird ein umfangreiches Programm geboten, von Geocaching über eine Bienenführung bis zu Spielenachmittagen. Teils kostenpflichtig und mit Anmeldung, Infos unter moviment.it.

In Kolfuschg gibt es den kindgerechten **Hochseilgarten Adventure Park**, 5 Parcours im Wald, Juni bis Sept. tgl. 10–19 Uhr, in der NS 15–18 Uhr, 13–30 €, je nach Dauer und Schwierigkeit, Kinderparcours 7–19 €; das Personal besteht aus geschulten Bergführern. Infos unter ✆ 377/3163939, altabadiaguides.com.

An der Bergstation des Sessellifts La Crusc 1 erwartet der **Summer Park La Crusc** die Kinder mit verschiedenen Stationen und Wasserspielen, verbunden durch einen schön und spannend angelegten Rundweg. Infos unter santa-croce.it.

Unter dem Label **Alta Badia Balance** werden im Juli/Aug. auch Ausflüge und Veranstaltungen für Kinder und Familien geboten, wie Yoga und Abenteuer-Exkursionen, meist kostenlos, Programm unter altabadiabalance.com.

Im Winter Ski-Kindergärten bieten **Kinderbetreuung** für Kleinkinder, Infos bei den Skischulen Corvara, Colfosco, La Villa und Dolomites.

Großer Spielpark „Dolomites Fun Park“ mit Rutschbahnen und Reifen an der Bergstation Piz La Ila. 15 €/Std.

Naturrodelbahnen in St. Kassian ab der Bergstation Piz Sorega (3,1 km) und in Wengen bei den Rit-Wiesen (1,8 km).

Spielplatz Großer Platz (Scolina Salterina) am Sportzentrum St. Kassian an der Straße nach Armentarola, in Kolfuschg Spielplatz Parch mit Spielhäusern und Streichelzoo an der Straße nach Corvara.

Übernachten

In Corvara ****** Romantikhotel La Perla,** die „Romantik“ ist stark tirolerisch mit viel Holz, auch in einem Teil der Zimmer à la Stube, möbliert mit Originalen aus dem 19. und 18. Jh. Wellnessbereich mit Sauna, Dampfbad, Fitnessraum. Bemerkenswerter Weinkeller mit eindrucksvoll hinter Glas präsentierten Raritäten (ein Hobby des Besitzers Michil Costa). Das dazugehörige Restaurant „La Stüa de Michil“ hat 1 Michelin-Stern. Streda Col Alt 105, ✆ 0471/831000, laperlacorvara.it. **€€€€**

****** Posta Zirm,** modernes Hotel, überlegt und angenehm schnörkellos eingerichtet, freundliche „Stüa“, die Lage ganz oben im Ort könnte nicht besser sein. Wellnessbereich mit Sauna und Pool. Neu gestaltete „Taverne“ mit Restaurant und Pizzeria. Im Anbau gemütliche Apartments für 2–6 Pers. Streda Col Alt 95, ✆ 0471/836175, postazirm.com. **€€€€**

*****S La Tambra,** zentral gelegenes Familienhotel, komfortabel, modern eingerichtete Zimmer, im Hotelrestaurant ladinische Spezialitäten. Kleiner Wellnessbereich mit Whirlpool und Kneippanwendungen. Streda Sassongher 2, ✆ 0471/836281, latambra.com. **€€€–€€€€**

*****S Tablè,** neueres Hotel der Mittelklasse mit angenehmen Zimmern, Sauna, Dampfbad, Whirlpool und Massage, im Haus gute Konditorei. Streda Col Alt 8, ✆ 0471/836144, table.it. **€€€–€€€€**

***** Villa Tony,** zentral gelegenes Hotel, die Zimmer schnörkellos modern und trotzdem gemütlich, teils mit Balkon. Kleiner Saunabereich, hübsches Restaurant mit einheimischer Küche. Sympathischer Familienbetrieb. Streda Col Alt 81, ✆ 0471/836193, villatony.com. **€€€–€€€€**

Mersahof, es gibt sie noch, die Bauern in Corvara. Die Familie Pezzedi gehört zu den wenigen, die Urlaub auf dem Bauernhof anbieten, ruhig und sonnig an der wenige Meter weiter für Pkw gesperrten Straße zwischen Pescosta und Kolfuschg, Mitarbeit am Hof möglich, eigene Alm. Streda Merscia 27, ✆ 0471/836125, roterhahn.it. **€–€€**

Tablé apartments, vermittelt Ferienwohnungen im Hochabteital. Streda Col Alt 8, Corvara. ✆ 0471/830168, agenziatable.it.

In Kolfuschg ******S Kolfuschger Hof,** von der Terrasse des großen Hotelkomplexes blickt man auf die Sella, die vom Val de Mesdì wie durch ein Riesenmesser in zwei Teile getrennt wird. Hallenbad, Sauna, Dampfbad, Whirlpool und Fitnessraum, Liegewiese und kleiner Kinderspielplatz, gepflegte Zimmer, nach dem kürzlich erfolgten Umbau auch Panoramazimmer mit tollem Ausblick. Attraktive Stuben mit schönen Kaminen. Streda Rönn 7, ✆ 0471/836188, kolfuschgerhof.com. **€€€€**

***** Larix,** freundliches Garni mit geschmackvollen Zimmern und 2 hübschen Apartments für 2–4 Pers. Streda Sorà 4, ✆ 0471/836096, garnilarix.it. **€€**

**** Haflingerhof,** familienfreundliches Apartmenthaus hoch oben am Ortsrand unter der Puezgruppe, 6 gemütliche Apartments für 2–6 Pers. Streda Ruac 13, ✆ 0471/836323, haflingerhof.cc. **€€**

*** Camping Colfosco,** zwischen Corvara und Kolfuschg am Waldrand unter dem Sass Songher, gepflegter Sanitärbereich. Stellplatz und 2 Pers. ca. 30–45 €, gemütliche Bungalows für 2–4 Pers. 95–185 €. Geöffnet Juni bis Sept. und in der Wintersaison, Streda Sorega 15, ✆ 0471/836515, campingcolfosco.org.

In Stern/La Villa ******S Cristallo,** moderner Bau, Weinbar und Smoking-Room, schickes Restaurant, sehr schön mit Holz getäfelte Stube mit typisch ladinischem Heizofen, großer Wellnessbereich, Infinity-Außenpool. „Wanderhotel“ mit eigenem Wanderbus, Liegewiese, Kinderspielplatz, großzügig geschnittene Zimmer. Streda Verda 3, ✆ 0471/847762, hotelcristallo-altabadia.it. **€€€€**

**** Garni Miriam,** von der Terrasse des Garni und von den Balkonen der Zimmer schaut man auf die gewaltigen Abstürze des Kreuzkofels jenseits des Gadertals. Große Wiese mit Kinderspielplatz. Einfache Zimmer, auch 4-Bett-Zimmer und Apartments. Streda Marin 96, ✆ 0471/847018, garnimiriam.it. **€€**

In St. Kassian ***** La Stüa,** gutes Hotel, Zimmer mit großen Balkonen, modern ausgestattete Apartments und großzügige Familienzimmer, im Haus Sauna und Dampfbad, Hydromassage, einmal wöchentlich ladinisches Essen im rustikalen Kellerlokal. Streda Micurà de Rü 31, ✆ 0471/849456, hotel-lastua.it. **€€€–€€€€**

Mein Tipp **Lüch da Pcëi,** im alten ladinischen Stil erbauter Hof in exponierter Lage über der Hauptstraße, kleines Spa, geräumige und stilvolle Zimmer sowie hübsche Apartments, tolles Frühstück mit hofeigenen Produkten. Streda Pecëi 17, ✆ 0471/849286, luchdapcei.it. Der Bauernhof Majun da Pcëi mit seinen 60 Milchkühen versorgt den Hofladen mit leckerem Käse, Feinkost gibt es aber auch. altabadialat.it. **€€€–€€€€**

Mein Tipp **Farmhouse Plang,** sympathisches und kinderfeundliches B & B mit 10 individuell und naturnah eingerichteten Zimmern, im Haus daneben 5 Apartments für 2–6 Pers. Gutes Frühstück, Panoramasauna (gegen Gebühr) und eine nette Bar für den Aperitivo am Abend. Ladestation für E-Autos. Streda Plang 31, ✆ 0471/849451, plang.it. **€€–€€€**

***** Camping Sass Dlacia,** 4 km außerhalb von St. Kassian mitten im Wald unter den Wänden der Fanes, die Wanderwege sind einen Katzensprung, der Skilift Armentarola 800 m entfernt. Gute Sanitäranlagen mit Warmwasser rund um die Uhr, Sauna, kleiner Markt, Bar, Kinderspielpark und Apartments. Neu sind die Mini-Cabins aus Holz. Ganzjährig geöffnet! Stellplatz und 2 Pers. ca. 30–50 €, Apt./Cabin (2–4 Pers.) 93–325 €. ✆ 0471/849527, campingsassdlacia.it.

Im Gadertal

Essen & Trinken/Nachtleben

Die Gastronomie des Hochabteitals ist als besonders exklusiv bekannt. Andererseits sind die meisten Lokale, ob bürgerlich, rustikal oder Pizzeria, recht durchschnittlich – nicht die Preise, die sind gesalzen. Unter dem Label Skifahren mit Genuss bieten seit ein paar Jahren einige Berghütten des Hochabteitales im Winter verschiedene kulinarische Veranstaltungen an bestimmten Tagen an, z. B. Gourmetmenü, Weinverkostung etc.

In Corvara **La Stüa de Michil,** Streda Col Alt 105, Restaurant des Hotels La Perla, die Küche von Gastgeber Michil Costa und Chefkoch Nicola Leara ist europäische Spitze (1 Michelin-Stern, 4 Gault-Millau-Hauben 2023). Urig gemütliche, historische Stube, der Weinkeller als Gralsburg mit dem beleuchteten Gral hinter Glas – anschauen! Menü mit mediterranen und ladinischen Anleihen, viel Seefisch. Zum La Perla gehören auch direkt vor dem Haus die Osteria L'Murin, das Bistro La Perla und das Berggasthaus Ladinia. So Ruhetag, ✆ 0471/831000. **€€€€**

La Tambra, Streda Sassongher 2, Trattoria des gleichnamigen Hotels, vorzügliche italienische Küche mit Tiroler bzw. ladinischem Einschlag, berühmt für seine Grillgerichte. ✆ 0471/836281. **€€**

Zirmstube, Streda Col Alt 95, modernes Restaurant des Hotels Posta Zirm, Grillgerichte,

Pasta und Pizza, aber auch vegetarische und vegane Gerichte. ✆ 0471/833894. **€€–€€€**

Fornella, Streda Rütort 1 (Pescosta), im Wintergarten und auf der Terrasse der Fornella gibt es gute Pizza, Bruschetta und einheimische Gerichte wie Schlutzkrapfen, beliebt und gut besucht. ✆ 0471/1682432, morin.it.

Iceberg Lounge Bar, Streda Col Alt 9, im Hotel Col Alto in prominenter Lage an der Abzweigung zum Grödner Joch, beliebt bei Radlern, hippes Interieur, perfekt zum People-Watching bei einem Aperitivo.

Konditorei Tablè, Streda Col Alt 8, im Hotel Tablè, mit Terrasse, exquisit, nicht nur die verschiedenen Strudel, super-delikat sind Flockentorte und Aprikosenkuchen. Ambiente à la Fin de Siècle, sehenswert.

Chocolaterie, Streda Col Alt 47 im Hotel Villa Eden, die Schoko-Stube (Café-Konditorei) bietet alles, was mit Schokolade zu tun hat, von 30 Kakaospezialitäten über Schokofondue bis zum Schokoeis.

In Kolfuschg **Luianta,** Streda Pecëi 31, Restaurant mit ladinischer Küche, aber auch mediterrane und internationale Gerichte und gute Pizza, angenehmes Ambiente, toller Ausblick. ✆ 0471/836005, luianta.it. **€€**

In Stern/La Villa **La Tor,** Streda Colz 9, Restaurant/Pizzeria des Hotels Dolomit mit ladinischer und Südtiroler Küche, Holzofenpizza. Am Di ladinischer Abend mit Live-Musik. ✆ 0471/844091, la-tor.it. **€€**

La Bercia, Streda Colz 13, alteingesessene Pizzeria mit schönem Wintergarten (Blick auf den Heiligkreuzkofel!), neben den Pizzen gibt es die regionalen Nudel- und Knödelgerichte, aber auch klassische Fleischspeisen. ✆ 0471/847014, bercia.com.

In St. Kassian **St. Hubertus,** Streda Micurà de Rü 20, Restaurant des Hotels Rosa Alpina. Das einstige Flaggschiff der Südtiroler Gastronomie mit 3 Michelin-Sternen und 5 Gault-Millau-Hauben (mit 19 von 20 Punkten) muss sich seine Meriten nach einem Komplettumbau (bis vsl. 2024/25) vermutlich neu erarbeiten. Zum Zeitpunkt der Recherche (Herbst 2023) war z. T. noch unklar, wie es weitergeht. Nähere Infos am besten vor Ort.

La Sieia, Streda Berto 61, Restaurant-Pizzeria in rustikal-urigem Ambiente, gute Pizza und Pastagerichte, Produkte und Käse vom Hof Lüch da Pcëi. Neben der quirligen Pizzeria bietet das renovierte Ristorante, eine historische Säge, vier unterschiedlich eingerichtete, ruhige Stuben, dort keine Pizza. ✆ 0471/849517, lasieia.com. **€€–€€€**

Café-Konditorei Ploner, Streda Micurà de Rü 24, Eisdiele, Kuchen, Panini, Snacks.

Hochfläche von Alta Badia, im Hintergrund die Sella (links), Puez (rechts), Grödner Joch (Mitte)

Die Ladiner

Rund um die gewaltige Sella leben die Dolomitenladiner in den ladinischen Tälern *Grödner Tal, Gadertal, Fassatal, Buchenstein* und *Ampezzo*. In diesem Gebiet stellen sie die Mehrheit. Sie stammen von der romanisierten Urbevölkerung ab und sprechen eine eigene Sprache in mehreren Dialekten, das *Dolomitenladinische*. Es bildet mit den im Schweizer Kanton Graubünden gesprochenen Dialekten (Sursilvan, Sutsilvan, Surmiran, Puter, Vallader und Jauer) sowie mit dem Comelico-Ladinischen im obersten Cadore (z. B. in Auronzo) und dem Friaulischen die *rätoromanische Sprachgruppe*. Alle Sprecher rätoromanischer Sprachen können sich verständigen. Eine dolomitenladinische Grammatik oder Schriftsprache gibt es jedoch nicht, Schreibweisen können selbst innerhalb eines Tales unterschiedlich sein (ütia, ücia etc.). Derzeit werden etwa in Südtirol offizielle Texte in zwei Ausgaben veröffentlicht, in Grödnerisch und Gadertalerisch. Nach Schweizer Vorbild wird unter dem Namen Ladin Dolomitan an einer Standardisierung gearbeitet, die auch Fassa-, Buchenstein- und Ampezzo-Ladinisch umfasst. Viele Dolomitenladiner sind jedoch gegen die Standardisierung, weil sie fürchten, dass diese Kunstsprache zu sehr an das Italienische angelehnt ist. Andererseits handelt es sich bei Ladin Dolomitan um eine ausschließlich für den schriftlichen Gebrauch gedachte Dachsprache, die bestehende Dialekte keinesfalls verdrängen soll.

Ein bisschen Ladinisch gefällig? *Guten Morgen* heißt *Bun dé, Danke* heißt *Giulan, Wie geht's?* heißt *Co vara pas?*, Wein ist der *Vin*, das Brot nennt sich *Pan*, *Streda* steht für Straße und Willkommen heißen einen die Ladiner mit dem Wort *Bëgnodüs*.

Die Deutschtiroler Südtirols, die Italienisch sprechenden Welschtiroler in der Provinz Trentino und die Ladiner verbindet eine lange gemeinsame Geschichte, lebte man doch seit der germanischen Landnahme im Frühmittelalter in einer Region zusammen, in Tirol. Ein halbes Jahrtausend lang regierten die Habsburger alle drei Volksgruppen. Gemeinsam entwickelten sie ihre Kultur, sie trugen die gleiche Kleidung (Tirolerhüte), aßen das gleiche Essen (Schlutzkrapfen alias Casunziei) und bauten ähnliche Häuser. Auch südlich der Sella, wo die Nachbarn keine Deutschtiroler waren, sondern Italiener, fühlten und fühlen sich die Ladiner als Tiroler und sind wie im ansonsten stark italienisch geprägten Cortina d'Ampezzo Mitglieder der Tiroler Schützen. Ähnliches gilt im Fassatal, in Buchenstein und im Ampezzo. Nach dem Ersten Weltkrieg wurde Ladinien, das vorher als Teil Tirols zu Österreich gehörte, unter den Provinzen Bozen, Trient und Belluno aufgeteilt. Das Zusammengehörigkeitsgefühl der Ladiner hat das nicht beeinträchtigt, sondern eher verstärkt. Hatten sie bereits 1946 auf einer großen Versammlung am Sellajoch ein geeintes Ladinien gefordert, so trafen sie sich 70 Jahre später im Juli 2016 erneut zu einer farbenprächtigen Kundgebung. Mehrere tausend Menschen in würdevoller Tracht beteten bei einer Messe unter freiem Himmel und zelebrierten so ihre provinzübergreifende kulturelle Einheit.

▪ **Literaturtipp:** Es gibt mittlerweile mehrere lesenswerte Bücher zum Schicksal der Ladiner (→ Literaturtipps S. 640).

Armentarawiesen

Das mittlere Gadertal

Das mittlere Gadertal zwischen Stern/La Villa und St. Martin in Thurn ist neben Buchenstein das ursprünglichste der ladinischen Täler. Das trifft nicht so sehr auf die Bebauung entlang der Talstraße zu als auf die kleinen Dörfer weiter oben und die vielen Viles, die ladinischen Weiler.

Die Siedlungen Pedratsches und St. Leonhard – beide zusammen verwirrenderweise oft **Abtei/Badia** genannt –, **Wengen/La Val** und **St. Martin in Thurn** sind die Zentren eines weit verstreuten Siedlungsraums, der bis hoch hinauf unter die Felswände von Heiligkreuzkofel und Peitlerkofel reicht. Hier haben sich Bräuche und Fertigkeiten erhalten, die anderswo selten geworden sind: Noch wird die Kunstweberei von einigen Familien betrieben. Der Speck kommt meist aus der eigenen Räucherkammer. Wallfahrten wie diejenige zum Kloster Säben in Klausen werden wie seit Jahrhunderten zu Fuß unternommen. **St. Leonhard** veranstaltet noch immer seinen Leonhardiritt zu Ehren des Ortspatrons. Im **Val di Morins** kann man instandgesetzte Mühlen bewundern. Und in den Küchen der Bäuerinnen wird konsequent gekocht, was seit Jahrhunderten auf dem Speisezettel stand. Eine Region für Nostalgiker, die gerne zu Fuß, mit dem Mountainbike, zu Pferd (die Pferdezucht ist ein Standbein der Landwirtschaft im Tal) unterwegs sind.

Seit der Heiligsprechung des Paters Josef Freinademetz aus Oies bei

St. Leonhard im Oktober 2003 ist das mittlere Gadertal um eine Attraktion reicher, denn nicht nur Gläubige wollen sehen, wo der Pater zur Welt kam.

Informationen zu Abtei, Wengen und St. Martin in Thurn durch den Tourismusverband Alta Badia (→ „Hochabteital", S. 463), über Enneberg durch den Tourismusverband Kronplatz (→ S. 396).

Abtei (mit Pedratsches und St. Leonhard)

Das Abteital weitet sich bei Pedratsches ein wenig, genug um zwei Orten Raum zu geben: Pedratsches an der Straße und St. Leonhard am östlichen Hang unter den gewaltigen Abstürzen des Heiligkreuzkofels, an dessen Fuß die alte Kirche des Heiligen Kreuzes mit Pilgerhospiz steht. Viles liegen verstreut in den Wiesen und Weiden. Einige scheinen noch immer im 19. Jh. zu leben, so wenig berührten sie die Veränderungen, die Südtirol seither überzogen haben.

Sehenswertes/Ausflüge

Pfarrkirche St. Leonhard in St. Leonhard: Im Dorf oberhalb von Pedratsches fällt die große Kirche auf, sie ist dem Viehpatron Leonhard gewidmet, einem der wichtigsten Heiligen für die Bauern des süddeutsch-österreichischen Raums. Reiche Rokokoausstattung von *Franz Singer* und *Matthäus Günther,* unbedingt anschauen! Schöner Blick auf die Kirche und die Puezgruppe im Hintergrund vom kleinen Spielplatz mit künstlichem Teich weiter oben.

Der Leonhardi-Ritt

Die Kirche des Viehpatrons im Ort St. Leonhard, dem sie den Namen gegeben hat, war früher am Leonharditag im November ein sehr wichtiges bäuerliches Pilgerziel. Wer sonst konnte die Krankheit vom Vieh abwehren und die Unfälle auf den Almen, wenn nicht der hl. Leonhard? Während der Messe am Leonharditag geweihte Objekte, z. B. kleine, aus Eisen gefertigte Modelle von Rind und Pferd, Ziege und Schaf, konnten Krankheit und Unfall abwehren. Wahrscheinlich entstand der an vielen anderen Orten mit demselben Patron (Bad Tölz) übliche Leonhardi-Ritt, weil die meisten Bauern mit dem Pferd zur Messe ritten oder Pferde vor den Karren gespannt hatten, auf dem sie mit Familie und Gesinde saßen. Der Leonhardi-Ritt am 1. oder 2. Sonntag im November ist immer noch eine Prozession, vorne Priester und Ministranten, Fahnen und Musikkorps samt Marketenderinnen, dann der Zug der reich geschmückten Pferde und Reiter. Bei dem späten Termin passiert es immer wieder, dass die Pferde im Schnee traben, dann werden Pferdeschlitten eingesetzt. Der Umzug findet nach der Messe in der Pfarrkirche von St. Leonhard mit ihrem prachtvollen barocken Innenraum statt. Umzug, Bauernmarkt, Blasmusik, Tanz, die Gasthöfe kochen ihr feinstes und traditionellstes ladinisches Essen – eben ein Volksfest. Wie schön, dass nicht nur der Sommer Feste bringt.

Dolomiten rund um die Sella → Karte S. 460/461

Wanderung zur Wallfahrtskirche und dem Hospiz Heiligkreuz: Die Kirche auf 2045 m, 1484 errichtet unter Bischof Konrad von Brixen, wurde im Barock erweitert, und ein Turm wurde angebaut. Das ehemalige Hospiz, in dem früher die Pilger nächtigten, wird heute als Schutzhütte geführt. Mit dem Sessellift von St. Leonhard geht es bis auf 1841 m, ab dort startet die neue Gondel oder man erklimmt den steilen Fußweg auf dem alten Kreuzweg (hin/zurück ca. 1:30 Std.).

Information Wissenswertes sowie Infos zur Region auf der Webseite santa-croce.it.

Essen **Schutzhütte Heiligkreuz (Rif. S. Croce),** 2045 m, Pedratsches, altehrwürdiges Ambiente (Steinboden), rustikale Küche, Südtiroler Weine. ✆ 0471/839632, lacrusc.com.

Sommerwiesen im hintersten Tal von Wengen

Wandern **Auf den Heiligkreuzkofel und die Conturinesspitze,** der ausgesetzte Weg auf den Heiligkreuzkofel (2907 m) wurde mit guten Metallseilen ausgestattet. Der Aufstieg auf die Conturinesspitze (3064 m), ein relativ einfacher Klettersteig, wurde ebenfalls mit Metallversicherungen (früher Holzstufen) versehen.

Geburtshaus des hl. Josef Freinademetz in Oies: Von St. Leonhard kann man mit dem Auto oder zu Fuß auf dem Meditationsweg zum Geburtshaus des 2003 heiliggesprochenen Paters Josef Freinademetz (1852–1908) wallfahren. Der Gadertaler wirkte ab 1881 als Missionar in China. Er war wohl auch deshalb erfolgreich, weil er sich nicht nur chinesisch kleidete und die Sprache sprach, sondern sich auch in seiner Lebensführung anpasste. In Oies steht sein schlichtes Geburtshaus, daneben eine neue Kapelle.

▪ Oies 6, tgl. 8–20 Uhr, ✆ 0471/839635, freinademetz.it. Broschüre in der Touristinformation Badia.

Praktische Infos

Information **Tourismusbüro Badia,** Mo–Sa 8.30–12/15–19, So/Fei 10–12/16–18 Uhr, Abtei, Streda Pedraces 29/A, ✆ 0471/839695, altabadia.org.

Feste & Veranstaltungen **Leonhardi-Ritt** in St. Leonhard am 1. oder 2. Sonntag im November zu Ehren des Viehpatrons St. Leonhard. Großer Pferdeumzug, Festzelt, Gastronomie und Musik.

Einkaufen Käse, Butter und Joghurt in der **Hofkäserei Chi Pra,** Parüs 7, chipra.eu.

Übernachten/Essen *****S Lech da Sompunt,** freundliches Hotel direkt am kleinen See Sompunt, idyllisch gelegen: vorne See, hinten Wald, großer Spielplatz, eigene Konditorei/Eisdiele, Restaurant mit ladinischer Küche, am Do ladinischer Abend, frische Forellen. Moderner Wellnessbereich, renovierte Räumlichkeiten, angenehme Zimmer mit Balkon. Streda Sompunt 36, ✆ 338/6285643, lechdasompunt.it. **€€€–€€€€**

***** La Müda,** gleich nach der S-Kurve durch das Gadertal und noch vor der Talstation der Heiligkreuzbahn nach rechts. Am Ende der Straße liegt die ruhige, familiäre, nette Pension mit Liegewiese, Zimmern mit Balkon, einem

Apartment und guter Küche. St. Leonhard, Streda La Müda 13, ✆ 0471/839698, lamuda.it. **€€€**

Badia Pub, Streda Pedraces 52, Guinness vom Fass im schön altmodischen Bierheber am modernen Tresen, alte Fotos an der Wand, freundliche Bedienung. Es wird wohl nicht bei einem Bier bleiben (auch Snacks und Pizzen sind zu bekommen), badia-pub.com.

meinTipp **Maso Runch,** Streda Runch 11. Maria Nagler serviert im Weiler Runch (Rungg) oberhalb von Pedratsches bäuerliche Kost von der Gerstlsuppe mit Schweinefleisch, „Tutres e cajincì arstis“ (Teigtaschen mit Spinat-Ricotta-Füllung) über Knödel bis zu Gulasch mit Polenta und Strudel. Komplettes Menü mit 6 Gängen 45 €. Nur mit Reservierung, ✆ 0471/839796, masorunch.it.

Wengen

La Val

Das Dorf Wengen hat sich die Sonnenseite eines Nebentals ausgesucht, auch jeder einzelne der ladinischen *Viles* bekommt Sonne, kein einziger liegt am schattigen Hang südlich des Orts. Die Weiler von Wengen machen den Ort aus, das Zentrum selbst ist nicht größer. Wer hier den Sommerurlaub verbringt, lernt wieder, mit Ruhe umzugehen. Seit 2015 trägt Wengen den Titel „zertifiziertes europäisches Wanderdorf“, es punktet mit einem weitläufigen, gut ausgebauten Netz an Wanderwegen, blumenreichen Bergwiesen, entsprechenden Veranstaltungen und wanderfreundlichen Quartieren. Auch MTBer kommen auf ihre Kosten, die Zahl der befahrbaren Forstwege ist hoch.

Sehenswertes/Ausflüge

Wengen und seine Viles: Wengen/La Val ist immer noch ein Dorf und Zentrum der Weiler im Tal des Rü de Ciampló mit Kirche (nur der Turm ist alt), Gasthaus, Rathaus und Post. Das eigentliche ladinische La Val sind aber die *Viles*, die rund um den Kirchort über den Hang verstreut sind, von **Pederoa** im Gadertal sind es **Ciampló** und **Lunz,** höher liegen **Runch** mit seinem gotischen Hof ohne Holzaufbau, in dem ehemals das Gericht tagte, **Ciablun, Miribun, Tolpëi,** keiner hat mehr als 10 Häuser, von denen viele mittelalterlichen Ursprungs sind. Besonders malerisch zeigt sich Tolpëi, das von zwei Kirchtürmen dominiert wird. Der eine gehört zur alten **Pfarrkirche St. Genesius,** die aus dem 15. Jh. stammt. Allerdings sind nur noch der hohe schlanke Turm und einige Mauerreste erhalten. In einem kleinen offenen Raum gibt es Informationstafeln zum Ort. Wenige Meter weiter talauswärts thront die **Barbarakapelle** am steilen Wiesenhang, geweiht der Schutzpatronin der

Tölpei mit seinen zwei Kirchtürmen

Bergleute und aus dem Jahre 1491 stammend, mit einem schönen Kreuzgewölbe und einer holzgefassten Empore, zu der man hinaufsteigen kann (tagsüber i. d. R. geöffnet).

An der Straße von Lunz nach Spëscia liegt rechterhand der unauffällige Gasthof „Al Bagn". Ein Stopp lohnt unbedingt, denn an diesem Ort, **Bad Rumestluns** genannt, entspringt eine *schwefelhaltige Quelle*, an der bereits im Mittelalter ein beliebtes Bauernbad existierte. Schon Max Planck soll den Weg hierher gefunden haben. Das Wasser, hilfreich gegen Rheuma, Skorbut, diverse Geschwulste und 1001 andere Leiden, ist etwa 6° kalt. 2009 wurde es am Quellbrunnen neu gefasst, es entstand eine Ruhezone mit einer schönen Holzbank und das Wasser kann an einem eigenen Hahn verkostet werden. Es schmeckt, wie es riecht: nach faulen Eiern.

Kurz vor den Häusern von Coz am Talende (etwa 150 m vor dem Maierhof) befindet sich an der linken Straßenseite eine kleine **Kneippanlage,** die aus einer eiskalten Quelle etwas oberhalb der Straße gespeist wird – für Mutige am Ende eines schweißtreibenden Wandertages vielleicht genau das Richtige!

Wanderungen zu den Armentarawiesen und den Ritwiesen: Zu beiden Seiten des Talschlusses erheben sich Almhänge, die in Nadelwald übergehen und auf etwa 1800 m wieder zu weitläufigen Wiesenflächen werden. In etwa 1 Std. erreicht man von den Wanderparkplätzen bei Ciurnadu und Coz die sanften Ritwiesen, gesprenkelt von zahlreichen kleinen Hütten und Ende Juni als farbenprächtige Trockenwiesen mit höchster Blumenfülle besonders sehenswert (Einkehr in der Ütia da Rit).

Die wesentlich größeren Armentarawiesen zu Füßen der mächtigen Felswände von Zehner und Heiligkreuzkofel blühen etwa zur gleichen Zeit. Als Feuchtwiesen gedeihen sie üppiger, ein Farbenteppich aus Rosa, Orange, Gelb, Violett und Blau erstreckt sich bis zum Horizont. Die Armentarawiesen sind ebenfalls von zahllosen Holzhütten

Weiler Coz mit Neuner und Zehner

überzogen und erinnern aufgrund ihrer Weite stellenweise an die Seiser Alm (Einkehr in der Ranch da Andrè und vom Wanderparkplatz in etwa 1:30 Std. erreichbar, in weiteren 45 Min. erreicht man die Heiligkreuzkofelhütte).

Wanderung durchs Fanestal zum Antoniusjoch (2466 m): Von den Wanderparkplätzen im Talschluss von Wengen geht es zunächst über Almwiesen, dann ansteigend durch lichten Nadelwald ins schmale, urtümliche Fanestal hinein. Zunehmend ragen zu beiden Talseiten Felswände empor, das Gelände wird steinig, und am Talschluss zieht sich der Steig durch ein steiles Schuttkar bis zum Joch empor (gut 2 Std. ab Wanderparkplatz). Der Blick zurück ist atemberaubend, nach Osten Richtung Fanes- und Sennesalpe ebenso. In weiteren 20 Min. lässt sich auf schmalem, aber gut begehbarem Steig die *Antoniusspitze* (2655 m) erklimmen, von deren Gipfelkreuz die Aussicht nochmals umfassender ist. Murmeltiere sind am Joch und im Aufstieg mit hoher Wahrscheinlichkeit zu sehen!

Tour 24: Wanderung von Wengen durch die Viles

Tour-Info: Dauer ca. 2–2:30 Std., 150 Höhenmeter. Karte: Tabacco (1:25.000) Blatt 7.

Eine besonders schöne kleine Wanderung führt von Wengen hinauf nach **Cians** (Straße), in der letzten Rechtskurve nach links auf Weg 4 durch Wald zum völlig isoliert gelegenen Weiler **Ciampëi,** wo es ein komplett aus Holz errichtetes Wohnhaus zu sehen gibt. Vom oberen Dorfende geht es nach rechts durch Wiesen bergan und knapp unterhalb von **Biëi** zum Weiler **Runch** mit seinem gotischen Steinhaus, dem früheren Gerichtsgebäude. Von dort ohne Richtungsänderung auf dem Sträßchen nach **Ciablun** und **Tolpëi,** hier biegt man scharf rechts auf einen Fahrweg ein, der im Bachtal endet. Nach

dem Brückchen über den Bach führt ein nicht markierter Weg weiter, auf dem man zum Wanderweg 6 und zu einem aussichtsreichen Kapellchen gelangt. Wengen sieht man dann schon schräg unter sich liegen.

meinTipp **Lüch de Survisc,** in der Hofschank der sympathischen Familie Vallazza mit ihrer gemütlichen Stube wird hervorragende ladinische Küche serviert. Das Menü besteht aus den traditionellen „Tutres" gefüllten Teigtaschen, zartem Gulasch, diversen Knödeln und Mehlspeisen (Apfelküchl), gute Weinauswahl. Das Fleisch stammt vom eigenen Hof, festes Menü 35 €, nur mit Vorbestellung, Cians 13, ✆ 0471/843149, survischof.bz.

Hof Ciablun, eine Hofschank mit authentischer Ladinisch-Tiroler Küche (das Angusrind ist aus eigener Herde), So geschl. Ciablun 1, ✆ 0471/843094, ciablun.it. **€€**

Praktische Infos

Information Tourismusbüro La Val, Mo–Sa 8.30–12/15.30–18.30 Uhr. Wengen/La Val, San Senese 1, ✆ 0471/843072, altabadia.org. Infos zum Wanderdorf La Val und weiteren europäischen Wanderdörfern unter europaswanderdoerfer.com.

Verbindungen Bus 460 von/nach Bruneck und ins Hochabteital häufig, lokaler Bus 464 Wengen – St. Martin – Campill 7x tgl., 3x weiter zum Würzjoch.

Dolomiten rund um die Sella → Karte S. 460/461

Parken Es gibt mehrere **Wanderparkplätze**: bei Ciurnadu und Coz (oberhalb der Ortschaft), bei Spëscia und hinter Furnacia (die beiden Letzteren sind über Lunz zu erreichen).

Veranstaltungen Der **Wandermarathon Tru di Pra** findet Juni/Juli statt. Start und Ziel ist La Val, Streckenlänge 26,6 km, 1.509 Höhenmeter, Dauer ca. 8 Std., mit Anmeldung im Tourismusbüro (s. o.).

Einkaufen **Kunstweberei Nagler** in der Handwerkerzone 13 in Pederoa, es werden traditionelle Stoffe hergestellt. Bei der Arbeit an den alten Webstühlen kann man zuschauen. Für Vorführungen vorher anrufen unter ✆ 0471/843188, tessituranagler.com. **Spezialitäten der Region:** Ebenfalls in Pederoa gibt es eine Verkaufsfiliale des Hofs **Lüch da Pćëi** aus St. Kassian, in der Käse, Speck und Feinkost angeboten werden.

Die Viles des Gadertals

Aus dem deutschsprachigen Tiroler Raum, etwa dem Pustertal, kennt man die isoliert gelegenen Paarhöfe, seltener liegen zwei Höfe nebeneinander, Ergebnis der Bevölkerungsexplosion im 17. Jh., als viele Höfe geteilt wurden. Wie bei den Deutschtirolern sind die Höfe Paarhöfe bestehen also aus zwei Bauten, dem Wohn- und dem Wirtschaftstrakt. Aber nur im Ladinischen gibt es Weiler mit sieben, acht, sogar zehn dicht aneinander gebauten Paarhöfen. Besonders gut haben sie sich im Gadertal erhalten, wo sie heute noch die charakteristische Siedlungsform darstellen. Warum die Ladiner so siedelten und die Deutschtiroler anders, weiß man nicht. Ansonsten sind beide Gruppen kulturell einander sehr ähnlich. Doch die Viles sind unverwechselbar: Brunnen und Backofen in der Mitte, eng die Häuser mit schmalen Durchgängen dazwischen, Bänke, damit man nach der Arbeit miteinander schwatzen kann. Die Häuser haben unten einen Stein-, darüber den Holzbau, der weit überkragt und zusätzliche Intimität schafft, ein Söller umgibt den Holzaufbau, darin konnte man die Ernte trocken und an der frischen Luft aufbewahren, bis sie nachgereift war. Die Holzflächen sind häufig mit Schnitzereien verziert, auf vielen verputzten Steinwänden sind Fresken mit Heiligen zu sehen, meist die Gottesmutter mit Kind. Fensterstöcke und Wände sind oft mit geometrischen Sgraffiti dekoriert, wie sie mit der Renaissance auch in bäuerlichen Gebieten üblich wurden. Die Wirtschaftsbauten stehen so am Hang bzw. sind so in ihn hineingebaut, dass an der Rückseite eine Brücke in den ersten Stock führt, in dem das Heu aufbewahrt wird, wogegen sich im Erdgeschoss der Stall befindet. Meist ist auch ein Kapellchen zu finden, und rundum stehen in vielen Viles noch die Harpfen, die überdimensionalen Gerüste zum Trocknen der Favas (Saubohnen) im Herbst.

Übernachten/Essen *****S Pider,** Bike- und Wanderhotel, Gasthof mit einheimischer Küche (Speck, Gerstensuppe, Tirteln, Schlutzkrapfen). Sauna, Dampfbad, Whirlpool, im Untergeschoss Bowling-Bar mit Kegelbahn, E-MTB-Verleih und geführte Touren. Zimmer nach vorne mit toller Aussicht. San Senese 22, ✆ 0471/843129, pider.info. **€€€–€€€€**

Ciasa Raut, Urlaub auf dem Bauernhof, 5 gemütliche Ferienwohnungen im malerischen Weiler Tolpëi. Brötchenservice und hofeigene Produkte. Streda Tolpëi 2, ✆ 0471/843105, ciasaraut.it. **€€**

***** Ciurnadù,** aussichtsreich und äußerst ruhig gelegenes Hotel etwas außerhalb von Wengen, Zimmer mit natürlichem Holz. Viele Rückzugsorte auf dem weitläufigen Gelände, kleiner Saunabereich mit Outdoor-Whirlpool. Speisesaal mit Panoramaterrasse. Streda Ciurnadù, ✆ 0471/843145, ciurnadu.it. **€€€**

Maierhof, wunderschöner alter ladinischer Hof in typischer Steinbauweise im alten Weiler Coz am Ende von Tal und Straße, herrliches Panorama. Die Familie Rubatscher bietet Urlaub auf dem Bauernhof in 4 gemütlichen Apartments, Brötchenservice, Eier und frische Milch, jede Menge Katzen und Hunde, die Kühe sind im Sommer auf den Wiesen der Fanesalm unterwegs. Streda Colz 4, ✆ 0471/843171, maierhof.it. **€€**

Lüch Miribung, Familie Miribung vermietet im Weiler Miribun etwas oberhalb von Wengen im neuen Haus 4 schöne Apartments für 2–4 Personen, sehr freundlich, herrlicher Blick vom Balkon. Miribun 1, ✆ 0471/843255, miribunghof.it. **€–€€**

Soví, Privatzimmer im hübschen Neubau in Soví an der Straße nach Aiarëi (im Gadertal), ruhig, einsam, Wiesen und Wald, mit viel Holz angenehm eingerichtete Zimmer, uriger Saunabereich. Streda Soví 1, ✆ 0471/843349, hofsovi.it. **€€€**

Traföi, Gaststube im Tiroler Stil, Holzofenpizza. Pederoa 30, ✆ 0471/843024, Mo Ruhetag, trafoei.com.

meinTipp **Ütia da Rit,** seit 2019 gibt es diese moderne Hütte im Blockhausstil mit freundlicher Wirtsfamilie, gute Ladinisch-Tiroler Küche, schöne Panoramaterrasse inmitten der Ritwiesen, Steckdosen für das E-Bike und einige Tische und Bänke etwas abseits für das eigene Picknick. Geöffnet Juni bis Mitte Okt., ✆ 338/8997207, utiadarit.it.

Ranch da Andrè, urige Hütte mitten in den Armentarawiesen, Ziegen meckern im Freilaufgehege, ein holzgeschnitzter Adler thront auf einem Baumstamm, Wiesen und ein kleiner Spielplatz für Kinder zum Herumtollen, geräumige Außenterrasse und dazu eine deftige Almküche – was will man mehr? Juni bis Ende Okt., ✆ 328/8091870.

St. Martin in Thurn

San Martin de Tor/San Martino in Badia

Zwei Täler münden unterhalb von Wengen von Westen her ins Gadertal, das Campilltal und das Tal von Untermoi (Antermoia), zwischen ihnen liegt der locker über einen grünen Hügel verstreute Ort St. Martin in Thurn. Hier hatten die Brixner Fürstbischöfe ihren Verwaltungssitz für den Besitz im Gadertal. Das großartige *Schloss Thurn,* in dem heute das **Ladinische Museum** untergebracht ist, legt davon Zeugnis ab. Im Ort und in den Tälern geht es geruhsam zu.

Sehenswertes/Ausflüge

Ladinisches Museum im Schloss Thurn (Ćiastel de Tor): Das Landesmuseum ist ein Besichtigungs-Muss, wenn man mehr über Ladinien und die Ladiner erfahren will. Die Landschaft zwischen Peitlerkofel und Sennesalpe, die historische Burg mit ihrem romanischen Baukörper, dem großen Bergfried und den vielen späteren Bauerweiterungen ist ein idealer Standort. Wo früher die Vögte der Brixner Fürstbischöfe deren Besitz im Gadertal verwalteten, dürfen wir heute einen fundierten Blick in Geschichte, Kultur und Lebensraum der Dolomitenladiner werfen, in (Ladinisch) Natöra y cultura tles Dolomites. Vier Stockwerke der Burg und der massive Bergfried sind zu besichtigen. Am interessantesten sind die Sparten Kunsthandwerk mit einer kompletten Puppenmacherwerkstatt, die geologische Abteilung mit Mineralien und Fossilien aus den Dolomiten, die als Ganzes hierher versetzte Bauernstube und schließlich

Dolomiten rund um die Sella → Karte S. 460/461

die multimedial ausgestattete Abteilung zur Sprache der Ladiner. An das Museum ist das ladinische Kulturinstitut Micurà de Rü angeschlossen.

Museum Ladin Ćiastel de Tor: 1. Mai bis Anf. Nov. Di–So 10–18 Uhr, Weihnachtsferien tgl. 15–19 Uhr, Jan. bis Ostern Do–Sa 15–19 Uhr, Eintritt 8 €, Familien 16 €, Kombiticket mit dem Museum Ladin Ursus ladinicus in St. Kassian 10 €, Familien 20 €. Juli/August versch. Veranstaltungen und geführte Wanderungen, z. B. ins Mühlental von Campill. Anmeldung unter ✆ 0474/524020. museumladin.it.

Das Campilltal (Longiarü /Lũngiarü) und das Val di Morins: Für Menschen, die im Urlaub Ruhe suchen, ist das stille Campilltal ideal. Das idyllische Dorf **Longiarü** auf 1400 m Höhe, in dem sich ganze Reihen mittelalterlicher Höfe an den Hang schmiegen, schmückt sich seit 2018 mit dem Titel „Bergsteigerdorf" und verpflichtet sich damit dem nachhaltigen und naturnahen Tourismus gemäß der Alpenkonvention. Ein besonders gut ausgebautes Wegenetz und ausreichende Übernachtungsmöglichkeiten aller Kategorien gehören mit dazu. Alpenvereinsmitglieder erhalten in den meisten Betrieben 10 % Rabatt (mehr unter bergsteigerdoerfer.org). Für Konditionsstarke empfiehlt sich die *Roda dles Viles*, eine 10 km lange Rundwanderung, die in Longiarü beginnt und bergauf, bergab nahezu alle Weiler des Tales streift, bis sie nach 700 Höhenmetern und etwa 3:30 Std. in **Misci** endet.

Sehr interessant und in gut 45 Min. zu schaffen ist das Teilstück *Val di Morins* (Mühlental), ein Museum unter freiem Himmel. Entlang dem Sèresbach haben die Bauern Wassermühlen gebaut, in denen früher das Korn gemahlen wurde. Heute wird hier oben kein Korn mehr angebaut, die Bauern haben auf Viehzucht umgestellt, die Felder sind verschwunden. Die Mühlen stehen noch und dank EU-Geldern sind sie hervorragend in Schuss und denkmalgeschützt. Ein idyllischer Spaziergang führt als **Rundweg** den Bach entlang und an den zehn Mühlen (davon zwei Doppelmühlen) vorbei. Er beginnt in **Sères** auf 1568 m am Ende der durch das Tal führenden Straße und führt bergan bis auf ca. 1730 m, dabei werden alle Mühlen berührt, auf dem Rückweg kommt man durch **Miscì.** Die beiden eng gebauten Viles Sères und Miscì (1671 zum ersten Mal urkundlich erwähnt, zwei eindrucksvolle Harpfen sind noch erhalten) gehören zu den ursprünglichsten und sehenswertesten des Gadertals. Im Sommer wird ab und an in einer der Mühlen Korn gemahlen, Infos bei der Auskunft in St. Martin, dort ist auch ein erklärender Faltprospekt erhältlich.

Über das Würzjoch: Von St. Martin in Thurn führt eine Straße Richtung Würzjoch ins Villnösstal, zur Plose oder nach Lüsen. Sie passiert den kleinen Ort **Untermoi/Antermoia,** der idyllisch eingebettet in eine wellige Wiesenlandschaft unterhalb der Nordabstürze des Peitlerkofels liegt, und in der Folge den Wanderparkplatz *Pé de Börz*. Von dort erreicht man in gut 40 Min. auf breitem Forstweg (auch MTB!) die spektakulär gelegene **Maurerberghütte** und nach weiteren 20 Min. den flachen Aussichtsgipfel des Maurerbergs (2332 m).

Ab dem Wanderparkplatz führt die Straße in vielen Kurven zum Würzjoch (2006 m), dem Pass zwischen Gadertal und Eisacktal. Hier gibt es einen weiteren großen Wanderparkplatz, u. a. kann man hier mit der Umrundung des Peitlerkofels (13 km, 640 Höhenmeter, 4 Std.) starten. Über das oberste Lüsner Tal und das Halsl (1867 m) führt sie nach einer Gabelung (Abzweig nach Lüsen) weiter nach St. Peter in Villnöss (links) und Afers bzw. Brixen (rechts). Die Strecke ist landschaftlich ausgesprochen lohnend.

mein Tipp **Maurerberghütte,** 2157 m, große, moderne Hütte mit Panoramaterrasse, spektakulärer Blick auf Peitlerkofel und Aferer Geisler. Die umfangreiche Speisekarte bietet eine große Auswahl an (vegetarischen) Knödel- und Schlutzergerichten, Fleischgerichten wie Gulasch und Jausen wie Speckplatte und Kuchen. Übernachtungsmöglichkeit in komfortablen Zimmern, Juni bis Okt., ✆ 0474/520059, maurerberg.com. **€€€**

Praktische Infos

Information **Tourismusverein San Vigilio/San Martin,** St. Martin ist, obwohl zum ladinischen Sprachgebiet gehörend, Mitglied des Tourismusverbandes Kronplatz. St. Martin/San Martin, Streda Tor 18, ✆ 0474/523175, sanmartin.it.

Gästekarte Der **Holidaypass Museum** der Beherbergungsbetriebe beinhaltet die Mobil Card Südtirol, den Mareo-Bus, die Skibusse im Pustertal und den Eintritt in rund 80 Museen in Südtirol.

Feste & Veranstaltungen **Mühlenfest** im Juli/Aug. an den Mühlen des Val di Morins mit Musik und Verkostung in den Weilern Sères und Miscì.

Bauernmarkt in Campill (Longiarü) an 4 Tagen im Juli/Aug.

Reiten **Sitting Bull Ranch** in Longiarü, mit Wohnmobilstellplätzen, ✆ 0474/590160.

Wintersport Durch eine Skischaukel ist St. Martin in Thurn vom Ortsteil Piccolein mit Enneberg/Marebbe und damit mit dem Skizirkus Kronplatz verbunden. Busshuttle nach Sompunt, von dort Verbindung nach Corvara. **Rodeln** auf der 7 km langen Bahn bei Longiarü.

Übernachten/Essen in St. Martin
***** Dasser,** alteingesessener Gasthof im Ort, schöner alter Steinbau (16. Jh.), gemütliche Zimmer, Mountainbikeverleih. In der traditionellen Stube wird authentische ladinische Küche serviert. Streda Tor 20, ✆ 0474/523120, dasser.it. **€€€**

***** Osti Nicl,** imposanter und schön sanierter Hof mit komfortablen Apartments im Naturstil für 2–4 Pers. und dem Restaurant Ciano d'Nicl. Italienisch-ladinische Küche, Pizza., Streda Stufles 21, ✆ 320/5355287, ostinicl.it. **€€–€€€**

In Richtung Würzjoch ***** Sanví,** das hübsch renovierte Berghotel mit seinen nur 12 komfortablen und eleganten Zimmern liegt zentral im Ort Longiarü. Kleiner Saunabereich, gutes Frühstücksbuffet, regionale Küche. Streda Lizia 160, ✆ 0474/590104, hotelsanvi.it. **€€€–€€€€**

Tlisöra Speckstube, nicht nur bäuerliche Kost in der Speckstube, sondern auch gemütliche, holzbetonte Zimmer und ein großzügiges Apartment für Urlaub auf dem Bauernhof. Streda Sères-Miscì 17, ✆ 0474/590145, tlisora.it. **€€–€€€**

Lüch de Vanc, Hausmannskost in der Stube und im Anbau eines Bauernhofs von Tirolerknödeln über Gulasch zur Buchweizentorte. Schöner Außenbereich. Einfache Wohnungen, die Zimmer teils schön modernisiert. Streda Sères-Miscì 22, ✆ 0474/590108, vanc.it. **€€**

***** Odles,** aussichtsreich gelegene Pension, die von der Familie des Restaurants Vanc geführt wird, daher wird das Essen auch dort serviert. Hübsche, holzbetonte Zimmer mit Balkon oder Garten, auch Familienzimmer. Rustikaluriger Wellnessbereich mit Sauna. Streda Sères-Miscì 23, ✆ 0474/590152, odles.it. **€€€**

***** Ütia de Börz,** der Gasthof auf dem Würzjoch ist ein moderner Holzbau im alten Stil mit hübschen Doppel- und Mehrbettzimmern, gutem Restaurant und Terrasse mit Panoramablick, wird seit 2020 von den Betreibern des Camping Sass Dlacia im Gadertal geführt. Tagsüber wegen der Straße etwas laut (Motorräder). Streda Börz 26, ✆ 0471/520066, boerz.it. **€€/€€€€**

Enneberg

Marebbe/Mareo

Das sonnige Tal von Enneberg, eigentlich ein Nebental des Gadertals, ist ein beliebtes Ferienziel geworden, sei es im Sommer mit Wanderungen in die Fanes- und Sennesgruppe, sei es im Winter mit dem Skizirkus Kronplatz, an den Enneberg von Süden Anschluss hat. Um den Hauptort **St. Vigil in Enneberg,** v. a. aber um **La Pli/Enneberg Pfarre,** scharen sich typisch ladinische *Vîles,* während unten im Tal Hotel um Hotel, Apartmenthaus um Residence gebaut wird. Im Hintergrund aber, gleich am Ortsrand beginnend, liegt der **Naturpark Fanes-Sennes-Prags,** pure und einsame Dolomitennatur mit ein paar spektakulär gelegenen Almen wie der *Großen Fanesalm* unter der Lavarella.

Dolomiten rund um die Sella → Karte S. 460/461

Sehenswertes/Ausflüge

Al Plan de Mareo/St. Vigil: Die Rokokopfarrkirche St. Vigil ist seit der Bauzeit um 1728 nicht verändert worden, sie ist ein kunsthistorisches Juwel und ein Fest für die Augen. Wie in St. Leonhard waren der Maler Matthäus Günther und der Stuckateur Franz Singer hier beschäftigt, der Architekt war Giuseppe de Costa, ein Einheimischer. Das Standbild der Catarina Lanz auf dem Kirchplatz erinnert an die wehrhafte Dienstmagd aus den Franzosenkriegen.

Naturparkhaus Fanes-Sennes-Prags: am Ortsende von St. Vigil an der Straße in Richtung Pederü. Das interessante Haus zum Naturpark Fanes-Sennes-Prags hat die Form einer mit Holz verkleideten Rotunde. Die Sammlungen sind sehr kindgerecht aufbereitet, so gibt es einen Raum für *Kinderarchäologie* mit Exponaten zum Anfassen.

▪ Mai bis Ende Okt. und Ende Dez. bis Ende März Di–Sa 9.30–12.30/14.30–18 Uhr, Juli und Aug. auch So; Eintritt frei; ✆ 0474/506120, naturparks.provinz.bz.it.

La Pli de Mareo (Enneberg Pfarre/Pieve di Marebbe): Die *Wallfahrtskirche Unserer Lieben Frau vom Guten Rat* war seit ca. 1100 die Mutterpfarrei des gesamten Gadertals, erst 1449 bekam dann Abtei eine eigene Kirche. Die einstige Bedeutung kann man dem winzigen Ort La Pli, in dem sie steht, nicht ansehen. Die gotische Kirche wurde im Barock umgebaut und ausgeschmückt, es entstanden die heutige Fassade mit der illusionistischen Lüftlmalerei, der schöne Hochaltar (1638) und im Spätbarock die Kanzel (1760). Besonders interessant sind vier Votivbilder in großem Format. Sie zeigen Pilgerprozessionen der Welsberger aus dem Pustertal, die nach der wundersamen Rettung vor der Pest 1636 zum Dank alle 100 Jahre stattfinden (die Tafeln sind von 1637, 1738, 1838, 1936).

Gran Ciasa, der eindrucksvolle Ansitz hinter der Kirche ist ein Gasthof, in dem auf Vorbestellung ladinische Speisen serviert werden, Fr Ruhetag. ✆ 0474/501511.

Heiligkreuzkofel im Gadertal

Unterwegs im Naturpark Fanes-Sennes-Prags

25.680 ha hat der Naturpark, in den das Rautal (Val de Mareo und Val dai Tamersc/Valle di Tamores) von St. Vigil her tief hineinführt. Auf einer öffentlichen Straße (12 km) kann man selbst oder mit dem Linienbus bis nach Pederü fahren (optional mit dem Rad oder auf dem parallel verlaufenden Wanderweg zu Fuß), wo man sowohl die Fanes- als auch die Sennesalpe auf befahrbaren, aber für den motorisierten Verkehr gesperrten Sträßchen erreicht. Fanes wie Sennes sind riesige Karstplateaus mit ausgedehnten Almen, mit wenigen, bald wieder versickernden Wasserläufen, mit Seelein in tonigen Mulden und mit seitlichen Gipfeln mit auffälligem Kalk, der wie eine Riesentreppe wirkt und am Rand steil abstürzt. Das Rautal ist das einzige größere Tal, das tiefer hineinführt, fast alle anderen Zugänge sind mit Steilanstiegen verbunden. Mehrere sehr angenehme Hütten bieten Verpflegung und Unterkunft.

Almdorf Fodara Vedla

In der Fanesgruppe führt das Fahrsträßchen von Pederü zur Kleinen Fanesalpe mit der Lavarella- und der Faneshütte, ein kleiner klarer See wird dort von einem Bach gespeist, der eine halbe Wegstunde oberhalb in einer starken Schichtquelle entspringt. Über die höher liegende Kleine Fanesalpe mit Almwirtschaft (keine Übernachtung) führt das Sträßchen am Ostrand der Fanes bergab ins Ampezzo zur Straße Toblach – Cortina. Diese Strecke ist sowohl zu Fuß als auch mit dem Mountainbike leicht zu machen. Großartige Touren von der Lavarella- und Faneshütte über das Plateau auf die umgebenden Gipfel Heiligkreuzkofel, Lavarella, Conturinesspitze und auf dem Dolomitenhöhenweg 1 zum Kriegsmuseum Lagazuoi und zum Falzàrego-Pass oder hinunter nach St. Kassian.

In die Sennesgruppe muss man sich zuerst über ein steiles Serpentinensträßchen aus dem Ersten Weltkrieg hochquälen (für Mountainbiker anstrengend, da zu Beginn extrem steil und z. T. loses Geröll). Bei der Hütte auf der Alm Fodara Vedla merkt man aber, dass sich die Mühe gelohnt hat, so freundlich ist diese grüne, wellige Alm mit den alten Almgebäuden zur Seite. Von hier einfache Wanderungen über das Plateau zur Senneshütte und Seekofelhütte (→ Tour 25) und auf den Kreuzkofel, aber auch hinunter zum Pragser Wildsee und nach Prags oder hinüber zur Hohen Gaisl (schwierig) und hinunter ins Ampezzo zur Straße Toblach – Cortina.

- **Maut** von Ende Juni bis Mitte Sept. auf der Straße ins Rautal (für Inhaber der Gästekarte Ermäßigung); **Taxidienst** der Hütten mit Voranmeldung.

Weiter in Richtung Bruneck: Folgt man dem kaum befahrenen Sträßchen nach Maria Saalen und St. Lorenzen (mit „Bruneck" ausgeschildert), kommt man im nächsten Bachtal an eine funktionstüchtige (aber stillgelegte) alte *Wassermühle*. Auf Straßen kann man die schönsten *Viles* oberhalb des Orts besuchen (kaum Verkehr, daher auch als Spaziergang möglich): auf der Straße weiter bis Pliscia, zurück bis zur Abzweigung Ciaseles, von dort nach Ellemunt. Zurück bis *Brach*, dort nach Corterei und Frontü und wieder zurück nach La Pli.

Ciastel, Urlaub auf einem herrlich sonnig gelegenen Hof mit zugehörigem Schloss (Ciastel) in Steinbauweise im Weiler Brach an der Straße nach Maria Saalen. Echter Bauernhof mit Kühen und Schweinen, angenehme und großzügige Apartments für bis zu 6 Pers. im Hof, besonders schön sind die Apartments im renovierten Schloss. Angeschlossen ist die stilvolle und empfehlenswerte Osteria, in der hauptsächlich eigene Produkte verwendet werden. Ras Costa 6, ✆ 0474/501748, ciastel.it. **€€€**

Mit dem MTB über Fanes und Sennes: Mit einer Nächtigung auf der *Faneshütte* oder der *Lavarellahütte* ist die Strecke von Enneberg über die Fanes ins Höhlensteintal eine beliebte Tour, die sich auch MTB-Fahrer leisten können, die sich nicht zu den Cracks zählen. Man nimmt von *Pederü* die private Zufahrtstraße bis zu einer der beiden Hütten und weiter auf die Große Fanesalm (streckenweise steil, aber technisch problemlos zu fahren). Von der Alm geht es auf dem guten Zufahrtsweg durch das Val di Fanes hinunter zur Straße Cortina – Toblach, die man in einer Haarnadelkurve mit Super-Panorama erreicht. Wieder aufwärts durch das oberste Val Boite erreicht man die *Senneshütte*, von wo man das Sträßchen zur *Fodara-Vedla-Hütte* und hinunter nach Pederü nimmt. Der letzte, kurvige steile Teil ist wegen Lockermaterials auf der Straße mit Vorsicht zu fahren.

Tour-Info: Länge ca. 35 km, Dauer ca. 4 Std., Höhenunterschied ca. ↑↓ 1250 m. Karte: Tabacco (1:25.000) Blatt 3.

Lavarellahütte/Ücia Lavarella, 2050 m, Schutzhütte und Restaurant in traumhafter Lage, idealer Ausgangspunkt für Wander-, MTB- und Skitouren. Gute heimische Küche, gemütliche Zimmer und Lager. Seit 2019 wird eigenes Bier gebraut, damit ist die Hütte die höchste Brauerei Europas! Juni bis Mitte Okt., Weihnachtsferien und Wintersaison, ✆ 0474/501094, lavarella.it. **€€–€€€**

Faneshütte/Ücia de Fanes, 2060 m, in Sichtweite der Lavarellahütte, hübsche Zimmer für 2–4 Pers. und Lager für 10 Pers. Juni bis Mitte Okt. und in der Wintersaison, ✆ 0474/453001, rifugiofanes.com. **€€€**

Schutzhaus Fodara Vedla → Tour 25.

Tour 25: Wanderung über die Sennes auf die Seekofelhütte

Tour-Info: Lange Almwanderung, im Auf- und Abstieg zum Sennesplateau anstrengend steil. An-/Rückfahrt von St. Vigil mit Bus/Pkw nach Pederü. Dauer 6:30 Std.; Höhenunterschied ↑↓ 800 m. Karte: Tabacco (1:25.000) Blatt 31.

Eine Spritztour auf die Sennesalpe von Pederü aus kann ein Halbtagesausflug sein; der folgende Vorschlag benötigt einen ganzen Tag und führt zu drei gemütlichen Hütten. In Pederü (Parkplatz, Busendhaltestelle) nimmt man das Sträßchen, das kurz nach dem Gasthaus Pederü nach links ins Valón de Rü führt. Es steigt mit vielen Kurven sehr steil an, lockerer Schutt auf der alten Straßendecke (Kriegsstraße) macht das Gehen nicht leichter. Endlich wird der Anstieg sanfter, und bald erreicht man die Weiden und Wiesen der Alm Fodara Vedla, die jenseits des meist trockenen Bachs liegt. Die Ütia de Fodara Vedla (1966 m, 1:30 Std.) ist ein kürzlich renoviertes Almgasthaus mit Sonnenterrasse. Etwas oberhalb liegt das eigentliche Almdorf, eine lockere Gruppe schöner, alter Holzbauten. Ein Sträßchen führt weiter bergan in nörd-

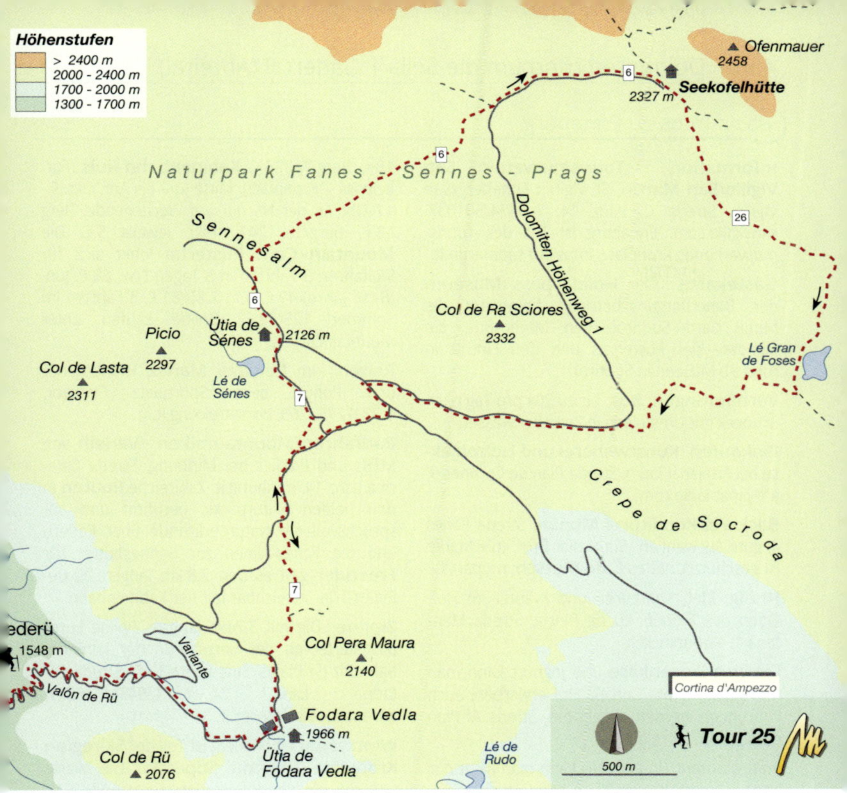

liche Richtung. Weg 7 verläuft streckenweise auf dem Sträßchen, große Kurven werden auf gut markierten Steigen (rot/weiß/rot und die 1 im Dreieck für den Dolomitenhöhenweg) abgeschnitten. In einer Mulde mit dem kleinen See de Sénes liegt eine weitere Schutzhütte, die Üćia de Sénes (2116 m, 2:30 Std.). Weiter auf dem Almzufahrtssträßchen, nach 10 Min. zweigt nach rechts Weg 6 (und Dolomitenhöhenweg 1) zur Seekofelhütte ab. Er führt über ein steiniges Karstplateau und erreicht kurz vor der Hütte wieder das Sträßchen. Rast auf der Seekofelhütte (2327 m, 3:30 Std., gutes Essen!).

Der Rückweg kann auf dem gleichen Weg erfolgen, interessanter ist der kleine Umweg über Weg 26 (in Fortsetzung des Sträßchens, bei der ersten Gabelung rechts), dem man bis zum stillen See Gran de Foses folgt (2142 m, 4:15 Std.), wo man bei einer Gabelung rechts und zurück zum Anstiegsweg geht. Den kleinen Umweg über die Fodara Vedla kann man beim Abstieg vermeiden, indem man dem Weg 7, wo dieser auf die Almstraße führt, nach rechts folgt. Der letzte Teil über die unangenehm zu gehenden Serpentinen bis Pederü (6:30 Std.) bleibt einem aber nicht erspart.

Hütten **Berggasthaus Pederü,** privat, 1548 m, gutes alpines Essen, 2-, 3- und 4-Bett-Zimmer. Juni bis Mitte Okt. und in der Wintersaison, ✆ 0474/501086, pederue.it. **€€€**

Schutzhaus Fodara Vedla, 1980 m, sympathischer Familienbetrieb, gemütliche Doppel- und Mehrbettzimmer, 12 Lager, Ende Mai bis 1. Nov., ✆ 0474/501093, fodara.it. **€€€**

Senneshütte/Üćia de Sénes, 2126 m, privat, 32 Betten, 30 Lager, Ü/FR ab 37 €, Juni bis Mitte Okt. und in der Wintersaison, ✆ 0474/501837, sennes.com. **€€–€€€**

Basis-Infos zu Enneberg

Information **Tourismusverein San Vigilio/San Martin,** St. Vigil in Enneberg/San Vigilio, Streda C. Lanz 14, ✆ 0474/501037, sanvigilio.com. Enneberg ist Teil des Tourismusverbands Kronplatz, Infos auf sanmartin.it.

Gästekarte Der **Holidaypass Museum** der Beherbergungsbetriebe beinhaltet die Mobil Card Südtirol, den Mareo-Bus, die Skibusse des Pustertals und den Eintritt in rund 80 Museen in Südtirol.

Verbindungen **Bus:** bis zu 20x pro Tag nach Bruneck mit Umsteigen in Zwischenwasser.

Einkaufen **Kunstweberei und Holzobjekte** bei Artejanat ladin, Streda Plan de Corones 9, artejanat-ladin.com.

Bäckerei/Konditorei Mupan, Streda Fanes 4, gute Auswahl an „Südtiroler Brot" (die Marke ist geschützt), nettes **Café Mutsch,** mupan.it.

Honig, Met, Konfitüren und Kräuter im Hofladen des Biohofs Lü de Pincia, Streda Mantena 1, luedepincia.it.

Leckeren **Ziegenkäse** und Joghurt kann man im Hofladen vom Corcela Hof erwerben, auch Führungen werden angeboten, Streda Al Plan dessora 40, corcela.it.

Im Restaurant Tló Plazores kann man nicht nur hervorragend speisen (s. u.), sondern die hofeigenen Produkte wie **Speck** und Wurstwaren auch kaufen, Streda Plazores 14, plazores.com.

In der Saison freitags **Bauernmarkt** mit Honig, Kräutern, Käse, Schnaps etc. aus lokaler Produktion.

Markt am ersten Do des Monats in St. Vigil beim Sportcenter Mareo.

Bergbahnen **Kabinenbahn Piz de Plaies** (St. Vigil), Ende Juni bis Anf. Okt. 9–17 Uhr, Berg 18 €, Berg/Tal 24 €. **Kabinenbahn Ruis** (Furkelpass – Kronplatz), Mitte Juni bis Anf. Okt. 9–17 Uhr, in der NS nur am Wochenende, Berg 18 €, Berg/Tal 24 €, Bike jeweils 5 €. Die **Mountain Card Pustertal** lohnt sich für Vielfahrer: 3 Fahrten in 5 Tagen Erw. 68 €, Jun. (8–16 Jahre) 49 €, 5 in 7 85/61 €, 8 Fahrten im Sommer 125/88 €. Online kaufen unter mountaincard.it.

Reiten Im **Reitstall Mareo,** Islandpferde und Ponys, beim Sportplatz Ciamaor, ✆ 331/2752268, horsetrekking.it.

Radfahren/Mountainbiken **Verleih** von MTBs und E-Bikes bei Miribung, Streda Catarina Lanz 14, miribung.it. Zahlreiche **Routen** in den beiden Naturparks, berühmt und anspruchsvoll die Naturparkrunde über Pederü und die Fanes-Almen zur Senneshütte. Für **Freerider** gibt es den 2,8 km langen Piz-de-Plaies-Trail, erreichbar mit der Kabinenbahn.

Zipline Die mit 3,2 km längste Zipline Europas startet ab der Bergstation der Kabinenbahn Piz de Plaies. Eine Fahrt 89 €., Streda Catarina Lanz 24, ✆ 0474/646621, adrenalineadventures.it.

Wintersport Enneberg ist Teil der **Skiregion Kronplatz (Dolomiti Superski).** Die Miara- und die bei der Bergstation ansetzende Col-Toron-Kabinenbahn erlauben den Anschluss an den eigentlichen Skizirkus um den Kronplatz. **Langlaufloipen** im Val de Mareo/Rautal (23 km). **Rodeln** ab Bergstation der Kabinenbahn Cianross, Nachtrodeln Di und Do, Verleih an der Talstation. **Skischule** Sporting Al Plan, Büro an der Talstation der Kabinenbahn Miara, ✆ 0474/506152, skisporting.com.

Übernachten/Essen & Trinken/Nachtleben

Übernachten ******S Almhof Call,** am oberen Ortsrand im Grünen unter dem Kronplatz, großes Hotel mit seitlichem Rundturm, meist getäfelte Gemeinschaftsräume (Bibliothek, Kaminstube, Wintergarten ...). Gute Zimmer, 1200 m² großer, attraktiv mit Kunstlandschaft und Wasserfall gestylter Wellnessbereich. Streda Plazores 8, ✆ 0474/501043, almhofcall.com. **€€€€**

***** Bad Cortina,** das Kurbad im Waldtal des Rü d'Al Plan hat sich zur Wellness-Oase eines angenehmen Hotels gemausert, die Tradition des Thermalbades hat sich erhalten. Hübsche Silhouette mit Anklängen an Gründerzeithotels, viel Holz, angenehme Zimmer. Wellness-Wochenprogramm. Streda Fanes 40, ✆ 0474/501215, aquabadcortina.com. **€€€€**

***** La Stöa,** gemütliches Hotel mittlerer Größe, günstig gelegen (5 Min. vom Zentrum, ruhig), Sky-Pool und Sauna. Der familiäre Betrieb wird als B & B geführt mit sehr gutem Frühstück und interessantem Abendbüffet.

Altes Bauernhaus in Mantena bei Al Plan de Mareo/St. Vigil

Adults only. Streda C. Lanz 30, ✆ 0474/501055, lastoea.com. **€€€€**

**** Iosc,** ein Garni, in dem man sich gleich wohlfühlt, herzliche Atmosphäre, freundliche Zimmer komplett in Holz und mit Balkon. Großer Frühstücks- und bequemer Aufenthaltsraum mit Blick auf die umgebenden Wiesen. Streda Al Plan Dessora 13, ✆ 0474/501136, iosc.it. **€€–€€€**

Chalet Marlene, Apartmenthaus im Grünen in biologischer Bauweise mit naturbelassenem Holz und anderen Biomaterialien, viel Wert wurde aufs Energiesparen gelegt, Holz- und Kachelöfen, Sauna. Idyllischer Naturbadeteich vorm Haus. Apt. für 2–7 Pers. Streda Ciasè 4, ✆ 0474/501806, chaletmarlene.com. **€€€**

***** Camping Al Plan,** echte Camper sollten dem Schild in Zwischenwasser, das ins grüne Tal von Enneberg leitet, folgen „4 km Camping Al Plan". Am Ortsende wird man nicht enttäuscht: Berge, Wiesen, Wald, Fitnessparcours und Reitstall, Naturparkhaus und Sportplatz Ciamaor um die Ecke. Großzügige Anlage (1 ha), z. T. schattig, Sauna (extra), kleiner Markt, etwas oberhalb liegt die empfehlenswerte Restaurant-Pizzeria Arnold. Ende Mai bis Anf. Okt. und in der Wintersaison. Stellplatz und 2 Pers. 46–68 €. Streda Catarina Lanz 63, ✆ 0474/501694, campingalplan.com.

Essen & Trinken **Ciolà,** Restaurant/Grill-Pub im Stil eines Ansitzes. „Ciolà" bezeichnet den Teil der Berghütte, in dem der Käse hergestellt wird. Rustikales, Pasta und Süßes aus dem italienischen und Tiroler Repertoire. Do Ruhetag. Streda Plan de Corones 17, ✆ 0471/501701, ciola.info. **€€–€€€**

Tabarel, elegantes Restaurant mit gehobener Küchenleistung und mediterran-französischen Anklängen, das Bistro mit leichter Jahreszeitenküche der ladinischen Art. NS Di Ruhetag. Streda Catarina Lanz 27, ✆ 0474/501210, tabarel.com. **€€€**

Café Mutsch, Café-Konditorei der Bäckerei Mupan. Leckere Auswahl, nette Terrasse, Streda Fanes 4.

Garsun, Dorfwirtshaus alten Stils im Weiler Mantena zwischen St. Vigil und Zwischenwasser an der Straße. Keine Zugeständnisse an Touristen oder feine Leute, hier kommt ausschließlich auf den Tisch, was immer auf den Tisch kam: Paniccia (Gerstlsuppe), Cancij (Schlutzkrapfen), Crafun (Bauernkrapfen mit süßer Füllung), Strudel. Nur nach telefonischer Anmeldung (es gibt nur ein paar Tische), komplettes Menü 30 €. Mo Ruhetag. Streda Mantena 14, ✆ 0474/501282.

mein Tipp **Tló Plazores,** gotischer Bau mit tollen Stuben (gotische Steinbögen, Holzvertäfelung), entspannte Atmosphäre im gemütlichen Außenbereich beim alten Backhaus aus dem 17. Jh., verwendet werden Zutaten vom eigenen Hof und aus der Umgebung, hervorragende ladinische Küche, freundlicher Service. Streda Plazores 14, ✆ 0474/506168, plazores.com. **€€–€€€**

Dolomiten rund um die Sella → Karte S. 460/461

St. Magdalena vor der Silhouette der Geislerspitzen

Das Villnösser Tal

Wenige Dolomitenbilder sind so bekannt wie das der Geislerspitzen mit dem Kirchlein St. Johann in Ranui im grünen Vordergrund. Das Bild trügt nicht: Das Villnösser Tal ist eines der wenigen grünen, ruhigen und bäuerlichen Dolomitentäler Südtirols.

Vom Eisacktal aus muss man zuerst eine schmale, tief eingeschnittene Waldschlucht durchqueren, bevor man unterhalb von St. Peter in die sonnige Weite des Villnösser Tals hinaustritt. Die lockere bäuerliche Siedlung bestand ehedem nur aus Einzelhöfen und Weilern, heute haben **St. Peter** (hier zweigt die bei Motorradfahrern beliebte Straße über das **Würzjoch** ins Gadertal ab) und **St. Magdalena** wie auch das auf das Eisacktal hinunterschauende **Teis** Dorfcharakter. Überall begrenzen die Spitzen der Geislergruppe – nicht umsonst meist Geislerspitzen genannt – oder die der nicht minder schroffen **Aferer Geisler** den Blick. Die Bauern leben wie eh und je von der Landwirtschaft, ein wenig Urlaub auf dem Bauernhof und Zimmervermietung kommen hinzu. Der Urlaub hier ist nicht unbedingt gemächlich: *Reinhold Messner,* der aus Pitzak im mittleren Tal stammt, hat am **Sass Rigais,** dem höchsten und eindrucksvollsten Gipfel der Geislergruppe, das Klettern gelernt. Es spricht nichts dagegen, das im Urlaub auch zu versuchen. Alternativen für Bewegungsfreudige sind: Mit dem Mountainbike zum Würzjoch fahren (möglichst nicht an Sommerwochenenden wegen der vielen Motorradfahrer!), wandern zur Schlüterhütte und zum Peitlerkofel, im Winter rodeln im hinteren Tal, Schlittenfahrten – so geruhsam sich das Tal gibt, so viele

Möglichkeiten zur aktiven Freizeitgestaltung gibt es. Und für Genießer eine gute Nachricht: Das Villnösstal ist die erste Slowfood-Travel-Destination in Südtirol, woran das Villnösser Brillenschaf (→ Kasten S. 495) seinen Anteil haben dürfte, mehr Infos dazu unter slowfood.villnoess.com.

Sehenswertes/Ausflüge

St. Peter: Auf einer sonnigen Terrasse über dem Tal liegt die *Pfarrkirche Peter und Paul,* um die sich das kleine Dorf mit Gasthäusern, Post, Bank und Laden schart. Interessanter als die häufig umgebaute und erneuerte Pfarrkirche sind zwei Kapellen in nahen Weilern. **St. Valentin in Pradell** hat einen prachtvollen spätmittelalterlichen Flügelaltar, dessen Gemälde mit Szenen aus dem Leben des hl. Valentin deutlich von *Michael Pacher* beeinflusst sind. Das Fresko des Christophorus an der Außenwand ist eines der schönsten Südtirols. Von hier aus kann man sehr schön zu Fuß zum Kapellchen **St. Jakob am Joch** aufsteigen. Auch hier ist ein Flügelaltar (von 1517) zu bewundern, er stammt wie der von St. Valentin in Pradell aus der Brixner Werkstatt.

■ Beide Kirchen Juli bis Okt., St. Valentin Do 16–18 Uhr, St. Jakob Do/So 16–17.30 Uhr.

St. Magdalena liegt dort, wo sich das Villnösser Tal wieder verengt, aber der Blick auf die Geislerspitzen besonders schön ist. Insbesondere das Kirchlein **St. Johann in Ranui** mitten in einer Wiese hat eine unvergleichliche Lage, die es zu einem bekannten Instagram-Spot gemacht hat, den man nun von einem Holzbalkon aus betrachten und fotografieren kann/muss. Die Kirche entstand nach 1744, ihr schlankes Türmchen mit der Zwiebelhaube und die bemalte Fassade, die ein Gebälk vortäuschen soll, sind hübsch, aber das Besonder ist die ungewöhnliche Stellung des Turms: Er ist um 45 Grad gegen das Kirchenschiff gedreht (Schlüssel im Ranuihof nebenan).

Teis: Mineraliensammlern sind die **Teiser Kugeln** ein Begriff, oft kugelrunde Geoden, also Steinkugeln mit einem Hohlraum, der mit Achat-, Amethyst- oder Calzedonkristallen gefüllt ist. Die Fundstellen befinden sich am Bach unweit des Dorfes Teis in dort anstehenden Gesteinslagen von Quarzporphyrtuff. Das Schürfen ist verboten, es gibt auch nur noch entlegene Fundstellen. In Teis gibt es ein kleines **Mineralienmuseum** (Sammlung Paul Fischnaller) mit den prächtigen Geoden aus dem Gostner Graben, aber auch Funde aus anderen alpinen Regionen.

Information **Tourismusbüro Teis,** Ostern bis Allerheiligen Di–Fr 9–12, Sa 14–17 Uhr, beim Mineralienmuseum, ✆ 0472/844522, villnoess.com.

Museum/Wanderung **Mineralienmuseum Teis,** im Vereinshaus, Palmsonntag bis So nach Allerheiligen Di–Fr 10–12/14–16, Sa/So 14–17 Uhr, Eintritt 8 €, erm. 3,50 €, Führungen auf Anfrage im Tourismusbüro, mineralienmuseum-teis.it.

Wer die **Teiser Kugeln** an Ort und Stelle sehen will, nimmt an der geführten Wanderung „Teiser Kugeln suchen mit Paul Fischnaller“ teil, die vom Tourismusbüro Teis mehrmals im Jahr veranstaltet wird

Wanderung zur Brogleshütte (Adolf-Munkel-Weg): Als einer der schönsten Wanderwege der Dolomiten gilt der Adolf-Munkel-Weg, der durch die Almwiesen und Bergwälder am Fuß der Geislerspitzen verläuft. Die Wanderung vom Parkplatz Zans über diesen Weg zur Brogleshütte und hinunter nach Ranui verläuft im Mittelstück auf einem um 1900 angelegten Weg. Odle, Sass Rigais, Fermeda, Seceda sind aus der Nähe zu sehen, und das für jeden einigermaßen bergtüchtigen Wanderer, denn der Weg hat keine Schwierigkeiten, Dauer 5 Std.

Wanderung zur Schlüterhütte: Vom Parkplatz Zans geht es zur Schlüterhütte mit ihrer prachtvollen Fernsicht, Gehzeit ca. 3:30–4 Std., zunächst durch Bergwald, dann über Almwiesen und zum Abschluss noch ein kurzes steiles Stück. Am Grat gelegen, bietet sich die Perspektive sowohl auf die Geislerspitzen als auch hinüber in die ladinischen Täler. Mittagspause auf der Hütte, Gerstensuppe, Speckknödel, Wildgulasch mit Polenta.

Tour 26: Wanderung rund um die Aferer Geisler

Tour-Info: Mit dem Bus von der Haltestelle St. Magdalena nach Zans, die Tour endet wieder an der Haltestelle St. Magdalena. Dauer 6 Std., Höhenunterschied ↑ 650 m, ↓ 1100 m; Karte: Tabacco (1:25.000) Blatt 30.

Die Aferer Geisler sind das etwas kleinere Gegenstück zu den Geislerspitzen. Sie begrenzen das Villnösser Tal im Nordosten, an der Peitlerscharte sind sie mit dem weithin sichtbaren, steil aufragenden Peitlerkofel verbunden, im Norden ist die Plose (→ S. 71) der nächste Bergzug. Der nördliche Teil des Günther-Messner-Steigs (zur Erinnerung an den im Himalaja während einer Tour mit seinem Bruder Reinhold tödlich verunglückten Bergsteiger) kann bei einer Umrundung der Aferer Geisler benutzt werden, der über die Gipfel führende Südteil ist Klettersteiggehern vorbehalten (und wächst sich in der Gesamtheit zu einer 9-stündigen Tour über 1300 Höhenmeter und etwa 22 km aus!).

Man beginnt am Parkplatz Zans und folgt dem zur Gampenalm und Schlüterhütte weisenden (linken) Fahrweg. Wo er auf eine Alm trifft, quert man (gute Markierung) den meist trockenen Kasserillbach nach rechts und steigt auf einem gut sanierten, zunächst recht steilen Steig (Stufen) den Hang hinauf. Wo es flacher wird, toller Blick auf die Geislerspitzen! Bald ist man an der Gampenalm angelangt (1:15 Std.). Man passiert sie und geht rechts bergan auf einem Steig (der Fahrweg zur Schlüterhütte bleibt rechts) etwas mühsam in Serpentinen zur Schlüterhütte und zum etwas höher liegenden Kreuzkofeljoch (2 Std.) mit Traumaussicht auf den Kreuzkofel in der Fanesgruppe jenseits des Gadertals. Über dieses Joch kommen die Fußwallfahrer aus dem Abtei- und Gadertal, wenn sie die 3-tägige Fronleichnamsprozession nach Klausen/Säben mitmachen.

Vom Kreuzkofeljoch fast hangparallel nach links auf den Weg zum Peitlerkofel, der sich gewaltig vor uns aufbaut. Bei der ersten Gabelung links, bei der zweiten rechts halten (links geht es mit dem Günther-Messner-Weg auf die

Aferer Geisler). Man erreicht die normalerweise umlagerte Peitlerscharte (2:45 Std.), denn alle Anwärter auf den Peitlerkofel machen hier Rast (man sieht es Vegetation und Boden leider an). Gleich links abwärts auf schottrigem Serpentinenweg und nach ca. 20 Min. bei einer Gabelung links, Bachquerung (meist etwas Wasser) und bei der nächsten Gabelung wieder links (die meisten gehen hier rechts zu ihrem an der Straße von Lüsen zum Halsl geparkten Auto). Der Berg mit der gerundeten Kuppe rechts ist die Plose.

Jetzt wird's einsam. Lärchen und Zirben, Almwiesen und Schuttströme, die ganz bequem auf gutem Steig gequert werden, bestimmen die nächsten 1:30 Std., wobei es die letzte Viertelstunde recht steil abwärts geht, ein gewaltiger, von den Aferer Geislern herunterziehender Schuttstrom bleibt links von uns. An der Straße (4:15 Std.) nach links und nach 10 Min. bei einem Kruzifix nach rechts auf einen Waldweg. Nach 5 Min. wird wieder die Asphaltstraße gequert, nun geht es auf einem für den Verkehr gesperrten Forststräßchen weiter bergab, dann nach links in ein Tälchen und leicht bergauf und schließlich endgültig bergab. Bei einer Bank (5:30 Std.) tritt man aus dem Wald: Man sieht die Kirche von St. Magdalena vor den Geislerspitzen. Beim zweiten Hof, den man erreicht, geht es auf der Straße weiter, über St. Magdalena erreicht man den Talgrund und die Bushaltestelle (6 Std.).

Villnösstal mit Geislerspitzen

Basis-Infos zum Villnösser Tal

Information **Tourismusverein Villnöss,** Mo–Fr 8–12/15–17, Sa 9–12 Uhr. Villnöss/Funes, Peterweg 10, ✆ 0472/840180, villnoess.com.

Verbindungen **Pkw:** von St. Magdalena bis Zanser Alm enge und kurvige Straße, großer Parkplatz an der Zanser Alm, Parkplatzgebühr 6 €.

Bus 330 von Brixen bis zu 12x tgl. über Bhf. Klausen bis Ranui, im Sommer bis zu 12x tgl. bis Zanser Alm. Im Aug. Kleinbusdienst 5x tgl. vom Parkplatz in Ranui zur Zanser Alm, 2 €.

Gästekarte Zahlreiche Ermäßigungen mit der **Dolomiti Mobil Card** sowie Nutzung der öffentlichen Verkehrsmittel. Die **Dolomiti Museummobil Card** ermöglicht zusätzlich den Eintritt in rund 80 Museen. Infos unter dolomiticard-villnoess.com.

Feste & Veranstaltungen Das berühmte Villnösser **Speckfest** findet seit 2023 auf dem Kronplatz statt, Ende Sept./Anf. Okt. Mit Musik, Rahmenprogramm und Bauernmarkt, speck.it.

Lammwochen, Anf. Okt., mit Spezialitäten vom Villnösser Brillenschaf in den Gaststätten, Veranstaltungen, Bauernmarkt und Lammfest mit Musik.

Einkaufen Etwa 500 Tiere des endemischen Villnösser Brillenschafs, erkennbar an seinem schwarzen Augenfleck, weiden auf den Almen bis in 2500 m Höhe. Sein **Lammfleisch,** das zum Presidio-Slow-Food-Produkt gekürt wurde, ist besonders zart und aromatisch und wird unter dem Namen *Furchetta* vermarktet, Verkauf u. a. im Dorfladen von St. Magdalena, Bergerweg 14, furchetta.it.

Kirchlein St. Johann in Ranui

Schafwollprodukte aus **Villnösser Naturwolle** kauft man bei Naturwoll, Pardell 41 ✆ 0472/840080, nur vormittags geöffnet, naturwoll.com.

Käse, Joghurt, Marmelade und Sirup im Hofladen der seit 2015 zertifizierten **Biokäserei Petrunderhof,** Valentinweg 42, petrunderhof.com.

Das neu gegründete **Villnösser Bauernladele** befindet sich im Gebäude des Viel Nois in St. Peter und ist Di–So geöffnet. Angeboten werden Produkte der lokalen Betriebe.

Kinder Der Tourismusverein führt im Sommer (Mai bis Okt.) ein **Kinderaktivprogramm** durch. Reiten, Schwimmen, Klettern, Mineraliensuche (Teiser Kugeln), Brotbacken auf dem Bauernhof. Die **Dolomiti-Ranger** des Naturparks bieten ebenfalls ein naturkundliches Programm, auch im Winter. Vergünstigungen mit der DolomitiMobil Card!

Hochseilgarten **Hochseilgarten Villnöss** in St. Magdalena, 12 Parcours in unterschiedlichen Höhen und Schwierigkeitsgraden, 14 m hoher Kletterturm. Mitte Juni bis Mitte Sept. 9–18 Uhr, in der Nebensaison auf Anfrage, Erw. 22 €, Kinder 11–18 €. ✆ 0472/840602, hochseilgarten-villnoess.it.

Klettern/Bergsteigen **Klettergarten** am Adolf-Munkel-Weg inmitten eindrucksvoller Geröllandschaft, verschiedene Schwierigkeitsgrade, über den Tourismusverein werden Kinderkletterkurse angeboten (Di im Juli und Aug.).

Radfahren/Mountainbiken Zahlreiche Routen für MTBs und E-Bikes, Ladestationen. Geführte **MTB-Touren,** auch mit E-Bikes, und **Kurse** bietet die Bikeschule Plosebike (Brixen), plosebike.com.

Dolomites UNESCO Info Point, in Zans im Villnösstal informiert eine sehenswerte multimediale Ausstellung in einem postmodernen Gebäude über die Entstehung der Dolomiten, die seit 2009 als Weltnaturerbe ausgezeichnet wurden. Mai–Nov: Di–So von 9.30–18.00 Uhr, Juli/Aug: tgl. geöffnet; 26. Dezember bis Ende März: Di–So von 9.30–18.00 Uhr.

Wintersport Kleines, familienfreundliches Skigebiet „Filler“ in St. Magdalena. **Skischule Villnöss,** Bergerweg 44, St. Magdalena, Kurse für Kinder und Erwachsene, Snowfunpark, geführte Schneeschuhwanderungen und Schlittenfahrten, Verleih von Ausrüstung, ✆ 0472/840602, skischule-villnoess.com. 6 verschiedene **Rodelbahnen** (1–5 km Länge), z. B. Kaserill-Alm, Gampenalm, Geisleralm, Start jeweils vom Parkplatz Zans (dort auch Rodelverleih bei der Jausenstation); außerdem 20 km **Langlaufloipen** und im Sportzentrum St. Peter **Eislaufen.**

Übernachten/Essen & Trinken im Villnösser Tal

Der Großteil der Übernachtungsmöglichkeiten im Villnösser Tal besteht aus Zimmern mit Frühstück, Apartments und Urlaubsbauernhöfen (allein 15 in der Gemeinschaft „Roter Hahn“), doch gibt es auch ein paar angenehme Hotels und Gasthöfe.

Brillenschaf und Geisler Rind

Das Villnösser Brillenschaf, mittlerweile eine überregionale Berühmtheit, hat einen weniger bekannten großen Bruder, das „Graue Geisler Rind". Beide stehen für eine zunehmende Anzahl erfolgreicher Versuche, Traditionelles zu bewahren und in die touristische Gegenwart zu transportieren.

Das jahrhundertealte Brillenschaf, das wegen seines „unreinen" schwarzen Augenrings von den Nazis verboten wurde und in den 1970er-Jahren kurz vor der Ausrottung stand, hat sich mittlerweile wieder auf über 600 Exemplare vermehrt. Sie liefern zartes Fleisch, Schinken und Salami, und ihr immer freundlich blickendes Gesicht tut dies zunehmend von Werbeplakaten und Broschüren. Im Sommer weiden die Schafe im extrem unzugänglichen, steilen Gebiet an der Flitzer Scharte, sodass Wanderer sie nur selten zu Gesicht bekommen. Über das Tourismusbüro lässt sich ein Ausflug buchen, der einen Besuch des Weidegebiets mit einem anschließenden Essen im Pitzock (→ „Übernachten/Essen & Trinken") kombiniert.

Das Graue Geisler Rind wiederum weidet im Sommer auf den weitläufigen Wiesen der Wörndle-Loch-Alm. Ein 2013 gegründeter Verein unter dem Vorsitz von Günther Pernthaler, dem auch die Alm gehört, will dafür sorgen, dass die nur in dieser Gegend vorkommenden und daher seltenen Tiere reinrassig erhalten bleiben und ihr hochwertiges Fleisch als Markenprodukt bekannt wird. Für die teilnehmenden Bauern bedeutet die Umstellung von der lukrativeren Milch- auf die Fleischwirtschaft ein gewisses Risiko. So ist es ihnen und dem Grauen Geisler Rind zu wünschen, dass es eines Tages in die Fußstapfen des Brillenschafs tritt und die lokale Gastronomie sein Fleisch verarbeitet und anbietet – vielleicht gibt es dann künftig auch einmal „Spezialitätenwochen vom Grauen Geisler Rind".

****** Tyrol,** wie das so ist mit den Tirolerhöfen mit Y, sie haben einen besonders eindrucksvollen Ausblick: Das moderne Hotel mit Vollholzfassade, diversen Saunen und Freiluft-Whirlpool schaut über den eigenen Garten mit Swimmingpool und großer Liegewiese hinweg auf die Geislerspitzen. funktional-behagliche Zimmer mit viel Holz und Balkon, besonders schön die mit Blick auf die Geislerspitzen. Kirchweg 12, St. Magdalena, ✆ 0472/840104, tyrol-hotel.eu. **€€€€**

***** Ranuimüllerhof,** schönes Hotel mit viel hellem Holz außen und innen, im Talboden nahe dem Kirchlein in Ranui, Wald gleich hinter dem Hotel. Gutes Restaurant, reichhaltiges Frühstücksbüffet. Schleckermäuler kommen wegen der hausgemachten Mehlspeisen am Nachmittag. St. Johann 1, St. Magdalena, ✆ 0472/840182, ranuimuellerhof.com. **€€€–€€€€**

***** Teiser Stern,** sympathischer Wandergasthof nahe der Kirche, angenehm helle Zimmer, die meisten mit Balkon, Liegewiese mit beheiztem Pool, Kinderspielplatz und familiäre Atmosphäre. Teiser Str. 13, Teis, ✆ 0472/844555, teiser-stern.com. **€€€**

mein Tipp **Ansitz Ranuihof,** erstmals 1370 urkundlich erwähnter historischer Hof mit sensationellen Fresken aus dem 17. Jh., die den gesamten 1. Stock schmücken und, der früheren Funktion des Hauses als Jagdsitz entsprechend, farbenprächtige Jagdszenen zeigen (nur

Dolomiten rund um die Sella → Karte S. 460/461

für Hausgäste zu besichtigen). Gemütliche Zimmer und holzgetäfelte Stube, die malerische Kapelle St. Johann in Ranui liegt nur wenige Meter entfernt. St. Johann 2, St. Magdalena, ✆ 339/6044685, ranuihof.com. **€€–€€€**

*** **Gsoihof,** auf den Mauern eines der ältesten Villnösser Höfe (1268) völlig neu gestaltetes Bauernhofhotel mit holzgetäfelten, hellen Zimmern – gelungene Verknüpfung von moderner und historischer Architektur. Gekocht wird vorwiegend mit hofeigenen und lokalen Produkten, den Käse kann man genießen und auch kaufen. Vollergnadenweg 4, ✆ 0472/840003, hotel-gsoihof.com. **€€€**

Viel Nois, Guesthouse nennt sich der schmucke Familienbetrieb im Zentrum von Villnöss. Schicke Zimmer und Mini-Apartments im holzbetonten Alpinstil. Sauna und Pool auf dem Dach. Die Restaurant-Pizzeria befindet sich im EG. Hier gibt es alles, was das Herz begehrt, vom Brunch über den Apfelstrudel am Nachmittag bis zum Aperitivo am Abend. Mo Ruhetag. Peterweg 8, ✆ 0472/840526, vielnois.com. **€€€**

mein Tipp **Dreimädelhaus,** Kombi aus Restaurant mit traditioneller Südtiroler Küche und Pizzeria oberhalb von St. Peter. Die Aussicht von der Sonnenterrasse auf die Geislerspitzen ist fast schon kitschig, im Inneren sitzt man äußerst gemütlich in der Tiroler Stube und das Essen ist einfach himmlisch! Nach Schlutzkrapfen, Knödeltris, Grillteller oder leckerer Holzofenpizza unbedingt Platz lassen für die Topfen-Nougat-Knödel! Mi Ruhetag, Coller Str. 10, St. Jakob, ✆ 0472/840102, dreimaedelhaus.info.

Der Naturpark Puez-Geisler

Eine gewaltige tektonische Bruchlinie trennt die sanften Wiesenhänge des Villnösser Tals von den schroffen Felsen der Geislerspitzen. Während die Wiesen über dem leicht abtragbaren roten Sandstein liegen, ist das Gebirge aus oft blendend weißem Schlerndolomit aufgebaut. Die aus Aferer Geislern im Nordosten und Geislerspitzen im Süden bestehende Geislergruppe ist zusammen mit dem Hochplateau der Puezgruppe Teil des Naturparks Puez-Geisler. Der Naturpark erstreckt sich also über deutsch- und ladinischsprachige Teile Südtirols und umfasst auch Teile des Grödner und des Abtei- bzw. Gadertals. Und der Naturpark ist ein prächtiges **Wandergebiet:** So kann man die Puezgruppe von Südwesten nach Nordosten auf einem einfachen Wanderweg durch hochalpines Gelände durchqueren, der Adolf-Munkel-Weg (s. u.) wird immer wieder als einer der schönsten Dolomitenwanderwege gerühmt. Motorisierte Fahrzeuge sind im Park genauso verboten wie das Zelten, Mountainbikes sind erlaubt, aber wegen der schwierigen Steige keine echte Option. Also lieber ganz klassisch zu Fuß mit viel Zeit, um die hier häufig kreisenden Steinadler zu beobachten. Auch andere seltene Vögel gibt es im Park, wie Birk- und Auerhähne, aber kaum ein Besucher bekommt sie zu sehen.

Das **Naturparkhaus Puez-Geisler** in St. Magdalena besticht durch seine schlichten, edlen Formen und bietet ausgezeichnete Informationen vor allem zum Thema Geologie der Dolomiten – im Naturpark sind fast alle geologischen Formationen der Dolomiten zu finden.

▪ **Naturparkhaus Puez-Geisler,** Anf. Mai bis Ende Okt. und Ende Dez. bis Ende März Di–Sa 9.30–12.30/14.30–18 Uhr, im Juli/Aug. auch So geöffnet; Eintritt frei; Trebich 1, St. Magdalena, ✆ 0472/842523, naturparks.provinz.bz.it.

Petrunderhof, der Biohof mit eigener Käserei und Hofladen (s. o.) bietet in seinen 3 modernen Apartments (2–4 Pers.) Urlaub für Menschen mit körperlichen Beeinträchtigungen. Die ebenerdigen Wohnungen sind großzügig, barrierefrei und sehr gemütlich, eine Sauna ist auch vorhanden. Hofführungen mit Verkostung, Brotbacken, Frühstückskorb. Valentinweg 22, St. Valentin, ✆ 0472/840393, petrunderhof.com. **€€–€€€**

Mein Tipp **Pitzock,** Überraschung im Weiler Pitzock zwischen St. Peter und St. Magdalena: Zum alten Gasthof sind ein modern minimalistischer und ein streng holzbetonter Raum gekommen, in denen fantasievoll variierte Gerichte der italienischen Küche, einige mit Villnösser Pfiff, serviert werden. Koch Oskar Messner ist ein Fan vom Villnösser Brillenschaf und serviert dementsprechende Leckereien (lauwarmer Lammschinken auf Rote-Bete-Knödel-Salat, Tortelloni gefüllt mit Lammzüngerl und Thymianschaum und eine geschmorte Lammstelze auf Kräuterrisotto). Dafür vergab der Gault-Millau 2023 2 Hauben, Mi Ruhetag, Pizack 30, St. Peter, ✆ 0472/840127, pitzock.com. **€€€**

Almen und Hütten **Schlüterhütte** (Rifugio Genova, 2306 m), CAI Genua, 90 Schlafplätze in Zimmern und Lagern, gute deftige Küche. Vom Parkplatz Zans ca. 1:30 Std., Mitte Juni bis Mitte Okt., ✆ 0472/670072, schlueterhuette.com. **€€**

Zanser Schwaige (1685 m), private, neu erbaute Hütte, nur ein paar Fußminuten vom Parkplatz Zans entfernt und entsprechend gut besucht. Zünftige Jausen und Mehlspeisen. Mai bis Allerheiligen, ✆ 380/7908439, zanserschwaige.com.

Gampenalm (2062 m), privat, beliebtes Berggasthaus auf dem Weg vom Parkplatz Zans zur Schlüterhütte, 30 Betten und Lager. Juni bis Allerheiligen und zur Wintersaison. ✆ 0472/840001, gampenalm.com. **€€–€€€**

Gschnagenhardtalm (2006 m), Almhütte am Adolf-Munkel-Weg, rustikale Küche, Kinderspielplatz. Vom Parkplatz Zans ca. 1–1:30 Std. Ende Mai bis Ende Okt. ✆ 0472/840158, gschnagenhardtalm.it.

Geisleralm (1996 m), Südtiroler Küche, Kinderspielplatz und Streichelzoo. Vom Parkplatz Zans ca. 1–1:30 Std. Mai bis Nov. (in NS Mo Ruhetag), Ende Dez. bis März (in NS Di und Mi Ruhetag), geisleralm.com.

Fresken im Ranuihof

Kaserillalm (1920 m), kleine, gemütliche Almhütte etwas abseits der Hauptrouten. Eigene Käseproduktion und auch Verkauf. Vom Parkplatz Zans ca. 1 Std. Juni bis Mitte Okt., teils auch im Winter, ✆ 0472/7840219, kaserillalm.com.

Brogleshütte (2045 m), Alm in spektakulärer Panoramalage, von Ranui ca. 2:30 Std., von der Seceda-Mittelstation ca. 1:30 Std. Ende Juni bis Anf. Okt., ✆ 0471/655642.

Treffpunkt Zans, Almhütte in modernem Stil am Parkplatz Zans, gemütlicher Außenbereich mit Holztischen. Eine deftige Brotzeit, ein Glas Wein oder Kaffee und Kuchen gibt es hier tagsüber bis in den frühen Abend. Treffpunkt für Wanderer, Radler, Skifahrer, Rodler, Einheimische. Hier ist eigentlich immer was los. E-Bike-Ladestation. Mai bis Anf. Nov. (Mo Ruhetag) sowie in der Wintersaison (dann Mo, Di Ruhetag), ✆ 0472/840054, zans.it.

Goldener Herbst bei Wolkenstein mit Blick auf den Langkofel

Das Grödner Tal

Das Grödner Tal mag mal ruhig, idyllisch und bäuerlich gewesen sein, heute bilden die Orte St. Ulrich, St. Christina und Wolkenstein ein lautes und zu hundert Prozent touristisches Siedlungsband. Dafür sind die Sportmöglichkeiten schier unglaublich, angenehme Zimmer und Ferienwohnungen gibt es nicht nur in der obersten Preiskategorie, und das Nachtleben ist passabel.

Im Grödner Tal, auch einfach „Gröden" genannt (ladinisch Gherdëina und in der häufiger verwendeten italienischen Version Val Gardena), ist immer Saison, nicht nur, was die Hotel- und Restaurantpreise betrifft. Besonders Weihnachten, Februar, Ostern und die Zeit von Mitte Juli bis Ende August sind Hauptsaisonzeiten mit großem Andrang. Im Grödner Tal mit seinen 10.000 Einwohnern gibt es 18.000 Gästebetten, und man zählt jährlich mehr als zwei Millionen Übernachtungen: Deutsche, Italiener, Österreicher, Niederländer, in den letzten Jahren sind immer mehr polnische und vor allem – bevorzugt im Winter – russische Gäste hinzugekommen.

Rund 80 Lifte (Rekord für Südtirol und die italienischen Alpen), Hunderte Kilometer Wanderwege, unzählige Bergrouten aller Schwierigkeitsgrade, Kletterführen, einige der berühmtesten versicherten Klettersteige der Welt stehen den Gästen zur Auswahl. Dazu jede Menge Berghütten zum Verschnaufen, für die Marende (den Südtiroler Imbiss) und zum Übernachten. Dann die Mountainbikerouten vom Hotel aus und auf guten Sträßchen und Wegen bis in Höhen weit über 2000 Meter.

Und schließlich noch Hallenbäder, Eislaufstadion, zahlreiche Langlaufloipen, Drachenfliegen, fast alle Aktivsportarten, Skiabfahrten aller Schwierigkeitsgrade und ein flottes Skibussystem, das für ein paar Cent alle Lifte miteinander verbindet. Und „Wellness", wohin das Auge blickt.

Information **Tourismusverband Dolomites Val Gardena,** gemeinsame Prospekte, die in allen Touristenbüros aufliegen, gute Wander- und Loipenkarten, Veranstaltungsführer, Imagebroschüre, valgardena.it. Das Programm **Val Gardena Active** beinhaltet zahlreiche organisierte Aktivitäten, Näheres bei den Tourismusbüros oder unter valgardena-active.com.

Verbindungen **Bustransfer** von München und Innsbruck: Zubringerdienst mehrmals tgl. über Bozen ins Grödner Tal. Buchung auf suedtirolbus.de.

Bus: Das Grödner Tal ist mit SAD-Bussen ganzjährig mit Bozen (über Kastelruth) und Brixen (über Lajen) verbunden; häufige Fahrten. Im Sommer Busse ab Wolkenstein auf Grödner Joch und Sellajoch mit Verbindung über Canazei, Arabba und Corvara rund um die Sella (SellaRonda) in beiden Richtungen. Im Winter gibt es den **Skibus Gherdëina Ski-Express,** der für 10 € eine Woche lang (1 Tag 3 €) alle Orte des Tales mit den Bergbahnen bis Plan de Gralba verbindet, kostenlos ist er mit der Val Gardena Guestcard.

Vorteilskarten Die **Gardena Card** ist gültig von Juni bis Anf. Okt. 6 Tage 135 €, 3 Tage 103 €, Kinder 8–16 J. 93/72 €, unter 8 J. 5 €. Sie erlaubt freie Benutzung von 15 Aufstiegsanlagen und ist erhältlich bei den Tourismusbüros und den Liftanlagen, gardenacard.com.

Die **Val Gardena Mobilcard** erhält man als Gast bei den meisten Beherbergungsbetrieben. Sie berechtigt zur kostenlosen Busbenutzung.

Die **Super Summer Card** beinhaltet die Nutzung von 120 Liftanlagen des Dolomiti-Superski-Gebiets inkl. Radtransport: 1 Tag 56 €, 3 aus 4 Tagen 120 €, 5 aus 7 Tagen 160 €, dolomitisupersummer.com. Die Points Value Card ist in Gröden nicht gültig!

Feste & Veranstaltungen Gröden hat eine lange Liste von Veranstaltungen im Sommer und Winter. Darunter Konzertwochen wie das Musikevent **Rock the Dolomites** im März mit Live-Musik im Skigebiet Gröden, Programm unter rockthedolomites.com. Auch das überregionale **Südtirol Jazzfestival** begeistert im Sommer an spektakulären Orten, suedtiroljazzfestival.com. Das Fest **Gröden in Tracht** findet Anf. August statt.

Außerdem gibt es Wanderwochen, Bike-Events, gastronomische Veranstaltungen und Abend-Shopping. Die genauen Termine und Programme stehen in der **„Urlaubsfibel",** die in jedem Tourismusbüro des Tals erhältlich ist. Hier ist auch das Programm der **Val Gardena Active Events** erhältlich mit zahlreichen ge-

Die Grödner Holzschnitzkunst

Grödner Holzschnitzereien sind weltweit bekannt. Was als Nebenerwerb und aus Not entstand – auf vielen Höfen war es früher schwierig, allein von der Landwirtschaft zu leben –, wurde in der Neuzeit und vor allem ab dem 19. Jh. zum typischen Gewerbe. Krippen und Heiligenfiguren stellten früher das Gros der Arbeiten, dazu kam Spielzeug, heute machen Grödner Holzschnitzer vermehrt Ausflüge in die Kunst der Gegenwart. Um Grödner Arbeiten zu schützen und zu garantieren, dass sie weiterhin in Gröden entstehen, wurde das Gütesiegel „Gardena Art" geschaffen, das nach Aufdeckung eines Skandals („echt Grödner Holzschnitzereien", die aus China kamen) besondere Bedeutung erlangt hat. Alte Grödner Weihnachtskrippen, wie sie seit dem 18. Jh. geschnitzt werden, besitzen z. B. die Kirche in St. Jakob oberhalb von St. Ulrich und das Grödner Heimatmuseum.

Dolomiten rund um die Sella → Karte S. 460/461

führten Ausflügen, Wanderungen, Schnupperkursen im Sommer und im Winter.

Einkaufen **L buteghier de Gherdëina:** Die Kaufleutevereinigung in Gröden hat ein Buch mit diesem Titel über alle Geschäfte im Grödner Tal herausgebracht, das in den Tourismusbüros und einigen Geschäften erhältlich ist.

Kinder Das umfangreiche Wochenprogramm **Val Gardena Kids Active** hält im Sommer ein tolles Outdoor-Angebot bereit. Es richtet sich an Kinder zwischen 6 und 12 Jahren, Teilnahme teilweise kostenlos bzw. ermäßigt.

Paragliding **Fly 2** bietet Tandemflüge, ✆ 335/5716500, fly2.info.

Radfahren/Mountainbiken Im Gröden stark beworbene Sportart, viele ausgeschilderte Routen, Touren und Trails verschiedener Schwierigkeitsgrade; Gröden wurde als „Approved Bike Area" ausgezeichnet; Biketransport in den Liften möglich. Die „MTB Trail Arena Val Gardena" vereint verschiedene Trails in unterschiedlichen Schwierigkeitsstufen. Das Tagesticket (46 €, Jun. 30 €) gilt für 7 Lifte, befahrbar sind insgesamt 13,9 km.

MTB-Schule Gröden, ✆ 339/1600153, mtbvalgardena.com.

Wintersport Das **Skigebiet Gröden/ Seiser Alm** ist Teil des Skiverbunds Dolomiti Superski (→ S. 633). Es ist eines der größten des Landes und mehrfach ausgezeichnet. Insgesamt 175 km Pisten, 79 Aufstiegsanlagen und über 60 Hütten. Eine Attraktion ist die **unterirdische Standseilbahn** namens „Gherdëina Ronda Express", die die Skigebiete Saslong/Ciampinoi und Col Raiser/Seceda verbindet und damit alle Skigebiete des Tals verlinkt.

Übernachten Im Winter ist, zumindest in der Hauptsaison, oftmals nur Halbpension erhältlich.

Campingplätze gibt es in Gröden nicht, für Wohnmobile bietet St. Ulrich einen Stellplatz an (→ S. 507); ein weiterer (12 €) liegt in Plan de Gralba oberhalb von Wolkenstein. Das Nächtigen auf Parkplätzen ist nicht gestattet (aber an den Parkplätzen der Seilbahn-Talstationen die Regel – erkennbar an der schon frühmorgens hohen Zahl von Wohnmobilen).

St. Ulrich

St. Ulrich (ladinisch Urtijëi, italienisch Ortisei) ist der größte Ort des Grödner Tals, geschäftig und touristisch mit guten Hotels und entsprechend hochpreisig. Im Winter dominiert der Skilauf, im Sommer mischen sich Aktivurlauber mit Sommerfrischlern und Gelegenheitswanderern.

Die „herzliche Intimität eines Gebirgsdorfes", von dem ein Buch über Ladinien noch 1985 schwärmte, wird man in St. Ulrich heute vergeblich suchen. Beim Bummel über die Hauptstraße des Städtchens (Streda Rezia) von der Kirche hinunter zum Antoniboden passiert man einige schöne alte Häuser, von einem Dorf kann man aber nicht mehr sprechen. Alte Bauernhöfe gibt es im weiteren Ortsbereich nicht mehr (nur oberhalb an den Talhängen). Vom Ort aus sieht man die mächtige Gestalt des Langkofel. Wenn die Sonne untergeht, beleuchten ihn ihre letzten Strahlen. Wenn man dort oben wäre bei Sonnenuntergang – was für einen Blick hätte man dann auf das Tal und die Dolomiten!

Achtung: Rein verwaltungstechnisch gehört die linke Talseite von St. Ulrich, „Oltretorrente", zu Kastelruth, organisatorisch und touristisch ist sie aber ein Teil von Gröden und St. Ulrich.

Sehenswertes/Ausflüge

Ortsbild: Sagen wir's ganz offen. Außer dem Grödner Heimatmuseum (ein Muss) gibt's im Ort selbst nicht viel zu sehen. Man kommt wegen der Umgebung und den Sport-, Freizeit- und Erholungsmöglichkeiten.

Im Zentrum von St. Ulrich

Der Marktort zieht sich entlang der Streda Rezia (Fußgängerzone) von unterhalb des Kirchplatzes bis hinunter zum sogenannten Antoniboden mit seiner kleinen Kirche. Dieser Straßenabschnitt ist eine einzige Einkaufsmeile mit Boutiquen, aber auch mehreren Straßencafés und Gasthausterrassen. Etwas oberhalb des westlichen Endes der Straße steht die Pfarrkirche St. Ulrich, ein Bau von 1797 (auf älteren Vorgängern). Von der Ausstattung ist das aus dem 18. Jh. stammende Kirchengestühl zu erwähnen. Zwischen Kirche und Straße schiebt sich der öde Betonklotz des 1970 entstandenen Kongresshauses, in dem sich auch der Tourismusverein befindet. Im Haus ist auch die ständige Ausstellung der Grödner Holzschnitzkunst untergebracht.

Am Antoniboden trennt der schlichte Kirchenbau die heutige Fußgängerzone von der großen Platzerweiterung mit der Bushaltestelle und dem Taxistandplatz. St. Anton in Boder (Plaza S. Antone) mit seinem spitzen Dach mit dem Dachreiter entstand 1673 und ist dem Wüstteneremiten Antonius gewidmet.

Museum Gherdëina in der Cësa di Ladins: Das Heimatmuseum im Ladinischen Kulturhaus zeigt eine Anzahl sehr interessanter Objekte, v. a. die Grödner Schnitzereien, darunter einige der bedeutenden Familie Vinazer, die von 1622 bis 1817 am Ort tätig war. Neben den Heiligenstatuen und Madonnen bewundert man Gliederpuppen, Hampelmänner, Nachziehpferde und bewegliches Spielzeug, das zwischen 1810 und 1940 entstand. Daneben Mineralien der Dolomiten und aus aller Welt, eine sehr interessante geologische Abteilung, die über die Entstehung der Dolomiten informiert, und schließlich ein ganzer Saal mit Erinnerungen an den Bergsteiger, Schriftsteller und Filmregisseur Luis Trenker. Im Aufgang zum Oberstock hängt ein riesiges Fastentuch aus der Kirche St. Jakob mit 20 Szenen der Passion Christi (17. Jh.). Früher hängte man es in der Fastenzeit vor Ostern im Chor der Kirche auf. Im Obergeschoss des Museums befindet sich das Original eines mittelalterlichen Bauernzimmers, das aus einem verfallenen Hof stammt

Dolomiten rund um die Sella → Karte S. 460/461

und uralte Fresken birgt. Zu den vielen alten Höfen im Tal, von denen immer mehr abgerissen werden, gibt es auch eine Ausstellung (vor dem Eingangsbereich des Museums) samt einer „Höfekarte". Insgesamt wurden 1000 Höfe und Stadel 2011 im Rahmen einer Forschungsarbeit kartiert.

▪ Mitte Mai bis Okt. Mo–Fr 10–12.30/14–18 Uhr; Juli/Aug. auch Sa, 1. Dez. bis Ende März Di–Fr 14–18 Uhr, in den Weihnachtsferien tgl.; Eintritt 8 €, Familie 16 €. Streda Rezia 83, ✆ 0471/797554, museumgherdeina.it.

Kirche St. Jakob: Der hoch über die Bäume herausragende spitze Kirchturm verrät die Kirche des hl. Jakob (Sacun) schon von unten. Die gotische Kirche und ihr kreisrunder Friedhof hinter der hohen Mauer stehen auf einer Lichtung mitten im Wald, eine halbe Stunde oberhalb des Dorfs St. Jakob. Wer mit dem Wagen ankommt, lässt ihn bei der Abzweigung (mit Schild) stehen und geht zu Fuß weiter – eine Straße zur Kirche gibt es nicht.

Teile der barocken Ausstattung kann man im Heimatmuseum bewundern (s. o.), wie einige der Altarstatuen und das großartige Fastentuch. An der südlichen Außenwand – und deshalb mittags am besten beleuchtet – sind sehr schöne spätgotische Fresken zu sehen: Ein riesiger hl. Christophorus trägt das Christuskind auf der Schulter. Ein Schmerzensmann vergießt sein Blut, das in kleinen Rinnsalen zu den Menschen rinnt. Auf deren Schultern hocken Teufel, aber auch Engel bemühen sich um sie.

▪ Besichtigung und Führung im Sommer Mo–Fr 10.30–12, Mi und Fr 15.30–17 Uhr.

Auf der Luis-Trenker-Promenade und dem Alten Bahnweg nach Wolkenstein: Wie angenehm, dass es statt der Straße diesen bequemen Promenadenweg gibt, der über *St. Christina* bis nach Wolkenstein und Plan führt. Hier fuhr bis 1960 eine im Ersten Weltkrieg in nur viereinhalb Monaten von Soldaten, Zivilarbeitern, aber vor allem von russischen Kriegsgefangenen erbaute Schmalspurbahn. Das geringe Gefälle ermöglicht heute einen gemütlichen Spaziergang zwischen den drei Orten. Die Promenade beginnt als „Luis-Trenker-Promenade" in St. Ulrich an der Streda Stufan, kurz darauf liegt links der Tunnel zur Seceda-Seilbahn; außerhalb von St. Ulrich nennt sie sich nur noch „Alter Bahnweg". Noch im Ort passiert man eine Lok, die hier einmal eingesetzt war, und das Luis-Trenker-Denkmal.

▪ **Tour-Info:** Gehzeit St. Ulrich – Wolkenstein ca. 1:30 Std., zurück unwesentlich kürzer. Zurück kann man auch den regelmäßig verkehrenden SAD-Bus nehmen.

Auf dem Außerraschötz: Die Raschötz-Standseilbahn führt von St. Ulrich (Streda Resciesa, 1280 m) auf die Almweiden des Außerraschötz (2093 m). Der Blick auf Schlern, Seiser Alm und Langkofelgruppe ist phänomenal. Ein leichter Spaziergang führt von der Bergstation zur Raschötzhütte, die 80 m Höhenunterschied schaffen fast alle. Wer besser zu Fuß ist, kann von dort aus die Spitze des Außerraschötz (2281 m) erreichen und einen Blick über imposante Felsabstürze ins Villnösser Tal auf der anderen Bergseite werfen.

Bergbahn **Standseilbahn Raschötz,** Mitte Mai bis Mitte Okt. 8.30–17 Uhr, in HS bis 18 Uhr, einfach 19 €, Berg/Tal 28 €, ✆ 0471/796174, resciesa.com.

Hütte **Raschötzhütte,** 2170 m, etwas oberhalb der Bergstation gelegen. Die Hütte bietet eine Terrasse mit toller Aussicht, eine schöne Stube und gute Südtiroler Küche. Moderne Doppelzimmer, aber auch 4-, 8- und 14-Bett-

Zimmer, ✆ 335/5630007, rifugioresciesa.com. **€€€**

Wintersport Im Winter führt von der Bergstation eine **Abfahrt** zur Mittelstation der Seceda-Bahn (s. u.). **Rodelbahn** (6 km) von der Berg- bis zur Mittelstation der Raschötzbahn, wer das Rodelerlebnis noch länger genießen mag, geht noch weiter Richtung Raschötzhütte, unterhalb der Hütte Abzweig zur Rodelbahn. Rodelverleih 10 €, Tageskarte der Bahn mit Rodelverleih 31 €, dann lässt sich das Vergnügen beliebig oft wiederholen.

Auf der Seceda: Hinauf kommt man mit der Kabinenseilbahn. Die Talstation erreicht man von der Fußgängerzone (Plaza San Antone) über eine Serie von überdachten Rolltreppen hinauf zur Luis-Trenker-Promenade, von der aus ein Tunnel mit Rollbändern bis direkt an die Seilbahn führt. Die Seceda ist durch Schlepp- und Sessellifte für den Wintersport erschlossen. Im Sommer ist die Seceda ein echtes Wanderparadies. Genusswanderer bleiben auf den Almhängen der *Aschgleralm* und frequentieren die Jausenstationen (Troier, Sofie).

Bergbahn Seceda-Bahn, Mitte Juni bis Anf. Nov. 8.30–17.30 Uhr, einfach 30 €, Berg/Tal 39,50 €, Kinder 15,50/21 €, Teilstrecke St. Ulrich – Furnes oder Furnes – Seceda einfach 17 €, Berg/Tal 24 €, Kinder 10/15,50 €, **Sessellift Fermeda,** Anf. Juni bis Ende Sept. 9.30–16.30 Uhr, einfach 13 €, Berg/Tal 20 €, Kinder 9/13 €. ✆ 0471/796531, seceda.it.

Hütte Baita Sofie, 2410 m, etwas unterhalb der Bergstation, freundliche Hütte mit Tiroler Spezialitäten und erlesenen Weinen. ✆ 335/5271240, seceda.com.

Tour 27: Wanderung von der Seceda zur Regensburger Hütte und nach Wolkenstein[GPS]

Tour-Info: Unschwierige Bergwanderung, meist gute Wege über Almen. Anfahrt mit der Seceda-Seilbahn ab St. Ulrich, Rückfahrt mit dem Bus ab Wolkenstein. Dauer 2:45–3 Std.; Höhenunterschied ↑ 100 m, ↓ 1000 m. Karte: Tabacco (1:25.000) Blatt 5.

Wenn man auf der Seceda aussteigt **A,** geht der Blick senkrecht nach unten auf die gewaltigen Schutthänge, die von der Seceda nach Westen ziehen. Oben erwartet einen der Blick auf Geislerspitzen, Puezgruppe und über Almen hinweg auf Sella und Langkofel. Wir nehmen den wenig an Höhe verlierenden Weg zur Panascharte (gleich bei der Seilbahn bei Weggabelung **B** links in Richtung Sass Rigais und Geislerspitzen). Bei der Scharte **C** (2450 m) schwindelerregender Blick hinunter auf die Nordseite der Geislerspitzen, vom Villnösser Tal sieht man relativ wenig. Nun rechts und den Hang hinunter,

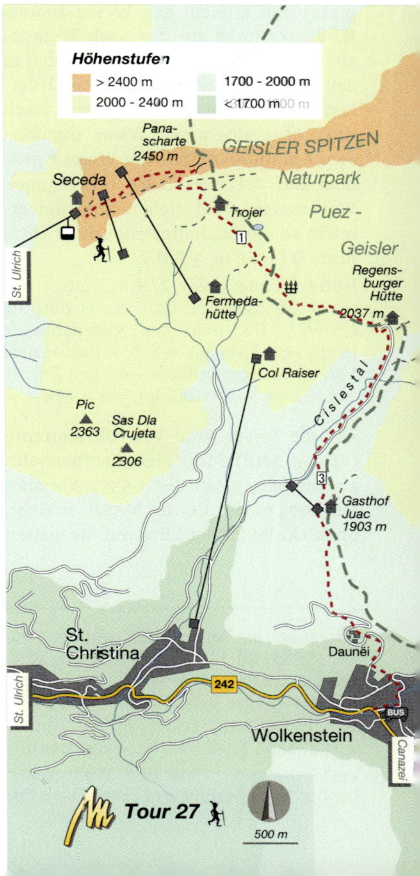

zwei Abzweigungen nach links (**D+E**) werden ignoriert. Man passiert die Jausenstation Troier **F**. Beim Troier mehr oder weniger geradeaus mit Weg 1 weiter (Wegkreuz **G**, hier geradeaus) und mit wenig Höhenverlust, zuletzt aber nach Weidezaun **H** steiler hinunter zur Regensburger Hütte **I** (2037 m, 1:15 Std.). Dort beginnt ein Zufahrtssträßchen, dem wir zunächst abwärts folgen, bis nach ca. 20 Min. Weg 3 nach links abbiegt **J**. Kurz nach dem modern gestalteten Gasthof Juac **K** (1905 m) sieht man von der Bergschulter **L** bereits auf Wolkenstein hinunter. Weg 3 führt meist durch Wald bergab, quert eine Asphaltstraße **M** (rechts Wanderparkplatz) und erreicht den Weiler Daunëi **N**. Weiter links auf der nach Wolkenstein führenden Straße, die man aber in der ersten großen Rechtskurve **O** verlässt, um auf einen Trampelpfad nach links über eine große Wiese abzukürzen. Am unteren Ende der Wiese **P** geht man auf der Puezstraße hinein nach Wolkenstein, hält sich rechts und erreicht so die Bushaltestelle in der Ortsmitte **Q** (1560 m, 3 Std.).

Hütten **Baita Troier,** 2250 m, Tiroler Küche von Gerstlsuppe bis Kaiserschmarrn, ✆ 339/8212373, troier.com. **Regensburger Hütte (Rif. Firenze)** → S. 511. **Juac-Hütte,** 1905 m, traditionelle Küche, ein 4-Bett-Zimmer und 16 Lager. ✆ 335/8082321, juac.it. **€€€**

Auf die Seiser Alm: Von Oltretorrente (Streda Setil) führt eine Kabinenbahn auf die Seiser Alm (→ S. 535), die man auf 2005 m am Col de Mesdì erreicht. Spektakulär ist der Blick auf die weiten Almwiesen mit Langkofel, Plattkofel, Maximiliansteig und dem mächtigen Schlern! Scharen von oft nicht mehr ganz jungen Wanderern bevölkern die ganze warme Saison über die vielen Wege. Die Jausenstationen, Gasthöfe und Restaurants liegen jeweils nur einen Steinwurf voneinander entfernt. Im Winter wird dieser Teil der Seiser Alm mit mehreren Sessel- und Schleppliften zur beliebten Skiarena für Skifahrer, die es entspannt mögen (keine Abfahrt ins Tal!).

Bergbahn **Umlaufbahn Seiser Alm,** Ende Mai bis Anf. Nov. 8.30–17, in der HS bis 18 Uhr, Nachtfahrten zu bestimmten Terminen, Berg 19 €, Berg/Tal 28 €, Kinder 13,30/19,60 €, seiseralm-seilbahn.com.

Essen & Trinken Das **Bergrestaurant Mont Sëuc** mit Panoramafenstern bietet tagsüber warmes Essen und Brotzeiten. Im Juli/Aug. Mi abends Candlelightdinner (Bahn läuft bis 23 Uhr, Berg/Tal dann nur 9,90 €). ✆ 0471/727881, montseuc.com.

MTB-Tour **Von der Seiser Alm hinunter ins Grödner Tal:** Mountainbiker können ihr Rad mit dem Lift hinauf auf den Col de Mesdì befördern, nehmen danach das bei der Bergstation beginnende Sträßchen hinunter zur Schgaguler Schwaige und kommen an die Einmündung in eine breitere Straße, hier geht es nach rechts und auf einen kleinen Pass. Weiter geht es in großem Linksbogen über die Hochflächen der Seiser Alm zuerst zur Ritschschwaige (bei Gabelung vorher links), zur Radauer Schwaige (dort wieder links) und über eine Forststraße durch das Val de Iender bis fast hinunter auf den Talboden des Grödner Tals. Dort bleibt man bei einer Gabelung links und erreicht auf wenig befahrenen Sträßchen Oltretorrente und St. Ulrich.

Basis-Infos

Information **Tourismusverein,** im Sommer Mo–Sa 8.30–12.30/14.30–18.30 Uhr, So 9–12/16.30–18.30 Uhr, im Winter Mo–Sa 8.30–12.30/14–18 Uhr, So 9.30–12/16.30–18 Uhr, in der NS verkürzte Zeiten, St. Ulrich/Ortisei, Streda Rezia 1, ✆ 0471/777600, valgardena.it.

Verbindungen **Pkw und Wohnmobil:** Der Durchgangsverkehr wird um den verkehrsberuhigten Ortskern herumgeführt, Staus sind trotzdem die Regel. Größere gebührenpflichtige Parkplätze liegen an der Talstation der Seiser-Alm-Seilbahn und der Seceda-Seilbahn, weiter draußen parkt man an der Streda Rezia, Abzweigung Streda Trebinger oder an der Bahnhofstraße. Wohnmobilstellplatz im Ortsteil Pontives.

Bus: zentrale Bushaltestelle auf der Plaza San Antone am unteren Ende der Fußgängerzone und Busparkplatz an der Seiser-Alm-Bahn.

Veranstaltungen An einem So Mitte Okt. traditionelles **Kirchweihfest Segra Sacun** an der Kirche St. Jakob oberhalb des gleichnamigen Dorfes. Der **Blättermarkt** mit seinen kulinarischen und handwerklichen Ständen am darauffolgenden Mo zählt zu den größten Märkten der Region.

Kinder **Spielplatz** (einer von acht) an der Luis-Trenker-Promenade neben der nicht zu übersehenden Dampflok der ehemaligen Grödner Talbahn; **großer Spielplatz** am Spazierweg ins Annatal (Start an der Seceda-Talstation). Unbedingt besuchen: **Spielzeugsammlung** im Heimatmuseum.

Baden/Sauna **Erlebnisbad Mar Dolomit,** Streda Promeneda 2, mit Kinder- und Außenheißbecken samt Strömungskanal (Salzwasser), dazu mehrere Saunatypen, Blockhaussauna aus echt skandinavischen Holzbohlen, von dort kommt man direkt ins Freie, wie es bei finnischen Saunen ja der Fall sein sollte. Ganzjährig offen mit wechselnden Öffnungszeiten, Kernzeit (Bad) tgl. 13–20 Uhr, in der HS tgl. 9.30–20 Uhr, Di und Fr bis 22 Uhr, Ende April bis Ende Mai geschl. Tageskarte Schwimmbad 14,70 €, Kinder 7,30/10 €, Sauna/Bad 24 €. ✆ 0471/797131, mardolomit.com.

Hochseilgarten **Emozion Col de Flam,** am Eingang zum Annatal neben der Talstation der Seceda-Bahn, Juni bis Sept., tgl. 9.30–19 Uhr, ab Mitte Sept. seltener. Erw. 20–25 €, Kinder und Jugendliche 14–17 €, je nach Parcours. Es gibt eine 480 m lange Fly-Line und mehrere Trampolins, die extra kosten. Außerdem eine Holzkugelbahn und einen kleinen Tierpark mit Ponyreiten. Geleitet wird der Hochseilgarten von der Alpinschule Catores, Infos bei der Talstation und unter coldeflam.it.

Radfahren/Mountainbiken **Verleih** bei Skischool Ortisei an der Talstation der Secedabahn, ✆ 0471/786242, mtbschool.it; E-Bikes bei Carlo's Ski, Streda Rezia 71a, carloski.com. Geführte E-Bike **Touren** bei Sellaronda E-Bike Tours, ✆ 0471/798225, ebike-valgardena.com. Zahlreiche Ladestationen auf den Hütten in Gröden und auf der Sellaronda. Für Mountainbiker gibt es die Karte „Funbike" mit **Tourenvorschlägen** für das Grödner Tal (in der Info oder im Buchladen).

Wandern/Bergsteigen/Klettern Der klassische Sport des Grödner Tals ist Wandern,

Traditionshotels in der Fußgängerzone von St. Ulrich

man kann fast überall vom Hotel aus beginnen. Mehrere Aufstiegshilfen bringen einen in wenigen Minuten in kühle Wanderhöhen.

Alpinschule Catores Gröden, die Alpinschule veranstaltet geführte Wanderungen, Kletter- und Klettersteigtouren und gibt Kletterkurse für Anfänger und Fortgeschrittene. Streda Rezia 5, Stetteneck Platz, ✆ 0471/798223, catores.com.

In der Tennishalle Runggaditsch **Boulderhalle** auf 220 m² sowie Kletterwand. gardenaclimb.it.

Etwa 400 m talauswärts von Runggaditsch gibt es rechts der Straße einen kleinen **Klettergarten** für Freikletterer.

Wintersport **Alpinski, Langlaufen, Snowboard:** Im Winter sprießen in St. Ulrich die Skiverleiher wie die Pilze aus dem Boden, im Sommer werden sie zugemacht. Hier nur einige verlässliche Adressen: Ski- & Snowboardschule St. Ulrich, Streda Rezia 75 a und Streda Promeneda 1, ✆ 0471/796153, valgardenaski.com; Ski- & Snowboardschule Saslong, Streda Rezia 10, ✆ 0471/786258, skisaslong.com. Weitere unter valgardena.it.

Rodeln: Ein Weg von der Berg- zur Mittelstation der Raschötz-Standseilbahn ist die längste Rodelstrecke des Tals (6 km), an der Talstation Rodelverleih.

Eislaufen: Freilufteislaufplatz „Setil" neben der Talstation der Seiser-Alm-Bahn, tgl. 16.30–19 Uhr, Di und So bis 22 Uhr.

Einkaufen

Die Streda Rezia rauf und runter erschließt in etwa das Shopping-Angebot von St. Ulrich.

Grödner Holzschnitzereien Musterschau und Kunstausstellung **ART 52** des Grödner Kunsthandwerks im Kongresshaus. Tgl. 9–22 Uhr, art52.it.

Im Aug. findet die **Grödner Skulpturmesse UNIKA** statt (im Tenniscenter Runggaditsch), dabei wird die Tennishalle in eine riesige Werkstatt verwandelt, in der rund 30 Bildhauer ihre Kunst zeigen. Streda Arnaria 9, ✆ 0471/792227, unika.org.

Holzschnitzer: z. B. Conrad Moroder, Streda Rezia 198, ✆ 0471/996187.

Märkte **Wochenmarkt** jeden Fr in der Bahnhofstraße und **Bauernmarkt** am Kirchplatz.

Mitte Okt. **Blättermarkt (Segra Sacun)** zur Kirchweih St. Jakob am Montag danach. Die Birnen, die man an diesem Tag den Frauen gab, die beim Rechen des Heus geholfen hatten, werden heute schon mal durch z. B. Holzbirnen und rote Glühbirnen ersetzt. Kulinarische Spezialitäten und handwerkliche Produkte.

Lebensmittel/Feinkost/Wein **Avesani,** sehr gute Weinauswahl, große Auswahl an Grappe, getrockneten Pilzen, besten Olivenölen, Streda Rezia 106, avesani-shops.com.

Maso dello Speck, großes Angebot an Speck und Käse im betörend duftenden Ausstellungsraum, Streda Rezia 165.

Vinotheque Rabanser, Weine, Destillate und Feinkost, Streda Arnaria 41.

Gioia Köstlichkeiten, im Sommer Eis, im Winter Glühwein, ansonsten Wein, Tee, Marmeladen und Schokolade, Streda Rezia 125, gioia-val-gardena.com.

Bücher **Athesia,** große Auswahl an Südtirolensien und Belletristik in Deutsch und Italienisch, Landkarten, Postkarten, Kalender, Plaza S. Antone 82.

Übernachten

→ Karte S. 506/507

St. Ulrich ist wie das gesamte Gröden eher hochpreisig. In den aufkommensschwachen Zeiten machen viele Hotels einfach Pause (Nov. bis Mitte Dez., nach Ostern bis Mitte Juni). Zu den Winterferien, zu Ostern und im Juli/Aug. unbedingt reservieren! Die Hotels und Gasthöfe mit Restaurant vermieten in der Hauptsaison nur mit Halbpension. Am größten ist die Auswahl bei den Ferienwohnungen.

******* Adler 3,** das Traditionshotel im Zentrum bietet als „Spa Resort" jeden erdenklichen Komfort. Eingangsbereich und Stiegenhaus wurden von Clemens Holzmeister entworfen, dem Architekten des Neuen Festspielhauses in Salzburg. Großzügige Wellnesslandschaft auf 3500 m² mit Hallenbad, Pool, Saunen, Felsengrotte, Kneippanlage, dazu ein parkähnlicher Garten. Sehr aufmerksamer Service.Streda Rezia 7, ✆ 0471/775000, adler-dolomiti.com. **€€€€**

****** Grones 9,** familiengeführtes Hotel, das durch den Neubau den Bedürfnissen der Zeit angepasst wurde. Großzügig geschnittene Zimmer, modern eingerichtet; Wellnessbereich mit Schwimmbad, Whirlpool, Sauna (finnisch, bio) und Dampfbad. Streda Stufan 110, ✆ 0471/797040, hotelgrones.com. **€€€€**

*****S Stetteneck 6,** freundlicher Gründerzeitbau mit langer Geschichte an der Hauptstraße. Große, angenehm und zurückhaltend eingerichtete Zimmer, z. T. mit Balkon, nach vorne Erker. Attraktives Hallenbad mit Sauna und Dampfbad. Streda Rezia 14, ✆ 0471/796563, stetteneck.com. **€€€€**

*****S Pra Palmer 14,** der kürzlich nach ökologischen Gesichtspunkten erfolgte Umbau zum B&B steht dem sympathisch geführten Haus gut. 1a-Lage an der Uferpromenade, hübsche Zimmer und Studios mit viel Holz, mit Balkon oder Loggia, bestens für Familien geeignet. Eintritt ins Mar Dolomit gratis. Streda Promeneda 5, ✆ 0471/796710, prapalmer.com. **€€€€**

Außerhalb *****S Villa Brunello 15,** in Coi gelegenes, angenehm renoviertes Albergo, es bietet gemütlich eingerichtete Zimmer und Mini-Apartments, einen kleinen Saunabereich und Restaurant mit offener Küche. Streda Coi 1, ✆ 0471/796487, hotelbrunello.it. **€€€**

Wohnmobilstellplatz 10, beim Hotel Pontives, Strom- und Wasseranschluss, Frühstück auf Anfrage, Loc. Pontives 36, ✆ 0471/797991, pontives.com.

Dolomiten rund um die Sella → Karte S. 460/461

Essen & Trinken/Nachtleben

→ Karte S. 506/507

Essen kann man in zahllosen Lokalitäten, Feinschmecker müssen schon gezielt suchen. Auch das Nachtleben ist nicht unbedingt eine Spezialität der Provinz, in der man um 21 Uhr die Läden runterklappt (in fast allen Restaurants endet die warme Küche um 21.30 Uhr).

Restaurants/Pizzerien **Anna Stuben 12**, Anna Demetz eröffnete 1923 mit ihrem Gatten Anton eine Gastwirtschaft, nach ihr ist das Renommee-Restaurant im heutigen Grödnerhof benannt. Die Südtiroler Küche und ihre regionalen Zutaten stehen im Mittelpunkt. Hohes Lob von allen Gastrokritikern, Küchenchef Reimund Brunner wurde mit 1 Michelin-Stern und 4 Gault-Millau-Hauben bedacht. So Ruhetag. Streda Vidalong 3, ✆ 0471/796315, annastuben.it. **€€€€**

MeinTipp **Costamula 1**, grandios renovierter Hof aus dem 17. Jh. mit behaglicher Atmosphäre in den aus Bruchstein und massivem Holz gestalteten Gasträumen, typische Südtiroler Küche auf hohem Niveau, mittags und abends geöffnet, So/Mo/Mi abends geschl. (außer Aug.), Di/Sa/So auch Brunch, Streda Cuca 184, ✆ 371/5676548, costamula.com. **€€€**

Concordia 2, ein gutes, intimes Restaurant im oberen Ortsteil in einer Etage einer Gründerzeitvilla. Gehobene Italo-Tiroler Küche vom Chef Rudi Pescosta: Hirschschinken mit Ziegenkäse, Kaninchenfilets in weißer Trüffelcreme mit Kroketten, Südtiroler Käseplatte, Birnensorbet. Streda Roma 41, ✆ 0471/796276, restaurantconcordia.com. **€€–€€€**

Luis Trenker

Luis Trenker (1892–1990) stammte aus St. Ulrich und damit aus dem Herzen der Dolomiten. Mit einer Mischung aus Abenteuer, Bergromantik, Schmalz und Sex-Appeal machte der gelernte Architekt als Bergsteiger, Buchautor, Filmschauspieler, Regisseur und Schriftsteller Karriere. Der Stummfilm „Kampf ums Matterhorn" katapultierte ihn 1928 unter die populären Regisseure. Die Heimattümelei und die Verherrlichung naturnahen Lebens als Gegensatz zur „verderbten" städtischen Zivilisation dieses wie auch späterer Filme („Berge in Flammen") gefielen auch den faschistischen Machthabern in Berlin und Rom. Trenker protestierte nicht gegen die politische Vereinnahmung, was ihn nach 1945 besonders in der Bundesrepublik Deutschland zur Persona non grata machte. Dennoch blieben der fesche Bergfex mit der Pfeife und seine Filme lange Zeit Teil der deutschsprachigen Bergkultur. St. Ulrich besitzt seinenNachlass. Das „Luis Trenker Zentralarchiv" ist ein Teil des Museums Gherdëina.

Mar Dolomit 13, das Restaurant mit Pizzeria im großen Grödner Hallenbad ist zu Recht gut besucht. Das Essen in dem lichten, mit dem Hallenbad durch ein gemeinsames Dach verbundenen Saal ist gut und günstig, die Pizza und Foccaccia (25 zur Auswahl) ist unten knusprig, oben schmackhaft, dazu rustikale Tiroler Kost. Kein Ruhetag. Streda Promeneda 2, ✆ 0471/797352. **€–€€**

Cafés/Eisdielen Demetz 7, das sicher beste Café des Orts mit großer Terrasse und großen Räumen im klassischen Kaffeehausstil. Große Auswahl an vorzüglichen Torten, Kuchen und Strudeln, Streda Rezia 48.

Corso 8, schöne, sonnige Terrasse seitlich zur Straße, gutes Konditoreiangebot, Streda Rezia 74.

Nachtleben Mario's Bar 4, im Hotel Adler. Wer Pianomusik als Hintergrund für gepflegte Gespräche schätzt, ist hier richtig am Platz. ✆ 335/5280120.

Cascade 11, in einem etwas kitschigen Neubau sind – trickreich aufgeteilt – eine moderne Restaurant-Pizzeria und die schick gestylte Bar untergebracht. Am Tresen gibt's nicht nur Drinks, sondern auch diverse Weine. Tgl. bis 23 Uhr, Streda Promeneda 1, ✆ 0471/786465, gardenahotels.com.

Maurizkeller 5, Kellerlokal mitten in der Fußgängerzone, ganzjährig geöffnet, Pizza aus dem Holzofen, Tiroler Küche. Tanzlokal mit Unterhaltungsmusik und Après-Ski ab 23 Uhr. Streda Rezia 28, ✆ 0471/797301, maurizkeller.com.

St. Christina

Von den drei großen Grödner Orten der ursprünglichste, dennoch geschäftig und touristisch. Idealer Ausgangspunkt für Wanderungen, Berg- und Skitouren in die Puezgruppe, auf die Seiser Alm und zur Langkofelgruppe.

St. Christina ist ein lang gezogener Ort etwas oberhalb der Durchgangsstraße des Grödner Tals, das seit der Eröffnung des unterhalb verlaufenden Umfahrungstunnels erfreulich verkehrsarm ist. Das Tal ist hier enger als in St. Ulrich, die steilen Hänge oberhalb des Ortszentrums sind kaum besiedelt. Erst auf der Sonnenterrasse zwischen Plesdinaz und Ulëta gibt es wieder Häuser, die einen fantastischen Ausblick auf Langkofelgruppe, Sella, Seiser Alm und Schlern haben. Nach Süden engt der kühle, steile Schatthang die Siedlung ein, dort will keiner wohnen, nur die Skifahrer interessieren sich für ihn und seine bis zum Tal reichenden Pisten. Sehenswürdigkeiten? Die Pfarrkirche und **die größte Weihnachtskrippe der Welt,** die sich am Sportcenter Iman befindet, mit lebensgroßen Holzfiguren, die von Grödner Künstlern gefertigt wurden.

> Verwaltungstechnisch gehört die linke Bachseite des Cislestals zu Wolkenstein (z. B. Supermarkt Maciaconi), im täglichen Leben ist sie Teil von St. Christina.

Sehenswertes/Ausflüge

Pfarrkirche: Die ursprüngliche, romanische Kirche, von der noch der Turm erhalten ist, wurde im 15. Jh. gotisiert, aus dieser Zeit stammt auch der Chor. Um 1730 hat man sie dann vergrößert und barock modernisiert, 1840–45 hat der Historismus noch seinen Teil beigesteuert. Der Hauptaltar in Gold, Bernstein und Weiß stammt noch aus der barocken Kirche (*Dominik Vinazer*, um 1690). Barock sind auch die Reliquienschreine unter den Seitenaltären, die in bestickte Gewänder gehüllten Gebeine mehrerer Heiliger liegen hinter Glas. Vor der Tür lädt der *Friedhof* zu einem Rundgang ein, die meisten Gräber haben schöne schmiedeeiserne Kreuze. Einen

 → Karte S. 460/461

Blick wert sind die alten, mehrstöckigen Steinhäuser unterhalb der Kirche, etwa die Grundschule *(scola elementera)*.

Die Fischburg: Auf der anderen, schattigen Talseite liegt die hervorragend erhaltene Burganlage. Zwei Arkadenhöfe, zwei Wohntrakte, eine Kapelle, zwei viereckige Haupt- und drei Nebentürme bilden ein eindrucksvolles Ensemble. Die Burg wurde erst 1622–1641 unter einem Wolkensteiner errichtet, als man anderswo längst keine solchen Anlagen mehr baute. Keine Besichtigung, da in Privatbesitz.

Spaziergang auf der Via Crucis Col da Mëssa nach Plesdinaz: Von etwas oberhalb der Kirche von St. Christina führt der alte Kreuzweg hinauf zum lang gestreckten Weiler Plesdinaz auf seiner Sonnenterrasse. Im unteren Teil Weg, oben Straße, die 14 Kreuzwegstationen wurden von Grödner Künstlern neu gestaltet (Bronze auf Porphyr).

Auf dem Alten Bahnweg nach St. Ulrich → S. 502.

Monte Pana: Das grüne Plateau südlich von St. Christina ist zum Besteigen im Sommer wenig interessant, allerdings gibt es von der Talstation des Sessellifts ausgehend den **Naturerlebnisweg PanaRaida:** Er führt an 10 Stationen (u. a. Labyrinth, Kletterstamm, Kistenbahn, Riesenschaukel und Wasserspielplatz) vorbei zur Kapelle des Architekten Franz Baumann und ist für Kinderwagen geeignet (ca. 1 Std.). Im Winter ist der Almboden des Monte Pana ein ideales Revier für Skihaserl und Langläufer (Bergbahn). Letztere können sich auf einem leichten und einem mittelschweren Rundkurs austoben.

Wanderung auf dem Mont de Sëura: Vom Monte Pana (s. o.) geht ein Sessellift auf die Höhe von 2025 m zum Almboden Mont de Sëura. Im Winter führen hier eine mittelschwere und eine schwere Abfahrt hinunter zum Monte Pana. Im Sommer ist die Bergstation Ausgangspunkt für großartige Wanderungen und Bergtouren. Besonders

Streusiedlung vor der Sellagruppe: St. Christina

Traumhaft: Wandern auf dem Col Raiser

beliebt ist die leichte Wanderung zum *Rifugio Comici* (hin/zurück 1:30 Std.) mit seiner weithin bekannten Küche. Und natürlich kann man hier die berühmte Tour rund um den Langkofel beginnen (→ Tour 28), von hier aus wirkt er wie ein völlig unersteigbarer Zahn. Wunderbare Ausblicke auf Seiser Alm und Schlern auf der einen, die Sellagruppe auf der anderen Seite.

▪ **Sessellift Monte Pana,** Mitte Juni bis Ende Sept. 8.30–17 Uhr, in der HS bis 17.30 Uhr, einfach 10,50 €, Berg/Tal 18 € und **Sessellift Monte Pana – Mont de Sëura,** Anf. Juni bis Mitte Okt. 8.30–17, in der HS bis 17.30 Uhr, einfach 15 €, Berg/Tal 22 €, **Sessellift Tramans,** Juli bis Ende Aug. 9–17 Uhr, einfach 9,50 €, Berg/Tal 16,50 €.

Wanderungen auf dem Col Raiser: Flott ist man mit der Umlaufbahn in 2107 m Höhe angelangt, die *Fermeda-Hütte* lädt gleich zur Rast ein. Aber selbst nicht so aktive Bahnbenutzer wollen einen Spaziergang machen, da bietet sich der Bummel zur Regensburger Hütte im Cislestal an, nur 70 m tiefer gelegen (hin/zurück 1 Std.). Oder die sehr schöne kleine Wanderung durch die Blumenwiesen der Aschgleralm zur Jausenstation Troier. Oder der Spaziergang zum idyllisch gelegenen kleinen See Lech Sant, an dem verschiedene prähistorische Funde gemacht wurden. Wer sich mehr zutraut, kann die Seceda besteigen, zur einsam gelegenen kleinen Almhütte Pieralongia mit ihren herumstrolchenden Eseln spazieren oder gar mit Klettersteigausrüstung den beherrschenden Gipfel der Geisler, den *Sass Rigais,* erklimmen (technisch mittelschwerer Klettersteig, 1000 Höhenmeter ab Bergstation, im Hochsommer sehr heiße Tagestour, die sich vor allem im Spätherbst empfiehlt, der Rundblick auf Dolomiten und Hauptalpenkamm ist unübertroffen!).

Bergbahnen **Umlaufbahn Col Raiser,** Ende Mai bis 2. Nov. 8.30–17 Uhr, in der HS bis 17.30 Uhr, einfach 19 €, Berg/Tal 28 €, Kinder 13/17 €, colraiser.it. **Sessellift Fermeda,** Anf. Juni bis Ende Sept. 9.30–16.30 Uhr, einfach 13 €, Berg/Tal 20 €, Kinder 9/13 €, seceda.it.

Essen/Hütten **Fermeda-Hütte,** 2109 m, Restaurant und Pizzeria, es gibt auch Doppel- und Mehrbettzimmer. ✆ 335/7061089, fermeda.com.

Dolomiten rund um die Sella → Karte S. 460/461

Regensburger Hütte (Rif. Firenze), 2040 m, 30 Min. von der Bergstation Col Raiser, klassische Hüttenküche mit Speck, Röstkartoffeln und Polenta; 20 Betten und 70 Lager. Anf. Juni bis Mitte Okt. ✆ 0471/796307, rifugiofirenze.com. **€€–€€€**

Pieralongia, urige Almhütte und Jausenstation, eigener Joghurt, leckere Mehlspeisen und Marenden, Juni bis Mitte Okt.

Basis-Infos zu St. Christina

Information **Tourismusverein,** Mo–Sa 8.30–12/14.30–18.00, So 9–12 Uhr, im Winter Mo–Sa 8–12/14.30–18, So 9.30–12 Uhr, in NS Sa Nachmittag und So geschl., St. Christina/Santa Cristina, Streda Chemun 9. ✆ 0471/777800, valgardena.it.

Verbindungen **Pkw:** wenige Parkplätze an der Hauptstraße unterhalb des Rathauses, größere Parkplätze beim Centro Iman. **Bus:** Haltestellen unterhalb des Rathauses, am Ortseingang und -ausgang (beim Kaufhaus Maciaconi).

Bergbahnen Umlaufbahn Col Raiser, Sessellift Monte Pana, Sessellift Mont de Sëura, Sessellift Tramans.

Bergsteigen Zweigstelle der **Alpinschule Catores** am Dosses-Platz, ✆ 0471/793099, catores.com.

Eislaufen/Klettern Im **Sportcenter Iman,** Streda Dursan 72 (sehr weit unterhalb, fast am Bach gelegen), mit Sportkletterhalle und Kletterwand, Natureisbahn mit Schlittschuhverleih, ✆ 0471/793046.

Paragliding Tandemflüge veranstaltet **Fly 2,** Streda Dursan 98 (Intersport). ✆ 335/5716500, fly2.info.

Radfahren **Radverleih** und **Bikeschule** bei der Bike Academy, Streda Dursan 98, ✆ 0471/790015, valgardena.bike.

Wintersport **Ski- und Snowboard-Schule** St. Christina mit Verleih im Center Iman, auch **Langlaufkurse.** ✆ 0471/792045, santacristinaski.com.

Einkaufen Im **Local** kann man nicht nur frühstücken oder einen Aperitivo genießen, sondern auch lokale Produkte erwerben. Streda Dursan 37 a, shop-local.it.

Übernachten/Essen & Trinken/Nachtleben

Übernachten *****S Mirabel,** angenehme Zimmer und gemütliche Apartments im Garnihotel der Familie Stuffer, dessen Holzarbeiten Sorgfalt und handwerkliches Geschick verraten. Dazu verschiedene Saunen, schöner Ruhebereich und Außen-Whirlpool. Streda J. Skasa 5, ✆ 0471/797037, mirabel.it. **€€€**

***** Uridl,** zentral und ruhig bei der Pfarrkirche gelegenes „Charme-Hotel" mit langer (es heißt 400-jähriger) Tradition, das geschickt mit viel Holz und Glas an moderne Ansprüche angepasst wurde. Schöne holzgetäfelte Stube mit Kachelofen, gute Zimmer. Streda Chemun 43, ✆ 0471/793215, uridl.it. **€€€–€€€€**

***** Kaserer,** nur sechs einfache Zimmer mit Balkon sind im Tirolerhaus oberhalb der Kirche zu vermieten. Kinderfreundlich, sehr persönliche Atmosphäre, toller Ausblick auf die Langkofelgruppe. Streda Paul 34, ✆ 0471/793345, kaserer.com. **€€–€€€**

Essen **La Posta,** Streda Dursan 22, Restaurant und Steakhouse in einem der wenigen alten Steinhäuser im Ort. Innen viel Holz, schönes Ambiente, gute Grillspezialitäten und einheimische Gerichte, z. B. mit Spinat gefüllte Salbeiravioli, Filet vom Kalb, Fisch. ✆ 333/2578392, laposta.eu. **€€**

Mesc da Paratoni, die Hofschank der Familie Insam liegt etwas oberhalb des Ortes Richtung Col Raiser. In den beiden historischen Stuben wird authentische ladinische Küche serviert, auf den Tisch kommt, was Hof und Saison bereithalten. Geöffnet nur abends von Do bis Sa, und nur mit Reservierung. Streda Insom 17, ✆ 333/5443668, paratoni.com. **€€**

Cafés/Eisdielen **Café Calés,** selbstproduziertes Eis, gute Kuchen, bürgerliches Ambiente, Streda Val 55.

Local, recht neues, modernes Café, in dem man gut frühstückt, aber auch abends einen Aperitivo (Di bis 22.30 Uhr) genießen kann. Dazwischen gibt's Kaffee und Kuchen, außerdem Leckereien zum Einkaufen, Streda Dursan 37 a, shop-local.it.

Morgenstunde über Wolkenstein mit Blick auf den Sellastock

Wolkenstein

Wolkenstein (ladinisch Sëlva, italienisch Selva Valgardena) ist der aktivste der drei großen Grödner Orte, eine „Nebensaison" kennt man nicht. Was vor ein paar Jahrzehnten noch ein Weiler war, ist heute ein international bekannter Urlaubsort, vor allem in der Skisaison ist meist alles ausgebucht.

Die meisten Quartiere sind Hotels in der oberen Preisklasse und Apartments, es gibt auch ein paar preiswertere Privatzimmer, billig wird's jedoch nirgends. Es dominiert der Wintersport mit Skifahren, Eislaufen (große Halle) und Rodeln. Drei Liftanlagen führen vom Ort auf die umgebenden Berge Langkofel, Sella und Puezgruppe, alle um und über 3000 m. Auch die sommerlichen Sportarten werden nicht vernachlässigt: Wandern, Bergsteigen, (Frei-)Klettern, Mountainbiken und Paragliding.

Sehenswertes/Ausflüge

Ruine Wolkenstein: Die Reste des Stammsitzes der Wolkensteiner sind unspektakulär, dafür ist die Lage äußerst eindrucksvoll unter einem Felsüberhang und teilweise in ihn hinein gebaut, kaum vom umgebenden Fels zu unterscheiden. Im Bauernkrieg 1525 wurde die Burg zerstört. Die Ruine ist entweder über den Kreuzweg von Wolkenstein aus oder über einen steilen Pfad von der Zufahrtsstraße ins Langental (Start beim Carabinieri-Gebäude) zu erreichen.

Wanderung im Langental (Puezgruppe) und Dantercëpies: Das Langental führt auch Spaziergänger auf einfachem Weg tief hinein in den Naturpark Puez-Geisler. Vom Talschluss aus führen Wanderwege Bergsteiger auf die Höhen der Berggruppe. Ganz einfach ist der Weg bis zum Pra da Rì am Talschluss (ca. 1 Std., auch im Winter geräumt). Nach dem Pra da Rì wird der Weg schmaler, wer jetzt noch weiter will, muss fürs Bergsteigen ausgerüstet sein. Man kann über den Talschluss mit seinen sprudelnden Karstquellen zur modernen Puezhütte hinaufgehen (Weg 14) oder (Weg 14 a) zur Scharte Somafurcia und auf dem Dolomitenhöhenweg 2 durchs Kar über dem Crespeinasee zur Forcela Danter les Pizes und hinunter zur Bergstation der Seilbahn Dantercëpies.

Seit auf der Seite des Hochabteitales von Kolfuschg ebenfalls eine Seilbahn heraufführt, wenn auch nicht direkt, ist es an der Bergstation Dantercëpies noch belebter geworden. Zumindest den Spaziergang zwischen den beiden Bergstationen, also hinüber zur neuen Ütia Jimmy mit ihrer großen Terrasse, schafft fast jeder. Der kurze und leichte Spaziergang führt durch ein wahres Blumenparadies und schenkt prachtvolle Ausblicke auf die Sella.

Bergbahnen **Kabinenbahn Dantercëpies,** Mitte Juni bis Anf. Okt. 8.30–17.30 Uhr, einfach 16 €, Berg/Tal 22 €; **Sessellift Cir** (Dantercëpies – Grödner Joch), Mitte Juni bis Mitte Sept. 9–17 Uhr, einfach 7 €, Berg/Tal 10 €.

Zur Bahn von der Kolfuschger Seite und zur Ütia Jimmy → Hochabteital, Kolfuschg, S. 463.

Hütte **Puezhütte,** 2475 m, 4 Mehrbettzimmer, 2 Lager, ✆ 0474/646427, rifugiopuez.it. **€€–€€€**

Adler im Langental

Zwei bis drei Steinadlerpaare leben im Naturpark Puez-Geisler. Immer wieder kreisen sie an den Steilwänden der Stevia und lassen sich in kurzer Zeit vom Aufwind in schwindelerregende Höhen tragen. Allein im Langental sind sieben Horste bekannt, die schon einmal als Wohnsitz gedient haben. Die imponierenden Vögel können bis zu 35 Jahre alt werden. Männchen erreichen eine Flügelspannweite von 230 cm und werden fast 7 kg schwer. Da sie oft ganz weit oben im Himmelsblau kreisen, meint man als Wanderer, es seien Bussarde. Nicht so im Langental. Ein lautes Rauschen, ein schwarzer Schatten und dann: staunen und Schweigen ...

Das Grödner Joch und das Sellajoch: Das Grödner Joch verbindet das Grödner Tal mit dem ladinischen Hochabteital und Gadertal und stellt die kürzeste Verbindung mit Bruneck her. Das Sellajoch verbindet mit dem Fassatal im Trentino, auch dieses Gebiet ist zwischen Canazei, das man auf der anderen Seite erreicht, und Moèna ladinisch. Das Grödner Joch ist von Gaststätten belagert, dagegen blieb das Sellajoch fast ohne Bebauung. Beim „Passo Sella Dolomiti Mountain Resort", → „Übernachten") befinden sich Parkplätze, von hier fährt der Lift zur *Langkofelscharte* mit der *Schutzhütte Toni Demetz* und hier starten die Wanderwege. Wer will, kann die unten beschriebene Wanderung rund um den Langkofel von hier starten. Auf die mit gewaltigen Wänden zum Pass abbrechende Sella allerdings kommen von hier aus nur Kletterer (auf dem versicherten Pössnecker Steig).

Bergbahnen **Gondelbahn Langkofelscharte,** Mitte Juni bis Anf. Okt. 8.15–17 Uhr, einfach 21 €, Berg/Tal 28 €. Die Bahn funktioniert ein bisschen anders als andere Seilbahnen: Man steht zu zweit hintereinander in einer schmalen Kabine, Zu- und Ausstieg sind nicht ganz einfach. Aber es gibt hilfsbereites Personal. **Kabinenbahn Piz Seteur,** Mitte Juni bis Anf. Okt. 9–17 Uhr, einfach 13 €, Berg/Tal 15 €. **Sessellift Gran Paradiso,** Mitte Juni bis Mitte Sept. 9–17 Uhr, einfach 11 €, Berg/Tal 13 €. Verbindung zur Sellaronda von Parkplatz Plan de Gralba her.

Hütte **Toni-Demetz-Hütte,** 2685 m, spektakuläre Lage in der engen Scharte, drei 4-Bett-Zimmer und 12 Lager, ✆ 0471/795050, tonidemetz.it. **€€**

Der Ciampinoi (Ciampinëi): Vom Ciampinoi, den man von Wolkenstein aus mit der Umlaufbahn erreicht, geht nicht nur eine weltbekannte Skiabfahrt ins Tal, es führen auch Wanderwege in den Bereich nördlich des *Langkofels* und um ihn herum. Der neu angelegte MTB-Downhill-Track ist anspruchsvoll und Profis vorbehalten. Selbst wer an der Bergstation bleibt, wird zufrieden sein: Das Panorama nach Süden zum Langkofel, nach Osten zur Sella, nach Norden in die Puezgruppe und nach Westen auf Seiser Alm und Schlern ist atemberaubend. Die Langkofelumrundung ist natürlich die Wanderung schlechthin, mehr dazu unten!

Bergbahn **Kabinenbahn Ciampinoi,** Anf. Juni bis Anf. Okt. 8.30–17.30 Uhr, einfach 18 €, Berg/Tal 25 €, ✆ 0471/795313, ciampinoi.it.

Mountainbike Spektakulär in den Hang gelegter Track, Start etwas unterhalb der Bergstation, Länge 3,1 km, 568 Höhenmeter, Bike-Wash am Ziel, Tageskarte mit Bahn 35 €. Der Trail ist Teil der MTB Trail Arena Val Gardena, Infos freerideciampinoi.it.

Tour 28: Wanderung rund um den Langkofel GPS

Tour-Info: Anstrengende Bergwanderung, einige Strecken (Steinerne Stadt!) nicht ganz leicht zu gehen, Ausdauer erforderlich. Dauer 6:30–7 Std., ab Sellajoch etwa 1 Std. kürzer. Höhenunterschied ↑↓ 550 m. Karte: Tabacco (1:25.000) Blatt 5. An-/Rückfahrt ab Wolkenstein mit der Ciampinoi-Bahn.

Direkt von Wolkenstein führt die Ciampinoi-Bahn auf 2280 m **A,** wo unsere Wanderung beginnt. Wir nehmen den Weg hinunter zum Tiejasattel **B** (2127 m) und knapp danach den deutlichen Weg rechts in Richtung Rif. Comici **C,** er setzt sich nach Gabelungen **D** und **E** (jeweils links und oben bleiben) als Weg 526 a fort. Das große Kar nördlich unter den Langkofelwänden wird zuerst leicht absteigend, dann aufsteigend gequert. Viel Geröll, Bergsturzmassen, aber auch schöne alte Zirben – etwas anstrengend der Aufstieg zum Ciaulonchsattel **F** mit toller Aussicht vor allem auf Seiser Alm und Schlern (2113 m, 1 Std.). Vorsicht beim etwas ausgesetzten steilen, aber nur kurzen Wegstück nach dem Pass, der ins Langkofelkar führende Stradalweg wird gleich wieder ganz brav.

Dolomiten rund um die Sella → Karte S. 460/461

Im Langkofelkar (1:30 Std.) gabelt sich der Weg: Links geht es zur Langkofelhütte hinauf **G,** wir gehen geradeaus durch Latschenfelder weiter. Zwei Wege münden von unten und rechts **(H und I),** bevor man das Hüttensträßchen **J** erreicht und quert. Auf der anderen Seite führt der Weg 527 weiter, senkt sich zunächst durch den Südteil des Langkofelkares und führt dann bergan durch einen Hang mit Lärchenwiesen und Almgelände. Drei Abzweigungen nach rechts **(K, L, M)** bleiben unbeachtet. Der Weg mündet schließlich in ein steiles Fahrsträßchen **N,** dem man mit Markierung 9 nach links auf den Wiesenrücken unter dem Plattkofel mit der modern ausgestatteten Plattkofelhütte

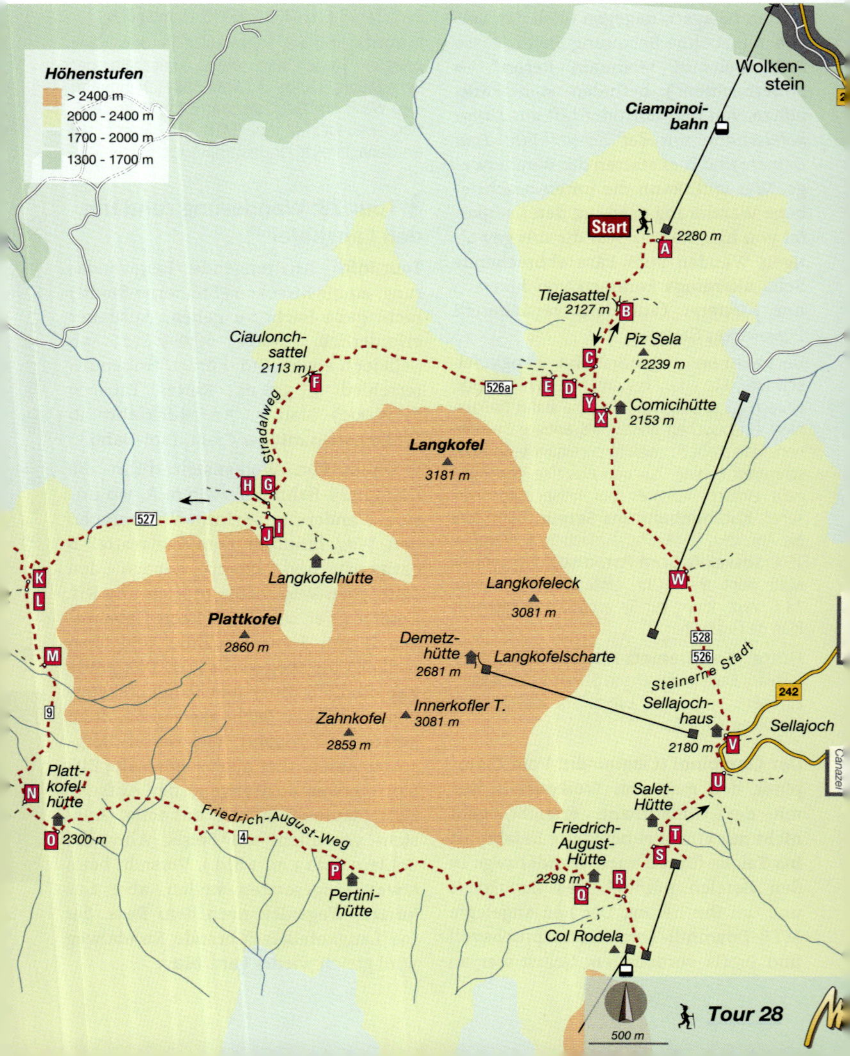

O (2300 m, 3 Std.) folgt. Dort beginnt der viel begangene, aussichtsreiche Friedrich-August-Weg (Nr. 4), benannt nach dem wanderlustigen sächsischen König. Der Weg geht fast eben dahin, man passiert die Pertinihütte **P**, erreicht dann die Friedrich-August-Hütte **Q** (2298 m, 4:30 Std.) und kurz danach den Col Rodela, wo von rechts die Benutzer des Rodela-Lifts von Campitello und vom Fassatal her strömen. Wir folgen dem hier links beginnenden Fußweg **R** und dann **S** dem Sträßchen nach links, vorbei an der Salethütte **T** zu einem kleinen Joch **U** und auf dem Weg hinunter zum Sellajochhaus **V**.

Beim Passo Sella Dolomiti Mountain Resort (2180 m, 5:15 Std.) wenden wir uns jenseits des Parkplatzes auf Wanderweg 526/528 (Schilder zur Comicihütte), der zunächst durch die sog. Steinerne Stadt führt, ein wildes Bergsturzgelände, wo man genau aufpassen sollte. Überstieg über Weidezaun, an der Wegkreuzung geht es geradeaus **W**. Die Comicihütte **X** liegt schon eine Weile dahinter (2153 m, 6 Std.), hier kann man sich für den Endspurt stärken, wieder zum Tiejasattel (vorher Abzweigung links **Y** nicht beachten) und zuletzt steil zum Gipfel des Ciampinoi **A** (6:30 Std.).

Abkürzung: Man kann die Tour um 1 Std. verkürzen, wenn man sie am Passo-Sella-Dolomiti-Mountain-Resort (Bus/Pkw) beginnt und beendet und auf den Abstecher zum Ciampinoi verzichtet!

Hütten **Bergrestaurant Ciampinoi,** 2254 m, Selbstbedienung und Pizzeria, ✆ 0471/792104.

Plattkofelhütte, 2300 m, gut besuchte Hütte an der Schnittstelle zahleicher Touren mit deftiger Südtiroler Küche, Übernachtungsmöglichkeit in geschmackvoll modernisierten Zimmern, ✆ 0462/601721, plattkofel.com. **€€€.**

Chill-out vor dem Langkofel

Sandro-Pertini-Hütte, 2300 m, traditionelle ladinische Gerichte, 14 Lager, ✆ 328/8651993, rifugiopertini.com. **€€.**

Friedrich-August-Hütte, 2300 m, schmackhafte ladinisch-tirolerische Küche, das Fleisch stammt aus der eigenen Biozucht, im Winter Pizza, gemütliche Räumlichkeiten, Übernachtung in hübschen Zimmern und Lager, ✆ 0462/764919, friedrichaugust.it. **€€€–€€€€**

mein Tipp **Comici-Hütte,** 2200 m, eine Einkehr in dieser in vielerlei Hinsicht ungewöhnlichen Hütte mit den blauen Fensterläden ist unbedingt zu empfehlen. Die Aussicht ist grandios, die Terrasse chillig, die traditionellen Speisen sind originell verfeinert und sehr lecker und der Gang zur Toilette ist futuristisch. Wenn dann noch das Südtirol Jazz Festival auf der Wiese gastiert, ist der Tag perfekt! ✆ 0471/1930388 rifugiocomici.com. **€€–€€€**

Basis-Infos

Information **Tourismusverein,** Mo–Sa 8–12/14.30–18.30, So 9–12/16–18.30 Uhr, in der NS Sa nachmittags sowie So geschl. Wolkenstein/Sëlva, Streda Mëisules 213, ✆ 0471/797900, valgardena.it.

Verbindungen **Pkw:** kein Parken an der Hauptstraße, Parkhäuser nahe der Apotheke und neben dem Hotel Gran Baita.

Bus: nach Bozen, Brixen und Plan, im Sommer auch über das Sellajoch ins Hochabteital (Corvara) und Fassatal (Canazei). Mehrere Haltestellen entlang der Hauptstraße; im Winter **Skibus** Plan – St. Ulrich.

Veranstaltungen In den Tagen vor Silvester findet ein **Schneefiguren-Wettbewerb** statt, der immer mehr internationale Teilnehmer anzieht.

Die beiden größten Veranstaltungen finden jedoch im Sommer statt: Beim **SellaRonda Bike Day** (im Juni und September) werden die Pässe um die Sella zwischen 8.30 und 16 Uhr für den motorisierten Verkehr gesperrt, Tausende Radler versuchen sich mehr oder weniger erfolgreich an der Umrundung des Gebirgsstocks; es herrscht Volksfestatmosphäre, Infos auf sellarondabikeday.com. Der meist kurz danach stattfindende **Hero Dolomites** ist ein MTB-Rennen, das zur Weltcup-Serie gehört. Auch hier herrscht fantastische Stimmung, die Straßen sind voller buntgewandeter Berghelden, im Ortszentrum buhlen große Rad- und Getränkehersteller an Ständen um Kundschaft – einfach hindurchspazieren und sich für einen Moment wie ein Profi fühlen! Infos: herodolomites.com.

Bibliothek Bibliothek **„Oswald von Wolkenstein"** in der Streda Nives schräg gegenüber dem Rathaus. Moderner Bau, große Auswahl an deutschsprachigen, italienischen und ladinischen Büchern zu Südtirol, Ladinien, Kunst und Kultur.

Kultur Das **Kulturzentrum Tublà da Nives** vereint einen historischen Stadel mit einem futuristischen Anbau. In den mit viel Holz und Glas gestalteten Räumen finden Ausstellungen und kulturelle Veranstaltungen statt, tubladanives.it.

Kinder **Spielplätze** hinter dem Stadion Pranives und in der Streda Nives neben dem Minigolfplatz.

Einkaufen Im Tourismusbüro gibt es einen empfehlenswerten Prospekt, in dem die Namen und Adressen sämtlicher **Holzschnitzer** des Ortes aufgeführt sind: „Scultori Bildhauer Selva Wolkenstein". Ein Kärtchen für das raschere Auffinden ist eingedruckt.

Hofkäserei Valin, Familie Mussner betreibt die einzige Käserei am Ort (die Kühe weiden im Langental) und verkauft Käse, Milch, Joghurt und Eier im Hofladen, ✆ 0471/79406, valin.it. **Maso dello Speck,** Streda Mëisules 253, auch in Wolkenstein gibt es eine Filiale dieser Kette, die neben Speck und anderen geräucherten Wurstwaren auch Käse und Feinkost verkauft, Streda Daunëi 49, titospeck.it.

Sigmund Linder, einige der Arbeiten des Holzschnitzers fallen aus dem üblichen Rahmen – Art déco in Holz, Umsetzung von Bildern in Holzrelief etc. Arbeiten auch auf Bestellung. Streda Mëisules 223, ✆ 0471/773077, villaelise.com.

Bergsport/Klettern **Grödner Bergführervereinigung** in der Kletterhalle, Nivesplatz 2, ✆ 0471/794133, gardenaguides.it.

Kletterhalle Nives im Zentrum am Nivesplatz. 320 m² Kletterfläche, 12 m Wandhöhe, Infos und Kletterkurse über die Bergführervereinigung, ✆ 0471/794133, climbing-nives.it.

Radfahren **Service und Verleih** bei Dolomiti Adventures, Streda Mëisules 242, ✆ 0471/770905, dolomiti-adventures.com.

Slackline Der „erste offizielle Slackline-Park in Südtirol" befindet sich am nördlichen Ortsrand auf der Gemeindewiese. Es gibt 13 verschiedene Möglichkeiten für Anfänger und Fortgeschrittene, Slacklines anzubringen. Slacklines können selbst mitgebracht oder im Tourismusverein ausgeliehen werden. Es gibt auch Kurse für Anfänger, Infos beim Tourismusverein.

Wintersport **Ski- & Snowboardschule Wolkenstein,** auch Skiverleih und Langlaufschule im Langental, Streda Dantercëpies 4, ✆ 0471/795156, scuolasciselva.com. **Skiverleih** auch bei Dolomiti Adventures, dolomiti-adventures.com.

Eisstadion Pranives, Anf. Juli bis Anf. April, mehrmals wöchentlich freier Schlittschuhlauf. Infos unter ✆ 0471/795303, pranives.it.

Langlaufzentrum im Langental, verschieden lange Loipen, darunter die 10-km-Tour durch das Langental.

SellaRonda – zu jeder Jahreszeit sportlich um die Sella

Was Auto- und Motorradfahrer (→ Hochabteital, S. 463) können, das können Skifahrer schon lange – das muss die Grundidee der *SellaRonda* gewesen sein. Rund um die Sella sind die Lifte so dicht und die Pistennetze so eng verbunden, dass es tatsächlich möglich ist, an einem einzigen Tag um die Sella herumzufahren. Das Ganze ist allerdings anstrengend und man verbringt jede Menge Zeit in Aufstiegsanlagen. Da die letzten Lifte spätestens um 17 Uhr, meist aber schon um 16.30 Uhr bergan fahren, wird man schnell zum Getriebenen. Dennoch eine faszinierende Runde, am Abend wird's allerdings nix werden mit dem ausgelassenen Après-Ski, denn nach insgesamt 26 km Pisten und 4500 m bewältigtem Höhenunterschied denkt man eher ans Bett als an die Bar.

Das sommerliche Pendant zur Ski-Umrundung ist zweifelsohne die *MTB Tour Sellaronda*. Da die Lifte nun mal da sind, kann man sie doch auch als Unterstützung für die Sportradler nutzen, dachte man sich. Es gibt zwei ausgeklügelte Routen mit jeweils etwas über 50 km Länge, einmal mit dem Uhrzeigersinn (320 Höhenmeter) und einmal gegen ihn (1020 Höhenmeter). Beide sind mit Liftunterstützung gut an einem Tag zu schaffen, das Tagesticket für die Aufstiegshilfen ist allerdings mit 47 € kein Schnäppchen. Wer sich nicht so recht traut, kann die Tour organisiert buchen (Infos unter sellaronda-mtb.com).

■ Merkblatt und Übersichtsplan zur Ski- und MTB-Variante bei jeder Touristeninformation.

Übernachten

→ Karte S. 521

Wolkenstein ist eine der Tourismushochburgen Südtirols und in der Hauptsaison trotz hoher Preise ausgebucht. Es gibt unendlich viele teure und dabei mittelprächtige Hotels. Am preiswertesten sind die Zimmer mit Frühstück und Apartments, die von den wenigen verbliebenen Bauern als „Urlaub auf dem Bauernhof" angeboten werden.

Hotels ******S Nives 7**, direkt am zentralen Platz gelegenes Boutique-Hotel mit 13 geräumigen Komfortzimmern und Suiten, viel Holz, Sauna, Spa, Hallenbad, Whirlpool im Außenbereich, Gourmet-Restaurant (→ Essen & Trinken). Streda Nives 4, ✆ 0471/773329, hotel-nives.com. **€€€€**

****** Chalet Gerard 18**, in fantastischer Panoramalage an der Straße zum Grödner Joch, inmitten von Wiesen vor den Wänden der Sellagruppe, moderne Architektur mit geschwungenem Dach, helle Zimmer mit viel Holz, Sauna, Fitnessbereich und Whirlpool. Der Blick auf die Sella und den Langkofel lohnt auch einen kurzen Stopp ohne Übernachtung, dafür mit Cappuccino und Buchweizentorte. Plan de Gralba 37, ✆ 0471/795274, chalet-gerard.com. **€€€€**

****** Passo Sella Dolomiti Mountain Resort 17**, wo bis 2013 das marode Sellajochhaus stand, prunkt nun ein modernes, energieeffizientes Resort mit hellen, holzgetäfelten Zimmern, türkischem Dampfbad, Sauna und Kneippanlage. Restaurant und Bar, in der man auch einfach nur einen Cappuccino trinken kann (Staunen inklusive). Mit der Grandezza der früheren Passhäuser hat das alles nicht mehr viel zu tun, trotzdem ein charmantes Domizil. Passo Sella 2, ✆ 0471/795136, passosella-resort.com. **€€€€**

*****S Stella 13**, gutes Mittelklassehotel an der Hauptstraße, Rezeption mit Zirbenholz. Teil-

Dolomiten rund um die Sella → Karte S. 460/461

Mittelalterlicher Paarhof

weise modern renovierte Zimmer mit Balkon zur Straße. Schöne Bar ganz aus Holz, Aufenthaltsraum. Wellnessbereich mit Sauna, Caldarium, Ruheraum. Streda Mëisules 283, ✆ 0471/795162, hotel-stella.com. **€€€–€€€€**

Frühstückspensionen *****S Giardin 16,** Boutique-B&B im obersten Ortsteil von Wolkenstein. Wellnessbereich mit Sauna und Hydromassage in rustikalem Hütten-Stil, Mountainbikeverleih. Angenehme Zimmer, holzbetont eingerichtet. Streda Frëina 3, ✆ 0471/795375, giardin.it. **€€€–€€€€**

*****S Dlaces 6,** Garni mit modern und ansprechend renovierten Zimmern und Apartments mit Holzbalkon. Schöner Frühstücksraum, Wellnessbereich mit Sauna, Dampfbad, Outdoor-Whirlpool und Liegewiese. Sehr freundliche, familiäre Betreuung, viele Stammgäste. Streda La Sëlva 98, ✆ 0471/795446, dlaces.it. **€€€–€€€€**

***** La Majon 4,** das Garni liegt auf einem grünen Hügel mit wunderbarer Aussicht, die Zimmer haben z. T. Balkon – die Balkonzimmer sind zum Garten ausgerichtet. Kleiner Wellnessbereich mit Sauna und Dampfbad. Streda Larciunëi 28, ✆ 0471/794040, lamajon.it. **€€€**

meinTipp ****** Elvis 15,** 4 geschmackvolle Apartments für 2–6 Pers., die gekonnt Holz und heimelige Atmosphäre mit moderner Architektur verbinden. Hausherrin Heidi Überbacher arbeitet nebenbei im Tourismusbüro und hat neben ihrer guten Laune auch immer einen Tipp parat. Streda Ciampinëi 27–31, ✆ 0471/794639, villaelvis.com. **€€€**

Urlaub auf dem Bauernhof **Valin 2,** ruhige Lage, mit Kinderspielplatz, Katzen, Kaninchen, Liegewiese, Kräutergarten. Von der hilfsbereiten Familie Mussner aufmerksam geführt. Es gibt 4 Apartments für 2–6 Pers. Brötchenservice. Die Familie betreibt zudem die einzige Käserei am Ort (die Kühe weiden im Langental) und verkauft ihre Produkte im Hofladen. Streda Daunëi 49, ✆ 0471/79406, valin.it. **€€€**

Villa al Bosco 8, die junge Familie Rabanser kümmert sich persönlich und aus Überzeugung um ihre Gäste, dabei ist das Haus allein wegen seiner Lage empfehlenswert: am Hang über der Fischburg, ruhig und alleinstehend. Im Sommer kostenlose Mountainbikes, Bergtourenbegleitung auf Wunsch. Schöne Apartments, modern und gemütlich eingerichtet, mit Balkon oder Terrasse. Streda La Sëlva 76, ✆ 0471/794252, villaalbosco.com. **€€€**

Tubla 1, traditioneller Hof mit schönen Balkonen, Zimmern und einem Apartment und Dolomitenblick in Daunëi, Produkte des Bauernhofs kommen auf den Tisch und sind auch zu kaufen. Streda Daunëi 100, ✆ 0471/795360, tubla.it. **€€–€€€**

Essen & Trinken/Nachtleben

Restaurants/Pizzerien **Nives 7,** das Gourmet-Restaurant des gleichnamigen Hotels bietet ausgefallene und auf den ersten Blick gewagte Gerichte auf hohem Niveau (1 Gault-Millau-Haube), auf der Karte hausgemachte Pasta, hervorragende Lammgerichte und eine große Auswahl an Speck, Käse und Wein. Glutenfrei wird auch gekocht. ✆ 0471/773329, restaurant-nives.com. **€€€**

MeinTipp **Ciastel de Val 3,** Restaurant mit tollem Blick auf Wolkenstein und Schlern, die moderne Stube aus Lärchenholz schafft gemütliche Atmosphäre. Bodenständige regionale Küche, interessant das Mus im Pfandl: Weizenmehl, Polentamehl und Milch werden aufgekocht und mit heißer brauner Butter und Ei garniert. Das Ei stockt in der Hitze und bildet eine Kruste. Früher war das Mus das Alltagsessen der Hirten, es ist kalorienreich und sehr schmackhaft! Streda Val 2, ✆ 0471/795467, ciasteldeval.com. **€€**

Rino 10, nahe Tourismusbüro, beliebt und immer gut besucht, leckere Pizza, unten kross und reichlich Belag, aber auch Schnitzel & Co, flotter Service. Streda Mëisules 217, ✆ 0471/795272. **€€**

La Bula 14, gut frequentierte Restaurant/Pizzeria, Pizza und Pasta, die „Mamma" hat alles im Griff, und das Personal ist freundlich und fix. Streda Mëisules 287, ✆ 0471/795208, la-bula.com. **€€**

Cafés/Eisdielen **Monica 9,** angenehmes kleineres Café, nicht zu voll, da nicht an der Hauptstraße, viel lokales Publikum. Sacher-, Topfen-, Flockensahnetorte, Milchshakes und Eis, freundliche Bedienung. Streda Nives 47.

Villa Frainela 5, gemütliche Teestube mit leckeren Kuchen und schöner Terrasse, auch kleine deftige Speisen und Jausen, hübsche Apartments, Di Ruhetag. Streda Dantercëpies 66, ✆ 0471/794339, villafrainela.com.

Nachtleben **Kronestube 12,** hier geht's sehr urig und oft recht laut zu – die bis 1 Uhr früh geöffnete Gaststätte des Hotels Corona serviert zum späten Drink auch den Imbiss. Mi Ruhetag. Streda Mëisules 266, ✆ 0471/794480, hotel-corona.it.

Bar Saltos 11, sympathische kleine Bar, perfekt zum Après-Ski oder zum Après-Bike im Sommer. Oder für den Espresso am Morgen. Geöffnet von 7-1 Uhr. Streda Dantercepies 6, barsaltos.com.

Seiser Alm und Schlern nach einem Sommerregen

Das Seiser-Alm-Gebiet

Das Plateau von Völs, Seis und Kastelruth liegt hoch über dem Eisacktal. Noch 1000 m höher liegen die Weiden der Seiser Alm, eines der größten zusammenhängenden Almengebiete der Alpen. Und darüber erhebt sich, nochmals 600 m höher, das Kalkhochplateau des Schlern.

Jedes Jahr wieder veranstalten die Kastelruther Spatzen, inzwischen in Ehren ergraut, ihr herbstliches Festival („Spatzenfest") in Kastelruth, und dann ist in Völs, Seis und Kastelruth auch mit viel Geld und Beziehungen nicht mal mehr eine lumpige Kammer zu bekommen. Man muss sich ja nicht ausgerechnet dieses Wochenende aussuchen. Vieles spricht für den Frühsommer mit milden Tagen und blühenden Küchenschellen. Oder den Sommer mit allen Freizeitmöglichkeiten und einem Badesee. Oder vielleicht sogar den Spätherbst mit dem leuchtenden Gelb der Lärchen vor dem Weiß der Schlerngruppe. Auch nicht schlecht: der Winter mit den gepflegten, nicht allzu schweren Pisten der Skiregion Gröden-Seiser Alm.

Information **Tourismusverband Seiser Alm,** zur Region gehört auch Tiers, das im Rosengartengebiet beschrieben wird (→ S. 541), ✆ 0471/709600, seiseralm.it.

Verbindungen **Bus aus Deutschland:** Direktbus 4x tgl. von München nach Klausen mit Flixbus, Buchung auf flixbus.com.

Nahverkehrsbusse bis zu 25x zwischen Bozen, Völs, Seis und Kastelruth, alle halbe Stunde zwischen Seis und dem Grödner Tal (Nr. 172).

Zur Umlaufbahn auf die Seiser Alm **Shuttlebus** zwischen Panidersattel, Kastelruth, Talstation, Seis und Völs. Die Busse sind in der Hauptsaison zwischen 8 und 19 Uhr im Viertel- bis Halbstundenabstand unterwegs, Tageskarte 3 €. Auf die Seiser Alm verkehrt ab Seis der **Seiser-Alm-Express,** hin/zurück 24 €. Auf der Seiser Alm selbst fährt zwischen Compatsch und Saltria der **Almbus,** Einzelfahrt 3 €.

Gästekarten Der **Südtirol Alto Adige Guest Pass** der teilnehmenden Beherbergungsbetriebe ermöglicht die kostenfreie Nutzung von bestimmten Bussen und Shuttlebussen sowie der Bahn und der öffentlichen Seilbahnen. Die **Combi Card 3 in 7,** erlaubt 3 Berg- und Talfahrten auf die Seiser Alm mit der Seiser-Alm-Bahn oder dem Seiser-Alm-Express und die Nutzung aller Shuttle- und Almbusse. Sie ist 7 Tage gültig und kostet 59 €. Die **Combi Card 7 bzw. 14** (76/115 €) erlaubt die uneingeschränkte Nutzung der Bahn und Busse. Mit der **Seiser Alm Card Gold** kann man im Sommer weitere Lifte nutzen, sie ist eine Woche gültig und kostet 115 €. Für Langläufer gibt es im Winter den **Nordic Pass 3 in 7** für 74 €, außerdem den **Nordic Pass 7 bzw. 14** für 99/152 €, der zusätzlich die Loipenmaut beinhaltet.

Feste & Veranstaltungen **Oswald-von-Wolkenstein-Ritt** auf dem Plateau von Seis, ein Wochenende Ende Mai/Anf. Juni (2021 zum 38. Mal). Der Reiterwettbewerb zu Ehren des Dichters Oswald von Wolkenstein findet in den drei Ortschaften des Plateaus, Kastelruth, Seis und Völs, und bei Schloss Prösels statt. In der Form mittelalterlicher Turniere treffen Reitermannschaften aufeinander, das Volksfest präsentiert aber auch Musikkapellen, mittelalterlich gekleidete Gruppen, Spaßmacher und Artisten, ovwritt.com.

Seiser Alm Balance ist ein relativ neues Event im Mai/Juni In den Ortschaften der Region wird ein Programm mit Veranstaltungen und Workshops zum Thema Entspannung und Wohlfühlen geboten, wie Waldbaden, geführte Wanderungen mit Verkostung oder ein Brotbackkurs. Anmeldung in den Infobüros.

Den ausklingenden Winter verschönert das **Musikfestival Swing on Snow** auf den Skipisten, den Hütten und in den Ortschaften der Region. Präsentiert wird Volkstümliches, aber auch Jazz, Soul, Pop und Klassik. Das Fest findet an 6 Tagen Mitte/Ende März statt, 2024 schon zum 16. Mal, Zuhören ist kostenlos.

Kinder Im Sommer zahlreiche Angebote und Veranstaltungen speziell für Kinder und Familien, wie das **Erlebnis Bauernhof** mit Erkundung eines Pferdehofs, einer Bäckerei oder Käserei. Die **Dolomiti Ranger** bieten naturkundliche Exkursionen. Auf **Schloss Prösels** kann man das Mittelalter erleben und dort sogar übernachten. Anmeldung jeweils in den Infobüros.

Radfahren/Mountainbiken Zusammen mit dem Grödner Tal stehen 600 km Radstrecken in allen Schwierigkeitsgraden zur Verfügung, die Region wirbt mit Radtouren auf zwei Höhenlagen: auf der Seiser Alm und in den 1000 Höhenmeter tiefer gelegenen Ortschaften. Die Seiser Alm hat sich dabei zum Hotspot für Genussradler entwickelt. Vor allem E-Biker bevölkern ihre Straßen und Forstwege. Ist ja auch angenehm: (meist) asphaltierte Straßen, (fast) keine Autos, Almhütten an jeder Kurve und dazu diese spektakuläre Landschaft!

Wandern/Laufen Noch mehr Superlative: 450 km Wanderwege erschließen die Region, bestens ausgeschildert und vernetzt. Themenwanderwege und Almrundwege für die entspannte Tour, Gipfeltouren und Klettersteige für die anspruchsvolle Tages- oder Mehrtagestour. Die Wandersaison geht von März bis November, und im Winter sind Winterwandern und Schneeschuhlaufen angesagt. Die Seiser-Alm-Region wirbt daneben mit 240 km ausgewiesenen Running-Trails, mit Höhentrainingseffekt und dem Halbmarathon im Juli.

Wintersport Das **Skigebiet Seiser Alm,** das zum Verband Dolomiti Superski (→ S. 633) gehört, ist Teil der Skiregion Seiser Alm/Gröden mit insgesamt 79 Aufstiegshilfen und 181 km Pisten. Das Skigebiet alleine umfasst 20 Sessellifte und 60 km Pisten und ist mit Gondelbahnen von Seis und St. Ulrich in Gröden erreichbar. Der preisgekrönte Snowpark ist mit über 70 „Obstacles" der größte in Südtirol. 11 Rodelbahnen (bis 3,5 km Länge), 15 Loipen (bis 15 km Länge, insgesamt 80 km) 3 Eislaufplätze und unzählige Möglichkeiten zum Schneeschuh- und Winterwandern. Skipassbüros an der Talstation der Seiser-Alm-Bahn in Seis, in Compatsch auf der Seiser Alm, im Tourismusbüro Völs, in Kastelruth, Wegscheidstr. 2.

Seis

Selbst im von pittoresken Panoramen verwöhnten Südtirol gibt es wenige Orte, die spektakulärer liegen als Seis. Das ehemalige Bauerndorf und heutige geschäftige Ferienzentrum lagert in einer grünen Mulde unter der wild aufgebäumten Santnerspitze, einem vorgelagerten Felsturm des Schlernmassivs. Seis bietet gute Hotels und Pensionen, eine recht gepflegte Gastronomie und in erster Linie aktiven Urlaub: Wandern, Bergsteigen, Klettern, Drachenfliegen, Mountainbiken im Sommer, alpiner Skilauf, Langlauf und Schneeschuhtouren im Winter. Und jede Menge Veranstaltungen, vor allem zahlreiche Konzerte mit Volksmusik. Als Sommerfrische hat Seis eine alte Tradition. Seit 1715 ist das Heilbad Ratzes bezeugt, seit dem 19. Jh. kamen zahlreiche bekannte Fremde wie der sächsische König samt Familie zur Erholung. Im Wald oberhalb des Orts (nahe Wanderweg 8) liegen die Reste der **Burg Hauenstein,** auf der der Minnesänger *Oswald von Wolkenstein* wohnte.

Sehenswertes/Ausflüge

Ortsbild: In Seis selbst gibt es wenig Bemerkenswertes, auch die barockisierte Pfarrkirche ist nicht umwerfend. Besuchenswert ist allerdings das **Kirchlein St. Valentin** oberhalb des Orts (nur Do 17–18 Uhr), von dem aus der Blick auf den Schlern wahrscheinlich der schönste von allen ist und sicher der umfassendste. Außen und innen hat das Kirchlein mit dem schlanken Turm und der roten Zwiebelhaube schöne Fresken (Ende 14. Jh.).

Burgruine Hauenstein: Den Spaziergang von Seis auf Wanderweg 8 und dann 3, der zuerst an der Burgruine vorbei und dann nach *Bad Ratzes* führt, sollte man sich nicht entgehen lassen. Er beginnt am Ende der Hauensteinstraße, die vom Ortszentrum abgeht (gegenüber der Touristeninformation). Wenig blieb erhalten von der mittelalterlichen Burg. Im 12. Jh. wurde sie von den Herren von Hauenstein erbaut, später fiel sie an die Wolkensteiner, die sie vergrößerten und wohnlicher machten. Einer von ihnen war der Dichter *Oswald von Wolkenstein*. Nach dem Bauernkrieg 1525 wurde die Burg aufgegeben und verfiel. Eine Marmortafel an der Ruine erinnert heute an ihren ehemaligen Besitzer Oswald von Wolkenstein.

Laranzerwald und Oswald-von-Wolkenstein-Weg: Ab Seis führt ein Spazierweg durch den Laranzer Wald, der nicht besonders erwähnenswert wäre, gäbe es da nicht die riesigen Steinpilze, Schopftintlinge und Knollenblätterpilze neben Pfifferlingen und einigen anderen, die dort herumstehen. Keine echten bitte, diese Mega-Exemplare sind aus bemaltem Holz, und ihr Schöpfer ist ein ausgebildeter Holzschnitzer, der sie dort im Einverständnis mit der Naturparkbehörde aufgestellt hat. Auch auf dem Oswald-von-Wolkenstein-Weg zwischen der Ruine Salegg und der Ruine Hauenstein begegnet man den Werken von Robert Winkler.

Gumperer Weg: „Gumpern“ bedeutet in diesem Zusammenhang „langsam sein, sich Zeit lassen“ auf Südtirolerisch. Dieser neu angelegte Familienweg führt vom Dorfplatz Seis über Burgfriedenstraße, Furscher Weiher, Aussergost, Kampideller, Maleng und Peterlunger zurück zum Dorfzentrum. Vier Buschenschänke und ein Restaurant sorgen für gepflegte Einkehr am Weg, für Kinder gibt es 5 Stationen für die Sinne. Dauer 2,5 Std., 300 Höhenmeter, einen hübschen Flyer gibt es im Tourismusbüro.

Auf die Seiser Alm: → Abschnitt „Auf der Seiser Alm“ ab S. 535.

Basis-Infos

Information Tourismusbüro Seis, Mo–Fr 8–18, Sa 9–13 Uhr, Seis am Schlern/Siusi allo Sciliar, Oskar-von-Wolkenstein Platz 6, ✆ 0471/707024, seis.it.

Naturparkhaus Schlern-Rosengarten, hier liegt der Schwerpunkt auf der geologischen Entstehung der Dolomiten, erläutert anhand plastischer Modelle, sowie auf Flora und Fauna des Parks. Oskar-von-Wolkenstein Platz 6, Mo–Sa 8.30–12.30 und 14–18 Uhr, So 9–12 Uhr, ✆ 0471/708110, naturparks.provinz.bz.it.

Verbindungen **Pkw:** großer Parkplatz im Dorf beim Busbhf. (Schlern-/Valierstr.), große Parkplätze auch am Ortsrand an der Talstation der Bahn auf die Seiser Alm.

Feste & Veranstaltungen **Summer Classics,** klassische Konzerte, immer montags von Juni bis Sept. Veranstaltungsorte sind die Pfarrkirche und das Kulturhaus. Der Eintritt ist frei.

Einkaufen Die **Laurin-** und die **Santnerstraße** sind die Einkaufsstraßen von Seis mit Sport-, Souvenir- und Lebensmittelgeschäften.

Bauernmarkt am Dienstag, **Wochenmarkt** am Donnerstag.

Südtirol Products, in der Talstation der Seiser-Alm-Umlaufbahn werden die Produkte der Völser Bauerinitiative sowie weiterer regionaler Produzenten (auch Weine und Grappe) vertrieben, tgl. geöffnet, suedtirol-products.com.

Heil- und Gewürzpflanzen aus biologischem Anbau offeriert der Kräuteranbau Pflegerhof, St. Oswald 24, Verkauf auch auf dem Bauernmarkt (s. o.). ✆ 0471/706771, pflegerhof.com.

Radfahren **Radverleih** beim Sporthaus Fill, Compatsch Nordic Center, Seiser Alm, ✆ 0471/729063, oder Kastelruth, ✆ 0471/707227, sporthausfill.com. E-Bike-Verleih mit Werkstatt bei Gasko, Oskar-von-Wolkenstein Platz 6 a (beim Tourismusbüro).

Sehnsuchtsvoller Bergblick ...

Geführte Touren und Kurse werden ebenfalls angeboten. ✆ 0471/1948032, gasko-ebike.it.

Wandern/Bergsteigen/Klettern **Alpinkletterschule Schlern** (im Garni Alpin), Schlernstr. 25, Tagestouren, Kurse. ✆ 0471/706285, alpinkletterschule.com.

Übernachten/Essen & Trinken

Übernachten ****** Artnatur Dolomites,** zentrales Hotel am Kirchplatz mit familiärer Atmosphäre, wander- und kinderfreundlich, eigene Konditorei mit großer Terrasse, gut bestücktes Frühstücksbuffet, Steinsauna, Dampfbad und Whirlpool, Fitnessraum. Behaglich schicke Zimmer mit blumengeschmücktem Balkon. Oswald-von-Wolkenstein-Platz 5, ✆ 0471/706174, artnatur-dolomites.com. **€€€€**

****** Schwarzer Adler,** sympathisches, kleineres Hotel mit Augenmerk auf Details: schöne Gaststube mit Kamin, individuell eingerichtete Zimmer mit Vollholzmöbeln, 2 gemütliche Apartments für 2–6 Pers., Dachterrasse. Außerdem neues Hallenbad, Saunen, Pool mit Liegewiese, Massagestudio. Laurinstraße 7, ✆ 0471/706146, hotelschwarzeradler.it. **€€€€**

***** Pension Profanter,** ruhig und ganz isoliert am Rand des Hauensteiner Walds über Seis gelegen mit Blick auf den Schlern, viel Grün auch im Garten mit Pool und auf den Balkonen der Zimmer. Ratzesstr. 22, ✆ 0471/706508, profanter.com. **€€€**

***** Residence Kristiania,** hübsches Tirolerhaus unweit des Dorfzentrums mit Apartments für 2–6 Pers., ruhige Lage, schöne Sonnenterrasse, Sauna, Burgfriedenstr. 13, ✆ 0471/706439, residence-kristiania.com. **€€**

Verleierhof, Urlaub auf dem Bauernhof mit Buschenschank (Törggelen!). Sauna, Kräuterdampfbad, und „Vigiler Heubadl", man kann auch im Heu schlafen. Zimmer mit Balkon, Frühstücksbuffet, Küchenbenutzung möglich. St. Vigil 12, ✆ 0471/707143, heubadl-verleierhof.com. **€€€**

Essen & Trinken **Trotzstube,** geschmackvoll eingerichtetes Lokal im Hotel Arvina, abends Kerzenlicht, die Küche legt Wert auf regionale Produkte, ruhiger Standort. Für externe Gäste Mo und Di Ruhetag, Patenerstr. 4, ✆ 0471/706436, hotelarvina.com. **€€**

Vigiler Hof, an der Straße nach Völs, Restaurant des gleichnamigen Hotels oberhalb der Straße, schöner Ausblick von der Terrasse, gutbürgerliche Tiroler Küche mit einigen italienischen Akzenten, St. Vigil 29. **€€€**

Restaurant Pizzeria Santner's, modern eingerichtetes Restaurant in der Talstation der Seiser-Alm-Umlaufbahn mit geräumiger Außenterrasse, guter Apfelstrudel und italienisch-südtiroler Gerichte. ✆ 0471/707678, santners.it.

Völs

Die burgartige Anlage des alten Dorfs auf einem die Hochfläche nochmals überragenden Hügel ist sehr reizvoll. Am östlichen Ende der Dorfstraße begrenzt das wuchtige, durch äußere Anbauten veränderte „Preslertor", 1302 erstmals erwähnt, das historische Zentrum. Besonders harmonisch ist der Kirchplatz. Die spätgotische, dreischiffige **Pfarrkirche Mariä Himmelfahrt** mit ihrem schlanken Glockenturm samt Zwiebelhaube besitzt ein romanisches Kruzifix (13. Jh.) und den Flügelaltar des Meisters *Narziss von Bozen* von 1489. In der doppelgeschossigen, romanischen *Friedhofskapelle St. Michael* befindet sich das kleine, aber sehr sehenswerte **Pfarrmuseum.** Es besitzt eine eindrucksvolle Sammlung v. a. spätgotischer Skulpturen, die aus den Kapellen der Pfarrgemeinde hierher in Sicherheit gebracht wurden (Öffnungszeiten/Führungen Juni bis Ende Okt. Do 10.30 Uhr).

Sehenswertes/Ausflüge

Schloss Prösels: Die Vorgängerin des heutigen Schlosses, eine kleine Burg, wurde 1027 vom Kaiser an den Bischof von Brixen übertragen, der sie wiederum einer Ministerialenfamilie übergab, die sich damals nach der Burg die Herren von Völs nannte. Die Säulen im Wappen der Völs kamen hinzu, als sich Leonhard von Völs, Landeshauptmann unter Kaiser Maximilian, den neuen Namen „Colonna" (Säule) bestätigen ließ, da die Familie angeblich von den altrömischen Colonna abstammte. Der energische Burgbesitzer ließ den Bau dem Geschmack der damals modernen Renaissance anpassen, er sollte prunken, komfortabel sein und den Ruhm des Hauses Völs-Colonna verbreiten. Es entstand ein Renaissanceschloss mit prachtvollen Sälen wie dem großen *Kaminsaal* mit Holzbalkendecke, dem Ehren- oder Rittersaal mit Renaissancetäfelung und fantastischen Schnitzereien an den Brüstungen der großen Innentreppe. Die Wände wurden mit Fresken bemalt, wo sie nicht getäfelt wurden, und in der *Burgkapelle* durfte *Hans Leonhard Schäufelein,* ein Meister der Dürer-Schule, zeigen, was nördlich der Alpen moderne Kunst war.

▪ Mai bis Okt. tgl. (außer Sa) Besichtigung nur mit **Führung,** im Juli/Aug. stündlich 11–16 Uhr, Juni/Sept. 11, 14, 15, 16 Uhr, Mai/Okt. 11, 14, 15 Uhr. In HS auch Familien- und Kinderführungen, Di und Do 10.30–12.30 Uhr. ✆ 0471/601062. Eintritt 9 €, Kinder 5 €. Mehr Information unter schloss-proesels.seiseralm.it.

Oachner Höfeweg: Ein beschilderter Kultur- und Naturwanderweg (der sich aufgrund der zahlreichen Buschenschänken auch hervorragend zum

Schloss Prösels vor dem mächtigen Schlernmassiv

Törggelen eignet!) lädt in die Landschaft rund um Völs ein. Von Schloss Prösels bis St. Kathrein sind es 8 km, hin und zurück sollte man mit 4–5 Std. rechnen, wobei man zurück am besten Weg 5 (oder den Bus) nimmt. Man passiert Eislöcher mit einem alten, restaurierten Wirtskeller, wo dank dieses mikroklimatischen Phänomens Lebensmittel auch im heißesten Sommer kühl gelagert werden konnten. Edelkastanien, Flaumeichen und Mannaeschen, eine interessante Flora und Fauna am Weg (Gottesanbeterin, Smaragdeidechse, Äskulapnatter), Weinberge und Maulbeerbäume liegen am Weg. Wo heute Grünland liegt, wurde früher Buchweizen angebaut, erklären Schilder oder das interessante Beiheft, das man im Tourismusbüro (gratis) bekommt. Der Fronthof (Einkehr), den man ebenfalls passiert, ist ein uralter Bau, seine Struktur ist noch gotisch.

Die Moarmühle: Von den 15 Getreidemühlen, die Völs 1860 noch hatte, ist ein funktionstüchtiges Exemplar erhalten. Die Moarmühle, eine sog. oberschlächtige Wassermühle, gibt es nachweislich mindestens seit 1554, die letzte Erweiterung samt neuem Dach stammt von 1881. Nach einer Restaurierung kann sie wieder zum Mahlen von Getreide verwendet werden.

Der Völser Weiher: Südtirol hat nicht gerade viele Badeseen, da ist Völs natürlich mit seinem Weiher gut dran. Angelegt wurde er als Karpfenteich für die Herren des Schlosses Prösels, schließlich brauchte man den Fisch für die vielen Fastentage im Jahr. Der am Rand moorige und teilweise verlandete Teich hat eine kleine Badeanstalt und unweit davon ein Gasthaus aus Holz, in dem Bilder zur Laurinsage hängen. Wer will, kann hier ein Ruderboot mieten – unter Umständen und an einem Augustsonntag wollen das viele. Der beliebte Weg hinauf zu **Tuffalm** (Aussicht!) ist ein „Straßenhatscher“, kann aber durch den Wald abgekürzt bzw. durch eine Verlängerung zum malerischen **Hofer Alpl** zu einer panoramareichen Rundtour erweitert werden (7,5 km, 2,5 Std.).

Dolomiten rund um die Sella → Karte S. 460/461

Anfahrt/Fußweg Über Sträßchen ab Völs, alternativ Wanderweg 2 ab Vigilerhof an der Straße nach Seis. Am Parkplatz befindet sich eine Infostelle des Naturparks.

Essen & Trinken **Altes Gasthaus Völser Weiher** mit schlichter Küche. Im Sommer Schwimmen, Sonnenbaden, Rudern, im Winter Eislaufen, gelegentlich Eisstockschießen. Mo geschl. ✆ 0471/725072.

Mein Tipp **Fronthof,** der größte aus gotischer Zeit erhaltene und aus Steinquadern errichtete Hof Südtirols wird von der Familie Kompatscher betrieben und setzt auf klassische Törggelen-Kost aus eigenen Produkten. Im eindrucksvollen Kellergewölbe mit gotischen Streben reifen Silvaner und Blauburgunder, die ab Hof gekauft werden können. Seit Kurzem werden 2 Apartments vermietet, die gekonnt Historie und Moderne verbinden, Frühstück extra, Bühelweg 2, ✆ 0471/601091, fronthof.com. **€€**

Tuffalm, gemütlicher Gastbetrieb in weiter Wiesenfläche, rustikale traditionelle Küche, April bis Mitte Nov. und in der Wintersaison, ✆ 0471/726090, tuffalm.it.

Hofer Alpl, 1364 m, aussichtsreich auf einer großen Wiesenfläche gelegene Berghütte. Eine der 7 Südtiroler Hütten, die vom Gault-Millau 2020 zum wiederholten Male ausgezeichnet wurden, klassische Südtiroler Almküche. Auch mit dem MTB gut und einfach zu erreichen, für E-Bikes gibt's eine Ladestation. April bis Anf. Nov. und in der Wintersaison, kein Ruhetag. ✆ 349/4008560, hoferalpl.it.

Heubäder, eine Völser Spezialität

In Völs hatten Sommerfrischler erstmals in Tirol die Gelegenheit, ein Heubad zu nehmen, wie es die Bauern schon Generationen lang taten, um sich fit und frisch zu halten. Das „Hotel Heubad" erinnert daran, denn hier schickte der Arzt *Dr. Josef Clara* gleich am Anfang des 20. Jh. erstmals Touristen ins Heu. Und die waren begeistert.

Wie geht das mit dem Heubad? Der „Badreiber" gräbt den Gast in eine Heukuhle ein und hüllt ihn bis zum Hals mit Heu ein, dann deckt er ihn mit Tüchern ab und überlässt ihn seinem Schicksal. Nach 10 bis 25 Min., je nach Alter, Geschlecht und Gesundheitszustand, hat sich der Puls deutlich erhöht, der Gast hat genug geschwitzt und darf sich im Ruheraum, in warme Decken gewickelt, von den Strapazen erholen und sollte fleißig trinken. Der Effekt des Heubads ist eine Entschlackung durch das Schwitzen und ein gutes Körpergefühl, insbesondere die Gelenke danken es einem.

Mehr über Heubäder unter badlkultur.it.

Basis-Infos zu Völs

Information **Tourismusbüro Völs,** Mo–Fr 8–18 und Sa 9–13 Uhr, Völs am Schlern/Fiè allo Sciliar, Bozner Str. 4, ✆ 0471/725047, voels.it.

Verbindungen **Pkw:** 2 größere Parkplätze, beide an der Dorfstraße, einer nahe der Bozner Str. unweit der Information, der zweite auf der anderen Dorfseite am Beginn des Schlosswegs.

Feste & Veranstaltungen **Völser Kuchlkastl,** kulinarisches (und oft nachgeahmtes) Volksfest im Herbst, Verkostung lokaler Produkte und Speisen, Musik, 2024 schon zum 47. Mal, voelserkuchlkastl.com.

Das **Kulturprogramm auf Schloss Prösels** bietet Konzerte und Veranstaltungen im Rittersaal oder Innenhof, Klassik, Jazz, Liederabende und Volksmusik sowie begleitende Ausstellungen; → Schloss Prösels.

Einkaufen **Bauernmarkt** Sa 8–13 Uhr auf dem Kirchplatz.

Bioprodukte vom Hof: 15 Bauern aus Völs und Tiers haben eine Vermarktungsinitiative gestartet, um ihre Erzeugnisse an den Mann und die Frau zu bringen. Geboten werden Gemüse, Obst, Beeren, Saft, Wein, Marmelade, Eier, Honig und Käse, alles zu seiner Zeit. Die Broschüre der Ökobauern ist beim Tourismusverein erhältlich. Ihre Produkte werden auch in Seis im Geschäft „Südtirol Products" in der Talstation der Seiser-Alm-Umlaufbahn verkauft, suedtirol-products.com.

Kaffeespezialitäten aus aller Welt bei **Caroma** (s. u.). Bio-Beeren und Baumfrüchte, Fruchtaufstriche und Säfte gibt es z. B. beim **Außerperskolerhof,** Unteraichaweg 11, ✆ 0471/601134; ebenfalls Bioprodukte aus Beeren und anderen Früchten stellt der **Partschillerhof** her, Völser Ried 17, ✆ 335/1050500, partschillerhof.it.

Baden/Schwimmen m **Völser Weiher** → „Sehenswertes/Ausflüge".

Bergführer Büro von **Arc Alpin Travel,** Schlernstr. 20, ✆ 338/2003388, arcalpin.it.

Übernachten/Essen & Trinken

Übernachten ***** **Romantikhotel Turm,** das freundliche Hotel liegt neben der Kirche in einem mittelalterlichen Gebäude (Turm aus dem 13. Jh.), das seine Gasthausvergangenheit nicht verbirgt. Individuell eingerichtete Zimmer, Hallenbad, Sauna und Heubad, schöner Garten, auch im Winter beheiztes Freischwimmbad, eigener Golfplatz. Über 2000 Ölbilder von teils berühmten Künstlern (Beuys, Kokoschka, Klee) befinden sich im Familienbesitz und grüßen an vielen Ecken von den Wänden. Im Restaurant feine Küche mit fantasievollen Kreationen. Do Ruhetag. Kirchplatz 9, ✆ 0471/725014, hotelturm.it. **€€€€**

**** **Heubad,** sehr elegantes und komfortables Hotel in Obervöls mit hervorragend ausgestattetem Wellnessbereich inklusive Hallenbad und beheiztem Außenpool sowie dem namengebenden Heubad, dem ältesten der gesamten Region (offiziell seit 1903). Das Restaurant mit zwei Stuben aus dem 17. Jh. wird gelobt, guter und persönlicher Service. Angenehme Zimmer, nur z. T. mit Balkon. Schlernstr. 13, ✆ 0471/725020, hotelheubad.com. **€€€–€€€€**

*** **Waldsee,** am Völser Weiher in ruhigster Lage und Waldumgebung. Erholung und Komfort, gute Zimmer, Hallenbad, Sauna und Dampfbad, sehr persönlicher Service. Weiherstr. 28, ✆ 0471/725041, hotelwaldsee.com. **€€€–€€€€**

Wundereck, Apartmenthaus in herrlicher Alleinlage mit großem Garten. Schöne, gut ausgestattete Ferienwohnungen mit Balkon oder Terrasse, besonders romantisch sind die unterm Dach. Hubert-Mumelter-Weg 25, ✆ 0471/704187, wundereck.com. **€€**

**** **Camping Seiser Alm,** großzügiger, z. T. schattiger Campingplatz mit guten Sanitäranlagen, eigenen Bädern für Kinder, Sauna, Salzwasserpool und Restaurant. Mietzelte und moderne Lodges für Familien. Nov. bis Mitte Dez. geschlossen. 2 Pers. und Stellplatz 31–93 €, Lodge (2–4 Pers.) 100–300 €. Dolomitenweg 10 (zw. Völs und Seis), ✆ 0471/706459, camping-seiseralm.com.

mein Tipp **Prackfolerhof,** aussichtsreich und einsam gelegener Hof direkt am Oachner Höfeweg, die Lage hoch über dem Tierser Tal mit Blick auf das gegenüberliegende Steinegg ist spektakulär und ruhig. Die freundliche Familie Planer bietet Urlaub auf dem Bauernhof, 3 bestens eingerichtete Apartements für bis zu 6 Personen, Brötchenservice. Produziert werden eigene Weine: Vernatsch, Sauvignon, Weißburgunder, dazu gibt es Marmeladen und Eier vom Hof und Speck aus der Umgebung sowie Grappa vom eigenen Trester. Moderner Verkostungsraum. Spiegelweg 9, Völser Aicha, ✆ 349/7899909, prackfolerhof.it. **€€**

mein Tipp **Essen & Trinken** **Binderstube,** in dem angenehm schlicht und geschmackvoll eingerichteten Lokal werden hauptsächlich Pasta-Gerichte serviert, manche davon vegetarisch (leckere Schlutzkrapfen), andere, italienisch-mediterran angehaucht. Ansprechende Weinauswahl. Sehr sympathische Wirtsfamilie. So und Mo Ruhetag, Dorfstr. 10, ✆ 0471/725020.

Paulis Caffè, neben dem Tourismusbüro gelegenes, unaufgeregtes Café zum Draußensitzen an einem belebten Platz des Ortes, So geschl., Bozner Str. 4.

Groß Getränke, schräg gegenüber von Paulis Caffè, gute Auswahl an Spirituosen, So geschl., Bozner Str. 8b.

Dolomiten rund um die Sella → Karte S. 460/461

Caroma-Kaffee – eine Südtiroler Erfolgsgeschichte

Valentin Hofer, Besitzer der Caroma-Rösterei und 1. Kaffeesommelier Italiens, vermag mit Charme und Fachwissen seine persönliche Kaffee-Geschichte zu erzählen. Was 1995 mit der Firmengründung begann, fand seinen vorläufigen Höhepunkt 2019 im neuen Firmengebäude im Stil einer Schaurösterei mit modernster Rösttechnik, angeschlossenen Schulungsräumen für Schnupperkurse bis hin zu professionellen Barista-Kursen sowie eines Erlebnismuseums – eines **Coffeeseums** (den Begriff hat er sich gleich patentieren lassen). Auf großzügiger Ausstellungsfläche werden Herkunft der Bohnen, Produktionsschritte, die historische Entwicklung und heutige Bedeutung des Kaffees dargestellt.

„Coffee Lover" treffen sich in der Rösterei Caroma in Völs

Caroma ist Teilhaber einer nachhaltig produzierenden Finca in Honduras und engagiert sich in einem sozialen Projekt in Tansania. Sein Besitzer ist immer auf der Suche nach neuen, seltenen Varietäten. Der direkte Weg vom Kleinbauern zu ihm ist ihm dabei der liebste – denn der sei am nachhaltigsten und transparentesten, da bedürfe es keiner weiteren Zertifizierung. Neben den bekannten Bohnen Arabica und Robusta, die 99 % des globalen Umsatzes ausmachen, gebe es über 120 weitere Sorten, die sich hinter dem einen verbleibenden Prozent verstecken. Einige davon hat er im Angebot, und darauf ist er sichtlich stolz. Der Betrieb mit 17 Mitarbeitern boomt, die sehenswerte Ausstellung wurde in ihrem ersten Jahr bereits von 5000 Menschen besucht, der Kaffee wird sowohl von der Gastronomie (stark in der Region, aber auch darüber hinaus) als auch von Privatkunden geschätzt. Im ansprechend gestalteten Verkaufsraum und allen weiteren Räumen der Rösterei findet sich noch die vermutlich umfassendste Kaffeemühlensammlung weltweit, über 1950 waren es im Februar 2020 – alleine sie würde den Besuch schon lohnen.

Zwei wichtige Hinweise zum Genuss dieses hochwertigen Kaffees seien angefügt: Um den Geschmack einer Röstung zur Geltung kommen zu lassen, bitte keinen Zucker in den Espresso oder den Filterkaffee! Und ein Cappuccino ist zwar auch beim Autor dieser Zeilen beliebt, aber zur Verkostung hochwertigen Kaffees ungefähr so wenig geeignet wie eine Pizza für teuren Feinschmeckerkäse ...

▪ Mo–Fr 8–12 und 13–17.30 Uhr, Sa 8–12 Uhr, Handwerkerzone 92, ✆ 0471/725651, caroma.info.

mein Tipp **Wassererhof,** Weingut und Buschenschank in aussichtsreicher Lage über dem Eisacktal mit traditioneller, bodenständiger Küche (Tipp: im Frühjahr Erdbeerknödel, im Herbst Ronenknödel) in altem Gemäuer, sehr harmonisch und behutsam renoviert. Weingut ganzjährig geöffnet, Buschenschank Ostern bis Juni und Sept. bis Dez., Fr–So geöffnet, Völserried 21, ✆ 0471/724114, wassererhof.com.

Laitnkeller, uriger Gasthof und Buschenschank in schöner Lage hoch über dem Tierser Tal. Die mächtigen Balken in der Stube dürften einiges erlebt haben. Hervorragende Schlutzkrapfen und Knödeltris. Ganzjährig geöffnet, Di Ruhetag. Unteraichaweg 2, ✆ 0471/601094, guntschoellerhof.it.

Umser Mühlele, am Wanderweg von Völs nach Prösels gelegenes, recht neues Restaurant mit Bar und Café-Betrieb. Leichte, regionale Küche, selbstgemachtes Brot, nettes, heimeliges Ambiente. Am Wochenende ganztags geöffnet, sonst abends, Di und Mi Ruhetag. Umserstr. 47, ✆ 371/3846531, umsermuehlele.it.

Kastelruth

Im deutschen Sprachraum ist Kastelruth insbesondere wegen der *Kastelruther Spatzen* bekannt. 2018 feierten sie ihr 35-jähriges Bandjubiläum. Darüber hinaus ist Kastelruth ein ausgesprochen angenehmer Urlaubsort, hübsch im Grünen gelegen mit Seiser Alm und Schlern im Hintergrund und mit einem einigermaßen intakten historischen Zentrum am Fuß des Burgbergs (ohne Burg). Beste Urlaubsbedingungen: hervorragende Hotellerie, ausgedehntes Freizeitangebot im Sommer wie im Winter.

Sehenswertes/Ausflüge

Ortsbild: Im alten Ort gibt es einige Häuser mit Außenfresken, so das Haus Felseck, den Gasthof zum Wolf, das Mendelhaus. Beim Gasthof Wolf ist erwähnenswert, dass die Fresken zwar im alten Stil gemalt sind, tatsächlich aber aus der späten Gründerzeit stammen, sie sind das Werk des lokalen Malers *Eduard Burgauner*. Das Wahrzeichen des Orts ist der frei stehende, völlig überdimensionierte *Glockenturm* der Pfarrkirche St. Peter und Paul, ein Barockbau (1756–58) mit Zwiebelhaube. Die Pfarrkirche selbst ist jünger (19. Jh.), sie ist ebenfalls in sehr großzügigen Maßen errichtet worden. Die gepflegte Ortsmitte mit ihren wuchtigen Gebäuden vermittelt in ihrer Enge einen Eindruck mittelalterlicher Dorfarchitektur. Im Ansitz Lächler, der auch das Tourismusbüro beherbergt, ist seit 2019 im 1. Stock das *Trachtenmuseum* zu Hause. Es gewährt einen farbenprächtigen und anschaulichen Einblick in die lokale Vielfalt der Tracht und ihre Veränderung im Lauf der Zeiten. Das *Bauernmuseum* im Tschötscherhof befindet sich in St. Oswald und zeigt die Verbindung von tiefer Gläubigkeit und hartem Alltagsleben der Bergbauern.

Spaziergang auf den Kalvarienberg (Kastelruther Kofel): Vom Ortskern führt ein steiles Sträßchen bergan, hier steht rechts das behäbige Gebäude des Turmwirts. Wer auf der Straße weitergeht oder am Straßenanfang den Weg nach rechts nimmt, kommt auf den *Kalvarienberg*. Hier stand einmal eine Burg, die aber schon 1202 zerstört wurde. Im Barock hat man dann den Stumpf des Bergfrieds zu zwei Kalvarienkapellen ausgebaut, daneben steht eine weitere Kapelle, die im 17. Jh. entstand. Der gut markierte Rundweg auf den Kastelruther Kofel dauert etwa 30 Minuten.

Spaziergang von Kastelruth zum Oberstampfeterhof: Kinder freuen sich bestimmt über den riesigen Hühnerhof mit Hunderten freilaufender Hühner, die jeden Besucher geräuschvoll gackernd begrüßen. Zu erreichen auf dem Weg 6b von Kastelruth in etwa 15 Min.

Dolomiten rund um die Sella → Karte S. 460/461

Mit dem Marinzenlift auf die Marinzenalm: Der Marinzenlift (Talstation Paniderstr.) wirkt wie aus der „guten alten Zeit". Im bequemen Doppelsessel geht es auf die Marinzenalp, ein ideales Familienwandergebiet. Die *Marinzenhütte* bietet Deftiges, einen Spielplatz für Kinder und in der Nähe gibt es einen kleinen See (Marinzenlift Mitte Mai bis 1.11., einfache Fahrt 9,50 €, Hin- und Rückfahrt 16 €, Kinder die Hälfte).

Wanderung nach Tisens und Tagusens: Auf Weg 1 gelangt man in einer halben Stunde nach Tisens (gesprochen Tiséns), einem zur Gemeinde Kastelruth gehörenden Dorf (vom zentralen Klausplatz in die Plattenstraße, rechts zweigt nach 150 m die Sabine-Jäger-Straße ab, diese führt als wenig befahrenes Sträßchen bis Tisens). Die dortige *Kirche St. Nikolaus* hat wie so viele andere Kirchen Südtirols an der Außenwand ein überdimensioniertes Christophorus-Bild.

Nach Tagusens gelangt man von Tisens auf einer Autostraße oder zu Fuß auf dem Weg 2, der ca. 750 m vor Tisens in einer Linkskurve im Bachtal nach rechts abzweigt und über den bewaldeten Moosbüchl nach Tagusens führt (ab Bachtal ca. 0:50 Std.). Unterhalb dieses einsam über dem Ausgang des Grödner Tals liegenden Weilers (das Dorf gegenüber ist Lajen!) liegt die *Kapelle St. Magdalena.* Ihr Turm stammt noch aus dem 14. Jh., das später barock umgebaute Schiff etwa von 1500. Hübsch ist der Barockaltar mit einem Gemälde von *Franz Xaver Unterberger.* Außerdem nicht übersehen: Das *Schulmuseum* in Tagusens zeigt auf eindrucksvolle Weise, wie der Schulalltag noch vor wenigen Jahrzehnten ausgesehen hat – das Gebäude war bis 1993 eine Grundschule. Im 1. Stock finden sich eine historische Stube aus der Zeit um 1700 und eine Schuhmacherwerkstatt.

Museen **Trachtenmuseum,** ganzjährig Mo–Sa 8.30–12 und 15–18 Uhr, Krausenplatz 2 im Ansitz Lächler, Eintritt frei, ✆ 0471/706333. **Schulmuseum Tagusens,** Ostern bis Allerheiligen Mi, Fr 14–18, So 10–18 Uhr, freiwillige Spende, Tagusens 2, ✆ 334/7423915. **Bauernmuseum Tschötscherhof,** März bis 1. Nov.,

Kastelruther Frühsommer mit Kirchturm von St. Valentin

Do–Di 8–22 Uhr, freiwillige Spende, St. Oswald 19, ✆ 0471/706013, alle 3 Museen museum-kastelruth.com.

Tour 29: Wanderung von Kastelruth über St. Valentin nach Seis

Tour-Info: Fast auf dem gesamten Weg zwischen Kastelruth und Seis hat man den Schlern und die wilde Santnerspitze vor Augen, das macht den Reiz dieser einfachen und kurzen Wanderung aus. Dauer 1 Std.; Höhenunterschied ↑ 100 m, ↓ 180 m. Karte: Tabacco (1:25.000) Blatt 5. An-/Rückfahrt per Bus (Kastelruth und Seis sind mehrmals tgl. durch Busse verbunden).

Man beginnt in Kastelruth am Klausplatz und nimmt zunächst die Straße zum Großparkplatz, biegt aber noch davor mit dem Hinweisschild auf Weg Nr. 6 nach rechts ein. Diese Straße quert die Hauptverbindungsstraße (Oswald-von-Wolkenstein-Str.) und führt als Marinzenweg gemächlich ansteigend weiter und aus dem Ort heraus. Der Fahrweg erreicht den höchsten Punkt bei einem Wegstern, wenn man ihn passiert hat, geht es in gleicher Richtung und weiterhin mit der 6 weiter. Traumausblicke! Nach ca. 300 m beginnt rechts ein sanft absteigender schmaler Weg, nunmehr mit der Nr. 7, der quer über Wiesen führt, die Seiser-Alm-Straße quert und zu einer Häusergruppe führt. Links und etwas abseits liegt die Kirche St. Valentin, deren Turm man schon länger gesehen hat.

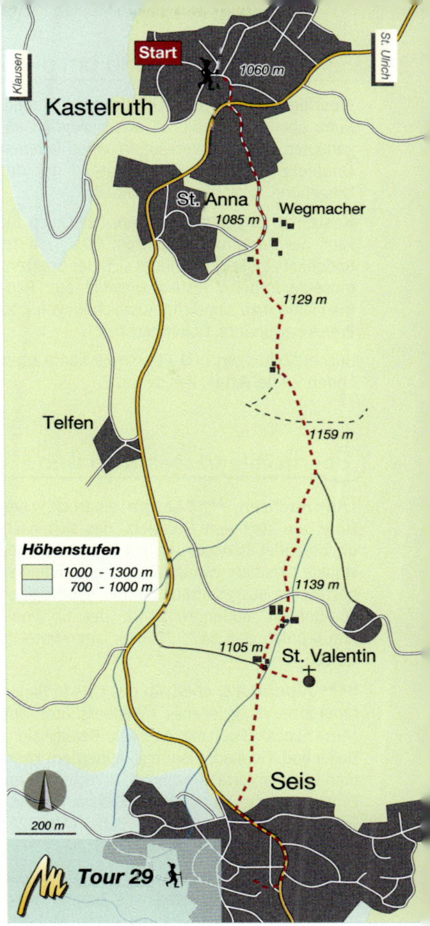

Weiter geradeaus bergab in Richtung der jetzt nicht mehr weit entfernten Ortschaft Seis, die man in der Nähe des Busbahnhofs (links) erreicht.

Basis-Infos zu Kastelruth

Information Tourismusbüro Kastelruth, Mo–Sa 8.30–12.30/15–18 Uhr, Krausenplatz 2, Kastelruth/Castelrotto, ✆ 071/706333, kastelruth.com.

Verbindungen Pkw: großer Parkplatz im Dorf beim Busbhf. nahe dem Ortszentrum.

Einkaufen Natura, Paniderstr. 7, der Naturkostladen behauptet von sich, den besten Apfelstrudel des Plateaus zu backen – könnte stimmen.

Eine Filiale des **Maso dello Speck** befindet sich in der Dolomitenstr. 14. Speck, Wurstwaren, Käse Feinkost, titospeck.it.

Bauernmarkt von Juni bis Okt. am Freitag, großes Bio-Angebot.

Destillerie Zu Plun, Obstbrände, Grappa, Rum, aber auch Essig, oft aus biologisch angebauten Zutaten. Verkauf in verschiedenen Önotheken oder Restaurants in der Umgebung. St. Valentin 9, zuplun.it.

Kastelruther-Spatzen-Laden, der Laden für Fans der Kastelruther Spatzen: CDs, T-Shirts, Andenken. Im Keller befindet sich das Spatzenmuseum, in den 7 rustikal eingerichteten Räumen kann man sämtliche Auszeichnungen und Preise bewundern. Dolomitenstr. 21.

Bücher, Zeitungen und CDs sowie Landkarten finden Sie bei **Atlas,** Paniderstr. 2.

Radfahren Verleih von Fahrrädern beim Sporthaus Fill, Wegscheidstr. 10, ✆ 0471/707227, sporthausfill.com.

Reiten Reiterhof Unterlanzin, Telfen-Lanzin 61a, ✆ 339/8686868, auch Zimmer mit Frühstück für Pferdenarren, unterlanzin.it.

Sportzentrum Sportzentrum Telfen mit Boulderhalle, an der Straße zwischen Kastelruth und Seis, dort auch Tennis, Bowling, im Sommer Schwimmbad, im Winter Eislaufen. ✆ 0471/705090.

Übernachten/Essen & Trinken

Übernachten ****** Lamm,** eindrucksvolles Hotel am zentralen Dorfplatz, das sich nach umfassender Renovierung gut in die neu gestaltete Ortsmitte einfügt. Dezent und dennoch hochwertig ausgestattete Zimmer, großzügiger Spa-Bereich, außergewöhnlich der Sky-Pool. Krausenplatz 3, ✆ 0471/706343, lamm-hotel.it. **€€€€**

****** Alpenflora,** oberhalb des Orts in Panoramaposition gelegenes Wellnesshotel im „Ansitz-Look". Pool mit Ausblick, Beautysalon, Hallenbad, Heubad, Pianobar. Außerdem kann man hier komfortabel wohnen, in recht großen Zimmern, nicht unbedingt mit Balkon. Oswald-von-Wolkenstein-Str. 32, ✆ 0471/706326, alpenflora.com. **€€€€**

***** Zum Wolf,** traditionsreicher Gasthof mit Außenfresken und Hausbar, die Zimmer ohne rustikalen Schnickschnack mit guten Möbeln, meist Balkon, einige mit Kachelofen. Oswald-von-Wolkenstein-Str. 5, ✆ 0471/706332, hotelwolf.it. **€€€**

***** Garni Jasmin,** Frühstückspension in Aussichtslage am Ende einer Stichstraße mit großem, umlaufendem Balkon und geräumigen Zimmern, gutes Frühstücksbuffet. Im Haus Saunen, Hallenbad im Hotel Sonnenhof kostenlos nutzbar. Kleinmichlweg 14, ✆ 0471/705009, garnijasmin.it. **€€–€€€**

Oberlanzin, der Reiterhof Unterlanzin bietet auch Zimmer an, beide Höfe gehören der Familie Gasslitter. Helle Zimmer ohne Schnickschnack, Gästeküche, im oberen Hof Reitstunden möglich. Telfen-Lanzin 61, ✆ 333/9650073, oberlanzin.it. **€€**

Essen & Trinken St. Michael, bürgerliches Restaurant mit traditioneller Tiroler Küche und internationalen Gerichten, nahe dem Panidersattel, am Nachmittag kommen viele Spaziergänger zum Kaffeetrinken, denn das Restaurant liegt nahe der Bushaltestelle, die man von Kastelruth über Weg 9/7 erreicht, und anschließend kann man bequem mit dem Bus zurückfahren. Sa Ruhetag. St. Michael 21, ✆ 0471/700100, restaurant-stmichael.com. **€€**

Turmwirt, am Aufgang zum Kalvarienberg (hinter der Kirche rechter Durchgang), draußen schönes Gartenrestaurant, Café-Betrieb, drinnen wunderschöne, komplett alt getäfelte Krausenstube, prachtvoller Barockkachelofen. Überwiegend südtirolerische Küche (Schlutzkrapfen, Steinpilze und Knödel, Kalbsstelze), Mi Ruhetag, Kofelgasse 8, ✆ 0471/706349, zumturm.com. **€€**

Zum Lampl, entspannte Atmosphäre im Bar/Café des Hotels Lamm, perfekt für einen Aperitif nach der Wanderung. Auch sehr gutes Eis, Kuchen und kleine Gerichte. Abends Restaurantbetrieb. Krausenplatz 3.

Café Konditorei Stern, nettes Café mit schöner Außenterrasse, eigenes Eis, selbst gemachte Kuchen. Sa Ruhetag. Plattenstr. 5.

Buschenschank Lafogl, in St. Oswald bei Kastelruth gibt es den Wein, den man oben im viel raueren Klima vergeblich sucht. Traditionelle Stuben in Holz, rustikale Südtiroler Küche, Verkauf von Äpfeln, Apfelessig, Apfelsaft, Himbeeren. Ostern bis Juni nur am Wochenende sowie von Sept. bis Nov. tgl. St. Oswald 15, ✆ 0471/706624, lafogl.com.

Frühsommer auf der Seiser Alm mit Blick Richtung Grödnertal

Dolomiten rund um die Sella → Karte S. 460/461

Auf der Seiser Alm

Wenn die Seiser Alm immer wieder als eine der schönsten Ferienlandschaften Europas bezeichnet wird, hat das seine Gründe. Kaum ein anderes Berggebiet kann in allen Jahreszeiten so viel bieten und ist doch so wenig vom Tourismus verändert worden. Überragt vom Schlern, von den Rosszähnen und ganz im Osten vom Langkofel, ist die Seiser Alm ein regelrechtes Erholungs- und Aktivsportdorado.

Das wellige Hochplateau der Seiser Alm, zwischen 1700/1800 m und 2100/2300 m hoch gelegen, ist in weiche Gesteine gebettet, die das Wasser oberflächlich abfließen lassen. Es gibt also viele kleine Gewässer, viele Nassstellen mit interessanter Vegetation und dazwischen ausgedehnte Wiesen und Weiden, die seit uralter Zeit für das Vieh genutzt werden. Bevor Landmaschinen und Kunstdünger (die Überdüngung ist ein Problem auf der Seiser Alm, das die Vielfalt der Flora und Fauna erheblich bedroht) ihren Einzug hielten, wurden die Wiesen von Hand gemäht und brachten zwar mäßigen, aber hochwertigen Ertrag. Wie gut das Heu war, konnte man an der Milch, an der Butter und am Käse schmecken. Wie gut die im Heu enthaltenen ätherischen Öle für den Körper sind, haben die Bauern im Umkreis seit Jahrhunderten gewusst und das Baden im Heu bei Gelenkkrankheiten eingesetzt – die heutigen **Heubäder** für Touristen, die in Seis und anderswo angeboten werden, gehen darauf zurück.

Naturpark Schlern-Rosengarten – nicht immer war man stolz darauf

Der Naturpark, der auch einen sehr kleinen Teil der Seiser Alm umfasst, ist Südtirols zweitältester, er wurde 1975 offiziell eröffnet. Er umfasst 6800 ha, im angrenzenden Seiser-Alm-Gebiet sind weitere 6817 ha Landschaftsschutzgebiet. Keine öffentliche Straße quert den Park, keine Dauersiedlung existiert auf seinem Boden. Hier stehen nur Alm- und Schutzhütten, die Verkehrsadern sind Wirtschaftswege und ein paar für den allgemeinen Verkehr gesperrte Zufahrten. Der Naturpark umfasst die gesamte Schlerngruppe, und zwar ab dem Waldrand oberhalb von Seis die Rosszähne und den oberen Teil der Seiser Alm, in dem es weder Lifte noch andere Erschließungsmaßnahmen gibt. Das heißt, die außergewöhnlich artenreiche Flora und seltene Tiere (Murmeltier, Gämse, Hermelin, Kolkrabe, Steinadler) sind bis auf Weiteres in ihrem Bestand gesichert.

Die Durchsetzung des Naturparks durch die Südtiroler Landesregierung war nicht einfach. Die Grundbesitzer waren ablehnend, sahen ihre Hoffnung auf eine weitere „Erschließung" der Seiser Alm zunichte gemacht und fürchteten statt einer enormen Wertsteigerung den Wertverlust ihres Besitzes. Inzwischen haben sich die Wogen geglättet, und die meisten Gegner von einst sind Befürworter geworden. Der Naturpark hat Arbeitsplätze geschaffen und nicht vernichtet, der Tourismus floriert wegen und nicht trotz des Naturparks. Als der Park im Jahr 2003 von 5850 auf knapp 6800 ha vergrößert wurde (auf Tierser Gemeindegebiet) gab es keine Gegenstimmen.

▪ Mehr zu Naturpark und Naturparkhäusern → S. 541.

Quert man die Böden der Seiser Alm mit ihren Almen und den vielen verstreuten Hütten, in denen das getrocknete Heu für den Winter aufbewahrt wurde, um dann per Schlitten ins Tal transportiert zu werden, gelangt man in die Gebirgsregion, die mindestens so spektakulär ist wie die Alm selbst. Der **Schlern,** der Völs und Seis so gewaltig dominiert, ist von der Seiser Alm leicht zu ersteigen, dasselbe gilt für die Rosszähne, die ihren Namen nicht von ungefähr haben. Der Schlern ist ein fantastischer Aussichtsberg und ein beliebter Kletterberg, allen voran mit **Santnerspitze** und **Euringerspitze,** zwei vom Plateau abgesprengten Felszacken. Sie haben ihre Namen von ihren Erstbesteigern Johann Santner und Gustav Euringer. Die **Rosszähne** wiederum locken auch Klettersteiggeher: Vom Tierser Alpl mit dem gemütlichen Schutzhaus führt der – für einen versicherten Klettersteig – unschwierige Maximilianweg über den gesamten Kamm zum Schlern.

Compatsch

Der Tourismus hat sich gleich am Westende der Seiser Alm im Ort Compatsch festgekrallt. Hier befinden sich mehrere Hotels und die zentralen Einrichtungen wie Bank und Geschäfte, Imbisse und Gaststätten. Kein Ort zum Verweilen.

Ausflug auf den Puflatsch: panoramareiche Rundwanderung von Compatsch über die Arnikahütte, das Goller Kreuz, die sagenumwobenen *Hexenbänke*, das Fillner Kreuz und den Berggasthof Puflatsch mit 9 km und in knapp 3 Std., es sind aber diverse Abkürzungen möglich (Kabinenbahn in die Nähe des Berggasthofes Puflatsch). Die sog. Hexenbänke liegen an der zum Grödner Tal gewandten Seite des Puflatsch: Der säulenförmige Augitporphyrit tritt hier in der Nähe der Felskante wie ein Steinpflaster zu Tage. An einer Stelle ist dieses Steinpflaster nicht nur zum Tal hin gestuft, sondern auch wie ein Lehnstuhl geformt. Obwohl es sich dabei um eine natürliche Bildung handelt, haben die Menschen diese Formation schon immer als Sitz gedeutet und ihr einen übernatürlichen Ursprung zugeschrieben – wie heute noch die Bezeichnung „Hexenbank" deutlich macht.

Bergbahn **Kabinenbahn Puflatsch,** Ende Mai bis Anf. Okt., 9–17 Uhr, einfach 8 €, Berg/Tal 11 €, Kinder 6/8,50 €.

Hütten/Essen **Arnikahütte,** gut besuchte Almhütte mit rustikaler Speisekarte, außerdem gibt's Strudel, Kuchen und Torten. Kinderspielplatz. Mi Ruhetag, ✆ 0471/727812, arnikahuette.com.

Tschötsch Alm, toller Ausblick auf die Seiser Alm, super Apfelstrudel, gemütliche Liegestühle, an denen man auch bedient wird, ✆ 320/0661425, tschoetschalm.com.

Puflatschhütte, 1950 m, privat, 34 Betten in Doppel- oder 4-Bett-Zimmern, gutes Restaurant. Compatsch 68, ✆ 0471/729090, dibaita-puflatschhuette.com. **€€–€€€**

Tour 30: Wanderung von der Seiser Alm auf den Schlern und zum Tierser Alpl

Tour-Info: Dauer 7 Std.; Höhenunterschied ↑↓ 800 m; Karte: Tabacco (1:25.000) Blatt 5. Anfahrt mit dem Bus oder Pkw bis Compatsch. Wasser und Tagesproviant mitnehmen.

In Compatsch (1850 m) wendet man sich nach Süden auf ein Sträßchen, das zur Bergstation des Panoramalifts führt, verlässt es aber bereits nach der ersten Linkskurve und schlägt Weg 10 nach rechts ein. Über Almwiesen geht es sanft aufwärts, man unterquert den Lift zur Laurinhütte und erreicht einen Rücken (1957 m), von dem es 100 m bergab zu einem Sträßchen geht. Diesem folgt man nach links mit Markierung 5 bis zur gemütlichen Saltnerhütte (1820 m, 1:45 Std.) am Beginn des Aufstiegs auf den Schlern. Nach Bachquerung rechts auf den „Touristensteig", flotter Aufstieg, kurvenreich, schweißtreibend. Man erreicht durch Legföhrenwald die Wiesen des Schlernplateaus (2318 m), über die es fast flach weitergeht bis zu einer Weggabelung (3:15 Std.). Rechts liegen die Schlernhäuser (2457 m), die einen Besuch wert sind, wer es eilig hat, geht gleich nach links weiter.

Langer Weg über das Plateau des Schlern (Weg 3/4), schöne Blicke auf den Rosengarten. Nach einem Sattel muss man nochmals nach oben steigen und wird am Ende des Plateaus unter den Rosszähnen (2520 m, 4 Std.) nach rechts und in eine wilde Schlucht geführt. Für die nächste halbe Stunde sind Trittsicherheit und Schwindelfreiheit Voraussetzung, der Weg ist gut, aber schmal, und wer stürzt, fällt möglicherweise tief. Nach einer Querung am Fuß der Rosszähne (2375 m) und der Abzweigung des Wegs durch das Bärenloch nach Tiers steigt man nochmals auf zur bereits lange vorher zu sehenden Tierser-Alpl-Hütte auf ihrem Bergjoch zwischen Rosszähnen und Rosengarten (2440 m, 4:45 Std.).

Nach der Pause jenseits weiter nach links (Weg 2) zur Rosszahnscharte, und zwar vorsichtig (Trittsicherheit nötig!) steil über Lockerschutt abwärts in ein Kar oberhalb der Seiser Alm. Der Weg wendet sich nach rechts, ist nun weniger steil, bei einer Gabelung bleibt man links. Almwiesen, ein feuchtes Tälchen (Ladinser Moos), und wir

Dolomiten rund um die Sella → Karte S. 460/461

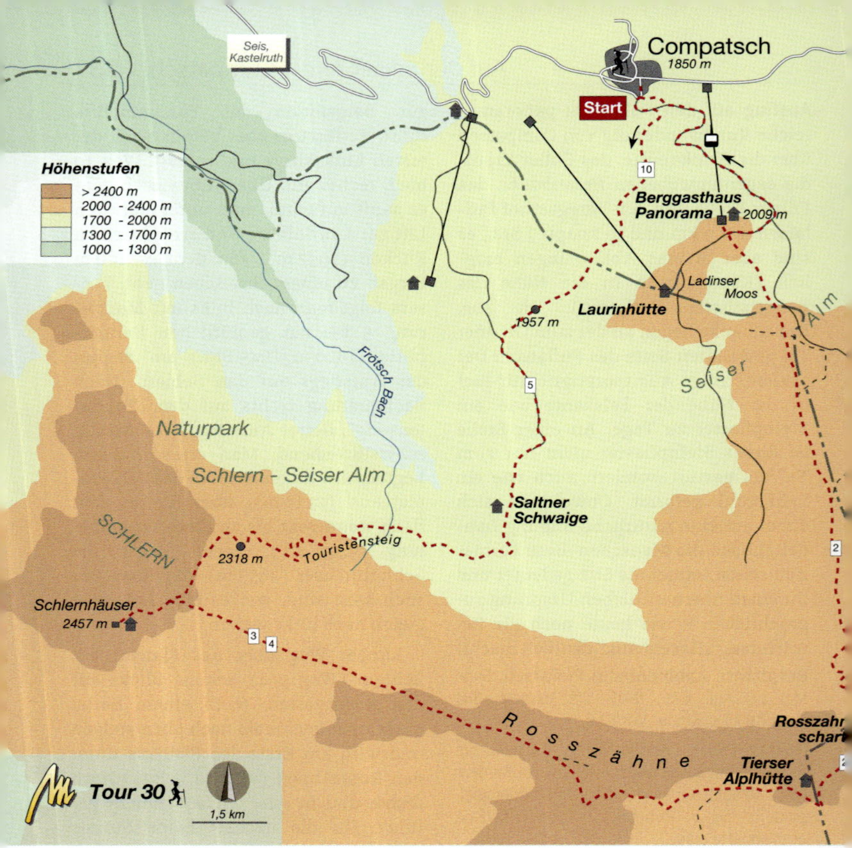

stehen oben beim Berggasthaus Panorama (2009 m, 6 Std.) Hier per Sessellift hinunter oder über das Sträßchen (7 Std.).

Hütten **Jausenstation Saltner Schwaige,** etwas weg vom Trubel, rustikales Essen (Speckknödel, Wildragout und Nudelgerichte, aber auch hausgemachten Joghurt mit Waldbeeren, Kaiserschmarrn mit Preiselbeeren und frische Almmilch), ✆ 0471/727804, saltner.eu.

Schlernhäuser, CAI Bozen, 2457 m, 30 Betten, 90 Lager, schöner rustikaler Speisesaal. Geöffnet Juni bis Okt. ✆ 0471/612024, schlernhaus.it. **€€–€€€**

Schutzhaus Tierser Alpl, privat, unter den Rosszähnen. Das rote Dach ist geblieben, ansonsten hat sich die Hütte 2015 in ein modernes Schutzhaus mit Panoramafenstern und viel Holz im Gastraum und in den Zimmern verwandelt. Freundliche Atmosphäre, gutes Essen (der Kaiserschmarrn ist noch so genial wie früher). ✆ 0471/727958, tierseralpl.com. **€€€**

Basis-Infos zu Compatsch und der Seiser Alm

Information **Tourismusbüro Seiser Alm,** Mo–Fr 8.15–12.30, im Aug. So 9–12 Uhr Seiser Alm/Alpe di Siusi, Compatsch 50, ✆ 0471/727904, seiseralm.net.

Verbindungen **Pkw:** Die Straße von Seis/Kastelruth nach Compatsch ist im Sommer zwischen 9 und 17 Uhr gesperrt und nur mit der Seiser Alm Bahn zu erreichen. Wer mit dem

Auto kommt, wählt an der Forststation St. Valentin den Parkplatz: P1 Spitzbühl ist kostenlos, P2 Compatsch kostet 24 €/Tag. Gäste mit Unterkunft auf der Seiser Alm erhalten vom Gastgeber (oder Tourismusverein) eine Sonderfahrerlaubnis und dürfen die Straße dann vor 10 Uhr und nach 17 Uhr benützen. Auf der Seiser Alm gilt absolutes Fahrverbot (Ausnahme: Gäste von Hotels auf dem hinteren Teil der Seiser Alm).

Fahrrad: Die Umlaufbahn (s. u.) transportiert auch Fahrräder (6 €), wenn man die Auffahrt über die Straße (die nur für motorisierte Fahrzeuge gesperrt ist) scheut.

Bergbahn **Seiser Alm Umlaufbahn,** Talstation in Seis mit kostenlosen Parkplätzen und kostenpflichtigem Parkhaus, im Gebäude zahlreiche Geschäfte, Restaurant, Skischule und Verleih von Ausrüstung. Die Bergstation liegt in Compatsch. Ende Mai bis Anf. Nov. und in der Wintersaison 8–18 Uhr, in HS bis 19 Uhr, einfach 16 €, Berg/Tal 24 €, Kinder 10/14 €, Familie 36/52 €, ✆ 0471/704270, seiseralmbahn.it.

Paragliding Tandemflüge mit Paraglidern bietet **Tandemfly Dolomiti,** ✆ 335/2576055, tandemfly-dolomiti.com; Startpunkt Spitzbühl (Sessellift ab Parkplatz Frommer an der Straße nach Compatsch).

Radfahren/Mountainbiken **Verleih von MTBs und E-Bikes,** bei Alpin Sports an der Tal- und Bergstation, Reparaturservice, Bike-Wash an der Bergstation, ✆ 0471/707641, alpin-sports.com.

Wintersport **Skischule Seiser Alm,** alpiner Skilauf, Langlauf und Kinderskischule mit „Ski-Funpark-Kids". ✆ 0471/727909, skischule-seiseralm.com.

Verleih von Ausrüstung, bei Alpin Sports an der Tal- und Bergstation der Umlaufbahn und neben dem Skipassbüro in Compatsch, ✆ 0471/707641, alpin-sports.com.

Übernachten/Essen & Trinken

Übernachten *****S Icaro,** „Vitalpina- und Wanderhotel" auf dem grünen Piz. Moderner Bau, tolle Aussicht von den Balkonen. Saunen, Outdoor-Whirlpool und Hallenbad, schöne Zimmer. Piz 18/1, ✆ 0471/729900, hotelicaro.com. **€€€€**

Mein Tipp ****** Goldknopf,** näher am Naturpark und zu den Rosszähnen kann man nicht übernachten. Die Familie Malfertheiner führt das Hotel mit Überlegung und Sorgfalt: schöner Wellnessbereich mit Panorama-Außensauna, Innensauna, Hallenbad und Whirlpool, seit 2020 Naturteich vor dem Eingang. Sehr gute Küche mit Menüwahl und Salatbuffet, auch im Restaurant ist die Aussicht grandios. Gemütliche und stilvolle Zimmer mit freundlichem Mobiliar aus natürlichen Materialien. Jochstr. 18, ✆ 0471/727915, goldknopf.com. **€€€€**

Zallinger, der Trubel der Tagestouristen ist am Abend schnell vergessen. Dann hat man die Seiser Alm für sich. Genächtigt wird in gemütlichen Zimmern im Stammhaus oder in den stilvollen Almzimmern der 6 Chalets. Sauna und Dampfbad. Saltria 74, ✆ 0471/727947, zallinger.com. **€€€€**

Essen & Trinken **Spitzbühlhütte,** Berggasthof in Aussichtslage auf dem Spitzbühl (Bergstation Sessellift). Der Aufwind am steilen Abfall direkt vor der Sonnenterrasse wird von Drachenfliegern, Paraglidern und von Modellflugzeugpiloten genutzt. Bei rustikaler Küche und Bier wird gefachsimpelt. ✆ 0471/705085.

Rauchhütte, kleiner, gut besuchter Einkehrgasthof an der Straße nach Salten, Aussicht zum Langkofel und (teilweise) Rosszähne, warme und kalte Küche. Umfangreiche Weinkarte. Mi Ruhetag ✆ 0471/727830, rauchhuette.com.

Gostner Schwaige, die winzige Küche wurde zum Markenzeichen dieser Almwirtschaft mit Gourmetstatus (1 Gault-Millau-Haube). Franz Mulser hat bei den Herdgöttern der Provinz und in München gelernt, und er zaubert mit den Zutaten der Region, etwa mit selbstgepflückten Kräutern, die er in die Polenta gibt. Die Heublütensuppe im Brottopf ist legendär, der Kaiserschmarrn nicht günstig, aber phänomenal. Juni bis Okt. und Dez. bis Anf. April mittags geöffnet, abends nach Voranmeldung. Saltriastr. 13, ✆ 347/8368154, gostnerschwaige.com.

Zallinger, hübsches Ensemble aus runderneuerter Hütte, neugotischer Kapelle und luxuriösen Chalets. Dazu die Aussicht – da schmeckt der Apfelstrudel doppelt gut. Es wird auch deftige, regionale Kost serviert, ganzjährig geöffnet. Saltria 74, ✆ 0471/727947, zallinger.com.

Dolomiten rund um die Sella → Karte S. 460/461

Im Herz des Rosengartens

Das Rosengartengebiet

Wie ein so schroffes, schier unbezwingbares Gebirge nur so heißen kann? Da steckt ein Geheimnis dahinter: Die Flucht der Dolomitenwände im Hintergrund von Tierser Tal, Eggental und Regglberg leuchtet noch nach Sonnenuntergang märchenhaft in Rot, im weltbekannten „Alpenglühen", ladinisch „enrosadüra".

Vor seiner Verwandlung war das Gebirge ein Rosengarten und König Laurin sein Herr. Das glauben Sie nicht? Macht nichts, die Sage ist trotzdem schön (→ S. 546). Und sie ist überall gegenwärtig im Raum zwischen *Tiers, Welschnofen, Karersee* und *Deutschnofen*. Da gibt es Laurinstuben und Rosengartenhotels, Andenken mit König Laurin und Laurinnächte usw.

Während der Ort Tiers zum Tourismusverband der Seiser Alm gehört, befinden sich die mächtigen Wände des **Rosengartenmassivs** und des südlich anschließenden Gebirgszugs **Latemar** ebenso wie der talauswärts auf der südlichen Seite des Tierser Tals gelegene Ort Steinegg (mit seinem Nachbarort Gummer, beide gehören zu Karneid) im Wirkungsbereich des **Tourismusverbands Eggental.** Auf den von Einzelhöfen und kleinen Weilern gekrönten Wiesen- und Waldkuppen des **Regglbergs** liegt nahe dem freundlichen Urlaubsdorf *Deutschnofen* Südtirols bedeutendster Wallfahrtsort *Maria Weißenstein*. Ein Grund mehr für den Besuch in der nicht zu umtriebigen, aber auch keineswegs langweiligen Ferienregion sowieso.

Tiers und das Tierser Tal

Eine wildere Schlucht kann man sich kaum vorstellen als die des äußeren Tierser Tals. Vom Eisacktal quälte sich bis in die 70er-Jahre des 20. Jh. nur ein schmales Sträßchen bis hinauf nach Tiers, dem einzigen echten Dorf des Tals. Von dieser Abgeschiedenheit ist aber heute kaum noch etwas zu merken, zumindest in Tiers selbst. Eine ganze Reihe von Hotels, Gasthöfen und Pensionen, Ferienwohnungen und Privatzimmern bieten ein freundliches Quartier. Die Ski- und Wandergebiete von Rosengarten, Karersee und Latemar sind nahe, das bringt Gäste ins Haus. Vor allem aber lockt die großartige Natur des Tals mit den mächtigen Dolomitwänden im Hintergrund und die immer noch funktionierende bäuerliche Tradition samt Heumahd von Hand auf den Bergwiesen und der Käseproduktion auf der Alm.

Sehenswertes/Ausflüge

Tiers: Der Ort besteht aus drei Teilen, dem eigentlichen Dorf mit der Pfarrkirche, dem Weiler *St. Zyprian* und dem Heilbadbereich um *Weißlahnbad*. Die *Pfarrkirche St. Georg* hat einen romanischen Turm, der Kirchenraum wurde erst im Spätbarock (1766) an den spätgotischen Chor angebaut.

Wanderung nach Weißlahnbad: Ein Wanderweg führt vom oberen Ortsende (Schilder) zur einsam auf einer Waldlichtung gelegenen Pestkapelle zum hl. Sebastian. Sie wurde im Pestjahr 1635 errichtet, nachdem 124 Menschen an der Seuche gestorben waren –Tiers war nach dieser Katastrophe nahezu ausgestorben. Von der Kapelle führt ein Fahrweg nach Weißlahnbad, wo früher wie heute Rheumakranke Linderung suchen. Das Wasser ist leicht säuerlich und schwach radioaktiv, Bademöglichkeiten in den dortigen Hotels. Zurück geht man über St. Zyprian auf der Oberstraße (Beginn bei der Kirche) mit noch einmal herrlichen Blicken auf das Tierser Tal und die Rosengartengruppe (hin/zurück 1:30–2 Std.).

Das Tschamintal und der Naturpark Schlern-Rosengarten: Wer von Weißlahnbad weiter talaufwärts wandert, erlebt im Tschamintal, das Schlern und Rosengartengruppe trennt, wilde und ursprüngliche Natur. Wie wild es noch vor gar nicht so langer Zeit war, mag man daran ermessen, dass ein Nebental Bärenfalle heißt, und der Aufstieg auf den Schlern sich Bärenloch nennt. Das Tal ist übrigens ein Teil des Naturparks Schlern-Rosengarten. Kurz hinter Weißlahnbad passiert man das Naturparkhaus Schlern (Informationen zum Naturpark, großer Parkplatz, ab hier Fahrverbot, daneben Gasthaus Tschaminschwaige). Der Weg durch das Tschamintal in die Rosengartengruppe wird umso schöner, je weiter man in das anfangs dicht bewaldete, später zunehmend spektakuläre, von himmelhohen Felswänden umgebene Tal hineinwandert.

Naturparkhaus Schlern, Tschamintal, Mitte Juni bis Ende Sept. Di und Fr 9.30–17.30 Uhr, ✆ 0471/642196, naturparks.provinz.bz.it. Die Infostelle des Naturparks befindet sich in der ehemaligen Steger Säge von 1598, die nach wie vor betriebsbereit ist. Neben dem Mühlwerk und den ehemaligen Unterkünften des Sägewerkers gibt es Infos über Natur und Kultur des Schlern; Vorführung der Venezianer Säge, Di 11 und 15 Uhr. Eintritt frei.

St. Katharina in Breien: Unmittelbar unterhalb der Straße nach Tiers (hier auch Bushaltestelle), nahe der Gemeindegrenze zu Völs, liegt eine sehenswerte kleine Kirche, umgeben von einigen alten Höfen. Sie ist der hl. Katharina von Alexandria gewidmet. Die gotischen Wandgemälde der südlichen Außenwand erzählen von ihrem Martyri-

Dolomiten rund um die Sella → Karte S. 460/461

um und Tod. Ein Bankerl vor der Kirche lädt zur meditativen Rast. Ein Blick nach oben kann lohnen, denn es ist gar nicht so unwahrscheinlich, dass über den steil aufragenden Wänden der Völsegg-spitze Adler ihre Kreise drehen. Der eigentliche Ort **Breien** liegt weiter unten, recht abgelegen im schattigen Talgrund.

Auf dem Tierser Höfeweg: Eine lohnenswerte Wanderung, die man mit dem Oachner Höfeweg kombinieren kann (→ S. 526), beginnt an der Kirche St. Katharina in Breien (s. o.). Sie führt hinab zum Grund des Tierser Tals und nach einem Abschnitt entlang des Breibaches durch dichten Wald (vorbei an einem alten Kalkofen und einer verfallenen Mühle) am uralten Goflmorthof vorbei in steilem Schlussanstieg hinauf nach Tiers, Dauer etwa 2 Std. Das Tierser Tal war entlang des Breibachs seit dem frühen Mittelalter eine richtige Gewerbezone. Es gab Schmiede, Müller, Brettersägen und sogar eine Gerberei, insgesamt sind 46 (!) Betriebe dokumentiert. Eine schwere Hochwasserkatastrophe zerstörte 1882 fast alle. Heute existiert nur noch die Manötscher Säge in Breien, beim Goflmort gelegen. Mehrere Infotafeln am Höfeweg informieren anschaulich über diese bewegte Geschichte.

Auf der Nigerpassstraße: Die Straße zum Karersee führt unter den Wänden des Rosengartens durch. Sie gehört zu den eindrucksvollsten alpinen Höhenstraßen Südtirols. An mehreren Stellen Wanderparkplätze. Seit dem schweren Sturm „Vaia“ im Spätherbst 2018 haben sich die Panoramen hier nachhaltig verändert. Vielerorts dominieren kahle Flächen, aus denen die Beulen von Hunderten von Baumstümpfen hervorbrechen – die anderen Reste der massiven Waldschäden wurden von den fleißigen Südtirolern längst beseitigt. Dennoch wird die Natur Jahrzehnte benötigen, um sich komplett zu erholen (→ Kasten S. 551).

St. Zyprian im Tierser Tal

Praktische Infos

Information **Tourismusverein Tiers am Rosengarten,** Mo–Fr 8–12/13–17 Uhr, Tiers/Tires, St.-Georg-Str. 79, ✆ 0471/642127, tiers.it.

Verbindungen **Bus 185:** von Paolina über Tiers nach Bozen bis zu 17x tgl. (So 7x), mehrmals tgl. von Paolina mit dem 180.1 weiter zum Karerpass.

Gästekarte Da Tiers zum Tourismusverband Seiser Alm zählt, gilt hier der kostenlose **Südtirol Alto Adige Guest Pass** der regionalen Beherbergungsbetriebe. Er beinhaltet die öffentlichen Verkehrsmittel und diverse Ermäßigungen.

Einkaufen **Weindiele Tiers,** St.-Georg-Str. 9, große Auswahl an regionalem Wein und Feinkost, einen weiteren Laden gibt es in Bozen-Karneid, weindiele.com.

Baden/Schwimmen **Freibad** beim Försterhaus in Steinegg (oberhalb der Erdpyramiden). Geöffnet Ende Juni bis Sept.

Wintersport **Skigebiet Carezza;** im Winter **kostenlose Skibusse** zwischen Karer-Pass und Latemar sowie von Tiers über Welschnofen und Karer Pass nach Vigo di Fassa. Siehe auch S. 548.

Langlaufloipe ab Wieslhof, an der Gabelung der Straßen nach Karneid und Gummer.

Schneeschuhwandern, ein Sport, der besonders in Tiers groß geschrieben wird. Sogar Schneeschuhhotels gibt es bereits, bei denen man auch die Ausrüstung ausleihen kann (so im Hotel Cyprianerhof → „Übernachten"). Mittlerweile nennt sich Tiers „Südtirols Schneeschuhhochburg" und bietet fast täglich geführte Wanderungen an. Schneeschuh-Wanderkarte im Tourismusbüro.

Eislaufplatz und Eisstockschießen in St. Zyprian.

Cabrio-Seilbahn Tiers Lange Zeit machte es Tiers so reizvoll, dass es keine Aufstiegsanlagen gab. Das ist vorbei. Seit Winter 2021/22 verbindet eine 4 km lange, hochmoderne Bahn mit offener Aussichtsplattform auf dem Dach (daher der Name „Cabrio") den Ort mit der Frommer Alm. Damit hat man von Tiers aus den Anschluss an die Aufstiegsanlagen des Rosengartens. Die mächtigen Stützen und Seile der Bahn, die ein bisher unberührtes Tal überspannen und auch den Blick auf den Rosengarten verändern, sind nicht unumstritten, aber wie fast immer in Südtirol hat sich in den heftigen Diskussionen im Vorfeld des Baus die ökonomische Sichtweise durchgesetzt. Mitte Mai bis Anf. Nov. 8.15–17.45 Uhr, in der HS 8–18.15 Uhr, in der NS kürzer. Einzelfahrt 16 €/erm. 9 €, Berg- und Talfahrt 22 €/erm.13 €, carezza.it.

Übernachten/Essen ******* Cyprianerhof,** inzwischen ein großer Komplex aus verschiedenen Gebäuden, dennoch ist das Wanderhotel ausgesprochen familiär und freundlich geblieben. Ansprechende Ausstattung mit viel hellem Naturholz innen und außen. Im Restaurant auch vegetarische Gerichte, Bio-Ecke beim Frühstücksbuffet. Ein Spa-Bereich, der keine Wünsche offenlässt, großzügig geschnittene, ausgesprochen geschmackvoll eingerichtete Zimmer. Im Winter werden geführte Schneeschuhwanderungen, im Sommer Mountainbiketouren und Wanderungen angeboten. Wem das Haus zu exklusiv ist, der wirft bei Cappuccino und hausgemachtem Apfelstrudel einen kleinen Blick ins 5-Sterne-Reich. St. Zyprian 69, ✆ 0471/642143, cyprianerhof.com. **€€€€**

***** Weißlahnbad,** das Hotel ist der Nachfolger des alten Rheumabades und hat auch den Namen „Weißlahnbad" übernommen, das Wasser kommt aus der eigenen Quelle. Das professionell geführte, angeschlossene Tierser Badl, das Hallenbad und die Heu-, Kräuter- und Milchbäder samt Sauna und Fitnessraum sind die Hauptattraktion des Hauses in schöner Lage. Zimmer mit Balkon. Weißlahn 21, ✆ 0471/642126, weisslahnbad.com. **€€€**

****** Vajolet,** Umbau und Modernisierung haben dem Hotel gut getan. schicke, verglaste Panorama-Lounge-Bar, hochwertig ausgestattete neue Zimmer, Dampfbad und Sauna. Im Garten kleiner Pool. Familiärer, freundlicher Service. Adults only. St.-Georg-Str. 42, ✆ 0471/642139, hotel-vajolet.it. **€€€–€€€€**

Café Bar Paradies, geschmackvoll erweitertes Apart-Hotel mit geräumiger Bar, schöner Sonnenterrasse und klasse Apfelstrudel, ein toller Ort, um den Frühling zu begrüßen. St.-Georg-Str. 30, ✆ 0471/642136, paradies.it.

Veraltenhof, an der Oberstraße, dem alten Weg zwischen Tiers und St. Zyprian, sind die Ausblicke besonders weit. 4 hübsche Zimmer, Gemeinschaftsküche, man kann reiten, beim Brotbacken zusehen und auf dem Hof mithelfen. Der Hof stellt gerade um auf Biobetrieb. Auch Spielplatz und Tischtennis. Oberstr. 12, ✆ 0471/642332, veraltenhof.com. **€€€**

Dolomiten rund um die Sella → Karte S. 460/461

Steinegg und Gummer

Am Talausgang des Tierser Tals liegt auf sonniger Terrasse der Ort Steinegg, Teil der Gemeinde Karneid. Von Tiers ist er nur zu Fuß auf einer Wanderung erreichbar, mit dem Auto vom Eggental (unterhalb Birchabruck) über Gummer oder auf einer steilen Serpentinenstraße von Blumau aus. Eine ausgebaute Zufahrtsstraße hat Steinegg mit seinen weit verstreut auf sanft gewellter Hochebene liegenden Häusern erst seit ein paar Jahrzehnten. Seither wächst das Dorf mit jedem Jahr ein bisschen, denn unter Sommerfrischlern und begeisterten Anhängern des Südtiroler Herbstes hat sich herumgesprochen, wie schön es hier oben ist, wenn die Sonne scheint, während Etsch- und Eisacktal im Nebel begraben sind. Durch seine relativ abgeschiedene Lage sind Hektik und Kurzlebigkeit weitgehend an Steinegg vorbeigegangen – im kleinen Zentrum an der Bushaltestelle findet sich eine Auflademöglichkeit für E-Bikes, ein Indiz dafür, dass die Gegend populär bei Radlern geworden ist.

Interessant ist das **Heimatmuseum** unter der Kirche (mit stolzen 18 Räumen auf drei Stockwerken, insgesamt 1000 m², u. a. mit historischer Getreidemühle). Vom Kirchenvorplatz genießt man einen grandiosen Ausblick auf den Ritten, die Villanderer Almen, Tiers und die Hammerwände. Am Ortsrand befinden sich **Erdpyramiden.** Sie entstanden im lockeren Moränenmaterial, als große Decksteine die Abtragung des Materials verhinderten.

An der Straße zwischen Steinegg und Gummer befindet sich der Abzweig zur ersten Sternwarte Südtirols, der **Sternwarte Gummer** (Volkssternwarte). Sie wurde von einer Gruppe von Amateuren errichtet, dem Hobbyastronomenverein Max Valier. Ihr Spiegelteleskop hat einen Durchmesser von 80 cm, was für uns Laien mehr als genug neue Aussichten auf den Sternenhimmel ermöglicht. Nach weiteren 2 km erreicht man den winzigen Ort Gummer mit einem modernen, schön gestalteten Dorfplatz hoch über dem Eggental, einzige Sehenswürdigkeit ist das **Planetarium.**

Information **Tourismusbüro Steinegg,** Mo–Fr 8–12 Uhr, in HS Mo–Mi auch 15–17 Uhr, Do 8–13 Uhr. Steinegg/Collepietra Kirchweg 5, ✆ 0471/619560, sternendorf.it.

Heimatmuseum, Palmsonntag bis Ende Okt., Besichtigung nur mit Führung: Di–Fr 10 und 11 Uhr ohne Voranmeldung, Sa/So/Fei 17 Uhr mit Anmeldung im Tourismusbüro (s. o.), museumsteinegg.com.

Sternwarte Gummer, ganzjährig jeden Do 20 und 21 Uhr, in den Sommermonaten 21 und 22 Uhr; Eintritt 6 €, erm. 3 €. Anmeldung erforderlich, ✆ 0471/610020, sternwarte.it.

Planetarium Südtirol, Vorführungen für Familien und Erwachsene, tgl. außer Mo und Sa, Programm auf der Homepage. Gummer 13, ✆ 0471/610020, planetarium.bz.it.

Übernachten/Essen *****S Oberwirt – Weißes Kreuz,** altehrwürdiges Gasthaus mit toller holzgetäfelter Stube und modernem Anbau, großzügigem Hallenbad samt Whirlpool und Sauna, aufmerksamer Service. Zimmer z. T. mit neuen Balkonen, auch Allergikerzimmer. Seit 2019 ein Erlebniszimmer in einer originalgroß nachgebauten Apollo-11-Raumkapsel (apollo-experience.it) – für Weltraumfreaks auf Hochzeitsreise möglicherweise der ultimative Romantikspot. Peter-Anich-Weg 5, ✆ 0471/376525, gasthofoberwirt.com. **€€€–€€€€**

Steineggerhof, das Bio- und Bike-Hotel hat seine Küche komplett auf vegane Gerichte abgestimmt, einzigartig in Südtirol. Die Zimmer mit Naturholzmöbeln sind angenehm schnörkellos. Indoor-Pool und Sauna. Geführte Biketouren, E-Bike-Verleih. Bühlweg 14, ✆ 0471/376573, steineggerhof.com. **€€€–€€€€**

Astra, gehobene Küche erwartet man nicht unbedingt an diesem etwas abgeschiedenen Ort, doch das Gourmetrestaurant unter Chefkoch Gregor Eschgfäller wurde mit 3 Gault-Millau-Hauben ausgezeichnet. Regional-mediterrane Gerichte, wie Risotto mit Ingwer, rote Bete und Jakobsmuschel oder Kohlrabi-Ravioli mit Hirsch-Carpaccio. Edles Ambiente, sehr gute Weinbegleitung bzw. interessante alkoholfreie Getränke, Mi–Sa abends. Hauptstr. 26, ✆ 0471/376516, restaurant-astra.com. **€€€€**

Das Eggental

Welschnofen ist der größte Ort des Eggentals, das als enge Schlucht bei **Kardaun** am östlichen Rand von Bozen beginnt und sich bei **Birchabruck** in zwei Täler gabelt, das eigentliche Eggental und den Ast von Welschnofen. Über **Welschnofen** führt die alte und neue Verbindung über den Karerpass ins Fassatal, heute viel befahrener Teil der Großen Dolomitenstraße.

Aber man muss nicht als Fan großartiger Hochgebirgsstraßen hierher kommen, denn die Landschaft allein schon ist interessant genug. **Rosengarten** und **Latemar:** Wandern, Bergsteigen und Klettern, Mountainbiketouren, Skifahren. Schließlich der **Karersee** als Glanzpunkt, in dem sich der Latemar spiegelt, weite Wälder und viele Wanderwege mit hübsch verteilten Jausenstationen.

Welschnofen

Das alte Dorfzentrum hat man schnell durchlaufen, vom „Gasthof Mondschein" bis zur Kirche geht man 5 Minuten. Der moderne Ortsteil mit seinen Hotels, Pensionen und Residences braucht ein Vielfaches an Platz, ist aber dennoch gut überschaubar: Von der Kirche weiter talabwärts an der Gummerer Straße (sie führt weiter nach Gummer und Steinegg, → S. 544) liegen die meisten Neubauten, man will schließlich vom Ausblick profitieren. Vom Weg zum Rosengarten profitieren hingegen die Bauten an der Rosengartenstraße im schmalen Frommerbachtal.

Zu den Skigebieten muss man auf der Karerseestraße weiterfahren bis Karersee oder nochmals runter nach Birchabruck und dann hinauf nach Obereggen. Da haben es die Sommergäste gut: raus aus dem Haus und rauf auf den **Wanderweg.** Und wenn es nur der im Übrigen wunderschöne Weg 7 ist, auf dem man bis zum „Schwarzen Adler" wandert, um dort gepflegt zu speisen oder Kaffee zu trinken und mit dem nächsten Bus nach Welschnofen zurückzufahren.

Sehenswertes/Ausflüge

Ortsbild: Hierher kommt man wegen der berauschenden Umgebung oder der zahllosen Sportmöglichkeiten, aber kaum wegen des Orts. Die Pfarrkirche liegt etwas über dem Zentrum und über der Straße, oberhalb ist immer noch Wiesengrün, der Blick reicht bis zum Rosengarten.

Wanderung auf der Elisabethpromenade: Kaiserin Elisabeth von Österreich (Sissi) verbrachte 1897 einen Erholungsurlaub im Grandhotel Karersee. Einer der Wege, die sie damals nahm, ist heute als „Elisabethpromenade" ausgebaut. Ein Denkmal erinnert an die unglückliche Kaiserin, die ein Jahr später in Genf ermordet wurde. Am besten beim Hotel Rosengarten im Frommerbachtal beginnen (Rosengartenstraße), von wo man auf Weg 3 direkt zum Elisabethdenkmal nahe dem Hof Zenai geführt wird, um dann auf der eigentlichen Promenade (Weg 6/9) gemütlich bis zum Hotel Karersee zu spazieren (im zweiten Teil für Pkw gesperrter Fahrweg). Dabei passiert man den Gasthof Schönblick. Bis zum höchsten Punkt des Wegs oberhalb des Denkmals ca. 1 Std. (300 m Steigung), von dort bis Grandhotel Carezza ca. 1:30 Std. (geringer Höhenunterschied). Bushaltestelle beim Grandhotel Carezza (zur Rückfahrt).

König Laurin und der Rosengarten

Die germanischen Stämme, die während der Völkerwanderung durch das Etschtal zogen, staunten nicht schlecht, als sie die rot glühenden Sonnenuntergänge der Dolomiten sahen, insbesondere des heute „Rosengarten" (italienisch Catinaccio) genannten Gebirges. So etwas waren sie nicht gewohnt. Klar, das konnte nicht mit rechten Dingen zugehen. Die im Vergleich mit den großen, blauäugigen Goten kleinen und dunklen Alpenromanen, die heutigen Ladiner, mussten ein Geheimnis kennen, das den Germanen verborgen war. Das ist Sagenstoff wie der auch anderswo vorkommende Zaubergürtel oder der Tarnhelm. Dietrich von Bern, der mit der Sage vom Rosengarten verbunden wurde, ist der historische Gotenkönig Theoderich, dessen Hauptsitz sich im nahen Verona (= Berne) befand. Und so (in Kürze) lautet die Sage vom Rosengarten:

Wo sich heute nur noch kahler Fels befindet, hatte der Zwergenkönig Laurin seine Burg. Sein Stolz war ein Rosengarten, in dem das ganze Jahr über die roten Rosen blühten. Laurin besaß einen Gürtel, der ihm die Kraft von zwölf Männern verlieh, und eine Tarnkappe, die ihn unsichtbar machte. Er verliebte sich in die (natürlich) blonde Prinzessin Simhild, entführte und heiratete sie und lebte mit ihr ab sofort in seinem Schloss. Deren Bruder Dietleib ließ die Sache nicht auf sich beruhen. Er wandte sich an Dietrich von Bern, und die beiden zogen mit einer großen Schar von Rittern ins Gebirge, um Simhild zu befreien und Laurin zu bestrafen. Durch eine List gelang es ihnen, dem zunächst unangreifbaren, unsichtbaren Laurin Gürtel und Tarnkappe zu entreißen. Laurin konnte sich nicht rächen, aber er konnte zumindest sein Reich unzugänglich machen, sodass seine Überwinder mit leeren Taschen (aber mit Simhild, nehmen wir an) abziehen mussten. Durch einen Zauberspruch verschwand die Burg, der Rosengarten erbleichte. Aber Laurin hatte einen Fehler gemacht: Er hatte nicht die Dämmerung bedacht. So kommt es, dass wir heute zwischen Tag und Nacht den Rosengarten leuchten sehen, voller rot glühender Rosen, wie damals, als er noch der ganze Stolz des unglücklichen Zwergenkönigs war.

Praktische Infos

Information **Tourismusverein Eggental,** Mo–Fr 8–12/14–18, Sa 8–12 Uhr, in NS kürzer,. Welschnofen/Nova Levante, Dolomitenstr. 4, ✆ 0471/619500, eggental.com.

Vorteilskarte Der **Guest Pass Eggental** ermöglicht die kostenlose Benutzung der Seilbahnen sowie der öffentlichen Verkehrsmittel, der Wander- und Skibusse. Der **Mountain Pass** beinhaltet die Fahrt mit 17 Aufstiegsanlagen im Gebiet Rosengarten, Latemar und Schlern. Er ist gilt von Mitte Mai bis Anf. Nov. und kostet an 3 in 7 Tagen 72 €, an 5 in 7 Tagen 100 €, Kinder 51/72 €. Günstiger mit dem Guest Pass.

Verbindungen **Pkw:** Dolomitenstraße aus dem Eisacktal ab Bozen/Karneid, Autobahnabfahrt Bozen/Nord, der untere, sehr enge

Auf der Großen Dolomitenstraße

Das erste Teilstück der heute weltberühmten Dolomitenstraße zwischen dem Eisacktal bei Bozen und Cortina d'Ampezzo war die Straße durch das Eggental nach Welschnofen. Die wilde Schlucht des Karneidbachs zwischen Eisack und Birchabruck unterhalb von Welschnofen erschien bis in die Mitte des 19. Jh. als unlösbare Aufgabe für Straßenbauer. Die Schluchtwände nähern sich an den engsten Stellen bis auf wenige Meter, bei Hochwasser gab es keine Möglichkeit, die Schlucht zu passieren. Aber clevere Ingenieure fanden die Lösung: Sie bauten die Straße als eine Folge von Hangbrücken unter Felsüberhängen so hoch über dem Bach, dass er sie auch bei Hochwasser nicht erreichen konnte; eine Talschlinge durchstießen sie mittels eines Tunnels. 1860 war Welschnofen schließlich auf der direkten Straße durch das Eggental erreichbar. Bis dato war die Siedlung Teil der Gemeinde Kardaun, 1870 durfte sie sich stolz als eigene Gemeinde konstituieren.

Dann kam der Wiener *Dr. Theodor Christomannos* mit seiner Idee einer Dolomitenstraße, die quer durch die österreichischen Dolomiten von Bozen nach Cortina führen sollte. Ein riesiges Touristenhotel nahe dem wunderschönen Karersee oberhalb Welschnofens zog bald viele Touristen in die Gegend – dass diese nicht über den Karerpass weiter nach Osten ziehen konnten, das war den Welschnofnern gerade recht. Noch im selben Jahr 1896 wurde die Karerpassstraße fertiggestellt, sie sollte bis 1909 auf 110 km Länge anwachsen.

Wer heute im Auto, auf dem Motorrad oder gar dem Rennrad (letzteres nicht am Wochenende!) auf der Großen Dolomitenstraße unterwegs ist, der hat eine sehr gut ausgebaute, nirgends steile (Maxima bei 12 %), durchgehend asphaltierte, aber sehr kurvenreiche Straße vor sich (für Gespanne östlich des Fassatals nicht geeignet). Ab dem Karerpass führt die Große Dolomitenstraße durch das Fassatal (Vigo, Pozza und Canazei in der Provinz Trento) zum Pordoijoch, hinunter nach Arabba in Buchenstein (Provinz Belluno) und von dort über den Falzàrego-Pass nach Cortina d'Ampezzo (Provinz Belluno).

Abschnitt wurde durch Tunnel entschärft. Im Ort beschränkte Parkmöglichkeiten, Tankstelle talaufwärts an der Karerseestraße. Von Osten aus dem Fassatal Straße über Vigo und den Karerpass.

Bus 180.1: tgl. bis zu 10x nach Bozen, bis zu 20x zum Karersee, davon 8x weiter zum Karerpass und nach Vigo (Fassatal) mit Anschluss nach Canazei, zum Passo San Pellegrino und nach San Martino di Castrozza. Bushaltestelle im Ort bei der Touristeninformation bzw. gegenüber beim Supermarkt. Der kostenlose Eggentaler **Wanderbus** verbindet im Sommer jeden Di und Do die Orte Karerpass, Welschnofen, Birchabruck, Eggen/Obereggen, Deutschnofen und Petersberg (Weißenstein).

Veranstaltungen MTBer und solche, die es werden wollen, können beim **Rosadira Bikefestival** im Juni an geführten Touren und spannenden Workshops teilnehmen. Auch für

Dolomiten rund um die Sella → Karte S. 460/461

E-MTBer ist was dabei. 4 Tage lang mit Konzerten, Kinderprogramm und Vorführungen. Tickets und Infos auf rosadira-bike.com.

Einkaufen **Bäckerei Näckler,** Café und Bäckerei mit mehreren Filialen, fertigt u. a. die Lieblings-Dinkelgrissini des Autors, dazu noch allerlei andere feine Getreideprodukte. Karerseestr. 17/19, naeckler.com. **Bauern- und Krämermarkt** am Fr ab 15.30 Uhr, Juni bis Okt., Rathaus Welschnofen.

Baden/Schwimmen Beheiztes **Freibad** in der Sportzone mit Whirlpool, Liegewiese und Bar, 10–18 Uhr.

Bergsport/Klettern **Alpinzentrum Rosengarten,** geführte Kletter- und Wandertouren, Kletterkurse. Planggenweg 31, ✆ 0471/613487, berge-erleben.com.

Klettergarten an der Straße zum Nigerpass bei der (für Pkw) gesperrten Abzweigung der Paolinahütte links: Bouldern in einem Bergsturzgelände.

Radfahren Verleih bei **Bike Rent Carezza,** beim Sporthotel Alpenrose, Karerseestr. 161a, ✆ 0471/612530, skiservice-carezza.com. Hochwertige E-Bikes auch bei Sport Laurin, Karerseestr. 12, ✆ 0471/613575, sommer.sportlaurin.com. Im **Bike Park Carezza,** einem Trainingspark an der Bergstation der Kabinenbahn, können MTBer Tricks und Technik verbessern. Der **Carezzatrail** (4,4 km, 500 Höhenmeter) und die **Carezza Pump Line** sind etwas für Könner.

Reiten **Horsecenter Angerle Alm,** Karersee, Christomannosstr. 50, ✆ 0471/612224 horsecenter.it.

Wintersport Das **Skigebiet Carezza** mit seinen 13 Aufstiegsanlagen und 41 km präparierten Abfahrten ist ein familienfreundliches Areal. Durch den Beitritt zum „Klimaneutralitätsbündnis 2025“ verpflichtet sich das Unternehmen **Carezza Dolomites** durch Reduzierung des Energieverbrauchs und Müllvermeidung klimaneutral zu werden. Schneetiefenmessung und GPS sollen bei der Pistenpräparierung angeblich bi s zu 30 % Treibstoff einsparen– Klimaneutralität scheint in diesem Zusammenhang allerdings etwas weit hergeholt zu sein.

Der **Regionalskipass Fassa-Carezza** (im Rahmen von Dolomiti Superski) gilt auch für die Aufstiegsanlagen des Fassatales (ab Vigo).

Kostenloser **Skibus** zwischen Welschnofen und Latemar sowie von Tiers über Welschnofen nach Karersee. **Schneeschuhverleih** z. B. Sport Carezza, Karersee, und bei der Talstation des Sessellifts König Laurin.

Skischule Carezza, Karerseestr. 157, ✆ 0471/612236, schi-schule.com.

Außerdem 16 km (kostenlose) **Langlaufloipen** aller Schwierigkeitsgrade und **Eislaufen** in der Sportzone Welschnofen, Schlittschuhverleih, ✆ 0471/613273.

Übernachten/Essen ******S Engel,** Wellness wird im modernen „Engel“ wirklich groß geschrieben, nicht nur bei den Einrichtungen wie Hallenbad, Sauna, Dampfbad, Fitnessraum, Radverleih, sondern auch im Servicebereich samt Heubad, Beautystudio, Massagemöglichkeit, Fango und Thalassotherapie. Komfortable Zimmer mit Terrasse oder Balkon. Hervorragendes Restaurant Johannesstube. Gummerer Str. 3, ✆ 0471/613131, hotel-engel.com. **€€€€**

*****S Rosengarten,** höher oben und ruhiger können Sie in Welschnofen nicht wohnen. Himmlische Ruhe, freundlich-familiäre Gastgeber. Das Ganze selbstverständlich komfortabel und modern. Großzügiger Wellnessbereich und Panoramahallenbad. Sehr gute Küche mit saisonalen Produkten, spezialisiert auf Kräuter. Zimmer nicht alle mit Balkon. Rosengartenstr. 43, ✆ 0471/613262, hotelrosengarten.it. **€€€–€€€€**

*****S Friedrich** „Charmehotel“, modernes Haus mit angenehmen Zimmern und neu designten Suiten mit Balkon oder Terrasse. Wellnessbereich mit Sauna, Dampfbad und einem Ruheraum mit Ausblick. Schöne Stube und Speisesaal, persönlicher Service. Pretzenbergerweg 16, ✆ 0471/613104, friedrich.it. **€€€–€€€€**

Johannesstube, erlesene Küche im Hotel Engel, mit Fantasie bei den Vorspeisen und Tradition bei den Hauptspeisen (1 Michelin-Stern, 3 Gault-Millau-Hauben). Verwendet werden regionale Produkte, das Motto „Taste nature“ wird gelungen umgesetzt, auf Wunsch auch vegetarische und vegane Speisen. Küchenchef Theodor Falser veranstaltet Kochkurse für Hausgäste. Weinsommelier Johannes Kohler ist der Sohn des Hauses. Geöffnet für Nicht-Hausgäste nur Mi–Sa am Abend, Tischreservierung unter ✆ 0471/613131. Gummerer Str. 3.

Hotel Post – Weißes Rössl, das Romantikhotel besitzt ein gutes Restaurant, besonders gelungen die Knödel und Nudeln: Steinpilzravioli, Spinatknödel mit Käsefüllung. Karerseestr. 30, ✆ 0471/1775321, romantikhotelpost.com.

Hagneralm, die Hütte ist unter kulinarischen Aspekten eine der 7 besten Almhütten Südtirols (Gault-Millau). Die Aussicht auf Rosengarten und Latemar ist grandios, die Südtiroler Küche deftig und sticht durch eigene biologische Produkte wie Fleisch, Käse und Säfte hervor. Geöffnet nur im Sommer, Mi Ruhetag. Hagnerweg 9, ✆ 349/7162797, hagneralm.com.

Im Rosengarten

So schroff wirkt der Rosengarten, dass man meint, es könne keine Steige für Bergwanderer geben. Weit gefehlt. Mehrere auch für durchschnittliche Bergwanderer geeignete Wege queren das Gebirge, und von den Stützpunkten, die man mit Seilbahn oder Hüttentaxi erreichen kann, können sogar Nichtbergsteiger einen Spaziergang in hochalpiner Umgebung wagen.

Die berühmtesten Gipfel der Rosengartengruppe sind nicht so sehr die höchsten (Catinaccio d'Antermoia/Kesselkogel, 3004 m, zwei versicherte Klettersteige), sondern die Gruppe der **Vajolettürme** im Norden des Gebirgszugs. Von Westen aus sieht man sie abends so herrlich im Abendrot, das von den Ladinern „Enrosadüra" genannt wird. Diese drei Türme wurden unter z. T. abenteuerlichen Bedingungen erstbestiegen und sind heute noch erfahrenen Kletterern vorbehalten. Als erster Turm fiel 1887 der später nach ihm benannte *Winklerturm*, der Münchner Bergsteiger Georg Winkler bezwang ihn in 3 Std. im Alleingang. *Stabelerturm* und *Delagoturm* sind ebenfalls nach ihren Erstbesteigern benannt.

Bergbahnen Erreichbar sind: Paolinahütte mit Paolinalift ab Karersee, Rosengartenhütte/Kölner Hütte mit Laurinliften ab Welschnofen oder mit Cabrio-Seilbahn Tiers, die Mittelstation von König Laurin mit dem Tschein-Sessellift. Der **Rosengartenpass** ermöglicht die Benutzung aller 6 Bahnen, Tageskarte 33 €, Kinder 21 €, einfach 22/13 €. Als Einzelticket kosten die Bahnen und Sessellifte jeweils einfach 16 €, Berg/Tal 22 €, Kinder 9/13 €.

Sessellift Paolina, Ende Mai bis Mitte Okt. 8.30–17.30 Uhr, in der HS 8–18 Uhr.

Cabrio-Seilbahn Tiers, zur Frommer Alm, Mitte Mai bis Anf. Nov. 8.15–17.45 Uhr, in der HS 8–18.15 Uhr, in der NS kürzer.

Grandioser Weitblick von der Nigerpassstraße

Dolomiten rund um die Sella → Karte S. 460/461

Kabinenbahn König Laurin I und II, zur Kölner Hütte, Ende Mai bis Anf. Nov. 8.30–17.30 Uhr, in der HS 8–18 Uhr.

Kabinenbahn Welschnofen – Laurin I, zur Frommer Alm, Mitte Mai bis Anf. Nov. 8.20–17.40 Uhr, in der HS 8–18.20 Uhr, in der NS kürzer.

Sessellift Tschein, zur Moseralm – Mittelstation, Ende Mai bis Mitte Okt. 9.30– 17.30, in der HS 9–18 Uhr.

Alle Infos: ✆ 0471/614139, carezza.it.

Das **Rifugio Ciampedìe** ist erreichbar mit Rosengartenlift ab Vigo di Fassa.

Seilbahn Catinaccio Rosengarten, Vigo di Fassa–Ciampedìe, Anf. Juni bis Anf. Okt. 8–18 Uhr, in HS bis 18.30 Uhr, in NS mit Mittagspause, einfach 13,50 €, Berg/Tal 25 €, Kinder 9,50/16 €. ✆ 0462/763242, fassa.com.

Der Karersee

Der smaragdgrüne See, in dem sich die wilden Felstürme des Latemar spiegeln, umgeben von dichtem, grünem Wald, gehört zu den bekanntesten Bildern der Alpen. Leider gehört der See auch zu den am leichtesten erreichbaren Seen der Alpen, denn als man vor mehr als 100 Jahren die Karerseestraße schuf, trassierte man möglichst nahe am Ufer. Der See liegt in einer abflusslosen Karstmulde, so konnte man die Straße nur oberhalb (außer Sichtweite, aber sehr wohl in Hörweite) ziehen.

Das hochmoderne **Besucherzentrum** trägt der Popularität des Sees Rechnung. Ein großer Parkplatz im Wald (1 €/Std.) sowie ein Café und Geschäfte mit allerlei Schnickschnack locken Busladungen von Touristen an. Immerhin: Das Zentrum fügt sich harmonisch in die Landschaft ein. Ein die Straße unterquerender Fußweg führt zu einer hölzernen Aussichtsplattform (Zugang tgl. 9–18 Uhr). Ein hübscher **Spazierweg** führt rund um den Karersee. Dauer etwa 25–30 Min., mit Abstiegen zu den einzelnen Aussichtspunkten gut und gerne über 1 Std.

Golf **Golf Club Carezza** am Karersee, der anspruchsvolle 9-Loch-Platz (Par 70, 2670 m) mit dem interessanten Namen „The Mountain Beast“ wurde 2017 neu gestaltet. Die Anlage ist die Nachfolgerin eines bereits 1909 für die Gäste des ehemaligen Grandhotels Karersee

Geheimnisvoller Karersee mit wilden Latemar-Zacken

angelegten 18-Loch-Platzes. Karerseestr. 171, ✆ 0471/1888167, golfandcountry.it.

In Karersee ****** Moseralm,** wirklich ruhig gelegenes Haus im Tiroler Stil. Freundlicher Service, reich gedeckter Frühstückstisch, Fitnessbereich samt Hallenbad und Sky-Pool. Schicke holzbetonte Zimmer in hellen Tönen mit Balkon, Leih-E-Bikes. Schönblickweg 8, ✆ 0471/612171, moseralm.com. **€€€€**

***** Savoy,** freundlicher älterer, aber sorgfältig renovierter Steinbau mit blau-weißen Fenstern und Balkonen. Hallenbad und Sauna, gegenüber mündet die Skiabfahrt vom Latemar. Das Hotel liegt auf der Trentiner Seite des Passes. Vigo di Fassa, Karerpass, ✆ 0471/612124, hotelsavoycarezza.it. **€€€–€€€€**

Angerle-Alm, Urlaub auf dem Bio-Bauernhof mit Reitzentrum und vielen Tieren zum Streicheln. Der Karersee ist nur 2 km entfernt. Großzügige und bestens ausgestattete Apartments für bis zu 8 Personen. Christomannosstr. 50, ✆ 0471/612224, angerlealm.com. **€€–€€€**

Neues Leben nach dem Jahrhundertsturm „Vaia"

In der Nacht vom 29. auf den 30. Oktober 2018 fällte ein Sturm fast 6.000 ha Wald, betroffen waren 86 Südtiroler Gemeinden. Allein im Latemarwald wurde 24-mal soviel Holz umgeworfen, wie jährlich an Nutzholz entnommen wird. Um eine Borkenkäferplage zu verhindern, wurde das gefallene Holz schnellstmöglich entfernt und eingelagert – eine Mammutaufgabe angesichts der betroffenen Flächen. Der Holzpreis stürzte aufgrund der Mengen ins Bodenlose. Zwei große Firmen aus Österreich und Südtirol ließen sich auf eine solidarische Lösung ein und kauften große Mengen zu einem Festpreis ab, der vielen betroffenen Waldbesitzern das Überleben sicherte. Im Wald selbst gibt es neben Opfern (weniger Nistplätze für Vögel) auch Profiteure wie das Reh. Pionierpflanzen wie Vogelbeere, Birke und Zitterpappel werden die freien Flächen zuerst besiedeln, neben natürlich nachwachsenden Kiefern sollen Jungpflanzen aus Forstgärten den Bestand ergänzen. Bis der Wald so aussieht wie vor dem 29.10.2018 kann es allerdings 150 Jahre dauern.

Im Latemar

Die zerrissenen Felszacken des Latemar, die sich im Karersee spiegeln, bestehen aus leicht zerfallendem, oft in der Hand zerbröselndem Kalk. Das heißt größte Vorsicht beim Bergsteigen und Klettern! Dementsprechend gibt es auf den Latemar kaum einen Wanderweg, sieht man vom Weg 18 zum Bivacco M. Rigatti auf der *Latemarspitze* ab (2791 m) – sie ist jedoch nicht die höchste Spitze, das ist der östliche Latemarturm mit 2842 m. Sehr schön sind jedoch **Wanderungen** am Bergfuß zwischen Karerpass, Latemarwiesen und im Geplänk, dem gewaltigen Schuttkar am Nordfuß der Wände. Wer will, kann auf Weg 21/21 a, der direkt am Karerpass beginnt, bis hinüber nach Obereggen wandern (ca. 1:30 Std.). Aufgrund des Orkans „Vaia" (s. Kasten oben) und der nötigen Holzarbeiten sind allerdings immer noch Wanderwege gesperrt, eine Liste der geöffneten Routen findet sich z. B. beim Infozentrum am Karersee.

▪ Mehr Informationen bei Obereggen und Umgebung → S. 552.

Dolomiten rund um die Sella → Karte S. 460/461

Die Klangfichten vom Latemar

Die Landesbildungsstätte der Südtiroler Forstschule liegt am Latemar, und ein großes Sägewerk befindet sich auch in der Nähe. Die dichten, dunklen Waldbestände haben durch den Orkan „Vaia" 2018 zwar erheblichen Schaden genommen – dennoch ist die Klangfichte nicht vom Aussterben bedroht. Der kalkreiche Boden ist eine Ursache dafür, dass die Fichten hier besonders hoch und gerade wachsen. Und deshalb kommen auch Musik- und Klangliebhaber aus der ganzen Welt hierher, Alphornbläser ebenso wie Klavierspieler und Gitarristen. Für gutes Klangholz werden bis zu 3000 €/m³ bezahlt. In geschützten Senken, wo sich das Grundwasser sammelt, und auf einer Höhe zwischen 1500 und 1800 m wachsen die besten Klangfichten. Allerdings muss gutes Klangholz 200 Jahre auf dem Buckel haben, mindestens. Und nach dem Schnitt (im Winter während der „Saftruhe", da werden aufgrund der Kälte weder Wasser noch Nährstoffe im Stamm transportiert) kann es gut und gerne nochmal mehrere Jahrzehnte bis 100 Jahre lagern.

Deutschnofen und Obereggen

Von Deutschnofen hat man einen Traumblick auf Latemar, Rosengarten und Schlern, gegen Westen auf Mendel und Adamello, gegen Nordwesten auf die Sarntaler und die Texelgruppe. Der Ort liegt in relativ flachem Gelände und ist damit ideal für Spaziergänger. Mountainbiker müssen nicht unbedingt die schweren Touren der Dolomiten machen, sondern können mit der Familie den **Regglberg** erkunden, die waldbekleidete Hügellandschaft im Süden von Deutschnofen. Bergsteiger und Bergwanderer haben die Dolomiten direkt vor sich, auf der Straße erreicht man sie leicht per Pkw oder Linienbus. Skifahrer wissen schon: In **Obereggen,** einem Gemeindeteil von Deutschnofen, beginnen die Lifte des *Skizirkus Val di Fiemme/Obereggen,* auf denen man zwischen Südtirol und Trentino hin und her pendeln kann.

Sehenswertes/Ausflüge

Kirche St. Ulrich in Deutschnofen: Die spätgotische Pfarrkirche besitzt vier Reliefs (1421–24) des gotischen Flügelaltars (Rahmen neugotisch) des *Hans von Judenburg.* Der Altar ist der erste bekannte Flügelaltar Tirols, er repräsentiert den sog. „Weichen Stil" – die Bezeichnung wird auch Kunstlaien verständlich, wenn sie sich die weich fließenden Gewandfalten ansehen. Der Altar befand sich ehemals in der Bozner Pfarrkirche, wo man ihn aber während der Barockisierung ausmusterte und den altmodisch gewordenen Kram den Deutschnofern schenkte. Heute ist er der große Stolz von Dorf und Gegend, die fünf Holzreliefs fügen sich wunderbar in den Hochaltar (und in einen Seitenaltar), die vom schönen Netzgewölbe der Decke überspannt werden.

Spaziergang zur Kapelle der hl. Helena: Mitten in der Flur im Osten von Deutschnofen steht diese sehenswerte Kapelle (ca. 30 Min. Fußweg hin/zurück ab Gasthaus Pfösl an der Straße nach Birchabruck bzw. Obereggen auf einem guten, für Pkw gesperrten Sträßchen). Sie stammt wie der massige Turm aus dem 12. Jh. Innen ist sie vollständig mit Fresken der Bozner Schule ausgemalt (von 1410), die Szenen aus dem Alten und Neuen Testament zeigen. Die Ausmalung stellt eine wahre Bilderbibel dar, man kann Stunden damit verbringen, die einzelnen Bildelemente zu „lesen". Interessant etwa die Bilder der sieben Schöpfungstage in der Triumphbogenlaibung, vor allem aber die Darstellungen der vier Evangelisten im Gewölbe, deren Schreibpulte nicht nur Bücher und – seitlich befestigt – Tintenhörner enthalten, sondern auch Weinkrug und Glas zur Erfrischung, denn auch ein Evangelist braucht zwischendurch mal was zu trinken.

■ Den Schlüssel zur Kapelle erhalten Sie nebenan in der Gaststätte Kreuzhof (Di Ruhetag).

Wallfahrtskirche Maria Weißenstein: Die berühmte Kirche liegt ganz einsam an einem flachen Hang südlich von Deutschnofen, gehört aber zum Ort Petersberg. Ihre Gründung geht auf ein Gelübde zurück: Der Legende nach wurde ein gewisser Leonhard, Bauer auf dem Weißensteinerhof und wahrscheinlich Epileptiker, von der Gottesmutter nach einem Sturz in eine Schlucht gerettet und bedankte sich mit dem Bau einer Kapelle. Leute, die ebenfalls Hilfe benötigten, begannen hierher zu pilgern. Die bald zu kleine Kapelle wurde 1561 durch eine Kirche ersetzt, die 1718 dem Servitenorden übergeben wurde. Der ließ die Kirche erweitern und vergrößern, 1753 barock erneuern und die beiden kleinen Türme sowie die Kuppel errichten. Die Fresken des Wiener Hofmalers *Adam Mölk* aus dieser Zeit sind im Inneren die größte künstlerische Attraktion (das Kloster war zwischen 1787 und 1836 aufgehoben, und Kloster wie Kirche wurden teilweise ihres Schmucks beraubt). Auf der linken Seite der Kirche befinden sich die alte Kapelle und die Sammlung der Votivgaben, die in Jahrhunderten der Gottesmutter überbracht wurden. An Marienfeiertagen, v. a. am 15. August, ist Maria Weißenstein Pilgerziel für Zehntausende.

Kirche Wallfahrtsstätte Maria Weißenstein, die Kirche ist tgl. 7.30–19 Uhr geöffnet. ✆ 0471/615124, weissenstein-pietralba.com

Übernachten/Essen **** Pietralba,** Herberge für Wallfahrer und E-5-Wanderer. Die Zimmer und Mini-Apartments sind dem Ort entsprechend schlicht gehalten. Etwas komfortabler ist das ***** Leonard** mit seinen 2–4-Bettzimmern. Gemeinsam gespeist wird in einem Restaurant mit deftiger Hausmannskost oder im Biergarten. Weißenstein 10, Petersberg, ✆ 0471/615124, weissenstein-pietralba.com. **€–€€**

Gasthof Weber, Restaurant und Café mit Terrasse und modernem Gastraum. Gemütliche Zimmer, teils mit Balkon. Restaurant Di Ruhetag. Dorf 2, ✆ 0471/615166, gasthof-weber.com. **€€**

Die Kirche unterhält außerdem ein **Pilgerhaus** und eine **Jugendherberge** für Pilgergruppen, Auskunft im Hotel Pietralba (s. o.).

Auf dem Regglberg: Das wellige Hügelland südlich von Deutschnofen nennt sich Regglberg. Eine Fülle von Forststraßen, Wanderwegen und Steigen führt durch das dünn besiedelte Gebiet. Als einziger wirklicher Berg ragt das Weißhorn aus dem Waldgrün (einfache Besteigung von Osten vom Joch Grimm). Auch für Mountainbiker ein ideales Revier, solange sie den Bereich des Bletterbachs meiden, der den Südwesten durchschneidet. Das tiefe, steile Tal ist den Wanderern vorbehalten, die sich aber bei Regen zumindest vom Talgrund fernhalten sollten! Doch gibt es ab Deutschnofen einen hervorragenden, sehr gut beschilderten Weg, der die **Bletterbachschlucht** quert, es ist der Europäische Fernwanderweg E 5. (Mehr zu der Schlucht finden Sie im Kapitel „Überetsch und Unterland" → S. 130.)

Obereggen und Umgebung: Das kleine Dorf gehört zur Gemeinde Deutschnofen, liegt aber weit entfernt im Tal unter den Felsspitzen des Latemar und ist

Die Bletterbachschlucht fällt vom Weißhorn nach Westen ab

bekannt für den *Skizirkus Val di Fiemme/Obereggen*. Obereggen ist ein komfortables Skidorf mit zwei Liften, die direkt im Ort beginnen (Kabinenbahn Ochsenweide und Sessellift Oberholz), sowie einer Skischaukel, die sich bis Pampeago im Fleimstal erstreckt und sogar bis hinunter nach Predazzo. Aber auch ein angenehmer Sommeraufenthalt ist möglich, schließlich beginnen auch die Wanderwege auf den **Latemar** unmittelbar im Ort, wie der großartige Weg auf die auf einem schmalen Grat fantastisch aussichtsreich gelegene Latemarhütte (Rif. Torre di Pisa), oder man fährt auf 2150 m zur Bergstation des Sessellifts Oberholz mit seiner neuen, postmodern gestalteten Berghütte und beginnt dort. Von *Rauth* unterhalb von Eggen führt eine Straße zum **Lavazèjoch** an der Provinzgrenze und weiter hinunter nach *Cavalese,* dem Hauptort des Fleimstals. Die Bergbahnen hier oben wie auch jene auf dem Reiterjoch und in Pampeago, die man auf der in Obereggen beginnenden Straße nach Tèsero im Fleimstal erreicht, sind im regionalen Skipass Val die Fiemme/Obereggen eingeschlossen. Vom Lavazèjoch gibt es eine Straße zum *Joch Grimm* unter dem Weißhorn und weiter nach Radein und Kaltenbrunn.

Bergbahn Sessellift Obereggen – Oberholz, Mitte Juni bis Anf. Okt. 8.30–18 Uhr, einfach 14,50 €, Berg/Tal 20 €, Kinder 12/16 €, Kombiticket mit Sessellift Gardonè + 1 Fahrt Alpine Coaster Gardonè 33 €, Kinder 22 € obereggen.com.

Hütte Latemarhütte (Rif. Torre di Pisa/Pisahütte), 2671 m, komplett renoviert mit Bruchstein und hellem Holz, 36 Lager. Mitte Juni bis Anf. Okt., kein Ruhetag. ✆ 348/3645379, rifugiotorredipisa.it. **€€**

meinTipp **Oberholz,** die moderne Berghütte auf 2096 m Höhe an der Bergstation des Sessellifts ist ein architektonisches Meisterwerk aus Holz, Sichtbeton und Glas und wirkt im Inneren durch das lamellenartige Holzgewölbe wie eine dreischiffige Kirche. Grandiose Aussicht durch große Glasfenster und von der großzügigen Sonnenterrasse. Hervorragende Südtiroler Küche, der Graukäse mit Rotweinzwiebeln oder das Latschenkiefer-Risotto sind alleine die Anreise wert! ✆ 0471/618299, oberholz.com. **€€**

Für das Fleimstal, Cavalese etc. empfehlen wir unseren Reiseführer „Dolomiten" sowie den gleichnamigen Wanderführer aus dem Michael Müller Verlag.

Das Joch Grimm: Der Pass auf ca. 2000 m Höhe gehört zur Gemeinde Aldein (→ S. 178), liegt tatsächlich jedoch oberhalb von Radein, ist aber von dort aus *nicht* mit Privatauto zu erreichen. Zufahrt nur von Cavalese und Birchabruck/Eggental bzw. Deutschnofen. Auf dem Pass Skigebiet (jochgrimm.com), Wanderwege zum Schwarzhorn und Weißhorn, Hotels, im Winter zwei Sessel- und zwei Schlepplifte, 7 km alpine Pisten, 20 km Loipen – es gibt sogar eine Skischule (skischule-jochgrimm.com) und einen Skiverleih (rottensteiner.it).

***** Schwarzhorn,** Hotel am Pass etwas oberhalb der Straße, gleich hinter dem Haus die Schlepplifte zum Schwarzhorn. Sauna und Fitnessraum, die Zimmer in Ordnung, meist mit Balkon, unterschiedliche Größen. Kann besonders im Winter tagsüber wie nachts sehr belebt sein (Jugendgruppen). Übernachtung in Zimmern mit 2–7 Betten. Joch Grimm, Aldein, ✆ 0471/887180, schwarzhorn.com. **€€–€€€**

Auf das Weißhorn: → Tour 8: „Wanderung auf das Weißhorn", S. 179.

Basis-Infos zu Deutschnofen und dem Eggental

Information **Tourismusverein Eggental,** Mo–Fr 8.30–12.30/14.30–17.30, in der HS auch Sa 8.30–12.30 Uhr, Deutschnofen/Nova Ponente, Dorf 9 a, ✆ 0471/619540, eggental.com. Für **Obereggen:** obereggen.com.

Verbindungen **Pkw:** Straße aus dem Eisacktal ab Bozen/Karneid.

Bus 180.2: tgl. bis zu 15x Bozen – Deutschnofen; Busverbindung von Obereggen nach Deutschnofen nur mäßig, z. T. nur 2x ab Bozen, ab Birchabruck öfter.

Einkaufen Die Hofkäserei Learner stellt 10 verschiedene **Käsesorten vom Südtiroler Grauvieh** her, da sollte für jeden etwas dabei sein! Lehnerweg 15, ✆ 0471/616367, hofkaeserei.it.

Golf **Golfclub Petersberg,** 18-Loch-Platz (Par 71, Länge 5400 m). Der Platz liegt in ca. 1200 m auf der Hochfläche des Regglbergs südlich von Deutschnofen, normalerweise von April bis Nov. geöffnet. Petersberg, Unterwinkl 5, ✆ 0471/615122, golfclubpetersberg.it.

Reiten **Reiter- und Biobauernhof Ortner Hof,** Obereggen 18, ✆ 0471/615722, ortnerhof.it.

Radfahren **Verleih und Reparatur** bei Paul's Bikeshop, Egeregg 22, Deutschnofen, ✆ 349/2821927. Fahrtechniktraining und **geführte Touren** bei der Bikeschool Eggental, Bike Info Point, Hauptstr. 22, bikeschuleeggental.com. Im **Bike Park Deutschnofen** können Profis und solche, die es werden wollen, ihre Technik verfeinern.

Eine **Latemar-Umrundung** mit dem MTB ist mithilfe von Bergbahnen komfortabel möglich: 34 km Länge, 380 Höhenmeter bergauf, 2200 Höhenmeter bergab. Die **Mountainbike-Card** ermöglicht die Benutzung der Kabinenbahn Welschnofen, im Trentino der Kabinenbahn Predazzo und des Sessellifts Gardonè benutzt werden (34 €), für die große Latemarumrundung (53 km, 750 Höhenmeter/3.000 Höhenmeter) zusätzlich den Sessellift Lusia (45 €). Erhältlich an den jeweiligen Talstationen.

Wandern/Bergsteigen/Klettern Der Tourismusverein Eggental bietet von Juni bis Sept. täglich geführte Wanderungen an, Anmeldung bis spätestens 17 Uhr am Vortag. Das Tourismusbüro Steinegg veranstaltet von Juli bis Sept. wöchentlich eine geführte Wanderung. Von Juli bis Sept. fährt zwischen Welschnofen und Steinegg ein kostenloser Wanderbus.

Tageskletterteuren, Kletterwochen und Schneeschuhwanderungen bietet der Berg- und Skiführer Hans Welscher, die Ausrüstung ist meist im Preis inbegriffen. Dorf 53, Eggen, ✆ 0471/618035, welscher-hansjoerg.com.

Erlebnisreich **Latemarium,** 11 Themenwege, viele interaktive Stationen für Kinder, Infotafeln, Installationen und Skulpturen sowie aussichtsreiche Wanderwege für Familien. Es

Dolomiten rund um die Sella → Karte S. 460/461

gibt Kunst am Berg zu bewundern (Latemar.Art), Laufstrecken (Latemar.Run), MTB-Routen (Latemar.Bike), eine Aussichtsplattform (Latemar.360°) und Erlebniswege zu den Themen Entspannung, Natur, Wetter, Alpen, Panorama, Abenteuer und Geschichten. Das Latemarium ist mit dem Sessellift Oberholz erreichbar. Es erstreckt sich bis zur Alpe Pampeago im Trentino und ist auch von dort

Dreisprachiges Schild am Karerpass

aus erreichbar. In der Sommersaison werden Familienwanderungen und Veranstaltungen zu bestimmten Themen angeboten. Zum Erlebnisreich gehört das **Lärchenwaldele** oberhalb von Obereggen, ein Park mit geschnitzten Tierfiguren, und der **Hochseilgarten** an der Talstation mit 4 verschiedenen Parcours. Hochseilgarten Juni bis Okt. tgl. 10–18 Uhr, in der NS erst ab 14 Uhr, Erw. ab 18€, Kinder ab 13 €, latemarium.com.

Wintersport Das **Skigebiet Obereggen-Pampeago-Predazzo** (Ski Center Latemar) mit seinen 49 km Pisten und 18 Aufstiegshilfen gehört mit dem Fleimstal auf der Südseite des Latemar zur Skiregion Obereggen/Val di Fiemme (insgesamt 111 km Pisten) und zum Skiverbund Dolomiti Superski. Im Winter **Skibusse** Petersberg – Deutschnofen – Obereggen, mit Skipass gratis.

Für **Boarder** Snowpark und Halfpipe Obereggen; für Langläufer 100 km **Loipen** in Deutschnofen, Petersberg und auf dem Lavazèpass, kostenlose Karte mit Beschreibungen beim Tourismusverein. **Rodeln** auf 2 Bahnen, darunter eine 2,5 km lange beleuchtete Bahn.

Ski- und Snowboardschule Obereggen, Obereggen 16F, ✆ 0471/615667, obereggenski.com.

Eislaufplatz und Eisstockschießbahn im Sportcenter, Forastr. 1.

Übernachten/Essen & Trinken

In Deutschnofen ******S Pfösl,** außerhalb des Orts an der Straße aus dem Eggental liegt auf einem Hochplateau dieses Hotel in idealer Sommerfrischeposition. Das architektonisch auffällige Haus hält ein umfangreiches Programm parat: für Sportler (Golf, Wandern, Biken), für Entspannung-Suchende (Yoga, Osteopathie, Wellness) und für Familien. Jede sportliche Ertüchtigung wird aber durch die kulinarisch üppige „Natur-Genießerpension" wettgemacht. Schöne Zimmer mit Balkon. luxuriöse „Waldchalets", zwar nicht im Wald, aber schick, mit viel Holz und Glas. Schwarzenbach 2, ✆ 0471/616537, pfoesl.it. **€€€€**

***** Obkircher,** am grünen Hang auf dem Obkircher Berg mit tollen Ausblicken samt Rosengarten, ruhig und verkehrsarm gelegen, fußläufig vom Ort entfernt. Pool und Sauna mit Panoramablick, Liegewiese, familiäre Atmosphäre, neue Suiten. Im Winter direkt vom Hotel zur Loipe. Platzviertel 6, ✆ 0471/616542, hotelobkircher.it. **€€€–€€€€**

*****S Stern,** zentraler Hotel-Gasthof gegenüber der Kirche, eine lokale Einrichtung, wie man an Sonntagvormittagen bestens überprüfen kann. Motorradfahrerfreundlich. Kleines Hallenbad, Sauna und Sonnenterrasse, einfache, aber angenehme Zimmer. 2 schöne Stuben, gehobene gutbürgerliche Küche. Restaurant Di Ruhetag. Dorf 18, ✆ 0471/616518, hotel-stern.it. **€€€**

***** Residence Wiesenhof,** 19 Ferienwohnungen im Stammhaus und 8 moderne Apartments im Anbau für 2–4 Personen, Hallenbad und Sauna. Brötchenservice. Holzerstr. 4, ✆ 0471/616501, faller-wiesenhof.it. **€€–€€€**

Schadnerhof, ganz am Ende der Straße und hoch über dem Brantental liegt dieser Hof, der Urlaub auf dem Bauernhof in einfachen Apartments und Zimmern, meist mit Balkon, anbietet. Frühstücks- und Speiseraum im Wintergarten, Bauernstube als Aufenthaltsraum, kleiner Wellnessbereich mit Bio-Heu-Sauna, sympathische Wirtsfamilie. Prentnerviertel 22, ✆ 0471/616586, schadnerhof.it. **€€–€€€**

Jausenstation Höggerhof, Familie Zelger bietet echte bäuerliche Küche mit Würsten, Sauerkraut, frischen Krapfen, Strudel. Auf der Terrasse, im Saal oder im Kellerlokal findet sich sicher ein Platz. Mi Ruhetag (außer Aug.). Prentnerviertel 21, ✆ 0471/616585, hoeggerhof.com.

Sportcenter, Deutschnofens beste Pizza gibt es ab 17 Uhr in der rustikal eingerichteten Restaurant-Pizzeria des Sportzentrums. Wer auf der Terrasse isst, kann sich entscheiden, ob er Tennis, Fußball oder Basketball verfolgen will. Das Lokal ist bis 1 Uhr geöffnet. Forastr. 1, ✆ 0471/616412, Mo Ruhetag (außer im Aug.).

In Obereggen ******S Cristal,** viel Sport und Wellness im sehr komfortablen Hotel, das über die Jahre zu einem großen Komplex ausgebaut wurde. Innen besitzt der Bau eine eher zurückhaltende Eleganz, die im Vergleich zum Rustikalzauber der Konkurrenz wohltuend wirkt. Im Wellnessbereich Hallenbad, Außenpool, Saunenlandschaft und Beautybereich. Diskretelegante Zimmer mit Zirben- oder Lärchenholz, alle mit Balkon, sehr gutes Frühstück. Obereggen 31, ✆ 0471/615511, hotelcristal.com. **€€€€**

*****S Royal,** gutes Hotel seiner Kategorie, lichte Zimmer mit Balkon, schicker Wellnessbereich mit Hallenbad, Saunen, Heubett und Ruheraum, Frühstücksbuffet. Obereggen 32, ✆ 0471/615891, h-royal.com. **€€€–€€€€**

****** Zischghof,** der Zischghof im alten Obereggen war schon da, bevor die Skifahrer kamen, nur gab es damals noch nicht das freundliche „Kräuterhotel" am Berghang mit dem schönen Ausblick und der guten Atmosphäre, das sich jetzt „Klimahotel" nennen darf. Kräuterküche und Kräuter-Wellness, Sauna, Hallenbad und Fitnessraum, freundlich-helle Zimmer, unbedingt Balkonzimmer zum Tal buchen! Obereggen 9, ✆ 0471/615761, zischghof.it. **€€€–€€€€**

Sonnalp Gourmetstube, das Gourmetlokal des Hotels Sonnalp bietet gehobene Küche, ausgezeichnet mit 3 Gault-Millau-Hauben 2023. Die Küche von Chefkoch Martin Köhl zeichnet sich durch die fantasievolle Zusammenstellung, die Qualität der verwendeten Produkte und die bekömmliche Zubereitung aus. Besonders gelobt werden die zarten Fleisch- und Fischgerichte. So und Mo Ruhetag, Obereggen 28, ✆ 0471/615842, sonnalp.com. **€€€**

Latemar und Hütte Oberholz bei Obereggen

Dolomiten rund um die Sella → Karte S. 460/461

Freskenrausch in der Burgkapelle St. Stephan in Morter (Vinschgau)

Nachlesen

& Nachschlagen

Burg Taufers

Die Natur

Vom randmediterranen zum subarktischen Klima, von Weinlandschaft bis in Gletscherhöhe, von wilden Dolomitnadeln zu dunklen Urgesteinswänden, von der Umwelt der Smaragdeidechse bis zu jener des Alpenmurmeltiers erstreckt sich Südtirols Naturraum. Mit einer Handvoll Naturparks vom südlich-milden Mittelgebirge des Trudner Horns zur Hochgebirgslandschaft der Texel- und Rieserfernergruppe und den beiden Dolomiten-Naturparks sowie einem generös geschnittenen Nationalpark um den höchsten Berg, den Ortler, hat sich Südtirol ein Naturreservoir für die Zukunft und ein Dorado für Freizeitsportler geschaffen.

Das Klima

Südtirol hat im unteren Etschtal Anteil am milden insubrischen Klima Oberitaliens, seine Gipfelregion am Alpenhauptkamm, in der Ortlergruppe, den Sarntaler Alpen und den Dolomiten ist dagegen durch das harsche alpine Klima geprägt.

Von einem speziellen Südtiroler Klima zu sprechen, ist also ziemlich unsinnig, und im Zusammenhang etwa mit dem Kalterer See oder der Meraner Gegend von mediterranem Klima zu sprechen, ist schlechthin Unfug. Was keineswegs der Feststellung widerspricht, dass es in Südtirol in der Regel deutlich wärmer und sonniger ist als nördlich der Alpen und häufig auch trockener. Das hängt mit der geographischen Lage zusammen, schließlich ist Südtirol der südlichste Bereich des deutschen Sprachraums und hat schon deshalb wärmere Sommer und tendenziell höhere Temperaturen. Das hängt auch mit der Schutzwirkung zusammen, die der Alpenhauptkamm im Norden und Nordwesten hat, der allzu kalte Winde und starke Stürme abhält.

Klimadaten für Bozen (241 m)

	Ø Lufttemperatur (Min. in °C)	Ø Lufttemperatur (Max. in °C)	Ø Tage mit Niederschlag ≥ 1 mm	Ø Niederschlag in mm
Jan.	–4,5	6,3	4	24
Febr.	–2,1	9,5	3	23
März	2,1	15,0	5	37
April	5,4	18,5	7	50
Mai	9,8	23,2	9	75
Juni	13,2	26,5	9	85
Juli	15,5	29,0	9	92
Aug.	15,1	28,5	8	86
Sept.	11,6	24,3	7	71
Okt.	6,2	17,9	7	84
Nov.	–0,1	11,0	5	50
Dez.	–3,7	6,6	4	35
Jahr	**5,7**	**18,0**	**77**	**12**

Leider aber auch die Regenwolken, was besonders im Vinschgau zu so geringen Niederschlagsmengen führt (unter 500 mm), dass die Landwirtschaft seit Jahrhunderten mit Fremdwasser arbeiten muss, nämlich dem Kanalisationssystem der Waale (→ S. 576), mit dem man noch heute ansonsten ungenützt abfließendes Wasser aus der regenreicheren Bergregion in die trockenen Täler leitet. Und umgekehrt kommt durch das weit nach Süden geöffnete Etschtal warme Luft aus der Po-Ebene bis in die Meraner Gegend und hebt dadurch die Durchschnittstemperaturen.

Die fünf Klimazonen Südtirols kann man auf einer Fahrt von Bozen in die Texelgruppe oder in die Dolomiten erleben. Man startet im insubrischen Klima, das von der Salurner Klause etwa bis Bozen reicht und das durch eine mittlere Jahrestemperatur von über 10 °C gekennzeichnet ist. Die Winter sind mild, es gibt selten Frost, die Niederschläge liegen bei 700 bis 900 mm, es gibt keine längeren Trockenperioden. Typischerweise sind im Winter die Südhänge schneefrei. Schon wenig höher beginnt die Zone des submontanen mitteleuropäischen Klimas, die Niederschlagsmengen sind sehr unterschiedlich, im Vinschgau bis unter 500 mm, auch im Eisacktal ist es sehr trocken, anderswo erreichen sie 1400 mm. Flaumeiche, Hopfenbuche und die vom Menschen eingeführte Esskastanie charakterisieren diese Klimazone. Das Jahresmittel der Temperatur liegt zwischen 9 und 10 °C, Winterfröste treten immer wieder auf. Im Bereich des montanen mitteleuropäischen Klimas sinkt das Jahresmittel der Temperatur unter 7 °C, die Niederschläge erreichen 900 bis 1400 mm. Im subalpinen Klima liegt das Jahresmittel nur noch bei 4 °C, und die Niederschläge fallen überwiegend im Winter und bleiben als Schnee lange liegen. Das Bergland bis ca. 2200 m weist diesen Klimatyp auf (z. B. das Rittner Horn über Bozen). Das alpine Klima

Klimadaten für Toblach (1226 m)				
	Ø Lufttemperatur (Min. in °C)	Ø Lufttemperatur (Max. in °C)	Ø Tage mit Niederschlag ≥ 1 mm	Ø Niederschlag in mm
Jan.	−8,5	0,1	4	22
Febr.	−7,3	2,8	4	29
März	−3,4	6,6	5	34
April	−0,2	10,3	7	44
Mai	4,2	15,4	11	79
Juni	7,4	18,9	13	104
Juli	9,5	21,7	13	120
Aug.	9,2	21,2	12	98
Sept.	6,0	17,4	8	76
Okt.	1,9	11,6	7	72
Nov.	−3,5	4,8	6	44
Dez.	−7,3	0,4	5	30
Jahr	**7,0**	**10,9**	**95**	**752**

umfasst nur die hochalpine Gipfelzone, bei einem Jahresmittel um 0 °C bleibt der Unterboden ganzjährig gefroren und der Schnee bleibt mindestens ein halbes Jahr, meist etwa 8 Monate lang liegen.

Klimawandel, Gletscherschwund und Auftauen der Permafrostzone: Der Weißbrunnferner im hinteren Ultental ist in den letzen 50 Jahren um weit über die Hälfte abgeschmolzen. Das ist kein Einzelfall, das Phänomen Gletscherschwund ließ 1991 die Ötzi-Mumie ausschmelzen, dazu kam feiner Staub aus der Sahara, der viel mehr Strahlung absorbiert als Schnee oder auch blankes Gletschereis und damit stärkeres Abtauen bewirkt. Der Gletscherschwund hat Nebenwirkungen, die für die Bevölkerung und den Tourismus sehr problematisch sind: Weniger Schmelzwasser wird in vielen Gebieten Wasserknappheit bewirken, und die vom Gletscher oft senkrecht abgeschliffenen seitlichen Hänge stürzen vor allem im lockeren Moränengelände zusammen und sind nur unter großer Gefahr zu queren. Hochtouren werden zum Vabanquespiel, so verloren bei einem Gletschersturz an der Marmolada am 3. Juli 2022 mehrere Tourengeher ihr Leben. Seit 1850 haben die Gletscher der Alpen über 50 % ihrer Masse und über 40 % ihrer Fläche verloren, laut IPCC-Bericht von 2019 werden am Ende des 21. Jh. im schlimmsten Fall nur noch 5 % aktiver Gletscherfläche gegenüber der Fläche vom Ende des 20. Jh. vorhanden sein.

Nicht nur die Gletscher schmelzen, der gesamte alpine Bereich über der Schneegrenze schmilzt ab, und zwar bis tief in den Boden hinein. Bis zu 15 % der Fläche Südtirols sind davon betroffen. Damit wächst auch die Rutschgefahr über dem auftauenden Untergrund. Über 50 Schutzhütten liegen in dieser Zone, manche rutschten schon wie die Schwarzensteinhütte im Ahrntal, die u. a. deshalb an anderer Stelle neu erbaut wurde. Derzeit schmilzt der Großteil des Permafrostgebietes, der im Sommer nur oberflächlich auftaut, noch nicht zur Gänze ab, weil die tieferen Eislagen noch nicht betroffen sind. Wenn diese jedoch erst einmal auftauen, gibt es kein Halten mehr – Muren, Bergstürze, Rutschungen und langsames Fließen mit Girlandenbildung (girlandenförmige Bodenwellen) sind die Folge.

Die Gesteine – Dolomit und Urgestein

Die dunklen und häufig vergletscherten Gebirgsketten des Nordens und Westens ergeben ein ganz anderes Bild als die aus hellen Gesteinen aufgebauten, von isolierten Spitzen und großflächigen Plateaus in mehreren Stufen geprägten Dolomiten im Osten und Südosten. Im Eisacktal dominieren vulkanische Gesteine, der Bozner Quarzporphyr.

Die kristallinen Gesteine des Alpenhauptkamms wie Granit und Glimmerschiefer, aber auch Marmor, die Sedimentgesteine wie die Kalke und Dolomite der Dolomiten und die vulkanischen Quarzphyllite bilden ein Muster mit paralleler Verteilung der drei großen Gesteinsgruppen, das nur durch einen kurzen Blick auf die Entstehung der Alpen erklärt werden kann:

Alle Gebirge entstehen an den Plattengrenzen der Erdoberfläche. Unter Platten versteht man zusammenhängende Stücke der erkalteten Erdoberfläche, die auf dem elastischen Magma-Inneren der Erde schwimmen und dabei immer wieder kollidieren. Mit Folgen für die Kollisionszonen: Gebirge werden aufgeworfen, Schollen übereinander geschoben, Vulkanreihen entstehen, so wie wir das heute rund um den Pazifik beobachten können, von den Anden bis zu den Vulkanen Japans. Südtirol liegt in einem Bereich, wo vor ca. 60 Mio. Jahren der afrikanische Kontinent, eine riesige zusammenhängende Platte, gegen die europäische Platte zu drücken begann. Mit Erfolg, die damals beginnende alpine Gebirgsbildung ließ vor 35 Mio. Jahren die ersten Meeresablagerungen auftauchen. Schon vom ersten Tag der Hebung an wurde wieder abgetragen, entstanden Täler, bildeten sich flache Ablagerungsbecken. Manches wurde dadurch von ganz unten nach ganz oben gehoben: Die Tauern im Nordosten Südtirols bestehen aus den ältesten und ursprünglich am tiefsten gelegenen Gesteinen des ganzen Landes! Gewaltige Störungen begleiteten das Aufwerfen der Alpen, an solch einer Querstörung entstand das Etschtal. Magma aus dem Erdinneren war schon vor ca. 290 Mio. Jahren in unvorstellbar großen Mengen ausgetreten, wie wir das in Island und auf Hawaii heute beobachten können, die Bozner Quarzporphyre sind bis zu 3 km hoch (!) und bedecken eine Fläche von 4000 km²! Als die Alpen entstanden, wurden sie von aus großer Entfernung herangeschobenen Sedimenten des Meeresbodens teilweise überdeckt, den Kalken der heutigen Dolomiten.

Als die alpine Gebirgsbildung fast abgeschlossen war, hatte gleichzeitig das Mittelmeer den niedrigsten Stand aller Zeiten erreicht: Es war ausgetrocknet. Alle Zuflüsse mussten vor 6 Mio. Jahren eine enorme Höhendifferenz ausgleichen – der Boden des ausgetrockneten Meeres lag 3000 m tiefer als der heutige Meeresspiegel! – und schnitten sich dabei messerscharf in die Gebirge ein, dabei wurden ältere Gesteinsschichten wieder aufgedeckt (z. B. die Bozner Quarzporphyre im Eisacktal). Als wenig später während der Eiszeiten die Gletscher vorrückten, verbreiterten sie diese Täler und schütteten sie während der Rückzugsphase – vor ca. 12.000 Jahren – wieder teilweise mit Moränenmaterial zu. Die heutige Gestalt der Oberfläche Südtirols hat sich maßgeblich in diesen letzten 12.000 Jahren entwickelt, die Talböden mit ihren Murkegeln, auf denen Nebenbäche ihr Abtragungsmaterial aufschütten, die Terrassen oberhalb des Talgrundes, die alte Gletschertalformen markieren, während V-förmig eingeschnittene Täler wie das Untere Eisacktal erst nach den Eiszeiten entstanden.

Hochgebirgsformen wie die Kare mit ihren Seen sind Erinnerungen an abgeschmolzene Gletscher, steile Felswände oft Hinweise auf seitlichen Schliff. In den Dolomiten haben sich jedoch Formen erhalten, die sich so nicht erklären lassen: Die großen Plateaus der Seiser Alm und der Fanes- und Sennesgruppe und viele kleinere Plateaus dieses Gebirges sind nur dann zu verstehen, wenn man weiß, dass Kalk wasserdurchlässig ist, also oberflächig nicht abgetragen wird und damit alte Formen, in diesem Fall eine frühere flache Landoberfläche, konserviert.

Gesteine und Wirtschaft: Der widerstandsfähige *Quarzporphyr* ist ein ausgezeichneter Bau- und Dekorstein, er wird in zahlreichen Steinbrüchen gewonnen, einen besonders auffälligen passiert man auf der Staatsstraße im Eisacktal zwischen Bozen und Waidbruck. Große wirtschaftliche Bedeutung hat der *Laaser Marmor*, ein geologisches Element des Ötztaler Kristallins, das auf der Südseite des Vinschgaus an der Oberfläche ansteht. Der ganze

Dolomieu – Dolomit – Dolomiten

1788 kam der Inhaber des Lehrstuhls für Mineralogie an der Ecole des Mines (Bergbauschule) in Paris nach Tirol. Sein Name war *Deodat de Dolomieu.* Sein Ziel war die Erforschung der Gebirge im Süden Tirols. Einen eigenen Namen hatten diese isolierten Berge mit ihrem hellen Gestein und ihren steilen Flanken nicht. Wer interessierte sich damals schon für Berge oder für die jungen Wissenschaften Mineralogie und Geologie? Die meisten Menschen waren davon überzeugt, dass Gott die Welt vor 6000 Jahren erschaffen hatte. Warum sollte man sich denn damit beschäftigen, wie sie entstanden war?

Dolomieu fand auf 3000 m Höhe versteinerte tropische Korallen und andere Fossilien, die zeigten, dass die Gesteine dieser Berge im Meer entstanden waren. Vor allem aber fand der Mineraloge ein Gestein, das nach seiner wissenschaftlichen Veröffentlichung nach ihm benannt wurde: den Dolomit. Im Dolomit ist das im ursprünglichen Kalksediment des Meeresbodens oder in Korallenriffen vorhandene Kalzium durch Magnesium ersetzt worden. Allmählich bürgerte sich in der wissenschaftlichen Literatur für diesen Teil Tirols der Name „Dolomiten" ein, letztlich auch bei den Bewohnern dieses armen Bergbauernlandes.

Ort Laas lebt von der Marmorproduktion, der Marmor wird hoch oberhalb des Ortes gebrochen und mit einem modernen Fördersystem ins Tal gebracht. In den kristallinen Gesteinen sind an mehreren Stellen in Südtirol, vor allem aber in der Sterzinger Gegend, um Gossensass und im Ahrntal bei Prettau Silber- und Bleiglanz eingelagert, die z. T. seit der Vorgeschichte abgebaut werden. Größte Bedeutung hatte vor allem das Silber im Mittelalter, die Produktion blieb aber bis ins 19. Jh., im Schneebergbereich des Ridnauntals und Passeiertals gar bis ins 20. Jh. bestehen. Heute haben diese Fundorte keine wirtschaftliche Bedeutung mehr.

UNESCO-Welterbe Dolomiten

Seit 2009 gehören die neun wichtigsten Teilgebiete der Dolomiten zum UNESCO-Welterbe. Mehr als 231.000 ha Gebirgsland in den Provinzen Belluno, Bozen-Südtirol, Pordenone, Trento und Udine wurden dabei unter den Schutz der Weltorganisation gestellt. Der außergewöhnliche universale Wert der Dolomiten wurde mit (u. a.) der Formenvielfalt der Gebirge begründet, mit der enormen Bedeutung für die Erdwissenschaften (so bildet die Trias in den Dolomiten mit ihrem Fossilienreichtum die weltweit bedeutendsten Aufschlüsse) und mit ihrer „erhabenen, monumentalen und farbenreichen Landschaft" – damit werden auch kulturelle Elemente in die Begründung aufgenommen, denn Landschaft ist nicht nur Natur, der Mensch hat sie sehr wesentlich geformt.

Die geschützten Teilgebiete der Dolomiten sind:

- Pelmo, Croda da Lago (Belluno)
- Marmolada (Belluno, Trento)
- Pale di San Martino, Pale di San Lucano, Dolomiti Bellunesi, Vette Feltrine (Belluno, Trento)
- Dolomiti Friulane e d' Oltre Piave (Belluno, Pordenone, Udine)
- Nördliche Dolomiten (Belluno, Bozen-Südtirol)
- Puez-Geisler (Bozen-Südtirol)
- Schlern-Rosengarten, Latemar (Bozen-Südtirol, Trento)
- Bletterbach (Bozen-Südtirol)
- Dolomiti di Brenta (Trento)

In der Provinz Belluno liegen 41,2 % der Kernzone, in Südtirol 31,0 % (51,8/15,9 % der Pufferzone). Trento, Pordenone und Udine besitzen nur kleinere Gebiete. In diesem Buch werden die auf Südtiroler Gebiet fallenden Dolomiten-Teilgebiete beschrieben: Naturpark Fanes-Sennes-Prags (→ S. 486), Naturpark Sextener Dolomiten (→ S. 456), Naturpark Puez-Geisler (→ S. 496), Naturpark Schlern-Rosengarten (→ S. 541) und Bletterbachschlucht (→ S. 178).

Die Pflanzenwelt

Auch nur annähernd die Fülle der Pflanzenwelt skizzieren zu wollen, verbietet sich in einem Führer wie diesem von selbst: Wer in Südtirol wandert, trifft auf mediterrane und alpine Vegetation, Trockenheitsanzeiger und auf Feuchtgebiete spezialisierte Pflanzen.

Südtirols tiefster Punkt bei Salurn liegt nur ca. 220 m über dem Meer, der höchste (Ortlergipfel) auf 3905 m, schon dies allein muss ein enormes Spektrum bewirken. Dazu kommen die vielen unterschiedlichen Gesteine und ihre Auswirkungen auf die Pflanzenwelt, z. B. Pflanzen, die nur auf Kalk gedeihen und solche, die ihn nicht ausstehen können. Das alles wird nochmals differenziert durch das Klima, die Trockenheit mancher Täler und die hohen Niederschläge mancher Nordwestflanken, die Bodenfeuchte in Staubereichen der Täler und in hochalpinen Karen, in Sümpfen und Mooren und an Seerändern sowie die oberflächliche Erhitzung an den steilen Sonnenhängen.

Manche der in Südtirol unterschiedenen Vegetationsgürtel haben sich kaum erhalten, da sie der Mensch verändert oder zerstört hat. So sind die Auwälder, die ehemals die Etsch, den Eisack und die Rienz begleiteten, fast gänzlich durch Flussbereinigung und Entwässerung zerstört worden. Nur kleinste Bereiche überlebten (als Naturschutzgebiete) wie etwa das Auenbiotop zwischen Prad und Spondinig im Vinschgau, die Aue bei Lana und die kleine Millander Eisack-Aue im Brixner Stadtgebiet sowie das immerhin 1,5 km lange und 150 m breite Biotop Kematner Ahrauen im untersten Tauferer Tal bei Bruneck. Weniger haben sich die trockenen Buschwälder am unteren Hangfuß verändert, in denen besonders viele mediterrane Pflanzen vorkommen (neben anderen), die Weinbaugebiete des Landes haben jedoch große Breschen geschlagen. Die trockenen Kiefernwälder der Südhänge in den großen Tälern des Landes sind nach wie vor sehr ausgedehnt (die im Vinschgau sind nicht natürlich, sondern jüngere Aufforstungen). Buchenwälder gibt es nur an der Mendel und am Gampenpass, während Tannenwälder auf den Quarzporphyren rund um Bozen, an den Schattenhängen des Vinschgaus und den engen größeren Tälern des Landes recht verbreitet sind. Natürliche Fichtenwälder gibt es in allen Bereichen des Landes zwischen 900 und 2000 m, sie sind besonders in den höheren Lagen oft stark von Lärchen durchsetzt. Es gibt regelrechte lichte Lärchenwälder, alle anderen Bäume wurden vom Menschen zur Weidegewinnung ausgeholzt, wie jene des Salten zwischen Bozen und Flaas bzw. dem Tschögglberg. Ganz stark hat der Mensch den Zirbenwäldern zugesetzt. Sie wurden gerodet, um Almen Platz zu machen, auch war das Holz stark begehrt – eine Zirbenstube ist heute noch der Stolz jedes Bauern, und kaum ein neueres Hotel mit alpinem Südtiroler Flair kommt ohne dieses Holz aus. In größeren Höhen und abseits leicht erreichba-

rer Gebiete findet man sie aber immer noch, wie etwa im Anstieg vom Latschiniger Albl zu den Kofelrastseen (östliche Ortlergruppe zwischen Vinschgau und Ultental). Der Zwergstrauchgürtel mit Legföhren (Latschen), Alpenrosen (Almrausch) und Wacholder ist ebenfalls stark vom Menschen überformt und zu Weidezwecken gerodet worden. Die hochalpinen Rasengesellschaften und die Pflanzen der nivalen Stufe, also des höchsten Bereichs der Berge, in dem noch Pflanzen überleben können (über 2500 bis 2800 m bis in die Gipfelzone) sind wohl am stärksten von allen im ursprünglichen Zustand geblieben.

Dolomitenflora: Von den Vegetationszonen Südtirols ist jene der Dolomiten wohl am interessantesten, denn die Dolomitenflora besitzt die meisten Endemiten, also nur in dieser Zone vorkommende Pflanzen. Kalk ist für viele Pflanzen nicht geeignet oder sie passen sich an und es entstehen neue Unterarten und Arten, wie das etwa beim Stengellosen Enzian der Fall ist: Auf kristallinen Gesteinen wächst *Gentiana kochiana*, auf Kalk wächst *Gentiana clusii*. Für Laien sehen diese beiden Arten des klassischen Enzians identisch aus, Botaniker lächeln milde und zeigen einander die Unterschiede. Aber die Dolomiten haben auch echte Endemiten, die nur dort zu finden sind, eine Steinbrechart und die Dolomiten-Akelei, die Dolomiten-Schafgarbe, Séguiers Hahnenfuß und die wunderschöne, aber selten zu sehende und in steilen Felswänden wachsende Schopfige Teufelskralle.

Wälder, Almen, Wiesen

Die Hälfte der Südtiroler Landesfläche ist von Wald bedeckt. Davon wiederum sind 58 % Bergwald. Dieser übt eine wichtige Schutzfunktion aus. Er bewahrt den Boden vor Erosion und Siedlungen vor der Zerstörung durch Steinschlag, Muren und Lawinen. Wo es keinen Wald gibt, müssen an zahllosen Steilhängen aufwändige Lawinenverbauungen und Stahl- oder Betonkonstruktionen im brüchigen Fels diese Funktion übernehmen. Der Südtiroler Wald besteht zu 61 % aus Fichten, 19 % sind Lärchen, 10 % Weißkiefern, 6 % Zirben und 3 % Tannen, Buchen und Schwarzkiefern. Die Almen Südtirols liegen großteils oberhalb der Waldgrenze (Hochalmen), 70 % werden privat bewirtschaftet. Etwa 86.000 Tiere weiden dort alljährlich im Sommer, davon sind 45.000 Rinder, 27.000 Schafe und 13.000 Ziegen; es gibt aber auch Pferde, Esel, Lamas und Schweine. Viele Almwiesen sind von intensiver Düngung geprägt, was die Artenvielfalt der Flora und Fauna reduziert. Gut sichtbar ist das auf den ursprünglich artenreichen Feuchtwiesen der Seiser Alm, die zwar im Frühsommer einen farbenfrohen Anblick bieten, der aber bei genauerem Hinsehen nur durch relativ wenige, dafür dominante Pflanzenarten geprägt ist. An den Randgebieten der Seiser Alm dagegen, wo weder geweidet noch gedüngt wird, finden sich artenreichere Feucht- und Magerrasengebiete. Insgesamt sind ursprüngliche Feucht- und Magerwiesen durch die landwirtschaftliche Nutzung (Bewässerung, Entwässerung, Düngung, häufige Mahd) stark zurückgegangen, ihr Erhalt wird daher zum Teil subventioniert.

Wildtiere in Südtirol

Der Mensch hat auch in Südtirol die Umwelt nach seinen Bedürfnissen verändert und den Lebensraum vieler Tiere eingeschränkt, zerstört, aber auch erweitert. Während Reh und Rothirsch ausreichend Platz bekommen, wandern Bären nur noch vereinzelt vom Trentino kommend durch die Region, und wegen seiner Spielhahnfedern für die Tirolerhüte ist das Birkhuhn selten geworden.

Das Murmeltier, bis in die Gegenwart wegen seines angeblich heilkräftigen Fetts erbarmungslos gejagt, ist in einigen Bereichen wieder recht häufig geworden, nachdem es vor gut 150 Jahren knapp vor dem Aussterben war. Steinbock und Bartgeier wurden wieder eingeführt, nachdem sie ausgerottet worden waren. Manche Tiere wären andererseits längst ausgerottet, würde man ihrer habhaft, denn man sieht sie als Schädlinge: Fuchs, Frettchen, Iltis und Marder gehören in diese Kategorie.

Die Zonen Südtirols, in denen man am ehesten Wildtieren begegnen kann, sind die warmen Buschwälder des Südens und der inneralpinen Trockentäler wie im Vinschgau sowie die Hochalmen und Gebirgswiesen. In den Buschwäldern, etwa am Südfuß des Montiggler Waldes im Überetsch oder auf der anderen Seite des Etschtals im Naturschutzgebiet Castelfeder, kann man der Smaragdeidechse begegnen, der flinken Zornnatter und der auf Bäume kletternden Äskulapnatter, der Gottesanbeterin, die in Südtirol Maringgele genannt wird, aber auch, doch nur am späten Abend, dem Greil oder Gleir, anderswo als Siebenschläfer bekannt. In den alpinen Rasengebieten sieht man vor allem in Karmulden häufig Murmeltierbauten und die sichernden Männchen, die durchdringende Pfiffe zur Warnung für die anderen von sich geben, wenn man sich nähert. Gämsen sind nicht selten, und wer Glück hat, kann den Alpenschneehasen beobachten, aber auch Haselhuhn und Schneehuhn. Der wieder eingeführte Steinbock besiedelt derzeit neun Gebiete in Südtirol (davon sechs dauerhaft) mit einem Bestand von etwa 1400 Tieren (ohne die auf Trentiner Gebiet lebenden Kolonien im Nationalpark Stilfser Joch): Weißkugel, Texel, Ultental, Tribulaun, Eisbruggspitz und Durreck (dauerhaft), Sesvenna, Tauern, Seekofel (im Sommer, wobei am Seekofel nach der Ausrottung der Population durch Gamsräude im Jahr 2004 eine Wiederansiedlung stattfand). Auch der Steinadler zieht in immer mehr Bereichen der Südtiroler Gebirge seine Kreise, vor allem im Ahrntal und Antholzer Tal, Pfossen- und Passeiertal, über der Fanes- und der Puezgruppe. Im Martelltal wurde vor einigen Jahren erfolgreich der Bartgeier wieder angesiedelt. Was einem immer und überall begegnet, sind Alpendohlen: Kaum ist man auf einem Gipfel oder bei der Hütte angelangt, wird man neugierig umflattert; die Vögel wagen sich für einen Happen auch ganz nahe an die Wanderer.

Auerhuhn und Birkhuhn: Sie zählen zu den Raufußhühnern Europas, die früher in vielen Gebieten vorkamen und heute auf wenige Gebiete der Alpen und Nordeuropas beschränkt sind. Die Bejagung hat sie stark dezimiert, beim Birkhuhn vor allem wegen der dekorativen Schwanzfedern des Hahnes. Gleichzeitig wurde ihr Lebensraum so stark reduziert, dass nur noch geringe Reste davon übrig blieben – dabei klingen die Gesamtzahlen gar nicht so schlecht: In den Alpen und Karpaten allein soll es noch ca. 43.000 Birkhühner geben. Aber die Bestände sind isoliert und werden durch Natur- und Umweltzerstörung ständig kleiner. Berühmt ist die sog. Arenabalz der Raufußhühner, die erwachsenen Hähne kämpfen auf Lichtungen miteinander um die Weibchen, die scheinbar unbeteiligt zuschauen.

Bären, Wölfe – und der Mensch

Diese Raubtiere bewegen die Gemüter in den Alpen seit jeher am meisten. In der Brentagruppe (Trentino) lebt die letzte Bärenpopulation der italienischen Alpen, aufgestockt durch Jungbären, die man im Rahmen des Wiederansiedlungsprojekts Life Ursus ab 1999 aus Slowenien einführte. Die Population ist mit derzeit 100 Bären stark gewachsen. Die männlichen Jungbären benötigen eigene Territorien, die sie sich auf Wanderungen suchen, und die führen sie auch nach Südtirol. Seit 2011 gab es mehrere Vorfälle mit verschiedenen Bären im Trentino, nicht aber in Südtirol. Im Frühjahr 2023 wurde ein junger Jogger im Trentino von einer Bärin getötet. Die Bärin, die mehrere Junge bei sich hatte, wurde kurze darauf eingefangen und ins Gehege von Castellar gebracht. Ihre Tötung wurde vorerst gerichtlich verhindert. Forderungen nach einer Reduzierung der Population werden lauter. Fakt ist, dass Bären im Jahr Schäden von 50.000 bis 60.000 € (in der gesamten Region Trentino-Südtirol) anrichten (sie reißen Schafe, plündern Bienenstöcke). Ein Blick nach Slowenien zeigt, dass dort über 1000 Bären relativ konfliktfrei neben den Menschen leben, deren Vieh von Weideschutzhunden bewacht wird. Die nicht unumstrittene Fütterung von Bären in Waldgebieten mit dem Ziel, sie dort zu halten, wird aus slowenischer Sicht erfolgreich praktiziert. Jedenfalls unterscheidet sich die Einstellung dort grundsätzlich von der in Südtirol, Österreich und Bayern, wo es zwar Managementkonzepte und Gelder dafür gibt, aber wenig bis gar nichts im Bereich der Prävention getan wird und dann, wenn etwas passiert (2023 riss ein Bär im bayerischen Alpenvorland Weidetiere), sofort der Abschuss gefordert wird.

Mehrere Wolfsrudel konnten in Südtirol genetisch nachgewiesen werden, örtliche Schwerpunkte sind das Deutschnonstal und das Fassa- sowie das Abteital. Begegnungen mit dem Menschen gibt es bislang nicht, allerdings mehrere Nutztierrisse. In Südtirol hängen vielerorts Plakate, die den Abschuss der Wölfe fordern.

Bär, Wolf und Mensch konkurrieren um das gleiche Territorium. Die Frage, wer sich hier in wessen Lebensraum befindet und wer wen bedroht, kann aus (mindestens) zwei Blickwinkeln gestellt werden.

Alpenmurmeltier: Murmeltiere gehören wie die Eichhörnchen zur Familie der Hörnchen, sind aber größer, sie werden bis 66 cm lang und 7 kg schwer. Sie sind typische Nagetiere mit kräftigen gelben Nagezähnen, die sie beim Fressen von Blättern, Trieben, Blüten und (v. a. im Spätsommer) Samen einsetzen. Sie sind echte Winterschläfer, 5 bis 7 Monate im Jahr verbringen sie schlafend in ihren Bauten, dabei werden die normalen 70 Pulsschläge pro Minute auf 5 reduziert. Eine Nebenhöhle ist als Klo gedacht, wenn sie zweimal im Monat aufwachen, gehen sie in diesen Teil des Baus, um zu urinieren. Früher hatte das Murmeltier mehr Feinde als heute (der Bestand wird auf 50.000 Tiere geschätzt), die Ausrottung von Luchs und Wolf im alpinen Lebensraum Südtirols hatte nur noch Adler und Fuchs als Feinde gelassen, Jungtiere fallen auch Raben zum Opfer. Murmeltiere leben in großen Familienverbänden. Sind die Tiere außerhalb des Baus, wachen immer einige ältere Männchen, um bei Gefahr zu pfeifen, woraufhin alles in nahen Löchern verschwindet (oder in nicht sehr elegantem, aber flottem Lauf zum nächsten Loch hastet).

▲ Wer guckt denn da so neugierig?
▼ Wer schaut denn da zum Fenster rein?

Achtung, Schlangen! In den warmen Buschwäldern und auf den Trockenhängen Südtirols kommen drei Giftschlangen vor: Aspisviper, Kreuzotter und Hornviper. Am dichtesten ist ihre Verbreitung im Überetsch und Unterland, vor allem im Bereich um den Kalterer See, im Montiggler Wald, in der Gegend von Eppan und in der Neumarkter Gegend. Bei Schlangenbiss sofort zum Arzt, nicht abbinden, Wunde nicht aussaugen oder gar ausbrennen, wie immer wieder empfohlen wird – die Bisse der drei Giftschlangen sind nicht tödlich! Den betroffenen Bereich fest verbinden wie einen verstauchten Knöchel und beim Transport möglichst ruhig halten. Zur Vermeidung von Schlangenbissen in den gefährdeten Zonen abseits der breiteren Wege immer feste Schuhe mit hohem Schaft, Socken und lange Hosen tragen. Kreuzottern kann man auch in großen Höhen, vor allem auf Almen, begegnen, sie sind dann oft ganz schwarz und ohne das namengebende Kreuzmuster (man nennt solche Exemplare auch Höllenotter), dem Menschen gehen sie üblicherweise aus dem Weg.

Naturschutz

Südtirol besitzt mit dem **Nationalpark Stilfserjoch** und sieben **Naturparks** geschützte Landschaften in allen wichtigen alpinen Gebieten mit Ausnahme der Sarntaler Alpen, in denen jedoch seit Jahren ein weiterer Naturpark geplant ist. In diesen Schutzzonen ist das ökologische Gleichgewicht noch gegeben und soll für alle Zeiten erhalten werden. Die Ernennung der Dolomiten zum UNESCO-Welterbe hat keinen speziellen Schutz zur Folge. Um den Schutz realistisch zu gestalten, hat man die größeren Siedlungen ausgeklammert, jedoch nicht Bergbauerngebiete und Almweiden. Im Prinzip sollte in Schutzgebieten keine größere Veränderung erlaubt sein, tatsächlich wirkt sich jedoch jede Veränderung in der Nähe auch auf das Schutzgebiet aus, und Ausnahmeregelungen sind anscheinend die Regel geworden. Dass die Sommerskizone Stilfserjoch und das Skigebiet Sulden im Nationalpark liegen, ist in Südtirol anscheinend kein Widerspruch. Alle Schutzgebiete sind frei zugänglich und besitzen Informationszentren, die Naturpark- bzw. Nationalparkhäuser (von Letzteren gibt es fünf).

Mehr zu den einzelnen Naturparks und zum Nationalpark finden Sie in den jeweiligen Kapiteln, dort auch Adressen der Naturpark- bzw. Nationalparkhäuser; Naturpark Schlern-Rosengarten → S. 541, Naturpark Puez-Geisler → S. 496, Naturpark Fanes-Sennes-Prags → S. 485, Naturpark Rieserferner-Ahrn → S. 414, Naturpark Texelgruppe → S. 212, Naturpark Sextener Dolomiten → S. 456, Naturpark Trudner Horn → S. 182 und Nationalpark Stilfserjoch → S. 337.

Information Zuständig für die Schutzgebiete Südtirols ist die Landesverwaltung in Bozen, Abteilung 28 für Natur Landschaft und Raumentwicklung (am besten zu erreichen unter naturparks.provinz.bz.it). Für den Nationalpark Stilfserjoch wenden Sie sich an die Nationalparkverwaltung, Außenamt Glurns, Rathausplatz 1, I-39020 Glurns, ☏ 0473/830430, stelviopark.it.

Sommer im Naturpark Rieserferner-Ahrn

Stolze Bauern beim Almabtrieb in Pfelders

Die Menschen

Die Deutschtiroler und Ladiner gehören zwar zwei verschiedenen Sprachgruppen an, sind aber beide der alpenländisch-österreichischen Tradition verbunden. Die dritte Sprachgruppe, die Italiener, stehen mit Ausnahme einiger Anpassungserscheinungen an ein überwiegend fremdkulturelles und anderssprachiges Land der italienisch-mediterranen Kultur nahe. Und schließlich prägt die vermehrte inner- und außereuropäische Zuwanderung seit Beginn des neuen Jahrtausends auch die Südtiroler Bevölkerung, sodass längst nicht mehr von nur zwei klar voneinander abgrenzbaren Volksgruppen die Rede sein kann.

Die Kultur der Deutschtiroler und der Ladiner entspricht in großen Zügen jener des österreichischen Nordtirol, wurde aber in der langen Zeit der Spaltung Tirols seit 1918/1919 durch italienische Elemente bereichert. Die Italiener sind in vielen Fällen Nachkommen erst vor zwei bis drei Generationen aus Süditalien eingewanderter Arbeiter, zum kleineren Teil seit vielen Generationen im Lande ansässig.

Das hört sich klar geschieden an und wird durch das *Südtiroler Autonomiestatut* auch immer wieder eingeklagt: Man muss sich, wenn man in Südtirol wohnt, immer wieder bei amtlichen Erhebungen oder wenn man in den Landesdienst treten will, einer dieser Volksgruppen zuordnen, eine Mischkategorie gibt es nicht. Die Realität ist jedoch durch die so deutliche wie subtile Annäherung der beiden Volksgruppen weitaus komplexer. Gemischte Ehen sind keineswegs selten. Die Kinder stehen zwischen den Kulturen und müssen sich für offizielle Zwecke entscheiden, ob sie sich als Italiener oder als Deutsche registrieren lassen. Das Autonomiestatut will es so, und das hatte auch seinen Sinn, solange die deutschsprachige Bevölkerungsgruppe benachteiligt wurde. Schließlich sollten und sollen aufgrund dieser Zuordnungen Stellen nach dem Bevölkerungsgruppenproporz verteilt werden, um der potenziellen Benachteiligung der Deutschtiroler ein Ende zu setzen. Eine zunehmende Zahl der Menschen im Land hält dieses Verfahren allerdings nicht mehr für zeitgemäß, insbesondere auch, weil Südtirols Bevölkerung in den letzten Jahren immer multikultureller und bunter wird und dies die Grenzen zwischen den ethnischen Zuschreibungen weiter verwischt. In den letzten 20 Jahren hat sich die Zahl ausländischer Mitbürger in Südtirol versiebenfacht, von 6.500 im Jahr 1993 auf 48.000 im Jahr 2018.

Insgesamt leben mittlerweile Menschen aus 137 Nationen in Südtirol – in der Regel friedlich mit- und nebeneinander. Für die starken Fluchtbewegungen der letzten Jahre durch die Kriege in Afghanistan, Syrien, Irak, Somalia usw. war Südtirol bislang eher Transitland, wird aber zunehmend auch zur neuen Heimat, wovon zahlreiche Projekte zur Integration in Südtirols Städten Zeugnis ablegen.

Das Land, sein Image, seine Sprachen, sein Tourismus

Südtirol, dieser an der Oberfläche so runde und eindeutige Begriff, ist tatsächlich schillernd und mehrdeutig. Wer mit Südtirol nur das von deutschen, österreichischen, niederländischen und – vor allem in der Sommer- und Winterhochsaison – italienischen Gästen dominierte Wanderland mit seinem auf Volksmusik, Trachten, Speck und Gemütlichkeit basierenden Image verbindet, sieht das Land genauso oberflächlich wie der hochwinterliche Pistenfreak, der zwei Wochen „Dolomiti Superski" bucht und zwischen Lift und Après-Bar pendelt.

Schief liegen diejenigen, die Südtirol als ein deutsches Land sehen, denn die Vorfahren der Ladiner in den Dolomitentälern lebten hier schon, als die Germanen nördlich der Alpen noch in Sümpfen Schnepfen jagten. Ebenso falsch ist das Credo rechtspopulistischer italienischer Politiker, die argumentieren, die Deutschsüdtiroler hätten in den letzten 1500 Jahren Südtirol nur „oberflächlich germanisiert". Die Wahrheit liegt wie so oft dazwischen. Ja, Südtirol ist ein vorwiegend deutschsprachiges Land, und das ist es seit dem Beginn der Neuzeit und der Übernahme des Deutschen auch im oberen Vinschgau, wo bis dahin Rätoromanisch gesprochen wurde wie heute noch in den Dolomitentälern um die Sella (übrigens nicht nur in Südtirol, sondern auch in den angrenzenden Gebieten der Provinzen Trient und Belluno). Italienische Einflüsse haben auf das Land aber nicht erst seit 1918 und dem Beginn der italienischen Okkupation gewirkt, sondern schon wesentlich früher. So sind in Bozen zu den Messezeiten schon vor Jahrhunderten Italiener massiv präsent gewesen. Gerne wird in deutschsprachigen Kreisen auch vergessen, dass Tirol vor 1918 immer ein dreisprachiges Land war und dass das Italienische in Welschtirol, jenem Bereich des historischen Landes Tirol, der heute Trentino genannt wird, nicht nur eine der Sprachen der Tiroler Bevölkerung war, sondern durchaus kulturellen Einfluss hatte. Deutsch, Ladinisch und Italienisch sprechende Tiroler haben ihr Land und seine heutige Form gemeinsam geschaffen, auch wenn aufgrund der politischen Situation und der Ausrichtung ganz Tirols nach Norden und in den deutschen Sprachraum der deutsche Einfluss dominierte.

Allgegenwärtiger Ausdruck der Südtiroler Mehrsprachigkeit sind die Toponyme (Orts-, Flur-, Gewässernamen usw.), die flächendeckend in Italienisch und Deutsch und regional darüber hinaus auch noch in Ladinisch vorkommen. Die italienischen Namen sind zum überwiegenden Teil das Ergebnis sprachplanerischer Maßnahmen. Sie gehen zurück auf Ettore Tolomei der sein Leben u. a. als Italienischlehrer, Journalist und Politiker bestritten hat, daneben aber vor allem eines war: ein glühender Nationalist, der sich schon in jungen Jahren für die Einverleibung des südlichen Tirol ins italienische Königreich starkgemacht hatte, sprachliche Einverleibung inklusive. Zu diesem Zweck legte er 1916 das *Prontuario dei nomi locali dell'Alto Adige* vor, eine Liste von ca. 12.000 italianisierten Toponymen, die er zusammen mit zwei Gleichgesinnten erarbeitet hatte. Einen nur verschwindend geringen Teil dieser Liste machten Namen aus, die im allgemeinen Sprachgebrauch der italienischsprachigen Bevölkerung bereits lang verankert waren. Darunter waren die Namen größerer bzw. nah an der Sprachgrenze liegender Orte wie *Bolzano* für *Bozen*, *Merano* für *Meran*, *Bressanone* für *Brixen* oder *Ora* für *Auer*, die selbst unter der k.u.k. Herrschaft bereits als „sprachüblich" anerkannt worden waren. Der große Rest waren zwangsläufig Neubildungen, denn in den allermeisten Fällen hatte der italienische Volksmund schlicht keine gängigen muttersprachlichen Namensvarianten hervorgebracht – offenkundig war man mit den althergebrachten deutschen Namen ganz gut zurechtgekommen.

Bei den Neubildungen setzte Tolomei auf verschiedene Herleitungsprinzipien. Im einfachsten Fall wandte er das bereits etablierte simple Bildungsmuster vom Typ *Meran* → *Meran-o* auf weitere Ortsnamen an, und so wurde etwa aus *Moos* im Passeiertal ein italianisiertes *Moso*, aus *Andrian* südlich von Meran *Andriano*, aus *Bruneck* im Pustertal *Brunico* usw. Lagen ladinische (und damit immerhin schon romanische) Ortsnamen vor, passte Tolomei sie an die italienische Lautung an, etwa bei lad. *Urtijej* (= dt. *St. Ulrich*), aus dem ital. *Ortisei* wurde, oder bei lad. *Antermëia* (= dt. *Untermoi*), das zu ital. *Antermoia* umbenannt wurde. In anderen Fällen griff er in verschiedener Weise auf lateinische/romanische Wurzeln zurück, z. B. bei *Montiggl*, das in alten Quellen der Bischöfe von Trient als *Admonticlo* (= kleiner Berg, am kleinen Berg) bezeugt ist und bei Tolomei zu *Monticolo* italianisiert wird. Bekanntestes Beispiel dieser zum Teil gewagten Herleitungen dürfte *Vipiteno* für *Sterzing* sein, wo sich Tolomei auf den ehemaligen römischen Militärstützpunkt *Vipitenum* bezieht, der möglicherweise die Keimzelle der heutigen Stadt war (im Übrigen entgegen dem Sprachgebrauch der italienischsprachigen Bevölkerung, die sich das schwer aussprechbare „germanische" *Sterzing* schon lang zum mundgerechten *Stérzen* zurechtgestutzt hatte ...).

Weitere Mittel der Umbenennung waren wörtliche Übersetzungen (z. B. *Lago Verde* für *Grünsee*, *Monte di Mezzo* für *Mittelberg* oder *Molini* für *Mühlen*), der Rückgriff auf den Namen des jeweiligen Ortsheiligen *(Innichen → San Candido)*, „topografieorientierte" Neubildungen wie bei *Gossensass*, aus dem Tolomei *Colle Isarco*, den „Hügel am Eisack", machte, oder auch – wenn gar nichts mehr ging – rein lautliche Verlegenheits-Italianisierungen wie bei *Feldthurns* → *Velturno*, *Pflersch* → *Fleres* oder *Schnals* → *Senales*.

Tolomeis *Prontuario* lag zunächst ein paar Jahre gewissermaßen als To-do-Liste ungenutzt in der Schublade; dann, 1923, machten die neuen faschistischen Machthaber unter Mussolini ernst und nötigten König Vittorio Emanuele III. ein Dekret ab, das die konsequente Umsetzung der Tolomeiischen Nomenklatur im mittlerweile annektierten, zum Alto Adige (rückübersetzt ins Deutsche „Oberetsch" bzw. „Hochetsch") mutierten Südtirol anordnete.

Die Italianisierung diente einem einzigen politischen Zweck, nämlich den Anschluss der deutsch- und ladinischsprachigen Gebiete an das übrige Italien zu verfestigen. In gewisser Weise hatte Tolomei damit Erfolg. Aus der rein italienischen Namensgebung wurde jedoch nach 1945 wieder eine zweisprachige, später sogar dreisprachige (im ladinischen Sprachraum), und in jüngster Zeit wurde gar bei einigen Tausend Flurnamen die italienische Variante wieder offiziell gestrichen.

Ettore Tolomei, von Italienern geachtet, von vielen Südtirolern gehasst, starb 1952 und wurde in Montan beerdigt. 1979 sprengten Unbekannte sein Grab in die Luft – dabei soll sein einbalsamierter Leichnam über die Friedhofsmauer geschleudert worden sein. Die makabre Anekdote zeigt, wie verbittert noch heute manche Einheimischen über das sind, was Reisenden heutzutage als simple Zweisprachigkeit auf Ortsschildern und Wanderkarten begegnet.

Auch in anderer Hinsicht ist Südtirol nicht so einfach gestrickt, wie uns das die Fremdenverkehrswerbung glauben lassen will. Niemand zieht mehr während der Woche die alte Tracht an, sondern nur noch in wenigen Tälern (wie im Sarntal) am Sonntag. Und Trachtenumzüge sind nicht zuletzt dazu da, die Gästebetten zu füllen, dienen also (zumindest auch) als Touristenattraktionen. Andererseits ist bei der jüngeren Generation eine zunehmende Rückbesinnung auf Tracht und Brauchtum zu beobachten. Allerdings wird auch hier der Stolz auf das Eigene mit den Vorzügen der globalisierten Moderne verbunden und zu einer regional-internationalen Identität verknüpft.

Tourismus und Landwirtschaft sind kein Widerspruch

Das kernig-bodenständige Image des Südtiroler Bauern (verkörpert durch die omnipräsente blaue Schürze) trifft indes nur auf ein paar Ausnahmeerscheinungen zu, die meisten Landwirte in Südtirol gehen genauso mit der Zeit und richten sich nach der Höhe der EU-Zuschüsse wie die Kollegen im Allgäu oder in der Normandie. Südtiroler Äpfel und Südtiroler Milch, heute die wichtigsten landwirtschaftlichen Produkte, werden in der Regel keineswegs mehr nach traditionellen Methoden und im Familienverband hergestellt, sondern sind – bis auf wenige und rühmenswerte Ausnahmen (die im Zuge des Regio- und Bio-Booms landesweit zunehmen) – Erzeugnisse auf Industrieniveau. Und: Südtirol erzielt das höchste Bruttoinlandsprodukt Italiens je Einwohner, das sogar über dem des benachbarten Österreich liegt. Das kommt nicht von ungefähr, denn das Wort Müßiggang

Die Waale – Südtiroler Bewässerungssystem mit uralter Tradition

Vor allem im trockenen Vinschgau hat sich bis heute eine uralte Bewässerungsform erhalten, die Waale. Dort reicht das Regenwasser sowohl an den sonnendurchglühten Hängen als auch im Tal für den Anbau von Getreide, Wein oder Obst, aber auch für die Wiesen und Weiden nicht aus. Mit dem mittelalterlichen Siedlungsausbau in die inneren Täler und vor allem in die Höhen musste man sich ernsthaft mit dem Wasserproblem auseinandersetzen, denn auf den steilen Hängen, etwa des Naturnser oder Kastelbeller Sonnenhanges, gab es überhaupt kein Wasser und auch keine vorbeiziehenden Bäche, denn die stürzen in engen Schluchten zu Tal, ohne dass man sie nutzen konnte. Die Mönche von Marienberg waren vielleicht die ersten, die das Bewässerungsproblem durch Wasserleitungen über weitere Strecken in gewarteten Kanälen lösten, die später Waale genannt wurden.

Die Grundidee war, dass man die Wasserläufe an geeigneten Stellen in ihrem Oberlauf anzapfte und dann über offene Holzrinnen (sog. *Kandeln*) in Form von ausgehöhlten Baumstämmen und Gesteinsrinnen auf einer speziell dafür gebauten Trasse zu den Feldern und Wiesen brachte. Auf einigen Waaltrassen musste extremes Gelände gequert werden, etwa am Mitterwaal nach Glurns oder am Bergwaal oberhalb Schluderns. Die Röhren wurden förmlich in den Felsen gehängt. Wegen der großen Reparaturanfälligkeit musste unmittelbar neben den Waalen ein Weg verlaufen. Die meist schattigen und kühlen Waalwege sind heute *der* Sommerwander-

Waale führen durch Wiesen und Wälder

knüller im Vinschgau. In einigen Fällen wurden Quellgebiete angezapft, deren Wasser sonst ungenutzt in eine andere Richtung geflossen wären. So entstand hoch über Goldrain der heute zwar aufgegebene, aber noch in Abschnitten erhaltene *Goldrainer Jochwaal*, der das oberste Quellgebiet des Penaudbachs anzapft. Auf dem *Tarscher Jochwaal* hat man die alten Holzpfeiler und Holzrinnen des aufgegebenen Waals wieder hergestellt, sie dienen heute aber nur noch einem touristischen und kulturhistorischen Zweck.

Latschanderwaal

Erste Verordnungen zum Waalwesen, das immer mit Organisation und Kollektivarbeit verbunden war, sind schon im 13. Jh. ergangen, das Wort Waal selbst taucht bereits 1136 auf. Von Anfang an scheinen spezielle „Waaler" die Überwachung und die Aufsicht über die Instandhaltung übernommen zu haben, die von der Nutzergemeinschaft bezahlt wurden. Das Waalwasser wurde nach genau festgelegten Anteilen verteilt und zeitlich fixiert, d. h., die Nutzer durften nur in einer festen Zeitspanne den Waal öffnen, um ihre Felder zu bewässern.

Wasser war und ist kostbar, Wasserdiebstahl war daher an der Tagesordnung, man musste doch nur den Schieber ein wenig weiter aufmachen, ihn ein wenig länger offen halten ... All diejenigen, die weiter unten Wasser aus dem Waal abzapfen wollten, hatten das Nachsehen. Und haben es immer noch wie etwa beim *Neuwaal* in Obermais (Meran). Der dortige heute noch funktionierende Tragwaal, also der Hauptwaal, der das Wasser zum Verteilersystem leitet, ist ein halbes Jahrtausend alt. Er wird bei Saltaus im Passeier „eingekehrt" und verläuft auf 8,5 km über Schenna bis Meran, wobei er nur 51 m Höhe verliert. Mit 150 l pro Sekunde kann er in Obermais 74 ha Kulturland bewässern, das 85 Mitgliedern gehört. Die Verträge sehen Nutzungszeiten von 30 Minuten bis eine Stunde vor. Der größte Nutzer ist der 12 ha große Botanische Garten in Schloss Trauttmansdorff.

Die *Waalschellen*, an deren regelmäßigem Klingen der Waaler erkennen konnte, ob das Wasser lief oder ob er sich um einen Bruch kümmern musste, haben sich nur in sehr wenigen Fällen erhalten. Ausnahme sind z. B. der *Quairwaal* in Schluderns, der *Zaalwaal* oberhalb von Kortsch (bei Schlanders) und der *Tscharser (Schnalser) Waal*. Die Herkunft des Ausdrucks „Waal" ist übrigens nicht geklärt, sie wird auf spätlateinisch *aquale* oder keltisch *buol* zurückgeführt, was beides mit Wasser zusammenhängt. Unter waalwege.org finden sich Beschreibungen von Waalen und Wandervorschläge.

gehört nicht zum Sprachschatz der Südtiroler. Doch immer mehr Einheimische fragen sich, ob sie noch auf dem richtigen Weg sind.

Steigende Gästezahlen, immer mehr Individualverkehr und Neubauten (vor allem Luxushotels, aber auch Seilbahnen, wie das Projekt in Tiers → S. 543, und Skilifte) und damit immer mehr Bodenversiegelung und Naturzerstörung spalten zunehmend die Tourismusbranche und die Südtiroler Bevölkerung. Der in Südtirol lange undenkbare Begriff „Overtourism" macht die Runde. Zugangsbeschränkungen (z. B. am Pragser Wildsee, → S. 442) wurden eingeführt oder sind in der Diskussion, z. B. auch für die in der Saison völlig überlasteten Passstraßen.

Michil Costa aus Corvara (→ S. 470 und 640), selbst Hotelier im hochpreisigen Segment, aber schon immer der Nachhaltigkeit verpflichtet, hat mit seinem Buch *Raus aus dem Rummel* (Raetia Verlag) eine längst überfällige Diskussion angestoßen. Er plädiert für eine Rückbesinnung auf die Wurzeln und meint damit im Wesentlichen Regionalität, Nachhaltigkeit, Respekt vor Umwelt, Natur und Gästen sowie eine hohe Qualität des Angebots..

In diesen Kontext passt auch das 2022 verabschiedete Landestourismuskonzept, das zum ersten Mal eine Bettenobergrenze festlegt und von den einen vehement gefordert, von den anderen erbittert bekämpft wurde. Die Richtung scheint noch offen zu sein.

Trotz umweltfreundlicher Angebote wie dem Mobilitätskonzept der Guestcards für den öffentlichen Nahverkehr, die sehr gut genutzt werden, setzen viele Unternehmer weiterhin auf Wachstum. Die Touristen selbst beklagen sich (noch) nicht darüber, dass sie in Südtirol in immer größerer Zahl zur gleichen Zeit am selben Ort unter ihresgleichen sind.

Bauerndörfer und Handelsstädte

Ob man in Bozen durch die Stadt spaziert oder durch das Bergbauerngebiet des Oberen Vinschgau wandert, im ladinischen Hochabteital oder im überwiegend zweisprachigen Unterland unterwegs ist, macht – zumindest was die Gestalt der Siedlungen ausmacht – wenig Unterschied. 1500 Jahre überwiegend gemeinsamer Geschichte in einem einheitlichen Kulturkreis haben viele Gemeinsamkeiten erzeugt.

Die Hofformen ähneln einander, großzügige Paarhöfe mit getrenntem Wohn- und Stallhaus. Auch die Bauformen gleichen sich, wie der steinerne Unterbau, die Oberstockwerke aus Holz, die tief heruntergezogenen Pultdächer. In den mittelalterlichen Handelsstädten Bozen, Sterzing, Brixen, Meran und Neumarkt fallen die Lauben auf, gedeckte Gänge zu beiden Seiten der Hauptgeschäftsstraße, ideal für die Händler, die ihre Waren in den sich lang nach hinten erstreckenden Häusern unterbringen konnten. Die Weindörfer von Überetsch und Unterland mit ihren eng zusammengebauten Steinhäusern mit aufwendigem Dekor, der auf einigen Wohlstand hinweist, sind ein anderer Typus, der sich auch weiter südlich in den Weinorten des Trentino findet. Typisch sind die Kirchen, viele mit spitzen gotischen Türmen, in den wohlhabenderen Orten, wie etwa im Überetsch, hat man im Barock ausladende Zwiebelhelme aufgesetzt. Kein Ort, kein Dorf, kein Weiler ohne bereits im Mittelalter gebaute Kirche, kaum ein einsamer Bergbauernhof ohne Kapelle.

Während die Fluren der Bauern in Unterland und Überetsch oft unregelmäßig und stark zerstückelt sind, im ladinischen Sprachgebiet oft sehr klein, wirken die Bergbauernhöfe von unten und vom Berghang gegenüber wie kleine Inseln im Wald. Während die Talorte langsam wuchsen und das Muster der Grundstücke viele Änderungen anzeigt, wurden die Bergbauernhöfe während der früh- und hochmittelalterlichen Kolonisationszeit ein für alle Mal angelegt und als Einödhöfe mit umgebendem Grund geplant. Diese Höfe blieben oft jahrhundertelang im Besitz einer Familie. Kann eine Familie einen mehr als 200-jährigen Besitz urkundlich nachweisen, gilt dieser Hof als „Erbhof" – über 300 solcher Erbhöfe gibt es in Südtirol!

In Ladinien war das anders, da es kein rigides Anerbenrecht gab (der älteste Sohn erbt alles) und Teilungen immer wieder neu zerstückelten und verkleinerten (die sog. „Realteilung" führte dazu, dass viele alte Höfe nicht weiterbestanden, sondern verfielen und neu gebaut wurden). Auch die Dörfer sehen anders aus im Ladinischen, die „Viles" sind eng aneinander gebaute Hofgruppen, wie sie im Deutschtiroler Gebiet unbekannt sind.

Auch wenn heute die meisten Bauern für sich allein wirtschaften, gab es doch in der Vergangenheit enge Verbindungen, man half sich gegenseitig, etwa beim Heueinbringen, wenn ein Gewitter drohte. Die Apfelernte ist heute gar nicht mehr von der Familie zu leisten, für diese typische Stoßzeitarbeit werden polnische und tschechische Saisonarbeiter angeworben. In den Trockengebieten des Landes war früher eine der wichtigsten gemeinsamen Arbeiten das Bewässerungssystem der Waale, mit dem man Wasser von weither zu den Feldern und Wiesen brachte. Auch in diesem Bereich hat die Gegenwart mit mechanischen Bewässerungsanlagen (Sprinklern) und unterirdischer Wasserzufuhr von Stauseen enorme Veränderungen und Arbeitserleichterung gebracht. Die alte Art der Bergbauern, ihr auf Steilhängen unter Lebensgefahr handgemähtes und gerechtes Heu zum Stadel zu bringen, ist zugunsten von kleinen motorbetriebenen Lastenseilbahnen aufgegeben worden. Früher trug man das Heu auf dem Buckel den Hang hinunter, eingeschlagen in ein Heutuch, bis zu 100 kg pro Mann und Ladung. Ein hölzerner Schlitten übernahm den Weitertransport zum Stadel, die Fahrt über steile und oft ausgesetzte Wege erforderte Mut und Können und endete nicht selten tödlich. Heute hat auch diese bäuerliche Arbeitsweise Museumscharakter angenommen, so feiert man etwa im Trentiner Primiero ein Heuerntefest, den „Palio della Sloiza", bei dem junge Männer ihre Geschicklichkeit mit dem Schlitten beweisen.

Brauchtum und Feste

Wer knapp nach 4 Uhr durch Explosionen geweckt wird, kann – besonders, wenn es eine Nacht von Freitag auf Samstag ist – beruhigt weiterschlafen. Es sind nur Böllerschüsse, mit denen eine Hochzeit gefeiert wird. Um 5 Uhr (aber meist früher) wird für die Braut, um 6 Uhr für den Bräutigam geschossen. Lebendiges Brauchtum mitzuerleben, ist einer der großen Pluspunkte eines Urlaubs in Südtirol. Die Chancen stehen gut: Trachten trifft man auf dem Bauernmarkt oder am Sonntag in der Kirche, die Blaskapelle und die Schützen samt Marketenderinnen versammeln sich bei Kirchenfesten, bei der Kirchweih, bei Prozessionen und den zahlreichen Wallfahrten. Nicht zu vergessen der Almabtrieb mit den herausgeputzten Menschen und dem geschmückten Vieh sowie die überall in Südtirol mit Bergfeuern begangene Herz-Jesu-Feier.

Böllerschießen: Zu Hochzeiten und an Feiertagen, vor allem zu den Prozessionen an Fronleichnam und zum Herz-Jesu-Fest wurde und wird in manchen Regionen kräftig geböllert – das kann schon um 5 Uhr früh beginnen. Im Martelltal hat sich in Meiern Oberdorf oberhalb von Martell Dorf auch der historische Schießstand erhalten.

Scheibenschlagen: Am ersten Fastensonntag werden in Vetzan bei Schlanders (Vinschgau) beim Anbruch der Dämmerung hölzerne Scheiben im Feuer zum Glühen gebracht und dann mit Geschrei und bestimmten Reimen als Flammenräder den Hang hinuntergerollt („geschlagen"). Mit dem feurigen archaischen Ritual soll der Winter ausgetrieben und die Fruchtbarkeit der Felder im kommenden Jahr beschworen werden.

Herz-Jesu-Feiern mit Prozession und Bergfeuer: Am Herz-Jesu-Sonntag (2. Sonntag nach Fronleichnam) erinnern an das Gelöbnis von 1797, das Tirol – erfolglos – vor dem Angriff der Franzosen bewahren sollte. Die Herz-Jesu-Feuer werden oft in Kreuzform angelegt, jede Gruppe, die hoch in den Bergen die Feuer anlegt – und löscht –, ist auf ihre Arbeit besonders stolz und versucht, konkurrierende Gruppen zu übertrumpfen.

Wein- und andere kulinarische Feste: Zunehmend entdecken es nun auch Südtirols Gemeinden für sich, themenspezifische Feste zu regionalen Produkten zu veranstalten. Hierzu zählen z. B. das Erdbeerfest im Martelltal Ende Juni (erdbeerfest.it), das Speckfest im Oktober in Villnöss (speckfest.it) und diverse Knödeltage. Die zahlreichen Weinwochen, die sich fast über die ganze Hauptsaison verteilen, und die diversen Kastanienfeste im Herbst gehören dagegen zu den Festivitäten, die es schon seit vielen Jahrzehnten gibt.

Almabtrieb: Zwischen Mitte September und Mitte Oktober mag es noch viele schöne und warme Tage geben, aber die Gefahr eines Wetterumschwungs mit Temperaturen unter dem Gefrierpunkt ist zu groß – die Almen leeren sich, Menschen und Vieh kehren je nach Höhenlage früher oder später ins Tal zurück. Die Rückkehr wird gefeiert, man hat lange genug hart gearbeitet, Tiere und Senner(innen) sind geschmückt, unten warten die Blaskapelle und das Feiertagsessen: Knödel und

Schürzenträger

Der Südtiroler Bauer trägt Schürze (bauernschurz.com). Beim Heumachen, im Weinberg, beim Ausruhen auf der Bank vor der Tür, im Wirtshaus: Die knallblaue Schürze gehört einfach dazu und ist seit über 150 Jahren ein unverzichtbares Attribut der Bauern und Handwerker, teilweise auch der Gastwirte. Sie ist zu 100 % aus Baumwolle und wird in Südtirol produziert, nicht in Südkorea. Innen hat sie eine Tasche, in der man Werkzeuge, Pfeife, Geldbeutel und was man sonst noch so braucht, unterbringen kann. Im 19. Jh. war die Schürze noch aus ungefärbtem Leinen, das man in Südtirol selbst hergestellt hat, erst ab ca. 1900 setzte sich blaue Baumwolle durch. Südtirol ohne blaue Schürzen? Unmöglich!

Fleisch satt, Krapfen, Wein. Heute ist der Almabtrieb vielerorts auch eine Touristenattraktion. In der Regel feiern dann Einheimische und Auswärtige neben- und nicht selten auch miteinander. Eine kulturhistorisch herausgehobene Rolle spielt die Transhumanz im Schnalstal. Der traditionelle Schafübertrieb wurde 2019 von der UNESCO zum immateriellen Weltkulturerbe erklärt.

St. Nikolaus und Krampus: Am 5. Dezember, dem Vortag zum Nikolaustag am 6. Dezember, finden in vielen Orten Südtirols traditionelle Krampusläufe statt. Der Krampus, teuflisch-böser Begleiter des hl. Nikolaus, soll die Kinder mit seiner Rute bestrafen, wenn sie das Jahr über nicht folgsam gewesen sind, der Nikolaus bringt denen, die brav waren, in seinem Sack Geschenke mit. Der Krampus ist der Interessantere von beiden, Krampusse sind wie die Schiachperchten mit Tiermasken und Fellen bekleidet, haben oft Schellen um und sind mit ihren Ruten anscheinend darauf spezialisiert, vor allem den hübschen jungen Mädchen entlang der Dorfstraßen einen Schlag zu geben. Besonders traditionell sind die Feiern in Mals und die Umzüge der „Klaasen" (Krampusse) in Stilfs, überregional bekannt ist mittlerweile die Veranstaltung in Toblach.

Traditionelle ladinische Tracht

Feste, Feiern und Veranstaltungen im Jahreslauf

Fastnachtsumzüge und -bräuche, in vielen Orten am Ende des Faschings, in einigen Orten besonders traditionelle Umzüge mit Tiermasken und Kuhglocken, wie z. B. die „Zussln" in Prad.

Karfreitag, Prozession in den meisten Kirchorten.

Fronleichnamsprozessionen finden nicht am Donnerstag, sondern am darauffolgenden Sonntag statt. Hintergrund ist die bereits 1977 erfolgte Abschaffung einer Reihe von kirchlichen Feiertagen in Italien (darunter auch Christi Himmelfahrt und Pfingstmontag).

Tage der Architektur, auf mehreren geführten Touren, die unter einem bestimmten Motto stehen, werden historische und moderne Bauten anschaulich und in besonderer Sichtweise erkundet und erklärt. Im Mai, stiftung.arch.bz.it.

Oswald-von-Wolkenstein-Ritt auf dem Plateau von Seis, Geschicklichkeitskämpfe zu Pferd (ovwritt.com). Ende Mai/Anf. Juni.

Erdbeerfest im Martelltal mit Markttreiben und Infos rund um die Erdbeere. Letztes Wochenende im Juni.

Herz-Jesu-Feste, in vielen Orten Prozessionen. Am Abend werden auf den umliegenden Bergen eindrucksvolle Bergfeuer angezündet, die z. B. das Herzsymbol mit einem Kreuz darstellen. 2. So nach Fronleichnam.

Internationales Fest der Chöre im Hochpustertal. Im Juni.

Südtirol Jazzfestival in verschiedenen Städten und an ungewöhnlichen Orten in ganz Südtirol. Im Juli.

Fest der hl. Magdalena in Latzfons mit Bittgang zum Latzfonser Kreuz, dem höchstgelegenen Wallfahrtsort Europas. 22. Juli.

Gustav-Mahler-Wochen in Toblach, Klassik, nicht nur von Mahler, der hier drei Sommer verbrachte. Mitte Juli bis Mitte August.

Mariä Himmelfahrt, feierliche Prozessionen unter Beteiligung der Vereine und Schützen in traditionellen Trachten an allen Orten, besonders aufwendig in Marienwallfahrtsorten wie Maria Weißenstein bei Deutschnofen. 15. August.

Tag der Volksmusik und des Volkstanzes im Volkskundemuseum Dietenheim. September.

Südtiroler Ritterspiele, 3-tägiges Mittelalterfest in Schluderns, Schauplätze sind die Churburg, die Ruine Lichtenberg, die Fürstenburg und Kloster Marienberg. 2. Augusthälfte, ritterspiele.it.

Almabtrieb in vielen Tälern an vielen Orten, anschließend gemütliche (zunehmend massentaugliche) Runde im Freien und den Gasthäusern. Im Verlauf des Septembers.

Gsieser Almhüttenfest mit Verkostung der Spezialitäten auf den Almen. Mitte September.

Erntedankfeste und Kir(ch)tage in vielen Orten, Ende September/Anfang Oktober.

Traubenfest in Meran, das älteste Erntedankfest Südtirols, das seit 1886 stattfindet; mit Festumzug und umfangreichem Rahmenprogramm. 3. Wochenende im Oktober.

Kuchlkirchtag in Brixen mit geführten kulinarischen Wanderungen; **Völser Kuchlkastl,** kulinarisches Volksfest in Völs am Schlern. Beide im Oktober.

Speckfest in Villnöss mit buntem Treiben, Musik und Speckvariationen satt. Anfang Oktober.

Törggelen im Herbst, Verkostung des neuen Weins in den Stuben der Weinbauernhöfe, dazu werden traditionelle Speisen gegessen, vor allem Speck und geröstete Kastanien („Keschtn"). Anfang Oktober bis nach Allerheiligen und später.

Leonhardiritt in St. Leonhard im Abteital. 2. So im November.

Weihnachtsmärkte in Bozen, Brixen, Meran, Bruneck, Sterzing und an anderen Orten. Ab Anfang Dezember, viele bis zum 6. Januar.

Abriss der Geschichte

Vor- und Frühgeschichte

In den Zwischeneiszeiten mögen in Südtirol bereits Menschen gelebt haben, wir wissen es nicht, denn aus dieser Zeit gibt es keinerlei Funde. Erst ab ca. 12.000 v. Chr. und nach dem Beginn des Abschmelzens der Gletscher der letzten Vereisungsphase begannen erste Jagdexpeditionen in die Alpenregionen. Funde machte man auf dem Schlern, im Pustertal und im Vinschgau, der Jäger gehörte damals selbstverständlich schon zum Typus des Cromagnonmenschen, also des Homo sapiens. Ab ca. 5000 v. Chr. gab es erste Siedlungen jungsteinzeitlicher Ackerbauern in den breiten Tälern, die wahrscheinlich auf halbnomadischer Brandrodung basierten. Die Böden waren schnell ausgelaugt, man zog nach ein, zwei Ernten weiter, um nach Brandrodung in die frische Asche Körner zu stecken. Bald gab es auch Siedlungen von Viehzüchtern im Berggebiet, z. B. auf der Seiser Alm, der Puflatsch-Alm und auf Hügelstandorten oberhalb des Pustertals. Eine jungsteinzeitliche Siedlung in Feldthurns (ca. 4000 v. Chr.), 2001 bei Bauarbeiten entdeckt, markiert den Beginn bäuerlicher Siedlung im Eisacktal. Reibsteine zum Getreidemahlen wurden gefunden, es dominieren aber Haustierreste von Schaf, Ziege, Schwein und Rind.

Um 3500 v. Chr. starb Ötzi, der Mann aus dem Schnalstal, auf einem Hochgebirgspass (Tisenjoch, Similaunbereich). Er hatte frühe Metallobjekte und über weite Strecken gehandelte Waren bei sich, z. B. Lessini-Feuerstein. Die heute im Bozner Archäologiemuseum

Mächtiges Symbol einer langen Geschichte: Schloss Tirol

konservierte und ausgestellte Mumie ist ein erster unmittelbarer Zeuge für Alpenübergänge in der Vorzeit. Die mitgeführte Kupferklinge des Beils ist Beleg für Ötzis Zeitalter, das Chalkolithikum, die Kupferzeit, als erster Metallzeit. Der Darm enthielt Mehl der alten Weizenform Einkorn und Fleischfasern von Hirsch und Steinbock.

Von der Zeit zwischen dem Tod des Mannes vom Tisenjoch und der Eisenzeit, die in Südtirol ca. 800 v. Chr. begann, weiß man wenig. Aus der Zeit um 2200 bis 1900 v. Chr. stammen die Menhire (stehende Bildsteine) von Algund, sie sind Zeugen dafür, dass die spätjungsteinzeitlich/kupferzeitliche Megalithkultur, die von Malta über Südspanien nach Westfrankreich und zu den Britischen Inseln reichte, ihre Ausläufer auch in die Alpen streckte (berühmteste Bauten dieser Zeit sind die Steinkreise und Steinalleen der Bretagne). Aus der Bronzezeit, die um 1800 v. Chr. einsetzte, haben sich vor allem die um 1300 bis ca. 800 v. Chr. entstandenen bronzezeitlichen Wallburgen erhalten, wie z. B. jene auf dem Mutkopf oberhalb von Dorf Tirol.

Ab ca. 800 bis ca. 400 v. Chr. war Südtirol von der früheisenzeitlichen Hallstattkultur bestimmt, die ihr Zentrum in den Salzbergwerkszonen nördlich der Alpen hatte, z. B. im namengebenden Hallstatt in Oberösterreich. Immer wieder kommen auch in großen Höhen Fundplätze zum Vorschein, die nahe legen, dass bereits in dieser Zeit eine Vorform des heutigen Almwesens existierte. So wurde im Maneidtal, einem Nebental des Schlandrauntals, ein in 2400 m Höhe gelegener Opferplatz innerhalb eines Steinkreises aufgedeckt. Er wurde seit der Bronzezeit um 1200 v. Chr., während der gesamten Eisenzeit und bis in die Römerzeit genutzt.

Ab ca. 500 v. Chr. begannen keltische Einwanderer, die illyrische Vorbevölkerung zu überlagern. Das Mischvolk, das u. a. den Raum des heutigen Südtirol bewohnte, war den Römern unter dem Namen „Räter" bekannt. Die sich entwickelnde späteisenzeitliche La-Tène-Kultur hat ihr Zentrum nördlich der Alpen, so im namengebenden La Tène in der Westschweiz.

Die Römer kommen

Nachdem Rom seinen etruskischen und keltischen Nachbarn in Italien endgültig gezeigt hatte, wer der Herr im Hause war, blieb auf der Apenninenhalbinsel nur noch der Alpenraum politisch unabhängig, obwohl kulturelle Einflüsse – und nachweisbar römisches Geld – schon lange vor dem direkten Zugriff eindrangen. 41 v. Chr. war es dann so weit, bis 16/15 v. Chr. eroberte der römische Feldherr Drusus, Stiefsohn des Kaisers Augustus, endgültig den Raum des heutigen Trentino-Südtirol. Der größte Teil des heutigen Südtirol wurde in die Provinz Raetia mit der Hauptstadt Augusta Vindelicorum (Augsburg) eingegliedert. Mit der allmählichen kulturellen und sprachlichen Romanisierung der keltischen Bevölkerung entstanden eine alpenromanische Umgangssprache und eine gemeinsame antik-alpenländische Kultur.

Bis ca. 400 n. Chr. wurde das heutige Südtirol als Teil des Römischen Reichs von der Reichskultur dominiert. Ab ca. 46 n. Chr. wurde die Via Claudia Augusta angelegt, die Augsburg über Südtirol mit Rom verband. Wichtigster römischer Ort innerhalb der Grenzen des heutigen Südtirol wurde Sebatum (St. Lorenzen bei Bruneck). Grabungen in der Nekropole am Fuß des Sturmbühels belegen die römische Präsenz von der Mitte des 1. bis zum Ende des 5. Jh. n. Chr.

Um 400 wurde das Bistum Säben gegründet, dessen Sitz später nach Brixen umzog und das heute als Bistum Brixen-Bozen in Bozen residiert. Die Bischofskirche steht auf dem Säbener Berg oberhalb des heutigen Klausen, charakteristisch ist die Schutzlage, denn in der spätrömischen Zeit musste man sich allmählich an unsichere Verhältnisse und germanische Einfälle gewöhnen. Zu diesem Zeitpunkt war Südtirol bereits überwiegend christlich, eine der Kirchen aus dieser Zeit ist die unter der Pfarrkirche von St. Lorenzen ausgegrabene frühchristliche Kirche des Vorgängerorts Sebatum, aber auch anderswo sind unter späteren Kirchen frühchristliche Grundmauern zu Tage gekommen.

Das Weströmische Reich ging offiziell im Jahr 476 mit der Abdankung des letzten Kaisers Romulus Augustulus zu Ende. Sein germanischer Feldherr Odoaker übernahm de facto die Herrschaft, wenn auch nur in Teilen Italiens. Germanische Stämme besetzten einen Großteil des ehemaligen Weströmischen Reichs, u. a. auch Südtirol: Von Nordwesten drangen Franken ein, von Süden schoben die Langobarden ihre Herrschaft aus der Po-Ebene bis ins Bozner Becken vor und von Norden warfen die Bajuwaren bald ein begehrliches Auge auf die Alpenregion im Süden.

Goten, Franken, Langobarden – und Bajuwaren

Die germanischen Teilreiche, die sich das Römerreich während und nach der **Völkerwanderung** aufteilten, berührten Südtirol erstmals in Form des Ostgotenreichs. 493 bis 526 regierte der Ostgote Theoderich I. (der Große) im nahen Verona, der Einfluss seiner Herrschaft reichte weit in den Alpenraum hinein. Dieser „Dietrich von Bern" wird in der Rosengartensage König Laurin, dem Helden der Alpenromanen (Ladiner), entgegengesetzt, Erinnerung an die mehrere Generationen dauernden Kämpfe zwischen den altansässigen Alpenromanen und den germanischen Eindringlingen. Seit den Ostgoten wurden alpenromanische Gruppen immer wieder und immer stärker durch die germanischen Neuankömmlinge in die weniger zugänglichen Täler der Dolomiten und der Ortlergruppe sowie westlich davon nach Graubünden abgedrängt, wo sie sich bis heute als Sprecher des Friulan (im Friaul), des Ladinischen (in den Dolomiten) und den verschiedenen Dialekten im

Schweizer Kanton Graubünden behaupten konnten.

Ab 550 drangen langobardische Gruppen in Oberitalien ein, die 568 ein langobardisches Königreich gründeten, das bis 773 Bestand haben sollte und auf relativ selbstständigen Grafschaften basierte. Die alpenromanische Bevölkerung wurde durch dieses Reich vom direkten Austausch mit anderen romanischen Gruppen südlich des Pos abgeschnitten, was maßgeblich zur Entwicklung einer eigenen Sprache beitrug. (Das Alpenromanische und Italienische sind nur über das Spätlateinische miteinander verwandte Sprachen, genau wie auch das Französische und Spanische. Das Rätoromanische, wie es auch genannt wird, ist deshalb eine eigenständige Sprache und nicht nur ein Dialekt.)

Im 7. und 8. Jh. dehnte sich der bajuwarische Einfluss auf die Region südlich des Brenners aus, erste bayerische Ansiedlungen entstanden wahrscheinlich im Raum Bruneck. Um 680 wird erstmals ein bayerischer Graf von Bozen genannt. Die Landnahme muss sehr schnell gegangen sein: Der bayerische Besitz in Tirol südlich des Brenners umfasste um 765 fast das ganze heutige Südtirol. Der bayerische Agilolfingerherzog Tassilo III. (748–788) gründete 769 das Kloster Innichen zum Zweck der Germanisierung des seit dem 6. Jh. slawisch besiedelten Pustertals.

Im Fränkischen Reich

Die Franken hatten im Vinschgau schon längere Zeit ihre Finger im Spiel, aber solange die Langobarden Oberitalien beherrschten, war eine politische Dominanz des Alpenraumes nicht möglich. Als 773 der Frankenkönig Karl der Große das Langobardenreich eroberte, geriet fast ganz Oberitalien unter fränkische Herrschaft und wurde Teil des Fränkischen Reichs. Ein fränkischer Adeliger aus der damaligen Zeit mit Schwert und in karolingischer Hofkleidung blickt uns heute noch auf einem Fresko in St. Benedikt in Mals an. Bayern – und damit ein Teil von Südtirol – blieb vorerst als selbstständiges Herzogtum bestehen, wurde aber 788 nach Absetzung von Herzog Tassilo (der in ein Kloster verbannt wurde) als letztes Stammesherzogtum der Deutschen an das Reich der Franken angeschlossen. Das gesamte spätere Tirol inklusive Südtirol befand sich damit erstmals seit dem Ende des Römischen Reichs wieder unter einer einheitlichen Oberhoheit.

Auch geistlich ging es Karl dem Großen um Einigung unter einer Herrschaft: Nach der Schaffung einer eigenen Kirchenprovinz Salzburg (798) wurde Säben (Brixen) aus dem Metropolitanverband Aquileia herausgelöst und zu Salzburg geschlagen. Diese Orientierung nach Norden sollte kaum zu unterschätzende Folgen haben.

Den sächsischen und salischen Kaisern auf dem römisch-deutschen Thron kam es im 11. Jh. stark darauf an, die angestammte Oberhoheit über den Klerus zu behaupten, was vom Papst vehement bekämpft wurde. Dass 1004 Trient (Bistum seit 381) und 1027 Brixen (Bistum seit 571 – der Bischofssitz war 990 von Säben nach Brixen verlagert worden) zu Fürstbistümern und damit zu unabhängigen Territorien unter direkter Reichshoheit wurden, ist auf das Motiv der Kaiser zurückzuführen, sich gerade im Grenzgebiet zum notorisch unruhigen Italien loyale Verwalter zu schaffen. Die Bischöfe beauftragten Adelsfamilien mit der Verwaltung ihrer Territorien. In Südtirol waren das die Grafen von Eppan, Lehensleute der Trienter Bischöfe, und die Grafen von Andechs als wichtigste Adelsfamilien. Weitere wichtige frühmittelalterliche Adelsfamilien waren die ursprünglich aus Como stammenden Herren von Matsch im Oberen Vinschgau, die Herren von Burgeis-Wangen im Vinschgau, die Görzer Grafen im östlichen Pustertal, die Herren von Enn im Unterland und die Herren von Taufers im Pustertal und Ahrntal.

Tirol wird Tirol

In der Zeit der Hohenstaufen (1138–1254) bestand Südtirol aus einem Teil der relativ unbedeutenden Randprovinz Tirol im wieder hergestellten Herzogtum Bayern, dazu kamen die offiziell reichsunmittelbaren Territorien der Bischöfe von Brixen, Trient und (nur im äußersten Westen) Chur. In der Praxis machten regionale Adelsgeschlechter und Lokalfamilien einander die Herrschaft streitig. Die Bischöfe, die im Wesentlichen über das heutige Südtirol ihre geistliche Hand hielten, mischten sich in die politischen Geschehnisse selten ein und ließen in ihren Territorien die längst mächtiger als sie selbst gewordenen Verwalter zu Schutzherren werden. In der folgenden Phase des deutschen Wahlkönigtums konnten die Territorialherren ihre Macht immer weiter ausbauen, was im Falle Tirols zu einer von Bayern zuerst de facto und dann de jure unabhängigen Grafschaft Tirol führte.

Die ein größeres Gebiet rund um ihre Stammburg Tirol oberhalb von Meran verwaltenden Vinschgauer Grafen nannten sich ab ca. 1140 nach ihrem Sitz Grafen von Tirol. Die Stammburg Tirol selbst wurde unter Albert II. († 1165) und Berthold I. († 1180) erneuert und erweitert. In der Folgezeit weiteten die Grafen von Tirol ihren Einfluss und ihr Territorium langsam, aber stetig aus. Als um 1248 in kurzer Folge die Eppaner und Andechser Grafen, bisher mächtige Gegner, ihre Macht verloren und in der Hauptlinie ausstarben, stiegen die Grafen von Tirol zur mächtigsten Familie ganz Tirols auf, das damals immer noch ein Teil Bayerns war.

Um 1250 ließ Bischof Bruno von Brixen nahe St. Lorenzen im Pustertal eine Burg und die Stadt Bruneck errichten, die kurz darauf das Stadtrecht erhielt. 1253, nach dem Tod des Grafen Albert III. von Tirol, beerbten ihn seine Schwiegersöhne Gebhard von Hirsch-

Ausdruck kirchlicher Macht im Mittelalter: Kloster Neustift

berg und Meinhard IV. von Görz, der Besitz der Familie wurde damit über die Grenzen des heutigen Tirol auf Teile Istriens und Görz ausgedehnt. Die Grafen von Tirol und Görz besaßen nun eine Hausmacht, die im süddeutschen Raum kaum Konkurrenz hatte. Nach dem Tod Meinhards IV. von Görz (I. von Tirol) im Jahr 1258 verstärkte sein Sohn Meinhard II. von Tirol die Einflussnahme auf die Fürstbistümer Trient und Brixen, die ihn als zumindest teilweise in sein Territorium eingeschlossene Fremdkörper zur Abrundung seines Besitzes förmlich einluden und mit schwachen oder von ihm eingesetzten Bischöfen kaum ein Gegengewicht in die Waagschale werfen konnten.

Nach der 1271 erfolgten Teilung von Görz-Tirol in Tirol unter Meinhard II. und Görz mit Lienz und dem Pustertal unter Albert entwickelten sich auf dem Boden Tirols zwei von der gleichen Familie beherrschte Grafschaften mit Verwaltungssitzen in Tirol/Meran und Lienz. Die Grafschaft Tirol wurde 1282 souveränes Territorium, da König Rudolf von Habsburg den Anspruch der Tiroler Grafen gegen die bayerischen Herzöge unterstützte und bestätigte. In der Folge erweiterten die Grafen von Tirol ihr Gebiet nach Süden und brachten die Fürstbistümer Brixen und Trient endgültig unter ihren Einfluss.

Das frühe 14. Jh. sah eine Menge wirtschaftlicher Änderungen in Tirol und bis zur Jahrhundertmitte wachsenden Wohlstand. Bald nach 1300 ließ der Bozner und Haller (Hall bei Innsbruck) Bürger Heinrich Kunter zwischen Bozen und Kollmann einen Weg durch die Eisackschlucht anlegen, den Vorgänger der späteren Straße. Vorher hatte man sich mit der alten Kaiserstraße über den Ritten abgefunden, einer wesentlich umständlicheren Verbindung von Brixen nach Bozen. Ab dieser Zeit und bis 1348, als die Pest eine Wirtschaftskrise auslöste, hatte der Brenner mit einem Aufkommen von ca. 4000 t Fracht pro Jahr das höchste Aufkommen aller Alpenpässe. Der wirtschaftliche Wohlstand betraf auch Meran, das unter Meinhard II. Mauern erhalten hatte und 1317 zur Stadt erhoben wurde. Und ebenfalls in diesem halben Jahrhundert entstanden um 1320 in der letzten großen Rodungsphase Tirols im Waldland zwischen Neumarkt und dem Fleimstal die Dörfer Truden und Altrei.

1330, wir befinden uns immer noch in der Blütezeit der Wirtschaft, wurde Margarethe Maultasch, die Erbin von Tirol, mit Heinrich von Luxemburg, dem Sohn König Johanns von Böhmen, verheiratet. Die Ehe wurde später (wegen Nichtvollzug) annulliert, und Margarethe heiratete Markgraf Ludwig von Brandenburg, Sohn Kaiser Ludwigs des Bayern. Ludwig von Brandenburg bestätigt 1342 die Tiroler Landesfreiheiten, die sog. „Magna Charta Tirols". Auf dieses Datum bezogen sich alle späteren Tiroler Forderungen nach persönlicher Freiheit für alle Stände und vor allem die Forderung der Bauern, als vierter Stand (neben Adel, Geistlichkeit und Bürgertum) nicht nur anerkannt zu werden, sondern auch gleiche Rechte zu bekommen.

In den Pestjahren 1348 und 1349 wurde ganz Südtirol stark betroffen, in manchen Gegenden, wie im Vinschgau, starb die Mehrheit der Bevölkerung. Die Pest war nicht nur eine soziale, sondern auch eine wirtschaftliche Katastrophe, die sich auf die nächsten 100 Jahre auswirken sollte.

1360 ließ Margarethe Maultasch die landesfürstliche Residenz von Schloss Tirol ins komfortablere Meran verlegen. 1363 gab die kinderlos gebliebene Landesherrin zu Lebzeiten ihr Erbe, das Land Tirol, an Herzog Rudolf IV. von Habsburg (1363–1365). Tirol fiel in der Folge endgültig durch einen freien Entscheid der Stände an das Haus Habsburg, das es bis 1918 direkt oder indirekt regierte.

Die ersten Habsburger – von Leopold III. bis zu Kaiser Maximilian

Die Habsburger waren damals bereits eine führende Familie, besaßen in der Schweiz, im heutigen Elsass und Südwestdeutschland eine Hausmacht, hatten 1282 Österreich und die Steiermark erworben, 1335 dann Kärnten und Krain. Mit Tirol sicherten sie sich nun eine Landverbindung zwischen ihren beiden Hausmachtgebieten in Südwestdeutschland und im Osten des deutsch-römischen Reichs. Nach dem Aussterben der Luxemburger sollten sie wieder deutsche Kaiser werden, und zwar 1438 unter Albrecht II. (bis 1439). Für Tirol konnte diese neue Situation Vorteile bringen, vor allem durch die Öffnung eines großen neuen Absatzmarkts! Bereits 1372 sicherten sich die Weinbauern Südtirols den lukrativen Weinexport über die Alpen nach Nordtirol und Österreich durch das Verbot der Weineinfuhr von südlich des Avisio (bei Trient), also der wesentlich billigeren Trientiner Weine – dieses Verbot blieb in nur leicht veränderter Form bis ins 19. Jh. erhalten.

Immer wieder gab es Auseinandersetzungen zwischen dem Haus Habsburg und den verschiedenen Schweizer Bünden, die z. T. auf Südtiroler Boden ausgetragen wurden, vor allem im Oberen Vinschgau. In der Schlacht von Sempach 1386 gegen die Schweizer scheiterte der erste Versuch der Habsburger, ihr an den Vinschgau grenzendes Territorium in der Schweiz zu sichern. Die heutige Grenze bei Taufers entstand. Bei der Schlacht fiel auch der Tiroler Landesfürst Leopold III. (1365-1386).

Die Ächtung Herzog Friedrichs IV. (1406–1439, genannt „Friedel mit der leeren Tasche“) auf dem Konzil von Konstanz 1415 nach einem Konflikt mit dem Kaiser, nämlich dem Luxemburger Sigismund, sorgte in Tirol für Empörung, aber auch für Versuche des Adels, sich der lästigen Gewalt des Landesherrn zu entledigen. Nach Haft und Flucht (1416) errang der Herzog gegen Adelsinteressen und mithilfe von Bürgertum und Bauern wieder die Macht im Lande. Die Teilnahme aller vier Stände des Landes an Entscheidungen, die das Land betreffen, wurde ab diesem Zeitpunkt die Norm.

Herzog Friedrich IV. verlegte Tirols Regierungssitz von Meran nach Innsbruck. Meran verlor in der Folge gegenüber der Händlerstadt Bozen zunehmend an Bedeutung. Ab ca. 1420 kam es zu einem starken Aufschwung des Silberbergbaus, vor allem im Nordtiroler Schwaz, das vorübergehend nach Wien die größte Stadt im östlichen Herrschaftsgebiet der Habsburger war, aber auch in Gossensass und Sterzing sowie im Ahrntal bei Prettau. Mit der Verlegung der Tiroler Münzstätte von Meran nach Hall unter Sigismund „dem Münzreichen“ (1446–1490) verlor Meran 1477 seine letzte wichtige Funktion. Um den Handelsweg zwischen Schwaz, Innsbruck und Bozen zu verbessern, wurde der „Kunterweg“ durch die Eisackschlucht zwischen Bozen und Kollmann durch Sprengungen zur Straße erweitert.

Mit dem Antritt des Kardinals Nikolaus von Kues als Brixner Fürstbischof begann 1415 eine Kirchenreform, die zu Konflikten führte. Der Kardinal verlangte die Unterwerfung unter bischöfliche Entscheidungen nicht nur im geistlichen Bereich, sondern forderte auch dort Gehorsam, wo weltliche Belange betroffen waren, also etwa im Lehensrecht. Während für den Kardinal das Bistum für allen kirchlichen Besitz zuständig war, sahen vor allem die Vorstände reicher Klöster seit Generationen ihren Besitz (inkl. der Abgaben, Zehnt, Frondienst) als eigene Angelegenheit an. Ein Einzelfall wurde zur Zerreißprobe: Die Äbtissin Verena von

Schon seit dem Mittelalter wurde in Südtirol Erz abgebaut

Stuben (Kloster Sonnenburg im Pustertal) weigerte sich, die Oberhoheit des Bischofs über ihr Kloster anzuerkennen. In dem sich ausweitenden Konflikt, der auch mit Waffen ausgetragen wurde, schaltete sich auch der Landesfürst Herzog Sigismund ein.

Nach dem Tod Sigismunds wurde 1490 Maximilian I., „der letzte Ritter", Landesfürst von Tirol (bis 1519). Unter seiner Herrschaft gab es wieder habsburgische Angriffe auf die Bündner mit blutigen Übergriffen auf die Bevölkerung, so wurde das Frauenkloster Müstair niedergebrannt. Der Engadiner Krieg ging weiter mit dem Gegenangriff der Bündner 1499. Örtliche Sympathisanten führten einen Teil der Bündner in den Rücken der Tiroler (also der habsburgischen Truppen unter Führung von Ulrich von Habsberg), die sich an der Calwenbrücke zwischen Glurns und Taufers verschanzt hatten. Die Bündner siegten in dieser Schlacht an der Calwenbrücke durch Überraschung und Kampfmoral. Sie folgten den fliehenden habsburgischen Truppen bis weit in den Vinschgau und verwüsteten besonders den Oberen Vinschgau. Glurns ging in Flammen auf und wurde später komplett neu und mit festen Mauern errichtet, die sich bis heute erhalten haben. Im Frieden von Basel, noch im selben Jahr, blieb der Vinschgau jedoch bei Tirol.

Um 1500 war der Höhepunkt des Tiroler Bergbauwesens nach Ausmaß und Wert erreicht. In Südtirol waren Sterzing, Gossensass und Prettau im Ahrntal die wichtigsten Bergwerke für Silber und Blei. Die finanzierenden Gewerke, vor allem die Augsburger Fugger, aber auch lokale Geschlechter gehörten zu den reichsten Familien der damaligen Zeit. Mit dem Beginn massiver Importe billigen südamerikanischen Silbers um 1525 kam es jedoch rasch zu Preisverfall und zur Reduzierung des Bergbaus.

Das sog. Landlibell Kaiser Maximilians I. von 1511 entband die Tiroler vom Kriegsdienst außerhalb Tirols, aber verpflichtete zur Landesverteidigung. (Diese Wehrverfassung bildete

1915 die Grundlage für den Landsturm zur Verteidigung der Dolomitengrenze bis 1918.) Während der Regierungszeit des Kaisers fiel nach dem Aussterben der Grafen von Görz das Pustertal an Tirol.

Bauernkrieg, Reformation, Pest und Gegenreformation

Die Reformation hatte in Tirol geringeren Einfluss als in anderen Gebieten des Habsburgerreichs, protestantische Städte gab es nicht, nur unter den Bergleuten setzte sich das neue Bekenntnis durch. Was jedoch diskutiert und aufgenommen wurde, waren die mit der Reformation transportierten Ideen von der persönlichen Freiheit und vor allem der Bauernbefreiung. In Tirol kam es 1525/26 wie in anderen Regionen des Reichs zum Bauernkrieg. In Meran tagte die Landesversammlung, auf der Michael Gaismair, Sohn eines Sterzinger Bergwerksunternehmers und nun Sekretär des Fürstbischofs von Brixen, einen Entwurf einer demokratischen Reichsversammlung vorstellte. Zunächst gab es Erfolge der Bauernheere sowie Plünderungen wie im Kloster Neustift, in Meran und anderswo. Der Aufstand brach jedoch bald zusammen, allerdings erfolgten keine repressiven Maßnahmen gegenüber den Bauern, auch ihre bisherigen Rechte wurden nicht beschnitten. Der Hauptanführer Michael Gaismair aus Brixen wurde 1532 ermordet, nachdem er sich unter venezianische Hoheit begeben und vergeblich den Aufstand wieder anzufachen versucht hatte.

Während das Luthertum kaum Ausbreitung fand, entstanden besonders im Wipptal und Pustertal ab 1527 größere Wiedertäuferkolonien, die von Anfang an von den Behörden scharf verfolgt wurden. Viele verfolgte Wiedertäufer wanderten auf Initiative des Jakob Hutter aus Moos bei St. Lorenzen im Pustertal bis 1564 nach Mähren aus, von wo sie später nach Südrussland und im 19. Jh. nach Nordamerika emigrierten. Ihre Nachkommen sind die Hutterer.

Ab etwa 1600 begann Südtirols Bedeutung zu schwinden. Die Handelswege hatten sich von der Achse Süddeutschland – Oberitalien nach Westen und zur Neuen Welt verlagert. Südtirol (und ganz Tirol) lag plötzlich außerhalb der Welthandelsrouten, genau wie Venedig, das ab dieser Zeit ebenfalls zu kämpfen hatte. Die Metallpreise gingen wegen der Billigimporte aus Amerika weiter drastisch zurück, der Bergbau in Südtirol kam fast vollständig zum Erliegen. Einen positiven Effekt hatten diese weltwirtschaftlichen Entwicklungen aber insofern, als man begann, die Ressourcen des Landes noch besser zu nutzen, und z. B. das Almwesen durch Almnutzungsverträge zwischen Grundherren und Bauern erstmals auf feste Grundlagen stellte.

Politisch war diese Phase geprägt vom Verlust der Selbstverwaltung und dem Übergang zur Zentralmacht. Kurzfristig entstand 1630 unter Leopold von Tirol (1619/30–1632) eine eigene landesfürstliche Tiroler Linie der Habsburger. Leopold war mit Claudia von Medici verheiratet, die nach seinem Tod die Regentschaft an sich riss (1632–1646). In der Tiroler Wirtschaftsgeschichte machte sie sich einen Namen als Patronin des Bozner Merkantilmagistrats, eines autonomen Handelsgerichtes, das sie 1635 errichten ließ. 1665 starb die Tiroler Linie der Habsburger aus, das Land behielt zwar weiter eine gewisse Autonomie, wurde aber seit damals mehr oder weniger direkt von Wien aus verwaltet. Der offizielle Sitz der Regierung aber blieb Innsbruck.

Der Spanische Erbfolgekrieg 1701–1714 sah Tirol nach langer Zeit wieder als Kriegsschauplatz, da die mit Frankreich gegen Österreich verbündeten Bayern 1703 bis nach Südtirol vorstießen, während Welschtirol (Trentino) von französischen Truppen verwüstet wurde. Eine Tiroler Bauernarmee verhinderte die Besetzung des Landes.

Die Aufklärung – Karl VI., Maria Theresia, Joseph II.

Das Jahrhundert der Aufklärung, wie das 18. Jh. oft genannt wird, war für Tirol eher das Jahrhundert des Kampfes *gegen* die Aufklärung, der bis weit ins 19. Jh. hinein währte. Tirol und damit auch Südtirol sah sich spätestens seit Maria Theresia und vor allem unter ihrem Sohn Joseph II. mit Reformvorhaben konfrontiert, die das konservative Land nicht akzeptieren wollte. Dazu zählten die Einführung der allgemeinen Schulpflicht (1744) unter Maria Theresia und vor allem der Erlass der sog. Toleranzpatente (1781/82/85) durch Reformkaiser Joseph II., die Protestanten und Juden eine freiere Ausübung ihrer Religion garantierten.

Kaiser Karl VI. (1711–1740) hatte 1711 als letzter Herrscher die Erbhuldigung der Tiroler Stände entgegengenommen, die ständische Verfassung war jedoch seit dem 17. Jh. bzw. dem beginnenden Absolutismus de facto ausgehöhlt worden und nun nur noch leere Hülle. 1738 erinnerte jedoch die Landesschützenordnung, die als Neuorganisation des zur Landesverteidigung gedachten Schützenwesens gedacht war (und einzigartig in Europa war), wieder an die alten Freiheiten. Sie blieb bis zum Ende der Habsburgermonarchie in Kraft.

1760 führte das Verbot von Passionsspielen im Raum Kaltern zu Unruhen unter der bäuerlichen Bevölkerung. Dieses Verbot, das ganz im Sinne der Aufklärung dem „klamaukhaften Jesus-Schauspiel“ ein Ende bereiten sollte, brachte auch anderswo in Tirol Widerstand hervor. Die bäuerliche Bevölkerung sah keineswegs ein, warum eine jahrhundertealte Tradition plötzlich verboten sein sollte, genauso fand das Verbot vieler Wallfahrten und Prozessionen großen Widerstand. Die unter Joseph II. verfügte Aufhebung vieler Klöster, vor allem aber die bereits oben erwähnten Toleranzpatente, mit denen religiöse Bekenntnisse jenseits des Katholizismus unter gesetzlichen Schutz gestellt wurden, wurden in Tirol nicht akzeptiert. Der Unmut über diese unpopulären Maßnahmen führte 1789 fast zu einem Bauernaufstand in Tirol.

Der Tiroler Freiheitskampf gegen Franzosen und Bayern

In den Koalitionskriegen zwischen dem revolutionären und später napoleonischen Frankreich und der Habsburgermonarchie, die von 1792 bis 1810 dauerten, war Tirol mehrmals Kriegsschauplatz. In diese Phase fällt die für Tirol traumatische Besetzung durch die Bayern und der Aufstand unter Leitung des Südtirolers Andreas Hofer.

Im Ersten Koalitionskrieg (1796/97) rückten erstmals Franzosen in Tirol ein. Im Gefecht von Spinges bei Brixen vertrieben mit Heugabeln und Rechen bewehrte Bauern überlegen bewaffnete französische Soldaten, wobei das „Heldenmädchen von Spinges“, eine aus dem ladinischen Enneberg stammende Magd, die Anführerin der Abwehr war. Österreich verlor jedoch gegen die französischen Truppen auf ganzer Linie und musste Frankreich diverse territoriale Konzessionen machen und im Frieden von Campo Formio zum Beispiel Mailand an Frankreich abtreten, das nun u. a. am Stilfser Joch eine gemeinsame Grenze mit Südtirol hatte. Der Zweite Koalitionskrieg (1799–1802) brachte keine Veränderungen, Österreich musste im Frieden von Lunéville die Abtretungen bestätigen.

Im Reichsdeputationshauptschluss wurden 1803 die geistlichen Fürstentümer des Heiligen Römischen Reichs aufgelöst und den weltlichen Territorialmächten zugeschlagen. Habsburg-Österreich erweiterte sein Kronland Tirol um die Fürstbistümer Brixen und Trient, damit entstand ein territorial zusammenhängendes Land Tirol zwischen Kufstein und der Etschtalklause südlich von Ala.

Nach der Niederlage von Austerlitz im Dritten Koalitionskrieg (1805) gegen Napoleon trat Österreich Tirol an Bayern ab. Da auch Venetien an Frankreich abgetreten werden musste, wurde die heutige Grenze zwischen Trentino und Venetien zur Grenze zwischen Bayern und Frankreich. Ein Jahr später verzichtete Kaiser Franz II. (1792–1806) auf Druck Napoleons auf die Kaiserkrone – das Heilige Römische Reich Deutscher Nation existierte nicht mehr. Als Franz I. (1806–1835) bestieg der eben Zurückgetretene den neu geschaffenen österreichischen Kaiserthron.

1809 kam es während des Fünften Koalitionskriegs zum Aufstand der Tiroler gegen die Franzosen und deren Vasallen, die ungeliebten bayerischen Besatzungstruppen. Zu Beginn des Aufstands im April 1809 erzielte das Tiroler Bauernheer große Erfolge gegen bayerische Truppen. Nach dem Sieg der Österreicher über Napoleon bei Aspern am 21./22. Mai und der zweiten, für die Tiroler siegreichen Berg-Isel-Schlacht am 29. Mai garantierte der Kaiser Tirol, dass er das Land nie wieder an eine fremde Macht abtreten werde. Ein entsprechendes Manifest wurde überall in Tirol verteilt. Nach der gegen Napoleon verlorenen Schlacht von Wagram zog der österreichische Kaiser Franz I. bereits im Juli seine Unterstützung der Aufständischen zurück und bestätigte die Abtretung Tirols an Frankreich bzw. das neu entstandene Königreich Bayern. Der Passeirer Gastwirt Andreas Hofer führte den Widerstand noch bis in den Winter. Nach der für die Tiroler vernichtenden Niederlage bei der vierten Schlacht am Berg Isel am 1. November 1809 brach der Widerstand zusammen. Andreas Hofer wurde durch Verrat gefangen genommen und am 20. Februar 1810 in Mantua hingerichtet.

Nach der endgültigen Niederlage Napoleons verhandelten die Siegermächte 1815 beim Wiener Kongress über das zukünftige territoriale Bild Europas. Tirol kam unter Einbeziehung der ehemaligen Trentiner fürstbischöflichen Besitzungen (also die heutigen Einheiten Nord- und Osttirol, Südtirol, Trentino, Buchenstein und Ampezzo) wieder an Habsburg-Österreich, das auch die Lombardei und Venetien erhielt.

1848 bis 1914 – die Gründerzeit

Nicht so heftig gegründet wie anderswo in Mitteleuropa wurde in der Südtiroler „Gründerzeit", der Phase zwischen dem Revolutionsjahr 1848 und dem Ausbruch des Ersten Weltkriegs. Aber Bahnen, einige neue Verarbeitungsbetriebe, ein besseres Straßennetz und neue Wohnviertel entstanden auch hier, gefolgt von einem ersten Aufschwung des Tourismus in der Zeit kurz vor dem Ersten Weltkrieg.

Die Wiener Revolution von 1848 wirkte sich auch in Tirol aus, so fielen die Grundabgaben an den Adel. Die alten Abgaben mussten jedoch geldmäßig abgelöst werden, was viele Bauern in kaum lösbare finanzielle Probleme stürzte. Für die Bauern war die Gründerzeit sowieso nicht das große Zuckerlecken, wurde doch durch die zunehmende Erschließung insbesondere mit Bahnen der Transport immer billiger und viele Landesprodukte bald nicht mehr absetzbar – das betraf etwa den Vinschgauer Weizen, dessen Anbau mit dem Aufkommen billiger Importe nicht mehr rentabel war. Der bisher kaum bemerkbare Konflikt zwischen Deutsch- und Welschtirolern wurde im Jahrhundert des Nationalismus immer offensichtlicher, zumal von Italien aus die Idee eines Risorgimento, des Wiedererstehens eines Nationalstaates für *alle* Italiener, propagiert wurde. Der

Überrest von Mussolinis Alpenwall: Bunker im Vinschgau

Konflikt gipfelte schließlich in der Forderung der Italiener, alle italienischsprachigen Gebiete der Donaumonarchie (also u. a. auch Welschtirol) an Italien anzuschließen und die Wasserscheide auf dem Alpenhauptkamm mit dem Brenner als „natürliche Grenze" Italiens anzuerkennen. Mit dem Verlust der Lombardei 1859 und Venetiens 1866 hatte Österreich bereits Territorien abtreten müssen, nun sollten irgendwann die letzten unterdrückten italienischen Sprachgebiete befreit und an Italien angeschlossen werden: das Trentino, Friaul, Istrien und Dalmatien mit seinen Inseln ...

Die Eröffnung der Brennerbahn 1867 war für Südtirol ein großes Ereignis, war das Land nun doch wieder auf einem bedeutenden internationalen Transportweg erreichbar. Ähnliche Bedeutung hatte die Eröffnung der Großen Dolomitenstraße 1912 zwischen Bozen und Cortina, die Österreichs Dolomiten querte, sie bildete den Startschuss für den Tourismus in diesem Landesteil. Doch der Aufschwung war kurz.

Erster Weltkrieg und Zwischenkriegszeit – die Teilung Tirols

Österreich war mit Deutschland und Italien verbündet, als der Erste Weltkrieg ausbrach. Dass Italiens Bündnistreue im Hinblick auf die immer wieder geäußerten Repatriierungswünsche der Italiener gegenüber Österreich mit Vorsicht zu genießen war, war bekannt, doch rechneten Wien und Berlin mit der vertraglich zugesicherten Neutralität Italiens. Das erwies sich schon bald als Fehlkalkulation, denn bereits zehn Monate nach Beginn des Kriegs, im Mai 1915, wechselte Italien auf die Seite der Entente-Mächte, die dem Land eine Nachkriegsordnung mit weitreichenden territorialen Zugewinnen auf Kosten Österreich-Ungarns in Aussicht gestellt hatten. Es kam zu einem blutigen Gebirgskrieg zwischen Österreich und Italien. Stellungen in großen Höhen zogen sich in einem Band vom Kreuzbergpass im Osten zum Stilfser Joch im Westen mit einer Auswölbung nach Süden bis zum Gardasee bei Riva. Die Ortlergruppe trug die höchsten Kriegsstellungen, die je errichtet wurden, u. a. unter dem Ortlergipfel in 3859 m Höhe! Die Orte im Frontbereich wurden evakuiert und durch Geschützfeuer zerstört wie Toblach. In der italienischen Volksgruppe wuchs der Widerstand, zahlreiche Trentiner kämpften für Italien. Von den Österreichern hingerichtete Freiheitskämpfer wie der Trentiner Cesare Battisti (der prominente Sozialdemokrat war österreichischer Reichstagsabgeordneter und Reserveoffizier der österreichischen Armee) wurden zu Märtyrern für die italienische Sache, nach ihnen sind heute noch zahllose italienische Straßen und Plätze benannt (auch in Südtirol).

Am 3. November 1918 kam es zum Waffenstillstand an der österreichisch-ungarischen Südfront, italienische Truppen besetzten kampflos Tirol südlich des Brenners. Das Gebiet der Dolomitenladiner wurde durch die neuen Provinzgrenzen dreigeteilt: Buchenstein und Ampezzo wurden von Tirol abgetrennt und zu Venetien (Provinz Belluno) geschlagen. Noch war die Annexion nicht Völkerrecht. Die Tiroler Landesversammlung bot 1919 dem Völkerbund als Alternative zur Teilung die Selbstständigkeit Tirols in den Grenzen von 1914 an, der Vorschlag wurde international erst gar nicht diskutiert, die Teilung Tirols war hinter den Kulissen längst beschlossene Sache, das „Selbstbestimmungsrecht der Völker" ausgerechnet den Italienern, die es für ihre Landsleute eingeklagt und dafür einen Krieg geführt hatten, Makulatur. Am 10. September 1919 bestätigte der Friedensvertrag von St. Germain die De-facto-Besetzung Südtirols durch Italien. Tirol wurde territorial in fünf Teile zerbrochen: Nordtirol und Osttirol blieben bei Österreich, der Rest wurde von Italien auf die Provinzen Bozen und Trient aufgeteilt, Buchenstein und Ampezzo kamen zur Provinz Belluno.

Zunächst schien es, als ob Italien seine Versprechungen halten würde, etwa eine gewisse Autonomie und die Akzeptanz der deutschen Sprache. Aber dann kam 1922 und am 2. Oktober der faschistische „Marsch auf Bozen", wobei die Faschisten gewaltsam die Verwaltungsämter in Südtirol besetzten – der Kampf um die Erhaltung des Deutschtums in Südtirol hatte begonnen. 1923 wurde die deutsche Sprache als Unterrichtssprache an den Schulen Südtirols verboten, erster und wichtigster Schritt für die Assimilierung der Deutsch-Südtiroler. Im ganzen Land entstanden daraufhin illegale Notschulen. Alle öffentlichen Einrichtungen und Behörden durften ausschließlich in Italienisch verkehren. Im selben Jahr 1923 verboten die faschistischen Behörden den Namen Tirol und ersetzen ihn durch den Kunstbegriff Alto Adige.

Mit der Errichtung der Industriezone in Bozen-Süd 1935 und der massiven Zuwanderung süditalienischer Arbeiter hatte man ein neues und wesentlich effektiveres Mittel der Italianisierung gefunden. Nach dem Anschluss Österreichs ans Deutsche Reich 1938 machte man sich auch in Südtirol auf einen Anschluss gefasst und versprach sich davon die Befreiung von den Repressalien der Italiener. Aber Hitler und Mussolini hatten anderes vor. Hitler versprach seinem Verbündeten Mussolini die Unantastbarkeit der Brennergrenze.

Option, Zweiter Weltkrieg und Nachkriegszeit

Noch vor Kriegsausbruch hatten sich Italien und Deutschland auf eine Aussiedlung der deutschsprachigen Südtiroler geeinigt. Bis Ende 1939 gab es die Option, als Italiener in der Heimat zu bleiben oder als Volksdeutscher ins Deutsche Reich umzusiedeln. 86 % der Südtiroler entschieden sich für die Umsiedlung (sog. Optanten), der kleine Rest votierte für den Verbleib in Südtirol (sog. Dableiber). Für die Optanten wurden auf dem Gebiet des heutigen

Österreich (in erster Linie in Tirol, Vorarlberg und der Steiermark) eigene Gebäudekomplexe errichtet, die heute noch als Südtiroler-Siedlungen bekannt sind. Allerdings geriet die Umsiedlungsaktion schon bald ins Stocken – zum einen wegen der Kriegswirren, aber auch deswegen, weil man zwar die relativ Besitz- und Mittellosen schnell für eine neue Heimat in einer der Südtiroler-Siedlungen begeistern konnte, nicht aber die wohlsituierten „volksdeutschen" Südtiroler, die Besseres gewohnt waren als Mietshäuser mit Zweizimmerwohnung und Klo im Treppenhaus. Und so machte sich bis 1943 nicht einmal die Hälfte der ursprünglich wechselwilligen Optanten auf zum Gang heim ins Reich. Die psychosozialen Folgen der Option von 1939 waren indes noch Jahrzehnte später spürbar, denn der bittere Entscheidungszwang hatte das Volk zerrissen, und der Riss war in vielen Fällen quer durch die Familien gegangen.

Nach dem Sturz Mussolinis im Mai 1943 und dem alsbaldigen Waffenstillstandsabkommen der neuen italienischen Regierung in Rom mit den Alliierten wurde Südtirol von der deutschen Wehrmacht besetzt. Zusammen mit dem Trentino und der Provinz Belluno bildete Südtirol die sog. Operationszone Alpenvorland (OZAV). Die gehörte zwar formal zum Marionettenstaat *Repubblica Sociale Italiana*, den Hitler für seinen gestürzten Diktatorkollegen Mussolini auf dem noch nicht vom Faschismus befreiten Gebiet im Norden Italiens eingerichtet hatte, stand aber politisch, administrativ und militärisch komplett unter der Knute der deutschen Besatzer. Bald schon zogen deutschsprachige Bürgermeister in die Amtsstuben ein, wurden italienische Beamte entlassen und Südtiroler als Soldaten für die deutsche Wehrmacht rekrutiert. Tatkräftig unterstützt wurden die Besatzer durch den einheimischen Sicherungs- und Ordnungsdienst (SOD), einer paramilitärischen Truppe, die sich aus Mitgliedern der *Arbeitsgemeinschaft der Optanten für Deutschland* (AdO) zusammensetzte. Widerstand gegen die deutschen Besatzer regte sich kaum innerhalb der deutschsprachigen Bevölkerungsmehrheit Südtirols; nennenswert sind lediglich die Aktivitäten des Andreas-Hofer-Bundes, der – wie der Name schon andeutet – zwar für die staatliche Rückgliederung Südtirols an Österreich eintrat, aber strikt antifaschistisch und antinazistisch ausgerichtet war. Ihr Leiter Hans Egarterwurde nach dem Krieg einer der Gründer der Südtiroler Volkspartei, die die Politik Südtirols bis heute dominiert.

Nach der Kapitulation der deutschen Wehrmacht und einer kurzen amerikanischen Besatzungszeit (Mai/Juni 1945) kehrte Südtirol wieder zu „italienischen Verhältnissen" zurück, als ob nichts geschehen wäre. In zahlreichen Petitionen und auf Kundgebungen forderte daraufhin 1945 und 1946 die Mehrheit der Deutsch-Südtiroler die Wiedervereinigung Tirols mit staatlicher Angliederung an Österreich. Im Pariser Abkommen (auch Gruber-de-Gasperi-Abkommen genannt) führte der Druck der Alliierten immerhin zum Autonomiezugeständnis Italiens für die Provinz Bozen, das vor allem den kulturellen Bereich, also die Schulen und damit die deutsche Sprache, umfasste. Die Landesregierung blieb jedoch in Trient, die deutschsprachige Bevölkerung der Region war folglich in der Minderheit und konnte jederzeit überstimmt werden. Von echter Autonomie war nichts zu spüren. In der Folge wurde das Autonomiestatut immer wieder ganz bewusst unterlaufen, etwa 1955 durch die Erneuerung des aus der Faschistenära stammenden Verbots, Kindern nicht-italienische Namen zu geben.

Eine wachsende Mehrheit der Südtiroler wollte sich mit diesen Zuständen nicht abfinden. 1956/57 lenkten durch den *Befreiuungsausschuss Südtirol* (BAS, in der Bevölkerung „die Bumser" genannt) durchgeführte Sprengstoffanschläge am Grenzkamm zu Österreich die internationale Aufmerksamkeit auf das Südtirolproblem. Am 17. November 1957 kulminierte der Unmut der Südtiroler in der Kundgebung von Sigmundskron, 35.000 Teilnehmer forderten Autonomie innerhalb einer selbstverwalteten Provinz Südtirol mit dem Slogan „Los von Trient". Österreich brachte die Südtiroler Autonomie in der Folge (1959/60) vor die UNO-Vollversammlung, die Österreich und Italien zu Verhandlungen aufforderte. Terroranschläge des BAS gegen italienische Einrichtungen zwischen 1961 und 1966 ließen die Beziehungen zwischen den beiden Staaten abkühlen. Aber schließlich hatte Italien keine andere Wahl, als sich dem gegebenen Autonomieversprechen zu stellen. Verhandlungen zwischen Italien, Österreich, der Südtiroler Volkspartei (SVP) und Landeshauptmann Silvius Magnago (1914–2010) über ein neues Autonomiestatut brachten 1967 die Klärung hinsichtlich Ausmaß und Formen der von den Deutsch-Südtirolern gewünschten Autonomie und der für Italien annehmbaren Forderungen. 1969 schließlich wurde mit der Annahme des zwischen Österreich und Italien beschlossenen „Pakets" von Autonomiebestimmungen durch die SVP der Konflikt zwischen Österreich und Italien beigelegt.

Die Gegenwart – Südtirol als autonome Provinz

1972 trat das Autonomiestatut für Südtirol in Kraft, die Landesregierung in Bozen erhielt zahlreiche neue Kompetenzen, und die Gleichstellung von Deutsch und Italienisch wurde erstmals per Gesetz verankert. Beamte und Beschäftigte im öffentlichen Dienst, dessen Stellen im sogenannten Proporzverfahren besetzt werden, müssen seither einen Test über ihre Zweisprachigkeit ablegen. Da die Südtiroler gezwungen gewesen waren, neben ihrer Muttersprache Italienisch zu lernen, die Italiener aber nur in den seltensten Fällen Deutsch gelernt hatten, war die korrekte quotengemäße Stellenbesetzung in vielen Bereichen zunächst gar nicht möglich. Inzwischen ist dieses Problem fast gelöst, die Zweisprachigkeit an Behörden ist überwiegend gegeben.

1992 wurde das „Paket" als umgesetzt erklärt, und die UNO erklärte den Konflikt für beendet. Das hält die Südtiroler jedoch nicht davon ab, jedes Mal, wenn sie einen Angriff auf ihr Autonomiestatut fürchten, die Schutzmacht Österreich anzurufen – die den Ruf (bisweilen) gerne hört. Gleichzeitig gibt es schon lange auch integrative Tendenzen. So wurde bereits 1998 die *Europaregion Tirol-Südtirol-Trentino (Euregio Tirolo – Alto Adige – Trentino)* gegründet, die zwar etwas schwer in die Gänge gekommen ist, mittlerweile aber deutlich Kontur gewonnen hat. Die drei beteiligten Regionen setzen auf (sprach)grenzüberschreitende Zusammenarbeit, organisieren gemeinsame kulturelle Veranstaltungen und Jugendcamps, fördern Museumskooperationen, starten Mobilitätsoffensiven usw. Als sichtbares Zeichen der integrativen Bemühungen wurden im Herbst 2019 an allen Grenzübergängen der Europaregion Willkommensschilder mit dem gemeinsamen Logo aufgestellt.

Ihre politische Heimat finden die meisten Südtiroler seit jeher in der Südtiroler Volkspartei (SVP), die bislang stets den Landeshauptmann (Ministerpräsidenten) stellte. Weitere relevante Parteien sind derzeit die rechtspopulistischen Freiheitlichen, das liberale „Team K", die Grünen und die rechtspopulistische Lega Nord. Eine sozialdemokratische Tradition gibt es in Südtirol nicht.

Südtirols „ewiger" Landeshauptmann Luis Durnwalder wurde 2013 von Arno Kompatscher abgelöst. Dieser ist seither an der Macht, musste allerdings im Jahre 2019 zum ersten Mal eine Koalitionsregierung bilden. Dies ausgerechnet und aus Proporzgründen mit der europafeindlichen Lega Nord, was jedoch an der europäischen Ausrichtung der Südtiroler Politik nicht rütteln wird. Das Land ist schuldenfrei, Vollbeschäftigung ist selbstverständlich (die Tourismusindustrie muss Arbeitskräfte aus dem Osten der EU rekrutieren, vom Arbeitskräftebedarf bei der Apfelernte ganz zu schweigen).

Jenseits aller politischen und soziokulturellen Befindlichkeiten ist den Südtirolern bewusst, dass die Mehrsprachigkeit ein wesentlicher Grund für ihren Wohlstand und für die Beliebtheit ihrer Region als Urlaubsziel ist. Viele Angehörige der jüngeren Generationen, die ohnehin globaler orientiert sind, gehen das Ganze entspannter an und verstehen es, die Vorzüge beider bzw. aller drei Welten, der italienischen, der deutschen und der ladinischen, miteinander zu verknüpfen.

Die Kunstlandschaft Südtirol

Kunstland Südtirol – von der Präromanik bis zur Moderne entstanden Bauten, die für ihre Zeit typisch, wenn auch zumeist nicht von allererstem Rang sind. Ganz besonders reizvoll sind die vielen spätromanischen und gotischen Kirchlein, die übers ganze Land verstreut sind.

Drei Phasen seiner Entwicklung haben die Kunstlandschaft Südtirol besonders geprägt. Die erste dieser Phasen entspricht dem Hochmittelalter des 11. bis 13. Jh., als kaiserliche Macht, bischöfliche Ansprüche und die aufstrebenden

Gotische Fresken in St. Nikolaus in Durnholz

Regionalmächte wie die Andechser und die Tiroler Burggrafen miteinander um Einfluss rangen. Die kleinen romanischen Saalkirchen, die an vielen Orten des Landes erhalten sind, vor allem aber die Fülle an Wandmalereien erinnern an diese Zeit. Die zweite Phase entspricht dem Spätmittelalter von etwa 1400 bis 1550, als der Silberbergbau und der damit verbundene Wohlstand ihre Höhepunkte erreichten. Damals entstanden in vielen Orten gotische Kirchen, und verschiedene Malerschulen schmückten sie aus. Die großartigen spätgotischen Flügelaltäre des Landes wie jener in Gries bei Bozen entstanden ebenfalls in dieser Epoche. Weniger durch Neubauten als durch Umbauten und Dekor hat die Barockzeit das Land verändert, diese Epoche entspricht in etwa dem 18. Jh. bzw. der relativ friedlichen Phase zwischen dem Spanischen Erbfolgekrieg und den Napoleonischen Kriegen. Auch in früheren und späteren Zeiten und in den Zwischenphasen wurden künstlerisch bedeutende Werke geschaffen, die Kunstlandschaft Südtirol haben sie jedoch nicht geprägt. Dennoch sind die vorromanischen Fresken wie in St. Prokulus in Naturns und St. Benedikt in Mals (beide im Vinschgau) oder die Jugendstilbauten Merans wie das Kurhaus herausragende Kunstwerke.

Schlichtheit früher Romanik: St. Benedikt in Mals

Präromanik und Romanik

Der romanische Baustil erreichte Südtirol im späten 11. Jh. aus zwei Richtungen: In der Architektur, die uns vor allem aus Kirchen bekannt ist, brachten sie lombardische Steinmetze aus Oberitalien mit, in der Malerei wurden byzantinische Einflüsse sowohl über das nahe Venedig als auch über die Malerschulen am Rhein und in Südwestdeutschland weitergegeben.

Aus der Zeit vorher, der **Präromanik,** haben sich vor allem zwei bedeutende Werke erhalten: die Innenausmalung des Kirchleins St. Prokulus in Naturns und jene von St. Benedikt in Mals. Beide wurden in etwa zur selben Zeit ausgemalt – in St. Benedikt hat sich auch plastischer Stuck als Bildrahmen erhalten –, wahrscheinlich kurz vor dem Jahr 800. Während in St. Prokulus naiv und in Einzelheiten plump erzählt wird – so ist dem Künstler nicht klar, wie man vorne und hinten zeichnerisch deutlich unterscheidet –, ist St. Benedikt eindeutig von der karolingischen Hofkunst abhängig, die sich wiederum stark an der byzantinischen Hofkunst orientierte. Deutlich drückt sich dies in einer der beiden dargestellten Personen aus: ein fränkischer Adeliger mit dem typischen karolingischen Schwert und karolingischer Hoftracht. Die Art der Zeichnung und die Darstellung des Faltenwurfs sind ohne byzantinische Vorbilder nicht denkbar. Im nahen schweizerischen Müstair befindet sich wenige Kilometer nach der Grenze in der Klosterkirche ein karolingischer Freskenzyklus, dessen Besichtigung man bei einer Südtirolreise nicht versäumen sollte.

Die **Romanik** hat überall in Südtirol ihre Spuren in Form kleiner einschiffiger Saalkirchen mit flacher Decke und halbrunder Apsis hinterlassen, die Glockentürme wurden in den meisten Fällen erst später, aber immer noch während der Romanik angebaut. Das Modell dieser Kirchen stammt aus Oberitalien, lombardische Meister, darunter viele Comaker, errichteten wohl einige von ihnen. In der Malerei kamen die Einflüsse vor allem aus dem Westen über das Bistum Chur und die Klöster Müstair und Marienberg – die geistliche Hoheit Churs erstreckte sich durch den Vinschgau bis knapp vor Meran – sowie aus Süd- und Westdeutschland. Beide Einflusslinien sind indirekt von der byzantinischen und seit 1200 der venezianischen Kunst beeinflusst, vom streng hieratischen Bildaufbau dieser Kunst, wie dem thronenden Christus als Weltenherrscher in der Mandorla oder den ikonenhaften, in ihrer Szenik ein für allemal festgeschriebenen Darstellungen von Christi Geburt, Leben, Leiden und Tod, Auferstehung und dem Jüngstem Gericht. Selbst die Lage der Bilder im Kirchenraum wurde aus Byzanz übernommen, der Christus als Weltenherrscher in der Kalotte der Hauptapsis, darunter die Gottesmutter und Heilige sowie Apostel, über der Eingangstür das Jüngste Gericht. Wie direkt aus der Völkerwanderungszeit übernommen wirkt das Flechtwerk der Burgkapelle von Schloss Tirol, 1160 begonnen, direkter Vorfahr im Lande ist das Stuckflechtwerk um die Fresken von St. Benedikt in Mals aus karolingischer Zeit.

Die Ausmalung der Krypta des Klosters Marienberg über Burgeis im Oberen Vinschgau und jene der Burgkapelle in Hocheppan gehören zu den bedeutendsten und frühesten Beispielen romanischer Malerei in Südtirol. In Marienberg wird unmittelbar deutlich, wie stark das byzantinische Vorbild Malstil und Bildauswahl prägte. Der Maler dieser Szenen, die um 1175 entstanden, verarbeitet Einflüsse aus dem Norden, vor allem aus Ottobeuren – sein byzantinisches Ideal war von der deutschen Tradition seit den Karolingern und Ottonen geprägt. Die Engel mit ihrer flatternden Kleidung und ihren grazil zur Seite oder nach hinten gelegten Flügeln sind jedoch individuelle Bildschöpfungen, die durch Hinweis auf byzantinisches Formengut nicht zu erklären sind. In der Burgkapelle von Hocheppan wiederum ist die Hauptszene in der Apsis, eine thronende Gottesmutter, ganz byzantinisch streng gehalten, während im Bildstreifen darunter der Maler – oder ein lokaler Mitarbeiter – die Szene der Geburt Jesu so ausschmückt, wie er sie sich nur vorstellen konnte: mit einer Magd, die Knödel zubereitet und einen davon schon mal probiert. Ähnlich lokale Elemente bringt der Maler von St. Jakob bei Grissian ins Spiel, seine Darstellung von Abraham und Isaak, die mit einem Eseltreiber zum Opferplatz gehen, zeigt im Hintergrund wildes Gebirgsgetürm, stark idealisierte, aber doch klar erkennbare Südtiroler Berglandschaft fern jeder byzantinischen Darstellungsnorm.

Gänzlich aus der Reihe fallen die Fresken in der kleinen Kirche St. Jakob in Kastelaz in Tramin. Während ein oberer Bildzyklus eher konventionelle, aber sehr bewegte, eindringlich gestikulierende Apostelgestalten zeigt, befindet sich darunter ein ohne Rahmen und Hintergrund in Einzelgestalten gemaltes Bestiarium. Diese Szene der kämpfenden Tiermenschen und anderer grotesker Wesen ist eine absolut eigenständige Schöpfung des Malers, vergleichbar mit keinem Werk seiner Epoche oder der vorangegangenen, in seiner nur teilweise erkennbaren Aussage ähnlich bestürzend wie ein Werk des so viel später schaffenden Hieronymus Bosch.

Gotik und Spätgotik

Spät kam die Gotik nach Südtirol, erst nach 1300 entstanden die Kirchen der Bettelorden, die diesen Baustil mitbrachten, etwa die der Dominikaner und Franziskaner in Bozen, der damals reichsten Handelsstadt Südtirols, aber auch die dortige Pfarrkirche (heute Domkirche). Breitenwirkung hatte dieser Architekturstil nicht, und erst in seiner späten Phase entstanden wieder größere Kirchenbauten wie in Tramin, Sterzing und St. Pauls in Eppan.

Wesentliche Breitenwirkung hatte jedoch die **gotische Malerei,** die seit den Malereien aus der Giotto-Schule, die um 1330 bis 1340 in der Bozner Dominikanerkirche entstanden, mehrere regionale Malerschulen hervorbrachte. Die Bozner, Brixner und Pustertaler Schule sind autochthone Südtiroler Schulen, die sowohl Einflüsse aus dem Süden, wie etwa die Perspektivität Giottos, als auch aus dem Norden, wie etwa die Expressivität der deutschen Tradition, verarbeiteten. In allen drei Schulen wurden nebeneinander und ineinander verschränkt – und wohl in einigen Fällen vom gleichen Meister – Werke der Malerei und der Schnitzkunst geschaffen, waren doch die Hauptwerke neben den Wandfresken kunstvolle Kirchen- und gelegentlich Hausaltäre. Ab 1420 wurde mit dem monumentalen Flügelalter des Hans von Judenburg in der Bozner Pfarrkirche (heute teilweise in Deutschnofen) der große spätgotische Flügelaltar in Südtirol eingeführt, der über fast fünf Generationen die Kirchenaltäre des Landes dominieren sollte und heute noch eines der großen künstlerischen Wunder Südtirols darstellt.

Hauptwerke der ab ca. 1360 wirkenden Bozner Schule befinden sich u. a. in der Pfarrkirche Terlan, wo sie zwischen 1399 und 1407 vom Bozner Hans Stockinger geschaffen wurden: bunte, perspektivisch gekonnte, figurenreiche und äußerst belebte Bilder, die wenig Wert auf Individualisierung der Personen legen, aber umso mehr auf die Nachdrücklichkeit – der Bethlehemitische Kindermord ist an Deutlichkeit nicht zu überbieten. Wie der hl. Cyprian und die hl. Justina in St. Cyprian

Gotische Fresken an der Außenwand von St. Katharina in Breien

in Sarnthein in einem Kupferkessel auf dem Feuer dargestellt sind, lässt ebenfalls keine Wünsche offen, was Präzision im Umgang mit dem schaurigen Detail betrifft (unten links legt einer noch schnell ein Holzscheit nach, muss aber wegen des beginnenden Rauchs die Augen mit einer Hand schützen).

Die Pustertaler Schule hat seit Hans von Bruneck und dessen Ausmalung der Spitalkirche in Sterzing um 1415 eine etwas andere Richtung beschritten: Auch Hans von Bruneck kannte ganz eindeutig seinen Giotto und verwendete dessen spezielle Perspektive, verband sie aber mit dem üppig dekorativen Darstellungsstil, der sich am Prager Hof der Luxemburger entwickelt hatte und als „Weicher Stil" oder „Höfischer Stil" bekannt ist. Seine farblich intensiven (in der Spitalskirche allerdings stark verblichenen) Szenen sind in dekorativ gemalte Architekturen gestellt, sodass der ganze Kircheninnenraum wie ein einheitliches Kunstwerk wirkt. Aus dieser Schule ging ihr letzter und größter Vertreter hervor, der Brunecker Michael Pacher, der Einflüsse der frühen Renaissance in Italien an Ort und Stelle studiert und mitgebracht hatte. Als Maler (Portal der Stiftskirche in Innichen, Kirchenväteraltar, heute in München, Alte Pinakothek) wie als Bildhauer und Holzschnitzer (Flügelaltar der alten Pfarrkirche in Gries bei Bozen) leistete er Epochemachendes.

Die Brixner Schule inkorporierte wiederum stark nordische, nämlich flämische und deutsche Einflüsse, die sie in einem expressiv naturalistischen Stil umsetzte. Bedeutende Meister waren etwa Meister Leonhard, dessen Werk in der dritten Kreuzgangarkade in Brixen zu bewundern ist, und als absoluter Höhepunkt, das Werk des Hans Klocker mit großen Flügelaltären in Pinzon bei Neumarkt und im Bozner Franziskanerkloster.

Späteste Spätgotik sind die großen Flügelaltäre in Niederlana, Göflan und Latsch, Werke schwäbischer Meister, die bereits Elemente der Renaissance in Bildaufbau und sogar in die Gesamtansicht des Altars hineinnehmen, so Jörg Lederer in seinem Altar der Spitalkirche in Latsch.

Barock

Während in der Renaissance relativ wenig gebaut wurde – die Churburg über Schluderns und die Burg der Fürstbischöfe in Brixen sind die großen Ausnahmen – da Pest, Dreißigjähriger Krieg und Hungersnöte im 17. Jh. das Bauen fast unmöglich machten, schuf das 18. Jh. in Südtirol eine Reihe deutlicher, heute noch auffallender Veränderungen. So wurden zahlreiche Kirchen nach damals modernem Geschmack barockisiert, gotische Pfeiler wurden mit Stuck umhüllt und romanische Ornamente abgeschlagen, Innenräume wurden freskiert, gewölbte Decken eingezogen, Kirchtürme mit einem oberen Stockwerk und schickem neuem (Zwiebel-)Turmhelm versehen. Wo man das Geld dazu hatte – das war dankenswerterweise nicht überall der Fall – warf man die altmodischen gotischen Flügelaltäre raus und stellte neue Altäre ins völlig umgemodelte Schiff. So verschwand der größte Teil des ersten großen Flügelaltars in Südtirol, den die Bozner Pfarrkirche nicht mehr benötigte, und von dem nur ein kleiner Teil erhalten ist (in Deutschnofen), so wurden im Lande Dutzende Altäre abgetragen und z. T. zu Brennholz zerhackt, Fresken wurden unter Putz gelegt und kamen erst im 19. und 20. Jh. wieder zum Vorschein wie jene berühmten aus der Krypta des Klosters Marienberg.

Eigenständige Kunstschöpfungen waren selten, die Meister kamen aus Welschtirol oder aus dem Österreich nördlich des Brenners, aus Augsburg oder Ulm. So wurde der Brixner Dom von der Welschtiroler Architektenfamilie Delai sowie Sartori, ebenfalls einem Trentiner, und Franz Singer, einem Nordtiroler, barockisiert. Neubauten waren eher selten, aber Franz de Paula Penz sind die Pfarrkirchen in Toblach und St. Vigil in Enneberg und die Stiftskirche Gries zu verdanken. Der Welsberger Paul Troger war ein in der ganzen Monarchie geschätzter Maler. In Südtirol steht er zusammen mit Michelangelo Unterberger an der Spitze der Maler der Epoche.

Vom 19. zum 21. Jahrhundert: Gründerzeit, Moderne und Postmoderne

Der Freiheitskampf der Tiroler 1809 und die Jahre des repressiven Biedermeier (1815–1848) ließen in (Süd-) Tirol wenig Entwicklung und kaum Investitionen zu. Auch in der Gründerzeit blieb Südtirol im Windschatten der Kunst- und Architekturszene, wer Deutsch sprach, ging nach Wien, wer Italienisch sprach nach Rom. Keine Stadterweiterung – wie in fast allen Regionen des deutschen Sprachraums – störte die gewachsenen Strukturen der Städte, sieht man von kleinen Villenvierteln des späten 19. Jh. und der Zeit vor dem Ersten Weltkrieg ab. Tiroler Maler wie Albin Egger-Lienz (aus Osttirol) wirkten mehr in der Hauptstadt als zu Hause. Erst die Entdeckung der Alpen als schaurig-schöner romantischer Hintergrund für den Freizeittourismus ab den 1880ern brachte ein paar Änderungen: Großhotels in Toblach, Moos bei Sexten, Niederdorf, am Karersee und in Meran, einige davon waren nur möglich, weil neue Bahn- und Straßenlinien wie die Dolomitenstraße entstanden. Der Jugendstil ging fast unbemerkt an Südtirol vorüber, sieht man von einer Handvoll Villen in Meran und dem dortigen Bahnhof ab.

In der Zwischenkriegszeit entstanden Bauten wie jene des italienischen Bozen jenseits der Passer, deutlich am faschistischen Ideal eines dekorativen Funktionalismus orientiert, mit Denkmälern vom Siegesdenkmaltyp, die man anderswo bereits abgerissen hätte, auf jeden Fall fern von jeder Südtiroler Tradition. Es dauerte lange, bis man sich in Südtirol mit dieser aufgezwungenen Funktionalität anfreunden konnte, und erst in den letzten 15 Jahren wurde sie wirklich akzeptiert – vielleicht weil sie nun von Südtirolern realisiert wird wie z. B. von Matteo Thun. Der junge Architekt entwarf heutige Architekturknüller wie die Therme Meran und das Vigilius Mountain Resort. Klare, sparsame Linien, Holz, Glas, Stein, im Vigilius schützen Lärchenstämme das Haus mit einer vorgelegten hölzernen Gitterfront. Andere Bauten sind ähnlich sparsam funktionell und doch effektvoll inszeniert wie der fast komplett unter die Erde gelegte Keller der Kellerei Manincor in Kaltern, das neue Gebäude der Kellerei Bozen oder die Glasfront des Museion in Bozen. Auch bei den Hotelbauten setzen sich mehr und mehr innovativ-funktionale Entwürfe durch. Das Architekturbüro *noa* aus Bozen ist hier wegweisend. Interessante Beispiele sind das Hotel Tofana in St. Kassian, das mit seinen Außentreppen und Rampen fast wie ein in die Höhe strebender Berg aussieht, den der Gast gleichsam erkunden und erklimmen soll, und das renovierte und erweiterte Hotel Hubertus in Olang, dessen Fassade auf faszinierende Art und Weise der Hangstruktur angepasst ist, auf der es erbaut ist (mehr unter noa.network). Wer sich darüber hinaus für moderne Architektur in Südtirol interessiert, dem sei die Architektenzeitschrift *Turris Babel* (turrisbabel.it) empfohlen, die auch im Buchhandel erworben werden kann.

Umweltfreundlich und staufrei geht's mit der Bahn ...

Anreise

Mit der Wahl des richtigen Verkehrsmittels und der am besten geeigneten Anreiseroute kann man den Urlaub entscheidend beeinflussen. Nichts stresst mehr, als am ersten Urlaubstag gegen Mitternacht komplett geschafft am Zielort anzukommen, nur um festzustellen, dass man nicht einmal mehr was zu essen bekommt.

Wer den eigenen Pkw nimmt, ist zwar unabhängiger, hat aber mehr Stress plus Kosten für die Fahrt, Maut und Stellplatz. Bei Ausflügen und Wanderungen muss man immer wieder zum Ausgangspunkt zurück. Mit dem Bus hat man mehr Freiheiten bei der Wanderroute, insbesondere in Südtirol mit seinem dichten Busnetz, das bei größeren Orten im Sommer wenig zu wünschen übrig lässt. Ab September wird jedoch der Fahrplan dünner und ab Winterfahrplan ist ein Pkw oft die bessere Alternative.

Mit dem Fahrrad hat man diese Probleme nicht, aber wer kommt schon mit zwei Seitentaschen und kleinem Rucksack einen Urlaub lang aus und scheut auch nicht die zweimalige Alpenüberquerung? Busse und Bahnen in Südtirol nehmen allerdings in der Regel den Drahtesel mit, wenn man mal keine Lust oder keine Puste mehr hat.

Mit Auto und Motorrad

Dank Autobahnen, Schnellstraßen und guten Fernstraßen ist der Weg über die Alpen kein Problem, Kopfzerbrechen macht bestenfalls die Auswahl der Route. Bei Anreise aus dem Norden Deutschlands empfiehlt sich eine Zwischenübernachtung – angesichts von etwa 1100 km Entfernung zwischen Hamburg und Bozen und wahrscheinlichen Staus bei Ferienbeginn und -ende im Sommer.

Am bequemsten ist die Anreise über die Brennerautobahn (A 22). Nur von Südostösterreich (Kärnten/Steiermark) fährt man kürzer über Lienz und das Pustertal nach Südtirol. Aus der Ostschweiz und Graubünden kommt auch die Anfahrt über Davos, Engadin und Vinschgau in Frage. Von München über den Brenner nach Brixen fährt man nur ca. 3–4 Std. – vorausgesetzt, es gibt keine größeren Staus.

Fahrzeugpapiere Führerschein (patente), Fahrzeugschein (libretto di circolazione) und grüne Versicherungskarte, bei Schadensfällen wie auch normalen Kontrollen werden alle drei geprüft.

Versicherung Bei neuen und wertvollen Fahrzeugen ist eine zeitlich begrenzte Vollkaskoversicherung für Unfall und Diebstahl anzuraten, da die Deckungssummen italienischer Haftpflichtversicherer niedrig sind. Unbedingt empfehlenswert ist ein Auslandsschutzbrief, den alle Automobilclubs sowie Versicherungen anbieten (30–50 € jährlich). Er deckt die Kosten des Transports zur nächsten Werkstatt, den Heimtransport von Personen und Fahrzeug, die Versandkosten von Ersatzteilen, Übernachtungskosten, die eventuelle Verschrottung u. a. (Kleingedrucktes lesen).

Das Tragen einer **Warnweste** ist bei einem Unfall für alle Pkw-Insassen Pflicht.

Anreiserouten

Aus Deutschland und Österreich über die Brennerautobahn: Der Brenner besitzt den einzigen Autobahnübergang über die Alpen, der direkt nach Südtirol führt. Man erreicht ihn von München über die A 8/A 93 über Kufstein und Innsbruck, von Stuttgart über die A 7 und weiter über die häufig verstopfte Straße über den Fernpass zur Inntalautobahn A 12 und weiter nach Innsbruck. Ab Ostösterreich nimmt man die Autobahn A 1 Wien–Salzburg und dann die A 8 bis Rosenheim, von dort die Inntalautobahn nach Innsbruck. Aus der Ostschweiz nimmt man die Autobahn Zürich–St. Gallen–Rheintal, dann via Feldkirch auf die österreichische A 14 durch den Arlbergtunnel (mautpflichtig 11,50 €) und weiter die A 12 nach Innsbruck, von dort auf die Brennerautobahn, die nahtlos in den ebenfalls mautpflichtigen italienischen Autobahnabschnitt Brennero–Modena übergeht. Abfahrt für das Pustertal ist Brixen, für die zentralen Dolomiten Klausen, für die südlichen Dolomiten Bozen-Nord, Bozen-Süd oder Auer/Neumarkt.

Die **Gebühren** sind happig. Es beginnt mit dem österreichischen „Pickerl". Wer die Autobahnvignette nicht aufgeklebt hat und ertappt wird, riskiert 120 € Bußgeld. Es gibt drei verschiedene Vignetten: Die Jahresvignette für Pkw (gültig ab 1. Dezember des Vorjahres bis zum 31. Januar des Folgejahres) kostet 96,40 € (2023), die für zwei Monate 29 € und die für 10 Tage 9,90 €. Man erhält die Vignetten bei den Automobilclubs, an der Grenze und den grenznahen Tankstellen. Es gibt auch eine **digitale Vignette** zu gleichen Preisen (asfinag.at oder Asfinag-App). Sie kann beim Autowechsel problemlos übertragen werden. Aber Achtung: Die digitale Vignette gilt frühestens ab dem 18. Tag nach dem Kauf. Bezieht man sie an den herkömmlichen Vertriebsstellen, gilt sie unmittelbar nach dem Erwerb. Weitere Infos zur digitalen Vignette auf asfinag.at.

Die Brennerautobahn kostet zusätzlich zum Pickerl 11 € Maut. Für Vielfahrer über den Brenner lohnt sich u. U. eine österreichische Videomautkarte für die Streckenmaut über den Brenner (74 € für das Jahresticket, wenn man auch die Jahresvignette besitzt, sonst 114 €, Stand 2023). Für italienische Autobahnen macht bei häufigeren Fahrten der Kauf einer Viacard Sinn, bei dieser Guthabenkarte (wahlweise à 25 oder 50 €) wird die Maut bargeldlos abgezogen, man erspart sich die Bargeldsuche und kommt auf speziellen Spuren an den Mautstellen meist staufrei und schneller durch; die Card ist erhältlich z. B. beim ADAC und beim ÖAMTC oder im Büro des ACI am Brennerpass-Autobahnübergang. Für Schweizer Autobahnen ist der Kauf einer Vignette erforderlich (gültig von 1. Jan. bis 31. Jan. des Folgejahres, 2023: 40 Sfr).

Mautfrei aus Süddeutschland und Österreich: Die österreichische Bundesstraße von Innsbruck zum Brenner und die italienische Staatsstraße nach Brixen und Bozen sind mautfreie Alternativen, allerdings ist man auf diesen stark frequentierten Verbindungen wesentlich länger unterwegs. Die Strecke von Lienz durch das Pustertal ist ebenfalls mautfrei, man muss aber für den Felbertauerntunnel 13 € und für den Bahntransport Tauerntunnel ca. 21 € zahlen. Die Straße vom Inntal über den Reschenpass in den Vinschgau und über Meran nach Bozen ist ebenfalls kostenfrei, aber umständlich und zeitraubend. Im Sommer gibt es weiter die Möglichkeit, aus dem Inntal bei Imst durch das Ötztal und über das Timmelsjoch nach Südtirol einzureisen (keine Gespanne), die Mautstrecke über den Pass kostet für Pkw 18 € (hin/zurück 24 €), für Motorräder 16 € (21 €), in der Maut sind österreichische wie italienische Anteile inbegriffen.

Aus der Schweiz und dem Dreiländereck Basel-Freiburg: Von Basel/Zürich via St. Gallen–Rheintal–Feldkirch und von dort über die B16 über den leicht zu fahrenden Arlbergpass (Tunnel ist mautpflichtig, 11 €) ins Inntal. Bei Landeck auf die B 315, die nach Nauders und über den Reschenpass in den Vinschgau nach Meran und Bozen führt. Alternativ Weiterfahrt auf der Inntalautobahn bis Innsbruck und Autobahn über den Brenner, abhängig vom Reiseziel in Südtirol. Relativ flott ist die Verbindung über Landquart und Autoverladung durch den Vereinatunnel bei Klosters nach Zernez (einfach 34 € Sommer/39 € Winter) und anschließend über den Ofenpass nach Taufers im Vinschgau (rhb.ch). Eine weitere Möglichkeit, um aus der Schweiz nach Südtirol zu kommen, ist die Benutzung des Gotthardtunnels (mautpflichtig) bzw. des mautfreien und weit weniger stauanfälligen San-Bernardino-Tunnels über die A9/A4 Como–Mailand–Verona und weiter auf der A 22 nach Bozen, zieht sich jedoch.

Aus Ost- und Südösterreich: Wer aus Niederösterreich, Wien, dem Burgenland, der Steiermark oder Kärntn kommt, nimmt am besten die österreichische Autobahn Wien–Villach und dann die B 100, die über Spittal und Lienz an die Südtiroler Grenze in Winnebach führt.

Mit der Bahn

Es ist nahezu ideal: Alle 2 Stunden fährt tagsüber ein internationaler EC von München nach Bozen. Die Reise dauert 4 bis 4:30 Stunden. In Kufstein oder Innsbruck besteht Anschluss aus dem ÖBB-Streckennetz. An Ort und Stelle fährt man dann mit dem Bus weiter oder wird – bei vielen Hotels ein kostenloser Service – am Bahnhof abgeholt.

Ab den EC-Bahnhöfen Franzensfeste, Brixen und Bozen sind die meisten Fremdenverkehrsorte Südtirols rasch und bequem mit dem Bus zu erreichen, wer nach Sterzing will, muss bereits am Brenner in einen Regionalzug umsteigen. Die Vinschgerbahn ermöglicht es, diesen westlichsten Teil Südtirols zwischen Meran und Mals per Bahn zu erreichen.

Seit 2015 wird am Brenner-Basistunnel (BBT) gebaut, der die Fahrzeit nach Bozen erheblich reduzieren wird. Der Tunnel soll bei Franzensfeste münden, aber bis ins Unterland Zulaufstrecken in Tunneln nach sich ziehen (z. B. eine großzügige Bozen-Umgehung), geplante Eröffnung 2032. Dann sollen täglich 400 Züge in zwei Röhren in nur 25 Minuten durch den Tunnel brausen. Interessierte haben die Möglichkeit, eine geführte Baustellenbesichtigung zu buchen (Fr 10 und 14 Uhr, Start am BBT-Infopoint in Franzensfeste, Brennerstraße, ✆ 0472/057200, Erw. 10 €, erm. 5 €, bbtinfo.eu. Eine Buchung mehrere Monate im Voraus ist wegen der großen Nachfrage obligatorisch).

EC-Verbindungen München–Bozen Von München nach Bozen (und weiter nach Verona, Venedig oder Mailand) fahren tagsüber Eurocitys etwa alle 2 Std., ebenso in die umgekehrte Richtung.

Verbindungen über die Schweiz Aus Südwest-Deutschland EC/ICE-Strecke nach Basel, von dort Linie Basel–Zürich–Innsbruck–Wien, Umsteigen in die EC-Züge aus München in Innsbruck. Derzeit tgl. mehrmals von Zürich nach Innsbruck.

Verbindungen aus Ostösterreich EC-Strecke Wien–Salzburg–Innsbruck–Basel, in Innsbruck Umsteigen in die EC-Züge München–Verona. Derzeit tgl. mehrmals von Wien nach Innsbruck.

Preise und Ermäßigungen Wegen der komplizierten Tarifstruktur der DB sollte man frühzeitig planen und sich gut informieren. Sinnvoll ist die BahnCard 50 samt Railplus, die 25 % Ermäßigung auf den Anschlussstrecken der österreichischen ÖBB gewährt. Für alle grenzüberschreitenden Züge gibt es sog. Globalpreise, die Fahrkarte und Reservierung umfassen; wer in der Kleingruppe im Nachtzug gleich ein ganzes Liegewagenabteil reserviert, spart enorm. Infos unter bahn.de. Die ÖBB gewährt auf ihre Vorteilscard bisher max. 50 % Rabatt.

Bahn & Bike Über den Radtransport der DB auch ins Ausland informiert die Radfahrer-Hotline ✆ 030/2970. Die EC auf der Strecke Deutschland–Österreich–Italien haben meist ein winziges Radabteil, das man besser (mindestens am Vortag) reserviert.

Mit dem Bus

Einige Regionen wie Meran, Meraner Land sowie Überetsch und Unterland unterhalten eigene Zubringerdienste mit dem Bus, die ab München, Stuttgart bzw. Zürich operieren. Diese Verbindungen sind schnell (München ZOB bis Meran 4 Std. Fahrtdauer) und bieten zwischen Mitte März und Mitte November eine preiswerte Anreisemöglichkeit. Darüber hinaus bietet **Flixbus** eine Vielzahl von Anreiseoptionen aus Deutschland nach Sterzing, Brixen, Bozen und Meran. Optional können Zubringerdienste gebucht werden – bequemer geht es nicht!

Meraner Land Express verbindet München (ab ZOB) mit Südtirols Süden und dem Meraner Land, jeweils Mittwoch; **Silbernagl** (silbernagl.it) verbindet in Kooperation mit Flixbus München mit dem Seiser-Alm-Gebiet und dem Grödner Tal. Aus St. Gallen, Winterthur und Zürich startet der **Südtirol Express** ebenfalls im Sommer über den Reschenpass in den Vinschgau, nach Meran und Umgebung und ins Unterland sowie bis hinauf zum Karerpass. **Flixbus,** zwischen München ZOB und Bozen bis zu 10x tgl. direkt, ab ca. 30 €, nach Brixen 4x tgl., ab ca. 27 €, nach Meran (Terme) 3x tgl., ab 25 €, nach Sterzing 4x tgl. ab 25 €, flixbus.de.

Meraner Land Express, zwischen München ZOB und Meraner Land sowie Südtirols Süden, Anfang März bis Mitte Nov. Mi und Sa um 6 Uhr ab Meran und 14 Uhr ab München, hin/zurück ab 80 €, Buchung bei den Fremdenverkehrsvereinen.

Südtirol Express, St. Gallen – Algund, Meran, Dorf Tirol, ca. Mitte April bis Okt., hin/zurück (Sa) 180 Sfr plus 10 Sfr Buchungsgebühr. Erwin Hofmann, Moosstr. 12, CH-9030 Abtwil, ✆ +41/71/2981111, suedtirolexpress.ch.

Silbernagl, der Südtiroler Reiseveranstalter kooperiert mit Flixbus und bietet Anschlusstransfers in der Region Seiser Alm bis zum Zielort. Schlernstr. 39, I-39040 Seis, ✆ 0471/706633, silbernagl.it, suedtiroltransfer.com.

Mit dem Fahrrad

Von den Anreisemöglichkeiten mit dem Rad aus Süddeutschland, der Schweiz und Österreich bieten sich die Route über den Reschenpass, den Brenner und den Grenzübergang Winnebach im Pustertal an, da sie auch mit schwerem Gepäck in Form von Seitentaschen, Hecktasche und Rucksack zu bewältigen sind. Hingegen sind die Straßenverbindung über das Timmelsjoch und die unbefestigten Straßen wie das Pfitscher Joch weniger empfehlenswert.

Die Via Claudia Augusta von Landeck über den Reschen in den Vinschgau hat den großen Vorteil, dass es einen Radtransport über den Pass gibt, der das für Radfahrer unangenehmste Wegstück erspart. Die Postbusstelle Landeck (Österreich) bietet dreimal täglich Radtransport im Huckepackverfahren von Landeck nach Nauders und umgekehrt an, man zahlt nur den Fahrgastpreis (Infos auf viaclaudia.org). Wer darauf verzichtet und die Straße

Modern, zuverlässig, ökologisch: Vinschgerbahn und Drahtesel

fährt, wird mit zwei äußerst unangenehmen Tunneln konfrontiert. Besonders der erste Straßentunnel ist sehr gefährlich, schmal, kurvig und ohne Seitenstreifen (der schmale erhöhte Streifen rechts ist nicht befahrbar). Also besser: Von Landeck nach Nauders mit dem Bus, dann kann man den Blick in die Finstermünzschlucht ganz unbeschwert genießen.

Die Brennerstrecke ist auf österreichischer Seite nicht als Radweg ausgebaut, nimmt man jedoch die Brennerstraße, erreicht man zügig den Pass. Nach Innsbruck kommt man am besten über Seefeld und Zirl. Ab dem Brenner bis Sterzing gibt es einen schönen Radweg auf der alten Bahntrasse und ab Sterzing den Radweg durch das Eisacktal bis Bozen.

Wer von Osttirol und Ostösterreich aus anreist, hat ab Spittal den Drauradweg, der in Lienz in den Pustertalradweg übergeht, er ist bis zur Einmündung in den Eisacktalradweg komplett befahrbar. Nach Lienz von Salzburg über den wunderschönen Radweg entlang der Salzach bis in den Pinzgau, ab Mittersill Radtransport mit dem ÖBB-Bus bis Matrei oder Lienz.

Reisen in Südtirol

Reisen ist immer noch recht angenehm in Südtirol, das Land hat in der Vergangenheit eine Menge Geld in den Verkehr investiert. Allerdings kommen die Hauptrouten zu Stoßzeiten allmählich an ihre Kapazitätsgrenzen – zunehmende Staus sind die Folge.

Durch das Land führt von Nord nach Süd eine gut ausgebaute Autobahn, die in Ost-West-Richtung verlaufenden Straßen sind ebenfalls gut ausgebaut. Eine Schnellstraße, die viel befahrene MeBo, verbindet Bozen und Meran. Das kleinste Dorf, der letzte Einödhof sind auf Straßen zu erreichen. Die nicht ganz leicht zu fahrenden Dolomitenpässe sind allerdings in der Hauptsaison oft nur im Schritttempo zu machen, so stark ist der Verkehr der Ausflügler. Vor allem das Grödner Joch zwischen Grödner Tal und Hochabteital ist ein Nadelöhr mit oft langen Staus.

Zumindest im Sommer gibt es ein gutes bis ausreichendes Busnetz, das in Fremdenverkehrsgebieten auch auf die Belange der Urlauber zugeschnitten ist (in der Nebensaison ist es mit den Bussen eher mau). Radler finden ein Paradies vor: Immer mehr Fahrradwege werden eröffnet, die großen Täler Wipptal, Eisacktal, Pustertal, Etschtal und Vinschgau sind nahezu durchgehend auf separaten Radwegen befahrbar.

Zwei besondere Zuckerl sind unbedingt zu erwähnen: zum einen die von einem Großteil der Betriebe ausgegebenen Gästekarten/GuestCards, die eine kostenlose Benutzung von vielen Bussen und Bahnverbindungen ermöglichen; zum anderen die Mobilcard, die von den Südtiroler Verkehrsbetrieben herausgegeben wird und uneingeschränkte Mobilität auf allen öffentlichen Verkehrsmitteln innerhalb Südtirols ermöglicht – zum Schnäppchenpreis. Da die Autonome Provinz Südtirol bestens durch Bahn, Bus und Seilbahnen erschlossen ist, kommt man mit der Mobilcard überall hin. Das spart Benzin und Nerven, von den Kosten ganz zu schweigen. Es macht allerdings Sinn, vor dem Kauf einer Mobilcard zu überprüfen, inwieweit die benötigten Leistungen schon durch die Gästekarte abgedeckt sind, denn doppelt gemoppelt muss ja auch nicht sein.

Langsam, aber sicher ...

Mit Pkw, Wohnmobil und Motorrad

Im Prinzip gelten die gleichen Regeln wie nördlich des Brenners, doch richtet man sich in Italien mehr nach dem Gefühl für die Verkehrssituation als starr nach Regeln. Insgesamt ist jedoch der Respekt vor Verkehrsregeln überall in Oberitalien wesentlich größer als weiter südlich, so kann man sich meist darauf verlassen, dass an Ampeln bei Rot gehalten wird.

Autobahnen: Es gibt nur die Autobahn Brennero–Modena, die Südtirol in einen West- und einen Ostteil zerschneidet. Abfahrten am Brenner, in Sterzing, in Franzensfeste/Brixen, Brixen-Süd, Klausen, Bozen-Nord, Bozen-Süd, Auer und (bereits im Trentino, aber für das Unterland eine Alternative) Mezzocorona. Maut bezahlt man an den zahlreichen Mautstationen, die erste hinter dem Brenner befindet sich in Sterzing.

Stadtverkehr: Bis auf den Stadtverkehr in Bozen und Meran sowie die Durchfahrt durch Brixen hat man in Südtirol wenig Probleme, durch Orte zu fahren oder dort kostenpflichtig zu parken (oftmals in Parkhäusern, Höhenbegrenzung i. d. R. 2,20 m) – wobei sich der freie Parkplatz nicht immer dort befindet, wo man ihn gerne hätte. Kritisch wird's im Advent, wenn an den Samstagen die italienischen Touringbusse zum Weihnachtsmarkt kommen und Sterzing, Bozen, Meran und Brixen blockieren.

Motorrad: Auf Motorradfahrer üben die kurvenreichen Dolomitenpässe Penser Joch, Jaufenpass, Gampenpass, Mendelstraße und vor allem das Stilfser Joch eine unstillbare Faszination aus, zumal einige nicht ganz leicht zu fahren sind. Leider sind zu viele Motorradfahrer zu schnell, die Unfallhäufigkeit und Todesrate gerade auf den Bergstraßen Südtirols ist um ein Vielfaches höher als bei Autofahrern. Zunehmend wird allerdings auch hier Handlungsbedarf gesehen, es ist davon auszugehen, dass in Zukunft auch in Südtirol entsprechend reglementiert wird. An einzelnen „Radtagen" im Sommer sind bestimmte Pässe schon jetzt für den motorisierten Verkehr gesperrt.

Übernachtungstipps Informationen zu bikerfreundlichen Hotels und Pensionen (oftmals versehen mit einem Schild „biker welcome") gibt u. a. dolomiten-bike.com.

Bestimmungen für Motorroller/Scooter („motorini") Immer mit Helm fahren, Mitfahrer sind, wo nicht ausdrücklich vorgesehen, nicht erlaubt. Es hagelt harte Strafen, oft wird das Fahrzeug konfisziert – auch das Leihfahrzeug.

Camping, Wohnwagen und Wohnmobile: Fast alle Gemeinden verbieten in ihrem gesamten Gemeindegebiet das Abstellen von Wohnmobilen und Wohnanhängern und das Aufstellen von Zelten außerhalb von Campingplätzen. Für Wohnmobile gibt es in zunehmender Anzahl ausgewiesene Stellplätze (stellplatz.info). Wildcampen wird in Südtirol nirgendwo geduldet, und die Polizei ist schnell da, wenn man's versucht.

Vorschriften/Wissenswertes zum Straßenverkehr in Italien

Höchstgeschwindigkeit Auf **Autobahnen** Pkw/Motorräder 130 km/h, Pkw mit Anhänger 80 km/h, Wohnmobile über 3,5 t 100 km/h, Motorräder unter 150 ccm nicht zugelassen; auf **Schnellstraßen** Pkw/Motorrad 110 km/h, Pkw mit Anhänger 70 km/h, Wohnmobil über 3,5 t 80 km/h; auf **Landstraßen** Pkw/Motorrad 90 km/h, Pkw mit Anhänger 70 km/h, Wohnmobile über 3,5 t 80 km/h.

Besondere Verkehrsregeln Abblendlicht ist für Pkw außerhalb von Ortschaften auch bei Tag vorgeschrieben, für Motorräder und andere motorisierte Zweiradfahrzeuge auch innerhalb geschlossener Ortschaften; die rechte Fahrspur auf Autobahnen ist nun für alle Verkehrsteilnehmer freigegeben. Die zweite und dritte Spur sind, wie jenseits der Alpen, nur für überholende Fahrzeuge bestimmt; an Ampeln wird das Abbiegen nach rechts auch bei Rot geduldet; privates Abschleppen auf Autobahnen ist verboten, ebenso Telefonieren mit dem Handy ohne Freisprecheinrichtung (kaum jemand hält sich dran, auch nicht Busfahrer auf Bergstraßen); Promillegrenze 0,5, alkoholisierten Verkehrsteilnehmern wird der Führerschein für 2 Wochen bis 3 Monate abgenommen, es gibt hohe Strafen selbst für kleine Verkehrsdelikte; bei Unfallbeteiligung wird ab 1,5 Promille das Fahrzeug eingezogen und evtl. versteigert, das gilt für Italiener wie für Ausländer. Scooter (Motorroller) und Mopeds dürfen von Jugendlichen ab 14 J. gefahren werden, allerdings anders als früher nur noch mit Führerschein.

> **Achtung:** Wer Fahrräder am Heck des Autos transportiert, muss ein rot-weißes Warnschild anbringen (in Deutschland nicht obligatorisch, wird daher häufig vergessen).

Pannenhilfe An den Autobahnen stehen in regelmäßigen Abständen Notrufsäulen. Der Straßenhilfsdienst des italienischen Automobilclubs ACI ist rund um die Uhr unter ✆ 116 zu erreichen, in Südtirol kann man sich (meist) auf Deutsch verständigen. Die Pannenhilfe ist kostenpflichtig, es sei denn, man besitzt einen Auslandsschutzbrief. In manchen Fällen beauftragt der ACI private Abschleppdienste (diese akzeptieren die Schutzbriefe nicht, die Rechnungen werden aber von den deutschen Versicherern nachträglich beglichen). Deutschsprachiger Notrufdienst des ADAC bei Fahrzeugschaden ✆ +49 89/222222, bei Erkrankung oder Verletzung ✆ +49 89/767676 (24 Std.).

ACI, Italienischer Automobilclub, Zweigstelle Bozen, Corso Italia 19a, ✆ 0471/426020 (nur Mo–Fr 9–13 und 14–18 Uhr).

Kraftstoff Bleifrei (senza piombo), Super (super) und Diesel (gasolio) entsprechen auch in der Oktanzahl/Qualität jenen in D/A und CH.

Tankstellen Nur an den Autobahnen Tag und Nacht geöffnet, an Fernstraßen und in Orten sind sie häufig nachts (20–7 Uhr), mittags (12–15 Uhr) und So geschl. Immer mehr Tankstellen besitzen einen Zapfautomaten, der Euronoten (5/10/20 €) annimmt.

Elektromobilität Die Zahl der Ladestationen entlang der Autobahn und in den Ortschaften nimmt stetig zu. Am Brenner gibt es zahlreiche Zapfsäulen für verschiedene Automarken, in den Orten stehen häufig reservierte Parkplätze bereit. Viele Hotels – nicht nur die hochpreisigen – werben mit Ladestationen in der hoteleigenen Garage, manche sogar mit Verleih von strombetriebenen, PS-starken Autos. Die vollständigste Karte zu Lademöglichkeiten (inkl. Ladegeschwindigkeit an den Standorten, aktueller Verfügbarkeit etc.) findet sich unter chargemap.com.

Straßenzustandsbericht ✆ 0471/200198, verkehr.provinz.bz.it.

Mit dem Bus

Die Busse der Südtiroler Busgesellschaft SAD sind flotte, preisgünstige und verlässliche Verkehrsmittel, wenn man nicht gerade am Sonntag fahren will, denn dann werden kleinere Orte nicht angesteuert.

Gästebusse: Nicht alle Ziele können mit SAD-Bussen erreicht werden, deswegen haben einige Tourismusvereine ihren eigenen Gästebusdienst eingerichtet. Normalerweise funktioniert der in Verbindung mit einer Gästekarte und praktisch überall mit der normalen Busfahrkarte der SAD (s. u.).

Ski- und Wanderbusse/Wandertaxis/ „Schneeschuhwanderbus": Einige Verkehrsverbände setzen im Winter kostenlose oder sehr billige Busse ein, die auch isolierte Hotels mit den Liftanlagen verbinden. Dies trifft in einigen Fällen (z. B. Karerseegebiet) auch für den Sommer zu. Andere Vereine, wie der im Oberen Vinschgau, setzen auf einigen Strecken Wandertaxis ein. Zunehmend gibt es auch Kleinbusse, die nach Fahrplan fahren. Infos bei den Verkehrsverbänden.

SAD: Die Südtiroler Busgesellschaft hat ihr Zentrum in Bozen, von wo auch ein Gutteil der Busse abgeht, weitere Knoten sind im Dolomitenbereich Brixen und Bruneck. Auch einige Ziele außerhalb Südtirols werden von SAD-Bussen angefahren, z. B. im Trentino das Fassatal (ab Bozen) und Fondo (ab Meran über Lana und Deutschnonsberg) oder Cortina d'Ampezzo in der Provinz Belluno (ab Toblach).

Callcenter In Italien 1 Einheit je Gespräch (lange Warteschleife) unter ✆ 840/000471 (Tarifinfo, Fahrpläne), unter ✆ 840/000426 (Abos, Beschwerden), im Internet unter sii.bz.it (mit neuem Fahrplan schon vor Fahrplanwechsel – an den Haltestellen wird er oft erst einige Tage *nach* dem Wechsel ausgehängt).

Tickets Es gibt Einzeltickets (Überlandkarten) und Wertkarten. Man kann sie sowohl beim Fahrer als auch in Büros der Gesellschaft und bei konzessionierten Händlern (meist Tabakläden) sowie am Automaten erwerben, bei Kauf an Bord sind sie geringfügig teurer. Einzeltickets gelten anders als die Wertkarten nur für Bahn oder Bus! Wertkarten gibt es für 5, 10 und 25 €. Im Bus werden die Tickets beim Einstieg beim Fahrer entwertet, im Zug vorab am Bahnsteig, das Gleiche gilt für die Mobilcard (s. u.).

Mobilcard und Museum-Mobilcard Wer auch nur mäßig mit Bus und Bahn unterwegs ist, wird die Mobilcard schätzen: Man bekommt sie für die Gesamtregion Südtirol und für alle Busse und Bahnen sowie für einige Seilbahnen, sogar die Fahrt nach Trient/Trento ist dabei: 7 Tage 45 €, 3 Tage 30 €, 1 Tag 20 €. Die Mobilcard erhält man bei den Tourismusbüros und an den Bahnhofsautomaten des Südtiroler Verkehrsverbundes, sie muss beim ersten und bei jedem folgenden Fahrtantritt entwertet (bzw. auf diese Weise überprüft) werden. Aktuell geben die Beherbergungsbetriebe folgender Südtiroler Regionen eine lokale Mobilcard zu unterschiedlichen Konditionen an ihre Gäste ab: Grödner Tal (Val Gardena MobilCard), Brixen (BrixenCard), Seiser Alm (Südtirol Alto Adige Guest Pass), Rosengarten (Eggental Guestcard), Bozen (Bozen Card), Meran (MeranCard), Meraner Land (Meraner Land Guestcard), Vinschgau (Vinschgau Card), Sterzing (Sterzing active CARD). Damit lassen sich für die Dauer des Aufenthalts alle öffentlichen Verkehrsmittel der Region kostenlos nutzen.

Da die Bezeichnungen und Konditionen in diesem Card-Karussell fast jährlich variieren, macht es Sinn, sich vor Ort im Tourismusbüro zu informieren.

Eine interessante Alternative ist die Museum-Mobilcard, sie bietet neben den Leistungen der Mobilcard für 3 oder 7 Tage den Gratisbesuch in fast allen Südtiroler Museen. 7 Tage 65 €, 3 Tage 35 €.

Fahrräder Immer mehr Busse haben am Heck eine Mitnahmemöglichkeit für Räder. Bus-Fahrradkarten (7 €) gelten in den Regionalzügen und einigen Seilbahnen. Die **Bike-Mobilcard** ist eine Tageskarte und bietet für 30 € die Leistungen der Mobilcard und zusätzlich die einmalige Nutzung eines Leihfahrrades, das nicht im Bus bzw. der Bahn mitgeführt werden darf.

Infos zu allen Cards auf suedtirolmobil.info.

Mit der Bahn

Die Brennerbahn und vor allem die Pustertalbahn sind eventuell Alternativen zur Reise innerhalb Südtirols für diejenigen, die in Bozen, Brixen, Bruneck und Toblach oder Innichen wohnen. Fast stündlich fahren tagsüber Züge von Innichen über Toblach und Bruneck nach Franzensfeste und von dort (umsteigen) nach Brixen, Klausen und Bozen sowie nach Auer, Neumarkt und Meran. Ein Hit bei Radfahrern ist die Vinschgerbahn (→ S. 284) zwischen Meran und Mals.

Information trenitalia.it.

Tickets Viele Bahnhöfe sind nicht besetzt; Zeit- und Einzelkarten kann man an Automaten oder bei Busfahrern erwerben. Nur wenn kein Automat vorhanden ist, darf man im Zug nachlösen. In Italien sind Bahnfahrkarten, auch die Mobilcard, immer vor der Fahrt zu entwerten.

Mit dem Fahrrad

Südtirol ist wegen seiner vielen Passstraßen nicht unbedingt ideal für Langstreckenfahrer und Gelegenheitsradler, aber ein ideales Tourengebiet für Rennradler, Mountain- und Trekkingbiker. Es gibt eine rasch wachsende Zahl ausgebauter Radwege und eine Vielzahl von Tourenmöglichkeiten. In fast allen inneritalienischen Zügen kann das Rad mitgenommen werden (s. u.). Busse (außer Niederflurbusse) nehmen Räder mit, sofern Platz vorhanden ist.

Fahrradmitnahme in Bus und Zug Nur in Bussen mit Hecktransportmöglichkeit, nicht in Niederflurbussen. Alle Interregio- und Regionalzüge (im Fahrplan mit IR und R gekennzeichnet) befördern Fahrräder, der Fahrradwagen befindet sich meist im Triebkopf am Anfang oder Ende des Zuges. Die Einstiege sind meist eng und hoch. Bei der Vinschgerbahn ist es in der Hauptsaison schwierig, mit dem Rad in die überfüllte Bahn zu kommen. Die Fahrradmitnahme-Tageskarte kostet 7 €.

Regeln Für Kinder bis 14 J. gilt Helmpflicht; nach Einbruch der Dunkelheit ist eine Warnweste Pflicht.

E-Bikes An allen Verleihstationen von **Südtirol Rad** (suedtirol-rad.com) können neben Rädern auch E-Bikes geliehen werden. Dort und in der Mitte von Ortschaften, an großen Hotels, Liftstationen und Hütten gibt es Ladestationen. Das eigene Ladekabel immer mitnehmen!

Ein Anbieter, der es mit flächendeckender Standardisierung versucht, ist **bike-energy** (bike-energy.com). Mittels eines Kabels, das man vor Ort entleihen oder für 72 €erwerben kann, lassen sich alle handelsüblichen Akkus neu laden.

E-Autos Mit dem E-Auto nach Südtirol? Das geht mittlerweile hervorragend, Ladestationen schießen wie Pilze aus dem Boden. An der Brenner-Autobahn verfügt fast jede Tankstelle über Schnellladestationen, auch in den Städten und Talortschaften gibt es in der Regel Ladestationen, aber nicht immer Schnelllader. Andere Orte, wo man fündig werden kann, sind Talstationen von Bergbahnen. Zunehmend verfügen hochpreisige Hotels über Ladestationen, auch manche Pensionen. Dort lädt man langsam, aber über Nacht wird der Akku in jedem Fall voll. Die Autoren besitzen seit 2021 ein E-Auto und haben die Recherche für die Neuauflage dieses Buches damit durchgeführt. Die von ihnen getesteten Ladestationen sind im Buch aufgeführt.

Kontaktfreude auf beiden Seiten

Ökologische Bauweise: Leitlhof in Innichen

Übernachten

Die Zahl der Zimmer in Hotels und Pensionen, Apartments und Bauernhöfen ist schier unbegrenzt. Um die 4500 Betriebe gibt es in der Hotellerie, das Angebot reicht vom einfachen Zimmer mit Frühstück bis zur Suite im 5-Sterne-Hotel.

Während das Angebot an Zimmern mit Frühstück und kleinen Familienpensionen allerdings zurückgeht, nimmt dasjenige an Apartments deutlich zu. Viele Anbieter stellen ihr Angebot in dieser Hinsicht um. Die Gründe dafür sind nicht etwa die mangelnde Nachfrage an billigen Zimmern oder der Wunsch der Gäste, unter sich zu sein, sondern vielmehr der hohe Arbeitsaufwand. Zimmer mit Frühstück bedeutet eben, dass der Gastgeber täglich zumindest zum Frühstück anwesend ist, tagsüber die Zimmer aufräumt und abends gegenüber den Gästen gute Laune verströmt, sie sollen schließlich wiederkommen. Mit einer Ferienwohnung hat man dieses Problem nicht und die Endreinigung wird gar extra bezahlt. Ein wachsender Sektor ist die extrem hochpreisige Luxushotellerie. Ein Trend, der die Tourismusbranche zunehmend spaltet und dem durch den „Bettenstopp" ein Riegel vorgeschoben wurde. Dennoch finden sich überall an Südtirols Hängen und Ortsrändern nagelneue oder noch im Bau befindliche Häuser (der Grat zwischen architektonischer Innovation und Gigantomanie ist schmal). Aufgrund ihrer exorbitanten Preise (meist nicht unter 300 € pro Person/Nacht) finden sich solche Destinationen nicht in diesem Buch.

Anzahl der Sterne und Zimmerausstattung: Hotelbetriebe werden je nach Ausstattung mit 1 bis 5 Sternen (*–*****) klassifiziert – von Standard (*) bis Luxus (*****), recht guten Komfort findet man auch schon in 2- und 3-Sterne-Hotels. In den Angaben zum Übernachten wird bei Hotels, Pensionen, Gasthäusern und Garnis vorausgesetzt, dass sie TV im Zimmer haben, wenn nicht, wird dies extra erwähnt. In *allen* Betrieben wird vorausgesetzt, dass die Zimmer mit Bad (Dusche/WC oder Dusche/Badewanne), Waschgelegenheit kalt/warm und Sitzgelegenheit ausgestattet sind. Ist das nicht der Fall, wird gesondert darauf aufmerksam gemacht – anders in Alm- und Berghütten, für die heute immer noch Mehrbettzimmer oft mit Stockbetten und ohne Schrank oder Waschgelegenheit üblich sind. Bei diesen wird umgekehrt erwähnt, wenn sie komfortabler ausgestattet sind. In neueren Hotels und Pensionen ist ein Balkon heute Standard, das trifft nicht auf ältere und historische Häuser und die ewig stiefmütterlich behandelten Einzelzimmer zu. Viele Betriebe, die kein eigenes Frei- oder Hallenbad besitzen, schließen im Wochenpreis den Gratisbesuch der örtlichen Badeanstalt ein. Ist ein Wellnessbereich angegeben, so ist die Sauna etc. fast immer im Zimmerpreis inbegriffen. Zu beachten ist, dass das WLAN (in Italien häufig Wi-Fi genannt) oft nicht oder nur in schlechter Qualität in die Zimmer reicht, die weiter vom Empfang entfernt liegen. Die Folge ist, dass man ständig aus dem Netz fliegt oder erst gar keine Verbindung bekommt – für Internetjunkies der reinste Horror, im Zeitalter des Roamings allerdings nicht weiter dramatisch, sofern man über ausreichend Netzempfang verfügt.

Listen der Beherbergungsbetriebe: In Südtirol gibt es für alle Tourismusverbände und Tourismusvereine eine Hotelliste, die auch Privatzimmer und Apartments umfasst, in großen Orten werden getrennte Listen für Zimmer und Apartments geführt. Information über freie Zimmer aller Kategorien gibt es meist auch über die Internetadressen der Verkehrsvereine. Oft sind auch die Tourismusbüros vor Ort bei der Suche nach freien Zimmern behilflich und tätigen den einen oder anderen Anruf. In allen größeren Orten gibt es mittlerweile elektronische Terminals, an denen man rund um die Uhr freie Betten abfragen und dann auch gleich Kontakt aufnehmen kann. Darauf weisen die Schilder mit dem großen „I" und „24 h" hin – und nicht etwa darauf, dass hier ein Tourismusbüro rund um die Uhr geöffnet hat!

Online-Reiseportale: Auch in Südtirol wird zunehmend über Online-Reiseportale gebucht. Neben bookingsuedtirol.com und airbnb (→ S. 616) sind hier die üblichen Anbieter wie booking.com oder Tripadvisor zu nennen. Die Portale sind vor allem für Spontanreisende eine gute Möglichkeit, um kurzfristig noch eine Unterkunft zu finden.

Bei telefonischer oder Online-Buchung sind die aktuellen Preise oft nicht identisch mit den Listenpreisen.

> **E-Mail- und Web-Adressen:** Aus Platzgründen werden im Buch E-Mail-Adressen nur dann angegeben, wenn keine Website vorhanden ist oder darüber kein Kontakt hergestellt werden kann. Sofern Webadressen vorhanden und mit mit einem Mindestinformationsgehalt versehen sind, werden sie angegeben.

Saisonzeiten/Betriebsferien: In Südtirol gelten in allen Bereichen etwa ähnliche Saisonzeiten. Am Beispiel Grödner Tal dauert die Saison von Mai/Juni bis Ende Sept./Mitte Okt. (ein Teil der Betriebe nur Juli bis Mitte Sept.) und von Dez. bis Mitte/Ende April; die Hochsaison ist dabei von der 4. Juliwoche bis 3. Augustwoche und von Weihnachten bis zum 6. Januar sowie – nur in Skigebieten – von Febr. bis Mitte März. Typische Herbst-Urlaubsgebiete wie das Meraner Land und das Überetsch haben von Ende Juli bis Ende Oktober Hochsaison, besonders in der zweiten September- und ersten Oktoberhälfte kann es schwer werden, ein Quartier zu finden. In reinen Sommer- und Herbst-Urlaubsgebieten, wie das

Überetsch und das Unterland, sind die Betriebe im Winter häufig geschlossen!

> Die **Preiskategorien** im Buch beziehen sich auf die Hauptsaison (nicht auf den Zeitraum von etwa 10 Tagen um den 15.8., wo die Preise noch höher sein können). Hauptsaison bezieht sich in den Dolomiten und allen weiteren Skigebieten auch auf die Wintermonate. Alle Preise gelten für ein DZ mit HP, was in Hotels die Regel ist. Bei Pensionen und Bauernhöfen, die auch bzw. nur DZ/FR anbieten, kann man mit einer Preisreduktion von ca. 20 % im Vergleich zur HP rechnen. Bleibt man kürzer, werden üblicherweise ca. 10 % aufgeschlagen, in der Hauptsaison ist ein kürzerer Aufenthalt meist gar nicht möglich.
>
> **€** = bis 80 Euro
>
> **€€** = bis 140 Euro
>
> **€€€** = bis 200 Euro
>
> **€€€€** = ab 201 Euro

Berghütten

In der Sommersaison sind fast alle Hütten vom 20. Juni bis 20. September geöffnet, manche auch von Mitte Juni bis Ende September/Mitte Oktober und später (kaum früher). Die Fremdenverkehrsvereine kennen die genauen Öffnungszeiten, einige geben entsprechende Listen heraus.

Wellnesshotels

Nicht überall, wo es Wellness heißt, ist auch Wellness drin. Der Begriff ist weder definiert noch geschützt. Auf Nummer sicher geht man z. B. in den 30 Belvita-Wellnesshotels (belvita.it) und den 5 DolceVita-Wellnesshotels im Meraner Land (dolcevitahotels.com).

Urlaub auf dem Bauernhof (Agriturismo)

Wird in Südtirol in den meisten Orten angeboten, vermietet werden Zimmer mit Frühstück und zunehmend Apartments. Mittlerweile können die meisten Bauernhöfe online gebucht werden. Portale wie „Roter Hahn" (roterhahn.it) helfen bei der Vermarktung und Organisation und setzen Qualitätsstandards, an denen sich die Touristen orientieren können. Inzwischen nehmen über 1600 Betriebe daran teil, man ist aktiv auf Facebook, YouTube, Twitter und Instagram.

In den Tourismusbüros liegt jährlich ein dicker Katalog aus („Urlaub auf dem Bauernhof"), außerdem Spezialprospekte zu Themen wie „Bäuerlicher Feinschmecker" (Buschenschankbetriebe) oder „Delikatessen vom Bauern". Es gibt jedoch auch Betriebe, die sich dieser Zertifizierung bewusst verweigern, weil sie zum einen nicht ganz kostengünstig ist und zum anderen immer wieder Anpassungen und Veränderungen fordert, denen sich nicht jeder Hof unterwerfen will.

▪ **Information:** Südtiroler Bauernbund, Urlaub auf dem Bauernhof, K.-M.-Gamper-Str. 5, Bozen, ✆ 0471/999325, roterhahn.it.

Residence

Diese Bezeichnung bedeutet nichts anderes als **Ferienwohnung**, gemeint ist normalerweise ein Gebäude mit Ferienwohnungen bzw. Apartments. Im Gegensatz zu Hotels gibt es normalerweise keinen Service, die Gäste versorgen sich selbst und räumen auch selbst auf. Das schließt nicht aus, dass es im Gebäude ein Restaurant gibt oder zum Frühstück ein Brötchenservice angeboten wird (Letzteres ist zunehmend der Fall). Die Endreinigung der Ferienwohnung ist fast immer extra fällig, sie kann um die 40 € betragen. Dieser Betrag ist oft *nicht* in den Preisangaben der Kataloge enthalten! Komplett eingerichtet bedeutet normalerweise Bad/Dusche und WC, TV, Kochnische/Küche mit Kochplatte oder Herd, Kühlschrank, Geschirr, Besteck, Pfannen und Töpfe, Tischwäsche und Bettwäsche.

Pensionen

Familienbetrieb mit Restaurant, Unterkunft mit Halb- oder Vollpension. Oft die preiswerteste Form, Urlaub mit Halbpension zu buchen.

Bed & Breakfast

Weil sich Italiener nicht mit „Zimmer mit Frühstück“ anfreunden wollen und Deutschen „camera con colazione“ nicht zumutbar ist, vermarkten immer mehr Südtiroler Anbieter ihre Zimmer als „Bed & Breakfast“. Einer der Anbieter ist „Südtirol privat“, Schlachthofstr. 59, Bozen, ✆ 0471/324879, suedtirolprivat.com.

Familienhotels

Die derzeit 23 Hotels dieser Gruppe bieten besonders Familien ein Zuhause auf Zeit. Die Häuser (3 bis 5 Sterne) kümmern sich besonders um die Kinder, was Spielplätze/-zimmer sowie kindgerechte Animation einschließt.

Information: Familienhotels Südtirol, Pairdorf 79a, Brixen, ✆ 0471/999990, familienhotels.com.

Wanderhotels

Diese 28 Komforthotels (meist 4, einige 3 und 5 Sterne) sind speziell auf Wanderer und Familien zugeschnitten mit Ausrüstungsverleih, Wanderbus beim Haus, geführten Wanderungen, Infothek mit Karten und Führern. Die in dieses Buch aufgenommenen Wanderhotels sind als solche vermerkt.

Information: Wanderhotels, Südtiroler Platz 2, A-9900 Lienz (Österreich), ✆ (0043)485/264611, wanderhotels.com.

Bike-Hotels

31 radfahrerfreundliche Hotels von einfachem bis 4-Sterne-Komfort sind unter *BikeHotels Südtirol* zusammengefasst. Die Gastgeber sind oft selbst passionierte Biker und kennen die besten Touren.

Zyprianerhof bei Tiers

Information: Bike Hotels Südtirol, Seilbahnstr. 6c, 39031 Reischach/Bruneck, ✆ 0474/830000, bikehotels.it.

Vitalpina-Hotels

28 Komforthotels (3 bis 5 Sterne), die Wandern, Wellness, gesunde Ernährung und regionale Naturprodukte miteinander kombinieren (vitalpina.info).

Adults only

Kein neues Label für Kinderfeindlichkeit, sondern schlicht die Reaktion auf eine wachsende Zielgruppe, die es gerne ruhig hat. Wo bekannt, ist es im Buch vermerkt.

Bio-Hotels

8 zertifizierte Bio-Hotels gibt es derzeit in Südtirol. Sie zeichnen sich durch die Verwendung biologischer Produkte und eine Kooperation mit rein biologisch wirtschaftenden Herstellern aus Südtirol aus, deren Produkte (z. B. Ultner Brot, Vinschger Öl, Kräuter von Bergila und vom Kräuterschlössl) sie verwenden (biohotels.info).

airbnb

Die Internetplattform hat in Südtirol nicht mit den gleichen Problemen zu kämpfen wie in den globalen Boomtowns, wo sie privaten Wohnraum vom Markt nimmt und letztlich zur Mietpreisexplosion beiträgt. Hier sind die privaten Anbieter vielmehr eine sinnvolle Ergänzung zum bestehenden Angebot an Übernachtungsmöglichkeiten. Und nicht zuletzt bietet airbnb die Gelegenheit, nette Südtiroler kennenzulernen.

Jugendherbergen

Kaum vorhanden, denn Südtirols Hotellerie schätzt keine Gäste, die wenig Geld bringen. Ausnahmen sind die von der Stiftung Kassianeum geführten, sehr schönen Jugendherbergen im ehemaligen Grand Hotel in Toblach, im Kassianeum in Brixen, aber auch in Meran, Bozen und Salurn sowie die Jugendherberge Castelfeder in Montan. Die Kolpinghäuser (Bozen und Meran) sind preislich alles andere als Jugendherbergen.

Alberghi Diffusi

Die „über den Ort verteilten Herbergen" beruhen auf einer Idee des italienischen Tourismusmanagers Giancarlo dell' Ara. Ursprünglich sollte das Konzept der Wiederbelebung halb verlassener Orte dienen und den dort verbliebenen Menschen eine wirtschaftliche Perspektive bieten, um weitere Landflucht zu vermeiden. Das Prinzip ist einfach: Verschiedene Zimmer, verteilt im ganzen Ort, werden zentral verwaltet, Frühstück und Abendessen gibt es oftmals in einem bestimmten Restaurant oder einer Bar. Einheimische und Touristen begegnen sich so quasi wie Nachbarn und profitieren voneinander. Zwar hat Südtirol nicht unter dem Problem verlassener Dörfer zu leiden, dennoch findet die Idee auch hier mittlerweile ihre ersten Nachahmer (*Ela Living* in Neumarkt, → S. 172, und *Stay COOPER* in Bozen, → S. 100, das allerdings nicht der *Associazione Nazionale Alberghi Diffusi* angeschlossen ist, aber nach deren Prinzipien arbeitet). Wer weiß, was noch folgt.

Glamping

Südtirol ist eine gute Adresse für besondere, auch exklusive Übernachtungsvarianten, und deshalb gibt es hier auch Glamping (glamouröses Camping). Darunter sind die Baumhäuser in Sexten (→ S. 455) ebenso wie die Schlaffässer auf dem Campingplatz Steiner in Leifers (→ S. 100) oder diverse Chalets und Luxusbungalows. Mit Camping hat das nicht mehr viel zu tun. Allerdings ist Glamping eine weltweite Bewegung, und der Markt wächst.

Campingplätze

Derzeit gibt es in Südtirol (mit Trentino) 113 Campingplätze (Anzahl steigend), die allerdings recht ungleich verteilt sind. Die Schwerpunkte liegen im sonnigen Vinschgau, rund um Meran und rund um bzw. oberhalb von Bozen sowie im Süden bis Salurn. Auch im Pustertal und seinen Seitentälern gibt es einige Plätze, während das Grödner Tal bis heute campingplatzfrei ist und im gesamten Gebiet des Schlern und Rosengarten nur ein Platz in Völs existiert. Der Schwerpunkt verschiebt sich eindeutig in Richtung von Wohnmobilstellplätzen, auf manchen Plätzen ist der Bereich für Zelte schon ziemlich geschrumpft. Vorreservierung ist in der HS obligatorisch, auch ein Mindestaufenthalt muss einkalkuliert werden. Einfach losfahren und spontan bleiben, wo es einem gefällt – dieses Reisemodell hat auf Südtirols Campingplätzen leider ausgedient.

Information: campingsuedtirol.com; camping.info, hilfreich ist der ADAC-Campingführer „Südeuropa" (erscheint jährlich), außerdem der Stellplatzführer für Deutschland und Europa (erscheint ebenfalls jährlich).

Kalte Köstlichkeit zum Nachtisch

Essen & Trinken

Die Küche Südtirols verbindet mehrere kulturelle Traditionen, denn sie schöpft nicht nur aus dem alpinen Repertoire, sondern bezieht auch die Wiener und die italienische Küche mit ein. Das ergibt einen ausgesprochen interessanten Mix. Dazu kommen die bekannten Südtiroler Weine, und nicht nur der „Kalterer See".

Auf den Tisch kommen Nudeln oder die den Ravioli ähnlichen Schlutzkrapfen („Schlutzer") oder eine Suppe mit Einlage, dann ein Braten aus dem Ofen oder Geselchtes mit Kraut, Gulasch oder eine Forelle, es folgt eine Mehlspeise. Auch im ladinischen Teil sind die Knödel beliebt: Speckknödel zum Sauerkraut und kleine Knödel in die Suppe, Spinatknödel, Käseknödel. Speck ist eine besondere Südtiroler Spezialität, die mit dem, was man sonst im deutschen Sprachraum darunter versteht, wenig zu tun hat.

Essen & Trinken im Lokal

Restaurants und Gasthäuser unterscheiden sich in Südtirol nicht oder kaum von denen in Österreich, Deutschland oder der deutschsprachigen Schweiz – die Zahl der neuen innovativen Betriebe dürfte allerdings eher höher sein, da hat sich in den letzten Jahren viel getan. Pizzerien sind genauso beliebt wie überall und sehen nicht anders aus. Was man jedoch sonst nicht kennt, sind die **Bars**, die deutlich dem italienischen Muster entsprechen: Sie sind lokale Treffpunkte, in denen es außer morgens Brioche und später Sandwich oder Toast nichts zu essen gibt, wo man für ein Glas Wein oder einen Espresso vorbeikommt (der „deutsche Kaffee" Südtirols ist wirklich nur für die Gäste aus Deutschland), auch in kurzen Arbeitspausen, auch um schnell mal sein Glück am Spielautomaten zu versuchen. **Cafés** (auch italienisch *Caffè* geschrieben – da gibt es in Südtirol keine Norm) sind die etwas größeren

Ausgaben der Bars mit manchmal größerer Auswahl an kleinen Speisen und auch schon mal einer Süßigkeit in der Glasvitrine. Eine Besonderheit sind die **Törggelenlokale,** in vielen Fällen nichts anderes als die Wohnstuben von Bauern, die im Herbst ihren eigenen Wein ausschenken, Buschenschanken also (zum Törggelen s. u.), es gibt aber auch Gastwirtschaften, die im Herbst ihren eigenen Wein ausschenken und diese Bezeichnung verdienen. Wer zum Törggelen will, sollte allerdings sicher sein, dass das Lokal seinen eigenen Wein ausschenkt, und auf die Jahreszeit schauen – vor dem Spätherbst und nach dem Winter läuft nichts.

Wie in Österreich sieht das Angebot der Konditoreien und Konditorei-Cafés aus, die Wiener Mehlspeistradition ist dominant, und ähnlich ist auch das Ambiente. Was im übrigen Italien absolut unbekannt ist, nämlich bei einem Kaffee und einer Cremeschnitte ein Stündchen zu sitzen, wird hier lustvoll zelebriert.

Öffnungszeiten Die angegebenen Ruhetage der Restaurants gelten in den meisten Fällen nicht für die Hochsaison, also Mitte Juli bis Mitte/Ende Aug., Weihnachten/Neujahr und in Wintersportorten im Febr.

Brot und Gedeck/Pane e coperto Der Obolus für das Gedeck und Bedienung (pane e coperto/servizio) wird hin und wieder extra berechnet. Vorher auf der Speisekarte nachschauen.

Deftiges auf der Haderburg

Wein im Lokal Es empfiehlt sich, einen Hauswein (vino della casa) zu trinken, wie es ihn in jedem Lokal Italiens und auch Südtirols gibt. Flaschenweine sind günstiger als in Deutschland, unter 20 € sind sie aber auch hier selten zu haben. Allerdings bieten viele Gaststätten gute regionale Tropfen an, manche produzieren auch selbst, ebenso wie viele Höfe. Nachfragen lohnt sich.

Die **Preiskategorien** für die im Text dieses Buches erwähnten Restaurants beziehen sich auf den durchschnittlichen Preis eines 3-Gänge-Menüs (Primo, Secondo, Dessert), und zwar ohne Getränke! Eine Ausnahme bilden die Pizzerien, wo der Preis für eine Pizza landesweit zwischen 10 und 15 € liegt, weshalb hier nur deutliche Abweichungen konkret benannt werden. Das Trinkgeld (Rundung auf ca. 10 %) ist in dieser Preisangabe nicht enthalten.

€ = bis 30 €

€€ = bis 50 €

€€€ = bis 80 €

€€€€ = ab 81 €

Zimmer mit Halb- oder Vollpension: Viele Pensionen und Hotels haben nur eine beschränkte Essenszeit, sie beginnt oft schon um 18 oder 18.30 Uhr. Wer später kommt, etwa gar nach 20 Uhr, hat das Nachsehen. Wer sicher ist, dass er abends pünktlich im Hotel ist, wird mit Halbpension gut bedient sein, wer oft später dran ist, sollte sich das genau überlegen und lieber nur Zimmer mit Frühstück buchen (in Hotels gibt es diese Option nur noch in der Nebensaison, selbst da nicht immer, aber in Pensionen und Bauernhöfen lohnt sich, nachzufragen).

Die in Hotels mit 4 Sternen oder höher angebotene Dreiviertel-- oder Verwöhnpension beinhaltet neben der Halbpension ein Nachmittagsbuffet mit Kuchen, manchmal auch einen Spätimbiss.

Die Speisen und ihre Zutaten

Die Südtiroler Küche ist keineswegs leicht. Noch immer geht es auf dem Land darum, den Hunger mit eigenen Produkten und möglichst wirtschaftlich zu stillen. Dass Essen auch Gourmet-Charakter haben kann, ist für einen Bergbauern im Ultental eher fremd. Die Küche der dicken Suppen, Knödel, Nocken und Nudeln, des Schmarrn und Schmalzgebackenen kommt meist in den Restaurants nur in abgespeckter Form auf den Tisch: weniger fett, meist nur als ein Gang unter mehreren, das für Lokalkolorit sorgen soll. Die Gerstsuppe ist ein gutes Beispiel. Zunehmend gibt es aber auch Einflüsse der internationalen Küche, oft in gehobener Qualität. Und zahlreiche, oft junge Südtiroler Köche, die nach einigen Jahren im Ausland in ihre Heimat zurückgekehrt sind, heimsen Gault-Millau-Hauben und Michelin-Sterne ein. Bei den Primi Piatti macht sich Italien mit seiner Fülle an Nudel- und Reisgerichten deutlich bemerkbar.

Frühstück: Im einfachsten Fall gibt es Semmeln/Brot und Kaffee/Tee, dazu es Marmelade und Schmelzkäse in Plastikdöschen (das ist keine Erfindung, sondern stellenweise immer noch bittere Realität). Doch in den meisten Frühstückspensionen, Pensionen und Hotels kann man frische Brötchen und „Vinschgerl" oder „Paarln", also Südtiroler Fladenbrot, erwarten, oft selbst gemachte Marmelade, fast überall einen Teller mit Schnittwurst und Käse sowie Südtiroler Speck. Ein einfaches Frühstücksbuffet besteht nur aus diesem Angebot, dazu Milch, Saft und Müsli und/oder Frühstücksflocken. Nach oben sind keine Grenzen gesetzt. Im 3- oder 4-Sterne-Hotel erwartet den Gast schon morgens ein recht gedeckter Tisch mit selbst gebackenem Biobrot, verschiedenen Frischkäsesorten, Chiasamen und anderen gesunden Körnern, aber auch Rührei mit Speck, frisch gepressten Fruchtsäften, verschiedenen Joghurts und einer breiten Palette an Obst bzw. frischem Obstsalat.

Frühaufsteher, Achtung! Generell hat sich 8 Uhr als Zeitpunkt für das Frühstück eingebürgert, und nur mit viel gutem Zureden ist es möglich, schon um 7.45 Uhr etwas bekommen. Zimmervermieter und Familienpensionen sind da meist etwas lockerer.

Merende (oder Marende) ist die Brotzeit, die Jause, der Imbiss zwischendurch. Generell wird hier eine kalte Zwischenmahlzeit Merende genannt, z. B. ein Stück Speck mit Brot oder eine Kaminwurz, wie die kräftig geräucherten kleinen Dauerwürste heißen.

Suppen und „Muas": Die Rollgerstlsuppe oder Gerstensuppe ist eine dicke Suppe aus Gerste, Selchfleisch und Schwarte, Gemüse und Kartoffeln. Neben dem Muas, einem mit brauner Butter übergossenen Schmarrn aus Milch, Salz und Maismehl, war es das Hauptnahrungsmittel der Bergbauern. Gerste deshalb, weil dieses Getreide bis in größere Höhen gedeiht, noch auf 1700 m konnte man es anbauen. Wie den Buchweizen: der „Schwarzplentene Riebler", also der Buchweizenschmarrn, feierte unlängst in der feinen Gastronomie eine Wiederauferstehung. Auch die Brotsuppe, in der altbackenes Brot verwendet wird, ist ein altes Rezept der einfachen lokalen Küche. Die Frittatensuppe, also Rinderbrühe mit geschnittenen Palatschinken (dünne Pfannkuchen), die Grießnockerlsuppe, Milzschnitten- und Käseschöberlsuppe, alles beliebte Südtiroler Suppen, stammen hingegen aus dem altösterreichischen Repertoire. Suppen sind etwas aus der Mode gekommen, sieht man von der Terlaner Weinsuppe ab, die es heutzutage auch außerhalb Terlans gibt: eine cremig-rahmige Suppe aus Fleischbrühe und Weißwein aus Terlan, die mit Eigelb eingedickt und mit gerösteten Brotwürfeln und Zimt serviert wird.

Südtiroler Speck

Wer Südtirol bereist, wird unter allen Umständen und in jedem Landesteil mit Speck konfrontiert. Unter Speck versteht man allerdings in Südtirol etwas anderes als in den meisten anderen Bereichen des deutschen Sprachraums. Also nicht der fette Bauchspeck vom Schweinebauch, sondern der vom Fett befreite Hinterschinken vom besten Teil des Schweins, dem Schlegel, eingelegt in mit Kräutern versetztem Salz, über Wacholderholz geräuchert und lange abgelagert. Nach Tiroler Art wird er in dicke Scheiben geschnitten und dann bei Tisch „auf'm Brettl" in Streifen geschnitten und zum Brot verzehrt, dazu trinkt man Rotwein. Früher pökelte und räucherte jeder Tiroler Bauer seinen eigenen Speck. Das Schwein durfte sich den Sommer über den Ranzen voll schlagen und wurde dann im Frühwinter, meist vor Weihnachten, geschlachtet. Praktisch also zur späten Törggelenzeit und zu den Festtagen der Jahreswende, denn dann gab es zuerst Schlachtplatten zum neuen Wein und nach ein paar Wochen – heute im Schnitt 22 – den fertigen Speck, der sich jedoch bis zu eineinhalb Jahren halten musste, denn nicht jedes Jahr konnten es sich kleinere Bauern leisten, ein Schwein zu schlachten.

„Speck aus Südtirol" ist eine geschützte Herkunftsbezeichnung. Nur Speck mit der Angabe „Südtiroler Speck G. G. A." kommt aus Südtirol und wurde nach den Qualitätsregeln und unter staatlicher Kontrolle erzeugt. Der Schutz betrifft die Verarbeitung, die Dauer und Art der Pökelung, Räucherung und Reifung, aber nicht die Herkunft des Fleisches, denn allein mit Südtiroler Schweinen könnte die riesige Nachfrage gar nicht bedient werden. Es ist also auch nicht auszuschließen, dass die Schweine in einer (deutschen) Massentierhaltung ein trauriges Dasein gefristet haben. Das wissen zwar alle Südtiroler, aber nur die wenigsten Touristen, und es wird unter Einheimischen durchaus diskutiert, ob das Qualitätssiegel nicht irreführend ist, weil jeder glaubt, der Speck stamme vom Südtiroler Schwein. Wer auf Nummer sicher gehen will, kauft „Südtiroler Bauernspeck", da stammen die Schweine garantiert von heimischen Höfen. Er ist aber nur in wenigen Geschäften erhältlich, da er logischerweise nur in geringen Mengen produziert wird.

▪ **Informationen:** Südtiroler Speck Konsortium, Lauben 71, Bozen, speck.it. (die nur sechs Produzenten/Vertreiber von Bauernspeck: speck.it/bauernspeck/).

Knödel und Nocken: Speckknödel, Käsknödel, Spinatknödel, Ronenknödel (in kräftiger roter Farbe), Käsnocken – ohne sie wäre die Südtiroler Küche nur halb so interessant. Auf der Basis eines Semmelteigs entstehen die meisten ungesüßten Knödel, was man noch hinzufügt, bestimmt den Geschmack. Auf jeden Fall sollte man „Schwarzplentene Knödel" probieren, also Buchweizenknödel. Etwas Besonderes sind auch Grießknödel, die aus gequollenem Grieß

„Tris" und „Südtiroler Tris"

Den Italienern abgeschaut ist das „Tris" auf Südtiroler Speisekarten. Gemeint ist, dass kleine Portionen von drei verschiedenen Gerichten auf einem Teller serviert werden. Auch ohne den Zusatz „Südtiroler" ist vor Ort meist gemeint, dass drei Knödel- oder Nockenarten auf den Teller kommen, z. B. Speckknödel, Käsknödel und Spinatknödel. Für Vegetarier gibt es häufig Ronen- statt Speckknödel. Genaues weiß natürlich immer die Bedienung.

gemacht werden. Grießknödel werden im Gegensatz zu den anderen Knödeln nie als Vorspeise gereicht.

Die süßen Knödel sind ganz was anderes: Zwetschgen, Marillen und neuerdings auch Erdbeeren werden in dünn gerollten Kartoffel- oder Brandteig gehüllt, auf die fertigen Knödel gibt man in Butter gebräunte Semmelbrösel oder Zimtzucker mit leicht gebräunter Butter. Topfenknödel bestehen aus einem leichten Topfenteig, dazu isst man nach altösterreichischer Manier Zwetschgenröster (ein Mittelding zwischen Zwetschgenkompott und Zwetschgenmus).

„Tirtlen" und „Schlutzer" – die Nudelgerichte: Nicht nur südlich von Salurn kann man Nudeln kochen. Die Pustertaler Tirtlen (oder Tirtlan) und die allgegenwärtigen Schlutzkrapfen sind gefüllte Nudeln vom Ravioli- bzw. Tortellini-Typ, die aus alter regionaler Tradition stammen. Während die Tirtlen meist mit Topfen (Quark) oder Spinat und Kartoffeln, in Privathaushalten auch gerne mit Sauerkraut gefüllt sind, nimmt man für die Fülle der Schlutzer heutzutage gerne Käse, Pilze, aber auch Spinat, Kräuter und manchmal Kalbshirn. Hauptunterschied ist die Garmethode: Schlutzer werden gekocht, Tirtlen werden im heißen Schmalz gebacken. Zunehmend bekommt man auch Kartoffelteigtaschen mit ähnlichen Füllungen, deren Teig etwas geschmacksneutraler daherkommt, dafür weicher und dicker ist.

Pilzgerichte: Der Sommer und Frühherbst sind wegen der Pilze eine eigene Jahreszeit, zumal sich die Südtiroler Gastronomie darauf eingestellt hat, dass die Italiener regelrechte Pilz-Freaks sind und auf das Schild „Polenta e funghi" (Polenta mit Pilzen) reagieren wie Pawlowsche Hunde auf ihren Reizauslöser. Steinpilze und Pfifferlinge sind die hauptsächlich in der Küche verwendeten Arten, wer selbst pflückt, findet Dutzende essbarer Arten.

Pilzsammler-Regeln in Südtirol

Einige Auflagen gelten in ganz Südtirol. Sie wurden eingeführt, nachdem regelrechte Pilzsammlerbanden Südtirol unsicher gemacht und den Pilzbestand gefährdet hatten. Man besorgt sich im Postamt einen speziellen Schein und bezahlt die verlangte Gemeindegebühr (ca. 8 €/Tag), den bestätigten Abschnitt und den Personalausweis nimmt man zum Pilzesammeln mit. Man pflückt nur an geraden Tagen und keinesfalls mehr als 1 kg pro Tag und Person (ab 14 Jahre), außerdem ohne die Humusschicht oder nicht gepflückte Pilze zu beschädigen. Im Nationalpark Stilfserjoch ist das Sammeln von Pilzen nicht gestattet.

Brot: „Vinschgerl" nennt man die Sauerteigfladen aus Roggenmehl mit Brotgewürz, die in ganz Südtirol angeboten werden. Im Vinschgau nennt man sie „Paarln", weil sie paarweise gebacken werden, ein schmaler Steg verbindet jeweils zwei der Brötchen. Bauernbrot oder einfach Brot nennt sich der größere Fladen aus Roggenmehl, das typische Pustertaler „Breatl". Das „Schüttelbrot" ist eine weitere Südtiroler Spezialität: Trockenbrot zum langen Aufbewahren, entstanden aus Notwendigkeit, heute traditionelle Beilage zum Wein, etwa beim Törggelen. Ganz wunderbar schmecken die Roggenfladen, wenn ihnen im Herbst Apfelstückchen oder die Vinschgauer „Palabirn" beigemischt werden.

Südtiroler Brot ist ein herkunftsmäßig geschütztes Produkt, was natürlich auch für die berühmten „Vinschgerl" gilt. Außerdem sind das Ultner Brot (ausschließlich bio – gibt es als Sauerteigbrot, Schüttelbrot und Vinschgerl), Pustertaler Breatln, Schüttelbrot (trocken), Vorschlagbrot, Apfelstrudel und Zelten (Lebkuchen) geschützte Südtiroler Produkte. Brot wird in lokalen Bäckereien zunehmend auch in biologischen Variationen angeboten.

Käse: In den letzten Jahren hat die Zahl der Anbieter, die regionalen und/oder Biokäse in hoher Qualität produzieren und verkaufen, kontinuierlich zugenommen. Fast in jedem Ort hat der Dorfladen heimischen Käse von Almen oder Genossenschaften anzubieten (bekannte Beispiele sind Bozen (Mila), Toblach (3 Zinnen), Sterzing, Prad, Vintl (mit der Ziegenkäserei Capriz), aber auch viele Bauernhöfe bieten ihren eigenen Käse an (Hofkäserei), ebenso zahlreiche Almen. Neben den eher konventionellen halbfesten und festen Schnittkäsen gibt es hervorragenden Bergkäse (besonders würzig als Bergblumenkäse), den bekannten, strengen Graukäse (ein sehr fettarmes Produkt, eigentlich in früheren Zeiten ein Arme-Leute-Essen, heute zunehmend in der Haute Cuisine eingesetzt; wie er entsteht, wird z. B. auf moarhofhofkaeserei.it gut erklärt), Weinkäse und hervorragende Schafs- und Ziegenkäse, die beiden letzteren oftmals auch als schmackhaften Frischkäse.

Gemüse und Salate sind keine Stärke Südtirols. Ein Bergland wie Südtirol hatte nie viel Auswahl an Gemüse, was man anbauen konnte waren Zwiebeln, Kraut und Rüben. Die klassische Beilage ist nicht zufällig das Sauerkraut: Kraut anbauen und einlagern ist für den Kleinhäusler und den Bergbauern möglich, das fertige Gemüse hält sich Monate lang und passt zu vielen Gerichten, die klassisch milchsaure Vergärung sorgt für Wintervitamine. Bei Salaten sieht es ähnlich aus: Früher gab es geschnittene gekochte Ronen (das sind rote Rüben/rote Beten), Sellerie und eventuell eingelegte grüne Bohnen als Salat, in einfachen Gaststätten hat sich das nicht geändert.

Slow Food in Südtirol

1986 in Italien als Gegenbewegung zur grassierenden Fastfood-Kultur gegründet, weist die Organisation Slow Food heute über 80.000 Mitglieder in 150 Nationen auf. Der Name ist Programm und spiegelt sich im Symbol der Vereinigung, einer Weinbergschnecke, wider. Es geht um ökologische Qualität, Regionalität und Genuss. In Südtirol gibt es derzeit vier Förderkreise, die das Slow-Food-Siegel tragen, und zwar der Ahrntaler Graukäse, das Grauvieh, das Villnösser Brillenschaf und das Vinschger Ur-Paarl. Fleisch und Käse vom Grauvieh und dem Brillenschaf sind ebenso Slow-Food-zertifiziert. Alle Restaurants, die Slow-Food-Produkte anbieten, dürfen ebenfalls mit dem Logo der Weinbergschnecke werben. Die Slow-Food-Bewegung ist vor allem in Norditalien sehr populär.

Heute gibt es aber auch in einfacheren Pensionen und Hotels die Möglichkeit, mit Olivenöl und gutem Essig – oft Balsamessig – den Salat nach eigenem Gusto abzuschmecken, wie das in Italien üblich ist.

Obst: Südtirols Obstproduktion versorgt weit mehr als den lokalen Markt, wie man auch in Deutschlands Supermärkten sieht, vom Absatzmarkt in Italien ganz zu schweigen. Vorrangig werden Äpfel angebaut, lokal auch Erdbeeren, Birnen und Marillen alias Aprikosen (Martelltal, Vinschgau).

Äpfel Insgesamt mehr als 20 Sorten auf 18.000 ha, zu den Klassikern wie Delicious und Jonathan gesellen sich neue Sorten, im Vinschgau z. B. Gala und Pinova (rote Sorten) sowie die rotfleischige Weirouge, im Bozner Raum und im Unterland die rote Sorte Pink Lady sowie Fuji (suedtirolerapfel.com, apfelwelt.it). Zunehmend gerät der Südtiroler Apfelanbau wegen seines massiven Pestizideinsatzes unter öffentlichen Druck (→ Kasten Apfelkrieg S. 360), marketingtechnisch wird mit dem Label *sustainapple* gegengesteuert. Der Anbau von Bioäpfeln nimmt kontinuierlich zu, liegt aber immer noch bei unter 10 % der Gesamtproduktion.

Birnen „Palabirn" – diese in Südtirol sehr beliebten Vinschgauer Birnen werden kaum kommerziell gezüchtet, sie sind eine traditionelle Hausgartenfrucht. Wenn sie im Frühherbst kurzfristig in den Vinschgauer Läden erscheinen, sind sie bald aufgekauft.

Erdbeeren Marteller Erdbeeren kommen aus einem alpinen Tal, dem man niemals zutrauen würde, dass dort Qualitätsobst gedeihen kann, dem Martelltal. Aber von wegen! Marteller Erdbeeren sind ausgesprochen aromatisch.

Weil sie auf bis zu 1500 m hoch angebaut werden und daher spät reifen, haben sie ihren eigenen Markt am Ende der Erdbeersaison und sind bis Oktober erhältlich.

Marillen Die Aprikose des Vinschgaus wurde leider großenteils durch Apfelplantagen ersetzt, was sehr bedauerlich ist, da diese Frucht besonders lecker ist – kein Vergleich mit den Plastikfrüchten aus dem Supermarkt! Ideal sind die Vinschgauer Marillen für Marillenknödel.

Nachspeisen, Süßes: Womit wir bei den „Mehlspeisen" wären, wie sie auch in Südtirol genannt werden. Sie sind wie in Österreich wichtiger als sonst im deutschen Kulturraum und können auch, meist kombiniert mit einer Suppe, den Hauptgang eines Essens darstellen. Beliebt sind Strudel, vor allem der Apfelstrudel, Apfelküchle, in Backteig gewendete und in Öl gebackene Apfelscheiben, süße Schmarren und Aufläufe und natürlich die süßen Knödel. Aus der Wiener Küche kommen Torten wie die Sachertorte, eigenständig sind Karottentorte und Buchweizentorte oder „Schwarzplentene Torte", eine besonders leckere Südtiroler Spezialität, in der das nussige Aroma des Buchweizens mit etwas fein-säuerlicher Marmelade kontrastiert. Krapfen sind nicht das, was sie anderswo sind, die *krafins (krafuns)* der Ladiner und die Mohnkrapfen der Deutschtiroler sind ein krapfenähnliches Schmalzge-

„Schneamilch" aus dem Vinschgau

bäck mit Mohn, es gibt sie auch mit anderen Füllungen, etwa mit Walnüssen oder mit Apfelmus. Eine interessante Mehlspeise ist die Raunentorte (Ronentorte) oder Gelbe-Rüben-Torte, die ähnlich wie die Karottentorte zubereitet wird. Eine Vinschger Spezialität ist die „Schneamilch". In gezuckerter Milch aufgeweichtes Weißbrot oder Zopf mit Rosinen und Mandeln vermischt, darüber Sahne und Zimt. Nicht nur in der Weihnachtszeit und nicht nur in Bozen werden (Bozner) Zelten gebacken, an Trockenfrüchten reiche Lebkuchen.

Kräuter: Kräuter haben in Südtirol eine jahrhundertealte Bedeutung zur Herstellung von Salben, Tees und Gewürzen. Sie wachsen auf ungedüngten Berg- und Almwiesen und in Fluren und Wäldern und werden gegen allerlei Beschwerden und Krankheiten eingesetzt. Während es vor einigen Jahren schien, als würde das oftmals mündlich überlieferte Wissen über Fundorte, Wirkungsweisen und Wechselwirkungen allmählich versiegen, hat neuerdings eine regelrechte Kräuter-Retro-Bewegung eingesetzt. Es gibt Kräuterhöfe, -hotels, -kurse, -bäder, -wanderungen und eine Fülle von Kräuterprodukten und Büchern von und über Südtiroler Kräuterfrauen.

Die Getränke

Espresso, Macchiato und Cappuccino: „Einen Kaffee" können Sie allemal bestellen, dann bekommen Sie entweder einen Verlängerten („lungo"), also einen Espresso mit doppelter Wassermenge, oder einen noch weiter verdünnten „americano". Besser man bestellt präzise: Der Espresso (caffè) ist wie überall in Italien ein Mund voll Kaffee-Essenz, Caffè Macchiato nennt er sich mit einem Milchschaumhäubchen („Kleiner Brauner" in Österreich). Auch für den Cappuccino hat sich die italienische Bezeichnung durchgesetzt. Cappuccino nennt sich der mit heißer Milch und Milchschaum versetzte Espresso in der großen Tasse. Ein Cappuccino nach dem Essen wird übrigens in Italien als Sakrileg empfunden (dort trinkt man ihn ausschließlich am Morgen), man schließt den Magen mit einem Espresso (caffè) und manchmal mit einem Grappa ab.

Tee: Sicherlich sind die Südtiroler keine Teetrinker, aber ebenso wie es viele Touristen gibt, die mal gerne einen guten Tee trinken, findet sich in jedem guten Südtiroler Café mittlerweile auch eine ausreichende Auswahl an Teesorten. Eine wachsende Zahl von Kräuterhöfen produzieren lokale Kräutertees, die im Hofladen oder regionalen Geschäften angeboten werden (z. B. Bergila im Pustertal oder das Kräuterschlössl im Vinschgau).

Bier: Bier stand in Südtirol stets im Schatten der Weinproduktion. Erstmals urkundlich erwähnt wurde die Bierabgabe eines Olanger Hofes an den Adel im Jahr 985. Auch im Mittelalter gab es Brauereien, häufig waren es Klöster, aber die Obrigkeit war stets darauf bedacht, die Weinproduktion nicht zu sehr zu vernachlässigen – auch als Konsequenz des politischen Drucks der Weinbauern, die ihre Pfründe bedroht sahen. Erst Mitte des 19. Jh. führte der Befall der Weinreben von Schimmelpilzen und Mehltau zu einer stark schrumpfenden Weinproduktion und als Folge zu einer Blüte des Bierbrauens. Große Brauereien entstanden in Kaltenbrunn, Bozen, Blumau und Vilpian, Sterzing, Gossensass, Brixen, Bruneck, Toblach und Meran (die heute noch bestehende Forst-Brauerei), kleinere in Franzensfeste, Vahrn, Lüsen, Sand in Taufers, Höhlenstein, Klausen, St. Peter und St. Leonhard. Man traf sich in Biergärten und trank u. a. Bier „Münchner Art" (womit gemäß dem Reinheitsgebot gebraut gemeint war).

Der Erste Weltkrieg bereitete der kurzen Hochphase des Bierbrauens ein

Törggelen und Buschenschanken

Fast schon ein Synonym für die kulinarische Südtiroler Lebensart ist das Törggelen geworden. Der Begriff selbst kommt von Torggel, der Weinpresse, und Törggelen bedeutet das Verkosten des neuen Weins beim Winzer, was natürlich nicht ohne Essen abgeht. Im Herbst wandert man auf die Höhen hinauf, wo die Sonne länger scheint und die Winzer ihre Häuser für kurze Zeit zur Weinverkostung und Hausmannskost öffnen. Traditionell ist das nur zwischen St. Martin (11. November) und St. Katharina (25. November) der Fall, aber wie so viele schöne Bräuche wird auch dieser heutzutage zeitlich ausgedehnt und umfasst den gesamten Spätherbst ab Oktober bis Jahresende. Ein Buschen (Strauß) über der Eingangstür macht darauf aufmerksam, dass die „Buschenschank" nunmehr geöffnet ist. In der Stube des Bauern oder auf Tischen vor dem Haus wird dann der neue Wein verkostet, der „Nuie", zur Schlachtschüssel oder zu gerösteten Kastanien, den „Keschtn" oder „Köschtn", zu Speck oder Schlutzern, zu Knödeln und Kraut. Zu den süßen Krapfen mit Mohnfüllung passt vor allem der „Siaße", den man aber auch gerne zu den gebratenen Kastanien und zu frischen Walnüssen probiert. Auch wenn die Winzer in allen Fällen mit dem Auto zu erreichen sind, bleibt die Wanderung (oder Radtour) ein unbedingter Bestandteil des Törggelen.

jähes Ende. Einzig die Forst-Brauerei, die übrigens nicht nach dem Reinheitsgebot braut, überstand schadlos die erste Hälfte des 20. Jh., kaufte 1955 den letzten verbliebenen Konkurrenten Seeber aus Sterzing auf und besaß knapp 40 Jahre lang das Biermonopol in Südtirol. 1995 versuchte sich Karl Klammsteiner mit einer Kleinbrauerei namens Greiter Bräu. Zu erfolgreich offensichtlich, denn 2003 kaufte die Forst-Brauerei den Konkurrenten kurzerhand auf. 1998 jedoch begann mit der Eröffnung der Wirtshausbrauerei Hopfen & Co. in Bozen eine neue Epoche. Es eröffneten sieben weitere kleine Wirtshausbrauereien, zuletzt 2012 der Batzenbräu in Bozen. Sie schlossen sich alsbald zusammen, brauen (nach dem Reinheitsgebot) und vermarkten naturtrübes Bier und verschaffen dem geneigten Biertrinker eine willkommene Alternative zum Massenprodukt der Brauerei Forst (wirtshausbrauereien.it).

Wein: Im Verhältnis zu seiner geringen Größe (verglichen mit dem übrigen Italien) und der beschränkten Anbaufläche von etwa 5400 ha sowie der Produktion mit um die 350.000 hl haben Südtirols Weine einen bemerkenswert hohen Bekanntheitsgrad. Kein Wunder, Millionen haben diese Weine beim Urlaub in Südtirol kennen- und schätzen gelernt, das hat Nachfrage auch zu Hause in Deutschland oder Österreich geschaffen.

Weinberge gibt es vom niedrigsten Punkt Südtirols in der Etschebene bei Kurtinig und Salurn bis in Höhen von 600 m und mehr, bis in den Vinschgau bei Kastelbell, bis ins Eisacktal nördlich von Brixen und bis auf den Fennberg über dem Unterland und seit 2014 auf 1340 m Höhe beim Kloster Marienberg im Obervinschgau. Während Südtirol quantitativ vorwiegend Rotweine produziert und die Rebsorte Vernatsch dominiert (darüber hinaus gibt es noch den Blauburgunder, aber auch guten Cabernet), sind einige Gegenden auf Weißweine spezialisiert wie das Eisacktal mit seinen trockenen, leicht herben Silvanern, einigen Rieslingen und anderen Weißweinsorten wie den flächenmäßig am weitest verbreiteten Weißburgunder, Grauburgunder und den kräftigen, süffigen Kerner.

Wer die echten Südtiroler Spezialitäten kennenlernen will, sollte mit den heimischen Weinen beginnen: Der Vernatsch, aus dem u. a. Kalterer See und St. Magdalener bestehen, ist in allen Spielarten (z. B. Grauvernatsch) ein echter Südtiroler. Der württembergische Trollinger ist aus dieser Rebe hervorgegangen. Ansonsten ist diese Rebsorte vor allem auf Südtirol und das anschließende Trentiner Etschtal beschränkt. Ebenfalls ein Südtiroler ist der Lagrein, der zwischen Bozen und Auer angebaut wird, er ist ebenfalls ein Roter, der meist kräftiger und fast immer dunkler und ausdrucksvoller ist als der Vernatsch. Und was ist ein Kretzer? Das ist ein Wein aus einer Rotweinrebe, der wie ein Weißwein gekeltert wird, er ist also das, was man anderswo als Rosé bezeichnet. Der Bekannteste ist der Lagrein Kretzer. Der Dritte im Bunde ist der Gewürztraminer, der wie die Rebsorte Traminer seinen Namen vom bekannten Produktionsort übertragen bekam, dem Weindorf Tramin im Unterland. Der Gewürztraminer ist ein Wein von kräftiger, manchmal fast an Bernstein erinnernder Farbe mit einer ausgeprägten, duftigen Süße. Er ist extrem beliebt bei Italienern, immer zuerst ausverkauft und räumt im internationalen Vergleich reihenweise Preise und Prämierungen ab. Insgesamt ist die Weinqualität in Südtirol in den letzten 15 Jahren enorm gestiegen. Es werden fast überall hochklassige, teils sehr alkoholreiche Weine produziert (bis zu 14,5 % Alc.), die sowohl bei Einheimischen und Touristen begehrt sind als auch in den Export gehen. Mit der Qualität stieg allerdings auch der Preis an. Unter 10 € wird man fast nirgendwo in Südtirol eine Flasche Wein erstehen können.

Der Klimawandel hat allerdings seine Auswirkungen auf den Weinbau in Südtirol. Es wird wärmer und trockener, und darunter leidet der Vernatsch, der in niedrigen Lagen zu Hause ist, aber nicht nur er. Zunehmend werden neue Weinfelder in höheren Lagen angelegt, ab 1000 m ist allerdings wegen der Bodenkargheit in der Regel Schluss. Früher ernten, Weinreben so zuschneiden, dass die Blätter den Trauben mehr Schatten spenden, Weine, denen die Frische fehlt, im Keller aufsäuern, das sind die Möglichkeiten, die ein Winzer hat. Ein Gewinner des Klimawandels ist der Lagrein, der es warm mag.

Sekt: Mittlerweile gibt es 10 Kellereien in Südtirol, die Sekt produzieren, nur 2 davon sind allerdings reine Sektkellereien: Arunda in Mölten (arundavivaldi.com), und Lorenz Martini in Girlan (lorenz-martini.com). Chardonnay, Weißburgunder und Blauburgunder sind die verwendeten Rebsorten. Die Preise sind nicht niedrig, aber wer mal einen Arunda Brut verkostet hat, schmeckt die Qualität.

Piwi-Weine: Die ominös klingende Abkürzung steht für „pilzwiderstandsfähige Rebsorten" und damit für den Versuch, den Einsatz von Pestiziden und Düngemitteln auf neuartige Art und Weise drastisch zu reduzieren. In Südtirol sind eine Handvoll Winzer dabei, mit diesen Rebsorten zu experimentieren. Der bekannteste ist wohl Thomas Niedermayr vom Bio-Weinhof Gandberg in Eppan, der nördlichste Weinproduzent Südtirols sitzt im Pustertal (Mühlbach) und setzt auch auf Piwi (santerhof.eu). Aber auch Genossenschaften wie die Weinkellerei Eppan versuchen sich an einzelnen Linien. Weiße Traubensorten wie Bronner und Villaris ergeben die bislang bekanntesten Tropfen. Sie sind trocken und frisch, aber nicht lange haltbar und reichen bis dato nach Meinung des Autors nicht an einen guten Weißburgunder oder Kerner heran – aber das kann sich ja noch ändern.

Wein-Information im Buch Für die wichtigsten Weinorte Südtirols sind in diesem Buch die interessanteren Weinkellereien aufgeführt, von denen viele Betriebsbesichtigungen und Verkostungen anbieten.

Weinpreise Südtirols Weine sind nicht billig – im Gegenteil. Für einen guten Lagrein müssen Sie 15–20 € hinlegen, für Spitzenweine 25 bis über 40 €.

Winepass plus Der Südtiroler Winepass plus wird von einer rasch wachsenden Zahl an ausgesuchten, eher hochpreisigen Partnerbetrieben (überwiegend Unterkünfte) kostenfrei an die Gäste ausgegeben und beinhaltet neben den Leistungen der Mobilcard auch die der Museum-Mobilcard (→ S. 610). Er gilt für die Dauer des Aufenthaltes. Eine Liste der Partnerbetriebe und eine Broschüre zum Downloaden mit allen Leistungen und Vergünstigungen findet man unter suedtiroler-weinstrasse.it.

Internet **fws.it:** Dahinter verbergen sich die freien Weinbauern Südtirols, ein Zusammenschluss 100 unabhängiger Weinbauern, die die gesamte Produktionskette in ihrer Hand haben und sich eigenständig vermarkten.

tirolensisarsvini.it: Hinter diesem Label, vermarktet unter dem Logo des Tatzelwurms, stecken sechs Südtiroler Weinhöfe, die sich besondere Qualitätsstandards auf die Fahne geschrieben haben.

suedtirolwein.com: Hier findet sich alles, was man zum Südtiroler Wein wissen muss und möchte.

suedtirolersekt.it: Auf dieser Seite präsentiert sich die Vereinigung Südtiroler Sekterzeuger mit Wissenswertem und ihren Produkten.

federdoc.com: Webseite der Vereinigung italienischer Weinproduzenten mit einigen Daten auch zu Südtirol (auf Italienisch und Englisch).

falstaff.de: Die Weinzeitschrift hat die Bewertungen ihrer Weine auch online gestellt, für Südtirol sind knapp 3000 Weine gelistet. Sie gibt auch einen jährlichen Guide für Österreich und Südtirol als Buch heraus.

Südtirol Bio – eine Bewegung wächst und wächst

Biologische Produkte in Südtirol – das wächst sich zunehmend zu einer Erfolgsgeschichte aus. Unter dem Label „Biosüdtirol" (biosuedtirol.com) haben sich schon 300 Bauern zusammengeschlossen, die jährlich etwa 35.000 Tonnen biologische Äpfel produzieren, meist in kleineren Betrieben. Erzeugnisse wie Brot, Käse, Trockenfrüchte, getrocknete Kräuter gibt es ebenfalls biologisch (eine Auflistung entsprechender Betriebe findet sich unter biosuedtirol.it, „Bund alternativer Anbauer"). Viele Südtiroler Winzer haben mittlerweile eine oder mehrere biologisch bewirtschaftete Lagen im Portfolio. Eine der Handelsketten, die diese Produkte vertreibt, ist „Pur Südtirol" – mittlerweile mit Läden in Bozen, Brixen, Bruneck, Meran und Lana (pursuedtirol.com) sowie Onlineshop und eigener Manufaktur, die z. B. Holzbesteck herstellt. Zunehmend werden die Produkte auch in Gastronomie und Hotellerie eingesetzt, die Bio-Hotels (→ S. 615) sind hierfür nur ein Beispiel.

Rücksichtsvolle Koexistenz: Wanderer und Radler am Selljoch

Sport

Südtirol ist ein Paradies für Freizeitsportler mit Angeboten und Möglichkeiten zu allen Jahreszeiten.

Die Wander-, Touren-, Kletter-, Paragleiter-, Golf- und Mountainbikelandschaft von Sommer und Herbst verwandelt sich nach dem ersten Schnee in ein Ski- und Snowboardparadies, neuerdings auch in ein Top-Ziel für Schneeschuhläufer. Auch Rodler finden immer mehr Pisten, die neueren mit Aufstiegshilfen.

Sommersport

Abenteuersportarten: Canyoning, Wildwasser-Rafting und Paragleiten und Drachenfliegen sind die in Südtirol beliebtesten Abenteuersportarten – mit steigender Tendenz. Die Anbieter wechseln häufig, sollten im Buch genannte Adressen nicht mehr aktuell sein, wendet man sich an die Tourismusbüros.

Angeln/Fischen: In den vielen klaren Gewässern der Dolomiten ist das Angeln erlaubt. Die „Ausländerlizenzen" für Urlaubsgäste bekommt man in den Tourismusvereinen, manchmal auch im Tabakladen und oft in den Gaststätten, die an die Fischgewässer grenzen. Private Fischereizonen sind oft nur auf Italienisch mit „Divieto di pesca" oder „Pesca privata" gekennzeichnet.

Baden/Schwimmen: In Südtirol gibt es mehr Bademöglichkeiten, als man vielleicht annimmt, auch im Freien. Wer auf Wassertemperaturen deutlich über 20 °C steht, dem bleiben allerdings nur die Hotelhallenbäder. Diese aber sind in 4-Sterne-Hotels ziemlich gut vertreten, von den Wellnessbereichen mit Sauna etc. ganz zu schweigen. Wer in einem natürlichen Gewässer schwimmen will, kann das im Völser Weiher tun. Der einzige größere See hat allerdings starken Andrang aus der gesamten Region, es ist der Kalterer See mit zwei Badeanstalten. Auch die nahen Montiggler Seen sind nicht zu verachten!

Golf ist in Südtirol ein gutes und potentiell wachstumsträchtiges Geschäft. Leider ist in einem Land mit wenigen ebenen Flächen Golf doppelter Luxus: So waren für die Erweiterung des Golfplatzes Passeier in St. Leonhard satte 60 ha (600.000 m²) des Talbodens an der Passer vonnöten. Zur Kategorie der neuen Plätze gehört „The Blue Monster", ein Golfplatz bei Eppan mit 9 Löchern (golfandcountry.it). Mangels flacher Zonen gibt es besonders in den Dolomiten nur wenig Golfplätze: Deutschnofen-Petersberg, Corvara-Tranrüs, außerhalb Südtirols Campitello und Cortina d'Ampezzo sind die Ausnahmen, der Kreuzbergpass hat eine Driving Range und Zielgolfanlage mit sechs Abschlägen, in Reischach oberhalb Brunecks liegt der Platz des Golfclubs Pustertal (9 Löcher). Im Westen des Landes sind Lana und das Passeiertal Golfgebiete: Ein schöner Platz in Lana, ein kleiner privater Platz in St. Martin (im Hotel Quellenhof), 18 Löcher hat der Platz in St. Leonhard. Ganz nahe den Südtiroler Grenzen liegt der Golfplatz Dolomiti in Sarnonico, auf der Mendelstraße von Eppan oder Kaltern aus in 30 Minuten zu erreichen.

▪ Die **Golfcard** ist bei den angeschlossenen Golfhotels des Landes erhältlich und berechtigt zum Zutritt in die acht Golfclubs „Golf in Südtirol" und hat fünf Greenfee-Coupons, die Ersparnis beträgt bis zu 20 %. Mehr dazu unter golfinsuedtirol.it.

Hochseilgärten: Sie sind ausgesprochen familienfreundlich und inzwischen zahlreich vertreten. Zumeist sind sie unmittelbar mit dem Auto erreichbar und verheißen in schattigem Waldgelände sportliches Gruseln auf schwankenden Hängebrücken, schmalen Drahtseilen oder atemberaubend schnellen Flying Foxes bzw. Ziplines (man hängt an einem Stahlseil und braust wie eine ungebremste Gondel unter enormer Adrenalinausschüttung zu Tal), aber auch hohem preislichen Niveau. In St. Vigil/Enneberg befindet sich das spektakulärste Exemplar Südtirols, ja ganz Europas: 3200 m Länge bei 400 m Höhenunterschied, die Einzelfahrt kostet satte 89 € (adrenalineadventures.it).

Paragliding (Gleitschirmfliegen) und Drachenfliegen: Die starken Aufwinde, die es in den Dolomiten bei vielen Wetterlagen gibt, machen dieses Bergland zu einem hervorragenden Tummelplatz für Paraglider. Optimale Startplätze sind die Bergstationen der Bergbahnen oder nahe gelegene Plätze wie die Plose, die Spitzbühlhütte auf der Seiser Alm, außerhalb der Dolomiten der Hirzer, die Muthöfe über Meran und das Vigiljoch.

Immer beliebter werden Gleitschirm-Passagierflüge (voli biposto). In ganz Südtirol operiert die im Grödner Tal beheimatete Firma Fly 2, Abflüge z. B. von der Seceda, Monte Pana (beide Gröden), Seiser Alm (Kastelruth), Ritten (Bozen), Vigiljoch (Lana, Meraner Land), Mölten, Ifinger (Sarntal/Meran). Infos bei den Skischulen St. Ulrich und Catores (Wolkenstein), der Alpinschule Dolomiten in Kastelruth, den Touristeninformationen Ritten und Terlan sowie unter fly2.info.

Radsport/Mountainbiking: Kaum ein Sport ist in Südtirol populärer als der Radsport. Rennfahrer bevölkern in Scharen die großen Dolomitenstraßen, besonders rund um die Sella, auch das Stilfser Joch ist ein erstrangiges Rennradfahrerziel. Einmal jährlich werden diese Passstraßen für den motorisierten Verkehr gesperrt, und Tausende von Hobbyradlern machen sich auf den Weg, um schweißgebadet ihre Grenzen auszutesten bzw. nicht selten auch zu überschreiten (sellarondabikeday.com und nationalpark-stelvio.it).

Das gute alte Radl tut für viele (italienische) Familien den Dienst auf der völlig steigungsfreien Strecke von Innichen runter nach Lienz (zurück geht's dann bequem mit dem Zug). Ganz entspannt fährt man auf den Talradwegen im Wipptal, Eisacktal, ustertal, im Vinschgau und zwischen Bozen und Trient sowie von Bozen über Eppan nach Kaltern. Radverleihe gibt es im Sommer in fast allen Orten (Adressen im Buch bei den jeweiligen Orten).

Wie im übrigen Alpenraum werden auch in Südtirol vermehrt Routen speziell für Mountainbiker ausgeschildert, um Konflikte mit Wanderern zu vermeiden. Gleichzeitig weisen Verbotsschilder darauf hin, wenn auf bestimmten Strecken Radeln nicht erlaubt ist. In aktuellen Wanderkarten sind Rad- und Mountainbikerouten unterschiedlich gekennzeichnet. Vereinzelt gibt es kreative Lösungsansätze wie beim Goldseetrail am Stilfser Joch. Dieser bei Wanderern und Mountainbikern äußerst beliebte Weg ist in der Hochsaison von 9 bis 16 Uhr nur für Bergsteiger und vor 9 Uhr bzw. ab 16 Uhr auch für Biker zugänglich (→ S. 344).

Ein Dorado für Mountainbiker ist das Netz alter Bergstraßen aus dem Ersten Weltkrieg, ursprünglich für Maultiertransporte errichtet – nur mäßig steil, meist recht gut erhalten und für Pkw gesperrt. Am dichtesten ist es im ehemaligen Nachschubgebiet der Front in der Fanes- und Sennesgruppe (zwischen Gadertal und Höhlensteintal). Dort lassen sich abseits der beliebteren Routen noch individuelle Entdeckungen machen. Gleiches gilt für die Brenner-Grenzkammstraße mit zahlreichen Bunkerruinen und grandiosen Ausblicken. Deren Zufahrt hat es zwar in sich, da bis zu 800 Höhenmeter überwunden werden müssen, aber dann geht's nahezu eben durchs Gebirge.

Zunehmend werden für Downhill-Profis und solche, die es werden wollen, spezielle Trails angelegt, etwa im Vinschgau, aber auch im Puster- und im Gadertal. Verschiedene Schwierigkeitsgrade ermöglichen Anfängern wie Könnern adrenalinreiche Abfahrten ins Tal. Manchmal sind Gondeln für die Auffahrt nutzbar, manchmal gibt es spezialisierte Bus-Shuttles.

▪ Viele Tourismusvereine geben mittlerweile eigene MTB-Führer und Karten kostenlos heraus und/oder bieten Bücher zum Thema an.

Reiten: Der Südtiroler Reitsport konzentriert sich auf den Tschögglberg und das Sarntal, diejenige Region, aus der der Haflinger stammt. Ein über die Grenzen des Landes hinaus bekanntes Hippodrom besitzt Meran. In den Tälern nördlich des Pustertals gibt es einige Reitställe, die auf Trekking spezialisiert sind (z. B. über den Tauernkamm nach Salzburg oder Tirol). Mehr dazu beim Tourismusverein Tauferer Tal (→ S. 409).

▪ In Südtirol informiert die Tourismuswerbung über Reitställe und Pferdehöfe. Wer Haflinger liebt, wendet sich an den Südtiroler Haflinger Pferdezuchtverband, I-391090 Bozen, Galvanistr. 38, ✆ 0471/063970, haflinger.eu.

Wandern/Bergsteigen/Klettern: Die klassische Alpinsportart Bergsteigen hat sich aufgefächert, denn Bergwanderer, Bergsteiger, Tourengeher, klassische Kletterer und Freikletterer haben nicht nur unterschiedliche Ziele, sondern auch unterschiedliche Ausrüstung. Für alle hat Südtirol ein vorzüglich markiertes Wegenetz (meist rot/weiß/rot), zahlreiche natürliche Klettergärten (wie jenen am Dürrensee) und eine wachsende Anzahl von künstlichen Kletterwänden (Adressen bei den jeweiligen Orten). Da die Südtiroler geschickte Vermarkter sind, schließen sie sich neu gegründeten Verbünden wie den Bergsteigerdörfern (bergsteigerdoerfer.org) und den Wanderdörfern (europas-wanderdoerfer.com) meist zeitnah an (Erstere bislang Lungiarü im Gadertal und Matsch im Vinschgau,

Letztere bislang Altrei/Truden und La Val/Wengen in Alta Badia).

In den Südtiroler Dolomiten liegen die Schutzhütten sehr dicht beieinander, mit eher längeren Wegen muss man in den Zentralalpen (Zillertaler, Ötztaler, Sarntaler und Ortlergruppe) rechnen. Der Grenzkamm mit Österreich und die Ortlergruppe sind im Wesentlichen hochalpinen Bergsteigern mit Gletscherausrüstung vorbehalten. Die Bergführerbüros sind bei den jeweiligen Orten im Buch genannt, zum Alpenverein Südtirol und zu den Schutzhütten → „Reisepraktisches von A bis Z", S. 634 und 643.

Von den 30 ausführlich beschriebenen Wanderungen und Radtouren in diesem Buch sind die meisten mittels GPS kartiert: Tour 1–7, 9–13, 17–19, 22, 23, 27 und 28. Die Waypoint-Dateien für diese Touren finden Sie zum Gratis-Download unter michael-mueller-verlag.de/gps.

Eine Besonderheit der Dolomiten sind die vielen „versicherten Klettersteige" (vie ferrate). Eisenklammern, Stifte und durchgehende Seile erlauben es auch klettertechnisch weniger Versierten, Wände zu durchqueren, die sonst Fertigkeiten im Grad IV und höher verlangen. Notwendig sind jedoch Klettersteigset, Klettergurt und Helm und natürlich die entsprechende Erfahrung im alpinen Gelände.

Information: AVS (Alpenverein Südtirol), Giottostr. 3, Mo–Do 9–12/13–17 Uhr, Fr nur vormittags. I-39100 Bozen, ✆ 0471/978141, alpenverein.it.

Im Notfall: Das Handy hilft wenig, wenn man in einer Gletscherspalte sitzt. Vor der Tour immer Hüttenwirt/Vermieter informieren! **Bergrettung** ✆ 118; **alpines Notsignal:** innerhalb 1 Min. 6 akustische oder optische Zeichen (z. B. Rufen, Aufblenden der Taschenlampe), 1 Min. Pause, dann Wiederholung bis zur Antwort. Antwort: 3 Signale innerhalb 1 Min.

Wanderkarten: Für die Orientierung im Gelände reichen die Karten aus den Tourismusbüros nicht aus. Besser vor Ort die ausgezeichneten Tabacco-Karten (1:25.000) besorgen oder die entsprechenden Blätter von Kompass, 4Land oder Tappeiner (in den letzten Jahren zahlreiche neue, verbesserte Versionen, u. a. MTB-Karten und Winterwanderkarten).

Wintersport

Die Wintersaison hat in Südtirol nicht überall die Bedeutung der Sommersaison, im Überetsch und Unterland ist sie praktisch nicht existent mangels Schnee und entsprechender Berggebiete. Dafür wird sie in den Dolomiten immer mehr zur eigentlichen Hauptsaison, für den Februar ist die Region lange vorher ausgebucht.

Skifahren/Langlaufen/Snowboarden: Die Bergbahnen und Pisten des Ostteils der Dolomiten sind im Verbund *Dolomiti Superski* zusammengefasst. Einige der dazugehörigen Abfahrten zählen zu den interessantesten, schnellsten und populärsten der Welt (Gran Risa in Stern/La Villa). Namen wie Wolkenstein, St. Ulrich, Stern/La Villa, Brixen/Plose, Kronplatz, im nahen Bellunese Cortina d'Ampezzo (Olympische Winterspiele 1956 und 2026) und Canazei im angrenzenden Fassa sowie das Fleimstal lassen Wintersportlern das Herz aufgehen. Die *SellaRonda,* die ski-alpine Umrundung der Sella ist nicht nur Ski-Freaks, sondern auch blutigen Ski-Laien bekannt. Vielfältig sind die Langlaufmöglichkeiten, wie ein Blick auf die Karte zeigt, die *Dolomiti Nordic Ski* auf seiner Website (dolomitinordicski.com) veröffentlicht. Mit dem Snowboarden haben sich die meisten Orte angefreundet.

Allgemein gilt: Die Enge auf der Piste nimmt zu, immer mehr und größere Seilbahnen karren Skifahrer in die weißen Höhen, die dann fast auf Tuchfühlung abfahren – die Unfallhäufigkeit steigt an (jährlich werden etwa 1600 verletzte Personen nur von Innsbruck aus in ihre Heimatländer geflogen). Ein Trendsport ist Speed Flying (mit kleinem Schirm und Skiern an den Füßen nur knapp über dem Boden in engen Kurven fliegen, so eine Art „Wedeln in der Luft"), ebenfalls unfallträchtig!

Helmpflicht für Kinder: In Italien gilt beim Skilaufen für Kinder bis 14 Jahre Helmpflicht. Eltern, die ihre Kinder ohne Helm auf die Piste gehen lassen, werden mit bis zu 150 € zur Kasse gebeten.

Für Pisten- und Variantenfahrer gilt die Empfehlung, **Lawinensuchgeräte** („Lawinen-Pieps") zu tragen. Alle Infos zur aktuellen **Lawinengefahr** in Tirol, Südtirol und dem Trentino finden sich unter lawinen.report.

Skischulen: Jeder Wintersportort Südtirols – und sei er noch so klein – hat seine eigene(n) Skischule(n). Eine Übersicht bietet die Infonummer des Verbands der Skischulen (neudeutsch: Snowsportschulen) Südtirols, ✆ 0471/981092, und snowsport.bz.it.

Böcklfahren: Das Böckl (der Rennbock) ist eine Art Monoski mit Sitzaufbau. Angeblich wurde er im Pustertal in Olang nach dem 2. Weltkrieg von Kindern erfunden, um schneller zur Schule zu kommen. Böcklbauen ist eine eigene Wissenschaft für sich. Es gibt Weltmeisterschaften und insbesondere im Pustertal viele Anhänger dieses Wintersports – alleine in Olang finden sich fünf Vereine. Der weltbeste Böcklfahrer Patrick Felder stammt denn auch aus diesem Ort. Das bis zu 100 km/h schnelle Gefährt darf auf Pisten und Ziehwegen ohne Einschränkung benutzt werden und kann z. B. am Skigebiet Kronplatz entliehen werden – auf geht's!

Schneeschuhwandern ist in den letzten Jahren groß herausgekommen. Endlich sind auch für Nicht-Skifahrer bzw. Nicht-Boarder die verschneiten Winterwelten abseits der Wege erreichbar. Dabei ist dieses Erlebnis für sie mit den gleichen Gefahren verbunden wie für die anderen, die sich dort bewegen, was derzeit noch wenigen bewusst ist, da es noch kaum Unfälle und entsprechende

Flott um die Kurve: Langlauf im Gsieser Tal

Schlagzeilen gegeben hat: Lawinengefahr, Schneebretter und – gefährlicher als beim Skifahren – Unterkühlung (z. B. beim Verirren im Waldgebiet). In allen größeren Skiorten kann man mittlerweile Schneeschuhe ausleihen. Die Tourismusbüros bieten geführte Schneeschuhtouren unterschiedlicher Schwierigkeitsgrade an und weisen immer wieder darauf hin, dass Anfänger tunlichst nicht alleine in die alpine Wildnis aufbrechen sollten.

Winterwandern mag ja nicht von allen als Wintersport betrachtet werden – ist aber durchaus einer. In allen Skiregionen gibt es mehr oder weniger ausgebaute Winterwanderwegenetze (der erste und bislang einzige zertifizierte Premium-Winterwanderweg beginnt an der Bergstation der Ritten-Seilbahn). Das bedeutet gespurte Wege und oftmals als Ziel eine gemütliche Hütte. Schöne Winterwanderungen lassen sich übrigens auch durchführen, wenn kein Schnee liegt. Das gilt für ohnehin meist schneefreie Gegenden wie das untere Meraner Land, das Unterland und das untere Vinschgau (mit schönen Waalwanderungen), aber auch für große Höhen. Sofern die Bahnen gehen und die Almen geöffnet haben, stellen sie dann eine lohnenswerte Variante zum Skirummel auf dem Kunstschnee dar – preiswerter, ruhiger, relaxter und garantiert klimawandelunabhängig!

Dolomiti Superski und Ortler Skiarena

Diese beiden Gebiete bringen am besten die moderne Gigantomanie des Skisports zum Ausdruck.

„1 Skipass – 15 Skigebiete – 1200 km Pisten" – das ist der Werbeslogan von Dolomiti Superski, dem weltweit größten Lift- und Pistenverbund. Damit umfasst der Skipass fast die gesamten Dolomiten samt den westlichen Brenta-Dolomiten und der Adamellogruppe. Die nicht sehr preisgünstige Karte für die Gesamtregion lohnt sich nur, wenn man mehr als eines der hier genannten Skigebiete abklappern will oder sich einen Wintersportort ausgesucht hat, von dem aus man verschiedene Skigebiete erreicht (z. B. Brixen mit Eisacktal und Grödner Tal/Seiser Alm und Bozen mit seiner guten Anbindung an die meisten Gebiete). Skipassbüros gibt es in allen Orten des Gültigkeitsbereichs, meist befinden sie sich an den Talstationen. Information: dolomitisuperski.com.

Im Westen Südtirols bis hinein ins Schweizer Graubünden und ins Trentino sind im Verband Ortler Skiarena 15 Skigebiete mit mehr als 400 km Pisten unter einem Dach zusammengeschlossen. Der Verband umfasst den gesamten Vinschgau mit der Ortlergruppe und den Liftanlagen um den Reschenpass, das Schweizer Münstertal, das Burggrafenamt (Meraner Land) mit der populären und dicht erschlossenen Skirunde Meran 2000, das Sarntal und den Ritten, also fast alle Skigebiete jenseits von Dolomiti Superski, sowie Nauders in Österreich. Auch hier sollte man sich das Gesamtticket gut überlegen und nur bei einem längeren Aufenthalt zugreifen. Information: ortlerskiarena.com.

Schöne Aussicht

Reisepraktisches von A bis Z

Alpenverein Südtirol (AVS)

Der AVS hat seinen Sitz in der Giottostraße 3, I-39100 Bozen, ✆ 0471/978 141, alpenverein.it. Dazu auch → Schutzhütten, S. 643.

Ärztliche Versorgung

Gesetzlich Versicherte können sich im europäischen Ausland direkt auf ihre European Health Insurance Card, die die vorherige normale Versichertenkarte abgelöst hat, behandeln lassen. In Italien geht man dabei nicht einfach zum Arzt, sondern zuerst zur USL (Unità Sanitaria Locale), dem örtlichen Ambulatorium, das in einigen Fällen speziell für Touristen eingerichtet wurde. Erst dann geht es zum Arzt oder ins Krankenhaus. Da diese saisonalen Einrichtungen und ihre Öffnungszeiten stark wechseln, sind sie nicht im Buch, aufgeführt, können aber bei den Touristeninformationen erfragt werden. Außerdem sind sie an den Gemeindeämtern angeschlagen. Im Falle einer Barzahlung bei einem niedergelassenen Arzt (also nicht im Ambulatorium oder im Krankenhaus) wird die Rechnung zu Hause von der Krankenkasse zurückerstattet. Um allen Problemen aus dem Weg zu gehen, ist es sinnvoll, eine Reisekranken- und Rückholversicherung abzuschließen.

Diensthabende **Apotheken und Ärzte an Wochenenden** und in der Nacht sind bei Gemeindeämtern und an den Apotheken angeschlagen und werden in der Tageszeitung „Dolomiten" veröffentlicht.

Krankenhäuser gibt es in Bozen, Brixen, Bruneck, Meran, Sterzing, Schlanders und Innichen, bei schweren Unfällen, z. B. bei Lawinenopfern, wird von der Flugrettung meist Trient oder Innsbruck angeflogen.

Alle wichtigen Informationen zum Thema „Medizinische Versorgung" sind auf der Internetseite des Südtiroler Sanitätsbetriebes zu finden, sabes.it.

Barrierefreiheit

Ein Thema in Südtirol, das zunehmend an Bedeutung gewinnt. Das Webportal „Südtirol für alle" (suedtirolfueralle.it) hat es sich zur Aufgabe gemacht, Barrierefreiheit in Unterkünften zu prüfen und barrierefreie Museen, Baudenkmäler und Ausflüge aufzulisten. Mittlerweile gibt es über 300 Unterkünfte und mehr als 600 Einrichtungen für Menschen mit Behinderung. Hinzugekommen ist eine Parkplatzfinder-App, die die 1300 reservierten Parkplätze in 116 Südtiroler Gemeinden GPS-genau anzeigt, die großen Bozner Parkplätze gar im Live-Modus *frei/besetzt*. Im Athesia Verlag sind die Bücher „Barrierefreies Kulturerlebnis für alle" mit 84 geprüften Kultureinrichtungen und „Barrierefreies Naturerlebnis für alle" mit 45 geprüften Wanderungen in Südtirol erschienen. Eine lobenswerte lokale Initiative ist „Kaltern barrierefrei". Das lokale Tourismusbüro gibt einen Wanderführer für 7 € mit 15 barrierefreien und entsprechend beschilderten Wanderungen heraus.

Einkaufen und Souvenirs

Holzschnitzereien: Künstlerische und kunsthandwerkliche Holzskulpturen stammen v. a. aus dem Grödner Tal, werden aber auch in anderen Dolomitentälern (Fassatal, Hochabteital, Ampezzo) hergestellt. Früher verdienten sich die Bewohner der abgelegenen Täler damit ein Zubrot. Wer daran Interesse hat, sollte sich vorher unbedingt in der ständigen Ausstellung in St. Ulrich in Gröden informieren (→ S. 506). Spezialschnitzer produzieren Masken (z. B. auch in Prettau im Tauferer Ahrntal) und Spielzeug (besonders im Grödner Tal).

Wolle: Handproduzierte Schafwolle und Schafwollkleidung bieten das Ultental und das Sarntal an.

Federkielstickerei: Heimat dieser alten Zierart für Gürtel ist u. a. das Sarntal.

Loden: Zeitlos, ein bisschen traditionell, gleichzeitig edel und robust, das ist Kleidung aus Loden. Die größten Firmen sind Oberrauch-Zitt (in Bozen und Vintl im Eisacktal) und Moessmer (in Bruneck).

Stoffe und Spitze: Alte Muster auf handgewebten Decken aus Leinen oder aus einem Baumwoll-Leinen-Gemisch sind ein attraktives Mitbringsel. Spezialisiert ist Pedercoa (La Val/Wengen) im Abteital, wo sich in der Handwerkerzone neben der Straße gleich 3 dieser Betriebe finden. Auch andere Orte im Abteital und im Pustertal (Läden z. B. in Bruneck) sind auf diese Heimtextilien spezialisiert. Im oberen Tauferer Ahrntal werden heute noch Klöppelarbeiten hergestellt, die z. B. in Prettau angeboten werden.

Südtiroler Speck: Hat Weltruf und ist in allen Qualitätsstufen fast überall zu haben (→ S. 620).

Käse: Almkäse, besonders halbfester und abgelagerter, also harter Schnittkäse, ist ein gutes Mitbringsel. Hervorragend sind die Produkte der Molkereien Sexten und Toblach (Dreizinnen) sowie der Biodorfsennerei Prad, der Ziegenkäserei Capriz in Vintl und der kleinen Hofkäsereien im Ahrn- und Mühlwaldertal, immer wieder ausgezeichnet die Almkäse des Vinschgaus und seiner Nebentäler.

Wein und Grappa: Große Auswahl in Qualität und Preis. Am besten direkt beim Erzeuger kaufen, Adressen im Reiseteil.

Kreatives von Südtirolerinnen: findet sich im Onlineshop von selbergmocht.it. Auf einer interaktiven Karte lassen sich die Produzentinnen (die Mehrzahl ist weiblich) ihrem Heimatort zuordnen. Über 100 Produkte finden sich dort, Kleidung, Lebensmittel, Schmuck, Kunst, Kosmetika usw.

Geld und Banken

Italien ist Euroland, aus dem deutschen Sprachraum gibt es den Geldwechsel folglich nur für Schweizer. Bares holt man sich am besten mit der Debitkarte (früher: EC-Karte) und Geheimzahl aus dem Automaten, den heute nahezu jedes Dorf besitzt (Höchstgrenze 250 €, bei manchen Banken 500 €). Pro Abhebung werden zu Hause bis zu 5 € abgebucht. Hebt man mit Kreditkarten ab, muss man bis zu 3 % Kommission bezahlen. Manchmal sind Abhebungen kostenfrei; am besten vorher bei der Hausbank erkundigen, ob und für welche Bankautomaten dies im Ausland gilt.

Gesundheit und Wellness

Wellness ist in Südtiroler Hotels nicht mehr die Ausnahme, sondern zur Regel geworden. Kein gehobenes Hotel kommt ohne Sauna, Pool und Dampfbad aus. Spa, Duft- und Heubäder, Panorama-Ruheräume, Alpenwhirlpool, beheiztes Dachterrassenbecken sind die Add-ons. Im Zimmer steht fein säuberlich hergerichtet die Tasche mit Bademantel und bedruckten Einmal-Schlappen. Auf geht's ins Wohlfühlvergnügen. Wer es mag, erhält gegen Aufpreis nicht selten noch Massagen oder andere Anwendungen.

Unter dem Label *Südtirol Balance* werden im Frühling von verschiedenen Hotels und Tourismusbüros zahlreiche Urlaubspakete mit den Schwerpunkten Entschleunigung, gesunde Ernährung und Bewegung in der Natur angeboten.

Haustiere

Hunde dürfen innerhalb der EU nur noch mit Mikrochip die Grenze überqueren. Nicht in allen Hotels und (gehobenen) Restaurants sind Hunde willkommen, deshalb vorher anfragen. Auf Campingplätzen werden für Hunde oft Zuschläge (5–15 €) verlangt.

Information

Sowohl im Internet als auch vor Ort ist die Tourismusindustrie Südtirols äußerst rührig, Infos gibt es reichlich und kostenlos, Prospekte werden prompt und gratis verschickt. Der Service in den Büros ist in der Regel freundlich und kompetent. Die Italienische Zentrale für Tourismus (ENIT) ist zwar offiziell (auch) für Südtirol zuständig, man wendet sich aber besser gleich an die Südtiroler Institutionen, zumeist Tourismusvereine. Die Kontaktdaten sind in diesem Buch jeweils in den Informationen zum Ort oder der Region genannt.

ENIT Deutschland in 60596 Frankfurt/Main, Schaumainkai 87, ✆ +49/69/237434, italia.it, die Büros in Wien und Zürich sind auf der Website enit.it verzeichnet.

Infos im Internet und Südtirol-Apps

Niemand vermag sich heute mehr vorzustellen, wie man seinen Urlaub wohl in der Prä-Internet-Ära geplant hat bzw. überhaupt planen konnte. Überlebende berichten, dass es damals auch schon funktioniert hat, irgendwie, aber zweifelsfrei ist das World Wide Web eine erhebliche Erleichterung. Dementsprechend haben so gut wie alle Südtiroler Einrichtungen mittlerweile einen Internetauftritt – außer vielleicht einige kleine Pensionen und Lokalitäten. Der Informationsgehalt ist dabei durchaus unterschiedlich. Oftmals wird parallel der Auftritt in den sozialen Netzwerken gepflegt, insbesondere bei Facebook oder Instagram sind zahlreiche Restaurants, Hütten und Beherbergungsbetriebe vertreten. Auch übergreifende themenspezifische Websites gibt es zuhauf. Hier eine kleine Auswahl zum Durchklicken:

suedtirolerland.it: umfassende Infos zu Unterkünften und Freizeitaktivitäten.

suedtirol3d.it: tolle Panoramabilder in 3D; zur Einstimmung oder zum Nachglühen perfekt geeignet!

suedtirol.info: offizielle Seite der Tourismusorganisationen Südtirols, übersichtlich und benutzerfreundlich gestaltet.

provinz.bz.it: Seite der Südtiroler Landesverwaltung mit vielen allgemeinen Infos zu Verwaltung, Natur und Kultur. Es gibt u. a. einen Monumentbrowser und einen Archeobrowser, die gezielte Suchen ermöglichen.

santifaller-photography.com: Ein junges Südtiroler Brüderpaar macht durch spektakuläre Naturfotografie auf sich aufmerksam, reinklicken!

suedtirol-kompakt.com: eine Zusammenfassung nützlicher Infos, z. B. eine aktuelle Aufstellung geöffneter Passstraßen.

fabian-dalpiaz.com: noch ein talentierter Südtiroler Jungspund. Er glänzt mit grandiosen Nachtaufnahmen, kann aber noch mehr!

Für Smartphone-Nutzer gibt es eine zunehmende Anzahl an Apps mit mehr oder minder hohem Informationswert. Hier eine wirklich nützliche Auswahl:

Sentres: eine umfassende Outdoor-Datenbank mit Wanderungen und Radtouren aller Kategorien, benutzerfreundlich aufbereitet und für die Vorabplanung extrem nützlich.

Parkplatzfinder: eine App, die alle Behindertenparkplätze in Südtirol anzeigt. Jede/r kann selbst einen neu entdeckten Parkplatz melden, sodass die Zahl ständig steigt.

Südtirolmobil: der Fahrplanfinder für den öffentlichen Verkehr in Südtirol, ein Must have!

112 Where Are U: Notruf-App, mit der der Anrufer per GPS lokalisiert werden kann.

Südtirol Guide: umfassende Informationen über die touristische Infrastruktur inkl. Buchungsoptionen.

Weitere Apps sind im Buch an passender Stelle genannt. Wenn nicht näher spezifiziert, bedeutet das immer: Die Apps sind kostenlos und für iPhone und Android erhältlich.

Kirchen und Gottesdienste

Über die omnipräsente katholische Kirche in Südtirol muss hier wohl kaum etwas gesagt werden, ganz Südtirol gehört zur Diözese Bozen-Brixen; in jedem Dorf findet man eine Kirche und in jedem größeren ein Pfarramt. Anders die evangelisch-lutherische Kirche, die nur zwei Gemeinden hat, Bozen (das auch das Trentino mitbetreut) und Meran (Burggrafenamt und Vinschgau). Evangelisch-lutherische Gottesdienste an Sonn- und Feiertagen um 10

Kirche am Fennberg

Uhr in der Christuskirche Bozen-Gries, Via Col di Lana 10 und in Meran, Christuskirche, Carduccistr. 31. Im Sommer Gottesdienste an Sonn- und Feiertagen in Brixen (Erhardskirche) und Bruneck (Rainkirche) sowie in einigen großen Fremdenverkehrsgemeinden (zu erfragen bei den Fremdenverkehrsämtern).

Kommunikation

In fast allen Touristenorten gibt es eine **Post** Wir empfehlen *posta prioritaria*, diese getrennt beförderte Eilpost ist um einiges schneller. Postkarten/Briefe in Italien/EU 1,25 €, Prioritaria Italien/EU 3,50 €.

WLAN ist in vielen Beherbergungsbetrieben zur Selbstverständlichkeit geworden (oftmals reicht der Empfang aber nicht bis in alle Zimmer), aber auch immer mehr Gemeinden bieten es an öffentlichen Orten gratis an, was mit Symbolschildern kenntlich gemacht ist.

> In Italien immer die Vorwahl mit der 0 wählen, auch bei Ortsgesprächen (sie sind bei den Adressen im Buch angegeben). Anders die Mobilnummern – deren Vorwahlen sind den einzelnen Anbietern zugeordnet und haben keine 0 am Anfang.

Für **Handys** ist die Netzsituation meist herausragend, der Tarif für Auslandsgespräche entspricht dem jeweiligen Heimattarif. Dennoch kann es sich unter Umständen lohnen, sich eine italienische Prepaidkarte zuzulegen. Surft man z. B. in Italien viel mehr als zu Hause und die Internetflat reicht nicht, kann es schnell wieder teuer werden! Vergleichen kann man unter billiger-telefonieren.de. Mit kostenlosem WLAN lässt sich über Skype oder WhatsApp aber auch ganz umsonst telefonieren.

Telefonauskunft in Italien: Teilnehmerverzeichnis ✆ 12, Ausland ✆ 186.

Internationale Vorwahl: von Italien nach Deutschland ✆ 0049, nach Österreich ✆ 0043, in die Schweiz ✆ 0041. Aus dem Ausland nach Italien ✆ 0039 und die Null der Vorwahl mitwählen (also 0039/0471/... für eine Rufnummer im Bereich Bozen).

Radio Tirol (in Dorf Tirol; radiotirol.it) sendet in Deutsch auf den Frequenzen 107,2 für die Bereiche Welschnofen und Bozen, 106,9 für Bozen, Etschtal und Eisacktal. Es handelt sich um den größten deutschsprachigen Sender Italiens mit Nachrichten und flotter Musik.

Fernsehen bedeutet in Südtirol üblicherweise das deutschsprachige Programm aus Bozen oder via Satellit ein österreichisches oder deutsches Programm.

Konsulate

Deutschland: Konsulat, I-39100 Bozen, Dr.-Streiter-Gasse 12, ✆ 0471/972118, bozen@hk-diplo.de.

Österreich: Generalkonsulat, I-20121 Milano, Piazza del Liberty 8/4, ✆ 02/7780780.

Schweiz: Konsulat, I-20121 Milano, Via Palestro 2, ✆ 02/7779161.

Kulturszene

Südtirol hat in Bozen, Meran, Brixen und Bruneck stehende **Theater,** in Bozen hat das Neue Stadttheater eine junge **Opernsparte** aufgebaut, im Haydn Orchester (haydn.it) unter seinem estnischen Dirigenten Arvo Volmer hat das Land ein der Spitzenklasse ganz nahes **Orchester.** Der deutschen Volksgruppe ist das Dokumentieren der Zugehörigkeit zum deutschsprachigen Kulturraum eine Menge Steuergelder wert, das Publikum ist dem Augenschein nach vorhanden. Mit eigenen Produktionen hat man noch nicht genug: Das **Südtiroler Kulturinstitut** ist eine Landesorganisation mit dem speziellen Auftrag, Kulturkontakte zum deutschen Sprachraum, vorwiegend nach Österreich zu pflegen. Einladungen deutschsprachiger Bühnen und Schauspieler, Orchester und Musiker, Schriftsteller und Dichter nach Südtirol machen den Hauptteil der Arbeit aus. Jahresabonnements erlauben in Bozen,

Meran, Bruneck und anderen Orten den regelmäßigen Kontakt mit der deutschsprachigen Kulturszene außerhalb Südtirols.

Programm/Tickets → Bozen, Brixen, Meran, Bruneck und beim Südtiroler Kulturinstitut, im Haus der Kultur „Walther von der Vogelweide", Schlernstr. 1, I-39100 Bozen, ✆ 0471/313800, kulturinstitut.org.

Sehr aktiv ist auch die ladinische Kulturszene, gebündelt werden die Aktivitäten über das **ladinische Kulturinstitut** in St. Martin in Thurn, eine Außenstelle gibt es in Gröden (micura.it).

Kurtaxe

Pro Nacht und Person werden in der Regel folgende Gebühren erhoben: 1,60 € bei Häusern mit 4 und 5 Sternen, 1,20 € bei Häusern mit 3 Sternen und 0,85 € bei allen sonstigen Unterkünften. Kinder unter 14 Jahren zahlen keine Kurtaxe. Viele Beherbergungsbetriebe geben seit der Einführung die regionalen Mobilcards kostenfrei ab – eine Verbundaktion, der sich häufig nur abgelegene Unterkünfte nicht angeschlossen haben. Allerdings gibt es die Mobilcards nicht in jeder Region (→ S. 610). Eine typische Südtiroler Lösung: Die Gäste ärgern sich nicht über die Taxe, sondern freuen sich über die Mobilcard, und die Gastgeber vermitteln den Urlaubern einen Anreiz dafür, das Auto stehen zu lassen. Die Kurtaxe als aktiver Beitrag zur Stauvermeidung, ein unerwarteter Nebeneffekt.

Landkarten

Die meisten Übersichtskarten für Südtirol sind ganz knapp auf die Provinz zugeschnitten und schneiden die angrenzenden Gebiete ab, die man als Urlauber auch in Erwägung ziehen will, etwa die angrenzenden Zonen des Trentino. Die Ausnahme ist z. B. die **Michelinkarte** (1:400.000) „Trentino-Südtirol", die aber für viele Unternehmungen zu wenig detailliert ist. Die was-

Filzige Grüße von der Alm

serfeste Südtirol-Karte (1:160.000) des **Tabacco-Verlags** reicht für Unternehmungen mit Pkw, Motorrad oder Trekkingbike. Wanderer, Bergsteiger und Mountainbiker greifen am besten zu den ausgezeichneten Karten im Maßstab 1:25000 desselben Verlags, die in Südtirol, in Deutschland und Österreich in allen guten Buchhandlungen, in Südtirol auch an Zeitungskiosken zu erhalten sind. Die Karten von **Kompass** und **Freytag & Berndt** sind weniger detailliert, jedoch in manchen Fällen aktueller, da öfter aufgelegt. Seit einigen Jahren sind die **4land-Karten** aus Trento auf dem Markt, mit einer frischen Farbgebung und vielen verzeichneten Adressen. **Tappeiner** aus Bozen publiziert am laufenden Band neue Karten, u. a. auch für MTB und E-Biking, häufig mit einer Luftbildkarte auf der Rückseite.

Die **Gratiskarten**, die man in einigen Touristeninformationen bekommt, sind meist nur zur groben Orientierung geeignet, immer öfter aber auch Ausschnittprints z. B. von Tabacco- oder Tappeinerkarten und dann durchaus nutzbar.

Literatur

Es gibt eine Fülle von Literatur über Südtirol, seine Bewohner, seine Natur, Kultur und Geschichte. Jährlich kommen einige Dutzend Bücher hinzu, in neuester Zeit viele Autobiographien von Bauern und Bäuerinnen und auch Südtirol-Krimis. Die Athesia-Buchläden in den größeren Städten wie Sterzing, Brixen, Bozen und Meran sind hervorragend mit Hunderten von Titeln bestückt, von denen es viele in Deutschland nicht zu kaufen gibt. Hier eine (subjektive) Auswahl:

Belletristik **Ich, Wolkenstein** von Dieter Kühn. 700-Seiten-Wälzer zu Leben und Schaffen des legendären Oswald von Wolkenstein, verfasst von einem anerkannten historischen Biografen. Fischer Verlag.

Die hässliche Herzogin von Lion Feuchtwanger über das Leben und Wirken der Margarethe Maultausch. Aufbau Verlag.

Eva schläft von Eva Melandri über eine Südtirolerin auf der Suche nach ihren Wurzeln und ihrer Identität im Rahmen familiärer Entwicklungen und im Spiegel der Südtiroler Geschichte der letzten Jahrzehnte. Wagenbach Verlag.

König Laurin und sein Rosengarten von Karl Felix Wolff. Die bekannteste Dolomitensage aufbereitet vom bekanntesten Dolomitensagensammler und daher der perfekte Einstieg ins Thema. Wer es umfassend mag, schafft sich gleich den Wälzer „Dolomitensagen" vom gleichen Autor an. Beide Athesia Verlag. In Deutschland gebraucht (z. B. im Internet) erhältlich.

Südtirol liegt am Meer von Ulrich Ladurner. Geschichten über Südtirol und seine Menschen von einem in Südtirol geborenen Journalisten der Wochenzeitung *Die Zeit*. Das beste, weil feinsinnigste von mehreren Büchern des Autors zu Südtirol. Sanssouci Verlag.

Ich bleibe hier von Marco Balzano. Der Roman über die Überflutung von Graun durch den Bau eines Staudamms für den Reschensee ist in eine dramatische, über mehrere Jahrzehnte gehende Familiengeschichte verpackt. Kurzweilig, lehrreich, traurig. Diogenes Verlag.

Elementar von N.C. Kaser. Eine Auswahl von Gedichten und Briefen des Südtiroler Rebellendichters, der 1978 mit nur 31 Jahren an den Folgen seines Alkoholismus starb. Zynisch, provokant, verzweifelt, visionär. Haymon Verlag.

Die Stille der Lärchen von Lenz Koppelstätter. Der erste einer umfassenden Reihe von erfolgreichen Krimis, in denen sich der kauzige Commissario Grauner und sein kongenialer neapolitanischer Partner Saltapepe durch ein Südtirol ermitteln, das von finsteren Machenschaften geprägt ist. Kurzweilig verfasst, spielen die Bände gekonnt mit südtirolerisch-italienischen Klischees und Vorurteilen. Kiwi Verlag.

Sachbücher **Südtiroler Architekturführer,** hrsg. von der Architekturstiftung Südtirol. Kleines, aber feines Kompendium der architektonisch herausragenden Neubauten, die seit Ende der 1990er-Jahre in Südtirol entstanden sind. Nutzbar als ein etwas anderer Reiseführer. Edition Raetia.

Raus aus dem Rummel von Michil Costa. Der ladinische Hotelier und Unternehmer fordert pointiert die Rückbesinnung auf eine nachhaltige Form von Tourismus und hat damit in Südtirol eine breite Diskussion ausgelöst. Raetia Verlag.

einheimisch.zweiheimisch.mehrheimisch von Eva Pfanzelter und Dirk Rupnow. Ein Sachbuch, das sich (endlich) der zunehmenden Einwanderung in Südtirol stellt, Probleme und Chancen benennt und Lösungen aufzeigt. Edition Raetia.

Mystische Orte in Südtirol von Astrid Amico und Martin Ruepp. Bildgewaltiges Buch über die Kraftorte und Kultplätze Südtirols, perfekt, um für sich neue Orte der Ruhe zu entdecken. Raetia Verlag.

Erben der Einsamkeit: Reise zu den Bergbauernhöfen Südtirols von Aldo Gorfer. Zuerst 1973 erschienen, wurde diese düstere, zutiefst berührende Schwarz-Weiß-Reportage schnell zum Klassiker und Denkmal für eine archaische Bergbauernkultur. Tappeiner Verlag.

Stille Zeit. Winterreise in die Natur von Hugo Wassermann und Erwin Brunner. Faszinierende Winterbilder (nicht nur) aus Südtirol von einem der bekanntesten Naturfotografen des Landes, zu denen der Herausgeber von NG Deutschland den Text verfasst hat. Athesia Verlag.

Die Dolomiten von Guido Mangold. *Der* Bildbandklassiker von einem der größten deutschen Reportagefotografen, nur noch antiquarisch erhältlich, Athesia Verlag.

Gsessn isch man lei ban Essn von Martina Mantinger. Eines aus der Flut der derzeit erscheinenden autobiographischen Bergbauern- und -bäuerinnen-Bücher. Interessant deshalb, weil es eine Reihe von Villnössern zu Wort kommen lässt und diese Zeitzeugenberichte mit einem historischen Aufriss des Villnöss-Tals verknüpft. Athesia Verlag.

Landschaften für die Seele von Michael Isidor Engl. Kleiner, aber feiner Bildband über Menschen und Natur in den Pfunderer Bergen. Athesia Verlag.

Curves von Stefan Bogner, ein Magazin für Pass-Freaks. Die Ausgabe „Norditalien" stellt viele Südtiroler Pässe in tollen Bildern vor – die eine oder andere Kurve, an der man sich verschaltet hat oder nur knapp am entgegenkommenden SUV vorbeirasierte, erkennt man hier sicher wieder! Erhältlich z. B. unter curves-magazin.com.

Alpenpässe Band 3: Vom Inn zum Gardasee, Stefan Bruns. Kompaktes Lesebuch mit kurzweiligen Texten zu wirklich jedem Südtiroler Passübergang. L. Staackmann Verlag.

Bier in Südtirol von Roman Drescher, ein ansprechend aufgemachtes Kompendium zur Bierkultur in Südtirol, Edition Raetia.

Total alles über Südtirol von Hermann Gummerer und Franziska Hack, witziges Büchlein mit originellen Infografiken in handlicher Pocket-Edition. Folio Verlag.

Mein Südtirol Buch von Evi Gasser und Kathrin Gschleier. Wissenswertes, kindgerecht aufbereitet in einem Bilderlesebuch, aus dem auch Erwachsene noch lernen können. Weger Verlag, Brixen.

Mit der Zeit gehen von Udo Bernhart und Erwin Brunner, berührender Bildband über die vergangenen 40 Jahre auf dem hoch gelegenen Schnatzhof im Vinschgau und zugleich ein Spiegelbild der sich verändernden Gesellschaft Südtirols. Edition Raetia.

Die Dolomitenladiner von Tobia Moroder, kompaktes Wissen über Geschichte und Kultur der Ladiner im Taschenbuchformat. Folio Verlag.

Geschichte der Dolomitenladiner von Werner Pescosta, mit vielen tollen Bildern angereicherte XXL-Variante der ladinischen Kulturgeschichte, hrsg. vom Istitut Ladin.

Bauerngärten in Südtirol von Martha Canestrini, eines von zahlreichen Werken rund um Tradition, Heimat und Natur, übersichtlich, praxisnah und mit schönen Fotos. Folio Verlag.

Südtiroler Architekturführer von Karin Kretschmer, auch ein Führer, aber einer, der eine echte Ergänzung darstellt. Übersichtlich und kompakt und mit dem Schwerpunkt auf moderne Architektur werden über 300 Objekte in ganz Südtirol präsentiert. Dom Publishers.

Über die Jöcher, Natur und Kultur in Gsies und Villgraten von Anton Draxl, ein opulenter Bild- und Textband zum Gsieser Tal von einem Heimatexperten, der hier sicherlich ganze Arbeit geleistet hat. Deltagrafik Verlag.

Wächter des Waldes von Martin Schweiggl und Othmar Seehauser, faszinierender großformatiger Bildband über 53 spektakuläre Bäume in Südtirol, mit genauer Ortsangabe der porträtierten Baumriesen – und somit auch ein Wander- und Bergführer. Hrsg. Autonome Provinz Bozen.

Über Gletscher und Grenzen von Mauro Gambicorti, schöner Bildband mit Aufnahmen verschiedener Almauf- und Abtriebe in Südtirol. Edition Raetia.

Berge unter Sternen von Bernd Willinger und Norbert Span, Fotoband mit grandiosen Nachtaufnahmen aus den Dolomiten. Knesebeck Verlag.

Eine Frühlings-, Sommer-, Herbst- und Wintererzählung von Albert Ceolan. Vier Bildbände mit grandiosen Naturfotografien und eigenwillig-kreativem Layout. Edition Albert Ceolan.

Cinema, Film in Südtirol seit 1945 von Renate Mumelter, erstmalige Bestandsaufnahme der Südtiroler Film- und Kinogeschichte. Edition Raetia.

Südtirol in Wort und Bild, quartalsweise erscheinende Zeitschrift zu Kultur, Geschichte und Natur mit vielen Fotos und allerlei interessanten Beiträgen. Hrsg. in Thaur, Tirol in Österreich (was einmal mehr die enge Verbindung zwischen den Landesteilen zum Ausdruck bringt).

> Vom Autor dieses Führers: **Unbekanntes Südtirol,** Bildband, im Selbstverlag erschienen und zu bestellen unter flofritz.de.
>
> Außerdem gibt es zwei **Kalender** des Autors: „Seiser Alm Sommer" und „Der Schlern: Mythos und Magie im Herzen der Dolomiten", über calvendo.de zu beziehen.

Museen

In Südtirol gibt es über 150 Museen, Sammlungen und Ausstellungen. Am bekanntesten ist sicher das „Ötzi-Museum“ in Bozen (→ S. 108). Die Museen sind in einer kostenlosen, in vielen Tourismusbüros erhältlichen Infobroschüre aufgelistet und beschrieben. Die Website museen-suedtirol.it gibt einen guten, aktuellen Überblick über die Museenlandschaft, auch zu evtl. bestehenden Schließungen wegen Umbauten oder Renovierungen. Eine hilfreiche Ergänzung ist das Portal „Young Museum“ (auf der Museen-Website), das sich an Kinder und Jugendliche richtet.

Musik und Film

In Südtirol gibt es neben der einheimischen, klassischen Volksmusik (mit zum Teil starkem Hang zur Popularisierung wie bei den Kastelruther Spatzen zu beobachten) auch eine lebendige Musikszene, die versucht, Tradition und Moderne miteinander zu verknüpfen. Die zwei bekanntesten Vertreter sind die rein weibliche ladinische Popgruppe Ganes (ganes-music.com) und der aus dem Passeiertal stammende Musiker und Komponist Herbert Pixner. Dieser erweitert mit seinem Herbert Pixner Project (herbert-pixner.com) erfolgreich die Volksmusik um moderne Elemente.

Film und Kino wird auf Südtirol bezogen vor allem mit Drehschauplätzen in Verbindung gebracht, obwohl es auch eine eigene kreative Filmszene und seit 1988 eine innovative, mittlerweile international renommierte Filmhochschule (Zelig) gibt. Luis Trenker war mit seinen heroischen Bergdramen hier der absolute Vorreiter. Bekannte Kinofilme neueren Datums sind der Alpenwestern „Das finstere Tal“, „Honig im Kopf“ von Til Schweiger (im Hochpustertal), „Die Pfefferkörner“, „Everest“ mit Jake Gyllenhaal und Keira Knightley (im Schnalstal), „Das System Milch“ des Südtiroler Regisseurs Andreas Pichler, der nicht nur, aber auch Südtiroler Protagonisten zu Wort kommen lässt, sowie „Das Wunder von Mals“ (→ S. 360). Größtes Highlight war aber zweifelsohne der Dreh von „Ötzi“ (natürlich im Schnalstal) mit Jürgen Vogel in der Hauptrolle, der die letzten Tage im Leben des Steinzeitmenschen in das Format eines Rachethrillers verpackt. Für Mystery-Fans empfiehlt sich die Netflix-Serie „Curon“, die die wahre Geschichte des Dorfes Graun am Reschensee (→ S. 369) als Vorlage für ein düsteres Familiendrama nimmt und 2020 vor Ort gedreht wurde.

Notruf

Allgemeine Notrufzentrale, gilt für Notrufe aller Art, eine konkrete Weiterleitung, z. B. an Bergrettung, Feuerwehr, Polizei etc., erfolgt nach Anruf, ✆ 112.

Pannenhilfe, Abschleppdienst (ACI): ✆ 803116 aus dem italienischen Netz oder ✆ 800116800 aus dem ausländischen Mobilfunknetz.

Öffnungszeiten

Viele Geschäfte in den Städten und Tourismuszentren Südtirols haben bis Samstagabend, oftmals auch am Sonntagvormittag geöffnet. Wenn eine Bar oder ein Café angeschlossen ist, was immer öfter der Fall ist, ist auch der Sonntag ganztags geöffnet. Große Supermärkte haben im ganzen Land am Samstagnachmittag und zum Teil sogar Sonntagvormittag geöffnet, die meisten Geschäfte außerhalb touristischer Zentren schließen jedoch traditionell am Samstag um 12.30 Uhr oder 13 Uhr. Am Dienstag- oder Mittwochnachmittag haben insbesondere Lebensmittelgeschäfte, Bäcker und Metzger traditionell geschlossen – auch in Tourismusgebieten! Banken haben Mo–Fr 8–13/14.30–15.30 Uhr geöffnet, die Post meist Mo–Fr 8.15–13 Uhr.

Reisezeit

Südtirols Hotellerie hat je nach Region drei Stoßzeiten. Im späten Frühjahr und im Sommer kommen die Wanderer und Bergsteiger, die Aktivsportler und Spaziergänger aus dem deutschen Sprachraum, im August auch die Italiener. In diesem Monat ist in allen Regionen jedes Zimmer besetzt. Wer wandern will und nicht an Ferientermine gebunden ist, sollte auf den Herbst ausweichen, jedoch nicht in den klassischen Wein- und Törggelengebieten. Im Meraner Bereich und im Überetsch sowie in Teilen des Eisacktals herrscht nämlich noch bis Anfang November Hochsaison. Anderswo sind aber die Hotels und Pensionen immer noch geöffnet, allerdings sind die Lifte meist schon geschlossen. Im Advent, wenn in immer mehr Südtiroler Orten Weihnachtsmärkte stattfinden, die aus ganz Oberitalien besucht werden, gibt es meist günstige Wochenpakete, denn die Besucher kommen vor allem am Samstag und Sonntag und während der Woche stehen die Hotels leer. Die größten Weihnachtsmärkte finden in Brixen, Meran, Bozen (am Wochenende total überlaufen) und Bruneck statt. Weihnachten und Neujahr sind die teuersten Tage des Jahres, Preise können in dieser Zeit und im Februar bis auf das Dreifache der Nebensaison steigen – dies gilt aber nur für die besten Skigebiete wie das Grödner Tal, das Hochabteital und Sulden.

Schutzhütten

Nach dem Ersten Weltkrieg wurden sämtliche Schutzhütten in Südtirol, die dem Deutsch-Österreichischen Alpenverein gehört hatten, beschlagnahmt, die meisten waren sowieso vom Krieg zerstört. Später wurden sie dem CAI übergeben, dem Italienischen Alpenverein. Inzwischen hat der nach 1918 gegründete Alpenverein Südtirol eine Vielzahl eigener Hütten errichtet, die

Tourismus und Landwirtschaft sind Südtirols Grundpfeiler

zu den besten des Landes gehören. Im Autonomiepaket wurde auch die Rückgabe von 25 der 33 CAI-Hütten an den Alpenverein Südtirol festgelegt, die 2011 in Kraft trat. Gerade diese Hütten haben in den Südtiroler Bergen die längste Tradition und wurden von Sektionen wie Kassel, Regensburg oder Düsseldorf zum Teil noch im 19. Jh. errichtet.

Die Lager sind nur mit Schlafsack zu benützen (z. B. mit dem Schlafsackbezug, den man beim ÖAV und DAV bekommt), für die Zimmer mit Betten benötigt man meist keinen Schlafsack. Mitglieder aller Alpenvereine (wie DAV und ÖAV) haben gleiche Rechte wie AVS-Mitglieder, bekommen die gleichen Ermäßigungen und z. B. sofort bei Eintreffen in der Hütte einen Schlafplatz zugewiesen, wogegen

Herbstgefühle

Nichtmitglieder bis abends warten müssen. In den meisten Hütten ist heutzutage leider eine frühzeitige Reservierung unumgänglich, manchmal sogar mehrere Monate im Voraus.

Sprachen/Dialekt

Südtiroler wachsen zwei- (deutsch/italienisch) bzw. dreisprachig (ladinisch) auf. Zählt man noch die je nach Tal oft sehr unterschiedlichen Dialekte hinzu, muss man schon feststellen, dass sie echte Sprachtalente sind. Die Dialekte sind dann nochmals ein Extrakapitel für sich. Einen lehrreichen Versuch, Südtiroler Dialekt Außenstehenden zugänglich zu machen, findet man unter . ritten.org/oschpele. Oschpele bedeutet so viel wie „Ausdruck". Allein unter „a" finden sich knapp 130 Einträge. Bayern und Österreicher werden vermutlich in diesem unterhaltsamen Wörterbuch die eine oder andere Verbindung zum eigenen Wortschatz entdecken können.

Zur Italianisierung der Ortsnamen → S. 574.

Zeitungen

Südtirols deutschsprachige Zeitung „Dolomiten", ein sehr konservatives Blatt, hat kaum Konkurrenz. Ausländische deutschsprachige Zeitungen gibt es in den Feriengebieten an jedem Kiosk und oft schon am Erscheinungstag. Lesenswert ist die Wochenzeitung FF, die mit ihrem breitgefächerten Themenspektrum einen guten Einblick gibt in das, was Südtirol bewegt. Salto.bz ist bislang „nur" ein Online-Portal, investigativ (verantwortlich für die Aufdeckung diverser Skandale im durchaus politisch verfilzten Südtirol), zweisprachig und eher linksliberal, was in Südtirol ziemlich exotisch ist. Es gibt Überlegungen, auch eine gedruckte Version zu publizieren, salto.bz.

Zoll

Innerhalb der Schengen-Staaten Deutschland, Österreich, Italien, Niederlande, Belgien etc. gibt es für nichtkommerzielle Transporte keinen Zoll mehr und auch keine regulären Kontrollen. Wer allerdings im Kleinbus einen halben Weinkeller transportiert und kontrolliert wird, muss damit rechnen, dass sein Transport als kommerziell eingestuft wird. Die Grenze liegt bei 90 l, was darüber hinausgeht, kann Ärger, Probleme und Kosten bereiten.

Abgabenfreie Warenmengen im Reiseverkehr mit der Schweiz: alkohol. Getränke bis 18 % Vol. 5 l, über 18 % Vol. 1 l (ab 17 Jahren), Zigaretten 250 Stück, Zigarren 250 Stück, 250 g Pfeifentabak, Geschenkartikel bis 300 Sfr.

Abruzzen ▪ Ägypten ▪ Albanien ▪ Algarve ▪ Algarve ▪ Allgäu ▪ Altmühltal & Fränk. Seenland ▪ Amsterdam ▪ Andalusien ▪ Apulien ▪ Australien – Der Osten ▪ Auvergne & Limousin ▪ Azoren ▪ Bali & Lombok ▪ Barcelona ▪ Berlin ▪ Bodensee ▪ Bornholm ▪ Bremen mit Bremerhaven ▪ Bretagne ▪ Brüssel ▪ Budapest ▪ Chalkidiki ▪ Chiemgau & Berchtesgadener Land ▪ Chios ▪ Cilento ▪ Comer See ▪ Cornwall & Devon ▪ Costa Brava ▪ Costa de la Luz ▪ Costa Rica ▪ Côte d'Azur ▪ Cuba ▪ Dänemark Nordseeküste ▪ Dolomiten ▪ Dolomiten ▪ Dominikanische Republik ▪ Dresden ▪ Dublin ▪ Düsseldorf ▪ Ecuador ▪ Eifel ▪ Elba ▪ Elsass ▪ Fehmarn ▪ Florenz & Chianti ▪ Föhr & Amrum ▪ Franken ▪ Fränkische Schweiz ▪ Fränkische Schweiz ▪ Friaul-Julisch Venetien ▪ Fuerteventura ▪ Gardasee ▪ Gardasee ▪ Golf von Neapel ▪ Gomera ▪ Gran Canaria ▪ Hamburg ▪ Harz ▪ Haute-Provence ▪ Ibiza & Formentera ▪ Irland ▪ Island ▪ Istanbul ▪ Istrien ▪ Jerusalem ▪ Kalabrien & Basilikata ▪ Kanada – der Westen ▪ Karpathos ▪ Kärnten ▪ Katalonien ▪ Kefalonia & Ithaka ▪ Köln ▪ Kopenhagen ▪ Korfu ▪ Korsika ▪ Korsika ▪ Kos ▪ Krakau ▪ Kreta ▪ Kreta ▪ Kroatische Inseln & Küstenstädte ▪ Kykladen ▪ Lago Maggiore ▪ Lago Maggiore ▪ La Palma ▪ La Palma ▪ Languedoc-Roussillon ▪ Lanzarote ▪ Latium mit Rom ▪ Lesbos ▪ Ligurien ▪ Ligurien ▪ Limnos ▪ Liparische Inseln ▪ Lissabon & Costa de Lisboa ▪ Lissabon ▪ London ▪ Lübeck ▪ Lüneburg & Lüneburger Heide ▪ Madeira ▪ Madeira ▪ Madrid ▪ Mailand ▪ Mainfranken ▪ Mainz ▪ Mallorca ▪ Malta, Gozo, Comino ▪ Marken ▪ Marseille ▪ Mecklenburgische Seenplatte ▪ Mecklenburg-Vorpommern ▪ Menorca ▪ Midi-Pyrénées ▪ Mittel- und Süddalmatien ▪ Montenegro ▪ Moskau ▪ München ▪ Münster & Münsterland ▪ Naxos ▪ Neuseeland ▪ New York ▪ Niederlande ▪ Nord- u. Mittelengland ▪ Nord- u. Mittelgriechenland ▪ Norddalmatien ▪ Norderney ▪ Nordkroatien ▪ Nördliche Sporaden ▪ Nordportugal ▪ Nordseeküste – Schleswig Holstein ▪ Nordspanien ▪ Normandie ▪ Norwegen ▪ Nürnberg, Fürth, Erlangen ▪ Oberbayerische Seen ▪ Oberitalien ▪ Oberitalienische Seen ▪ Odenwald ▪ Oslo ▪ Ostfriesland – Ostfriesische Inseln ▪ Ostseeküste – Mecklenburg-Vorpommern ▪ Ostseeküste – von Lübeck bis Kiel ▪ Paris ▪ Peloponnes ▪ Pfalz ▪ Piemont & Aostatal ▪ Piemont ▪ Polnische Ostseeküste ▪ Porto ▪ Portugal ▪ Potsdam ▪ Prag ▪ Provence & Côte d'Azur ▪ Provence ▪ Regensburg ▪ Rhodos ▪ Rom ▪ Rügen, Stralsund, Hiddensee ▪ Rumänien ▪ Rund um Meran ▪ Salzburg & Salzkammergut ▪ Samos ▪ Santorini ▪ Sardinien ▪ Schottland ▪ Schwarzwald Mitte/Nord ▪ Shanghai ▪ Sizilien ▪ Sizilien ▪ Slowakei ▪ Slowenien ▪ Spreewald ▪ Sri Lanka ▪ St. Petersburg ▪ Steiermark ▪ Stockholm ▪ Straßburg ▪ Südböhmen – Böhmerwald ▪ Südengland ▪ Südfrankreich ▪ Südnorwegen ▪ Südschwarzwald ▪ Südschweden ▪ Südtirol ▪ Südtoskana ▪ Südwestfrankreich ▪ Sylt ▪ Tallinn ▪ Teneriffa ▪ Teneriffa ▪ Tessin ▪ Thailand – der Norden ▪ Thassos & Samothraki ▪ Thüringen ▪ Toskana ▪ Toskana ▪ Tschechien ▪ Türkei ▪ Türkei – Lykische Küste ▪ Türkei – Mittelmeerküste ▪ Türkei – Südägäis ▪ Türkische Riviera – Kappadokien ▪ Umbrien ▪ USA – Südwesten ▪ Usedom ▪ Valdarno, Casentino & Florenz ▪ Vancouver & Seattle ▪ Varadero & Havanna ▪ Venedig ▪ Venetien ▪ Wachau, Wald- u. Weinviertel ▪ Wales ▪ Warschau ▪ Westböhmen & Bäderdreieck ▪ Wien ▪ Zakynthos ▪ Zypern

MM-Travel **MM-City** **MM-Wandern**

Kartenverzeichnis

Zeichenerklärung für die Karten und Pläne

Autobahn
Schnellstraße
Staatsstraße
Hauptstraße
Landstraße (mit Pass)
Forstweg/Piste
Fußweg
Tour (mit GPS-Punkt)
Parkhaus/Parkplatz
Bushaltestelle
Taxistandplatz

Information
Innerstädt. Radweg
Krankenhaus
Apotheke
Post
Geldautomat
Seilbahn/Sessellift
Museum
Kirche
Kloster
Gatter

Burg/Schloss
Burgruine
Prähistor. Siedlung
Sehenswürdigkeit, Naturattraktion
Berggipfel
Almhütte/Schutzhütte
Rastplatz
Aussichtspunkt
Brunnen
Nationalpark
Naturpark
Brixen — im Kapitel näher beschriebener Ort

Was haben Sie entdeckt?

Haben Sie ein besonderes Restaurant, ein neues Museum oder ein nettes Hotel entdeckt? Wenn Sie Ergänzungen, Verbesserungen oder Tipps zum Buch haben, lassen Sie es uns bitte wissen!

Schreiben Sie an: Florian Fritz, Stichwort „Südtirol“

c/o Michael Müller Verlag GmbH | Gerberei 19 | D – 91054 Erlangen

florian.fritz@michael-mueller-verlag.de

Blick in den Vinschgau mit der Ortlergruppe

Alles im Kasten

Dorfkirche von Naturns, von Apfelplantagen umgeben

Fotonachweis

Alle Fotos von Florian Fritz außer: S. 570 (Sibylle Fritz) | S. 123, 465, 467, 497, 603 (Steffen Fietze) | S. 138, 197, 246, 388, 393, 449 (Dietrich Höllhuber) | S. 107 (Südtiroler Archäologiemuseum, A. Ochsenreiter)

Vielen Dank!

Florian Fritz und Sibylle Fritz bedanken sich bei Heidi Überbacher aus Wolkenstein sowie bei folgenden Lesern, die ihnen wertvolle Tipps geschickt haben: Franz Slemr, Brigitte Elbert, Jürgen Ciprian und Christina Gumbel, Yasmine Albert, Werner Krieg, Nikola Sellmair, Dr. A. Häusler, Sabine Weller, Ida Gruber, W. Prange, Hans Müller, Anja Wiegand, Rafael Ulbrich, Christian Spath und Angelika Beyreuther, B. Reineke, Jan Linke, Markus Terbach, Simone Fleischmann.

Impressum

Text und Recherche: Florian Fritz (Text und Recherche), Sibylle Fritz (Recherche) | **Lektorat:** Sabine Zürn | **Redaktion:** Ricarda Böhm | **Layout:** Ricarda Böhm, Christine Hetterle | **Karten:** Theresa Flenger, Judit Ladik, Benedikt Neuwirth | **Herausnehmbare Karte:** Benedikt Neuwirth | **GIS-Consulting:** Rolf Kastner | **Fotos:** s. Fotonachweis | **Innentitel:** Geislerspitzen im frühsommerlichen Villnösstal | **Covergestaltung:** Karl Serwotka | **Covermotiv:** Langkofel mit Seiser Alm © mauritius images / Rainer Mirau

ISBN 978-3-96685-313-2

 Druck: Livonia Print, Riga.

Haftungsausschluss

Die in diesem Reisebuch enthaltenen Informationen wurden von den Autoren nach bestem Wissen erstellt und von ihnen und dem Verlag mit größtmöglicher Sorgfalt überprüft. Dennoch sind, wie wir im Sinne des Produkthaftungsrechts betonen müssen, inhaltliche Fehler nicht mit letzter Gewissheit auszuschließen. Daher erfolgen die Angaben ohne jegliche Verpflichtung oder Garantie der Autoren bzw. des Verlags. Autoren und Verlag übernehmen keinerlei Verantwortung bzw. Haftung für mögliche Unstimmigkeiten. Wir bitten um Verständnis und sind jederzeit für Anregungen und Verbesserungsvorschläge dankbar.

Register

Die in Klammern gesetzten Koordinaten verweisen auf die herausnehmbare Südtirol-Karte.

Über die Bletterbachschlucht blickt man bis zur Ortlergruppe

Regenbogen über dem Tiersertal

Wanderparadies: die Hochebene von Alta Badia mit der Sellagruppe im Hintergrund

Meran
Die Hervorhebungen weisen auf besonders sehenswerte Orte, Naturparks, etc. hin.
Die Ziffern beziehen sich auf die Nummerierung der Touren im Text
1 Radtour
2 Wanderung
Landeck
Kaunerberg
St. Leonhard im Pitztal
Unter-Längenfeld
Ried im Oberinntal
Faggenbach
Pitzbach
Hohe Geige 3393
Inn
Inntal
Watzespitze 3532
Pfroslkopf 3148
B 186
Am See
Mittelberg
Sölden
B 180
Gaislacher Kogel 3058
Zwieselstein
Stausee Gepatsch
Hinterer Brunnenkogel 3440
Vinadi
Finstermünzpass 1188
Muttler 3294
Schartlkopf 2808
Wildspitze 3774
Hochgurgl
Martina
Nauders
Nauderer Hennesiglspitze 3042
Reschenpass 1508
Rofenhöfe
Vent
Hohe Mut 2659
27
Weißseespitze 3532
Langtauferer Tal
Ötztaler Alpen
Granatenkogel 3304
Reschen
Melag
18
Ramosch
Pedross
Graun
Weißkugel 3738
Hinterer Seelenkogl 3469
Davos, St. Moritz
Reschensee
Hochjoch 2875
Pfelders
Elferspitze 2926
St. Valentin
Planeiltal
Hintere Schwärze 3624
Hochwilde 3480
Haidersee
Saldurnspitze 3433
Kurzras
Similaun 3602
SCHWEIZ
Vernagt
Pfossental
Vorderkaser
Langsee
SS 40
Roteck 3337
Piz Sesvenna 3205
Matscher Tal
Planeil
Vernagt-Stausee
Marienberg
Thannai
Unserfrau
Texelgruppe
Schlinig
Burgeis
Karthaus
Schleis
Mals
Litznerspitze 3206
Mastaun 3200
Schnalstal
Partschins
Laatsch
Matsch
Katharinaberg
16
Piz Starlex 3075
Glurns
Schluderns
Churburg
17
Juval
Etsch
Taufers
SS 38
Schlandersberg
Plaus
Tannas
Naturns
Müstair
Spondinig
14
Kortsch
Kastelbell
SS 38
Piz Chavalatsch 2765
Schlanders
Tabland
Prad
15
Fuldera
Goldrain
Latsch
28
Santa Maria
Stilfs
Laas
Tarsch
Naturnser Hochwart 2608
Tschengls
Morter
Obermontani
13
Münstertal
Tarnell
Vinschgau
Gomagoi
St. Pankraz
Furkel-Spitze 3004
Nationalpark Stilfserjoch
Martell
Bad Salt
Trafoi
St. Walburg
Gr. Laugenspitze 2434
Umbrailpass 2501
Vertainspitze 3544
Hasenöhrl 3257
Zoggler Stausee
Martelltal
Stilfser Joch 2758
Ortler 3905
SS 38
St. Nikolaus
Sulden
Zufrittspitze 3439
Ultental
Bagni di Bormio
Gertraud
St.
Zufrittsee
Ilmenspitz 2656
12
Bormio
Königsspitze 3851
Hintere Eggenspitze 3443
Proveis
Adda
Deutschn
Zufallspitze 3757
Veneziaspitze 3386
Rumo
Cima Bianca 3012
Santa Caterina Valfurva
Bordolona
Lago del Careser
Coler
Bagni di Rabbi
Cloz
SS 36
Monte Sobretta 3296
Bresimo
Livo
Passo Cercena 2622
Rabbi
SS 42
Revò
SP 29
Punta San Matteo 3678
Lago di Santa G
SS 42
Monte Gavia 3223
Peio
Magras
Cles
Peio Terme
Cogolo
Le Prese
Malè
Sanz
Passo di Gavia 2621
Corno dei Tre Signori 3360
Monclassico
Dermulo
Lago di Pian Palù
Tuenno
Dimaro
Monte Serottini 2967
Mezzana
Noce
Nanno
Monte Tonale 2694
Fucine
Folgarida
Vermiglio
Pezzo
SS 239
Monte Nambino 2678
Denno
Ponte di Legno
Stavel
Ton
Lago di Tovel
SS 42
Cima Palù 3013
Campo Carlo Magno 1682
SS 43
Sondrio, Bergamo, Milano
Passo del Tonale 1883
Madonna di Campiglio
Sporminore
Trento